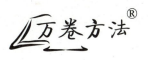

# 社会学 17版（上）

Sociology   Seventeenth Edition

［美］约翰·J.麦休尼斯（John J. Macionis）　著

风笑天　等　译

重庆大学出版社

版贸核渝字（2020）第 208 号

图书在版编目（CIP）数据

社会学：17版：上、下 /（美）约翰·J.麦休尼斯
(John J. Macionis)著；风笑天等译.--重庆：重庆
大学出版社，2023.9
（万卷方法）
书名原文: Sociology：Seventeenth Edition
ISBN 978-7-5689-3711-5

Ⅰ.①社…　Ⅱ.①约…②风…　Ⅲ.①社会学　Ⅳ.
①C91

中国国家版本馆CIP数据核字（2023）第078296号

## 社会学：17版（上）

[美] 约翰·J.麦休尼斯　著
风笑天　等　译
策划编辑：林佳木

责任编辑：李桂英　石　可　　　版式设计：林佳木
责任校对：邹　忌　　　　　　　责任印制：张　策

\*

重庆大学出版社出版发行
出版人：陈晓阳
社址：重庆市沙坪坝区大学城西路21号
邮编：401331
电话：（023）88617190　88617185（中小学）
传真：（023）88617186　88617166
网址：http://www.cqup.com.cn
邮箱：fxk@cqup.com.cn（营销中心）
全国新华书店经销
重庆升光电力印务有限公司印刷

\*

开本：889mm×1194mm　1/16　印张：30　字数：860千
2023年9月第1版　2023年9月第1次印刷
ISBN 978-7-5689-3711-5　定价：268.00元（上、下）

本书献给所有的社会学教师，希望它能帮助我们的学生理解他们在当今社会和未来世界中的位置。

*John J. Macionis*

约翰·J. 麦休尼斯

# 关于作者

约翰·J. 麦休尼斯（John J. Macionis）已经教授社会学超过 40 个年头了。他出生并成长于宾夕法尼亚州的费城。约翰获得了康奈尔大学社会学专业的学士学位，然后在宾夕法尼亚大学获得了社会学博士学位。

麦休尼斯的著述内容广泛，主要涉及美国的社区生活、家庭中的人际亲密行为、有效教学、幽默、新信息技术以及全球化教育的重要性。除了这本畅销书外，他还撰写了《社会学基础》（Society：The Basics），是一本在该领域广受欢迎的平装书，现在已更新到第 16 版。麦休尼斯合作出版了以下书目的国际版本：《社会学：加拿大版》（Sociology: Canadian Edition）、《社会学基础：加拿大版》（Society: The Basics, Canadian Edition）、《社会学：全球导论》（Sociology: A Global Introduction）。《社会学》一书也为高中生提供了各种外语版本。

除此之外，麦休尼斯还编辑了畅销文集《审视自我：社会学经典、当代和跨文化读本》（Seeing Ourselves: Classic, Contemporary, and Cross-Cultural Readings in Sociology），该书也有加拿大版。麦休尼斯与文森特·帕里罗（Vincent Parrillo）还合作过一本关于城市研究的重要著作：《城市与都市生活》（Cities and Urban Life），即将推出第 7 版。麦休尼斯也是《社会问题》（Social Problems）的作者，该书现已出版到第 7 版，是该领域的重要著作。关于麦休尼斯著作的最新情况，以及相关的教学材料和社会学师生感兴趣的许多信息，可以在作者的个人网站上找到：http://www.macionis.com。其他信息和资源可在培生公司的官网上找到。

麦休尼斯最近已从俄亥俄州甘比尔的凯尼恩学院退休，他曾是那里著名的社会学教授。在他任职期间，他担任社会学系主任，指导该学院的多学科人文研究项目，负责校园评议会以及其他学院教职工作。最为重要的是，在这期间，他向数万名学生教授社会学。

2002 年，美国社会学会将教学杰出贡献奖授予麦休尼斯，以表彰他对全球性材料的创新式使用，以及在他的课程中引入新的教学技术。

麦休尼斯教授在其他国家的学术项目中也很活跃，曾去过约 50 个国家。他写道："我是一个雄心勃勃的旅行者，求知若渴，希望通过文本与学生分享我发现的许多东西，因为他们对美国以外的世界知之甚少。对我来说，旅行和写作是教学中必不可少的要素。首先，我是一名教师——对教学的热情激励着我去做每一件事情。"

在凯尼恩学院，麦休尼斯教授许多课程，但他最喜爱的课程是"社会学导论"和"社会问题"。他长期与全美及世界各地的学生保持着广泛的联系。

麦休尼斯现在居住在纽约市附近，在闲暇时间里，他喜欢打网球、游泳、徒步旅行和播放老式摇滚乐。麦休尼斯是纽约阿迪朗达克山脉乔治湖区的环保活动家，他在那里与许多组织合作，包括乔治湖土地保护协会，他是该协会的主席之一。

麦休尼斯教授欢迎（并积极回应）教师和学生对本书的评论和建议。请通过他的社交平台或电子邮箱联系他：macionis@kenyon.edu。

# 致谢

单单只列出作者一人往往掩盖了其他许多人的努力，而正是在这些人的努力下，《社会学：17 版》才得以诞生。首先我要真诚地感谢培生教育集团的编辑团队，其中包括投资组合管理副总裁迪克森·马瑟尔怀特（Dickson Musslewhite)、（社会学）投资组合经理杰夫·马歇尔 (Jeff Marshall)，感谢他们不懈的热情以及对创新和卓越的追求。

这本书的日常工作是由作者和制作团队共同完成的。金伯莉·克莱斯纳( Kimberlee Klesner )和凯利·艾岑·史密斯（Kelly Eitzen Smith ）为本书提供了最新资料。金伯莉和凯利不仅能力出众而且富有激情，这两方面都使我感激。

我也得感谢培生的销售人员。多年以来，他们为本书提供了巨大的支持。尤其要感谢杰里米·因塔尔( Jeremy Intal ）和布里塔尼·波格 - 穆罕默德·阿科斯塔（Brittany Pogue-Mohammed Acosta ），他们共同承担了本书市场营销的任务。

还要感谢布莱尔·布朗（Blair Brown）和凯瑟琳·富特（Kathryn Foot ）对设计的管理，感谢 Integra 公司的克里斯廷·乔布（Kristin Jobe）对图书生产过程的管理。

不言而喻，每位同事都比作者更了解本书所涉及的一些主题。因此，我向数百位曾写信给我提供建议和意见的师生表示感谢。谢谢你们，感谢你们一直以来分享你们的智慧，让我能进一步改进本书。

最后，我要将此书献给我的孩子麦克莱恩（McLean）和惠特尼（Whitney），他们已经从优秀的孩童成长为富有爱心和同理心的成年人。他们让我理解了爱，给予我巨大的动力。

向我的所有同事致以最好的问候和爱意。

约翰·J. 麦休尼斯

编者说明：

本书所有观点仅代表作者麦休尼斯个人，不代表重庆大学出版社或其他机构的立场。受限于作者的写作时间和文化视野，本书中的有些观点不可避免地具有时限性、局限性和主观性，请读者在阅读时注意分辨。

# 前　言

仅数年时间世界就发生了天翻地覆的变化！我第一次强烈地感受到人们对我们的社会状况有着如此多公然的争论和分歧（我不得不承认，之前我也有过类似的"第一次"）。人们在有关移民、气候变化、就业、政府作用、医疗保健、恐怖主义、境外对民主的威胁、生育权、高等教育的高成本等问题上都在站队，选择非此即彼的态度和立场。

共识似乎难以达成，甚至连真理的概念都在被攻击。人们不仅在事实上难以达成一致，而且对是否存在客观真理和真实新闻都存在异议。我们中的很多人感到愤怒、恐惧，而不知所措。

在这种情形下，我们该怎么办？要回答这个问题，我们可能要到60多年前C.赖特·米尔斯的洞见中寻找灵感。当我们感到自己的生活失去了控制，当我们面对压倒性的变化和挑战，米尔斯建议我们要认识到，我们的个人问题根源于比我们更为宏大的社会力量。通过将注意力转向更宏大的社会模式——简言之，运用社会学的想象力——我们能对真正发生的事情及其原因有更深入的了解。运用社会学的视角，我们能获得独到的洞见和力量，因为我们正在面对的是我们自身痛苦的根源。关注社会如何运作，我们能够与他人一起改变社会，在这个过程中，我们也改变了自身。

在过去的150多年，社会学家一直致力于更好地理解社会是怎样运行的。社会学家也许不能提供所有的现成答案，但是我们已经从中学到了许多，并能与他人分享这些观点。

我们为学生提供了精彩且实用的关于社会世界的研究。我们邀请学生借助我们所学去思考自己适当的行动路径。毕竟对这个世界我们都应尽力理解并努力完善。

《社会学：17版》为你提供了有关这个世界如何运行的详尽理解。你会发现本书信息量丰富，而且饶有趣味。在你读完第一章之前，你就会发现社会学不仅非常有用，而且相当有趣。它不仅可以改变你认识世界的方式，而且向你开放了许多新的机会。有什么比这更让人兴奋的？

## 新版《社会学》要点

这里快速总结一下《社会学：17版》教材中的新材料。

• **关于社交媒体的新章节**。毋庸置疑，社交媒体改变了我们的生活方式。《社会学：17版》新增了关于大众传媒演变的完整章节，主要强调了社交媒体的最新发展以及社交媒体如何重塑社会。

• **最新事件**。与社会学观念相关的、今天的学生所熟悉的世界最新事件贯穿全书，包括2016年的美国总统选举以及2017年世界范围的恐怖主义与国际冲突（注：本书英文版于2019年出版）。此外，本书的学术内容尽可能地与时俱进，新版中有超过850条研究引用。图片和艺术作品也进行了更新。

• **增加了"社会的力量"专栏**。如果只允许你在导论课上教授给学生一个知识点，那将是什么？多数老师会回答："理解社会对个人生活的形塑力量。"每章开头都会有一个"社会的力量"的专栏，相较于美国人通常认为的"个人选择"的重要性，此专栏向学生展示了社会如何影响我们重大的生活决定的依据。这些图表在新版中得到了更新。

• **更多对种族、阶级和性别的学术讨论**。新版不仅侧重于适用于整个美国社会的模式，它也强调社会差异的维度。这种多样性包括对种族、阶级和性别进行更多分析，还有新的学术研究。其他维度的差异还包括跨性别以及残疾人问题。"思考多样性：种族、阶级与性别"专栏展示了具体的多样性问题。

•**本版还更新了所有有关收入、财富、贫困、教育、就业及其他重要问题的数据**。《社会学：17 版》还探讨了 2016 年美国总统选举以及特朗普政府重塑的一系列国家议程，包括移民、气候变化、医疗保健和税收政策。

最后，《社会学：17 版》包含许多丰富的互动学习材料，以扩展关键主题，这些互动形式包括以下几种类型。

•**深度分析**。这一点在每章开头"社会的力量"专栏有所体现，每个专栏都会运用一个或多个额外变量进行深入分析，以加深学生对某一问题的理解。

•**全球化视野**。这部分内容提供了国际比较。一些案例关注高收入国家和低收入国家的差别，另一些案例关注美国和其他高收入国家的差别。

•**多样性**。这些内容更为关注美国人口在种族、阶级、性别及其他方面的差异。

•**社会调查**。这些内容适时向学生提出有关政策和政治的问题。学生会被问及他们的想法，因此能够对照不同人群的态度评估自己的态度。

•**阅读材料**。提供由知名社会学家撰写的一手阅读材料，让学生能够在分析家和研究者的直接指导下学习。

以下逐章简要总结一下各章出现的一些新材料。

第一章　社会学的视角

"社会的力量"专栏显示了种族、教育经历和年龄如何引导人们对婚姻伴侣的选择。修订后的章节包含了更多关于社交媒体的内容，并展示了同性婚姻的最新情况，包括 2015 年美国最高法院的裁决。其他内容的更新体现在：按照种族和性别分类的自杀率；全球化视野下的大学毕业率；上大学与家庭收入之间的关系；世界各国女性的生育数；高收入国家、中等收入国家和低收入国家的数量；重要运动赛事中少数族裔的比例变化。本章更新并修订了图片，所有标题和信息都由作者重新撰写。增加了 19 个新的研究参考文献以支持本章内容。

第二章　社会学研究

"社会的力量"专栏显示了种族如何影响年轻男性入学或入狱。修订后的章节包括多种族人口数量的新数据。本章也探讨了社会调查的不同形式如何影响公众对各种社会议题的反应，如经济不平等以及婚外性关系。增加了 17 个新的研究参考文献以支撑本章内容。

第三章　文化

"社会的力量"专栏对比了高收入国家和低收入国家对流产政策的支持力度。本章修订和扩充了关于文化价值观的讨论，还对美国人文化价值观的多样性进行了新的讨论。修订后的章节对流行文化，亚裔美国人、拉美裔美国人和非裔美国人的收入和财富数据进行了更新，还加入了对恐怖主义和文化差异的讨论。本章还更新了许多新数据：作为衡量国家文化多样性的语言数量；全球识字水平；移民模式；关于官方英语的争论；进入大学的人的生活目标；短信中使用的最新符号；英文网页的比例。增加了 32 个新的研究参考文献以支撑本章内容。

第四章　社会

"社会的力量"专栏展示了随着时间推移，美国人使用 SNS 的比例越来越高。修订后的章节新增和更新的内容包括：社交媒体，计算机的使用范围，摇滚明星自杀新名单，关于现代性的各种理论。越来越多的流行文化被纳入经典理论的讨论中。增加了 9 个新的研究参考文献以支撑本章内容。

第五章　社会化

"社会的力量"专栏显示，没有高中文凭的人相较于拥有大学学历的人会花更多的时间看电视，由此，阶级引导着大众传媒的使用。本章对电视和暴力问题的讨论进行了大量的修订和扩充。更新的内容包括：自称属于多个种族的人口比例；看电视和使用智能手机的时间；拥有电视和计算机的家庭比例；2016 年总统选举中民主党和共和党支持者的电视偏好；千禧一代的人口比例占多数；世界各地的童工比例。增加了 20 个新的研究参考文献以支持本章内容。

第六章　日常生活中的社会互动

"社会的力量"专栏显示了年龄引导人们利用社交媒体建立社交网络。修订后的章节统计和更新的内容包括：美国各年龄段的网站使用情况；全世界脸书和推特的使用情况；智能手机技术对日常生活的影响；美国已婚女性保留自己姓氏的比例；部分玩笑话。增加了 10 个新的研究参考文献以支持本章内容。

第七章　大众传媒与社交媒体

《社会学：17 版》增加了全新的一章，关注社会生活中一个重要的新维度。"社会的力量"专栏揭示了性别如何塑造人们对社会网络的选择。本章开篇的故事解释了社交媒体如何在"黑人的命也是命"运动中发挥了作用。本章首先区分了大众传媒和社交媒体，然后探讨了媒体偏见（包括 2016 年总统大选中媒体所发挥的作用），并强调了媒体素养的必要性。本章追踪了大众传媒的发展历程，包括报纸、广播和电视，描述了电视和其他大众传媒改变社会的一些方式。接着，本章探讨了计算机时代背景下互动式社交媒体的出现并对社交媒体如何影响个体进行了分析，包括自我形象的发展、移情能力、一致性倾向以及个体的注意力。此外，本章还讨论了网络欺凌以及社交媒体成瘾的风险，探讨了社交媒体对人际关系的影响，包括父母监控孩子、分享孩子信息与掠夺性行为，并对社交媒体在约会中的作用以及约会网站的优势和风险进行了补充分析。社交媒体还广泛塑造了文化、影响了工作场所、形塑了政治。最后，本章应用社会学的主要理论路向分析了社交媒体。本章有 60 多个研究参考文献作为内容支撑。

第八章　群体与组织

除了"领导"范畴的讨论，本章新增了关于"追随者"的内容。"社会的力量"专栏探讨了社会阶级如何影响组织归属。更新的内容包括麦当劳的全球规模和范围；世界各地互联网的使用程度；个人隐私的侵蚀；2016 年总统选举的后果；2016 年赢得连任的官员数量；白人男性担任管理职位的高比例；计算机在美国职场的使用率；公共场所的监控摄像头数量。增加了 20 多个新的研究参考文献以支持本章内容。

第九章　性与社会

"社会的力量"专栏追踪了随着时间的推移人们对同性婚姻的接受趋势。本章对性取向的后天说理论进行了新的讨论，还对跨性别者的高自杀风险进行了新的探讨。本章更新的内容包括：全球化视野下避孕用品的使用情况；美国各地青少年怀孕率；报告有过性行为的高中生比例；关于性吸引和性别认同的最新研究；美国各地强奸和"熟人强奸"的数据；女同性恋、男同性恋、双性恋、跨性别者（LGBT）群体规模的扩大。增加了 30 多个新的研究参考文献以支持本章内容。

第十章　越轨

"社会的力量"专栏显示某些类别的美国人口因毒品犯罪而被监禁的风险要高得多。本章更新的内容包括：美国合法赌博以及合法使用大麻的程度；越来越多的州禁止在驾驶时发短信；有关监禁成本的最新研究；白领罪犯最终入狱的比例；公司犯罪与矿难死亡人数；2015 年记录的严重犯罪的数据。本章还对 2015 年按年龄、性别、种族和族裔分类的针对人身的犯罪和针对财产的犯罪进行了分析，还关注了不断缩减的犯罪的性别差异。

本章还更新了美国警察的数量、监狱犯人的数量，提供了基于统计学的对死刑使用的探讨，并强调了最近对死刑相关法律的挑战和变化。本章对枪支管制争议的讨论有所更新，进一步讨论在全球化视野下美国的犯罪率。最后，对美国被监禁人数的日益增加给予了更多关注。用于说明概念的例子也已根据最新的事件进行了更新。增加了 35 个以上的新的研究参考文献以支持本章。

第十一章　社会分层

"社会的力量"专栏比较了佛罗里达州的两个社区——一个较为富裕，另一个较为贫穷——发现阶级对人的预期寿命有非常大的影响。本章更新了有关俄罗斯、南非等国家的社会不平等的资料，以及世界其他国家经济不平等的最新数据。本章还对图片进行了更新。增加了 20 多个新的研究参考文献以支持本章。

第十二章　美国的社会阶级

"社会的力量"专栏显示了美国的种族、族裔如何影响了儿童长大后处于贫困的概率。修订后的章节更新了有关美国经济不平等的数据，包括收入和财富、美国最富有家庭的经济资产，以及不同类别人口的教育程度。本章还介绍了自 2008 年经济衰退以来的最新经济趋势。新的数据显示了美国最高收入人群和最低收入人群在预期寿命方面的差异、长大后收入超过其父母的年轻人的比例下降、房屋所有权的种族差异、不同阶级的人完成四年大学学业的概率，以及随着时间推移社会流动的最新模式。本章还对经济衰退时期的美国梦以及低收入家庭经历的越发严重的社会隔离进行了讨论。本章更新的 2015 年的数据涉及贫困的程度、在职穷人的数量、最低工资的变化、收入不平等的增加，以及贫困与年龄、性别、种族和族裔之间的交互作用。增加了 45 个新的研究参考文献以支持本章。

第十三章　全球社会分层

"社会的力量"专栏显示，一个人的出生地能影响到他 / 她能活到 5 岁的概率。本章更新的内容包括：全球贫困程度；世界婴儿死亡率下降；孟加拉国的服装厂工作；全球收入和财富的分配；全球的平均收入；处于不同发展水平的国家的数量和最新社会概况；联合国关于世界各地生活质量的最新数据以及关于全球债务的最新数据。现有的数据显示了世界各地的经济趋势，并证实了最高收入国家和最低收入国家之间日益扩大的经济差距。最后，本章对世界上的奴隶制的现状进行了讨论。增加了 38 个新的研究参考文献以支持本章。

第十四章　性别分层

"社会的力量"专栏显示了性别如何塑造人们的目标和志向。修订的章节更新的内容包括：美国女性和男性的预期寿命；在各种研究领域，男性、女性获得学位的比例；美国女性和男性在劳动力市场中的比例、全职工作的比例以及在许多性别定型职业中的比例；知名的男女艺人的收入差距逐渐缩小；女性担任领导职位的大型企业的比例；女性拥有的小型企业的数量；男性和女性的失业率；按性别分类的收入和财富的最新数据；各国在性别平等方面的最新全球排名；女性在美国最富有的群体中所占比例。本章还包括在 2016 年选举中担任政治领导职位的女性的最新统计数据，军队中女性的最新数据，还有关于针对女性和男性的暴力行为的最新讨论。交叉理论的讨论也反映了最新的收入数据。增加了 63 个新的研究参考资料以支持本章。

第十五章　种族与族裔

"社会的力量"专栏探讨了 2016 年总统大选中种族和族裔的重要性。本章更新的内容包括：美国人口中所有种族和族裔的比例和规模；美国不断增长的双种族人口的数量；美国在家里说英语以外的语言的家庭比例；美国跨种族婚姻的比例；美国印第安人和阿拉斯加原住民部落群的数量；美国人口中所有主要种族和族裔的收入水平、贫困率、教育程度、平均年龄。本章还增加了对移民的讨论以及警察对非裔美国人的最新暴力行为的讨论。这些讨论强调了各种趋势，包括声称具有混合种族背景的美国印第安人的比例不断增加，以及中产阶级的非裔美国人的比例不断增加。增加了 40 个新的研究参考文献以支持本章。

第十六章　老龄化与老年人

"社会的力量"专栏显示了性别如何塑造对美国老年人的照护过程。本章更新的内容有：没有任何退休储蓄的美国成年人的比例；美国人口的预期寿命和美国老龄化的最新数据；阶级和种族对老年人如何评估其健康的影响。本章还包括生命历程中不同年龄段人的收入、财富和贫困率的最新数据，还有关于谁为年迈的父母提供照顾、虐待老人的现象以及医生协助安乐死的现象的最新讨论。增加了 44 个新的研究参考文献以支持本章。

第十七章　经济与工作

"社会的力量"专栏显示了种族和族裔如何引导人们的工作类型。更新的内容包括：沃尔玛的规模不断扩大；美国和其他国家的私营和公共部门的经济产出比例；美国劳动力中不同种族和族裔所占的比例；私营和公共部门工人加入工会的比例；最近涉及公共服务工会的政治争议。本章对有关"工作权利"法律的争论进行了最新的讨论，还介绍了关于世界上已走向社会主义的国家的最新情况。新的数据显示了自营职业的女性和男性的比例，还包括工会成员的最新数据。本章关于失业问题的讨论引出了美国日益严峻的长期失业问题，并对"失业型复苏"进行了新的讨论。增加了 75 个新的研究参考文献以支持本章。

第十八章　政治与政府

"社会的力量"专栏揭示了年龄对投票偏好的影响，显示出 30 岁以下的年轻人对近期的总统选举，包括 2016 年竞选的结果至关重要。本章开篇的故事强调了公众对美国政治领导层缺乏信心。本章新增了有关特朗普总统及他的内阁成员的财富问题的讨论，更新了关于世界各地不断变化的政治格局的最新讨论和分析，包括叙利亚战争导致数百万难民在邻国和欧洲寻求庇佑。更新的内容包括：政府雇佣的人数；政府运作的成本；2012 年和 2016 年选举中涉及种族、族裔和性别的选民投票率和选民偏好；美国说客和政治行动委员会的数量；基于刑事定罪被禁止投票的人数；近期大学生的政治趋势；世界的政治自由度不断下降；恐怖主义现象以及由此类行为而导致的伤亡；近期关于核武器的谈判，核扩散的现状，作为维护和平政策的战略防御倡议（SDI）在支持度上的变化；全球和美国军费开支的最新数据，以及美国军队中女性机会的增加。本章更新并扩充了对收入不平等问题在美国政治中的重要性的讨论，还讨论了"摇摆州"的重要性和选举团如何阻碍了大多数州的选民投票。"日常生活中的社会学"专栏也进行了大量的修改。增加了约 50 个新的研究参考文献以支持本章。

第十九章　家庭

"社会的力量"专栏显示了阶级对婚姻持续的可能性的影响，数据说明，社会地位更高的人的婚姻持续的时间更长，处于不利社会地位的群体则相反。对祖辈在养育子女过程中的重要性、晚年的孤独感和家庭的体验，以及在当前经济衰退期间为削减生活成本而搬到亲戚家居住的趋势，本章都进行了讨论。更新的内容包括：美国的户和家庭的数量；低收入国家年轻女性在 18 岁之前结婚的比例；不同阶级的父母养育孩子的成本；美国"钥匙儿童"的比例；拉美裔、非裔美国人家庭和非拉美裔白人家庭之间的收入差距；初婚平均年龄的上升；法院判决的儿童抚养费支付以及不支付的比例；针对女性和儿童的家庭暴力的比例。2017 年的数据显示了允许同性结婚的国家数量，以及美国近期的政治变化，最终导致 2015 年最高法院决定保障同性婚姻权利。还有新的数据显示了收入如何影响婚姻和家庭类型、美国成年人独居的比例在上升、有年幼孩子的职业女性的儿童照护问题、各种跨种族婚姻的相对频率，以及处于不同人生阶段的离婚率。增加了 44 个新的研究参考文献以支持本章。

第二十章　宗教

"社会的力量"专栏展示了宗教信仰（或缺乏宗教信仰）如何与传统的或进步的家庭价值观相联系。修订后的章节对美国的宗教信仰情况进行了更新，具体说明了世界上所有宗教信仰的人口情况。最新数据显示了美国的宗教信仰程度以及各种教派的人口比例，声称没有宗教信仰的人的比例在不断增加。本章对年轻人脱离宗教的趋势进行了最新的讨论，也更多地探讨了美国的伊斯兰教。新的讨论还集中在美国货币上"我们相信上帝"这句话的起源和争议上。本章对神学院学生中女性比例的增加以及有关世俗化的争论进行了进一步讨论，也探讨了使用电子媒体来分享宗教思想。增加了 27 个新的研究参考文献以支持本章。

第二十一章　教育

"社会的力量"专栏显示了种族和族裔在影响上大学的机会方面的重要性。修订后的章节包含最新的全球数据，显示了美国儿童的相对学术表现，并与日本和其他国家的儿童进行了对比。更新的统计数据描述了印度、日本和其他国家的学校教育概况。本章还说明了完成高中和大学学业的美国成年人的比例、收入如何影响接受高等教育的机会，以及大学教育如何与未来的收入相关联。还总结了有关美国的学院和大学的数量以及入学的费用的最新统计数据。本章还包括高中辍学的最新趋势、SAT 考试的表现、高中分数的膨胀、特许学校和磁石学校的扩张，以及美国大学校园内性别不平衡的最新数据。增加了 45 个以上的新的研究参考文献以支持本章。

第二十二章　健康与医疗

"社会的力量"专栏记录了一个关键的健康趋势——美国各类人口中肥胖症的高比例。修订后的章节更新了对体重偏见的讨论，也扩充了对涉及男性体重问题的讨论。本章对全球健康模式方面的内容进行了更新，包括儿童福利的改善、吸烟率、无烟香烟的使用以及吸烟导致的患病率。修订后的章节介绍了涉及艾滋病和其他性传染病的最新情况，探讨了最近的埃博拉危机所显示的贫困生活条件和缺乏医疗服务之间的联系，并关注了正在进行的关于安乐死的辩论。本章还表明如今美国政府支付了大部分的医疗服务开支，也解释了人们如何支付剩余的医疗费用。增加了 40 多个新的研究参考文献以支持本章。

第二十三章　人口、城市化与环境

"社会的力量"专栏显示了对于环境问题，高收入国家通常比低收入国家更为关心，而美国则保持着较低的关心度。本章更新的内容包括：美国和世界各地的生育率、死亡率；婴儿死亡率和预期寿命的最新数据；新的全球人口预测；城市化趋势的最新讨论。本章还包括关于美国最大城市的种族和族裔人口的最新数据。新增的内容还有对乡村地区社会生活的讨论。本章对美国乡村地区的限制、全球淡水的日益短缺、地球雨林面积的不断减少，以及环境性别歧视也进行了进一步讨论。增加了 40 个新的研究参考文献以支持本章。

第二十四章　集体行为与社会运动

"社会的力量"专栏显示了哪些国家的人更可能或更不可能参与合法和平示威活动。修订后的章节提供了谣言、流言、公众舆论、道德恐慌以及其他类型的集体行为的最新示例。新章节的材料阐明了重要的观点，包括政治竞选宣言具有一定的欺骗性、叙利亚的持续冲突、2016 年的总统选举。修订后的章节强调了最近关于所谓"假新闻"的争议，最新的数据还报告了政治上活跃的大学生的比例。增加了 10 多个新的研究参考文献以支持本章。

第二十五章　社会变迁：传统社会、现代社会与后现代社会

"社会的力量"专栏显示了不同国家对科学进步的积极或消极看法。修订后的章节对美国社会的预期寿命和其他人口变化进行了更新。对美国社会生活的讨论根据最新的人口数据进行了更新，包括其中的积极趋

势和消极趋势。增加了 50 多个新的研究参考文献以支持本章。

关于语言的说明

本书致力于反映美国和全世界的多样性，作者有责任审慎地使用相关语言。大多数情况下，我们宁愿使用"非裔美国人"（African American）和"有色人种"（person of color）这样的表达，而不用"黑人"（black）的表述。同样地，我们一般使用"拉美裔美国人"（Latino）或"西班牙裔美国人"（Hispanic）这样的表达来指代具有西班牙血统的人。美国人口普查局在收集美国人口统计资料时用词的惯例是使用"西班牙裔美国人"（Hispanics）的表述。

但学生同时应该了解，许多个体并不会使用这些词语来描述他们自己。尽管"西班牙裔美国人"（Hispanics）是美国东部的普遍用法，西部广泛使用的却是"拉美裔美国人"（Latino）及该词的阴性形式"Latina"。全美有着西班牙血统的人认同各自有别的祖国，可能是阿根廷、墨西哥以及其他一些拉丁美洲国家，也可能是欧洲的葡萄牙或西班牙。

亚裔美国人同样拥有多样性。尽管"亚裔美国人"这个术语在社会学分析上是一个简略易行的表达方法，但大多数亚裔美国人都根据自己各自的血统来称谓，比方说，日本人、菲律宾人、中国人或越南人。

本书中的"美国土著"指的是所有北美洲的原住民（包括阿拉斯加和夏威夷群岛），他们的祖先早在欧洲人到来之前就已经在这片大陆上定居。同样，这一类中的大多数人都认同他们各自的历史社会（例如，切罗基人、霍皮人、塞纳卡人、祖尼人）。"美国印第安人"指的仅仅是生活在美国大陆的美国土著，而不包括生活在阿拉斯加或夏威夷的土著。

在全球层面上，我们避免使用"American"特指美国，因为"American"的字面意思包括两块大陆。比如，在涉及美国时，我们使用"U.S. economy"就比"American economy"更准确。这一表达看起来或许微不足道，但它意味着一个重要的认知，即我们国家仅仅代表了美洲的一个（尽管是很重要的）社会。

# 简明目录

# 目 录

第一章
# 社会学的视角

# 社会的力量

指导我们如何选择婚姻伴侣

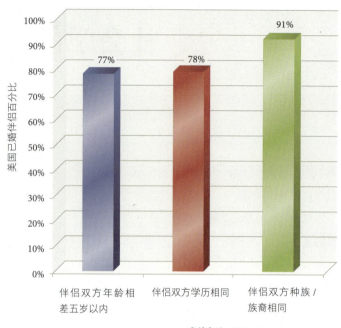

资料来源：U.S. Census Bureau (2016)。

我们只是简单地在"挑选"我们的婚姻伴侣吗？在美国，77% 的婚姻伴侣双方年龄差距在 5 岁以内，78% 的婚姻伴侣双方的受教育程度相同，91% 的婚姻伴侣双方来自同一种族或族裔。尽管我们倾向于认为爱情和婚姻是非常私人的事情，但很明显，选择配偶的过程受社会引导。

---

## 本章概览

你即将开始学习一门可能会改变你生活的课程！社会学是一种全新的、激动人心的理解世界的方式。它将改变你所看到的一切、你对这个世界的思考，甚至可能改变你对自己的理解。第一章将介绍社会学学科，学习这门课程，最重要的是获得应用所谓"社会学的视角"的能力。然后将介绍社会学理论，这将有助于我们用社会学的视角建立对所见之物的理解。

从他第一次看到托尼娅走出地铁，德韦恩就知道她就是他要找的"那个人"。他们两人拾级而上，从街区走到一起上课的大楼。德韦恩试着让托尼娅停下来，一直和她说话，一开始，托尼娅并没有注意到他。但是下课后，他们又见面了，托尼娅同意和他一起喝杯咖啡。那是三个月前的事。现在，他们已经订婚了。

如果你问生活在美国的人："为什么两个人会像托尼娅和德韦恩这样选择结婚呢？"几乎每个人都会回答说："人们结婚是因为他们相爱。"我们大部分人都很难想象，没有爱的婚姻会使人幸福。正因为如此，当人们相爱时，我们就会期待着他们谈婚论嫁。

但是，要和谁结婚真的只是由个人感情决定的吗？有大量的证据表明，如果爱情是婚姻的关键，那么，丘比特之箭射向谁则是由我们身处的社会来"精心"选定的。

社会有着许多关于我们应该和谁结婚、不应该和谁结婚的"规则"。直到大约十年前，美国所有州的法律都将总人口的一半排除在外，即禁止人们与相同性别的人结婚，哪怕两人深深相爱。同样还有其他一些规则。社会学家发现，人们很有可能与他们年龄相近的人结婚，特别是当他们年轻的时候。同时，各个年龄段的人都明显地会与同一种族的，有着相似社会阶级背景、大致相同的教育水平以及外表吸引力的人结婚（Schwartz & Mare, 2005; Schoen & Cheng, 2006; Feng Hou & Myles, 2008; 第十九章"家庭"将给出细节）。尽管要和谁结婚的决定最终是由个人做出的，但在他 / 她做出这种决定之前，社会早已将他 / 她的视野限定在十分狭窄的范围中。

当坠入情网时，人们做出的决定并不是简单地取决于哲学家所说的"自由意志"过程。社会学教导我们，社会世界的力量能指引我们的生活选择，如同季节影响我们的穿衣选择一样。

# 社会学的视角

## 1.1 运用社会学的视角来说明社会如何塑造我们的个体生活

**社会学**（sociology）是关于人类社会的系统研究。**社会**（society）指的是在特定地域内互动并共享同一种文化的人。社会学的核心是一种被称作社会学的视角的特殊观点。

### 从特殊中发现一般

理解**社会学的视角**（sociological perspective）的一种很好的方式，是将其定义为从特殊中发现一般（Berger, 1963）。这个定义告诉我们，社会学家总是从特定人群的行为中寻求一般的模式。尽管每一个个体都是独特的，但社会却是按照一定的模式来形塑人们的生活，就像我们所观察到的，不同类别的人们（比如儿童与成人、

**社会学**
关于人类社会的系统性研究

**社会学的视角**
社会学的特殊观点，从特定人群的生活中发现社会的一般模式

图片中的儿童分别来自肯尼亚、埃塞俄比亚、缅甸、秘鲁、韩国和印度。如果我们出生于上述任何一个国家，我们的生活会有什么样的变化？这样想想，我们不难发现社会的力量对个人是有所影响的。

女性与男性、富人与穷人）的生活方式非常不同。我们所属的一般社会类别决定了我们独特的生活经历。当我们意识到这一点的时候，我们也就开始从社会学的视角来观察世界了。

举个例子，社会阶级是否会影响女性的择偶标准呢？在一个有关女性婚姻期待的经典研究中，莉莲·鲁宾（Rubin，1976）发现高收入女性的典型择偶标准是体贴他人、交谈愉快、可以分享感受和经历。而低收入女性的标准则大不相同，她们希望男性不酗酒、不使用暴力、有稳定的工作。很明显，女性对配偶的期望与其所处的社会阶级地位有关。

本文将探讨社会对我们行动、思想和感觉的影响力。我们可能认为婚姻只是源于互相爱慕的个人感情，但是社会学的视角告诉我们，诸如性别、年龄、种族和社会阶级等因素会引导我们如何选择另一半。一种对爱情更准确的理解可能是这样的——社会教给了我们一套择偶标准，而爱情则是我们对符合这一标准的人产生的感觉。

## 从熟悉中发现陌生

首先，运用社会学的视角可以从熟悉中发现陌生。想象一下，当一个人对你说："你符合所有条件，这意味着你可以成为一个极好的伴侣"，你的反应如何。我们会习惯性地认为人们将坠入情网，并基于个人情感而决定结婚。但是，社会学的视角则揭示了我们起初感到陌生的观念：是社会形塑了我们的所思和所为。

由于我们生活在一个奉行个人主义的社会，要了解社会如何影响我们，需要进行一些练习。如果有人问你为什么"选择"进入你所在的这所大学，你可能会给出下列原因中的一种。

"我想离家近一点。"

"我得到了一项篮球奖学金。"

"拿到这所大学的新闻学学位能让我找到好的工作。"

"我的女朋友在这边的学校上学。"

"我没有考上我真正想去的学校。"

这些回答可能是真实的，但这就是全部的原因吗？

从社会学的视角来思考上大学的问题，首先要认识到世界上每100个人中仅仅只有7个人取得大学的学位，而高收入国家的大学毕业率却占成年人口的35%（Barro & Lee，2010；Organisation for Economic Co-operation and Development [OECD]，2016）。一个世纪以前，即使在美国，上大学也不是大多数人的选择。今天，上大学的人已经远比以前多。但是，只要环视教室里的人便可以看出，社会的力量仍然对于谁上大学具有很大的影响。大多数美国大学生十分年轻，通常处于18岁和30岁之间。为什么呢？因为在美国社会，上大学是与这一时期的生活相联系的。但是上大学不光与年龄相关，因为18岁至24岁的男性和女性中只有42%最终进入了大学校园。

另一个因素是费用。因为高等教育非常昂贵，大学生一般来自高于平均收入水平的家庭。在至少有一个孩子在上大学的美国家庭中，年收入为75000美元及以上的家庭在数量上是年收入低于20000美元的家庭的四倍。鉴于这一事实，我们能忽略社会的力量而简单地将上大学视为一种个人选择吗？

## 从日常生活中发现社会

从女性的子女生育数量上，也可以看到社会如何影响个人的选择。在美国，每个女性在她的一生中平均生育两个孩子（实际平均为1.8个）。然而，在菲律宾，平均生育数量大约为三个；在津巴布韦大约是四个；

多样化快照

白人男性自杀率几乎是黑人或西班牙裔女性的 12 倍

图 1-1 美国的自杀死亡率（按种族和性别分类统计）
　　白人的自杀率高于黑人和西班牙裔。在每个族裔内部，男性的自杀率高于女性。这个比例显示的是 2014 年每 10 万人中因自杀而死亡的人数。
*数据来源*：Kochanek et al.（2016）。

在阿富汗，大约是五个；在乌干达，大约是六个；而在尼日尔，女性平均生育数量在七个以上（Population Reference Bureau，2016）。

为什么会有如此显著的差别？因为贫穷国家的女性具有较少的教育和经济机会，她们的生活以家庭为中心，更少地采取避孕措施。很明显，女性和男性的生育决定与其所处的社会有重要的联系。

社会的力量影响着我们的选择，即使是最个人化的选择也不例外。以自杀研究为例，还有什么比结束自己的生命更个人化的决定呢？但是，社会学的先驱者之一，埃米尔·涂尔干（Emile Durkheim，1858—1917）表明，即使是在这方面，社会的力量依然在起作用。

通过考察法国的官方记录，涂尔干发现，在他的国家某些类别的人比其他类别的人更可能会结束自己的生命。男性、新教徒、富人以及未婚者相对于女性、天主教徒和犹太教徒、穷人以及已婚者有着更高的自杀率。涂尔干用社会整合这个概念来解释这种不同：有较多社会关系的人有着较低的自杀率，而个人主义越强的人自杀率也越高。

在涂尔干的时代，男性比女性拥有更多的自由。尽管这是优势，但是自由却削弱了人与人之间的社会关系，因此增加了自杀的风险。同样地，个人主义较强的新教徒比那些相对传统的天主教徒和犹太教徒更容易自杀，因为后者的宗教习俗鼓励更紧密的社会关系。富人比穷人有更多的自由，但同样，有更高的自杀率。

一个世纪之后，涂尔干的分析依然保持着其正确性。图 1-1 向我们展示了不同类别美国人的自杀率。请记住，自杀是很少见的——大约 10 万人中有 10 名自杀者。即便如此，我们能看到一些有趣的规律。2014 年，每 10 万个白人中，有记录的自杀者为 17.6 个，这个数字是非裔（5.6）和西班牙裔（5.9）美国人的 3 倍。对于所有类别的美国人来说，自杀在男性中更为普遍。白人男性（27.6）自杀的比率是白人女性（7.9）的 3 倍多。在非裔美国人中，男性（9.5）的这个比率几乎是女性（2.1）的 5 倍。在西班牙裔美国人中，男性（9.2）的比例是女性（2.4）的近 4 倍（Centers for Disease Control and Prevention，2016）。运用涂尔干的逻辑，我们可以这样理解事情的原因：白人和男性的高自杀率反映了他们拥有更多的财富和自由；女性和黑人的低自杀率反映了他们有限的社会选择权。正如涂尔干一个世纪前所言，我们可以从一些特殊的个人行为中发现一般的规律。

## 从社会学的视角观察：边缘化与危机

任何人都可以通过社会学的视角去观察世界。但是两种情况可以帮助人们更加清楚地观察社会如何形塑

拥有特权的人往往认为个人要对自己的生活负责。相比之下，那些处于社会边缘的人很快就能看到种族、阶级和性别是如何为一些人创造优势的同时阻碍另一些人。这种洞察力激发了50 Cent和其他艺术家的大量说唱音乐。

个人生活——生活在社会的边缘和生活在社会的动荡时期。

有时，每个人都感觉自己是"局外人"。然而，对一些类别的人而言，做一个局外人——不是主流群体中的一部分——是他们日常的经历。人们的社会边缘性越强，就越能更好地运用社会学的视角。

例如，所有在美国长大的黑人都知道种族对人们的生活的重要影响。说唱歌手 Jay-Z 用歌曲表达着他的愤怒，不仅是为从小经历的贫穷生活，还为在种族不平等的社会中由于暴力而丧生的无辜生命而发声。他的歌词和其他相似艺术家的作品通过大众传媒在世界上流行，这表明一些有色人种——特别是生活在城市里的非裔美国人——感觉他们的希望和梦想被社会摧毁了。但是白人，作为主流的大多数，很少思考种族问题。即使多种族社会中白人身份为他们带来了特权，他们也认为种族只是对有色人种有影响，而对他们没有任何影响。那些处于社会生活边缘的人们，包括女性、同性恋、残疾人以及老年人，更能意识到社会的一些特征，而其他人则很少考虑到。为了更好地运用社会学的视角，我们必须跳出我们熟悉的日常生活，以一种全新的好奇心来重新观察我们的生活。

时代的变迁或动荡会让每个人感觉到不稳定，促使我们运用社会学的视角看问题。社会学家 C. 赖特·米尔斯（Mills，1959）用 20 世纪 30 年代的大萧条验证了这个观点。当失业人口激增至 25%，没有工作的人们被迫体察到社会的力量在他们的生活中所起的作用。他们不再说："我出了点问题，我找不到工作。"取而代之的是，他们采用社会学的方式并意识到："经济衰退了，没有工作可找！"米尔斯相信这样使用他所说的"社会学的想象力"不仅可以帮助人们认识他们所处的社会，还可以认识他们自己的生活，因为社会和个人生活是密切相关的。本书的"日常生活中的社会学"专栏将会进行更深入的探讨。

正如社会的变迁促使了社会学的思考，社会学的思考也会带来社会的变迁。我们对"系统"是如何运作的了解得越多，我们就越想从一些方面去改变它。例如，意识到性别差异的巨大影响，许多女性和男性开始为减少性别的不平等而努力。

## 全球化视野的重要性

1.2  列举几个原因来说明为什么全球化视野在当今世界很重要

当新的信息科技甚至能将地球的最远端拉近的时候，许多学科也开始采用一种**全球化视野**（global perspective），来研究更为广阔的世界以及我们的社会在其中所处的位置。对于社会学而言，采用全球化视野有什么重要性呢？

首先，全球化意识是社会学视角的一种逻辑上的扩展。社会学告诉我们，我们生活的社会环境决定了我们的生活经历。显而易见，我们的社会在更广阔的世界系统中所处的位置影响了每一个生活在美国的人。

世界上的 194 个国家可以根据它们的经济发展水平划分为三大类。**高收入国家**（high-income countries）是那些总体生活水平最高的国家，包括美国、加拿大、阿根廷、西欧诸国、南非、以色列、沙特阿拉伯、日本和澳

# 日常生活中的社会学

## 社会学的想象力：将个人问题转变为公众议题

当麦克打开信封时，他感到心中一紧：手中这封信宣告了他工作的终结。他已经在这个岗位上干了 11 年了！辛勤工作多年，本以为会升职，结果一切希望和梦想现在都突然地破灭了。麦克感到挫败、愤恨，怪自己怎么不再多努力一些，怪自己将 11 年都浪费在这个最终被证明没有前途的工作上。

但是，当他回到工作地点打包东西时，他很快发现他不是孤独的。几乎所有技术支持小组的同事都收到了相同的信。技术支持工作以后将转移到印度完成。在那里，公司可以提供电话技术支持，而所花的还不足加利福尼亚雇员费用的二分之一。

周末的最后，麦克和 12 个其他前雇员坐在大厅，互相沟通，交换意见。现在他们终于意识到，他们只是大规模的工作外包浪潮中的一些牺牲品。工作外包，正是分析家所说的"经济全球化"的一部分。

不论在好时代还是坏时代，社会学视角的力量都在于理解个人的生活。可以看到，我们很多特别的问题（也包括成功）不是个人独有的，而是更大范围的社会趋势的结果。半个世纪之前，社会学家 C. 赖特·米尔斯便指出他所说的社会学的想象力的力量——帮助我们了解日常生活事件。正如他所言，社会是贫穷和其他社会问题的原因，而并不是个人的过失。社会学的想象力将人们聚在一起，通过将个人问题转变为公众议题来创造改变。

在下面这段摘录 \* 里，米尔斯（Mills, 1959: 3-5）解释了为什么需要社会学的想象力：

随着一个社会走向工业化，农民成了工人，而封建领主则被清除或成为商人；随着各个阶级的起伏兴衰，个人找到了岗位或丢了饭碗；随着投资回报的涨跌，人也会追加投资或宣告破产。战事一开，保险推销商扛起了火箭筒，商店员工操作起了雷达，妻子独自在家过日子，孩子的成长也没有了父亲的陪伴。无论是个体的生活，还是社会的历史，只有结合起来理解，才能对其有所体会。

不过，人们通常不从历史变迁的角度出发，来界定自己所经历的困扰……他们只管享受安乐生活，一般不会将其归因于所处社会的大起大落。普通人很少会意识到，自己生活的模式与世界历史的进程之间，有着错综复杂的关联。他们通常并不知道，这种关联如何影响到自己会变成哪种人，如何影响到自己可能参与怎样的历史塑造。要把握人与社会、人生与历史、自我与世界之间的相互作用，必须有特定的心智品质，而他们并不具备这样的品质……

他们所需要的……是一种特定的心智品质，这种心智品质能够帮助他们清晰地概括出周边世界正在发生什么，他们自己又会遭遇到什么……这种心智品质，我们不妨称之为社会学的想象力。

## 你怎么想？

1. 正如米尔斯所提到的，个人困扰如何与公众议题相区别？请根据上文中发生在麦克身上的故事来讨论二者的区别。

2. 为什么美国人经常因为他们所面临的个人问题而责备自己？

3. 通过运用社会学的想象力，我们怎样才能获得超越现实世界的力量？

\* 在原文摘录里，米尔斯使用"man"和男性代词来指称所有人。就社会性别角度而言，即使是这位直言不讳的社会批评家都无法脱离他所处时代的传统写作体例。

大利亚等大约 72 个国家。总的来说，这些国家生产和提供了世界上绝大多数的商品和服务，这些国家的居民也占有了这个星球上绝大多数的财富。从经济学角度来看，这些国家的居民非常富裕，并不是因为他们比世界上其他地方的人更加聪明或努力，而是因为他们很幸运地生活在富裕的国家里。

第二类是**中等收入国家**（middle-income countries），这些国家的总体生活水平接近世界平均水平。在这 67 个国家中的任何一个国家——许多东欧的国家、一些非洲国家，以及几乎所有拉美国家和亚洲国家，人们既可能住在乡村也可能住在城市，既可能步行、开拖拉机、骑摩托车、骑自行车或骑牲畜也可能驾驶汽车。他们平均接受了八年的教育。很多中等收入国家的内部也存在许多的社会不平等现象，因而一些人非常富裕（例如北非国家的商界精英），但是还有许多人缺乏安定的住所和足够的营养（例如生活在印度孟买和秘鲁利马的周边的人，很多居住在简陋的小棚屋里）。

剩下的 48 个国家是**低收入国家**（low-income countries），这些国家生活水平非常低，大部分人都是穷人。世界上最穷的国家大部分在非洲，也有一些在亚洲。当然，在这些国家中有一部分人很富有。但是大多数人在糟糕的住房条件、不干净的饮用水和很少的食物中挣扎，最糟糕的是，他们几乎没有机会改善自己的生活水平。

第十三章（"全球社会分层"）解释了全球贫富差距出现的原因及其带来的后果。但是本书的每一个章节都在比较美国和其他国家，这种比较基于以下五个原因。

1. 我们的居住环境塑造着我们的生活方式。在富裕和贫穷的国家，女性的生活有所不同，这点在她们拥有的孩子数量上也会有所表现。要想理解自己和体会别人的生活，我们必须要了解国家间的差别是什么样的。

2. 世界各地的社会相互联系日益频繁。历史上，美国人鲜少留意其他国家的情况。然而，最近的几十年，美国和世界的其他国家开始密切联系，这在以前是从来没有过的。数秒内，声音、图片和文本文件便可以通过电子技术在全球范围内传递。

全球化视野 对更广阔世界的研究以及我们的社会在其中所处的位置

高收入国家　　　　　　中等收入国家　　　　　　低收入国家
总体生活水平最高的国家　　总体生活水平接近世界平均水平的国家　　生活水平低且大多数人生活贫困的国家

新技术的一个影响是世界人民现在可以共享各种口味的食品、各种款式的衣服和各种类型的音乐。像美国这样的发达国家可以影响其他国家，使得这些国家的人更有可能大口吃着巨无霸和特大汉堡，跟着最新的HIP-HOP 音乐起舞，用英语进行交流。

同时，更加广阔的世界也对美国有所影响。我们都知道像阿诺德·施瓦辛格（从奥地利移民至美国）和葛洛丽亚·伊斯特芬（来自古巴）这样非常著名的移民者所做出的贡献。每年大约有 130 万的移民带着他们的技术和才智涌进美国，也带来他们的时尚和饮食习惯，从而大大增加了这个国家种族和文化的多样性（Migration Policy Institute，2016；U.S. Census Bureau，2016）。

3. 世界其他地方发生的事情也影响着美国的生活。跨国贸易创造了全球经济。大型企业在世界范围内生产和销售商品。纽约的股票交易员密切关注着东京和香港的金融市场，而堪萨斯州的小麦农民则在关注着苏联前加盟共和国格鲁吉亚的谷物价格。由于美国的大多数新工作都涉及国际贸易，对于全球性的理解显得越发重要。

在过去几十年里，美国的权力和财力受到了挑战，这些挑战来自一些分析人士所说的其他国家的崛起，这意味着世界其他国家的权力和财力不断增加。随着巴西、俄罗斯、印度和中国等国扩大经济生产，许多曾经支撑美国很大一部分劳动力的制造业和文职工作转移到了海外。全球化不仅改变了世界经济，还压低了工薪阶层的工资，使美国的失业率居高不下。

4. 许多我们在美国遇到的社会问题在其他地区的情况要严重得多。贫困在美国是一个严重的问题，但正如第十三章（"全球社会分层"）所说，贫困问题在拉丁美洲、非洲和亚洲更普遍，也更严重。同样，虽然美国女性的社会地位低于男性，但在世界贫穷国家，性别不平等问题要严重得多。

5. 全球化思维有助于我们更多地认识自己。走在远方城市的街道上，我们很难不去思考生活在美国意味着什么。比较不同环境下的生活也会让我们得到意想不到的收获。例如，如果你去住印度金奈的一个小棚屋，你可能会发现，尽管极度贫困，人们还是在家人的爱和支持下茁壮成长。那么，为什么我们国家有那么多穷人感到愤怒和孤独呢？物质——"富裕"生活中的核心定义——是衡量人类幸福的最佳方式吗？

总之，在这个人类交往日益密切的世界中，我们只能通过拓宽对别人的认识来认识自己。社会学邀请我们学习用一种新的方式看待周围的世界。但是这种邀请是否值得接受？接受了这种社会学的视角将给我们带来什么益处呢？

# 运用社会学的视角

1.3　指出社会学思维在制定公共政策、鼓励个人成长和促进职业发展方面的优势

在很多地方采用社会学的视角是非常有效的。第一，社会学对我们生活中的一些法规政策的制定起着一定的作用。第二，在个人层面，采用社会学的视角能够引导我们的成长，开阔我们的见识。第三，学习社会学是走入职场前的一个重要准备。

## 社会学和公共政策

社会学家常常协助制定公共政策——那些引导人们在社会中生活和工作的法律和规章——包括各个方面，从废除种族歧视、校车制度到离婚法案。例如，在研究离婚如何影响人们收入时，社会学家莉诺·韦茨曼（Lenore Weitzman）发现那些离婚女性的收入普遍显著减少（1985，1996）。意识到这一事实后，许多州通过了一系列法律来增强女性对于婚后财产的分割权。如果孩子的抚养权被判给母亲，法律会强制执行孩子父亲所应承担的抚养义务。

## 社会学和个人成长

通过采用社会学的视角，我们在日常生活中会变得更加活跃、更加清醒，思考也会更加深刻。运用社会学让我们在以下四个方面受益。

1. 社会学的视角帮助我们辨别"常识"的真实性。我们都认为一些事情是理所当然的，但是这并不意味着它们就是真实的。一个很好的例子就是这样一种观点，即认为我们都是自由的个体，都可以对自己的生活负责。如果我们认为我们可以决定自己的命运，我们就很可能会称颂那些非常成功的人，认为他们高人一等，而觉得那些不怎么成功的人存在个人的不足。相对而言，社会学的方法促使我们去思考这样一些所谓的常识究竟是不是真实的，如果不是，那它们又为什么会这样广为流传。"思考多样性"专栏考察了低薪工作，并解释了社会学视角如何让我们重新思考关于他人及其工作的常识性观点。

2. 社会学的视角帮助我们识别日常生活中的机会和约束。社会学的观点引导我们观察生活中的游戏规则，社会是发牌人，但是我们可以决定如何玩牌。我们越了解这个游戏，我们越可以成为一个好的玩家。社会学帮助我们更多地了解世界，所以我们可以更加有效地追求人生目标。

3. 社会学的视角使我们能够成为社会中的一个积极的参与者。我们越了解社会是如何运作的，我们就越可以成为一名积极的公民。正如 C. 赖特·米尔斯（Mills，1959）在前面专栏中的解释，正是社会学的观点将一个"个人问题"（例如失业）转化为一个"公共议题"（缺乏好工作）。当我们开始注意到社会是如何影

# 思考多样性：种族、阶级与性别

挣分分钱：在美国勉强过活

我们所有人都知道，附近餐厅的服务员、地方路口的收费员以及廉价商店（例如沃尔玛）的促销员，他们都是低收入者。我们几乎每天都能碰到他们。实际上，我们中的许多人就是他们中的一员。在美国，"常识"告诉我们，人们的工作和薪水反映了他们的个人能力以及他们是否努力工作。

芭芭拉·恩约克（Ehrenreich, 2001）有她的疑惑。为了了解低收入工作者的真实世界是什么样的，这位成功的记者和作家决定抛开她舒适的中产阶级生活，加入低收入工作者的世界。她在佛罗里达州的基韦斯特开始了工作，她找到的第一份工作是餐馆的服务员，报酬是每小时 2.43 美元外加小费。很快，她发现她必须比想象中还要艰苦地工作。下班时，她身心疲惫，在和厨房里的那些人平分小费后，她的平均工资少于每小时 6 美元。这个工资收入也仅仅是略高于最低收入，仅仅够支付她那间很小的公寓的租金、购买食物和其他一些最基本的花费。她只有祈祷自己不要生病，因为这份工作没有为她提供健康保险，而且她也难以负担看医生的费用。请同时记得，恩约克作为一个单身女性尚且需要这么努力才能养活自己，如果她还有年幼的孩子，她的生活又会怎么样呢？

在从事了一年多各种低收入的工作之后，包括在缅因州打扫汽车旅馆、在明尼苏达州的沃尔玛的一楼工作，她已经抛弃了原先的那种"常识"。第一，她知道了成千上百万的低收入者每天都非常辛苦地工作。恩约克说，如果你不这样认为，你可以尝试一下这三种工作中的任意一种。第二，这些工作不仅需要辛勤的劳动（想象一下在一天里每个小时打扫完三家汽车旅馆的房间），而且需要娴熟的技巧和真正的才智（试试在同一时间里，为十张桌子的客人服务且保证每一个用餐者心情愉悦）。她发现那些和她一起工作的人们，大体上来说，和那些她所认识的作家和大学里的老师一样，是灵活、聪慧、幽默的。

然而，为什么我们会认为那些低收入的人们是懒惰的、没有能力的呢？恩约克吃惊地发现那些低收入者也同样这么认为。在这样一个告诉我们个人能力就是一切的社会里，我们用不同的工作去划分人们的等级。因为低收入者遭受到长期的监视、随意的药物检测和其他一些强硬的管辖，恩约克猜测这令很多人最终感到无价值可言，甚至不再尝试改变以求更好。她推断，这样一些信念，支撑了一个"极端不平等"的社会，在这样一个社会里，一些人生活得好是因为剩下的那些人只能获得低工资。

你怎么想？

1. 你曾经做过低工资的工作吗？如果做过，你认为你工作很努力吗？你的薪水是多少？有什么福利吗？
2. 恩约克声称，美国大多数富裕的人都依赖低薪工人，这是什么意思？
3. 大多数在温迪快餐或沃尔玛工作的人有多大的可能性进入大学，又有多大的可能性改变他们的职业方向？请解释。

响我们的，我们可能会支持社会的现状，也可能会和他人一起去试图改变社会。

4. 社会学的视角有助于我们生活在这样一个多元化的世界中。北美居民只占世界人口的 5%，正如这本书剩下章节中所解释的，另外 95% 的人口中许多人过着和我们截然不同的生活。但是，就像世界各地的人一样，我们总试图将我们所拥有的生活定义为"正确的""自然的"，而且是"更好的"。社会学的观点促使我们去批判性地思考所有生活方式相对的优势与劣势，包括我们自己的。

### 职业生涯："社会学优势"

今天，大学校园里的大多数学生都很希望将来能够获得一份好工作。拥有社会学的学科背景能为今后的职业生涯做好充分准备。当然，获得社会学的学士学位对那些想继续进行研究生学习并最终成为该领域的一名中学老师、教授或者研究人员的人来说是一个非常正确的选择。在美国，成千上万的男性和女性在大学、学院、中学里教授社会学课程。但是，他们也仅仅只是像许多专业的为政府机关或者私人机构和企业工作的研究人员一样，收集一些重要的社会行为信息，进行评估研究。在今天这个成本意识强烈的世界里，机关、企业都想要确定他们所实施的计划和政策能够以最低的成本完成工作。要达到这个目的，极其需要社会学家尤其是那些具备高深研究技能的社会学家的参与（Deutscher，1999；American Sociological Association，2015）。

另外，一群数量相对较小但正不断扩大的社会学家则作为临床社会学家（clinical sociologists）一样在工作。这些社会学家们就像临床心理学家一样，将改善处于困境中的委托人的生活作为工作目标。临床社会学家和临床心理学家的基本区别是，社会学家关注的焦点不是个体个性的问题，而是个体社会关系网络的困境。

但是，社会学并不仅仅是为那些想要成为社会学家的人准备的。从事刑事审判的人，包括在警务部门、缓刑监督机关，以及惩戒机构工作的人，都可以通过学习哪些类型的人最有可能成为罪犯和受害者、各种政策和规划能如何有效地防止犯罪，以及人们起初为什么会走向犯罪等知识而获得"社会学优势"（sociology advantage）。同样地，从事卫生保健工作的人，包括医生、护士和技术员，也可以通过学习人们健康和疾病的模式以及诸如种族、性别和社会阶级等因素如何影响人类健康的知识而获得"社会学优势"。

美国社会学协会（American Sociological Association，2002，2011a，2011b，2015）指出，社会学也能为其他许多领域的工作做好充足的准备，这些工作包括广告业、银行业、商业、教育、行政管理、新闻、法律、公共关系和社会工作。几乎在任何类型的工作中，成功都依赖于理解不同类型的人在信仰、家庭模式以及其他生活方式上的差异。除非你打算从事一份无须与人打交道的工作，否则你就应当考虑一下了解社会学知识的好处。

# 社会学的起源

### 1.4　将社会学的起源与历史上的社会变迁联系起来

就像"选择"是个人做出的，重大的历史事件很少是凭空发生的，社会学的诞生其本身就是强大的社会力量的结果。

现在经济中几乎所有工作都需要与人打交道。基于此，学习社会学将为未来职业生涯做好充足的准备。拥有"人际交往能力"将如何帮助警察完成工作呢？

## 社会变迁与社会学

18 至 19 世纪，欧洲发生了惊人的变迁。在社会学的发展中这三种转变是特别重要的：以工厂生产为基础的工业经济的腾飞、城市的急剧发展，以及关于民主制度和政治权利的新思想。

**一种新的工业经济**　在欧洲的中世纪，大部分人都在家附近开垦土地或者从事小规模的制造业（manufacturing，源自拉丁语，意为"手动加工"）。到了 18 世纪末，发明家们利用新的能源——流水和蒸汽的力量，来运作磨坊和工厂里的大机器。这取代了在家劳作，工人们成了陌生工厂主控之下的庞大无比的劳动大军的一部分。生产系统的这种变化，削弱了数世纪以来引导社会生活的传统，将人们带出了他们的家庭。

**城市的发展**　横跨欧洲，土地所有者都参加了那场历史学家所称的圈地运动（Enclousure Movement）——他们用栅栏和篱笆等隔开很多田地，以便为羊创造放牧的场所，并为越发繁荣的纺织工厂腾出场地。没有了土地，无数的佃农别无选择，他们不得不来到城市在新的工厂里寻找工作。

随着城市的发展壮大，这些都市移民面临着包括污染、犯罪和无家可归在内的许多社会问题。穿过挤满陌生人的街道，他们面临着一个全新的、没有人情味的社会世界。

**政治变迁**　中世纪的人们将社会视作上帝意愿的一种体现：从皇族到奴隶，社会阶梯上上下下的每一个人都与神圣的计划有关。这种关于社会的神学观念是从古老的英国国教（Anglican）赞美诗——《所有的事物都是光明与美好的》（All Things Bright and Beautiful）里的诗句中获得的：

> 富人在他的城堡里，
>
> 穷人在他的门边，
>
> 他们的高低贵贱，
>
> 全凭上帝的旨意。

经济增长和城市发展也带来了新的思考方式。在托马斯·霍布斯（Thomas Hobbes，1588—1679）、约翰·洛克（John Locke，1632—1704）和亚当·斯密（Adam Smith，1723—1790）的著述中，我们发现对上帝和君王的道德义务的关注逐渐转变为对个人利益的追求。在这种新的政治思潮下，哲学家们开始谈及个人自由和个人权利。和这些观点相符的是，美国《独立宣言》声明每个人都拥有"一些不可剥夺的权利"（certain unalienable rights），包括"生命、自由和对幸福的追求"（life, liberty, and the pursuit of happiness）。

1789 年开始的法国大革命甚至是对政治和社会传统更大的突破。法国社会分析学家亚里克西·德·托克维尔（Alex de Tocqueville，1805—1859）认为法国大革命所带来的社会变化是如此巨大，以至于这些变化相当于是"整个人类民族的一次重生"（Tocqueville，1955：13，orig. 1856）。

**一种新的社会意识**　巨大的工厂、不断膨胀的城市、一种新的个人主义精神——这些变化紧密联合在一起，使人们意识到了自身周围的环境。社会学的新学科是在英国、法国和德国诞生的——它们实际上也正是变迁最剧烈的地方。

## 科学与社会学

正是法国社会思想家奥古斯特·孔德（Auguste Comte，1798—1857）在 1838 年创造了"社会学"一词用以描述一种观察社会的新方式。这使得社会学成为最新兴的学术学科之一，它要比历史学、物理学或经济学等诸如此类的学科新得多。

当然，孔德并不是第一个思考社会的性质（the nature of society）的人。这些问题深深地吸引着古代文明

我们看到什么取决于我们的视角。当恋人凝视星星时，他们看到的是浪漫，而科学家看到的是热反应。运用社会学的观点如何改变我们对周围世界的看法？

孔德的社会三阶段说

| 历史神学阶段 | 形而上学阶段 | 科学阶段 |
|---|---|---|
| （中世纪教堂） | （启蒙运动，霍布斯、洛克和卢梭的思想） | （现代物理学、化学、社会学） |

的杰出思想家们，其中就包括中国哲学家孔子（K'ung Fu-tze/Confucius，公元前 551—479）和希腊哲学家柏拉图（Plato，公元前 427—347）以及亚里士多德（Aristottle，公元前 384—322）[1]。数个世纪以后，罗马统治者马克·奥勒留（Marcus Aurelius，121—180）、中世纪思想家圣托马斯·阿奎那（Saint Thomas Aquinas，1225—1274）和克里斯蒂娜·德·皮桑（Christine de Pisan，1363—1431），以及英国剧作家威廉·莎士比亚（William Shakespeare，1564—1616）都有关于社会的著述。

然而相对于研究社会的本来面目，这些思想家们对设想理想社会更感兴趣。孔德和其他一些社会学的先驱们都很关注怎样才能改善社会，但是他们的主要目的是弄明白社会具体是怎样运行的。

孔德（1975，orig. 1851-54）认为社会学是三个历史发展阶段的产物。在最初的历史神学阶段，即从人类历史开始到大约公元 1350 年欧洲中世纪的结束，人们采纳了一种宗教的观点，认为社会表达了上帝的意愿。

随着 15 世纪欧洲文艺复兴运动的到来，历史的神学论被形而上学所取代，在这一阶段中人们认为社会是一个自然的而非超自然的系统。例如，托马斯·霍布斯（Thomas Hobbes，1588—1679）认为社会反映的并不是上帝的完美而是人类本性自私的弱点。

孔德所说的历史的科学阶段始于早期的科学家，例如波兰的天文学家哥白尼（Copernicus，1473—1543）、意大利的天文学家和物理学家伽利略（Galileo，1564—1642）以及英国的物理学家和数学家艾萨克·牛顿（Isaac Newton，1642—1727）等人。孔德的贡献在于，将最早应用于自然界研究的科学方法引进到对社会

---

1 缩写 "B.C.E." 是指 "公元前"（before the common era）。使用这个缩写来代替传统的 "B.C."（before Christ），是为了反映所在的社会的宗教多样性。同样，用缩写 C.E.（公元前，common era）取代传统的 A.D.（anno Domini 或 in the year of our lord）。

的研究中。[1]

孔德的方法被称作实证主义，即一种基于自然科学的理解方式。作为一个实证主义者，孔德认为社会是按照自身的规律运行的，就像自然界是按照万有引力定律和其他自然定律运行的一样。

20 世纪初期，社会学发展到美国，孔德思想的影响也显现出来。当今，大多数的社会学家依然认为科学是社会学至关重要的组成部分。但是正如第二章（"社会学研究"）所解释的，我们现在认识到，人类的行为远比行星的运动以及其他生物的活动要复杂得多。我们是有想象力和自发行为的人，所以，严格的"社会规律"永远都不可能完美地解释人类的行为。另外，早期的社会学家们，例如卡尔·马克思（Karl Marx，1818—1883）被工业社会所表现出的惊人的不平等所困扰，他的观点将在第四章（"社会"）中被介绍。他们希望社会学这门新学科不仅能帮助我们理解社会，还能促进社会正义。

# 社会学理论

### 1.5　总结社会学的主要理论路向

从观察层面深入到理解层面，我们就来到了社会学的另一个面：理论。**理论**（theory）是对特定的事实如何相互联系以及为什么会有这种联系的陈述。社会学理论的任务是解释现实世界中的社会行为。例如，埃米尔·涂尔干的理论认为，那些社会整合程度较低的人（男人、新教徒、富人、未婚者）自杀的风险较高。

正如下一章（"社会学研究"）所说的，社会学家使用各种各样的研究方法来收集证据，以此来检测他们的理论。涂尔干就是这样做的。他找出了哪种类型的人更可能会自杀，哪种类型的人则不会，然后他提出了一种与现有各种证据最为一致的理论。

在决定使用何种理论时，社会学家面临两个基本的问题：我们应该研究什么问题？各种事实该如何联系起来？在回答这些问题的过程中，社会学家们往往将一种或几种理论视角作为"道路指南"，即把**理论路向**（theoretical approach）看作社会的一种基本印象，以引导思考和研究。社会学家采用三种主要的理论路向：结构功能的路向、社会冲突的路向和符号互动的路向。

## 结构功能论

**结构功能论**（structural-functional approach）是一种建构理论的框架，这种理论认为社会是一个复杂的系统，系统的各部分一起运作以促进社会的团结与稳定。正如该理论的名称所指示的那样，结构功能论指向**社会结构**（social structure），即任何相对稳定的社会行为模式。社会的结构形成了各种场合中的生活模式——家庭、工作场所、教室及社区。这种理论视角也在找寻结构的**社会功能**（social functions），即能使社会作为一个整体而运作的社会模式的结果。所有的社会结构，从简单的握手到复杂的宗教仪式，都在为保证社会的持续前进而运行，至少是以其当前的形式。

结构功能论主要归功于奥古斯特·孔德，他指出了在许多传统渐渐崩溃的同时有必要保持社会统一性。埃米尔·涂尔干，这位在法国的大学里创立了社会学研究的人，也是基于这种视角开展他的研究工作的。第三位结构功能视角的先驱者是英国的社会学家赫伯特·斯宾塞（Herbert Spencer，1820—1903），他将社会比作人的身体。正如人体的各个构成部分——骨架、肌肉和各种各样的内部器官，为保证整个组织的存活而相互依赖地运行一样，社会结构也为保持社会的稳定而共同工作。因而，结构功能论引导着社会学家识别社会

---

1　根据孔德的阶段说，古代希腊人和罗马人认为行星是众神；文艺复兴时期，形而上学的思想家认为它们受到星象的影响（导致了占星学的产生）；在伽利略的时代，科学家认为行星是根据自然规律运行的自然物体。

的各种结构，同时研究它们的功能。

罗伯特·K. 默顿（Robert K. Merton，1910—2003）扩展了我们对社会功能概念的理解，他指出任何一种社会结构很可能拥有多种功能，只是其中的一些比另一些更为明显罢了。他对**显功能**（manifest functions，任何社会模式的可知的、可预知的结果）和**潜功能**（latent functions，任何社会模式的不可知的、不可预知的结果）进行了区分。例如，美国高等教育系统的显功能是为年轻人提供他们所需要的信息和技术，以便于他们在毕业后能担当工作任务。可能同样重要但通常没有被人们认识到的是大学作为一种"婚介所"的潜功能，即它将社会背景相似的人们聚集在了一起。高等教育的另外一个潜功能是限制了失业人口，因为它将数以百万计的年轻人从劳动力市场上分离出来，而这些人中有许多人可能很难找到工作。

社会功能　任何能使社会作为一个整体而运作的社会模式的结果

显功能　任何社会模式的可知的、可预知的结果

潜功能　任何社会模式的不可知的、不可预知的结果

然而默顿也认识到，社会结构的影响并不都是正面的。因此，我们将任何一种可能扰乱社会正常运行的社会模式称为**社会的负功能**（social dysfunction）。经济全球化可能对一些企业是有益的，但是当生产转向海外时也会导致工人失去工作。因此，对于社会整体来说，哪些部分是有益的、哪些是有害的，人们常常意见不一。此外，对一个群体的正功能（例如，华尔街银行投资者获得高利润）可能同时是对另一个群体的负功能（例如，由于投资银行失利而赔掉养老金的人们，或者是不能偿还抵押贷款而失去房屋的人们）。

## 评价

结构功能路向的主要思想是将社会看作稳定的和有序的。因此，社会学家采用这种路向的主要目标是揭示出"什么使社会正常运转"。

在 20 世纪中期，大多数的社会学家都赞成结构功能论。然而，近几十年来，这种路向的影响力在下降。批评家们指出，结构功能论聚焦于社会的稳定和统一，忽视了社会中阶级、种族以及性别的不平等，这些不平等导致了紧张的态势和不断的冲突。通常情况下，避开冲突不谈而仅仅强调稳定，使得这一路向有时显得过于保守。作为一种批评性的回应，社会学家们发展出了社会冲突论。

**检查你的学习**　显功能与潜功能有什么区别？以美国的汽车为例，试着说明它的一个显功能和一个潜功能。

## 社会冲突论

**社会冲突论**（social-conflict approach）是一种理论框架，这种理论将社会看作一个充满了不平等的舞台，而正是这种不平等带来了社会冲突和社会变迁。社会冲突论不像结构功能论那样强调团结和稳定，它强调的是不平等和变化。在这种路向的引导下，其中包括性别冲突、种族冲突视角，社会学家们考察了社会的阶级、种族、族裔、性别、性取向以及年龄等因素是如何与社会的财富、权力、教育，以及社会声望的不平等分布发生联系的。冲突分析法反对社会结构促进社会作为一个整体而运行的观点，取而代之的是注重社会模式如何在使一部分人受益的同时损害另一部分人的利益。

社会学家们运用社会冲突论观察优势群体和劣势群体——富人与穷人、白人与有色人种、男性与女性——

**社会冲突论**　一种理论框架，这种理论认为社会是一个充满不平等的舞台，正是这种不平等带来了社会冲突和社会变迁

**性别冲突论（女性主义理论）**　强调男性
和女性之间不平等和冲突的一种理论

**种族冲突论**　强调不同种族、不同族裔
之间不平等和冲突的一种理论

**女性主义**　支持男女社会地位平等，反对父权制和性别歧视

社会冲突路向指出了日常生活中的不平等
模式。电视真人秀《与卡戴珊姐妹同行》
（*Keeping Up with The Kardashians*）对极其
富有的女性的生活进行了近距离的观察。
他们在哪些方面依赖社会地位较低的人的
工作？

之间持续的冲突。很典型的是，位于上层的人总是试图保护他们的特权，而位于下层的人也总是试图为他们自己争得更多的利益。

一项针对教育体系的冲突分析向我们展示出教育如何将阶级的不平等从一代传到下一代。例如，中学将学生分配到大学预备班或者是分配到职业培训学校。从结构功能论的观点出发，这样一种"分轨制"使得每个人都可以获利，因为他们都获得了符合自己能力的教育。但是冲突分析认为，所谓"分轨制"常常是取决于学生的社会背景而不是聪明才智，家庭富有的学生被划分到了高一级的发展轨道上，而穷人家的孩子只能被划分到低一级的轨道上去。

以此类推，富家子弟往往能得到最好的教育，他们可以上大学，然后获得一份高薪的职业。然而，穷人家的孩子没有能力为上大学做好准备，只好如他们的父辈那样，在低收入的工作中为了生活苦苦挣扎。在这两种情况下，一代人的社会身份传递到下一代人身上，而学校以个人品质为由将这种实践合法化（Bowles & Gintis，1976；Oakes，1982，1985；Brunello & Checchi，2007；Kohli，2014；U.S. Department of Education，2014）。

许多社会学家运用社会冲突论不仅仅是为了解释社会，也是为了减少社会的不平等。卡尔·马克思支持工人为反对工厂主而进行的斗争，他的观点将在第四章（"社会"）中得到详细的讨论。马克思在一句著名的陈述（刻在伦敦海格特公墓他的墓碑上）中声称："哲学家们只是用不同的方式解释世界，而问题在于改变世界。"

## 女性主义和性别冲突论

社会冲突论的一种重要类型是**性别冲突论**（gender-conflict theory，或**女性主义理论**［feminist theory］），这是一种强调男性与女性之间不平等与冲突的理论。与性别冲突论紧密联系的是**女性主义**（feminism），要求男女社会地位平等，反对父权制和性别歧视。

性别冲突论的重要性在于，它使我们意识到，在我们生活中的许多场合，男性相对于女性都占据着主导地位：在家里（男性通常被认为是一家之主），在工作的场所（男性可以获得更多的收入并拥有最多的权力地位），以及在大众传媒中（又有多少摇滚歌星是女性呢？）。

女性主义理论的另一个贡献在于它使我们意识到女性对于社会学发展的重要性。哈丽雅特·马蒂诺（Harriet Martineau，1802—1876）被认为是第一位女性社会学家。马蒂诺出生在一个富有的英国家庭，1853 年她将奥古斯特·孔德的法文著作翻译成英文，这使得她开始成名。在她自己已出版的著作中，她用文献证明了奴隶

我们可以运用社会学的视角去认识社会学本身。这一学科中所有最著名的先驱者都是男性。这是因为在 19 世纪，从没有听说女性能够成为大学教授，很少有女性能在公众生活中扮演中心角色。但是简·亚当斯是一个例外，她是美国早期的社会学家。她创办了芝加哥的社会福利机构——赫尔之家（Hull House），并在这里投入大量的时间帮助年轻人。

制的罪恶并要求用法律保护工人，拥护工人团结抗争的权利。她特别关注女性在社会中的地位，并致力于改变教育政策以使得女性在生活中拥有更多的期盼，而不仅仅局限于婚姻和抚养孩子。

在美国，简·亚当斯（Jane Addams，1860—1935）是一位社会学先驱者，她的贡献始于 1889 年。那一年她帮助建立了"赫尔之家"，即芝加哥的一种专门帮助安置移民家庭的住所。虽然她的著述很多（她写了 11 本书和几百篇文章），但是亚当斯选择成为一名公众活动家而不是一个大学里的社会学者，她公开呼吁解决社会不平等和移民的问题，追求和平。她的和平主义在第一次世界大战期间遭到了激烈的争论，但多年之后，她依然获得了 1931 年的诺贝尔和平奖。

这本书的所有章节都涉及了性别及性别不平等的重要性。对女性主义和男女社会地位的更深层次的探讨请参考第十四章（"性别分层"）。

## 种族冲突论

社会冲突论的另一个重要类型是**种族冲突论**（race-conflict theory），这是一种强调不同种族、不同族裔之间的不平等与冲突的理论。就像男性比女性拥有更多权力一样，平均而言，白人比有色人种拥有更多的社会优势，这些优势包括更高的收入、更好的教育、更好的健康状况、更长的预期寿命。

种族冲突论也同时指出了有色人种对社会学的发展所做出的贡献。艾达·韦尔斯·巴尼特（Ida Wells Barnett，1862—1931）出生于一个奴隶家庭，但是她成长为一名教师，后来又做了记者和报纸出版商。她为种族平等做出了不懈的努力，特别是终结了对黑人的私刑。她终生都在为消除种族不平等而写作和演讲（Lengerman & Niebrugge-Brantley，1998）。

威廉·爱德华·伯格哈特·杜波伊斯（William Edward Burghardt Du Bois，1868—1963）对理解美国的种族问题做出了重要的贡献。杜波伊斯出生于马萨诸塞州一个贫穷的家庭，他曾就读于田纳西州纳什维尔的费斯克大学，而后又求学于哈佛大学。在那里，他获得了博士学位，成为第一个获得哈佛大学博士学位的有色人士。随后，他创立了美国 20 世纪早期重要的社会学研究中心——亚特兰大社会学实验室。正如大多数遵循社会冲突路向（强调阶级、性别和种族）的学者一样，杜波伊斯认为社会学家不仅要了解社会的问题，也要努力地去解决社会问题。为此他研究黑人社区，指出大量的社会问题，从教育不平等、否认投票权的政治制

# 思考多样性：种族、阶级与性别

## 一位社会学先驱：杜波伊斯论种族

美国的一位社会学先驱，威廉·爱德华·伯格哈特·杜波伊斯将社会学看作解决社会问题的关键，特别是针对种族的不平等。杜波伊斯在哈佛大学获得社会学博士学位，创办了美国最早的社会学研究中心之一——亚特兰大社会学实验室。他帮助社会学同行及各处的人们看到了美国社会深层次的种族隔离。杜波伊斯指出，白人可以简单地被视为"美国人"，但是美国黑人就存在一种"双重意识"，这反映了他们的社会地位，这些人永远都不可能逃脱基于他们肤色的身份认定。

在他的社会学名著《费城黑人：一项社会研究》（*The Philadel-phia Negro: A Social Study*［1899］）一书中，杜波伊斯研究了费城的黑人社区，对于那些在日常生活中不得不面临各种社会问题的人们，他既认识到他们的长处，也认识到他们的弱点。

他对当时广为流传的信念——黑人比白人低等——提出了质疑，他谴责了白人对黑人的偏见，这些偏见造成了黑人所面临的一系列问题。他也批评了一些有色人士，他们为了得到白人的认可而切断了与需要他们帮助的黑人社区的所有联系。

尽管学术成就卓著，但是杜波伊斯认为学术研究让他远离了有色人士所经历的痛苦。他越来越不满足于学术研究，希望有所改变。抱着以公众活动来抵制种族隔离的信念，他参与创办（美国）全国有色人种协进会（NAACP）。该组织积极支持种族平等，长达一个多世纪。作为《危机》（*Crisis*）杂志的编辑，杜波伊斯持续不懈地撰文质疑法律和社会习俗，认为这些法律和习俗剥夺了美国黑人应该与白人平等享有的权利和机会。

杜波伊斯认为种族问题是 20 世纪的美国所面临的一个主要问题。在他早期的学术生涯中，他对消除种族隔离充满希望。然而，在他晚年的时候，由于觉得这方面什么都没有改变，他感到十分痛苦。93 岁的时候，杜波伊斯离开美国去了加纳，两年后他在那里去世了。

### 你怎么想？

1. 如果杜波伊斯今天还活着，你觉得他会如何看待 21 世纪的种族不平等现象？
2. 你认为今天的美国黑人有着一种怎样的"双重意识"？
3. 社会学家可以通过怎样的方式帮助我们认识并尽可能减少种族冲突？

资料来源：Baltzell（1967）， Du Bois（1967，orig. 1899），Wright（2002a，2002b），以及作者与 Earl Wright Ⅱ 的私下交流。

度到恐怖的私刑。他呼吁与种族不平等作斗争，参与成立了（美国）全国有色人种协进会（NAACP）（E.Wright，2002a，2002b）。"思考多样性"专栏对杜波伊斯的思想做了更深层次的阐述。

## 评价

各种社会冲突论在近几十年来拥有了大量的追随者，但也正如其他路向那样，社会冲突论也受到了一些批评。因为任何冲突分析关注的都是不平等，它在很大程度上忽视了如何通过分享价值和相互依赖来促进整个社会成员间的团结。另外，批评家们认为，冲突的视角在一定程度上只强调政治目标，它们不能够断言科学的客观现实。社会冲突路向的支持者们对此做出回应，他们认为所有的理论路向都有政治后果。

对结构功能论和社会冲突论这二者的一个最后的批评是，它们对于社会的描绘都比较粗略——只是按照"家庭""社会阶级""种族"等进行划分。第三种理论路向是符号互动论，它很少采用概括的方式来看待社会，而更多的是将社会看作个体日常生活的经历。

**检查你的学习** 你觉得，为什么社会学家将社会冲突论视为"激进主义"？其激进争取的目标是什么？

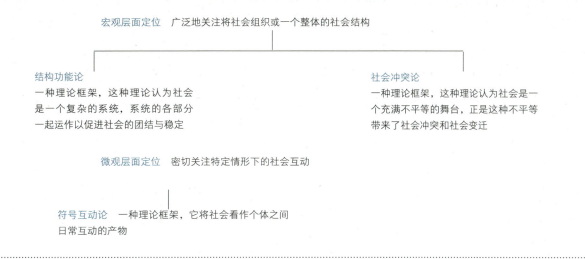

**宏观层面定位** 广泛地关注将社会组织或一个整体的社会结构

**结构功能论**
一种理论框架，这种理论认为社会是一个复杂的系统，系统的各部分一起运作以促进社会的团结与稳定

**社会冲突论**
一种理论框架，这种理论认为社会是一个充满不平等的舞台，正是这种不平等带来了社会冲突和社会变迁

**微观层面定位** 密切关注特定情形下的社会互动

**符号互动论** 一种理论框架，它将社会看作个体之间日常互动的产物

## 符号互动论

结构功能论与社会冲突论都是采用**宏观层面定位**（macro-level orientation），广泛地关注将社会组织成一个整体的社会结构。宏观社会学关注宏大的场景，就像乘直升机从高空中俯瞰一座城市，看到高速公路帮助人们南来北往，看到富人区与穷人区的住宅如何不同。社会学也采用**微观层面定位**（micro-level orientation），密切关注特定情形下的社会互动。我们可以用这种方式来探索发生在街区中的城市生活，比如观察学校操场上的孩子们如何创造出各种游戏，或者观察街道上的行人经过无家可归者身旁时有什么样的反应。因而，**符号互动论**（symbolic-interaction approach）是一种把社会看作是个体之间日常互动的产物的理论框架。

"社会"是怎样从千百万人的连续经历之中产生的呢？一种回答是，社会不过是人们在互动过程中所建构的一个共享的现实体，这在第六章（"日常生活中的社会互动"）中做出了解释。这即是说，人类生活在一个符号的世界中，他们将意义附加在每一个真实存在的事物上，从这一页上的文字到眨一下眼睛都是如此。因此，"现实"因我们定义了我们周围的环境、他人，甚至是我们自己的身份而被创造。

符号互动论来自马克思·韦伯（Max Weber，1864—1920）的思想，韦伯是一位德国的社会学家，他强调有必要从特定背景中的人们的观点来理解这个背景，他的理论观点将在第四章（"社会"）中得到更多的讨论。

从韦伯时代开始，社会学家们就开始从各种角度对社会进行微观层面的研究。第五章（"社会化"）讨论了乔治·赫伯特·米德（1863—1931）的思想，他研究了人们的个性如何成为社会发展的结果。第六章（"日常生活中的社会互动"）陈述了欧文·戈夫曼（Erving Goffman）的研究成果，他的拟剧分析法描述了我们如何像舞台上的演员那样，扮演自己的多种社会角色。另一些当代的社会学家，包括乔治·霍曼斯（George Homans）和彼得·布劳（Peter Blau），则发展出社会交换论。在他们看来，社会互动取决于每一个人从他人那里得到什么，失去什么。例如，在求爱的过程中，人们寻找那些在个人魅力、聪明才智以及社会背景等方面与自己对等的人作为配偶。

**应用理论**

主要的理论路向

| | 结构功能论 | 社会冲突论、性别冲突论和种族冲突论 | 符号互动论 |
| --- | --- | --- | --- |
| **分析层次** | 宏观层次 | 宏观层次 | 微观层次 |
| **该理论对社会的描述** | 社会是一个相对稳定的系统，它由相互关联的部分组成。<br>每一部分都在为保证社会的有序运转而发挥作用。<br>社会成员对道德正义具有大体一致的看法。 | 社会是一个由不平等所构成的系统，包括阶级（马克思）、性别（性别冲突论和女性主义）、种族（种族冲突论）。<br>社会的运转使某些类别的人得利，而使另一些类别的人受到伤害。<br>社会不平等所引起的冲突引导着社会变迁。 | 社会是一个正在进行的过程。<br>人们在无数运用符号交流的背景中发生互动。<br>人们所经历的现实是多变的，且不断变化。 |
| **该理论的核心问题** | 社会是怎么维系的？<br>社会的主要部分是什么？<br>这些部分是怎么连接的？<br>每一部分是怎么帮助社会运作的？ | 社会是怎样对人口进行划分的？<br>优势人群是怎样保护他们的特权的？<br>劣势人群是怎样挑战这种系统以寻求改变的？ | 人们如何体验社会？<br>人们如何塑造他们所经历的现实？<br>不同人之间，不同的情形下，行为和意义是如何改变的？ |

## 评价

不可否认，宏观层面的社会结构，例如"家庭""社会阶级"等是存在的，而符号互动论则提醒我们，社会本质上是人们之间的互动。这就是说，微观层面的社会学试图展现个人实际上是如何建构和体验社会的。但是，任何事物都有两面性，由于强调每一个社会情境的独特性，符号互动论很可能忽略了文化以及诸如阶级、性别、种族这样的因素的广泛影响。

**检查你的学习**　宏观层次的分析和微观层次的分析有什么不同？请对一个社会模式提供这两种层次的解释。

"应用理论"表总结了结构功能论、社会冲突论和符号互动论的主要特征。每一种路向在回答各种特定的社会问题时都是有帮助的。然而，对于社会的最充分的认识来自对三种路向的综合运用，正如下面我们对美国社会中的体育运动所进行的分析那样。

# 应用理论：体育社会学

1.6 将社会学的主要理论路向应用于体育话题

我们中的哪些人不喜欢体育运动？六七岁的孩子可能同时进行两三个有组织的体育运动，青少年擅长三个甚至更多的体育项目。对于不同年龄段的观众，周末的电视机里充满了体育新闻，报纸的整版都在报道比赛赛事。在美国，顶级的运动员例如汤姆·布兰迪（Tom Brady，美式橄榄球）、迈克尔·菲尔普斯（Michael Phelps，游泳）、勒布朗·詹姆斯（Lebron James，篮球）、塞雷娜·威廉姆斯（Serena Williams，网球）都属于最有名的名人。体育运动在美国也是一个创造了数十亿美元的产业。对于这样一个存在于日常生活中、我们非常熟悉的组成部分，这三种理论路向能给予我们怎样的社会学见解呢？

## 体育运动的功能

结构功能论将注意力放在了体育运动是如何帮助社会运行的。体育运动的显功能有：提供一种娱乐、保持身体状况良好的手段以及一种危害相对较低的发泄途径。体育运动还有许多潜功能，从建立社会关系到创造成千上万的工作机会。体育运动鼓励竞争和追求成功，这两者是我们社会生活方式的核心。

体育运动也会产生负效应。例如，为了荣誉以及从校友、企业中获得更多的赞助捐款，学院和大学希望在运动场上取得胜利。因此，有时在招收新学生的时候，这些学校更多地考虑学生的运动技能而不是他们的学习能力。这样一种情况不仅仅降低了一个学校的学术水平，同时也欺骗了运动员，使得他们在学习上只花了很少的时间，而这些学习内容才是能为他们今后的事业做准备的。体育运动中的激烈竞争可以激发人们的表现，但是它也鼓励了各种各样的作弊行为，包括使用兴奋剂和其他提高成绩的药物，它还可能会使运动员面临长期的健康风险（包括足球运动员的脑震荡）（Upthegrove，Roscigno & Charles，1999；Borden，Gröndahl & Ward，2017）。

## 体育运动与冲突

体育运动的社会冲突分析指出人们参与的体育运动反映了他们所处的社会地位。一些体育运动的价格是很高昂的——例如网球、游泳、高尔夫、帆船运动和滑雪，所以参与者往往都只限于富人。但是橄榄球、棒球还有篮球，几乎任何收入水平的人都可以参与。因此，人们参与体育运动不仅是个人选择，更是他们所处社会地位的反映。

从女性主义的观点来看，我们注意到，纵观历史，男性在体育运动中占有主导位置。在19世纪，女性几乎没有机会参加体育比赛，而那些参加了比赛的女性也很少受到关注（Shaulis，1999；Feminist Majority Foundation，2015）。例如，1896年举行的第一届现代奥林匹克运动会就禁止女性参加比赛。然而，2016年奥运会女性参加了包括拳击在内的28个项目的比赛，美国女性获得的奖牌数量超过了美国男性。在20世纪的大部分时间里，美国少年棒球联合会（Little League）禁止女孩参加，因为传统观念认为女性缺少运动所需的力量，参与运动的女性被认为没有女人味。因此，在20世纪大多数的时间里，地方的小联盟比赛仍然禁止女性参加。像奥运会一样，少年棒球联盟现在不仅对男性开放，也对女性开放。但是即使在今天，我们的社会仍然鼓励男性成为运动员，而希望女性能够成为专心的观众和热情的啦啦队员。在大学里，男性运动员比女性运动员也更能获得关注和资源。男性教练的人数也多于女性，即使在女性运动项目中也不例外（Welch & Sigelman，2007）。在专业水平上，女性也落后于男性，特别是在收入水平和社会声望最高的运动项目上。在最近公布的世界100位收入最高的运动员中，只有两位是女性——网球明星塞雷娜·威廉姆斯排名第40位，

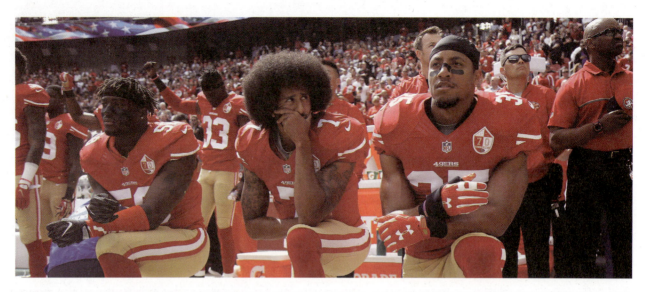

橄榄球四分卫科林·卡普尼克（Colin Kaepernick，图中间者）引发了一场关于种族在日常生活中的重要性的全国性辩论。他拒绝为美国站起来（字面意思），而是在橄榄球比赛开场奏国歌时下跪。他的理由很简单：在他看来，这个国家没有为有色人种挺身而出。你认为明星运动员和其他名人有责任就他们认为对我们的生活方式至关重要的社会问题发表意见吗？为什么？

玛丽亚·莎拉波娃（Maria Sharapova）排名第 88 位（Forbes，2016）。

种族在体育运动中也很重要。几十年前，大型体育联盟比赛排斥有色人种，他们被迫组建自己的联盟。直到 1947 年，杰基·罗宾逊（Jackie Robinson）加入布鲁克林道奇队，美国职业棒球大联盟才接纳了第一位黑人球员。50 多年后，职业棒球协会将联盟中所有队的 42 号球衣都取消了，以此表达对罗宾逊光辉职业生涯的敬意。2015 年，非裔美国人（占美国人口的 12%）在美国职业棒球联盟运动员中占了 8%，在全美橄榄球联盟（NFL）运动员中占了 70%，在全美篮球协会 (NBA) 运动员中占了 74%（Institute for Diversity and Ethics in Sport，2016）。

黑人的人数在职业比赛中增加的原因之一是运动员自身的表现，每场比赛中击球的平均数和得分可以得到准确的测量，它们并不因种族偏见而受到影响。一些有色人种在体育比赛中付出了很大的努力以获得出色的表现，因为他们在这一领域看到了比在其他领域更多的机会（Steele，1990；Edwards，2000；Harrison，2000）。事实上，最近一些年来，黑人运动员在平均水平上比白人运动员的薪水更高。《福布斯》（Forbes，2015）报告称，收入最高的四名运动员中有三名是少数族裔。

但是种族歧视仍然存在于职业运动项目中。例如，运动员在场中所处的位置——我们称其为"阵式"——就和他们的种族有一定的联系。图 1-2 表明了在棒球比赛中对种族进行研究所得出的一个结论。注意，白人运动员多被置于需要"思考"的核心位置上——投球手（69%）、接球手（64%）。与此相反，黑人投球手只占 3%，而且根本没有黑人接球手。与此同时，8% 的内场、25% 的外场都是黑人运动员，这些位置被描述为要求"速度和反应能力"（Institute for Diversity and Ethics in Sport, 2015）。

更广泛地说，黑人运动员只有在以下五个比赛项目中能够占到大比例：棒球、篮球、橄榄球、拳击和田径。在棒球领域，这一比例一直在下降，从 1995 年的 19% 降至 2016 年的 8.3%。在所有职业性的体育比赛中，绝大多数的经理、主教练和球队老板都是白人（Institute for Diversity and Ethics in Sport，2016）。

谁能从专业体育运动中获益？虽然有许多运动员能够得到巨额的薪水，并且能得到数百万球迷的支持，但体育竞赛产生的巨额利润却被一小部分人——主要是白人男性——所控制。总之，体育竞赛在美国是与性别、

**多样化快照**

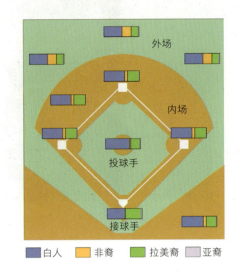

图 1-2 专业棒球赛的"阵式"
　　种族的不同在职业比赛中有影响吗？看看职业棒球比赛中这么多的位置，我们发现白人运动员在内场中间位置的可能性较大，而有色人士更有可能在外场。你怎样看待这样一个模式？

种族和经济权力的不平等密切联系在一起的。

## 作为符号互动的体育运动

在微观层次上，一场体育比赛是一种复杂的、面对面的互动。在某种程度上，比赛是由比赛规则和每个运动员所被分配的位置指导的。有些比赛，如曲棍球，将暴力定义为可接受的；有些比赛，如高尔夫，就不是这样。

但是运动员的表现也是自发的和不可预见的。根据符号互动论，我们更多地将体育竞赛视为一个正在进行的过程，而不是一个系统。从这个角度来看，我们认为每个运动员对比赛的理解有所不同。有些运动员喜欢激烈的竞争环境；而对另一些人来说，对比赛的热爱可能大于好胜心。

另外，任何运动员的行为都会随着时间而改变。例如，一个职业棒球比赛中的新手在最初的几场大型比赛中可能会感到不自在，但是他会在队伍中慢慢地找到相对舒适的感觉。对于杰基·罗宾逊而言，在赛场上找到自在的感觉是一个缓慢而痛苦的过程，他知道许多白人运动员和数百万的白人球迷憎恶他的出场。然而，他出色的球技和他自信、合作的态度终于赢得了全国观众的尊重。

三个主要理论——结构功能论、社会冲突论和符号互动论——为我们提供了对于体育比赛不同的观察角度，没有一个理论是面面俱到的。当应用于对任何一个问题的分析时，每一个理论都有它自己独特的解释。为了充分认识到社会学视角的力量，你应该对这三种理论路向都做到熟悉掌握。

"争鸣与辩论"专栏讨论了对社会学视角的运用并回顾了出现在这一章里的许多思想。这一专栏提出了许多问题，它们将会帮助你理解社会学的普遍性概括和我们每天遇到的一般性刻板印象之间的区别。

# 争鸣与辩论

社会学仅仅是刻板印象的集合吗？

吉娜：（从她的笔记本中抬起眼）今天在社会学的课堂上，我们讨论了刻板印象。

玛西娅：（正将精力集中在科学实验上）是啊，这里就有一个：舍友不喜欢在学习时被打扰。

吉娜：我好学的朋友。我们都有刻板印象，即使教授也不例外。

玛西娅：（变得有点兴趣）比如说？

吉娜：钱德勒教授今天在课堂上说新教徒是那些自杀的人。然后亚妮娜，那个来自厄瓜多尔的女孩说，大致意思是："你们美国人很有钱，乐于结婚，也乐于离婚！"

玛西娅：我哥哥上周对我说："每一个人都知道，要打职业篮球赛你必须得是一个黑人。"这就是一个刻板印象！

社会学的课堂是一个从常见的刻板印象中找到真相的好地方。

像其他人一样，大学生总是很快地对人们进行概况总结。正如本章所述，社会学家也喜欢寻找日常生活中的社会模式并加以归纳总结。然而，社会学的初学者可能很想知道归纳总结与刻板印象有什么区别。例如，前面吉娜和玛西娅所说的是恰当的归纳还是错误的刻板印象？

**刻板印象**（stereotype）是应用于对某个群体中的个体的简化描述。这三句话都是错误的刻板印象的例子，原因有三。首先，它们描述的不是一般现象，每句用完全相同的方式对一类人群中的个体进行描述；其次，每一个句子都忽略了事实，歪曲了事物的真实性（即使许多刻板印象的确包含了事实的某一个因素）；最后，一个刻板印象通常是由偏见引发的，听起来更像是一种诋毁而不是来自公平的观察。

那么什么是社会学？如果社会学要求寻找社会模式并做出归纳，那么这是不是在表达偏见？答案是否定的。规范的社会学进行归纳都必须满足三个条件。首先，社会学家们不会随便地将归纳结果应用于某个类别的所有个体。其次，社会学家们会确定任何一次归纳都会与所有可获得的事实相一致。最后，社会学家们以获得真相为目的提供公正的归纳总结。

吉娜记起教授说的是新教徒的自杀率高于天主教徒或犹太教徒（虽然不是教授的原话）。根据本章之前的内容，这个说法是正确的。但是，吉娜对课堂内容的表述不正确——"如果你是新教徒，你很可能自杀"。这个句子不是规范的社会学陈述，不是一个恰当的概括，因为大多数的新教徒并不是这样。仅仅因为某一个朋友，因为他是新教徒且他要自杀，就仓促地得出这个结论是错误的（想象一下，你拒绝借钱给恰好是浸信会教徒的室友，而理由仅仅是"因为你可能会自杀，那我可能永远也收不回我的钱！"）。

社会学家们依据可靠的事实进行归纳。亚妮娜的说法更加恰当的版本是，平均而言，美国的民众生活水平很高，几乎每一个人在生命的某个阶段都会结婚；然而，虽然只有少数的一些人乐于离婚，美国的离婚率也是世界上最高的。

社会学家们总是努力地保持公正，期待获得真相。玛西娅哥哥关于美国黑人和篮球的陈述，更像是不公平的偏见，而不是规范的社会学观念。有两个理由，第一，虽然黑人在专业篮球赛中参与比例高于其在总人口中的比例，但是上述说法明显不是事实；第二，这更像是由偏见产生的说法而不是来自对事实的考察。

重要的是，规范的社会学分析与有害的刻板印象是不同的。大学里好的社会学课程，它能教会你从事实中得到真相而不是被普通的刻板印象蒙蔽双眼。课堂上鼓励讨论，并提供了你所需要的真实信息，让你判断一个特定的陈述是一个恰当的社会学归纳，还是只是一个刻板印象。

你怎么想？

1. 你能想出有关社会学家的某一刻板印象吗？是什么？阅读过这一专栏后，你依然认为这是恰当的吗？
2. 你认为上一门社会学课程可以帮助你纠正人们的刻板印象吗？为什么？
3. 你能想出你自己的某一刻板印象，而这一观念可能被社会学的分析所质疑？

## 日常生活中的社会学

**第一章** 社会学的视角

　　"为什么两个人要结婚？"

　　在本章的一开始，我们就提出了这个问题。常见的回答是人们因为相爱而结婚。但是正如本章所解释的，社会在我们日常生活中起着指导作用，影响着我们的行动、思考和感觉。看下面三张图片，每张都展示了一对伴侣。我们假设他们都是"相爱的"。在每个案例中，你能否为故事的其余部分提供一些内容？通过观察他们所代表的群体，请解释一下社会如何发挥作用让两个人走到一起。

碧昂丝·吉赛尔·诺斯（Beyonce Giselle Knowles），一名著名歌手，在纽约麦迪逊广场花园与她的丈夫 Jay-Z（Shawn Corey Carter）一起演出。看看这对在 2008 年结婚的夫妻，从中你看到了什么社会模式？

2014 年，大卫·伯特卡（David Burtka）和尼尔·帕特里克·哈里斯（Neil Patrick Harris）结婚。他们正在抚养两个年幼的孩子。十年前，当这对恋人开始约会时，可能很少有人会想到同性婚姻会在十年内在美国合法化。

2017 年，《花花公子》杂志的创始人休·赫夫纳（Hugh Hefner）去世，享年 91 岁。2013 年，86 岁的休·赫夫纳与 26 岁的模特克丽丝泰尔·哈里斯（Crystal Harris）结婚。你在这段关系中看到了什么社会模式？

> **提示** 社会在许多层面上起着作用。思考：（1）关于同性婚姻和异性婚姻的规定；（2）定义结婚对象的法律；（3）种族和族裔的重要性；（4）社会阶级的重要性；（5）年龄的重要性；（6）社会交换的重要性（双方提供给对方的东西）。所有的社会都执行着某种规定，规定谁应该和谁结婚、不应该和谁结婚。

## 从你的日常生活中发现社会学

1. 分析你父母的、其他家庭成员的婚姻，还有不同阶级、种族、年龄等背景的朋友的婚姻。你可以发现什么证据，以说明社会引导了我们称为"爱情"的感觉？

2. 正如本章所述，我们所处的时代、社会，以及我们的阶级地位、种族、性别都会影响我们的个人经历。这是否意味着我们无法决定自己的命运呢？不，事实上，我们越了解社会是如何运行的，我们越能够把握自己的生活。例如，在加深了对婚姻、体育或本章讨论的其他话题的理解后，你的思维方式或你可能做出的决定发生了哪些变化？

3. 访问"社会学焦点"（Sociology in Focus）博客，你可以在那里阅读年轻社会学学者的最新文章，他们将社会学视角应用于流行文化的话题。

## 取得进步

### 社会学的视角

**1.1　运用社会学的视角来说明社会如何塑造我们的个体生活**

社会学视角揭示了社会塑造个体生活的力量。

• 我们通常认为的个人选择，如是否上大学、生几个孩子，甚至是自杀的决定，都受到社会力量的影响。

• 彼特·伯格将社会学视角描述成从特殊中发现一般。

• C. 赖特·米尔斯将这种观点称为"社会学的想象力"，声称它将个人困扰转变为公共议题。

• 成为一个边缘人或者经历社会危机有助于人们从社会学的角度进行思考。

### 全球化视野的重要性

**1.2　列举几个原因来说明为什么全球化视野在当今世界很重要**

我们在哪里生活——是像美国这样的高收入国家，像哥斯达黎加这样的中等收入国家，还是像马里这样的低收入国家——影响了我们过什么样的生活。

• 世界各地的社会联系日益紧密。

• 新的科学技术使得全世界的人都可以共享流行趋势。

• 世界移民增加了美国种族和族裔的多样性。

• 跨国贸易创造了全球化的经济。

许多在美国遇到的社会问题在其他国家更加严重。

了解其他社会的生活有助于我们更好地了解自己。

## 运用社会学的视角

### 1.3　指出社会学思维在制定公共政策、鼓励个人成长和促进职业发展方面的优势

社会学研究对公共政策的制定起着重要的作用。

在个人层面上，社会学帮助我们认识到生活中的机会和约束，鼓励我们更加活跃地参与社会。

社会学学习为我们在许多不同的职业中获得成功打下良好的基础。

## 社会学的起源

### 1.4　将社会学的起源与历史上的社会变迁联系起来

18 世纪和 19 世纪的快速社会变迁让人们更加关注周围环境，推动了社会学的发展：

• 工业经济的兴起将工作从家庭转向了工厂，削弱了那些数世纪来引导社区生活的传统；

• 城市的飞速发展产生了许多社会问题，比如犯罪、无家可归等；

• 基于个人自由和个人权利理念的政治变革鼓励人们质疑社会结构。

奥古斯特·孔德在 1838 年首次提出了"社会学"这一名词，用以描述一种新的看待社会的方式。

• 早期的哲学家试图描绘出理想社会。

• 孔德想要通过实证主义，即一种基于自然科学的理解方式，来了解社会实际上是什么样子的。

• 卡尔·马克思和许多后来的社会学家利用社会学以使得社会变得更好。

## 社会学理论

### 1.5　总结社会学的主要理论路向

理论陈述了具体的事实之间是如何联系的，将观察到的事实转化为深刻的见解和知识。社会学家采用三种主要的理论路向来描述社会的运行。

#### 宏观层面

• 结构功能论解释了社会结构——如宗教仪式、家庭生活等行为模式——如何共同帮助社会运行。

• 奥古斯特·孔德、埃米尔·涂尔干和赫伯特·斯宾塞发展了结构功能论。

• 罗伯特·默顿指出社会结构拥有显功能和潜功能，他还指出存在社会的负功能，即一种可能扰乱社会正常运行的社会模式。

社会冲突论展示了社会的不平等如何创造冲突并引起变迁。

• 卡尔·马克思发展了社会冲突论。

• 性别冲突论，又称女性主义理论，关注社会中男女不平等如何产生。哈丽雅特·马蒂诺被认为是第一位女性社会学家。

• 种族冲突论关注社会如何赋予白人相对有色人种更多的优势，如更高的收入、更多的教育机会以及更好的健康状况。

• 杜波伊斯定义了美国黑人存在的"双重意识"。

#### 微观层面

• 符号互动论研究人们如何在日常互动中建构现实。

- 马克思·韦伯声称人们的信仰和价值观影响着社会发展，这是社会互动理论的基础。
- 社会交换论认为社会生活取决于每一个人从社会互动中得到什么，失去什么。

## 应用理论：体育社会学

### 1.6　将社会学的主要理论路向应用于体育话题

**体育的功能**

结构功能论关注体育运动是如何帮助社会顺利运行的。

- 体育运动的显功能有：提供一种娱乐、保持身体状况良好的手段以及一种危害相对较低的发泄途径。
- 体育运动的潜功能包括建立社会关系和创造成千上万的就业机会。

**体育和冲突**

社会冲突论考察了体育运动与社会不平等之间的联系。

- 历史上，男性比女性更能从体育运动中获益。
- 有些体育运动的参与者仅限于富人。
- 种族歧视存在于专业的体育竞赛中。

**作为互动的体育运动**

符号互动论突出了人们对于体育运动的不同理解和意义。

- 在一个队伍里，运动员对体育运动的理解会相互影响。
- 公众的反应会影响运动员看待体育项目的方式。

第二章

# 社会学研究

▼ 学习目标

2.1　解释科学证据如何经常挑战常识

2.2　描述社会学的三种研究取向

2.3　认识社会学研究中性别和伦理的重要性

2.4　解释为什么研究者可以选择社会学的每一种研究方法

# 社会的力量

影响我们的生活机会

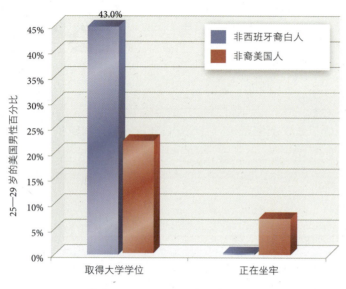

来源：Carson & Anderson（2016），U.S. Census Bureau（2016）。

> 我们的未来是被我们自己简单地"决定"的吗？在年近 30 岁的年轻男性中，与黑人相比，白人拥有的特权之一就是其获得大学学位的概率是黑人的两倍。非裔美国人与白人相比，有色人种的劣势之一是，他们入狱的概率是白人的近六倍。虽然我们都会做出选择，但社会为我们的人生旅程设定了地形。

## 本章概览

之前我们学习了如何运用社会学视角和社会学理论，接下来我们开始学习社会学家如何做研究。本章将介绍社会学研究过程以及社会学如何获得有关这个世界的信息。首先，本章将自然科学作为一种认知方式，同时讨论科学的社会学的两个局限以及由此产生的另外两种认知方式——解释社会学和批判社会学。其次，本章将详细介绍四种数据收集方式，并举例说明。

社会学家路易丝·本杰明（Benjamin，1991）在寒假期间访问了亚特兰大，她给一位大学朋友的母亲打电话，希望了解她的朋友谢芭的近况。她们两个人有着相同的梦想：取得研究生学位、获得一份教书的工作、写一些书。现在，本杰明已经梦想成真，成为一位成功的大学教授。但是，她很快发现，谢芭就没有这么幸运。

本杰明回忆起导致谢芭不幸的早期征兆。大学毕业后，谢芭去了一所加拿大大学读研究生。在她给本杰明的信中，她似乎变得越来越爱抱怨外部世界，并且将自己与他人隔离开来。她的同学都怀疑她患有某种人格障碍。但是在谢芭看来，主要的问题是种族歧视。作为一名非裔美国女性，她感到自己成为种族敌对的目标。不久后，她退了学，并将这一失败归咎于她的白人教授。此后，她离开了北美，在英国获得了博士学位，然后去了尼日利亚。之后的这些年，本杰明再也没有听到她这位好友的消息。

本杰明听说谢芭已经回到了亚特兰大十分高兴。但是，当她看到谢芭时，她的喜悦立刻变成了震惊，因为她意识到她的朋友精神崩溃了，几乎不能对任何人做出反应。

好几个月中，谢芭的精神崩溃使本杰明十分苦恼。显然，谢芭有着严重的心理问题。但是，同样有着种族主义刺痛感的本杰明怀疑，种族主义可能在谢芭的故事中也起着重要的作用。作为对老朋友的一种致意，本杰明着手探索种族因素对那些生活在美国的聪明的、受过良好教育的非裔美国人的影响。

本杰明知道，她正在质疑一种普遍信念，即种族不再像过去那样是障碍——特别是对那些有才能的非裔美国人更是如此（Wilson，1978）。但是，她自己的经历却与这种看法相反，她相信谢芭的经历也一样。

为了检验她的想法，本杰明用了两年时间，在全国各地访问了 100 位成功的非裔美国人，询问种族因素对他们生活的影响。在被称作"一百个能人"[1] 的男性和女性中，她发现了证据，表明即使在那些具有特权的非裔美国人中，种族主义依然是一种沉重的负担。

在本章的后部分，我们将更加仔细地考察路易丝·本杰明的研究。现在，我们可以发现社会学视角是如何帮助她从个体的社会生活中发现广泛的社会模式的。同样重要的是，本杰明的工作告诉我们如何从事社会学，展示了社会学研究的过程。

许多人认为科学家只在实验室工作，采用复杂的仪器进行仔细的测量。但正像这一章所指出的，虽然有一些社会学家在实验室中从事科学研究，但大部分的社会学家却是在附近的街道、在居民家中、在工作场所、在学校和医院、在酒吧和监狱——简言之，在一切有人的地方开展工作。

本章考察社会学家从事研究的方法。在考察的过程中我们将会看到，研究不仅仅包括收集信息的方式，同时也包括有关价值观的争论：研究者应该追求客观性吗？或者，他们应该以改变现实为目标吗？显然，路易丝·本杰明开始这项研究不仅是为了表明种族主义存在，还希望指出种族主义的问题，并向它挑战。我们将在展示了社会学研究的基础知识之后再来处理价值观的问题。

## 社会学研究的基础

### 2.1 解释科学证据如何经常挑战常识

社会学研究始于两个简单的必要条件。第一个就是第一章的焦点：社会学视角的运用。这一要点揭示出，对我们身边各种新奇的行为模式需要做进一步的研究。正是路易丝·本杰明的社会学想象力促使她思考种族因素如何影响到有才能的非裔美国人的生活。

第二个必要条件是好奇心和提问。本杰明希望更多地了解种族因素如何影响到高成就者。她通过提问开始：这个国家黑人社区的领袖是谁？少数族裔的身份对他们的自我认知有什么样的影响？少数族裔身份如何影响白人看待他们及他们工作的方式？

从社会学的视角来看待世界和提出问题，是社会学研究的基础。但我们应从哪里找答案呢？要回答这一

---

1 杜波依斯用"十大能人"来描述非裔美国人领袖。

问题，我们需要认识到存在着各种各样的"真理"。

## 作为真理形式之一的科学

我们说"知道"其实意味着许多。例如，在美国，大多数人说他们信上帝。尽管很少有人声称他/她与上帝有直接的接触，但他们说他们同样相信上帝。我们把这种知道称作"信仰"或者"信念"。

第二种真理来自公认的专家。例如，学生有了健康问题，就会去看校园医生或者在互联网上查询这一领域的专家所发表的文章。

第三种类型的真理基于普通人简单的一致意见。在美国，我们中的大部分人可能会说：我们"知道"十岁孩子之间的性交是错误的。但是为什么呢？大部分是因为每个人都是这样说的。

世界各地人们的"真理"不同，我们经常遇到与我们自己看法不同的"事实"。想象你是一个和平队的志愿者，刚刚到达拉丁美洲的一个传统的小村庄。你的工作是帮助当地人种植更多的庄稼。在你到地里的第一天，你观察到一种奇怪的做法：在种下种子后，农民们会在地面上放一条死了的鱼。当你询问这是为什么时，他们会解释说，这条鱼是给丰收之神的礼物。一位村里的长者还严肃地补充说，有一年没有给鱼，收成就很差。

在一个复杂、日新月异的世界里，存在着许多不同的"真理"。在南太平洋小岛上的和平队志愿者学到的至关重要的一点——不同的人常常以不同的方式看待事物。用科学的方式获得真理十分关键，但是在世界上生活着的人们的古老传统也是重要的真理。

从社会学的视角看，将鱼作为礼物奉献给丰收之神具有意义。这里面有人们的信仰，他们的专家认可它，同时每一个人似乎都认为这样做是有效的。但是，由于你具有农业方面的科学训练，就会对此摇头和感到怀疑。在这种情况下，科学的"真理"是完全不同的事情：腐烂的鱼使得土地肥沃，生长出更好的庄稼。

科学代表了"知道"的第四种方式。**科学**（science）是一种基于直接、系统的观察获得知识的逻辑体系。与信念、"专家"的智慧以及一般的一致意见所不同的是，科学知识依赖于**经验证据**（empirical evidence），即那些可以通过我们的感官得到证实的信息。

我们所举的和平队的例子并不意味着传统村庄的人们无视他们的感官所告诉他们的信息，也不是说技术先进的社会中的人们仅仅只用科学来认识事物。例如，研制新的药物来治疗癌症的医学研究者依然会把他们的宗教活动作为一种信仰，当要做出有关金钱的决定时，他们会去征求金融专家的意见，同时他们还会关注家人和朋友对政治的看法。简言之，我们往往会同时拥有各种类型的真理。

## 常识与科学证据

与社会学的视角相似，科学证据有时也会挑战常识。许多北美人认为下列六种说法是真实的。

1. "穷人比富人更可能犯法。"不对。如果你定期观看像《美国警察》（COPS）这类的美剧，你可能会认为警察只会抓那些来自"坏"居住区的人。第十章（"越轨"）将会解释，官方的抓捕统计中穷人的确比例很高，但是，研究同时也表明，警察和检举人都可能对那些有钱人更加仁慈，比如一个好莱坞明星在商店里偷了东西或者酒后驾车。某些法律条文更是以一种对穷人定罪较多、对富人定罪较少的方式制定的。

2. "美国是一个中产阶级的社会，在这个社会中，人们基本上都是平等的。"错误。第十二章（"美国的社会阶级"）中的数据表明，美国家庭中 5% 最富裕的家庭掌握着全国 65% 的财富，而有近一半的家庭几乎没有一点财产。美国最富裕的群体与一般群体的差距从未如此巨大（Wolff, 2014）。

3. "大部分穷人不愿意工作。"错误。第十二章所描述的研究指出，这一陈述对某些穷人来说是正确的，但不能代表大多数穷人。事实上，在美国，超过四成的穷人是儿童和老人，他们不属于应该工作的群体。

4. "男女在行为上的差别是人类的天性使然。"又错了。正如第三章（"文化"）所解释的那样，许多被我们称作"人类本性"的东西实际上是由我们所生活的社会所建构的。进一步说，正如第十四章（"性别分层"）所指出的，某些社会对"女性气质"和"男性气质"的定义与我们的定义非常不同。

5. "当人们变老时，人们会变得不同，开始关注健康而失去许多其他的兴趣。"并非真的如此。第十六章（"老龄化与老年人"）说明，老龄化对我们个性的改变非常有限。人年老时健康问题会增加，但是基本上老年人会保持他们在整个成年生活中所具有的与众不同的个性。

6. "大部分人因相爱而结婚。"并非总是如此。对于我们社会中的成员来说，很少有明确这么做的伴侣。然而，令人惊讶的是，在许多社会中婚姻与爱毫不相干。第十九章（"家庭"）将会解释为什么会如此。

这些例子确认了古老的说法："让我们陷入困扰的不是无知，而是看似正确的错误论断。"我们都听到过许多被广泛接受的真理，不断受到大众传媒上"专家"建议的轰炸，同时也感觉到那种要接受周围人们意见的压力。作为成年人，我们需要更加批判地评价我们所看到的、所读到的、所听到的。社会学能够帮助我们做到这一点。

# 从事社会学研究的三种方式

2.2　描述社会学的三种研究取向

"从事"社会学研究意味着了解社会世界。从事这种工作的方式不止一种。就像社会学家能够运用一种或多种理论视角（见第一章"社会学的视角"）一样，他们也可以运用不同的方法论倾向。以下部分描述三种做研究的途径：实证社会学、解释社会学以及批判社会学。

## 实证社会学

在第一章中，我们解释了早期的社会学家诸如奥古斯特·孔德以及埃米尔·涂尔干等人如何将科学应用于对社会的研究，就像自然科学家考察物质世界一样。因此，**实证社会学**（positivist sociology）就是基于对社会行为的系统观察来对社会进行研究。实证主义研究世界假定"在那里"存在着一种客观的现实，科学家的工作就是收集经验的证据，即那些能够用我们的感官，比如"看""听""接触"来确认的事实去发现这种现实。

**概念、变量与测量**　让我们看看科学是如何运作的。科学的一个基本元素是**概念**（concept），它是一种用简化的形式来表示世界某个部分的心理构念。社会学家使用概念来描述社会生活的各个方面，比如"家庭"和"经济"；还可以使用概念，如"性别"和"社会阶级"，对人们加以分类。

**变量**（variable）是对不同个案采用不同取值的概念。例如，一个熟悉的变量"价格"，超市里不同商品的"价格"取值是不一样的。类似地，我们用"社会阶级"的概念来将人们区分成"上层阶级""中产阶级""工人阶级"或者"下层阶级"。

变量的使用依赖于**测量**（measurement），即一种为特定个案确定变量取值的过程。一些变量容易测量，比如你站在磅秤上看你的体重是多少。但是测量社会学的变量则复杂得多。例如，你如何测量一个人的"社会阶级"？你可能会去看他穿的衣服、听他讲话的方式，或者记下他的住址。或者更为精确一点，你可能会询问他的收入、职业和教育情况。

因为几乎任何一个变量都可以用不止一种方式来测量，社会学家常常不得不决定应该考虑哪些因素。例如，具有非常高的收入或许可以判定一个人是"上层阶级"。但是，如果收入是来自汽车销售这种被大部分人看作"中产阶级"的职业又该如何呢？而仅仅只有八年的教育年限是否又将使这个人被归为"下层阶级"？在这样的例子中，社会学家通常结合这三种测量——收入、职业和教育——来确定社会阶级，正如第十一章（"社会分层"）和第十二章（"美国的社会阶级"）中所描述的那样。

社会学家也面临着如何处理众多人口数量的问题。例如，如何描述数以百万计的美国家庭的收入？报告数百万个数字并没有很大的意义，这并不能告诉我们作为整体的人们的情况。为了解决这个问题，社会学家使用描述性统计量来说明一个大总体的平均水平如何。"日常生活中的社会学"专栏将对此进行解释。

**定义概念**　测量总是存在某些含糊性，因为任何一个变量的取值都部分地依赖于变量如何被定义。此外，很明显，诸如"爱""家庭"或者"智力"这样的抽象概念存在多种测量方法。

因此，好的研究要求社会学家**对变量进行操作化**（operationalize a variable），这意味着在对变量赋值之前要确切地说明将被测量的内容。例如，在测量社会阶级的概念之前，你必须确切地决定你打算测量什么：比如说，收入水平、上学的年限或是职业声望。有时社会学家测量几种这样的事物，在这种情况下，他们需要确切地说明他们将如何把这些变量结合成一个总的分数。下次当你读到一项研究的结果时，可以注意研究者操作化每一个变量的方式。他们如何定义术语将会极大地影响到研究的结果。

| 概念 | 变量 |
|---|---|
| 一种用简化的方式表示世界的某一部分的心理构念 | 对不同个案采用不同取值的概念 |

即使是美国人口普查局的研究者有时候也会面临概念操作化的问题。以测量美国的种族和族裔多样性为例，1977 年，美国人口普查局的研究者将种族和族裔定义为白人、黑人、西班牙裔、亚太裔、美籍印第安人或阿拉斯加土著人，由调查者根据自己的情况进行选择。这一体系的一个问题是，一个人可能既是西班牙裔，同时又是白人或黑人。类似地，阿拉伯血统的人无法被归于这些类的任何一种。重要的是，跨种族的人的数量在美国不断增加。由于美国人口情况不断变化，所以，2000 年人口普查时扩展了选项，并第一次允许人们选择多个类别来描述他们的种族和族裔，而几乎有 700 万人这么做了。其中有许多人同时选择了"西班牙裔"和某一国籍，如"墨西哥人"。因此，2010 年人口普查局研究员又更改了调查程序，提供了更加清晰的指引，将"种族"这个概念操作化为 5 个种族类别、"其他种族"和 57 个跨种族选项。2010 年，有 900 万人认为自己属于跨种族。到 2015 年，这个数字已经增加到大约 1000 万人（约占人口的 3.1%）。

　　**信度与效度**　一个有用的测量必须是可信的和有效的。**信度**（reliability）指的是测量的一致性程度。如果一次次重复测量的结果都是一样的，那么，这个测量就是可信的。但是一致性并不保证效度，**效度**（validity）意味着实际测量的与希望测量的完全一致。

变量的操作化　在对变量赋值之前，确切地说明将被测量的内容

信度　测量的一致性程度　　　　　效度　实际测量的与希望测量的完全一致

# 日常生活中的社会学

## 三个有用的（且简单的）统计量

　　你们学校的招生办公室正在准备一本新的小册子。你在那个办公室勤工助学。你的上司要求你了解去年研究生班学生的平均薪水。为了简便，假设你只与这个班上的7名研究生进行了交谈（一项真实的研究将要求接触更多的学生），得到他们目前收入的下列数据：

| $ 30000 | $ 42000 | $ 22000 |
| --- | --- | --- |
| $ 165000 | $ 22000 | $ 35000 |
| $ 34000 | | |

　　社会学家使用三个不同的统计量来描述平均水平。最简单的统计量是众数，即在一组数据中出现次数最多的那个数值。在这个例子中，众数是 $ 22000，因为它出现了两次，而其他的数值都只出现了一次。如果所有的数值都只出现了一次，那就没有众数。如果两个不同的数值都出现了两次或者三次，那么就有两个众数。尽管众数很容易识别，但社会学家很少用它，因为它只用到了很少的数据，因而它只是对"平均水平"的一种粗略的测量。

　　一个更为常见的统计量是平均数，它指的是一组数据的算术平均数，它通过将所有的数值加在一起除以个案数得到。这7项收入的总和是 $ 350000，除以7，得到平均收入 $ 50000。但是注意，这个平均数并不是一个非常好的"平均水平"，因为它高于7项收入中的6项，同时，它与任何一个实际数值都没有特别接近。由于平均数会受到一个特别高的或特别低的数值的影响而被拉高或扯低（在本例中，一位研究生的薪水是 $ 165000，他是一个运动员，并成为了辛辛那提红人队农场队的一名新人），所以，包含一个或多个极端分数的任何数据都可能形成一种被歪曲的情况。

　　中位数是中间位置的个案，即处于从最低到最高的一组数据正中央位置的那个数值。本例中7名学生收入的中位数是 $ 34000，因为当从最低到最高将这组收入排列起来时，这个数值正好将这组数据分为两半，3项收入比它更高，3项收入比它更低（当个案数量为偶数时，中位数等于两个中间的个案的数值的一半）。如果存在极端分数，中位数（与平均数不同）不会受到它们的影响。在这种情况下，中位数给出的"平均水平"比平均数给出的更好。

## 你怎么想？

1. 你的平均绩点（GPA）就是平均水平的一个例子。它是众数、中位数，还是平均数？为什么？
2. 在研究人们的收入时，社会学家一般使用中位数而不是平均数，你知道为什么吗？
3. 快速计算这组简单数字的众数、中位数和平均数：1，2，5，6，6。

答案：众数＝6，中位数＝5，平均数＝4。

得到一个有效的测量有时是棘手的。例如，如果你想研究你所在学院的学生有多么"虔诚"，你可能会询问他们参加宗教活动的频率。但是，去教堂、庙宇或清真寺与虔诚真的就是一回事吗？人们参与宗教活动或许是出于个人的信仰，但是也可能出于习惯，还可能是其他人要求他们参与。还有那些完全不参与有组织的宗教活动的精神教徒又该如何呢？即使一项测量产生出一致性的结果（使它成为可信的），但还是有可能它所测量的并不是我们所想要测量的（因此缺乏效度）。在第二十章（"宗教"）中，我们指出测量宗教信仰程度不仅仅要考虑参加教堂活动的状况，同时还要考虑人们的信念和他们依靠宗教信念生活的程度。好的社会学研究需要仔细地测量，而这正是社会学家经常要面对的挑战。

**因果关系**　一个变量（自变量）的变化引起另一个变量（因变量）发生改变的一种关系

**自变量**　引起其他变量发生改变的变量

**因变量**　因为另一个变量改变而发生变化的变量

**变量之间的关系**　一旦做出了测量，研究者就可以进行真正关键的工作：看看变量是如何关联的。科学的理想关系是**因果关系**（cause and effect），即一个变量的变化引起另一个变量发生变化的关系。因果关系每天都发生在我们周围，就像努力学习可以在考试中获得高分一样。引起其他变量发生改变的变量（在本例中，你努力学习的程度）被称作**自变量**（independent variable），而被引起发生变化的变量（考试成绩）称作**因变量**（dependent variable）。一个变量的值依赖于另一个变量的值。变量之间的因果关系是重要的，因为这种关系允许我们预测未来事件的结果——如果我们已知一个，就可以准确地预知另一个。例如，如果已知努力学习会得到好的考试成绩，那么，我们就能有信心预测：在一般的情况下，一名为下次考试努力学习的人会比从来不学习的人获得更高的分数。

但是，两个变量的共同变化并不意味着它们就是因果关系。例如，社会学家早就认识到对于那些住在拥挤住宅里的青年人来说，其不良行为更为普遍。如果说，我们将变量"青少年的不良行为"操作化为一个人未满 18 岁时被拘留的次数，同时，我们将"拥挤的住宅"定义为一个家庭中每个人生活空间的平方米数。这就得出这些变量的相关性：人口密度大的居住区中青少年不良行为发生的概率较高。但是我们能够认为家中的拥挤程度（在本例中是自变量）是导致不良行为（因变量）的原因吗？

不一定。**相关性**（correlation）是一种这样的关系，其中两个（或多个）变量同时发生变化。我们知道居住密度和不良行为相关，因为它们一起发生变化，正如图 2-1 中 a 部分所表明的那样。这种关系可能意味着拥挤导致较多的拘留次数，但它也可能意味着某种第三因素在起作用，是第三个变量导致了我们所观察的两个变量发生改变。为了识别第三个变量，想一想什么样的人居住在拥挤的住宅里：没有钱也没有选择的人——穷人。穷孩子被警察记录在案的可能性也更大。在现实中，拥挤的住宅与青少年不良行为同时可见，因为它们同时为第三个因素——贫穷——所引起，正如图 2-1 中 b 部分所展示的那样。简言之，拥挤与不良行为之间的表面联系可由引起它们二者发生变化的第三个变量——低收入——"解释"。所以，我们原有的关系变成了一种**虚假相关**（spurious correlation），即一种由其他变量所引起的两个（或多个）变量之间表面的错误联系。

判定一个相关为虚假相关需要做一点侦探的工作，这要靠一种被称作**控制**（control）的技术的帮助。所谓控制，就是为了研究一个变量的作用而保持其他变量不变。在我们的例子中，我们怀疑收入水平可能会引起居住条件的拥挤程度与不良行为之间的虚假联系。为了检验居住条件的拥挤程度与不良行为之间的相关是不是虚假的，我们控制住收入，即我们通过仅仅查看具有相同收入水平的青年来使得收入成为常数。如果拥挤程度与不良行为之间的关系依然存在，即如果在同样收入水平的青年中，那些住在拥挤住宅中的人比那些住在不拥挤的住宅中的人具有更高的拘留比例，我们就可以更合理地认为拥挤的确导致不良行为。但是，如果当我们控制住收入，关系就消失了，就像图 2-1 中 c 部分所显示的那样，如此我们就知道这是一个虚假相关。事实上，研究表明，如果将收入控制起来，拥挤程度与不良行为之间的相关就消失了（Fischer, 1984）。所以，我们现在弄清楚了这三个变量之间的联系，正如图 2-1 中 d 部分所展示的那样。居住条件的拥挤程度与青少年不良行为是一种虚假相关。证据表明两个变量都是随着收入的升高或降低而发生变化。

a. 如果两个变量同时增长和减少，我们说它们是相关的。

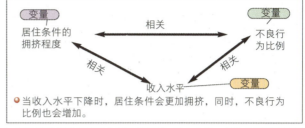

b. 在这里我们考虑第三个变量的影响：收入水平。低收入可能带来居住条件的高拥挤程度和不良行为的高比例。

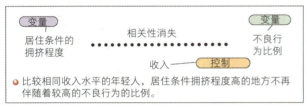

c. 如果我们控制收入水平——也就是说，考察相同收入水平的年轻人——我们发现，居住条件的拥挤程度与不良行为的比例并不是同时增长和减少的。

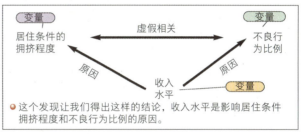

d. 居住条件拥挤程度和不良行为比例是有关联的，但是它们的相关是虚假的，因为其中任意一个的变化都不导致另一个的变化。

图 2-1　相关与因果：一个例子

　　相关关系与因果关系是不同的，以上四幅图对此进行了说明。

　　总的来说，相关仅仅意味着两个（或多个）变量一起变化。要建立因果关系，必须满足三个条件：（1）明显的相关；（2）自变量（或者说原因变量）发生在因变量之前；（3）没有证据表明存在一个第三变量能够导致这两个变量的虚假相关。

　　由于自然科学家通常在实验室里工作，在那里他们能够控制其他变量，因此他们在确认因果关系方面通常比社会科学家更为容易。而在工作场所或者在大街上进行研究，控制就变得非常困难，所以社会学家经常不得不满足于仅仅说明相关性。另外，人类的行为非常复杂，在任何一个时间点上都包含着许多可能引起其他变化的变量，所以，在任何一种情况下要建立所有的因果关系都是极其困难的。

　　**客观性的理想**　10 个学生围坐在学生宿舍的休闲室里，讨论在即将到来的春假中自己梦想的度假场所。你认为会有一个地方能得到每一个学生的青睐吗？这看来是很困难的。

　　用科学的术语来说，可能 10 个人中每一个人对"梦想度假地"的操作

科学研究的一个原则是，社会学家和其他研究人员在他们的工作中应该努力做到客观，这样他们的个人价值观和信仰就不会扭曲他们的发现。但这种超然的态度可能会阻碍人们敞开心扉、分享信息所需的联系。因此，社会学家必须决定在多大程度上追求客观性，在多大程度上表达自己的感情。

化定义都有所不同。对于某个人来说，它可能是墨西哥的一个人烟稀少的、阳光灿烂的海滩；对于另一个人来说，它可能是新奥尔良，这个生机勃勃的城市有着非常活跃的社会景观；对于再一个人来说，可能最好的选择则是在积雪盖顶的高峰下徒步旅行于洛基山脉。像生活中众多其他的"最好的东西"一样，最好的度假地也是一种个人喜好。

个人的价值观对于选择旅游的目的地来说无关紧要，但对于科学研究来说则会形成挑战。记住，科学假定现实是存在"在那里的"。科学家需要在不以任何方式改变它的前提下来研究这种现实。他们努力追求**客观性**（objectivity），即在从事研究时保持中立。客观性意味着研究者谨慎地遵循科学程序，不让他们自己的态度和信念影响到结果。

当然，由于没有人能够做到完全中立，所以，科学的客观性是一种理想而不是一种现实。即使是人们所选择的研究主题，也反映了一种个人兴趣。就像路易丝·本杰明向我们展示的她决定研究种族问题的理由一样。但是，科学的理想是要对结果的产生保持专业的距离感和超然态度。带着这种理想，在进行研究时你应该尽你所能去注意，保证各种有意识或无意识的偏见不会歪曲你的发现。作为一种特别的防范，许多研究者会在研究报告中公开陈述他们的个人倾向，这样读者就能在解读他们的结论时注意到这一点。

德国社会学家马克斯·韦伯预料到人们会依据他们的个人信念和兴趣来选择研究主题。否则，为什么有的人打算研究世界的饥荒，有的人想研究种族主义的影响，还有的人则希望考察单亲家庭中的儿童生活呢？意识到人们选择主题时是价值有涉的，韦伯提醒研究者在他们的研究中要做到价值无涉。只有通过控制个人感情和意见（就像我们期待任何专业研究者所做的那样），研究者才能研究世界实际如何，而不是告诉我们他们认为世界应该如何。对于韦伯来说，这种超然态度是科学的一种基本要素，它使得科学与政治分离。政治家只接受特定的结果；科学家对他们的研究结果持一种开放的心态，无论其结果实际如何。

尽管大多数社会学家承认我们不可能做到完全的价值无涉，甚至也不可能意识到我们所有的偏见，但韦伯的观点在社会学中依然具有非常重要的影响。然而，应该记住的是，社会学家并不是"均值人"：他们大部分都是白人、受过高等教育，同时比人口总体具有更加自由的政治态度（Klein & Stern，2004；Cardiff & Klein，2005）。要记住，社会学家就像其他任何人一样，也会受到他们的社会背景的影响。

一种限制因个人价值导致歪曲的方式是**复制**（replication），即由其他研究者对研究进行重复。如果其他的研究者运用同样的程序重复一项研究，并得到同样的结果，我们就可以对结果的正确性充满信心（既是可信的又是有效的）。科学研究需要不停地重复，这可能可以解释为什么对知识的探求在一开始被称为"研究"（re-search）。

牢记科学的逻辑并不能保证客观的、绝对的真理。科学所提供的只是一种通向知识的途径，它能够自我修正，这样，研究者最终很有可能限制他们的偏见。因此，客观性和真理并不存在于任何一项研究中，而是存在于随时代不断发展着的科学自身的进程之中。

**科学的社会学的某些局限**　科学是一种重要的认知方式。但是，当科学应用于社会生活时，会有几个重要的局限。

1. 人类行为太过复杂，社会学家不可能精确地预测个体的行为。天文学家计算天空中物体的运动具有惊人的精确性。但是，彗星和行星是不会思考的物体，而人类具有他们自己的思想，所以，对任何事件（无论是一场体育比赛的胜利还是一场自然灾害）都不会有两个人以完全相同的方式做出反应。因此，社会学家往往满足于说明不同类型的人们在行动上具有各不相同的典型方式。这并不是社会学的一种失败，它只是反映了这样一种事实：我们研究的是具有创造性和自主性的人。

社会研究的一个基础知识是，当人们发现自己正在被观察时被其行为方式影响。研究者无法确切了解这种影响怎么发生：有些人讨厌公众关注，而有些人一旦认为自己被关注，则会表现得格外活跃。

2. 由于人类会对周围的环境有所反应，因此，研究者的在场可能会影响被研究的行为。天文学家的凝视不会对一颗遥远的彗星产生影响。但是，大部分人感觉到被人观察时都会有所反应。试着凝视某人几分钟，再看看他的反应。被凝视的人可能会变得不安、恼怒，或者谨小慎微，也有可能会特别友善或者乐于助人。研究行为本身就可以使人们的行为发生改变。

3. 社会模式是变化的，此时此地的真理可能在彼时彼地就不是真理。今天的物理定律明天也可以应用，它们在全世界都是真理。但是人类的行为却是如此多变，因而不存在普遍的社会学定律。

4. 由于社会学家是他们所研究的社会世界的一部分，所以在进行社会研究时要做到完全的价值无涉是困难的。除了实验室事故，化学家个人很少受到试管中所发生的一切的影响。但是社会学家生活在社会中，也就是生活在他们自己的"实验试管"中。因此，社会科学家发现，要控制，甚至要认识到那些可能歪曲他们工作的个人价值观是困难的。

## 解释社会学

不是所有社会学家都认同科学是唯一的，甚至是最好的研究人类社会的方法。人类活动不像行星或自然世界中其他的要素一样可以被测量。更重要的是，人们是积极的创造者，给自身行动赋予意义，而这种意义难以被直接观察到。

因此，社会学家发展出第二种研究方式——**解释社会学**（interpretive sociology），即关注人们对他们的社会世界所赋予的意义的社会研究。作为这种研究范式的倡导者，马克斯·韦伯认为社会学恰当的研究重点应该是解释人们的行为，或者说，理解人们在他们日常生活中创造的意义。

**意义的重要性**　解释社会学并不是完全否认自然科学，而是改变了研究的关注点。解释社会学在四个方面与实证社会学有所不同。第一，实证社会学聚焦于行动，即人们做什么，因为这是可以被我们直接观察到的；与此不同，解释社会学聚焦于人们对行动和周围环境的理解。第二，实证社会学把客观现实看成是存在"在那里的"，但解释社会学认为现实是主观的，是人们在日常生活中建构出来的。第三，实证社会学趋向于使用定量的资料——对人们行为的数字化测量；而解释社会学则趋向于使用定性的资料，即人们如何理解他们周围的一切。第四，实证主义取向最适合在实验室里进行研究，在那里，研究者只是站在一旁进行仔细的测量。解释主义的取向则更加适合通过与人们互动，聚焦于主观的意义，了解人们如何对他们的日常生活进行说明。这一章将说明，这种类型的研究通常使用个人访谈或实地调查，最好在自然或日常环境中进行。

**韦伯的"理解"概念**　韦伯认为解释社会学的关键在于 Verstehen，在德文中是"理解"的意思。解释社会学家不仅仅观察人们做什么，同时也希望理解人们为什么这样做。研究对象的思想和感情是解释社会学家关注的焦点，而这些则是实证社会学家不太考虑的，因为它们难以测量。

解释社会学并不排斥对行为的观察，甚至不排斥使用数值测量。许多社会学家将实证主义方法与解释性的努力结合起来，前者关注人们的行为模式，后者研究人们如何理解他们的行为和他们的社会世界。

## 批判社会学

像解释主义的取向一样，批判社会学是针对实证社会学的局限性而发展起来的。然而，这一次它所针对的问题则是科学研究的最重要的原则：客观性。

实证社会学认为，现实"就在那里"，研究者的任务就是去研究和记录这种现实。但是，卡尔·马克思拒绝了将社会视作一种有着固定次序的"自然"系统的观点，奠定了批判取向的基础。他声称，如果假定这一点，那就等于说社会不可能被改变。从这一点来看，实证社会学倾向于保持现状。与此相反，**批判社会学**（critical sociology）则是关注社会变迁必要性的社会研究。

**变迁的重要性**　与实证社会学提出的问题"社会是如何运转的？"不同的是，批判社会学家提出道德和政治的问题，比如"社会应该以目前的样子存在吗？"，或者"为什么社会不平等现象没有减少呢？"他们对这一问题的典型回答是，社会不应该如此，而我们应该要努力让社会更加平等。批判社会学没有完全拒绝科学——马克思（像今天的批判社会学家一样）用科学的方法研究不平等。但是批判社会学拒绝科学中立，因为这要求研究者试着保持"客观"并将自己的工作限制在研究现状之中。

作为对马克思的观点的一种回应，近期有一种对这种取向的说明认为，社会学的实质"并不仅仅是研究社会世界，而是要使它朝着民主和社会公正的方向变化"（Feagin & Hernan，2001：1）。在做出社会应该如何改进的价值判断时，批判社会学拒绝了韦伯关于研究者应该价值无涉的宗旨，代之以强调研究者应该是社会活动家，并追求所希望的变迁。

批判主义取向的社会学家不仅仅寻求改变社会，同时也希望改变研究自身。他们经常为研究对象着想，鼓励他们，并在此基础上决定自己应该研究什么以及如何去研究。常见的是，研究者与研究对象利用他们的发现为弱势人群发声，实现政治目标，促进社会平等（Hess，1999；Feagin & Hernan，2001；Perrucci，2001）。

**作为政治的社会学**　实证社会学家反对采取这种方式，他们指责批判社会学家（无论是女性主义者、马克思主义者或是某些其他批判主义取向的学者）成为了政治家，缺乏客观性，无法纠正自身的偏见。批判社会学家回应说，所有的研究都是政治的和有偏的——它们要么要求变迁，要么不要求变迁。他们还指出，社会学家无法选择他们的工作是否具有政治性，但他们却可以选择支持什么立场。

　　批判社会学是一种将知识用于行动的激进主义的取向，它不仅寻求理解世界，同时还要改变世界。批判性取向的研究者通常在衡量一些社会模式（如收入不平等）时采取实证主义的态度。但他们研究的动机是带来一些改变，通常是朝着一个更平等的社会的方向改变。总的来说，实证社会学对于非政治的或者持保守主义政治观点的研究者更有吸引力；持自由主义、激进左派政治观点的研究者更容易被批判社会学吸引。

### 论取向与理论

　　在方法论的取向与社会学理论之间存在着联系吗？虽然不存在精确的联系，但三种方法论取向——实证主义、解释主义与批判主义——的每一种，都和第一章（"社会学的视角"）所介绍的某一种理论方法有着紧密联系。实证社会学与结构功能论有重要的共同点，即二者都旨在理解社会的实际情况。同样地，解释社会学与符号互动论的共同点在于二者都关注人们赋予他们社会世界的意义。而批判社会学则与社会冲突论相联系，二者都争取减缓社会不平等。总结表对三种方法论取向之间的差异提供了简要的回顾。许多社会学家喜欢其中的一种或另一种取向，但是由于每一种方法论取向都提供了有用的视角，所以，最好能熟练掌握这三种方法论取向（Gamson，1999）。

# 影响社会学研究的议题

2.3　认识社会学研究中性别和伦理的重要性

性别与伦理在社会学研究中都占有重要地位。我们将依次讨论这些内容。

---

**总结**

社会学中的三种方法论取向

| | 实证社会学 | 解释社会学 | 批判社会学 |
|---|---|---|---|
| **什么是现实？** | 社会是一个有序的系统。"在那里"存在一种客观的现实。 | 社会是正在进行的互动。人们赋予他们的行为某种意义时就建构了现实。 | 社会是不平等的。现实是某些类型的人支配着其他人。 |
| **我们如何做研究？** | 研究者采用科学取向，仔细观察行动，收集经验的、理想的定量资料。研究者尽量做一名中立的观察者。 | 研究者尝试"深入"外在行为，关注主观意义。研究者收集定性数据，发现人们对他们生活世界的主观感觉。研究者是参与者。 | 研究者试图超越实证主义对世界实际情况的关注，具有政治倾向，将研究作为一种策略，推动所希望的社会变迁。研究者是行动者。 |
| **对应的理论视角** | 结构功能论 | 符号互动论 | 社会冲突论 |

如果你只是询问男性对象的态度或行为，那么你可以得出关于"男性"的结论，但不能推广到一般的"人类"。研究者要如何做才能确保研究资料能支持有关全体社会成员的结论呢？

## 性别

近些年来，社会学家开始意识到研究受到**性别**（gender）的影响。性别是社会成员所具有的作为女性或者男性的个人特征和社会地位。玛格丽特·艾克勒指出性别通过五种方式影响社会学研究（Eichler，1988）。

1. 男性中心（androcentricity）。男性中心（andro 在希腊语中是男性的意思，centricity 是中心的意思）指的是从男性视角来看待问题。有时，研究者表现出似乎只有男性的活动才是重要的，从而忽视了女性所做的一切。多年来，研究职业的研究者只关注有报酬的男性工作，完全没注意到传统上由女性所担当的家务劳动和照料孩子的工作。显然，寻求理解人类行为的研究不能够忽视人类的另一半。女性中心（gynocentricity）——从女性的视角来看待世界——也会限制社会学的研究。然而，在男性占优势的社会里，这一问题并不经常出现。

2. 过度概括。当研究者仅考察某种性别的人而得出有关"人类"或"社会"的结论时，这种问题就会出现。通过只与男学生交谈来收集资料，然后得出有关整个校园的结论，这也是过度概括的一个例子。

3. 无视性别。无视性别是指在研究中完全不考虑性别变量的影响。正像本书从头到尾所展示的，男性与女性的生活在许多方面有着不同。比如美国大部分老年男性都是与他们的妻子一起生活，但老年女性则更多是单独生活，如果美国的老年人研究忽略了这一点，那么它就犯了无视性别的错误。

4. 双重标准。研究者必须同样地对待男性和女性，否则会歪曲研究结果。例如，一个家庭研究者将夫妇定义为"男人和妻子"。这可能意味着将男性定义成"户主"，并赋予其重要的角色；而轻视了女性，将女性视为辅助支持的角色。

5. 妨碍研究。性别能够歪曲研究的另一种方式是，研究者的性别可能会对研究对象产生影响，妨碍研究的进行。例如，莫琳·吉拉尼尼在研究西西里的一个小社区时发现，许多男性只把她当作女性，而不是把她当作研究者（Giovannini，1992）：一些人认为一名未婚女性单独地与一名男性谈话是错误的；另一些人则拒绝让吉拉尼尼进入他们认为女性禁止入内的地方。

针对某一种性别的研究本身并没有错。但是，所有的社会学家以及读者都应该意识到性别可能会对研究产生影响。

## 研究伦理

像所有研究者一样，社会学家必须意识到对研究对象或者社区而言，研究可能造成伤害，可能带来帮助。因此，作为北美主要的社会学家专业协会，美国社会学协会创建了从事研究的正式伦理指导守则（ASA，1997）。

社会学家在他们的工作中，必须努力做到既熟练又公正。社会学家必须公开所有的研究发现，不能省略重要的资料。他们必须使自己的研究结果可以为其他研究者利用，特别是可以为那些想要复制这一研究的研究者所利用。

社会学家还必须保证参与研究项目的对象不会受到伤害。如果研究的进行在某种意义上威胁到参与者，研究者必须立即停止他们的工作。即使研究者面临来自警局、监狱等要求公开保密信息的官方压力，研究者也要保护研究项目参与者的隐私。今天，研究伦理要求参与者的知情同意，这意味着研究对象理解研究所具有的责任和风险，并且在研究开始之前同意参与。

另外一个重要的指导方针涉及资金。社会学家必须在他们发表的结果中写明所有经费支持的来源。他们也应该避免为了经费而去做与研究兴趣冲突的研究。举例来说，如果一个组织从自身目的出发，希望影响研究结果，那么研究者绝不能接受该组织提供的资金。

联邦政府也参与了研究伦理的规范。每所申请联邦政府基金从事与人类相关研究的大学和学院，都必须建立伦理审查委员会（IRB）来评估基金申请者，并保证研究不会违反伦理标准。

最后，还存在全球范围内的研究伦理问题。在到另一个国家开始研究之前，研究者必须对那个社会足够熟悉，以便于理解那里的人们可能会把什么行为看成破坏隐私的或者危害个人安全的。在像美国这样的多文化社会里，这个规则适用于研究那些与你具有不同文化背景的人。"思考多样性"专栏提供了一些外来者在研究西班牙裔社区时应注意的敏感问题。

## 研究方法

**2.4**　解释为什么研究者可以选择社会学的每一种研究方法

**研究方法**（research method）是进行研究的系统计划。社会学研究通常运用的四种方法是：实验、调查、参与观察，以及现存数据的使用。没有一种方法比另一种更好或者更差。更准确地说，与一个木匠选择特定的工具制作特定的物件一样，研究者根据他/她准备研究什么人以及他/她希望了解什么来选择某种方法——或者混合使用几种方法。

### 检验假设：实验

**实验**（experiment）是在高度控制的条件下研究因果关系的一种研究方法。科学的逻辑在实验方法中体现得最为清晰。实验是典型的解释性研究，不仅考察发生了什么，还考察发生的原因。研究者设计一项实验来检验特定的**假设**（hypothesis），即两个（或多个）变量之间可能的关系的一种陈述。假设是对两个变量间关系有根据的猜测，通常采用"如果-就"的形式来表述：如果某件事情发生了，就会出现某种结果。

实验要收集证据来拒绝或者不拒绝假设，共有四个步骤：（1）指出哪个变量为自变量（导致变化的原因），哪个变量为因变量（结果，发生变化的变量）；（2）测量因变量原始的值；（3）使因变量受到自变量的影响（"处理"）；（4）再次测量因变量看看发生了什么变化。如果所期望的变化的确发生了，那么实验就支持了假设；如果变化没有发生，就必须修改假设。

但是，因变量所发生的变化可能是由于假设原因之外的其他因素的影响（回想一下我们关于虚假相关的讨论）。为了找到准确的原因，研究者要仔细地控制有可能影响实验结果的其他因素。这种控制在实验室最

# 思考多样性：种族、阶级与性别

### 研究西班牙裔的生活

豪尔赫：如果你打算将拉美裔作为研究对象，那么你需要学习一些他们的文化。

马克：我正在访问许多不同的家庭。访问拉美裔有什么特别需要注意的吗？

豪尔赫：坐下来。我来告诉你一些你需要知道的事情……

由于美国社会具有种族、族裔和宗教的多样性，美国人经常和那些与他们不同的人一起工作。社会学家也是如此。事先了解某种类型的人们的生活方式会使得研究过程更为容易，同时也可以保证在研究过程中不会有困难的感觉。

杰拉尔多·马兰和芭芭拉·凡·奥斯·马兰（Marin & Marin, 1991）指出了在进行西班牙裔研究时应注意的五个方面。

1. 慎用术语。马兰夫妇指出，术语"西班牙裔"是美国人口普查局使用的一种方便的标签。很少有西班牙人把自己看作"西班牙裔"；大部分人认同于某个特定的国家（一般是一个拉美国家，比如墨西哥、阿根廷或西班牙）。

2. 注意文化差异。基本上，美国是一个充满竞争的、个人主义的国家。而许多西班牙裔更看重合作与社区的价值。那么，外来者可能把一个西班牙裔的行为判断为墨守成规或者过度信任，但实际上这个人可能只是一个乐于助人的人。研究者也应该认识到，西班牙裔的回答者可能仅仅是出于礼貌而同意某种特定的陈述。

3. 事先估计家庭情况。总的来说，西班牙文化具有强烈的家庭忠诚感。向被访对象了解另一个家庭成员的情况可能会使他们感到不自在甚至感到气愤。马兰夫妇补充说，在家中，研究者如果要求与一个西班牙裔女性进行单独谈话，可能会引起她的丈夫或者父亲的猜疑，甚至是明显的谴责。

4. 从容进行。马兰夫妇解释说，相比简单完成工作，西班牙文化更看重人际关系的质量。一位非西班牙裔的研究者试图尽快访问一个西班牙裔的家庭，以免耽误他们的晚餐。但是这种做法没有按照一种更友好的和无拘束的节奏进行，可能会被认为是无礼貌的。

5. 考虑个人空间。最后，西班牙裔通常比许多非西班牙裔保持着更近距离的身体接触。因此，如果研究者与研究对象相对而坐，并与之保持整个房间那么大的距离，那么研究者可能会被认为是冷淡的。与非西班牙裔相比，西班牙裔觉得靠得更近才自在，这可能会导致研究者错误地将他们的行为看作"强势"。

当然，就像其他类型的人一样，西班牙裔之间也有不同。这种概括可能更适用于群体中的某些人，而不是所有人。但是，研究人员在进行调查研究时应该要意识到文化互动，特别是在美国——这个由成百种不同类型的人组成的多文化社会。

### 你怎么想？

1. 给出一个特定的例子，说明如果研究者对研究对象的文化不敏感的话，就有可能影响到研究。

2. 为了避免这个专栏中所提到的各种问题，研究者应该如何做？

3. 与来自各种文化背景的同学一起讨论研究过程。有哪些问题是各种不同文化背景的人都同样关注的？有哪些是不同的？

为容易，因为专门建构的实验环境可以消除外部因素的影响。

进行控制的另一种策略是将对象分成实验组和控制组。在研究的开始阶段，研究者在两个组的对象中测量因变量，然后仅仅只让实验组的对象受到自变量的影响，或者进行处理（控制组则只得到一种"安慰剂"，即一种使该组对象认为他们与实验组的对象所受到的对待完全一样但实际上对实验没有一点影响的处理方式）。然后，研究者再次对两组对象进行测量。在研究的过程中所出现的影响实验组对象的任何因素（比如说，一个新的事件）都对控制组的对象产生同样的影响，这样，我们就控制了或者说"排除了"这些因素。通过比较两组对象的前测和后测的结果，研究者就能够了解有多少改变可以归于自变量的影响。

**霍桑效应** 正如一项经典的实验所揭示的，研究者要意识到，研究对象的行为可能会由于被特别关注而发生改变。在 20 世纪 30 年代后期，西部电气公司邀请研究者到芝加哥附近的霍桑工厂研究工人的生产力（Roethlisberger & Dickson，1939）。研究者进行了一项实验来检验增加照明将会增加工人产量的假设。首先，研究者测量工人的生产力或者产量（因变量）。然后，他们增加照明（自变量），并再次测量工人的产量。结果，生产力提高了，支持了假设。但是，研究小组后来减少了照明时，生产力却再次增加。这是怎么回事？此时，研究者意识到工人努力工作（即使他们还是看不清楚）仅仅是因为有人注意到他们并计算他们的产量。尽管后来的研究结果对这一结论提出了质疑，社会科学家仍然使用**"霍桑效应"**（Hawthorne effect）一词来指代那种仅仅由于意识到被研究而导致的研究对象行为改变（Leavitt & List，2009）。

**实验示例：斯坦福监狱** 监狱可能是一个充满暴力的环境，但是，这仅仅是由于待在那儿的都是"坏人"的缘故吗？还是像菲利普·津巴多（Philip Zimbardo）所怀疑的，监狱自身也会在一定程度上导致暴力行为的发生？这个问题引导着津巴多设计了一项被他称为"斯坦福监狱"的极为巧妙的实验（Zimbardo，1972；Haney，Banks & Zimbardo，1973）。津巴多的研究于 2015 年被搬上了大荧幕，即电影《斯坦福监狱实验》（*The Stanford Prison Experiment*）。

津巴多认为，一旦进入到监狱里，即使是精神健康的人也会具有暴力倾向。因此，津巴多将暴力行为作为因变量，监狱环境作为能导致暴力的自变量。

为了检验这一假设，津巴多的研究小组将加州斯坦福大学的心理学大楼改造为一座足以乱真的"监狱"。然后，他们在当地的报纸上刊登广告，以提供报酬的方式招募年轻人参加两周的实验项目。他们安排 70 个报名者参加了一系列的身体和心理检查，最后挑选了最健康的 24 人。

下一步就是随机地将其中的一半人作为"犯人"，另一半人作为"看守"。研究计划要求犯人和看守在仿制的监狱中一起度过两周时间。当城市警察将实验对象从他们的家里"逮捕"后不久，实验就开始了。经过搜寻并将这些人铐上手铐以后，警察开车将他们带到当地的警察局，在那里，他们被采集了指纹。然后，警察将他们的犯人转运到斯坦福监狱。到了那里，看守将他们锁在牢房里。津巴多打开摄影机观察后面将会发生什么。

实验远远超出了任何人的事先预期。看守和犯人不久都变得互相怨恨并且互相敌对。看守通过指派犯人徒手打扫厕所等任务来羞辱犯人。对犯人来说，他们则抵抗和侮辱警察。在四天之内，研究者转移了 5 名犯人，他们表现出"极端的精神忧郁、哭叫、情绪激动以及严重的焦虑"（Haney，Banks & Zimbardo，1973：81）。到第一周结束时，情形变得非常糟糕，以致研究者不得不取消了实验。

人性中最丑陋的、最卑鄙的，以及病态的一面显露无遗。我们十分震惊，因为我们看到一些男孩（看守）对待他人就好像那些人是可鄙的动物，他们在残忍中取乐。而另一些男孩（犯人）则成为奴隶和被剥夺人性的机械人，他们的想法只有逃跑，只有他们自身的生存，只有不断增长的对看守的憎恨。（Zimbardo，1972：4）

在实验"斯坦福监狱"中所呈现的结果支持了津巴多的假设，即监狱暴力根植于监狱环境的社会特征，而不是看守和犯人的个性。这一研究发现了我们社会中监狱系统存在的问题，并要求进行基本的改革。还应

2015 年的电影《斯坦福监狱实验》的焦点正是菲利普·津巴多的研究，这有助于解释为什么暴力在我们社会的监狱中普遍存在。与此同时，他的工作证明了社会学调查对研究对象造成的危险，以及研究人员需要遵守伦理标准，这些伦理标准旨在保护参与研究的人的福祉。

该注意到，这一实验表明了研究过程可能对研究对象的身体和精神状况带来不利。这种危险并不总是像这个例子中的这样明显，因此，研究者必须考察研究各阶段对研究对象的潜在伤害。如果发现研究对象遭到任何伤害，要像津巴多那样及时停止研究。

## 评价

在"斯坦福监狱"研究中，研究者选择做实验是基于检验假设的目的。案例中，津巴多和他们的同事想要考察是监狱本身引起监狱暴力，而非看守和犯人的个性。实验证明，即使是"健康"的看守和犯人，暴力依然发生在监狱中。事实证明了他们的假设。

**检查你的学习**　津巴多的结论是什么？如何应用津巴多的研究解释 2003 年伊拉克战争后美军虐待伊拉克俘虏的事件？

### 询问：调查研究

**调查**（survey）是一种研究方法，在问卷调查和面对面访谈过程中，被调查对象对一系列的陈述或问题做出回答。它是所有研究方法中应用最广泛的，并且特别有利于研究不能被直接观察的事物，比如政治态度和宗教信仰。有时调查提供关于原因和结果的线索，但通常它们得到的是描述性的发现，描述人们对某些问题的观点。

**总体与样本**　调查的目标总是某些**总体**（population），即一项研究所关注的群体。在本章开头提到了路易丝·本杰明的种族研究，她研究的是一个特别的总体——有才能的非裔美国人。而像预测选举结果的政治民意测验这样的调查将国内的所有成年人作为研究总体。

显然，要接触数以百万计的人即使是对于那些得到很多资助和最耐心的研究者来说也是不可能的。幸运的是，有一种简单的方式产生准确的结果：研究者从**样本**（sample）中收集数据。样本是总体的一部分，能够反映整体的情况。本杰明选择了 100 个有才能的非裔美国人作为她的样本。全国政治民意测验通常调查 1000

人左右的样本。

总体　一项研究所关注的群体　　　　　　　　　　　　　　　　　　　　样本　总体的一部分，能够反映整体的情况

　　每个人随时都在运用抽样的逻辑。如果你看看坐在身边的学生，注意到有五六个正在那里打盹，你可能会说班上的学生觉得今天的课程很乏味。在得出这一结论的过程中，你从对某些同学（"样本"）的观察中，做出了一个关于全班学生（"总体"）的判断。

　　但是我们如何能保证样本真的能够代表整个总体？一种途径是随机抽样，在这种方式中研究者从总体中随机地抽取出一个样本，使得总体中的每一个人具有同等的被抽中的机会。数学概率定律指出，一个随机样本是可能在整体上代表总体的。选择一个随机样本常常要列出总体中的每一个人，同时运用计算机来进行随机选择。

　　起初，研究者会犯这样的错误，即把"随机地"在大街上或者购物中心碰到的人们作为样本来代表整个城市的居民。这种方法不能够产生随机样本，因为每个人被选中参加研究的机会不同。首先，无论是在富人区还是在大学校园附近，任何一条街道或者购物中心都更多地包括某一类人而更少地包括另一类人。某些人比另一些人更容易被碰到是导致偏差的一个原因。

　　尽管设计好的抽样方案不是一项简单的工作，但它毕竟为我们节省了可观的时间和成本。我们避免了联系总体中每一个人这种单调乏味的工作，同时又能得到基本相同的结果。

　　**问卷的使用**　选择对象只是进行一项调查的第一步。我们还需要设计所询问的问题并记录回答。大部分调查都采用问卷来实现这个目的。

　　**问卷**（questionnaire）是研究者向被访者所呈现的一组事先写好的问题。问卷的一种类型是不仅提供问题，同时也包括供选择的固定答案（就像考试中的多项选择题）。这种封闭形式的问题使得分析结果十分容易，因为它限制了回答的范围。与此同时，限制回答的选择范围可能会阻止被访者表达他们对当前问题的真实想法。

　　问卷的第二种类型——开放式问卷，让被访者自由地回答，表达各种意见。这种方式的缺点是研究者不得不从非常宽泛的回答内容中寻找其背后的意义。

　　研究者对问卷形式的选择可能会影响调查结果。例如，最近的一项调查提出了这样的问题："在决定你如何投票选举总统时，哪一个议题对你最重要？"研究人员用封闭的方式向一些被访者提出了这个问题，被访者从五个议题中选择一个：经济、海外战争、医疗保健、恐怖主义和能源政策。在给定这一组选项的情况下，58%的被访者认为经济在他们决定如何投票时是最重要的。不过，研究人员也向其他受试者提出了同样的问题，他们采用了一种开放式的形式，让被访者可以自由地说自己想说的话。在这种情况下，只有35%的人认为经济最重要。因此，经济对人们投票的影响有多重要取决于调查研究采用的形式（Pew Research Center，2017）。

调查　一种研究方法，在问卷调查和面对面访谈过程中，被访者对一系列的陈述或问题作出回答

问卷　　　　　　　　　　　　　　　　　　　　　　　　　　　　　　访谈

研究者向被访者呈现一组书面的问题　　　　　　　　　　　　　　　研究者亲自向被访者提出一系列问题

研究者还必须决定如何将问题提供给被访者。最常见的是，研究者采用自填式问卷调查，以邮寄或者电子邮件的方式将问卷发给被访者，同时请求他们完成这些问题并将问卷寄回。由于调查对象阅读、填答问卷时研究者不在场，所以，问卷必须是书写清晰且具有吸引力的。在将问卷发送给全体样本对象之前，应让少数人对它进行预填答。否则太迟发现指导语或者问题过于含糊，会造成惨重的损失。

采用邮寄和电子邮件邮寄的方式可以让研究者用最少的费用在广泛的地理区域中接触大量的人。但是，许多人对待这种问卷就像对待垃圾邮件一样，所以，通常填完并返回的问卷不会超过半数（在 2010 年，74% 的人寄回了美国人口普查局的调查表）。研究者必须寄出跟踪信（或者，像人口普查局所做的那样，到人们家里访问）催促那些不情愿的被访者填答问卷。

最后，要记住的是，许多人自己不能够完成问卷。年幼的儿童显然是不能的，许多在医院的病人以及数量可观的缺乏必要阅读和写作技能的成年人也是不能的。

**进行访谈** **访谈**（interview）即研究者亲自向被访者提出一系列问题。在封闭式设计中，研究者念一个问题或者一句话，然后要求被访者从所给出的几种答案中选择一种答案。然而，更常见的访问则是开放式的，被访者可以按自己的方式作答，研究者也可以用后续问题进行探索。在两种情况下，研究者都必须防止影响被访者。当人们开始回答问题时，这种影响就像动一动眉毛那样容易产生。

尽管通过研究者与被访者亲自接触，被访者更有可能完成调查，但是，访谈依然具有一些缺点：让人们坐下来谈话是费时费钱的，特别是如果被访者不住在同一个地区时更是如此。电话访谈允许我们"到达"更远的地方，但是由电话（特别是电话应答机）传出的无人情味的冰冷声音会使回答率大大降低。

在自填式问卷和访谈中，问题的语言如何组织会极大地影响人们的回答。例如，2016 年最高法院大法官安东宁·斯卡利亚（Antonin Scalia）去世后，研究人员利用调查询问公众，奥巴马总统和现任参议院是否应该任命一名新法官，还是说这一问题应该在 2017 年交给新总统和参议院决定（这是实际发生的）。不同的提问的方式产生了不同的结果。

一项调查问："最近，大法官安东宁·斯卡利亚的去世引发了关于填补大法官空缺的讨论。考虑到今年是选举年，以下哪个选项更接近你的观点？"

这仍然是现任领导人的责任，总统奥巴马和参议院现在就应采取行动填补这个空缺。（62% 的受访者同意）
总统不应该在他任期的最后阶段提名一个终身任职的高级法院大法官。(34% 的受访者同意)

焦点小组是调查的一种类型，在这种方式中，代表着一个特定总体的一组人被问到他们关于某些问题或物品的看法。图中为一名社会学教授在入门课堂上要求学生对使用的教材进行评价。

另一项民意调查的措辞是这样的："你是希望美国参议院今年就奥巴马总统提名的接替者进行投票,还是让这个职位空着,等待明年新总统提名了接替者再对其进行投票?"

今年就替代方案进行投票。(43% 的受访者同意)

空出来并等待。(42% 的受访者同意)

第一个问题的措辞暗示了有这样或那样感觉的理由。在这种情况下,大部分受访者认为应该立即做出决定。第二个问题的措辞更为中立。在这种情况下,受访者的回应大约是一半对一半(Sargent,2016)。

调查中问题使用的措词会影响填答者的答案,特别是带有情感的语言。任何可能引起填答者情绪的词语都可能改变选择的结果。例如,在一个问题中用"享受福利的母亲"而不是用"接受公共援助的女性"的表述方式,就添加了一种导致人们持否定态度的情感因素。

还有一个问题是,研究者提出的是一个两重含义的问题,这会把被访者弄糊涂。比如,"你认为政府应该通过削减开支和增加税收来减少赤字吗",这里的问题是,被访者可能非常同意问题中的一部分但不同意另一部分。所以迫使一个被访者回答是或者不是就歪曲了研究者所试图测量的看法。

进行一项好的访谈意味着将技术标准化——以同样的方式对待所有的被访者。但是这也能够导致新的问题。要让人们说出实情,需要建立一种相互信任的关系,这又反过来依赖于对所访谈的特定个人的自然的反应,就像进行一场平常的谈话一样。最后,研究者必须决定如何在统一性和建立信任之间保持平衡(Lavin & Maynard,2001)。

**调查研究示例:对非裔美国精英的研究** 在这一章开始部分,我们解释了路易丝·本杰明为什么会去研究种族主义对有才能的非裔美国男性和女性的影响。本杰明怀疑,个人的成就并不能阻止人们对有色人种的敌意。她相信这一点,是因为在她成为坦帕大学历史上第一位黑人教授之后依然遭遇了不好的经历。但是,她是一个例外还是惯例?为了回答这一问题,本杰明开始探索种族主义是否影响到许多成功的非裔美国人;还有,如果影响存在,那么种族主义又是如何影响成功的非裔美国人的。

决定进行调查后,本杰明选择了对研究对象进行访谈而不是发送问卷。首先,她希望与研究对象进行交谈,在过程中提出后续的问题,同时也可以探讨一些她不能事先预期的主题。本杰明采用访谈而不是自填问卷的第二个原因是,种族主义是一个敏感的主题。研究人员的支持能够使研究对象回答痛苦的问题更为容易一些。

由于进行访谈会耗费大量时间,本杰明必须限制她研究的人数。本杰明建立了一个由 100 名男性和女性组成的样本。尽管人数很少,本杰明还是在两年多的时间里忙得不可开交,她制订访问日程表,在全国各地奔波,与每一位被访者交谈。她又花了两年多时间分析这些被访者的类型,决定哪些谈话内容与种族主义有关,以及撰写她的研究结果。

刚开始,本杰明访问她认识的人,然后请他们推荐其他人。这种方式被称作滚雪球抽样,因为所包括的个体数量随着时间的推移越来越大。滚雪球抽样是做研究的一种便利的方式——我们从熟悉的人开始,他们再向我们推荐他们的朋友和同伴。但是滚雪球抽样不能得到一个代表更大总体的样本。本杰明的样本可能包括了许多具有相似想法的个人,同时只与那些愿意公开谈论种族问题的人交谈也肯定是有偏差的。她意识到这些问题,力图使自己的样本在性别、年龄,以及所生活的地区等方面具有多样性。思考多样性专栏给出了本杰明所访谈对象的概览,以及关于如何阅读表格的一些提示。

本杰明的访谈采用一系列开放式问题，这样，她的访谈对象能够表达任何他们想说的事情。正像通常所发生的那样，访谈是在各种环境下进行的。她与被访者在（她的或者他们的）办公室、旅馆，或者车上见面。在每种情况下，本杰明都对访谈进行录音，因而她不会因为记录而被分散注意力，访谈的时间一般持续两个半小时到三小时。

就像研究伦理所要求的，本杰明承诺不公开参与者的姓名。但是，许多人——包括像（小弗农·E. 乔丹 Vernon E. Jordan Jr.，全国城市联盟前主席）和伊凡·沃克 - 泰勒（Yvonne Walker-Taylor，威尔伯福斯大学第一位女校长）这样著名的人，都已经习惯了大众的注意，就允许本杰明用他们的真名。

在她的研究中，最让本杰明感到吃惊的是许多人非常渴望参与类似的访谈。这些通常很繁忙的男性和女性，似乎是完全不顾他们自己的事情来全力投入本杰明的研究项目。本杰明还报告说，一旦进入了访谈，许多人都非常情绪化，她所访问的 100 个对象中大约有 40 个都哭了。显然，对他们来说，本杰明的研究提供了一个机会，让他们可以释放情感，吐露从未述说过的经历。本杰明又是如何反应的呢？她报告说，她与他们一起哭。

关于本章前面提到的方法论取向的问题，你可以看到，本杰明的研究最适合解释社会学（她探讨了种族对于研究对象的意义）和批判社会学（她做这项研究的部分原因就是要证明种族偏见依旧存在）。她的许多对象报告说，他们担心种族主义某一天会破坏他们的成功。另一些人说，带有种族色彩的"玻璃天花板"阻碍着他们达到社会中的最高地位。本杰明得出结论说，尽管非裔美国人的社会地位有所改善，但是，美国的黑人依然能感觉到种族敌意所带来的痛苦。

## 评价

本杰明教授想询问许多问题，并直接从对象那里收集信息，因此她选择调查作为研究方法。当然，她收集的一些信息也可以通过问卷调查得到。但考虑到话题的敏感性和复杂性，她还是选择进行访谈。在与对象一对一的长达数小时的互动中，本杰明让他们感到放松，与他们探讨个人遭遇，并进行相关追问。

**检查你的学习** 你认为这一研究可以由一位白人社会学家进行吗？为什么？

### 在实地：参与观察

路易丝·本杰明的研究表明，社会学的研究不仅仅在实验室中进行，同时也"在实地"进行。这里的实地，就是人们日常生活的地方。在实地研究中应用最广泛的策略是**参与观察**（participant observation），即研究者在参与到人们日常活动中的同时对他们进行系统观察的研究方法。

**研究方法** 进行研究的系统性计划

| 实验 | 调查 | 参与观察 | 使用现有资料 |
|---|---|---|---|
| 在高度控制的条件下研究因果关系的一种研究方法 | 在问卷调查和面对面访谈过程中，被调查对象对一系列的陈述或问题作出回答的一种研究方法 | 调查者通过参与人们的日常生活来对人们进行系统的观察的一种研究方法 | 研究人员使用别人已经收集到的资料进行研究的一种研究方法 |

# 思考多样性：种族、阶级与性别

在研究中使用表格：路易丝·本杰明关于非裔美国精英的研究

假设你想要呈现有关人口多样性的大量信息，怎样才能快速、轻松地做到这一点呢？答案就是使用表格。一个表格在非常小的空间里提供了许多信息，所以，学会阅读表格能够增加你的阅读效率。当你看到一个表格时，先看看它的标题以便了解它包含什么方面的信息。下列表格的标题告诉你，它展现了参与路易丝·本杰明研究的100个对象的基本概况。横跨表格的上部，你可看到描述这些男性和女性的8个变量。沿着每一列往下看，标出了每个变量不同类别的值，最后每一列的百分比总和为100。

从表格的左上端开始，我们看到，本杰明的样本中大部分是男性（63%的男性，37%的女性）。年龄方面，大部分回答者（68%）处于人生的中年阶段，同时大部分人生长在美国南部、北部或中部那些黑人占优势的社区中。

这些人的确是专业领域的精英。这些人中，一半的人获得了博士学位，其中有哲学博士学位（32%）、医学或法学博士学位（17%）。看到他们丰富的受教育经历（而且本杰明本人是一名大学教授），我们应该不会对他们中最多的一部分人（35%）在教育机构工作而感到奇怪。在收入方面，这些人也很富裕，在20世纪80年代后期，他们大多数人（64%）的年薪就已高于50000美元（即使是今天，也只有46%的全职人员可以获得这个水平的薪水）。

最后，我们发现这100个人在他们的政治观点上普遍是偏左的。这在一定程度上反映了他们所接受的广泛的教育（鼓励了激进的思想），以及在学术倾向上倒向政治领域中自由党的一边。

## 你怎么想？

1. 为什么表格中的这些统计数据是一种传达大量信息的有效途径？
2. 观察这张表，你知道其中大多数人花了多长时间成为精英的吗？请解释。
3. 你能发现非裔美国人精英有别于同等白人精英的地方吗？如果你发现了，请指出是哪些地方。

**一百个能人：路易丝·本杰明研究的非裔美国人精英**

| 性别 | 年龄 | 童年相处人群 | 童年生活地区 | 最高教育程度 | 工作部门 | 收入 | 政治取向 |
|---|---|---|---|---|---|---|---|
| 男<br>63% | 35岁以下<br>6% | 大部分是黑人<br>71% | 西部<br>6% | 哲学博士<br>32% | 高校<br>35% | 多于<br>$50000<br>64% | 极左<br>13% |
| 女<br>37% | 36到54岁<br>68% | 大部分是白人<br>15% | 北部或中部<br>32% | 医学或法学博士<br>17% | 民营企业<br>17% | $35000—<br>$50000<br>18% | 自由主义<br>38% |
| 女 | 55岁以上<br>26% | 各种人种<br>14% | 南部<br>38% | 硕士<br>27% | 民营机构<br>9% | $20000—<br>$34999<br>12% | 中立<br>28% |
| | | | 东北部<br>12% | 学士<br>13% | 政府<br>22% | 低于<br>$20000<br>6% | 保守主义<br>5% |
| | | | 其他<br>12% | 以下<br>11% | 个体经营<br>14% | | 视情况而定<br>14% |
| | | | | | 退休<br>3% | | 不知道<br>2% |
| 100% | 100% | 100% | 100% | 100% | 100% | 100% | 100% |

资料来源：Adapted from Lois Benjamin, The Black Elite : Facing the Color Line in the Twilight of the Twentieth Century(Chicago : Nelson-Hall,1991 ),p.276。

参与观察使得研究者可以在自然的情景下以局内人的视角研究日常的社会生活，从夜间俱乐部到宗教学院都是适用的。社会学家将对特定背景下社会生活的研究称作案例研究。文化人类学家通常采用参与观察（他们称之为田野工作）的方法来研究其他社会，并将他们的研究成果称为民族志。

在实地研究的开始阶段，大部分研究者的头脑中并没有特定的假设。事实上，他们可能也没有认识到应该提出什么样的重要问题。因此，大部分的实地研究是探索性的和描述性的。

正如这一名称所指出的，参与观察具有两个方面。一方面，要获得局内人的视角必须成为这一情景中的参与者——要与研究对象"一起消磨时间"，力图按照他们的方式去行为、去思考，甚至去感受。与实验和调查相比，参与观察必须遵守的规则更少。但恰恰是这种灵活性允许研究者去探索不熟悉的事物和适应未曾预料的情况。

与其他研究方法不同，参与观察要求研究者进入研究情景中不只是一两周，而是几个月甚至几年。与此同时，研究者作为"观察者"必须与实际情景保持一定的距离，从思想上跳脱出来，记录并随后解释有关研究情景的笔记。研究者必须"扮演参与者"，以赢得别人的信任，进入到人们生活中，同时又要"扮演观察者"，保持必要的距离进行理智的分析，因此，这种方法存在着一种内在的张力。要完成内部参与者和外部观察者的双重角色，常常需要一系列谨慎的妥协。

大部分社会学家会独立地进行参与观察，所以，他们和读者必须记住，这些结果往往来自单个人的研究。参与观察的方法通常适用于解释社会学。尽管研究者有时也会收集一些定量的（数字的）数据，但是它所产生的基本上都是定性的资料，即研究者对于人们的生活、人们对自身和周围世界的看法的说明。从科学的观点来看，参与观察是一种极端依赖于个人判断、缺乏科学严谨性的"软"方法。然而，这种个人的方式也具有一种优势：一组打算进行正式调查的高调的社会学家将会破坏许多的社会情景，而一个共情能力强的参与观察者却常常可以深刻地洞察人们的行为。

**参与观察的例证：研究密西西比州杰克逊县的无家可归者**　你有没有想过在一个崭新的陌生地方生活是怎样的？对于一位年轻的社会学家来说，这个问题一直是他生活的中心。约瑟夫·"皮可"·埃伍德齐（Joseph "Piko" Ewoodzie）出生于西非的加纳，十几岁时随家人移居美国。他的父亲是一名传教士，这就使得一家人经常搬家。在搬家的过程中，埃伍德齐不得不几次设法进入新社区，从伊利诺伊州中西部到纽约东海岸，从低收入的南布朗克斯到较为富裕的白原市。

2012年，埃伍德齐回到了中西部，准备开始社会学博士论文的研究。由于已经熟悉美国的一些地区，埃伍德齐一直想亲眼看看美国南部诸州的生活是什么样的。此外，他对那些我们有时认为是穷人中最穷的人，那些没有地方住的人的生活感到好奇。所以他决定研究密西西比州杰克逊县的无家可归者。更具体地说，他开始了解这些生活在社会边缘的人是如何设法定期获得食物的。

与任何从事社会学调查的人一样，埃伍德齐考虑了一系列的研究方法。他是否应该设计一份调查问卷，然后在杰克逊市中心四处走动，让任何看起来无家可归的人填写？他应该在当地大学的校园里找到一间办公室，邀请无家可归者进来访谈吗？很显然，这些策略都不会奏效。此外，埃伍德齐想做的不仅仅是收集无家可归者的饮食习惯信息。他渴望亲身体验他们的社交世界，发现他们如何生活、在哪里睡觉、和谁交往。所以他决定搬到杰克逊县，融入无家可归者社区。简而言之，他决定成为一名参与观察者。

埃伍德齐（Ewoodzie，2015）知道参与观察是他的研究的正确方法，但他仍然不确定完成他的研究目标所需的确切步骤。在杰克逊县的第一个周一早上，他去了皮驰斯（Peaches）餐厅。他需要吃早餐，这似乎是一个很好的选择，这家咖啡厅提供给他一个尝试与当地人接触的机会。一位叫斯特拉的女士独自负责烧烤和上菜。埃伍德齐坐在柜台前,培根发出嘶嘶的声音,他想知道接下来该怎么办。他应该告诉她他是社会学专业的博士生吗?他应该提到他对研究食物的兴趣吗?

过了一会儿,他鼓足勇气,和他身后一个隔间里的几个人闲聊起来。他们正在谈论一场篮球赛,幸运的是,他前一天晚上在电视上看过。他和他们聊天,直到话题转移到一件他一无所知的事,他感到尴尬,便离开了。他工作的第一天就教会了他田野工作的过程是多么困难。

第二天,当埃伍德齐回到皮驰斯时,那两位先生也在那儿。他和他们互致问候,并开始了一场涉及更广泛话题的谈话。第三天,与斯特拉和其他几位顾客聊起来似乎变成了很自然的事。埃伍德齐很快就成了"常客"。现在他可以主动和别人交谈,并了解在杰克逊县的生活。研究人员称这部分研究经历为进入新的社会场景的过程,这一步需要耐心和毅力。在这种情况下,埃伍德齐的口音有帮助,这表明他不是南方人。听到他的声音,人们很好奇,很快就问他是哪里人。当当地人发现他来自加纳时,同为非裔美国人的他们想了解那里的生活。

这些对话给了埃伍德齐一个切入口,他需要询问在杰克逊县的生活。但他需要更进一步,因为他想把研究重点放在无家可归者身上。从他在餐厅建立的联系中,他了解到附近的"机会中心"(Opportunity Center),这是一家为无家可归者提供日间庇护所的机构。研究的下一步是参观机会中心。

当埃伍德齐第一次来到被人们亲切地称为 OC 的机会中心时,他遇到了在前台工作的雷和比利。他后来发现,那时他们俩都无家可归。没过几天,埃伍德齐就和雷、比利成了朋友。他们渴望帮助他,并主动提供机会中心及其服务对象的信息。

埃伍德齐很快了解到,机会中心通常每天接待大约 100 名男性和 12 名女性,提供一个存放个人物品、打

参与观察是一种社会学研究方法,让研究者自然地参与到人们日常活动中,并对他们进行调查研究。在最好的情况下,参与观察让你成为你个人真人秀中的明星,但是长达数月生活在远离家庭、完全陌生的环境中总是充满挑战的。在这里,约瑟夫·埃伍德齐观察了当地一所大学的学生为无家可归的人提供食物。

电话、使用厕所和淋浴的地方。此外，OC 亦成为客户申请工作或寻求政府援助的地方。对于大多数客户来说，该设施也是一个社交中心，在这里他们可以了解其他人的生活，也可以交换关于食物和睡觉的新地方的信息。

雷和比利提供了杰克逊县救济站和收容所的优质信息来源。他们还向埃伍德齐介绍了其他一些地方，比如公园、教堂和汽车站，那些无家可归者在这些地方吃饭、睡觉，或者只是闲逛。有了这些新信息，埃伍德齐知道了完成他的研究需要采取哪些步骤。他每天在实地工作 10 ~ 12 个小时，在几个月的时间里，他参观了所有这些设施和地点，并融入了杰克逊县无家可归者的生活。

比利和雷的协助说明了关键信息提供者在实地调查中的重要性。这些人不仅是信息的来源，而且还将研究者介绍给社区中的其他人。利用关键信息提供者可以很容易地进入对方的社交网络。知道在每个新环境下应该与谁联系，并能够说出"我是比利和雷的朋友，他们说我应该和你联系"——这显然对获取更多信息很有帮助。但依靠关键信息提供者也有风险。因为每个人都有一个特定的熟人圈，关键信息提供者的指导肯定会以这样或那样的方式"歪曲"或带偏这项研究。此外，在其他人眼中，关键信息提供者——名声无论好坏——通常都会影响到调查者。因此，尽管一个关键信息提供者在早期是有帮助的，但一个熟练的参与者观察者很快就会寻求更广泛的接触。

在接下来的几个月里，埃伍德齐每天大部分时间都在和无家可归者交谈。他了解了他们的生活以及他们如何度过一天。随着他对人们了解的加深，他向他们解释了更多关于自己研究项目的事情。因为他花了时间与他的研究对象建立了有意义的关系，大多数人不仅愿意与他交谈，还愿意提供他们生活的私密细节——研究人员通过问卷调查甚至访谈永远不会在一次见面中收集到的个人细节。埃伍德齐还认为，这种热情接待在一定程度上归功于南方好客的文化传统。

作为选择参与观察方法的典型研究人员，埃伍德齐在访谈时会做笔记。有时，当他跟不上信息的流动时，他会借口去洗手间，只是为了有几分钟时间写详细的笔记。他有时会用智能手机录下对话内容，但只有在征得对方同意后才会这么做。每天田野工作结束后，他会花几个晚上的时间在公寓里把他的粗略笔记变成详细的研究记录。

田野工作的那几个月即将结束时，埃伍德齐开始反思自己所学到的东西。一些无家可归者有亲戚住在杰克逊县或附近，他们会花一些时间和家人待在一起。但他认识的大多数无家可归者都是独自生活，经常出现在机会中心、救济站和收容所。他研究的大多数人都失业了，一些人有工作收入，大多数人接受政府的援助。他很惊讶地发现他们没有把手头的钱花在食物上，而是花在了医疗需求和衣服等必需品上，以及花在了娱乐、喝酒和吸毒上。

但是，也许埃伍德齐的研究中最令人惊讶的发现是，在杰克逊县，典型的无家可归者几乎没有一天不吃东西。城里每天都有四五家救济站开门，教会团体和其他组织每周至少有几天提供食物。有时，附近大学的学生会把校园食堂的剩饭剩菜拿来给附近公园里无家可归的人吃。所以，只要一个人与 OC 周围的社交网络保持联系，就不会挨饿。与此同时，在吃什么方面几乎没有选择，食物的质量也参差不齐。此外，食物也不能 24 小时供应。早餐和午餐几乎是确定有的，晚餐就不那么确定了。因此，大多数无家可归者把当天早些时候能得到的食物储备起来，如果没有其他食物，他们可以稍后再食用。

从他的参与观察研究中，埃伍德齐学到的东西比他一开始预想的要多得多。他发现这群无家可归者面临的最大挑战实际上并不是食物缺乏。也许他们最直接的担心是安全舒适的住所有限。这个城市的无家可归者人数超过了收容所的床位数量，不是每个人都能在室内找到安全的空间，尤其是在寒冷或潮湿的天气。第二个问题是，许多无家可归者经常去的地方缺乏公共交通工具。展望未来，埃伍德齐得出结论，无家可归者最大的长期需求是提高识字技能，他认为这对他们寻找、获得和保持工作的能力至关重要。

这类研究经常被政府官员和其他组织在制定和重新制定公共政策时使用。埃伍德齐希望他的研究能催生一些项目，不只是让无家可归的人保持目前的状态，而是能够拓展他们成为自立的社区成员的机会。

## 评价

为了研究密西西比州杰克逊县的无家可归者，约瑟夫·埃伍德齐选择了参与观察作为他的研究方法。这是一个很好的选择，因为他没有一个具体的假设要验证，一开始也不知道问题将会是什么。埃伍德齐花了很少的钱完成了他的研究，尽管他不得不在实地花上几个月的时间。通过搬到杰克逊县并参与和观察城市无家可归者的社会生活，埃伍德齐逐渐能够对城市无家可归者的典型生活方式建立一种理解并且能对其进行详细的描述。

**检查你的学习** 请说出三个社会学研究主题，分别适用于如下研究方法：（1）实验；（2）调查；（3）参与观察。

## 运用可得的数据：现有的资料

不是所有的研究都需要研究者自己收集数据。有时候社会学家也分析他人收集的现有资料。

社会科学中最被广泛运用的统计数据是由政府机构收集的。美国人口普查局每十年进行一次人口普查，并不断更新关于美国人口的大量数据。

在加拿大，这样的数据可以从隶属于政府的加拿大统计局（Statistics Canada）获得。要获得国际性的数据，可以利用联合国和世界银行出版的各种资料。简而言之，关于整个世界的数据都可以从你身边的图书馆以及互联网上获得。

不论是政府统计数据还是个别研究者的研究结果，运用已有的资料可以节省时间和金钱。这种方法对低预算的社会学家有特别的吸引力。不管怎样，相比大多数研究人员自己获得的数据，政府的资料通常更准确，涉及的范围更广。

当然，运用现存的资料也有一些问题。一方面，可得的资料很难刚好是你所需要的。例如，你或许能够查到你所在学校付给教授的平均工资，但是却不能查到学校分别支付给男性教授、女性教授的工资。此外，对于别人研究的意义和准确性，我们总会有些疑问。例如，埃米尔·涂尔干在其经典的自杀研究中，很快就发现根本就没有办法知道一个被界定为自杀的死亡事件到底是不是一个意外事件。另外，不同的机构在收集数据时运用不同的程序和类别，所以很难将其收集的数据进行对比。最后，运用现存的资料有点像买一辆二手车：便宜货很多，但是你得仔细挑。

## 使用现有资料的例证：双城记

为什么有的城市住着许多著名的人，而有的城市几乎找不出一个名人呢？对于生活在今天的人，历史资料提供了一把打开过去秘密的钥匙。E. 迪格比·巴尔茨尔（Baltzell，1979）的一项获奖研究《波士顿清教徒和费城贵格会信徒》（*Puritan Boston and Quaker Philadelphia*），很好地例证了研究者如何利用可得的资料进行历史研究。

这项研究始于巴尔茨尔偶然拜访缅因州的鲍登学院。当他走进鲍登学院的图书馆时，他看见墙上挂着三个人的肖像——分别是著名作家纳撒尼尔·霍桑（Nathaniel Hawthorne），著名诗人亨利·瓦兹沃斯·朗费罗（Henry Wadsworth Longfellow）以及美国第十四任总统富兰克林·皮尔斯（Franklin Pierce）。他很快认识到这三个伟大的人物都是 1825 年毕业于鲍登的同班同学。巴尔茨尔很惊讶，为什么这个小型学院在这一年毕业的名人比他的母校——更大的宾夕法尼亚大学——有史以来毕业的所有名人还要多？为了解答这个问题，巴尔茨尔赶快去翻阅历史文献，看看新英格兰造就的名人是否真的比他的出生地宾夕法尼亚州还多。

巴尔茨尔的资料来自哪里？他查阅了《美国名人辞典》（*Dictionary of American Biography*），此书共 20 册，记载了各个领域超过 13000 个杰出男女，诸如政治、法律以及艺术。从辞典中巴尔茨尔知道了谁是伟大人物，他还意识到辞典中谁的传记越长，人们就认为这个人越重要。

到巴尔茨尔识别出传记记载最长的 75 个人时，他发现了一个显著的模式：到目前为止，马萨诸塞州拥有的名人是最多的，75 个顶尖成功者中有 21 个属于马萨诸塞州。而来自新英格兰地区的名人加总起来有 31 个。相比较而言，宾夕法尼亚州只有 2 个，而来自大西洋中部地区的名人加起来只有 12 个。再进一步看看，巴尔茨尔发现新英格兰地区大部分伟大的成功者都是在波士顿及其周围的城市长大。截然相反的是，几乎没有一个比较知名的人物是来自他所在的费城这个比波士顿要大得多的城市的。

怎样才能够解释这种明显的模式呢？巴尔茨尔从德国社会学家马克斯·韦伯（Weber，1958，orig. 1904—1905）那里受到了启发，韦伯认为一个地方功绩的记载受当地的主要宗教信仰的影响（参见第四章"社会"）。巴尔茨尔从波士顿和费城之间的宗教差异中发现了能够解开疑惑的答案。波士顿最初是个清教徒的殖民地，由非常重视追求卓越和公共成就的人建立。相反，费城则居住着贵格会信徒，他们信仰平等，避免引起公众注意。

清教徒和贵格会信徒都在躲避英格兰的宗教迫害，但是两种宗教信仰导致了极不相同的文化模式。波士顿的清教徒认为人类具有原罪，所以他们构造了一种通过家庭、教堂和学校来规范人们行为的严格的社会。清教徒们赞扬努力工作，将其视为赞美上帝的途径，他们认为取得公共成就是受到上帝祝福的一种可靠标志。简而言之，清教徒提倡一种人们既追求又尊敬成就的纪律严明的生活。

相反，费城的贵格会信徒将他们生活的方式建立在人性本善这样一个信念之上。他们不需要寻求什么强硬的社会制度来将人们从罪孽深重之中"拯救"出来。他们信仰平等，所以即使是那些富裕的人也不认为自己比别人好。因此富人和穷人以同样的方式谨慎地生活着，相互劝诫对方避免高调地追求名望或竞选政府

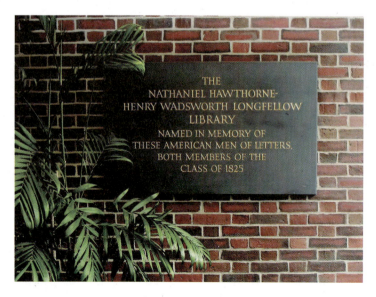

社会学家 E. 迪格比·巴尔茨尔无意中发现纳撒尼尔·霍桑、亨利·瓦兹沃斯·朗费罗和富兰克林·皮尔斯都是毕业于新英格兰地区小型学院的同班同学。这个发现促使他分析在新英格兰地区学院和宾夕法尼亚大学不同的宗教信仰对学生取得成就的模式有什么影响。

## 总结

四种研究方法

| | 实验 | 调查 | 参与观察 | 现有资料 |
|---|---|---|---|---|
| **运用** | 适用于说明变量之间关系的解释性研究<br>产生定量数据 | 适用于对不能直接进行观察的主题进行信息收集，比如态度和价值<br>对描述性和解释性研究很有用<br>产生定量或定性数据 | 适用于对"自然"情景中的人进行的探索性和描述性研究<br>产生定性数据 | 适用于探索性、描述性或者解释性研究<br>数据合适即可 |
| **优势** | 最能够说明因果关系<br>复制研究相对容易 | 运用问卷和抽样方法，能够对大量的人口进行调查访谈<br>能获得深入的反馈 | 能够研究"自然"情景下的行为<br>通常比较不耗费财力 | 节省时间和收集数据的费用<br>使得历史性研究成为可能 |
| **局限** | 实验室环境是人为设置的<br>除非研究环境是受到严格控制的，否则结果会有偏差 | 问卷必须精心设计<br>应答率可能不高<br>访谈耗费财力和时间 | 耗时<br>很难复制研究<br>研究者必须平衡好参与者和观察者的角色 | 研究者对数据中可能出现的偏差没有控制<br>数据可能只是部分地满足目前的研究需要 |

公职。

在巴尔茨尔的社会学的想象力中，波士顿和费城就像两支社会"试管"，清教徒被注入了一支试管，贵格会信徒被注入了另一支。数世纪以后，我们会发现两支试管里发生了不同的"化学反应"。这两种信仰体系导致了对待个人成就的不同的态度，从而又形成了各个地区的历史。今天，我们知道波士顿的肯尼迪家族（尽管是天主教徒）只是那个城市中众多清教徒式追求赞誉和领导能力的家族中的一个。相反，在费城的整个历史上从来没有过一个家族拥有这样的公众声望。

巴尔茨尔的研究运用了科学逻辑，但是也详细描述了人们如何理解他们的世界，从而阐明了解释社会学视角。他的研究提醒我们，社会学研究常常根据特定的问题，混合运用多种研究方法。

## 评价

巴尔茨尔选择使用现存资料进行研究的主要原因在于，这是一种了解历史的好办法。对于那些生活在过去、不可能进行访问的人，《美国名人辞典》提供了大量的信息。当然，现存资料不是为了回答当代社会学家的问题而存在的。因此，使用这些文件档案需要批判的眼光和创造性的思考。

**检查你的学习**　你还能想到有什么关于过去生活的问题需要利用现存的资料来回答的？你可能通过什么渠道来寻找答案？

以上总结表提供了对四种主要的社会学研究方法的概括回顾。现在我们要考虑最后一个问题：研究结果与社会学理论之间的联系。

| 归纳逻辑思想 | 演绎逻辑思想 |
|---|---|
| 将特殊的观察结果转化为一般的理论的推理方式 | 将一般理论转化为能进行检验的特殊假设的推理方式 |

## 理论与方法的相互作用

不论社会学家们是如何收集数据的，他们都不得不通过建构理论来赋予社会事实以意义。这主要通过两种方式来达到：归纳逻辑思维和演绎逻辑思维。

**归纳逻辑思维**（inductive logical thought）是将特殊的观察结果转换成一般的理论的推理方式。在归纳法中，研究者的思维是从特殊到一般，会产生诸如此类的想法："我这儿有一些有趣的资料，我想知道它们意味着什么？" E. 迪格比·巴尔茨尔的这项研究就是归纳逻辑的典型范例。他的资料显示，美国的一个地区（波士顿地区）造就了比另一个城市（费城地区）多得多的成功者。他从基层的观察开始一直"上升"到高层次的理论——宗教价值观是人们形成对待成就的态度的关键因素。

第二种类型的逻辑思考是以相反的方向"下沉"的：**演绎逻辑思维**（deductive logical thought）是将一般理论转换为能进行检验的特殊假设的推理方式。研究者的思维是从一般到特殊："我对人类行为有一些想法，让我们来收集一些数据，再对这些数据进行检验。"以演绎的方式进行研究，研究者最初以假设的形式陈述理论，然后选择一种方法来检验这个理论假设。当数据在一定程度上支持理论假设时，我们推断这个理论是正确的；如果数据驳倒了理论假设，我们就知道这个理论需要进行修正或者完全被否决掉。

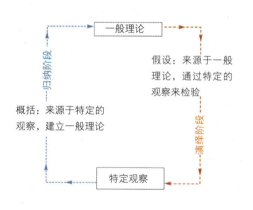

图 2-2　归纳和演绎逻辑思考
　　社会学家通过归纳和演绎两种逻辑将理论和方法联系起来。

菲利浦·津巴多的"斯坦福监狱"的实验就是演绎逻辑的范例。津巴多以社会环境能够改变人类行为这个一般理论为起点。然后他提出了一个明确的可检验的假设：当被安置在监狱情景之中时，即使是情绪很平稳的年轻男性也会表现得暴力。在他的实验开始后，很快就发生了暴力事件，这支持了津巴多的假设。万一他的实验里囚犯和看守之间产生友好的行为，那么他的假设就明显是错的。

就像研究者常常在一个研究过程中使用几种方法一样，他们一般都同时使用这两种逻辑思考方式。图 2-2 解释了这两种类型的推理方式：从观察结果中归纳建构理论，为了检验一个理论进行演绎的观察。

最后，通过组织和呈现统计数据赋予社会事实以意义。确切地说，社会学家们如何处理他们的数据会影响他们得到的结论。简而言之，准备你的研究结果就等于以某种方式转述事实。

我们常常因为有统计数据支持而轻易地断定一个论据肯定是正确的。然而，我们必须以审视谨慎的眼光来看待统计数据。总之，研究者们会选择呈现的数据，并且解释统计值，可能还会运用图表来将读者引致特定的结论。

## 总结：社会学研究中的 10 个步骤

我们可以通过概述社会学研究过程中的 10 个步骤来总结这一章。每一个步骤都提出了一个重要问题。

1. 你的主题是什么？保持好奇心并且运用社会学的视角能帮助你随时随地想出关于社会研究的主意。选择一个你认为有趣且重要的主题来研究。

2. 他人有哪些研究成果？你可能不是第一个对你的研究主题感兴趣的人。去图书馆查阅其他的研究者在你研究的主题上已经应用了哪些理论和方法。回顾已有的研究，注意出现过的问题以避免重复过去的错误。

3. 你的具体问题是什么？你是否想要探索一个自己不太熟悉的社会环境？描述某一类人？研究变量间的因果关系？如果你的研究是探索性的或是描述性的，确定你要研究的对象是谁、研究将在哪里进行，以及你想要探索哪一类的问题。如果你的研究是解释性的，你也必须确切地阐明你要检验的假设，对每一个变量进行操作化。

4. 你需要什么来完成研究？你能利用的时间和经费有多少？是否需要特殊的设备或训练？你能否独自完成研究？制订研究计划的时候你应该考虑清楚这些问题。

5. 是否存在道德伦理上的顾虑？不是所有的研究都会引起严重的伦理问题，但是你必须注意这些问题。研究是否会伤害或者威胁到任何人的隐私？为了尽量减少造成伤害的概率你会怎样设计你的研究？你是否会向被调查者承诺研究的匿名性？如果你承诺了，你将如何保证始终维持匿名性？

6. 你会使用什么研究方法？考虑所有主要的研究策略，以及多种方法的结合使用。记住，最好的研究方法取决于你所提出的研究问题以及你所能获得的资源。

7. 你将如何记录数据？你的研究方法就是一种数据收集的方案。准确清晰地记录下所有的信息，以便随后进行分析（或许就是在写研究结果之前的某个时候）。谨防你的研究中出现任何的偏差。

8. 数据告诉了你什么？根据你最初的研究问题来研究收集到的数据，决定如何解释你所收集到的数据。如果你的研究涉及一个特定的假设，你必须判断收集到的数据是证实、反驳还是更正了这个假设。记住，根据不同的理论视角有不同的方式解释你收集到的数据，你应该将所有的解释都考虑进去。

9. 你的结论是什么？准备一份陈述结论的最终报告。你的研究如何发展了社会学理论？你的研究有没有提出改进研究的办法？你的研究有没有政策方面的提议？普通公众会在你的研究中发现什么有趣的东西？最后，注意研究中出现的问题以及未得到解决的问题，以此来评价你自己的研究。

10. 如何分享你的研究成果？考虑将你的研究论文投给一份大学学报或期刊，或者向一个班级、在一次校园集会或者一次专业的社会学会议上做一个展示。关键是和别人分享你的研究成果，并得到他们的回应。

**日常生活中的社会学**

### 为什么要交朋友？

社会学研究是帮助我们更深入、更多地理解日常社会世界和自我的重要方式。以友谊为例，每个人都知道被朋友们簇拥着是一件很开心的事，但是你知道友谊对人类健康有着实实在在的好处吗？你认为这些好处是什么呢？看看下面的图片，多了解一些研究告诉我们的交朋友所带来的积极影响吧。

一项针对老年人的 10 年追踪研究发现，无论男女，有很多朋友的老人在研究过程中死亡的可能性都明显低于那些朋友很少或者没有朋友的人。其他长期研究也证实，那些有很多朋友的女性和男性在研究过程中死亡的可能性明显低于那些朋友很少或没有朋友的人。还有其他长期研究证实，有朋友的人不仅比没有朋友的人活得更长，而且更健康。在这项研究中有哪些变量？从这些变量的关系中得出了什么结论？

一项研究调查了 3000 名被诊断为乳腺癌的女性，并比较了朋友多的女性和朋友少或没有的女性的存活率。你认为，关于友谊战胜重病的作用，他们得出了什么结论？

也许友谊能增进健康的原因是，朋友能振奋我们的精神，让我们对生活抱有更积极的态度。一项研究让年轻的大学生背着沉重的背包站在陡峭的山脚下，询问他们爬到山顶有多艰难。与那些独自站在那里的人相比，有朋友陪伴的被访者更乐观地认为他们可以爬上去。你是否认为一个人的朋友越好，他／她的态度就越积极？

友谊还能改善男性的健康。一项针对老年男性的研究发现，那些有很多朋友的人比那些没有朋友的人患心脏病的概率更低。你如何确定这些变量之间的因果关系呢？也就是说，我们怎么能确定是友谊增进了健康，而不是健康促进了友谊？

**提示**　在第一种情况下，研究人员将朋友定义为自变量，并将长寿和健康定义为因变量。平均而言，那些有朋友的人（实验组）实际上比那些没有朋友的人（对照组）更长寿、更健康。在第二种情况下，研究人员发现有很多朋友的女性比没有朋友的女性在疾病中存活的概率要高几倍。在第三种情况下，研究人员发现，人们成为朋友的时间越长，被访者对攀登的态度就越积极。第四个案例则提醒我们，相关性并不能证明因果关系。这项为期 6 年的研究调查了 700 多名男性，其中一些人有很多朋友（实验组），另一些人健康状况相当（对照组），但朋友很少。那些有朋友的人心脏更健康，说明友谊是自变量或原因变量。友谊万岁！

## 从你的日常生活中发现社会学

1. 前面的调查研究表明，友谊对于我们的意义远远超过我们的想象。想想第一章里涂尔干的自杀研究。他如何使用社会学研究来揭示更多有关社会关系的重要性？在自杀研究中，他使用了本章中的哪一种研究方法？

2. 正如本章所说的，社会学远不止独特的视角和理论路向，这门学科还能获得更多的关于我们周围社会运作机制的知识。你可能会继续学习社会学，甚至以社会学研究作为终身的职业追求。但是即使你从来不会亲自做研究，了解怎么完成一个好的研究项目也是很有好处的。这个好处是指：在这个信息爆炸的社会中，知道如何收集准确的信息是一种技能，能够帮助你评估你所读到的资讯。下次当你听到某人，也许是竞选政治职位的候选人，就某个问题发表看法时，为什么不看看你是否能找到现有的资料，并自己评估这个声明的真实性呢？

3. 访问"社会学焦点"博客，你可以在那里阅读年轻社会学学者的最新文章，他们将社会学视角应用于流行文化的话题。

## 取得进步

### 社会学研究的基础

#### 2.1　解释科学证据如何经常挑战常识

社会学研究有两个基本的必要条件：

- 知道怎样运用社会学的视角；
- 对我们身边的这个世界充满好奇，并做好提问的准备。

世界上人们所接受的"真理"各不相同。

- 科学——一种通过直接系统的观察来了解知识的逻辑体系——是真理的一种形式。
- 通过社会学研究获得的科学证据常常挑战常识。

## 从事社会学研究的三种方式

### 2.2　描述社会学的三种研究取向

**实证社会学**是通过系统地观察社会行为来研究社会的。

实证社会学

- 需要仔细地将概念操作化，并确定测量方法既可靠又可行
- 观察变量之间的关系，尝试建立因果关系
- 假定客观现实是存在"在那里"的
- 偏好定量数据
- 适合在实验室进行研究
- 要求研究人员保持客观，不让个人价值观和偏见影响研究过程
- 与结构功能主义论有松散的联系

**解释社会学**关注人们赋予行为的含义。

解释社会学

- 认为现实是人们在日常生活中建构出来的
- 偏好定性数据
- 适合在自然情景中进行研究
- 与符号互动论有联系

**批判社会学**将研究作为带来社会变迁的一种方式。

批判社会学

- 提出道德和政治的问题
- 关注不平等
- 拒绝接受客观性原理，认为所有的研究都有政治性的特征
- 与社会冲突论有联系

## 影响社会学研究的议题

### 2.3　认识社会学研究中性别和伦理的重要性

性别——包括研究者的和研究对象的性别——会以五种方式影响调查研究：

- 男性中心；
- 过度概括；

• 无视性别；

• 双重标准；

• 妨碍研究。

研究伦理要求研究者必须做到以下四点：

• 保护研究对象的隐私；

• 获得研究对象的知情同意；

• 表明所有的经费来源；

• 将研究提交给伦理审查委员会（IRB），保证研究不会违反伦理标准。

## 研究方法

### 2.4 解释为什么研究者可以选择社会学的每一种研究方法

**实验**是指在受控制的情景下研究两个或多个变量之间的因果关系。

• 研究者通过实验来检验研究假设，即两个（或多个）变量之间可能的关系的一种陈述。实验示例：津巴多的"斯坦福监狱"。

**调查研究**方法是通过问卷调查和面对面访谈的方式，收集调查对象对一系列问题的回应。

• 调查一般会得到描述性的研究结果，展示人们对某一问题的观点。本杰明的"一百个能人"就是一个例子。

通过**参与观察**，研究人员在一段相对较长的时间里直接参与所研究的社会环境。

• 参与观察，也称田野工作，使得研究者可以拥有对社会环境的内部观察。他们的研究是探索性的和描述性的，不是试图去验证特定的假设。埃德伍齐对密西西比州杰克逊县的无家可归者进行的研究就是参与观察法的一个例子。

有的时候，研究者会分析**现有资料**，即由其他研究者收集的资料。

• 使用现有资料，特别是由政府机构收集的可广泛使用的数据，能够节省研究者的时间和经费。

• 现有资料是研究历史的基础。巴尔茨尔的"波士顿清教徒和费城贵格派信徒"就是使用现有资料进行研究的例子。

归纳和演绎都是研究者会使用的逻辑思维方式

• 使用归纳逻辑思维，研究者的思维从特殊"上升"到一般。

• 使用演绎逻辑思维，研究者的思维从一般"下沉"到特殊。

开展社会学研究需经过从选择研究主题到分享研究成果的 10 个步骤。

# 第三章

# 文化

# 社会的力量

引导我们对诸如堕胎等社会议题的态度

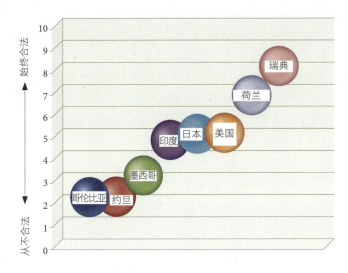

资料来源：World Values Survey (2015)。

我们所持的有关堕胎的态度仅仅是"个人"观点吗？假如我们比较一下世界各地的人们对这一问题的态度，我们就会发现各国之间有很大的不同。例如，生活在瑞典的人们通常视堕胎为合法，而生活在哥伦比亚的人们几乎从不这么认为。在美国，认为堕胎合法和认为堕胎不合法的人数旗鼓相当。经由全球化视野下的比较，我们发现社会引导了人们有关各议题的态度，而这就是我们称之为文化的生活方式的一部分。

## 本章概览

本章重点关注"文化"这一概念，即一个社会的整个生活方式。"文化"（culture）与"培养"（cultivate）的词根相同，这表明聚居在某一社会的人们，随着时间的推移而在事实上渐渐"养成"他们的生活方式。

李民俊（音）目不转睛地盯着他的计算机屏幕。他的妻子秀彬（音）拉过一把椅子，坐在他旁边。

"我正努力安排我们的投资活动。"民俊用韩语解释道。

"我没有想到我们能用自己的语言在线完成这些，"秀彬看着屏幕说道，"太好了，我非常喜欢这样。"

并不仅仅是李民俊和秀彬有这样的感受。回溯到1990年，一家大型投资经纪公司嘉信理财（Charles Schwab & Co.）的行政人员聚集在旧金山的公司总部，讨论扩展他们公司业务的途径。他们提出的一个想法是，如果能对美国社会日益增加的文化多样性给予更多的关注，公司将因此获益。他们的理由来自由美国人口普查局提供的数据，该数据显示，在旧金山乃至整个美国，亚裔美国人的数量正快速增长。数据也显示了亚裔美国人通常在经济上都很成功。的确如此，今天亚裔美国人一半以上家庭年收入在90000美元以上（U.S. Census Bureau，2016）。

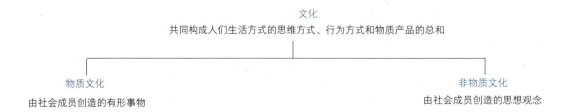

在 1990 年的那次会议上，嘉信公司的领导者决定发起一个关注多样性的行动，安排公司三名主管人员对亚裔美国人的公司加强了解。这一行动果真获得了巨大的成功，目前嘉信公司雇用了数百名会讲韩语、汉语、日语、越南语以及亚洲其他语种的员工。雇用这些懂得英语以外的语言的业务代表非常明智，因为有研究表明，大多数来到美国的亚裔美国人，更愿意用他们的母语进行交流，特别是在处理像投资这样重要事务时更是如此。此外，公司还建立了韩文、中文和其他亚洲语言的网站。成千上万名使用英语之外的母语的亚裔美国人，在这些对他们表示友好的公司开设了账户，李民俊和秀彬仅仅是其中的两位。

2015 年，亚裔美国人消费了 3560 亿美元，嘉信公司目前已经获得了亚裔美国人的巨大投资额。任何一个追随嘉信公司做法的公司都会是明智的。而其他在美国占有更大市场份额的种族和族裔是非裔美国人（2015 年花费 6730 亿美元以上）和西班牙裔美国人（2015 年花费 7970 亿美元）(Fat-tah，2002；Karrfalt，2003；U.S. Department of Labor，2016)。

像嘉信这样的公司已注意到这样一个事实，即美国是世界上最具有文化多样性的国家。这一文化的多样性反映了美国吸纳了来自世界各国的移民的事实。人们已经发现世界各地的生活方式存在差异，这不仅表现在语言、穿着上，还表现在首选食品、音乐偏好、家庭模式以及是非观念上。一些地区的家庭养育有很多孩子，而其他地区的家庭则很少；一些地区敬重老年人，而其他地区则推崇年轻人。一些地区的人热爱和平，而另一些地区的人却崇尚武力；全世界人们皈依数千种宗教信仰，而对于什么是礼貌与粗鲁、漂亮与丑陋、喜好与厌恶，世界各地的人们也有着自己独特的观念。人类这种容纳如此多的不同生活方式的能力令人惊奇，实际上也反映了人类文化的问题。

# 什么是文化？

3.1    解释作为人类生存策略的文化的发展

**文化**（culture）是指共同构成人们生活方式的思维方式、行为方式和物质产品的总和。文化包括我们的思想、我们的行为方式以及我们所拥有的一切物质产品。文化既联系我们的过去，又指引我们的未来。

要理解文化是什么，必须考虑到文化的精神方面和物质方面。**非物质文化**（nonmaterial culture）是指一个社会成员所创造的包括从艺术到禅宗（art to Zen）等在内的所有思想观念。相反，**物质文化**（material culture）是指一个社会成员所创造的包括从扶手椅到拉链（armchairs to zippers）等在内的任何有形事物。

文化不仅影响我们的行为方式，而且影响我们的思维方式和感受方式——我们通常错误地称之为"人类本性"的要素。生活在巴西热带雨林地区好战的亚诺玛米人（Yąnomamö），视侵犯行为为天然，但世界其他地区如马来西亚的塞马伊族人（Semai）却能和平相处。美国和日本文化都特别强调成就和勤奋工作，但与日本社会非常珍视集体和谐相比，美国社会的成员更重视个体主义价值观。

文化
共同构成人们生活方式的思维方式、行为方式和物质产品的总和

物质文化
由社会成员创造的有形事物

非物质文化
由社会成员创造的思想观念

世界各地的人们创造了多种多样的生活方式，这些差异首先表现在外貌上。比较图中所展示的来自埃塞俄比亚、印度、缅甸、中国（藏族）、美国的女性，以及来自中国、肯尼亚、厄瓜多尔、澳大利亚男性的外貌差异。虽然外在差异也许并不明显，但更为重要的是内在差异，因为文化也深刻影响了我们的生活目标、正义感，甚至是我们最为内在的自我感受。

几个世纪以来，在美国，移民和业已生活在此的人之间的文化差异一直是冲突的根源。在今天的欧洲，情况也是如此。2015年，针对不断增加的伊斯兰移民的抗议活动吸引了大量民众。在德国莱比锡的反对伊斯兰移民的游行人群中，一个孤独的反示威者提出了他宽容的支持理由。

　　考虑到世界上文化差异的程度以及人们倾向于认为自己的生活方式是"自然的"，旅行者进入一个不熟悉的文化环境时，经常感到不自在就不足为奇了。这种不自在便是**文化休克**（culture shock），即当经历一种不熟悉的生活方式时个人产生的迷惑。在美国，当非裔美国人探查洛杉矶的伊朗人社区，大学生冒险进入俄亥俄州的阿米什乡村，或者纽约客穿越南部的小镇时，人们都可以体验到文化休克。但当我们在国外旅行的时候，文化休克的体验会最强烈。后面的"全球化思考"专栏讲述了一位美国研究者第一次拜访生活在南美亚马孙河地区亚诺玛米人家园的故事。

# 全球化思考

## 面对亚诺玛米人：体验文化休克

一艘铝制的小汽艇正沿着泥泞的奥里诺科河稳步前行，这条河位于南美洲广袤的热带雨林深处。人类学家拿破仑·沙尼翁（Napoleon Chagnon）准备到亚诺玛米人的家园领地进行考察，为期三天的路程考察正接近尾声。亚诺玛米族是世界上保持最原始技术的社会之一。

大约有 12000 名亚诺玛米人散居在委内瑞拉和巴西边界的村庄里。他们的生活方式和我们的大不相同。亚诺玛米人穿得很少，他们生活的地方没有电、机动车、手机，也没有大多数人习以为常的其他便利设施。他们用于狩猎和作战的武器是传统的弓箭。大部分的亚诺玛米人对外部世界一无所知，因此沙尼翁的到来对于亚诺玛米人来说，就像沙尼翁面对他们时所感到的一样陌生。

下午两点，沙尼翁已经快要到达他的目的地了。湿热的天气几乎让人难以忍受。他大汗淋漓，在周围一群蚊虫的叮咬下，他的脸和手已经开始肿胀。但他是如此兴奋，以至于几乎没有察觉到这些痛苦，因为再过几分钟他就可以与他未曾了解过的人面对面了。

当汽艇滑上岸的时候，沙尼翁的心脏怦怦直跳。他和他的向导爬下汽艇，拨开茂密的矮树丛，朝着附近有声音的村庄走去。沙尼翁向我们描述了接下来发生的事情：

我抬起头立刻屏住了呼吸，我看见一大群粗壮的、裸体的、满身是汗的、面目狰狞的人正从拉满弓的箭杆后盯着我们。巨大的绿色烟草叶插在他们较为原始的牙齿和嘴唇之间，这使他们看起来更加丑陋，一股股深绿色的令人恶心的黏性液体从他们的鼻孔中滴落下来，有些还在鼻孔中悬挂着——这些液体很长，甚至粘在他们的胸膛上或从他们的下巴上滴落下来。

我还发现，十几条凶猛的、没有喂饱的狗正抓着我的腿，纠缠着我，好像我将要成为它们的下一顿美餐一样。我正手握笔记本无助可怜地站在那儿。之后，一股植物和污物腐烂的气味向我袭来，我几乎恶心得要吐出来。我非常恐惧，对于一位想要和你们一起生活、研究你们的生活方式并想要成为你们朋友的人来说，这是一种怎样的欢迎方式？(1992：11-12)

对于沙尼翁来说，幸运的是，亚诺玛米族的村民认出了他的向导，于是放下了他们手中的武器。尽管这个下午沙尼翁的安全已经得到保证，但他仍然对自己无力理解周围的人感到十分震惊。这种感觉一直持续到他回家后的一年半内。他想知道自己当初为什么要放弃物理学去研究人类文化。

### 你怎么想？

1. 你能回忆一下自己与上述描述相类似的一次经历吗？解释一下发生了什么。
2. 你认为你曾让人感到过文化休克吗？从这一经历中你学到了什么？
3. 对于生活在不同文化系统的人们来说，为什么毫无不适地互动是一件费劲的事情？同时，这样做有什么好处吗？

1月2日，秘鲁的安第斯山脉高地。在这偏远的高原上，生活着一群贫穷的相依为命的人们。这里的文化建立在家庭成员间以及附近邻里间世世代代相互合作的基础上。今天，我们花了一个小时观察了一座新房的修建过程。一对年轻的夫妇请来他们的亲戚和朋友，这些人大概早上 6：30 就到了，并且立刻开始动工。到了正午，大部分的工作都已完成。这对夫妇为他们提供了一顿大餐、酒水和音乐，这样的盛宴在工程剩下的时间里就没间断过。

没有哪一种特定的生活方式对人类来说是"天然的"，尽管世界上大部分人都会这样评价自己的行为。在秘鲁安第斯山小型社区中，人们自然产生的合作意识，与许多生活在像芝加哥或纽约这样城市的人们自然产生的竞争意识，是有很大差异的。这种差异来自这样的事实，即作为人类，我们需要联合起来共同创造我们的生活方式。世界各地的其他动物——从蚂蚁到斑马——都有着十分相似的行为，因为它们的行为是由本能驱使的，这些物种对生物进化进程不具备控制能力。少部分的动物——特别是大猩猩和同种的灵长类动物——拥有有限的文化。研究人员通过观察发现，它们会使用工具并能将简单的技巧传授给它们的下一代。但人类的创造能力远远超过其他的生物，并由此产生了无数的"人类"的生活方式。简而言之，只有人类依靠文化而非本能创造其生活方式，并以此确保生命的延续 (Harris, 1987; Morell, 2008)。要了解人类文化是如何形成的，我们需要回顾一下人类这一物种的演化历史。

## 文化和人类智力

科学家告诉我们，我们这个星球已经有 45 亿年的历史。10 亿年左右后生命诞生。往后推移 20 亿年到 30 亿年，恐龙统治着地球。直到 6500 万年前，这些巨型动物从地球上消失，地球上才开始出现灵长类的动物，由此，我们的历史才掀开关键的一页。

灵长类动物出现的重要意义在于，在所有动物中，相对于其体型，它们是拥有最大脑容量的动物。大约在 1200 万年前，灵长类动物开始沿着两个不同的方向演化，其中一支进化成人类，而与其联系最紧密的类人猿就是另一支。大约在 500 万年前，我们远古的人类祖先从中非的树上爬下来，开始在空旷的草原地区四处迁徙。这时，人类开始直立行走，懂得集体狩猎的好处，并开始使用火，还能利用一些工具和武器，搭起简易的帐篷，穿上了新式的简陋服饰。石器时代的这些成就可能显得微不足道，但它们标志着我们的祖先开启了截然不同的进化过程，他们最原始的生存策略意味着他们正在创造着文化。到了大约 25 万年前，我们这一物种——智人终于出现了。人类的进化并没有中止，到了大约 4 万年前，与我们多少有些相像的人开始在地球上分布开来。这些"现代"智人拥有更大的大脑，他们的文化发展很快，这一时期的各种工具和洞穴壁画证明了这一点。

到了大约 12000 年前，中东地区（今天的伊拉克和埃及地区）人类永久居住区的建立和专门职业的出现标志着"文明的诞生"。这个时候，被我们称为"生物本能"的力量几乎消失了，取而代之的是更有效的生存策略，即有目的地改造自然环境来为人类服务。从那时开始，人类以无数的方式反复改造世界，最终形成了今天迷人的文化多样性。

## 文化、国家和社会

"文化"这一词汇使人联想起诸如"国家""社会"等其他类似的词汇，尽管每个词汇的意义略有不同。"文化"指的是人们共享的生活方式；"国家"是一个政治实体，一块有着指定边界的领土，比如美国、加拿大、秘鲁或津巴布韦；"社会"（第四章讨论的主题）是指生活在一个国家或其他特定领土范围内人群之间的有组织的互动。

那么，美国既是一个国家，也是一个社会。但包括美国在内的很多国家，其文化是多样性的，也就是说，这些国家的人们有着多种多样的相互融合（有时相互冲突）的生活方式。

## 有多少种文化？

美国有多少种文化？确认文化种类的最好方法是数一数各种不同语言的总数量。美国人口普查局列出了美国这个国家使用的 382 种语言——其中一半左右（166 种）是本土语言，其余语言来自世界各国的移民 (U.S. Census Bureau，2017)。

根据专家记载，全球范围内有 7000 多种语言，表明了许多独特文化的存在。然而，目前世界各地所使用

世界各地的人们不仅用口语交流，还运用肢体语言沟通。由于不同文化间的手势各不相同，这些手势偶尔可能成为造成误解的源头。例如，普通的"竖起拇指"的手势，我们常用来表示"干得好"的赞许之意，而这一手势在伊朗和其他一些国家则代表"滚蛋""去你的"。

的语种正在减少，现在大约 4000 种语言的使用人数不到 1 万人。专家预测，在未来几十年里或许将有成百上千种语言消失，而到 21 世纪末，世界上的一半语言可能会消失 (Lewis，Simons & Fennig，2016)。濒临消失的语言包括嘎勒语（Gullah）、宾夕法尼亚德语（Pennsylvania German）、波尼语（Pawnee，美国地区使用）、Han 语（加拿大西北部使用）、Oro 语（巴西亚马逊地区使用）、撒丁语（Sardinia，欧洲撒丁岛使用）、阿拉姆语（Aramaic，基督教徒语言，仍在中东拿撒勒地区使用）、女书（在中国南部地区使用的语言，这是目前所知的唯一一种女性专用文字）、Wakka Wakka 语以及其他几种在澳大利亚使用的土著语。正如你所预料的那样，当一种语言濒临消失的时候，最后说这种语言的人就是这个社会的最后一代。一种语言消失的原因是什么？主要原因是全球化，包括高科技通信、日益增长的国家间的移民现象以及不断扩张的全球经济 (UNESCO，2001；Barovick，2002；Hayden，2003；Lewis，Simons & Fennig，2016)。

# 文化的要素

### 3.2  认识文化的共同要素

尽管不同文化间存在巨大的差异，它们却有着共同的要素，这些要素包括符号、语言、价值观和规范。我们首先讨论所有文化中最基本的共同要素——符号。

## 符号

如同所有的生物一样，人类运用感官去体验周围的环境，但不同的是人类还尽力去赋予世界以意义。人类将世界的构成元素转化为符号。**符号**（symbol）是指任何由共享某种文化的人们公认的、承载有特定意义的事物，例如一个单词、一声口哨、一面涂鸦的墙、一盏闪烁着的红灯和一个举起的拳头——这些全都是符号。我们可以发现人类具有创造并使用符号的能力，这些符号具有不同的含义，例如，眨眼这一简单行动可能表示感兴趣，也可以表示理解或是侮辱。

社会一直在创造新的符号。"日常生活中的社会学"专栏描述了伴随日益增长的计算机交流而发展出的一些"赛博符号"。

我们是如此地依赖文化符号，以至于我们认为它们是理所当然的。然而，当有人反常规地使用某种符号时，我们会敏锐地意识到这一符号的重要性。例如，有人在政治示威时，会焚烧美国国旗。进入一个我们所不熟悉的文化也会提醒我们回忆起符号的力量，文化休克实际上是我们无法在陌生环境中"理解"符号含义的体现。无法理解文化符号的含义会使人们产生迷失感和孤独感，无法确定如何行动，有时甚至会感到害怕。

文化休克是一个双向的过程。一方面，当旅行者进入与其本来生活方式完全不同的群体中时会体验到文化休克。例如，把狗当作家庭宠物饲养的北美人可能会招致东非马萨伊人（Masai）的非议，因为后者不重视狗，

# 日常生活中的社会学

即时通信世界中的新符号

莫利：gr8 to c u!

格雷格：u 2

莫利：jw about next time

格雷格：idk, lotta work!

莫利：np, xoxoxo

格雷格：thanx, bcnu

符号的世界一直在改变。人们创造新符号的原因之一是人们创造了新的交流方式。今天，大约 92% 的美国成人使用手机，其中 81%（尤其是年轻人）经常使用手机发信息。研究者报告称，18—24 岁的手机用户平均每天收发信息 100 多条（Pew Research Center，2013，2015）。

以下是一些最为常用的即时通信交流符号。

bb/bby：baby（宝贝）

b：be（是）

bc：because（因为）

bff：best friends, forever（永远是最好的朋友）

b4：before（之前）

bbl：be back later（稍后回来）

brb：be right back（马上就回来）

btw：by the way（顺便一提）

h/o：hold on（稍等）

idc：I don't care（我不介意）

ia：I agree（我同意）

idk：I don't know（我不知道）

idts：I don't think so（我不这么认为）

iirc：if I recall correctly（如果我没记错的话）

imho：in my honest opinion（依我真诚之见）

imo：in my opinion（依我之见）

irl：in real life（在现实生活中）

jk：just kidding（开玩笑而已）

j/s：just saying（只是说说而已）

jw：just wondering（只是想弄明白）

l8r：later（后来）

lmao：laugh my ass off（笑死我了）

lol：laugh out loud（笑出声来）

myob：mind your own business（少管闲事）

nagl：not a good look（不好看）

np：no problem（没问题）

nvm：never mind（没关系）

omg：oh my gosh（天哪）

plz/pls：please（拜托）

ppl：people（人）

cu：see you（再见）

cya：see ya（再见）

def：definitely（一定）

f：f*ck（他妈的）

ftw：for the win（为了胜利）

fwiw：for what it's worth（如果这是值得的）

g2g：got to go（我得走了）

gr8：great（太好了）

prob/probs：probably（可能）

qpsa：¿Que pasa?（怎么了？）

rt：right（好的）

smh：shaking my head（摇摇头）

sup：what's up（怎么了）

tbh：to be honest（老实说）

tbqh：to be quite honest（老实说）

thanx/thx/ty：thanks（谢谢）

tmi：too much information（信息量很大）

ttyl：talk to you later（一会儿再聊）

ttys：talk to you soon（一会儿再聊）

u：you（你）

uok：you okay?（你好吗？）

Ur：you are（你是）

w/with（与）

w/e：whatever（无论什么）

w/o：without（没）

wtf：what the f*ck（怎么回事？）

wth：what the hell/heck（怎么回事？）

y：why（为什么？）

?：question（什么问题？）

2：to 或 two

4：for 或 four

你怎么想？

1. 类似于上述这样的符号创造表明了文化具有什么样的特征？
2. 你认为使用这些符号进行交流是一种好的方式吗？它会导致混淆或误解吗？为什么？
3. 你还能想到你目前所使用的其他新符号吗？

资料来源：J. Rubin（2003），Berteau（2009），Lenhart（2010），Pew Research Center（2015）。

并且从不饲养狗。同样，旅行者可能也会十分震惊地发现，在亚洲的某些地区，人们会吃狗肉。

另一方面，当旅行者违反当地人行为方式时，也可能会使当地人遭受文化休克。北美人在印度饭店叫一份牛排可能会在不知不觉中冒犯了印度人，因为印度人认为牛是神圣的，是绝对不能吃的。环球旅行可能会经历无数次这类的误解。

符号的意义即便在某个社会之内也会有所不同。在美国，毛皮大衣对于一部分人是成功的象征，而对于另一部分人则意味着非人道的动物虐待行为。前些年，在一场关于南加利福尼亚州议院悬挂联邦旗帜的争论中，有人视旗帜为地区骄傲的象征，也有人视之为种族压迫的体现。

## 语言

幼年时代的一场疾病让海伦·凯勒（Helen Keller，1880—1968）成了聋哑人，从此切断了她与符号世界之间的联系，使她的社会性发展受到极大限制。直到她的老师安妮·曼斯菲尔德·沙利文（Anne Mansfield Sullivan）用符号语言打破了海伦·凯勒的孤立状态，海伦·凯勒才开始认识到她作为人的潜质。这位后来成为著名教育家的了不起的女性，回忆了她第一次理解语言概念的时刻：

在忍冬清香味道的吸引下，我们沿着小径朝水井房走去。有人正在汲水，我的老师将我的一只手放在喷水管下。当一股清凉的水流涌到我的手上时，她开始慢慢地，然后快速地在我的另一只手上拼写出"水"这个单词。我静静地站着，我的整个注意力都集中于她手指的移动上。突然我感觉到一种模糊的意识，好像这是曾经被遗忘的东西——一种重获思维的兴奋，不知为何，语言的谜底突然被揭开了。我终于知道水就是流过我手心的一种物质。这个活的字唤醒了我的灵魂，给予我光明、希望、快乐、自由！（Keller，1903：24）

**语言**（language）是文化世界的核心，即允许人与人之间进行沟通和交流的一套符号系统。人类已经创造

图 3-1　人类语言：符号的多样性
　　这是英文"read"这个单词在数千种人类与他人交流的语言中的 12 种写法。

**全球快照**

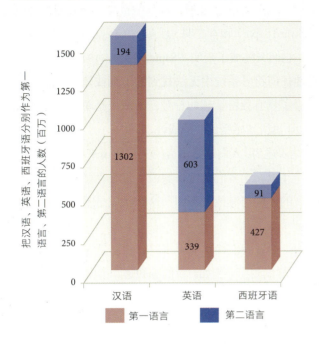

图 3-2 全球化视野下的语言

"第一语言"指的是孩子首先学习的语言和普遍在家说的语言。大约有13亿人把汉语作为第一语言，远远超过将西班牙语（4.27亿人）和英语（3.39亿人）作为第一语言的人数。英语是使用最广泛的第二语言，在世界上大多数国家也是通用的。

资料来源：Lewis，Simons & Fennig (2016)。

了许多字母来表达成千上万种我们所说的语言。图 3-1 中列出了几个例子。尽管文字书写的规则不同：西方社会的大多数人从左往右写，而北非和西亚的人往往从右往左写，东亚的人们从上往下写。

在当今世界的 7000 种语言中，哪一种语言使用最广泛？如图 3-2 所示，汉语（包括普通话、广东话以及数十种其他方言）是最广为使用的母语，这意味着差不多有 13 亿人在家说汉语。英语是使用最广泛的第二语言，世界上大多数国家（西非许多国家和中国除外）都使用这种语言。

语言不仅仅使得交流成为可能，还是文化传承的关键。**文化传承**（cultural transmission），即文化由一代人传递给下一代人的过程。正如我们身体中存有祖先的基因一样，我们的文化也包含着祖先创造的无数符号。语言是打开数世纪以来不断累积的人类智慧的钥匙。

纵观整个人类历史，每个社会都曾通过口口相传来传播文化，这一过程被社会学家称为"口头文化传统"。大约 5000 年前，人类发明了文字，然而那个时候仅有少数有特权的人才能学习读写。直到 20 世纪，高收入国家自豪地宣称全民普及了识字技能。然而，仍然有 10% 的美国成年人（超过 2000 万人）基本上还是文盲，在日益要求掌握读写技能的社会中不具有读写的能力。而在低收入国家，至少有三分之一的成人不会读写（Organisation for Economic Co-operation and Development [OECD]，2016）。

语言技能不仅能让我们与过去相连接，同时也激发了人类的想象力，通过新的方式联结符号，创造一个几乎无限可能的未来。语言使得人类与其他物种相区别，人类因此成为唯一具有自我意识的物种，即意识到自身虽有局限性和终将死亡，却能梦想和期望一个比现在更好的未来。

语言
人与人之间进行沟通和交流的一套符号系统

文化传承
文化由一代人传递给下一代人的过程

萨丕尔 - 沃尔夫假说
人们通过语言的文化透镜来看待和理解世界的观点

### 语言能塑造现实吗？

运用切罗基语（Cherokee，一种美洲印第安语）思考并说话的人，他所体验到的世界会与其他诸如用英语或西班牙语思考的北美人不同吗？爱德华·萨丕尔（Edward Sapir）和本杰明·沃尔夫（Benjamin Whorf）认为，答案是肯定的。因为每种语言都有其自身特有的符号，它们又构成了现实（Sapir，1929，1949；Whorf，1956，orig. 1941）。他们进一步指出，每一种语言都有在其他任何符号系统中无法找到的单词或短语。最后，如同通晓多种语言的人所了解到的那样，所有的语言都融合了具有独特情感的符号，其结果是单一的概念在说西班牙语的人那里所"感受到"的，与说英语或汉语的人那里所"感受到"的或许不同。

**萨丕尔－沃尔夫假说**（Sapir-Whorf thesis）可以规范地表述为：人们通过语言的文化透镜来看待和理解世界。然而，在萨丕尔和沃尔夫发表了他们的著作之后的几十年里，学者们对这一假说一直心存疑虑。例如，爱斯基摩人因为有很多词汇来描述"雪"而使他们对"雪"的体验与其他人不同，这一认识是不对的。因纽特人和讲英语的人描述"雪"的词汇量大致相当。

因此，语言如何塑造我们的现实？目前的观点认为，尽管我们确实从语言符号中塑造了现实，但却没有证据支持像萨丕尔和沃尔夫所声称的"语言决定现实"这样的观点。例如，我们都知道，远在孩子学习"家庭"这个词之前，他们就已经有了关于家庭的概念；同样，成年人在为他们的发明物命名之前，就可以构思出新的思想或想象出新的东西（Kay & Kempton，1984；Pinker，1994）。

### 价值观和信念

是什么使好莱坞电影中的角色如杰森·伯恩（Jason Bourne，《谍影重重》）、印第安纳·琼斯（Indiana Jones，《夺宝奇兵》）、艾琳·布罗科维奇（Erin Brockovich，《永不妥协》）、劳拉·克罗夫特（Lara Croft，《古墓丽影》）、凯特尼斯·伊夫狄恩（Katniss Everdeen，《饥饿游戏》）家喻户晓的？他们都是身强体健的个人主义者，豪放不羁，依靠他们个人的技能和聪明才智挑战"制度"。我们在羡慕这些人物角色的同时，也在支持某种**价值观**（values）。价值观，即文化上规定的、用来确定什么是可行的、好的、美的标准，从而为社会生活提供广义的指南。价值观是共享某种文化的人们用来做出关于如何生活的选择的标准。

价值观是支撑**信念**（beliefs）的主要原则。信念，即人们坚持认为是真理的特定思想。换句话说，价值观是关于善恶的抽象标准，而信念是个人考虑事务正确与否的具体观念。举例来说，由于大部分美国成人信奉为所有的人提供均等机会这一价值观，因此，他们相信只要称职，女性也可以担任美国总统，正如希拉里·克林顿竞选美国总统那样（Smith et al.，2015）。

**美国文化的主要价值观**　由于美国文化混合了来自世界其他国家的生活方式，因此其是高度多样性的。即便如此，社会学家罗宾·威廉姆斯（Robin Williams）仍然总结出了在美国广为传播并被许多美国人视为生活方式核心的十大价值观。

1. 机会均等。大多数美国人主张的不是条件均等，而是机会均等。他们坚信社会应基于个人的才能和努力为每个人提供发展机会。

2. 个人成就和个人成功。美国人的生活方式鼓励竞争，每个人所获得的报酬应该反映其自身的价值。一

---

**价值观**　文化上规定的、用来确定什么是可行的、好的、美的标准，为社会生活提供广义的指南

**信念**　人们坚持认为是真理的特定思想

个成功的人应被给予应得的"赢家"尊称。

3. 物质享受。在美国，成功通常意味着赚钱和享受金钱所能买到的一切。尽管我们有时候会说"钱无法买到幸福"，但是大多数人仍一直追逐财富。

4. 行动和工作。广受大众欢迎的美国英雄，从网球冠军维纳斯·威廉姆斯（俗称"大威"）和塞雷娜·威廉姆斯（俗称"小威"）到《美国偶像》（*American Idol*）的获胜者，都是胜任工作的"行动家"。美国文化主张积极行动，而不是反思；主张控制事件的发展，反对消极接受命运的安排。

5. 实用主义和效率。美国人崇尚实用主义，反对空谈理论；主张"实干"，反对"空想"。许多年轻人在父母亲那里听到这样的建议："享受你所学的，但要主修那些能够帮助你找到工作的课程。"

6. 进步。尽管美国人很怀旧，但他们大多是乐观主义者，相信现在比过去更好。他们庆祝进步，把"最新的"当作"最好的"。

7. 科学。美国人期待科学家解决问题，提高人民的生活品质。他们认为他们是理性的、合乎逻辑的，对科学的关注或许有助于解释美国人（特别是男性）瞧不起将感情和直觉作为知识来源的文化倾向。

8. 民主和自由企业。美国人相信个人拥有政府不应剥夺的许多权利，认为一个公正的政治制度是建立在政府领导人由成人自由选举以及经济是对个体消费者的选择做出反应的基础上的。

电视节目《美国好声音》（*The Voice*）的流行如何体现了这里所列举的美国文化的许多主要价值观？克里斯·布卢（Chris Blue）是家里七个孩子中最小的，随家搬到田纳西州的诺克斯维尔，在那里他开始在教堂传教和唱歌。他的才华使他在最近一季的节目中登上了榜首，而现在他的演艺事业非常成功。

9. 自由。比起集体主义的一致性，美国人更崇尚个体的首创精神。尽管他们接受每个人都有对他人最基本的责任，但是他们相信人们应该有追求其个人目标的自由。

10. 种族主义和集体优越性。尽管美国人具有很强烈的机会均等和自由的理念，但大多数人仍根据性别、种族、族裔和社会阶级来评判个人。总的来说，美国文化对男性的评价高于女性、白人高于有色人种、有西北欧背景的人高于那些其祖先来自世界其他地区的人。虽然美国人喜欢把美国描述成一个平等的国家，但美国人中的有些人是否比其他人"更加平等"，仍值得怀疑。

**价值观：通常协调一致有时却相互冲突** 在很多方面，文化价值观是一致的。威廉姆斯列举的这十大价值观包含了美国人生活方式中"价值观集群"的很多例子。例如，美国人的生活方式强调行动和勤奋工作，这是因为他们期望努力会获得成就和成功，从而获得更大的物质享受。

然而，有时某种主要价值观与其他价值观是相互冲突的。比如，威廉姆斯列举出的第1个价值观和第10个价值观：美国人主张机会均等，但是他们或许仍因为性别或种族的原因而歧视他人。价值观冲突造成了社会的张力，并往往导致平衡各种信念的棘手问题。有时，我们认为一种价值观比另一种价值观更重要，例如，我们主张机会平等，但同时又反对同性婚姻。在此情形下，我们其实是要学会在矛盾中生活。

**价值观：因时而变** 像文化的其他元素一样，价值观也会随时代而变迁。美国人一向崇尚勤奋工作。即便如此，对工作一心一意的关注正让位于对休闲的日益重视——利用空闲时间去做一些事情，比如花时间和家人在一起、去旅行，或者参与提供愉悦感和满足感的社区服务。同样地，尽管物质享受仍然很重要，但是更多的人通过冥想和其他精神活动来寻求个人的成长。

**价值观：社会多样性**　文化价值观视人口的类别而异。例如，反映民族渊源的族裔塑造了指导人们生活的价值观。像纳瓦霍族家庭成员可能会受到某些价值观的指引，这些价值观至少在某些方面不同于越南裔美国人或古巴裔美国人家庭成员所持的价值观。所属阶级也很重要。社会地位越高、机会越多的人越相信努力工作是取得成就和物质成功的途径。社会地位较低的人可能不太相信努力工作能帮助他们取得成功，原因很简单，他们从自己的经历以及家人和朋友的生活中得到了证明 (Murray，2012；Vance，2016)。

**价值观：全球化视野**　世界各地的价值观因文化而异。一般而言，高收入国家的主要价值观与低收入国家的主要价值观有所不同。

由于低收入国家通常贫困人口较多，这些国家往往发展出重视生存的文化。这意味着这些国家的人更关注生理上的安全和经济上的保障。他们关注的问题是有没有足够吃的食物、晚上有没有安全睡觉的地方。此外，低收入国家倾向于尊奉传统、庆祝过去、强调家庭和宗教信仰的重要性。这些国家的权力大多掌握在男性手中，尤为不鼓励或者禁止像离婚和堕胎这类行为。

高收入国家发展出崇尚个人主义和自我表达的文化。这些国家十分富有，以至于大部分人认为生存是理所当然的。这些国家的人们把注意力集中于考虑他们更喜欢哪种"生活方式"以及如何追求最大化的个人幸福。此外，这些国家的民众往往是世俗的、理性的，不怎么强调家庭纽带和宗教信仰，而强调人们应为自己着想，对与自己不同的人宽容以待。在高收入国家，女性具有与男性同等的社会地位，离婚和堕胎这类行为获得广泛的社会支持 (World Values Survey，2015)。

## 规范

大多数美国人热衷于四处谈论"谁受欢迎""谁不受欢迎"。然而，美国印第安社会的成员却通常会谴责这类行为是粗鲁的、制造事端的行为。这两种模式展现了规范的作用。**规范**（norms）是一个社会用以指导其社会成员行为的规则和期望。在日常生活中，人们通过认可、奖励或者惩罚等方式对彼此做出反应，从而与文化规范保持一致。

**民德与民俗**　美国早期的社会学家威廉·格雷厄姆·萨姆纳（William Graham Sumner）意识到，我们生活中的一些规范比另一些规范更重要。萨姆纳发明了**民德**（mores，发音为"more-rays"）一词，来指代广泛被人们遵守且具有重大道德意义的规范。某些民德包含了禁忌，比如，我们的社会中坚决主张成人不应与孩童发生性关系。

人们很少重视习俗或**民俗**（folkway），即人们常规的或临时的互动规范。问候得当和着装得体就是这方面的例子。简而言之，民德区分是非，而习俗在礼貌和粗鲁之间划出界线。没打领带去参加正式宴会的人可能会因为违反民俗而让人皱眉头，而如果他只打领带去参加宴会，则会因为违反民德而招致人们强烈的反应。

**规范**　一个社会用以指导其社会成员行为的规则和期望

**民德**　广泛被遵守并且具有重大道德意义的规范　　**民俗**　人们常规的或临时的互动规范

**社会控制**　民德和民俗是日常生活中基本的行为规范。尽管我们有时候也会抵制要求遵从的压力，但这些规范使我们与他人的交往变得更加有序和可预期。遵守或破坏社会规范都会从他人那里得到回报或惩罚。

美的标准，包括颜色和日常生活环境的设计，在各种文化之间存在很大的差异。这对来自南非的恩德贝勒夫妇着装鲜艳，他们的房子也同他们的衣服一样色彩鲜艳。相反，北美和欧洲社会的人很少使用明亮的颜色和复杂的细节进行装饰，因此他们的房子和着装看上去显得柔和一些。

社会约束——不论是赞许的微笑还是皱起的眉头——充当着一种**社会控制**（social control）的机制，即社会调节人们思想和行为的努力。

我们在学习社会规范的同时，也获得了评价自身行为的能力。我们做错事的时候（比如，我们从互联网上抄袭了一篇学期论文）可能会产生羞耻感（他人谴责我们的行为时产生的痛苦感）和内疚感（我们对自身的一种负面评价）。在所有生物中，只有有文化的动物才能体验到羞耻感和内疚感。这可能正如作家马克·吐温在评价人类时所认为的那样，人类"是唯一会脸红的动物——人类也需要这种脸红"。

## 理想文化和现实文化

价值观和规范并没有像它们要求我们应该怎样行动那样描绘出我们的实际行为。我们必须承认理想文化总是不同于现实文化——日常生活中实际发生的事情。例如，大部分女性和男性都一致认为婚姻中的性忠诚很重要，大多数人都宣称没有辜负这一标准。尽管如此，一项研究表明，大约有 16% 的已婚人士在婚姻关系存续的某个期间对他们的配偶曾有过不忠行为 (Smith et al.，2015)。但是文化的道德标准一直都很重要，即便这些标准有时会遭到破坏。这让我们想起一句古老的谚语："依其言而行事，勿观其行而仿之。"

## 物质文化和技术

除了像价值观和规范这类符号性的要素之外，每种文化还包括范围广泛的人类有形创造物——"人工制品"。中国人用筷子而不是用刀叉来吃饭；日本人在地板上铺榻榻米而不是地毯；印度的许多男性和女性喜欢穿宽松飘垂的长袍，而美国人比较流行穿紧身的衣服。某些人的物质文化对于外来者来说，就如同其语言、价值观和规范那样让人感到陌生。

一个社会的人工制品部分地反映了其隐含的文化价值观。好战的亚诺玛米人仔细地制作他们的武器，小心翼翼地在他们的箭头上涂上毒物。相反，美国社会强调个人主义和独立自主，这也有助于解释为何美国人对机动车辆格外重视：美国有超过 2.56 亿辆机动车辆——每个有驾照的司机拥有不止一辆机动车——机动车辆中很多都是运动型多用途汽车（SUV），选择这类车或许符合了美国人对不屈不挠的个人主义价值观的期待。

物质文化除了反映价值观外，还反映了一个社会的技术发展水平。**技术**（technology），即人们用以改变他们周围生活方式的知识。一个社会的技术越复杂，其社会成员就越有能力（无论是更好还是更坏）为自己塑造这个世界。科技的进步使我们得以在全国各地修建高速公路，并在高速公路上塞满汽车。与此同时，这些汽车的内燃机将二氧化碳释放到大气中，从而造成空气污染和全球气候变暖。

因为美国人非常重视科学、赞扬先进的技术，所以美国社会的人们倾向于认为技术简单的文化不如他们自己的文化先进。一些事实支持这样的评判，例如，如今在美国出生的儿童的预期寿命均为 79 岁；而亚诺玛米人平均预期寿命只有大约 40 岁。

然而，我们必须谨慎地不对其他文化做出自以为是的评价。虽然许多亚诺玛米人渴望习得现代技术（例如钢制工具或散弹猎枪），但总的来说，按世界标准，他们营养充足，并且大部分人对他们的生活非常满意（Chagnon，1992）。还要记住在我们强大和复杂的技术生产出节省劳动力的设备以及看起来不可思议的医学治疗法的同时，它也带来了不同程度的不利于健康的压力和肥胖，创造出了能够在瞬间毁灭人类所创造的一切事物的武器。

最后，技术在我们人口当中并不是平均分布的。尽管我们中很多人很难想象出如果没有电脑、电视、智能手机生活会变得怎样，但美国社会的确有很多人买不起这些奢侈品，还有些人根据他们的生活准则拒绝使用这些产品。生活在宾夕法尼亚州、俄亥俄州、印第安纳州小农业社区中的阿米什人出于宗教的考虑拒绝使用大多数现代化的便利设施。穿着传统的黑色衣裳、坐着双轮单座的轻马车，阿米什人看起来有点像来自过去的奇怪的人。然而他们的社区却很繁荣，这要归功于家庭赋予每个成员的一种强烈的身份感和归属感。一些研究阿米什人的研究者已经得出结论，这些社区是"在重商主义和技术泛滥文化中的理智之岛"(Hostetler，1980：4；Kraybill & Olshan，1994)。

### 新信息科技与文化

许多包括美国在内的富有国家已经进入了以计算机和新信息科技为基础的后工业社会阶段。工业社会的生产以生产物质资料的工厂和机器为中心。相反，后工业社会的生产建立在计算机以及其他生产、处理、储存和运用信息的电子设备的基础上。

在这个新信息经济中，工人们需要掌握符号性的技能以取代工业时代的机械操作技能。符号性的技能包括说、写、编程、设计，以及在诸如艺术、广告和娱乐领域中创造形象的能力。在今天以计算机为基础的经济中，从事创造性工作的人们正在源源不断地创造新的文化观念、形象和产品。第七章（"大众传媒与社交媒体"）提供了计算机技术塑造文化模式的其他见解。

## 文化多样性：一个世界里的多种生活方式

**3.3**　讨论文化差异的维度与文化变迁

当我们在纽约街头吃着热狗或在洛杉矶校园里听到几种不同的口音时，我们就能够了解到美国文化的多样性。历史上的闭关锁国，使得日本成为所有高收入国家中文化最为单一的国家。比起日本，经历了几个世纪的大量移民，美国已成为所有高收入国家中文化最具多样性的国家。

从 1820 年（此时美国政府开始跟踪记录移民情况）到 2017 年，大约有 8400 万人移民到美国。伴随着每年大约 130 万人的移民，美国文化的多样性在不断提高。一个世纪以前，几乎所有移民都来自欧洲；现在，几乎 80% 的新移民来自拉丁美洲和亚洲（U.S. Department of Homeland Security，2017）。

为了解美国人的真实生活，我们必须跳脱出去，从更广泛的文化模式和人们共享的价值观去理解美国文化的多样性。尽管美国（文化）已经是多样性的了，但还有一些国家的文化多样性更明显，如澳大利亚、沙特阿拉伯。

## 高雅文化和流行文化

文化的多样性不仅涉及移民而且涉及社会阶级。在日常谈话中，我们通常使用"文化"这个词指代诸如古典文学、音乐、舞蹈、绘画等艺术形式。我们将定期地去歌剧院或电影院的人称为"有文化的"，因为我们认为他们在欣赏"生活中更加美好的事物"。

我们给予普通民众以较低的评价，假定他们的日常文化没有多少价值。我们总是倾向于认为海顿的音乐比嘻哈音乐"更富有文化"，蒸粗麦粉食物要比玉米面包精良，《摩登家庭》（*Modern Family*）比《鸭子王朝》（*Duck Dynasty*）水平更高。

这些差异形成是因为许多文化模式对于某些社会成员更易获得。社会学家们用"**高雅文化**"（high culture）这个词指代区分出一个社会精英阶级的文化模式，用"**流行文化**"（popular culture）这个词指代在社会大众中广泛传播的文化模式。

常识或许认为高雅文化比流行文化优越，但是社会学家们并不认同这样的判断，原因有两个：第一，社会精英和普通民众并不享有相同的品味和兴趣，这两种类型的人在许多方面都存在差异；第二，我们是因为高雅文化内在地优于流行文化，还是仅仅因为高雅文化的支持者拥有更多的金钱、权力和地位，从而高度赞扬高雅文化呢？例如，"violin"和"fiddle"（均指小提琴）之间并没有什么不同。然而，当这个乐器在为具有更高社会地位的人演奏古典音乐时就是"violin"，而在为较低社会地位的民众演奏他们所喜欢的乡村音乐时就成了"fiddle"。

**高雅文化**　区分出一个社会精英阶级的文化模式

**流行文化**　在社会大众中广泛传播的文化模式

我们应当记住，国家的文化是由所有人的生活模式组成的。而且，美国民族的文化也一直在被创造——不仅仅来自那些我们比较熟悉的名人的贡献，还包括生活在这个国家最贫穷社区的人们的贡献。下面的"思考多样性"专栏提供了一个很好的案例。

## 亚文化

**亚文化**（subculture）这个词是指，将一个社会的人口分为几个部分的文化模式。开着改装过的摩托车的车手、以瑜伽为中心建立自己生活方式的人、俄亥俄州的足球迷、南加利福尼亚的"海滨团体"（beach crowd）、艾尔维斯（即"猫王"）的模仿者，以及荒野露营者都展示了亚文化模式的特征。

将人们划分到某个亚文化类别中很容易，但往往并不准确，因为几乎每个人都参与到多种亚文化中，而不必对其中任何一种亚文化投入太多的精力。然而在某种情况下，文化差异能使人们相分离，以至于产生悲剧性的结果。想一想东南欧的前南斯拉夫国家吧，其在20世纪90年代的内战硝烟就是由极端的文化多样性引燃的。这样一个人口相当于洛杉矶大都市地区的小国，使用两套字母表，拥有三种宗教信仰，说四种语言，是五个主要民族的家园，被分为六个独立的共和国，并接受了周围七个国家的文化影响。使这个国家陷入内战深渊的文化冲突表明，亚文化不仅是令人喜爱的多样性文化的来源，而且也是导致社会张力甚至是暴力行为的根源。

许多人将美国称为"熔炉"，在这里许多民族文化融为单一的"美国"文化（Gardyn，2000）。但考虑到如此多样性的文化，"熔炉"形象究竟有多么准确呢？一方面，亚文化不仅涉及差异还包括等级问题。我

# 思考多样性：种族、阶级与性别

诞生在旧城区的大众文化：打碟和嘻哈音乐

亚伦·杰拉尔德·奥布莱恩特（Aaron Jerald [AJ] O'Bryant）可能怎么也不会想到他会改变美国文化。20 世纪 60 年代，他出生在一个难以成功的社会世界中。他家位于收入很低的曼哈顿下东城的非裔美国人社区。13 岁时，他成了孤儿，被迫搬到南布朗克斯与祖母生活在一起，这里距离远近闻名的当地帮派成员聚集点比较近。

20 世纪 70 年代，南布朗克斯社会问题丛生。由于工厂倒闭，该地区失去了成千上万的高薪制造业工作，失业率和贫困率攀升。毒品、暴力和犯罪成为家常便饭。

毫不奇怪，亚伦·杰拉尔德十几岁的时候，认为暴力就是表达个人挫折感的方式。他在街上或学校寻衅滋事，以至于因为把一名学生扔出窗外而被学校开除。他的祖母让他在当地一所专为"危险的"年轻人开设的学校就读，但他发现教室里几乎没有什么让他喜欢的。没过几年，他就辍学了，开始卖毒品，由于他总是试图早警方一步，这让他很快赚到了钱。

像其他地方的年轻人一样，亚伦·杰拉尔德也想获得他人的尊重。他对音乐情有独钟。20 世纪 70 年代伴随"唱片骑师"（DJ）的出现，亚伦·杰拉尔德被阿弗里卡·班巴塔（Afrika Bambaataa）、大师弗劳尔斯（Grandmaster Flowers）以及彼得·琼斯（Peter Jones）等唱片骑师迷住了。也许最重要的是，他崇拜一个名叫库尔·赫克（Kool Herc）的唱片骑师。亚伦·杰拉尔德回忆起他第一次见到库尔·赫克时的情形："布朗克斯的人正在议论纷纷，'有一个家伙叫赫克，这家伙是个疯子。'当时他就在塞奇威克大街上的公园里。接下来我就坐在公园里看到这个家伙吸引了一大群人围观。"亚伦·杰拉尔德迷上了这一音乐场景，并打算成为其中的一分子。

然而，亚伦·杰拉尔德对音乐制作压根儿不了解，但他与其他音乐制作人常常混在一起。他渐渐熟悉了如何操作转台和播放唱片，明白要播放什么唱片，也了解了人们喜欢听唱片的哪一部分。于是他们制订了一套完整的足以定义打碟业界未来的规则与惯例。

1977 年夏天，亚伦·杰拉尔德在当地公园进行了第一次公开演出。来自纽约各地的人们纷纷赶来观看这场演出，其中包括一位艺名为"爱虫星滑"（Lovebug Star Ski）的著名音乐制作人，也有来自亚伦·杰拉尔德所在社区的居民过来捧场。亚伦·杰拉尔德开始以音乐制作人的形象示众，他的名声也渐渐远扬了。亚伦·杰拉尔德不再对毒品交易感兴趣，他成了当地的英雄。亚伦·杰拉尔德解释道："那些在公园附近开店的家伙愿意为我提供啤酒以及任何我想要的制作音乐的东西，因为音乐吸引了很多人，为他们赚了大钱。"

随着他参加的一些"战斗"，即音乐制作人之间的竞争（不同于帮派团伙文化中为赢得尊重而进行的竞争），亚伦·杰拉尔德的声誉渐增。在一次比赛中，音乐制作人们来回上场，每人打碟一个小时，谁能够让人群越疯狂，谁就能胜出。

亚伦·杰拉尔德的突破来自挑战一位名叫弗拉什（Flash）的音乐制作人，弗拉什是南布朗克斯打碟界的明星人物，而且挑战是在弗拉什的地盘上进行的。一开始，亚伦·杰拉尔德考虑到永远不要动摇弗拉什在自己的地盘的地位而拒绝参加。但他的导师"爱虫星滑"坚持让他参加，亚伦·杰拉尔德最终同意了。

比赛的那天晚上，500 多人涌进弗拉什主场的迪克西俱乐部（Dixie Club）。即便在比赛开始之前，全场都在为弗拉什欢呼喧闹。亚伦·杰拉尔德开始他演出的时候，弗拉什拉上了一套全新的昂贵的设备，这无疑让亚伦·杰拉尔德更心虚了。他以三首节奏对于大多数听众来说既时髦又新鲜的曲子开始。当他从一张唱片转移到下一张唱片时，听众同他一起沉醉其中。当"爱虫星滑"跳上音乐舞台应和他的旋律时，亚伦·杰拉尔德让全场疯狂。

弗拉什接着进行了他的演出，他做了他一贯的很棒的表演。人群为他们当地的音乐制作人欢呼，但每个人都明白这两个男人都上演了令人印象深刻的表演。在更广阔的南布朗克斯音乐制作舞台上，亚伦·杰拉尔德取得了更大的成功，这一成功毫无疑问让他获得了远离身边危险的毒品和帮派社会世界的机会。

尽管亚伦·杰拉尔德以及许多像他那样的年轻人没有成为纽约报纸的新闻头条，但是他们创造了一种新的音乐表演风格——打碟，至今这在全美校园依然流行。从那场运动中诞生的音乐风格——嘻哈或说唱音乐，已经成为这个国家年轻人最喜爱的音乐类型。

你怎么想？

1. 打碟是大众文化的一部分还是高雅文化的一部分？为什么？
2. 在新的文化模式创造者方面，这个故事告诉了我们什么？
3. 你能想出其他诞生在低收入人群中的文化模式吗？

资料来源：Joseph Ewoodzie. 2017. *Break Beats in the Bronx: Rediscovering Hip-Hop's Early Years*. University of North Carolina Press.

真人秀节目以流行文化而非以高雅文化为基础。电视节目《鸭子王朝》由罗伯逊一家主演，他们在路易斯安那州经营一家成功的企业，满足了猎鸭者的需求。尽管一些批评者可能认为这档节目"低俗"，但另一些人则对展现这个"真实的""普通的"美国家庭的形象表示赞赏。

们经常将拥有权力的人所推崇的模式称作"主导"或"主流"文化，而把处于劣势地位的人们的生活方式称为"亚文化"。难道科罗拉多州阿斯彭富裕的滑冰者的文化模式与洛杉矶滑板者的文化模式相比，就不算是亚文化吗？因此，一些社会学家宁愿强调用文化多元主义视角来平等看待社会中的这些领域。

## 文化多元主义

**文化多元主义**（multiculturalism）是一种承认美国文化的多样性并促进所有文化传统的平等地位的观点。文化多元主义明显转变了过去的观念，过去，美国社会低估了文化的多样性，并主要根据欧洲移民特别是英国移民的标准来定义其自身。今天，美国在是应该继续关注历史传统还是强调当代文化多样性之间出现了激烈争论。

呈现在每枚美国硬币上的拉丁文"E pluribus unum"的意思是"合众为一"。这一格言不仅象征着美国国家政治上的联合，同时也包含着一个理念，即来自世界各地的各种移民的经历共同创造了美国新的生活方式。

但一开始，许多文化并没有融合到一起，而是形成了一个等级制度。顶端的是英国人，在美国历史的早期已构成美国人口的大多数，并使英语成为在这个国家占主导地位的语言。接下来，来自其他文化背景的人被建议在"他们的优秀前辈"的影响之下塑造自己的生活方式。其结果是，"融合"实际上是一个英国化的过程，即采取英国人的生活方式。正如文化多元主义者所认为的那样，在美国的早期历史中，美国社会就把英国人的生活方式构建为理想的生活方式，每个人都应该效仿这种生活方式，并以这种生活方式作为评判的标准。简而言之，文化多元主义者指出，文化的运行支撑了社会的不平等。

从那时开始，美国历史学家一直从英国人及其他具有欧洲血统的人的角度来记录重大历史事件，很少去关注土著美洲人、非洲或亚洲后裔的视角和成就。文化多元主义者把这种现象批评为**欧洲中心主义**（Eurocentrism），即欧洲（特别是英国）的文化模式占统治地位。文化多元主义的支持者莫莱菲·凯特·阿桑特（Molefi Kete Asante）认为，就像15世纪许多欧洲人相信地球是宇宙的中心一样，今天许多人仍然认为欧洲文化是社会世界的中心。

一个具有争议的问题涉及语言。一些人认为英语应该成为美国的官方语言。到2015年，美国已经有31个州的立法机关颁布法律将英语指定为官方语言(ProEnglish, 2017)。但大约有6500万男女，超过人口总数五分之一的人，在家说的是英语以外的语言。西班牙语是第二种最常用的语言，在全国范围内，我们听到几百种其他语言，包括意大利语、德语、法语、菲律宾语、日语、韩语和越南语，以及许多美洲土著语言。

文化多元主义的支持者认为，这正是与美国日益增加的社会多样性保持一致的方式。随着美国亚裔和西班牙裔人口的迅速增加，美国人口普查局预测到2044年，非洲、亚洲、西班牙血统的人口将成为美国的主要人口。

不仅如此，支持者还声称，文化多元主义是提高非裔美国儿童学业成绩的一个很好的途径。为了反对欧洲中心主义，一些主张多元文化的教育家呼吁**非洲中心主义**（Afrocentrism），即对非洲文化模式的强调和促进。在经历数世纪对非洲社会及非裔美国人文化成就的轻视和忽略之后，他们认为这是十分必要的。

文化多元主义　一种承认美国文化的多样性并促进所有文化传统的平等地位的观点

欧洲中心主义　欧洲（特别是英国）的文化模式占统治地位

非洲中心主义　对非洲文化模式的强调和促进

虽然最近几年文化多元主义不乏支持者，但也遭到了同样多的批评。反对者认为文化多元主义鼓励分裂而不是统一，因为它促使人们认同自己群体的生活方式，而不是将国家视为一个整体。此外，批评者们认为，文化多元主义事实上伤害了少数族裔自身。文化多元主义政策（从非裔美国人研究到非裔专门宿舍）似乎一样是在支持美国一直以来努力克服的种族隔离。而且在低年级阶段，非洲中心主义的课程强迫学生只学习来自单一观点的某些主题，这可能会导致儿童不能接受更广泛的重要知识和技能。

最后，全球反恐战争已吸引了人们对多元文化主义的注意。2016年和2017年，恐怖分子袭击了土耳其、加拿大和美国的夜店。这些暴力行动的目标不仅是无辜的人，还有袭击者所谴责的与其宗教信仰相悖的腐朽生活方式。放眼全球，我们面临着既要尊重文化之间的差异，同时又要捍卫人类生活和言论自由的主要价值观的挑战。一些人认为，恐怖分子试图把自己的文化强加给西方高收入国家中业已存在的相对开放和宽容的文化。无论是在西方还是在世界的其他地区，也有一些人认为，美国和其他富裕国家把自己的生活方式强加给了其他国家。在一个充满文化差异和冲突的世界中，对于宽容以及和平相处，我们还有很多东西要学习。

## 反文化

文化多样性也包括对传统观念或行为的公然反对。**反文化**（counterculture）指的是强烈反对被社会广为接受的文化模式。

例如，在 20 世纪 60 年代，以年轻人为主体的反文化抵制主流文化，认为主流文化过于强调竞争、自我中心和物质主义。相反，嬉皮士以及其他反文化主义者推崇集体主义和合作性的生活方式，这种生活方式认为"做事的状态"应优先于"做事本身"，自我成长的能力或"扩张的自我意识"比拥有豪华的房子和汽车这类物质财富更应受到珍视。这类差异使一些人"放弃"了大社会。

反文化方兴未艾。在极端情况下，存在于美国的一些军事小团伙（由出生在美国的人组成）或宗教激进团伙（来自其他国家）从事旨在威胁我们生活方式的暴力活动。

## 文化变迁

也许这个世界最基本的人类真理就是"所有的事物都会成为过去"。即便是恐龙，曾经在这个星球上繁衍生息了 1.6 亿年，到如今遗留下来的也只是化石。人类能否再存活数百万年呢？我们能够确定的是，只要我们依赖于文化，人类记录将会持续不断地变化。

图 3-3 显示了 1969 年（20 世纪 60 年代正值反文化的高峰期）到 2015 年间大学一年级学生的态度变化。有些态度的变化很缓慢：像前代人一样，今天大部分的学生还是希望成家立业、养家糊口。但是现在的学生再也没有兴趣像 20 世纪 60 年代大学生那样关注生活哲学，而对赚钱更感兴趣。

文化系统某方面的改变通常会引起其他部分的改变。例如，现在的女大学生对赚钱更加感兴趣，因为这些女生比她们的母亲或祖母更有可能成为劳动力大军的一员。为收入而工作不会改变她们组建家庭、养家糊口的兴趣，但却提高了首次结婚的年龄和离婚率。这种联系证明了**文化整合**（cultural integration）的原则，即一个文化系统中各组成要素之间具有密切的联系。

## 学生快照

● 同 45 年前的大学生相比，今天的大学生对建立生活哲学不太感兴趣，而对赚钱更感兴趣。

图 3-3　大学一年级学生的生活目标，1969—2015 年
研究者对 1969 年以来的大学一年级学生进行了调查研究。尽管他们对诸如家庭重要性这类事情的态度几乎没有发生改变，但对于其他生活目标的态度却发生了很大的改变。

资料来源：Astin et al.（2002），Eagan et al.（2015）。

**文化堕距**　文化系统中有些文化元素比其他元素变迁得要快。威廉·奥格本（Ogburn，1964）研究发现，技术进步通常都很快，物质文化（比如用品）新要素的出现明显要快于非物质文化（比如观念）变化所能赶上的速度。奥格本把这种不一致性称作**文化堕距**（culture lag），即由于某些文化要素的变迁快于其他要素，从而扰乱了一个文化系统的事实。例如，在一个女性能够借用另一个女性的卵子生育小孩的社会中，这个卵子与取自完全陌生人的精子在实验室里完成受精，在这种情况下，我们如何运用传统观念来确定孩子父母亲的身份呢？

**文化变迁的原因**　文化变迁以三种途径进行。第一，发明，即创造新的文化要素的过程。发明为我们带来了电话（1876年）、飞机（1903年）、计算机（20世纪40年代后期）等，物质文化的每样东西都给我们的生活方式带来了巨大的冲击。这样的例子还包括最低工资法（1938年）、废止学校种族隔离制度（1954年）、妇女庇护所（1975年）等非物质文化的重要元素。发明的过程在持续进行，正如每年有大约60万件向美国专利局提出申请的发明所显示的那样。

文化变迁的第二个原因是发现，它包括认识和更好地理解业已存在的事物——可能是一颗遥远的恒星或另一种文化的食物或女性的运动能力。许多发现来源于艰辛的科学研究，而有些发现只是依靠意外的运气。例如在1898年，当玛丽·居里（Marie Curie）将一块岩石无意地放在一张摄影用的纸上时，发现这块岩石的放射物曝光在纸上，她（居里夫人）因此发现了镭。

文化变迁的第三个原因是传播，即文化特质从一个社会传播到另一个社会。由于新的信息技术能在几秒钟内将信息传送到全球各地，因此文化传播的影响从来没有像今天这样深远。

当然，我们自己的生活方式为世界贡献了许多重要的文化要素，范围从计算机到爵士乐。文化传播也以另一种方式发挥作用，从而导致许多我们所认为是"美国的"东西实际上来自世界其他地方。我们所穿的大部分衣服、用的家具以及我们所戴的手表、所花的钱，所有这些在其他文化中才可以找到它们的起源（Linton，1937）。

讨论"美国文化"一定是恰当的，特别是在我们把美国的生活方式与其他社会的文化相比较时。但这类关于文化变迁的讨论向我们表明文化总是复杂的、变迁的。以下的"思考多样性"专栏，在简要回顾摇滚乐历史的基础上，为我们提供了文化具有多样性和动态特征的极好案例。

## 种族中心主义和文化相对主义

12月10日，摩洛哥的一个乡村里。我们看到许多同行旅行者正在参观一家小陶瓷工厂，因此毫不怀疑北美人是世界上最大的消费者。我们很高兴地发现了具有民族风情的手工编制的地毯、精雕细凿的金属制品，在摩洛哥这里也能收集到十分漂亮的彩色精美瓷砖。所有这些物件都是非常廉价的，但它们之所以廉价，其中一个重要原因是令人吃惊的：许多来自中低收入国家的产品都是由儿童生产的——有些甚至只有五六岁——他们为每小时几美分长年累月地工作。

在美国，我们认为青少年阶段是天真无邪、无忧无虑的时期，不必承担成年人例行工作的负担。然而在全球各地的经济落后的国家中，很多家庭却依靠儿童赚取的收入来补贴家用。因此，一个社会的人们认为是正确和自然的事物，在别的社会可能会让人感到困惑甚至不道德。也许正如中国哲学家孔夫子所说的："性相近，习相远。"

每一个能够想象到的想法和行为在世界某些地方几乎都是常见的，这种文化上的多样性会使旅行者既激动又不安：澳大利亚人向下按开关打开灯，北美人则向上按才打开灯；英国人靠道路的左侧行驶，北美人则靠道路的右侧行驶；日本人给城市街区命名，北美人则给街道命名；埃及人与人交谈时喜欢靠得很近，北美人则习惯保持几英尺距离的"个人空间"；非洲一些落后地区的人上厕所并没有用纸的习惯。

考虑到一定特殊的文化正是每个人现实生活的基础，各个地方的人们都会表现出种族中心主义也就毫不奇怪了。**种族中心主义**（ethnocentrism），即用自己的文化标准评判另一种文化的做法。一定程度的种族优越感对于人们在感情上与他们的生活方式保持联系是有必要的。但种族中心主义也会产生误解，有时甚至会引发冲突。

每一个文化系统的成员都倾向于更喜欢自己所熟悉的事物，对于有别于自己的事物保持警惕之心。古罗马人把这种差异观念发挥到了极致，"非我族类"不是"陌生人"就是"敌人"。语言甚至也具有文化上的偏见。几个世纪以前，欧洲和北美的人把中国称作"远东"。但这个当时中国人所不知道的词，实际上是一种具有种族中心主义倾向的表达，以自我为中心，把远离自己的东方地区称为"远东"。中国之名古时意为"中央之国"，这表明他们和我们一样，将自己的社会视为世界的中心。

在世界上的低收入国家中，大多数儿童不得不干体力活以贴补家用。这个背着柴火的年幼小孩来自老挝，每天都得工作几个小时。基于我们认为孩子的童年本应在学校学习，生活在高收入国家的人由此谴责这种雇佣童工的现象是一种种族中心主义的体现吗？为什么？

种族中心主义逻辑上的替代是**文化相对主义**（cultural relativism），即以文化自身的标准来评价一种文化的做法。文化相对主义对旅行者来说是很难被接受的：它不仅要求人们对陌生的价值观和规范保持开放的心态，还需要具备抛开自己所熟悉的文化标准的能力。即便如此，随着世界上人们之间的联系越来越多，对其他文化的了解变得越来越重要。

正如本章开头所讲述的，美国的商业机构正在研究多元文化人口的市场价值。同样，商业人士正逐渐意识到在全球化经济中，成功依赖于对世界各地文化模式的了解。例如，IBM 公司现通过建立 34 种语言的网站为他们的产品提供技术支持 (IBM，2017)。

这一趋势改变了过去，过去许多企业采取了一些对文化多样性缺少敏感性的市场战略。康胜啤酒（Coors）的广告语的意思是"放任自流"（Turn It Loose），但它却使讲西班牙语的消费者大吃一惊，因为这一短语在西班牙语里可以理解为这种啤酒会引起腹泻。如果布拉尼夫航空公司（Braniff Airlines）将它的宣传口号"皮革飞行"（Fly in Leather）不小心翻译为西班牙语，很可能会变成"裸飞"（Fly Naked）。同样地，美国东方航空公司（Eastern Airlines）的宣传口号"我们每天都在证明我们的能力"（We Earn Our Wings Every Day）会变成"我们每天飞向天堂"（We Fly Daily to Heaven）。甚至家禽业巨头弗兰克·普度（Frank Purdue）也成了糟糕的市场企划的受害者，他的宣传语"硬汉才能做出嫩鸡"（It Takes a Tough Man to Make a Tender Chicken）翻译成西班牙语就是"一个性感激情的男人将使小鸡变得深情"（A Sexually Excited Man Will Make a

**种族中心主义** 用自己的文化标准评判另一种文化的做法

**文化相对主义** 以文化自身的标准来评价一种文化的做法

# 思考多样性：种族、阶级与性别

早期摇滚乐：种族、阶级和文化变迁

20 世纪 50 年代，摇滚乐作为美国流行文化的一个主要部分开始兴起。稍早以前，主流的"流行"（pop）音乐绝大部分受众为白人成人。歌曲由专业的作曲家谱写，由经营多年的唱片公司录音，由包括佩里·科莫（Perry Como）、埃迪·费舍尔（Eddie Fisher）、多丽丝·戴（Doris Day）以及佩蒂·佩姬（Patti Page）在内的许多著名艺术家表演，而且当时每位大名鼎鼎的表演者都是白人。

埃尔维斯·普雷斯利（中）把节奏音乐和布鲁斯歌手如胖妈妈桑顿（［左］）、乡村和西部音乐明星（如卡尔·帕金斯［右］）的音乐元素融合在一起。摇滚音乐的发展说明了美国文化千变万化的特征。

20 世纪 50 年代是美国种族隔离严重的时代。种族隔离意味着白人文化和黑人文化是不同的。在非裔美国人的亚文化世界里，音乐有着不同的声音和节奏，其音乐风格有爵士、福音唱法、节奏布鲁斯等。所有这些音乐风格都由非裔美国人作曲者和表演者在黑人唱片公司协同制作，并通过电台向几乎是清一色的黑人听众播放。

20 世纪 50 年代，阶级还将美国社会的音乐划分成不同音乐的世界，甚至在白人中间也是如此。乡村音乐和西部音乐代表着一种在贫困白人特别是生活在美国南部的穷人中流行的音乐风格，是另一种音乐亚文化。如同节奏布鲁斯歌曲一样，乡村音乐和西部音乐有自己的作曲者和表演者、唱片公司和电台。

"跨界"音乐很少，这也意味着几乎没有哪位表演者或哪首歌曲会受到另一世界的欢迎。这种音乐隔离一直到 1955 年摇滚音乐的诞生才开始被打破。摇滚是一种许多业已存在的音乐元素的新混合，吸取了主流流行音乐元素，也包含了乡村音乐和西部音乐元素，特别是节奏布鲁斯的音乐元素。

新摇滚音乐综合了音乐的很多传统元素，但不久后又以一种新的方式，即年龄的方式将社会割裂开来。摇滚音乐是第一种明显与年轻人文化相联系的音乐，摇滚在青少年中风靡一时，而他们的父母亲却一点儿也不欣赏和理解。摇滚音乐表演者对"成人"文化持反叛立场。典型摇滚歌手看起来像父母眼中的"少年犯"或宣称要变得"酷"（一个那个时代大多数父母甚至不理解的概念）的年轻人。

年轻人的偶像是留着络腮胡、立起衣领、穿着黑皮夹克的表演者。到 1956 年，一位来自密西西比州图珀洛的名叫埃尔维斯·普雷斯利（Elvis Aron Presley，即猫王）的南部贫穷白人男孩成为无可置疑的摇滚新星。受乡村传统影响，普雷斯利熟悉乡村和西部音乐。在他举家移居田纳西州的孟菲斯后，他学习了几乎所有的黑人福音音乐和节奏布鲁斯音乐。

普雷斯利成为第一位摇滚乐的超级明星，不仅因为他天资聪颖，还因为他获得了巨大的市场跨界力量。早期的热门歌曲包括"Hound Dog"（源自胖妈妈桑顿［Big Mama Thornton］录制的节奏布鲁斯歌曲）和"Blue Suede Shoes"（由山区乡村摇滚先驱卡尔·珀金斯［Carl Perkins］创作），普雷斯利打破了许多基于种族和阶级的音乐壁垒。

到 20 世纪 50 年代末，流行音乐也在许多新的方向上得以蓬勃发展，创造了包含慢摇滚（瑞奇·尼尔森［Ricky Nelson］和帕特·布恩［Pat Boone］）、山区乡村摇滚（约翰尼·卡什［Johnny Cash］）以及几十个黑人或白人杜沃普（Doo-wop）摇滚乐团。20 世纪 60 年代，摇滚乐变得更流行，包括民间音乐（金斯敦三重奏［the Kingston Trio］；彼得、保罗和玛丽三重唱组合［Peter, Paul, and Mary］；鲍勃·迪伦［Bob Dylan］民谣歌手）、冲浪音乐（海滩男孩［the Beach boys］乐队以及简和迪安［Jan and Dean］乐团）以及英国披头士（the Beatles）领衔的"英伦入侵"。

披头士乐队一开始非常接近于摇滚乐清晰、流行的一面，但不久他们与另一支以"反叛的"服饰和街头战士外形而自豪的滚石乐队（the Rolling Stones）共同吸引了公众的注意力。20 世纪 60 年代，音乐发展成了一个巨大的产业，不仅包括披头士和滚石乐队的重摇滚，还包括飞鸟乐队（the Byrds）、妈妈和爸爸乐队（the Mamas and the Papas）、西蒙与加芬克尔乐队（Simon and Garfunkel）以及克罗斯比 - 斯蒂尔斯 - 纳什乐队（Crosby, Stills, and Nash）演奏的民谣摇滚。此外，"摩城之音"（Motown，发源于节奏布鲁斯，因"汽车城"底特律而命名）和"灵魂"音乐（Soul）造就了许多美国黑人明星，包括詹姆斯·布朗（James Brown）、艾瑞莎·弗兰克林（Aretha Franklin）、四顶尖合唱团（the Four Tops）、诱惑乐队（the Temptations）、黛安娜·罗斯（Diana Ross）、至上合唱团（the Supremes）等。

在美国西海岸，旧金山发展出一种不同的、政治色彩较为浓厚的摇滚乐，由杰斐逊飞机乐队（the Jefferson Airplane）、感恩而死乐队（Grateful Dead）、贾尼斯·乔普林（Janis Joplin）演奏。受吸毒影响，西海岸衍生的音乐风格包括"迷幻摇滚乐"，由大门乐队（the Doors）和吉米·亨德里克斯（Jimi Hendrix）所演奏。爵士对摇滚世界的影响也开始回归，创造了像芝加哥乐队（Chicago）和血汗泪合唱团（Blood, Sweat, and Tears）这样的"爵士摇滚"。

对摇滚乐诞生的简要回顾，展示了种族和阶级塑造亚文化模式的力量。同时它也展示了文化生产已经成为巨大的商业机会。最重要的是，它向我们展示了文化不是一个静止不变的死板系统，而是一个不断变迁、适应并随时代发展而重塑自我的动态过程。

你怎么想？

1. 我们的生活方式影响了摇滚乐。你认为摇滚乐的出现在哪些方面改变了美国文化？

2. 在音乐发展的整个历史过程中，大多数演唱者都是男性。这告诉我们美国提倡一种什么样的生活方式？今天，流行音乐依然由男性所统治吗？

3. 继续讲述美国音乐变迁的故事（思考一下迪斯科、重金属摇滚乐、朋克摇滚乐、说唱音乐以及嘻哈文化）。

资料来源：Stuessy & Lipscomb（2008）。

---

Chicken Affectionate）（Helin，1992）。

但是文化相对主义其自身也存在许多问题。假设几乎任何一种行为在世界的某个地方都是一种规范，那么是否意味着每件事都同等正确呢？有人让他们的小孩每天工作数小时并从中获利，难道存在一些这样的事实，就可以证明雇用童工是正当的吗？既然我们都是同一个物种的成员，那么肯定存在一些适当行为的普遍标准。但是这些标准是什么呢？为了建立这样的标准，我们如何避免将我们自身的标准强加给他人呢？对于这些问题，没有简单的答案。但是当我们面对一项陌生文化实践时，在弄清楚"他们"对这个问题的看法之前，最好避免做出自己的判断。同时请记住，用其他人可能看待你的生活方式那样来思考你自己的生活方式。毕竟，我们从学习他人中获得的最大收获便是对我们自身更好的洞察。

## 全球文化的可能性？

如今，我们能比过去更频繁地看到许多相同的文化实践在世界各地活跃。走在韩国的首尔、马来西亚的吉隆坡、印度的金奈、埃及的开罗以及摩洛哥卡萨布兰卡的街道上，我们可以看到人们穿着牛仔裤，听到熟悉的音乐，看到许多美国人也在使用的同类产品的广告。我们是否在见证一个单一的全球文化的诞生呢？

由于商品、信息和人员的流动，全球各个国家和地区比以往任何时候都联系得更加密切。

1. 全球经济：商品流动。国际贸易从来没有如此庞大。全球经济已经使许多相同的消费品——从汽车、电视节目到音乐和流行时尚——在全球范围内蔓延开来。

2. 全球通信：信息流动。互联网和以卫星为基础的通信使人们能够在事件发生的同时，体验到发生在数千英里之外的事件的情景和声音。手机通信为世界各地的人们提供了即时联系，正如新技术使得用一种语言编辑的短信可以通过另一种语言送达（Simonite，2012）。此外，尽管只有四分之一的互联网用户以英语为母语，但世界上超过一半的网页都以英文形式呈现（Internet World Stats，2016；W3Tech，2017）。这一事实有助于解释图 3-2 所展现的原因，即英语正迅速成为世界大多数地区首选的第二语言。

3. 全球移民：人口流动。对世界其他地区的了解刺激了人们迁居到他们想象生活会变得更好的地方。此外，现代交通技术，特别是飞机使得迁移变得比以往任何时候更加便捷。结果是在大部分国家中，出现了为数庞大的移民。美国大约有占人口总数 13.5% 的 4300 多万移民（U.S. Census Bureau，2016）。

放眼全球，家庭是社会生活方式的一部分。从结构功能论视角来看，我们或许会问，这种普遍性特质是否反映了这样一个事实，即家庭执行了其他方式不易完成的重要任务，家庭执行的是什么任务呢？

这些全球间的联系使得全球的文化变得越来越相似。即便如此，全球文化这个命题依然存在三个重要的局限性。首先，商品、信息和人口的流动在世界各地是不均衡的。一般而言，城市地区（商业、通信和人口的中心）有着强大的相互联系的纽带，而许多偏远乡村地区仍然相互隔离。此外，北美和西欧日益强大的经济和军事力量意味着这些地区对世界其他地区的影响远超过其他地区对该地区的影响。

其次，全球文化命题假定任何地方的人们都能够买得起各种各样的新商品和新服务。如第十三章中（"全球社会分层"）所解释的那样，在世界很多地区极度的贫困甚至剥夺了人们拥有安全可靠生活所需的生活必需品的权利。

最后，尽管目前在世界各地都能看到许多文化实践，但各个地方的人们对同一事物并没有赋予相同的意义。看了《哈利·波特》，日本儿童与纽约或伦敦的儿童会获得同样的体验吗？同样地，我们喜欢来自世界各地的食物，但是却对生产这些食物的人的生活一点都不了解。简而言之，每个地方的人们仍然通过他们自身的文化透镜来看待这个世界。

# 文化的理论分析

3.4　运用社会学的宏观理论来加深对文化的理解

社会学家肩负着特殊的使命，即理解文化是如何有助于我们认知自身以及周围世界的。这里我们将分析几种理解文化的宏观理论视角。从微观层次探讨文化的个人体验，即强调个体在其日常生活中如何不仅遵守文化模式还创造新的模式，这是第六章的重点（见"日常生活中的社会互动"）。

## 结构功能论：文化的功能

结构功能分析视角把文化解释为满足人们需要的复杂策略。借用唯心主义的哲学原理，这一视角认为价值观是文化的核心（Parsons，1966；Williams，1970）。换句话说，文化价值观指引我们的生活，赋予我们的行为以意义，并将人们整合起来。无数的履行着各种各样功能的文化特质维持着社会的运转。

功能主义的思维方式有助于我们理解不熟悉的生活方式。想想阿米什的农民用一队马匹在俄亥俄州农场耕种数百英亩的土地。他们的耕作方法或许违背了讲究效率的美国文化价值观，但从阿米什人的角度来看，艰辛的工作对于建立具有高度宗教性的生活方式所需的磨炼来说是在履行着特定的功能。大家在一起长时间地工作，不仅使阿米什人产生自我满足感，还加强了家庭的联系，团结了当地的社区。

当然，阿米什人的做法也存在着功能紊乱。艰辛的工作和严格的宗教戒律对一些最终要离开该社区的人来说要求过于严厉了。另外，太强烈的宗教信念有时会妨碍妥协和折衷的实现，宗教实践中微小的差异已经使得阿米什人分裂为几个不同的群体（Kraybill，1989；Kraybill & Olshan，1994）。

如果文化是满足人们需要的策略，那我们或许期望能在世界上找到许多共同的模式。**文化普遍性**（cultural

universals），指的是每种已知文化的共同特质。通过比较几百种文化，乔治·默多克（Gorge Murdock）确认了许多文化的普遍性要素。其中一个共同的要素是家庭，每个地方的家庭在生育和抚养方面都起着重要的作用。在各个地方也都有丧葬仪式，因为所有人类社区都要处理死亡这个现实问题。作为一种缓解社会压力的安全方法，笑话也是文化的普遍性特征之一。

## 评价

结构功能论视角的力量在于，它向我们展示了文化是如何运作以满足人类的需要的。然而，由于过于强调一个社会占主导地位的文化模式，这一视角在很大程度上忽略了存在于包括我们自己在内的很多社会的文化多样性。而且，由于这一视角过于强调文化的稳定性，它低估了文化变迁的重要性。简而言之，文化系统不像结构功能主义者让我们相信的那样稳定。

**检查你的学习** 在美国，体育、独立日和黑人历史月（黑人历史月是一个为期一个月的庆祝活动，活动在每年二月举行，重点介绍非裔美国人在科学、艺术、文学、娱乐、政治等领域对美国社会做出的杰出贡献。起始于 1916 年的"黑人历史周"，到 1976 年扩大并命名为"黑人历史月"。——译者注）各有哪些功能？

## 社会冲突论：不平等和文化

社会冲突论视角强调了文化和不平等之间的联系。从这个角度来看，任何文化的特质要想让某些社会成员受益，就要使其他社会成员付出一定的代价。

为什么某些价值观最初能够在社会中占统治地位？许多社会冲突理论家，特别是马克思主义者认为文化是由一个社会的经济基础决定的。卡尔·马克思宣称："不是人类的意识决定人类的社会存在，而是社会存在决定人类的意识。"（Marx & Engels，1978：4，orig. 1859）社会冲突理论以唯物主义为哲学基础，唯物主义认为一个社会的物质生产制度（比如我们的资本主义经济）对这个社会的文化具有决定性的影响。唯物主义者的这种分析方法与结构功能主义者的唯心主义倾向形成了鲜明的对照。

社会冲突分析将美国文化中所推崇的竞争和物质成功的价值观与资本主义经济相联系，而这一经济是为这个国家中富裕的精英阶级的利益服务的。资本主义文化进一步向我们灌输，富裕的、拥有特权的人们比其他人工作得更艰辛，工作时间更长，因此他们应当享有相应的财富和特权。它也鼓励我们将资本主义视为"自然的"，阻止我们努力削弱经济的不平等性。

然而，不平等的张力最终爆发了各种要求社会变迁的运动。两个历史例子是民权运动和女权运动。这两种运动至今仍在继续，包括"黑人的命也是命"运动和捍卫女性生殖权利运动。此外，关于我们社会日益严重的经济不平等的争论仍在继续。所有这些运动都寻求更大的社会平等，但运动都遭到了现状维持者的反对。

## 女性主义理论：社会性别和文化

马克思认为，文化植根于物质资料生产。因此，社会文化极大地反映了资本主义经济制度。女性主义者认同马克思主义有关"文化是冲突的竞技场"的论断，但他们认为这种冲突植根于社会性别中。

**社会性别**（gender）指的是社会成员隶属于或男性或女性的个人特质和社会位置。从女性主义视角来看，社会性别是社会不平等的重要维度，这一主题在第十四章"性别分层"中有详细的说明。正如该章所言，男性在职场中比女性有更多的机会，男性的收入相应地也比女性多。男性在美国政治体系中也拥有更大的权力，比如，美国至今历任总统都是男性。此外，在日常生活层面，男性在典型的家庭中也行使着最大的权力。

女性主义者宣称我们的文化"被性别化"了。这便意味着我们的生活方式体现了"男性比女性更加重要"的价值观。这种不平等尤其体现在我们使用的语言当中。在传统婚礼誓言中的用词上，我们倾向于说"男人和妻子"；我们几乎从来没有听到"女人和丈夫"的说法。同样，男性化的"王"（king）传递了几乎总是积极正面的"权力"和"威望"的意义。与之相比，女性化的"后"（queen）有着多重的含义，但其中一些是消极负面的。

我们的文化不仅规定了男性相对于女性的统治权，我们的生活方式也视这种男性统治为"天然的"。这一信仰体系借助于宣称性别不平等不可改变而为性别不平等辩护。

简而言之，文化模式体现并支撑了性别的不平等。文化模式在某种程度上也使这种不平等永久化，一直延续至未来。

## 评价

社会冲突论视角认为文化系统没有平等地满足人类的需求，反而允许一部分人统治另一部分人。马克思专注于经济不平等，认为文化集中体现了资本主义制度；女性主义关注社会性别并认为文化是男性统治的体现。所有这些维度的不平等都被"建构"在我们的生活方式中。同时，这些不平等也产生了要求改变现状的压力。

然而，通过强调文化的裂隙和分歧，所有社会冲突论视角低估了文化模式具有整合社会成员作用的一面。因此，我们应该结合运用社会冲突论视角和结构功能论视角才能获得对文化更加全面的理解。

**检查你的学习**　对大学兄弟会和姐妹会进行社会冲突分析与结构功能分析有何不同？

## 社会生物学：进化论和文化

我们知道文化是人类的创造物，但是人类的生物性是否会影响这一过程的展开呢？既涉及生物学又涉及社会学的第三种理论视角是**社会生物学**（sociobiology），即探讨人类的生物性如何影响人们创造文化的方式的一种理论视角。

社会生物学建立在查尔斯·达尔文（Charles Darwin）1859 年出版的《物种的起源》（*On the Origin of Species*）一书中提出的进化论的基础上。达尔文认为，有机生物体经过了长时间的自然选择后发生了变异，并遵循四个简单的原则。第一，所有的生物都为了繁殖其后代而生存。第二，繁殖的蓝图存在于生物的基因当中，即生命的最基本单元，它能将上一代的特征遗传给下一代。第三，基因中的一些随机变异允许物种在特定的环境中"试验"出新的生命模式。这些变异使得某些有机物比其他生物更好地存活下来，并将它们的优势基因遗传给其后代。第四，经过成千上万代的演变，这一基因模式提高了繁殖的存活率并占据了主导地位。如生物学家所说，通过这一方式一个物种适应了自然，占主导地位的遗传特征作为有机体的"本性"而被保留。

社会生物学家声称大量的文化普遍性特征反映了这样一个事实，即所有的人类都是同一生物物种的成员。正是我们共同的生物学基础，促成了在普遍的性行为中存在的显而易见的"双重标准"。如性学研究者阿尔弗雷德·金赛（Alfred Kinsey）所说："在世界任何地方的任何人中，男性都比女性更渴望与不同的性伴侣发生性行为。"（quoted in Barash，1981：49）但原因何在？

我们都知道孩子是女性卵子和男性精子结合的产物。但是，单独一个精子和单独一个卵子的生物重要性是非常不同的。对于一名健康的男子来说，测试表明，在其大部分生命历程中，精子是一种"可再生的资源"。一名男子在一次射精中可以释放出数亿个精子——技术上足以让北美的每个女性怀孕（Barash，1981：47）。然而，一个新生的女性卵巢已经包含了她终其一生所有的卵泡，或未受精的卵子。一名女性通常每月从卵巢当中释放出一个卵细胞。因此，尽管男性在生物上能够成为成千上万名小孩的父亲，但是女性只能生育较少数量的孩子。

从进化论的视角看，社会生物学家解释了不同的生殖策略导致了一个双重标准：男性比女性更加趋向于将对方当作性的对象。尽管这一观点可能是对的，但许多社会生物学家对此进行了反驳，他们认为，就像此图所展示的行为一样，应该将其更准确地理解为男性占统治地位的文化结果。

鉴于这种生物学上的差异，男性可以通过性滥交——热衷于与任何有意的性伴侣之间的性行为，有效地复制他们的基因。但是女性看待生殖的眼光则完全不同。女性的每一次怀孕，都要求她怀胎九个月后生产，然后需要照料孩子很多年。因此，对女性来说，有效的生殖取决于谨慎地选择一个配偶，他的品质（从他陪伴在女性身边的可能性开始）要有利于他们孩子的存活以及之后的成功生产。

这一双重标准不仅涉及生物学问题，还涉及男性统治女性的历史问题。但是社会生物学家认为这一文化模式像其他模式一样，存在一个隐含的"生物学逻辑"。简单来说，世界各地存在双重标准，是因为男女生物学上的差异导致了所有的男女两性支持不同的生殖策略。

评论

社会生物学已经形成了有关某些文化模式的生物学基础的有趣理论。但这一视角仍具有争议，原因主要有两个。

第一，有些批评者担心，社会生物学可能会让一个世纪前所主张的种族或性别优越性的生物学争论死灰复燃。然而，维护者反驳说社会生物学拒绝了过去那种种族优越性的伪科学。事实上，他们认为，社会生物学团结了所有的人类，因为所有的人们都共享一个进化史。社会生物学宣称男性和女性在某些方面确实存在文化上无法克服的生物学差异，但这远不等于宣称男性比女性更重要，社会生物学强调男性和女性对于人类繁殖都很重要。

第二，批评者认为，社会生物学家没有多少证据来支持他们的理论。到目前为止的研究表明，生物力量并没有在任何严格意义上决定人类的行为。相反，人类却在一个文化系统内学习如何行为。那么社会生物学的贡献仅仅在于解释了为什么有些文化模式似乎比其他文化模式更容易学习（Barash，1981）。

**检查你的学习** 运用社会生物学的理论视角，解释为什么诸如兄弟姐妹之间的竞争（同一家庭中的孩子经常相互竞争甚至打架）这样一种文化模式是普遍存在的。

由于对文化进行分析的任何一种视角都需要广泛关注社会的运行，因此，上述这三种理论视角都是宏观层次的分析视角。"应用理论"表描述了这三种理论视角的主要见解。第六章（"日常生活中的社会互动"）将从微观层次上详细考察日常情境中的人类行为。

# 文化和人类自由

3.5 批判文化作为限制或扩展人类自由的力量

本章都在引导我们思考一个重要问题，即作为文化性动物，人类在何种程度上是自由的？文化是将我们同他人和过去相联系了吗？文化提高了我们个人思考和独立选择的能力了吗？

## 作为约束的文化

作为符号的创造物，人类离不开文化而生存。但这种创造文化的能力也的确有一些弊端。我们或许是唯一能给我们自己取名字的动物，但生活在一个符号的世界里意味着我们也是唯一体验孤独的生物。此外，文化主要是一个习惯的问题，它限制了我们的选择范围，促使我们不断地重演令人感到苦恼的模式，例如，每一代少数族裔都面临着种族偏见和性别歧视。

美国社会强调通过竞争取得成就，这一价值观促使美国人追求卓越，然而同样的竞争行为也使美国人与他人相隔阂。物质的东西在某些方面让我们感到舒适，但是却让我们远离了从亲密关系和精神力量中所获得的安全感和满足感。

## 作为自由的文化

无论好坏，人类都是文化性动物，正如蚂蚁和大象是它们生物种群的"囚徒"一样。但是二者之间却有一个关键性的区别。生物本能创造一个现成的世界；相反，当我们为自己建立和重建一个世界时，文化却在

---

**应用理论**

文化

| | 结构功能论 | 社会冲突论和女性主义理论 | 社会生物学理论 |
|---|---|---|---|
| **分析层次** | 宏观层次 | 宏观层次 | 宏观层次 |
| | 文化是一个社会成员相互合作以满足自身需求的行为系统。 | 文化是一个让部分人受益而对另一部分人不利的系统。 | 文化是一个部分受人类生物性影响的行为系统。 |
| **文化的基础** | 文化模式植根于一个社会相对稳定的主要价值观和信念。 | 马克思宣称文化植根于一个社会的物质生产；女性主义理论认为文化冲突植根于社会性别。 | 文化模式植根于人类的生物进化。 |
| **该理论的核心问题** | 一种文化模式如何帮助社会运转？在所有的社会中都能够发现的文化模式是什么？ | 一种文化模式如何使一些人受益而对其他人不利？一种文化模式如何维护社会的不平等？ | 文化模式如何帮助一个物种适应其生存的环境？ |

敦促我们做出选择。没有什么比我们自身社会文化的多样性以及世界上更丰富的人类多样性更能证明这种自由的存在了。

　　了解更多的文化多样性是社会学家们的一个共同目标。无论我们生活在什么地方，我们对周边环境的文化的运作了解得越充分，我们就越有准备去享受文化提供给我们的自由。

## 日常生活中的社会学

　　我们拥有什么样的线索去了解一个社会的文化价值观？

　　任何社会的价值观——也就是说，那个社会认为是重要的事物——在日常生活中的各个方面得以体现，包括人们的拥有物及其行为方式。"解读"我们自己的文化价值观的一个有趣方法是看看我们所崇拜的"超级英雄"。看一看下面四幅图片中所展示的角色，描述一下是什么使得这个角色很特别？每个角色在文化方面又代表了什么？

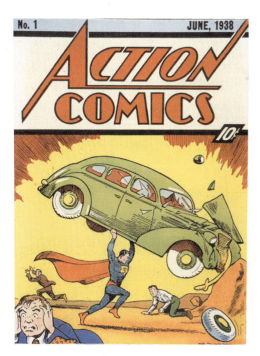

超人第一次出现在 1938 年的《动作漫画》（*Action Comics*）中，当时美国正艰难地走出经济大萧条并面临着日益迫近的战争威胁。从那时起，超人一直是电视节目和一系列好莱坞电影中的重要角色。大多数超级英雄的特征之一是他们都有一个秘密的身份。在这一案例中，超人的日常身份是"温和的新闻记者"克拉克·肯特（Clark Kent）。

大众传媒中塑造的具有特殊能力的英雄很少包括女性。"神奇女侠"（Wonder Woman）最早出现在 1941 年的一本漫画书中，是 2017 年同名电影的主人公。亚马孙天堂岛人们所熟知的戴安娜在日常生活中被称为戴安娜公主。在影片中，戴安娜融合了传统上与男性和女性有关的特质：她是一位"爱与战争的女神"，一位善于倾听和指挥的领袖，一位对真理和正义充满激情，同时又有能力参与战斗的领袖。

长期以来，另一个对于美国文化很重要的超级英雄是蜘蛛侠。在电影《蜘蛛侠》（*Spider-Man*）中，彼得·帕克（Peter Parker, 面对邪恶时会变身成蜘蛛侠）与玛丽·简·沃特森（Mary Jane Watson）秘密相爱。男英雄一次又一次将女主角从危险中解救出来。但在真实的超级英雄风格中，蜘蛛侠不允许听从自己的内心，因为超能力意味着必须承担更大的责任并将之放在优先位置。

2018 年的电影《黑豹》（*Black Panther*）中，查德维克·博斯曼（Chadwick Boseman）饰演一名非洲国家的国王"特查拉"（T'Challa），他通过食用一种特殊的草药获得超能力。同样来自漫画的这个人物，面临着巨大的挑战，因为他致力于和平的世界受到战争的威胁。随着美国社会在种族和族裔上变得更加多样化，美国的超级英雄们也变得更加多样化。

> **提示**　超人（还有所有超级英雄）把我们的社会定义为善。毕竟，超人为"真理、正义和美国方式"而战。许多超级英雄都汲取了美国文化史中伟人的故事，包括像摩西和耶稣这样的宗教人物：他们有着神秘的出身（我们从来没有真正了解他们的真实家庭），他们受过伟大的道德挑战的"检验"，他们最终成功克服了所有障碍（然而，今天的超级英雄往往使用武力和暴力获得成功）。拥有一个"秘密身份"意味着超级英雄可以过着普通人的生活（也意味着我们普通人能想象成为超级英雄）。但为了集中精力对抗邪恶，超级英雄必须置他们的工作于任何罗曼蒂克的兴趣之前（"工作第一！"）。黑寡妇小时候就成了孤儿（保持其出身的某种神秘感），但她打破了超级英雄的模式，偶尔也追求罗曼蒂克。《黑豹》电影提醒我们，随着美国社会种族和族裔的多样化，超级英雄也将变得更加多样化。

## 从你的日常生活中发现社会学

1. 每一种文化的成员，当他们决定以什么样的方式生活时，总是参照"英雄"的角色模型，并以之作为激励。在现代社会中，大众传媒在制造英雄角色过程中扮演了极其重要的角色。你会用什么样的特质去定义流行文化中的"英雄"，比如克林特·伊斯特伍德（Clint Eastwood）扮演的电影角色"警探哈里"（Dirty Harry）、西尔维斯特·史泰龙（Sylvester Stallone）扮演的电影角色"洛奇"（Rocky）和"兰博"（电影第一滴血［*First Blood*］主人公），以及阿诺·施瓦辛格主演的电影角色终结者（the Terminator）？

2. 你知道在你的校园里有人来自别的国家或来自你完全不熟悉的文化背景吗？努力参与到与你的生活方式截然不同的同学的对话中。试着从他人不同的角度去发现你所接受的或习以为常的东西，并试着去理解为什么。

3. 访问"社会学焦点"博客，你可以在那里阅读年轻社会学学者的最新文章，他们将社会学视角应用于流行文化的话题。

## 取得进步

### 什么是文化？

**3.1 解释作为人类生存策略的文化的发展**

文化是一种**生活方式**。

• 文化是一个社会的成员共享的生活方式。

• 文化影响着我们怎样去行动、思考和感觉。

文化是一种**人类特质**。

• 尽管一些物种显示出了有限的文化能力，但是只有人类依赖文化而生存。

文化是一种**进化的产物**。

• 随着人脑的进化，文化作为我们这一物种生存的首要策略最终取代了生物本能。

当我们进入一个不熟悉的文化环境并且不能"解读"这一新环境的意义时，我们会经历文化休克。当我们以他人不能理解的方式行动时会制造文化休克。

### 文化的要素

**3.2 认识文化的共同要素**

文化依靠单词、手势、行动等各种形式的符号来表达意义。

• 同一符号能够表达不同的意义（比如眨眼睛），这一事实表明人类具有创造和处理符号的能力。

• 社会一直在创造新的符号（比如计算机新技术激发了新的赛博符号的诞生）。

语言是一个符号系统，借助这一系统，文化在代与代之间相传。

• 人们使用语言——不管是书面的还是口头的——将文化代代相传。

• 由于每一种文化都是不同的，因此每一种语言都有着不同于其他语言的单词和表达。

价值观是关于应该怎么样（例如，机会均等）的抽象标准。

• 价值观之间有时相互冲突。

• 低收入国家重视生存文化，高收入国家重视个体主义和自我表达文化。

信念是共享某种文化的人奉为真理的特定思想（例如，"一名合格的女性能够参选总统"）。

规范是指导人们行为的规则，有两种类型：

• 民德（例如，性禁忌），具有重要道德意义。

• 民俗（例如，问候或用餐礼仪），事关日常礼仪的一些事情。

**技术和文化**

• 一个社会的人工制品——构成一个社会物质文化的各种各样的人类有形创造物——反映了潜在的文化价值观和技术。

• 一个社会的技术越复杂，其成员就越能按照自己的意愿塑造世界。

### 文化多样性：一个世界里的多种生活方式

**3.3 讨论文化差异的维度与文化变迁**

美国人生活在一个文化多样的社会中。

- 这种多样性源于美国移民的历史。
- 多样性反映了地区之间的差异。
- 多样性也折射出社会阶级之间的差异，将文化分为高雅文化（精英阶级享有）和流行文化（普通大众可获得）。

许多价值观对于我们的生活方式极为重要。但整个社会的文化模式并不相同。

亚文化建立在社会成员兴趣和生活经历差异的基础上。

- 嘻哈迷和体育迷是美国青年亚文化的两个例子。

文化多元主义是加强对文化多样性欣赏的一种努力。

- 文化多元主义的出现是对早期"熔炉"思想做出的反应，其认为当少数族裔采取主流文化模式就会失去对其自身身份的认同。

反文化是强烈反对传统生活方式的文化模式。

- 在美国，任何企图摧毁西方社会的激进组织都是反文化的典型。

文化变迁源于：

- 发明（例如，电话和计算机）；
- 发现（例如，意识到女性能够胜任政治领导人）；
- 文化传播（例如，各种民族食品和音乐流派的广泛流行）。

文化堕距会在某些文化要素比另一些文化要素变化的速度快时产生。

我们怎样理解文化的差异性？

- 种族中心主义可以将所在社会的成员联系起来，但也有可能引起国家间的误解和冲突。
- 文化相对主义，伴随世界各地人们越来越紧密的相互联系而日趋重要。

## 文化的理论分析

### 3.4　运用社会学的宏观理论来加深对文化的理解

结构功能论视角认为文化是建立在主要价值观基础上的相对稳定的系统。所有的文化模式都有助于维持社会的持续运转。

社会冲突论视角将文化视为一个不平等和冲突的动态竞技场。文化模式会使某些人比其他人获得更多的利益。

女性主义理论视角强调了文化是如何被"性别化"的，以赋予男性比女性更大权力和特权的方式在两性之间做出区分。

社会生物学理论视角探讨人类的漫长进化史如何影响今天世界的文化模式。

## 文化和人类自由

### 3.5　批判文化作为限制或扩展人类自由的力量

- 文化能限制我们做出的选择。
- 作为文化性动物，我们有能力去塑造和重塑我们的世界以满足我们的需求和实现我们的梦想。

第四章

# 社会

▼ 学习目标

4.1  描述技术发展如何塑造了人类社会的历史

4.2  分析阶级冲突对人类社会历史发展的重要性

4.3  展示思想对人类社会发展的重要性

4.4  对比传统社会和现代社会中典型社会纽带的区别

4.5  总结伦斯基、马克思、韦伯和涂尔干如何加深我们对社会变革的理解

# 社会的力量

影响互联网的访问

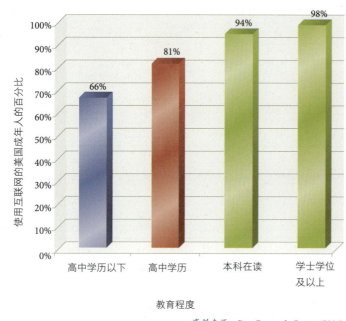

资料来源：Pew Research Center (2016)。

在美国，每个人都可以接触到互联网等计算机技术吗？对于某些人来说，互联网和智能手机一样必不可少；然而，有些人从未使用过互联网。几乎所有获得大学学位的人都会上网，而在没有上过大学的成年人中，这一比例仅为81%。你如何解释教育和使用互联网之间的联系？

---

## 本章概览

我们每个人都生活在社会中。这一章会探索社会是如何组织的，还会解释在过去几个世纪中社会是如何变化的。过去人类社会发生的故事，将由当代著名的社会学家格尔哈特·伦斯基（Gerhard Lenski）以及三位社会学的创始人卡尔·马克思、马克思·韦伯和埃米尔·涂尔干为我们揭示。

西提提·奥哥·伊拿卡从来没有发过短信，没有用过电话，也没有登录过互联网。在如今的高科技社会，这样的人真的存在吗？真实情况是：无论是伊拿卡还是他家中的任何人从来都没有看过电影，没有看过电视，甚至没有读过一张报纸。

这些人是来自另外的星球吗？他们是来自遥远孤岛上的囚犯吗？都不是。他们是长年游牧于广袤西撒哈拉的图阿雷格人（Tuareg），来自西非国家马里和尼日尔。因为那里的男男女女都穿着蓝色的长袍而被称作"沙漠中的蓝色民族"。图阿雷格人放养骆驼、山羊和绵羊，他们居住的营地经常遭受风沙侵袭，那里的

白天温度经常达到 120 华氏度。那里的生活是艰苦的，但是大多数图阿雷格人都努力维持传统的生活方式。伊拿卡坚定地说："我的父亲是游牧民，他的父亲是游牧民，我是游牧民，我的孩子们也将是游牧民。"

图阿雷格人是世界上最穷的人群之一。在不下雨的时候，他们和他们的牲畜就面临死亡的风险。也许将来有一天，图阿雷格人可以在他们行走过几个世纪的沙漠下，通过开采铀矿获得一些财富。但是无论他们的经济状况如何，伊拿卡和他的同伴处于一个与世隔绝的社会中，对大千世界的知识以及日益发展的技术都缺乏认识。但是伊拿卡没有抱怨："这是我祖先的生活，这是我们能够知晓的生活。"（Buckley，1996；Matloff，1997；Lovgren，1998；McConnell，2007）

**社会**（society）是指人们在一个特定的地域内互动并共享同一种文化。在这一章，我们将在四位重要的社会学家的帮助下学习更多的有关人类社会的知识。我们先从格尔哈特·伦斯基开始，他描述了在过去的一万年中社会是如何变化的，也指出技术在塑造社会中的重要性。然后我们转向其他三位社会学的创始人。同伦斯基一样，卡尔·马克思也对社会进行了长期的历史学观察。但是马克思的观点都是有关社会冲突的，这些社会冲突是人们在经济系统中进行生产商品的工作时产生的。马克斯·韦伯则告诉我们一个不同的故事，他认为是思想的力量塑造了社会。韦伯对比了传统简单社会的思维与支配当下复杂社会的理性思维。最后，涂尔干帮助我们认识了传统社会与现代社会中团结的不同方式。

以上四种关于社会的展望回答了若干重要的问题：什么使得撒哈拉沙漠上的图阿雷格人与美国大学生的生活方式截然不同？社会为何以及如何变化？社会分裂的动力是什么？又是什么力量促使社会维系在一起？在这一章，当我们学习这些重要的社会学家的成果时，将得到这些问题的答案。

# 格尔哈特·伦斯基：社会与技术

### 4.1　描述技术发展如何塑造了人类社会的历史

我们社会的成员把电视和短信看作再寻常不过的事物，当然会对撒哈拉沙漠的游牧民族过着和几世纪前的祖先一样的简单生活感到惊讶。格尔哈特·伦斯基的研究（Nolan & Lenski，2010）帮助我们去理解存在于不同社会中的巨大差异，这种差异贯穿整个人类历史。

伦斯基用"**社会文化进化**"（sociocultural evolution）这个词来表示社会获得新技术时发生的变化。像图阿雷格人只掌握简单的技术，对自然只拥有微乎其微的控制力，所以他们只能养活少量的人口。而拥有复杂科技的社会，比如人们有了小轿车和手机，尽管这种状况不一定比简单社会"更好"，但生产力肯定更高，能让亿万人拥有更为丰富的物质生活。

发明和应用新技术能给整个社会带来持续不断的变化。当我们的祖先发现了用风来推进帆船前进的时候，他们制造了能够把他们带到新大陆的工具，这大大地发展了他们的经济，也壮大了军事力量。另外，一个社会掌握越多的技术，变化的速度就越快。技术匮乏的社会变化缓慢，如伊拿卡说他过着"和祖先一样的生活"。而现在的美国社会还有多少人能够说他们以他们的祖父母或曾祖父母的方式生活？因为我们身处的现代高科技社会变化之快，以至于人们在短短的生命周期中要经历重大的社会变迁。设想一下我们的曾祖母听到"谷歌"、

附近的森林被烧毁后，这些澳大利亚土著女性要花费一整天的时间收集树根，她们用这些树根来做衣服的染料。这些社会成员的生活和自然息息相关。

短信、人工心脏以及试管婴儿、智能手机和平板电脑，该是多么惊讶。

　　通过伦斯基的研究，我们将根据技术定义五种社会形态：狩猎与采集社会（hunting and gathering societies）、园艺与畜牧社会（horticultural and pastoral societies）、农业社会（agrarian societies）、工业社会（industrial societies）和后工业社会（postindustrial societies）。

## 狩猎与采集社会

　　在最简单的社会中，人们依靠**狩猎与采集**（hunting and gathering）生活，通过使用简单的工具来猎取动物和采集植物果实，从而获得食物。从人类出现的 3 万年前到 1 万 2 千年前的这段时间，所有的人都是狩猎者和采集者。甚至到 1800 年，世界上仍能发现许多狩猎与采集社会。但是在当下只有少量这样的社会得以存续，包括中非的阿卡人（Aka）和俾格米人（Pygmies）、非洲西南部的布须曼人（Bushmen）、澳大利亚的土著居民（Aborigines）、加拿大西北部的卡斯卡印第安人（Kaska Indians）以及马来群岛的贝特克人（Batek）和塞马伊人（Semai），还有生活在亚马逊雨林中与世隔绝的当地人。

　　由于缺少能力去控制环境，狩猎者和采集者要花费大部分的时间去寻找野味和搜集植物作为食物。只有在食物充足的地区，狩猎者和采集者们才有较多的空闲时间。由于需要大量的土地来养活少量的人，狩猎与采集社会人口稀少。同时他们必须四处游牧，为寻找新的植物来源或者跟着迁徙的动物而前行。尽管他们也会返回他们偏好的地域，但是他们很少形成永久的居住地。

　　狩猎与采集社会依靠家庭获取和分配食物、保护社会的成员、教给孩子他们的生活方式。每个人的生命都是平等的，人们花费大部分的时间来获取下一餐的食物。年龄与性别对个体做的事情有一定影响。健康的成年人承担了大部分的工作，让年幼的和年老的人尽可能帮忙。女性采集植物，这是食物的主要来源，而男性则承担不一定有结果的狩猎工作。尽管男性和女性履行着不同的任务，但是大部分的狩猎者和采集者也许

社会　人们在一个特定的地域内互动并共享同一种文化

格尔哈特·伦斯基　技术水平塑造了社会　　卡尔·马克思　社会冲突的类型产生了社会　　马克思·韦伯　思想或思维模式创造了社会　　涂尔干　团结的类型造就了社会

会认同，不同性别的人有着相同的社会重要性（Leacock，1978）。

狩猎与采集社会中通常有一名巫师或者精神领袖，他／她享有崇高的威望但是也必须同其他人一起去寻找食物。简而言之，狩猎与采集社会中的人们几乎都是平等的。

狩猎者和采集者使用简单的武器，比如矛、弓、箭以及石刀，但是他们极少发动战争。他们真正的敌人来自大自然的力量：暴风雨和干旱能在很短的时间内断绝他们的食物来源，如果有人遭遇了重大事故或者得了重病，他们一般是无能为力的。由于一直处于这种风险之下，人们学会了合作与分享，这种策略增加了每个人的生存机会。但是事实上很多人在孩童时期就夭折了，不到一半的人能活到 20 岁。

## 园艺与畜牧社会

1 万到 1 万 2 千年前，一种新的技术开始改变人类的生活。人类发明了**园艺**（horticalture），用手工制作的工具种植作物。用锄头在土地上劳动，用掘土棒在地上打洞以播种。这些变化看似微不足道，但却能改变整个世界，让人们能够放弃采集，转而为自己种植食物。首批培植作物的人类居住在中东肥沃富饶的地区。文化传播把这种知识带到拉丁美洲和亚洲，最后到全世界。

并不是所有的社会都很快地放弃狩猎与采集的方式而接纳园艺技术。生活在那些食物充足地区的狩猎者和采集者没有什么理由改变他们的生活方式。生活在干旱地区（比如西非或者中东的沙漠）或者山区的人们也发现园艺没有多少用处，因为这些地方不能种植任何东西。这些人（包括图阿雷格人）更有可能采用**畜牧**（pastoralism）的方式，也就是驯养动物。今天，园艺与畜牧混合的社会在南美洲、非洲和亚洲都可以见到。

因为种植作物和饲养动物极大地增加了食物的产量，所以人口从几十向数百扩充。畜牧者过着游牧的生活，带着他们的牧群到新鲜的牧草地。但是园艺者形成了定居点，只有当土地枯竭的时候才迁徙。随着贸易的融入，这些定居点的社会的人口发展到数千人。

在技术简单的社会中生活会是怎样一种情形呢？这就是电视节目《幸存者》（Survivor）的背景。请你思考，拥有简单技术的社会对于其成员来说有什么优点呢？又有什么缺点呢？

技术进步会让社会更美好吗？ 在某些方面也许是这样。然而，正如许多电影和电视所展现的，比如1931年的电影《弗兰肯斯坦》（*Frankenstein*）和2013年的电影《钢铁侠3》（*Iron Man 3*），新技术虽然解决了旧问题，但也创造了新问题。本章讨论的所有社会学理论家都对现代世界抱有这种矛盾的看法。

一旦一个社会能够生产剩余资源——拥有超出人口需要的资源，那么就不是每个人都需要做获取食物的工作了。更专业的社会分工带来的结果是：人们从事手工艺品制作、贸易、理发、文身等工作或者做牧师。相比于狩猎与采集社会，园艺与畜牧社会更趋于多样化，因为社会成员从事了更大范围的工作。

但是更高效的生产力并没有让社会在各个方面都变得更好。当一些家庭比其他家庭生产力更高的时候，他们就变得更为富裕和强大。园艺与畜牧社会存在巨大的不平等，精英会动用政府的力量和军事力量来保护他们自身的利益。但是领导者们没有能力进行长途旅行和远距离沟通，因此他们只能控制少量的人而无法统治大帝国。

不同形态的社会的信仰也不一样。狩猎者与采集者相信有很多神灵居住在世界上。而园艺者则相信有一个作为创造者的上帝的存在。畜牧社会把这种信仰进行更远的引申，认为上帝直接参与制造了整个世界的福祉。这种上帝观（"耶和华是我的牧者"——《圣经·诗篇》23篇）在我们自己的社会中很是普遍，因为基督教和犹太教都起源于中东的畜牧社会。

## 农业社会

大约5000年前，中东发生了另一轮技术革命，最终导致整个世界的改变——这就是**农业**（agriculture）的出现，使用动物拉动的犁或者其他更强大的能源来进行大面积的耕作。动物拉动的犁的发明十分重要，这一时期同时伴随着其他重要突破——包括灌溉工程、推车、文字、书写以及各种金属的使用等。因此这一时期在历史上通常被称为"文明的开端"。

使用动物拉动的犁，农民们能够耕种的地要比园艺者们耕种的花园大小的地大得多。用犁翻地和疏松泥土，使土地更加肥沃。因此，农民们能够世代耕种同一片土地，鼓励他们发展永久定居点。由于有能力生产更多盈余的食物并通过动物拉车进行运输，农业社会在人口与规模上急剧扩充。例如，大约公元前100年的罗马帝国拥有超过200万平方公里的土地和7千万人口（Nolan & Lenski，2010）。

更多的人口意味着更为专业化的社会分工。现在有许许多多不同的职业，从农民到房屋建造者，再到冶金工人。由于如此多的人能生产众多不同的东西，人们发明了货币作为交换的通用标准。而曾经的物物交换制度，也就是用一件东西交换另一件东西的制度被淘汰了。

农业社会存在着极端的社会不平等，比我们现代的社会更加典型。在大多数情况下，大部分人是农民或者奴隶，他们承担大部分工作。而精英集团因此有时间从事更"精细"的活动，包括哲学、艺术和文学的研究。这就为我们在第三章（"文化"）中提到的"高雅文化"和社会特权之间的历史联系提供了解释。

在狩猎与采集社会以及园艺社会中，女性提供大部分食物，因此被赋予了社会重要性。然而，农业把男性提高到社会主导地位。男性们能使用由大型动物拖动的金属犁，在农业社会负责食品生产。女性则做一些辅助工作，比如除草、挑水（Boulding，1976；Fisher，1979）。

在农业社会，宗教将忠诚和努力工作定义为道德责任来加强精英集团的权力。许多"古代世界的奇迹"如中国的长城和埃及的金字塔，只有在这样的社会才能建成，因为皇帝或者法老基本上拥有绝对权力去命令他们的人民无偿为之劳动。

本章至此谈到的社会中，农业社会最为不平等。耕地技术也给予了人们更大的生活选择范围，这也是相较于园艺和畜牧社会，不同农业社会之间的区别更大的原因。

## 工业社会

**工业**（industrialism）是指使用高级能源驱动大机器的商品生产，最早在当今世界的富裕国家中生根萌芽。直到工业时代来临之前，主要的能源来源还是人力和畜力。1750年左右，人们开始使用水力，然后用蒸汽锅炉来给一些作坊和工厂提供动力，这些地方放满了越来越大的机器。

工业技术给予人们改变环境的力量，以至于发生了前所未有的变化。可以直接地说，新的工业社会在一个世纪中的变化比之前几千年的变化都要大得多。正如在第一章（"社会学的视角"）所解释的，变化是如此之迅速以至于激发了社会学的诞生。到了1900年，陆地上铁路纵横，海上航行着蒸汽船，钢筋结构的摩天大楼远远高于任何一个象征着农业时代的老教堂。

但是那仅仅是个开始。不久，汽车使人们几乎能在任何地方驰骋，而电力充分应用于现代"便利"的设备中，如冰箱、洗衣机、空调和电子娱乐中心。电子通信始于电报和电话，接着便是收音机、电视机和电脑，这些都使人们能快速地到达世界上任何地方。

工作也发生了改变。在农业社会，大部分男性和女性在家里或者附近的田地工作。工业化使人们离开家乡到能源地附近（如煤田）的工厂中工作，这些能源为机器提供了动力。这使得工人失去了亲密的工作关系、紧密的家庭纽带以及指导农业生活的传统价值观、信仰和习俗。

12月28日，莫里（Moray），于秘鲁的安第斯山脉高地。我们身处高山上的由几十个家庭组成的小村庄里，离最近的电线或公路有几英里远。在约高12000英尺处，有些人不适应稀薄的空气，呼吸困难，因此我们行走缓慢。但是对于在自己的家附近用一匹马和犁耕田的人们来说，艰苦的工作是不成问题的。这些人太穷了，买不起拖拉机，他们还是用其祖先500年前的方式耕地。

随着工业化的发展，职业分工的专业化程度不断提高。今天，你所从事的工作与你的生活水平息息相关，因此人们现在经常以工作来衡量一个人，而不是像农业时代的人一样用家庭关系。迅速的变化和人们的流动趋向也使社会生活更加匿名化，增加了文化的多样性，促进了亚文化和反文化的发展，正如第三章（"文化"）所描述的那样。

工业技术也改变了家庭，降低了其在传统上作为社会生活中心的重要性。家庭不再是工作、学习和宗教崇拜的主要场所。如第十九章（"家庭"）所解释的那样，技术变化在家庭多样化方面也发挥了作用，出现了更多的单身族、离婚者、单亲家庭和继养家庭。

或许工业化的最大影响是提高了生活水平，美国的生活水平与过去一个世纪相比提高了 5 倍。虽然刚开始，它仅仅使少数的精英集团受益，但由于工业技术的生产力空前提高，随着时间的推移，几乎每个人的收入都在增加，人们活得更舒适，也更长寿。甚至社会不平等也稍有减缓，如第十一章（"社会分层"）所解释的那样，工业社会为所有人提供日益扩充的学校教育和更大的政治权力。在整个世界中，工业化增加了人们对更大政治发言权的需求，在韩国、中国、东欧国家以及苏联，还有埃及和其他中东国家，这种趋势都比较明显。

## 后工业社会

许多工业社会，包括美国，已经进入了技术发展的另一个阶段，我们可以延伸伦斯基的分析来考虑最近的发展趋势。大约 30 多年前，社会学家丹尼尔·贝尔（Daniel Bell）定义了**后工业**（post industrialism）这个术语，指的是使用计算机技术生产信息（Bell，1973）。工业社会以工厂和机器生产物质商品；后工业生产依靠计算机和其他电子设备，来创造、加工、储存和应用信息。就像工业社会的人学习机械技能一样，像我们这样的后工业社会的人们会发展信息技术，并且用计算机和其他形式的高科技通信手段完成自己的工作。

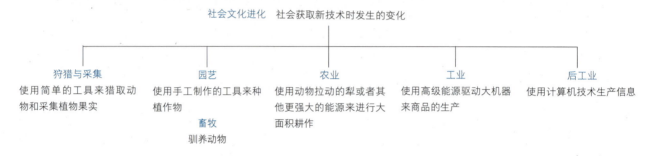

社会文化进化　社会获取新技术时发生的变化

**狩猎与采集**　使用简单的工具来猎取动物和采集植物果实

**园艺**　使用手工制作的工具来种植作物
**畜牧**　驯养动物

**农业**　使用动物拉动的犁或者其他更强大的能源来进行大面积耕作

**工业**　使用高级能源驱动大机器来商品的生产

**后工业**　使用计算机技术生产信息

正如第十七章（"经济与工作"）所解释的那样，后工业社会在工业生产中使用的劳动力越来越少，而且工作几乎可以在任何地方进行。与此同时，文员、教师、作家、销售经理和市场营销代表的工作机会增多，他们都从事涉及处理信息的工作。

信息革命是后工业社会的核心，在富裕国家体现得最为明显，但新的信息技术影响着世界上所有国家的人们。正如在第三章（"文化"）中所讨论的，当下产品、人员和信息的全球流动将多个社会联系在一起，并推进了全球文化的发展。在这层意义上，后工业社会是全球化的核心。"总结"表回顾了这些类型的社会的特点。

## 技术的局限性

更为复杂的技术通过提高生产力、减少传染性疾病，甚至是解闷，从而使生活变得更好。但是技术并不能快速解决社会问题。例如，美国约 4310 万男女仍然处于贫困状况（见第十二章"美国的社会阶级"），全世界约有 8 亿人处于贫困状况（Chen & Ravaillon，2008；U.S.Census Bureau，2010；见十二章"全球分层"）。

技术也制造了一些新问题，这些问题是我们的祖先（以及像今天的伊拿卡这样的人）无法想象的。工业社会和后工业社会给予我们更多个人自由，但我们经常缺乏团体意识，这是前工业生活中的重要内容。机械化能生产更多更便宜的商品，但在这个过程中，也淘汰了许多高薪的工作 (Miller，2016)。最严重的是，世界上越来越多的国家使用核技术制造武器，可以把整个世界送回石器时代——如果人类能幸存下来的话。

技术的进步也威胁到了物理环境。社会文化进化的每一个阶段都引入了更强大的能源来源，并增加了我们对地球资源的需求。扪心自问，我们是否可以在不消耗地球有限的资源或不产生污染、不永久损害地球的前提下，继续追求物质繁荣（见第二十三章"人口、城市化与环境"）。

**总结**

社会文化进化

| 社会类型 | 历史时期 | 生产技术 | 人口规模 | 定居类型 | 社会组织 | 例子 |
|---|---|---|---|---|---|---|
| **狩猎与采集社会** | 1万2千年前出现的唯一社会类型；几个世纪前仍然很常见；今天仅存的少数社会濒临消亡 | 原始武器 | 25—40人 | 游牧 | 以家庭为中心现象；专业分工受年龄和性别的限制；很少有社会不平等现象 | 中非的俾格米人、非洲西南部的布须曼人、澳大利亚的土著、马来西亚的塞马伊人、加拿大的卡斯卡印第安人 |
| **园艺与畜牧社会** | 始于约1万2千年前，在约公元前3000年后数量不断减少 | 园艺社会使用手作工具种植作物；畜牧社会以动物的驯养为基础 | 几百人的定居点，通过交易关系连接而形成了几千人的社会 | 园艺者形成了小的定居点；畜牧者采用游牧形式 | 以家庭为中心；宗教系统开始发展；适当的专业分工；社会不平等现象增加 | 约公元前5000年的中东社会、今天的新几内亚和其他太平洋岛屿的各种社会、今天南美洲的亚诺玛米人 |
| **农业社会** | 大概从5000年前开始，数量依然庞大但是在不断减少 | 动物拉动的犁 | 数百万人 | 城市变得普遍，但是他们一般都只容纳一小部分人口 | 随着各种宗教、政治和经济体系的出现，家庭失去了其重要地位；广泛的专业分工；社会不平等现象增加； | 大金字塔建设时期的埃及、中世纪的欧洲、当今世界上大量以农业为主导的社会 |
| **工业社会** | 从约1750年至今 | 高级能源；机械化生产 | 数百万人 | 城市容纳了大部分人口 | 不同的宗教、政治、经济、教育和家庭体系；高度专业化的分工；显著的社会不平等持续存在，随时间推移稍微减缓 | 今天在欧洲、北美洲、澳大利亚和日本的大部分社会，这些国家构成了世界大部分工业生产 |
| **后工业社会** | 在最近几十年出现 | 以计算机技术支持一个以信息为基础的经济体 | 数百万人 | 人口主要集中在城市 | 和工业社会相似，用信息处理和其他服务性工作逐渐取代工业生产 | 上面提到的工业社会正进入后工业阶段 |

　　技术的进步改善了生活，使世界人民联系更加紧密。但是建立和平、确保正义和保护环境都是单靠技术无法解决的问题。

# 卡尔·马克思：社会和冲突

4.2　分析阶级冲突对人类社会历史发展的重要性

　　我们关于社会的第一部经典著作来自卡尔·马克思（1818—1883），他是早期社会学领域的伟人，其影响甚至延续至今。马克思在伦敦度过了他的大部分成年生活，敏锐地观察到工业革命如何改变了欧洲，伦敦后来也成为大英帝国的首都。他为整个英国日益兴起的新工厂的规模和生产力感到敬畏。和其他工业国一起，英国生产了前所未有的大量商品，广泛汲取世界资源，以令人目眩的速度生产出产品。

　　令马克思更加惊讶的是，通过新技术产生的财富最终如何落在少数几个人手中。当他在伦敦市周围散步时，马克思亲眼见到大量的贵族和工业主义者生活在繁华的豪宅中，拥有一大批仆人。与此同时，大多数劳工住在贫民窟，为了微薄的工资而长时间劳作。有些人甚至睡在街上，他们很可能死于因寒冷和营养不良而导致的疾病。

马克思依据一个基本矛盾对社会发问：在如此富裕的国家，怎么会有如此多的人那么贫穷？同样重要的是，如何才能改变这种情况？许多人认为卡尔·马克思想要分裂社会。但是马克思其实是被同情心所激发，他想帮助一个已经极度分裂的社会创建一个新的公正的社会秩序。

马克思思想的核心是**社会冲突**（social conflict），即社会各阶级为争夺宝贵的资源而斗争。社会冲突当然可以有许多种形式：个体间争吵、大学里的体育竞争以及国家之间的战争。然而，对于马克思来说，最重要的社会冲突形式是阶级冲突，它源于社会物质商品的生产方式。

## 社会和生产

马克思生活在19世纪，他观察了欧洲早期几十年的工业资本主义。马克思解释这种经济体系是：将小部分人口变为**资本家**（capitalists），资本家是那些拥有和经营工厂和其他企业以追求利润的人。资本家试图通过销售超过生产成本的产品来获利。资本主义把大多数人口变成了工人，马克思称之为**无产阶级**（proletarians），他们以出售劳动换取工资。对马克思来说，资本主义生产体系最终总是会在资本家和工人之间制造冲突。为了保持高利润，资本家们要保持低工资，但工人们想要更高的工资。因为利润和工资来自同一个资金池，所以其结果只有冲突。在马克思看来，这场冲突只能随着资本主义本身的灭亡而终结。

所有的社会都由**社会制度**（social institutions），即社会生活的主要领域或社会子系统组成，以满足人类的需求。社会制度包括经济、政治制度、家庭、宗教和教育。在马克思对社会的分析中，一个制度——经济，主导着其他所有制度，并定义了整个社会的特征。在哲学方法上这叫做唯物主义，指的是人类生产物质产品的方式塑造他们的经验，马克思相信其他所有社会制度都以支持社会经济的方式而运作。伦斯基关注的是技术如何塑造社会，但对马克思来说，是经济形成了一个社会的"真正基础"（Marx，1959：43，orig. 1859）。

马克思视经济系统为社会的基础建筑（infrastructure，infra是拉丁文，意思是"在……之下"）。其他社会制度，包括家庭、政治系统和宗教都建立在这个基础之上，从而形成社会的上层建筑，并支撑着经济。马克思的理论在图4-1中已经阐明了。例如，在资本主义条件下，法律系统保护资本家的财产，就如同家庭允许资本家将他们的财产从一代传给下一代。

马克思很清楚，大多数生活在工业资本主义体系中的人都意识不到资本主义是如何操纵他们的整个社会的。事实上，大多数人认为拥有私有财产或将其传给下一代的权利是"自然的"。同样，我们中的许多人往往认为富人是通过多年的教育和努力工作"挣"得自己的钱的；另一方面，我们认为穷人缺乏技能和个人动力去实现个体价值。马克思反对这种思想，称之**"虚假意识"**（false consciousness），其将社会问题归因于个体的缺点，而不是社会的缺陷。实际上，马克思是在说，社会不平等不是"人"造成的，而是资本主义生产体系造成的。他认为，虚假意识通过隐藏问题的真正原因而伤害了人们。

## 冲突和历史

**社会冲突**　社会各阶级为争夺宝贵的资源而斗争

**资本家**　拥有和经营工厂和其他企业以追求利益的人　　　　**无产阶级**　出售自己的劳动换取工资的人

对于马克思来说，冲突就是驱动社会变迁的引擎。有时候社会变迁是进化式的缓慢变化，但是它们也可能成为急速的、革命性的剧变。

马克思认为，早期的狩猎者和采集者形成了原始的共产主义社会。共产主义是一个体系，在这种体系下人们共同拥有并平等分享他们生产的食物和其他物品。生活在狩猎与采集社会的人们拥有的东西不多，但是他们分享他们所有的物品。此外，因为每个人都做相同的工作，所以产生社会冲突的概率很小。

技术进步导致了社会不平等。在园艺与畜牧社会和早期的农业社会中——马克思统称它们为"古代世界"——战争频繁，胜利者将其俘虏作为奴隶。

农业给社会的精英集团带来了更多的财富，但是大多数人受益甚少，这些人像农奴一样劳动，而且比奴隶的状况好不了多少。正如马克思所看到的，国家支持封建体制（这种体制下，精英或贵族们拥有所有权力），以教堂为辅佐，他们声称这种安排是上帝的意志。这就是为什么马克思认为封建主义不过是"披着宗教和政治外衣的剥削"（Marx & Engels，1972：337，orig. 1848）。

逐渐地，新生产力开始打破封建秩序。随着贸易稳步增加，城市不断发展，商人和熟练手工艺者形成了新的资本主义阶层或资产阶级（bourgeoisie，法语，意思是"来自城镇的人"）。1800 年后，资产阶级也控制了工厂，他们变得越来越富有，甚至可以和世袭的地主贵族相提并论。对贵族们来说，他们瞧不起这种暴发户"商业"阶级，但最后，这些资本家控制了欧洲社会。按照马克思的思维方式，新技术仅仅是工业革命的一部分，它也为阶级革命服务，革命的结果是资本家推翻了旧的地主贵族。

工业化也导致了工人阶级的形成。英国地主把曾经被农奴犁过的田地变成绵羊的牧场，为纺织厂生产羊毛。数百万人被迫离开土地，移居到城市，别无选择，只能在工厂工作。马克思设想这些工人有一天会联合起来，形成一个革命阶级，推翻资本主义制度。

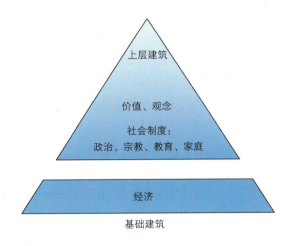

图 4-1　卡尔·马克思的社会模型

这张图说明了马克思的唯物主义观点，即经济生产体系塑造了整个社会。经济生产包括技术（在资本主义的情况下是工业）和社会关系（资本主义关系，即拥有工厂和企业的资本家以及提供劳动力的工人之间的关系）。在这个基础上，设有社会的上层建筑，包括主要的社会制度以及核心的文化价值观和思想。马克思坚持认为，一个社会的每个部分都是为了支持经济系统。

## 资本主义和阶级冲突

"至今一切社会的历史都是阶级斗争的历史。"马克思和他的合作者弗里德里希·恩格斯（Friedrich Engels）由此开启了他们的著作——《共产党宣言》（Marx & Engels，1972：335，orig. 1848）。工业资本主义与早期的社会一样，包含两个主要的社会阶级：统治阶级（资本家或资产阶级）拥有生产资料，被压迫的阶

阶级冲突　所有社会阶级因社会财富和权力分配而产生的冲突

阶级意识　工人们意识到他们自己作为一个阶级，团结起来反对资本家并最终反对资本主义本身

在早期工业时代，思想家们有一种普遍的恐惧：人们现在是新机器的奴隶，人性终将会被剥夺。喜剧演员查理·卓别林在 1936 年主演的电影《摩登时代》（*Modern Times*）明晰地表达了这种思想。

级（无产阶级）出售劳动力，反映了生产制度中的两种基本定位。就像古代世界的主人和奴隶，以及封建制度中的贵族和农奴一样，资本家和工人阶级今天也卷入了阶级冲突。目前也和过去一样，一个阶级控制另一个阶级，并将其视为生产资本。马克思用**阶级冲突**（class conflict，有时是阶级斗争）这个词来指代所有阶级因社会财富和权力分配而产生的冲突。

阶级冲突并不是什么新概念。是什么东西突显出资本主义社会的冲突呢？马克思指出，是其公开性。农业贵族和农奴，尽管存在分歧，但共同受到传统和相互义务的约束。工业资本主义打破了这些联系，使忠诚和荣誉被"赤裸裸的私利"所取代。因为无产阶级与资本家没有个人联系，马克思认为他们没有理由忍受资本家的压迫。

马克思知道革命并非那么容易来到。首先，工人必须意识到自己所受的压迫并看清资本家的本质。其次，他们必须组织和采取行动来解决他们的问题。这意味着虚假意识必须被**阶级意识**（class consciousness）所代替，即工人们意识到他们自己作为一个阶级，团结起来反对资本家并最终反对资本主义本身。因为早期资本主义的不人道现象遍地可见，马克思得出结论，工人很快就会崛起，摧毁这一经济体系。

资本家将有何反应？他们的财富让自己格外强大，但是马克思找到了资本主义盔甲中的一个弱点：受个人利益的欲望驱使，资本家害怕与其他资本家相互竞争。因此马克思预测，即使是为他们的共同利益，资本家们也不会迅速进行合作。此外，他推断资本家维持工人的低工资为的是使自己的利润最大化，这使得工人陷入更大的痛苦之中。从长远来看，马克思相信，资本家将是其自身的掘墓人。

## 资本主义和异化

马克思还谴责资本主义社会会产生**异化**（alienation），即由于无权力而遭受的孤立和痛苦的经历。对资本家来说，工人只不过是一种劳动力来源，可以随意被雇佣和解雇。由于他们的工作性质（过去重复的工厂工作和当今在计算机上处理工作），工人们无法获得满足感且认为无法改善他们的处境。这里我们看到了资本主义社会的另一个矛盾：随着人们发展技术来获得控制世界的力量，资本主义经济获得了对人们更多的控制权。

马克思提出资本主义异化工人有四种方式。

**1. 劳动过程同劳动者的异化。**理想情况下，人们通过工作以满足他们的需要并发挥自己的个人潜能。然而，资本主义否定了工人们在生产什么或如何生产方面的发言权。甚至，有些人的大部分工作是不断重复的例行公事。今天我们尽可能用机器替代工人工作，这个事实不会让马克思感到惊讶。对他来说，资本主义早已经将人类变成机器了。

**2. 劳动产品同劳动者的异化。**生产出的产品不属于工人而属于资本家，他们卖掉产品获取利润。如此，马克思推断，工人在工作中投入越多，他们将会失去越多。

**3. 人同人相异化。**马克思说，通过工作人们建立了社群纽带。然而工业资本主义使工作变成竞争性的而非合作性的，将每个人和其他人分开，从而没有机会建立人与人之间的友谊。

**4. 人的类本质同人的异化。**工业资本主义使工人与其类本质相异化。马克思说道，一个工人"没有在自己的工作中实现自己的抱负，他们感到的只有痛苦而非幸福，不能自由发挥自己的体力和精神能量，但他们在身体上极度疲惫，精神上受到折磨。因此工人只有在他们休闲的时候才有像在家的感觉，而工作的时候则感到无家可归"（Marx，1964：124-25，orig. 1848）。总之，工业资本主义把一种本应该表现人类最佳潜能的活动变成了一种枯燥且非人性的体验。

马克思从异化的各种形式出发将其视为社会变迁的障碍。但是他希望工人们能克服异化，联合起来成为一个真正的社会阶级，意识到导致他们诸多问题的原因并做好准备来改变这个社会。

对于外界旁观者，证券交易所的交易大厅可能看起来非常疯狂。但韦伯认为这种活动是对现代理性的明确表达。

## 革命

马克思认为走出资本主义陷阱的唯一出路便是重建这个社会。他想象了一个能够满足所有人的社会需求的生产体系，称这样的体制为社会主义。尽管马克思知道这样一种巨大的变化不会那么容易发生，但他一定对自己没有活着看到英国工人的崛起感到失望。尽管如此，他坚信资本主义是一种社会邪恶，相信劳苦大众迟早会意识到他们拥有更美好未来的钥匙。这种变化肯定会是革命性的，甚至可能是暴力的。马克思认为，社会主义社会能够终结阶级冲突。

第十一章（"社会分层"）解释了更多自马克思时代以来工业资本主义社会的变化，以及为什么他想要的革命从未发生。此外，如第十八章（"政治与政府"）所解释的那样，马克思没有预见到他所想象的革命可能会采取专制政权的形式（R. F. Hamilton，2001）。但是在他自己的时代，马克思是对未来充满着希望："无产阶级失去的只是枷锁，而他们获得的将是整个世界。"（Marx & Engels，1972：362，orig. 1848）

# 马克斯·韦伯：社会的理性化

### 4.3 展示思想对人类社会发展的重要性

马克斯·韦伯（1864—1920）有广博的法律、经济、宗教和历史知识，他是许多专家公认为的对社会学贡献最大的人。这位学者出生在德国的一个富裕家庭，对现代社会如何不同于早期的社会组织形式有很多想法。

韦伯理解技术的力量，在社会冲突问题上，他和马克思的许多观点一致，但是他不赞同马克思的唯物主义哲学。韦伯的哲学方法，称为唯心主义，即指强调人类的思想——特别是信仰和价值观——如何塑造着社会。他认为社会间最重要的区别，不在于人们的生产方式，而在于人们怎么看待世界。在韦伯看来，现代社会是一种新思维方式的产物。

韦伯比较了不同时代和地方的社会。为了进行比较，他提出了**理想类型**（ideal type），即对任何社会现象的本质特征的抽象表述。依照韦伯的方法，我们可以把"前工业社会"和"工业社会"称为理想类型。"理想"这个词的使用不是指一事或另一事"好"或者"最好"，理想类型也不指向任何实际的社会。相反，理想类型是一种以纯粹形式定义社会类型的方式。我们已经用了理想类型来比较"狩猎与采集社会""工业社会""资本主义"和"社会主义"。

## 两种世界观：传统与理性

韦伯没有根据社会的技术或生产体系对社会进行分类，而是关注人们看待他们世界的方式。韦伯解释说，前工业社会的成员受到传统的约束，而工业资本主义社会中的人们则是由理性所引导的。

韦伯意义上的"**传统**"（tradition）是指行为、价值观和信仰代代相传。换句话说，传统的人被过去所引导，他们对长期确立的生活方式有着强烈的依恋。他们认为特定的行动是正确和适当的，主要是因为他们已经接受这个观点很久了。

然而，现代社会的人们支持**理性**（rationality），这是一种思维方式，强调谨慎、属实地计算完成某特定任务最有效的方法。怀旧情结在理性世界是无处生存的，而传统在其中仅是一种信息。通常，现代人的思维和处事建立在他们自己的选择对现在和将来有何后果的基础上。他们评价工作、学习，甚至人际关系，是看他们投入了多少精力，而所期望的回报有多大。

韦伯将工业革命和资本主义的发展都视为现代理性的证据。这些变化都是**社会理性化**（rationalization of society）进程的一部分，即人类思维类型从传统到理性的历史变化。韦伯接着提出了现代社会的"祛魅"，因为科学的思维方式已经将大多数人的怀旧情结一扫而空。

社会理性化　人类思维类型从传统到理性的历史变化

传统　行为、价值观和信仰代代相传

理性　一种强调谨慎、属实地计算完成某特定任务最有效的方法的思维方式

对发展新技术的渴望和人们将其作为日常生活一部分的意愿是衡量社会理性化程度的有力指标。一般来说，北美和欧洲的高收入社会成员使用个人计算机最多，但这些设备在低收入国家很少见。

为什么一些社会更加想要发展并采用新技术呢？那些有着更理性世界观的人可能认为新的计算机或者医学技术是一个突破，但是那些有着非常传统观念的人则会拒绝这种设备，他们将其视为对他们生活方式的一大威胁。在本章一开始谈到的生活在马里北部的图阿雷格游牧民，就对使用电话不以为意：谁会在沙漠中放牧的时候想要一部手机？同样地，在美国，阿米什人拒绝在家里安装电话，因为这不是他们传统生活方式中的一部分。

在韦伯看来，技术革新取决于一个社会中的人如何去理解自己的世界。历史上有很多人有机会去采用新技术，但是仅仅在西欧这种理性文化氛围下，人们才会去不断开拓科学发现，从而点亮了工业革命之火（Weber，1958，orig. 1904–5）。

## 资本主义是理性的吗？

工业资本主义是一个理性的经济体系吗？韦伯和马克思又有不同的观点。韦伯认为工业资本主义是高度理性的，因为资本家想尽一切可能的方式去挣钱。而马克思认为资本主义不理性，因为它没有满足大多数人们最基本的需要（Gerth & Mills，1946：49）。

### 韦伯的伟大命题：新教与资本主义

韦伯花了许多年思考了这样的问题：工业资本主义是如何形成并发展起来的？为什么它只出现在18世纪和19世纪的西欧部分地区？

韦伯声称工业资本主义的诞生是因为宗教改革。具体来说，他将工业资本主义视为加尔文教派的主要成果，这个教派源自约翰·加尔文（John Calvin，1509—1564）发起的基督宗教运动。加尔文教徒以一种高度自律和理性的方式对待生活，韦伯把它定义为入世禁欲。这种思维方式促使人们拒绝享乐，而支持对经济追求的高度关注。实际上，加尔文教派鼓励人们把时间和精力都放在工作上，用现代的话讲，我们可以说这些人会成为优秀的商人和企业家（Berger，2009）。

加尔文的一个最重要的观点就是预定论，即相信无所不知且无所不能的上帝已经预见一些人会得到救赎，而其他人要受到诅咒。早期的加尔文教徒相信每个人的命运是在生前已定的，他们认为人们只能猜测他们的命运会是怎样，而且无论如何他们都无法改变它。因此加尔文教徒在对精神救赎的愿景和对永久诅咒的恐惧中飘移不定。

加尔文教徒对自己的命运的未知感到沮丧，于是逐渐下定了决心。他们思索，难道那些在来世注定辉煌的人不能在今世看到神的恩惠的迹象？以这种推理方式，加尔文教徒开始将世俗的繁荣看作上帝恩典的标志。他们急切地想获得确证，加尔文教徒致力于追求商业成功，将理性、纪律和勤奋应用到他们的工作中。他们当然是在追求财富，但他们这样做并不是为了钱，至少不是为了花在自己身上，因为任何自我放纵都是罪恶的。加尔文主义者也不太可能用他们的财富从事慈善事业。与穷人分享他们的财富似乎违背了上帝的旨意，因为他们认为贫穷是上帝拒绝他们的标志。加尔文主义者的责任是呼应上帝的个人召唤，将他们赚到的钱再投资以获得更大的成功。我们很容易看出，这种活动——节省金钱，利用财富创造更多财富，并采用新技术——也为资本主义形成奠定了基础。

其他世界上的宗教并不像加尔文主义那样鼓励对财富的理性追求。天主教是欧洲大部分地区的传统宗教，它提倡一种被动的、"出世"的观点：在世上行善将会去天堂。对于天主教来说，加尔文教徒以那种方式挣钱没有一点精神意义。韦伯得出结论：为什么工业资本主义首先在欧洲一些地方发展起来，就是因为这些地方有很强大的加尔文教派存在。

韦伯对加尔文主义的研究为思想塑造社会这一观点提供了有力的证据。韦伯不是一个接受简单解释的人，他知道工业资本主义的形成有许多原因。但是为了强调思想的重要性，韦伯试图反对马克思用严格的经济学观点来解释现代社会。

几十年过去了，后来的加尔文教徒失去了他们早期的宗教热忱。但是他们对成功和个人纪律的驱动力还在，最初的宗教伦理逐渐转变为一种职业伦理。在这层意义上，工业资本主义可以看作"祛魅"的宗教，财富不再被视为救赎的标志，现在他们为自己挣得财富。这种转变可以在他们"清算"的实践中看出，对早期的加尔文主义者来说，这意味着记录每天的道德行为，而后就变成单纯的记账行为。

### 理性的社会组织

根据韦伯的观点，理性是现代社会的基础，它引发了工业革命和资本主义，它还奠定了理性社会组织的七种特征。

**1. 特别的社会制度。** 在狩猎与采集社会，家庭是所有活动的中心。逐渐地，宗教、政治和经济体系发展成独立的社会制度。在现代社会，包括教育和医疗保健在内的新制度也出现了。专门的社会制度是一种有效

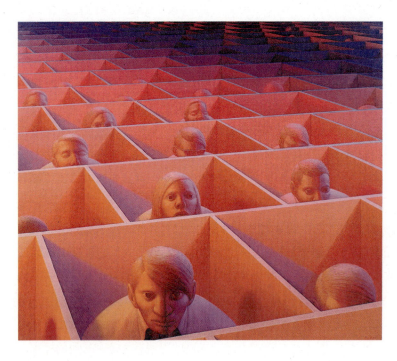

马克斯·韦伯同意卡尔·马克思的观点，即现代社会正在使人与人之间疏远，但他们认为造成这个问题的原因是不同的。对马克思来说，经济不平等是原因；对韦伯来说，问题是孤立和非人性化的官僚主义。乔治·图克的画作《风景与人物》呼应了韦伯的观点。资料来源：George Tooker, *Landscape with Figures*, 1963, egg tempera on gesso panel, 26 x 30 in. Private collection. Reproduction courtesy D. C. Moore Gallery, New York.

满足人类需求的合理策略。

2. **大规模组织。**现代理性可以在大规模组织中洞见到。早在园艺时代，政治官员的小集团所做的决策是关于宗教仪式、公共建设工程和战争的。到欧洲发展到农业社会时，天主教教堂已经发展成为更大的组织，拥有几千名官员。在现代理性的社会中，几乎每个人都为大型正式组织工作，联邦和州政府雇佣了数千万人。

3. **专业化任务。**不像传统社会的成员，现代社会的人会有相当专业化的工作。任何城市电话通讯录的黄页都表明现在有数千种不同的职业。

4. **个人纪律。**现代社会支持自律。大多数商业和政府组织期望他们的工人受纪律的约束，美国的成功文化价值观同样支持纪律。

5. **时间意识。**在传统社会，人们根据太阳和季节的节律去测量时间。相较之下，现代人只按小时甚至分钟来安排活动。大约 500 年前，时钟开始出现在欧洲城市，与此同时，商业也开始扩张。很快，人们开始意识到（借用本杰明·富兰克林［Benjamin Franklin］的话）"时间就是金钱"。

6. **技术竞争。**传统社会成员基于他们的家庭关系评价他人。现代理性指导人们根据人们的身份来判断他们，并着眼于他们的教育、技能和能力。大多数人必须学习他们所在领域的最新技能和知识才能取得成功。

7. **非人格性。**在一个理性的社会，技术竞争是雇佣的基础，因此世界变得非人格化。人们以专业的形式相互交流是为了特定的任务，而不是以人的角度去相互交流。因为表达感情会威胁到自律，现代人倾向于贬低情感价值。

所有这些特征都可以在对现代理性的一个重要表达中找到：科层制。

**理性、科层制和科学**　韦伯认为大型理性组织的增长是现代社会的标志之一。这种组织的另一个术语是科层制。韦伯认为，科层制与资本主义有很多共同之处——是现代社会生活中的另一个关键因素：

今天，主要是资本主义市场经济要求准确、明确、持续、尽可能快地履行公共行政的公务。通常情况下，大型资本主义企业本身是极其严格的科层组织。（Weber，1978：974，orig. 1921）

正如第八章（"群体与组织"）中所说的，我们在现在的商业机构、政府部门、工会组织和大学中都能看到科层制。韦伯认为科层制非常理性，因为它的要素——部门、职责和政策——有助于尽可能有效地实现特定的目标。韦伯认为资本主义、科层制以及科学——经高度训练的知识行业——都是理性这个潜在因素的表现。

**理性和异化** 工业资本主义生产效率很高，在这一点上马克斯·韦伯赞成卡尔·马克思的观点。韦伯还赞成马克思，认为现代社会产生了广泛的异化现象，虽然他们俩的解释不同。马克思认为异化是由经济不平等造成。韦伯则认为是由于科层制的数不尽的规章制度造成的。韦伯警告过，科层制视人类为一个"数字"或一个"事件"，而不是一个独特的个体。此外，为大型企业工作需要高度专业化和常常很单调的例行公事。最后，韦伯视现代社会为一个庞大的不断增长的统治体系，以试图管制一切，他担心现代社会最终会摧残人类的精神。

和马克思一样，韦伯认为具有讽刺意味的是，旨在为人类服务的现代社会，会转向它的创造者并奴役他们。正如马克思描述工业资本主义灭绝人性的结果一样，韦伯描述现代个体为"永无停止的机器中的一个小齿轮，这机器指示着它在一个永无止境的固定的行进路线上运转"（Weber，1978：988，orig.1921）。虽然韦伯看到现代社会的优点，但是他对未来深表悲观。他担心社会的理性化最终会将人类变成机器人。

# 埃米尔·涂尔干：社会和功能

4.4 对比传统社会和现代社会中典型社会纽带的区别

"热爱社会就是热爱超越我们的某些东西，爱存在于我们自身的某些东西。"这是法国社会学家埃米尔·涂尔干（1858—1917）所说的话（Durkheim，1974：55，orig. 1924），他是另一位社会学的学科创始人。采用涂尔干的观点来看，我们又找到一个重要的观察人类社会的视角。

## 结构：超越我们自身的社会

埃米尔·涂尔干的伟大见识在于他认知到社会超越我们自身而存在。社会不仅仅是构成它的个体的集合体。社会在我们出生前就已经存在了，它塑造着我们，而且将会在我们都消逝后还一直存在。人类的行为模式——文化规范、价值观和信仰——作为既定的结构或社会事实存在，是一个超越个体生活的客观现实。

由于社会比我们每个人都要宏大，它有指导我们思想和行为的力量。这就是为什么单个个体（如心理学家和生物学家那样）永远不能捕捉到社会经验的核心。大学同学在一个教室里考数学，一个家庭聚在一起围着桌子共同进餐，人们在医院静静地按照自己的顺序等待——所有这些例子都说明了这些司空见惯的情况：任何一个具体的个体与一个熟悉的组织是区分开来的，而他又曾经是这个组织的一部分。

涂尔干声称，社会一旦被人们所创造，它就有了自己的生命，且要求其创造者在一定程度上服从。当我们看到自己的生活陷入常见的模式或当我们面临着诱惑和感到被道德约束的时候，我们正体验着社会的本质。

涂尔干观察到，社会的弱势群体容易有自杀行为，他的这个结论是社会力量塑造个体生活的铁证。当摇滚乐歌手开始成名，他们挣脱了熟悉的生活模式和存在的人际关系，有时候会导致致命的结果。摇滚史上有很多这样的悲剧故事，包括贾尼斯·乔普林（Janis Joplin）和吉米·亨德里克斯（Jimi Hendrix）服用过量药物而死亡（1970年），库尔特·科班（Kurt Cobain）于1994年自杀，还有迈克尔·杰克逊（Michael Jackson）因为药中毒而死亡（2009年），惠特尼·休斯顿（Whitney Houston）因药物滥用和溺水而死亡（2012年）以及"王子"（Prince）因服用药物而死亡（2016年）。

## 功能：作为一个系统的社会

在确立了社会具有结构之后，涂尔干就转向了功能这个概念。他认为任何社会事实的意义比社会个体在他们自己生活中的所见更重大，社会事实可以帮助整个社会运作。

以犯罪为例。作为犯罪的受害者，个体会经历痛苦和损失。但是从更广泛的角度看，涂尔干认为犯罪对维系社会自身至关重要。正如第十章（"越轨"）所解释的那样，只有定义了错误行为，人们才能构建和捍卫道德，道德为我们的集体生活提供了方向和意义。由此，涂尔干反对把犯罪看作不正常的共识。相反，他总结道，犯罪是"正常的"，最基本的原因是：一个社会没有它就不能存在（Durkheim，1964a，orig. 1983；1964b，orig. 1895）。

## 个性：存在于我们自身的社会

涂尔干说社会不仅仅是"超越我们自身"，而且还"存在于我们自身"，帮助我们形成自我的个性。我们如何行动、思考和感觉都来自滋养我们的社会。社会还以另一种方式塑造我们——通过提供道德约束来规范我们的行为和控制我们的欲望。涂尔干相信人类需要社会的限制，因为生物总会渴望更多的东西，我们一直都处在被我们自己的欲望所控制的危险中。他说："一个人拥有得越多，他想要的也越多，因为满足只有通过刺激获得，而不是通过满足需求。"（Durkheim，1966：248，orig. 1897）

没有什么能比涂尔干关于自杀的研究更好地阐明对社会规则的需求了（Durkheim，1966，orig. 1897），他的理论在第一章（"社会学的视角"）中提到过。为什么那些摇滚明星们看起来更容易有自杀倾向，从德尔·香农（Del Shannon）、猫王、贾尼斯·乔普林和吉姆·莫里森（Jim Morrison）到吉米·亨德里克斯、凯斯·穆恩（Keith Moon）、库尔特·科班、迈克尔·杰克逊、惠特妮·休斯顿、"王子"和凯斯·爱默生（Keith Emerson）——涂尔干在电吉他发明之前就已经有了答案：到现在为止，自杀率最高的人是社会整合水平最低的一类人。简言之，从自杀的风险来看，年轻人、富人和名人会为其巨大的自由付出很高的代价。

**机械团结** 以共同的情感和相同的道德价值观为基础的社会关系，在前工业社会成员中具有很强的影响力

**有机团结** 以专业化和相互依赖为基础的社会关系，在工业社会成员中具有很强的影响力

**劳动分工** 专业化的经济活动

## 现代性和失范

与传统社会相比，现代社会强加给人们的限制更少。涂尔干承认现代自由的优点，但是他要人们警惕**失范**（anomie）现象，即社会对社会个体提供很少的道德指导的状态。

许多名人的混乱生活（比如贾斯汀·比伯［Justin Bieber］或林赛·罗韩［Lindsay Lohan］），以及名人可以"因名声身败名裂"的情况（比如迈克尔·杰克逊），很好地说明了失范现象的毁灭性效应。一时的名声将人们从家庭和熟悉的日常生活中撕裂、破坏既定的价值观和规范、打破社会对个人的支持和监管系统——有时会导致致命的结果。因此，涂尔干解释，个人的欲望必须由社会的要求和指导来平衡——这个平衡有时候在现代社会中都很难做到。若放到现在，涂尔干对美国等现代社会的自杀率上升应该不会感到惊讶吧。

## 进化的社会：劳动分工

像马克思和韦伯一样，涂尔干生活在 19 世纪的欧洲，那时工业革命正开展，社会变化非常之迅速。但是涂尔干对这个变化有着不同的理解。

他解释说，在前工业社会，传统像社会的黏合剂一样将人们联系在一起。实际上，他所称的集体意识影响非常强大，以至于社团会迅速采取行动，以惩罚那些敢于挑战传统的生活方式的人。涂尔干用**机械团结**（mechanical solidarity）一词来表示这种社会关系，这种关系以共同的情感和相同的道德价值观为基础，在前工业社会成员具有很强的影响力。实际上，机械团结以相似性为基础。涂尔干称这些关系是"机械性的"，因为人们以陈旧古板的方式连接在一起，他们联系在一起，行动相似，有着或多或少的机械感。

涂尔干接着说，随着工业化的发展，机械团结变得越来越弱，越来越少的人们受传统的约束。但是这并不意味着社会分裂。现代生活产生了一种新型的团。涂尔干称这种团结为**有机团结**（organic solidarity），是以专业化和相互依赖为基础的社会关系，这种基础在工业社会成员中很强大。那些曾经植根于相似性的团

在传统社会，人们穿着差不多，每个人都做差不多相同的工作。这些社会依靠强烈的道德信仰团结在一起。现代社会，如图中这个国家的城市地区所展现的，一种生产体制使人们团结在一起，即人们从事更加专业化的工作，而且他们为了他们自己无法完成的事情相互依赖。

结现在都以人们之间的不同点为基础，这些人发现他们的专业化工作——比如水管工人、大学生、助产士或社会学讲师——使得他们依赖其他人来满足他们的日常需要。

社会改变的关键是不断扩张的**劳动分工**（division of labor），或是专业化的经济活动。韦伯认为现代社会专业化是为了变得更加有效率，而涂尔干则认为，现代社会的成员依靠其他成千上万的人——而且大多数是陌生人——获得他们日常所需的商品和服务。作为现代社会的成员，我们现在越来越依赖于那些我们不信任的人。为什么我们会依赖那些我们根本就不熟悉，而且信仰也和我们不同的人呢？涂尔干的答案是"因为离开他们我们就无法生存"。

因此现代社会不是依赖道德共识，而是更大限度地依赖于功能的相互依赖。其中包含了我们姑且所称为的"涂尔干困境"：现代社会的技术力量和更大的个人自由空间是以道德水平下降和社会失范风险上升为代价的。

像马克思和韦伯一样，涂尔干担心社会的走向。但是他们三人中，涂尔干是最乐观的。他看到，与小镇相比，大型的匿名社会给了人们比小城镇更多的自由和隐私。失范仍然是风险，但是涂尔干希望我们能制定法律和道德标准来规范我们的行为。

我们如何将涂尔干的观点运用到信息革命中去？"日常生活中的社会学"这个专栏体现了他和本章提到的其他两位理论家关于当今新的计算机技术的更多观点。

# 批判性评论：四种社会观

4.5　总结伦斯基、马克思、韦伯和涂尔干如何加深我们对社会变革的理解

本章从几个有关社会的重要问题展开。我们将总结归纳四种社会观分别是如何回答这些问题的。

## 是什么使社会团结在一起？

社会怎会如此复杂？伦斯基认为虽然随着社会获得更多复杂的技术，文化形式变得越来越多样化，社会成员仍是通过共同的文化团结起来的。他还指出，虽然工业化在某种程度上减少了不平等现象，随着技术越来越复杂，不平等使社会越来越分化。

我们如何理解复杂的人类社会？本章中介绍的每一位思想家都对现代社会的意义和重要性提出了见解。每个人都有不同的观点，并对这一非常复杂的问题提供了部分解答。

马克思不是从团结的角度，而是从以阶级地位为基础的社会分化视角看待社会。按照他的观点，精英集团会强行实现不稳定的和平，但是只有在生产变成一个合作性的过程时，才会有真正的社会团结。对韦伯来说，社会的成员拥有共同的世界观。就如同在过去传统使人们团结在一起，现代社会也创造了理性的、大型的组织来连接人们的生活。最后，涂尔干把团结作为他研究的重点。他对前工业社会的机械团结（以共同的道德观为基础）和现代社会的有机团结（以专业化为基础）进行了比较。

# 日常生活中的社会学

今日的信息革命：涂尔干、韦伯和马克思会怎么想？

> 科琳：马克思不是预言将会发生一场阶级革命吗？
> 雅子：是的，但是在信息时代，什么阶级可能会产生冲突呢？

新技术正以一种令人晕眩的速度改变着我们的社会。本章讨论的社会学创始人如果还活着的话，他们将会是当今这一幕的热心观察者。想象一下埃米尔·涂尔干、马克斯·韦伯和卡尔·马克思可能会问的有关计算机技术对我们日常生活的影响的问题。

就像蒸汽机在两个多世纪前开始改变社会一样，计算机技术持续改变着今天的社会——从我们的制度运行到日常的社会生活。

涂尔干强调现代社会中劳动分工的增加，他可能想弄清新信息技术是否会更深入地推进专业化。我们有充分的理由认为那是可能的。因为电子通信（比如一个网站）造就了一个广大的市场（目前大约有 40 亿人访问互联网），人们可以在此实现的专业化程度，远远超过他们试图在一个小地方谋生。例如，大部分小镇律师可以咨询一般领域的问题，信息时代的律师，不管住在哪里，都能提供专业化的指导，如婚前协议或者电子版权法。随着我们进入电子时代，高度专业化的小型企业（其中一些最终变得非常大）的数量在迅速增加。

涂尔干可能还要指出，互联网可能会增加失范现象。使用计算机使人们与他人的人际关系有隔离的趋势。在最近的一项调查中，美国五分之三的人表示，他们"有时"或"经常"被家里人忽视，因为他们的家人花太多时间发短信或使用移动设备（Annenberg Center for the Digital Future，2016）。也许，正如一个学者所说的，我们对机器的期待越高，则会对身边人的期望越低（Turkle，2011）。此外，虽然互联网提供了大量的信息，但是对于什么是可取的、好的或者有价值的，它并不提供道德指导。

韦伯认为现代社会是独特的，因为他们的成员有着理性的世界观，这种世界观用科层制形容最合适。但是在 21 世纪，科层制依旧会被认为是重要的吗？这里有一个理由说明可能不是：虽然各个组织将很可能像工业时代一样继续管制工人们做些例行公事的任务，但是在后工业时代，大量工作都涉及想象力，比如设计房屋、作曲和编写软件等"新时代"的工作。这种创造性工作不可能像让汽车沿着装配线移动那样被监管。或许这是许多高科技公司废除了员工着装规范和考勤制度的原因。

最后，马克思会如何看待信息革命呢？由于马克思认为早期工业革命是一种阶级革命，是让工业主们支配社会的革命，他可能会担心新的象征性精英的出现。一些分析人士指出，影视编剧、制片人和演员现在享有巨大的财富、国际声誉和强权。正如过去的几十年里，没有工业技术的人们停留在阶级体系的底层，那些没有特殊技术的人们可能变为 21 世纪的"底层阶级"。在全球范围内，存在着一道"数字鸿沟"，即富裕国家大部分人在经历信息革命，但最贫穷国家只有一小部分人如此（International Telecommunications Union，2016）。

涂尔干、韦伯和马克思极大地改善了我们对工业社会的理解。随着我们继续进入后工业时期，对新一代的社会学家来说，还有很多讨论的空间。

你怎么想？

1. 当试图理解定义我们后工业社会的信息革命时，这一章中社会学的创始者马克思、韦伯或涂尔干的思想对你来说有借鉴意义吗？为什么？

2. 你认为微软创始人比尔·盖茨的目标是让每个家庭拥有一台电脑吗？计算机技术的发展在什么方面使我们的生活变得更好？试着具体说明其带来的好的改变。

3. 你认为计算机技术在什么方面危害了我们的社会或使生活更具挑战性？再次强调，要具体说明你所看到的问题。

### 社会是如何变化的？

按照伦斯基的社会文化进化模型，社会因技术而异。现代社会区别于以往社会的是其巨大的生产力。马克思也提出生产力的历史差异，但也指出这导致了持续的社会冲突（简单的狩猎者和采集者之间）。对马克思而言，现代社会的独特之处主要在于它将这种冲突公开化了。韦伯从人们的世界观这个角度来看待变化这个问题。前工业化社会的人们观念很传统；而现代人采取一种很理性的世界观。最后，对涂尔干而言，传统社会的特点是道德相似性基础上的机械团结。在现代工业化社会，这种机械团结被建立在生产专业化基础上的有机团结所取代。

### 社会为何变化？

如伦斯基所说，社会变迁来自技术革新，随着时间的推移，它改变了整个社会。马克思的唯物主义方法强调阶级间的斗争是社会变迁的引擎，将社会推向革命。相比之下，韦伯则指出意识促进了社会的变化。他举例说明一个具体的世界观——加尔文主义——如何引发了工业革命，最终重塑了整个社会。最后，涂尔干指出劳动分工的扩大是社会变迁的关键维度。

这四种观点的不同并不意味着其中任何一种在绝对意义上是正确的或错误的。社会非常的复杂，我们对社会的理解得益于对这四种观点的应用。

## 日常生活中的社会学

先进的技术是否会使社会变得更好？

本章中的四位思想家都有他们自己的疑惑。现在你可以思考一下计算机技术对于我们日常生活影响的利弊。看以下三张图片，回答这些问题：你认为科技给我们日常生活带来什么好处？又有什么坏处？

马克最近开始了一份新工作，他决定携带一台笔记本电脑，这样就可以随时随地上网和接收邮件，甚至在湖面上也可以。你认为这种科技对马克来说有什么利弊？

安迪的父母已经发现，让安迪在平板电脑上玩游戏可以确保他们能够享受一顿不用分心的大餐。评估将计算机技术作为一种娱乐形式的作用。

无论我们是大学生还是著名的女演员，我们大多数人都习惯了在开车、餐馆吃饭、日常散步或在体育赛事休息期间与朋友保持联系。你认为手机技术有哪些优点和缺点？

**提示** 在第一种情况中，能够连接互联网就使得我们始终和办公室保持联系，这将对我们的事业有所帮助。同时，用这种方式"连接"可能会使学习和工作的界限变得模糊，就像它允许我们让工作进入我们在家里的生活一样。另外，雇佣者可能也希望我们可以随叫随到。

在第二种情况中，电子游戏当然是很有趣的，它可能会发展各种感官技能。与此同时，电子游戏的兴起阻碍了体育运动，并使得肥胖程度以惊人的速度增长，肥胖现在影响着超过五分之一的美国儿童。此外，个人计算机技术不仅能使个人与自然世界隔绝，而且还能与他人隔绝。

在第三种情况中，手机可以使我们与其他人交谈或者收发信息。当然，我们都知道开车的时候用手机就不能做到安全驾驶。另外，在公共场合不使用手机能够减少我们隐私的泄露吗？使用手机对我们身边的其他人有什么影响呢？当你不得不听身边的人说话时，你会有什么感觉？

## 从你的日常生活中发现社会学

1. 后工业社会最典型的标志就是计算机技术。花几分钟，在你的房间、宿舍或者家里走走，试着找出每一种带有电脑芯片的设备。你能找到多少？你会对这个数量感到惊讶吗？

2. 现代社会对我们有利吗？这一章清楚地指出，社会学的创始人意识到现代社会提供了许多好处，但他们也都对现代社会持批判态度。基于我们在这章中读到的，列出三条你认为现代社会比传统社会好的地方，也指出三个传统社会比现代社会好的地方。

3. 访问"社会学焦点"博客，你可以在那里阅读年轻社会学学者的最新文章，他们将社会学视角应用于流行文化的话题。

## 取得进步

### 格尔哈特·伦斯基：社会与技术

#### 4.1 描述技术发展如何塑造了人类社会的历史

伦斯基指出了技术在塑造社会中的重要性。他使用社会文化进化这一概念探索了技术进步如何改变社会。

**狩猎与采集社会**

• 只有少量的家庭成员，以家庭为中心，并且是游牧式的。

•男性和女性的社会地位大致平等，男性使用简单的工具来打猎，女性则采集植物果实。

### 园艺与畜牧社会

•驯养动物以提供食物，使用手作工具耕作。

•在工作上显得更加专业。

•社会不平等的水平也在不断增加。

### 农业社会

•使用动物拉动的犁或者更强大的能源进行大规模耕种。

•显示出更多的专业性，并且形成很多独特的职业。

•极端的社会不平等，女性的重要性下降。

### 工业社会

•利用先进的能源来驱动大型机器。

•工作从家庭转向工厂，传统意义上家庭的重要性下降。

•生活水平提高。

### 后工业社会

•产品制造从重机械加工原材料转向电脑合成信息。

•要求一定数量的人口掌握信息技术。

•是信息革命的一种驱动力，世界性的信息流现在将社会与一种新兴的全球文化联系起来。

## 卡尔·马克思：社会和冲突

### 4.2　分析阶级冲突对人类社会历史发展的重要性

马克思唯物主义主张社会由它们的经济体系来决定：商品生产方式形塑了人们的经验。

### 冲突和历史

马克思通过追溯，将社会中社会阶级之间的冲突作为整个历史上社会变迁的根源：

•在"古代"社会，统治者统治奴隶；

•在农业社会，贵族统治农奴；

•在工业资本主义社会，资本家统治无产者。

### 资本主义

马克思关注的焦点在于资本主义加剧了现代社会的不平等和阶级冲突。

•资本主义之下，统治阶级（资本家）压迫工人阶级（无产者）。

•资本主义使得工人在劳动过程、劳动产物、与其他工人的关系和他们自己的类本质方面产生异化。

•马克思预言工人的革命最终将推翻资本主义并且由社会主义来替代，即可以提供所有社会需求的生产体系。

## 马克斯·韦伯：社会的理性化

### 4.3　展示思想对人类社会发展的重要性

韦伯的唯心主义取向主张思想对社会有强大的作用。

**思想和历史**

•韦伯追溯了思想的根源——尤其是信仰和价值观——其在历史长河中塑造了社会。

•前工业时代的成员通过传统聚集在一起。

•工业资本主义社会的成员是被理性所指导的。

**理性的觉醒**

韦伯将大型、理性的组织的成长当作现代社会的决定性特征。

•理性的扩张催生了工业革命和资本主义。

•新教（尤其是加尔文教派）鼓励理性地追求财富，为工业资本主义的发展打好基础。

•韦伯担心过度理性在提升效率时，将会扼杀人类的创造力。

## 埃米尔·涂尔干：社会和功能

### 4.4 对比传统社会和现代社会中典型社会纽带的区别

涂尔干认为社会是个体之外的客观存在。

**结构和功能**

涂尔干相信因为社会比我们任何一个个体都要宏大，它决定了我们在任何特定的社会情况下如何行动。

•社会要素（比如犯罪）有帮助社会运行的功能。

•社会也塑造了我们的个性，提供道德约束来指导我们的行为、控制我们的欲望。

**社会进化**

涂尔干通过描绘整个历史中社会用不同的方法指导社会成员的生活，来追溯社会进化的起源。

•在前工业化社会，机械团结指导着个人的社会生活。

•工业化和劳动分工削弱了传统的团结，导致了现代社会的生活是以有机团结为特征的。

•涂尔干警惕现代社会中不断增加的失范现象，这样社会将无法向个人提供道德指导。

## 批判性评论：四种社会观

### 4.5 总结伦斯基、马克思、韦伯和涂尔干如何加深我们对社会变革的理解

•这四个人都认为现代社会不同于过去的社会。

•每个思想家都强调了不同维度的变化：对伦斯基来说，是技术；对马克思来说，是社会冲突；对韦伯来说，是思想；对涂尔干来说，是专业化的程度。

# 第五章
# 社会化

# 社会的力量

## 决定我们看电视的时间

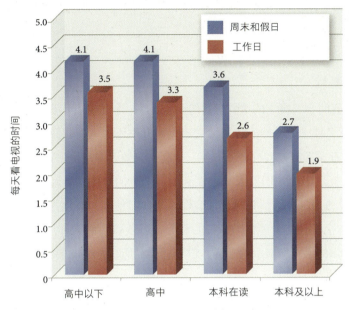

资料来源：U. S. Department of Labor（2016）。

人们如何有意识地决定看电视的时间？高中以下学历者看电视的时间相当多，每周花在电视上的时间几乎是大学学历者的两倍。虽然我们倾向于认为我们可以选择是否看电视，但是社会在这方面指导着我们的行为，就像它在许多其他方面一样。

## 本章概览

我们已经完成了两个宏观层面的回顾，第三章（"文化"）和第四章（"社会"），这两个章节为我们的社会世界提供了一个宏观的视角，现在我们转向微观层面，看看个人如何通过社会化过程成为社会成员。

在 1938 年一个寒冷的冬夜，一位社会工作者快步走到宾夕法尼亚州一所农舍的门口。为了调查一起疑似虐待儿童的案件，社工进入了这家人的家中，很快发现了一个藏在二楼储藏室里的 5 岁小女孩。孩子的名字叫安娜，她被塞在一张旧椅子上，双臂被绑在头上，无法动弹。她穿着肮脏的衣服，胳膊和腿瘦得像火柴棍一样（Davis，1940）。

安娜的处境只能用"悲剧"来形容。安娜出生于 1932 年，她的母亲是一位 26 岁的未婚智力障碍女性，由她严厉的外公照料。对女儿的"未婚妈妈"身份感到不满的外公甚至不希望安娜住在自己的房子里，所以在半岁前，安娜都辗转于多个福利机构。但她的母亲负担不起她的护理费用，于是安娜被送回了她外公充满敌意的家中。

为了平息外公的怒火，安娜的母亲把安娜关在储藏室里，仅提供维持其生命所必需的牛奶。她在那里待

了一天又一天，一个月又一个月，在漫长的五年里与世隔绝。

社会学家金斯利·戴维斯（Kingsley Davis）得知安娜获救的消息后，立即去看望了孩子。他和当地官员在一个乡村住宅中找到了安娜。戴维斯被这个瘦弱的女孩惊呆了，她不会大笑，不会说话，甚至不会微笑。安娜完全没有反应，仿佛独自生活在一个空虚的世界里。

# 社会经验：人性的关键

### 5.1    描述社会互动如何成为个性的基础

社会化是人类发展的基础，以至于我们有时会忽视它的重要性。然而，通过一个被隔离儿童的悲惨个案，我们可以看到没有与社会接触的人类会是什么样子。虽然安娜还活着，但她几乎不像人类。我们可以看到，如果没有社会经验，一个孩子就不能以一种有意义的方式行动或交流，比起人，她更像是一个物体。

社会学家用**社会化**（socialization）这一概念来指人们发展其潜能和学习文化的终生社会经历。其他生物的行为大多或完全由生物学决定，与之不同的是，人类需要通过社会经历来学习他们的文化并生存下来。社会经历也是**个性**（personality）形成的基础，个性是指个体相对稳定的行为、思考和感知模式。我们通过内化我们的外在环境来建立自己的个性。正如安娜的案例所显示的那样，没有社会经历，个性很难发展。

## 人类发展：先天与后天

安娜的案例清楚地表明，人类不仅依靠他人来提供身体成长所需的照顾和养育，而且也需要他人帮助发展个性。然而，一个世纪前，人们错误地认为人类天生具有决定其个性和行为的本能。

**生物科学：先天的作用**    达尔文在 1859 年开创性地研究了进化，第三章（"文化"）描述了这一研究，研究认为人类的行为是本能的，源于我们的"天性"。美国的经济体制反映了"人类的竞争本能"，有些人是"天生的罪犯"，或者女性"天生"感性而男性"天生"理性，这样的言论层出不穷。

试图理解文化多样性的人们也误解了达尔文的思想。几个世纪的世界探索让西欧人认识到，人们的行为在不同的社会中有很大的不同。但欧洲人将这些差异与生物学联系起来，而不是与文化。声称技术简单的社会的成员在生物上进化程度较低，因此"不具备人性"，这种观念简单而错误，且极具破坏性。这种种族中心主义的观点帮助证明了殖民主义的正当性：既然他们缺少人性，别人看起来不是和你一样的人，为什么不加以利用呢？

人类婴儿表现出各种基于生物学的反射行为模式，以提高生存能力。吮吸反射实际上在出生前就开始了，它帮助婴儿进食。将一个手指放在婴儿的手掌上，使他/她的手合在一起，这种抓握反射可以帮助婴儿与父母保持接触，并有助于日后抓握物体。摩罗反射是通过惊吓婴儿而激活的，它让婴儿向外摆动双臂，然后将双臂交叉放在胸前。这种动作在出生几个月后就会消失，很可能源自我们在进化过程中的祖先，以帮助一个摔倒的婴儿牢牢抓住父母。

**社会科学：后天的作用** 在 20 世纪，人类行为的生物学解释受到了猛烈抨击。心理学家约翰·B. 华生（John B. Watson，1878—1958）提出了一种叫做行为主义（behaviorism）的理论，认为人类行为并非源自本能，而是后天习得的。因此，世界上所有人都是平等的，只存在文化模式上的差异。简而言之，华生认为人类行为植根于后天而非先天。

如今，社会科学家对将人类行为归为本能持谨慎态度。这并不意味着生物学在人类行为中不起作用。毕竟，人的生命取决于身体的功能。我们还知道，孩子通常和父母有一些共同的生物特征（比如身高和头发颜色），遗传在智力、音乐和艺术天赋以及个性（比如你如何应对挫折）方面起着一定的作用。然而，这些遗传潜质是否得到发展，取决于个人如何被养育。例如，只有在童年早期刺激儿童使用大脑，大脑才能得到充分发育（Goldsmith，1983；Begley，1995）。

在不否认先天的重要性的情况下，我们可以正确地指出，在塑造人类行为方面，后天培养更重要。更准确地说，即后天就是我们的先天（Nurture is our nature）。

## 社会隔离

正如安娜的故事所示，与社会隔绝对人类是非常有害的。出于伦理要求，研究人员永远不能将人置于完全隔离状态以研究会发生什么。但在过去，他们研究了社会隔离对非人类的灵长类动物的影响。

**对猴子的研究** 在一项经典的研究中，心理学家哈利·哈洛和玛格丽特·哈洛（Harlow & Harlow，1962）将行为在某些方面与人类惊人相似的恒河猴置于各种社会隔离条件下。他们发现，即使是 6 个月的完全隔离（提供足够的营养）也会严重影响猴子的发育。当这些猴子回到它们的群体时，它们变得被动、焦虑和恐惧。

然后，哈洛夫妇将小恒河猴放进笼子里，笼子里有一个由金属网制成的人造"母亲"，母亲的头部是木制的，母亲的乳房所在的位置是喂食管的奶嘴。这些猴子也存活了下来，但当回到它们群体时，它们无法与其他猴子互动。

但第三类的猴子表现得更好，它们的人造母亲依然由金属网制成，但被覆盖上了厚绒布。每只幼猴都会紧紧地抱住它的妈妈。因为这些幼猴的发育受到更少的破坏，哈洛夫妇得出结论，猴子能从亲密关系中受益。这个实验证实了成人亲切抚育婴儿的重要性。

最后，哈洛夫妇发现，幼猴可以从大约三个月的隔离中恢复过来。但到了大约六个月的时候，隔离会造成不可逆转的永久情感和行为伤害。

**对隔离儿童的研究** 被有虐待倾向的家庭成员所隔离的儿童的悲惨案例显示了人类被剥夺社会经验所造成的伤害，下面让我们来回顾三个这样的案例。

*安娜：剩下的故事* 安娜故事的剩下部分与哈洛夫妇的发现一致。安娜被发现后，得到了多方面的医学治疗，很快就有了好转。10 天后，金斯利·戴维斯去看她时，发现她更机灵了，甚至还学会了微笑（也许是她有生以来第一次笑）。在接下来的一年里，安娜取得了缓慢而稳定的进步，对他人表现出了更多的兴趣，并逐渐学会了走路。一年半后，她可以自己吃饭和玩玩具了。

但正如哈洛一家所预料的那样，长达五年的社会隔离已经造成了永久性的伤害。八岁时，她的智力发育比两岁的孩子还差。直到她快十岁时，她才开始学会说话。因为安娜的母亲是智障，所以安娜可能也是。但是由于安娜十岁时死于血液病（这可能与多年的虐待有关），因此这个谜题一直没有解开（Davis，1940，1947）。

个性的形成在很大程度上取决于我们的生长环境。当一个孩子的世界被暴力摧毁时，伤害（包括失去信任的能力）可能是深刻和持久的。这幅画是一个生活在叙利亚内战暴力冲突中的孩子画的。这样的经历可能会如何影响年幼个体的自信和与他人建立信任关系的能力？

伊莎贝尔　第二个案例涉及另一名女孩，与安娜几乎在同一时间被发现且情况类似。在经历了六年多的与世隔绝后，这个名叫伊莎贝尔的女孩和安娜一样反应迟钝。但伊莎贝尔受益于由心理学家指导的强化学习计划，情况有所改善。一周之内，伊莎贝尔就试着开口说话了，一年半后，她学会了大约2000个单词。心理学家得出的结论是，持续不断的努力促使伊莎贝尔在短短两年的时间里完成了六年的正常发育。到14岁的时候，伊莎贝尔已经在上六年级的课，早年的磨难让她深受伤害，但她正在以自己的方式走向相对正常的生活（Davis，1947）。

吉妮　近期被隔离儿童的案例是一名被父母虐待的加州女孩(Curtiss，1977；Rymer，1994)。从两岁起，吉妮就被绑在黑暗的车库里的一把椅子上。1970年，13岁的吉妮被救出时，体重只有59磅（1磅≈0.45千克），智力发育只有一岁的水平。经过强化治疗，她的身体变得健康，但她的语言能力始终停留在幼儿阶段。现在，吉妮住在一个为发育障碍成人服务的机构里，很少发出声音。

## 评价

所有的证据都表明，社会经验对个性的发展至关重要。人类可以从虐待和短期隔离中恢复。但在儿童期的某一时刻，这种隔离会对发育造成永久性的伤害。然而，由于案例有限，这一分割点具体在何时尚不清楚。

**检查你的学习**　被隔离儿童的研究告诉我们社会经验的重要性有哪些？

# 理解社会化

## 5.2　解释社会化的六个主要理论

社会化是一个复杂的、长达一生的过程，接下来将重点讨论对理解人类发展做出持久贡献的六位学者（弗洛伊德、皮亚杰、科尔伯格、米德、埃里克森）的研究。

## 弗洛伊德的人格要素

西格蒙德·弗洛伊德（Sigmund Freud，1856—1939）生活在维也纳，当时大多数欧洲人认为人类的行为是生理既定的。在接受医学训练之后，弗洛伊德逐渐转向研究人格和精神障碍，并最终发展出著名的精神分析理论。

**人类的基本需求**　弗洛伊德认为，尽管生物学在人类发展中起着重要作用，就像在其他物种的发展中扮演着重要角色那样，但它并不与特定的本能相联系。相反，他认为人类在出生时就有两种基本需求或驱力。第一种是对性和情感关联的需要，他称之为"生本能"，或 eros（源自古希腊神话中的爱神）。第二，我们都有一种侵略性的驱力，他称之为"死亡本能"，或 thanatos（源自希腊语，意为"死亡"）。这两种在无意识层面运作的对抗力量，制造了深层的内在张力。

**弗洛伊德的人格模型**　弗洛伊德将基本需求和社会影响结合在一起，形成了一个人格模型，其中包括三部分：本我、自我和超我。**本我**（id，拉丁语意为"它"）表示人类的基本驱力，处在无意识层次，需要立即满足。本我源于生物学，在出生时就存在，新生儿对注意、触摸和食物的大量需求由此产生。但社会反对以自我为中心的本我，这就是为什么婴孩通常学会的第一个词是"不"。

为了避免挫折，儿童必须学会现实地面对世界。这是通过自我来实现的，**自我**（ego，拉丁语意为"我"）是个体为了平衡天生的追求愉悦的驱力和社会需求而做出的有意识的努力。当我们意识到我们自己的存在，并同时认识到我们不能拥有我们想要的一切时，自我就产生了。

在人格中，**超我**（superego，拉丁语意为"自我之上"或"超越自我"）是个体内化的文化价值和规范。超我在意识层次运作，告诉我们为什么我们不能得到所有自己想要的东西。当儿童意识到父母的要求时，超我开始形成，当儿童理解到每个人的行为都应该考虑文化规范时，超我便成形了。

**人格发展**　对于以本我为中心的儿童来说，世界是一个充满困惑的生理感受集合体，要么带来快乐，要么带来痛苦。然而，随着超我的发展，儿童学会了是非的道德概念。换句话说，一开始，儿童只能在生理上感觉良好（比如被抱或被搂），但三四年后，他们的感觉好坏取决于他们如何判断自己的行为是否违背文化规范（做"正确的事"）。

本我和超我处于持续的对抗状态，但对一个调适得当的人，自我会控制这两种对立的力量。弗洛伊德声称，如果在儿童期这种对抗得不到解决，它们以后可能会以人格障碍的形式出现。

文化，以超我的形式，压抑着自私的需求，迫使人们超越个体的欲求。通常，自我需求和社会要求之间的竞争会导致一种妥协，弗洛伊德称之为"升华"（sublimation）。升华将自私的驱力重新导向社会可接受的行为。例如，婚姻使性驱力的满足为社会所接受，而竞技体育为侵略性提供了发泄口。

弗洛伊德的人格模型

本我　　　　　　　　　　自我　　　　　　　　　　　超我
人类的基本驱力　　　个体为了平衡天生的追求愉悦的驱力和社　　个体内化的文化价值和规范
　　　　　　　　　　会需求而做出的有意识的努力

## 评价

在弗洛伊德的时代，几乎没有人愿意接受性是人类的基本驱力的观点。最近，批评人士指责弗洛伊德的作品以男性的视角表现人类，贬低了女性的价值（Donovan & Littenberg，1982）。弗洛伊德的理论也很难得到科学的验证。但是弗洛伊德影响了后来所有研究人类人格的人。对社会学特别重要的是，他的这一观点，即我们内化的社会规范以及童年经历对人格有持久的影响。

**检查你的学习**　弗洛伊德人格模型的三个要素是什么？解释它们是如何运作的。

## 皮亚杰的认知发展理论

瑞士心理学家让·皮亚杰（Jean Piaget，1896—1980）研究了人类认知，即人们如何思考和理解。皮亚杰看着自己的三个孩子长大，他不仅想知道他们知道什么，还想知道他们是如何理解这个世界的。皮亚杰指出了认知发展的四个阶段。

**感知运动阶段**　第一阶段为感知运动阶段（sensorimotor stage），即个体仅通过感官体验世界的人类发展阶段。在两岁之前，婴幼儿只能通过五种感官来认识世界：触觉、味觉、嗅觉、视觉和听觉。对小孩子来说，"知道"相当于他们的感官告诉他们的东西。

**前运演阶段**　到了大约两岁时，儿童进入前运演阶段（preoperational stage），即个体首次使用语言和其他符号的人类发展阶段。现在孩子们开始从精神层面思考世界，运用想象力。但是，处于前运演阶段的 2 到 6 岁儿童仍然只对特定的经历和物体赋予意义。他们能识别出自己最喜欢的玩具，但不能解释自己喜欢的玩具类型。

由于缺乏抽象概念，孩子也不能判断大小、重量或体积。在皮亚杰最著名的一个实验中，他将两个装着等量水的相同的玻璃杯放在桌子上。他问了几个 5 岁和 6 岁的孩子，每个杯子里的量是否一样。他们点头表示同意。然后，孩子们看着皮亚杰拿起一个杯子，把里面的水倒进一个更高更窄的杯子里，这样杯子里的水就会更高。他又问每个杯子的容量是否相同。现在，五六岁的孩子通常会坚持说，越高的杯子能盛更多的水。到 7 岁左右，孩子们就能进行抽象思考，并意识到水的量是不变的。

**具体运演阶段**　接下来是具体运演阶段（concrete operational stage），即个体开始认识到自己周围环境中因果关系的人类发展阶段。在 7 到 11 岁之间，孩子们关注事情如何发生以及为何发生。另外，孩子开始将多个符号与特定的事件或对象相联系。例如，如果你对一个 5 岁的孩子说"今天是星期三"，她可能会回答："不，

皮亚杰的认知发展阶段

感知运动阶段　　　　　前运演阶段　　　　　　具体运演阶段　　　　　形式运演阶段
个体仅通过感官体验世　　个体首次使用语言和其　　个体开始认识到自己周　　个体开始抽象和批判
界的人类发展阶段　　　　他符号的人类发展阶段　　围环境中因果关系的人　　思考的人类发展阶段
　　　　　　　　　　　　　　　　　　　　　　类发展阶段

今天是我的生日！"这说明她一次只能使用一个符号。但在具体运演算阶段，10 岁的孩子可能会说："是的，今天也是我的生日。"

**形式运演阶段** 皮亚杰模型的最后一个阶段为形式运演阶段（formal operational stage），即个体开始抽象和批判思考的人类发展阶段。大约在 12 岁时，青少年开始进行抽象推理，而不是只考虑具体情况。例如，如果你问一个 7 岁的孩子长大后想做什么，你可能会收到一个具体的回应，比如老师。但大多数青少年的思维更抽象，可能会回答说："我想要一份能帮助别人的工作。"青少年在获得抽象思维的能力的同时，也学会了理解隐喻。当听到"给你一便士，告诉我你在想什么"（习语，用于询问对方在想什么）这句话，小孩子可能会向你要一枚硬币，但十几岁的孩子会意识到这是一种委婉的亲密请求。

## 评价

弗洛伊德看到人类为生物和文化两种对立力量所撕扯。皮亚杰认为心智具有主动性和创造力。他认为，参与世界的能力是分阶段进行的，是生物成熟和社会经验的结果。

但是所有社会中的人都经历过皮亚杰所说的四个阶段吗？生活在变化缓慢的传统社会可能会限制人的抽象思维和批判思维能力。即使在美国，大概也有 30% 的人从未达到形式运演阶段（Kohlberg & Gilligan，1971）。

**检查你的学习** 皮亚杰的认知发展理论包括哪四个阶段？他的理论给了我们理解社会化哪些启发？

## 科尔伯格的道德发展理论

劳伦斯·科尔伯格（Lawrence Kohlberg，1927—1987）以皮亚杰的作品为基础，研究了道德推理，即个人如何判断情况的对错。同样，发展是分阶段进行的。

以痛苦和快乐体验世界的幼儿（皮亚杰的感知运动阶段）处于道德发展的前习俗水平（preconventional）。换句话说，在这一早期阶段，"对"意味着"我感觉良好"。例如，一个年幼的孩子伸手去拿桌子上的东西，可能仅因为它闪闪发光，这就是为什么年幼孩子的父母必须对他们的家进行"儿童保护"。

第二阶段为习俗水平（conventional），出现在青少年时期（与皮亚杰的最后一个阶段，即形式运演阶段相对应）。在这一时期，随着青少年学会以取悦父母和符合文化规范的方式来定义对与错，他们的自私性会下降。在这个阶段，个体也开始评估道德判断的意图，而不是简单地观察人们的行为。例如，他们明白，为了养活饥饿的孩子而偷取食物和为了赚取零钱而偷 iPod 是不同的。

科尔伯格道德发展的最后一个阶段是后习俗水平（postconventional），即人们超越社会规范去思考抽象的伦理原则。现在他们开始思考自由、自主或正义，甚至会认为即使合法的东西也可能是不对的。1955 年，黑人积极分子罗莎·帕克斯（Rosa Parks）在阿拉巴马州蒙哥马利市的公交车上拒绝让座，她违反当地的种族隔离法是为了唤起人们对这种制度歧视性法律的关注。

## 评价

就像皮亚杰的研究一样，科尔伯格的模型解释了道德发展的不同阶段。但这一模式是否适用于所有社会的人，目前尚不清楚。此外，虽然原因不同，但显然许多美国人从未达到道德发展的后习俗水平。

科尔伯格研究的另一个问题是，他的研究对象都是男孩。根据第二章（"社会学研究"），他犯了一个常见的研究错误，即把男性受试者的结果推广到所有人身上。这个问题促使另一同行卡罗尔·吉利根（Carol Gilligan）开始调查性别如何影响道德发展。

**检查你的学习** 科尔伯格的道德发展的三个阶段是什么？他的理论给了我们理解社会化哪些启发？

### 吉利根的性别与道德发展理论

吉利根比较了女孩和男孩的道德发展，得出两性使用不同的正误标准的结论。

童年是学习是非原则的时期。然而，根据吉利根的说法，男孩和女孩以不同的方式定义正误。在阅读了吉利根的理论之后，你能告诉我这两个孩子可能在争论什么吗？

吉利根（Gilligan，1982，1990）认为男孩采取公正的视角，依靠正式的规则来定义对与错。相比之下，女孩则采取关心和责任的视角，从人际关系和忠诚的角度来判断情况。例如，在男孩看来，偷窃是错误的，因为它违反了法律。女孩更可能会好奇为什么某人会偷窃，并对出于特定原因而偷窃的人表示同情，比如说，为了养家糊口。

科尔伯格认为基于规则的男性推理优于基于人本身的女性推理。吉利根指出，在工作场所，非人性化的规则主导着男性的生活，但作为母亲和照顾者，人际关系与女性的生活联系更为紧密。于是，吉利根提出疑问：我们为什么要把男性标准作为评判所有人的标准呢？

### 评价

吉利根的研究加深了我们对人类发展和性别问题的理解。然而之前的问题依然没有得到解决：是先天还是后天因素导致了男女之间的差异？在吉利根看来，文化形塑在发挥着作用，这一观点在其他研究中得到了支持。南希·裘德洛（Chodorow, 1994）认为在一般家庭中，通常母亲比父亲承担更多的养育工作。当女孩更认同母亲时，她们变得更加关心他人和对他人富于责任感。相比之下，男孩变得更像父亲，他们经常离开家庭，发展出与父亲同样的正式和超然的个性。也许，随着越来越多的女性以工作为中心安排自己的生活，女性和男性的道德发展将趋于一致。

**检查你的学习** 根据吉利根的说法，男孩和女孩在理解对错上有什么不同？

### 米德的社会自我理论

乔治·赫伯特·米德（George Herbert Mead，1863—1931）提出了社会行为主义理论，以解释社会经历如何影响个体人格的形成（Mead，1962，orig.1934）。

**自我** 米德的核心概念是**自我**（self），它是由自我意识和自我形象构成的个体人格的一部分。米德的天才之处在于，他把自我看作社会经验的产物。

首先，米德认为自我在人出生时并不存在，它是后天发展的。自我不是身体的一部分，它在出生时并不存在。米德反对人格是由生物驱力（比如弗洛伊德所断言的）或生物成熟（比如皮亚杰所宣称的）所引导的观点。

第二，当个体与他人互动时，自我只有通过社会经验才能发展。没有互动，就像我们从被隔离儿童的案例中看到的那样，身体在成长，但自我不会出现。

第三，米德接着说，社会经验就是符号交换。只有人类用语言、挥手或微笑来创造意义。我们可以用奖励和惩罚来训练狗，但狗本身不会赋予行为任何意义。相比之下，人类的行为几乎都有意义。

第四，米德指出，寻求意义会导致人们想象他人的意图。简而言之，我们从人们的行为中得出结论，想象他们潜在的意图。狗会对你的行为做出反应；人类会对你为什么如此做的想法做出反应。你可以训练一只狗去走廊带一把伞回来，这能在雨天为你提供便利。但是，狗不明白人们的意图，如果找不到雨伞，它就不会像人类一样去找雨衣做替代。

第五，米德解释说，理解意图需要从他人的角度去想象各种情形。通过符号，我们可以想象自己站在另一个人的立场上，并以那个人的视角看待自己。因此，甚至在我们行动之前，我们就能预料到别人会如何回应我们。一个简单的抛球都要求我们换位思考，想象别人会如何接我们的球。所有的社会互动都涉及以他人看待我们的方式来看待自己，米德把这个过程称为扮演他人的角色。

**镜中我** 当我们与他人互动时，他人就如同一面镜子，凭此我们可以看到自己。我们如何看待自己，取决于我们如何看待别人。例如，如果我们认为别人觉得我们聪明，我们也会以同样的方式看待自己。但如果我们觉得别人认为我们笨拙，那我们也会这样看待自己。查尔斯·霍顿·库利（Charles Horton Cooley，1864—1929）使用了**"镜中我"**（looking glass self）一词，指基于别人对自己的看法而形成的自我形象（Cooley，1964，orig. 1902）。

**主我和客我** 米德的第六个观点是，通过扮演他人的角色，我们变得有自我意识。另一种说法是自我有两个部分。自我的一部分作为主体运作，是积极的和自发的。米德称自我主观的一面为"主我"（"I"，人称代词的主格）。自我的另一部分作为客体运作，也就是我们想象别人看我们的方式。米德把自我客观的一面称为"客我"（"me"，人称代词的宾格）。所有的社会经验都有两个组成部分：我们发起一个行动（自我的主我阶段，或者主体方面），然后我们根据他人对我们的反应继续我们的行动（自我的客我阶段，或者客体方面）。

**自我的发展** 根据米德的观点，发展自我的关键是学会扮演他人的角色。由于婴儿的社会经验有限，他们只能通过模仿来做到这一点。他们在不理解潜在意图的情况下模仿行为，所以从这一点上说，他们没有自我。

当孩子们学习使用语言和其他符号时，自我就会以玩耍的形式出现。玩耍包括模仿**重要他人**（significant others）扮演的角色，比如父母，他们在社会化中具有特殊的重要性。"过家家"是让孩子们从父母的角度去想象世界的重要活动。

乔治·赫伯特·米德曾写道："在主我和客我之间没有一条固定的界线。"这句话有助于解释我们生活中"重要他人"的重要性。这位父亲如何影响他儿子身上显现的自我？

渐渐地，孩子们学会了同时扮演好几个角色。这种技能让他们能够从简单的玩耍（如捉迷藏）转向复杂的游戏（如棒球）。在大约7岁的时候，大多数孩子都具备了参加团队活动所需的社会经验。

图5-1描绘了从模仿到游戏的过程，但自我发展还有最后一个阶段。在游戏中，玩家需要在一种情境中

| 自我可以同时扮演： | 没有人（没有能力扮演他人角色） | 一种情境下的一个角色 | 一种情境下的许多角色 | 许多情境下的许多角色 |
|---|---|---|---|---|
| 阶段 | 模仿阶段 | 玩耍阶段 | 游戏阶段 | 概化他人阶段 |

**图 5-1 以社会经验为基础**
乔治·赫伯特·米德将自我的发展描述为获得社会经验的过程。也就是说，当我们扩大自己扮演他人角色的能力时，自我就会发展。

扮演特定的角色。而日常生活要求我们像社会的任何成员一样，用文化规范来看待自己。米德用**概化他人**（generalized people）一词来指我们在评价自己时所参照的普遍文化规范和价值观。

随着时间的流逝，自我也随着我们的社会经历而不断改变。但无论世界如何塑造我们，我们始终保有创造的本质，能够对我们周围的世界做出反应。因此，米德得出结论：我们在自我社会化进程中扮演着关键的角色。

评价

米德的研究探讨了社会经验本身的特性。在人类的符号互动中，他相信他已经找到了自我和社会两者的根源。

米德的视角完全是社会性的，不涉及生物因素。这对那些支持弗洛伊德（认为人们一般的内驱力植根于身体）和皮亚杰（发展阶段与生理的成熟度有关）的批评者来说是个问题。

注意不要将米德的主我和客我的概念与弗洛伊德的本我、超我概念相混淆。对弗洛伊德来说，本我源于我们的生物性，但是米德抵制所有生物学上有关自我的因素（尽管他从未清楚阐明主我的起源）。另外，本我和超我处在不断斗争中，但是主我和客我是相互配合的（Meltzer，1978）。

**检查你的学习**　解释米德主我和客我概念的意义和重要性。米德的"角色扮演"是什么意思？为什么这一过程对社会化如此重要？

## 埃里克森的发展的八个阶段

尽管一些分析人士（包括弗洛伊德）指出，童年是人格形成的关键时期，但爱利克·H.埃里克森（Erik H. Erikson，1902—1994）对社会化采用更广泛的视角。他解释说，我们在整个生命过程中都会面临挑战（1963，orig. 1950）。

阶段 1：婴儿期——信任感（对不信任感）的挑战。从出生到 18 个月左右，婴儿面临着人生的第一个挑战：建立一种信任感，让他们相信他们身处的世界是安全的。家人在婴儿如何应对这一挑战中起着关键作用。

阶段 2：学步期——自主感（对怀疑感和羞怯感）的挑战。接下来的挑战持续到 3 岁，是以自信的方式学习应对世界的技能。不能进行自我控制会导致孩子怀疑自己的能力。

阶段 3：学龄初期——主动感（对内疚感）的挑战。四五岁的孩子必须学会融入周围的环境——包括家庭以外的人，在没有达成父母或他人的期望时，就会体验到内疚感。

阶段 4：青春前期——勤奋感（对自卑感）的挑战。在 6 岁到 13 岁之间，孩子们进入学校，结交朋友，并越来越多地依靠自己的力量。他们要么为自己的成就感到骄傲，要么担心自己达不到标准。

阶段 5：青春期——自我认同（对自我混乱）的挑战。在青少年时期，青少年努力建立自己的身份。在某种程度上，青少年认同他人，但他们也想与众不同。几乎所有的青少年在努力确立自己的身份时都会经历一些困惑。

阶段 6：成年早期——亲密感（对孤独感）的挑战。年轻人面临的挑战是如何与他人建立并保持亲密的关系。结交亲密的朋友（尤其是恋爱）应在维系关系的需要和保留独立身份的需要之间取得平衡。

阶段 7：成年中期——创造力（对自我关注）的挑战。中年期的挑战是在家庭、工作场合和更大的世界中为他人的生活做出贡献。如果做不到这一点，人们就会变得以自我为中心，陷入对自己有限的关注中。

阶段 8：老年期——诚信感（对绝望感）的挑战。随着生命的终结，人们希望在回顾他们所取得的成就时带有一种完整和满足感。对于那些以自我为中心的人来说，老年期只会带给他们一种错失机会的绝望感。

## 评价

埃里克森的理论将人格的形成视作一个终生过程，只有当一个阶段成功度过（例如，婴儿获得信任），我们才能准备面对下一个阶段的挑战。然而，并不是每个人在面对这些挑战的时候都严格按照埃里克森提出的顺序。有一点还不明确，一个人在人生的某个阶段没有成功迎接挑战，是否就意味着他以后注定会失败。在我们对皮亚杰思想的讨论中提出的一个更广泛的问题是，其他文化中的和历史上其他时期的人们是否会从埃里克森的角度来定义一个成功的人生。

总之，埃里克森的模型指出，包括家庭和学校在内的许多因素塑造了我们的人格。在下一节中，我们将仔细研究这些重要的社会化主体。

**检查你的学习** 与本章中提到的其他思想家相比，埃里克森从哪些方面对社会化持更广泛的观点？

# 社会化的主体

5.3 分析家庭、学校、同辈群体和大众传媒如何引导社会化过程

任何社会经历都会对我们产生一定的影响。然而，一些熟悉的主体在社会化的进程中显得尤为重要。这些主体包括家庭、学校、同辈群体和大众传媒。

## 家庭

家庭在许多方面影响社会化。事实上，对大多数人来说，家庭可能是最重要的社会化主体。

**儿童期的养育** 婴儿完全依赖于他人的照料。提供安全和关爱环境的责任通常落在父母和其他家庭成员身上。至少在孩子上学之前的几年里，家庭还要肩负着教授孩子技能、价值观和信仰的职责。总的来说，研究表明，没有什么比一个充满爱的家庭更有可能培养出一个快乐、适应能力良好的孩子（Gibbs，2001）。

并非所有的家庭教育都是父母有意教导的结果。孩子们也从成人为他们创造的环境中学习。孩子们认为自己是强大还是弱小，是聪明还是愚蠢，是被爱还是仅被容忍——正如埃里克森所说，他们认为这个世界是值得信任还是充满危险——很大程度上取决于父母和其他照顾者所提供的环境。

**种族和阶级** 通过家庭，父母给予孩子一个社会身份。在某种程度上，社会身份包含种族。种族身份可能是复杂的，因为正如第十五章（"种族与族裔"）所解释的那样，社会对种族的定义是多种多样且不断变化的。例如，近几十年来，越来越多的人选择将自己定义为多种族，即属于两种或两种以上的种族类别。美国人口普查局报告称，2015 年美国有 1000 万人（3.1%）认为自己属于多种族，这一数字是 2000 年 1.4% 的两倍多。这一比例肯定会继续上升，因为目前美国约 6% 的新生儿被记录为属于多种族（U.S. Census Bureau，2016）。

种族也会影响我们如何看待自己和他人。许多人认为种族是显而易见的，是基于身体特征（如肤色）的类属。奥萨吉·奥巴索吉（Obasogie，2013）访谈了自出生以来就失明的人，发现他们对种族的看法与正常人非常相似。这一发现表明，我们不是用眼睛来看待种族，而是学会了将种族视为社会定义的不同类别的人。

与种族类似，社会阶级对孩子的个性塑造有很大的影响。无论出生家庭的社会地位高还是低，孩子们都会逐渐认识到，家庭的社会地位影响着别人对他们的看法，并随着时间的推移，影响着他们对自己的看法。

此外，研究发现阶级地位不仅影响着父母在孩子身上的花费，而且影响着父母对孩子的期望（Ellison，Bartkowski & Segal，1996）。所有社会阶级背景的父母都希望他们的孩子有所作为，但是，当被要求从一份孩子所需要的特质清单中做出选择时，较低阶级的父母比上层社会的父母更有可能指出，"顺从"是孩子的关键特质。相比之下，富裕家庭的父母比低收入家庭的父母更有可能表扬那些能够"独立思考"的孩子 (Smith et al.，2015)。

什么原因导致了这种差异？根据梅尔文·柯恩（Kohn，1977）的解释，社会地位较低的人通常受教育水平有限并且从事受严密监视的日常工作，他们认为自己的孩子可能保持相似的地位，因而鼓励孩子顺从，甚至可能会用体罚的方式，比如打屁股来达到目的。因为富裕的父母受过更高的教育，他们通常从事需要独立性、想象力和创造力的工作，所以他们试图在孩子身上激发同样的品质。不管有意识还是无意识，所有的父母都会鼓励他们的孩子跟随他们的脚步。

富裕的父母更有可能推动他们的孩子达成目标，他们通常也会为他们的子女提供大量的休闲活动，包括体育、旅行和音乐课程。在低收入家庭长大的孩子很少有机会参加这些丰富多彩的活动，这些活动建立了"文化资本"（cultural capital），提高了学习技能并培养了自信心，让他们在以后的人生中能取得成功（Lareau，2002；Smith et al.，2015）。

正如 "日常生活中的社会学"专栏所解释的那样，社会阶级也影响着成长所需的时间。

## 学校

学校教育扩展了孩子们的社会世界，包括和他们自身背景不同的人。只有当他们遇到与自己不同的人时，孩子们才会明白种族和社会阶级等因素的重要性。鉴于此，他们很可能会聚集在由一个阶级、种族和性别组成的游戏群体中。学校也会教孩子们如何思考种族和阶级的差异（Kahn，2012）。

**性别** 学校与家庭共同参与完成孩子性别角色的社会化。几十年来，研究表明，在学校里，男孩参加更多的体育活动，花更多的时间待在户外，而女孩更倾向于帮助老师做各种杂事。今天，和过去一样，男孩在教室里也更有攻击性，更有可能与教职工发生冲突；而女孩通常更安静，表现得更好（Best，1983；Jordan & Cowan，1995；U.S. Department of Justice，Federal Bureau of Investigation，2015）。

富裕家庭的父母给予他们的孩子的优势不仅限于金钱。研究表明，他们会更多地与孩子交谈，从而促进他们的智力发展。所有的父母都可以通过让孩子参与对话来帮助他们发展。

**孩子们学习什么** 对于生活在富人区和穷人区的孩子来说，上学是不一样的。正如第二十一章（"教育"）所解释的那样，来自富裕家庭的孩子通常比来自贫困家庭的孩子在学校的经历要好得多。

孩子们在学校学到的东西超出了正式计划的课程。学校也非正式地教授很多东西，这些东西可以被称为"隐性课程"（hidden curriculum）。像拼字比赛这样的活动不仅可以教会孩子们如何拼写单词，还教会他们如何将人们划分为"胜利者"和"失败者"。有组织的体育活动帮助学生锻炼他们的力量和技能，也教会了孩子们关于合作和竞争的重要人生课程。

对大多数孩子来说，学校也是他们第一次接触到科层制的场所。学校的日常生活是建立在客观的规则和严格的时间表基础上的。不出所料，这些也是那些日后将雇佣年轻人的大型组织的特点。

### 同辈群体

等到孩子进入学校，他们就加入了**同辈群体** (peer group)，这是一个由有着相同兴趣、社会地位和年龄的成员组成的社会群体。与家庭和学校不同，同辈群体让孩子们摆脱了成年人的直接监督。在同辈人群中，他们学习如何建立自己的关系。同辈群体还可以讨论一些大人不可能与孩子分享的兴趣爱好（比如服装和流行音乐）或禁止性的内容（比如毒品和性）。

因此，父母经常关心自己孩子的朋友是谁也就不足为奇了。在一个快速变迁的社会中，同辈群体有很大的影响，年轻人和老年人对待事物的态度往往会因为代沟而不同。同辈群体的重要性通常在青春期达到顶峰，此时年轻人开始脱离他们的家庭，将自己视作成年人。

# 日常生活中的社会学

我们长大了吗？定义成年

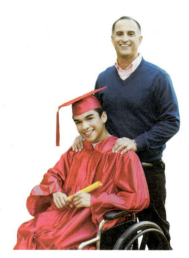

索利：（看见几个朋友刚吃完晚餐回来，经过宿舍走廊）嗨，朋友们，杰罗姆今天21岁生日，我们正准备去棚车庆祝。

麦特：（摇头）我不知道，老兄。我还有个实验要完成，这只是又一个生日而已。

索利：不是一般生日，朋友。他21岁了——是成年人了！

麦特：（讽刺的口吻）如果21岁我就能成为大人的话，我就不会对我人生中想做的一无所知了。

你是成人还是青少年？21岁是不是意味着你"长大"了？根据社会学家汤姆·史密斯（Smith，2003）的说法，在我们的社会中，没有任何一个因素能说明一个人开始成年了。事实上，他对1398名有代表性的18岁以上的样本进行了调查，结果表明，在我们定义一个年轻人已经长大成人时，有很多因素在起作用。根据这项调查，如今在美国声称成为成年人的一个最重要的转变是完成学业。但除了学校教育之外的其他因素也很重要：史密斯的调查对象表示，成年应该意味着从事一份全职工作，获得养家的能力，不再与父母住在一起，最终结婚并为人父母。换句话说，几乎每个美国人都认为一个人做了所有这些事情就完全"长大"了。

所有这些转变可能在什么年纪完成？在当今社会，平均来说，答案是26岁。这比前几代人要晚，那时年轻人结婚更早，上学时间也不长 (National Center for Education Statistics，2011)。但今天的平均水平掩盖了基于社会阶级的重要差异。不上大学的人（在低收入家庭中更常见）通常在20岁之前完成学业，一年后可能会有一份全职工作、独立生活、结婚和为人父母。那些拥有更多社会资源的人可能会上大学，甚至可能继续读研究生或上专业学校，这将成年的过程推迟了长达10年，超过了30岁。

你怎么想？

1. 你认为自己是成年人吗？为什么？
2. 你认为成年期始于多少岁？为什么？女性和男性的成长模式会有所不同吗？请解释。
3. 你认为社会阶级在成年的过程中有什么重要性？

然而，即使在青春期，父母对孩子的影响仍然很强。同辈群体可能会影响孩子对音乐或电影等的短期兴趣，但父母对上大学等长期目标的影响更大（Davies & Kandel，1981）。

最后，任何社区或学校都是由许多同辈群体组成的。正如第八章（"群体与组织"）所解释的那样，个人倾向于以积极的态度看待自己的群体而贬低其他群体。此外，人们会受到他们想要加入的群体的影响，这一过程被社会学家称为**预期社会化**（anticipatory socialization），即帮助个体获得预期地位的学习。例如，在学校里，年轻人可能会模仿他们希望能够接纳自己的那个群体的风格和俚语。在以后的生活中，希望成为律师事务所合伙人的年轻律师为了被接纳，可能会遵照事务所合伙人的态度和行为行事。

## 大众传媒

8 月 30 日，苏格兰西海岸外的科尔岛。上次我们访问这个偏远的岛屿时，那里没有电，大多数人说着古老的盖尔语。现在有了一条从大陆牵来的电缆，家家户户都有了电灯、电视和接入互联网的电脑。今天，岛上的大多数居民都有智能手机，经常给在英国和世界各地的人发短信。科技和新的社交媒体把这个偏远的地方推向了一个更大、更互联的世界。变化是如此之大：岛上最后的历史文化正在迅速消失，只剩下传统舞蹈和音乐表演。如今，这里的大多数人口由大陆人组成，他们开着车来这里度假。并且现在每个人都说英语了。

**大众传媒**（mass media）是将信息从单一来源传递给广大受众的手段。"media"一词（medium 的复数）来自拉丁语"中间"一词，意思是媒体将人们联系在一起。正如第七章（"大众传媒与社会传媒"）详细解释的那样，大众传媒作为通信技术而产生（首先是报纸，然后是收音机、电视、电影和网络），在很大程度上起到传播信息的作用。一个世纪以前，家庭和当地社区对社会化进程拥有最大的控制权；今天，大众传媒在重要性上可与这些社会化主体相匹敌。

大众传媒之所以重要，不仅因为它们的影响力巨大，还因为它们的影响力可能不同于家庭、当地学校和同辈群体。简而言之，大众传媒将人们引向了反映更大的社会和整个世界的思想和意象。

在当今的美国，大众传媒对人们的态度和行为有着巨大的影响。今天，接近 90% 的美国家庭拥有至少一台个人电脑，而且几乎所有这些家庭电脑都接入了互联网。电视在二战后成为主要的媒体，现在 96% 的美国家庭至少拥有一台电视机（几乎与拥有电话的家庭比例相同）。90% 的家庭也拥有有线或卫星电视。如图 5-2 所示，美国是世界上拥有电视比例最高的国家之一。在美国，几乎每个人都花时间看电视，但是，正如本章开头的"社会的力量"所指出的那样，那些受教育程度较低的人（也就是那些收入较低的人）花最多的时间看电视（U. S. Census Bureau，2016；U. S. Department of Labor，2016；International Telecommunication Union，2017；TVB，2017）。

**大众传媒接触度**　我们到底有多沉迷于电视？调查数据显示，大约 80% 的美国成年人经常看电视，平均每天看 4 小时。老年人每天看电视约 7 个小时。与一般成年人相比，儿童和青少年看电视的时间较少，但他们花在游戏机和智能手机上的时间更多。非裔美国儿童看电视的时间比西班牙裔儿童略多，而比白人儿童看电视的时间多得多（U. S. Census Bureau，2016；Nielsen Media Research，2017)。

对儿童的调查显示，大约三分之二的美国儿童报告说电视在吃饭的时候一直是开着的，有超过 70% 的儿童声称父母并不会限制他们坐在电视机面前的时间。小孩子喜欢看电视和玩电子游戏，当他们长大了，音乐视频和上网冲浪在他们生活中就占到了更大的一部分。各个年龄段的男孩子都喜欢电子游戏，而女孩子则偏爱音乐视频（Rideout，Foehr，& Roberts，2010）。

在当今社会，在儿童们学会阅读之前，看电视已经成为他们日常生活的一部分。在儿童的成长过程中，他们花在电视机前的时间和花在学校或者与父母沟通的时间一样多。这是一个事实，尽管研究表明儿童看电

全球快照

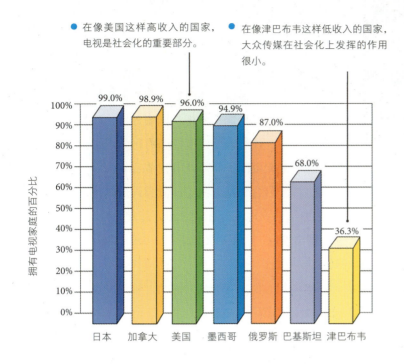

● 在像美国这样高收入的国家，电视是社会化的重要部分。　● 在像津巴布韦这样低收入的国家，大众传媒在社会化上发挥的作用很小。

图 5-2　全球视野下的电视拥有情况

电视在高收入和中等收入的国家很受欢迎，几乎每个家庭都拥有至少一台电视机。

资料来源：International Telecommunication Union（2017）。

视越频繁，他们的认知发展就越慢，越被动，越少使用他们的想象力，患肥胖症的风险越高。这并不是说电视自身直接对儿童有害；相反，长时间看电视占用了与父母和同龄人互动的时间，也占用了锻炼和其他更有可能促进发育和健康的活动的时间（American Psychological Association，1993；Fellman，1995；Shute，2010）。

**电视与政治**　由于许多原因，电视（以及其他大众传媒）引发了大量的批评。一些自由派评论家认为，在电视历史上的大部分时期，少数族裔并没有在电视节目中出现，或者只是以刻板的角色出现（例如，非裔美国人扮演管家和女佣，亚裔美国人扮演园丁，西班牙裔美国人扮演新移民）。然而，近年来，少数族裔越来越接近电视舞台的中心。在今天的电视节目中，种族和族裔的多样性比过去几十年更加明显。此外，少数族裔扮演的角色范围要广泛得多。

另一方面，保守派评论家指责电视和电影产业被自由派文化精英所控制。他们声称，近年来，"政治立场正确"的媒体推动了包括女性主义和同性恋权利在内的自由主义事业（Rothman，Powers & Rothman，1993；Goldberg，2002）。但并非所有人都同意这一观点，一些人反驳说，福克斯新闻（肖恩·汉尼提［Sean Hannity］、塔克·卡尔森［Tucker Carlson］和其他保守派评论员）的受欢迎程度表明，电视节目提供了来自两种政治派别的观点（Rothman，Powers & Rothman，1993；Goldberg，2002；Pew Center for People and the Press，2012）。最近的一项研究考察了各种媒体受众的政治认同，证实大众传媒总体上呈现出广泛的政治观点。在媒体内容方面，我们的选择范围从左派的《纽约客》（*New Yorker*）和《页岩》（*Slate*），到中间派的 CBS 新闻和《今日美国》（*USA Today*），再到右派的福克斯新闻和《拉什·林堡秀》（*The Rush Limbaugh Show*）（Mitchell et al.，2014）。

政治观点广泛存在的事实并不意味着一般人都体验过这种多样性。相反，研究人员指出，当涉及大众传媒时，居住在不同世界的自由主义者和保守主义者，会紧盯着那些和他们观点一致的特定媒体。例如，

暴力和大众传媒延伸到电子游戏世界，特别是那些受小男孩欢迎的游戏。最具争议的游戏之一是《侠盗猎车手 5》（*Grand Theft Auto* V），它包含了大量的暴力内容。你认为当前的评级系统足以引导购买电子游戏的父母和孩子吗？或者你会支持对游戏内容进行更严格的限制吗？

在 2016 年的总统选举中，支持唐纳德·特朗普的绝大多数人都转向了福克斯新闻，希拉里·克林顿的支持者则偏爱 CNN 和 MSNBC（Mitchell，2014；Gottfried，Barthel & Mitchell，2017）。

**电视与暴力** 1996 年，美国医学会（AMA）发表了一项惊人的声明，称电视和电影中的暴力现象如此普遍，以至于对公众健康构成了危害。调查证实，四分之三的美国成年人表示，他们曾因过度的暴力行为而走出电影院或关掉电视。毫无疑问，暴力是电视节目的一部分。近三分之二的电视节目含有暴力内容，研究人员估计，美国儿童在 18 岁之前，将在电视上看到约 20 万起暴力行为，其中包括 1.5 万起谋杀案。通常情况下，参与暴力行为的人物不会表现出懊悔，也不会受到惩罚（Federman，1998）。

特别是涉及儿童的时候，公众对大众传媒中的暴力非常关注。大约三分之二的家长表示，他们非常担心自己的孩子接触到太多的媒体暴力（Rideout，2007）。这种担心似乎有充分的理由，研究发现观看暴力电视节目和玩电子暴力游戏的时间与攻击行为（如打架、较早使用酒精和其他非法药物，甚至失眠）存在因果关联。2011 年，美国儿科学会 (AAP) 提出"儿童每天看电视的时间不能超过 2 小时""2 岁以下的孩子不能看电视"的建议（Bushman & Anderson，2001；Robinson et al.，2001; Denniston，2011；Garrison et al.，2011）。

回到 1997 年，电视行业采用了一种评级系统。另外，2000 年以后生产的电视机中也装有 V 芯片，父母可以阻止儿童看部分电视节目。但是，目前还没有一种简单的技术，可以让父母控制儿童接触到青少年普遍使用的许多电子设备上的暴力内容。当然，我们可能想知道，是否观看色情或暴力节目本身就是对年轻人造成伤害的原因；是否那些没有得到父母的关注或遭受其他风险因素的孩子，最终会看更多的电视。无论如何，我们可能会问，为什么大众传媒包含如此多的色情和暴力的内容？

电视和其他大众传媒通过娱乐和教育节目丰富了我们的生活。媒体也增加了我们接触多元文化的机会，并引发对当前问题的讨论。与此同时，媒体，尤其是电视，塑造我们思维方式的力量仍然极具争议。第七章（"大众传媒与社会媒体"）针对媒体对社会发展的影响做了进一步的分析。

## 评价

这一部分表明，社会化是复杂的，随着我们的成长，许多不同的因素塑造着我们的个性。此外，这些因素并不总是同时起作用。例如，儿童们从同辈群体、大众传媒和社交媒体中学到的某些东西可能会与他们在家里学到的东西相冲突。

除了家庭、学校、同辈群体和大众传媒之外，生活的其他领域也在社会学习中发挥作用。对于大多数美国人来说，这包括工作场所、宗教组织、军队和社交俱乐部。最后，事实表明，社会化不仅是一个简单的学习问题，而且是一个复杂的平衡行为，因为我们从各种来源吸收信息。在整理和权衡我们收到的所有信息的过程中，我们形成了自己独特的个性。

**检查你的学习** 找出本章本节讨论的社会化的所有主体。它们各自用哪些方式帮助我们发展个性？

# 社会化与生命历程

**5.4**　讨论我们的社会如何将人类的经历组织成不同的人生阶段

虽然童年在社会化过程中具有特殊的重要性，但学习贯穿我们的一生。对生命历程的概述揭示了我们的社会是根据年龄来组织人生经历的，也就是我们所知的童年期、青少年期、成年期和老年期。

近几十年来，一些人开始担心美国社会缩短了童年期，迫使孩子们成长得越来越快。电视节目《选美小天后》（*Toddlers and Tiaras*）展示了小女孩的表演，就仿佛她们是成年女性一般。像这样的电视节目是导致"忙碌儿童综合征"的因素吗？你是否认为这是个问题？为什么？

## 童年期

下次你去买运动鞋的时候，看看展示的鞋子是在哪里生产的。大多数品牌都是在亚洲国家生产的，这些地方的工资水平远远低于美国。鞋子上没有说明的是，这些产品是不是由儿童生产的。世界上有 1.68 亿儿童在工作，其中 60% 的儿童在务农。世界上有近一半的童工在亚洲，超过三分之一的童工在非洲。这些儿童中有一半从事全职劳动而没有去上学，且大部分工作对儿童的身心健康有危害。他们努力工作，但是只能挣到很少的钱——通常，大约每小时 50 美分（Human Rights Watch，2006；Thrupkaew，2010；International Labour Organization，2013；U.S. Department of Labor，2016）。

孩子们在工厂里长时间工作的事实可能会让生活在高收入国家的人感到不安，因为大多数美国人认为童年大致包括生命中最早的 12 年，是一段无忧无虑的学习和玩耍的时光。然而，正如历史学家菲利普·阿里耶斯（Ariès，1962）所解释的那样，"童年"在人类历史上是相当新的一个概念。在中世纪，四五岁的孩子就被当作成年人对待，并被期望去自谋生计。

我们为童年这个概念辩护，因为儿童在生物学上是不成熟的。但是，回顾过去和环顾全球，童年不仅是一个生物学概念，也是一个文化概念（LaRossa & Reitzes，2001）。在富裕的国家，不是每一个人都要去工作，所以童年期可以延长，从而能使年轻人有更多的时间去学习将来在高科技工作场合所需的技能。

由于美国人的童年期会持续相当长一段时间，当孩子们成长得似乎太快时，一些人就开始担心了。在某种程度上，这种"忙碌儿童综合征"是家庭的变迁所导致的——包括高离婚率和双亲皆忙于工作，这使得孩子没有受到太多的监督。此外，电视上（更不用说电影和网络）的"成人节目"将性、毒品、暴力等成年人关心的问题带入年轻人的生活。一位少儿频道的执行总监说，现在 10 至 12 岁的孩子有着与上一代 12 至 14 岁孩子相同的兴趣和经历。也许这就是为什么现在的孩子与 50 年前的孩子相比有更多的压力和焦虑（Hymowitz，1998；Gorman，2000；Hoffman，2010）。

## 青少年期

在工业化使童年成为人生的一个独特阶段的同时，青少年期则成为童年和成年之间的过渡期。我们通常把青春期或青少年期与情感和社会动荡联系起来，因为年轻人此时在努力彰显自己的个性。我们试图将青少年的叛逆和困惑归因于青春期的生理变化。但事实上，这是文化冲突的结果。例如，即使家长敦促克制，但大众传媒大力颂扬性，学校也会发放避孕套。再思考一下，一个 18 岁的人可能面临着成年去参军的义务，但却没有成年喝啤酒的权利。总之，青春期是一个充满社会矛盾的时期，人们不再是孩子，但也没有成为大人。

正如人生的各个阶段一样，青春期因社会背景而异。大多数来自工人阶级家庭的年轻人，高中毕业后就直接进入了成人世界，工作和养育子女。然而，出生在较富裕家庭的青少年有资源上大学或研究生院，将他们的青春期延长到 20 岁后期甚至 30 岁（Smith，2003；National Center for Education Statistics，2011）。

## 成年期

如果生命历程的各个阶段是以生物变化为基础的，那么定义"成年"就很容易了。无论从何时开始，成年期都是人生大部分成就达成的时期，包括追求事业和养育家庭。虽然失业、离婚、重病等生活环境的显著变化可能会改变人的个性，但届时个性已经大致成形。

**成年早期** 在成年早期（到 40 岁左右），年轻人学会自己管理日常事务，经常要处理相互冲突的优先事项：上学、工作、伴侣、孩子和父母。在这一阶段，许多女性试图"包办一切"，这种模式反映了一个事实，即我们的文化将抚养孩子和做家务视为她们的主要责任，即使她们在家庭外也从事繁重的工作。

**中年期** 在中年时期（大约 40 到 65 岁），人们对他们的生活环境感到满意。他们也更加意识到健康的重要性，而年轻人通常不会意识到这一点。多年来一直在操持家庭的女性会发现，中年期的女性在情感上很痛苦。孩子长大后，需要的关注就少了，而丈夫们变得专注于自己的事业，给一些女性留下了难以填补的空虚。许多离婚的女性也面临严重的经济问题（Weitzman，1985，1996）。由于上述原因，越来越多的中年女性重返校园，寻找新的职业机会。

对任何人来说，变老意味着身体机能下降，而我们的文化给女性制造了更多的挑战。因为人们认为漂亮的外表对女性来说更重要，皱纹和白发的出现可能会造成痛苦。变老也会对男性造成特殊困难。有些人必须承认他们永远无法实现早期的事业目标。另一些人意识到事业成功是以家庭和个人健康为代价的。

## 老年期

老年是指成年的晚期和生命的最后阶段，约始于 65 岁。在美国，约八分之一的人已满 65 岁，现在老年人的数量超过了青少年的数量（U. S. Census Bureau，2016）。

再次强调，社会赋予这一生命阶段以不同的意义。正如第十六章（"老龄化与老年人"）所解释的那样，传统社会年迈的社会成员通常控制着大部分的土地和其他财富。此外，由于传统社会变迁缓慢，老年人拥有在他们的一生中获得的有用的知识，这为他们赢得了很多尊重。

然而，在工业社会中，大多数年轻人的工作和生活都脱离了他们的父母，变得独立于他们的长辈。年轻人也是人数最多的——"千禧一代"是美国现在规模最大的一代（Fry，2016）。随着社会的快速变迁，"年轻取向"日渐强化，而老年人被定义为"不重要的人"或"过时的人"。对年轻人来说，老年人似乎脱离了新潮流和时尚，他们的知识和经验似乎没有什么价值。

也许这种反老年的偏见将随着老年人比例在美国的持续上升而减少。现在全美人口中超过 65 岁的人口比例在过去的 100 年中已增加了 3 倍。随着预期寿命的持续增长，如今 60 岁左右的大多数男性和女性（年轻的老年人）有望再活几十年。分析人士预测，到 2060 年，老年人的数量将翻一番，达到 9800 多万，而美国人的平均年龄将达到 43 岁（U.S. Census Bureau，2016）。

老年期在很大程度上不同于生命历程中的前几个阶段。成长通常意味着进入新的角色和承担新的责任，但变老则是相反的经历——离开既能提供满足感又能提供社会认同的角色。对一些人来说，退休是一段休憩的时光，但对另一些人来说，它可能意味着失去有价值的日常生活，甚至是彻底的无聊。就像任何生活变化一样，退休需要学习新的模式，同时放弃过去的习惯。

### 死亡与临终

在人类历史的大多数时期，低生活水平和有限的医疗技术意味着在生命的任何阶段都可能发生事故或因疾病而死亡。然而，今天，87% 的美国人的寿命都超过了 54 岁（Kochanek et al.，2016）。

精神病学家伊丽莎白·库伯勒－罗丝（Kübler-Ross，1969）在对许多临终的人进行观察后，将死亡描述为一个有序的五阶段过程。通常情况下，一个人面对死亡，首先会采取否认的态度，可能是出于恐惧，也可能是因为我们的文化倾向于忽视死亡的现实。第二阶段是愤怒，临终的人会觉得死亡是非常不公平的。第三阶段，愤怒让位于谈判，因为人们想通过与上帝讨价还价来避免死亡。第四阶段的反应为放弃，往往伴随着心理抑郁。到了最后的阶段，完全适应死亡需要采取接受的态度。临终之人不再被恐惧和焦虑所麻痹，开始平静下来，并充分利用剩下的时间。

最近的研究表明库伯勒－罗丝简化了临终的过程，并不是每个人都需要经历这些阶段，或者遵循她所描述的阶段顺序（Konigsberg，2011）。与此同时，此研究有助于引起人们对死亡和临终的关注。随着老年男女比例的增加，我们可以预期死亡这一主题在我们的文化中将被逐渐接纳。近年来，美国人开始更公开地谈论死亡，而且现在的趋势是将死亡视为比长期受苦更可取的选择。现在，更多的已婚夫妇通过法律和财务规划为死亡做准备。这种开诚布公可能会在一定程度上减缓丧偶的痛苦，对女性来说尤为如此，因为她们通常比丈夫活得更长。

### 生命历程：模式与变化

对生命历程进行简要回顾可以得出两个主要结论。首先，虽然生命的每个阶段都与生物学上的老化过程有关，但生命历程在很大程度上是一种社会建构的过程。因此，其他社会中的人们可能经历了完全不同的某个人生阶段，或者根本不会经历。第二，在任何社会中，生命历程的各个阶段都会反映某些问题和变化，这些变化包括学习新的东西，也包括多数情况下经过学习就知道的常规事物。

虽然社会根据年龄来组织生命历程，但阶级、种族、族裔、性别等因素也在影响着人们的生活。这意味着本章中描述的一般模式会因人而异。

人们的生活经历也因出生在历史上不同的社会时期而有所不同。**同期群**（cohort）通常指的是年龄相仿的人群。由于特定年龄组的成员通常受到相同的经济和文化趋势的影响，他们往往有着相似的态度和价值观。出生于 20 世纪 40 年代和 50 年代的男女，通常被称为"婴儿潮"一代，他们成长于经济扩张时期，因此多为乐观主义者。如今的年轻人被称为千禧一代，他们成长在经济不稳定的时代，对未来缺乏信心。

## 再社会化：全面控制机构

5.5 描述全面控制机构的运作特征

在美国，有 300 多万人经历过社会化的最后一种形式，通常是在违背意愿的情况下被关进监狱或精神病院（U.S. Department of Health and Human Services，2016；U.S. Department of Justice，2016）。这就是**全面控**

同期群是指拥有相同生活经历且年龄相近的人群。就像 20 世纪 60 年代滚石乐队的观众以年轻人为主一样，如今那些年轻歌迷也都是 70 多岁的人了。米克·贾格尔 (Mick Jagger) 很快就要 75 岁了。

**制机构**（total institution）的世界，在此人们与社会的其他部分隔离，并处于某种管理机构的控制下。

根据欧文·戈夫曼（Goffman，1961）的论述，全面控制机构拥有三个重要的特征。第一，管理人员监控日常生活的各个方面，包括居住者（通常称为"病人"或"犯人"）的吃、住、睡和工作。第二，全面控制机构中的生活是受控的和标准化的，每个人都吃相同的食物、穿相同的衣服和从事相同的活动。第三，正式规章规定病人或犯人日常生活的时间、地点和方式。

这种严格的例行公事的目的是**再社会化**（resocialization），通过严格控制环境，彻底改变犯人或病人（inmate）的人格。监狱和精神病院将犯人或病人隔离在栅栏、上锁的窗户和上锁的门后，限制他们打电话、写信和被访。监狱或医院成为他们生活的全部，这样的环境有利于管理人员改变犯人或病人的人格，或仅仅使其变得顺从。

再社会化分为两个阶段。首先，管理人员抹去新犯人或病人的现有身份。例如，犯人或病人必须放弃自己的物品，包括衣服和装饰用品。管理人员提供标准的服装，让每个人看起来都一样。管理人员通过搜身、剃头、体检、指纹识别和分配序列号，让犯人或病人感到"自我屈辱"。一旦进入高墙之内，人们也失去了他们的隐私，因为看守会例行检查他们的身体。

在再社会化过程的第二阶段，管理人员试着通过奖励和惩罚机制为犯人或病人建立一个新的自我。在一般人看来，看书、看电视或打电话似乎都微不足道，但在全面控制机构的严格环境中，这些基本的权利可以成为一种强大的服从动机。监禁时间的长短取决于犯人或病人与工作人员的合作程度。

全面控制机构以不同的方式影响人们。一些犯人或病人最终可以"恢复"或"复原"，但另一些人可能改变不大，还有一些人可能变得充满敌意和痛苦。在很长一段时间里，生活在严格控制的环境中可能会使一些人被制度化（institutionalized），失去独立生活的能力。

但其他没入狱或入院的人又怎么样呢？社会化是摧毁了我们的个性，还是赋予了我们发挥创造性潜能的能力？在"争鸣与辩论"专栏，我们将进一步探讨这个问题。

电视节目《女子监狱》（*Orange is The New Black*）提供了监狱世界内部的速写。监狱是一种全面控制机构，囚犯在监狱里穿着相同的衣服，在管理人员的直接监督和控制下进行日常活动。我们期望监狱能为犯罪的年轻人做些什么？你觉得监狱能在多大程度上满足人们的期望？

# 争鸣与辩论

我们在社会中是自由的吗？

迈克：社会学是一门非常有趣的课程。从教授"如何用社会学的眼光看待世界"开始，我意识到，一系列"我是谁"和"我的定位是什么"的问题都与社会息息相关。

阿米拉：(开玩笑说)哦，所以是社会让你如此聪明、机智和英俊的喽？

迈克：不，这些全是（靠）我自己。但我知道，上大学和踢足球可能不是完全由我决定的。我的意思是，它们至少也与社会阶级和性别有关。人和其生活的社会永远不能完全分离。

是否对社会如何塑造我们的生活有了更多的了解，就能让我们有更大的力量去"割断绳索"，为自己选择生活方式？

这一章强调了一个关键的主题：社会塑造了我们的思想、感觉和行为。如果是这样，那么在什么意义上我们是自由的？要回答这个重要的问题，请回想一下我们许多人从小就看过的电视和电影中的布偶秀。看着青蛙柯密特、猪小姐和剧团其他布偶的滑稽动作，我们几乎相信它们是真实的，而不是被幕后操纵的。正如社会学的视角所指出的，人类就像布偶一样，我们也要对幕后力量做出回应。毕竟，社会赋予我们文化，也根据阶级、种族和性别塑造了我们的生活。如果是这样，我们还能声称自己是自由的吗？

社会学家给出了不同的回答。政治自由主义者的回应是，个人不可能脱离社会，事实上，作为社会生物，我们从未自由过。但是，如果我们的生活不得不由社会控制，那么重要的是要尽我们所能使我们更加适应社会。我们可以通过努力减少不平等、努力减少阶级差异、消除包括女性在内的少数群体获得机会的障碍来做到这一点。一种更为保守的回答是，是的，社会确实塑造了我们的生活，但我们也应该意识到，我们仍然可以保持自由。因为首先，只要我们坚定自己的生活方式，社会也无法压制。第二，即使我们遇到了我们不接受的社会障碍，我们仍然是自由的，因为社会永远不能指挥我们的梦想。作为一个民族国家，美国的历史，从革命行动到建国，就是由一个又一个人们不顾艰难险阻追求个人目标的故事构成。

所有这些论点都可以在米德的社会化分析中找到。米德知道社会会对我们提出要求，有时会限制我们的选择。但他也看到，人是自发的和有创造力的，能够不断地对社会采取行动，带来改变。米德注意到社会的力量，同时仍然肯定人类评估、批评以及做出最终选择和改变的能力。

最后，我们可能看起来像布偶，但这只是表面印象。我们与布偶一个关键的区别是，我们有能力停下来思考，抬头看看那些控制我们的线，甚至大胆地猛拉这些线（Berger，1963：176）。如果我们的力量足够强大，我们可以完成比我们想象中更多的事情。正如玛格丽特·米德（Margaret Mead）曾经说过的那样，永远不要怀疑一小群有思想、有责任感的公民可以改变世界。事实上，这才是现实。

你怎么想？

1. 你认为我们的社会给予了男性比女性更多的自由吗？为什么？
2. 你认为我们社会中的大多数人能否控制他们自己的生活？为什么？
3. 学习社会化知识增加了还是减少了你的自由感？为什么？

## 日常生活中的社会学

我们什么时候开始长大成人？

正如本章所解释的，在从生命历程的一个阶段过渡到另一个阶段的过程中，有许多因素发挥作用。从全球化的视野来看，没有任何事件清晰地标志着我们已经成年。我们会经历重要的事件，例如，完成高中学业（毕业典礼）或结婚（婚礼）。请看这里展示的照片。在每一种情况下，我们从社会如何定义生命从一个阶段过渡到另一个阶段中学到了什么？

在埃塞俄比亚奥莫山谷的哈莫族中，年轻的男孩必须经历一个测试以标志他们成年。通常情况下，这是由男孩的结婚愿望触发的。在这一仪式中，男孩必须跳过女孩家挑选的一排公牛，这一仪式由他所在社会的所有人见证。如果他三次尝试中有一次成功，他就可以宣告自己为男人，并可以举行婚礼（标志着女孩成为女人）。我们的社会是否有类似标志成年的仪式或活动？

在亚利桑那州的圣卡洛斯，年轻的阿帕切女孩表演日出舞以标志她们成年。根据阿帕切的传统，每个女孩都由一位长者在她们身上精心绘色，并手持一根特殊的手杖，象征着她们对健康长寿和精神幸福的希望。世界上许多社会把这些成人仪式的时间安排在女孩的第一次月经周期。你如何看待这种现象？

在韩国首尔，这些年轻男女正在参加一个儒家仪式，以标志他们成年。这个仪式在20岁生日时举行，它将年轻人定义为社会的正式成员，也提醒他们现在需要履行的所有责任。如果在美国有这样的仪式，会发生在什么年龄？一个人的社会阶级会影响这个仪式的时间吗？

**提示** 不同社会建构生命历程的方式是不同的，包括哪些阶段被定义为重要的、不同阶段对应的生命年份，以及从一个阶段向另一个阶段转变的清晰标志。由于我们的文化强调个人的选择和自由，许多人倾向于说"你觉得自己多大年龄就是多大年龄"，并让人们自己决定这些事情。说到成年，我们的社会也无法提供准确时间，如前面专栏中指出的影响成年有许多因素。所以我们在这些照片中看到的成人仪式并不普遍。请记住，对我们来说，阶级在这个过程中发挥了重要作用，来自较富裕家庭的年轻人继续上学，直到20多岁甚至30多岁才完全成年。最后，在经济困难时期，与父母同住的20多岁年轻人的比例会大幅上升，这可能会推迟整个群体的成年期。

# 从你的日常生活中发现社会学

1. 在美国各地，许多家庭为庆祝孩子高中毕业而精心策划派对。这个事件在哪些方面构成一种仪式，象征着一个人步入成年？社会阶级如何影响人们将高中毕业作为成年的开始？

2. 在何种意义上人类是自由的？读完这一章后，写一份个人陈述，说明你认为自己能够在多大程度上主导自己的生活。请注意，本章中讨论的一些思想家（如弗洛伊德）认为，我们自由行动的能力存在明显的限制；与之相对，其他人（尤其是米德）则认为人类具有非凡的创造力。你又怎么看？

3. 访问"社会学焦点"博客，你可以在那里阅读年轻社会学学者的最新文章，他们将社会学视角应用于流行文化的话题。

## 取得进步

### 社会经验：人性的关键

#### 5.1 描述社会互动如何成为个性的基础

社会化是贯穿一生的过程。

• 社会化发展了我们的人性和独特的个性。

• 社会化的重要性体现在，长期的社会隔离会造成永久性的伤害（安娜、伊莎贝尔和吉妮的案例）。

社会化是后天的而不是先天的。

• 一个世纪以前，大多数人认为人类的行为是生物本能的结果。

• 对我们人类来说，后天培养是我们的天性。

### 理解社会化

#### 5.2 解释社会化的六个主要理论

弗洛伊德的人格模型包括三部分。

- 本我：先天追求愉悦的人类驱力。
- 超我：内化于价值和规范的社会需求。
- 自我：努力平衡先天追求愉悦的驱力和社会需求。

皮亚杰认为人类发展包含生物学上的成熟和获得社会经验。他将认知发展划分为四个阶段。

- 感知运动阶段仅通过感官认知世界。
- 前运演阶段开始使用语言和其他符号。
- 具体运演阶段允许个体理解因果关系。
- 形式运演阶段包含抽象思考和批判思考。

科尔伯格将皮亚杰的方法应用到道德发展的各个阶段。

- 在前习俗水平阶段，我们根据个人需要判断正确性。
- 习俗水平阶段的道德判断考虑到父母的态度和文化规范。
- 后习俗水平阶段道德判断允许我们批判社会本身。

吉利根的研究发现性别在道德发展过程中起重要作用，并发现男性以抽象的标准来判断对错，而女性则关注行动对人际关系的影响。

米德的观点：

- 自我是人格的组成部分，包含自我意识和自我形象；
- 自我的发展只是社会经验的结果；
- 社会经验包括符号的交换；
- 社会互动依赖于扮演他人角色来理解对方的意图；
- 人类的行为部分是自发的（主我），部分是对他人的回应（客我）；
- 我们通过模仿、玩耍、游戏和理解"概化他人"来获得社会经验。

库利使用"镜中我"的概念来解释，我们对自己的看法取决于我们认为他人如何看待自己。

埃里克森指出个人在从婴儿期到老年期的不同人生阶段都面临挑战。

## 社会化的主体

### 5.3  分析家庭、学校、同辈群体和大众传媒如何引导社会化过程

家庭通常被作为最初的社会化主体。

- 家庭对态度和行为的影响最大。
- 家庭社会地位（种族、社会阶级）决定了孩子的个性。
- 性别观念首先是在家庭中习得的。

学校让大多数孩子第一次体验到科层制和非人性化的评价。

- 学校教授未来生活所需的知识和技能。
- 学校使孩子们接触到更多的社会多样性。
- 学校强化了性别观念。

同辈群体有助于态度和行为的形成。

- 同辈群体在青少年阶段发挥着重要的作用。
- 同辈群体使青少年从成人的监督下解放出来。

在现代和高收入社会中，大众传媒对社会化有着巨大的影响。

•美国孩子平均花在看电视和视频上的时间与上学或与父母互动的时间一样多。

•大众传媒经常强化对性别和种族的刻板印象。

•大众传媒使人们接触到大量的暴力。

## 社会化与生命历程

### 5.4　讨论我们的社会如何将人类的经历组织成不同的人生阶段

童年的概念不是基于生物学，而是基于文化。在高收入国家，童年期被延长。青春期的情感和社会动荡源于人们不再是孩子但也尚未成人的文化断裂。青春期因社会阶级而异。成年期是人生的一个阶段，大多数成就都在这个阶段发生。虽然此时人格已经形成，但它会随着新的生活经历而不断改变。

老年期是根据生物学和文化来界定的。

•传统社会给予长者权力和尊重。

•工业社会认为老年人是不重要的，已经脱离社会。

接受死亡和临终是老年人社会化的一部分。这个过程包括五个阶段：否认、愤怒、谈判、放弃、接受。

## 再社会化：全面控制机构

### 5.5　描述全面控制机构的运作特征

全面控制机构包括监狱、精神病院、修道院。

•管理人员监督日常生活中的各个方面。

•生活是标准化的，所有的犯人或病人遵守既定的规则和惯例。

再社会化是一个由两部分组成的过程。

•抹去犯人或病人现有的身份。

•通过奖励和惩罚系统建立一个新的自我。

# 第六章
# 日常生活中的社会互动

# 社会的力量

引导我们如何建立社交网络

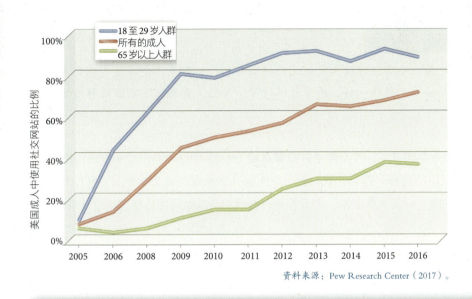

资料来源：Pew Research Center（2017）。

> 我们总是以为，社交网站的使用是一种个人选择，可事实是否真的如此呢？在2005年，只有10%的美国成人使用诸如脸书这样的社交网站；到了2016年，约70%的美国成人在使用。于是，年龄成为预测社交媒体使用者的风向标：65岁以上人群使用社交网站的比例不足一半，而18至29岁人群使用社交网站的比例则高达86%。

## 本章概览

这一章从微观的角度来观察社会，考察了日常社会互动的模式。本章首先界定了一些重要的社会结构单位（如地位、角色），它们引导着我们的行为并将我们与他人联系起来。然后，探讨了我们如何在社会互动中构建社会现实。最终，将上述学习要点应用于三种日常体验：情绪、性别及幽默。

哈罗德与希碧正驱车前往位于佛罗里达州劳德尔堡的朋友家中，这片区域他们并不熟悉。正如希碧所预料的，他们费了很大的劲来寻找棕榈街，但20分钟过去了，还是没找到。

"哈罗德，你看，"希碧忍不住发话了，"前面有人，我们去问问路吧。"听到这里，哈罗德狠狠地把住了方向盘，并开始低声抱怨："我知道我在哪儿，我可不想跟陌生人浪费口舌！跟着我没错的！"

"我知道，你明白现在身处何处，哈罗德，"希碧双眼直视前方并回应道，"但是，我想，你并不清楚你要去哪里。在我所认识的人中，就你不用车载导航仪！"

此时，哈罗德与希碧在各种方面都迷失了方向。他们不明白为什么自己越来越生气，并且开始相互埋怨。

究竟怎么了？像大多数男人一样，哈罗德不能忍受自己迷路。绕的弯路越多，对自己就越不满意。而让希碧无法理解的是，哈罗德为何就不能停下车来询问怎样前往棕榈街。希碧心想，如果由她来开车，肯定

早就到达目的地了，也许现在正舒舒服服地跟朋友聊天呢。

为什么男人都不愿问路呢？因为男人更渴望彰显其能力与独立性，这使得他们在寻求任何帮助时会浑身不自在，也不愿接受他人的帮助。此外，向某人寻求帮助，就等于说"你知道我所不知道的"。再多给哈罗德一些时间，让他自己找到那条街，并且在整个过程中保持其体面——哈罗德认为这才是正确的方式。

而女人们则更倾向与他人保持一致，努力与外界保持联系。在希碧看来，求助才是明智之举，唯有通过信息交流才能建立与社会的联系，使事情顺利完成。因此，希碧认为，问路就像哈罗德坚持要自己找路一样，再自然不过了。显然，如果双方无法理解对方的想法，迷路就必然带来矛盾。

诸如上述的生活体验正是本章的重点。核心概念为**社会互动**（social interaction），指的是人们在与他人的联系中如何采取行动并做出反应的过程。首先，我们提供给大家几个重要的社会学概念，它们是构成日常体验的基石；然后，我们将共同踏上一条神奇之旅，来看看面对面的互动是如何构造我们的生活现实的。

# 社会结构：日常生活的指南

### 6.1　解释社会结构如何帮助我们理解日常生活情境

10月21日，越南胡志明市。今早我们离船，沿着码头前往胡志明市——这个曾被一代人称为西贡的市中心。政府门前的警卫透过厚重的铁门向我们挥手，而栅栏外满是揽客的车夫，他们都驾驶着越南式的出租车，即前部置有小型车厢的改装自行车。在接下来的20分钟里，我们不断地向这些脚踩踏板、等待生意的车夫们摆手、摇头以示拒绝。这种压力着实让人不舒服。当我们打算穿过街道时，居然发现没有任何车站标志或交通信号灯，而来来往往的自行车、摩托车、越南式出租车和小型货车在整个街道上川流不息。当地人似乎早已习以为常，横穿街道时会在相对安全的地段行走，置身于随时可能逼近他们的车辆洪流之中。直接走入车流中？还背着我们的孩子？唉，我们确实是这样做的。在越南，就得这么干才行。

每个社会成员必须依赖社会结构，才能明白各种日常情境的意义。从上述我们在越南街头的感受，大家可以看到，当社会规范不清晰时，这个世界有时候是令人困惑的，甚至是可怖的。那么，现在就让我们仔细看看社会是如何确立日常生活规范的。

# 地位

### 6.2　说明地位对于社会组织的重要性

每个社会中，人们都会运用**地位**（status），即个人所拥有的社会位置这个概念来构建他们的日常生活。这个词通常也意味着"声望"（prestige）。譬如，我们会说，与一个刚被录用的助理教授相比，大学校长的地位更高。但就社会学的意义而言，"校长"和"教授"只不过是大学校园中的不同身份而已。

地位作为我们社会认同中的一部分，有助于界定我们与他人的关系。正如社会学奠基者之一格奥尔格·齐美尔（Simmel，1950：307，orig. 1902）所指出的，在与他人交往之前，我们需要知道这个人是谁。

## 地位群

我们每一个人会同时拥有许多地位。**地位群**（status set），是指个人在特定时间内所拥有的全部地位。一位少女可能既是其父母的女儿、其弟弟的姐姐，同时还是学校的一名学生，及其所在足球队的一名守门员。

地位群随着生命历程的变化而变化。孩子长大后会为人父母，学生毕业后可能成为律师，单身贵族通过结婚将为人夫（或妇），而丧偶或离异则使个人回到单身状态。同样地，加入组织或找到工作，将会扩大我们的地位群；一旦退休或离开组织，我们的地位群会相应地缩小。这样，随着生命历程的发展，人们在不断地获得或失去许多地位。

## 先赋性地位与自致性地位

社会学家根据人们获得地位的方式，将地位划分为先赋性地位（ascribed status）与自致性地位（achieved status）。**先赋性地位**是指个人与生俱来的，或通过后天努力也无法改变的社会地位，譬如，女儿、古巴人、青少年或寡妇。获得先赋性地位时，我们几乎没有选择。

相反地，**自致性地位**，指的是个人自愿获得的、能够反映其能力与努力的社会地位。在美国，诸如荣誉学生、奥运选手、护士、软件工程师、警官、小偷等都属于此范畴。

当然，在真实世界中，多数地位往往是先赋性地位与自致性地位的综合体。换言之，人们的先赋性地位会影响到其后天获得的地位。比如，拥有律师地位的人往往出生于相对殷实的家庭。类似地，越是不如意的地位（如罪犯、吸毒者、失业人员），则越可能由来自贫困家庭的个人获得。

地位　个人所拥有的社会位置

先赋性地位　个人与生俱来的，或通过后天努力也无法改变的社会地位

自致性地位　个人自愿获得的、能够反映其能力与努力的社会地位

## 主要地位

通常，某些地位会比其他的地位更为重要。**主要地位**（master status）是指对于社会认同极其重要的、贯穿个人整个生命历程的一种社会地位。对多数人而言，职业是一种主要地位，因为它充分体现了个人的社会背景、受教育程度及收入等信息。而在某些场合里，姓名则可能成为一种主要地位。比如，你是布什或肯尼迪家族的成员，就可能获得更多的关注与机会。

主要地位不仅带来积极影响，也会带来消极影响。比如，患了某些重病的人。有时候，人们会因为癌症或艾滋病而疏远这些患者，即使他们是自己最好的朋友。又如，在所有的社会中，女性的机会都是有限的，这种事实使得性别成为一种主要地位。

甚至有时候，身体的缺陷也会成为一种主要地位，例如，当我们只关注到他人的残疾时，尽管此举很不人道。"思考多样性"专栏将会向我们详细阐述这一点。

地位群　个人在特定时间内所拥有的全部地位

主要地位　对于社会认同极其重要的、贯穿个人整个生命历程的一种社会地位

# 思考多样性： 种族、阶级与性别

## 当身体残疾作为一种主要地位

在某些人的眼里，身体残疾就如同种族、阶级或性别一样，成为定性他人的标志。在以下访谈中，两名女性为我们揭示了身体残疾是如何成为主要地位的，即身体残疾掩盖了她们的其他特征。

第一位被访者：唐娜·芬奇，29 岁，盲人，拥有社会工作专业硕士学位，现与丈夫、孩子住在俄克拉何马州的马斯柯吉。

"多数人并不期望残疾人长大，总把他们当作孩子……你们（残疾人）不该去约会，也没必要工作，甚至从这个世界上消失会比较好。我并不是说，每个人都如此。但就我自身而言，相较于其他孩子，我心智成熟得更早，而感情上则较晚熟。直到最近的四五年，我才感受到自己的人生是完整的。"

第二位被访者：罗丝·赫尔曼，已退休，盲人，现居于纽约市郊，同时患有脊髓脑膜炎。

"你可能会问我，现在的人们是否与 20 世纪 20 年代和 30 年代的人有所不同。实际上，差不多。他们仍然惧怕残疾人。我不清楚用惧怕这个词是否准确，但至少令人感觉不太舒服。可是，这种感觉我还是能理解的，因为我也曾经历过。有一次，我向一个人问路，想知道乘坐哪部电梯才能由地铁站直达街面。于是他开始给我指路，可我听得一头雾水。所以，我就问：'你能给我带路吗？'他欣然答应，并一把扶住我。碰巧我的导盲犬也在同一边，我就请他扶住我另一条胳膊。只听他说：'不好意思，我只有一只胳膊。'我连忙答道：'没关系，我握着你的夹克也行。'说实在的，握着一个空荡荡的没有胳膊的袖子，感觉滑稽极了。"

现代技术使得大多数因战争被截肢的士兵存活下来。你认为，失去手臂或大腿会怎样影响一个人的社会认同和自我认同呢？

## 你怎么想？

1. 是否出现过疾病或残疾对你的生活造成重大影响的状况（即当疾病或残疾成为一种主要地位时）？ 如果有，他人的反应如何？
2. 上述这种主要地位是如何影响某些人的个性的？
3. 过度肥胖（或瘦弱）是否能成为一种主要地位属性？ 请说明原因。

资料来源：Orlansky & Heward（1981）。

# 角色

6.3　说明角色对于社会组织的重要性

第二个重要的社会结构单位是**角色**（role），指的是拥有特定社会地位的个人所被期望的行为。个人拥有地位并扮演角色（Linton，1937b）。例如，若是学生，就必须扮演上课和完成功课的角色。

地位属性与角色都会因文化的不同而有所差异。在美国，叔叔这一地位既可以指你父亲的兄弟，也可以指你母亲的兄弟；而在越南，叔叔这个词在父亲和母亲家族中的含义不尽相同，故双方承担的责任也各异。在每个社会中，实际的角色表现会根据个人的特质而表现出差异性，也有些社会允许对于一个角色能够有更多的个性表达。

## 角色丛

由于我们会同时拥有众多地位（即地位群），每天的生活就是多种角色的集合。默顿（Merton，1968）引入了**角色丛**（role set）这个概念来概括由单一地位所衍生的一系列角色。

**角色**　拥有特定社会地位的个人所被期望的行为

**角色丛**　由单一地位所衍生的一系列角色

图 6-1 向我们展示了一个人同时拥有的四种地位属性及其各自衍生的一系列角色丛。首先，这位女士作为一名教授，会以教师的角色与学生互动，同时以同事的角色与学院的其他人员进行交流。其次，作为研究者开展工作时，她会以实地调研者的角色收集与分析资料，并利用这些资料完成她的著作（此时的角色是作家）。再次，她还是妻子，这种地位属性使她拥有婚姻角色——对她丈夫而言，既是爱人又是性伴侣，双方共同承担家务劳动。最后，这位女士还处于母亲的位置，她既要承担照顾孩子的责任（妈妈的角色），同时也要在居住社区内的学校及其他组织扮演公民的角色。

从全球化视野来看，人们用以界定其生活的主要角色在每个社会都不尽相同。在收入较低的国家，人们在学生角色（教育）上花费的时间较少，往往家庭角色对于社会身份意义更加重大。而在收入较高的国家里，人们在教育上投入时间较长，家庭角色自然地对于社会身份的意义就没有那么重要。这种差异性还表现在家务劳动的分配上。在世界各地，家务大部分都由女性来承担，这象在贫困国家尤为普遍。

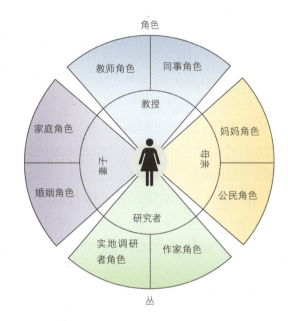

图 6-1　地位群和角色丛

地位群包含了个人在特定时期所拥有的所有地位。地位群界定了我们在社会中的身份，而与每种地位相连的众多角色限定了我们的行为。

## 角色冲突与角色紧张

在高收入的现代化国家中，人们普遍感到各种地位与角色所带来的责任间的挤压。就像大多数母亲，既要抚养子女，又得在外工作，确实让人身心疲惫。当然，目前有越来越多的父亲也加入此行列。其实，这就是社会学家所界定的**角色冲突**（role conflict），即两个及以上的地位所衍生的角色之间的冲突。

当我们试图对自己所拥有的众多角色逐一做出反应时，会让人不知所措，此时便陷入角色冲突的状况。面对角色冲突时，就需要抉择"哪些角色是不得不放弃的"。比如，由于忙乱的竞选议程干扰了正常的家庭生活，不止一个竞选者因此决定放弃参选。而另一些人会为了能够继续留在事业成功的"快车道"上而推迟生育。

即使是单一地位所衍生的角色之间也可能发生冲突。**角色紧张**（role strain），是指由单一地位所衍生的角色之间的张力状态。比如，一位大学教授平时很乐意与学生们打成一片，但私底下又必须与学生保持一定的距离，这样才能保证对所有学生一视同仁。简言之，即使是扮演附属于同一地位的不同角色，有时也是左右为难的权衡过程。

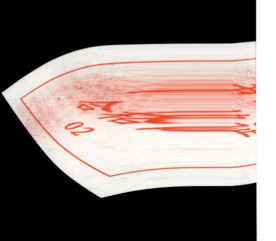

减少角色冲突的策略之一，在于将我们的生活进行分区。这样，我们就能在一定的时空扮演一个地位属性所要求的角色，而在另一个完全不同的情境下扮演另一个地位属性所要求的角色。这与我们熟知的"在回家见到家人之前，把工作留在办公室"，道理是一样的。

**角色冲突**　两个及以上的地位所衍生的角色之间的冲突

**角色紧张**　由单一地位所衍生的角色之间的张力状态

### 角色隐退

在海伦·罗丝·富赫斯·伊博（Helen Rose Fuchs Ebaugh）由一名天主教修女成为大学的社会学者之后，她便以自己的亲身经历来研究角色隐退，即人们从重要的社会角色中脱离出来的特定过程。通过研究诸如前修女、前医生、前夫、前酒鬼等一系列带有"以前"色彩的角色，她找到了"角色隐退"过程中的共同特征。

在伊博（Ebaugh，1988）看来，当人们开始怀疑自己是否还有能力继续扮演某种特定角色时，这个过程就开始了。人们会一直在心中思考替代性的角色，但当此想法发展到极致时，他们便决定开始追求新的生活。即使开始新的生活，以前的角色仍继续影响人们的生活。以前的种种烙印会通过早期的角色阻挠自我印象的更新。譬如，以前曾为修女的女性可能不敢轻易尝试时髦的着装。

这种"以前"角色也使得人们必须同早期结识他们的个人重新建立联系，并且还得面对学习新的社会技巧的挑战。比如，伊博在报告中指出，当在教会工作几十年的前修女们去约会时，她们会吃惊地发现，少女时期所了解到的两性交往规范与现在的情形大相径庭。

## 现实的社会建构

6.4　描述我们是如何建构社会现实的

1917 年，意大利作家路易吉·皮兰德娄（Luigi Pirandello）写了一部名为《诚实的快乐》（*The Pleasure of Honesty*）的话剧。剧中的主人公安吉洛·鲍多维诺（Angelo Baldovino）才华横溢，人生阅历丰富。当安吉洛·鲍多维诺踏入伦尼（Rennie）的豪宅时，他以一种奇特的开场白来介绍自己：

我们总在塑造自己。让我来解释一下为什么。当我一踏入这个家门，我就迅速变成我应该且能够表现出来的样子——这就是自我塑造。换言之，站在你们面前的我，取决于我期望与你们建立什么样的关系。当然，反过来你们也是如此。（1962：157-158）

安吉洛·鲍多维诺的自我介绍提示我们，尽管行为由地位与角色所主导，但我们依然能够塑造自我，决定不同场合中事件的发展。或者说，"社会事实"并非像我们所认为的那样一成不变。

**"现实的社会建构"**（social construction of reality）这个词语概括了人们通过社会互动能动地创造社会现实的过程。这个理念为第一章（"社会学的视角"）中的符号互动论奠定了基础。正如安吉洛·鲍多维诺所暗示的，在每个人的心中总有一小部分"社会现实"不那么明确，尤其是在陌生的环境中。因此，我们会根据情境与目的来呈现自我，并努力把握事态的发展。当他人也有类似反应时，社会"现实"便形成了。实际上，社会互动是一种复杂的协商过程，社会现实便在这种协商中构建起来。我们至少在大部分日常情境中正在发生的事件上形成了一些共识。但人们如何来看待事件的结果，则取决于其各自的背景、兴趣与意图。

**街头伎俩** 人们通常称之为街头伎俩（street smarts）的现象，实际上就是建构社会现实的表现形式之一。在皮里·托马斯（Piri Thomas）的传记文学《走进阴暗的街道》（*Down These Mean Streets*）中，皮里·托马斯回忆了他在西班牙黑人社区中的一次遭遇。傍晚，年轻的皮里正走在回家的路上，突然发现温科（Wenko，当地帮派的头目）拦住了他的去路，他被温科的手下包围了。

"约翰尼·格林戈（皮里的化名）先生，你有什么要说的吗？"温科故作漫不经心地问道。

"想清楚了，"我对自己说道，"一定得设法冲出他们的包围，我会没事的。""我想，作为第104大街的人，想必你们都听说过，"我顿了一下，"许多街头帮派之所以能够取胜，靠的就是一拥而上，然后拳打脚踢。你们不会也想这样吧。"我希望这番话能迫使温科走出来跟我单打独斗，以证明他自己不是以多欺少。但他脸上的表情没有丝毫的改变。

"也许，我们并不这么想。"

中计了！我在心中暗自高兴，这个家伙乖乖地钻进了我的圈套……

"我当然不是说你，"我顺势答道，"在我们那儿，他们就是这么干的。"

温科开始有点不安，一声不吭。无疑，我的话语击中了他的软肋。他手下的喽啰们现在都将目光投向了我——与向我群起而攻之相比，他们倒更愿意我俩决一雌雄。"就按你说的做，"这时温科回答。

我知道，我已经赢了。当然，还是有一场恶战等着我。但是，与其同时应付10个或更多的小混混，一对一的打斗要好得多。如果我输了，我肯定会被他们揍一顿；如果我赢了，也许仍不可避免地要被揍——意识到这一点，我接下来的措辞格外小心。"其实，我既不认识你，也不认识你的手下。但是，我觉得他们很了不起，一点也不像小流氓。"

当我提到"他们"的时候，故意把温科划到这个圈子之外。这样，温科被我成功地从他们中间独立出来。因此，温科就不得不独自出来，接受我的挑战。对于他自己及其手下来说，这都是一种实力的证明。当然，他还得保住他的地盘。温科从门口的台阶上走了下来，问道："单挑吗？格林戈？"（1967：56-57）

上述情境极富戏剧性——时而一触即发，时而峰回路转。人们就是在这样的过程中能动地建构社会现实的。当然并非所有情境中每个人的身份都是平等的。假设在皮里与温科单挑时，警察驱车而至，那么这两个年轻人的恩怨估计得在监狱中才能了结。

## 托马斯定律

通过与黑帮首领温科的斗智斗勇，皮里·托马斯最终获得了整个帮派的认同。上述发生在西班牙黑人社区的一幕，正是**托马斯定律**（Thomas theorem）的鲜活再现。托马斯定律因其创始人 W. I. 托马斯和多萝西·托马斯（Thomas & Thomas，1928）而得名，是指假定真实的情境在其结果中也为真。

应用到社会互动中，托马斯定律则意味着：尽管社会真实由于其可塑性在初期具有一定的"弹性"，但最终它在结果上会逐渐趋于稳定或一致。如上所述，只要当地的帮派成员看到皮里·托马斯敢于挑战，那么，在他们眼中皮里·托马斯就是值得尊敬的。

在现实的建构中，调情是再平常不过的经历了。男女向对方做出浪漫的暗示，双方各自心领神会，然而，这种互动是以一种试探性的、幽默的方式进行的，这样，双方都可以在任何时候退出，而不需要进一步的义务。

## 常人方法学

大多数时候，我们认为社会现实理应如此。为了更有利于了解我们所创造的世界，哈罗德·加芬克尔（Harold Garfinkel）在 1967 年首创了**常人方法学**（ethnomethodology），以研究人们如何理解日常生活中的共同情境。这种方法的前提是，人们日常的行为互动主要依赖于一些共同的假定。比如，当你向某人提到"你好吗"这个简单的问题时，一般你只是想大致地了解这个人的近况，但也可能你的确想知道这个人是否身心受困扰或手头紧张。然而，对于被问者而言，他可不认为你会对他这些鸡毛蒜皮的小事感兴趣，你只不过是"客套"而已。

有目的地打破常规，是揭示我们对现实的假定的方法之一。比如，当下次别人问"你好吗"的时候，你就把你最近一次的体检结果一项项地告诉他，或者详细描述早上醒来之后你的种种遭遇，看看这个人的反应如何。

实际上，我们对日常互动的"游戏规则"都了然于心，因此上述行为的结果可想而知。对方极有可能会被我们的意外之举弄糊涂或激怒，然而，对方的这种反应不仅让我们知道互动规则的具体内涵，也让我们明白这些规则对于日常现实的重要性。

## 现实的建构：阶级与文化

人们并不是空穴来风地建构日常的体验。我们在具体情境中的行为与看法取决于个人的兴趣。譬如，在繁星点点的夜晚仰望天空，恋人们会感受到浪漫，科学家们则会观察氢原子融合为氦气的过程。社会背景也会影响到我们的看法，这也就是为什么西班牙黑人区的居民与曼哈顿的富人阶级相比，感受到的世界截然不同。

社会现实的建构在全球化视野下差别更大。让我们来看看下面这些生活场景：在瑞典机场，人们通常会站在距离行李传送带 10 英尺的黄线外等待自己的行李，只有当看到自己的行李传送过来时才会上前提取；而在美国，认领行李的人们则会径直冲向传送带，斜着身子张望等待行李的出现。在沙特阿拉伯，法律禁止女性驾驶车辆，而这道禁令在美国则是完全不可想象的。在美国，"短途步行"也就是穿越几个街区或是几分钟的路程；而在秘鲁的安第斯山脉，则意味着好几英里的山路。

关键在于，人们往往是根据自己身边的文化来建构社会现实的。第三章"文化"曾解释过，一些特定的姿势在不同的地域含义也不尽相同。因此缺乏经验的游客往往会陷入一种不受欢迎的、自己也不愿看到的状况。相似地，在一项大众文化的研究中，乔艾伦·夏弗利（Shively, 1992）分别向欧洲绅士、美洲土著男子放映同一部西方影片。结果发现，这两组受试者都声称很喜欢这部影片，但原因各异。白人男子认为这部影片讴歌了西部开拓者及其征服自然的精神，而美洲土著男子则在这部影片中看到了一场土地与自然的庆典活动。正是迥异的文化背景，带来了他们对影片的不同看法。

## 社交媒体越来越重要

现实的社会建构通常以面对面的社会互动为主。但是近年来，计算机技术正在介入这一过程。**社交媒体**（social media）被界定为在社会活动中连接人们的技术。正如第七章（"大众传媒与社交媒体"）所述，依托计算机技术，全球各地的许多人齐聚同一社交网络之中，社交媒体也随之发展成熟。基于计算机的技术之所以具有社交属性，是因为其具有交互性。个人运用该技术不仅可以接收信息，还能够向他人发送信息。

在过去，当人们因共同的兴趣爱好而组成一个社群时，他们需要集中于一个特定的地域。即使是二三十年前，也很少有人料想到计算机技术对社会互动带来的翻天覆地的变化。当然，现在大多数美国人及其他国家的人们可以参与各种各样的网络社群，与来自世界各地的志同道合者交往。这些社交活动的参与者可能来

人们建构社会现实时会受到其所处文化的影响。也正是因为文化系统的差异甚至相互冲突，社会现实的建构通常不仅面临着各种选择，同时也是矛盾重重。在土耳其，虽然大部分人口为穆斯林教徒，信奉伊斯兰教，但也受到了西方文化的冲击。如图所示，看着宣传画中露骨的西方式的"女人味"，土耳其女性想必有着自己的想法。

自地理空间的任一角落，他们可能早就相识，也可能素未谋面。

社交媒体的扩张可以从公众使用社交网络的爆炸性增长中看出来。脸书（Facebook）于 2004 年正式运营，如今在全球范围内已有 20 亿的用户。类似地，推特（Twitter）在 2006 年作为一款社交与微博系统首次推出，用户能够以此发送和接受被称为"tweets"的短信息。如今，其注册用户已激增至 3 亿。

有些社会学家认为，社交媒体的出现将人们以新的方式连接到一起，但削弱了同一地域内人们的社会联系。比如，在大学宿舍中，近在咫尺的两位舍友各自忙于跟网友互动而几乎不曾注意到彼此。64% 的美国成年人坦言，自己常常因家人使用电子设备（沉浸在网络世界）而被忽略（Annenberg Center for the Digital Future，2016）。这种争论跟一百多年前电话技术普及之时出现的争论，如出一辙。

社会的每一次重大变革都将引发争议和讨论，社交媒体的崛起也不例外。但是，毋庸置疑，这种趋势正在重塑日常生活的方方面面，无论是人们进行社会运动的方式还是追寻浪漫的途径（Farrell，2011；Turkle，2012）。

## 拟剧论的分析：自我呈现

### 6.5　运用戈夫曼的理论来分析生活中一些熟悉的场景

欧文·戈夫曼（Erving Goffiman，1922—1982）是研究社会互动的另一位社会学家，他认为人们的日常互动就如同舞台上的角色扮演。假设我们以导演的角色来观察日常生活的舞台，实际上我们就在进行**拟剧论分析**（dramaturgical analysis）——从剧本角色扮演的角度来研究社会互动。

拟剧论为我们提供了关于地位与角色等相关概念的新视角。在这里，地位就如同戏剧中的一部分，角色作为戏剧脚本，为剧中人物提供台词和动作。戈夫曼将每个人的"表演"称为**自我呈现**（presentation of self），即个人努力在他人心中形成某种特定印象的过程。这个过程源于个人角色扮演的理念，故有时亦被称为印象管理（Goffman，1959，1967）。

## 角色扮演

我让你脱衣服不是为了做检查，而是因为对医患双方而言，我穿得严严实实，你脱得一丝不挂，这是必要的。

当我们在各种生活情境中呈现自我时，我们会有意识（或无意识）地向他人透露某种信息。整个角色扮演通常包括穿着（即戏服）、可利用的工具（即道具）及语调和姿势（即表演风格）。而且，我们会根据不同的场景（即舞台背景）来调整角色的表演。譬如，在饭馆里我们可以开怀大笑，但进入教堂、庙宇或清真寺时会有意识地压低自己的声音。同时，人们也会通过设计种种舞台背景（如家庭或办公室），来引导他人给予我们期待的反应。

**实例：医生的办公室**　下面我们来看看，一名外科医生是如何运用其办公室向候诊的患者传达特定信息的。在美国，医生普遍享有较高的权威与声望，这一点从你踏入其办公室时就一目了然。首先，医生并不是随处可见的。即，患者必须先经过戈夫曼称之为"前台"的一些场景或人物（如接待员、门卫等），再由这些"前台"人物决定患者何时何地能见到医生。随意地往候诊室一瞥，通常会发现，患者们都一脸焦急地等待着被召唤至里面的诊疗室。毋庸置疑，在这里，医生及其属下掌握着主动权。

舞台的"后台"则由诊疗室及医生的私人办公室构成。当进入医生的私人办公室时，患者便会看到一大堆道具（如专业书籍、学位证书），让人觉得这个医生够专业。而医生往往端坐于办公桌之后，办公桌越大，则表明其权威越高；相比之下，患者通常仅被提供一把椅子而已。

医生的着装与言行则表露出更多的信息。白大褂（即戏服）虽然发挥着防止衣服变脏的实际功效，但更重要的社会功能在于让人一眼就能判断出穿着者的职业，而脖子上的听诊器和手中的医学图（及更多的道具）也起到同样的作用。在交谈中，医生常会用到深奥的术语——这虽然会令患者一头雾水，但也再次强调了医生的主导地位。最后，我们还可以发现，患者会对医务工作者使用"医生"这个尊称，而医生对患者则直呼其名，由此进一步表明了二者关系中医生的统治地位。显然，作为医生的角色行为只不过透露了以下信息："我会帮助你，但你得听我的。"

## 非语言交流

小说家威廉·桑瑟姆（William Sansom）描述了一位虚构的普里迪（Preedy）先生，一名在西班牙海滩度假的英国游客。他是这样描述的：

他刻意避开众人的目光。首先，他让可能的旅途同伴都明白，他与他们毫无干系。他直视着他们，眼神迷茫，仿佛海滩上空无一人。偶尔有球抛向他这边，他会颇感意外，随后不以为意地笑笑，自顾自地将球扔回去……

他收起沙滩浴巾和包，一并放到干净的防沙袋中（细心而又有条理的普里迪），然后站起来伸了个懒腰（大猫普里迪，像猫咪一样伸了懒腰），拎起身旁的拖鞋（总之，自由自在的普里迪）。（1956：230-231）

无需只言片语，普里迪先生已经向为之侧目的人表明了一切。这就是**非语言交流**（nonverbal communication）的过程，即主要通过肢体动作、姿势与面部表情而非语言来进行沟通。

人们通常会运用身体的各个部分（即肢体语言）来传达信息。面部表情是最重要，也是最典型的肢体语言之一。比如，微笑代表欢乐。我们还可以将其细分为"友善"的普里迪先生在沙滩上故作的微笑、见到老友时自发的笑容、打翻咖啡时愠怒而尴尬的笑容，以及赢得某重要赛事后疲惫而满足的笑容。

眼神交流是非言语交流的另一个重要组成部分。通常，我们会运用眼神邀请对方参与社会互动。有时，某人经过房间时的不经意一瞥，就可能会引发一场热烈的讨论。相反，有意地躲开他人的目光则会阻碍交流。同时，我们的双手也会"说话"。在我们的社会中，手势一般都会夹杂着其他东西，传达诸如侮辱、要求搭车、发出加入团队的邀请，或者命令止步等信息。另外，姿势也是口头语言的补充。比如，作威胁状地指着某人，实际上是口头警告的一种强化。类似地，当我们说"我不知道"时，耸耸肩会更令人觉得你对此不感兴趣；当我们说出"赶紧"这个词时，快速挥动手臂，则会进一步催促对方行动。

在每天的互动中，肢体语言不仅是我们向观众传递信息的一种重要方式，也是我们从他人行为中"读取"信息的不可或缺的手段。对于那些语言表达受限的人群而言，肢体语言尤为重要。类似地，对于那些存在某些生理障碍的人群（如听力退化的老人），"读取"肢体语言能够促进理解（Stepanikova et al.，2011）。

**身体语言与谎言**　任何演员都知道，再完美的表演都可能有破绽。日常行为中，任何无意识的肢体语言都会泄露我们的真实想法。比如，一个男孩正在向母亲解释为何晚归，但他母亲却对他的解释深感怀疑，因为男孩目光躲闪，不敢正视母亲。电影明星在电视采访中声明自己在餐厅雅座里的丑闻"没什么大不了的"，可她紧张得发抖的双腿似乎说明"肯定还有别的什么"。由于非语言的交流难以控制，因此它常常为我们破解谎言提供了线索。正如测谎仪所显示的，当一个人撒谎时，会出现呼吸急促、脉搏加速、出汗及血压上升等症状。

要想分辨假扮的行为往往很难，因为没有一个特定的身体姿势告诉我们这个人在撒谎。但是，手或脚的紧张运动表明可能存在欺骗行为。同样地，向后仰头或从某人身边走开——以此增加人际距离——均提示存在欺骗的可能性。但是，由于任何行为都会包括较多的肢体语言，因此很少有人能够不露破绽地撒谎，从而使细心的观察者"有机可乘"。揭穿谎言的关键，在于观察整个过程中是否有前后矛盾之处。

## 性别与角色扮演

相对于男性，由于女性在社会化过程中被认为是需要依赖他人的，所以她们对于肢体语言会更敏感。研究表明，在了解异性的心思上，女性更容易"读懂"男性（Farris et al.，2008）。正如下文将要诠释的那样，性别也是自我呈现的关键要素之一。

**举止**　举止即我们行动和展现自我的方式，暗示了社会权力的大小。简单说，权力越大的人，行事越

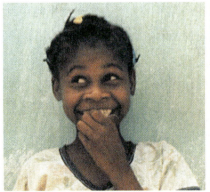

手势因文化差异而存在很大的不同。然而，世界各地的人们都会通过轻笑、咧嘴笑或傻笑，来反映他们不以为意的态度。所以，在全世界各地，我们都可以看到人们在情不自禁地微笑。

无拘无束。如果你是公司的老板，那么，给人脸色、拿腔拿调，或者将脚翘到办公桌上都是可接受的。类似地，权力较大者可随时打断他人的谈话，而权力较小者则会通过保持安静来表示尊重（Smith-lovin & Brody，1989；Henley，Hamilton & Thorne，1992；Johnson，1994）。

通常女性在权力关系中占据相对弱势的地位，故举止也成为一个具有性别色彩的议题。正如第十四章"性别分层"中将会提到的，在美国，40% 的女性从事文职或服务行业的工作，而其领导通常为男性（U. S. Department of Labor，2014）。因此，在日常互动中，女性会比男性更注重自己的举止，表现出对男性的服从。

**空间的运用**    个人行为需要怎样的空间呢？权力在这里起了关键作用。你拥有的权力越大，你能占有的空间越多。通常，男性会比女性要求拥有更多的空间，不论是在人面前踱来踱去，还是随意地坐在一张凳子上。为什么？我们的传统文化往往将"优雅"作为衡量女性气质的标准，即女性占有的空间越少越好；而男性气质则以"势力范围"作为评价标准，即男性能够控制的范围越大越好（Henley，Hamilton & Thorne，1992）。在 2014 年，纽约市地铁官员发起了一项运动以遏制"大爷式占座"的行为——大大分开膝盖、一人占两座，主要表现在男性乘客身上。

不过，对两性而言，**个人空间**（personal space）是指个体提出隐私要求的周边领域。在美国，人们谈话时一般会与对方保持几英尺的距离；而在整个中东半岛，人们则会站得更近些。而且，男性（由于拥有更大的社会权力）常会侵入女性的空间。反过来，如果女性侵入男性的个人空间，则无疑是对男性发出性暗示。

**直视、微笑与触摸**    眼神的交流有利于互动。谈话时，女性会比男性进行更多的眼神交流。但是，男性有他们自己的眼神交流形式：直视（盯着你）。当男性直视女性时，通常是宣示着他们的社会统治地位以及将女性视为其性目标。

笑容常常表示欢乐，可有时候也是试图取悦他人或表示臣服的一种信号。就此而言，在男权社会中，女性要比男性笑的次数更多这一现象就不难理解了（Henley，Hamilton & Thorne，1992）。

相互的触摸，意味着亲密关系与关心。除了较亲密的关系外，触摸常常由男性对女性发起（在我们的文化中极少会发生在男性之间）。在共同讨论病例时，男大夫轻拍女护士的肩头；穿越街道时，年轻男性会轻抵女性朋友的背部；男教练在教授滑雪技巧时，会手把手地向女学生演示。在上述行为中，触摸的初衷并不具有侵犯性，也不会引起对方的强烈反应，实际上它是一种宣称男性统治女性的微妙仪式。

社会环境下，通常男性比女性占据更多的物理空间。这也体现出男性的社会权力相对较大。最近，纽约市地铁官员发起了一项运动以遏制"大爷式占座"（manspreading）的行为，即在拥挤的车厢内男性往往占据多个座位。

### 理想化

在人们各种行为表现的背后，往往蕴含着众多复杂的动机。即便如此，戈夫曼仍建议我们从理想化的角度来构建我们的行为。即，我们试图让他人（当然也包括我们自己）相信，我们的所作所为反映了理想的文化准则而非一己之利。

让我们重回医患互动中，看看理想化的具体表现。医院里，医生们通常会进行所谓的"查房"。当进入患者的病房后，医生伫立于患者的床头，默不作声地查看患者的检查结果。随后，医生与患者之间会有一个简短的对话。理想状态下，上述过程还应包括医生对患者的身体检查。

然而，现实并非总是如此完美。一名医生可能在一天中需要查访数十名患者，因而不太可能记得每个病患的具体情况。所以，查看检查结果只不过是让医生回想起患者的姓名和病情，显然，医疗照顾的这种非个性化破坏了文化中对于"医生应该关注每一个人的健康"的要求。

我们都知道大多数人工作是为了赚钱，但无论是医生、教授，还是其他的专业人员都将其职业选择的动机理想化。比如，其工作会被形容为"为社会做贡献""帮助他人""服务社区"，甚至是"响应上帝的召唤"。而他们却很少承认更普遍的、"光环"更少的职业选择动机——这些职位所带来的财富、权力、声望及闲暇时光。

在日常生活中，我们会不同程度地运用理想化过程。当面对自己很讨厌的人时，是否还得以礼相待？你是否不得不在一堂无聊的课上表现得兴趣盎然？类似的欺骗伎俩在生活中随处可见。即使我们怀疑他人行为的虚假性，往往也不愿拆穿。具体原因将在下面探讨。

## 窘迫与机智

无论人们对自己的行为是多么小心翼翼，仍不可避免地会遇到窘境。譬如，知名的演说家在校园巡讲时不断地念错学校的名字；总教练在赛季末庆功会上致辞时却没意识到餐巾仍挂在脖子上；迟到的学生浑身湿透地跑进教室，引起他人侧目。造成的后果就是窘迫——一种因糟糕的行为而导致的不舒服感，戈夫曼称之为"丢脸"。

经过理想化的行为通常会隐含一些虚假的行为，因此陷入窘境总是存在一定的危险性（或意味着随时可能被拆穿）。而且，大部分行为之所以能够进行下去，需要多方面的配合甚至是欺骗，故一时不慎就有可能会功亏一篑。

然而，一个有趣的事实是作为"观众"的我们常会忽视行为表演中的缺陷，以免让"演员"陷入尴尬的境地。我们可以直接指明某人的错误（如，"对不起，你裤子的拉链开了！"），但通常我们宁可委婉地给予提示，以免对方陷入更加尴尬的局面。在安徒生的童话《皇帝的新装》中，走在游行队伍中的皇帝一丝不挂的真相被一个小男孩一语道破。要在如今，这个小男孩肯定会被训斥，并认为此举不礼貌。

通常，在实际生活中，"观众"会帮助"表演者"掩盖有漏洞的演出，使之继续下去。那么，现场的机智就相当于帮助某人"挽回面子"。譬如，某位貌似权威的专家发表了不合时宜且错误的言论，现场的观众可能会机智地略过这段论述，就像他从未讲过这番话，或者对此一笑而过。或者，现场的观众只是说道"我知道你本意并非如此"——表明自己确实听到了，但认为不至于毁了这次演讲。正是意识到这一点，我们才不难理解林肯的一句名言："机智是一种描述他人如何看待自己的能力。"

为什么机智在现实生活中如此普遍？因为，陷入窘境不仅令"表演者"不舒服，对于在场的其他人员也是如此。就如同演员忘记台词时台下的观众会着急一样，当看到他人笨拙的行为表演时，人们就会联想到自己在生活中的行为也不会有多高明。社会建构的现实，其作用好比挡住咆哮海水的大堤——当一个社会成员的行为造成了漏洞，其他成员会立马帮忙修补。毕竟，在建构现实的过程中每个成员都肩负责任，没人愿意看到其坍塌。

总之，戈夫曼的研究表明，尽管行为在某些方面是无意识的，但它远比我们所认为的有规律。四个世纪以前，莎士比亚已经在其经典的文字中有过类似领悟，让我们至今记忆犹新：

整个世界是个大舞台，

所有的男男女女不过是些表演者；

你方唱罢我登台；

每个人在其一生中扮演着不同的角色。

——《皆大欢喜》（*As You Like It*，第 2 场，第 7 幕）

对大部分美国人而言，这些表情传达了愤怒、恐惧、厌恶、高兴、吃惊与悲伤等信息。世界上其他地方的人们是否也是这样定义表情的呢？研究发现，所有的人类都会以相同的方式表达诸如上述的基本情感。但是，通过说明不同情境的含义，文化主要担负着激发某种情感的功能。

许多人都认为，情绪只不过是生物外在的表现形式而已。的确，人类的情绪有着其生物性基础。但是社会学家却发现情绪的引发机制是由文化来塑造的，包括表露情绪的时间、地点及对象。类似地，每个社会都有禁止情绪外露的特定场合。观察每张图片，请解释：为什么宫殿的卫兵、职业网球赛的场内助理以及那些面对军官检阅的士兵都必须"面无表情"？

## 日常生活中的互动：三种实际应用

6.6　对日常生活的以下三个方面进行社会学分析：情绪、语言和幽默

在本章的最后部分，通过具体分析日常生活的三个方面：情绪、语言与幽默，向大家阐明社会互动的要素。

### 情绪：情感的社会建构

情绪（更多称之为情感）在日常生活中扮演着重要角色。实际上，我们的所作所为反而没有我们的感受影响力大。情绪看起来很私人化，因为它们是"内在的"。即便如此，情绪还是引导着我们的情感生活，如同社会引导着日常行为。

**情绪的生物性**　通过一项对全世界人类的研究，保罗·艾克曼（Ekman，1980a，1980b，1998，2003）总结出六种世界各地通用的基本情绪：高兴、悲伤、愤怒、恐惧、厌恶与吃惊。同时还发现，世界各地的人们用以表达上述情绪的表情基本相同。他认为，这主要是因为某些情绪反应已经"根植"于人类，即这些反应

在我们的面部特征、肌肉组织及中枢神经系统中是"既定程序"。

原因何在？纵观人类的进化过程，情绪的确具有生物本能性的根基，但它们更发挥着一种社会功能：维持集体生活。情绪能够让我们克服私心，建立与他人的联系。这样，情绪的地位随着文化力量的提升而凸显出来（Turner，2000）。

**情绪的文化性**　不管怎样，文化确实在引导人类情绪方面扮演着重要角色。艾克曼认为，首先，文化明确了究竟是什么引发情绪反应。无论人们将与老友的分离视为乐事（带来幸福感）、侮辱（带来愤怒感），感到怅然若失（带来悲伤感）或者神秘（带来惊喜感或敬畏感），这一切都与文化息息相关。其次，文化为情绪的表达提供规范。比如，大部分美国人认为，就情绪表达方面而言，面对自己的家人比面对同事更加放松。相似地，我们通常期望孩子能够向父母敞开心扉，可父母却倾向于在孩子面前有所隐瞒。再次，文化引导我们如何看待情绪。有些社会鼓励情绪的表达，而有些社会则要求其成员克制情绪、"三缄其口"。性别在其中也扮演着重要角色。至少，许多文化传统认为女性更易流露情绪，但若男性也"多愁善感"则被认为软弱，是不被社会鼓励的。当然，某些文化中，这种模式没有如此明显，甚至是完全颠倒的。

**工作中的情绪**　在美国，与工作状态相比，大多数人在家中更能自如地表达他们的感受。社会学家阿莉·拉塞尔·霍赫希尔德（Hochschild，1979，1983）认为，这是因为一般的公司试图控制的不仅是员工的行为，还包括他们的情感感受。让我们来看看以下场景：飞机上，空姐微笑着为乘客提供饮料。或许，这种微笑是为乘客服务时发自内心的喜悦，但是霍赫希尔德却得出截然不同的结论：这种微笑，只不过是航空公司要求其员工所应有的工作态度。因而，我们可以发现，戈夫曼所描述的"自我呈现"不仅包括表层的行为，还包括情感的"深层活动"。

了解上述模式之后，我们就不难理解我们会建构社会所认可的情绪，并将此作为日常现实的过程之一，社会学家称之为"情绪管理"。"争鸣与辩论"专栏讲述了决定堕胎的女性的特殊情感经历，其中，终止妊娠的个人看法起着决定性作用。

## 语言：性别的社会建构

正如第三章"文化"所阐明的，语言是将社会成员编织进我们称之为文化的符号网络的针线。语言的交流并不仅仅停留在表面，还包含着更深层次的含义。性别就是这么一个深层次的体现。无论是在权力，还是价值观上，语言对男女两性的界定均有所不同（Thorne，Kramarae & Henley，1983；Henley，Hamilton & Thorne，1992）。

**语言与权力**　一个年轻人颇为得意地骑着他的新摩托，边赶超他的同伴边炫耀道："难道她不漂亮吗？"表面上，这个问题与性别一点关系也没有。然而，为什么这个小伙子用"她"来指称自己的摩托车呢？

答案在于，男性通常运用语言来建立自己对周围事物的控制。一名男性之所以将摩托车（或轿车、轮船及其他物品）冠以女性意味的代词，是因为这样能够反映其对事物的所有权。或许，这也解释了为什么在美国及世界其他地区的女性会遵循传统在婚后改用其丈夫的姓氏。由于当今许多已婚妇女十分重视自身的独立性，她们中有三分之一的人越来越倾向于保留自己的姓氏，或将两个家族的姓氏结合起来（Cain Miller & Willis，2015；Ingber，2016）。

现实中，我们大多数人都曾有过一不小心惹怒老板而被严厉指责的经历。你认为，处于不同权力职位的男女职员是否都能向老板表达自己的愤怒？或者说，我们是否更多地忍受了来自某一性别的管理者的指责？

# 争鸣与辩论

情绪管理：女性堕胎经历

　　丽兹：我就是不能怀孕！我明天就去医院堕胎。现在这个节骨眼儿上，我不能要孩子！

　　珍：我真是不敢相信，丽兹，你怎么能这么做！想想看，假设这个孩子活下来了，若干年后你对自己现在的所作所为会怎么看？

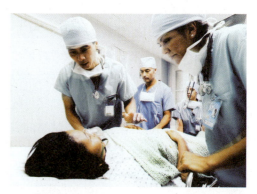

医生和护士针对女性堕胎所使用的话语能够在一定程度上左右患者的情绪体验。

　　如今，很少有什么话题能像堕胎这样引发众多争议。在一项有关女性堕胎经历的研究中，社会学者詹妮弗·基斯（Keys，2011）发现：情感的潜规则引导着女性对终止妊娠的看法。

　　詹妮弗·基斯认为，政治正确催生了情感的潜规则。反堕胎运动将堕胎视为个人悲剧，是"对未出生儿童的谋杀"。"既然堕胎被如此定义，那么，通过堕胎来终止妊娠的妇女就大错特错，她们将会为此而感到悲伤、内疚及遗憾。在这种立场的施压下，一些妇女不堪这些情感的重压而纷纷患上'堕胎综合征'。"

　　而对堕胎持肯定态度的人们则有着截然不同的观点。在他们看来，妇女遭遇的怀孕是意外，堕胎是可以接受的医疗补救办法。因此，终止妊娠的妇女感到的不应是内疚，而是解脱。

　　在詹妮弗·基斯的研究中，她对40名最近有过堕胎经历的女性进行了深度访谈，发现无论被访者对于堕胎的态度如何，上述理解都会影响被访者在整个过程中的感受。诚然，这种对现实的理解反映了当事人自身对堕胎的看法。但同时，这些女性的伴侣和朋友则会明显地强化她们对此事件的特定感受。比如，本次研究中有一名叫做艾伊的年轻女性，她的一个好朋友也怀孕了。当这个朋友了解到艾伊的状况后，她兴奋地大叫道："恭喜你啊！我们将会一起做妈妈了！"这些话建立了一个"情感法则"——怀孕是件好事，同时也传达给艾伊一个信息——如果艾伊打算堕胎的话，她会感到内疚。而在相反的情况中，乔的男友则被她怀孕的消息吓坏了。他认为，自己还不具备做一名父亲的能力，因此不假思索地脱口而出："我宁可用一把枪对着我的脑袋，也不愿要这个孩子。"他的这种恐慌不仅意味着将怀孕定性为错误，同时对乔也是一种警告。显然，从男友的反应中，我们可以看到，决定堕胎意味着从一个严重的问题中解脱出来。

　　通过运用某些特定的词汇，医务工作者对女性堕胎的这一现实建构也发挥着影响力。交谈时使用"baby"这个词的医生及护士往往会促使患者形成反堕胎的立场，并引发悲伤、内疚等情绪体验。相反，如果他们使用诸如"妊娠组织""胎儿"或"子宫容纳物"等词语，则会促使患者倾向于人工流产的立场，并将其视为一项减轻痛苦的小手术。奥莉维亚开始使用从医生那儿听来的术语"胚胎的产物"来形容怀孕，而丹尼斯则将堕胎的过程描述为："将多余的细胞从我身体里拿走。不得不承认，当想到这是一个生命的时候，我确实有些难过，可我浑身都是有生命的啊，有成千上万个细胞组织呢。"

　　人工流产后，大多数妇女都反映自己会主动地调整情绪。艾伊解释道："我从来不用'baby'这个词。我不断地告诉自己，它还没成形呢。那里什么都没有。我必须牢牢记住这一点。"另一方面，詹妮弗·基斯发现，只要是持有反对堕胎立场的被访者都会用到"baby"这个词。吉娜解释说，"我确实把它看作一个baby。事实的真相是，我扼杀了我孩子的生命……一想到这个，就让我悲伤不已。但是，看看我所做的，也许我更应该内疚。"换言之，由于吉娜认为自己的所作所为是错误的，因此她会主动地唤起内心的愧疚感，以此作为对自己的部分惩罚——这是詹妮弗·基斯对其反应的总结。

你怎么想？

　　1. 请用自己的语言概括，什么是"情感的潜规则"？
　　2. 试用"潜规则引导的情感"来解释结婚这种情感体验。
　　3. 通过本文的讨论，对"我们的情感并非像我们所认为的那般个人化"这个说法，你认为有道理吗？

**语言与价值观**　通常认为，英语作为一门语言具有典型的男性特质，体现了更宏观的价值观、力量及重要性的词都具有男性特质。比如，单词 "virtuous" 的意思是"有道德的"或"出色的"，源于拉丁文 "vir"，意为"男性"；而形容词 "hysterical" 的意思是"歇斯底里的"，则源于希腊文 "hystera"，意为"子宫"。

在我们所熟悉的许多方面，语言赋予了两性不同的价值。传统的男性词汇（如"国王"与"贵族"），在字面上更显阳刚；而其对应的词汇（如"皇后""女士""夫人"）则更阴柔。相似地，运用后缀 "-ette" 与 "-ess" 来表示女性，这种做法常会使原生词的重要性降低。比如，男指挥 "major" 通常比女指挥 "majorette" 的地位高。这种类似的关系在男主人 "host" 与女主人 "hostess"、男教师 "master" 与女教师 "mistress" 等词汇中都可以体现出来。语言既是反映社会态度的一面镜子，又反过来起到了强化的作用。

如果考虑到性别在日常生活中的重要性，我们也许就不会惊讶为何男女双方在沟通时存在一定的问题。实际上，有些人很严肃地认为，两性似乎讲着完全不同的语言。

## 玩转现实：幽默的社会建构

幽默在日常生活中发挥着重要作用。每个人听到笑话都会开怀大笑，但很少有人去仔细想想究竟是什么让某些东西更有趣。我们可以运用本章衍生的众多观点来解释人们是如何利用幽默来"玩转"社会现实的（Macionis，1987；Wright，2013）。

**幽默的基础**　幽默是社会现实建构的产物。当人们创造出两种截然不同的事实并将之对比时，幽默就出现了。通常说来，一种社会事实是"司空见惯"的，即人们在特定的情境下所期望发生的；而另一种社会事实则是"不合惯例"的，即对既有文化模式的不期然违反。因而，幽默来源于对同一种情境的不同界定，这些界定相互矛盾、模棱两可或者具有双重含义。

要想搭配各种社会事实，以达到幽默的效果，方法不计其数。你会发现，在下列语言环境中容易形成事实间的对比效果：前后矛盾的陈述，如"往日情怀不再是它原本的模样"（nostalgia is not what it used to be）；自我重复的陈述，如尤吉·贝拉（Yogi Berra）的诗文"似曾相识的感觉又来了"（It's deja vu all over again）；或者，语言的混搭，如奥斯卡·王尔德（Oscar Wilde）的名言"劳动是对酒鬼们的诅咒"（work is the curse of the drinking class，王尔德在此其实是故意将 work 和 drinking 对调，意为"酗酒是劳动阶级的诅咒"）。甚至是音节上的稍许转换，也能达到同样的效果，正如在乡村民谣中所唱到的 "I'd rather have a bottle in front of me than a frontal lobotomy"（这句歌词如果直译，就没有了音节转换所带来的幽默感）。

当然，制造一个笑话也可以反其道而行之。就像当听众被引导着期望一个非同寻常的答案时，却只得到了极其普通的回答。比如，某位记者采访了臭名昭著的大盗威利·萨顿（Willy Sutton），问到其抢劫银行的原因，他干巴巴地回答道："因为钱就在那儿。"所以，无论笑话是如何制造出来的，只要关于事实的两种定义的差异越明显，幽默的效果越好。

在讲述笑话时，喜剧演员会使用不同的技巧来强化这种反差，使得笑话更加有趣。其中一个常用的技巧是与另一个演员谈话时提到第一句不出意料的台词，然后转向听众（或摄像机）来传达第二句"出乎意料"的台词。在马克斯兄弟的电影中，格鲁乔（Groucho）评论道："除了狗之外（Outside of a dog），书籍是人类最好的朋友"。随后，他提高嗓门，把目光投向摄像机，补充道："但在狗肚子里（And inside of a dog），太黑了，以至于啥也不能读！"如此"切换"无疑增强了两种社会事实的反差。按照同样的逻辑，唱独角戏的喜剧演员会通过"但言归正传，各位……"这种笑话中的插科打诨，把对正常情况的期待"重新植入"听众的心中。英国六人喜剧团体蒙提·派森（Monty Python）的成员约翰·克里斯（John Cleese）常用的口头禅

由于幽默往往涉及对现有惯例的挑衅，美国大多数的喜剧演员（包括阿兹·安萨里［Aziz Ansari］）都只是社会的"局外人"——他们出身卑微，多为有色人种或少数族裔的一员。

就是"现在，再来点儿新鲜的东西。"

喜剧演员通常会非常留意他们的表演行为——恰到好处的语言及"抖包袱"时机的把握。喜剧演员在事实之间制造的反差越明显，那么笑话就越有趣；相反，不注重上述细节，则会使笑话索然无味。正是由于幽默的关键在于社会现实之间的碰撞，所以我们可以明白为什么笑话的高潮部分被称为"抖包袱"。

**幽默动力学："明白！"**　在某人给你讲完一个笑话后，你是否也曾经不得不承认："我还没懂呢？"为了"弄明白"幽默，你必须对司空见惯的与不合常规的社会事实都有所了解，这样才能够领会到它们之间的差别。如果一个喜剧演员遗漏了某些重要信息，那么这个笑话可能就无法达到预期的效果。在这种情况下，作为听者，就不得不高度关注这个笑话中已经提到的要点，然后靠自己的力量将缺失的部分填充进去。我们来看一个简单的例子，电影制片人哈尔·罗齐（Hal Roach）在其百岁寿诞的聚会上曾做过如此评论："如果我早知道自己能活到 100 岁，我应该更好地照顾自己！"这里，是否明白这个笑话，取决于是否意识到：既然已经活到了 100 岁，罗齐一定把自己照顾得很好。或者，就像我 95 岁的老父亲经常说的："到我这个年纪，绿香蕉（此处暗指人未成熟）都不用买了！""当然，谁知道他还能活多久呢！"我们心里会这么想着来"结束"这个玩笑。

这里还有一个更为复杂的笑话：如果你同时遇到一个失眠症患者、阅读障碍者和不可知论者，你能联想到什么？答案是：一个人整夜不眠，怀疑附近有狗。要明白这个答案，你必须了解到：失眠症是指睡眠方面的障碍，阅读障碍则会让人把词语中的字母颠倒过来看（dog 和 god），而不可知论者则怀疑上帝的存在。

为什么喜剧演员会让其听众去理解一个笑话做诸如上述的努力呢？原因在于，要想"听懂"一个笑话，我们就得拼凑其所需要的所有碎片——而在此过程中我们会不断地获得一些乐趣。获得的乐趣越多，我们就越能享受这个笑话。另外，相对于那些无法"听懂"某个笑话的人而言，"听懂"这个笑话使得你成为"自己人"。我们都曾经遇到过因不理解某个笑话而产生挫败感：担心自己被认为是蠢笨的，同时还伴有一种因不能分享笑话的乐趣而产生的被排斥感。有时候，人们也会非常有技巧地解释某个笑话，以免对方有被忽视的感觉。但是，老话说得好，如果一个笑话还需要被解释得清清楚楚，那它就不那么好笑了。

**幽默的话题**　世界各地的人们，有时微微一笑，有时开怀大笑，使幽默成为人类文化中的基本元素之一。但由于全世界的人们生活在不同的文化氛围中，幽默很少能够"放之四海而皆准"。

10 月 1 日，日本横滨。你能够与居住在地球另一端的人们分享笑话吗？晚餐时，我让两个日本女学生给我讲个笑话。"你知道'蜡笔'吗？"其中一个问道。我点点头。"你在日本怎么能找到一根蜡笔？"我表示不知道。当她看到我的反应，特别是当说到什么东西听起来像"蜡笔、蜡笔"时，她禁不住大笑起来。她的同伴也跟着笑起来。而我和我的妻子则绷着脸，尴尬地坐在一旁。在她给我们解释了日语"给我"的发音听起来与"蜡笔"的发音非常相像之后，我的脸上才勉强挤出了一点笑容。

日本人认为幽默的东西，对中国人、南非人或者美国人则不尽然。一个国家的社会多样性，甚至也意味着不同类型的人们会在不同情境下感受幽默。美国的新英格兰人、南部人及西部人有着各自独特的幽默，这种情形对于诸如拉美裔人与北欧裔人（种族差异）、15岁的少年与50岁的中年人（年龄差异）、建筑工与马术骑手（职业差异），也是一样的道理。

但对每个人而言，具有双重含义或争议的话题常常会带来幽默。在美国，我们大多数人刚开始听到的笑话是关于孩提时的身体功能的，而孩子们并不以此为乐。然而，对"隐私行为"甚至某个特定身体部位的简单提及，都会令孩子们开心不已。

那么，是否存在能够跨越文化鸿沟的笑话呢？答案是肯定的，但它们必须涉及人类的普遍体验，比如，拿朋友当垫背的：

我想起了许多笑话，但似乎没有一个有效果。对我们文化知之甚少的人，要想理解关于美国的笑话并非易事。是否有更具普遍性，大家都能接受的笑话呢？这里有个不错的小笑话：两个人正在树林里走着，突然遇到了一只大黑熊。其中的一个家伙迅速蹲下身去并系紧了跑鞋的鞋带。"杰克，"他的同伴说道，"你在干嘛呢？你没这只熊跑得快！""我不必比这只熊跑得快，"杰克答道，"但我必须跑得比你快！"闻者大笑。

幽默往往游走于"有趣"与"病态"（或冒犯）之间。中世纪时，人们使用幽默一词（源于拉丁词汇"Humidus"，意为"潮湿"），意指调整人体健康的体液平衡。现代研究者也有证据证明幽默在减压和提高免疫力等方面的作用，正应了那句老话"笑一笑，十年少"（Bakalar，2005；Svebak，cited in M. Elias，2007）。然而，在极端情况下，那些不拘泥于习俗的人们也会冒着被认为是越轨者（放荡不羁）或有精神病的风险（毕竟，在我们心中早已形成了一种刻板印象：只有精神病患者才会肆无忌惮地大笑，而且精神病院长久以来就以"怪笑农场"而著称）。

随着政治与文化的变迁，新笑话也层出不穷。2016年总统大选之后，我们可以期待越来越多的"特朗普笑话"。米特·罗姆尼（Mitt Romney）就编了一个："唐纳德·特朗普有一个外国妻子，这只能证明：有些工作，美国人永远也不会做。"（Becker，2016）

当然，某些笑话对他人可能是一种侮辱。在每个社会集团中，某些特定的话题由于太过敏感而不能作为笑料谈论。若以此来开玩笑的话，这类笑话很可能被批评太过"病态"（或讲笑话的人被贴上"病态"的标签）。以人们的宗教信仰、悲惨事件或者惨绝人寰的犯罪行径来讲笑话都是病态的，或者根本就不好笑。

**幽默的功能** 幽默之所以随处可见，是因为它对潜在的破坏性情绪起到安全阀的作用。换言之，幽默提供了一种相对轻松的方式来讨论某些敏感话题。即使是无意中谈论到有争议的问题，人们只需说一句"我什么也没说，只是开个玩笑而已"就用幽默化解了这种尴尬的局面。

人们也常常用幽默来缓解不自在的情境所带来的紧张情绪。一项医学调查研究显示，大部分患者都试图与医生开玩笑，以此自我放松（Baker et al.，1997）。

**幽默与冲突** 幽默可能是欢乐的来源，但也能被用以奚落他人。譬如，与女性开玩笑的男性常在言谈中表现出某种性别歧视（Powell & Paton，1998；Benokraitis & Feagin，1995）。类似地，关于同性恋者的笑话也暴露了性取向。当一个（或双方）派别不愿将冲突公开化时，真正的冲突会以幽默为伪装表现出来（Primeggia & Varacalli，1990）。

"打击式"的笑话可能以牺牲他人为代价，从而使某类人感觉愉悦。通过收集与分析来自多个社会的笑话素材，克里斯蒂·戴维斯（Davies，1990）坚信：在当今大多数世界中，种族冲突是潜藏在幽默背后的驱动力。典型的种族式笑话在取笑弱势群体时，也令笑话的叙述者感到高高在上。如果我们考虑到美国社会的盎格鲁-撒克逊传统，就会发现波兰裔及其他少数族裔长期以来一直是美式笑话的嘲弄对象。同样地，北加拿大的纽芬兰人、苏格兰的爱尔兰人、印度的锡克人、德国的土耳其人、尼日利亚的豪萨人及伊拉克的库尔德人，也处于这种尴尬的境地。

处于弱势地位的人群也会开强势人群的玩笑，但会小心翼翼。美国女性会取笑男性，就像非裔美国人以取笑白人为乐、穷人以取笑富人为乐。综观全世界，人们都会在领导身上寻开心。在一些国家，某些职员甚至因玩笑开过了火、对领导不敬而被拘捕（Speier，1998）。

总之，幽默远比我们想象的重要。实际上，它是帮助我们从常规世界中获得精神解脱的一种方式（Flaherty，1984，1990；Yoels & Clair，1995）。因而，就不难解释为什么我们国家的喜剧演员大部分来源于历史上的边缘阶级，包括犹太人、非裔美国人。只要保持幽默感，我们就可以宣告自身的自由而不做现实的奴隶。面露微笑，能够让我们满怀信心地改善自我和这个世界，哪怕只是一点点。

## 日常生活中的社会学

我们如何构建起我们经历的社会现实？

莎士比亚曾感叹"世界是个大舞台"，本章就给出了有力证明。而且，倘若如此，那么互联网就是迄今为止最新，也是最宏伟的舞台。正如戈夫曼所阐明的，当我们使用诸如脸书之类的网站时，我们正是按照自己希望留给他人的形象来进行自我呈现的。无论是我们所写下的自身的每个故事，还是网页的版面设计，都会给任何想要"搜索我们"的看客留下印象。看看以下的脸书页面，仔细观察每个细节。这个小伙子试图给我们留下什么印象？你从"字里行间"又能发现什么？换言之，是否有某些信息是这个小伙子试图隐瞒的，但却被你发现了？或者至少是他避而不谈的？你认为，他的"自我呈现"的可信度有多高？再看下面一个年轻姑娘的脸书页面，试做同样的分析。

> **提示**　几乎自我呈现中的每个细节都会向他人透露我们自身的信息，因此，在网站上收集到的所有信息（如上图）都是至关重要的。有些信息是刻意安排的，譬如，人们写下的文字和精心挑选后上传的照片。而有些信息则可能是无意识的，但是会被某个细心的访问者发现。
>
> •个人档案的长度与风格（是不是列了一长串的个人特长及成就呢？或者，标榜自己幽默又谦逊？）
> •所使用的语言（糟糕的语法可能表明此人的文化程度不高）
> •撰写个人档案的具体时间段？在白天还是晚上？如果一个人在周六晚上11点还在修改其个人档案，那么，他就不太可能是如自己所标榜的派对动物。

## 从你的日常生活中发现社会学

1. 试列举你向他人"自我呈现"的五种重要方法。比如，如何装扮自己的房间，如何穿衣，或在教室里如何行为。请思考，在每种情境中你试图传达自己的哪些信息。面对不同的对象，你是不是表现出了不同的自我？如果如此，请说明原由。

2. 通过本章的阐述，可以看到，我们每一个人都参与了这个被称为日常现实的社会建构过程。因此，也意味着我们每个人都为塑造自己正在经历的社会现实贡献着一份力量。如果将这种理念应用于个人自由，看看文中所提供的素材在何种程度上验证了以下说法：人们能够自由地塑造自己的生活？

3. 访问"社会学焦点"博客，你可以在那里阅读年轻社会学学者的最新文章，他们将社会学视角应用于流行文化的话题。

## 取得进步

### 社会结构：日常生活的指南

**6.1　解释社会结构如何帮助我们理解日常生活情境**

社会结构，指的是引导我们日常行为的社会模式。社会结构的要素包括地位和角色。

## 地位

### 6.2　说明地位对于社会组织的重要性

地位是指个人所拥有的社会位置，既是社会认同的一部分，也有助于界定我们与他人的关系。

地位可以是：

• 先赋性地位，通常都是非自愿的（如，成为少年、孤儿，或者墨西哥裔美国人）；

• 自致性地位，通常是后天获得的（如，成为荣誉学生、飞行员或小偷）。

主要地位，有可能是先赋的，也有可能是自致的，通常对个人的社会身份极其重要（如，盲人、医生或肯尼迪家族成员）。

## 角色

### 6.3　说明角色对于社会组织的重要性

角色冲突，源于两个（或更多）的地位所衍生的角色之间的张力状态（如，需要同时兼顾母亲与公司CEO责任的女性）。

角色紧张，源于单一地位所衍生的角色间的冲突（如，一位大学教授平时很乐意与学生们打成一片，但又必须保持一定的距离，这样才能保证对所有学生的一视同仁）。

## 现实的社会建构

### 6.4　描述我们是如何建构社会现实的

通过社会互动，我们建构我们所体验的社会现实。

• 比如，互动中的双方都试图塑造其具体情境的社会现实。

托马斯定律阐述了一旦情境被界定是真实的，将会导致结果的真实。

• 如果教师相信一部分学生是极具天赋的，那么这将很好地促进学生的学习成绩。

常人方法学则是提供了一种策略，以揭示出人们在社会世界中互动时暗含的假定及认识。

• 我们可以通过有意识打破社会互动的"惯例"并观察他人的反应，来揭示这些暗含的假定及认识。

人们所建构的社会现实是对文化及其社会地位的反映。

• 对纽约人来说，"短途步行"也就是穿越几个街区；而对于拉丁美洲的农夫而言，则意味着好几英里的山路。

社交媒体的崛起极大地改变了人们的互动方式。

• 面对面的互动不再是现实社会建构的必需条件。

## 拟剧论的分析：自我呈现

### 6.5　运用戈夫曼的理论来分析生活中一些熟悉的场景

拟剧论分析从舞台表演的角度探讨了社会互动。地位就如同戏剧中的角色部分，而角色则成为戏剧的脚本。

角色扮演是我们向他人呈现自己的主要方式。

• 表演既可以是有意识的（有目的行动），也可以是无意识的（非言语性交流）。

• 表演包括戏服（我们的穿着方式）、道具（我们所携带的物件）及举止（说话的腔调与行为方式）。

传统上，男性较女性拥有更多的社会权力，因此性别也影响着个人的表演。这种性别差异包括行为举止、空间的运用、直视、微笑与触摸。

• 举止——由于男性拥有更多的社会权力，因而他们在行事方式上有着更大的自由度。

• 空间的运用——传统上，男性比女性会要求更多的空间。

• 直视与触摸，通常都是男性对女性的主动行为。

• 作为取悦他人的方法之一，女性会更多地微笑。

表演行为的理想化，意味着我们试图让他人相信——我们的所作所为反映了理想的文化准则而非一己之利。

窘迫是表演中的"丢脸"行为。人们会利用机智来帮助他人"挽回面子"。

## 日常生活中的互动：三种实际运用

### 6.6　对日常生活的以下三个方面进行社会学分析：情绪、语言和幽默

**情绪：情感**的社会建构

某些相同的基本情绪反应已经"根植"于人类，但文化确实明确了究竟是什么引发情绪反应、我们如何表现情绪、如何看待情感。在每天的生活中，自我呈现不仅包括了行为，还包括了情绪管理。

**语言：性别**的社会建构

性别是日常生活互动中的重要元素。而语言则将两性作为不同类型的人区分开来，反映了社会对具有男性特征的事物赋予了更多的权力和价值。

**玩转现实：幽默**的社会建构

对同一种情境，当人们创造出两种迥异的事实（不合惯例、司空见惯）并将之对比时，幽默就出现了。正是由于幽默是文化的一部分，因此世界各地的人们会找到不同的笑点。

# 第七章
# 大众传媒与社交媒体

# 社会的力量

影响女性和男性使用社交媒体的方式

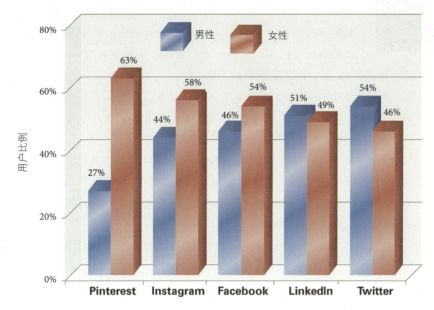

资料来源：Pew Research Center（2015）。

　　我们使用社交网站是否和我们想象的一样属于个体选择？随着信息技术的发展，社交网站的使用在过去十年中迅速增长。此外，性别在我们的使用过程中也发挥了作用。2015年，在美国有80%的女性使用社交网站，而相比较而言，男性则为68%。深入观察后，发现有些网站在女性中更受欢迎，而另一些网站在男性中更受欢迎。2015年，Pinterest上大约63%的用户是女性，27%是男性。女性在Instagram（56%）、Facebook（54%）和Tumblr（52%）用户中也占据主导地位。男性在LinkedIn（51%）和Twitter（54%）上的人数略多于女性。你能说明为什么一些网站吸引更多女性用户而其他网站吸引更多男性用户吗？

## 本章概览

　　本章追溯了大众传媒的发展和近来崭露头角的社交媒体，考察了大众传媒和社交媒体对于整体社会的重要性，并解释了媒体如何塑造我们的日常生活以及人际关系。社交媒体改变了职场，促使政治转型，以及正如开篇故事所示，为社会运动赋予了新的生命和权力。

　　2012年2月26日晚，28岁的乔治·齐默尔曼正驾车勘查疑点。齐默尔曼是他所在社区的犯罪预防协调员，该社区位于佛罗里达州桑福德的一个有门禁的联排别墅区，去年曾发生多起犯罪事件。

　　齐默尔曼的责任是维持稳定，但当晚却并不平静。当齐默尔曼巡逻至当地街道时，看到了17岁的特雷

冯·马丁，一名年轻的非裔美国人，他正在拜访住在附近的朋友。因怀疑马丁，齐默尔曼给当地警方打了电话。随后齐默尔曼与马丁对峙，唇枪舌战迅速升温，齐默尔曼掏出一把半自动手枪，射杀了手无寸铁的马丁。

　　警察赶到现场，给齐默尔曼戴上手铐，拘留并讯问了他五个多小时。他坚称他是出于自卫，因为马丁威胁到了他。根据佛罗里达州的法律（广为人知的"不退让法"），如果人们觉得自己正面临严重伤害的危险，他们可以合法地使用致命武力予以自卫。由于缺乏明确的证据反驳齐默尔曼对枪击的描述，警方最终释放了他。

　　在接下来的几周里，公众对马丁被杀却没有任何指控的批评变得激烈起来。作为回应，佛罗里达州州长任命了一名特别检察官，指控齐默尔曼犯有二级谋杀罪。随后的审判以陪审团裁定齐默尔曼无罪而告终。这一判决在全国范围内引发了数百次抗议。联邦官员承诺将进一步调查此次事件。

　　在加利福尼亚州奥克兰，社区组织者艾丽西亚·加尔萨是全国各地数百万对齐默尔曼无罪释放感到愤怒的人之一。加尔萨认为此案只是全国现象的一个例子，警察和其他人仅凭外表"定性"非裔美国人，并经常使黑人遭受不合理的暴力。加尔萨转向社交媒体，并在脸书上发布了一条简洁有力的信息："所有的命都是命，黑人的命也是命（Our Lives Matter, Black Lives Matter）。"

　　居住在洛杉矶的帕特里斯·库勒斯读到这篇帖子，她同样关注针对非裔美国人的暴力行为。柯林斯还转向社交媒体，创建了 #BlackLivesMatter 标签。这两位女性利用脸书、汤博乐和推特发起了一场很快席卷美国的社会运动。

　　毫无疑问，社交媒体的重要性日益增加，社交媒体有能力将特定的、地方事件转变为涉及数百万人的、辐射全国乃至全球的社会运动。有力证据之一就是在 2013 年年中至 2016 年年中，带 #BlackLivesMatter 这一标签在美国发布的推文超过 1300 万条（Anderson & Hitlin，2016）。

　　本章中，我们将界定媒体并追溯过去两个世纪大众传媒的发展，然后我们将探讨社交媒体对当今社会的意义。

## 什么是媒体？

　　7.1　解释三个关键概念的含义：媒体、大众传媒和社交媒体

　　**媒体**（media）指代传播渠道。"media"这个词是一个拉丁名词复数，单数形式是"medium"。因此，将电视称为"medium"，并将多种类型的传播方式称为"media"是正确的。

　　当谈及包括广播、电视、电影和互联网在内的众多传播渠道时，将"media"一词用作复数是正确的，例如"All these media developed after 1900"（所有这些媒体都在 1900 年后发展起来）。当谈到作为一个整体的媒体时，将该术语视为单数名词的情况越来越普遍。例如，我们可以说"The media plays an important role in today's political life"（媒体在当今的政治生活中扮演着重要的角色）。

### 大众传媒

　　**大众传媒**（mass media）是指将信息从单一来源传递给广大民众的手段。这种吸引许多人（或"大量"[ mass ]人群）的能力解释了"大众传媒"一词的源起。

　　几乎在所有人类历史中，多数交流都是面对面的，只会涉及少数人。数个世纪以前，国王可能会下令在

城镇广场上张贴法令，或者官员可能会爬上大教堂的台阶向街上的人群喊话。但即使是这些情况，最多也仅涉及几百人。

15 世纪印刷术的发明是扩大传播"到达率"（reach）的重要一步。借助这项新技术，出版商能够分发数千本小册子或书。即便如此，这些印刷品仍然只覆盖了社会人口的一小部分。至 1800 年左右，报纸已覆盖数百万受众，报纸发行量的不断增加才真正迎来了大众传媒时代。

到了 1960 年，电视在美国成了占据主导地位的大众传媒。家人聚集在"电视"周围，不是为了交谈，而是为了专注于屏幕。

在 20 世纪，大众传媒延展出全新的传播渠道。收音机发明于 19 世纪 80 年代后期，1920 年第一个商业广播电台开始运营。1930 年前，电视将声音与图像结合起来，第一家电视台（位于华盛顿特区的郊区）在 1928 年"上线"。广播和电视都是真正的大众传媒，能够影响数百万人。

当然，更近期的是互联网的发展。这种媒体源于 20 世纪 50 年代电子计算机的发明。这些巨大的机电式机器与我们今天习以为常的手持设备相去甚远。早期的计算机全是各种电子管和继电器，几乎占满了大学校区中的大教室。尽管它们的尺寸很大，但这些嘈杂的机器的功能仅相当于如今的某些简易手持计算器。

其后十年之内，科学家们开始想象将全国各地的计算机——最终遍及世界——连接到一个统一的全球网络中，这个网络后来被称为万维网（World Wide Web）。这个术语解释了为什么互联网地址以字母"www"开头。在随后的几十年中，个人计算机（PC）的发展极大地扩展了互联网的范围和密度，使世界各地的个体能够在一个庞大的网络中与他人进行交流。到了 2005 年，全世界约有 10 亿人（约占总人口的 15%）能上网。2017 年，这个数字大约为 40 亿，这意味着现在世界上约有一半的人通过互联网连接在一起。

## 社交媒体

早期类型的大众传媒，包括报纸、广播和电视，能覆盖数百万人，但它们本质上是单向的，也就是说，信息从单一来源向外传递给大量人群。例如，《纽约时报》1851 年开始出版，最终在纽约和世界其他城市的总发行量超过了 100 万。尽管如此，所有这些报纸的读者都是被动地接收信息。公众对报纸的反馈能力一直仅限于写"给编辑的信"，其中一些会在以后的刊期中发表。

相比之下，电子计算机技术则是多向的。彼此连接的计算机允许信息在互联网上的每台计算机之间流动进出。因此，计算机技术支持**社交媒体**（social media），这种媒体允许人们相互交流、共享信息，并根据兴趣和目标形成社群。以前的大众传媒与当今基于计算机的媒体之间还有另一个重要区别。社交媒体不像报纸和电视那样集中化。相反，服务器随处可见、无处不在，每个参与的人都能发送和接收信息。简而言之，这项技术允许人们在不断变化的参与者社群中进行联系。

当今互联网上的社交媒体包括数以千计的支持在线社交互动的平台。这些平台通常被称为"apps"（意为"应用程序"［applications］），支持写博客、发布照片和视频以及进行社交活动。社交媒体的"到达率"远远超出了最流行的报纸和电视台所宣称的程度。2017 年，最受欢迎的社交网站是脸书，它有大约 20 亿用户。

媒体　传播渠道

大众传媒　将信息从单一来源传递给大量民众的方式

社交媒体　使人们能够相互交流、共享信息并根据兴趣和目标形成社群的媒体

大学生也喜欢推特和汤博乐（每个都涵盖了超过 3 亿用户）（Statista，2017）。

# 媒体和信息：媒体偏见和媒体素养

### 7.2 调查媒体偏见问题和媒体素养的必要性

媒体是承载信息的传播渠道。但是媒体是简单地传递信息还是改变信息？加拿大哲学家马歇尔·麦克卢汉（Marshall McLuhan，1911—1980）声称，媒体不仅传递信息，而且塑造信息。更广泛地说，麦克卢汉（McLuhan，1964）声称任何媒体或任何类型的技术都不可避免地塑造了人类理解世界的方式。正如我们所阐释的那样，一个原因是社会使用的媒体类型决定了交流规模，允许人们体验一个小的本地社区或是参与到更大的世界中，也许能与数万人，甚至数亿人形成互动。

但也会涉及更多因素。大众传媒以及随之而来的社交媒体的发展也改变了人际关系的性质。要了解原因，只需考虑使用计算机和社交媒体网站与我们从未见过的人互动的频率——与几个世纪前相比，变化显著。对于一天中大部分时间都在敲键盘和看电脑屏幕的人来说，工作也更加非个人化。除了工作，新媒体也改变了休闲的特征；研究人员告诉我们，在美国普通人每天大约花五个小时看电视，加上我们玩电子游戏以及在开车或锻炼时听广播或其他音乐的时长的话，总数会翻倍（Koblin，2016）。最后，新媒体改变了我们经营家庭的方式。只需想一想我们现在有多少人使用计算机来控制温度和照明、支付账单、办理银行业务、购物和安排汽车维修。

麦克卢汉指出，新技术给我们生活带来的一些变化可能并不明显。使用社会学的视角，我们可以发现任何新技术的潜功能或意想不到的后果。例如，我们在电视上获取的"信息"远远超出了我们观看节目的娱乐价值，媒体还通过展示他者的生活来扩展我们的世界，无论他们住在城镇那头还是世界彼端。电视在哪些方面改变了家庭动力结构？它对我们国家的体育水平有什么影响？

最后，媒体以特定方式"打包"任何特定消息。考虑到电视将新闻"处理"成 30 分钟的节目时段（在包含商业广告的电视台中通常为 22 分钟）。你如何想象这种时间限制——复杂的故事被压缩成一分钟的片段——如何影响我们对世界上实际发生的事情的理解？再举个例子，140 个字符的限制如何影响推特上的交流？这些问题可以帮助我们理解为什么麦克卢汉得出"媒介即讯息"的结论（McLuhan，1964；Federman，2004）。

## 媒体和偏见

2016 年的总统竞选引发了许多指控，即美国大众传媒在某种程度上存在偏见。例如，作为共和党候选人，唐纳德·特朗普指责大多数"主流媒体"都有一个自由主义的政治议程，导致他们过度批评他本人和其他政治右翼的共和党人。代表政治左翼的伯尼·桑德斯（Bernie Sanders）声称，大多数美国媒体都受到包括华尔街和其他大公司在内的巨头资金利益的严重影响，因此他们不支持他的进步信息。

特定媒体通常以提供某种类型的"倾向性报道"或政治偏见为特征。关于电视，许多人将福克斯新闻视为保守的、倾向于共和党的信息来源。许多人认为美国有线电视新闻网（CNN）和微软全国广播公司（MSNBC）具有自由民主的政治偏见。报纸方面，和相对更自由主义的《纽约时报》相比，《华尔街日报》通常提供更保守的世界观。如今，期望找到"仅呈现事实"的客观新闻的人越来越少。

同时，有这么多的信息来源，人们也有相当多的选择。在我们这个两极分化的政治世界中，人们倾向于选择提供与他们已经相信的内容相一致和同"倾向性"的媒体。因此，尽管媒体可能提供比以往任何时候都更宽泛的信息，但许多媒体消费者可能持有狭隘的态度。

在 2016 年的总统竞选中，我们也从越来越多的来源获取信息。组织和个人以前所未有的方式发布有关候选人的信息和说明。其中一些信息以所谓的"官方"信息或电子邮件"泄露"的形式出现。在大多数情况下，我们无法确定这些信息的准确性。在某些情况下，毫无疑问，信息完全是编造的。但一旦信息流出，就可能成为其他新闻报道的焦点，很难区分"真新闻"和"假新闻"。

除了政治偏见外，一些批评者声称媒体为了追求更高的收视率和更大的利润而歪曲现实。在吸引公众注意力方面，并非所有"故事"都是一样的。在选择一个故事、决定如何构建

我们生活在这样一个时代，我们在屏幕上阅读或观看到的大部分内容都被嘲笑为"假"新闻。媒体内容空前丰富，我们需要学习媒体素养的技能。这些技能有哪些？

它以及投入多少时间时，媒体通常偏爱恐怖主义、犯罪和灾难等高关注度事件，以提高收视率。巴里·格拉斯纳（Glassner，2010）将这种类型的媒体偏见描述为在追求更高的收视率和最终追求金钱的过程中培养"恐惧文化"。他指出，尽管统计数据证实近几十年来美国的暴力犯罪率有所下降，但调查表明美国成年人越来越害怕暴力犯罪。这种不一致表明人们并不是按照实际情况而是通过大众传媒传达的信息来了解他们的世界。

### 媒体素养

各种媒体是我们观察世界的窗口。因此，对媒体偏见的担忧和对"假新闻"的恐惧促使人们呼吁提高**媒体素养**（media literacy），即具备成为大众传媒的批判性消费者的能力。

媒体素养发端于访问大众传媒和社交媒体的能力。这既需要资源来购买设备，也需要具备基本的读写技能和技术知识。一旦人们接触到媒体内容，媒体素养就涉及尝试了解正在传达的信息、识别信息来源以及评估内容中任何可能的偏见。媒体素养还包括询问谁从某一主张中受益，以及哪些类别的人处于劣势。最后，媒体素养要求了解媒体本身在呈现信息时塑造信息的方式。

无论内容是通过印刷、广播、电视、电影还是通过互联网传输，提高媒体素养都至关重要。当然，评估媒体中的所有偏见可能并不容易。一种有用的策略是对于任何主题都利用多种信息来源。这样做可以比较各种传播"渠道"，并可以提醒我们偏见的存在。

## 大众传媒和社交媒体的历史演变

### 7.3　描述大众传媒和社交媒体的历史演变

纵观人类历史，传播对于人类社会的运作和文化传承至关重要。与此同时，用于传达象征信息的手段因时因地而异。例如，在两千年前的古罗马，统治者将法令刻在石板上，放在公共区域供所有人查阅。两百年前的美国，镇上的公告人行走于街道，向任何具有耳力的人宣告出生、死亡、婚姻，报道新颁布的法律，评论最新的丑闻，并向民众通报重要的政治事件。在以下篇章中，我们将仔细研究主要大众传媒类型的发展：报纸、广播、电视和互联网。

## 报纸

如前所述，报纸是大众传播的第一种媒介。17 世纪，欧洲各地的城市每周都会印刷报纸。历史记录显示，1605 年，德国一份报纸在斯特拉斯堡出版，1618 年，荷兰一份报纸在阿姆斯特丹出版，1620 年，英国一份报纸在伍斯特出版。到 1690 年左右，报纸已经开始在美国新英格兰的殖民地中发行（Stephens，1994）。

印刷机发明于 1440 年，是应用于早期报纸的技术。早期的印刷机性能有限，受众也有限。读者人数也受到每份报纸成本相对较高的限制。政府官员通常对出售的每份报纸征税，使大多数人无法负担保持知情的成本。

然而，到了 1800 年左右，报纸发行量开始急剧攀升。部分原因是，由于政府终止了对报纸征税的政策，报纸变得更为低廉、更易负担。此外，更巨大、更复杂的印刷机每分钟能够印刷数百份报纸，进一步降低了成本。因此，在大城市经营的报纸很快就获得了数十万份的发行量。

报纸出版商的数量也有所增加。到 1860 年左右，在内战前夕，美国出版了大约 3000 份报纸，这一数字到 1880 年增加了一倍多（Stephens，1994）。

通常而言，报纸发行量越大，出版商的利润就越大。为了增加销量，出版商开始关注公众感兴趣的事件，因此头条新闻大肆宣扬战争并公布选举结果。但赚取更多利润的愿望促使出版商在犯罪和事故等日常事件中大肆渲染。这种策略通常被称为"轰动效应"（sensationalism），涉及选择故事并利用图形语言和图像来激发公众兴趣，以期销售更多报纸。今天，轰动效应在超市里常见的"通俗小报"中最为明显。

到了 19 世纪末，随着城市人口的稳步增长，报纸发行量达到顶峰。后来由于其他大众传媒的发展，报纸销售的黄金时代日暮西山。到了 20 世纪 20 年代，广播提供了新鲜有趣的信息和娱乐来源。二战后，电视的日益普及进一步降低了公众对报纸的需求（Stephens，1994）。近几十年来，互联网的普及又进一步削弱了报纸的流行程度。

作为回应，大多数报纸已经转型到在线出版。今天，大多数主要报纸的在线发行量都超过了印刷报纸的发行量。例如，《纽约时报》仍然是世界上最受欢迎的报纸之一，2015 年的每日印刷发行量约为 65 万份（周日超过 100 万份），同时约有 5000 万个人登录其网站以及它们的各种"应用程序"（Pew Research Center，2015）。

但即使在线版本销售强劲，报纸在广告收入方面仍出现下滑。收入减少意味着采取节约成本的措施，包括减少新闻编辑人员。从 2007 年到 2014 年，美国所有日报的全职新闻编辑人员减少了约 40%，从大约 50000 人减少到 30000 人（Williams，2016）。一些面临利润下降的出版商已经将他们的报纸出售。例如，2012 年，在报告了超过 5000 万美元的损失后，《华盛顿邮报》的长期持有人都将他们的这份报纸卖给了亚马逊创始人杰夫·贝佐斯（Jeff Bezos）。许多其他大型媒体公司已将其报纸部门与其他业务分开，以保持盈利。此外，其他大众传媒也向报纸发起了挑战。我们现在转向讨论广播、电视和互联网。

## 广播

在 19 世纪的后几十年，随着报纸的发行量接近顶峰，在电子新兴领域工作的科学家们设计出无需使用电线即可传输声波的方法。1885 年，德国物理学家海因里希·赫兹（Heinrich Hertz）首次实现了不用电线传输声音（这就是该设备最初被称为"无线"［wireless］的原因）。这一显赫成就解释了为什么使用"赫兹"一词来衡量无线电频率，甚至当今计算机处理器的速度也以赫兹为单位，例如，3 千兆赫兹（3 GHz 或"gigahertz"）。

早期的无线电只不过是无线电报，它以代码的形式传输一系列声音来传达信息。但即使是这种简单的技术对于船舶而言也是一个突破，船舶以前通过升旗或放飞信鸽来传输和接收信息。"无线"的使用允许船舶方便地与陆地和其他船舶远距离联系，为乘客提供便利并播报天气信息，大大提高了船舶安全性。到了1910年，早期的飞机也采用了这项技术（Federal Communications Commission，2004）。

早期的广播还远未成为"大众"传媒。更准确地说，它相当于"站对站"通信。"广播时代"始于1920年11月2日，当时宾夕法尼亚州匹兹堡的KDKA电台开始播放广播，提供当年总统大选的新闻报道。到了下届总统大选时，全美约有600家商业电台在运营。为确保传输不会相互干扰，联邦政府成立了联邦无线电委员会（Federal Radio Commission），为广播公司分配频率并监管该行业。包括西屋公司（Westinghouse）和美国无线电公司（RCA）在内的公司开始制造收音机，以满足公众日益增长的调频与收听需求。

无线电台的发射功率逐渐增加，覆盖范围扩展到数百英里。例如，KDKA很快就以50000瓦的功率运行，使其白天的信号可以覆盖四个州和加拿大南部。到了晚上，整个北美大部分地区都可以（至今仍然可以）听到这种强大的"清晰频道"的信号。

凭借如此高的发射功率，无线电成为了真正的大众传媒。节目将新闻、音乐、天气预报、宗教布道、体育和商业广告传播到全国几乎每个地方的每个家庭。家庭聚集在收音机旁，以及驾驶员在开车时收听广播，收音机因此得以稳步推进，成为一种全国性的大众文化。

**AM、FM和短波广播**　广播以不同频率的能量波传播声音。早期的广播电台在AM（调幅）频率上传输，例如，KDKA在AM波段使用1020 kHz频率。AM广播的无线电传输能达到非常长的距离，尽管音质堪忧。

出于这个原因，无线电工程师随即开始努力寻找一种改善广播音质的方法。1933年，埃德温·霍华德·阿姆斯特朗（Edwin Howard Armstrong）开发了一种无线电，可以在更高的FM（调频）频率上传输声音。FM传输使用不同的无线电信号编码方式。虽然FM广播比AM信号传播的距离短得多，但它们的声音质量要高得多。FM广播很快成为传输音乐的首选方式，而AM主要用于"谈话广播"（Woodford，2016）。当然，这两种传输类型仍然很受欢迎，而且当今的许多无线电接收器都可以同时调谐AM和FM信号。

AM和FM频段之间的频率是所谓的"短波"广播。在美国，短波接收器不如AM和FM收音机常见。短波传输的优点是范围广，短波收音机允许听众收听世界各地电台的广播。流行的短波电台包括BBC（英国广播公司）、中国国际广播电台、俄罗斯之音和美国之音。因此，短波广播提供了无与伦比的全球影响力。短波无线电在紧急情况下也特别重要，因为数以万计的"业余"无线电操作员使用短波无线电。当主要的城市广播电台可能因飓风而下线或被政府关闭时，从家中发射短波的操作者可以保持对话，维持庞大的非正式通信网络（Carvajal，2006）。

**卫星广播**　近几十年来，广播技术不断进步。如今，卫星广播是种流行的媒体形态，它将节目信号从地面站传输到太空中的卫星，卫星将这些信号反射回地球。如今的大多数新车不仅配备了AM和FM广播接收器，而且还能接收卫星广播。一般来说，卫星节目赚钱不是靠售卖广告，而是靠要求订阅者支付年费。

在北美，目前有两家大型卫星广播公司正在运营。XM于2001年开始运营，Sirius于2002年开始运营。2008年，两家公司合并成立了Sirius XM，现在提供200多个频道的音频节目。各种卫星频道通常提供专业类节目，像是来自不同年代的音乐、体育、新闻、喜剧和政治评论。向车主销售订阅服务的利润很高，这有助于解释为什么Sirius XM每年向汽车制造商支付约10亿美元，用以在四分之三的新车中安装此功能（Sisario，2016）。与其他广播电台不一样的是，卫星广播没有联邦通讯委员会（FCC）的商业赞助或监管，具有某种"随心所欲"的特征，如同霍华德·斯特恩（Howard Stern）"未经审查"的节目一样。

我们在家里或在车里听到的内容将继续发展。到2020年，几乎所有新车都可以直接访问互联网。这种联系使消费者能从大量的附加音频和视频节目中进行选择。这种日益激烈的竞争将如何影响卫星广播的销售还

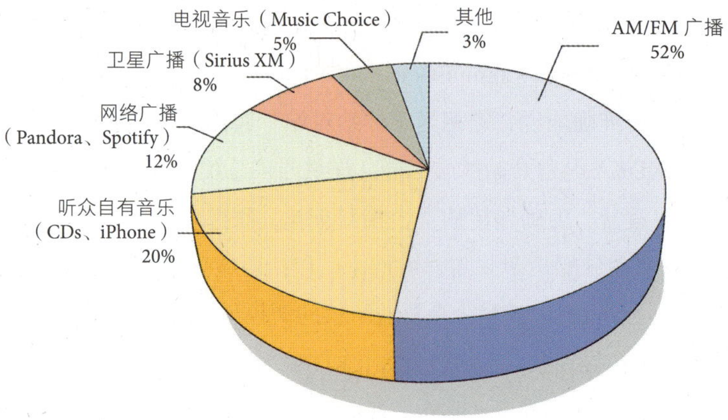

图 7-1 各种音频媒体的收听时间占比

近几十年来，来自互联网和卫星的新音频源不断发展。然而，AM 和 FM 收音机——最古老的收音机类型——仍然是最受欢迎的。

资料来源: Edison Research (2014)。

有待观察 (Kline, 2014)。

图 7-1 显示了人们在收听各种类型节目的音频源所花费的时间占比。该图显示 AM 和 FM 广播占所有收听时间的一半多一点。

## 电视

一个世纪以来，广播已经成为美国和其他地方流行的大众传媒。但正如广播的兴起导致报纸在 20 世纪 20 年代失去流行度一样，20 世纪 40 年代后期，即二战后，电视的日益普及开始侵蚀广播的流行度。当然，电视的吸引力在于电视不仅传输声音，还能传输图像。

20 世纪初期，许多电子工程师以传输图像为目标对技术开展了实验。1927 年，一位 21 岁的发明家菲洛·泰勒·法恩斯沃思 (Philo Taylor Farnsworth) 设计了一台原始电视，可以被认为是当今花哨的平面电视的雏形。法恩斯沃思以编码形式捕获运动图像，并使用能量波传输该信息。在另一端，接收器将代码"翻译"成显示在图片屏幕上的图像。一年之内，第一家电视台开始从华盛顿特区郊外的一个发射机播放节目。当然，这种全新的技术几乎没有任何观众。但美国广播公司 (RCA) 看到了商业潜力，立即投资了约 5000 万美元用于研发，从而成为卖出了第一台黑白电视机的公司。

到了 20 世纪 50 年代，全国电视广播成为现实，如今三大电视网络仍然陪伴我们——美国全国广播公司 (NBC)、美国广播公司 (ABC) 和哥伦比亚广播公司 (CBS)。较小的电视公司 (例如 DuMont 电视网络，从 1946 年运营到 1956 年) 也是电视发展史中的重要部分。毫无疑问，公众喜欢看电视。到了 1955 年，电视业已经发展成熟，一半美国家庭至少拥有一台电视机 (Ingram, 2016)。

**电视带来的变化** 电视结合声音和视觉图像，有能力塑造我们所体验的现实。1960 年，理查德·M. 尼克松 (Richard M. Nixon) 和约翰·F. 肯尼迪 (John F. Kennedy) 参与了第一次被电视广泛报道的总统竞选活动。竞选的亮点在于第一次电视直播总统辩论中对峙的两名候选人。

这场辩论在广播和电视上同时播出。换句话说，有些人听了辩论，而有些人看了辩论。辩论后收集的民意调查数据显示，这两类人对哪位候选人能够胜出有不同的想法。调查显示，在广播中听辩论的人 (只听到言词) 认为尼克松赢了，而在电视上观看辩论的人则认为是肯尼迪——一个长相更讨人喜欢、举止更自如的人——表现更好。这种感知上的差异向我们展示了大众传媒如何传递信息并影响信息的内容。

另一个例子则显示了电视塑造国家舆论的力量。20 世纪 70 年代的调查显示，1962 年至 1981 年担任哥伦比亚广播公司晚间新闻主播的沃尔特·克朗凯特 (Walter Cronkite) 被广泛认为是"美国最值得信赖的人" (Galant, 2012)。这一事实既表明了电视的大规模"到达率"，也表明了电视可以在多大程度上捕捉公众的想象力。

电视的力量可以改变国家政治。在 20 世纪 60 年代末和 70 年代初，越南战争的讨论稳步升级。在这场军事行动的早期，公众对战争只表现出轻微的担忧。然而，到了 70 年代末，克朗凯特对军事行动的谨慎但批判性的评论，加上恐怖的战争现实电视画面——越南战争是第一场被电视带入美国各地家庭的战争——帮助了扭转民族情绪并对抗这场军事冲突。

当然，从某些方面来说，电视在 20 世纪 60 年代动荡的十年中稳定了美国社会，当时人们不仅对国外的战争，也对国内的贫困和种族不平等日渐关注。在这个动荡的时期，三大电视台稳定地为人们提供半小时情景喜剧（室内情景剧）和一小时的戏剧表演，这些节目通常是关于行为端正的警察、技能熟练的医生和敬业奉献的律师的故事。这些节目强化了一条信息，即美国是一个社会安排合理公正的好国家。

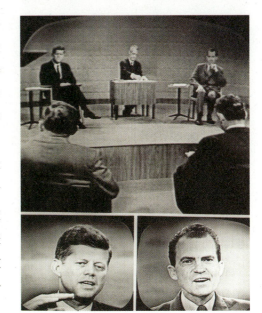

1960 年的总统辩论是第一次电视直播。研究表明，观看辩论的人认为约翰·肯尼迪是更好的候选人。相比之下，电台听众对理查德·尼克松的评价更高。

然而，到了 70 年代末，电视在增强社会批评精神和鼓励社会变革方面发挥了重要作用。电视图像清楚地表明，全国各地并非一片太平。无论是农村地区还是内城，贫困问题对每个观看新闻的人来说都日益清晰可见。电视还在源源不断地播放图像，显示种族不平等的程度，以及警察有时使用暴力手段来反对民权运动。尤其是在 1968 年，马丁·路德·金和罗伯特·肯尼迪被暗杀之后，随着骚乱席卷美国内陆城市，电视让每个人都感受到了深切的愤怒。

电视当然也是娱乐的源泉。但这种大众传媒也是一股强大的力量，可以让公众了解问题和冲突，并帮助动员人们采取行动以实现变革。

**有线电视及其他**　就像广播随着时间的推移而发展一样，电视亦是如此。到了 20 世纪 70 年代，三大广播台加入了有线电视的行列，在没有广告中断的情况下播放故事片，转播体育赛事，并带来许多全新的节目类型。第一个有线电视网络是 HBO 电视网，它于 1972 年开始运营。到了 1975 年，HBO 使用卫星传输向全美的地方有线电视公司传输节目。不久之后，其他有线电视公司也开始模仿 HBO，包括 WTBS、Showtime、电影频道和 Cinemax。

随着家用录像机（VCR）的推出，这种变化一直持续到 20 世纪 80 年代，人们可以播放预先录制的电影，也可以录制电视节目以供随时重播。此外，随着电视游戏的普及，借由摇杆和主机与电视机相连，我们看到电视成为一种更为多元的互动体验。

根据最近的研究，典型的美国成年人每天看大约五个小时的电视（Koblin，2016）。日益增长的屏幕使用时间反映了人们现在有如此多的节目选择，包括有线、卫星、视频点播和互联网流媒体服务，如 Netflix、Amazon Prime 和 Hulu，现在一半左右的美国家庭正使用这些服务。电视的持续流行与人们定制媒体体验的能

1968 年 11 月 22 日，电视第一次直播跨种族的亲吻是在《星际迷航》（Star Trek）的某一集中，男主角与其他种族的女性拥吻。而在几年前，跨种族婚姻在若干州是非法的。

力有关，这不仅包含大量娱乐内容，还包括全球化学习（国家地理频道）、烹饪课程及家庭维修指导等教育内容。

电视的流行程度在美国人口中的所有年龄段都很明显。与此同时，如图 7-2 所示，一些"较老"的技术，如有线电视和卫星节目，在老年人中仍然更受欢迎。包括 Netflix、Amazon Prime 和 Hulu Plus 在内的"较新"媒体吸引了花更多时间上网的年轻观众。

综上所述，报纸、广播和电视都是有影响力的大众传媒，为全世界数十亿人提供娱乐和信息。这些媒体有一个共同点：它们从特定来源到特定观众，向一个方向传达内容。现在转向讨论我们称之为社交媒体的互动交流渠道的历史演变。

## 计算机和社交媒体的崛起

在 20 世纪 60 年代初期，当电视成为主流媒体时，美国国防部的一位科学家提出了一个新颖的想法。他设想创建一个由计算机连接的网络，以便相互通信。然而，当时的计算机数量很少，而且体积庞大，处理能力低下。因此，直到 1969 年，也就是电视转播第一次登月的那一年，加州大学洛杉矶分校研究实验室中的这些占满房间的巨型计算机中的一台，才首次向位于斯坦福大学某实验室的另一台大型计算机传输了一条简单的信息，二者距离大约 350 英里。第一条消息实际上只有一个词，"登录"（LOGIN），当这个词到达目的地时，该过程实际上已使得计算机"崩溃"。尽管如此，这个实验中的一些人却会心一笑，因为他们刚刚开启了通信技术的新时代（History.com，2010）。

第一次将计算机连接到网络中的努力并没有成为晚间新闻，公众可能不会对此感兴趣。但这项实验确实引起了军方的注意。20 世纪 60 年代是美苏两个超级大国竞争对手之间所谓的"冷战"时期。军事分析人士担心，核武器会将整个城市夷为平地，并摧毁以城市为基础的大众传媒，包括广播和电视。因此，他们试图想象如何在发生战争时保持国家"联系"。如果不使用集中广播，信息如何继续在全国范围内传播？问题的答案必须是一个系统，在该系统中，信息从位于任何地方的无数台计算机传入和传出，没有易受破坏的中心点。从这个"没有头部的身体"的早期愿景中逐渐浮现出了我们今天所知的互联网。

随着计算机技术的进步，互联网缓慢发展着。直到 1991 年，一位瑞士计算机程序员才创造了"万维网"一词。

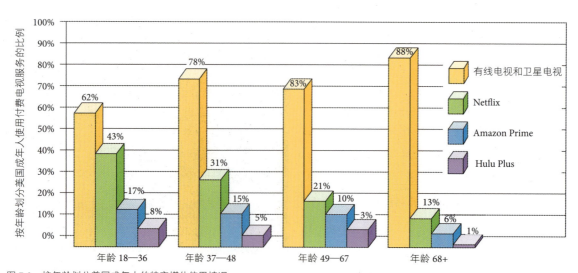

图 7-2 按年龄划分美国成年人的特定媒体使用情况

"较老"的媒体，包括有线电视和卫星电视，在老年人中最受欢迎。"较新"的基于计算机的媒体在年轻人中普及率最高。

资料来源：StatsticBrain.com（2016），Harris Poll（2013）。

当然，从那时起，更小的个人电脑和更强大的智能手机的发展将计算能力扩展到了几十年前无法想象的程度。2017 年，世界上有超过 20 亿部智能手机，它们都彼此连接，其中任何一款设备的处理能力都是 20 世纪 60 年代第一台由数百根管子和数英里长的电线构成的巨型计算机的数百万倍，当时这些巨型计算机占满了大学的大型实验室。

最早的计算机确实在大学和公司的偌大房间里装满了数千个电子管和数英里长的电线。这台机器在 1960 年是"州中翘楚"，但它的计算能力和速度比不上今天的任何手持智能手机。

微小但强大的便携式计算机开拓了新时代，信息、声音和图像可以以光速环绕地球。凭借这一成就，社交媒体平台在短短几年内得到发展。1997 年出现了第一个社交网站，名为"六度"（Six Degrees）。这个名字传达了这样的想法：在电子社交网络中，任何两个人都可以通过不超过六个人联系在一起。该站点是第一个允许用户创建公共个人资料，并向几乎位于任何地方的其他人发送消息的网站。虽然这个特定网站只维持了几年，但确实有大约 350 万用户注册，这表明社交媒体具有快速传播内容的能力——这个过程现在被称为"病毒式传播"。

其他许多社交网站紧随其后，其中一些针对特定类别的美国人口。例如，1997 年，AsianAvenue 开始运营，1999 年，Blackplanet 上线，2000 年，西班牙语的 MiGente 紧随其后（Read，2015）。其他网站吸引了更多的普罗大众。Friendster 于 2002 年推出，2004 年，MySpace、LinkedIn 和 Facebook 加入其行列。如表 7-1 所示，Facebook 在 2016 年年终拥有超过 15 亿用户（到 2017 年初约为 20 亿），已成为最受欢迎的社交网站。促成 Facebook 成功的功能不仅包括个人资料，还包括个人"墙"，允许用户和朋友在"朋友圈"中发布和共享图像和信息，以便人们看到他们的朋友在做什么。此外，"点赞"按钮允许人们对他们所看到的内容做出回应。

仅仅十年之后，社交媒体就包容了数千个平台，人们可以在个人电脑和移动设备上访问这些平台。正如社交媒体平台将人们联系起来一样，现在平台间也是如此。例如，2012 年，Facebook 买下了 Instagram，允许用户将他们的账户和内容同时链接到两个平台（Shah，2016）。

社交媒体网站的受欢迎程度不断提高，尤其是在年轻人中。如图 7-3 所示，18 至 29 岁的年轻人使用社交媒体最多，其中大约四分之三的人经常使用网站。不出所料，我们社会中最年长的人最不可能使用社交媒体。即便如此，大约有一半 65 岁以上的人报告他们会使用社交媒体（Pew Research Center，2015）。

**数字鸿沟**　随着信息革命的开展，世界上大部分地区都可以访问互联网。研究人员估计，95% 的人类生活在由互联网提供商提供服务的地区。然而，世界上大约

表 7-1　2016 年十大最受欢迎的社交网站

| 社交网站 | 用户估计量 | 建立年份 |
| --- | --- | --- |
| 1. Facebook | 1.6 billion | (2004) |
| 2. WhatsApp | 1 billion | (2009) |
| 3. QQ | 850 million | (1999) |
| 4. WeChat | 700 million | (2011) |
| 5. QZone | 640 million | (2005) |
| 6. Tumblr | 555 million | (2007) |
| 7. Instagram | 400 million | (2010) |
| 8. Twitter | 320 million | (2005) |
| 9. Skype | 300 million | (2006) |
| 10. Viber | 250 million | (2010) |

资料来源：Chaffey（2016）。

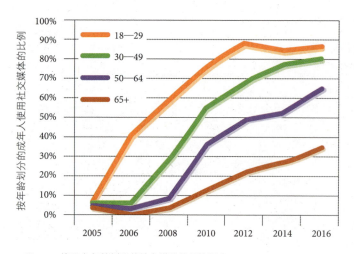

图 7-3　按用户年龄划分的社交媒体使用情况

　　在过去十年中，越来越多的美国成年人开始使用社交媒体。这一比例在最年轻的成年人中相对较高，而在最年长的成年人中较低。

资料来源：Pew Research Center（2016）。

有一半的人不使用互联网，主要是因为他们负担不起接入和设备本身的成本（International Telecommunication Union，2016）。

　　从世界范围来看，包括美国和西欧国家在内的高收入国家，大部分家庭都接入了网络。在世界上的低收入地区，包括非洲大部分地区以及亚洲和拉丁美洲的部分地区，使用互联网的人口比例要小得多。很明显，使用互联网与一个国家的经济发展水平有关。

　　性别对互联网访问模式也有影响。这种性别差异因国家而异，但通常在低收入国家最大。就整个世界而言，与女性（45%）相比，男性（51%）使用互联网的比例更大。

　　**数字鸿沟**（digital divide）是指世界各地或一个国家内不同类别的人在访问互联网方面的差异。美国人在互联网接入方面有哪些差异？在这里，与其他高收入国家一样，女性和男性使用互联网的可能性大致相同。白人（87% 的人说他们使用在线服务）比非裔美国人（80%）更有可能使用互联网。然而，这种差异在很大程度上反映了收入和教育水平。如果我们只比较富裕的、受过大学教育的男性和女性，种族差异就会消失，因为白人（98%）和黑人（98%）上网的可能性相同。在没有高中文凭的人（也往往是年纪较大的人）中，白人（74%）比非裔美国人（63%）更有可能使用互联网（Smith，2014）。

　　西班牙裔成年人（84%）在互联网访问比例方面介于非西班牙裔白人（87%）和非裔美国人（80%）之间。然而，在年轻人中，上网比例几乎或根本没有种族或族裔差异。在少数群体中，年龄与使用互联网密切相关。与十几岁和二十多岁的人（95%）相比，年长的西班牙裔人（42% 的人上网）访问互联网的可能性要小得多。教育水平也很重要。西班牙裔和英语不太流利的西班牙裔不太可能（74%）使用互联网。同样，与在美国出生的女性和男性（91%）相比，在外国出生的西班牙裔美国人上网的可能性（78%）更低。

　　在美国人口的所有种族和族裔类别中，年龄是互联网使用最有力的预测指标。就整个美国人口而言，99% 的年轻人使用互联网，而在 65 岁以上的人中这一比例约为 60%（Smith，2014；Brown，Lôpez & Lopez，2016）。

## 总结

　　对于所有类别的美国人口，使用社交媒体的人数都在增加。人们使用社交媒体的时间也在增加，这是另一项事实。最近的一项研究发现，13 至 18 岁的美国青少年平均每天使用社交媒体 1 小时 11 分钟。除此之外，青少年每天还花 4 个小时使用其他媒体，包括浏览互联网、听音乐和看电视等。综上所述，年轻人肯定会在醒着的时候花很多时间看屏幕。在一年的时间里，男孩和女孩使用计算机媒体的时间实际上比他们在学校花费的时间要多。尤其是在年轻人中，Facebook、Instagram 和 Messenger 等网站已成为流行文化的一个主要维度（Common Sense Media，2015；Stewart，2016）。我们很可能想知道广泛使用社交媒体对个人和整个社会的后果。

# 社交媒体对个人的影响

### 7.4　探究社交媒体的使用如何影响个体

社交媒体是一个窗口，我们通过它向世界呈现自己，也可以感知他人。社会学家长期以来一直在研究人们呈现自己的方式——试图在他人的脑海中树立某些印象。在社交媒体时代，人们比以往任何时候都更多地"呈现自己"。

## 社交媒体和自我呈现

第六章（"日常生活中的社会互动"）介绍了欧文·戈夫曼（Goffman，1959）的研究，他通常使用与剧院相关的术语来分析日常生活。戈夫曼将人们描述为演员，在作为观众的其他人面前表演。许多展示发生在熟悉的环境中，包括家庭和工作场所，在这些环境中，我们的行为受到充当"脚本"的文化规范的指导。此外，人们通常为这个角色着装（穿着"服装"）并利用某些物品（"道具"）来使他们的展示更具说服力。

日常生活中，社交媒体的使用现在与面对面互动相结合。就像我们亲自向他人展示自己一样，我们现在在网上构建了一个社会身份。在这两种情况下，其他人如何判断我们呈现给他们的东西会塑造我们的自我形象和社会认同。

戈夫曼在社交媒体时代开始前几十年就完成了他的分析。他的作品反映了一个完全建立在面对面社交互动上的社会世界。但我们可以将他的分析应用于当今世界常见的在线互动。事实上，在网络社会中，呈现自己和试图管理他人印象的重要性可能更突显（Palmer，2014）。在面对面的互动中，我们从多个来源收集信息。我们通常会在熟悉的地方遇到其他人，因此我们已经对人们是谁具有一些了解，因为我们是在特定地点遇到他们的。例如，如果你在校园里遇到一个人，你已经很了解这个人是谁以及他为什么在那里。但是，如果是根据社交网站 Match 中某人的简短说明，然后在线认识彼此呢？这种互动是不同的，因为它不是在某个熟悉的地方被框定的。在线互动通常始于关于他人的非常有限的信息，并且，我们收集的所有信息都出自一个来源——那个人。

生活在社交媒体的世界中，我们有机会为自己塑造身份，选择一个网名，用文字和图像创建个人资料，决定何时以及如何更新我们的状态，如何评论他人的自我呈现，以及上传各种照片，包括自拍等。通常，这些活动的目标是呈现"理想的自我"，同时通过他人的评论和"点赞"寻求他人的认可。

因为社交媒体涉及我们每个人在没有其他确认信息的情况下向受众展示自己，所以我们放置在网上的内容成为我们个人和社会身份的基础。当然，与面对面的互动一样，其他人如何判断我们在社交媒体上展示的内容也会影响我们的身份。

社交媒体存在的时间还不够长，无法让研究人员充分了解其重要性。关于社交媒体如何影响个性和行为的研究才刚刚开始。尽管如此，根据近年来的报道，我们可以提供一些关于社交媒体对个人可能产生的影响的想

社交媒体鼓励多任务处理的一种常见方式是在开车时发消息。这种做法会影响驾驶员的技能，类似血液中的酒精含量超过法定限度一样——这是现在几乎所有州都禁止这种做法的关键原因。

法。我们现在转向讨论社交媒体塑造我们的各种方式，首先是自我形象。

## 社交媒体和自我形象

我们如何看待自己与其他人如何看待我们有很大关系。正如第五章（"社会化"）中所阐释的，我们通过想象别人如何看待我们来建立自我意识。

在孩子学习如何看待自己的过程中，父母一直扮演着重要角色。同辈群体也对年轻人有特殊影响。随着社交媒体在社交生活中的作用日益增长，它在社会化过程中的重要性也显著提高。

对于用户来说，社交媒体提供了关于以"点赞"或其他认可形式衡量的个人品质的稳定反馈。我们好看吗？其他人喜欢我们做的事情吗？我们似乎比我们认识的其他人更受欢迎还是更不受欢迎？

如果个人收到的反馈是积极的，那么媒体信息支持积极的自我形象。相比之下，负面反馈会鼓励负面的自我形象。听起来简单，但实际情况可能会更复杂。生活在社交媒体世界中的人们倾向于展示自我的理想版本——精心编辑的文字和图像可能会捕捉现实，但也会扭曲现实。如果我们以理想的方式想象其他人——他们非常成功，他们分享了奇妙的经历，他们拥有完美的人际关系——那么我们可能会觉得我们自己的生活（我们以更现实的方式知道）根本不符合标准。然后，一些研究人员指出，大量使用社交媒体会增加负面自我判断的风险，在极端情况下，可能会引发抑郁症（Steers et al., 2014）。

## 社交媒体和同理心

通过电脑屏幕的交流正日益取代面对面交谈，尤其对于年轻人。在社交媒体上互动与面对面互动的不同之处在于，在网上，人们不会经历眼神交流或其他直接表达个人感受的方式。换句话说，我们通过文本、推文和即时消息进行的交流越多，我们参与快照（snapchat）和发帖的次数就越多，我们与他人的近距离接触和个人体验就越少。

研究人员雪利·特克（Turkle, 2015）发现，在屏幕上用文字和符号取代面对面谈话的一个结果是，年轻人正在失去同理心，或者失去设身处地考虑他人的能力。当我们练习同理心时，我们会想象另一个人正在经历或感受到什么。同理心的能力与我们的生物学发展息息相关，但同理心的能力需要实践，这是我们从无数面对面的经历中获得的。

从逻辑上讲，年轻人参与面对面互动的次数越少，他们就越不可能培养同理心。特克声称，在当今的网络世界中，年轻人实际上比前几代的同龄人更缺乏同理心。为了支持她的说法，特克指出心理测试的结果证实了近一个世纪以来人们的同理心正在下降。此外，她还引用了针对现在参加夏令营的儿童群体进行的实验研究。在这项研究中，几乎所有的孩子都带着智能手机和其他微型电脑设备到达营地。到达营地后，令大多数女孩和男孩感到恐慌的是，营地工作人员要求每个人交出他们的电子设备。在营地逗留期间，研究人员通过让年轻人观看视频场景，然后想象所涉及的人的感受来衡量同理心。当孩子们到达营地时，研究人员设置了基线分数。短短五天后，这些"没有屏幕"生活的孩子的同理心分数开始稳步上升。

最后，特克还花费了大量时间观察大学生并与他们谈论其社交生活。她的研究表明，当学生坐在一起时，他们中的大多数人会定期"跳出"与他人的对话，以查看消息并在线收集其他信息。特克表示，新的规范已经建立，即减少对面前人的关注，以保持与在线信息的"联系"（Davis, 2015；Turkle, 2015）。

## 社交媒体和一致性

我们在社交媒体上看到的东西会影响我们的态度吗？正如第八章（"群体与组织"）中详述的那样，大量研究表明人们可能会以与周围其他人一致的方式思考和行动。研究人员收集了证据表明人们使用社交媒体时同样如此，他们倾向于调整自己的态度以符合他们在网上看到的情况。

还有一项在加州大学洛杉矶分校进行的研究，研究者将青少年志愿者分为两组。第一组被展示了一系列照片，并让他们选择是否"点赞"，第二组被展示了完全相同的系列照片，但在这一组，他们可以看到每张照片已经有大量的"点赞"。第二组的学生可能更愿意"点赞"这些照片，大概是因为他们看到其他人已经做出了同样的判断。我们很可能预测社交媒体在鼓励一致性方面的影响在年轻人中最明显——这也恰好正是人们使用社交媒体最多的年龄段（Wolpert，2016）。

## 社交媒体、多任务处理和注意力跨度

我们都知道，人们在吃饭、与他人交谈甚至开车时都会查看移动设备。社交媒体似乎增强了我们**多项任务处理**（multitasking）的能力，这意味着在特定时间内从事一项以上的脑力或体力任务。微软公司的研究人员证实了这样一个事实，即智能手机和其他移动设备拥有几乎无穷无尽的平台和应用程序，能够增强我们并行做若干件事的能力（Hooten，2015）。

然而，多任务处理会分散我们的注意力，我们需将注意力集中在一个方向，然后又转向另一个方向。出于这个原因，研究人员发现，社交媒体还会缩短我们的注意力跨度，即我们稳定专注于任何一项任务的时间。微软的研究人员重复研究观察人们进行各种活动，在每个个案中记录个体专注于手头任务的时间。2000 年，随着社交媒体变得日渐普遍，研究人员计算出平均注意力持续时间约为 12 秒。到 2015 年，以同样的方式观察人们，结果是典型的注意力持续时间下降到只有 8 秒（Hooten，2015）。

这种差异是否显著？ 4 秒的差异可能看起来并不大。但它代表了在不到一代人的时间里的大幅下降。这种下降表明我们很可能会关注教师已经存在的担忧，即大多数学生无法稳定地专注于课堂活动。一项针对学校教师的调查报告称，近 90% 的教师认为社交媒体正在塑造一代容易分心的"插电式"（plugged in）学生（Purcell et al.，2012）。

您认为父母在多大程度上依赖计算机技术来吸引孩子，以便成年人可以进行面对面交谈或执行其他任务？

## 网络欺凌

欺凌是利用体力优势或个人影响通过使他人害怕来控制他人的行为。在美国，欺凌在成年人中是一种非常普遍的经历，尤其是在年轻人的社交世界中。

曾几何时，无论是在工作场所、学校还是社区发生欺凌，多数都是面对面的互动。在当今的社交媒体时代，欺凌也存在于网络上。**网络欺凌**（cyberbullying）指使用互联网使他人难堪、辱骂或操纵他人。网络欺凌可能涉及对某人发表伤害性评论、发布破坏性图片或散布谣言。此类行为可以使用个人电脑、智能手机或平板电脑进行。

这种行为在年轻人中有多普遍？ 2015 年一项针对 11 至 15 岁学生的调查发现，这些年轻人中有三分之一声称在他们生命中的某个阶段曾是网络欺凌的受害者（Hinduja & Patchin，2015）。谁最有可能遭受网络欺凌？

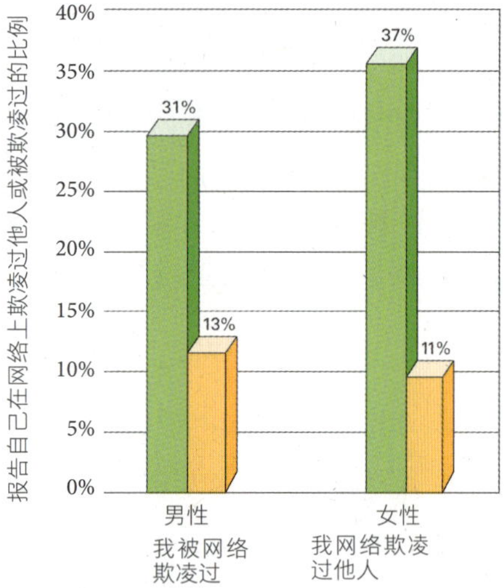

图 7-4 网络欺凌调查数据

女性报告被网络欺凌的经历比男性多。报告网络欺凌过他人的年轻人比例要小得多，性别差异不大。

资料来源：Hinduja & Patchin（2016）。

如图 7-4 所示，报告这种经历的女性（37%）比男性（31%）多。实际作为欺凌者是何种情况？大约 15% 的年轻人报告说他们曾对他人进行某种类型的网络欺凌，而且性别之间几乎没有差异。

研究人员还研究了网络欺凌的影响。当遇到这种行为的年轻人被要求描述他们的经历时，最常见的反应是焦虑感和自卑感。在极端情况下，人们会感到抑郁，甚至有自杀的念头（Gordon，2016）。

## 社交媒体和成瘾

最后，人们会对社交媒体成瘾吗？为了回答这个问题，研究人员在青少年在线使用社交媒体时对他们进行了脑部扫描。研究人员首先发现，当人们使用社交媒体时，他们感受到自己如何被评判实际上会影响他们的大脑活动。例如，当青少年受试者看见他们自己的照片并收到大量"点赞"时，大脑愉悦中枢的活动达到高峰（Wolpert，2016）。科学家们早就知道，任何以这种方式产生快感的刺激都有成瘾的风险。因此，早期研究表明，可以合理地假设，至少对于某些人，使用社交媒体会令人上瘾，这意味着个体会体验到使用这种技术的生理或心理渴望（Whiteman，2015）。

为了深入了解网络成瘾，挪威的一组心理学家开发了一个简单的工具来评估沉迷脸书的可能性。他们设计了所谓的伯根脸书成瘾量表（Bergen Facebook Addiction Scale）。研究人员要求受试者回应六项陈述，从三个选项中选择一个："频繁""经常"或"不经常"。根据这些研究人员的解释，在六个项目中选择至少四项"频繁"或"经常"的人都有一定程度的网络成瘾（Paddock，2015）。

以下是六项内容：

1. 我花了很多时间思考脸书或计划如何使用它。
2. 我感受到一种冲动，想要更多地使用脸书。
3. 我使用脸书是为了忘记个人遭遇到的问题。
4. 我曾尝试减少使用脸书，但没有成功。
5. 如果我被禁止使用脸书，我会变得焦躁或烦恼。
6. 我使用脸书太多以致对工作或学习产生了负面影响。

## 总结

毫无疑问，现在必须将社交媒体与父母及同辈群体一起作为塑造年轻人生活的主要因素。社交媒体对个人的影响显著，而且并非完全积极。针对青少年的研究表明，使用社交媒体与移情能力下降和注意力持续时间缩短有关。此外，社交媒体为人们提供了相互欺凌的新方式。对于某些人而言，社交媒体的使用可能变得如此重要，以至于陷入成瘾。

但并非所有消息都是负面的。社交媒体无疑比以往任何时候都连接了更多人群，并提供几乎无限范围的信息和娱乐。大多数美国青少年表示，他们没有感受到社交媒体以任何方式伤害他们。相反，大约三分之一的青少年声称社交媒体有助于减少他们的害羞感，五分之一的人表示社交媒体增强了自信并让自己感觉更好（Common Sense Media，2012）。

最后，请记住，社交媒体对人们自我形象的确切影响很可能反映了他们的个人经历，可能是积极的，也可能是消极的。也就是说，除了社交媒体作为交流方式的各种影响外，信息的确切内容在很大程度上决定了对任何个体的最终影响。

# 社交媒体对人际关系的影响

### 7.5　评估社交媒体的使用如何影响社交关系

既然我们已经研究了社交媒体如何影响个体，我们可以转向一个更宽泛的问题，即它如何塑造人们与他人的关系。从表面上看，新社交媒体最基本的结果是，与生活在有物理限制的本地社区相比，可以与更多的人建立联系。我们将考虑社交媒体对人们关系的影响，包括家庭生活、约会和与伴侣一起生活。

## 社交媒体、人际关系、育儿和掠夺者

社交媒体使人们即使相隔千里也能轻易保持联系。在过去的几十年中，人们相隔遥远，可依靠电话彼此联系。但"座机"电话技术涉及电线，这意味着人们需要知道他人在哪里才能拨打附近的有线电话。今天的手机技术改变了这点，我们可以打电话或发短信给另一个人，而无需知道那个人可能的位置。

研究人员告诉我们，大多数人声称他们使用社交媒体来保持联系（Smith，2011）。毫无疑问，社交媒体使"保持联系"比生活在一代人之前的任何人所能想象的要容易得多。换个角度，如今社交媒体用户拥有的社交联系数量远远超过不使用该技术的普通人。毫无意外，研究人员发现社交媒体用户远比非用户感到社交孤立的可能性要小得多（Pew Research Center，2013）。对许多人来说，社交媒体的使用不仅增加了潜在关系的数量，而且还提高了关系的质量。如图 7-5 所示，超过 80% 的美国青少年声称使用社交媒体让他们感觉"或多或少"能更好地与朋友联系（Pew Research Center，2014）。

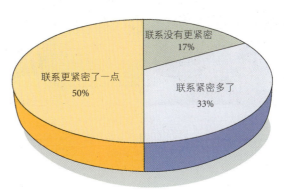

图 7-5　社交媒体和与他人的联系
　　问题：社交媒体如何影响青少年与朋友联系的方式？
资料来源：Pew Research Center（2015）。

但是，"更紧密的连接"总是一件好事吗？通过帮助人们保持联系，社交媒体可能导致人际关系变得过于紧张。例如，考虑下正在抚养十几岁孩子的父母。在社交媒体出现之前的几十年里，父母想要在孩子离家时监控孩子的行为，只能询问朋友和邻居。然而，如今计算机应用程序允许父母跟踪年轻人的手机并随时给孩子打电话。社交媒体让父亲和母亲成为"直升机"父母，他们几乎可以随时随地监控孩子（Schulder，2016）。

家长还可以监控孩子的在线活动。最近的研究发现，60% 的父母表示会上网查看孩子访问过的网站，并查看孩子在社交网站上的个人资料。几乎一半的人报告说有时会阅读他们孩子的手机信息（Anderson，2016）。

除了赋予父母监督孩子的权力外，社交媒体还使得父母能够"过度分享"，这意味着分享关于他们孩子过多的信息。这种模式的一个典型例子是母亲或父亲通过发布孩子所做的任何事情或每件事的详细信息来吹嘘孩子。在某些情况下，父母会发布图片或信息（例如，关于孩子的如厕训练），而孩子因太小而无法理解正在发生的事情，当然也因太小而没有同意权。调查表明，四分之三的家长表示，他们知道有家长在社交媒体上分享了过多关于孩子的信息。这种"分享"行为模式有可能损害亲子关系，并损害孩子的长期发展（Bowerman，2015）。

对与电子媒体相关联的年轻人来说，最严重的危险可能来自"掠夺者"。通常，从事掠夺性行为的成年人会在线联系年轻人并与他们建立关系。在某些节点，成年人会提议线下见面。在这些遭遇中，成年人可以在性方面利用他们的受害者。通常，掠夺者是成年男性。有些人假装年轻，但大多数人对自己的年龄持开放态度，并明确表示自己对性有兴趣。受害者更可能是青少年而不是年幼的孩子。面临最大风险的是那些过去曾经历过性虐待的年轻人（Wolnak et al.，2008；Wallace，2015）。

## 社交媒体和约会

在社交媒体发展之前，人们通常会在他们的社区、学校和工作场所寻找伴侣。人们在当地见面并约会。今天，这些模式当然还在继续，但越来越多的浪漫关系发生于在网上找寻伴侣的人们之间。

第一个连接人们与潜在伴侣的社交网站是 Match，该网站于 1995 年开始运营。今天，有许多类似网站吸引着不同类别的人群。这些网站中最受欢迎的是 badoo，2017 年该网站报告有超过 3.5 亿的客户。

早期，许多人认为约会网站最适合那些无法以常规方式找到伴侣的人。但是，在高度流动的社会中，人们希望结识更多的潜在伴侣，约会网站在整个人群中日渐流行。2015 年，大约 15% 的美国成年人表示他们使用过约会网站，大约 60% 的成年人声称他们认为约会网站是结识新朋友的好方法（Smith & Anderson，2015）。

随着时间推移，约会网站的使用一直在增长。如图 7-6 所示，年轻人使用约会网站最多，他们更有可能约会同时也更可能使用社交媒体，而老年人的使用率最低，他们不太可能约会，也不太可能使用社交媒体。（Pew Research Center，2016）。

在线建立的关系与以更传统方式建立的关系有何不同？在已婚夫妇中，在网上认识的伴侣比通过其他方式认识的伴侣更快步入婚姻。研究人员告诉我们，"在线婚姻"发生在大约 18 个月后，而以其他方式认识的夫妇则需要超过三年（Lee，2015）。

寻找伴侣现在是一项在线活动，尤其是对年轻人而言。电视节目《鲶鱼》（Catfish）就展示了在网上见面和互动数月的情侣。但是当他们第一次面对面见面时会发生什么？你在网上约会的经历如何？

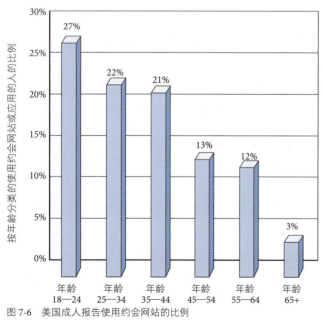

图 7-6　美国成人报告使用约会网站的比例

大约 15% 的美国成人报告有在使用在线约会网站。正如我们之前所见，最年轻的成年人的使用率更高，而最年长的成年人使用率要低得多。

资料来源：Pew Research Center（2016）。

# 日常生活中的社会学

## 网上约会：所见未必是所得

当伊恩 60 多岁时，他和妻子决定离婚，他们相互陪伴了将近三十年并抚养了两个孩子。这种转变从来都不是一件乐事，往往会涉及深度伤害和长期愈合。与结束过去一样重要的是展望并不确定和令人兴奋的未来——在这个案例中，是在几十年的婚姻生活后成为单身。在我们以婚姻为中心的社会中，朋友和家人会对新单身男女表示某种程度的同情，尤其是当他们在离婚后的生活中发现自己孤身一人时。好心的朋友试图通过提供"撮合"的机会来提供帮助。有时，当然，这是有效的。

大约六个月后，伊恩回应了自己重新获得的自由，就像生活在社交媒体时代的任何人一样——他注册了 Match。旋即，他就享受于每天收到由计算机挑选的女性撰写的个人资料，她们正找寻男伴。伊恩饶有兴趣地点击看似无穷无尽的可能性，判断谁有吸引力，谁没有吸引力，以及为什么。这个过程促使伊恩思考他需要伴侣的什么特质以及他自己的哪些品质最重要。通常而言，伊恩感到安慰的是他意识到还有其他人也是如此。他感到自己并非茕茕孑立。

一个多月以来，伊恩发送"wink"，选择"favorites"，与精心挑选的一些人交换了电子邮件。有趣的电子邮件引向电话交谈，偶尔还会引向线下见面，喝咖啡或喝杯酒。伊恩遇到的女人都相当有成就（她们有很好的工作）、才华横溢（在某种程度上善于表达和有创造力），而且相当好看（至少在他眼里）。于是，伊恩和几个女人约会了几次，但都没有太"认真"。为什么？可能是因为任何人在网站个人资料上传达的信息都是非常有限的，并且经常以理想化的方式呈现自我。在与现实比较方面，在线"个人资料"与广告的共同点一样多。

然后，某天下午，伊恩查看他的电脑屏幕时，伊人就在那里！她形象漂亮，看起来很有艺术气息而且很时髦，而且显得很年轻（年长的男性似乎有种毫无根据的信念，认为他们有权与比他们年轻五岁、十岁或更年轻的女人拍拖，这点不奇怪吗？）。两人通过电子邮件互相发送了几首诗，并在好几个晚上都通了一个多小时的电话。一周后，他们约好见面共进晚餐。

伊恩被打动了。她似乎是他想要的一切，而且超出了他的任何期望。她承认自己有点"古怪"，解释说她是一个不喜欢开车的纽约人，从不冒险在四车道的道路上行驶。然而，她向伊恩保证，她没有"思想包袱"，绝对没有其他"问题"。几周后伊恩见到她的女儿时，她女儿坚持说，所见即所得。

不完全是。

梅丽莎令伊恩感到吃惊的第一件事是她想迅速推动这段关系，她很快就谈到了结婚。随着事情变得稳定下来，伊恩建议他们搬到一起住。但梅丽莎坚决拒绝"住在一起"的想法，她只想要合法的婚姻。她解释说，离职（一份她不喜欢而且低薪的工作）使她变得脆弱，因此应该由伊恩为她的经济福利负责。事实证明，梅丽莎希望伊恩支付一切费用——在她的家人与他们一起去餐厅时支付账单，或者在他们逛街时付钱。伊恩最终会意识到梅丽莎不是一个"给予者"，而是一个冷酷无情的"接受者"。

回想起来，伊恩应该更关注这种模式以及梅丽莎几乎没有朋友的事实。同样明显的是，她回避与他的朋友见面。缺乏友谊网络使伊恩从其他人那里获得很少或根本没有关于她的信息。正如他后来承认的那样，存在许多"危险信号"。但是，在当时，梅丽莎坚持要共同生活，这让伊恩的任何保留意见都消散了。伊恩被梅丽莎深深吸引，至少在表面上是如此。他喜悦地跃入"爱河"深处。

伊恩和梅丽莎在认识十个月后就结婚了——即使是始于在线关系也太迅速。婚礼只有几个家庭成员和几个（主要是伊恩的）朋友参加。

在那之后事情急转直下。原本应该是浪漫的蜜月，很快就被梅丽莎咄咄逼人和消极的行为所掩盖。梅丽莎对伊恩无休止地批评，抱怨几乎每一件事。她日渐提高嗓门，指责伊恩的各种缺点，无论是真实的还是想象的。梅丽莎逐渐变得更为恶语相向，几乎每天都完全无法控制自己的情绪。伊恩的朋友开始担心并开始公开说出他们一直以来的想法——伊恩犯了一个大错误。

伊恩试图让事情顺利进行下去。但他的婚姻生活很快就转变成了一场噩梦，因为任何事情都可能让梅丽莎大发雷霆。几个月后，伊恩意识到梅丽莎一直在尽力掩饰严重的人格障碍。梅丽莎自尊心极低，对她眼中的不公正世界感到无所适从的愤怒，并表现出相当大的偏执。伊恩现在明白为什么梅丽莎避免与他的任何朋友见面，以及为什么她自己的朋友如此之少。他要求她寻求专业帮助。但她断然拒绝了，将所有的冲突都归咎于他。一个月之内，伊恩在没有办法摆脱噩梦的情况下提出离婚。

回想起来，伊恩不应该这么快就相信梅丽莎就是她自己声称的人设。当然，在某种程度上，我们都倾向于相信其他人的陈述。但在婚姻中，赌注很高，在线关系承载大量风险。梅丽莎可能会或可能不会完全意识到她疾病的严重性，但她一定知道维持爱的关系会给她带来挑战。

如果这段关系是在一个以家庭和邻里为基础的熟悉的社交网络中开始的，伊恩可能会更早地了解梅丽莎的状况，他原本可以避免这整个悲伤的经历。但是在线约会缺乏在本地社区很容易找到的多种信息源。尽管在线约会确实以前所未有的方式将人们联系在一起，但重要的是要记住，所见未必是所得。

你怎么想？

1. 根据你所阅读的内容，你为什么认为在线开始的婚姻以离婚告终的风险更高？
2. 你认为网恋的优势是什么？劣势又是什么？
3. 你是否知道许多"专业"骗子（有时在国外）利用交友网站与人们联系，然后诱使他们汇款？你在交友网站上有过这样的经历吗？

我们还知道，在线相识的夫妻离婚的可能性是通过传统方式相识的夫妻的三倍（Keating，2015）。为什么会这样？在线约会网站的经营者指出，他们的网站允许人们识别具有共同背景和共同兴趣的他人，这应该会使在线情侣更默契，婚姻更持久。然而，正如我们之前所指出的，人们在网上"展示自己"的方式可能不会准确或完整地说明他们的真实身份。同样重要的是，在网上认识的人通常来自不同的社区，他们也不太可能有共同的朋友。因此，"确认"有关潜在伴侣公开发布的信息的机会较少。"日常生活中的社会学"详尽观察了一个人在线约会的沮丧经历。

最后，在使用社交媒体的夫妻中，计算机技术如何塑造他们的关系？这些夫妻之间的一个共同模式是发布他们的活动以及他们对彼此感受的信息。从表面上看，为什么人们会觉得需要发布个人信息供所有人查看？一项研究得出结论，发布大量关系信息的很多人自尊心相对较弱。通过展示信息宣称他们的关系很幸福，他们正试图让自己相信这点。当然，有些人也在努力证明自己是善良而快乐的人。临床医生称这种模式为"关系依赖性自尊"（relation-dependent self-esteem），这意味着对自己感觉良好需要对自己的关系感觉良好（Romm，2014）。

对许多夫妻而言，社交媒体是种实用工具，但这项技术也会滋生冲突。至少，很多人声称，当伴侣因使用手机而从面对面交谈中分心时，他们会感到恼火（Lenhart & Duggan，2014）。更严重的是，伴侣之间的调查显示了人们花在使用社交网站上的时间与自我报告的关系冲突水平之间的相关性（Sohn，2014）。也就是说，在社交网站上花费最多时间的人是那些报告人际关系冲突最多的人。哪种因素导致另一种因素发生尚不清楚，但这种模式表明社交网站的广泛使用和关系相关的问题似乎并存。

另一种常见模式是人们使用社交媒体"窥探"他们的伴侣。在某些情况下，人们可能会发现伴侣一直在使用社交媒体来复苏过往的关系或在线参与"情感纠葛"。一项研究发现，大约三分之一的离婚夫妇报告说，一方或双方在婚姻中建立了另外的在线新关系（McKinley Irvin Family Law，2016）。

# 社交媒体对社会的影响

### 7.6　确定社交媒体对社会的若干影响

即刻起，我们将注意力转向整体社会，首先讨论社交媒体对文化的影响。

## 社交媒体和文化

或许可以说，当今的流行文化就是互联网，尤其是在年轻人中。越来越多的美国人上网获取资讯、购物、享受娱乐活动以及与他人保持联系。

正如我们已提及的，社交媒体已经成为社会化的主要推动者。人们在网上看到的图片和消息对他们定义可取或不可取以及对或错具有重大影响。社交媒体的内容可能会也可能不会强化人们从父母和学校那里学到的东西，但它确实会在我们历经人生的各个阶段时塑造我们。

研究者记录了几种模式（Prot et al.，2015）。首先，如第五章（"社会化"）所述，在网上遭遇暴力会增加参与暴力的风险。至少，网络暴力使人们对痛苦和苦难麻木，并鼓励社会接受更严重的暴力。

其次，社交媒体传播了大量美化风险的内容。无论是个人发布的或在故事片中描绘的鲁莽驾驶的危险行为，还是其他违法行为，以及吸烟、酗酒或不安全性行为，都会鼓励人们从事相同的行为。

再次，社交媒体传播关于种族、族裔、性别、阶级和年龄的信息，这些信息固化了刻板印象，从而支持社会不平等的模式。社交媒体可以而且确实以负面的方式呈现各种类别的人群。但社交媒体也可以公开人们的态度，招致他人的赞扬或指责。例如，回想一下 2015 年发布的一段视频，当时的总统候选人唐纳德·特朗普以生动和下流的方式谈论他"勾引"女性的经历。该视频在 2016 年疯传，引起了广泛的谴责（Fahrenhold，2016）。在社交媒体时代，人们所做或所说的任何事情都会被记录和公开发布。

**"肤浅"文化假说**　社交媒体的批评者认为，这项技术鼓励了一种肤浅和道德上浅薄的生活方式。有什么证据支持这种说法？针对年轻人的研究记录了发信息数量和社交媒体的整体使用之间的联系，以及人们对外在品质的重视，包括貌美、多金和受欢迎。结论是，电子媒体鼓励这些品质（Children's Digital Media Center，2013；Wendrow，2016）。

这种媒体效应对从小就看重他人对自身看法的年轻女性尤其明显。南希·乔·瑟尔斯（Sales，2016）采访了 200 多名年轻女性，探讨社交媒体如何影响她们的生活。她得出的结论是，社交媒体将年轻女性带入了一个过度情色化（hyper-sexualized）的世界，在这个世界中，她们学会重视自己的外表并使用社交媒体展示自己的身体。从这些采访中得出的主要结论是，年轻女性学会重视自己的外表和性吸引力，而不是其他特性，包括智力、才能和个性。

社会中的名人反映了我们认为的道德上的重要性和价值性。在大众传媒和社交媒体时代，许多人之所以成为名人，并不是因为他们做了什么，而仅仅是因为他们生活非常富裕。你认为媒体在多大程度上鼓励了"肤浅文化"？

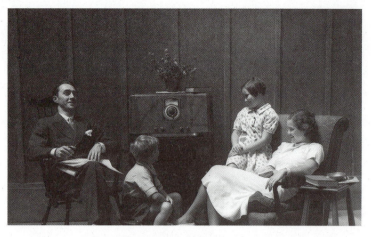

第一位使用大众传媒力量的总统是富兰克林·德拉诺·罗斯福（Franklin Delano Roosevelt）。20 世纪 30 年代，罗斯福发表了一系列广播讲话，后来被称为"炉边谈话"。赢得了人民的信任，帮助罗斯福拯救了银行体系，并逐步结束了大萧条。

换个角度，你觉得推特上受到最多"关注"的是哪些人？位居榜首的是演艺人员，包括凯蒂·佩里、贾斯汀·比伯和泰勒·斯威夫特。

同时，我们都认识到社交媒体可以传递具有重大国家意义的议题的重要信息。想一想国家是如何开始面对黑人死于警察之手的问题的，这在很大程度上是由于社交媒体传播了以下信息：#BlackLivesMatter。

因此，在某些方面，社交媒体可能会鼓励一种"肤浅"的文化。在其他方面，社交媒体帮助我们的社会面对重要的国家议题。对于任何个体而言，社交媒体的影响将在很大程度上取决于我们选择访问哪些网站、发布哪些内容以及关注哪些人（Manning，2016）。

# 争鸣与辩论

聚集在电台周围：罗斯福的炉边谈话如何拯救了国家

如今很少有人经历过大萧条，也就是 20 世纪 30 年代整个美国经济的严重崩溃。但如今仍健在的人永远不会忘记这件事。

1933 年 2 月下旬，大萧条的悲惨初现端倪，当时一群恐慌的公众涌入当地银行，试图提取所有资金。恐惧足够真实：如果银行倒闭，人们认为他们会失去毕生的积蓄。

"挤兑银行"导致金融机构现金耗尽、关门大吉，公众更加恐惧。接下来会发生什么？幸运的是，富兰克林·德拉诺·罗斯福总统和华盛顿特区的政治领导人有个计划。但是如何改变国家的情绪呢？如何将恐惧转化为自信呢？

答案分为两部分。首先，罗斯福和国会制定了一系列支持国家银行体系运作的政策和计划。其次，更重要的是，罗斯福必须说服人们不仅要信任银行，还要将他们的钱放回系统中。

你如何说服数百万人相信这个让数千万人陷入贫困的体系？罗斯福是位极具个性魅力和令人信服的演讲者。为了把他的个人魅力和他的信息带到每个家庭，罗斯福选择了收音机。

1933 年 3 月 12 日，罗斯福就银行系统进行了历史性的"炉边谈话"（您可以通过在互联网上搜索"FDR Fireside Chat#1 Banking Crisis"来收听该电台广播）。罗斯福用简单的语言解释了这个问题。然后他向人民承诺，政府会给大家答案。但他补充说，除非全国各地的每个人都信任该系统，否则任何计划都无法奏效。罗斯福要求家庭为他和他们自己做些事情：第二天，他要求人们将钱带到当地银行并存入。他向全国保证，如果每个人都这样做，银行危机就会结束。

无线电广播奏效了。绝大多数美国家庭都被总统成功说服并按照他的要求去做。资金回流到银行，银行危机确实结束了。罗斯福总统一次又一次地转向广播，使"炉边谈话"成为动员全国人民为恢复经济繁荣而战的定期活动。

你怎么想？

1. 你认为广播极大地延展了罗斯福总统的权力这种说法是否言过其实？
2. 你认为奥巴马总统使用大众传媒的效率如何？特朗普总统呢？
3. 你认为特朗普总统使用包括推特在内的社交媒体是否推进了他的目标？你建议政治领导人如何使用社交媒体？

## 社交媒体和工作

计算机技术重塑了工作世界。在最宽泛的层面上，如第十七章（"经济与工作"）所述，计算机技术将工业经济转变为基于后工业、服务工作的经济。换言之，当今大多数劳动力不是在工厂工作，而是在使用计算机技术的办公室工作。大多数上班族——无论他们从事什么工作——都会使用电子邮件、推特、领英或其他社交媒体平台保持联系。

更进一步观察，社交媒体是帮助人们寻找工作的强大工具。例如，领英等网站允许人们展示自身的资质，并将求职者与雇主连接起来。此类网站还支持人们共享信息（包括社交联系）的网络，这可以增加获得工作面试的机会。很多个体还创建网站来描述他们的工作，就像许多人实际上正在网上经商。调查显示，超过一半的美国成年人表示使用过互联网查找工作信息，近一半的人曾在线申请过工作。随着互联网在工作世界的重要性日渐增长，拥有浏览网络所需的识字技能和信心对于工作成功将更为重要（Gamber，2015；Smith，2015）。

计算机技术还为雇主提供了监控员工行为的工具。越来越多的雇主（目前约为三分之一）定期查看社交媒体网站，以了解员工的态度和活动。教训很简单：不要发布任何你不希望老板看到的内容。最重要的是以下在线行为，它们通常会引起雇主的高度关注（Smith，2013）：

1. 在网上抱怨你的工作；

2. 在网上分享公司的机密信息；

3. 在网上发表任何种族主义、性别歧视或恐同言论；

4. 代表公司作出任何不正确或不恰当的陈述；

5. 发布任何涉及不当行为的评论或图片（包括在工作相关的聚会上喝酒）；

6. 在网上发布与寻找另一份工作有关的任何材料。

最后一个问题涉及员工在工作时使用社交媒体。如今，四分之三的员工报告说在工作日期间出于个人原因使用社交媒体。通常，人们在工作中使用社交媒体与家人或朋友保持联系或"在精神上休息"。

在工作中使用社交媒体可能会对员工有益。然而，与此同时，许多雇主担心使用手机和社交媒体网站可能会降低员工的生产力（Olmstead et al.，2016）。

## 社交媒体和政治

大众传媒在传递政治信息给大众方面非常重要。美国许多早期报纸都支持特定的政党。广播是首个允许政治候选人和民选领导人向家中听众发言的大众传媒。例如，在1933年至1944年间，富兰克林·德拉诺·罗斯福总统直接向全国观众发表了许多演讲。众所周知，这些"炉边谈话"团结起整个国家与二战期间的经济萧条以及后来的敌人作战。"争鸣与辩论"专栏深入讨论了罗斯福总统如何使用收音机改变国家生活。

电视扩大了这种政治"影响力"，允许候选人直接向广

计算机技术对社会化过程的重要性始于生命的最初几年。你认为幼儿使用各种计算机程序的若干好处和坏处是什么？

大受众发出呼吁。2016 年，寻求党内提名的候选人进行了多场电视辩论，民主党人希拉里·克林顿和共和党人唐纳德·特朗普之间也进行了三场主要辩论。你认为这些电视辩论在多大程度上助推了选举结果？

在如今的网络世界中，所有政治候选人都试图在社交媒体上获得最大数量的"粉丝"。2016 年，特朗普在推特上拥有超过 1000 万粉丝，他发布了大约 32000 条推文。希拉里紧随其后，在推特上拥有约 800 万粉丝和约 7000 条推文。在 Youtube 上，希拉里的频道有超过 1600 万的观看次数，而特朗普的观看次数为 800 万。两位总统候选人还使用 Instagram、Snapchat 和 Facebook 向选民传播他们的信息（Graham，2016）。

当然，社交媒体也可以用于反对候选人。2016 年，社交媒体传播病态的希拉里努力上车的图片，特朗普不得不为一段十年前的视频道歉，因其中包含对女性的猥亵和冒犯言论。然而，总而言之，社交媒体将信息传送给数百万人，免除了使用报纸、广播或电视等旧媒体所涉及的成本，从而服务候选人并助力选举领导人。

# 社交媒体理论

7.7　将社会学的主要理论应用于社交媒体

我们现在可以将各种社会学理论应用于社交媒体这个话题。社会学的每一种主要理论路向都提供了对社交媒体如何塑造我们世界的见解。我们将依次讨论结构功能论、符号互动论、社会冲突论和女性主义路向。

## 结构功能论：社交媒体的功能

大众传媒和社交媒体以何种方式支持更为广阔社会的运作？以下是大众传媒和社交媒体针对整个社会的六项功能。

1. 社会化主体。本章讨论的所有媒体——包括报纸、广播、电视和基于计算机的传播——在提供信息、发展态度信念以及塑造自我概念方面都发挥了重要作用。尤其是在当今的年轻人中，社交媒体在个性发展方面具有极大的重要性。

2. 推进统一文化。在过去的数个世纪里，人们生活在孤立的社区中，因此文化在很大程度上是"地方性的"。生活在缅因州农村、中西部农场城镇和太平洋西北部小定居点的人们的生活方式都大相径庭。报纸、广播和电视逐渐将大众文化传播到全国各地。结果出现了一种全国性的生活方式。

3. 加强社会整合。正如面对面的互动是基于地方性社区一样，如今基于计算机的媒体建立在拥有共同利

电视和其他媒体来源不仅给我们带来了"新闻"，而且还建构了新闻。换言之，媒体只关注某些故事而忽略了其他故事。此外，媒体决定报道哪些事件并将事件定义为正义或邪恶。

益的社区的基础上，这些社区遍布全国和世界各地。

4. 社会控制的主体。今日的社交媒体向广大受众传播思想和图像。许多人对他们在网上遇到的事情做出回应，进行"点赞"或发表严厉的批评。通过这种方式，社交媒体作为一种社会控制系统运作，在某些边界内（尽管总是在变化）指导人类的表达和行为。

5. 娱乐性和稳定性的来源。所有大众传媒都为广大观众提供娱乐。在很大程度上，包括电视和在线电影在内的娱乐活动鼓励人们适应社会现状。换句话说，就大众传媒和社交媒体提供令人愉快的内容而言，这些媒体有助于稳定社会并维持现状。

6. 变迁的源头。在某些方面，大众传媒和社交媒体鼓励维持现状。但它们也鼓励产生变化。电视技术在20 世纪 60 年代"成熟"，将那个年代变为快速转型的时期。20 世纪 60 年代，大众传媒对南部各州民权运动的报道在全国范围内传播开来，增加了对种族平等的支持。同样，越南战争期间有关战斗的报道助长了反战运动。最近，社交媒体传播了有关针对非裔美国人社区成员的警察暴力的担忧。在全球范围内，互联网带来变革的力量体现在以下事实中：2016 年，19 个政府（包括印度、巴基斯坦和沙特阿拉伯）在一段时间内关闭了面向民众的互联网（Time，2016）。

## 评价

结构功能路向突显了大众传媒和社交媒体对社会运作做出贡献的方式。与此同时，并非所有媒体的结果都是积极的。我们已指出有研究表明，社交媒体具有使我们的文化"更浅薄"或更肤浅的效果。此外，有时媒体会以不受事实支撑的方式引起公众对问题的担忧。例如，2016 年，媒体将大量注意力集中在犯罪率上升的问题上。尽管某些类型的犯罪确实变得更加普遍，但全国犯罪率仍远低于过去几十年的水平。

最后，这种理论路向引导人们关注整个社会中广阔、宏观的模式，将社会视作整体，很少涉及个人如何通过大众传媒体验世界。这个微观层面的问题是符号互动论的重点。

### 符号互动论：社交媒体与现实建构

在微观层面上，无论是面对面互动还是在社交媒体上互动，个人都参与了"现实的社会建构"。如前所述，个人通常以理想的方式向他人"展示"自己。在网上，脸书的个人资料在某种绝对意义上并不是"现实"，而是一个高度选择性和编辑性的账户，以人们希望如何被认识为指引。

更广泛地说，关于我们国家和世界的许多现实经验都是通过大众传媒的镜头传达给我们的。思考一下我们在电视上看的新闻报道。这些报告是否描述了实际发生的情形？答案是否定的，因为，更准确地说，我们所谓的"新闻"是新闻机构成员对其认为重要的少数事件（从无数事件中）有选择性的呈现。呈现的信息经过高度编辑，既符合对所发生事件的特定观点，也符合新闻广播的时间限制。

考虑一下美国的大众传媒如何报道在公共场所发生的大规模枪击事件。此事件是否被描述为"犯罪行为""恐怖袭击""自由战士的勇敢行为"？所使用的词语构成了呈现给观众的现实。比如，空军投下的炸弹导致平民死亡，新闻报道的是"无辜者被谋杀"还是不幸的"附带伤害"？大众传媒通常声称以客观的方式呈现"新闻"，这有助于掩盖新闻报道的社会建构程度。

评价

　　符号互动路向的优势在于突出了组织和个人"建构"我们所经历的现实的过程。这种方法的局限性在于，它几乎没有说明更广泛的社会结构如何塑造这种现实建构。为了更好地理解权力和社会不平等如何塑造我们所经历的现实，我们现在转向另一个宏观层面的分析，即社会冲突路向。

大众传媒通常以偏爱男性而非女性的方式呈现世界。电视电影海报就是一个很好的例证。新近的一些电影海报显示，有众多男性角色，女性角色却仅有一个。

## 社会冲突论：社交媒体与不平等

　　正如卡尔·马克思所解释的（第四章"社会"），在人类漫长的历史进程中，社会生产力一直为少数精英成员所占有和控制。在农耕时代，土地是经济的中心，农奴劳动种植的农产品给拥有土地的贵族带来了巨额财富。在工业时代，工厂处于经济的中心，工厂工人劳动生产的物质产品为资本主义工厂主带来了巨额财富。今天，在后工业经济的中心，我们发现了符号和信息的生产和分配。

　　紧随马克思的思路，当这种新经济从生产商品转向产生思想，生产仍然处于资本主义精英的控制之下。一项研究指出，早在1983年，美国90%的大众传媒为50家公司所有。到了2011年，美国90%的大众传媒由五家大公司拥有和运营，其中包括通用电气（康卡斯特、NBC、环球影业）、新闻集团（福克斯、华尔街日报、纽约邮报）、迪士尼（ABC、ESPN、皮克斯）、维亚康姆（MTV、尼克幼儿频道、派拉蒙影业），和哥伦比亚广播公司（Showtime、史密森尼频道、NFL.COM）（Lutz，2012）。**媒体融合**（media consolidation）是指越来越多的大众传媒由少数个人和企业拥有和控制的趋势（Lutz，2012）。

　　目前可选的媒体名录造成了几乎能无限选择的幻象。然而，实际上，为我们的社会提供信息的大众传媒主要由五家大型企业的数百人控制。尽管信息和"倾向性报道"肯定存在一些可变性，但这些媒体支持的是资本主义经济体系。

评价

　　借鉴了马克思思想的社会冲突路向声称，嵌入主要资本主义经济中的大众传媒支持现有的经济和政治体系。然而，这种路向的批评者声称，个体的媒体选择在持续增长。从50年前的三个电视网络时代开始，到现在数百个有线频道以及大量基于互联网的节目。此外，许多批评者声称，大众传媒通常不是这种理论路向声称的政治保守力量。相反，大众传媒在美国经常具有激进的政治影响力，通常为民主党（尽管他们很少是社会主义者）候选人提供比共和党候选人更多的支持。

最后，马克思分析的阶级焦点并不是社会不平等唯一的维度。我们下面考虑的女性主义理论强调了性别的重要性。

## 女性主义理论：社交媒体和性别

社会冲突论的主要主张是大众传媒支持现有的资本主义经济和建立在此基础上的阶级体系。女性主义理论提出了一个涉及性别的类似主张：大众传媒支持社会中男性的统治地位和女性的从属地位。也就是说，大众传媒既映射了男性统治，也有助于延续这种模式。

在过去50年间，男性占据了电视和电影中的大部分主角地位。在20世纪60年代，几乎没有女性扮演主角。通常，女性在男性的指导下扮演家庭主妇和其他"辅助"角色。今天，在电视和电影中，女性角色的比例要大得多，但这种不平衡仍然存在。此外，尽管社会努力为不同性别的明星提供同等报酬，但一项研究发现，收入最高的女演员其收入仅为收入最高的男演员的三分之二左右（Forbes，2015）。

电影也将女性描绘成从属于男性。早在1985年，对大众传媒和流行文化感兴趣的漫画家艾莉森·贝克德尔（Alison Bechde）就创作了一幅漫画，其中询问了一个简单的问题。要了解一部电影是否认真对待女性，请查看：（1）是否至少有两个女性角色有名字；（2）女性间是否互相交谈；（3）她们讨论的是否为男性的事情。分析家们将现在称为贝克德尔测试的方法应用于过去几十年的电影，并得出结论，大约一半的电影没有通过测试。甚至2016年票房最高的50部电影中，有三分之一，包括《死侍》（*Deadpool*）和《奇幻森林》（*The Jungle Book*），均未能通过贝克德尔测试（Cantrell，2013；Gibson，2014；McKinney，2016）。

广告也承载男性偏见。近几十年来，用于宣传重要电影的大部分电影海报都只有一名女性，被几名男性包围，或者根本没有女性（O'Keefe，2015）。

更普遍地，商业广告通常将男性描述为比女性高大，更可能站立，而女性更可能坐下或躺下。广告中男性通常会展示更多严肃的面部表情（Cortese，2004）。

同样，最近一项针对儿童广告中性别差异的研究，发现了性别刻板印象的有力证据，男孩更有可能在户外活动，而女孩更有可能待在家中（Smith，2009）。固然，广告中的性别差异近来有所减少，但广告仍然反映并帮助延续性别不平等。

## 评估

没有人否认性别不平等在大众传媒中明显存在，正如它几乎存在于社会生活的各个方面。然而，尽管大众传媒确实反映了不平等的这个维度，但它也在减少不平等方面发挥了作用。社交媒体有助于传播对性别不平等的认识，并帮助个体努力组织起来支持变革。近年来，各种大众传媒不仅提高了对女性的关注度，而且更普遍地提高了对过去边缘人群的关注度，包括有色人种女性和变性人。正如最近的一项分析得出的结论所示，社交媒体增加了普通人在女权运动中的权力，并向所有种族、肤色和性取向的女性开放了这场运动，削弱了白人女性在这场运动中的历史主导地位（Kaba et al.，2014）。

"应用理论"表总结了各种理论路向对我们理解媒体的贡献。

**应用理论**
主要理论方法

| | 结构功能论 | 符号互动论 | 社会冲突论 | 女性主义理论 |
|---|---|---|---|---|
| **分析层次** | 宏观层次 | 微观层次 | 宏观层次 | 宏观层次 |
| **媒体的意义是什么？** | 媒体以帮助社会运作的方式发挥作用，包括发展人们的个性、塑造文化态度和信仰，将个人融入共同利益社区、指导个人表达和作为社会控制主体的行为、提供娱乐方式，以及鼓励社会稳定并促进社会变革。 | 使用社交媒体，个人可以通过社交方式向他人建构"自我呈现"。在更广泛的层面上，大众传媒有选择性地向观众展示信息，以塑造人们了解周围世界的方式。 | 一小群精英控制着媒体，推进符合所属阶级利益的思想。随着时间推移，针对媒体的控制日渐巩固，大多数美国大众传媒仅由五家大型企业拥有和运营。因此，媒体有助于延续现有的阶级制度。 | 尽管女性在媒体报道中的重要性日益增加，但媒体继续反映并延续男性对女性的主导地位。媒体传播的广告和节目传达了支持性别不平等的信息。 |
| **这种路向提出了哪些重要问题？** | 大众传媒和社交媒体以何种方式帮助社会运转？媒体如何促进社会稳定？媒体如何鼓励社会变革？ | 个人如何在网上"呈现自己"，就像他们在面对面互动中所做的那样？大众传媒如何呈现事件，以便"新闻"以特定的方式建构现实？ | 谁拥有和控制媒体？媒体在哪些方面反映和强化了我们社会的阶级制度？ | 性别如何影响媒体的运作？媒体如何塑造我们对性别的理解？ |

## 媒体的未来

　　数个世纪前，大众传媒开始重塑社会。正如本章所阐释的那样，随着报纸与广播、电影、电视以及最近基于计算机的社交媒体的加入，大众传媒的影响稳步增加。

　　或许大众传媒爆炸式增长的显著结果是迅速扩大了对信息的访问。我们已经享受到超出上一代人想象的更广泛的文字、图像和音乐以及更多的娱乐选择。但社交媒体的发展也创造了新的连接类型。这种新的网络连接的全面后果将在未来几十年展现。我们是否可以期望这个庞大的网络能够对抗精英权力并扩大民主？它会给历史上的社会边缘人群提供更多的发言权吗？它能否将世界人民聚集在一起并减少全球冲突？

　　社交媒体还允许人们识别具有特定兴趣的他人并与之建立联系。无论出于何种原因，过去感到孤立的人现在能够与具有重要特征、目标或兴趣的他人建立联系，从而形成在线社区。新技术使得社会结构更加丰富。

　　尽管如此，我们绝不能忽视对社交媒体爆炸式增长的担忧。人们的联系比以往任何时候都更加广泛，但有时我们会发现自己忽略了附近的其他人。文化得到了增强，但有些人声称它也变得更为肤浅。技术赋予普通人更大的团结力量，但也让雇主和政治领导人能够监控我们的行为，从而减少个人隐私。

　　与所有新技术一样，社交媒体将产生积极和消极的后果。也许我们对新媒体了解得越多，就越能更好地塑造它们的发展。

**日常生活中的社会学**

### 社交媒体如何改变我们的生活方式？

社交媒体让家人即使相隔千里也能保持联系。与此同时，社交媒体的使用可能会将人们的注意力从家里的其他人身上转移开。看看这两张照片，想想社交媒体如何让家庭关系变得更牢固和更脆弱。

社交媒体的使用如何改变我们的工作生活？一方面，人们现在有能力在他们选择的任何地点从事多种类型的工作。另一方面，社交媒体可能会模糊"工作时间"和"停工时间"之间的界限，从而有可能让工作进入我们的生活。总的来说，你认为社交媒体是否会改善我们的工作生活？为什么？

许多人使用社交媒体与他人建立联系，即使他们面前有其他人。在过去一天左右的时间里，你有没有以类似的方式行事？发生了什么？大多数人是接受这种行为还是认为它很不礼貌？是否存在与人面对面互动时，使用社交媒体的指导规则？

> **提示**　社交媒体正在以无数方式改变家庭内部和工作世界中的生活模式。近几十年来，基于面对面互动的本地化社群正在让位于兴趣社群，人们在线参与，无需考虑物理位置。正如电话、汽车和飞机改变了物理空间的意义和以前的社会交往模式一样，新的计算机技术现在亦是如此。随着新技术的出现，新的社会模式以及关于何时以及如何使用这项技术的规范正在出现。

## 从你的日常生活中发现社会学

1. 清点你自己对大众传媒和社交媒体的使用情况。在一天的过程中，记下你每次使用大众传媒或社交媒体互动的时间。请注意每次参与的持续时间。你一天使用大众传媒和社交媒体互动的总时间是多少？

2. 列出你认为大众传媒和社交媒体使我们的社会变得更好的三种方式。然后列出你认为大众传媒和社交媒体对社会有害的三种方式。

3. 访问"社会学焦点"博客，你可以在那里阅读年轻社会学学者的最新文章，他们将社会学视角应用于流行文化的话题。

## 取得进步

### 什么是媒体？

**7.1 解释三个关键概念的含义：媒体、大众传媒和社交媒体**

媒体是指传播渠道。

大众传媒是指将信息从单一来源传递给广大民众的手段。

• 纵观人类历史的大部分时期，人们都是面对面互动。

• 大众传媒的时代始于 1800 年左右，当时报纸发行量增加，随后是 20 世纪广播和电视的普及，以及最近几十年互联网的扩张。

• 更早的大众传播媒体向一个方向传递信息，今天的社交媒体允许互动交流并鼓励人们形成兴趣社群。

### 媒体和信息：媒体偏见和媒体素养

**7.2 调查媒体偏见问题和媒体素养的必要性**

• 马歇尔·麦克卢汉声称媒体不仅传播而且塑造信息。

• 因为媒体可以塑造信息，而且信息来源如此之多，所以培养媒体素养来评估偏见很重要。

### 大众传媒和社交媒体的历史演变

**7.3 描述大众传媒和社交媒体的历史演变**

• 报纸最早出现于 17 世纪的欧洲；1800 年后，报纸发行量急剧增加，成为真正的大众传媒。

• 广播（始于 20 世纪 20 年代）和电视台（于 20 世纪 50 年代在全国范围内普及）变得比报纸更受欢迎，并塑造了公众对社会和世界的认识。

• 有线和卫星广播和电视提供广泛多样的节目。

• 20 世纪后期互联网的发展为社交媒体的发展奠定了基础。

### 社交媒体对个人的影响

**7.4 探究社交媒体的使用如何影响个体**

• 社交媒体鼓励个人以理想的方式"呈现"自己。

• 其他人对在线展示的反应塑造了个人的自我形象和自尊。

• 研究将社交媒体的使用与同理心弱化、一致性增强、注意力持续时间减少和成瘾风险增加联系起来。

## 社交媒体对人际关系的影响

### 7.5　评估社交媒体的使用如何影响社交关系

- 社交媒体支持远距离的关系。
- 使用社交媒体的人拥有更大的社交网络，许多人报告说这项技术提高了他们的关系质量。
- 社交媒体可以增加父母对孩子的控制。
- 大约 15% 的美国成年人使用社交约会网站。
- 与以更传统方式开始的婚姻相比，在线开始的婚姻以离婚告终的可能性要高出三倍。

## 社交媒体对社会的影响

### 7.6　确定社交媒体对社会的若干影响

- 特别是对于年轻人来说，很多流行文化都基于互联网。
- 社交媒体现在在社会化以及传播有关种族、阶级和性别的信息方面发挥着重要作用。
- 研究将社交媒体的使用与"肤浅"文化联系起来，这些文化突出了美貌和人气等肤浅的因素。
- 计算机技术支持大多数美国工人的服务工作。
- 社交媒体对政治运动的重要性日益增加。

## 社交媒体理论

### 7.7　将社会学的主要理论应用于社交媒体

- 结构功能论将社交媒体与社会化、推进统一文化、将人们融入社区、社会控制、娱乐和稳定以及社会变革联系起来。
- 符号互动论解释了社交媒体如何在现实的社会建构中发挥核心作用。
- 马克思主义社会冲突论强调社交媒体如何支持资本主义经济体系。
- 女性主义理论强调大众传媒创造和延续性别不平等的方式。

# 第八章
# 群体与组织

▼ 学习目标

8.1　理解各类群体对社会生活的重要性

8.2　描述大型正式组织的运作过程

8.3　总结正式组织在 20 世纪所发生的变化

# 社会的力量

让个人参与融入群体中

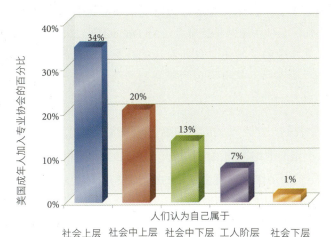

资料来源：World Values Survey（2017）。

你所在的社会阶级会影响你加入的群体与组织吗？专业组织吸引了诸如医生、护士、律师、高校教师之类的人群加入。人们所在的社会阶级影响着他们加入专业组织的可能性——那些认为自己属于"社会上层"的人加入专业组织的可能性是"工人阶层"的五倍。社会分层中认为自己属于"社会下层"的人几乎不会加入专业组织。成为群体和组织的成员并不仅仅是个人选择，它也是社会组织形式的反映。

---

## 本章概览

日常生活中我们大部分时间都在社会学家称之为社会群体和正式组织的集体中度过。本章首先分析社会群体，包括小群体以及大群体，并比较它们之间的差异。然后转向关注现代社会中履行各项职责的正式组织。

工作了一天，胡安和乔治推门进入当地的麦当劳餐厅。"伙计，我饿了，"胡安边喊边朝点餐队伍走去，"瞧瞧这些肉，我要把它们全部吃掉。"而来自危地马拉小村庄的新移民乔治却在用社会学的眼光打量着这间屋子："能在这儿看到的不仅仅是吃的，能在这儿看到的是整个美国啊！"

正如我们在下文中将谈到的那样，事实的确如此。回到 1948 年，在加利福尼亚州的帕萨迪纳市，几乎人人都注意到了莫里斯·麦克唐纳（Maurice McDonald）和理查德·麦克唐纳（Richard McDonald）兄弟俩新餐馆的开张。麦克唐纳兄弟俩提出的后来被称为"快餐"的基本经营理念是：为人们快速低价地提供食物。兄弟两人培训雇员从事专业化的工作：一个人烤汉堡，其他人负责"包装"汉堡、炸薯条、拌奶昔、把食物递给顾客，整个过程如同流水线。

过了几年，麦克唐纳兄弟赚钱后又开了几家类似的餐厅，其中一家位于圣伯纳迪诺。1954 年，一位搅拌混合器的经销商雷·克罗克（Ray Kroc）路过并拜访了餐厅。

克罗克对兄弟两人餐厅运营系统的运作效率很感兴趣，他看中了整个连锁快餐的潜力。三人达成了合作计划。1961 年，随着销售额的迅速增长，克罗克买下麦克唐纳兄弟（已经回去经营他们最初的餐厅）的专利经营权，并书写了有史以来最成功的传奇之一。现在，麦当劳已经成为全球最广为人知的品牌，3 万 6 千多家的麦当劳餐厅为全美以及全球其他一百多个国家的 6900 万人口提供餐饮服务（McDonald's, 2017）。

麦当劳的成功不仅仅指向汉堡和薯条的流行。引导企业经营的组织原则也逐渐统治了美国以及其他地区的社会生活。正如乔治所观察到的那样，这桩小生意不仅变革了餐饮业，而且改变了人们的日常生活。

本章我们首先来审视社会群体，即日常生活中我们与之互动的人群的集合。你将了解到，美国群体生活的范围在 20 世纪扩大了许多。从家庭、邻里以及小型商业组织的范围扩展开，我们的社会现在日益依赖于社会学家称为正式组织的大型商业公司和其他科层组织的运作。本章主要目的在于理解群体生活这种扩大的规模，并体会这对作为个体的我们而言意味着什么。

# 社会群体

## 8.1　理解各类群体对社会生活的重要性

几乎每个人都希望有归属感，这是群体生活的本质。**社会群体**（social group），是由两个或两个以上的个体组成的、彼此认同和互动的人群。人们以夫妻、家庭、朋友圈、教堂、俱乐部、商业组织、邻里以及大型组织的方式聚集在一起。无论群体是如何形成的，它都是由拥有共同的经历和利益、对团体具有忠诚感的人组成。社会群体的成员在保持个性的同时，也将他们自己视为特殊的"我们"。

并非所有个体的聚集都形成群体。一个国家中具有共同特征的人，例如女性、自有住房者、军人、百万富翁、大学毕业生和天主教徒就不属于群体，而是一种类别（category）。虽然他们清楚地知道其他人和自己一样具有相同的属性，但大部分人彼此陌生。与之类似的还有坐在大讲演厅里的学生，他们在一个很小的有限的空间内互动。这种在一个区域内形成的松散人群的聚集与其说是群体不如说是群众（crowd）。

但是，合适的环境能够很快地将群众转变为群体。停电、恐怖袭击之类的突发事件都能使陌生人迅速团结在一起。

### 初级群体和次级群体

朋友间经常笑着打招呼："嗨，你好吗？"通常会回答："很好啊，谢谢，你怎么样？"这种回应与其说是如实回答，不如说是习惯性的应对。真的去解释你在做什么会让人们觉得尴尬，把人吓跑。

根据团体成员间感情的亲密程度，社会群体可以被分为两类。按照查尔斯·霍顿·库利（Charles Horton Cooley, 1864—1929）的观点，**初级群体**（primary group）是指规模较小的社会群体，其中的群体成员共享亲密持久的关系。群体成员为初级关系（primary relationships）所联结，共同度过大量的时光，做各种各样的事情，感觉彼此间非常了解。总而言之，群体成员间真心关心彼此。家庭是每个社会中最重要的初级群体。

库利将个人的、密切整合的群体称为"初级的"，是因为他们是个体生命历程中最初经历的一些群体。在社会化过程中，家庭和朋友对个体态度、行为和社会认同的形成非常重要。

初级群体成员在很多方面互相帮助，但是他们看重的是群体本身，并不视之为达成目的的手段。换句话说，

社会群体 两个或两个以上的个体组成的、彼此认同与互动的人群

初级群体 规模较小的社会群体，其中的群体成员共享亲密持久的关系

次级群体 大型的、非个人的社会群体，其中的群体成员共同追求某个具体的目标或行为

人们更倾向于认为是家庭和友谊把"属于彼此"的人们连接在一起，初级群体成员相互间视同伴为独一无二、不可替代的。尤其是在家庭中，情感和忠诚将家庭成员联系在一起。兄弟姐妹虽然不一定总是生活在一起，但他们永远是手足，是"一家人"。

与初级群体不同，**次级群体**（secondary group）是大型的、非个人的社会群体，其中的群体成员共同追求某个具体的目标或行为。次级群体的绝大多数特征与初级群体中对应的特征相反。次级关系（secondary relationships）涉及的是一种几乎没有感情联系、彼此间缺少私人了解的关系。大多数次级群体持续时间较短，群体的形成与解体不是特别重要。如大学里修读某门课程的学生便属于次级群体，他们在课堂上彼此互动，但学期结束后可能不再见面。

次级群体比初级群体的规模要大得多。十几人甚至是上百人在同一家公司上班，但他们中的大多数遇到时只是彼此匆匆一瞥，点头之交而已。在某些情况下，随着时间的推移，次级群体也会转换为初级群体，譬如共事多年且关系密切的同事。但通常而言，次级群体的成员并不将他们自己视为"我们"。当然次级关系也未必是敌对的、冷冰冰的。学生、同事以及商业伙伴间的互动即使不涉及私人情感，通常也相当愉快。

与初级群体成员不同，次级群体成员加入群体是目标导向的，而初级群体成员则是以私人情感为导向的。初级群体成员基于家庭关系或个人性格品质的考虑，通过"他们是谁"（who they are）来判定其他人是否属于本群体，次级群体中的成员则考虑"他们是什么"（what they are），也就是说，他们想的更多的是能为彼此做些什么。在次级群体中，每个人心里都有一本账，清楚自己能给别人带来什么以及会得到怎么样的回报。这种目标导向性往往使得次级群体成员间的交往止步于形式，彼此间礼貌而客气。在次级关系中，我们如果问："你怎么样了？"别期望能了解真实情况。

总结表对初级群体与次级群体的特征进行了回顾。需要明确的是表中列举的群体特征仅是一种理想状态，现实中大多数群体兼有两者的特点。譬如大学校园中的女性群体规模可以是相当大的（因而是次级群体），但是成员间可能有高度的认同感，彼此间相互协助（又似乎是初级群体）。

许多人认为在居住小城镇或者农村地区的人们之间大多以初级关系为纽带，而居住在大城市的人更多以次级关系纽带为特征。这种想法部分是正确的，但是城市中——尤其是单一种族或者单一宗教信仰居民的居住地——邻里关系非常密切。

## 总结
初级群体与次级群体

| | 初级群体 | 次级群体 |
| --- | --- | --- |
| 关系的性质 | 私人情感导向 | 目标导向 |
| 关系的持久性 | 通常是长期的 | 可变的，通常是短期的 |
| 关系的广度 | 广泛，通常共同参与许多活动 | 狭隘，通常共同参与的活动很少 |
| 对关系的认知 | 群体本身就是目的 | 群体是达到目的的手段 |
| 例子 | 家庭、朋友圈 | 同事、政治组织 |

## 群体领导

群体是如何运作的？领导人是群体动力的要素之一。虽然小规模的朋友圈没有领导人，但大多数的大型次级群体仍需要领导发号施令。

人是群居性的。群体规模可大可小，可以是临时性的，也可以是持久性的，可以以血缘、文化遗承为基础，也可以因某些共同的兴趣而聚在一起。

**两种领导角色** 群体受益于两种角色的领导。**工具型领导**（instrumental leadership）关注群体目标的实现。成员依赖工具型领导制订计划，下达命令，实现群体目标。与之相反，**表意型领导**（expressive leadership）关注群体福利。表意型领导更多的是考虑如何提升群体士气、化解群体紧张感与冲突，对如何实现群体目标相对关注较少。

由于工具型领导人常致力于工作的完成、群体目标的实现，他们与其他成员往往是正式的次级关系。工具型领导发号施令，根据成员对群体贡献的大小给予奖惩。而表意型领导与成员间营造的是一种更私人的初级关系。他们在成员遇到困难时给予同情与支持，维护群体团结，用幽默的言语化解紧张气氛。通常成功的工具型领导得到成员更多的尊敬，而表意型领导获得成员更多的喜爱。

**三种领导类型** 根据决策风格的不同，社会学家将群体领导划分为三种类型。独裁型领导（authoritarian leadership）带有浓厚的工具色彩，独自决定群体决策，要求成员服从命令。虽然这种领导风格通常得不到成员的喜爱，但在紧要关头，雷厉风行的独裁型领导会受到欢迎。

民主型领导（democratic leadership）带有更多表意型的成分，在决策过程中会听取全体成员的意见。虽然在紧急情况下民主型领导不如独裁型领导有用，但这种领导方式通常能群策群力，用创造性的方式解决问题。

放任型领导（laissez-faire leadership，laissez-faire 在法语里是放任不管的意思）几乎任由群体成员自行决策。在提升团体目标方面，放任型的领导风格最为低效（White & Lippitt，1953；Ridgeway，1983）。

**关于群体成员** 与群体成员相比，人们往往更关注群体领导者。事实上在任何组织中群体成员都扮演着重要的角色。表面看来，群体成员有责任及时和称职地完成他们的工作。但领导者也依赖群体成员获得诸如客户是如何接收产品之类的对决策有用的信息。

一些分析家认为群体成员有责任拒绝被认为是错误的指令或政策。有时群体成员可能会"智慧性地不服从"，以抵制那些被认为会损害群体利益的政策（Chalef，2017）。例如，2017 年美国司法部拒绝执行唐纳德·特朗普总统针对多个国家的移民禁令。拒绝者在拒绝的同时应当为领导者提供合理的替代性政策。当然，即便如此，拒绝执行政策也可能会导致失去工作甚至更糟糕的情况。

## 群体遵从

群体借由提高群体的遵从性影响成员的行为。遵从性提供了安全的归属感，但在极端情况下，群体压力将导致不愉快甚至是危险。有趣的是，所罗门·阿希（Solomon Asch）和斯坦利·米尔格兰姆（Stanley Milgram）的研究显示，即使是陌生人也能促使群体保持一致。

**阿希实验** 所罗门·阿希（Asch，1952）招募了一批学生，假称要进行视觉感知的研究。实验开始前，除一名真正的被试者外，他向其他所有人都预先告知了实验的真实目的：向被试者施加压力。阿希安排 6~8 名学生围坐在桌边，在他们面前展示一条"标准"线段，如图 8-1 第一张卡片所示，要求学生找出卡片 2 的三条直线中哪条直线与之长度相等。

任何一个视力正常的人都能很容易看出正确答案是卡片 2 中的线段 A。实验之初，每个人都做出了正确判断。但当阿希的秘密帮手都给出错误的回答后，剩下的那名真正的被试者（被安排坐在桌子边上，最后一个回答问题）变得困惑不解，心神不安。

实验结果究竟如何呢？阿希发现三分之一的被试者最终会选择做出与其他群体成员相一致的错误选择。很显然，许多人宁愿改变自己的判断以消除因"不合群"而带来的不安，即使压力来自根本不认识的陌生人。

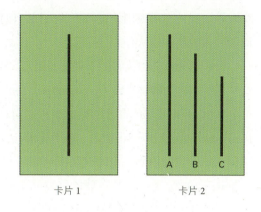

卡片 1　　　　卡片 2

图 8-1　阿希群体遵从性实验中使用的卡片

在阿希实验中，被试者被要求找出卡片 2 中与卡片 1 长度相同的线段。大多数被试者选择了所属群体中其他人给出的错误答案。
资料来源：Asch（1952）。

**米尔格兰姆的研究**　阿希的学生斯坦利·米尔格兰姆也设计了一套测量群体遵从的实验。在他具有争议性的研究中（Milgram，1963，1965；Miller，1986），研究者告知男性被试者他们将要参加一项实验，研究惩罚对学习效果的影响。米尔格兰姆逐一指定每名被试者扮演教师，并安排其他人（实际是米尔格兰姆的助手）作为学生待在隔壁房间。

教师看着学生坐在"电椅"上（并非真的电椅）。实验者在学生手腕上涂上电极糊，告诉教师这是为了"防止起水泡和烧伤"，然后在手腕上粘上电极，用皮带把学生绑缚在椅子上，告知教师这是为了"防止学生受到电击时乱动"。实验者一再向教师保证，虽然电击比较疼，但不会对学生造成永久性的身体伤害。

实验者随后带教师回到隔壁房间，告诉他们"电椅"和房间中的"电休克仪"相连。当然"电休克仪"只是个仿真设备，上面贴着标签"电休克仪，型号 ZLB，道森仪器设备公司，沃尔瑟姆，马萨诸塞州"。电休克仪前的调节纽标有电压强度，从 15 V（标示"轻微电击"）到 300 V（标示"强度电击"）到 450 V（标示"危险：剧烈电击"）不等。

坐在"电钮"前面，教师大声朗读一对单词，然后教师复述第一个单词，学生复述第二个。如果回答错了，教师将对学生施以电击。

实验人员告知教师，电击从最低的 15 V 开始，学生每出错一次，电压增加 15 V。教师们服从了安排。当电压增加到 75 V、90 V、105 V 时，可以听到学生的呻吟声；120 V 时，学生发出痛苦的呼喊；电压加到 270 V，学生开始大声喊叫；电压继续增强到 315 V，学生猛踢墙壁；再提高电压，学生昏厥了过去。在最初的实验中，所有扮演教师角色的 40 名被试者中，没有人在电压增加到危险的 300 V 前对实验流程提出质疑，甚至有 26 名受试者（约三分之二的比例）将电压提高到可能致命的 450 V。即使米尔格兰姆本人也对被试者如此毫不犹豫地服从权威感到吃惊。

随后，米尔格兰姆（Milgram，1964）修正了研究方案，期望了解如果不是由权威而是由普通人下达电击命令，效果会如何。方案思路类似于阿希实验，由群体施加压力来迫使个体做出错误的选择。

这次米尔格兰姆安排一组三名老师，其中两人是他的实验助手。学生回答错误时，三人各建议一个电压，选择最小的强度给予电击。这种安排给了那些被试者执行自己的想法、施以较低电击的权力。

每次学生回答错误时，助手都向小组中第三名成员施加压力，要求增加电流强度以保持群体的一致性。结果群体中的被试者给学生的电击强度比他们单独操作时高出了三四倍。由此，米尔格兰姆得出结论，即使命令不是源于权威而是普通群体，人们也倾向于服从领导，即使所作所为意味着会伤害其他人。

**贾尼斯的群体思维**　贾尼斯（Janis，1972，1989）认为专家也会屈从于群体压力。在分析了美国一系列外交政策后，他指出美国外交政策的失误，包括二战中的珍珠港偷袭事件，以及越战的失败，都与当时最高政治领导人的群体遵从有关。

常识认为群体讨论有助于决策的制定。贾尼斯却指出为达成一致意见，群体成员经常会忽视其他人的建议。这个过程被称为**群体思维**（groupthink），即群体成员为保持一致性而导致群体决策偏颇的倾向。

1961 年美国入侵古巴的猪湾事件是群体思维的经典案例之一。回顾整个事件，约翰·肯尼迪（Jone F. Kennedy）总统的顾问小亚瑟·施莱辛格（Arthur Schlesinger Jr.）对自己在内阁会议的关键讨论中保持沉默感到内疚，当时内阁讨论的气氛拒绝任何不同意见，坚持主张施后来莱辛格被称为"可笑的"决策（quoted in Janis，1972：30，40）。群体思维可能也是 2003 年美国政府断定伊拉克存有大规模杀伤性武器而决定对其开战的影响因素之一。当群体成员具有相似的态度时，群体思维更有可能发生。在美国校园里，有教授指出大学教职工更容易受群体思维的影响，因为他们的政治态度绝大多数都是自由主义倾向的（Klein，2010）。

## 参照群体

个体是如何评估自己的态度和行为的？通常人们会借助于**参照群体**（reference group）。参照群体是人们在评价和决策时作为参照点的社会群体。

年轻人在假想家人对自己约会对象的态度时，正是把家人作为参照群体。上级主管想象下属雇员对新休假制度的反应时，是将雇员作为了参照群体。这两个例子说明，参照群体既可以是初级群体，也可以是次级群体。在任何情况下，人们将参照群体作为心理参照点说明他人的态度会影响到个体行为。

个体也将自身不从属的群体作为参照群体。求职面试时，做好充分的准备意味着要按照所应聘公司的着装风格着装。遵循自己未加入的群体的行事风格是获得群体接纳的有效策略，这解释了预期社会化（anticipatory socialization）的过程，预期社会化的内容在第五章（"社会化"）中有所论述。

**斯托佛的研究**　二战期间，萨缪尔·A. 斯托佛和同事（Stouffer et al.，1949）对参照群体的群体动力做了一项经典研究。斯道夫调查士兵在所在部队中的晋升情况。你可能会认为晋升速度快的特种部队士兵会对晋升更为乐观。斯托佛的研究却得出了完全相反的结论。他发现军队中晋升速度慢的陆军部队士兵反而对晋升更为乐观。

理解斯托佛观点的关键在于了解士兵们的参照群体。在晋升速度比较慢的部队中服役的士兵，周围的人升职速度同样不快。也就是说，虽然他们自己没有升迁，但其他人也一样，因此没有被剥夺感。然而，升迁比较快的部队中的士兵，会感觉到其他人比自己升迁得更快更频繁。头脑中产生这种想法后，即使是已经升职的士兵也会觉得不公平。

问题在于我们并非孤立地对自身情况做出判断，也不会把自己与所有人都进行比较。我们通常不是依据绝对的、客观的标准来评价在自己生活中所处的位置，而是在与特定参照群体的对比中，形成关于自身状况的主观印象。

## 内群体与外群体

每个人都有比较认同的群体，或是因为其政治主张，或是因为其社会声望，或仅是因为其着装风格。在大学校园中，思想左倾的激进学生通常瞧不起友爱会的成员，认为他们过于保守；友爱会的成员又不喜欢他们认为读书太过用功的"书呆子"。不同社会背景下的人往往对其他群体的成员持欣赏或否定的态度。

这种态度解释了群体动力的另一核心要素：内群体与外群体的对立。**内群体**（in-group）是成员对之有尊重感与忠诚感的社会群体。内群体是相对于**外群体**（out-group）而言的。后者是成员对之有竞争感或对立感的社会群体。内群体与外群体的区分基于以下理念：群体内的"我们"拥有群体外的"他们"所不具备的特质。

群体间的张力会加深群体界限，赋予个体更明确的社会认同感。但内群体成员通常过高评价自身所属群体，而给予各种外群体不公正的负面评价。

权力也对群体间关系产生影响。强势的内群体会将其他群体视为社会地位较低的外群体。美国历史上，无数城镇的白人都曾将其他有色人种视为外群体，从社会、政治、经济等方面加以压制。随着负面观点的持续内化，少数族裔不断努力，试图摆脱负面的自我形象。在这一过程中，内群体与外群体培养着各自成员的群体忠诚感，社会冲突也随之产生（Tajfel，1982；Bobo & Hutchings，1996）

**内群体** 成员对之有尊重感与忠诚感的社会群体      **外群体** 成员对之有竞争感或对立感的社会群体

## 群体规模

以后如果你有机会参加聚会或是集会，试试第一个到，你会看到与群体动力有关的一些有趣现象。大概在第六名客人到达之前，先期到达的人通常会围在一起交谈。随着更多客人的到来，谈话的人分成两小拨甚至更多拨。随着聚会的进行，群体会不断地分化。这个过程说明群体规模在成员互动过程中扮演了重要角色。

为理解这一现象，首先来统计一下 2~7 人间产生的社会关系的数目。如图 8-2 所示，2 人间构成 1 对关系；增加一个人，关系数量增加到 3 对；第 4 人加入后，形成 6 对关系。每增加一名新的成员，都会与旧有成员形成互动，群体中关系数目呈几何级数增长。当第 7 人加入谈话时，两两之间形成 21 对关系。群体成员间关系数量过多时，群体通常分化为若干小群体。

**二人群体** 德国社会学家格奥尔格·齐美尔（1858—1918）对最小规模群体的社会动力进行了研究。他（Simmel，1950，orig. 1902）将两名成员组成的社会群体界定为**二人群体**（dyad，希腊语中成对的意思）。齐美尔指出，由于没有第三方的介入，二人群体的社会互动比大规模的群体更为密切。在美国，恋爱关系、婚姻关系与密友间的关系属于典型的二人群体性质的关系。

二人群体就像只有两条腿的凳子，非常不稳定。群体成员必须互相为对方考虑以维持群体关系；任何一方退出，群体就会瓦解。由于婚姻的稳定性对社会意义重大，二人构成的婚姻关系受到法律、经济，以及宗教关系的支持与保护。

**三人群体** 齐美尔也对**三人群体**（triad）

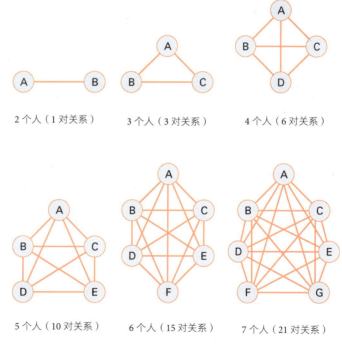

2 个人（1 对关系）　　3 个人（3 对关系）　　4 个人（6 对关系）

5 个人（10 对关系）　　6 个人（15 对关系）　　7 个人（21 对关系）

图 8-2 群体规模与关系

随着群体成员数量的增加，成员间关系的数目随之加速增长。当 6 人或 7 人参与谈话时，群体通常会分成 2 组。为什么小群体中的群体关系更为密切？

三人群体包括三名成员。由于三人群体中任何两人之间的冲突可经第三人调解，因而较二人群体更为稳定。即便如此，三人群体中也会出现两人间关系更为密切，孤立第三人的情况。

进行研究。三人群体，是指三名成员组成的社会群体，三人中两两互动，包含三对社会关系。由于群体中任何两人之间关系紧张或对立时，第三者可以充当调解人缓解气氛，所以三人群体较二人群体更为稳定。三人群体的群体动力解释了为什么二人群体中的成员（如夫妻双方出现冲突时），常找第三者（譬如律师）调解纠纷。

此外，三人群体中的两名成员可能联合起来把他们的观点强加给第三人，或者其中两人的关系相对更加密切，第三人感觉到被排斥。举个例子，当三人群体中的两个人彼此爱慕时，他们就能体会到什么叫做"二人成伴，三人不欢"。

群体规模超过三人时，群体将更加趋于稳定，一两名成员的退出不会导致群体解体。但群体规模的扩大减少了只存在于小规模群体中的密切的人际互动。这也是大型群体更多以正式的制度规范而不以私人关系为基础构建的原因。

## 社会多元化：种族、阶级与性别

群体动力还受到种族、族裔、阶级和性别因素的影响。彼得·布劳（Blau，1977；Blau，Blum & Schwartz，1982；South & Messner，1986）指出社会多元化经由以下三种方式影响群体间的互动。

1. 大型群体的内分化。布劳指出，群体规模越大，其内部成员形成小群体的可能性越大。为使校园更为多元化，大学会招收大量的外籍学生。外籍学生增加了群体异质性，但随着人数的增加，他们容易形成自己的社会群体。本意是为促进多元化，但结果可能导致群体间的分离。

2. 异质性群体的外部化。群体内部越多元化，其成员与其他群体互动的可能性越高。一个招募各类社会背景成员、不限性别的校园团体比单一社会类别的团体有更多的群体互动。

3. 行动受限导致社会隔离。社会群体由于行动受限与其他群体隔离（例如，有自己的宿舍和就餐处），其成员不太可能与其他人交往。

## 网络

网络（network）是指较弱的社会联系网。网络就像是一个"模糊"的群体，群体成员偶然相遇，但缺少边界感和归属感。如果将群体比作"朋友圈"，网络就是向外扩张的"社会网"，向外部扩展，覆盖众多人口。

最大的网络是互联网。虽然近年来互联网在美国得到极大的普及，但某些地区互联网的访问量明显高于其他地区。例如，在与墨西哥接壤的低收入县以及南部农村地区，互联网普及率相对较低。

一些网络近似于群体，例如毕业后仍通过通信和聚会保持联系的大学同学。绝大多数情况下，网络包括我们认识的或认识我们的人，即使我们很少与这些人联系，甚至根本不联系。曾经一位颇有名气的女性社区组织者说过："我在家接到电话，在电话里对方问：'你是罗西尼·纳瓦罗吗？有人让我找你。我有一些问题……'"（Kaminer，1984：94）

网络的联系常常使我们觉得这个世界很小。在一项经典实验中，斯坦利·米尔格兰姆（Milgram，1967；Watts，1999）要求实验对象从堪萨斯州和内布拉斯加州发信给波士顿的收件人。实验者并没有提供收件人地址，只是要求实验对象通过可能认识收件人的熟人传递信件。米尔格兰姆发现，平均经过六次转手，信件会送到收件人手中。根据实验结果，他推断认为任何两人之间所间隔的人不会超过六个（六度分离，Six Degrees of Separation）。但后人的研究对他的结论提出了质疑。朱迪思·克莱因菲尔德（Judith Kleinfeld）对米尔格朗的原始数据进行分析后指出米尔格兰姆的实验中的大多数信件（300 封中的 240 封）并没有寄到收件人手里（Wildavshy，2002）。收到信的人多是有钱人，这一事实使克兰菲尔德认为，和普通人相比，富人更容易被联络到。而伯纳德·麦道夫（Bernard Madof）的行为对该论断做出了极佳的说明。诈骗犯伯纳德·麦道夫借助自己庞大的商业社交网络招募了 5000 多名投资者，每名新加入的投资者又会发展新的下线。在这场历史上规模最大的庞氏金字塔骗局中，牵涉其中的投资者和公司损失超过 500 亿美元（Lewis，2010）。

网络关系虽然属于弱关系，但却是一项有用的资源。移民想要在新国家扎根，商人想要扩展生意，或是大学毕业生想要找工作，你认识谁与你知道什么同样重要（Hagan，1998；Petersen，Saporta & Seidel，2000）。

网络建立在大学校友、俱乐部、邻里、政治党派以及个人兴趣爱好的基础上。显然，一部分网络会聚集一些拥有更多财富、权力和声望的人群，这说明了"优越社会关系"的重要性。特权人群所形成的网络，譬如奢华的乡村俱乐部，属于颇有价值的一类社会资本，更有可能带给人一份高薪工作（Green，Tigges & Diaz，1999；Lin，Cook & Burt，2001）。

一部分人群拥有较其他人更为密集的网络关系，换言之，他们与更多的人保持联系。例如一群住在大城市里接受过良好教育的富有的年轻人，他们组成了最大规模的社会网络。网络也是动态变化的。每隔 7 年，个人社会网络中就有半数人会被换掉（Fernandez & Weinberg，1997；Podolny & Baron，1997；Mollenhorst，2009）。

性别也塑造网络。虽然男性与女性的网络规模相同，但女性网络包含更多的亲属（更多女性），男性的网络则包含更多的同事（更多男性）。研究显示女性关系网络的影响力弱于男性关系网络。即便如此，在两性日益平等的美国，男性与女性的网络正趋于同质（Reskin & McBrier，2000；Torres & Hufman，2002）。

## 社交媒体和社交网络

长期以来，网络通过弱社会联系网将数十人、数百人甚至上千人有效地联系在一起。随着近十年以计算机技术为基础的社交媒体的发展，网络规模持续扩大。**社交媒体**（social media）是让人们能够相互交流、共享信息并基于兴趣和目标形成社群的媒体。

在过去数十年间，以计算机为基础的社交媒体空前流行。以脸书为例，它最初只是哈佛大学二年级学生马克·扎克伯格在 2003 年做的一个社交网站，网站注册只限于哈佛校内学生，一个月内校园里半数学生都注册了这家网站。很快网站便发展成了我们今天所熟知的形式。越来越多的高校学生开始使用脸书，高中生也加入进来。到 2006 年，只要年满 13 岁，有电子邮箱、电脑就能登录脸书。截至 2011 年，脸书用户已经达到 6 亿，用户规模是美国人数总数的 2 倍。截至 2017 年，脸书注册用户超过 20 亿（Statista，2017）。如今脸书、推特和其他社交网络把全世界联系起来。第七章（"大众传媒与社交媒体"）详细介绍了与社交媒体相关的问题。

社交媒体的使用意味着任何人都可以在任意时间、任意地点与数以百万计的人沟通交流。网络的建立变得前所未有的简单，网络的范围变得前所未有的广阔。思考一下，对社会运动而言，这种社交媒体的力量意味着什么？

# 正式组织

8.2　描述大型正式组织的运作过程

一百多年前，大多数人生活在家庭、朋友圈、邻居这种小群体中。现在人们生活中有了更多的**正式组织**（formal organizations），一种为有效达成目标而建构的大型次级群体。这类组织，譬如商业公司和政府机构，因其去情感化以及正式化的氛围，而区别于家庭和邻里。

设想一下，整合 3.21 亿人口的美国社会是何等的神奇，不论是修路、收税、教育或是邮递信件都要整合一致。要想完成上述事务中的绝大部分任务，我们必须依赖各种不同类型的大型正式组织。

## 正式组织的类型

阿米塔伊·埃兹欧尼（Etzioni，1975）根据成员加入组织的原因将组织划分为三类：功利型组织、规范型组织、强制型组织。

**功利型组织**　功利型组织（Utilitarian Organizations）的成员为了获得报酬而进入组织工作，成员按照业绩获取酬劳。譬如大型企业为其股东带来利润，向雇员支付薪水。虽然绝大多数人为了谋生必须加入功利型组织，但加入哪个组织（企业、政府还是学校）通常是个人的选择。

**规范型组织**　成员为了追求他们认可的道德目标而不是报酬加入规范型组织（Normative Organizations）。这类组织又称志愿者协会，包括社区服务团体（例如家庭教师协会、狮子会、妇女选民联盟、红十字会）、政党组织和宗教组织。放眼全球，居住在美国以及其他政治氛围较为民主的高收入国家的民众更有可能加入志愿者协会。近期调查研究发现，2015 年中美国 88% 的大一新生都参加过志愿活动（Eagan et al.，2016）。

**强制型组织**　强制型组织（Coercive Organizations）中成员的加入是非自愿的。他们因惩处（监狱）的形式或治疗的原因（精神病院）被迫加入组织。该组织具有特定的外在特征，如紧锁的大门、装有栅栏的窗户和保安的监视。为彻底改变个体的态度和行为，组织将"犯人"或"病人"隔离一段时间。第五章（"社会化"）曾提到，全控机构的权威将改变个体的自我认知。

单一组织可以同时具备上述三种类型的特征。譬如精神病院，对病人而言属于强制型组织，对精神病医生而言属于功利型组织，对医院志愿者而言属于规范型组织。

## 正式组织的起源

正式组织的历史可以追溯到数千年前。掌管早期帝国的精英依靠政府官员收税、打仗、修建纪念性建筑，譬如中国的长城和埃及的金字塔。

早期组织有两个局限性。第一，早期组织缺少有效的技术手段帮助人们长途跋涉，迅速沟通以及收集和存储信息。第二，精英统治的前工业社会有自己的传统文化。韦伯指出**传统**（tradition）包含了代代相承的价值观与信仰。它束缚了组织变革的效率与能力，导致社会趋向保守。

与之相反，韦伯将现代的世界观称为**理性**（rationality），理性是一种思维方式，强调审慎地、实事求是地去思考完成某一特定任务最有效的方法。理性世界观很少关注过去，鼓励生产效率，对任何能使事情做得更快更好的改变持开放态度。

韦伯强调，现代世界的发展取决于**社会的理性化**（rationalization of society），即人类主要思维模式从传统到理性的历史性变化。随着人们的情感连结让位于关注科学、复杂技术以及"科层制"组织结构的理性思维，现代社会得以"祛魅化"。

## 科层制的特征

**科层制**（bureaucracy）是为有效完成任务而理性建构的一种组织模式。为提高效率，科层制的成员经常制订和修订政策。想要了解科层组织的影响力和影响范围，你可以试着想象一下，美国5亿多部电话中的任何一部都能在数秒钟之内让你与在家中、公司里、汽车上甚至远在落基山脉的偏远山区背包旅行的人进行通话。如此迅捷的通信远远超出了古人的想象。

电话系统依赖于电学、纤维光学以及计算机等技术的发展。但如果没有科层制来管理和记录每部电话的通

韦伯指出，理想状态下科层制的运作是理性和高效的。现实生活中，正如电视剧《明迪烦事多》（*The Mindy Project*）所呈现的那样，真正大型组织的运作与韦伯的理想类型差别很大。

话信息（电话的通话对象、通话时间、通话长短），并每个月通过账单将这些信息告知3亿多的电话用户，该套系统将难以运行（Centers for Disease Control and Prevention，2016；World Bank，2017）。

究竟科层制的哪些特征有助于提升组织效率？马克斯·韦伯（Weber，1978，orig. 1921）明确了理想状态下科层组织所具有的六个特征。

1. 专门化。我们的祖先曾经花费大量时间找寻食物和住所。而科层制中，成员各有高度专门化的分工。

2. 职位分级。科层制的成员处在自上而下的等级制度中。组织中，每个人接受上级管理的同时，对其下属进行监督。科层组织类似于金字塔形的结构，少数人处在上层位置，大多数人位于底部。

3. 成文规则。成文的规章制度引导着科层体系的运作。理想状态下科层体系以完全可预测的方式运行。

4. 绩效制。科层制中，工作人员根据技术能力确定职务。科层体制依照制订好的标准，评估新雇员的表现并决定其是否被录用。这与传统方式中任人唯亲、不考虑能力的用人方式完全不同。

5. 非人格化。科层制中规章制度是第一位的，优先于个人的意志。规章制度面前客户与员工一视同仁。这种非人格化的事本管理又被称为"面无表情的官僚"。

6. 交流正式化、书面化。有学者认为科层制的核心不在于人而在于文案工作。与小群体临时性的、面对面的交流特征不同，科层组织的运作依赖正式的书面记录和报告，因此也累积了大量的文档。

科层组织通过悉心挑选雇员，控制个人偏好和主张所带来的不可预测的影响，从而有效提高了运作效率。"总结"表对小型社会群体与大型科层组织之间的区别进行了回顾。

---

**总结**

小型群体与正式组织

|  | 小型群体 | 正式组织 |
| --- | --- | --- |
| **成员行为** | 趋同 | 明确，高度专门化 |
| **等级制度** | 通常是非正式的或不存在 | 分工明确，与职位相对应 |
| **规范** | 通用的规范，以非正式方式实施 | 明文的规章制度 |
| **成员标准** | 可变；以私人情感和血缘关系为基础 | 工作职位与技术能力挂钩 |
| **关系** | 可变，典型的初级关系 | 典型的次级关系，选择性的初级关系 |
| **沟通方式** | 通常随意化，面对面 | 通常正式化，书面化 |
| **关注点** | 私人情感导向 | 任务导向 |

社会的理性化　人类主要思维模式从传统到理性的历史性变化

传统　代代相承的行为 、价值观与信仰

理性　一种思维方式，强调审慎地、实事求是地思考完成某一特定任务最有效的方法

## 组织环境

任何组织都不是在真空环境中运作。组织的发展不仅取决于其发展目标和管理体制，也依赖于它所生存的**组织环境**（organizational environment），即影响组织运行的组织之外的因素。影响因素包括技术手段、政治经济发展趋势、当前事件、可供给的劳动力数量以及其他组织。

计算机设备等技术手段对当代组织有重要影响。电脑有助于雇员获得较以往更多的信息，接触更广泛的人群。同时也帮助管理人员或其他人员更加密切地监控他人的活动，侵犯了个人隐私（Schneier，2016）。

政治经济发展趋势亦对组织产生影响。所有组织都受益于或受损于周期性的经济增长或衰退。绝大多数产业除了需要面对海外竞争，也需要应对国内法律监管，如新的环保标准。

人口模式也是影响组织的要素之一。人口的平均年龄、总体受教育水平、当地的社会多元化程度和社区规模决定了可供给的劳动力数量和质量，以及组织所提供的产品与服务的市场划分。

当前事件也会对组织发展产生重大冲击，即使组织远离事件发生地。诸如 2016 年唐纳德·特朗普当选美国总统之类的事件影响着政府机构和商业组织的运行。

其他组织同样形塑组织环境。为应对竞争，医院必须应对保险业的索赔以及其他机构对医护人员的申诉。同时医院也需要了解附近的便利设施可提供的设备配置和操作程序，以及它们的价格。

## 科层制非正式性的一面

韦伯理想状态下的科层制对组织行为各个方面都做了详细的规定。然而在现实组织中，雇员有足够的创造性（也非常坚决地）抵制科层制下的成文规则。非正式性虽然意味着在完成工作方面的投机取巧，但它提供了组织适应与发展所必需的弹性。

非正式性部分源于组织领导者的个性。对美国企业的研究证实，个人的品质与习惯——包括个人魅力、人际交往技巧、发现问题的能力——对组织成就有重要影响（Halberstam，1986；Baron，Hannan & Burton，1999）。

独裁型、民主型和放任型三种领导类型（本章前文有所论述）反映了人的个性和组织规划。现实中，一些组织的领导人会滥用组织权威谋求个人私利。譬如 2008 年金融危机中破产的银行和保险公司的高管都在获得高额赔偿费后才离职。也有批评家指出特朗普的税制改革会为特朗普及其家族企业减少数百万美元的支出（Eaglesham & Schwartz，2017）。在企业里，也有领导因其下属努力工作而受到好评。在对领导表现所起的作用上，秘书的重要性远超人们想象（重要性远远超出他们的职位头衔以及获得的薪水）。

组织非正式性的另一面体现在沟通上。函件和书面文档是组织内部发布信息的正规途径。但雇员利用非正式的网络，或者说"小道消息"，迅速传递信息，尽管这些消息并不总是正确的。由于高层常常希望重要的信息对员工保密，因此通过电子邮件和口口相传方式传播的小道消息对普通员工而言格外重要。

电子邮件的使用使得组织管理变得扁平化，即便是底层职员也能越过主管与领导直接沟通或者及时与同事交流。但一些组织并不认可这种开放式的沟通渠道，对公司中电子邮件的使用做出了限制。微软公司（创立者比尔·盖茨，有一个非公开的电子邮件地址，以避免每天被几百条信息所骚扰）研发了一套"屏蔽"系统以过滤邮件，只接收被许可的人的信息（Gwynne & Dickerson，1997）。

科层制成员运用智慧和新的信息技术，试图打破严格规章制度的桎梏，创立人性化的工作程序和氛围。鉴于此，我们应该近距离地了解一下科层制的缺陷。

## 科层制的缺陷

人们依赖科层制有效地管理日常生活，但许多人也对大型组织的影响力表示担忧。有人认为科层制操控员工、使人迷失本性，是对政治民主的威胁。下文将对科层制的缺陷一一展开讨论。

**科层制的异化** 马克斯·韦伯认为科层制是生产力模式的典范。但他也敏锐地察觉到科层制导致成员的非人格化。去情感化在提高组织效率的同时，会导致工作僵化，容易忽视客户个性化的需求。员工以标准化的模式，去情感化地接待每一位服务对象。例如 2008 年美国军

乔治·图克（George Tooker）的绘画《政府机构》（Government Bureau）生动反映了科层制耗费的人力成本。画中的人物均着以千篇一律的单调色彩，客户被简化成一个个期望以最快速度被处理掉的个案。职员所处的位置与客户隔离开，他们面无表情，只关注于数字，却忽视了为客户提供真诚的帮助（注意画面中每个职员的手都放在计算器上）。
资料来源：George Tooker, Government Bureau, 1956. Egg tempera on gesso panel, 19 × 29 inches. The Metropolitan Museum of Art, George A. Hearn Fund, 1956 (56.78). Photograph 1984 © Metropolitan Museum of Art.

方在发给伊拉克及阿富汗战争中殉职士兵家属的信中，统统以"某某某"（John Doe）来代称收信人（"Army Apologizes"，2009）。

韦伯指出，正式组织使员工成为"永不停转的机器上的一颗小螺丝钉"（Weber，1979：988，orig. 1921），导致了组织的异化（alienation）。虽然建构正式组织的本意是为人类服务，但人类也可能毁于他们为之服务的正式组织。

**科层制的无效率和仪式主义** 2005 年五一国际劳动节，在卡特里娜飓风过后，新奥尔良和其他海湾区域的人们正在为生存而拼搏，亚特兰大一间旅馆的会议室里，600 名消防队员正等着联邦紧急事务管理局（FEMA）的官员们下达任务。这些官员先安排他们听了一场"机会均等、性骚扰和客户服务"的演讲，然后发给每人一摞印有联邦紧急事务管理局电话号码的小册子，用于疏散受灾地区的人群。一名消防员站起来朝官员吼道："太荒谬了，我们是来救人的，你竟让我们做这个？"但联邦紧急事务管理局的官员斥责他们："你现在的身份是机构雇员，必须服从命令，听从安排。"（"Places"，2005：39）

这种组织运作的无效率通常被称为"文牍主义"（red tape）。因 18 世纪消极怠工的英国政府官员总是用红布带将官方文件档案系成一扎一扎的，文牍主义因此而得名（Shipley，1985），用于形容重要的工作拖延着不完成。

罗伯特·默顿（Merton，1968）认为，文牍主义赋予了人们熟知的概念"群体遵从"以新的含义。他提出**科层制仪式主义**（bureaucratic ritualism）的新概念，形容严格遵循成文的程序规则而损害组织目标的情况。程序规则只是实现目标的手段，而非行动的目的，否则关注焦点将会背离组织的既定目标。2001 年"9·11"恐怖袭击后，美国邮政管理局不顾联邦调查局的反对，仍将收信人为奥萨玛·本·拉登的信件发往阿富汗的邮政机构，结果导致美国国会修改相关法规（Bedard，2002）。

**科层惯性** 科层制下的员工很少人有动力特别努力地工作，但他们总有各种理由保住自己的饭碗。即使已达成组织目标，科层组织仍然会存在，维持现状。正如韦伯所说的："科层制这种社会结构一旦建立起来，就很难被摧毁。"（Weber，1978:987，orig．1921）

**科层惯性**（bureaucratic inertia），是指科层组织自我延续的倾向。正式组织往往会越过组织设定的目标自我扩展。美国农业部在全国 55 个州的几乎所有县都设有办事机构，即使美国只有七分之一的县有农场。组织会通过修正目标以维持组织运行，现在的农业部不仅负责农业事务，同时还负责其他一系列工作，包括营养与环境研究。

## 寡头政治

20 世纪早期，罗伯特·米歇尔斯（Robert Michels，1876—1936）便指出科层制与**寡头政治**（oligarchy）有关。所谓寡头政治，是指由极少数人统治许多人（Michels, 1949, orig. 1911）。按照米歇尔斯提出的"寡头政治铁律"，科层制金字塔式的结构导致少数领导人掌握组织的全部资源。

韦伯将科层组织的高效率归功于管理体系中严格的责任等级制度。但米歇尔斯认为由于官员有能力并常会动用他们所掌握的信息、资源和媒体满足个人利益，因而等级结构会削弱民主。

此外，当公司董事或公职官员宣称他们对地方新闻媒体"不予置评"时，或当美国总统宣称拥有"行政特权"而向国会隐瞒文件时，科层制的推波助澜拉开了普通民众与科层官员间的距离。源于科层制金字塔式结构的寡头统治最终减轻了领导人对下属和人民所承担的责任。

党派竞争、议员连任设限制度，以及三权分立的政治体制有效阻止了美国政府陷入完全的寡头政治的境地。即便如此，在美国政治竞争中，那些拥有曝光率、权力和资金的在职竞选人仍具有明显的竞争优势。2016 年选举中，80% 的州长、90% 的参议员和 97% 的众议院议员谋得了连任。

# 正式组织的演化

8.3　总结正式组织在 20 世纪所发生的变化

科层制的缺陷——尤其是制度导致的异化以及寡头政治的趋势——源于组织的两个特性：等级制度与僵化。对韦伯而言，科层制是一个组织管理严密的体系：顶层的规章制度引导组织成员依规章制度行事。100 年前的美国，组织机构运用韦伯的理念形成了"科学管理"（scientiic management）的组织模式。我们首先分析科学管理这一组织模式，然后来了解在 20 世纪中它所遇到的三重挑战，这些挑战导致新组织模式——弹性组织（lexible organization）——的产生。

## 科学管理

弗雷德里克·温斯洛·泰勒（Taylor，1911）曾下过一个简单的结论：绝大多数的美国企业效率相当低下。企业管理者不知道如何提高产量，而工人一直沿袭前人的工艺技术。泰勒提出，为提高效率，企业必须运用科学的原理。**科学管理**（scientiic management）是指运用科学的原则来运行企业或其他大型组织。

科学管理包括三步。第一步，管理者详细了解每个工人的工作任务，明确操作流程以及每个流程所耗费的时间。第二步，管理者分析资料，制订更佳的操作流程以提高工作效率。譬如管理者需要考虑给每个工人配备不同的工具，或者重新排定工作流程。第三步，管理者依照确定的方法，指导并激励工人完成或超额完成生产任务。如果工人一天内能生产 20 吨生铁，管理人员所要做的就是指导他们如何进一步改进流程，提高效率，做到多劳多得。泰勒认为，如果科学管理原则得以充分运用，将会增加企业利润，提高工人报酬，降低消费者的购买价格。

一个世纪以前，汽车业的先驱亨利·福特（Henry Ford）是这样评价科学管理的："12000 名工人如果每人每天少做 10 个多余的动作，他们一天将少走 50 英里路，少消耗走 50 英里路所需的能量。"（Allen & Hyman，1999：209）。20 世纪早期，福特汽车公司和其他企业采用泰勒的管理原则，有效提高了生产效率。当代企业仍然对生产的每个环节进行详细检视以提高效率和利润。

在科学管理的原则下，权力掌握在雇主和管理人员手中，他们基本不关注工人的想法。现代社会中，正式组织面临着来自种族、性别、海外竞争加剧以及变化的工作性质等多重挑战。下文中，我们对每种挑战进行简要分析。

## 第一重挑战：种族与性别

20 世纪 60 年代，批评家指出大型企业以及其他组织在用人方面存在不公。这些组织并未坚持韦伯"以能取人"的用人原则，而将女性与少数族裔拒之门外，实权职位的用人更是如此。"以能取人"是一种相对公平的用人方式，也是招揽人才、提升组织效率的有效途径。

**特权模式与排他模式**　如图 8-3 所示，即使在 21 世纪的头几年，占美国人口 31% 的非西班牙裔白人男性占据了 61% 的管理职位。占人口 31% 的非西班牙裔白人女性仅担任 25% 的管理职位（U.S. Equal Employment Opportunity Commission，2016）。其他少数族裔所占的比例更是远低于此。

数十年前，罗莎贝丝·莫斯·坎特（Kanter，1977；Kanter & Stein，1979）指出，拒绝雇佣女性与少数族裔实际上忽视了占美国半数以上的人才。而且在组织中，人数较少的少数族裔和女性职员常会觉得自己是被社会隔离的外群体而感到不自在，不受重视，缺少升迁机会。有时候组织里的好工作或好处仅会给到特定的社会群体（Castilla，2008）。

坎特指出，要想更经常性地实现组织变革与发展，组织必须变得更为开放，施行"直通车"式的激励制度，从员工中选拔优秀人才，让职员工作更为卖力，更加忠于公司，最终提高工作绩效。相反，一个毫无职位上升空间的组织会让员工成为效率低下、"行尸走肉"式的人，没有人会去倾听他们的想法和意见。开放的组织则鼓励负责人了解所有雇员的想法，这将有利于决策的改进。

**"女性优势"**　部分组织研究人员认为，女性拥有一些特殊的增强组织实力的管理技巧。黛博拉·坦南

### 多样化快照

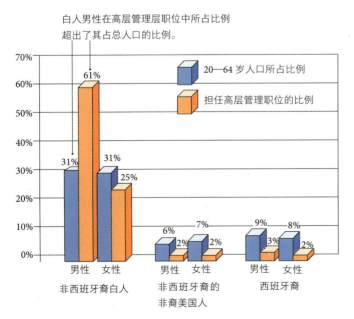

白人男性在高层管理层职位中所占比例超出了其占总人口的比例。

图例：
- 20—64 岁人口所占比例
- 担任高层管理职位的比例

非西班牙裔白人
- 男性：31%，61%
- 女性：31%，25%

非西班牙裔的非裔美国人
- 男性：6%，2%
- 女性：7%，2%

西班牙裔
- 男性：9%，3%
- 女性：8%，2%

图 8-3　2016 年分种族、性别、族裔的美国私营企业管理职位分布比例

相对其人口规模，白人男性在私营企业中担任了更多的管理职位，而白人女性与其他族裔的情况与之相反。你认为原因是什么？

资料来源：U.S. Census Bureau（2016），U.S. Equal Employment Opportunity Commission（2016）。

（Tannen，1994）的研究结果表明，女性更为"关注资讯"，为了弄清楚事情，随时会准备提问题。而男性比较"关注形象"，认为居于特定的职位却向他人请教问题会影响自己的形象。

另一项女性管理人员的研究中，萨莉·赫尔格森（Helgesen，1990）发现另外三种与性别有关的管理模式。第一，女性较男性更注重沟通技巧，更愿意分享信息。第二，女性领导人具有更多的弹性，给下属更多自由发挥的空间。第三，与男性相比，女性重视各类组织运行的相互关联性。赫尔格森将这三种模式统称为女性优势（female advantage），这种优势有助于公司变得更为弹性和民主。

总之，传统科层制面临着这样的挑战：为了充分利用员工的经验、想法和创造性，科层制不应该考虑种族与性别，应该更为开放、更为富有弹性。其结果将更符合公司的底线：更丰厚的利润。

## 第二重挑战：日本的工作组织

1980 年，让美国企业界倍感不安的是，他们发现国内卖得最好的汽车不再是雪佛兰、福特、普利茅斯，而是日本的本田雅阁。几年前，日本丰田汽车已经超越美国通用汽车成为全球最大的汽车制造商（Forbes，2017）。这是一个相当大的变化。一直到 20 世纪 50 年代，"日本制造"还是廉价与低质量的代名词。但世事变迁，日本汽车工业的成功（不久之后，延伸到电子制造、相机和其他产品的企业）很快使得分析家一窝蜂似地去研究"日本的工作组织"。这个小国家是如何挑战美国的世界经济中心位置的？

日本的组织反映了该国强烈的集体主义精神。与美国人所强调的不屈不挠的个人主义不同，日本人更崇尚合作。事实上，日本的正式组织更近似于大型的初级群体。二十多年前，威廉·乌奇（Ouchi，1981）指出日本与美国的正式组织存在五点差异。第一，日本企业对于新招入的员工，支付一样的薪水，承担相同的责任。第二，日本企业推行终身雇佣制，培养员工高度的忠诚感。第三，由于员工终身为企业服务，日本企业施行通才式管理，培训员工获得关于整个公司运作的整体知识。第四，在日本，虽然由企业领导人最终对组织效益负责，但他们通过"质量圈"的方式，使企业员工参与到组织决策过程中，员工讨论、分析工作问题，向上级提交决策提案。第五，日本企业在员工的生活中发挥了极大的作用，企业向员工提供住房抵押贷款、资助休闲旅游、安排社会活动。和美国类似的企业相比，上述措施激发了日本员工对企业更为强烈的忠诚感。

但日本的公司也并非事事如意。20 世纪 90 年代后，日本经济陷入持续 20 多年的低迷。受经济衰退的影响，大多数的日本企业不再推行终身雇佣制，乌奇提到的很多福利也遭到削减。但长远来看，日本商业组织的前景是光明的。

近年，广受赞誉的丰田公司也遭遇了挑战。在扩大产能成为全球最大的汽车制造商后，由于制造缺陷，丰田公司被迫召回数百万辆汽车。召回事件反映出丰田的迅猛扩张是以牺牲成功的核心要素——产品质量为代价的（Saporito，2010）。

## 第三重挑战：变化的工作性质

除了面临全球竞争加剧以及要求就业机会均等的挑战外，传统组织的压力还来自工作本身性质的改变。第四章（"社会"）介绍了社会从工业社会到后工业社会的转型。人们不再在工厂里用笨重的机器生产产品，更多的人开始运用计算机以及其他的电子技术提供或处理信息。后工业社会是一个以信息化组织为特征的社会。

由于高强度的工作任务成为常规性的工作事务，泰勒对科学管理的概念做了进一步拓展。工人铲煤，将铁水浇入铸模，在装配流水线上焊接车身板件，为修建摩天大楼把热铆钉敲进钢梁。泰勒时代，大多数工业工人是外国移民，学历很低，几乎不懂英语。因此，劳动力自身有限的劳动技能加上工业时代工作的性质使得泰勒将工作视为一系列模式化的任务，管理人员制订计划，工人操作、执行计划。

而在信息时代，许多工作与工业时代的大不相同：设计师、艺术家、作家、作曲家、程序员、商人以及其他职业的工作需要人们发挥想象力与创造力。信息革命甚至改变了工厂车间的工作方式。一位企业 CEO 指出："在我们工厂每隔 20 或 30 英尺就有一台电脑。" 这意味着办公室和工厂车间的员工必须精通数学和计算机技术（Selingo，2017）。下面列举了当代组织与一百年前的组织的几点区别。

1. 创造上的自主性。如同惠普的一位主管人员所说的："从加入惠普第一天起，员工便承担了重要的责任，公司鼓励他们成长。"（Brooks，2000：128）当代组织中掌握信息时代技能的员工被视为重要的组织资源。主管人员只是制订组织生产目标，但并未规定员工该如何完成那些需要想象力和发现力的任务。这就给高技能的员工提供了自由发挥才能的空间，意味着只要员工能提出好的创意，公司不需要太多的日常监督与管理。

2. 竞争性的工作团队。当代组织通常会给工作团队自由解决问题的空间，并对提出最佳解决方案的团体给予最高的奖励。日本最先采用这种竞争性工作团队的策略。它能够激发团队中每个人的创造性，并减少传统组织常发生的异化现象（Maddox，1994；Yeatts，1994）。

3. 扁平化组织。为了创造性地解决问题，组织采用了员工分担职责的方式，组织层级呈现为扁平的形状。如图 8-4 所示，这种组织模式中指令链环节大为减少，取代了传统的金字塔式科层组织。换言之，19 世纪出现的科层组织——在很大程度上复制了军队的模式——并不适合当今诸如谷歌、优步、汤博乐、爱彼迎之类的信息化组织（Davidson，2015）。

4. 更大的弹性。工业时代典型的组织结构是一种自上而下的刚性结构。这种组织虽然可以完成大量的工作，但创造性不足，难以迅速地应对大环境的改变。而信息时代理想的组织模式则更为开放和富有弹性，不仅能提出新的理念，也能迅速应对风云变化的全球化市场。

这些变化对正式组织意味着什么呢？正如戴维·布鲁克斯（David Brooks）所说："机器不再是健康型组织效仿的衡量标准。现在的标准是生态系统。"（Brooks，2000：128）当代"智能型"公司寻求的是有才华的创造型人才"AOL"的主楼被称为"创意中心一号"），并培养其才华。

但是，现代社会中也有许多工作根本不需要创造力。更确切地说，在后工业时代，经济发展是借由两种差异性很大的工作模式推动的：高技能的创造型工作和低技能的服务型工作。快餐业工作属于程序性的高度管理型工作。与信息时代典型的创造型团队工作相比，它与一个世纪前工厂中的工作更为类似。因此，在当代一些组织采用更为扁平化、弹性化的组织模式时，其他组织则继续采用传统的刚性组织结构。

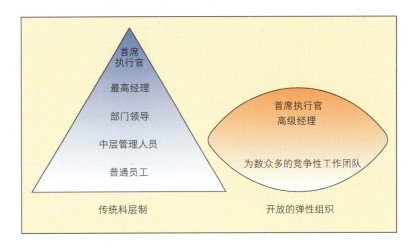

图 8-4 两种组织模式

科层制组织的传统模式属于金字塔式结构，有明确的指令链。命令自上而下地传达，业绩报告自下而上地呈递。这类组织制订了大量的规章制度，员工工作高度专门化。更为开放、富有弹性的组织是扁平状的，形状像橄榄球。与传统模式相比，扁平化组织的管理分层较少，决策职能由组织内部共同承担，共同构思理念。员工以团队形式工作，掌握组织运作的整体性知识。

## 社会的"麦当劳"化

本章一开始曾指出，麦当劳取得了巨大的成功，36000 多万家麦当劳餐厅遍布全球。仅日本就有 2956 家麦当劳，欧洲有 7687 家麦当劳餐厅，美国的麦当劳餐厅有 14000 多家。

麦当劳不仅是一家连锁餐厅。作为美国文化的符号，全世界的人都把麦当劳与美国联系在一起，美国国内也是如此。民意调查显示即使在美国国内，98% 的学龄儿童都认识麦当劳叔叔，他的知名度与圣诞老人不相上下。

更重要的是，引导麦当劳发展的组织原则正在统治美国社会。美国的文化变得"麦当劳化"，我们生活中的许多方面都在模仿这家餐馆的连锁模式：父母在带有统一标识的全球连锁店给孩子买玩具；人们驱车到便利店进行 10 分钟的免下车换油；日益普及的电子邮件、语音信箱、即时通信工具取代了人们面对面的沟通；越来越多人度假都跑到度假胜地或者参加旅行社包办的旅行团；电视台用 10 秒钟摘要剪辑的方式播放新闻；大学入学招生人员根据 GPA 和 SAT 成绩评估素未谋面的学生；教授给学生指定的是有抄袭之嫌的教材，用出版公司批量出版的试题测验学生 [1]。诸如此类，不胜枚举。

**四项原则**　所有这些事情都有哪些共同点呢？乔治·瑞泽尔（Ritezer，1993）指出，社会的麦当劳化建构在四项组织原则的基础上。

1. 效率。雷·克拉克，这位 20 世纪 50 年代麦当劳扩张背后的市场天才，规定员工要在 50 秒内把汉堡、薯条、奶昔送到顾客面前。目前麦当劳推出的最受欢迎的食物品种是吉士蛋麦满分（Egg McMuffin），整个早餐就这一份三明治。在麦当劳，顾客在柜台取餐，出门的时候顺手把垃圾处理掉或把自己用的托盘放好，更便利的是，客人开车经过窗口时，可以顺便带走自己的垃圾。这种效率无疑是人们日常生活的核心要素。单为"效率"这个理由，人们便认为事情越快做完越好。

2. 可预测性。高效率的组织希望组织中的所有事情都是可预测的。麦当劳按统一配方烹调食物。公司政策引导着每一项工作的运行。

3. 一致性。第一版麦当劳的操作手册规定每个生汉堡重 1.6 盎司，直径 3.875 英寸，脂肪含量 19%。每片奶酪重量精确到 0.5 盎司。每根薯条厚度为 9/32 英寸。

在每个人的家、学校和工作单位周围，到处都是按照标准化方案设计并批量生产的商品。不仅人们所处的环境，而且个人的生活经历（无论是美国国内的州际旅行还是待在家里看电视）比以往任何时候都要一致。

世界的任何一个地方，人们走进任何一家麦当劳餐厅，都会吃到相同的三明治，喝到相同的饮料，尝到相同的甜点。[2] 这种一致性源于高度理性化的系统，它详细规定了所有的行为，不允许任何变动。

4. 控制。麦当劳系统中最不可靠的因素是员工。毕竟每个人的心情都会时好时坏，有时候会漫不经心、胡思乱想，想换种方式做事情。为把这种人为的不可控因素的影响降到最低，麦当劳使用机械化的设备，以固定的温度和固定的时长生产食品。在麦当劳，甚至收款机上都标的是每种食品的图标，以便员工在记录客户的点餐时尽可能简单。

与麦当劳模式类似，ATM 取代了银行；人们用自动面包机制作面包，而自己只用站在旁边看；自动化的养鸡场生产大量的鸡和鸡蛋（还是鸡蛋和鸡？）。在超市，客户自行付费结账的激光扫描仪淘汰了收银员。人

---

[1]　许多社会学方面的普及性读物都不是作者亲自撰写的，但本书并非如此。

[2]　随着麦当劳的全球化，它会根据当地的口味添加或改变一些产品。譬如，在乌拉圭，消费者能吃到荷包蛋汉堡（汉堡面上加了一个荷包蛋）；挪威的消费者可以尝到三文鱼堡（烤鲑鱼三明治）；而荷兰人有素食汉堡（纯蔬菜的汉堡）；在泰国，麦当劳提供卤肉汉堡（汉堡里的碎猪肉用红烧酱调味）；日本的麦当劳则推出了照烧鸡肉三明治（用大豆和生姜调味的鸡肉）；在菲律宾，麦当劳推出了麦式意大利面（加了番茄酱和一点点热狗的意大利面）；在印度，由于印度人不吃牛肉，麦当劳推出了素食麦香堡（Sullivan, 1995）。

信息时代最好的工作 ——包括在众所周知的搜索引擎公司谷歌上班 ——只要员工能提出好的创意和理念，就可以给予他们相当的个人自由。与此同时，其他的许多工作与一个世纪前的工厂类似，例如在纺织厂上班，员工每天都做重复性的常规工作，执行严格的人员管理。

们通常都在商场购物，而商场里的一切，从温度、湿度到商品和货物的种类，都经过精心的安排和布置（Ide & Cordell，1994）。

理性还是非理性？ 毫无疑问，现代社会中麦当劳的效率原则被广为运用。但任何事情都有两面性。

马克斯·韦伯担心，随着人类的不断理性化，正式组织会抑制人的想象力，扼杀人文精神。正如韦伯所预见的， 理性系统虽然提高了效率， 但剥夺了人性。麦当劳化就是一例。四项原则中的任何一项都在讨论如何抑制人的创造性，限制人的选择和自由。作为对韦伯的回应，瑞泽尔指出："麦当劳化最终的非理性化意味着人们将失去对理性系统的掌控，反过来受制于该系统。"（Ritzer，1993：145）或许麦当劳也意识到了这一点，公司扩大了经营范围， 提供更多高档食品，譬如更精美、 更新鲜、更健康的超值炭烧咖啡和沙拉拼盘（Philadelphia，2002）。

## 组织的未来： 截然相反的趋势

在 20 世纪早期，美国的大型组织大多数采用了韦伯科层制的组织形式。这些组织在很多方面都类似于一位猛将领导下的军队，将军向下属的上尉和中尉下命令，在工厂工作的步兵执行上级的命令。

随着 1950 年左右后工业经济的出现以及海外竞争的加剧，越来越多的组织朝着扁平化、弹性化的方向发展，鼓励员工的交流与创造。这种"智能组织"（ Pinchot & Pinchot ，1993；Brooks，2000）比以往更有创造性。

更重要的是，高技能的员工拥有更多创新的自由，韦伯所担心的组织异化现象也有所减少。

但这只是事情的一方面。在过去 50 年里，虽然后工业经济提供了许多高技能型的工作岗位，但它也创造了比以往更多的常规性的服务型工作岗位。在当今美国社会，快餐业是低收入劳工最大的聚集地，提供的工资只比报酬最低的流动工人高一点（Schlosser，2002）。瑞泽尔把这种类型的工作称为"麦当劳式的工作"，它提供的报酬比高技能型员工能得到的要少得多。在快餐业、电话营销业等类似的行业中，规定工作程序的自动化流程与泰勒一百年前提到的内容倒是非常相似。

组织的弹性给予表现优异的员工以更多自主权，但普

美国国家安全局（NSA）位于犹他州的数据中心能够存储多于互联网容量总和一百倍的数据信息。2013 年国家安全局对电话和邮件的全面监控引发了全国性的恐慌，人们愤怒地指出这种行为是对个人隐私的极大侵犯。你是否愿意为了国家打击海湾地区的恐怖主义而让你的个人通信处于监控之下？

通员工却随时面临被裁员的风险。面对全球化的竞争，组织迫切需要创造型的员工，但也同样迫切需要通过尽可能削减例行公事式的、重复性的工作职位以降低成本。最终的结果是一部分员工比以前收入更高、发展更好，而其他人整天为保住饭碗而担忧，努力工作以勉强维持生计——第十二章（"美国的社会阶级"）对此有详细的分析。

美国组织的生产效率为全世界所称羡。全球很少有地方能像美国那样将邮件迅捷、可靠地送到目的地。组织未来的发展趋势对一部分人而言可谓前途光明，但对其他人而言则前景黯淡。就像"争鸣与辩论"专栏所谈到的，组织对个人隐私的威胁日益增大——人们在展望组织的未来时应牢记这一点。

# 争鸣与辩论

## 计算机技术、大型组织与侵犯隐私

杰克做好了他在脸书上的个人页面，上面有他的姓名、学校、电子邮箱、照片、简介和兴趣爱好。全世界数十亿人都能看到这些信息。

和新客户的见面就快要迟到了，莎拉在驾车经过一个主要路口时，在信号灯由黄转红的瞬间冲了过去。电子眼拍下了这一违章行为，记录下了莎拉的车牌号和她当时坐在驾驶位的情景。七天后，莎拉收到了交通法庭的出席传票。

胡里奥浏览邮件时发现一封来自数据服务公司的信件。信中，数据服务公司告知胡里奥，大约 145000 人的姓名、住址、社保号码以及信用档案被卖给了自称是商人的犯罪分子，他也是其中之一。其他人可能利用这些信息，用胡里奥的名字获得信用卡或者申请贷款。

这些案例说明了一个问题：当代的组织——掌握了比以往任何时候都多的信息资料，并且其掌握程度超出大多数人的认知——对个人隐私的威胁越来越大。大型组织对社会的运行而言是必要的。在某些情况下，组织确实能够运用或出售资料信息帮助我们。但身份盗用的案件在不断增加，个人隐私的保密度在不断下降。

过去小城镇的生活给人感觉没有任何隐私可言。但至少别人知道你一些事情的同时，你也知道他们的一些事情。现在，陌生人却能在我们不知情的情况下随时获取我们的信息。

隐私的泄漏部分源于日益复杂的电脑技术。你是否意识到，你发的每封电邮以及你访问的每个网站都会在电脑上留下记录？绝大多数的记录都能被陌生人、雇主和其他公共官员检索到。

美国经济的特点是导致隐私泄露的另一原因。为什么越来越多的组织想要源源不断地获得个人隐私信息？原因很简单：隐私信息的售卖能带来经济收益（Rainie & Anderson，2014）

当今隐私的泄漏还与正式组织的数量和规模有关。就像在本章所谈到的，大型组织去情感化地对待每个人，他们迫切需要信息资讯。毫无疑问，受大型组织与日益复杂的计算机技术的共同影响，美国绝大多数人都很关心谁知道自己的什么事情，他们会怎么利用这些信息。

近几十年来，美国个人隐私的保密度在不断下降。20 世纪早期，州政府开始讨论汽车驾照的问题，政府为每个拿到驾照的人建立了一份档案。现在只要点击一下按钮，政府官员不仅能把资料传给警方，还能提供给其他组织。美国税务局和社会保障局，以及其他一些为士兵、学生、失业人员和穷人提供福利的政府机构，都搜集了堆积如山的个人信息。

现在商业组织做的是与政府机构几乎相同的事情。个人的许多选择最后会记录在公司数据库中。大多数美国人都用信用卡——当今美国有 10 亿多张信用卡，平均每人 5 张——负责"信用核查"的公司收集相关信息并提供给任何一个询问的人。

不仅在交通路口，而且在商店、公共建筑、停车场以及大学校园里都装有微型摄像头。监控个人行为的监控摄像头的数量每年都在迅速增加。就某种意义而言，所谓的监控摄像头能加强公共安全——比方说震慑行凶抢劫犯甚至恐怖分子——但却是以牺牲人们仅存的少得可怜的隐私为代价。英国或许是全球安装监控摄像头最多的国家，一共安装了 400 万个监控摄像头。伦敦常驻居民每天出现在闭路监控系统画面中的次数约达 300 次，他们的所有"行踪"都被记录在电脑里。美国警察局在公共场所安装了约9000个摄像头，每天定期从移动巡逻车和路边车牌读取器中"读取"数百万条车牌信息。所有这些信息都存在电脑文件中。配备有高分辨率相机的传统飞行器和无人机能帮助警察和官员（甚至十几岁的邻居）在任何地点观察追踪人们的动向（Rossen & Connor，2013；Timberg，2014；CNBC，2017）。

近年来，美国政府稳步扩大对公民的监控范围。2001年"9·11"恐怖袭击事件后，联邦政府逐步采取措施加强国家安全（包括《美国爱国者法案》）。现在，美国的政府官员不仅更为密切地监控谁进入了美国，而且还监控每个美国公民的行为。日益加强的国家安全与个人隐私难以共存。

一些法律保护措施仍然在发挥作用。美国50个州都有相关法律赋予公民权利，可以核查由雇主、银行和信用局保留的个人信息记录。1974年的联邦《隐私法案》对政府机构间个人信息的交流做出了限制，并允许公民检查核对大多数的政府文件。为应对日益升级的身份盗窃，国会有可能通过更多的法案规范信用信息的出售。但侵犯人权和个人隐私的风险仍与日俱增。最近一项分析指出未来数年间政府将可以利用相关技术监控和记录人们所说或所做的几乎每一件事情。许多公共组织和私营组织都保存有人们的信息资料，专家预测90%美国家庭的信息都被记录在某处的数据库中。当前的法律还能够保证我们生活中的隐私吗？

**你怎么想？**

1. 你认为公共场所安装监控摄像头是加强了个人安全还是降低了个人安全？为什么？

2. 为保障个人安全所付出的代价值得吗？你怎么看待自动收费技术（如电子收费系统E-ZPass）？这一技术让你快速通过高速公路收费站的同时也记录下地点、时间之类的个人信息。

3. 你认为法律能够保障个人隐私吗？还是说人们的个人隐私正在逐渐消失？

资料来源：Heymann（2002），O'Harrow（2005），Tingwall（2008），Werth（2008），Hui（2010），Stein（2011），Rainie & Anderson（2014）。

## 日常生活中的社会学

现代社会的组织方式是什么样的？

第八章阐述了自1948年第一家麦当劳餐厅开业以来，引领快餐业的原则——效率、可预测性、一致性、控制——在社会中的广泛运用。现在给你一个机会通过若干熟悉的日常事物来辨别"麦当劳化"的要素。在第二张和第三张图中，你能指出麦当劳化的哪些特定要素？与之相关的组织模式和技术以何种方式提高效率、可预测性、一致性和控制？在下面第一张图中，你认为哪些不属于麦当劳化的要素？为什么？

图中这样的小型邻里商店在美国曾随处可见。但随着大卖场式折扣店和快餐连锁店的扩张，小型零售店的数量越来越少。为什么小型零售店会消失？在它们消失的过程中，人们失去了零售店所具有的哪些社会特质？

20世纪70年代早期，ATM在美国日益普及。任何一名持银行卡的客户都无需通过银行柜台出纳来完成某项银行操作（比如取钱）。为什么ATM反映了社会化的麦当劳化？你喜欢用ATM吗？为什么？

在许多超市的收银台，顾客通过连着电脑的激光扫描仪识别所购商品及其价格，然后自己用信用卡或借记卡付款，将商品装袋。

> **提示** 社会的麦当劳化在某些方面使人们的生活更为便捷，但也使社会变得更加非人性化，人际接触的范围逐渐减小。虽然这种组织模式能够满足人们的需求，但它迫使人们的生活必须服从于机器的需求，组织模式最终走向相反的方向。马克斯·韦伯担心人类社会将会过度理性化，迷失了本性。

# 从你的日常生活中发现社会学

1. 学院或大学是否受到了社会麦当劳化进程的影响？教师千篇一律的大班授课是麦当劳化的例子吗？为什么？试举出你所知的大学校园中麦当劳化的其他例子。

2. 你曾经有过用 ATM 或在超市自助购物的经历吗？试着举几个例子，谈谈你从中得到哪些好处。它又会给你带来哪些坏处？

3. 访问"社会学焦点"博客，你可以在那里阅读年轻社会学学者的最新文章，他们将社会学视角应用于流行文化的话题。

## 取得进步

### 社会群体

#### 8.1 理解各类群体对社会生活的重要性

社会群体是由两个或两个以上的个体组成的、彼此认同与互动的人群。

• 初级群体是规模较小的、个人化的、持续时间较长的社会群体（如家庭和密友）。

• 次级群体是大型的、非个人化的、以目标为导向的社会群体，通常持续时间更短（如学校班级和公司）。

**群体动力的要素**

群体的领导

• 工具型领导关注如何实现群体目标。

• 表意型领导关注群体成员的福利。

• 独裁型领导要求成员服从命令，独自决定群体决策；民主型领导决策过程中听取全体成员意见；放任型领导几乎任由群体成员自行决策。

群体遵从

•阿希、米尔格兰姆和贾尼斯的研究显示，为实现群体遵从，群体成员通常会向其他成员施加压力，以达成一致意见。

•在形成态度和做判断时，个人通常会以参照群体——包括内群体和外群体——为参照点。

群体规模和多元化

•齐美尔认为，二人群体关系密切但不稳定；三人群体虽然稳定，但很容易将第三者排斥在外，转变为二人群体。

•布劳分析了大型群体的内部化、异质性群体的外部化，以及行动受限群体的内部化。

网络作为一种社会联系网，将彼此间不太熟悉、互动有限的人联系起来。"优越的社会关系"属于颇有价值的一类社会资本。

•以计算机技术为基础的社交媒体让人们更多参与到社会网络中，扩展了社交的范围。

## 正式组织

### 8.2　描述大型正式组织的运作过程

正式组织是为有效达成目标而构建的大型次级群体。

•功利型组织中的成员是为获取报酬而工作（如商业组织和政府机构）。

•规范型组织中的成员是为了追求他们认可的道德目标（如家庭教师协会之类的志愿者协会）。

•强制型组织中成员的加入是非自愿的（如监狱和精神病院）。

所有的正式组织都是在一定的组织环境下运作的。组织环境受到下列因素影响：

•技术手段；

•政治经济发展趋势；

•当前事件；

•人口模式；

•其他组织。

**当代的正式组织：科层制**

韦伯认为，科层制是现代社会中占主导地位的一种组织类型。科层制有六大特征：

•专门化；

•职务分级；

•成文规则；

•绩效制；

•非人格化；

•交流正式化、书面化。

科层制的缺陷：

•科层制的异化；

•科层制的无效率和仪式主义；

•科层惯性；

•寡头政治。

## 正式组织的演化

### 8.3　总结正式组织在 20 世纪所发生的变化

**传统的科层制**

•20 世纪早期，泰勒的科学管理运用科学的原则提高生产效率。

**更为开放性、富有弹性的组织**

•20 世纪 60 年代，罗莎贝丝·莫斯·坎特建议，为提高组织效率，组织应对所有雇员，尤其是少数族裔和女性职员开放。

•20 世纪 80 年代，全球化竞争使日本企业的集体主义精神受到广泛关注。

**变化的工作性质**

后工业经济的发展催生了两种差异性很大的工作模式：

•高技能的创造型工作（如设计师、顾问、程序员、主管）；

•低技能的服务型工作。低技能的服务型工作与社会的麦当劳化有关，建立在效率、一致性和控制的基础上（如快餐店和电话推销的工作）。

**组织的未来：截然相反的趋势**

•在后工业社会，许多组织朝着扁平化、弹性化的方向发展，鼓励员工的交流与创造。

•与此同时，其他一些组织要求工人从事低薪、常规性的服务型工作，这类工作被称为"麦当劳式的工作"。

# 第九章
# 性与社会

# 社会的力量

塑造我们对涉及性的社会问题的态度

调查题目："你怎么看待两个同性成年人的性关系？—— 你认为这种关系"'总是错的''基本上是错的''有时是错的'或'根本没有错'？"

资料来源：Smith et al.（2015）。

社会塑造了我们对性问题的观念吗？回溯至 1973 年，超过四分之三的美国成年人认为同性恋关系是不对的。然而到了大约 1990 年，这一态度开始改变，到了 2014 年，表示不赞同的比例仅占人口的 44%。公众对同性恋关系态度的改变是同性婚姻急剧增长的主要原因，现在多数美国成年人持支持态度，2015 年同性恋婚姻被立法承认。虽然我们倾向于认为我们的态度是个人选择，但是更宏大的社会趋势也在发挥作用。

## 本章概览

性——没有人会质疑它是我们生活中的重要维度，但是，正如本章所解释的，性并非仅仅与生育相关的生物过程。正是社会（包括文化和不平等模式）塑造了人类性行为的模式，并赋予我们日常生活中的性以意义。

帕梅·古德曼和朋友简·德洛泽、辛迪·托马斯沿着走廊行走。这三个年轻的女孩儿是杰弗逊城高中的二年级学生，杰弗逊城是中西部的一个小镇。

"放学后做什么？"帕梅问道。

"我不知道，"简回答，"也许托德会过来呢。"

"了解了，"辛迪补充道，"我们这就去。"

"闭嘴！"帕梅结结巴巴，一边笑了。"我几乎不认识托德""好吧，但是……"三个女孩儿大笑起来。

不必对年轻人花大量时间去思考和谈论性感到惊讶。但是正如社会学家彼特·比尔曼（Peter Bearman）所发现的，性不仅只是谈资。比尔曼和他的两名同事（Bearman, Moody & Stovel, 2004）进行了一项研究，他们

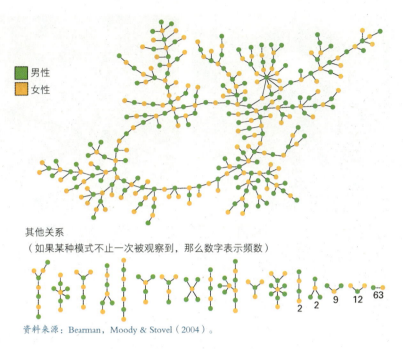

■ 男性
■ 女性

其他关系
（如果某种模式不止一次被观察到，那么数字表示频数）

2　2　9　12　63

资料来源：Bearman, Moody & Stovel（2004）。

对中西部的一个名为杰弗逊城的小镇的 832 名高中学生进行了保密性访谈，表明 573 人（69%）在之前的 18 个月中至少有一次"性和恋爱关系"。虽然不是所有，但也有这么多的学生有活跃的性活动。

比尔曼期望了解性活动以便理解年轻人当中的性传染病（STDs）。为什么性传染病的概率如此之高？为什么社区中会有几十个年轻人"突发"疾病？

为找到这些问题的答案，比尔曼请学生们指出自己的性伴侣（当然，承诺不公开任何隐私信息）。这一信息使他得以从性活动的角度追踪同学之间的关系，得出了一个令人吃惊的模式：性活跃的学生会通过共同的伴侣彼此相互联系，这一点远超出任何人的预期。总而言之，共同伴侣联结了一半的性活跃的学生，如图所示。

意识到人们之间的联系有助于我们理解 STDs 怎样在短时间里传染多人。比尔曼的研究也表明各种研究可以教给我们大量有关人类性的知识，这是社会生活的重要维度。你也会看到美国在过去的一个世纪里，性态度和性行为已经发生了急剧的变化。

# 理解性

### 9.1　理解性既是一个生物学问题，又是一个文化问题

每天你的思想和行为有多少与性有关？如果你是大多数人中的一员，答案就会是"有很多"。因为性问题不只限于发生性关系。性问题是一个几乎随处都能发现的主题——在运动场、校园、工作场所，特别是在大众传媒中。性产业，包括色情作品和卖淫，在美国都是达几十亿美元的产业。性对于我们如何考虑自身以及他人如何认识我们，起着重要的作用。因此，性几乎在社会生活中的任何领域都在发挥某种作用。

尽管性是日常生活的重要组成部分，然而，美国文化长期将性视为禁忌；即使在今天，许多人仍避免谈论性。因此，即使性可以带来很多快乐，但它也造成混乱、焦虑，有时候甚至是彻底的恐惧。甚至是科学家，长期以来也将性作为研究的禁区。直到 20 世纪中叶，研究人员才将注意力转向这一社会生活中的重要维度。从那时起，正如本章所解释的，我们对人类的性问题有了相当多的发现。

我们认为，美在于发现美的眼睛，即文化在确定吸引力标准上有重要作用。此处照片上的所有人——来自肯尼亚、亚利桑那、沙特阿拉伯、泰国、埃塞俄比亚和厄瓜多尔——对于他们自己社会中的人们来说是美的。同时，社会生物学家指出，全球每个社会的人们都被年轻的力量所吸引。正如社会生物学家指出的，原因在于吸引力建立在生育选择的基础上，因为生育在人的成年早期是最容易完成的。

## 性：一个生物学的问题

**性**（sex）指的是女性和男性在生物学上的差别。从生物学的观点看，性是人类繁衍的途径。女性的卵子和男性的精子，分别包含了 23 对染色体（指导机体成长的生物编码），两者结合形成胚胎。其中一对染色体将决定孩子的性别，母亲提供一个 X 染色体，父亲提供一个 X 或 Y 染色体。如果父亲提供的是一个 X 染色体，则形成女性（XX）胚胎，如果父亲提供的是 Y 染色体，则形成男性（XY）胚胎。这样，一个孩子的性别在受孕的瞬间就在生物学上被确定了。

胚胎的性别指引它的发展。如果胚胎是男性，睾丸组织便开始产出大量的睾丸激素，即催发男性生殖器官（性器官）生长的荷尔蒙，如果睾丸激素很少，胚胎则会发育出女性器官。

## 性与身体

身体上的某些差别使男性和女性区别开。从出生开始，这两种性别就有不同的**第一性征**（primary sex characteristics），即用于生育的生殖器官。在青春期，当人们性发育成熟时，另外的性差别开始出现。这时，人们发展出除了生殖器以外的**第二性征**（secondary sex characteristics），即使成熟女性和成熟男性区别开来的身体发育特征。性成熟的女性有着较宽的臀部用于生育，可以产乳的胸部用来喂养婴儿，柔软、丰满的组织以提供怀孕期和哺乳期需要贮存的营养。成熟男性通常会长出更发达的肌肉，有着更茂密的体毛、更雄浑的

**第一性征** 用于生育的生殖器官　　　　　　　　　　　**第二性征** 除了生殖器官外，使成熟女性和成熟男性区别开来的身体发育特征

声音。当然，这是总体差别，有些男性比有些女性更矮小，有更少的体毛、更尖的嗓音。

记住，生理性别（sex）与社会性别（gender）不是一回事。社会性别是一种文化因素，指的是文化赋予男性或女性的个人特质和行为模式（包括责任、机会和特权），第十四章（"性别分层"）解释了性为什么是社会不平等的重要维度。

**两性人** 性并不总是像我们刚才描述的那么清晰分明。**两性人**（intersexual people）是指这些人的身体（包括生殖器官）既具有男性特征，又具有女性特征。他们可以同时表现出男性和女性的身体特征，或者外部具有一种性别的特征，内部具有另一种性别的特征。两性人既是自然的，又是非常罕见的，其人数占比还不到一个社会总人口的1%。两性人的另一个较早的说法是雌雄同体（hermaphrodite，源自赫马佛洛狄忒斯 [Hermaphroditus]，其是希腊神话中的赫尔墨斯 [Hermes] 和阿芙洛狄忒 [Aphrodite] 的孩子，具有两种性别）。真正的雌雄同体既有女性的卵巢，又有男性的睾丸。

对社会平等的追求经常涉及卫生间的使用，或者更准确地说，允许谁使用哪个卫生间。例如，几十年来，非裔美国人被禁止使用为白人提供的卫生间。同样，多年前，联邦政府为在国会任职的女性提供了专供"女士"使用的卫生间。今天，这个问题也围绕着性别——或者更具体地说，人们是否有权决定自己的性身份并使用自己选择的卫生间。对于图上这个公共卫生间的标志，你怎么看？

然而，我们的文化要求性别明确清晰，一个事实证据就是在新生儿出生时，要求父母记录孩子的性别是男是女。在美国，一些人对两性人的反应是困惑甚至厌恶。但是，这在别的文化中却很不一样：比如，东非的普科特人（Pokot）几乎很少关注这种罕见的"生理学错误"，纳瓦霍人（Navajo）怀着敬畏看待两性人，认为他们具有女性和男性的全部潜力（Geertz，1975）。

**变性人** **变性人**（transsexuals）指的是那些认为自己是某种性别的人，即使在生物学上他们属于另一种性别。据估计，在美国，每1000人当中就有一两个人感到身陷错误性别，他们强烈渴望变成另一种性别。

许多人的性别认同与他们出生时的性别不一致，他们选择进行变性，通过手术改变他们的生殖器官和乳房，通常伴随着激素治疗。这一医疗过程是复杂的，要用数月甚至数年的时间，但这有助于许多人获得愉悦，因为他们最终在外表和内在上达成了一致（Gagne，Tewksbury & MaGaughey，1997；Olyslager & Conway，2007）。

## 性：一个文化上的问题

性有其生物学的基础。但是正像人类行为的其他所有方面一样，性无疑也是一个文化问题。生物学可以解释一些动物的交配仪式，但是人类没有类似的生物过程。虽然存在着生物上的"性驱力"，人们会感受到性愉悦，发生性行为，但是，我们的生物学没有规定任何特定的性行为方式，正如我们的食欲规定了任何特别的饮食方式或餐桌上的行为规范一样。

**文化差异** 几乎每一种性行为在不同的文化中都表现出重要的差异。阿尔弗雷德·金赛（Alfred Kinsey）和他的同事在对美国人的性行为进行的开拓式研究中发现，大多数的伴侣报告称他们性交中采用的唯一姿势是面对面，女人在下面，男人在上面（Kinsey，Pomeroy & Martin，1948）。但在世界的另一端，

南太平洋地区的多数伴侣从不采用这种姿势。事实上，当南太平洋居民从西方传教士那里知道这种姿势时，他们甚至取笑说这是一种奇怪的"传教士姿势"。

即使是表达爱这一简单行为，不同社会之间也不尽相同。在美国，多数人喜欢在公共场合接吻，但是中国人只在私人场所接吻。法国人公开亲吻经常是两下（一边脸颊一下），比利时人会亲吻三次（从任一边脸颊开始）。新西兰的毛利人会摩擦鼻子，多数尼日利亚人从不接吻。

不同的文化对谦虚的表达也不相同。如果一位正踏入浴缸洗澡的女士被他人惊扰了，你认为她会遮住身体的哪个部位？海伦·科尔顿（Colton，1983）的结论是：穆斯林的女性会掩面，老挝的女性会遮住胸部，萨摩亚的女性会遮住肚脐，苏门答腊岛的女性会遮住膝盖，欧洲女性用一只手遮住胸部，另一只手遮住阴部。

从全世界来看，有些社会限制性，另一些社会则比较开放。比如，曾经中国就对性采取严密管制的规范，因此，那一时期很少有人婚前发生性行为。在美国——至少在最近几十年——婚前性行为已成为常态，一些人甚至在没有强烈义务感的情形下选择发生性关系。

## 乱伦禁忌

当谈及性，是否有一些任何社会都认同的方面？答案是：是的。一种文化上的普遍性——全世界各个社会都有的元素——就是**乱伦禁忌**（incest taboo），即禁止特定亲属间发生性关系或者结婚的规范。在美国，无论是法律还是文化道德都禁止近亲之间（包括兄弟姐妹之间、父母和子女之间）发生性关系或者结婚。

但是，另一个文化差异的例子说明，一个社会中的乱伦禁忌究竟包括哪些家庭成员，不同州的规定也不相同。全美近一半的州认定第一代表亲间的婚姻是不合法的，另一半的州则认为这种婚姻合法（National Conference of State Legislatures，2015）。

一些社会（像北美纳瓦霍人）只将乱伦禁忌原则适用于母亲及家族中的母系成员。纵观历史，许多国家的贵族成员可以在亲属间通婚。也有记录显示某些社会（包括古代秘鲁和埃及）允许贵族兄弟姐妹间通婚，以便保持某个家族内的权力（Murdock，1965，org. 1949）。

为什么世界上每个社会都至少存在某种形式的乱伦禁忌？部分理由源于生物学，任何物种的近亲之间的繁衍会增加后代患上精神或身体疾病的概率。但是为什么在所有物种中只有人类遵守乱伦禁忌？这一事实提

20世纪，美国人的社会态度变得更加能够接受大多数的性行为。你认为这种开放度的增加会带来哪些益处？又有什么负面效果？

示人们控制近亲之间的性行为是社会制度的一个必要部分。第一，乱伦禁忌限制了家庭成员间的性竞争（比如说，排除了父母和孩子之间的性关系）。第二，由于家庭关系确定了人们彼此间的权利和义务，近亲之间生育后代绝对会混淆亲属关系，如果母亲和儿子生了一个女儿，那么，女儿会认这个男性作父亲还是哥哥？第三，由于要求人们与他们直系家庭成员之外的人结婚，当人们试图组成新的家庭时，就会超出近亲的范围，这样，乱伦禁忌使社会在更大的范围得到整合。

乱伦禁忌一直是美国社会，也是全世界的性规范。但是，许多其他的性规范已随着时间的推移发生了变化。在20世纪，正如下一部分所解释的那样，我们的社会经历了性革命和性反革命。

# 美国人的性态度

### 9.2　解释美国人的性态度的变迁

在美国，人们怎么看待性？我们对性的文化取向一直是有些自相矛盾的。大多数欧洲移民将僵化的"正确"性观念带到美国，典型的就是把性行为与生育限制在婚内，早期新英格兰的清教徒定居者要求在态度和行为上严格一致，对任何"性过错"施以严厉的惩罚，即使这种行为是家庭的隐私。这些性规范从那以后一直延续着。20世纪60年代后期，有几个州在法律上禁止商店销售避孕套。直到2003年，当最高法院取消这些规定前，仍有13个州的法律禁止同性间的性行为。即使在今天，禁止已婚人士与非配偶之间发生性行为的"通奸法"仍在18个州有明文规定，仍有7个州明文规定有"私通法"，禁止未婚伴侣间的性行为（Sweeny，2014）。

但是这只是问题的一方面。正如第三章（"文化"）所解释的那样，由于美国文化是个人主义的，我们中的许多人都相信：只要没有对别人造成直接伤害，人们应当有自由做他们想做的事情。人们在他们自己家这种私密场所做的事情与他人无关，这种观念使得性成为一种个人自由和私人选择。

当谈及性，美国是限制式的还是开放式的？答案是两者都有。一方面，许多美国人仍然视性约束为个人道德的重要标志（对女性来说，要求比男性更严格）。另一方面，性越来越成为人们每天都遇到的大众传媒所宣传的通俗文化的一部分。近期的一项研究得出结论，年轻人感到他们观看的多数电视节目以及收听的音乐都包含性主题。研究者进一步得出结论，播出性内容的电视节目的数量一直在增加（Center for Innovative Public Health Research，2012；Ybarra，2013）。正是在这一复杂背景下，我们现在开始分析美国在过去一个世纪里发生的性态度和性行为的改变。

## 性革命

整个20世纪，美国人的性态度和性行为发生了深刻的变化。这一变化的第一个征兆是20世纪20年代的工业化，上百万的女性和男性从农场和小镇迁入不断扩大的城市。在那里，年轻男女远离他们的家庭，在工作场所遇到许多新结识的人，他们享受到相当多的性自由，这十年成为人所共知的"咆哮的二十年代"（Roaring Twenties）。

20世纪30年代和40年代，大萧条和第二次世界大战减缓了变化的速度。但是，在战后时期，即1945年之后，阿尔弗雷德·金赛为后来被称为性革命的时代创造了条件。金赛和他的同事们于1948年出版了第一项他们对美国人的性行为的研究，震惊了所有的美国人。这项研究之所以引起全国性的骚动，更多是出于科学家进行性研究这一事实，毕竟性曾经是一个许多人即使在家中也不愿谈论的话题。

关于金赛还有一些有趣的说法。他的两部著作（Kinsey，Pomeroy & Martin，1948；Kinsey et al.，1953）之

所以成为畅销书，部分是因为它们揭示了美国的普通人远远不是多数人以前想象的那样在性问题上很保守。这些书鼓励着人们对性采取一种新的开放姿态，这对性革命的兴起起到了推动作用。

20 世纪 60 年代后期，性革命时代真正来临了。青年文化主导了公共生活，像"性、毒品和摇滚"以及"如果感觉好，那就去做"总结了对性的新的、更自由的态度。出生于 1946 年—1964 年的生育高峰期的一代人成为美国历史上第一代伴随着新的性观念成长起来的同期群，这种性观念主张性是人们生活的组成部分，不论他们是否结婚。

新技术在性革命中也发挥着作用。1960 年发明的避孕丸，不仅避免了怀孕，而且使得安全性行为更为便利。不像避孕套或者避孕膜必须在性交时使用，避孕丸只需有规律地提前服用，就像每天补充维生素那样。现在女性和男性可以在不做任何特殊准备的情况下发生性关系。

由于在历史上女性比男性更多地受到性规范的约束，性革命对女性有着特别重要的意义。社会传统的"双重标准"允许（甚至鼓励）男性在性方面积极，但是期望女性保持贞节一直到结婚，婚后要保持对丈夫的忠诚。图 9-1 的调查数据说明由于性革命，这种双重标准正趋于消失。1933 年至 1942 年出生的人们（即现在 70 多岁和 80 岁出头的人），有 56% 的男性和 16% 的女性报告说，在 20 岁之前他们有两个或更多的性伴侣。这与出生于 1953 年至 1962 年生育高峰期的人们（即现在 50 多岁和 60 岁出头的人）相比，差别很大，这些人是在性革命以后满 20 岁的。在这些人当中，62% 的男性和 48% 的女性报告说在 20 岁之前有两个或者更多的性伴侣（Laumann et al.，1994：198）。性革命在总体上增加了性活动，但是它对女性性行为的改变要比对男性的改变多得多。

随着社会更加富裕以及女性机会不断增加，美国人对性的态度也更为开放。根据这些事实，请思考观察全世界使用生育控制的情况。

## 多样化快照

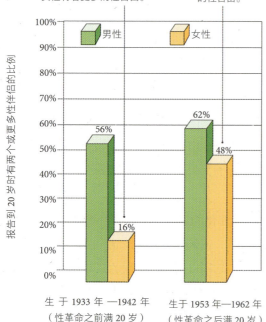

●南希·霍克，现年 76 岁，在她一生的大多数时光里，男性比女性有着更多的性自由。

●萨拉·罗霍特，现年 50 岁，婴儿潮一代，认为她和她的女性朋友有着与男性相近的性自由。

图例：男性　女性

纵轴：报告到 20 岁时有两个或更多性伴侣的比例

56%　16%　生于 1933 年—1942 年（性革命之前满 20 岁）

62%　48%　生于 1953 年—1962 年（性革命之后满 20 岁）

图 9-1　性革命：双重标准正在消除

到 20 岁时，较之女性，尽管有更多的男性报告说有过两个或更多的性伴侣，但是性革命极大地缩小了这一性别差异。

资料来源：Laumann et al.（1994：198）。

## 性反革命

性革命使性成为日常生活讨论的话题，使性活动更多地成为一种个人选择的问题。然而，到 1980 年，20 世纪 60 年代晚期和 70 年代性自由的浪潮开始消退，因为有些人批评它导致了美国的道德衰退。因此，性反革命开始了。

从政治上讲，性反革命是一种保守的呼吁，呼吁人们重返"家庭价值"，从性自由返回到批评家所认为的、老一辈人所持有的视性为责任的价值观。对性革命的批评，不仅只是反对"自由爱情观"，而且还反对像同居（未婚就在一起生活）和未婚先育等趋势潮流。

回溯以往，性反革命并没有在很大程度上改变这种性观念，即人们应当自我决定什么时候以及与谁发生性关系。但是不论是出于道德的原因还是对性传染病的考量，更多的人开始选择限制性伴侣的数量或者选择不发生性行为。

性革命是否结束了？的确，许多人对性行为的决定更加谨慎，但是正如本章后面部分所解释的，现在的人们对婚前性行为的接受度更高，对各种性取向的宽容度也越来越高——性革命仍在进行中。

## 婚前性行为

考虑到性革命和性反革命，在美国，人们的性行为究竟发生了多大改变？一个有趣的指标是年轻人的婚前性行为——结婚之前发生性关系。

首先，考虑一下美国成年人对婚前性行为的看法。表 9-1 表明，约有 26% 的人认为婚前性关系"总是错的"或"基本上是错的"。另有 16% 的人认为婚前性行为"有时是错的"，约有 57% 的人认为婚前性行为"完全没有错"（Smith et al.，2015）。较之上一代人，今天的公共舆论更为接受婚前性行为，但是，即使这样，我们的社会对此问题的看法仍然是多种多样的。

现在，让我们看看年轻人实际如何。随着时间的推移，女性的情况已发生了显著改变。金赛研究报告说：生于 20 年代早期的人当中，约有 50% 的男性和 6% 的女性在 19 岁之前有过婚前性行为。对于生于二战后生育高峰期的人们，在男性当中，婚前性行为有稍微增加，而在女性当中，增长较大，增长了约三分之一。最新的研究表明，在高中高年级之前，有 41% 的年轻男女有过婚前性关系。按种族和族裔来划分的话，在非裔美国人中这一比例为 49%，西班牙裔为 40%，白人为 43%，亚裔美国人中为 19%。但是，高中生的性经历其活跃程度是有限的——只有 12% 的学生报告说有 4 名或以上的性伴侣。在过去的 20 年里，追踪高中生性生活的统计报告称，高中生的性活动呈现出逐渐下降的趋势（Laumann et al.，1994；Centers for Disease Control and Prevention，2017）。

通常的观念认为年轻人口交的比例更高。这种选择反映了人们避免怀孕风险的事实。另外，许多年轻人认为口交没有达到性交那样亲密的程度。近期研究表明，有过口交经历的 15—19 岁的年轻人的比例，男孩为 51%，女孩为 48%，与有过性交经历的比例（47%）基本一样（Centers for Disease Control and Prevention，2017）。因此，大众传媒所宣称的美国人当中存在"口交流行"的现象几乎肯定是言过其实的。

最后，极少数的年轻人会选择节欲（不进行性交）。许多年轻人也会选择不进行口交，因为其和性交一样可能会传播疾病。即使这样，研究也证明了今天婚前性行为在年轻人当中已被广泛接受。

## 成人之间的性

从大众传媒来看，美国人在性方面非常活跃。但是这种流行说法是否反映了现实？劳曼的研究（Laumann，1994）是自金赛开拓式研究之后规模最大的性研究，他发现，美国人当中性活动的频率变化幅度很大，三分

表 9-1　我们怎样看待婚前和婚外性行为

问卷调查问题：“对于美国社会在性道德和性态度方面正在发生的变化一直有许多讨论。如果一名男性和一名女性婚前发生性关系，你认为这总是错的，基本上总是错的，有时是错误的还是完全没有错？你又怎么看待一个已婚的人发生婚外性关系？”

|  | 婚前性关系 | 婚外性关系 |
| --- | --- | --- |
| 总是错的 | 19.3% | 78.4% |
| 基本上总是错的 | 6.3 | 12.2 |
| 有时是错的 | 16.2 | 6.8 |
| 完全没有过错 | 56.9 | 1.6 |
| 不知道 / 没有回答 | 1.2 | 0.9 |

之一的成年人报告每年与伴侣间只有几次性行为或者根本没有性行为，另有三分之一的成年人每月有一次或几次性行为，还有三分之一的人每周与性伴侣有两次或者更多的性行为。简单地说，实际上没有一种单一的模式能描述美国人的性活动。

尽管在《欲望都市》（*Sex and City*）这类的电视剧中可能看到“潇洒单身人士”（swinging singles）的流行形象，但是已婚人群是性行为频率最高的人。已婚人群也报告：与伴侣的性生活无论在情感上还是在身体上满意程度最高（Laumann et al.，1994）。

## 婚外性行为

婚姻以外的性行为是怎样的？这种行为通常被称为“通奸”，在美国是被广泛指责的（社会学家更愿意使用更为中性的词“婚外性行为”）。表 9-1 表明，约 90% 的美国成年人认为一个已婚的人与婚外伴侣发生性关系“总是错的”或者“基本上是错的”。婚内性忠诚规范仍然是美国文化的重要组成部分。

但是，实际行为并不总是符合文化理想。研究报告表明，约有 16% 的已婚人士报告说有过对配偶的不忠行为。研究者还报告说，男性的这一比例（约 21%）高于女性（约 12%）。换一种说法就是 79% 的男性和 88% 的女性会在婚姻中保持对配偶的性忠诚。研究表明年轻人相较于老年人，婚外性行为的发生率更高，低社会地位的人比生活条件好的人发生婚外性行为的比例更高，没有宗教信仰的人发生婚外性行为的可能性更高。正如我们所预料的，那些报告婚姻生活不幸福的人发生婚外性行为的可能性更高（Laumann et al.，1994：214；Smith，2006；Smith et al.，2015）。

## 生命周期中的性

性行为模式随着年龄而变化。在美国，多数年轻男女在 17 岁时拥有活跃的性行为。在他们 25 岁时，约 90% 的男性和女性报告说，在过去的一年中至少和一位性伴侣发生过性行为（Reece et al.，2010；Copen，Chandra & Febo-Velazquez，2016；Centers for Disease Control and Prevention，2017）。

总的来说，成年人报告说一年当中有 62 次性生活，大概一周一次以上。更年轻一些的成年人报告说一年最高有 84 次性生活。在成年人 40 多岁以后，这个数字下降到 64 次，到成年人 70 多岁时，进一步下降到一年约 10 次。

从另一个角度说，到约 60 岁时，不到一半的成年人（男性为 54%，女性为 42%）说他们在过去的一年中有过一次或一次以上的性生活，到 70 岁时，只有 43% 的男性和 22% 的女性报告同上（Smith，2006；Reece et al., 2010）。

# 性取向

9.3　分析塑造性取向的因素

**性取向**（sexual orientation）是一个人对另一个人的浪漫和情感的吸引。所有人类社会的规范都是**异性恋**（heterosexuality，hetero 源自希腊语，意为"两个中的另一个"），意味着被异性所吸引。然而，在每个社会中都有相当一部分人有**同性恋**（homosexuality，homo 源自希腊语，意为"同样的"）经历，即被同性所吸引。记住，人们并不一定非此即彼地只属于这两者之一，他们可能只是在被男女两种性别吸引的程度上不一样。

性取向并非清晰分明的，这一观点被双性恋的存在所证实。**双性恋**（bisexuality）即被两种性别所吸引。一些双性恋者受男性和女性吸引的程度是相同的，许多双性恋者更多地被一种性别吸引。最后，**无性恋**（asexuality）指的是不被任何性别所吸引。图 9-2 描述了四种性取向的关系。

性吸引与性行为不是一回事，记住这一点很重要。许多人，甚或是大多数人都曾被某个同性所吸引，但是极少数人会发生同性性行为。这在很大程度上是因为我们的文化不鼓励这种行为。

在美国和世界其他地区，异性恋是规范，因为从生物上讲，异性性关系使人类得以繁衍。即便如此，多数社会都宽容同性恋，甚至对其进行赞美。在古希腊，上层社会的男性视同性恋为关系的最高形式，部分原因是他们轻视女性，认为她们智力低下。正如男性所知道的，异性恋是必要的，只有这样他们才能繁衍后代，但是当时"真正"的男人更愿意追求同性关系（Kluckhohn，1948；Ford & Beach，1951；Greenberg，1988)。

## 什么使我们具有某种性取向？

对于人们刚开始是如何获得某种性取向这一问题的争论十分激烈。这些争论可以被归纳为两种观点：性取向是社会的产物，以及性取向是生物学的产物。

**性取向：社会的产物**　这一理论认为，任何社会的人们都赋予性行为以某种意义。这些意义在不同地方、不同时期也不相同。比如，正如米歇尔·福柯（Foucault，1990，orig. 1978）所指出的，直到一个世纪之前，才有明确的"同性恋"的说法，当时的科学家，甚至公众开始用同性恋来界定这种人。纵观历史，毫无疑问，许多人都有"同性恋经历"，但是无论是他们自己还是别人都并不认为这种行为有什么特殊之处。

人类学的研究表明，不同的社会，同性恋的模式也有很大不同。在西伯利亚，比如说楚克奇爱斯基摩人有一种行为实践，男性像女性一样穿戴，做女性的工作。居住在新几内亚东部高地的萨摩亚人，有一种仪式，在这一仪式上，年轻的男孩对年长的男性进行口交性行为，他们相信吃精液会增强他们的男子气概。在墨西哥东南部，古代的宗教认为上帝既是男性又是女性，当地的文化界定人们不仅有男有女，而且还有穆谢斯(muxes，发音为 MOO-shays，墨西哥变性人)，即第三种性类型。穆谢斯是指那些穿着和行为举止像女性的男性，他们中的一些人仅在某些仪式场合这样表现，另一些则总是如此。全世界如此多样化的模式表明性的表达不

| 性取向　一个人对另一个人的浪漫和情感的吸引 |
| --- |

异性恋　被异性所吸引　　双性恋　被两种性别所吸引　　同性恋　被同性所吸引　　无性人　不被任何性别所吸引

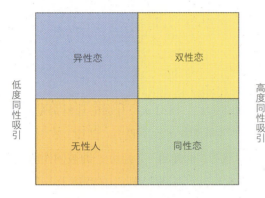

图 9-2　四种性取向
　　一个人的同性性吸引力和异性性吸引力是两个明显不同的维度，二者通过各种不同的方式组合产生出四种主要的性取向。
资料来源：Adapted from Storms（1980）。

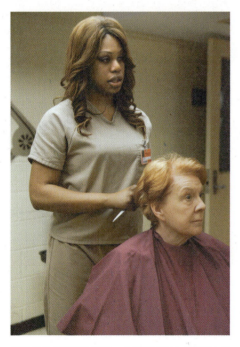

推动社会接受同性恋的一个因素是在大众传媒上公开出现同性恋人物，特别是在电影和电视节目当中。拉弗恩·考克斯（Laverne Cox）是一名变性人，在电视剧《女子监狱》（*Orange Is the New Black*）中演绎了一名变性人角色索菲亚·布尔塞特（Sophia Burset）。你认为变性人角色会推动社会对变性人的接受程度提高吗？

是由人类生物性确定的，而是由社会建构起来的（Murray & Roscoe, 1998；Blackwood & Wieringa，1999；Rosenberg，2008）。

**性取向：生物学的产物**　有越来越多的研究表明，性取向是先天的，或者说植根于人类的生物学基础，正如人们生下来就是右撇子或者左撇子。西蒙·莱沃伊（Simon LeVay）论证了这一观点，将性取向与人的大脑结构相联系（LeVay，1993）。莱沃伊研究了同性恋男性和异性恋男性的大脑，发现其下丘脑大小有微小但重要的差别。下丘脑是人脑中调节荷尔蒙的部分。他认为，这种解剖学上的差异对形成不同的性取向有一定的作用。

基因也会影响性取向。一项对 44 对兄弟的研究（他们都是同性恋）发现，其中 33 对有着特殊的 X 染色体基因类型。而且，同性恋兄弟也有着相当多数量的男性同性恋亲属——但是这些亲属都是母系一方的亲属。这些证据使一些研究者思考在 X 染色体上是否可能有"同性恋基因"（Hamer & Copeland，1994）。近些年来，一些研究者提出了性取向的表观遗传（epigenetic）理论，即性取向不是由基因直接导致的，而是由出生后的荷尔蒙和大脑的生物性发展进程所决定的。这一理论与生物学在指导性取向方面起关键作用的立场是一致的，也为迄今为止没有人发现"同性恋基因"的事实提供了解释（Blue，2012；Richards，2013）。

**评论**

　　有越来越多的证据支持性取向植根于生物学或"自然"的结论，尽管这一过程是如何发挥作用的还有待研究。后天养育可能也发挥了某些作用。多数认为自己是同性恋的人也有一些异性恋经历，正如许多认为自己是异性恋的人有一些同性恋经历那样。因而，解释性取向是一件复杂的工作。

这里对于男性同性恋和女性同性恋者也有一个非常重要的政治问题。性取向在一定程度上根植于生物学，同性恋者没有办法选择他们的性取向，正如他们无法选择他们的肤色。如果是这样，男同性恋和女同性恋难道不应当同非裔美国人一样，期望得到免于歧视的法律保护？

**检查你的学习**　哪些证据支持性行为是由社会建构的？哪些证据支持性取向植根于生物学？

## 有多少同性恋？

美国人口中有多大比例是同性恋者？这个问题很难回答，因为，正如我们前面解释的那样，性取向不是完全清晰的分类形式。另外，不是所有人都愿意与陌生人甚至家庭成员讨论自己的性问题。阿尔弗雷德·金赛估计有约 4% 的男性和 2% 的女性有绝对的同性恋取向，尽管他指出，多数人在人生的某个时候被同性吸引过。

调查研究结果表明，如何界定同性恋会对同性恋人口规模产生很大的影响。一些社会科学家认为，同性恋占了总人口的 10%，这一比例大约是美国成年人说他们曾经受到某个同性吸引的比例。但是感受到"性吸引"与"付诸实践"是两个不同的问题。正如图 9-3 表示的那样，在 15—44 岁的美国人当中，6.2% 的美国男性和 17.4% 的美国女性报告说，在他们人生的某个时间点有过同性恋行为。这就引向了性别认同问题。当问及他们怎么定义自己的性取向时，只有 1.9% 的男性和 1.3% 的女性认为自己是"部分"同性恋者或"完全"同性恋者。

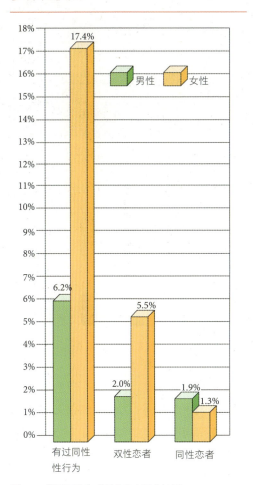

图 9-3　美国双性恋或同性恋人口的比例
尽管女性比男性更多地报告说有过同性恋经历，但是男性比女性更多地声称自己是同性恋者。
资料来源：Copen, Chandra & Febo-Vazquez (2016)。

在近期的调查中，约 2% 的美国男性和 5.5% 的美国女性认为自己是双性恋。但是，双性恋经历在年轻人当中，特别是在大学校园看起来相当普遍（至少在某段时间里）（Laumann et al.，1994；Leland，1995；Reece et al.，2010；Copen，Chandra & Febo-Vazquez，2016）。许多双性恋者并不认为自己是同性恋或异性恋，他们认为自己的行为兼有同性恋和异性恋两方面的生活特点。

## 同性恋权利运动

近年来，关于性取向的公共舆论表现出相当大的变化。在美国及世界上许多国家，公众对同性恋的态度在不断趋向接纳。回溯至 1973 年，正如本章开头所呈现的，约有四分之三的美国成年人认为同性恋关系"总是错的"或"基本上是错的"。尽管在 20 世纪 70 年代和 80 年代这一比例变化幅度很小，但到 2014 年，这一比例下降到 46%（Pew Research Center，2012；Smith et al.，2015）。

大学生通常比普通人群更能宽容同性恋关系，我们在对同性恋的接受中看到了类似的趋势。1980 年，正如图 9-4 所示，约一半的大学生支持法律禁止同性恋关系；在后来的十来年中，这一比例急剧下降。对此问题

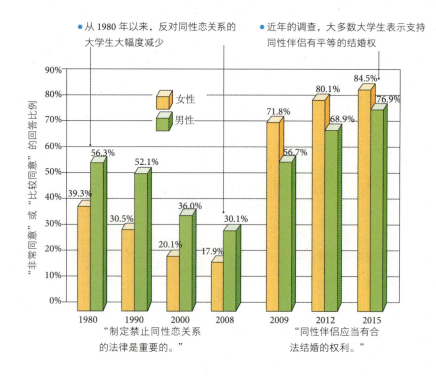

- 从 1980 年以来，反对同性恋关系的大学生大幅度减少
- 近年的调查，大多数大学生表示支持同性伴侣有平等的结婚权

图 9-4　1980—2015 年大学一年级学生对同性恋关系的态度

从历史趋势来看，大学生对同性恋关系越来越趋向于宽容，大多数人都持此种观点。10 名大学一年级学生中有 8 名报告说他们支持合法同性婚姻。

资料来源：Astin et al（2002），Eagan et al.（2016）。

的最新调查，询问了大学生是否支持同性伴侣拥有结婚的权利。数字显示，到 2015 年已有超过四分之三的大学生支持同性婚姻（Astin et al.，2002；Eagan et al.，2016）。

在很大程度上，这一变化是同性恋平权运动带来的结果，这一运动始于 20 世纪中期。在那时，美国多数人不会讨论同性恋问题，公司（包括联邦政府和军队）解雇男同性恋或女同性恋（甚至只是被指责为同性恋）的雇员是很普遍的事情。精神健康专家也采取强硬态度，将同性恋者视为"病态"，有时把他们关进精神病院，期望他们得到"治疗"。

面对如此偏见，多数女同性恋者和男同性恋者都保持"未出柜"状态，严守着他们性取向的秘密就不足为奇了。但是，20 世纪 60 年代，同性恋平权运动获得了强大的力量。早期的一个里程碑式的事件发生在 1973 年，美国精神病学协会（APA）宣布同性恋不是一种疾病，而只是"一种性行为形式"。2009 年，APA 进一步宣布不应当将心理治疗运用于让同性恋者"变直"（Cracy，2009）。

同性恋平权运动也开始使用"**同性恋恐惧症**"（homophobia）一词来形容对与男同性恋、女同性恋或双性恋进行密切人际接触感到不适（Weinberg，1973）。同性恋恐惧症这一概念使社会发生了变化：与其质问"同性恋是怎么回事"，不如问"不接受与自己性取向不同的人是怎么回事"。

2004 年，美国许多市镇开始允许同性恋伴侣结婚，尽管后来这些婚姻又被宣布为非法。但是同性婚姻在马萨诸塞州于 2004 年变得合法，10 年以内甚至有 36 个州宣布合法。2015 年，美国最高法院（Obergefell v. Hodges）宣布，要求所有州都必须为同性伴侣颁发结婚证，也要承认其他州的同性婚姻。这一决定有效地终结了同性婚姻合法性的全国争论。

## 跨性别者

随着同性恋运动使男同性恋、女同性恋及双性恋获得了承认，社会也开始更多地接受那些挑战传统性模式的人们。**跨性别者**（transgender）是个广泛的概念，意指挑战有关女性和男性应该如何装扮和行动的传统文化规范的表现或行为方式的人。跨性别社群中的人们仍然会根据传统的标准来建立性认同或进行性表达。不过，跨性别者颠覆了关于女性气质或男性气质的传统观念，倾向于将女性特质和男性特质结合起来，或者呈现出完全不同的形式。

跨性别者不是一种性取向。跨性别者可以认为自己是女同性恋、男同性恋、异性恋、双性恋、无性恋，或是这些种类的结合，又或是截然不同的形式。

研究人员估计，在美国，每 1000 名成年人和青少年中约有 7 名跨性别者。这相当于全美有约 150 万名跨性别者（Williams Institute，2016，2017）。

目前，美国社会更加承认性的多样性。一个事实证据就是人们对男同性恋、女同性恋、双性恋及跨性别和酷儿群体（LGBTQ）越来越关注。因为某些人可能属于多个类别，LGBTQ 人数没有一个确切的数字。但是有人估计美国成年人口的 4%——或者说约有 1000 万人——属于 LGBTQ 人群（Gallup，2017）。

尽管越来越被社会接受，但是跨性别者仍然冒着非常高的被排斥和遭歧视的风险，许多跨性别者遭遇了身体暴力或性暴力。在最严重的情况下，这种遭遇甚至会导致他们考虑或企图自杀（Hass，Rodgers & Herman，2014；Kahn et al.，2016）。

# 性问题与争论

9.4　讨论几个当前与性有关的、富有争议的问题

今天，性在美国社会中居于许多争论的中心。这里我们考察四个主要问题：少女怀孕、色情、卖淫和性暴力。

## 少女怀孕

由于涉及怀孕的风险，进行性活动要求高度的个人责任感。青少年可能在生物学上足够成熟，可以受孕，但是许多人在感情上还没有成熟到足以了解他们行为的后果。调查表明，每年美国约有 562000 名少女怀孕，她们中的大多数都是意外怀孕。美国十几岁少女的生育率高于所有其他高收入国家，几乎是加拿大的两倍（Curtin，Abma & Kost，2015；Alan Guttmacher Institute，2016）。

在所有类型的种族和族裔中，父母较低的受教育程度和低收入大大增加了年轻女孩性活动和意外怀孕的风险。另外，与生活在双亲家庭的年轻女孩相比，与亲生妈妈和继父一起生活或处在其他家庭形式的女孩在 19 岁及之前怀孕的风险要高出三倍。更糟糕的是，意外怀孕增加了年轻女孩（将做爸爸的年轻男孩也是如此）不能完成高中教育的风险，使其终生生活在贫困之中（Martinez，Copen & Abma，2011）。

性革命是否增加了少女怀孕的概率？虽然令人吃惊，但答案是否定的。20 世纪 50 年代美国青少年怀孕的比例要高于现在，部分原因在于那时人们结婚的年龄更早。另外，由于堕胎是违法的，许多人在怀孕后奉子成婚。结果，虽然有许多少女怀孕，但是接近 90% 的都已结婚或在不久后结婚。近年来由于采取避孕措施，少女怀孕比例下降到了几十年来的最低点。然而，尽管这一比例降低了，但是约有 90% 的女孩未婚。这些个案中，略微多数的（59%）女孩生下了她们怀着的孩子，其他的女孩则流产（26%）或者选择堕胎（15%）（Alan Guttmacher Institute，2016；Hamilton，Martin & Osterman，2016）。

## 色情制品

**色情制品**（pornograhy）是指试图引起性冲动的情色素材。然而，什么是色情或不是色情是一件争论已久

未婚少女怀孕曾经是一种社会禁忌，随着《少女妈妈》（*Teen Mom*）的 MTV 及《16 岁大肚》（*16 and Pregnant*）等电视剧的播出，未婚少女怀孕问题现在已变成大众传媒的一部分内容。这些电视剧清晰地呈现出年轻妈妈将要面临的许多挑战。你觉得这些电视剧会对美国的少女怀孕比例产生影响吗？请解释。

的事情。美国最高法院考虑到不同的人对性描写的看法也不相同，因而将权力下放给地方，由其自行决定什么类型的素材违反了"得体的社区标准"，什么素材没有"任何可取的社会价值"。

先将定义放在一边，色情制品在美国和世界大多数地方非常普遍：露骨的色情视频、电影和杂志，电话"色情热线"，现在再加上互联网上约 8 亿网页的色情素材。据 PornHub 网站报告，每天有 1 亿人访问该网站。多数线上色情网站对用户是免费开放的。即便如此，互联网色情制品明显属于"赤裸裸的资本主义"，在美国每年至少有 100 亿美元的收入，在全世界约有 1000 亿美元。美国的大多数色情制品是在加利福尼亚制作的，全世界绝大多数的色情制品消费者是男性（Steinhauer，2008；*The Economist*，2015）。

在传统上，人们会站在道德的立场批评色情。调查显示，近几十年来，60% 的美国成年人担心"性方面的素材导致道德的沦丧"（Gallup，2015）。然而，今天，色情也被视为权力问题，因为多数色情制品贬低女性，将她们描绘成男人的性玩物。

一些批评家还指出，色情制品是造成针对女性暴力的原因之一。尽管很难在人们观看色情制品和人们的行动之间提供科学的因果关系，但公众对此也表示关注，几乎一半的成年人认为色情制品鼓励人们实施强奸（Smith et al.，2015）。

尽管所有地方的人们反对带有攻击性的色情素材，但也有许多人认为应有言论自由，应保护艺术表现的价值。无论怎样，保守派（站在道德的立场反对色情）、自由派以及女性主义者（出于政治原因谴责色情）之间松散的联合正在造成限制色情的压力。

## 卖淫

**卖淫**（prostitution）即性服务的出售。卖淫经常被称为"世界上最古老的职业"，在历史记载中，卖淫现象一直都很普遍。在今天的美国，约十分之一的成年男性报告说曾在某个时间购买过性服务（Smithet et al.，2015）。由于多数人认为性是亲密关系的表达，他们感到用性来换取金钱是不妥当的。因此，在美国除了内华达州的农村，所有地方的卖淫都是违法的。

在全世界范围，卖淫在贫穷的国家最为普遍，在那些地方，父权制根深蒂固，传统文化规范限制了女性赚钱的能力。

**卖淫的种类**  多数卖淫者（许多人更愿意使用道德中立词"性工作者"）是女性，她们可以分为不同种类。"应召女郎"（call girls）属于高级卖淫者，一般都很年轻、富有魅力、受过良好教育，她们通常用电话安排她们与客人的"约会"。美国任何大城市报纸的分类上都有大量的"陪伴服务"广告，通过这种方式，女性（有的是男性）通过陪伴和性服务来换取金钱。

位于中间等级的卖淫者是受雇于"按摩院"或在妓院被经理控制的妓女。这些性工作者对客户没有多少选择权，服务换取的金钱也较少，还不到她们所赚取费用的一半。

性工作者等级制度中位于最底层的是街头卖淫者，是在大城市"街头工作"的男性、女性。一些女性街头卖淫者处在男性皮条客的控制下，后者拿走了多数费用。另外，许多卖淫者是吸毒分子，他们出卖性以便有钱购买需要的毒品。这两类人群是受暴力侵犯的高风险人群（Davidson，1998；Estes，2001）。

性工作者的生活是多样的，有的挣得比别人多，有的则处在很大的暴力风险当中。但是研究指出，这些男性和女性中的大多数有一个共同点：他们认为他们的工作是低贱的。正如一位研究者所指出的，在上一分钟性工作者被赞美为"最美的女性"，而下一分钟她又被贬低为"淫妇"（Barton，2006）。

许多卖淫者为异性提供服务。然而，同性恋卖淫者也为金钱出卖性。研究者报告，许多男同性恋卖淫者由于他们的性取向遭到家庭和朋友的反对后，开始出售性服务（Weisberg，1985；Boyer,1989；Kruks，1991）。

**没有受害人的犯罪？**　在美国几乎所有的地方，卖淫都是违法行为，但是，许多人认为卖淫是没有受害人的犯罪（根据第十章的定义，"越轨"是指一种没有明确受害人的犯罪）。因此，警察部门并未严格执行卖淫法，而只是偶尔镇压卖淫活动。这一政策反映了美国渴望控制卖淫活动，同时也承认要完全消灭卖淫是不可能的。

许多人对卖淫持"听之任之"的态度，声称成年人应当按照他们喜欢的方式行事，只要不被他人强迫。但是，卖淫真的没有受害人吗？性交易使许多女性遭受身体和精神虐待，对扩散包括艾滋病在内的性传染病也起到一定作用。另外，许多贫穷的女性——特别是在低收入国家——陷入出卖性的生活困境。东亚的泰国约有 200 万性工作者。开始卖淫的年龄越早，受到伤害的风险越高。在泰国从事卖淫工作的约一半都是少女——她们很多甚至在十岁出头就开始工作——她们通常遭受身体虐待和情感伤害，并冒着感染 HIV 的高风险（Wonders & Michalowski，2001；Kapstein，2006；Silverman，2011；UNAIDS，2015）。

过去，关注的焦点一直是放在挣钱的女性性工作者身上。但是，如果没有男性一方的需求，卖淫根本不可能存在。因此，现在的执法更可能针对试图购买性服务的"嫖客"（Johns）。

## 性暴力：强奸和约会强奸

理想状况下，性活动发生在两个成年人彼此同意并拥有爱情关系的情形下。然而，事实上，性可能被仇恨和暴力所扭曲。这里我们考察两种类型的性暴力：强奸和约会强奸。

**强奸**　尽管一些人认为强奸的动机只是出于性欲，但实际上，它是权力的一种表达——一种使用性来伤害、侮辱或控制另一个人的暴力行为。根据美国司法部的调查，每年约有 124000 名女性报警说被强奸（U.S. Department of Justice，2016）。这只反映了报过警的案件。实际的强奸数量肯定高于此数字几倍。

近来，政府对强奸的定义有所改变。以前对强奸的定义是"违背女性意愿，强迫女性发生肉体关系"。如此一来，官方的强奸统计数据就仅包括女性受害者。但是，也有男性被强奸——占所有案件的15%。大多数强奸男性的并非男同性恋，他们是异性恋，只不过他们的强奸动机并非出于性欲，而是出于对控制他人的渴望。

目前，美国政府对强奸的定义是"在未经受害者同意的情况下，用任何身体部位或物体插入阴道或肛门，或用他人的性器官进行口交，无论多么轻微"。强奸的新定义可以适用于所有人，不论是哪种性别或者性取向。它也明确地指出，强奸不是程度的问题（U.S. Department of Justice，Bureau of Justice Statistics，2017）。

**约会强奸**　一个普遍的说法是强奸会涉及陌生人。然而，事实上，只有约 20% 的强奸符合这一模式。所有已知强奸案中的 80% 涉及的人们互相认识——更多时候彼此关系相当好——这些犯罪通常发生在熟悉的环境中，特别是在家中或校园里。因此，用"约会强奸"或"熟人强奸"这一词来指代受害者认识的人对其

纪录片《狩猎场》（*The Hunting Ground*）提供了一个对大学校园性骚扰问题的近距离的、令人不安的描述。这部纪录片调查了美国大学校园中强奸和其他侵害行为的范围，还包括受害者的个人陈述，如上图所示的年轻女性。你所在的学校采取了什么措施和政策来应对性暴力问题？

实施的性暴力行为（Laumann et al.，1994；U.S. Department of Justice，Bureau of Justice Statistics，2017）。

　　第二个经常与约会强奸相联系的误解是，被强奸的女性一定是做了某些鼓励男人、使他认为她想发生性关系的事情。也许受害者同意与侵犯者外出，也许她甚至邀请了他到她的家中。但是，这样做当然无法证明强奸比其他的肉体侵害更具正当性。

　　虽然强奸和其他性侵害同属于人身攻击，但它经常留下感情和心理上的创伤。除了肉体上被侵犯的残忍性，被熟人强奸还破坏了受害者对他人的信任能力。在 18 岁以下的受害者中，三分之二的受害者遭受的心理创伤非常严重，三分之一的 12 岁以下的受害者更是如此。家不是远离强奸的庇护所：18 岁以下的所有受害者中有三分之一被她们的父亲或继父侵害过（Snyder，2000）。

　　约会强奸是否普遍？一项研究发现，在对美国高中女生的一个抽样调查中，约 10% 的女生报告遭受过与她们约会的男生的性暴力或身体暴力。约 10% 的高中女生和 3% 的高中男生报告说被强迫违背自己的意愿发生性关系。受害的风险在年龄不到 15 岁的性活跃的女生当中特别高（Dickinson，2001；Centers for Disease Control and Prevention，2017）。

　　近些年来，约会强奸的问题在大学校园里得到了更广泛的讨论。在大学校园，约会强奸的风险很大。大学环境有助于年轻人很容易地建立友情、增进信任。与此同时，许多年轻的大学生还需要更多地学习对关系和自身认识的知识。正如"日常生活中的社会学"专栏所解释的那样，鼓励社交的大学环境几乎没有提供多少社会规范来指导年轻人的性经历。为了应对这一难题，现在许多学校通过校园工作坊积极揭露对强奸的误解。另外，人们现在更加关注酗酒的问题，其增加了性暴力的可能性。

# 性问题的理论分析

9.5　运用社会学的主要理论分析性问题

　　应用社会学的各种理论视角可以让我们更好地理解人类性行为。以下内容讨论三种主要理论，后面的"应用理论"表强调了每种理论的主要论点。

## 结构功能论

　　结构功能路向强调任何社会模式对社会总体运行的贡献。由于性行为会产生非常重要的结果，所以社会要规范这一行为。

　　**规范性行为的需要**　从生物学的视角，性可以使我们的物种繁衍。但是，文化和社会制度规范了人们和"谁"生育。比如，多数社会谴责已婚的人和配偶之外的人发生性关系。放纵性冲动不受抑制，会威胁家庭生活，特别是在子女抚养上。

　　乱伦禁忌到处存在的事实证明没有哪个社会容许完全自由地选择性伴侣。已婚夫妇之外的家庭成员间的

# 日常生活中的社会学

什么时候性仅仅是性："勾搭"的校园文化

布林内：我妈妈曾经告诉我，直到结婚以后她才和我的爸爸发生性关系。
凯蒂：我认为时代真的已经改变了！

你是否曾处于某种性情景中不知道应当如何应对？多数大学会强调两项重要规则。第一，必须只有在双方明确表示同意的情况下才能发生性活动，这一同意原则使"发生性关系"区别于约会强奸。第二，任何人都不应该在明知道会使对方得性传染病的情况下与对方发生性关系，特别是对方不知道这一危险的时候。

这些规则是非常重要的，但是，它们几乎没有论及"性意味着什么"这一更重要的问题。比如说，什么时候发生性关系是"对的"？你需要多了解对方？如果确实发生了性关系，你有义务与对方再见面吗？

两代人之前，校园对于性有不成文的规定。约会是求爱过程中必经的步骤。也就是说，"出去走走"是男女评价彼此是否可能作为结婚对象的一种方式。在性关系中，他们对自己想要什么、自己的感觉如何非常敏锐。因此，平均来看，结婚一般在二十多岁，许多大学生在校期间就订婚、结婚了。在这种文化风气下，性成为与义务相关联的一部分——对另一个人能否成为结婚伴侣的严肃的意向。

今天的校园性文化有了很大不同。部分原因在于现在人们结婚要迟得多，求爱文化几乎消失了。在最近的一次美国全国调查中，约四分之三的女性指出一种新的校园模式，"勾搭"文化（hooking up）。究竟什么是"勾搭"？多数人这样描述："当一个姑娘和一个小伙子在一起发生肉体接触——从亲吻到发生性关系——而不必期望更进一步地发展其他关系。"

学生对调查的回答说明"勾搭"有三个特点。首先，多数"搭讪"的伴侣彼此几乎不了解。其次，"勾搭"通常涉及在校园聚会中喝过酒的人们。再次，多数女性对"勾搭"文化持批评态度，对这种遭遇非常不满。当然，一些女性（和男性）勾搭过就分开了，对彼此既可以享受性体验又不必负责任感到很满意。但是，鉴于性行为通常伴随着强烈的情感，勾搭经常使人期待下一步："你明天会给我打电话吗？""我可以再见到你吗？"

该调查询问了近来刚经历了"勾搭"的女性，问她们一天之后对这一经历感觉如何。多数回答者说她们感到"很糟糕"，约一半的人感到"失望"和"困惑"，四分之一的人感到"被利用了"。很显然，对多数人来说，性不仅仅是肉体接触。另外，由于今天的校园风气对性剥削的指控非常敏感，的确需要有更明确的公平竞争标准。

你怎么想？

1. 你所在的学校，勾搭现象常见吗？
2. 你怎么看待不受责任约束的性的好处？这种关系的缺点是什么？
3. 男性和女性在回答上述问题时是否会有不同？请解释。
资料来源：Marquardt & Glenn（2001）。

生育会打破整个亲属制度，并且无可救药地搅乱整个人际关系。

在历史上，性的社会控制是严格的，最主要的原因在于性通常会导致生育。我们看到这些控制都是在"合法"生育（婚内）和"非法"生育（婚外）的传统区分中起作用的。但是，一旦社会发展出生育控制技术，性规范就会变得更加宽容。美国已经出现这种情况了。在整个 20 世纪，美国人的性与基本的生育功能相分离，而变成一种亲密形式，甚至是娱乐形式（Giddens，1992）。

**潜功能：以卖淫为例**　不难看出，卖淫是有危害的，因为卖淫传播疾病、压迫女性。但是，是否能用潜功能来帮助分析为什么卖淫如此普遍？根据金斯利·戴维斯（Kingsley Davis）的分析，卖淫为许多没有现成渠道满足性需求的人们提供了一种满足方式，这些人包括士兵、旅行者、外表缺乏吸引力的人，或者太穷而无法吸引结婚对象的人（Davis，1971）。一些人赞成卖淫，因为他们渴望免于"关系麻烦"的性。正如一位分析家所说的："男人不必为性付出代价，他们付了钱就可以离开。"（Miracle，Miracle & Baumeister，2003：421）

### 评论

结构功能路向有助于我们看到性在社会组织中的重要作用。乱伦禁忌和其他文化规范说明社会一直关注着谁和谁发生性关系，特别关注谁和谁生育。

功能主义者的分析有时忽视了社会性别，当金斯利·戴维斯写到卖淫对社会的益处时，他真正谈论的是对一些"男性"的好处。另外，功能主义理论几乎没有关注性模式在随着时代变迁这一事实，正如性模式在世界各地有着显著的差异一样。为正确分析性的多样性和多变性，现在我们转向讨论符号互动路向。

**检查你的学习**　与传统社会相比，为什么现代社会给予人们更多的性方面的选择？

## 符号互动论

符号互动论强调人们在互动中建构起了日常现实。正如第六章（"日常生活中的社会互动"）所解释的那样，有时人们会建构出相当不同的现实，因此，一个群体或社会的观点与另外的群体或社会的观点可能有很大出入。同样，我们对性的理解可能也确实会随着时代而改变，正如它也因社会而异。

**性的社会建构**　几乎所有有关性的社会模式在 20 世纪都发生了重大的改变。一个很好的例子就是贞操的重要性在改变。一个世纪以前，我们社会的规范——至少对女性而言——是婚前保持贞洁。这一规范非常严厉，因为当时缺乏有效的方法控制生育，贞操是能确保男性的准新娘不会怀上别的男性的孩子的唯一方式。

今天，由于社会使用生育控制技术将性与生育分离，人们对性活动的界定有了很大的不同。针对性的态度变得更加宽容，结果，美国的贞操规范已经相当弱了。在美国，40—60 岁的成年人中，只有 16.3% 的男性和 20.1% 的女性报告在初婚前保持了贞操。最近的研究显示，2010 年只有 5% 的"新娘"在婚前保持了贞洁（Laumann et al.，1994：503）。当然，在一些文化上比较传统的群体中，贞操规范十分重要；而在其他群体中，则没有那么重要。

同样，天主教会的牧师应当独身这一规范被官方辩护为一种手段，以确保牧师放弃婚姻和孩子，更多献身于教会的工作。然而，直到 12 世纪天主教会才开始实行此规范。显然，神职人员是否独身在不同的宗教组织之间是有分歧的（Shipley，2009）。

说明性是社会建构的产物的最后一个例子与年轻人有关。一个世纪之前，儿童时代是对性方面一无所知的时期。然而，最近几十

在人类历史上，对女性的性控制是一个普遍的主题。中世纪时，欧洲人发明了"贞操带"——一种为防止女性性交而锁住其腹股沟部位的金属器械（也许还会影响身体的其他机能）。虽然这种器械在今天几乎已经不为人知，但是对性的社会控制仍在继续。你能举出几个例子吗？

年来，人们的想法已经改变。尽管没有多少人鼓励孩子之间的性行为，但是，十分之九的美国成年人表示，孩子应当在十几岁之前在公立学校接受性教育，这样，当他们长大后，才能够对他们的行为做出明智的选择（Smith et al.，2015）。

**全球的比较** 全世界不同的社会赋予性以不同的意义。比如，人类学家鲁思·本尼迪克特（Ruth Benedict）花了多年时间研究东南部新几内亚的美拉尼西亚人的生活方式，她在报告中说，当那里的小孩子彼此进行性尝试时，成年人很少关注他们（Benedict，1938）。美拉尼西亚的父母之所以忽视孩子们的性行为，是因为青春期之前，性不可能导致生育。美国的多数家长可能做出同样的反应吗？

性活动也因文化而异。男性环切术（去掉全部或部分阻茎的包皮）在美国很常见，但在世界其他大部分地区很少见。一种有时被错误地称为女性环切术的做法（去掉女性阴蒂的手术）在美国及世界大部分地区都非常罕见，但在非洲和中东的部分地区却很常见（Crossette，1995；Hufman，2000）（关于这种更准确地称为"女性生殖器切割"的做法，请参见第十四章"性别分层"中的"思考多样性"专栏）。

## 评论

符号互动论的重点在于揭示我们熟悉的社会模式具有被建构起来的特点。通过了解人们如何"建构"性，我们可以更好地理解历史上以及世界各地所发现的性态度和性行为的多样性。

这一理论路向的局限之一是，并非所有性活动都是变化多样的。不管什么地方的男性都总是更倾向于从性的角度而不是其他角度看待女性。正如我们在下一部分社会冲突论中所看到的那样，某种更宏大的社会结构在这些普遍的模式中起着作用。

**检查你的学习** 你能提供哪些证据表明性是由社会建构的？

### 社会冲突论与女性主义理论

正如前些章节所提到的，社会冲突论（特别是性别冲突或女性主义路向）强调不平等这一维度。该理论表明性既反映了社会不平等的模式，又帮助延续了这些模式。女性主义理论是一种集中分析性别不平等的社会冲突路向，其将性与男性压迫女性相联系。

**性：反映社会不平等** 回忆一下我们对卖淫的讨论，这一违法行为在美国几乎到处存在。卖淫法的执行情况也是不公平的，特别是当涉及谁会和谁不会被拘捕时。这里存在的性别偏见很明显：尽管涉及的是两个人，但记录表明，警察极为可能拘捕卖淫女（权力较小的一方）而不是（权力更大的一方）男嫖客。类似地，在所有的女性卖淫中，街头卖淫者——她们收入最低，大多数为少数族裔——面临被捕的风险最高(Saint James & Alexander，2004)。我们也许还想知道：如果和男性有平等的经济机会，是否还会有如此多的女性走上卖淫的道路？

更广泛地说，美国社会中哪些人最有可能被从性方面界定？答案又是那些拥有较少权力的人们：女性相对于男性，有色人种相对于白人，同性恋者相对于异性恋者。这样看来，性是人类生活的自然组成部分，却被社会用于贬低某类人的价值。

**性：创造社会不平等** 社会冲突论者，特别是女性主义者，指出性是男女间不平等的根源。用性来界定女性等于将她们从完整的人贬值为男性的玩物。色情（pornography）一词就源自希腊语 porne，意即"妓女"

从社会冲突路向看，性不仅仅是我们人类的"自然属性"部分，因为它是被社会地建构为某种行为模式的。性在社会不平等中扮演着重要角色：通过从性方面界定女性，男性将她们贬低为物。你认为，这里表现的行为是"自然的"还是"社会的"？ 为什么？

或"娼妇"，这已不足为奇。

如果男性从性方面界定女性，就很容易将色情——几乎都由男性消费——视作一个权力问题。因为色情通常表明女性专注于取悦男性，它支持了男性有权统治女性的观念。

男性在生育保健方面也拥有针对女性的权力。2012 年，美国全国各州的立法机构提出了 400 多部法律，来限制女性及其医生做出有关流产的决定权。近些年来，许多州立法机构——主要由男性组成——规定女性必须要耐心等待，查看胎儿的超声波图像，并在女性和她的医生做出终止妊娠的决定之前接受各种医学上不必要的身体检查。正如前密歇根州州长詹妮弗·格兰霍姆（Jennifer Granholm）所建议的，男性可以通过想象一个 80% 的成员是女性的立法机构来更好地理解这种基于性别的权力不平衡——要求男性在获得伟哥（Viagra）的处方之前， 出示由性伴侣出具的证明他们性无能的信，或者要求男性一边听医生指出将要终结的以百万计的"前人类生命"，一边观看他们睾丸的超声波检查（Granholm，2012）。2016 年的全国大选让共和党控制了总统和国会参众两院，这引起了人们对堕胎权可能被进一步限制或可能被完全取消的担忧（Peters，2017）。

对于流产权的争论肯定会一直持续。但是，长期以来，一些激进批评家怀疑权力因素无法从异性关系中消除（A. Dworkin, 1987）。多数社会冲突理论家不反对异性恋，但是他们的确赞成：性可以并且确实降低了女性的地位。我们的文化经常用运动（男人"追"女人）和暴力（比如"抨击""猛击""敲击"是用于战斗和性的动词）相关的词来描述性行为。

---

应用理论

性

| | 结构功能论 | 符号互动论 | 社会冲突论 / 女性主义 |
| --- | --- | --- | --- |
| 分析层次 | 宏观层次 | 微观层次 | 宏观层次 |
| 性对社会的重要性 | 社会依靠性繁衍，社会利用乱伦禁忌和其他规范控制性行为，以便维持社会秩序。 | 性实践在世界许多文化中是多变的。在性行为上，一些社会比另一些社会允许个体有更多的自由。 | 性和社会不平等有关。美国社会对女性的性行为的规范比男性更多，这是男性统治女性的社会模式的组成部分。 |
| 性在时代变迁中是否发生了改变？发生了怎样的改变？ | 是。随着生育控制技术的进步，性与生育相分离，社会放松了对性的一些控制。 | 是。人们赋予贞操和其他性方面的意义都是社会建构的产物，会发生改变。 | 既改变了，又没有改变。一些性标准放松了，但是，社会仍然用性规范限制女性。正如同性恋被社会的异性恋偏见所伤害。 |

**生育公正** 近期非裔美国女性主义者以及其他少数群体关注的重点是生育公正的概念。尽管许多男男女女在争论女性能否决定流产或者控制她们自己的身体，生育公正运动指出这方面对许多女性是不利的，她们确实无法对自己的生活做出决定。只有当美国女性拥有在社会、经济和政治上的平等权利时，才会有真正的生育公正。从另一个角度看，我们也必须去了解造成非裔美国女性的堕胎率比白人女性高出三倍以上的社会条件（Pickert，2013；Ross，2013）。

**酷儿理论** 最后，社会冲突论不仅将目标对准男性对女性的统治，而且朝向异性恋对同性恋的统治。近些年来，由于女同性恋和男同性恋得到了公众的接纳，社会学中开始出现了同性恋的声音。**酷儿理论**（queer theory）是指在美国社会中挑战异性恋偏见的研究成果。

酷儿理论主张我们的社会以**异性恋主义**（heterosexism）为特征，这种观点将任何不是异性恋的人贴上了"酷儿"的标签。我们的异性恋文化使很多人成为受害者，包括男同性恋、女同性恋、双性恋、两性人、变性人，甚至无性恋。虽然法律将歧视女性（性别歧视）和歧视有色人种（种族歧视）的偏见定义为错误，但是异性恋主义依然被广泛接纳，有时甚至被法律接受。比如，美国军队不可能仅仅因为一个女兵行为做事"像个女人"就从法律上指控她，因为这是明显的性别歧视。但是，就在最近的2010年，军队能够并且确实开除了性活跃的男、女同性恋。

异性恋主义也是日常文化的组成部分（Kitzinger，2005）。比如，当我们将某些事物描述为"性感"时，我们真正所指的难道不是对异性恋的吸引力吗？

## 评论

社会冲突论表明性既是不平等的原因，又是不平等的结果。它特别有助于我们理解男性对女性的统治，以及异性恋对同性恋的统治。

同时，这一理论忽视了另一事实，许多人并不认为性是一个权力问题。相反，许多情侣享受着活跃的性关系，认为这加深了彼此的责任感。另外，社会冲突论很少关注美国社会为减少不平等采取的措施。今天的男性较之几十年前，不太可能将女性视为性玩物。在工作场所，最重要的问题之一是确保所有雇员远离性骚扰。公众的关注度不断上升，减少了工作场所的性虐待（见第十四章"性别分层"）。同样地，有充分证据表明同性恋平权运动已经使同性恋获得了更多的机会以及社会对同性恋人群的更多接纳。

**检查你的学习** 性在创造社会不平等方面是怎样发挥作用的？

本章结束之际，考察一下与性有关的，也许是最富于争议的问题：**堕胎**（abortion），即有意终止妊娠。根据2012年进行的全球调查，大约四分之一的怀孕会以堕胎告终。从全球化视野看，估计每年有超过5000万的堕胎数量。国家的经济发展水平越低，堕胎率越高。根据可得的最新数据，88%的堕胎发生在经济不发达的国家。虽然没有精确的统计，这些堕胎中相当一部分发生在"不安全"的条件下。一项研究显示，每年至少有1500万女性经受了不安全的手术，其中至少有500万没有得到适当的医疗照顾（Sedgh et al., 2012；Alan Guttmacher Institute，2016）。不安全手术概率高的一个主要原因是，多数国家要么禁止，要么对女性拥有的堕胎权加以非常严格的限制。换言之，对堕胎加上更多的限制并不意味着堕胎手术数量减少。相反，研究表明，越是对堕胎加以限制，越易使女性在更不安全的条件下做手术。

# 争鸣与辩论

堕胎争论

弗兰克：关于堕胎，人们又在校园游行了。

马尔文：他们是赞成派还是反对派？

弗兰克：二派都有。我不能确定哪派先开始的，但有人说已经开始论战了……

一辆黑色面包车停在了城市繁华的沿街店铺门前。两名女性从前面座位上起身，警惕地观察着街道。过了一会儿，她们互相点头示意，打开了后门，让第三名女性从面包车里出来。两名女性站在她的左右，迅速地将其护送进大楼里。

这一情景也许描写的是两名联邦法院执行官将罪犯带进警察局，但是，实际上，它记录的是两个门诊工作人员帮助一位决定堕胎的女性。她们为什么如此小心？任何阅读最近几年报纸的人都会了解在北美各地的堕胎诊所发生的愤怒对峙。一些反对者甚至将矛头指向做堕胎手术的几个医生，杀死了他们。每年约120万人在美国做堕胎手术（Ventural et al.，2009）。这是今天争论最激烈的问题之一。

堕胎并非一直像今天这样富有争议。在殖民地时期，接生婆和其他医治者帮助别人堕胎几乎不会受到社区的反对，法律也完全允许。但是，大概在1850年，争议开始出现。当时的医生想要消除来自接生婆和其他传统医疗者的竞争压力，后者的收入大多来自终止妊娠。到1900年，医生取得了成功，使每个州都通过了禁止堕胎的法律。

这样，法律大大减少了堕胎的数量。保留下来的那些只能在"暗地里"做，尽可能地保密。许多想堕胎的女性——特别是贫穷的女性——几乎没有其他选择，只能寻找没有执照的"后巷"堕胎医生的帮助，由于不卫生的条件和危险的医疗技术，悲剧时常发生。

到20世纪60年代，反对禁止堕胎法的呼声日益提高。1973年，美国最高法院（罗伊诉韦德案［Roe v. Wade］和多伊诉博尔顿案［Doe v. Bolton］中）做出里程碑式的决定，撤销了所有州立反堕胎法。这一行动使女性在全国范围内可以合法地堕胎。然而，2017年，有一半的州对堕胎加以某些明显的限制，包括设置等待期，要求妇女接受咨询，要求未成年人获得家长的同意，或者对使用医疗保险支付堕胎手术费设置障碍。

堕胎争论仍在继续，这并不令人吃惊。在2016年全国大选中，三分之二的投票人表示，堕胎政策是他们决定

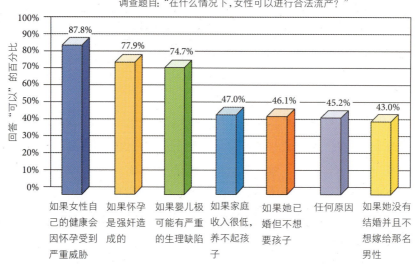

调查题目："在什么情况下，女性可以进行合法流产？"

什么情况下法律应当允许女性选择流产？
公众对合法流产的支持程度视情况而定。

资料来源：Smith et al.（2015）。

支持哪位候选人的重要考虑层面（Pew Research Center，2016）。

　　一方自称"亲选择派"，支持女性有选择堕胎的权利。另一方自称"亲生命派"，反对堕胎，认为堕胎在道德上是错误的；他们期望推翻最高法院1973年的决定。

　　堕胎争论双方的支持状况如何？一个最近的全国调查向成年人做了抽样调查，询问："如果一名怀孕的女性出于任何原因想要堕胎，是否应当获得合法的堕胎权？"其中44%回答"可以"（可将他们视为亲选择派阵营），53%回答"不可以"（体现了亲生命派立场），剩余的3%没发表意见（Smith et al.，2015）。

　　仔细观察就会发现，特定的情形对人们看待这一问题有重要作用。数据表明，如果怀孕严重威胁女性的健康，如果怀孕是强奸的结果，或者如果胎儿有严重缺陷，这些情形下，多数美国成年人赞成合法堕胎。约44%的美国成年人支持在任何情况下进行合法的堕胎，约88%的人支持在某些特定情形下可以堕胎（Smith et al.，2015）。

　　许多持亲生命派立场的人强烈认为堕胎等于杀死了未出生的孩子——自从1973年罗伊诉韦德案判决通过后，约有5600万孩子被拿掉。他们认为，人们永远无权以这种方式扼杀无辜的生命。但是，亲选择派同意主张女性能够控制她们自己的身体。如果怀孕决定了女性的生命历程，那么，女性就永远不能与男性在平等的条件下竞争，无论是在学校还是在工作场合。因此，合法、安全的堕胎是女性全面参与社会的必要条件 (Fingerhut，2016；Alan Guttmacher Institute，2017）。

## 你怎么想？

　　1. 较为保守的亲生命派认为堕胎是一个道德问题，较为自由的亲选择派视堕胎为权力问题。比较这些立场，说明保守派和自由派如何看待色情制品的问题。

　　2. 调查表明，男性和女性对堕胎的意见几乎相同。对此，你是否感到吃惊？为什么？

　　3. 你认为，关于堕胎的争论为什么常常如此激烈？你认为，美国对这一问题能否找到折衷之道？

　　1973年以来，美国最高法院开始从法律上支持女性的堕胎权。最新数据显示，2014年美国有90万例堕胎手术，这一数据创下了最低纪录（Alan Guttmacher Institute，2017）。但是，对这一手术的争论还在继续——一些人视之为道德问题，另一些人则将其看成性别间的社会平等的基础。在这一充满争议的问题上似乎没有折衷的立场。"争鸣与辩论"专栏解释了其原因。

## 日常生活中的社会学

　　大众传媒在塑造美国社会的性观念上是如何发挥作用的？

　　性绝非仅是"自然"或"生物性"概念，世界各地的文化赋予人类的性以各种意义。以下图片展示了大众传媒——流行杂志——怎样反映了我们自己的文化对于性的看法。在每一个案例中，你能"解密"出杂志封面所传递的信息吗？你认为在多大程度上这一信息是真实的？

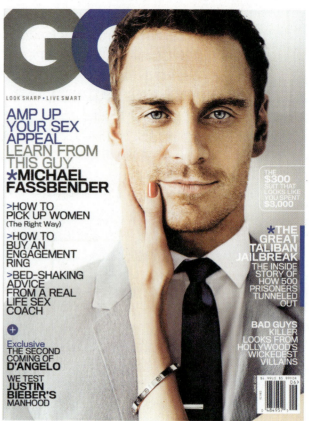

像这样的杂志在美国的几乎每一个超市和折扣店的结账处都能找到。看看封面，你对美国社会有关女性的性方面会得出什么结论？

有关男性性方面的信息与女性一样直接。这是近期的一本 GQ 杂志。你能发现哪些有关男性气质的信息？你有发现有关异性恋偏见的证据吗？

> **提示** 这些类似的大众传媒不仅告诉我们有关性方面的信息，而且还告诉我们应当成为哪种类型的人。性对于女性来说有许多重要意义，它给女性施加压力，让她们打扮得更让男性喜欢，用她们的魅力吸引男性，从而迈向人生成功。类似地，男性气质意味着成功、成熟、负责、能吸引合意的女人。大众传媒几乎总是根据异性恋规范来展示性。

## 从你的日常生活中发现社会学

1. 请看《Cosmopolitan》杂志封面，你从中发现了哪些异性恋偏见的证据？请解释。

2. 根据本章的阅读内容，你认为哪些证据支持了性是由社会建构的观点？

3. 访问"社会学焦点"博客，你可以在那里阅读年轻社会学学者的最新文章，他们将社会学视角应用于流行文化的话题。

## 取得进步

### 理解性

#### 9.1 理解性既是一个生物学问题，又是一个文化问题

生理性别指的是女性和男性之间的生物性区别。

社会性别是一个文化概念，指的是由社会赋予的作为女性或男性的行为、权力和特权。

性是一个**生物学问题**。

- 生理性别由男性精子和女性卵子结合所产生的胚胎决定。
- 男性和女性的生殖器官（第一性征）以及身体的发育特征（第二性征）不同。
- 两性人（又称双性人）兼具男性和女性的生理特征。
- **变性人**指那些感到自己应当是某一性别，即使在生物学上他们是另一性别的人。

性是一个**文化问题**

- 对人类而言，性具有文化意义，是个人选择而非生物过程。
- 性实践在不同社会有相当大的差异（如接吻和美的标准）。
- 由于规范了生育等性行为，乱伦禁忌在所有的社会都存在，这是社会组织的必要要素。不同社会中的乱伦禁忌有所不同。

### 美国人的性态度

#### 9.2 解释美国人的性态度的变迁

在 20 世纪 60 年代和 70 年代达到高潮的性革命使对性的讨论公开化。婴儿潮一代是在"性是社会生活的正常组成部分"的观念下长大的第一代人。

始于 20 世纪 80 年代的性反革命旨在谴责性自由，呼吁回归到较为保守的传统"家庭价值观"。

性研究工作始于金赛，这些研究人员已经研究了美国人的性行为，并得出许多有趣的结论。

- 20 世纪，婚前性行为变得更加普遍。
- 约 41% 的高中生发生过性关系；只有 12% 报告说有 4 个或以上的性伴侣。
- 美国成年人的性活动呈多样化：三分之一的成年人报告说，每年只与伴侣发生几次性行为甚至完全没有性行为；三分之一的报告每月有一次或几次性行为；剩下三分之一报告每周有两次或以上性行为。
- 婚外性行为广泛受到指责，只有 16% 的已婚人士（21% 的已婚男性和 12% 的已婚女性）报告说，在某段时间里对他们的伴侣在性方面不忠。
- 在 20 多岁时，超过 90% 的男性和女性报告说至少与一位伴侣保持活跃的性关系；到 70 岁时，有 43% 的男性和 22% 的女性报告说在过去的一年里发生过性关系。

### 性取向

#### 9.3 分析塑造性取向的因素

性取向指的是一个人对另一个人的浪漫和情感的吸引。四种主要的性取向是：

- 异性恋；
- 同性恋；
- 双性恋；
- 无性恋；

多数研究支持这一观点：性取向植根于生物学，正如人们生来是右撇子或左撇子一样。

性取向并非清晰划分的类型，因为许多人认为自己是异性恋者，但也有同性恋经历，反之亦然。

- 美国人口中的同性恋比例要看你怎样界定"同性恋"。
- 约 6% 的成年男性和 17% 的成年女性报告曾在人生的某个阶段有过同性恋经历。1.9% 的男性和 1.3% 的女性认为自己是同性恋，2.0% 的男性和 5.5% 的女性认为自己是双性恋。

2015 年，美国最高法院宣布所有的州必须承认同性婚姻。

跨性别指的不仅是一种性取向，而且是一种挑战有关女性和男性应如何穿戴和行事的传统文化规范的表现或行为方式。

## 性问题与争论

**9.4　讨论几个当前与性有关的、富有争议的问题**

**少女怀孕**　在美国，每年有约 562000 名少女怀孕。自 20 世纪 50 年代以来，少女怀孕的比例已经下降了，当时许多青少年会奉子成婚。今天，大多数怀孕的少女未婚，冒着辍学和面临贫穷的高风险。

**色情**　法律允许地方社区制订得体的标准。保守主义者从道德立场谴责色情；自由主义者视色情为权力问题，谴责色情是对女性的贬低。

**卖淫**　指出售性服务，卖淫在美国几乎所有的地方都是违法的。尽管许多人认为卖淫是没有受害者的犯罪，但是，卖淫让女性成为受害者，扩散了性传染病。

**性暴力**　美国每年报告的强奸案有大约 124000 起，但实际数据可能要高于此数据数倍。约有 15% 的强奸案中受害者为男性。强奸案中的受害者和侵犯者通常彼此认识。

**堕胎**　直到 1900 年，所有州的法律都禁止堕胎。20 世纪 60 年代，反对这些法律的声音开始出现，1973 年，美国最高法院宣布这些法律不符合宪法规定。今天，每年有将近 100 万例堕胎手术。自称"亲选择派"的人支持女性的堕胎权，自称"亲生命派"的人站在道德的立场反对堕胎。

## 性问题的理论分析

**9.5　运用社会学的主要理论分析性问题**

结构功能论强调社会必须规范性活动，特别是生育。一种普遍的规范是乱伦禁忌，这使家庭关系保持明确清晰。

符号互动论强调人们赋予性以不同的意义。不同的社会中性存在差别，性模式会随着时间发生改变，这都说明性是由社会建构的。

社会冲突论将性与社会不平等相联系。

女性主义理论主张男性通过将女性贬低为性玩物来统治女性。酷儿理论指出，我们的社会有异性恋偏见，将任何不同的事物定义为"酷儿"。

第十章
# 越轨

---

▼ 学习目标

10.1 解释社会学如何解决生理学和心理学方法分析越轨的局限性

10.2 将结构功能论应用于越轨话题

10.3 将符号互动论应用于越轨话题

10.4 将社会冲突论应用于越轨话题

10.5 认识美国以及全球犯罪模式

10.6 分析刑事司法系统的运行机制

# 社会的力量

## 影响因吸毒而入狱的概率

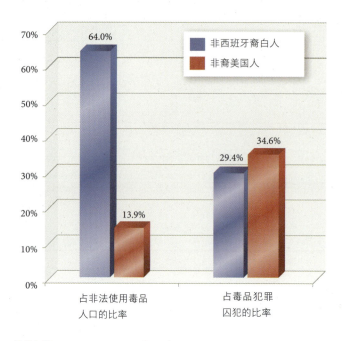

图例：
- 非西班牙裔白人
- 非裔美国人

横轴：
- 占非法使用毒品人口的比率：64.0%（非西班牙裔白人），13.9%（非裔美国人）
- 占毒品犯罪囚犯的比率：29.4%（非西班牙裔白人），34.6%（非裔美国人）

资料来源：Carson and Anderson（2016），U.S. Department of Health and Human Services（2016）。

是否每个人——不论种族——如果非法使用毒品，他们都面临同样的入狱风险？根据报告，非西班牙裔白人占非法使用毒品的 15 岁以上人员的 64.0%。相比之下，非法使用毒品的非洲裔美国人占 13.9%。然而，在国家监狱的毒品犯罪囚犯中，非裔美国人占 34.6%，几乎是报告中非法使用毒品的人员比例的三倍。非西班牙裔白人占毒品犯罪囚犯的 29.4%，不到非法使用毒品的人员比例的一半。人们非法使用毒品的种类，以及我们社会对毒品和种族的看法，使非裔美国人因这些罪行被监禁的风险高得多。

## 本章概览

常识可能告诉我们有些事情是"正确的"或"错误的"，我们倾向于认为（或者希望）大多数人至少在大部分的时间里，知道这二者的区别。但是"好"与"坏"之间的界限是由社会建构的，这也是我们本章所关心的要点。本章将探讨社会如何以及为何同时鼓励遵从和越轨。本章还介绍了犯罪的概念，以及调查了刑事司法系统的运作情况。

"我就像迷失在另一个维度的人，一个城市里的陌生人，不知道该往何处去。"布鲁斯·格洛弗在一个州监狱待了漫长的 26 年。当刑满释放，回到久违的家乡密歇根州底特律市的时候，他仍心有余悸。格洛弗在 30 岁时因抢夺应召女郎的戒指，被判有罪而锒铛入狱。

他现年 56 岁，摇着头继续说道："母亲去世时，我都不在她身边。我失去了一切。"出狱那天，他无处可去，也无路可走。他没有驾照，也没有任何身份证件，无法在这个社会中找到一份工作和一个赖以栖身的地方。格洛弗甚至没钱买衣服，无力融入社会重新开始。他只得回到监狱官员那里寻求帮助。在国家机构的协助下，他才最终得到了一些钱，找到了一个暂时的住处（Jones，2007）。

本章探讨的问题包括犯罪、罪犯，提出了为什么某些人比其他人更容易成为罪犯和受害人的疑问。此外，本章不仅解释了我们的刑事司法系统如何处理罪犯的问题，还回答了为什么社会首先需要制订正确和错误的标准的问题。正如你将看到的，法律只是复杂的社会控制系统的一部分：至少在绝大多数的时间里，社会教导我们去遵守无数的规则。下面，我们先界定几个基本的概念，以开始我们的讨论。

# 什么是越轨？

10.1 解释社会学如何解决生理学和心理学方法分析越轨的局限性

**越轨**（deviance）被认为是违反被认可的文化规范。几乎所有的人类行为都由规范来指导，所以越轨这个概念是非常宽泛的。有一种越轨是**犯罪**（crime），即违反社会正式颁布的刑法。甚至违法所包含的行为也是宽泛的，从轻微的交通违规到卖淫、性侵犯和谋杀。

大多数我们所熟悉的不遵从行为是违反规则的事例，例如从一个大学的书店里偷书、攻击同学，或酒后驾车。但是我们也会特别把那些守法的人——课堂上讲话太多的学生或者对新兴计算机技术过分热情的人——看作是越轨的，即便我们在一定程度上非常尊重他们。越轨行为或者态度——不管是积极的还是消极的——都有一些使我们把某个人当作"局外人"的差异要素 (Becker，1966)。

并不是所有的越轨都包含着行为乃至选择。某些类型的人的存在对于其他人来说就是惹人烦。对于年轻人来说，老年人或许无可救药地"过时"了，而对于异性恋来说，同性恋的存在可能会引起他们的不适。肢体健全的人通常把残疾人视为另类，就像富人因为穷人不能达到他们的标准而尽可能避开穷人一样。

**越轨** 违反被认可的文化规范　　　　**犯罪** 违反社会正式颁布的刑法

## 社会控制

我们每个人都要受到**社会控制**（social control），即社会规范人们的思想和行为的措施。社会控制的过程通常是不正式的，像父母表扬或者批评自己的小孩，或朋友取笑我们的音乐或衣着风格，便是如此。然而，严重的越轨可以涉及**刑事司法系统**（criminal justice system），即由警察局、法院和监狱等组织的官员对违法行为所做出的反应。

**社会控制** 社会规范人们的思想和行为的措施　　　　**刑事司法系统** 由警察局、法院和监狱等组织的官员对违法行为所做出的反应

一个社会怎样界定越轨、谁会被贴上越轨的标签，以及人们面对越轨会做些什么，所有这些都与该社会的组织方式有关。然而，人们渐渐地认识到，就像本章所解释的那样，越轨的根源深植于社会之中。

## 生物学的视角

第五章（"社会化"）指出，一个世纪以前，多数人误认为，人类行为是其生物本能的结果。因而早期对犯罪的研究兴趣集中在对其生物原因的探讨上。一位在监狱工作的意大利外科医生切萨雷·龙勃罗梭（Cesare Lombroso，1835—1909）在 1876 年归纳出罪犯有如下生理特征：体格突出、前额低、下巴和颊骨凸起、毛发旺盛，以及手臂很长。换言之，龙勃罗梭认为罪犯看起来像我们的祖先，类人猿。

如果龙勃罗梭再仔细一点观察的话，他就会发现他将之与犯罪联系起来的那些生理特征遍及所有的人。现在我们知道了，那些将罪犯从非罪犯中区分出来的生理特征根本就不存在。

20 世纪中期，威廉·谢尔登（William Sheldon）采用了一个不同的视角，认为身体结构可能预示着犯罪行为（Sheldon，Hartl & McDermott，1949）。他反复核对了好几百个青年男性的体型和犯罪记录，得出结论说肌肉发达、体格健壮的男子最有可能犯罪。格鲁克夫妇（Glueck & Glueck，1950）证实了谢尔登的结论，但是也提示说强健的体格并不必然会引起或预示犯罪行为。他们认为，父母亲对体格强健的儿子通常有些淡漠，反过来他们长大后对别人也会缺少敏感性。而且，在一种自证预言中，那些认为肌肉发达的男孩子会成为小流氓的人，可能会以他们预期的侵略性行为的方式去对待这些男孩。

今天，遗传学研究在探索生物学与犯罪之间的可能联系。一些研究已经表明，这种联系可能存在。威斯康星州立大学的科学家在 2003 年报告了一项关于犯罪的研究成果，这项研究在 400 个男孩中进行，历时 25 年。研究者从每个男孩身上采集了 DNA 样本，并且记录下他们所有的违法情况。研究者的结论是，遗传因素（尤其是有缺陷的基因，比方说产出大量的某种酶）连同环境因素（尤其是小时候被虐待）对成年人犯罪和暴力行为有强烈的解释力。他们还注意到，多因素比单因素对犯罪的解释力更强（Lemonick，2003；Pinker，2003；Cohen，2011；Shanks，2011）。

越轨是一个差异问题。在日常生活中，当我们遇到其外貌和行为不同于我们所认可的"正常"标准的人时，就会称其为越轨。图中谁是"越轨者"呢？基于谁的角度？

### 评论

生物学的理论对犯罪所做的解释是有限的。目前最佳的猜测是用生物学的特征结合环境因素去解释某种严重的犯罪。或者，换言之，更多地了解遗传学可能有助于社会研究者关注鼓励或阻止犯罪行为的社会环境的特定方面。但是，用纯生物学的方法来理解犯罪的最大问题是，我们定义为越轨的大多数行为都是生物学上相当正常的人干的。

另外，因为生物学视角关注的是个人，它起初并没有关注某些行为是怎样被定义为越轨的。因而，尽管对于人类生物学怎样影响其行为，我们还有很多东西值得去了解，但是当下的研究已经把重点放到了对社会影响因素的探讨上。

**检查你的学习**　生物学研究在哪些地方增进了我们对犯罪的理解？生物学视角的局限在哪里？

## 人格因素

像生物学理论一样，心理学对越轨的解释关注个人人格的异常。某些人格特征是遗传的，但是多数心理学家认为人格主要是由社会经验塑造的。因此，越轨被看作社会化"不成功"的结果。

沃尔特·雷克利斯（Walter Reckless）和西蒙·迪尼茨（Simon Dinitz）在 1967 年的经典研究展示了心理学的路向。他们首先请许多老师把一些 12 岁的男学生分成两类：可能惹上法律纠纷的和不可能惹上法律纠纷的。接下来他们对这两类孩子及其父母进行访谈，以评估每个孩子的自我观念以及和他人相处的方式。他们通过分析结果发现："好孩子"表现出了强烈的道德意识（弗洛伊德所谓的超我），能够应对挫折，能够遵从文化规范和观念；相反，"坏孩子"的道德意识比较薄弱，对挫折缺乏忍受力，与常规的文化格格不入。

正如我们所预期的，这些"好孩子"和警察打交道的机会比"坏孩子"要少一些。由于所有这些孩子都生活在一个越轨行为普遍存在的地区，调查者把"远离麻烦"归因于一种控制越轨冲动的人格。基于这一结论，雷克利斯和迪尼茨把他们的分析称为"遏制理论"（containment theory）。

在最近的另一项研究中，研究者对 500 名孪生兄弟进行了从出生一直到 32 岁的跟踪研究。以双胞胎作为研究对象，有助于研究者在控制社会阶级和家庭环境的条件下对兄弟俩进行比较。当他们还是幼儿的时候，父母、老师和研究者就对这些孩子进行观察，进而对他们的自我控制水平、抗挫折能力、忍耐力进行评估。与雷克利斯和迪尼茨早期的研究结论相呼应，研究者发现孪生兄弟中童年时期评估成绩较低者几乎都会遇到更多麻烦，包括犯罪活动（Moffitt et al.，2011）。

## 评论

生物学家已经阐明人格模式与越轨有一定联系。一些重刑犯是心理变态者，他们感觉不到罪恶和羞愧，不害怕惩罚，而且对他所伤害的人没有同情心（Herpertz & Sass，2000）。更普遍的是，自我控制能力和抗挫折能力似乎有助于遵循规范。然而，像我们在生物学的视角案例中所提及的那样，大多数恶劣的犯罪是心理正常的人干的。

生物学的视角和心理学的视角都把越轨看作是个人的特征。这些视角在解释越轨方面的价值有限，原因是不法行为与社会组织有更密切的联系。现在我们转向社会学的视角。社会学的视角探讨的是，对与错的观念来源于何处，为什么人们把一些违反规则的人界定为越轨者而不称其他的违反规则的人为越轨者？权力在这个过程中扮演着什么样的角色？

**检查你的学习** 生理学分析和心理学分析为什么不能很好地解释越轨？

## 越轨的社会基础

尽管我们倾向于把越轨视为自主的选择或者个人的自我缺陷，但是所有的行为——越轨和遵从——都是由社会塑造的。本章在后面将会详细阐述在此处确定了的越轨的三大社会基础。

1. 越轨因文化规范而异。根本就没有哪种思想或行为本身就是越轨的，只有在与特定的文化规范联系起来才会变成越轨。不同地方的文化规范不同，越轨也会发生相应变化。内华达州的法律许可农村地区的卖淫活动，即使卖淫在美国的其他州是违法的。截至 2017 年，大麻的医疗使用在 28 个州加上华盛顿特区是合法的，但在其他州是非法的。只有八个州——科罗拉多州、华盛顿州、阿拉斯加州、俄勒冈州、加利福尼亚州、缅

为什么类似于这幅照片中的街头赌博经常被认为违犯了法律，但是在花式赌场里玩同样的游戏却不被认为是违法的呢？

因州、马萨诸塞州和内华达州（加上哥伦比亚特区）——允许成年人出于娱乐使用大麻，这在其他州是非法的。在得克萨斯州西部的一条新高速公路上的司机可以合法地以每小时 85 英里的速度行驶，而这种速度在该国其他地方将会迅速引起警察注意。只有两个州（犹他州和夏威夷）没有任何形式的合法赌博，其余 48 个州都有。美国有 40 个州设有赌场，有 28 个州在印第安保护区设有赌场，另外 14 个州设有赛马赌场。开车发短信在 2 个州（蒙大拿州和亚利桑那州）是合法的，但在 46 个州是违法的，其余 2 个州（得克萨斯州和密苏里州）禁止年轻的司机开车发短信。你认为每个人都认可牛奶对我们身体有益吗？别轻易下结论：出售生牛奶在 10 个州是合法的，但在其他州被禁止或被严格控制（Ozersky，2010；American Gaming Association，2016；National Conference of State Legislatures，2017）。

美国大多数城市和城镇还拥有独属的法律。例如，在新泽西州的利堡，边走路边发短信是违法的；在亚拉巴马州的莫比尔，穿细高跟鞋是违法的；在密苏里州的派恩劳恩，禁止穿松松垮垮的低腰裤；在阿拉斯加州的朱诺，把火烈鸟带入理发店是违法的；在得克萨斯州的南帕德拉岛，打领带是被禁止的；在伊利诺伊州的芒特普罗斯佩克特，法律禁止饲养鸽子或者蜜蜂；在堪萨斯州的托皮卡，打雪仗是被禁止的；在马里兰州的黑尔索普，禁止在公共场合热情接吻；而加利福利亚州的贝弗利山则规定了在网球场上打一次球所允许使用的网球个数（Wittenauer，2007；Belofsky，2010；Newcomb，2012；Bielanko，2013）。

纵观世界，越轨更是五花八门。阿尔巴尼亚把一切在公开场合表露宗教信仰的行为都视为违法，比如天主教徒在自己胸口划"十"字；古巴禁止公民拥有个人电脑并限制使用互联网；越南可能会起诉那些与外国人会面的公民；马来西亚的女性不允许穿紧身牛仔裤；沙特阿拉伯禁止在情人节销售红色的花；伊朗不允许女性化妆，禁止任何人演奏说唱音乐（Chopra，2008；Freedom House，2016）。

2. 人们成为越轨者是其他人界定的结果。任何人都会偶尔违犯文化规范。你闲逛的时候自言自语过吗？或者你向办公室"借"过钢笔吗？这些行为是否被定义为违法或者精神病，取决于其他人对此如何看、如何定义、如何回应。

3. 社会设置规范和定义违反规则的方式涉及社会权力。卡尔·马克思断言，法律是权力阶级保护自我利益的工具。发表反对政府言论的街角的无家可归者，就有可能因扰乱社会治安而被捕。选举运动中，一位市长候选人发表完全一样的言论，却会得到警察的保护。简而言之，规范本身以及我们如何应用规范，反映出社会的不平等。

# 结构功能论：越轨的功能

### 10.2　将结构功能论应用于越轨话题

结构功能路向的核心观点是越轨是社会组织的必要部分。埃米尔·涂尔干在一个世纪前就提出了这一观点。

## 涂尔干的基本观点

在他对越轨的先行研究中，涂尔干（Durkheim，1964a，orig. 1893；1964b，orig. 1895）语出惊人：越轨并非异常。实际上，越轨履行着四大基本功能。

1. 越轨肯定了文化价值和规范。作为道德动物，人会更偏好某些态度和行为而非其他。但是，对于善的任何界定都要依赖于对立的恶的定义。没有恶与罪，可能根本就没有善良与正义。对于界定和支持道德，越轨是必要的。

2. 对越轨的反应澄清了道德的边界。通过定义某些人为越轨者，人们可以在对与错之间勾勒出一条边界。例如，一所大学通过惩罚考试舞弊的学生，在诚实学习和舞弊之间划出了界限。

3. 对越轨的反应增强了人们的团结。严重的越轨会特别地引起人们的公愤。涂尔干认为，人们在群情激愤中会重新确立团结人们的道德纽带。例如，在 2014 年 8 月，一位纽约市男子因轻微罪行在逮捕时被警察锁喉导致窒息死亡。事件发生后，美国各地的人们一起参加了游行示威，反对警察对非裔美国人使用致命武力。

涂尔干认为，越轨是社会组织的必要组成部分，有着重要的作用。几个手无寸铁的非裔美国人死于警察手中，全国各地的人们为此团结在一起走上街头发声，他们想要表达的内容显而易见——生命皆重要。在你的校园里发生过能引起类似反应的事件吗？

4. 越轨激励社会变迁。越轨者撬动了社会的道德底线，鼓励改变现状。涂尔干断言，今天的越轨能够成为明天的道德（Durkheim，1964b：71，orig. 1895）。例如，摇滚乐在 19 世纪 50 年代被指责为不道德的，但仅仅几年以后就成为了一项几十亿美元的产业（见第三章"文化"中的"思考多样性"专栏）；近年来的嘻哈音乐（hip-hop music）也沿着同样的道路从边缘走向主流。

**一个实例：马萨诸塞海湾的清教徒**　卡伊·埃里克森（Erikson，2005b，orig. 1966）针对马萨诸塞海湾的清教徒所做的经典研究给涂尔干的理论带来了活力。埃里克森指出，连清教徒这样一个诫训严明、高度虔诚的群体都会制造越轨以澄清他们的道德边界。事实上，涂尔干在写这段话时就已经考虑了清教徒：

> 让我们设想，一个社会里全是圣人，一所修道院里全是堪称模范的人。在这里不存在完全意义上的犯罪，那些在外人看来无关紧要的过错也会像平常的普通犯罪那样招致耻辱……鉴于此，完美而正直的人会严肃地评判自己的哪怕是最小的过失，而多数人只有真正犯下了罪行才会有这种严肃的态度。（Durkheim，1964b：68-69，orig. 1895）

越轨不是一些"坏家伙"的问题，而是"好的"社会生活的必要条件。

任何社会都能发现越轨，但是越轨的性质取决于人们想去澄清的道德问题。例如，清教徒经历了许多"罪恶的浪潮"，包括 1692 年爆发的众所周知的巫术事件。每次的回应皆是清教徒通过赞美某些成员和谴责其他人的越轨行为来回答关于正当信仰的范围问题。

埃里克森发现，即使犯罪本身发生了改变，清教徒所界定的越轨者的人口比例随着时间的流逝也总是保持着稳定。他推断这种稳定性证实了涂尔干的主张：社会创造越轨者是为了突显变化的道德边界。换句话说，清教徒通过持续地定义少数人为越轨者维持了他们社会的道德形态。

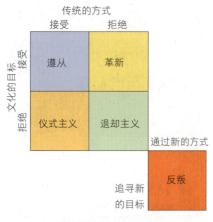

**图 10-1　默顿的越轨紧张理论**
罗伯特·默顿把个人的文化目标的观点与获取文化目标的传统方式结合起来，区分了各类越轨者。
资料来源：Merton（1968）。

## 默顿的紧张理论

某些越轨对于社会的运行来说可能是必要的，但是罗伯特·默顿（Merton，1938，1968）认为，社会可以以鼓励多数越轨行为的方式建立起来。特别是越轨的程度和性质取决于社会是否提供达到文化目标（例如金融上的成功）的手段（例如学校教育和就业机会）。图 10-1 显示的就是默顿关于越轨的紧张理论。

遵从是指通过被认可的手段去追求文化目标。因而美国的"个人成名史"展现的总是某个人通过才干、学校教育和努力工作获得了财富和声望。但是并不是每一个希望实现传统意义上的成功的人都有实现自己心愿的机会。例如，如果穷人的孩子按照常规行事的话，他们就没什么希望获得成功。按照默顿的理论，文化对财富的强调与缺乏致富的机会之间的张力可能怂恿一些人，尤其是穷人，从事偷盗、毒品交易或者其他形式的街头犯罪。默顿把这种越轨称之为革新——使用非传统的手段（街头犯罪）而不是传统的方式（辛勤工作）去实现文化上被认可的目标（财富）。

无法达成文化目标可能促成另一类越轨，默顿称之为仪式主义。例如，许多人可能不太在乎致富，但为了使自己感到"受人尊敬"，对规则（传统方式）会严格坚守。

对无力成功的第三种反应是退却主义——既拒绝文化目标又拒绝传统手段，以至于个人实际上实现了"退出"。一些酒鬼、瘾君子和贫民窟的居民就是退却主义者。退却主义的越轨在于他们非传统的生活方式以及他们对按照这种方式生活的意愿。

对失败的第四种反应是反叛。像退却主义者那样，诸如激进的"求生者"之类的反叛者既拒绝成功的文化定义，又拒绝传统的获取成功的手段。但是他们走得更远，对于现有的社会秩序，他们支持形成一个反文化的新方式。

## 越轨亚文化

断绝了年轻人合法的机会通常促使形成所谓的越轨亚文化。帮派亚文化是年轻人获取归属感和尊重的一种方式，尽管主流文化对这种归属感和尊重持否定态度。

理查德·克罗沃德和劳埃德·奥林（Cloward & Ohlin，1966）发展了默顿的理论，提出犯罪不仅仅是由有限的合法机会引起的，而且还是由容易接近的非法机会引起的。简而言之，越轨或者遵从源于构成一个人生活的相关机会结构。

臭名昭著的歹徒霸王阿尔·卡彭（Al Capone）的生活证实了克罗沃德和奥林的理论。作为贫穷的移民的儿子，霸王卡彭面临着贫穷和种族偏见的障碍，这些障碍减少了他获取传统意义上的成功的机会。在 1920—1933 年期间，美国颁布了禁酒令，禁止出售含有酒精的饮料。年轻的霸王卡彭发现在他周边有人能够教他如何非法卖酒——非法的机会来源。克罗沃德和奥林预言，诸如霸王卡彭的犯罪组织或者街头帮派之类的犯罪亚文化，会在机会结构促成犯罪行为的地方发展。

但是，当人们不能识别哪些是合法或者哪些是非法的机会的时候，会发生什么呢？越轨可能有两种形式：一种是冲突亚文化的形式（诸如武装的街头帮派），在这种亚文化中挫败和对尊重的渴望会引发暴力；另一种是退却主义亚文化的形式，在这种亚文化中越轨者选择辍学，还酗酒或滥用其他的毒品。

阿尔伯特·科恩（Albert Cohen）提出，行为不良在底层的青少年当中是非常普遍的，因为他们获取传统意义上的成功的机会最少（Cohen，1971，orig. 1955）。被社会忽视的他们通过创造一种违法亚文化来寻求自尊，这种亚文化恰恰把这些青少年所有的特征界定为有价值的。尽管整体上赢取不了什么社会的认可，但这种亚文化可能满足一个年轻人在圈子里"成为大人物"的愿望。

沃尔特·米勒（Walter Miller）补充说，违法亚文化有如下特征：（1）麻烦——与老师和警察之间频繁发生冲突；（2）健壮——关注体格和力量，在男性当中尤其是这样；（3）机灵——在街头成功、智取他人和避免被利用等方面的能力；（4）对兴奋的需求——寻求刺激和危险；（5）相信命运——感觉到对自己的生活缺乏控制；（6）渴望自由——经常向权威人物表示愤怒（Miller，1970，orig. 1958）。

最后，伊莱贾·安德森（Elijah Anderson）说明，贫穷的城市街区中的大多数人都设法遵守传统的或者"正派"的价值观（Anderson，1994，2002；也见 Kubrin，2005）。然而，面对街区犯罪和暴力、警察的漠不关心甚至敌意，以及父母偶尔的忽视，一些年轻人决定依据"街头法则"（street code）生活。为了展示他们能在街头生存，年轻人会展示出勇敢地抵抗任何威胁的"胆量"。追随着这种街头法则，这些青年相信，与其不被他人所尊重，还不如在暴烈中死亡，这一点在最近的许多说唱音乐中也很明显。有些人在设法规避危险，但是对于这些被排挤到社会边缘的年轻人来说，他们死在监狱里的风险非常高。

## 评论

涂尔干做出了重要贡献，指出了越轨的功能。然而很显然，社会共同体并不总会对犯罪做出反应。有时候畏惧犯罪会让人们退出公共生活（Liska & Waener，1991；Warr & Ellison，2000）。

默顿的紧张理论因为对部分越轨类别（例如偷盗）的解释力胜于其他（例如激情犯罪或心理疾病）而遭到批评。另外，并不是每个人都像紧张理论所提出的那样在传统的财富方面追求成功。

克罗沃德和奥林、科恩、米勒这几个人的总的观点——越轨反映社会的机会结构——已经被后来的研究所证实（Allan & Stefensmeier，1989；Uggen，1999）。然而，这些理论的不足之处在于假定每个人都共享相同的判断对与错的文化标准。此外，如果不只是把入室行窃或偷盗汽车列为犯罪，还将诈骗和企业高管与华尔街富豪的其他罪行也列入犯罪的话，那么许多高收入者就会被算在罪犯之列。

最后，所有的结构功能论都提出，任何违反重要规范的人都将被贴上越轨的标签。然而，像我们在下一部分要解释的那样，成为越轨者实际上是一个高度复杂的过程。

**检查你的学习** 为什么许多理论都认为犯罪在社会地位比较低的人群当中更加普遍？你认为呢？

# 符号互动论：定义越轨

10.3　将符号互动论应用于越轨话题

符号互动路向解释的是人们在日常生活情境中如何定义越轨。从符号互动论的视角出发，对越轨和遵从的界定非常灵活。

## 标签理论

符号互动分析的主要贡献是**标签理论**（labeling theory）。标签理论认为越轨和遵从的主要起因不在于人们的行为，而在于他人对这些行为的反应。标签理论强调越轨的相对性，认为人们可能用众多不同的方式去定义同一行为。

思考这些情景：一位大学生从室友的衣柜里拿了一件衣服去周末旅行；在外地时一位已婚女性和她的前男友发生了性关系；一位市长把一份重要的市政合同给了一位竞选赞助者。我们可能把第一种情境界定为粗心、借用或者行窃。对第二种情境的界定主要取决于这位女性的行为在回家以后是否被外人知晓。对第三种情境的界定取决于这位市长是选择了一位最佳的承包人还是只是为了偿还政治债务。事实上社会建构是一个高度可变的过程，包括察觉、定义和反应等环节。

**初级越轨和次级越轨**　埃德温·莱默特（Lemert，1951，1972）观察到，某些规范的违反，比如逃学、未成年饮酒，只会引起他人轻微的反应，对个人的自我概念也没有什么影响。雷梅特称这些已经过去的事件为初级越轨。

但是如果他人注意到了某人的越轨行为并且利用它，那将会发生什么呢？一个人的某种行为被定义为初级越轨后，这个人就可能开始改变，他可能通过语言、行为或者奇怪的穿着，拒绝关键性人物，不断地违反规则去获得一种越轨的身份。莱默特（Lemert，1951：77)把自我概念的改变称为次级越轨。他解释说："当一个人开始采用……越轨行为作为防御、攻击或者适应的手段以应对在社会互动中产生的问题时……越轨就成为次级越轨了。"例如，人们开始把一个年轻人描述为一个"酒鬼"，这建构着初级越轨。于是人们可能把他从他们的朋友圈中排挤出去，这个人可能会更痛苦，于是会喝更多的酒，会去寻找那些认可他喝酒的同伙。这些行为标志着次级越轨的开始，这个人获得更深层次的越轨者身份。

**污名**　次级越轨标志着被欧文·戈夫曼称之为"越轨生涯"（deviant career）的开始。随着人们围绕着越轨行为形成了更强烈的承诺，通常越轨者就会获得一种**污名**（stigma）。污名这种强大的消极标签会极大地改变一个人的自我概念和社会身份。

污名一旦作为主要地位（见第六章"日常生活中的社会互动"）发生作用，社会身份的其他方面就无法抵抗，于是这个人在他人心目中就变得不可信任，被社会所孤立。当人们认为某个人是离经叛道的，这个人不经意间就获得了污名。有时候整个社会通过被哈罗德·加芬克尔（Harold Garfinkel）所称的"堕落仪式"（degradation ceremony）给一个人正式打上污名的烙印（Garfinkel，1956）。在犯罪审判中能见到这样的例子，某些中学生往往就是以这种方式走向犯罪的，而不是相反：在社会面前，相对于积极的方式，个人更易用消极的方式去面对被贴上的标签。

**回溯性标签和预期性标签**　人们一旦将一个人污名化，就可能给他贴上回溯性标签（retrospective labeling），即根据现在的越轨事实去解释他的过去（Schef，1984）。例如，当发现一名牧师对一名孩子进行了性骚扰以后，人们就会反思这名牧师的过去，或许会想："他总是想和小孩子待在一起。"回溯性标签很可能歪曲一个人的过去，更加强化了越轨者的身份。

同样地，人们也可能给一个污名化的人贴上预期性标签（projective labeling），也就是说，人们用越轨者的身份去预测他将来的行为。关于这个牧师，人们可能说："除非他被抓，否则他会继续猥亵儿童。"在某个人的社会世界中，持有如此想法的人越多，他自我概念改变的可能性就越大，最终成为真正的越轨者。

**作为越轨的标签差异** 一个无家可归者在寒冷的夜晚拒绝被警察收容，他是想要独立生活呢，还是"发疯"了？人们倾向于把那些激怒或威胁他们的行为当作越轨甚至是精神疾病的结果，而不单单是当作"差异"来对待。

精神病学家托马斯·萨茨（Szasz，1961，1970，2003，2004）指责人们过急地把精神疾病的标签应用在那些我们仅仅是不喜好的差异上。他继续指出，避免这种现象的唯一途径是完全放弃这种精神疾病的观念。世界上到处都是观念和行为上有"差异"的人，他们可能惹恼我们，但是这些"差异"不是界定某人为精神病的根由。萨茨声称，此类标签只不过是强迫遵从强势人群的标准，把强势人群的意志强加在其他人身上。

大多数精神康复治疗的专业人士拒绝精神疾病不存在的观念，但是他们承认批判地反思我们如何定义"差异"是重要的。首先，相对于癌症患者或其他身体有问题的人，精神疾病患者不应遭到更多的责备。因此，患上精神或身体疾病不是被贴上"越轨者"标签的理由。其次，没有诊断知识的普通人应该避免使用此类标签来指使人们遵从某种行为标准。

## 越轨的医学化

标签理论，尤其是萨茨和戈夫曼的思想，有助于解释我们的社会推定越轨的方式的重要变化。在过去的五十或者六十多年中，精神病学和医学的影响在逐渐扩大，这导致了**越轨的医学化**（medicalization of deviance），也就是把道德的和法律的越轨转化为一种医学问题的情形。

用医学的方法处理越轨有利于改变贴在某个人身上的一系列标签。在道德上，我们用"坏"或"好"来评价一个人的行为。然而，医学的科学目标传递的不是道德判断，而是使用诸如"生病"或者"健康"之类的临床诊断。

举例来说，直到20世纪中期，人们还常把酒鬼看作是容易受饮酒的快感诱惑的道德意志薄弱者。然而，医学专家们重新定义了酒精中毒，以至于现在大多数人认为酗酒会致使人"生病"，而不是让人"变坏"。同样地，肥胖、毒瘾、虐待儿童、乱交和其他在过去通常被认为是严重道德问题的行为，在今天被广泛地定义为疾病。患者需要的是帮助，而不是惩罚。

与之相类似的是，以前被定义为犯罪（如吸食大麻）的行为

2015年，戴伦·鲁夫（Dylann Roof）进入南卡罗来纳州查尔斯顿的伊曼纽尔非裔卫理公会教堂（African Emanuel Episcopal Church），向参加礼拜的人们开枪。他杀害了包括牧师和州参议员在内的9人，并打伤1人。鲁夫被判犯有谋杀罪和其他罪行，并判处死刑。我们如何理解这种野蛮行为？有证据表明，鲁夫是一个仅仅根据肤色就对他人充满仇恨的白人至上主义者。你认为这样的人是"邪恶的"，应该受到严厉的惩罚吗？或者你认为做出这种行为的人一定是"有病的"，需要帮助吗？为什么这些问题的答案很重要？

**标签理论** 越轨和遵从的主要起因不在于人们的行为，而在于他人对这些行为的反应

**污名** 一种强大的消极标签，能改变一个人的自我概念和社会身份

**越轨的医学化** 把道德的和法律的越轨转化为一种医学问题的情形

更可能被视为一种治疗形式。到 2017 年初，28 个州颁布了医用大麻的法律，8 个州加上华盛顿特区允许出于娱乐目的使用大麻（National Conference of State Legislatures，2017）。

### 标签效应的影响

我们是把越轨定义为道德问题还是医学问题，会有三种结果。第一，它会影响到由谁来对越轨做出反应。一个违反公众道德的行为通常会招致众多社会成员或者警察的反应。然而，一个医学化的标签却将这种情况置于包括心理咨询师、精神病学家和医生在内的临床专家的控制之下。

第二，是人们怎样对越轨做出反应。道德的视角把越轨者定义为应遭受惩罚的冒犯者。然而在医学上，越轨者是需要治疗的病人。惩罚是为了惩治犯罪而设计的，但治疗程序是为病人量身定做的，事实上可以包括专门医生所能想到的有助于预防未来疾病的任何治疗。

第三，也是最重要的，这两种标签在越轨者的个人能力上的体现是不一样的。从道德的观点来看，不管我们是对的还是错的，我们至少要对自己的行为负责任。一旦被定义为"有病"，我们就被认为不能控制（如果是"精神疾病"，甚至是不能理解）自己的行动。那些被贴上无能标签的人反过来必须服从治疗，这通常又违背了他们的意愿。单是这个原因，试图在医学的情形下定义越轨，都需要非常谨慎。

### 萨瑟兰的差别接触理论

任何行为模式，不管是常规的还是越轨的，都是一个在群体中发生的过程。依据埃德温·萨瑟兰（Sutherland，1940）的理论，一个人是趋向于遵从或者越轨，取决于他或她与那些鼓励或者拒绝常规行为的人的接触程度。这就是萨瑟兰的差别接触理论。

许多研究证实，如果年轻人相信他们的同类群体的成员鼓励不良行为，他们就更可能参与违法乱纪行为（Akers et al.，1979；Miller & Mathews，2001）。一项研究最近集中调查了八年级学生的性行为。女生如果有一位鼓励性关系的男朋友或者有一些认可性行为的女性朋友，那么她们很可能就有性行为。同样，男生也被朋友们鼓励在性方面积极主动，朋友们会因此在同类群体中给予他很高的地位（Little & Rankin，2001）。

### 赫希的控制理论

社会学家特拉维斯·赫希（Hirschi，1969；Gottfredson & Hirschi，1995）提出了控制理论，认为社会控制取决于人们对自己行为的结果的预期。赫希假定任何人都会遇到一定的越轨的诱惑，但是考虑到会毁了前程，大多数人都没有违反规范。对某些人来说，仅仅设想一下家人和朋友的反应就望而却步了。另一方面，那些觉得自己即使越轨了也没什么损失的人可能变为越轨者。

值得一提的是，赫希将遵从与四类不同的社会控制联系起来。

1. 依附。强烈的社会依附鼓励遵从。个体越依恋父母、老师、朋友、学校或其他结构，从事越轨行为的可能性就越小。

2. 机会。一个人可利用的合法机会越

所有的社会群体都教导它们的成员一些鼓励某种行为的技能和态度。最近几年，关于大学校园的讨论集中在狂欢豪饮的危险上，狂欢豪饮在美国每年都要致使几十人死亡。狂欢豪饮这个问题在你的校园里严重吗？

多，遵从的好处也就越多。换句话说，接触合法机会能鼓励整合和阻止越轨行为。相反，一个对未来的成功没有信心的人更可能转向越轨。

3. 参与。越广泛参与合法活动，诸如就业、升学或体育比赛之类的活动，越能约束越轨行为（Langbein & Bess，2002）。与之相反，等待事情发生的闲散人员更有时间和精力实施越轨行为。

4. 信仰。强烈地信仰传统道德和尊重权威人物会抑制越轨倾向。相反，道德意志薄弱的人（尤其是缺乏监管的人）更难抵制诱惑（Stack，Wasserman & Kern，2004）。

赫希的分析包含许多早期的关于越轨行为原因的观点。要注意的是，与个人相关的社会权力、家庭和社区环境可能影响越轨行为发生的风险（Hope，Grasmick & Pointon，2003）。

## 评论

各种符号互动论都把越轨看作一个互动过程。标签理论没有把越轨与行为联系起来，而是把越轨与他人的反应联系起来。因而，一些人被定义为越轨者，而另外一些有同样言行的人却没有。次级越轨、越轨生涯和污名等概念展示了被贴上越轨的标签如何能成为一个持久的自我概念。

然而，标签理论有几个局限。首先，因为标签理论对越轨采用非常相对的观点，所以它忽视了诸如谋杀之类的行为几乎在任何地方都要受到谴责的事实。因此，标签理论只在应用于诸如乱交或者精神疾病之类的不怎么严重的问题时才非常有用。其次，关于越轨标签的后果的研究没有清楚地展示出越轨的标签是引起进一步越轨还是阻止越轨（Smith & Gartin，1989；Sherman & Smith，1992）。再次，并非每个人都抵制被贴上越轨的标签，一些人甚至会积极地寻求它（Vold & Bernard，1986）。例如，为了唤起对社会不公的关注，人们参加公民抗命活动和自愿遭受逮捕。

社会学家认为萨瑟兰的差别接触理论和赫希的控制理论对我们认识越轨做出了重要贡献。但是为什么社会规范和法律起初就把某些行为定义为越轨呢？社会冲突分析将在下一部分集中解释这个问题。

检查你的学习　请清晰地定义初级越轨、次级越轨、越轨生涯和污名。

# 阶级、种族和性别理论：越轨与不平等

10.4　将社会冲突论应用于越轨话题

社会冲突路向将越轨与社会不平等联系起来。就是说，什么人或什么事会被贴上越轨的标签，取决于社会上由哪些人掌握着权力。

## 越轨与权力

亚历山大·利亚泽斯（Aleander Liazos）指出，我们倾向于将那些被我们视为"怪人"（nuts）和"荡妇"（sluts）的人定义为越轨者，他们并不坏，也对社会无害，只是这些人没有权力（Liazos，1972）。拥有越轨污名的往往是街角的流浪女人和失业者，而非污染排放企业和国际军火商。

社会冲突论从三个方面阐释这种模式。首先，所有的规范，尤其是任何社会的法律，总体上都反映了富人和有权势的人的利益。威胁富人的人很可能被贴上越轨的标签，他们要么是抢夺别人的财产（"普通小偷"），要么是倡导更平等的社会（"政治激进分子"）。如第四章（"社会"）所述，卡尔·马克思认为法律和其他的社会制度支持富人的利益。或者像理查德·奎尼（Richard Quinney）提出的："资本主义的正义是由资产阶级完成的，为资产阶级而生，而反对工人阶级。"（Quinney，1997：3）

其次，即使有权势的人的行为出现了问题，他们也有办法抵制越轨的标签。近些年卷入公司丑闻的经理们大部分仍只是拘留，坐牢的很少。

再次，人们普遍相信规范和法律是自然的，是好的，这遮蔽了规范和法律的政治特征。出于这一原因，尽管我们谴责不平等的法律，我们也很少去思考法律本身是否真的公平这一问题。

## 越轨和资本主义

在马克思主义传统中，史蒂文·斯皮策（Spitzer，1980）认为越轨的标签适用于那些妨碍资本主义运转的人。首先，因为资本主义是以财产私有制为基础的，那些威胁他人财产的人，尤其是盗取富人财产的穷人，是被贴上越轨标签的首要人选。相反，利用穷人的富人被贴上越轨标签的可能性很小。例如，房东向穷房客索要高额房租和逐出无力支付房费的房客，他们不会被认为是罪犯，顶多是在"做生意"而已。

其次，因为资本主义依靠的是生产性的劳动，那些不劳动或者不愿劳动的人就冒着被贴上越轨标签的风险。社会上许多人认为，即使并非出于他们自己的过错，失业者在某种程度上也是越轨者。

再次，资本主义依赖对权威人物的尊重，这使那些抵制权威的人被贴上越轨的标签。逃学或者与父母、老师顶嘴的小孩，不与老板或者警察合作的成年人，就是这方面的例子。

最后，那些直接挑战资本主义现状的人可能被定义为越轨者。劳工组织者、激进的环境保护论者和反战激进主义分子，就是这方面的例子。

另一方面，社会给支持资本主义运转的任何东西贴上正面的标签。例如，获胜的运动员享有名人地位，因为他们表现了个人成就和竞争的价值观，这两者对资本主义来说都是重要的。斯皮策也注意到，我们视使用毒品（大麻、迷幻剂、海洛因等）逃避现实为越轨，但鼓励那些促进适应现状的成瘾品（例如酒和咖啡因）。

资本主义制度也设法去控制那些不具备经济生产力的人。老人、有精神疾病或者身体残疾的人和默顿所说的退却主义者（对酒和其他毒品上瘾的人）更是社会的一份"成本高昂但相对无害的负担"。斯皮策称这些人受到社会福利机构的控制。但是那些资本主义制度的公然挑战者，包括市中心的下层阶级和革命者（默顿所说的革新者和反叛者），会受到刑事司法系统的控制，而且，在社会危机的时刻，他们要受到诸如国民警卫队之类的军事力量的控制。

要注意的是，社会福利系统和刑事司法系统都将社会问题归咎于个人，而不是系统本身。福利接受者被认为是不足取的吃白食的人，对其困境表达愤怒的穷人被贴上了聚众闹事者的标签，任何挑战政府的人都会被烙上激进分子的印记，那些设法非法获取某些东西（这些东西他们永远不能合法地获取）的人会被当作普通罪犯加以围捕。

## 白领犯罪

1987年，一位名叫迈克尔·米尔肯（Michael Milken）的华尔街股票经纪人因商业欺诈而入狱，成为头条新闻，这也预示了未来将要发生的事情。米尔肯引起人们的注意是因为自霸王卡彭时代以来，还没有人在一年内赚到这么多钱：55亿美元（一天大约150万美元）（Swartz，1989）。

米尔肯实施的是**白领犯罪**（white-collar crime）。萨瑟兰（Sutherland，1940）将高社会地位的人在职业过程中进行的犯罪定义为白领犯罪。白领犯罪不涉及暴力，很少吸引警察携枪前往现场。更准确地说，白领罪犯是利用他们强大的职务之便，非法为自己和他人敛财，这个过程中经常会造成重大的公共损害。社会学家有时称，与在大街上发生的犯罪相反，白领犯罪是在政府办公室和公司会议室发生的犯罪。

最常见的白领犯罪是银行贪污、商业欺诈、贿赂和违反反垄断法。萨瑟兰（Sutherland，1940）解释说，这些白领犯罪通常会被追究民事责任，很少被追究刑事责任。民法规范个体当事人之间的商业交易行为，而刑法规定个人对于社会的道德责任。因而在现实中，有人输了民事官司，赔偿损失或伤害，但是没有被贴上罪犯的标签。更甚的是，大多数对白领犯罪的指控是指向组织而非个人，这样公司职员也就受到了保护。

2015 年的电影《大空头》（*The Big Short*）带领我们进入了华尔街的金融世界，探索房地产"泡沫"如何导致 2007 年的经济衰退，并伤害了全美人民。你是否将华尔街视为一种"生意"，其中人们试图像我们其他人一样赚钱？房地产危机是由人们从事白领犯罪造成的吗？还是整个经济体系已经腐败到都可以被公平地视为公司犯罪，人们在贪婪的驱使下不择手段地追求利润？

当白领罪犯被控诉和宣告有罪时，他们通常会逃避惩罚。一项政府研究发现，那些犯有欺诈罪的人仅交纳了不到他们欠款的 10%，多数人为了避免赔偿而设法隐藏或转移财产。在那些犯有更严重的贪污罪行的白领罪犯中，仅仅只有大约一半曾经在监狱里服过刑。一份统计资料表明，在美国联邦法院判罪的挪用者中，仅有 60% 在监狱服刑，其余的被处以缓刑或罚金（U.S. Department of Justice，Bureau of Justice Statistics，2017）。像一些分析家所指出的，除非法院判处更长的刑期，否则白领犯罪依然会很普遍（Shover & Hochstetler，2006）。

## 公司犯罪

有时候是整个公司而不只是个人违犯了法律。**公司犯罪**（corporate crime）是指一个公司或者代表公司行动的人的违法行为。

从出售已知有缺陷或有危险的产品到故意污染环境，都属于公司犯罪（Derber，2004）。最近几年，许多美国大型企业的倒闭致使数以万计的人失去了工作和养老金。甚至更严重的是，美国在 2012 年至 2017 年，有 57 名煤炭工人死于矿难，数百人死于多年吸入煤尘引起的"黑肺"病。在美国每年因工作危害而死亡的人数达到数千，将近百万的人因严重受伤而无法工作（Frank，2007；U.S. Department of Labor，2016；U.S. Department of Labor，Mine Safety and Health Administration，2017）。

## 有组织的犯罪

**有组织的犯罪**（organized crime）指的是提供非法商品或服务的交易。有时候犯罪组织强迫人们和他们交易，比如某帮派向店主敲诈"保护费"。然而在多数案例中，有组织的犯罪涉及把非法商品和服务（包括性、毒品、赌博）销售给有意愿的买家。

有组织的犯罪在美国已经活跃了一个多世纪。其运作的范围向移民群体扩张，因为移民觉得美国社会不愿给他们提供机会。一些雄心勃勃的人（诸如前面描述的霸王卡彭）取得了成功，尤其是在禁酒令期间，当时美国政府禁止生产和销售酒类。

意大利的黑手党是一个众所周知的有组织的犯罪的案例。但是其他的犯罪组织中有非裔美国人、哥伦比亚人、古巴人、海地人、尼日利亚人和俄罗斯人，以及其他几乎所有的种族。今天，有组织的犯罪所指的行为范围宽泛，从出售非法的毒品到卖淫到信用卡欺诈，到向非法移民出售假证件都算（Valdez，

电视剧《海滨帝国》（*Boardwalk Empire*）让观众窥视了这个国家历史上帮派流氓的生活。你认为大众传媒是怎样准确地描述有组织的犯罪的呢？请解释。

1997；U.S. Department of Justice，Federal Bureau of Investigation，2016）。

### 种族冲突理论：出于仇恨的犯罪

人们认为，越轨反映着不同人群的相对权力和特权。我们将首先通过观察种族和族裔敌意如何激发有仇恨的犯罪来分析这种模式，然后探讨性别与越轨的联系。

**出于仇恨的犯罪**（hate crime）是指，罪犯出于种族或者其他偏见对某人或者某人的财产实施的犯罪行为。出于仇恨的犯罪可能对个人的种族、宗教信仰、族裔或祖先、性取向或身体残疾表现出敌意。联邦政府在 2015 年记录了大约 5850 例出于仇恨的犯罪（U.S. Department of Justice，Federal Bureau of Investigation，2016）。

1998 年，怀俄明大学的男同性恋学生马修·谢巴德（Matthew Shepard）被残忍杀害，令全美国震惊。这起案件是由两个仇恨同性恋的人所犯下的。美国司法部报告称，在 2015 年里发生了一起针对同性恋的谋杀案和 1053 起出于仇恨的犯罪。那些与多重污名斗争的人，诸如有色人种的男同性恋，尤其可能成为牺牲品。然而这也可能发生在任何人身上：在 2015 年，有 19% 的出于种族仇恨的犯罪是针对白人的（U.S. Department of Justice，Federal Bureau of Investigation，2016）。

2017 年，联邦政府和 45 个州制定了法律，加强了对由仇恨而激发的犯罪的处罚（Anti-Defamation League，2016）。支持者是满意了，但是反对者称，这种基于罪犯的态度就加强处罚的法律只是在惩罚"政治错误"的思想。出于仇恨的犯罪的相关法案在"思考多样性"专栏中有详细讨论。

**白领犯罪** 高社会地位的人在职业过程中进行的犯罪

**公司犯罪** 一个公司或者代表公司行动的人的违法行为

**有组织的犯罪** 提供非法商品或服务的交易

### 女性主义理论：越轨与性别

2009 年，苏丹的几位女性遭到"穿着不合体统"的指控，被判以监禁。还有几位女性因为穿牛仔裤而挨了十鞭（BBC，2009）。

上述虽然是特殊的例子，但事实上，世界上任何社会对女性的规范控制都比对男性的规范控制要严格一些。历史上，我们的社会把家庭置于女性生活的中心位置。甚至在今天的美国，女性在工作场所，在政治、运动和军事等领域的机会比男性要受到更多的限制。

在世界其他地方，正如前面的例子所表明的那样，对女性的限制依旧很多。在沙特阿拉伯，女性不能投票以及合法驾驶机动车；在伊朗，在公众场合露出头发或化妆的女性会遭受鞭刑；不久前，尼日利亚法院判定一名离婚女性未婚生子，并处以被石头砸死的死刑，之后出于对她孩子的体谅免除了死刑（Jeferson，2009；Giacomo，2015；Chan，2016）。

# 思考多样性：种族、阶级与性别

出于仇恨的犯罪的法律：惩罚的是行为还是态度？

在十月份一个凉爽的夜晚，19 岁的非裔美国人托德·米切尔与朋友们站在他们位于威斯康星州基诺沙的公寓楼前。他们刚看完电影《密西西比在燃烧》（*Mississippi Burning*），正因影片中白人男子殴打跪地祷告的黑人男孩的场景而愤怒。

米切尔问："你们想向白人采取一些行动吗？"几分钟后，他们看见街对面一个白人少年走向他们。米切尔喊道："来了一个白人。抓住他！"他们一窝蜂地包围了这个少年，把他打得鲜血淋漓。他们把这位被打得晕死过去的少年丢在地上，还拿走了他的一双网球鞋作为战利品。

警察很快逮捕了这群年轻人，指控他们打人。米切尔作为主犯接受了审判，陪审团认为他这种被种族仇恨所激发的恶性殴打他人的行为是有罪的。米切尔要在监狱服刑四年，而不是通常的两年刑期。

像这个案子所例证的，如果罪犯的动机是对某类人的偏见，出于仇恨的犯罪的法律对犯罪的惩罚会更严厉。赞同者给出了三个论据，以支持出于仇恨的犯罪的法律。首先，罪犯的意图在衡量犯罪的责任方面总是重要的，因此视仇恨为一种意图并不新奇。其次，出于仇恨的犯罪的受害者比出于其他目的的犯罪的受害者所受到的伤害更大。最后，被种族或者其他的偏见所激发的犯罪比为金钱而犯下的罪行更能点燃公众的情绪之火。

相反，批评者认为，虽然有一些出于仇恨的犯罪案例包括绝对的种族主义，但是大多数属于年轻人的冲动之举。批评者坚持认为，更为重要的是，出于仇恨的犯罪的法律对保证言论自由的"第一修正案"是一种威胁。出于仇恨的犯罪的法律允许法院不但针对行为而且还针对态度对犯罪进行判罚。哈佛大学法学教授艾伦·德肖维茨（Alan Dershowitz）提醒说："尽管我讨厌偏执，但我更害怕法院试图控制公民的思想。"简而言之，按照批评者的观点，出于仇恨的犯罪的法律适用于穷人，惩罚信仰盖过了惩罚行为。

1993 年，美国最高法院支持了对托德·米切尔的判罚。司法规定政府不应该惩罚个人的信仰，这是无异议的。但是他们推论，当信仰成为了犯罪动机的时候就不再受到保护。

**你怎么想？**

1. 你认为被仇恨激发的犯罪比被贪欲激发的犯罪更具危害性吗？为什么？
2. 你认为诸如非裔美国人之类的少数族裔应该和白人一样去服从出于仇恨的法律吗？为什么？
3. 你是支持还是反对出于仇恨的犯罪的法律？为什么？

资料来源：Terry（1993），Sullivan（2002），Hartocollis（2007）。

性别也是前文所提及的越轨理论的重要内容。例如，默顿的紧张理论根据经济成功来定义文化目标。传统上，至少这个目标与男性的生活有更大的关系，因为女性被教导着要根据关系，尤其是婚姻和母亲身份来定义成功（Leonard，1982）。更加关注女性的理论可能会认识到，平等的文化理念与基于性别的不平等现实相冲突时所产生的"张力"。

根据标签理论，性别影响我们如何定义越轨，因为人们一般都用不同的标准去判断男性和女性的行为。此外，因为社会把男性置于比女性更高的权力位置上，男性经常逃避那些伤害女性的行为所引起的直接责任。在过去，那些骚扰或侵害女性的男性只会被贴上"轻度越轨"的标签，有时候可以完全逃脱惩罚。

相反，那些受害的女性可能必须让他人（甚至是陪审团的成员）确信，她们遭遇性骚扰或性侵害不是她们自己的错。有研究证实了一个重要事实，即人们是否定义一种情形为越轨——如果是越轨的话，谁是越轨者——取决于观众和行为者的性别（King & Clayson，1988）。

最后，尽管社会冲突理论关注社会不平等，但是很多分析并没有涉及性别问题。像冲突理论提出的那样，如果经济上的劣势是犯罪的初级原因，为什么女性（其经济地位比男性更糟糕）犯罪远少于男性呢？

## 评论

根据社会冲突理论，资本主义社会在财富和权力方面的不平等形塑了法律及其适用方式。因而，刑事司法系统和社会福利系统充当了政治代理，控制了那些对资本主义制度造成威胁的人。种族冲突理论强调了一个事实，民族和族裔不同会让我们社会的某些成员显得越轨。同样，性别对于是否为越轨者的判定有很大影响。

像批评研究越轨的其他路向一样，也有人批评社会冲突理论。首先，马克思主义理论提出法律和其他的文化规范是由富人和有权势的人直接制定的。这种观点有点过于简单了，因为法律也保护工人、消费者和环境，有时候法律也反对公司和富人的利益。

其次，社会冲突分析认为，只有当一个社会对其成员的待遇不平等时，才会出现犯罪行为。然而，像涂尔干所说的，不管经济制度如何，不管社会的不平等程度如何，任何社会都存在越轨。

最后，请记住，虽然阶级、种族和性别仍然影响着定义越轨的过程，但相比一个世纪前，我们今天的社会已经在用更平等的方式去对待所有人。

**检查你的学习** 请用一句话解释社会冲突理论如何理解越轨。列出这种路向的一个局限性。

---

**应用理论**
越轨

| | 结构功能论 | 符号互动论 | 社会冲突论 | 种族冲突和女性主义理论 |
|---|---|---|---|---|
| **分析层次** | 宏观层次 | 微观层次 | 宏观层次 | 宏观层次 |
| **越轨的含义及其在社会中扮演的角色** | 越轨是社会组织的基本组成部分；社会通过界定越轨来规定其道德边界。 | 越轨是社会在互动中所建构的现实的一部分；当人们给某事物贴上越轨的标签的时候，越轨就会产生。 | 越轨是社会不平等的结果；包括法律在内的规范反映着社会上有权势的人的利益。 | 越轨是种族和性别不平等的结果；越轨标签更容易应用于女性和少数种族。 |
| **关于越轨的重要观点** | 越轨具有普遍性：所有的社会都存在越轨。 | 越轨是变化的：任何行为或个人都可能被贴上越轨者的标签，也可能不被贴上越轨者的标签。 | 越轨是政治性的：没有权势的人成为越轨者的风险很大。 | 越轨是控制的一种手段：有权势的人用它抹黑他人以达到控制的目的。 |

# 犯罪

## 10.5 认识美国以及全球犯罪模式

犯罪是指违犯了由地方、州或者联邦政府所颁布的刑法的行为。所有的犯罪由两个要素组成：行为本身（或在某些情况下，未按法律规定行事）和犯罪的目的（在法律术语中指犯罪意图或者犯罪心态）。目的是一个程度的问题，从故意行为到过失不一而足。因过失而犯罪的人并不是要去故意伤害某人，但是其行为（或者不作为）在某种程度上导致了伤害。例如，检举人在决定是否以一级谋杀罪、二级谋杀罪或者过失杀人罪去指控某人时，需要衡量犯罪目的的程度。或者，他们也认为有些杀人事件是有理由的，是自卫。

## 犯罪的类型

在美国，联邦调查局（FBI）收集关于犯罪的信息，并且定期在《美国的犯罪》（*Crimes in the United States*）上报告结果。两个主要的犯罪类型组成了美国联邦调查局的犯罪指标（crime index）。

**针对人身的犯罪**（crimes against the person），也称暴力犯罪，指对他人直接使用暴力或以暴力相威胁。暴力犯罪包括谋杀罪与非预谋杀人罪（法律上定义为"某人故意杀害另一个人"）、严重伤害罪（一个人为了施加严重的身体伤害而非法攻击他人）、强奸罪（违背他人的性意愿而对其进行性侵害）和抢劫罪（通过武力或使用武力或暴力的威胁，从一个人或几个人的照料、监护或控制下拿走或试图拿走任何有价值的东西，并/或使受害者处于恐惧之中）。

**针对财产的犯罪**（crimes against property），也称财产犯罪，指偷盗他人财产的犯罪。财产犯罪包括入室行窃（"非法进入某建筑物去实施严重的犯罪或者盗窃"）、盗窃（"非法取走、带走、诱导走或者运走他人的财产"）、偷盗汽车（"盗窃或者设法盗窃机动车辆"）和纵火（"任何故意或者恶意地烧毁或设法烧毁他人的私人财产的行为"）。

第三种犯罪没有包括在主要的犯罪指标之内，是**无受害人的犯罪**（victimless crime），违法行为中没有明显的受害人，也称"没有抱怨的犯罪"。无受害人犯罪包括非法使用毒品、卖淫和赌博。然而，无受害人犯罪这个术语是令人误解的。年轻人必须靠偷盗以继续吸毒，这是无受害者的犯罪吗？一位年轻的孕妇因为无节制吸烟而永久地伤害了她的婴儿，这又算什么情况呢？或许我们说实施这类犯罪的人既是罪犯又是受害人更准确一些。

因为公众对无受害人犯罪持有不同的看法，各个地方的法律也不一致。在美国，尽管赌博和卖淫只在极少数地区是合法的，但是这两类行为在整个国家都是普遍的。

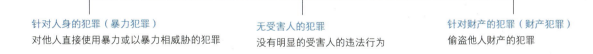

针对人身的犯罪（暴力犯罪）
对他人直接使用暴力或以暴力相威胁的犯罪

无受害人的犯罪
没有明显的受害人的违法行为

针对财产的犯罪（财产犯罪）
偷盗他人财产的犯罪

## 犯罪统计

联邦调查局收集的统计资料表明，从 1960 年到 1990 年，美国的犯罪率一直在上升，随后犯罪率开始下降。即便如此，警察计算出每年还是有 900 多万起严重犯罪。图 10-2 展示了各种严重犯罪的趋势。

阅读犯罪统计资料的时候总是要谨慎，因为犯罪统计资料只包括警察知道的犯罪。几乎所有的凶杀案都

图 10-2 1960—2015 年美国的犯罪率

曲线图描绘的是最近几十年间各种暴力犯罪和财产犯罪的犯罪率。大约自 1990 年以来,尽管 2015 年暴力犯罪率略有上升,但犯罪率一直呈下降趋势。

资料来源:U.S. Department ofJustice,Federal Bureau of Investigation(2016)。

会被报告,但是侵犯人身罪,尤其是相互认识的人之间,通常都没有被报告。警察对财产犯罪的记录甚至更少, 特别是损失较小的案件没有被记录。

研究者采用"受害人调查"来核对官方的犯罪统计资料,他们询问一个有代表性的样本,他们是否经历过犯罪侵害。 2015 年进行的受害人调查表明实际严重犯罪案件的数量是 2000 万,是警察报告显示的两倍多(U.S. Department of Justice,2016)。

## 街头犯罪:概况

使用政府的犯罪报告,我们能够对那些最有可能因为暴力和财产犯罪而被逮捕的人给出一个大体的类型描述。

**年龄** 官方的犯罪率在青少年时期急剧上升,在二十岁左右达到顶峰,然后随着年龄的增长而下降。 年龄处在 15 岁和 24 岁之间的人口只占美国人口的 14%,但在 2015 年这类人占所有因暴力犯罪而被逮捕的人的 33%,占所有因财产犯罪而被逮捕的人的 37%(U.S. Department of Justice,Federal Bureau of Investigation,2016)。

**性别** 尽管男女两种性别大概各占人口的一半,但警察在 2015 年所逮捕的财产犯罪罪犯中有 62% 是男性,女性只占 38%。换句话说,因为财产犯罪而被捕的男性数量几乎是女性的 1.6 倍。在暴力犯罪案件中,男女性别间的差异甚至更大,因暴力犯罪而被逮捕的罪犯中,男性占约 80%,女性只占约 20%(4:1 的比例)。

我们怎样去解释这类明显的性别差异?或许是一些执法官员不愿把女性定义为罪犯。事实上,就全球范围来看，男女两性在犯罪率上的最大差异发生在那些对女性的机会限制得最严格的社会。然而在美国，男女两性在逮捕率上的差异在减小，这可能说明美国社会的性别平等程度在增加。在 2006 年到 2015 年，因财产犯罪被捕的女性数量上升了 20%，而被逮捕的男性数量下降了 11%（U.S. Department of Justice，Federal Bureau of Investigation，2016）。

**社会阶级**　美国联邦调查局没有评定被逮捕的人所属的社会阶级，所以得不到类似于按年龄和性别来统计犯罪分布那样的统计数据。但是研究始终显示，街头犯罪在社会地位较低的人群中更普遍一些（Thornberry & Farnsworth，1982；Wolfgang，Thornberry & Figlio，1987）。

然而，阶级和犯罪之间的联系比它表面上所表现出来的更复杂。首先，许多人认为穷人没有富人那么有价值，富人的财富和权力赋予其"尊敬"的地位（Tittle，Villemez & Smith，1978；Elias，1986）。尽管犯罪，尤其是暴力犯罪，在最穷的市区是一个严重的问题，但是这些犯罪的大多数都是少数惯犯所为。生活在贫穷地区的多数人根本就没有犯罪记录（Wolfgang，Figlio & Sellin，1972；Elliott & Ageton，1980；Harries，1990）。

最近的一项研究发现，受教育程度较高的罪犯比其他受教育程度较低但犯下同样罪行的人入狱的可能性更小。在被送进监狱的人中，受教育程度较高的罪犯比受教育程度较低的罪犯的刑期更短（Franklin，2017）。

社会身份和犯罪之间的联系也取决于犯罪的类型。如果我们不局限于街头犯罪，扩大犯罪的定义，把白领犯罪和公司犯罪也包括在内的话，"普通罪犯"似乎就突然变成了一名住在 1 亿美元房子里的人。

**种族和族裔**　种族和族裔与犯罪率有很强的联系，尽管其原因很多且很复杂。官方的统计资料显示，在 2015 年因为触犯了联邦调查局"犯罪指标"中已有的罪名而被逮捕的人当中有 70% 是白人。然而，按照各自在美国的总人口中所占的比例，非裔美国人的被捕率比白人的被捕率更高。非裔美国人占美国人口的 12.4%，但因为财产犯罪而被捕的人当中，非裔美国人占 28%（白人占 69%）（U.S. Department of Justice，Federal Bureau of Investigation，2016）。

这种被逮捕的非裔美国人与非裔美国人总人口不成比例的现象有几个原因。第一，种族在美国是与社会地位紧密相联的，像我们已经解释的那样，这影响着参与街头犯罪的可能性。许多穷人会感觉到社会是不公平的，因而更可能诉诸犯罪来获得他们的那部分财富（Blau & Blau，1982；Anderson，1994；Martinez，1996）。

第二，黑人和白人的家庭模式不同：71% 的非西班牙裔黑人的孩子（相对的，53% 的西班牙裔孩子和 29% 的非西班牙裔白人孩子）是单身母亲所生。单亲家庭会带来两种风险：孩子得到的监管少，生活在贫穷中的风险更大。有接近 33% 的非裔美国人的孩子是在贫困的家庭中长大的（白人孩子的相应比例是 12%），因此谁也不会对非裔美国人如此高比例的犯罪率感到惊讶（U.S. Census Bureau，2016；Martin et al.，2017）。

第三，偏见促使白人警察更容易去逮捕黑人，也促使市民更情愿去告发非裔美国人，因此有色人种犯罪数量如此之多（Chiricos，McEntire & Gertz，2001；Quillian & Pager，2001；Demuth & Stefensmeier，

一个社会允许或取缔的行为有时候看起来非常微妙。比如，几乎每个地方都禁止卖淫嫖娼。但电影制片人付费让人在摄像机前进行性爱行为却完全合法。你认为为什么会这样？

"你看起来像这幅素描中正在考虑实施犯罪的某个人。"

第四，要记住官方的犯罪指标不包括那些因为酒后驾车、白领违法行为等罪行的逮捕。这种统计上的遗漏助长了把有色人看作典型的罪犯的观点。如果我们把犯罪的定义放宽一些，把酒后驾车、商业欺诈、贪污、股票诈骗和偷税漏税等包括进来，白领罪犯的比例就会急剧上升。

我们也要切记，那些被逮捕率高的群体成为犯罪牺牲品的风险也更高。例如，在美国，非裔美国人死于被杀害的可能性几乎是白人的 6 倍（Rogers et al.，2001；Kochanek et al.，2016）。

2004）。

最后，某些人群的被逮捕率异乎寻常地低。亚裔占总人口的大约 5.6%，但其被逮捕的人数只占所有被逮捕的人数的 1.5%。像第十五章（"种族与族裔"）所解释的那样，亚裔美国人有比平均水平更高的教育成就和收入。亚裔美国人的文化也强调家庭团结和纪律，这两者都抑制了犯罪行为。

## 全球化视野下的犯罪

按世界的标准，美国的犯罪率是高的。尽管最近的犯罪率趋于下降，但在 2015 年美国仍然有 15696 起谋杀案，这意味着每隔 34 分钟就有 1 起谋杀案发生。在诸如纽约之类的美国大城市，几乎没有哪一天没有人被杀害。

美国的暴力犯罪率和财产犯罪率比欧洲高几倍。这方面的差异在美国和亚洲国家之间就更大了。尤其是日本，日本的暴力犯罪率和财产犯罪率在世界上是最低的。日本的致命枪支暴力率非常低。最新的统计数据显示，日本一年内只有 6 起与枪支有关的死亡（包括凶杀、自杀和意外枪击），而美国则有 30000 多起。日本禁止持有手枪，并严格管制步枪和霰弹枪（Low，2017）。

埃里奥特·柯里（Elliott Currie，1985）提出，犯罪根源于我们的文化对个人经济成功的强调，且经常以损害牢固的家庭和邻里关系为代价。美国也拥有非同一般的文化多样性，这是几个世纪的移民的结果，当然这也可能导致冲突。另外，美国经济上的不平等比其他大多数高收入国家都严重。因此，我们社会相对薄弱的社会结构，加上穷人相当大的挫折感，增加了犯罪行为水平。

助长美国社会的暴力的另外一个因素是私人普遍拥有枪支。研究表明，美国 72% 的被谋杀者死于枪杀。美国枪杀死亡率约是加拿大的 7 倍多，加拿大严格限制私人拥有手枪。在最近几年中，美国历史上因枪杀死亡的人数（一直在上升）预计将首次超过因交通事故死亡的人数（一直在下降）（Goodwin，2012；Statistics Canada，2016）。

一个现象能给人希望，在美国各个地区，私人拥有枪支的数量逐渐下降。在 20 世纪 70 年代，一半的美国家庭至少拥有一支枪。到 20 世纪 90 年代中期，这一比例下降到约 40%。最新的调查表明，仅有三分之一的美国家庭拥有一支或多支枪。尽管如此，美国的枪支数量（约 3 亿）依旧比成年人口的数量多，这些枪支的 40% 是那种通常在暴力犯罪中使用的手枪。在很大程度上，枪支所有权反映人们对犯罪的恐惧，然而容易在这个国家获得枪支也使犯罪更具致命性（NORC，2013：438；Pew Research Center for the People & the Press,

2015）。

枪支管制的支持者指出，严格限制枪支所有权将减少美国的谋杀数量。例如，法律禁止绝大多数人拥有枪支的国家加拿大（604）每年谋杀案件的数量低于纽约（632）、芝加哥（679）和洛杉矶（649）的谋杀案件数量。但是像枪支管制的批评者所指出的，法律控制枪支所有权还是会让枪支落入犯罪分子手中，罪犯几乎总是能够非法地获得枪支。枪支管制在打击犯罪的斗争中并不是什么"灵丹妙药"：每年被刀杀害的美国人的数量是被各种类型的武器杀害的加拿大人的数量的 2.6 倍（Munroe，2007；Statistics Canada，2016；U.S. Department of Justice，Federal Bureau of Investigation，2016）。

当诸如销售非法毒品等经济活动发生在法律调节的边界之外，人们更可能采用暴力而不是通过法庭解决纠纷。在中美洲，与毒品相关的暴力导致其谋杀率达到世界最高水平。

犯罪率在一些世界级大城市是很高的，包括秘鲁的利马、巴西的圣保罗和菲律宾的马尼拉，这些城市的人口增长迅速，而且有数百万的绝对贫困人口。然而，在大城市之外，低收入社会的传统特征和他们牢固的家庭关系使地方社区可以用非正式的方式控制犯罪。

某些犯罪类型一直是跨国性的，诸如恐怖主义、间谍、军火走私（Martin & Romano，1992）。但是我们今天在许多方面正在经历的全球化也延伸到了犯罪。非法的毒品交易是近来的一个例子。在一定程度上，美国的非法毒品问题也是一个"需求"问题。也就是说，可卡因和其他毒品在美国的需求大，许多人为了抓住致富的机会冒着被逮捕甚至死亡的风险去从事毒品交易。但是供给与需求一样重要。在墨西哥、哥伦比亚和其他国家活动的毒品组织不仅为"毒枭"带来了巨大财富，而且在许多国家的经济产出中占据了相当大的份额。很明显，毒品交易和许多其他的犯罪与美国和其他地方的社会经济环境密切相关。

不同的国家有不同的对付犯罪的策略。死刑便是一个例子。根据部分国家的相关报告，2015 年有 1634 例死刑记录在案，其中超过 90% 的死刑发生在伊朗、沙特阿拉伯和巴基斯坦，全球的趋势是趋向于废止死刑，世界上三分之二的国家已经禁止死刑（Amnesty International，2016）。

# 美国的刑事司法系统

**10.6** 分析刑事司法系统的运行机制

刑事司法系统是一个社会正式的社会控制系统。我们将简要地介绍美国的刑事司法系统的关键要素：警察、法院和惩罚与矫正系统。然而，我们首先要理解处于整个系统根本层面的重要原则，即程序正当的理念。

## 程序正当

程序正当是一个简单但是又非常重要的理念：刑事司法系统必须在法律的范围内操作。这一原则的基础是国会于 1791 年通过的美国宪法的前十条修正案，即我们所知道的《权利法案》。美国宪法给受犯罪控诉的任何人提供各种各样的保护，包括请律师的权利、拒绝提供不利于自己的证词的权利、与原告对峙的权利、同一桩罪行不接受第二次审判的自由，以及"未经正当法律程序，不得剥夺其生命、自由或财产"。此外，美国宪法赋予所有人由陪审团进行快速和公开审判的权利，以及免于过度保释和免于"残忍和不寻常"惩罚的自由。

在一般的术语中，程序正当这个概念意味着受到犯罪控诉的任何人必须：（1）收到明确的法律诉讼通知；（2）有机会在必须依法进行的指控听证会上提出辩护；（3）由法官或陪审团公正地衡量证据（Inciardi，2000）。

程序正当限制了政府的权力，着眼于这个国家对个人的权利和自由的文化支持。决定政府到底能走多远是一个持续的过程，这也构成了司法系统，特别是美国最高法院的大部分工作。

此外，请记住，总统有权任命法官担任包括美国最高法院在内的高等法院的职位，这为美国法律和司法程序的修改提供了机会。现任联邦法官较高的平均年龄，以及历史上各法院的大量空缺职位表明，现在的总统将有机会在未来几年影响法律系统（Katz，2017）。

### 警察

警察是刑事司法系统和社会人口之间的重要纽带。原则上，警察通过执法来维持公共秩序。当然，要监管 3.21 亿人的行为，美国的 635781 名全职警官要做的事情实在太多。因此，警察在对于哪些情形要加以注意和如何处理这些情形等方面会使用大量的个人判断。

警察如何履行他们的职责呢？在一项对五个城市的警察行为的研究中，道格拉斯·史密斯和克里斯蒂·维舍（Smith & Visher，1981；Smith，1987）认为，因为警察必须行动迅速，他们会根据六个方面的因素很快地对情形进行估计。第一，警察认为情形越严重，就越有可能实施逮捕。第二，在决定是否实施逮捕方面，警察会考虑受害人的意愿。第三，嫌疑犯越是不合作，被逮捕的可能性就会越大。第四，警察更可能"关照"那些有被捕记录的人，可能是因为被捕记录表明有犯罪嫌疑。第五，有旁观者在场会增加逮捕的可能性。根据史密斯和维舍的说法，如果把这种遭遇从大街上（嫌疑犯的地盘）转移到警察局（执法人员在这里有优势），有旁观者在场会促使警察对情形采取更强硬的控制。第六，即使其他条件相同，警察逮捕有色人种的可能性比逮捕白人的可能性要大，他们觉得非裔或拉美裔嫌疑犯要么更危险，要么更有犯罪嫌疑。

如果警察想要有效地处理他们每天所要面对的众多不同的情形，就必须要有判断力。同时，警察公平待人也很重要。2014 年，斯塔滕岛的警察拿下非法贩卖香烟的埃里克·加纳（Eric Garner）后，其中一名警察对他锁喉，致其死亡。应该用什么样的标准去指导警察使用武力来限制犯罪嫌疑人？

### 法院

逮捕以后，法院判定嫌疑犯有罪或无罪。在原则上，美国法院采用一种对抗性的程序，涉及两名代理人（一名律师代表被告，一名检察官代表这个州），法官对法律程序进行监督。

然而在实践中，约 97% 的违法案件在法院开庭审理之前就通过"**辩诉交易**"（plea bargaining）解决了。辩诉交易是一种法律谈判，即检察官减少指控，以换取被告的有罪答辩。例如，州政府可以向一名被指控入室行窃（或许是拥有入室行窃的工具）的被告提出较轻的指控，以换取对方的有罪答辩（U.S. Department of Justice，2016）。

辩诉交易是很普遍的，因为这为刑事司法系统节省了审判的时间和费用。如果对案件的事实没有什么分歧，审判通常就是没必要的。另外，因为进入刑事司法系统的案件数量在成倍地增长，公诉人即使有心，也无力起诉每一桩案件。大部分的工作得以快速解决，法院可以把他们的资源整合到更重要的案件当中去。

但是辩诉交易强制被告（假设被告无罪）进行有罪辩护。一个人可以在审判中行使他的权利，只是要承担这样的风险：一旦被查明有罪，就要遭到更严重的判罚。而且，低收入的被告是在公设辩护人的指导下进入审判程序的，这些律师通常工作过度而所得报酬又过低，他们甚至对最严重的案件也只投入很少的时间。在 2012 年的一项决定中，美国最高法院认识到，尽管认罪谈判也许有效，但它可能通过削弱对抗性程序和被告的权利而损害了程序正当。

电视剧《金装律师》（Suits）展示了刑事司法系统会仔细权衡被告是有罪还是无罪。但正如此处所解释的那样，仅有 3% 的刑事案件是通过正式审判得以解决的。

## 惩罚

2015 年，一名失业的 21 岁白人男子戴伦·鲁夫走进南卡罗来纳州查尔斯顿的伊曼纽尔非裔卫理公会教堂。他在信徒中间坐下，然而，他不是来祈祷的。他怒不可遏地拿起手枪，开始向周围的人开枪。过了一会儿，戴伦·鲁夫逃离教堂，现场有 9 人死亡。这是美国历史上最令人心寒的出于仇恨的犯罪之一（Waters & Berman，2016）。

诸如此类的案件促使我们去思考导致这类暴力事件的原因是什么，也促使我们去考虑社会对于此类行为应该做出何种反应。在查尔斯顿教堂谋杀案中，包括谋杀 9 人在内的 33 项罪名皆成立。2017 年，戴伦·鲁夫被判处死刑。

一个社会为什么要惩罚做了坏事的人呢？学者认为有四种基本的理由：报应、威慑、再造和社会保护。

**报应** 惩罚的最古老的理由是满足人们对**报应**（retribution）的需求，报应是一种道德的复仇行为，通过这种行为，社会让罪犯遭受与其罪行所造成的痛苦同样多的痛苦。报应建立在将社会视作道德系统的基础上。当犯罪行为颠覆了社会的道德平衡，社会要用同等标准的惩罚来修复道德秩序，就像谚语所说的那样："以眼还眼，以牙还牙。"

在中世纪，多数欧洲人把犯罪视为罪恶——对上帝和社会的冒犯，需要做出严厉的回应。在今天，尽管批评家指出报应对于罪犯改过自新没有什么作用，但是许多人认为复仇构成了惩罚的充分原因。

**威慑** 惩罚的第二个理由是**威慑**（deterrence），即设法通过惩罚来阻碍犯罪行为。威慑基于 18 世纪的启蒙思想，即人类作为精打细算的理性生物，如果认为惩罚的痛苦超过了犯罪的快乐，就不会违法。

威慑是作为一种改革措施出现的，以应对基于报应的严厉惩罚。如果偷窃可以通过监狱判决阻止，为什

惩罚的四种理由

**报应** 一种道德的复仇行为，通过这种行为，社会让罪犯遭受与其罪行所造成的痛苦同样多的痛苦

**威慑** 设法通过惩罚来阻碍犯罪行为

**再造** 一项改造罪犯以防止以后犯罪的方案

**社会保护** 通过监禁使罪犯暂时失去继续犯罪的能力，或通过处决使罪犯永久失去犯罪的能力

总结

惩罚的四种理由

| 报应 | 惩罚最古老的理由。惩罚是社会对道德过错的复仇。原则上，惩罚应与罪行本身的严重程度相同。 |
|---|---|
| 威慑 | 近现代的惩罚方式。犯罪被认为是社会需要控制的社会破坏行为。人被看作是理性的和自利的。威慑是能起作用的，因为惩罚的痛苦超过了犯罪的快乐。 |
| 再造 | 与社会科学的发展相联系的现代策略。犯罪被认为是社会问题（例如贫穷）或者个人问题（例如精神疾病）的结果。社会条件在改善，处理方式因犯人的具体情况而异。 |
| 社会保护 | 比再造更容易执行的现代方式。如果社会不能或不愿再造罪犯或者改革社会状况，人们可以通过监禁或处决罪犯而得到保护。 |

么还要因为偷窃而将人处死呢？随着威慑这一概念在工业国家得到认可，在大多数高收入社会中，处决和伤害罪犯肢体的做法被监禁等较温和的惩罚形式所取代。

惩罚能在两方面威慑犯罪。特殊的威慑被用于说服个别罪犯，让他们相信犯罪是不合算的。通过一般的威慑，惩罚一个人可以起到警示他人的作用。

**再造**　惩罚的第三个理由是**再造**（rehabilitation），即一项改造罪犯以防止以后犯罪的方案。再造是与 19 世纪的社会科学一起发展的。从那时起，社会学家就主张犯罪和其他的越轨行为源于以贫穷和缺乏父母监管为特征的社会环境。在逻辑上，如果罪犯的越轨行为是后天习得的，那么他们也能够学会遵守规范，问题的关键在于控制他们的环境。少管所或者感化院提供了受控制的环境，人们在那里可以学习到正确的行为（回忆第五章"社会化"对机构的描述）。

如同威慑那样，再造鼓励罪犯遵从规范。与只是给罪犯制造痛苦的威慑和报应相反，再造鼓励建设性的进步。报应要求惩罚与罪行相匹配，而再造则不同，它根据每个罪犯的个别情况来进行处理。这样，同样的罪行会促使类似的报应行为，但有着不同的再造方案。

**社会保护**　惩罚的最后一个理由是**社会保护**（societal protection），即通过监禁使罪犯暂时失去继续犯罪的能力，或通过处决使罪犯永久失去犯罪的能力。像威慑那样，社会保护是一种理性的惩罚方法，旨在保护社会免受犯罪之害。

当前，美国有大约 220 万人被监禁。这一数字自 2009 年达到峰值 230 万以来略有下降，但比 1980 年高出四倍多。换句话说，尽管犯罪率自 20 世纪 90 年代初以来有所下降，但全国各地被关押的罪犯数量却大幅上升。监狱人口的增加反映了公众对待犯罪的态度更加强硬，以及法院判处的刑罚更加严厉。这一趋势也体现了与毒品有关的逮捕数量的增加——在所有联邦囚犯中，近一半的人因毒品犯罪服刑。结果就是，美国现在每 150 人中就有一人被监禁，其比例比世界上其他国家（除了塞舌尔小岛国）都大，这导致一些批评者声称美国是一个"监禁国"。虽然几十年前颁布的"强硬"（get-tough）政策最初因减少了街头犯罪而受到称赞，但现在分析家认为，将这么多人送往监狱实际上可能推高了贫穷率（Zakaria，2012；Tierney，2013；Kaeble & Glaze，2016；Institute for Criminal Policy Research，2017）。

## 评论

总结表回顾了惩罚的四种理由。然而，对惩罚效果进行精确评估并不是一个简单的任务。

报应的作用在于涂尔干所主张的通过惩罚越轨者来增强社会的道德意识。出于这一原因，惩罚在传统上是一个公共事件。尽管美国最后一次公开处决发生在 80 多年前的肯塔基州，但今天的大众传媒确保了公众对监狱内执行的死刑的认识（Kittrie，1971）。

惩罚威慑了犯罪吗？尽管我们大量使用惩罚，美国社会的**累犯**（criminal recidivism）的概率依然很高，即先前被判罪的人后来再犯罪。州立监狱里的犯人四分之三有被监禁的前科，被释放的人有三分之二在三年内又被逮捕（Deina & Arvanites，2002；U.S. Department of Justice，2014）。如此看来，惩罚真正地威慑了犯罪吗？根据调查，所有犯罪中只有 47% 的暴力犯罪和 35% 的财产犯罪为警察所知，而被警察所知的这些犯罪中，只有不到一半（46%）的暴力犯罪问题和五分之一的财产犯罪问题以逮捕的方式被解决。当我们意识到多数罪犯都逃脱了惩罚时，习语"恶有恶报"（crime does not pay）听起来就不可信了。

监狱通过不让罪犯接近社会来提供短期的社会保护，但是对长远改造态度和行为没有什么作用（Carlson，1976；R. A. Wright，1994）。或许在监狱中再造是不切实际的愿望，因为根据萨瑟兰的差别接触理论（Sutherland，1940），把罪犯关押在一起数年可能会强化犯罪的态度和技能。被关进监狱也给罪犯打上了污名的烙印，出狱后难以找到工作（Pager，2003）。此外，监狱割裂了罪犯与外面的社会关系纽带，根据赫希的控制理论（Hirschi，1969），这让罪犯们更可能一被释放又犯下新的罪行。

**检查你的学习** 社会进行惩罚的四种理由是什么？把犯人关进监狱就能实现每一项吗？为什么？

## 死刑

在惩罚所涉及的问题里面，或许最具争议的是死刑问题。1977 年至 2017 年间，美国的法院判处了近 8000 人死刑，其中 1442 起死刑得以执行。

有 31 个州的法律允许对犯一级谋杀罪之类的罪犯处以重刑。尽管多数州都允许死刑，但在 2016 年只有 5 个州执行了死刑。在 2016 年，整个美国有 2910 名死囚，加利福尼亚、得克萨斯、佛罗里达和阿拉巴马这四个州就占了一半以上。仔细观察的话会发现，超过一半的死刑判决是在美国仅 2% 的县下达的（von Drehle，2015；Death Penalty Information Center，2016）。

死刑的反对者指出，有研究表明，作为一种犯罪的威慑力，死刑的价值是有限的。诸如加拿大之类的禁止死刑的国家，并未见到谋杀案数量的上升。批评者们还指出，美国是唯一定期执行死刑的西方高收入国家。公众对死刑日益关注，死刑却在逐渐减少，从 2000 年的 85 例降到 2016 年的 20 例。

民意调查显示，公众在对谋杀罪使用死刑的问题上存在分歧。美国成年人中支持使用死刑的比例（49%）一直在下降（Eagan et al.，2015；Pew Research Center，2016）。在美国司法系统中也发现了这种对死刑的支持率下降的情况。支持死刑的法官、刑事检察官和陪审团成员也越来越少。其中一个原因是，近年来犯罪率在下降，公众对犯罪的畏惧感在降低，实行最严厉的惩罚的压力也变小了。

第二个原因是，公众更加关注死刑执行的公平性。运用最新的 DNA 分析技术检测旧的犯罪现场的证据，可以发现许多犯罪嫌疑人因误判而定罪。整个美国，在 1973 年到 2017 年期间，有超过 157 人在判处死刑后得以释放，包括 20 人经新兴 DNA 技术检测后证明了自己的清白。截至 2015 年，对死刑公平性的关注让俄勒冈州、华盛顿州、科罗拉多州和宾夕法尼亚州宣布暂停执行死刑，这项决议直到 2017 年仍有效。死刑支持率下降的第三个原因是，现在更多的州允许法官和陪审团对重刑犯判处不得假释的终身监禁。这种惩罚不需要执行死

为了增加威慑犯罪的惩罚力量，死刑长期都是公开执行的。这张照片是美国最后一次公开执行死刑的情景：1937 年 8 月 16 日，22 岁的雷尼·贝西亚（Rainey Bethea）站在肯塔基州的欧文斯伯勒的一个绞刑台上，等待被处死，周围挤满了孩子和大人。现在因为大众传媒在全美范围内报道处决事件，各州就不公开执行死刑了。

刑，社会也免受颇具危险性的犯罪的侵害。

最后一个原因是，鉴于起诉死刑案件的成本高昂，现在许多州都回避死刑。死刑案件要求进行大量的法律工作，需要优秀的辩护律师，而且往往是由政府出资。此外，这类案件通常需要各类"专家"（包括内科医生、精神科医生）提供证词，支付给专家的费用也会增加审判成本。再者，有许多上诉的费用，这些上诉几乎总是在引致死刑判决的定罪之后进行。所有这些因素综合起来，死刑的成本明显要超过判处终身监禁。因此，也就不难理解各州为什么都选择回避死刑（Dwyer，2011）。

不过，支持保留死刑的呼声仍在继续。2016 年，加州人民推翻了第 62 号提案，该提案提议在该州废除死刑（Kosef，2016）。2017 年，美国最高法院拒绝了审查阿拉巴马州使用死刑的请求。正如本章开头所指出的那样，美国使用死刑的情况似乎可能会继续减少。但几乎没有证据表明，美国最高法院（尤其是在特朗普政府的领导下）可能会很快废除这种做法。

## 社区矫正

监狱让罪犯无法接近街道，但是有证据表明，这对多数罪犯的再造并没有什么作用。此外，监狱的运转需要昂贵的成本。研究表明，监禁一个罪犯一年，监狱需花费大约 31978 美元，这是除开最初的建造监狱设施以外的支出（Federal Register，2016）。

**社区矫正**（community-based corrections）是传统监狱的一种替代方案，即在社会中而不是在监狱高墙内实施的矫正方案。全美有许多城市和州已经采用了社区矫正。社区矫正有三个优势：减少成本；减轻监狱里犯人的过度拥挤状况；在做到监管罪犯的同时还能消除罪犯的牢狱之苦和因其缠身的污名。一般而言，社区矫正与其说是惩罚还不如说是改造。因此，这类项目通常提供给那些罪行不严重的犯人和看起来将来继续犯罪的可能性不大的犯人。原则上，社区矫正可以降低刑事司法系统的成本，然而，有限地实施这种做法并没能导致该国的囚犯人口显著下降（Vera Institute of Justice，2012）。

**缓刑**　社区矫正的一种形式是缓刑，即一项允许被定罪的罪犯在法院规定的条件下留在社区的政策，包括定期监督。法院可以要求缓刑犯接受咨询服务、参加戒毒计划、参加劳动、避免和那些"臭名昭著的罪犯"取得联系，或者做其他法官认为适当的一切事情。通常，缓刑犯必须按既定的日程计划定期到法官（缓刑监督官）那里报到，以确保各项方针得到了遵循。如果缓刑犯不能适应法院规定的各项条件或者犯下了新的罪行，法院可以撤销缓刑，收监关押。

**震慑式缓刑**　有一种相关的策略是震慑式缓刑，即法官判定罪犯接受短时间的监禁，然后延缓余下的刑期，实行缓刑。震慑式缓刑是监禁和缓刑的组合，目的是在不进行全面监禁的情况下，让罪犯认识到情况的严重性。在一些案例中，震慑式缓刑在一种特殊的"劳教营"场所中被采用，犯人可能会在军事化的环境中度过 1 ~ 3 个月的时间，目的是教导犯人遵守纪律和权威（Cole & Smith，2002）。

**假释** 假释是一项将因犯从监狱中释放出来，在假释官的监督下在当地社区服完剩余刑期的政策。尽管一些判罚明确地否认了假释的可能性，但多数罪犯在服完一定的刑期以后都符合了假释的条件。届时，假释委员会会评估提前释放罪犯的风险和益处。如果允许假释，假释委员会会监视罪犯的行为，直到刑期结束。如果罪犯没能遵守假释的条件，或者因为其他的罪行被逮捕，假释委员会可以撤销假释，重新把罪犯关进监狱直至服完刑。

**惩罚的附带损害** 以社区为基础的矫正不仅可以减少惩罚对因犯的影响，还可以减少对其家庭成员和朋友的影响。当刑事司法系统逮捕、起诉和监禁某人时，其家庭成员可能会遭受巨大损失。这种痛苦——惩罚的"附带损害"——往往超出了失去亲人的范畴。如果丈夫入狱，其伴侣可能不得不辍学以赚取收入来照顾家庭，家庭也很可能会陷入贫困（Dewan，2015）。

## 评论

研究人员对缓刑和假释的作用做了深入的研究，他们对缓刑和假释的评价并不一致。毫无疑问，这些方案比传统的关押更经济一些，也为重刑犯腾出了监狱空间。然而有研究指出，尽管缓刑和震慑式缓刑看起来对某些人奏效，但并没有明显地减少累犯的数量。对于监狱人员来说，假释也是一种鼓励因犯良好行为的手段。但是那些被假释的人的犯罪率还是很高，以致许多州彻底地停止了假释方案。

**检查你的学习** 社区矫正有哪三种类型？它们各自的优点是什么？它们各自的局限在哪里？

这些评价指出了一个让人清醒的事实：刑事司法系统不能消除犯罪。像在"争鸣与辩论"专栏中所解释的那样，尽管警察、法院和监狱能影响犯罪率，但犯罪和其他形式的越轨不仅仅是"坏人"的行为，而且还能反映社会自身的运作模式。

# 争鸣与辩论

## 暴力犯罪率在下降，但原因何在？

杜安：我学的是刑事司法专业，我想当个警察。美国的犯罪太严重了，警察要努力降低犯罪率。

珊迪：我学的是社会学专业。关于犯罪率，我认为没有那么简单……

20 世纪 80 年代，犯罪率急剧上升。几乎每个人都生活在对暴力犯罪的恐惧中。在许多大城市，死亡和受伤的人数使整个社区看起来像个战区。人们对这个问题似乎束手无策。

然而在 20 世纪 90 年代，严重犯罪率开始下降，到 2015 年，其下降速度甚至达到了自 60 年代后期以来的最高水平。为什么呢？研究者指出了几个原因。

犯罪率下降的原因之一是这个国家有超过 200 万人被关进了监狱。这已经引起了监狱设施的过度拥挤，例如上图中加利福尼亚的奇诺市监狱。

1. 年轻人口的减少。我们已经注意到，要对暴力犯罪负责的往往是年轻人（尤其是男性）。在 1990—2000 年，年龄在 15 岁到 24 岁的人口下降了 5%（部分原因是堕胎在 1973 年合法化）。

2. 警察的变化。犯罪率的下降（以及之前犯罪率的上升）大部分都发生在大城市。纽约市的谋杀案，从 1990 年的 2245 起下降到 2014 年的 333 起。犯罪率下降的部分原因是，纽约市采用了一项社区治安政策，该政策意味着警察不仅仅只关心实施逮捕，还要关心在犯罪发生前预防犯罪。警察熟悉他们巡逻的地区，阻止年轻人在外闲荡或其他较轻微的违规行为，这样警察能够查出他们藏起来的武器（有消息称携带枪支会被逮捕），在大城市里工作的警察也更多。在 20 世纪 90 年代，洛杉矶的警察加起来超过了 2000 名，在那个时期他们为洛杉矶下降的暴力犯罪率做出了贡献。

3. 更多的囚犯。从 1985 年到 2016 年，美国监狱里的囚犯数量从 75 万名飙升到 210 万名。囚犯增加的主要原因是法律严格要求许多犯罪都要判罚监禁，尤其是毒品犯罪。大规模的监禁有了效果。如一位分析家所提出的："如果再关押 100 万人，犯罪率就会受到影响。"（Franklin Zimring, quoted in Witkin, 1998：31）

4. 较好的经济状况。美国的经济在 20 世纪 90 年代繁荣起来了。失业的人数减少，更多的人找到了工作，这减少了一些人由于经济上的绝望状况而走向犯罪的可能性。其中的逻辑很简单，即更多的就业等于更少的犯罪。政府数据显示，随着经济的改善，犯罪率呈下降趋势。

5. 毒品交易的减少。许多分析家认为，暴力犯罪率下降的最重要因素是毒品可卡因的交易减少。可卡因大约是在 1985 年出现的，当年轻人（尤其是市中心区的年轻人和越来越多的携带枪支的年轻人）参与盛行的毒品交易时，暴力就蔓延开来。然而，在 20 世纪 90 年代早期，随着人们明白了可卡因给整个社会带来的危害，可卡因的流行度开始下降。这种认识，连同经济的稳步改善和对毒品犯罪的更严厉的判罚，有助于暴力犯罪的减少。

这张图片看起来更像 10 年或者 20 年前的情况。但是也有研究者警告说："现在似乎好了一些……那只是因为 20 世纪 90 年代早期的情况太糟糕了。因此，我们不能自欺欺人地认为一切问题都解决了。还早着呢！"

你怎么想？

1. 你支持社区矫正的政策吗？为什么？
2. 你认为建造更多监狱的支持者和反对者的论据是什么？
3. 这里所提到的所有因素中，你认为哪种因素对犯罪控制来说是最重要的？哪种因素是最不重要的？为什么？

资料来源：Winship & Berrien（1999），Donahue & Leavitt（2000），Rosenfeld（2002），Liptak（2008），Mitchell（2008），Antlinger（2009），U.S.Department of Justice（2014），Federal Bureau of Investigation（2014），Kaeble & Glaze（2016）。

## 日常生活中的社会学

英雄和恶棍：帮助我们（至少是大多数时候）遵守规则

像本章所解释的那样，每个社会都有一套社会控制系统，鼓励遵守社会规范，阻止越轨或违规行为。一方面，社会通过建构英雄和恶棍形象来实现这个目的。理所当然，英雄是我们应该"憧憬"并作为榜样的人。恶棍不是榜样，被人们"看不起"，他们作为"反英雄"，给我们提供反例。各类组织创造英雄和恶棍，以指导日常行为。在下面的例子中，谁被塑造成了英雄？为什么？在我们的生活中，鼓励我们遵从的价值和行为是什么？

高等院校用各种各样的方式制造英雄。在这里我们看到一名学生在颁奖典礼上领奖。你的大学认为什么是英雄行为？获得各种荣誉或赞美就是英雄吗？为什么？高等院校又是如何制造恶棍的？

宗教组织也使用英雄形象去鼓励某种行为和信仰。罗马天主教教堂把圣母玛利亚和1万多名善男信女定义为"圣徒"。一个人可能因为什么原因才能获得这个荣誉呢？圣徒为我们其他人做了什么？

许多运动都有自己的名人堂。传奇勇猛的棒球手贝比·鲁斯（Babe Ruth）享有非同一般的地位，去纽约市库珀斯敦的棒球名人堂瞻仰其人像的小孩络绎不绝。是什么品质使一个运动员成为传奇？仅仅是某个人能把棒球击打得有多么远那么简单吗？

**提示**　在一个没有英雄和恶棍的社会，没有人会关心人们如何思考或者如何行动。社会制造英雄作为榜样，鼓励我们去追随。社会通过强调某个人生活的一个方面而忽视其他的许多方面去塑造英雄。例如，贝比·鲁斯是一名伟大的棒球运动员，但是他的私生活有时候并不令人称道。或许正是出于这个原因，天主教教堂从不考虑把某个活人列为圣徒的候选人，直到该人去世，而且通常是去世很久以后才有可能。

# 从你的日常生活中发现社会学

1. 运动队、兄弟会和姐妹会，甚至是大学课堂上的人，是否也制造了英雄和恶棍？解释制造的方式和原因。

2. 依据本章所提供的素材，我们可能认为"越轨是有影响力的差异"。或者如涂尔干所主张的，越轨是社会生活的一部分，越轨是被建构的，社会需要越轨。列出一个包含十种消极特征的行为清单，这些消极行为是别人针对你的，或者是你自己针对别人的。仔细阅读你的清单，试图弄清楚所列的行为对我们所处的社会有什么影响？换句话说，这些差异为什么对我们社会的成员有影响？

3. 访问"社会学焦点"博客，你可以在那里阅读年轻社会学学者的最新文章，他们将社会学视角应用于流行文化的话题。

## 取得进步

### 什么是越轨？

#### 10.1　解释社会学如何解决生理学和心理学方法分析越轨的局限性

越轨指违反规范，从轻微的违规行为，如不礼貌，到重大的违规行为，如严重暴力。

生物学理论：关注个人异常，把人的行为解释为生物本能的结果。

心理学理论：关注个人异常，越轨被看作社会化不成功的结果。

社会学理论：把所有的行为——越轨和遵从——都看成是由社会塑造的。社会学家指出：

• 越轨因文化规范而异；

• 人们成为越轨者是其他人定义的结果；

• 社会定义什么人、什么事为越轨，反映着此人是否掌握着社会权力。

### 结构功能论：越轨的功能

#### 10.2　将结构功能论应用于越轨话题

涂尔干认为越轨是社会的常规要素，它确认了文化规范和价值，澄清了道德的边界，增强了人们的团结感，并激励社会变迁。

默顿的紧张理论是根据社会的文化目标和实现这些目标的手段去解释越轨。克罗沃德和奥林、科恩、米勒、安德森讨论了越轨亚文化。

### 符号互动论：定义越轨

#### 10.3　将符号互动论应用于越轨话题

标签理论主张越轨在于人们对某个人的行为的反应，而不在于其行为本身。如果某个人的初级越轨被冠以污名，可能导致次级越轨和进入越轨生涯。用医学的方法处理越轨是把道德的和法律的越轨转换成医学问题的情形。实际上，这意味着标签的改变，即从用"好"或"坏"来衡量越轨转变为依据人们是"有病"或"健康"来衡量越轨。

萨瑟兰的差别接触理论把越轨与他人对这种行为的鼓励或阻止程度联系起来。赫希的控制理论认为，对越轨可能导致的后果的想象会抑制越轨行为。那些很好地融入了社会的人实施越轨行为的可能性比较小。

## 阶级、种族和性别论：越轨与不平等

### 10.4　将社会冲突论应用于越轨话题

基于卡尔·马克思的思想，社会冲突论主张法律和其他规范反映了社会上有权势的群体的利益。在资本主义社会，法律的运作是为支持资本主义经济。

•白领犯罪是指社会地位比较高的人在工作中犯下的罪行。萨瑟兰认为，白领犯罪通常在民事法庭而非刑事法庭结案。

•公司犯罪是指一个公司或者代表公司行动的人的非法行为。尽管公司犯罪会引起极大的公共危害，但多数犯罪的公司都逃脱了惩罚。

•有组织的犯罪在美国有很长的历史，尤其是那些缺少合法机会的人很可能诉诸这种方式。

•种族冲突理论和女性主义理论解释了越轨的定义反映了不同类别的人的相对权力和特权。

•出于仇恨的犯罪是被种族偏见或者其他偏见所激发的，在种族、性别或性取向上具有劣势的人通常成为该类犯罪的目标。

•在美国和其他地方，社会对女性的行为的控制比男性要更严格一些。

## 犯罪

### 10.5　认识美国以及全球犯罪模式

针对人身的犯罪，也称暴力犯罪，包括谋杀、严重伤害和强奸。

针对财产的犯罪，也称财产犯罪，包括入室行窃、偷盗汽车和纵火。

•被逮捕的人当中大约有 62% 是实施了财产犯罪，因为暴力犯罪而被逮捕的人当中有 80% 是男性。

•街头犯罪在社会地位比较低的人当中更常见。如果把白领犯罪和公司犯罪都包括在犯罪行为当中，犯罪行为的社会经济差异就会变得比较小。

•因为街头犯罪而被逮捕的白人比非裔美国人多。然而，按照各自在人口中所占的比例，被逮捕的非裔美国人要多于白人。亚裔美国人的被逮捕率低于平均水平。

## 美国的刑事司法系统

### 10.6　分析刑事司法系统的运行机制

警察通过执法来维持公共秩序。

决定是否需要处理以及如何处理某种情形，警察会使用个人判断。

•研究表明，警察遇到如下情形更可能进行逮捕：犯罪情形严重；有旁观者在场；嫌疑人为非裔或拉美裔美国人。

法院采用一种对抗性的程序，在该程序中，律师和检察官于当场呈现案件，法官监督法定程序。

•在实践中，美国法院通过"辩诉交易"处理绝大多数案件。尽管"辩诉交易"的效率比较高，但弱势人群容易处于不利地位。

•惩罚的理由有四种：报应、威慑、再造、社会保护。

　　•美国是唯一例行处死重刑犯的高收入国家。死刑在美国存在争议。减少死刑是大势所趋。

　　•社区矫正，包括缓刑和假释。此类方案降低了监管罪犯的成本，减轻了监狱的过分拥挤状况，但是并未显著降低累犯率。

## 第十一章
# 社会分层

---

### ▼　学习目标

11.1　确定社会分层的四个基本原则

11.2　将种姓制度、阶级制度和唯才制度的概念应用到世界各地的社会中

11.3　解释文化信仰如何使社会不平等正当化

11.4　将社会学的主要理论应用于社会不平等的主题

11.5　分析一个社会的技术与其社会分层之间的联系

# 社会的力量

影响我们的预期寿命

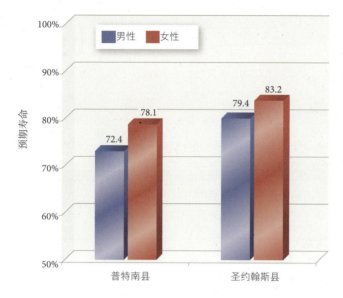

资料来源：Institute for Health Metrics and Evaluation（2016）。

　　我们居住的地方如何影响我们安享晚年的机会？在佛罗里达州，杰克逊维尔附近两个相邻的北部郡县，为回答这个问题提供了例证。普特南县的平均收入相对较低，而沿海的圣约翰斯县的平均收入较高，房价是前者的两倍。2013 年，普特南县的男性预期寿命为 72.4 岁；在圣约翰斯县，这个数字是 79.4 岁。普特南县的女性预期寿命为 78.1 岁，而圣约翰斯县为 83.2 岁。从预期寿命的差距中，我们看到了社会的力量——在这个例子中即社会阶级的重要性—— 它不仅影响人们的生命质量，而且会影响他们的寿命。

## 本章概览

　　本章介绍了社会分层的核心概念，这是接下来六个章节的重点关注内容。社会分层非常重要，因为社会地位几乎影响着我们生活的方方面面。

　　1912 年 4 月 10 日，"泰坦尼克"号远洋客轮从英格兰的南安普敦港出发，开始了其穿越北大西洋直至纽约的处女航。作为新工业时代的象征，这艘高级客轮承载了 2300 名乘客，其中一些乘客所享受的奢华是今天的很多游客都难以想象的。贫穷的乘客则挤在底层的甲板上，向着他们看来可能给他们带来幸福生活的美国前进。

　　两天过去了，虽然人们从收音机里听到过关于冰山的报道，但这并未引起太多注意。然而，在接近午夜时分，就在客轮快速地向西方行进时，一名被惊呆了的监视员报告正前方黑色的海面上耸起了巨大物体。

很快，"泰坦尼克"号就撞上与自身一般高大的冰山，船身被撕开，仿佛这艘船是一个巨大的锡罐。

海水涌进底层的船舱，船头开始向下沉。在 25 分钟的冲撞过程中，人们纷纷涌向救生艇处。到凌晨两点，"泰坦尼克"号完全沉没，仅有船尾竖立于水面，几分钟后，所有的灯都熄灭了。随着"泰坦尼克"号在冰冷的大西洋中渐渐消失，在那些蜷缩在救生艇上的人们的默默注视下，数百名无助的乘客和船员庄严地度过了他们生命的最后时刻。

超过 1600 人命丧黄泉，"泰坦尼克"号沉船事件在世界各地成为头条新闻。用社会学的视角去回顾这一可怕的事件，我们将发现某些类别的乘客相对于其他乘客有着更高的生还率。女性和儿童被允许优先登上救生船，80% 的死者是男性，这反映了那个时代有关性别的传统观念。阶级也是发挥重要作用的因素。持有头等舱船票的乘客超过 60% 获救了，因为他们处在最上层的甲板上，可以及时地听到警报，也很容易获得救生艇。只有 36% 的二等舱乘客生还，而对于处在底层的三等舱乘客来说，只有 24% 逃脱了厄运。在"泰坦尼克"号上，阶级不仅仅意味着住宿条件的质量，更是一个关乎生死的问题。

"泰坦尼克"号上乘客的命运戏剧性地说明了社会不平等如何影响人们的生活方式，有时甚至能决定人们的生死。本章解释了社会分层的含义，并探讨了不平等模式在不同的地区和不同的历史时期有何不同。 第十二章将继续介绍美国的社会不平等问题，第十三章则以更广阔的视角探讨国家将如何适应全球财富和贫困体系。

# 什么是社会分层？

### 11.1　确定社会分层的四个基本原则

上万年前，人类生活在小型的狩猎与采集社会中。尽管个别成员表现得更为灵活、健壮，或者在寻找食物的过程中表现出更多的技巧，但每个人的社会地位大致相同。随着社会变得更加复杂，一个重大的变化发生了（第四章"社会"详细阐述了这一过程）：社会开始使一部分类别的人优于另一部分类别的人，让一些人拥有比其他人更多的财富、权力和声望。

**社会分层**（social stratification）是社会根据等级将人们分成若干类别的一种系统，这一系统建立在以下四项基本原则的基础上。

1. 社会分层是社会的一种特征，而不是个人差异的简单反映。很多人都认为社会地位是个人天赋和努力的结果，这种理解通常会导致人们夸大对自身命运的把握。难道"泰坦尼克"号的头等舱乘客有更高的生存率是因为他们比二等舱和三等舱的

这张无家可归者在庇护所用餐的图片清晰地呈现了贫困的个人体验。社会学的主流观点认为，尽管我们以个体的形式感受着社会分层的力量，但我们的社会地位很大程度上是社会（或者社会世界）约束我们机会和回报的结果。从本质上来讲，每个人都是社会分层的产物。

乘客更擅长游泳？并非如此，他们的优势是由他们在船上的特殊位置决定的，这使他们能够优先到达救生艇。类似地，出生于富裕家庭的孩子相对于那些出生于贫困家庭的孩子，有可能更健康、接受更好的教育、在事业中更成功并且享受更长的寿命。既非富人也非穷人建构了社会分层，但这种社会分层系统塑造着我们所有人的生活。

2. 社会分层具有代际延续性。我们只要看看父母如何把社会地位传递给自己的子女就会发现，分层不仅是个体差异的反映，它是社会的一种特征。有些社会成员，尤其是在高收入社会中的社会成员，的确体验了**社会流动**（social mobility），即社会等级制度中地位的变化。社会流动既可能向上，也可能向下。我们称颂那些少数的成功者，如名模吉赛尔·邦辰（Gisele Bundchen，来自巴西）和说唱歌手 Jay-Z（来自美国），这些人都没有读完高中，但他们还是成名致富了。有些人由于破产、疾病、离婚或经济衰退和失业率上升，在社会阶级中向下流动。通常人们都是在水平方向上进行流动，他们从一个职业转向另一个职业。很多人一生都保持着大体一致的社会地位。

3. 社会分层具有普遍性和可变性。社会分层无处不在，不平等的定义以及不平等的表现在不同的社会中不尽相同。在有些社会中不平等意味着声望的差异；在另外一些社会中则意味着财富和权力的差异。此外，一些社会相对于其他社会表现出更多的不平等。

4. 社会分层不仅涉及不平等，同时也涉及信仰。对任何一个不平等体系而言，在它使得一部分人所得比其他人更多的同时，也会让这种安排看起来是公平的。正因如此，不平等的定义以及对人们为何处于不平等位置的解释，在不同的社会是不一样的。

# 种姓制度与阶级制度

11.2　将种姓制度、阶级制度和唯才制度的概念应用到世界各地的社会中

在比较不同社会的不平等程度时，社会学家区分了体系的封闭性与开放性。在封闭性的社会中，不同社会位置间流动很少，而开放性社会则允许有灵活的社会流动。封闭体系又称种姓制度，更为开放的体系则称阶级制度。

## 种姓制度

**种姓制度**（caste system）是指按照出身和归属进行社会分层。纯粹的种姓制度是封闭性的，因为个体的出身完全决定了其未来生活，经由个人努力而实现的社会流动很少或几乎不存在。在这种制度条件下，人们严格按照由他们的出身所决定的等级进行活动，向上和向下流动都是不可能的。

**一个例证——印度**　世界上有许多社会采用种姓制度，其中大多数为农业社会。在印度，大量人口仍然生活在传统村庄中，种姓制度是他们日常生活的一部分（Taseer，2016）。传统的印度种姓制度包括四大等级（或 varnas，梵语的意思是"颜色"）：婆罗门、刹帝利、吠舍、首陀罗。在地方层面，其中每一个等级又包括上百个亚等级的群体（梵语称 Jatis）。

从出生开始，种姓制度决定了一个人一生的生活方向。首先，除农业是向所有人开放的以外，不同种姓的家庭从事不同类型的工作，如祭司、士兵、理发师、皮革工人、清道夫等。

其次，种姓制度要求人们只能与相同等级的人联姻。如果有人与其他种姓进行"混合"联姻，那么他们的孩子该属于什么等级呢？社会学家将这种同一等级之间的婚姻模式称为"同族婚姻"（endogamous marriage，endo 词根源于希腊语，意为"在……之内"）。依照传统，印度的农民在自己的子女十几岁时就

种姓制度与阶级制度

| 种姓制度 | 阶级制度 | 唯才制度 |
|---|---|---|
| 按照出身和归属进行社会分层 | 基于出身与个体成就进行社会分层 | 基于个人品质进行社会分层 |

为其挑选结婚对象——这种婚姻现在非常少见，仅见于偏远的农村地区。

再次，种姓制度将人们限定在自己所隶属的等级内规范他们的日常生活。这种规范通过教化而得以强化，例如，一个属于高等级种姓的人与低等级的人接触就意味着这个人被"污染"了。

最后，种姓制度建立在强有力的文化信仰的基础上。印度文化是建立在印度教传统的基础上的，这种文化将种姓生活和接受安排好的婚姻理解为一种道德责任。

**种姓制度与农耕生活**　种姓制度是农业社会的典型特征，因为农业文化要求人们终生辛苦劳作。通过培育道德责任感，种族制度确保人们安于一生的工作，并愿意从事与他们的父母相同的工作。因此，种姓制度在被正式宣布为不合法之后，仍然在印度的偏远农村地区持续了 70 多年。在择业和择偶方面，生活在印度工业城市的人比生活在农村地区的人有更多的选择余地。

种姓制度占主导地位的社会还有南非，然而那里的种族隔离制度也不再合法且日益衰落。详细内容参见"全球化思考"专栏。

## 阶级制度

由于现代经济吸引着人们去从事农业之外的很多工作，这就需要人们在不同领域发挥潜能。**阶级制度**（class system）得以产生，它指的是基于出身和个体成就进行社会分层。

阶级制度相较于种姓制度更加开放，人们可以通过获得教育和学习技能来实现社会流动。因此，阶级界限变得模糊了很多，即使是有血缘关系的亲戚也可能有着不同的社会地位。由于人人都拥有政治权利以及在法律面前人人平等，在现代社会按照肤色、性别或者社会背景将人们进行分类是不恰当的。而且，工作不再固化于出身，是个体选择的结果。日益被强调的个性同样意味着人们在选择配偶时有着更多的个人自由。

**唯才制度**　唯才制度（meritocracy）是指基于个人品质进行社会分层。因为工业社会需要农业之外的更多技能，所以社会分层不只是基于出身，而且基于个人的"品质"（merit，源自拉丁语，意为"值得称赞"）

在印度农村地区，传统的种姓制度依然影响着人们的生活。这个女孩是一个"贱民"，其地位低于四个基本种姓。她和她的家人都是给别人洗衣服的，专门负责清洗被血液或人体排泄物弄脏的衣物。这种工作对高等级的种姓而言是"肮脏"的工作。相比之下，在城市里，种姓制度已经让位于阶级制度，个体成就在社会阶级中起着非常重要的作用，并且收入和消费已经成为社会地位的重要体现。

# 全球化思考

种族即是等级：来自南非的报告

杰罗姆：噢，我一直在阅读有关南非种族种姓的文章。我很高兴它已经成为历史了。

瑞吉：但种族不平等远没有……

南非位于非洲大陆的最南端，其国土面积与美国阿拉斯加州相当，有着 5500 万人口。这里的非洲土著被白人统治了 300 年。17 世纪中期首先被定居在此的荷兰商人和农场主所统治，然后被英国人统治，他们早在 19 世纪就在这儿建立了殖民统治。在 20 世纪早期，英国占领了整个国家，宣布成立南非联邦。

在 1961 年，南非宣布独立，成立南非共和国，但大多数黑人获得自由却是几十年后的事情。为了确保对黑人进行政治控制，白人建立了种族隔离制度。种族隔离制度在 1948 年被写入法律，它否认黑人的国家公民权、土地所有权和政治发言权。作为低等的种族，黑人文化程度低，从事琐碎且低薪的工作。即使是拥有一般财富的白人家庭都至少拥有一名黑人奴仆。

少数白人宣称，种族隔离制度能够保护他们的文化传统，免受他们认为是低等的人的影响。在黑人抵抗种族隔离制度的同时，白人则实施了残酷的军事镇压以维护自身的权力。尽管如此，持续的抵抗运动——尤其是寻求政治权利和经济机会的年轻黑人——逐渐迫使国家改变这一制度。来自其他工业国家的批评加剧了这种张力。到 20 世纪 80 年代中期，局势开始发生变化，南非政府开始有限度地承认混合种族和亚裔的政治权利。接下来全民被允许拥有的权利包括组织劳动工会、从事以前仅限于白人从事的职业和拥有自己的财产。官员也废除了在公共场所进行种族隔离的法律。

变革的步伐在 1990 年随着曾经领导种族隔离抵抗运动的纳尔逊·曼德拉（Nelson Mandela）从监狱释放而加快。1994 年，全国大选首次面向所有的种族，曼德拉在大选中当选为总统，这一事件结束了几个世纪的白人统治。

尽管有这样戏剧性的政治变革和强劲的经济增长，南非的社会分层在过去的十年中仍然建立在种族的基础上。即使拥有财产所有权，一半的黑人成人没有工作，54% 的人口生活贫困。生活情况最糟糕的是人数大约 700 万的"边缘人"（ukuhleleleka，科萨语）。海边的索维托听起来像是夏日的好去处，但这里却是成千上万人的家园，这些人挤在用包装箱、皱巴巴的铁皮、纸板和其他废物搭成的小屋中。

近年来，南非繁荣的迹象越来越多，建成了许多购物中心，大多数街道现在已经铺设完毕。但是，三分之二的家庭每年的生活费不到 6500 美元，大约七分之一的人每天的生活费不足 2 美元，并且缺乏电力和室内污水处理系统。在一些社区，女性排队轮流使用一个要供 1000 人使用的水龙头。工作很难找到，所有成年人的失业率约为 25%，年轻人失业率达 33%。

南非目前的总统是 2009 年当选的雅各布·祖马（Jacob Zuma），他领导着被自身历史上的种族制度所削弱的国家。旅游业的兴起有望迎来经济的繁荣，但经济仍然由白人主导。南非若要和自己的过去决裂，必须为其全部国民提供真正的机会。

你怎么想？

1. 种族如何促成了南非的种族制度？
2. 虽然种族隔离制度不再合法，但为什么种族不平等仍然影响着南非？
3. 在美国，种族是否作为一个因素而作用于社会等级？对你的观点进行解释。

，包括个人所拥有的知识、能力以及个人的努力程度。对一个人品质的粗略的测量是这个人的工作的重要性和他在工作中的表现。为了推动唯才制度，工业社会使平等的机会大大增加，并鼓励人们去获取建立在个人表现差异基础上的不同的社会回报。

纯粹的唯才制度是不可能的，但在这种制度下，社会地位将完全取决于个体的能力和努力程度。这样的制度意味着持续的社会流动，等级会因为人们持续不断地向上和向下流动而变得模糊，人们的社会地位则由其最近的表现而决定。

在种姓社会，"品质"意味着对种姓制度的忠诚——忠实地安于在出生时就决定好的工作和社会地位。由于在不考虑人们的能力和兴趣的基础上安排了他们的职业，种族制度抑制了人们的才能和兴趣。但另一方面，种姓制度明确地安排了每个人在社会中的"位置"和职业类型，使得社会稳定有序。基于对必要的秩序的需求，工业社会，甚至后工业社会保留了种姓制度的某些成分——如保留了财富的代际传递——而不是采用纯粹的唯才制度。在纯粹的唯才制度中，人们的社会地位持续上下波动。这种极端的社会流动性将会瓦解家庭和其他社会群体。毕竟，经济方面的表现并不意味着一切：我们是否可以仅根据家庭成员在工作上的成功来评价他们？也许不能。工业社会中的阶级制度的唯才主义取向是为了提高生产力和效率，但同时也保留了种姓制度的某些元素，如家庭忠诚，则是为了维持社会秩序和社会团结。

**地位一致性** 地位一致性（status consistency）是从社会不平等的多个维度来衡量一个人社会身份统一性的程度。种姓制度有着低社会流动性和非常高的地位一致性，因此，特定个体在财富、权力和声望方面处于相同的社会水平。阶级制度的流动性越高，地位的一致性就越低，因此人们在社会地位的某些方面排名较高，可能会在其他方面排名较低。例如，在美国，很多有着很高学术地位的大学教授享有很高的社会声望，却只能获得中等收入。较低的地位一致性意味着很难去界定一个人的社会地位。因此，"阶级"比"种姓"更难界定。

## 种姓和阶级：英国

在阶级制度中，种姓制度和唯才制度结合得较好的是英国（大不列颠，包括英格兰、威尔士、苏格兰和北爱尔兰联合王国），一个具有悠久农业历史的工业国家。

**贵族时期的英格兰** 在中世纪，英格兰拥有类似于种姓制度的贵族制度。这一制度包括作为领导阶层的神职人员，他们被认为是与权威的上帝进行对话的人。有些神职人员是当地的牧师，他们过着简单的生活，且不属于贵族。但那些最高级别的教会人员则居住在宫殿里，并且掌管着拥有大量土地的组织，这是他们财富的主要来源。教会领袖通常是法国和其他欧洲国家所称的"第一等级"（first estate），他们还有相当大的权力去影响当时的政治事件。

其他贵族在法国和其他欧洲国家被称为"第二等级"（second estate），他们是世袭贵族，只占人口的5%。从王室（位于权力最顶端的国王和王后）到最低层次的贵族（包括上百个家庭，这些家庭的主人拥有公爵、伯爵或男爵等头衔）拥有了整个国家的大部分土地。由于拥有土地，贵族当中的多数人都很富有。不仅有很多农民帮助他们耕作土地，他们的家中也拥有很多佣人。由于他们的工作都由其他人帮助完成，很多贵族没有职业，他们认为如果为了收入而工作，那就是对他们的贬低。贵族们运用他们大量的空闲时间去提高有关骑射和打仗的技巧，去培养有关艺术、音乐和文学方面的高品味。

为了避免在贵族去世之后，大量拥有的土地被继承人所均分，长子继承法（primogeniture，源自拉丁语，意为"头胎出生"）规定，所有的土地均由贵族的长子或者其他男性亲戚继承。非长子们则需要寻找其他方面的社会支持，他们当中有的人成为了教堂的领导者，过着和以前一样的生活，并且保护由共同家庭成员所维系的教堂和国家的联系。有的人则成为军政官员、法官，或者从事其他被认为适合绅士从事的体面职业。在那个时代，由于女性不能从其父亲那里获得财产，也很少有女性能有机会去挣钱养活自己，所以贵族女儿所能依赖便是一桩好的婚姻。

在贵族和神职人员之下的男男女女被称为平民，他们在法国和其他欧洲国家被称为"第三等级"（third estate）。大多数平民是在贵族或教会拥有的土地上劳作的农奴。与贵族成员不同的是，平民缺少教育机会并且多为文盲。

随着工业革命壮大了英国的经济，一些居住在城市的平民获取了足够的财富来挑战贵族的权威。随着对唯才制度的强调、金钱作用的加强，以及学校教育和法律权利的普及，贵族和平民间的界线最终被打破了，阶级体系开始形成。

也许这是一个时代的标志，近来需要金钱的贵族开始出售自己传统的头衔。例如，在 1996 年，已故的戴安娜王妃的弟弟斯宾塞伯爵以 30 万美元的价格出售了他的一个温布尔登领主的头衔，这笔钱被用于他的一所大房子的水管安装（McKee，1996）。

**现在的英国**    现在的英国有着阶级制度，但是英格兰过去保留下来的种姓制度的某些成分依然在社会地位方面发挥着一定的作用。少数英国家庭继续拥有相当可观的继承而得的财富，并且享有非常高的社会声望，在最好的大学接受教育，是有相当政治影响力的社会网络的成员。传统的君主——女王伊丽莎白二世是英国的领主，议会中的上议院由那些类似贵族的人（peers）构成，他们中的半数出身于真正的贵族。然而，政府权力现在由众议院所掌握，首相和其他领导人的职位不是借助出身，而是通过个人努力——在选举中获胜而获得的。

阶级等级的较低层大约是由大约四分之一的英国人构成的中产阶级。许多人从职业和商业活动中获得相当可观的收入，并且通常都以股票和债券的形式来进行投资。在中产阶级以下的是大约半数英国人自认为的"工

2011 年英国王位的第二顺位继承人威廉王子和平民凯特·米德尔顿（Catherine Middleton）结婚了，米德尔顿随后就被授予"王室剑桥公爵夫人殿下"的头衔。他们已经成为延续其血统千年以上的王室家族的一个部分——这一血统的延续作为种姓制度因素而存在于英国的阶级制度中。

人阶级"，他们通过体力劳动获得适当的收入。余下的四分之一的英国人构成了社会的最底层——缺少稳定工作的穷人，或是虽然有全职工作，但却不足以过上体面生活的人。大多数底层的英国人居住在这个国家的北部和西部地区，这些地区因矿山和工厂关停而变得更加贫困。

当代的英国阶级制度混合有种姓制度成分和唯才制度成分，由此产生了一个高度层级化的社会，这个社会为人们的向上和向下流动提供了一定的机会（Long & Ferrie，2007）。传统的种姓制度对英国社会流动影响的其中一个结果就是，英国的社会流动率通常低于美国。口音是英国的社会不平等的固化系统的一个重要体现。来自不同地方的人们在特定的地方定居几代之后，就会形成特定的语音习惯。在美国，人们将口音当作判断人们生活或者成长于何处的线索（我们很容易判别中西部人和南方人懒洋洋的说话方式）。然而在英国，口音是阶级的一个标志，上层阶级说的是纯正的英语（the King's English），而多数人说的是普通的英语（speaking "like commoners"）。在英国两种口音听起来是如此不同，正如俗话所说："同一种语

言却可区分每一个人。"

## 另一例证：日本

日本的社会分层也混合了种姓制度和唯才制度的元素。日本既是世界上现存最古老的持续实行君主制的国家，又是一个财富按照个人努力程度进行分配的现代社会。

**封建时期的日本**　直到公元5世纪，日本都是一个农业社会，具有严格的种姓制度，天皇家族统治着贵族与平民。天皇以神授权力进行统治（意味着他的权力是神给予的），他的军事领袖（将军）则利用地方贵族或军阀的帮助保障天皇的统治权。

贵族之下是武士阶层（samurai），取义为"去服务"（to serve）。这个日本社会的第二阶级是由学习武术的士兵组成的，他们以对领导者绝对忠诚为人生信条。

与英国一样，历史上这个时期的日本大多数人都是平民，他们为了生存日复一日地辛勤工作。然而，与欧洲不同的是，日本的平民并不属于社会的最底层。底层是被贵族和平民鄙视的"部落民"（burakumin）或"流民"（outcasts）。就像印度的最低种姓群体一样，这些被排斥者远离他人，从事最令人反感的工作，并且他们也无法改变自己的社会地位。

**现代日本**　到了19世纪60年代（美国内战时期），日本的贵族意识到日本传统的种姓制度会阻碍日本进入现代工业时代。此外，就像在英国一样，一些贵族乐于让他们的子女与那些比自己富有的平民联姻。随着日本向外国开放，传统的种姓制度在日本日益衰落。尽管直到今天依然有人看不起那些先人是社会底层的人，但在1871年，日本已正式取缔了社会类别中的"部落民"。日本在"二战"中战败后，贵族失去了特权，天皇作为日本传统社会的象征被保留下来，但几乎没有实权。

日本的社会分层与几个世纪前严格的种姓制度有很大不同。现在的日本社会由"上层""中上层""中下层"和"下层"等几个阶级构成。对大多数日本人来说这些阶级之间的界线是很模糊的，随着时间的推移，许多人也会在阶级之间流动。但由于日本文化倾向于尊重传统，所以在衡量一个人的社会地位时，家庭因素举足轻重。虽然在法律面前人人平等，但在实际中，许多人还是通过几个世纪以来的种姓视角来看待他人。

最后，关于性别的传统观念持续塑造着日本社会。在法律上，男女两性是平等的，但男性在许多方面支配着女性。由于日本的父母更倾向于送儿子上大学而不是送女儿上大学，因此，男女两性在教育方面存在显著的差异。随着近来日本经济进入低迷期，更多的女性进入了劳动力市场。但大多数职业女性在职场中担任的都是级别较低的支持性职位。在日本，只有约8%的国会议员是女性，女性也仅占公司董事会成员的4%。总而言之，在日本的现代阶级体系中，个人成就处在有着几个世纪传统的男权的阴影下（Brinton，1988；French，2002；Fackler，2014；OECD，2012，2015；Rich，2016）。

# 意识形态：社会分层背后的动力

11.3　解释文化信仰如何使社会不平等正当化

为什么社会不能以资源均享的方式存在？高度层级化的英国贵族和日本的种姓制度都维持了几个世纪，而2000年以来印度人民依然接受这样的观念，那就是他们的出身决定了他们是拥有特权还是注定贫困。

社会等级制度存在的一个主要原因是**意识形态**（ideology）——确保社会配置和不平等模式正当化的文化信仰——例如，富人聪明而穷人懒惰的观念——在某种程度上是一种意识形态，它通过使不平等正当化来支持不平等体系。

### 柏拉图和马克思的意识形态

按照古希腊哲学家柏拉图（Plato，公元前 427—347 年）的观点，每一种文化都会认定某一类型的不平等具有合法性。尽管卡尔·马克思认同这一点，但他对不平等更多持批判态度。马克思批判资本主义社会将保护财产和权力为少数人占有视为"市场法则"。他进一步指出，资本主义法律定义了财产的私有权，确保了财富可以保留在一个家庭内，并且可以在代际传递。总之，在马克思看来，文化和制度都更青睐社会精英，这就是既有的社会等级制度能长久存续的原因。

### 意识形态的历史模式

意识形态随着社会经济和技术的变迁而变化。由于需要多数人终生进行劳作，农业社会发展出了种姓制度以履行这样的职责，那就是一个人的社会地位代表了一个人必须履行的道德责任。随着工业资本主义的出现，唯才制度意识形态逐步兴起，这种意识形态把财富和权力作为个人努力工作的回报。这种转变意味着穷人——在封建社会通常是慈善活动的对象——因个人表现不足而被看不起。这种苛刻的观点与赫伯特·斯宾塞的观点类似，参见"思考多样性"专栏。

历史表明，改变社会分层是相当困难的。然而，对现状的挑战仍时常出现。例如，传统的有关女性应该待在家中的观点，在当今许多社会中已经让位于女性日益增长的经济机会。南非持续推动的种族平等进程也表明种族隔离的意识形态遭到普遍的反对。在美国，女性、有色人种和跨性别群体持续的平权运动向我们表明，这一挑战根深蒂固的社会分层的过程仍在进行。

## 社会不平等理论

**11.4**  将社会学的主要理论应用于社会不平等的主题

为什么社会分层一直存在？社会学理论为社会不平等的原因和结果提供了几种不同的见解。在这里我们介绍三种理论路向：结构功能论、社会冲突论和符号互动论。我们从结构功能路向出发，这一路向认为社会分层在社会运行过程中起着至关重要的作用。这种观点是金斯利·戴维斯和威尔伯特·摩尔（Davis & Moore，1945）提出的。

### 结构功能论：戴维斯 - 摩尔论题

**戴维斯 - 摩尔论题**（Davis-Moore thesis）主张社会分层对社会运行是有益的。然而，试问戴维斯和摩尔，能否解释这样的一个事实，那就是：为什么有些形式的社会分层在任何社会中都会出现？

戴维斯和摩尔指出，现代社会有很多职位，不同的职位分别有着各自不同的重要性。某些工作，比如擦窗户或者接听电话，是相对容易的，而且任何人可以胜任，而另外一些工作，比如设计新一代计算机或者进行人体器官移植，是非常困难的，需要那些少数有天赋且经过长期训练（同时成本高昂）的人来从事。

由此，戴维斯和摩尔认为，一个职位的功能越是重要，社会就应该给予这个职位以越高的回报。这种策略有利于提高生产效率，因为收入、声望、权力和闲暇可以用来鼓励人们从事重要的工作，并且长时间地、努力地做好这些重要的工作。简而言之，不平等的回报（这正是社会分层的基础）将有利于社会成为一个整体。

戴维斯和摩尔认为，只要让人们自由地从事他们想从事的工作，任何社会都有可能是平等的。平等同时也意味着，对同一份工作而言，表现出色和表现不佳的人应当有同样的回报。这样一种制度显然会削弱人们努力工作的动机，降低社会的生产效率。

# 思考多样性：种族、阶级与性别

## 阶级的含义：变得富有属于"适者生存"吗？

> 杰克：我爸真的聪明得让人难以置信！
>
> 弗兰克：你的意思是说你爸很富有。我都数不清他拥有多少生意。
>
> 杰克：难道人们不聪明也能变得富有吗？

这是一个让所有人困惑的问题，人们的社会地位多大程度上受制于智力？多大程度上由他们的努力程度决定？或者是因为出生在"对"的家庭？又或者纯粹出于运气？

在美国，人们更倾向于将社会地位和人们的个人才智联系起来。大家都知道马克·扎克伯格（Mark Zuckerberg）一手缔造了 Facebook，他曾经上过《时代》杂志的封面，他的个人财产累计达 300 亿美元。不难想象，这个哈佛大学辍学生是一个相当聪明的人。

但是社会地位和才智相关的观念由来已久。我们都听过"适者生存"这一概念，它把我们的社会描述成一个竞技场，其中优者胜，劣者被淘汰。这个概念是由社会学先驱斯宾塞提出的，斯宾塞有关社会不平等的思想在今天依然广为流传。

出生于英格兰的斯宾塞紧紧跟随自然科学家查尔斯·达尔文（Charles Darwin，1809—1882）的研究。达尔文的生物进化论认为，一个物种在经历了很多代之后会发生身体上的变化，从而更好地适应自然环境。斯宾塞错误地运用了达尔文的理论，将其应用于社会运行，其实社会并不会按照生物规律运行。在斯宾塞扭曲的观点下，社会变成了"竞技场"，"适者"变得富有，"劣者"变得穷困潦倒。

斯宾塞的观点在当时受到正在兴起的美国工业家的青睐，这并不令人感到惊奇。靠石油发家的约翰·D. 洛克菲勒（John D. Rockefeller，1839—1937）在周末学校中为年轻人朗诵斯宾塞的"社会福音"。在洛克菲勒看来，大公司的成长——以及公司拥有者获得的惊人的财富——仅仅是适者生存这一自然基本法则的结果。斯宾塞和洛克菲勒都很少对穷人抱有同情，他们将贫穷看作是不适应社会竞争的表现。斯宾塞反对社会福利计划，认为税收是对"适者"的惩罚，而社会福利是对"劣者"的奖赏。如果错误地运用达尔文的理论，富人则可以无视其他人的存在，因为在他们看来，不平等是不可避免的，是自然法则的结果。

如今，社会学家指出我们的社会并非完全采用了斯宾塞所主张的唯才制度。公司或个人积聚大量财富也并不一定会造福社会。近年来那些花费成百上千万美元购买次级贷款金融产品的人最终几乎伤害了所有人。然而，斯宾塞有关"能者居之"的观点在我们当下非常不平等的和个人主义的文化中仍然很流行。

## 你怎么想？

1. 你认为我们社会中的不平等在多大程度上可以用"适者生存"来解释？为什么？
2. 你认为斯宾塞的观点为什么在今天的美国仍然流行？
3. 赚多少钱就代表对社会有多大贡献吗？为什么？

戴维斯-摩尔论题指出了社会分层的原因，但并没有清楚地表明社会应该给予不同职位什么样的回报，不平等的回报又应该是怎样的。它仅仅指出了那些重要的社会职位应该给予足够的回报，从而让有潜力的人脱离不重要的工作。

## 评价

尽管戴维斯-摩尔论题对理解社会分层非常重要，但它同时也激起了大量的批评。梅尔文·图明（Tumin，

**多样化快照**

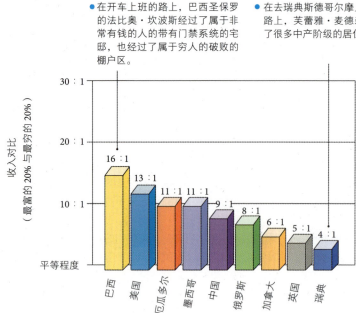

● 在开车上班的路上，巴西圣保罗的法比奥·坎波斯经过了属于非常有钱的人的带有门禁系统的宅邸，也经过了属于穷人的破败的棚户区。

● 在去瑞典斯德哥尔摩上班的路上，芙蕾雅·麦德森经过了很多中产阶级的居住区。

收入对比（最富的 20% 与最穷的 20%）

30：1
20：1
10：1

16：1  13：1  11：1  11：1  9：1  8：1  6：1  5：1  4：1

平等程度

巴西　美国　厄瓜多尔　墨西哥　中国　俄罗斯　加拿大　英国　瑞典

图 11-1　部分国家的经济不平等（2014 年）
　　许多中低收入国家的经济不平等程度比美国还要严重。但美国的经济不平等程度比大多数高收入国家要高。

资料来源：U.S. Census Bureau（2016），World Bank（2017）。

1953）首先进行了质疑：我们如何评估特定工作的重要性？或许社会给予医师的高回报，部分是由于医学界有意识地限制医师的培养，从而增加了社会对医师工作的供不应求。

此外，社会回报确实反映了一个人对社会的贡献吗？篮球运动员勒布朗·詹姆斯（LeBron James）是 2016 年全美收入最高的运动员，其年收入约为 7700 万美元，他两天的收入超过了奥巴马总统全年的收入。有人会说，在篮球比赛得分比领导整个国家更重要吗？在美国军队服役的人的重要性如何？他们面临作战的风险，一名美国上等兵 2017 年的收入仅为 22630 美元（加上住房和食品补贴）（Pomerantz & Rose，2010；Defense Finance and Accounting Service，2017）。2008 年倒闭的华尔街的大型金融企业的高管们的收入又如何呢？很显然这些大公司的高管们做出了一些错误的决策，然而他们的薪水依然是天文数字。即使在最糟糕的一年损失了 270 亿美元，美林证券公司依然向 700 多名员工支付了超过 100 万美元的奖金。高盛集团 CEO 劳尔德·贝兰克梵（Lloyd Blankfein）在 2010 年为自己分配了价值 1260 万美元的股票红利（这笔收入相当于一名士兵 575 年的工资）。尽管高盛集团在这年盈利下降，但是这一年金融行业的薪酬和福利水平创了历史新高。政府监管的加强和业绩不佳导致大多数华尔街企业在 2011 年至 2014 年期间削减了工资和红利。即使如此，正如一位分析师所说："虽然薪酬可能令人失望，但仍远远高于大多数人能想象的程度。"（Roth，2011；Badenhausen，2012；Moore，2012；Goodman，2014）

即使是表现不佳而失去工作的高层管理人员也过得相当好。在最近的金融危机中，查克·普林斯（Chuck Prince）被迫辞去花旗集团的领导职务，但在此之前却收到了价值超过 3000 万美元的解雇补偿金。当保险业巨头美国国际集团（AIG）破产后，集团领导马丁·沙利文（Martin Sullivan）在离开公司的时候，拿到了 4700 万美元（Beck & Simon，2008；Scherer，2008）。公司高管对社会的贡献真的值如此之多的收入吗？

其次，图明指出，戴维斯和摩尔忽视了社会分层的等级元素对个人才能发展的阻碍作用。富家子弟生来就享有特权，他们有更多的机会去发展自己的能力，而这是许多有天赋的贫家子弟所缺乏的。

再次，生活在一个如此看重金钱的社会，我们往往会高估高薪工作的重要性。股票经纪人或外汇经纪人对社会到底有多大贡献？出于同样的原因，有些工作的价值是很难衡量的，例如养育子女、创意写作、演奏交响乐，或者仅仅成为某个人真正的朋友（Packard，2002）。

最后，由于强调社会分层对社会百利而无一害，戴维斯-摩尔论题忽略了社会不平等可能导致社会冲突，甚至导致彻底的革命。这种批评将我们引向社会冲突路向，它为社会不平等提供了截然不同的解释。

**检查你的学习**　用你自己的语言来阐述戴维斯-摩尔论题。图明对这一论题提出了哪些批评？

奥普拉·温弗瑞（Oprah Winfrey）的年收入超过 1 亿美元，她的身价更是超过了 30 亿美元 。根据戴维斯-摩尔论题，为什么社会给予某些人更多的名声和财富？马克思会如何回答这个问题？

## 社会冲突论：卡尔·马克思和马克斯·韦伯

社会冲突分析认为，社会分层并非使整个社会受益，而是只对一部分人有利，使其他人受损。这一论点大量吸收了马克思的观点，同时也受益于韦伯的观点。

**卡尔·马克思：阶级冲突**　卡尔·马克思（其思想在第四章"社会"中有详细讨论）解释道，人们在生产过程中有两种基本关系：人们要么拥有生产的所有权，要么出卖劳动力给他人。在生产过程中的两种不同关系产生了不同的阶级。在中世纪的欧洲，贵族家庭，包括教会的领导人和有贵族头衔的人拥有土地，农民在这些土地上劳作。在工业资本主义社会，资本家（capitalists，有时也称资产阶级）拥有工厂，使用工人（proletarians，有时也称无产阶级）作为劳动力。

马克思生活在 19 世纪，当时美国的少数工业家正在积累巨额财富。引领美国进入工业时代的商业大亨包括钢铁业的安德鲁·卡内基 (Andrew Carnegie)、金融业和钢铁业的摩根（J. P. Morgan）、石油业的约翰·洛克菲勒（John D. Rockfeller）和房地产业的约翰·雅各布·阿斯特 (John Jacob Astor，他是"泰坦尼克"号中少数死亡的富人游客之一)。他们都住在拥有几十名佣人的豪宅里。即使按照今天的标准，他们的收入也是惊人的。例如，卡内基在 1900 年时年收入约为 2000 万美元（相当于现在的 5.82 亿美元），当时普通工人的年收入约为 500 美元（Baltzell，1964；Williamson，2015）。

马克思解释说，资本主义社会阶级结构在代与代之间进行着再生产。当家庭获得财富并代代相传时，就会进行再生产。但是，他预言，压迫和不幸最终会驱使大多数工人团结起来推翻资本主义，结束阶级差别进入社会主义社会。

## 评价

马克思对社会学思想有着巨大的影响。但他呼吁推翻资本主义社会的革命思想也给他带来了很多争议。

对马克思主义最为强烈的批评之一是它否认了戴维斯-摩尔论题的核心思想：需要有不平等的社会回报

回顾 20 世纪 30 年代的大萧条时期，属于绝对贫困者的"帐篷城"在美国到处可见。大萧条结束了，但贫困却一直持续。最近的经济衰退使帐篷城重现，包括这张图片所示的位于加利福尼亚州萨克拉门托的帐篷城。结构功能分析如何解释这种贫困现象？社会冲突路向又是如何解释的呢？

系统来安排人们从事不同的工作，并促使他们努力工作。马克思将回报与工作表现相分离，他的平等主义理想是建立在这样的原则上的：从按能力分配到按需分配（Marx & Engels，1972：388；orig. 1848）。然而，完全忽略了按照个人表现进行分配某种程度上会导致社会生产力低下。马克思主义的辩护者对这种批评的回应是：为什么要假设人类本质上是自私而不是社会性的？个人回报不是促使人们去扮演社会角色的唯一途径（Clark，1991）。

第二个问题是，马克思所断言的革命并没有发生，至少在发达的资本主义社会没有发生。接下来将讨论为什么革命没有发生。

**检查你的学习**　马克思的社会分层观与戴维斯 - 摩尔论题有什么不同？

...........................................................................................................................

**为什么马克思主义革命没有发生？**　尽管马克思断言资本主义终将灭亡，但资本主义依然存在。为什么工人没有推翻资本主义？拉尔夫·达伦多夫（Dahrendorf，1959）认为有四个方面的原因。

1. 资产阶级的碎片化。现在，数百万的股票经纪人，更不用说单个家庭，拥有着很多大公司的股份。公司的日常管理掌握在为数众多的经理人阶层手中，他们既可能是也可能不是大股东。随着股票普遍地被分散持有（大约有一半的美国家庭拥有股票），资本主义体系直接关系着很多人的利益（Federal Reserve Board，2014）。

2. 高质量的生活水平。正如第十七章"经济与工作"所解释的那样，一个世纪前，大多数美国工人都在工厂或在农场被雇佣从事**蓝领职业**（blue-collar occupations），这类工作职业声望低，通常是体力劳动。现在大多数工人都从事**白领职业**（white-collar occupations），这类工作职业声望高，通常是脑力劳动。这些工作集中在销售、客户支持、管理和其他服务领域。今天大部分的白领都不认为自己是"工业无产阶级"。同样重要的是，即使是考虑到通货膨胀和周工作时间的缩短，在 20 世纪美国人的平均收入也呈约 10 倍的速度增长。出于这个原因，即使在经济困难时期，现在大多数工人也比一个世纪前的工人生活得更好，这就是结构性社会流动的一个例证。即使在 2016 年，也就是选民支持"局外"候选人的一年，也未改变国家经济的资本主义底色分毫。

3. 日益增多的工人组织。今天的工人有权组织工会，以此向管理方提出要求，并通过怠工和罢工确保自己的要求得以实现。于是，劳资纠纷在不危及资本主义制度的情况下得到解决。

4. 强有力的法律保障。在过去一个世纪，政府出台了保障工作安全的法律。此外，失业保险、工伤保险和社会保险也为工人提供了更好的经济保障。

**一个相反的观点** 这些发展表明，美国社会已经磨平了资本主义的很多"边边角角"。然而一些观察者依然认为，马克思对资本主义的分析仍然是合理的（Domhof, 1983; Hout, Brooks, & Manza, 1993; Foroohar, 2011）。第一，社会财富仍然高度集中，1%的人口拥有美国37%的私人财富（Wolf, 2014）。第二，与一个世纪前的工厂工作相比，现在很多的白领职位并没有为人们提供足够的收入、安全和满意度。第三，虽然不是全部，但许多工人现如今被高失业率、公司裁员、工作机会往海外迁移、工作收益被削减以平衡预算等问题所困扰。第四，现在工人所享受的收益是来自马克思所描述的阶级冲突的结果。此外，近几年威斯康星州、俄亥俄州和其他州的工会和政府之间的持续冲突表明，工人们仍然在为应得的权益而斗争。第五，虽然工人得到了一些法律保护，但普通人在法律上依然面临着诸多无法克服的不利条件。因此，社会冲突论者认为，即使美国没有发生社会主义革命，但马克思关于资本主义的论述是具有合理性的。

**马克斯·韦伯：阶级、地位和权力** 马克斯·韦伯（其社会分析方法在第四章"社会"中已有介绍）同意卡尔·马克思关于社会分层会引发社会冲突的观点，但他指出，马克思的以经济为基础的两阶级模型过于简单。相反，他认为社会分层包括三个不同维度的不平等。

第一个维度的不平等是经济上的不平等。这个概念在马克思看来是至关重要的，韦伯称之为阶级位置（class position）。韦伯并不认为阶级可以明确界定其类别，而是一个从高到低的连续的序列。韦伯所谓的第二个维度是地位（status），或者说社会声望。第三个维度是权力（power）。

韦伯的社会经济地位等级 马克思认为社会声望和权力仅仅是对经济地位的简单反映，并没有将它们理解为不平等的不同维度。但韦伯指出，现代社会的地位一致性通常比较低：一名地方官员也许拥有很大的权力，但他可能只拥有很少的财富或较低的社会声望。

于是，韦伯将工业社会的社会分层描述为一个多维度的等级体系，而不是界定清晰的阶级等级。受韦伯观点的影响，社会学家使用**社会经济地位**（socioeconomic status，SES）来衡量建立在多个社会不平等维度上的综合等级。

历史上的不平等 韦伯认为，他的有关社会不平等的三个维度中的每一个维度都分别在人类社会演进的不同时期表现得特别突出。地位或社会声望是农业社会最主要的社会差别，它以荣誉的形式存在。农业社会中的社会成员（无论是贵族还是仆人）通过遵守适用于其特定等级的文化规范以获得社会声望。

工业化和资本主义的发展消解了建立在出身基础上的传统等级制度，但也造成了严重的经济上的不平等。因此，在工业社会中，人与人之间的关键区别在于经济维度上的阶级差别。

随着时间的推移，工业社会见证了科层制国家的兴起。强大的政府和广泛分布的各类其他组织使得权力在分层体系中更加重要。在一些社会里，政府管控着个人生活的多个方面，高级官员成为新的统治精英。

蓝领职业　主要从事体力劳动的职业声望较低的工作　　　白领职业　主要从事脑力活动的职业声望较高的工作

农业社会的不平等程度相较工业社会更甚，表现之一就是统治者相对于普通大众而言所拥有的不可挑战的权力是在多年基础上建立起来一种不朽的结构。尽管印度的泰姬陵是世界上最漂亮的建筑，但它却只是作为一个人的坟墓而被建造的。

这种历史分析反映出韦伯与马克思之间的根本差别。马克思认为社会可以通过废除生产资料的私有制来消除社会分层。韦伯则对推翻资本主义会使社会去阶层化的观点存疑。韦伯认为，废除财产私有制可能会削弱经济差异，但由于政府权力的扩张和权力集中在少数政治精英的手上，社会主义社会的不平等程度会加剧。东欧和苏联民众为反对其科层制而起义，这一事实支持了韦伯的观点。

### 评价

韦伯关于社会分层的多维度视角对社会学思想产生了深远的影响。但批评者（尤其是那些支持马克思观点的人士）认为，尽管社会阶级的界限可能已经模糊，工业和后工业社会仍然表现出突出的社会不平等模式。

正如你将在第十二章"美国的社会阶级"中看到的那样，美国的收入不平等状况近来有所加剧。尽管有些人仍然欣赏韦伯的多维度等级论，但鉴于这一趋势，其他人认为马克思的贫富观点更接近真理。

**检查你的学习** 韦伯认为社会不平等的三个维度是什么？按照韦伯的观点，你认为这三种不平等形式哪一种在美国最突出，为什么？

## 符号互动论：日常生活中的社会分层

因为社会分层与整个社会的组织方式有关，所以社会学家（包括马克思和韦伯）通常将其视为一个宏观层面的问题。但是，对社会分层进行微观层面的分析也很重要，因为人们的社会地位影响着他们的日常互动。"应用理论"表总结了三种路向对理解社会分层的贡献。

在大多数社区中，人们主要与具有相似社会地位的人互动。某种程度上这是因为人们往往倾向于与那些类似自己的人一起生活。在大型公共场所，如大型购物中心，我们通常会发现配偶双方或同一群体中的人在外表和购物习惯方面比较相似。而在社会地位上有着显著差异的人之间通常会彼此保持一定的距离。例如穿着考究的人前往价格昂贵的餐馆，他们会横穿人行道，甚至横穿街道以避开那些他们眼中的无家可归者。

最后，众所周知我们的穿着、我们驾驶的汽车（或者我们乘坐的汽车），甚至我们在大学校园餐厅点的食物和饮料都在某种程度上反映着我们的个人预算和个人品味。社会学家用**炫耀性消费**（conspicuous consumption）这个概念来指代购买或使用某些商品以显示购买者的社会地位。放弃饮水机而选择瓶装水，也表明你有额外的金钱去消费。其实没有人真的需要驾驶着一辆价值 10 万美元的汽车到处游荡，当然，驾驶这样的汽车本身就已经表明了自身在多个方面所达到的成就。

## 评价

社会分层的微观分析有助于我们发现日常生活中的社会不平等模式。与此同时，这种视角的局限性在于，没有论及社会不平等模式广泛存在的方式和原因，而这恰恰是结构功能路向和社会冲突路向关注的重点。

**检查你的学习** 指出社会分层在一天中形塑不同社会地位的人的行为的几种方式。

### 社会分层：事实与价值观

我们如何理解社会不平等是由理论指导的，但我们对分层的理解也受到我们所持有的价值观的影响。为了说明这一点，我们从小说家库尔特·冯内古特（Kurt Vonnegut）的这段话出发：

这是 2081 年，终于实现人人平等了。他们不仅在上帝和法律面前是平等的。他们在各个方面都是平等的。谁也不比谁更聪明。谁也不比谁更漂亮。谁也不比谁更强壮或更敏捷。所有这些平等都归功于宪法第 211、第 212 和第 213 条修正案以及一般裁判人员（Handicapper General）的持续警觉。

通过这些语句，冯内古特（Vonnegut，1968：7）开始讲述哈里森·伯杰隆（Harrison Bergeron）的故事，这是对未来美国的虚构描述，其中所有的社会不平等都已被消除。冯内古特警告道，虽然平等在理论上很有吸引力，但在实践上则是一个危险的概念。他的故事描述了一场社会平等的噩梦，在这个噩梦中，体现个体差异的每个个体的天赋被政府有组织地中和了。

为了消除让个人"优"于他人的差异，伯杰隆的政府要求相貌出众的人戴上使他们看起来很普通的面具，聪明的人戴上会播放分散注意力音乐的耳机，优秀的运动员和舞者负重以使他们和其他人一样笨拙。简而言之，虽然我们可以想象社会平等会解放人们以充分发挥他们的才能，但冯内古特得出的结论是，只有将每个人都压缩成最小公分母，才能存在平等主义社会。在冯内古特看来，这并不是解放，而是压迫。

**应用理论**
社会分层

| | 结构功能论 | 社会冲突论 | 符号互动论 |
|---|---|---|---|
| **分析层次** | 宏观层次 | 宏观层次 | 微观层次 |
| **社会分层概念界定** | 社会分层是对整个社会有利的一种不平等的回报体系。 | 社会分层是让一部分受益，一部分人受损的资源分配体系。 | 社会分层是引导人们日常生活中的互动的因素。 |
| **社会地位决定因素** | 在竞争性经济中，社会地位反映个人的天赋和能力。 | 社会地位反映社会资源分配方式。 | 我们所消费的产品都或多或少反映我们的社会地位。 |
| **社会回报是否公平?** | 公平。不平等的回报通过激励人们努力工作和创新观念，从而促进经济生产。重要的工作往往应得到更多的回报的观念被广泛接受。 | 不公平。不平等的回报仅仅将社会区分为有产者和无产者。社会不平等遭到普遍反对。 | 视情况而定。人们可能认为不平等是公平的，也可能认为是不公平的。人们有可能将社会地位视为自我价值的体现，把不平等当作个人差异的反映。 |

正如冯内古特的故事一样，本章所有关于社会分层的解释都涉及价值判断。戴维斯 - 摩尔论题所陈述的不仅是社会分层的普遍性，而且还包括社会分层对于提高社会生产力的必要性。按照这种观点，美国社会的阶级差异既反映了人们能力的差异，也反映了不同工作的相对重要性差异。综上所述，这些事实让我们注意到，绝对平等是不可取的，这是因为绝对的平等只有在固化的、没有效率的社会才会实现，这种社会不关心个人才能的发展，也不关心对优秀者的奖励。

卡尔·马克思提倡的社会冲突分析对平等持更积极的看法。马克思认为不平等是有害的，这是因为不平等不仅会给人类带来痛苦，也会导致穷人和富人之间的冲突。正如他看到的那样，社会分层起源于不公正和贪婪。因此，马克思希望人们最终能够平等地分享资源。

智力与社会阶级之间的联系是社会科学中最复杂的问题之一。一方面，定义和测量"智力"本身就比较困难。另一方面，精英以某种方式"优"于他人，进而挑战了我们的民主文化。

# 社会分层与技术：全球化视野

**11.5**　分析一个社会的技术与其社会分层之间的联系

将本章中的各种观察综合在一起可以发现，特定社会的技术与该社会的社会分层模式之间有着联系。两者关系的分析源于伦基斯有关社会文化进化的模型（参见第四章"社会"）。

## 狩猎与采集社会

由于技术简单，狩猎者与采集者只能获得日常生活的必需品。其中一些人的收获可能会比其他人多，但是群体的生存依赖于人们分享其所获。因此，人没有类别之分，也不存在孰优孰劣。

## 园艺、畜牧和农业社会

由于技术进步产生了剩余的生产资料，不平等程度开始提高。在园艺与畜牧社会中，小部分精英控制了大部分的社会剩余。大规模的农业生产使得产量更高，同样加剧了不平等程度——贵族凌驾于大众之上，拥有上帝般的崇高地位。

## 工业社会

工业化使得社会不平等有所缓解。发展个人才能的需要推动了唯才制度开始发挥作用，并且削弱了传统精英的权力。工业生产也使得历史上贫困的大众生活水平有所改善。专门化的工作需要依靠学校教育，这使得文盲数量也大大减少。受教育的人口在政治决策中施加了影响，减少了不平等现象，削弱了男性对女性的控制。

随着时间的推移，财富的集中化程度也有所减缓（这与马克思的预测相矛盾）。在 20 世纪 20 年代，美国最富有的 1% 人口拥有全社会 40% 的财富，这一数字在 80 年代下降到 30%，这是因为政府对高收入人群征收更高的税以补贴穷人（Williamson & Lindert，1980；Beeghley，1989；U.S. House of Representatives，1991）。这种趋势有助于解释为什么马克思主义革命没有像马克思所预言的那样发生在工业社会，而是发生在不平等非常显著的农业社会，如俄国（1917）、古巴（1959）、尼加拉瓜（1979），这些地方的社会不平等程度比马克思所预言的工业社会还要高。然而，美国的经济不平等在 90 年代后再次加剧，现在已达到与 20 年代大致相当的水平（Wolf，2014）。2017 年，特朗普政府宣布了降低富人税率的计划，这势必会加剧经济不平等。

## 库兹涅茨曲线

在人类历史上，技术进步先加剧了社会分层，然后又削弱了社会分层。强烈的不平等在农业社会具有功能性，而工业社会受益于较为缓和的不平等体系。诺贝尔奖获得者经济学家西蒙·库兹涅茨（Simon Kuznets，1955，1966）发现了这一历史趋势，并以库兹涅茨曲线描述，如图 11-2 所示。

世界各地的社会不平等从总体上验证了库兹涅茨曲线。已经经历了工业化的高收入国家（包括美国、加拿大和西欧的一些国家）相对于那些大量劳动力依然从事农业劳动的国家（一般为拉丁美洲和非洲的一些国家）来说，收入的不平等程度反而要低。与此同时，值得注意的是收入不平等不仅反映了技术的发展程度，更反映了一个国家的政治和经济特权。在 20 世纪的大多数时候，美国的收入差距可能有所缩减，但与加拿大、欧洲国家和日本相比，美国的经济不平等程度仍然比较高（虽然要低于其他一些高收入国家，包括墨西哥、巴西和新加坡）。

对库兹涅茨曲线的另一个批评是，它是在比较处于不同经济发展阶段的社会的基础上得出的（社会学家称之为"横截面数据"）。这些数据不能预测任何一个社会的未来状况。在美国，最近的经济不平等加剧的趋势表明，库兹涅茨曲线需要更精确的修订——如图 11-2 中的虚线所示。随着信息革命的推进（参见第十二章），美国社会正在经历剧烈的经济不平等，这表明其长期的趋势可能与库兹涅茨半个世纪前的预测不同。

下一章"美国的社会阶级"考察了美国的不平等现象，重点关注近来的经济极化现象。然后，第十三章"全球分层"将呈现世界范围内的社会不平等，分析为什么一些国家会比其他国家更加富有。正如你将了解到的那样，在各个层面上，研究社会分层都将涉及公正社会形塑的事实与价值。

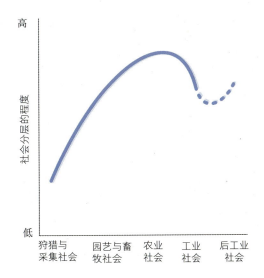

图 11-2　社会分层与技术发展：库兹涅茨曲线

　　库兹涅茨曲线表明，随着技术的发展，社会分层的程度也随之提高。随着机会的增加和法律面前人人平等观念的普及，这种趋势出现了减弱并发生逆转。政治权利得到更广泛的扩展，人们的经济差距缩小。然而，后工业社会的经济不平等又开始加剧，如图中虚线标识的那样。

资料来源：Simon Kuznets（1955），Lenski（1966）。

## 日常生活中的社会学

你能找出美国社会中的种姓制度和唯才制度成分吗？

本章探讨了现代社会是种姓制度和唯才制度相结合的阶级制度。运用社会学的视角，你会发现这两种因素都在人们的日常生活中发挥作用。这里有三个例子，观察下列图片，给出你的答案。

你可能从事的最苛刻的工作之一就是为人父母。至少传统上，大多数情况下是由女性来养育子女，性别在此发挥了巨大作用。你认为为什么我们的社会不为养育子女支付报酬？"为人父"和"为人母"这两者有什么区别？

**提示**　养育子女是一项没有工资的工作，这一事实意味着人们不是为了金钱而养育子女，而是出于道义。"为人父"也许只意味着生物学上的家长，"为人母"则意味着更多地投入到孩子身上，这表明性别因素长期以来将养育子女与女性联系在一起。强调业绩的职业通常是那些被认为特别重要并且需要罕有人才的工作。大多数成功的音乐人都是男性。索托马约尔是第一位在美国最高法院任职的西班牙裔女法官，也是第四位服务于美国最高法院的女法官（其他三位分别是桑德拉·戴·奥康纳 [Sandra Day O'Connor]、鲁丝·巴德·金斯伯格 [Ruth Bader Ginsburg] 和埃琳娜·卡根 [Elena Kagan]）。在总共 112 名法官中，只有两人是非裔美国人（瑟古德·马歇尔 [Thurgood Marshall] 和克拉伦斯·托马斯 [Clarence momas]）。

李尔·韦恩（Lil Wayne）出生于新奥尔良。他出生时，母亲是一名 19 岁的厨师。他的父亲很早就抛弃了这对母子。9 岁时，这个才华横溢的年轻人就签了唱片合约。他现在是收入最高的艺人之一。这是一个"白手起家"提高社会地位的例子。

2009 年，索尼娅·索托马约尔（Sonia Sotomayor）成为美国最高法院的首位西班牙裔女性法官。她的成就记录始于纽约市布朗克斯区的卡蒂纳尔·斯佩尔曼高中（Cardinal Spellman High School），她是这所高中的致告别辞者。在上百位最高法院的法官中，你认为有多少是西班牙裔呢？又有多少是女性呢？

# 从你的日常生活中发现社会学

1. 由罗马天主教教堂在中世纪发现的人性的弱点"七宗罪",分别是傲慢、贪婪、嫉妒、暴怒、色欲、暴食和懒惰。 为什么人性中的这些特质对农耕时代的种姓制度是有害的? 这些特质是否会危害今天资本主义的阶级制度? 为什么?
2. 请指出你所在学校学生日常生活中存在的三种社会分层方式。在每种情况下,请准确解释不平等现象及其带来的影响。你认为个人才能和家庭背景在造成这些社会差别方面哪一个更为重要?
3. 访问"社会学焦点"博客,你可以在那里阅读年轻社会学学者的最新文章,他们将社会学视角应用于流行文化的话题。

## 取得进步

## 什么是社会分层?

### 11.1 确定社会分层的四个基本原则

**社会分层**

- 是社会的一个特征,而不仅仅是个体差异的简单反映。
- 存在于所有社会中,但社会分层因不同社会中不平等的内涵与程度而异。
- 具有代际延续性。
- 受到特定的文化信仰的支持,这些文化信仰决定了什么样的不平等是公正的。
- 有两种基本形式:种姓制度和阶级制度。

## 种姓制度与阶级制度

### 11.2 将种姓制度、阶级制度和唯才制度的概念应用到世界各地的社会中

**种姓制度**

- 建立在出身的基础之上(先赋性),没有或少有社会流动。
- 形塑着人们的整体生活,包括职业和婚姻。
- 在传统的农业社会较为普遍。

**一个例证:印度**

尽管种姓制度在法律上被正式废除,但在农业文化决定了终生辛劳生活的农村地区依然可见。

- 在传统乡村,种姓决定了人们可以从事的职业类型和结婚对象。
- 强大的文化信仰使遵守种姓规范成为一种道德义务。

**阶级制度**

- 建立在出身(先赋性)和唯才制度(个体成就)的基础之上。
- 允许基于个人成就的社会流动。
- 在现代工业社会和后工业社会较为普遍。

•较强的社会流动使得阶级制度中的地位一致性较低。

**种姓与阶级：英国**

•在中世纪，英格兰有着类似于种姓制度的贵族制度，这一制度包括作为领导阶层的神职人员和世袭贵族。平民占据大多数人口。

•当代的英国阶级制度是等级制度和唯才制度的混合，由此产生了一个有着一定流动性的高度层级化的社会。

**种姓与阶级：日本**

•在中世纪，日本有是个有着严格的种姓制度的农业社会，天皇家族统治着贵族和平民。

•家庭背景和传统性别角色对现在日本的阶级制度依然有着重要的影响。

## 意识形态：社会分层背后的动力

### 11.3 解释文化信仰如何使社会不平等正当化

•文化信仰为社会不平等模式提供了合法性依据。

•意识形态反映了一个社会的经济体系和技术水平。

## 社会不平等理论

### 11.4 将社会学的主要理论应用于社会不平等的主题

**结构功能论**指出社会分层有助于社会运行。

•戴维斯-摩尔论题指出，出于社会分层的功能性结构，社会分层是普遍存在的。

•在种姓制度下，人们所获得的回报建立在人们对其出生时所赋予的社会位置的职责的履行情况的基础上。

•在阶级制度下，不平等的回报是为了吸引并鼓励才智出众的人去从事重要的工作。

**社会冲突论**认为社会分层将社会区分为不同的阶级，使得一些人的获益建立在以其他人受损为代价的基础上，并且会导致社会冲突。

•卡尔·马克思认为，在资本主义社会中资本家拥有生产资料并剥削那些出卖劳动力以获得收入的无产者。

•马克斯·韦伯认为社会分层具有三个维度：经济阶级、社会地位（或声望）和权力。冲突存在于那些位于社会经济地位（SES）的多维差异的不同人之间。

**符号互动论**是一种微观层面的分析，其认为我们可以根据人们与其社会位置的联系来判断一个人。

•炫耀性消费是指购买并展示能够"彰显"购买者社会阶级的商品。

•人们对社会不平等的态度不仅反映了社会事实，而且反映了关于社会组织方式的政治理念和价值观念。

## 社会分层与技术：全球化视野

### 11.5 分析一个社会的技术与其社会分层之间的联系

•伦斯基按照生产技术定义了五种类型：狩猎与采集社会、园艺与畜牧社会、农业社会、工业社会和后工业社会。

•伦斯基指出，技术进步最初加剧了社会分层，这在农业社会最为明显。

•工业化改变了这一趋势，社会分层开始减弱。

•在后工业社会中，社会分层再次加剧。

# 第十二章
# 美国的社会阶级

## ▼ 学习目标

**12.1** 描述美国收入和财富的分配

**12.2** 解释个人出身如何影响以后的社会地位

**12.3** 描述美国社会中不同的社会阶级地位

**12.4** 分析社会阶级地位如何影响健康、价值观、政治态度和家庭生活

**12.5** 评估美国社会流动状况

**12.6** 讨论美国的贫困模式和日益加剧的经济不平等

# 社会的力量

导致我们生活贫困

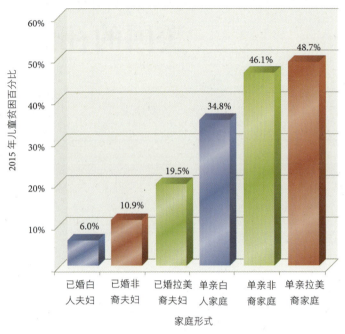

资料来源：U.S. Census Bureau（2016）。

> 在美国，一个人出生即为贫穷人口的概率有多大？我们的社会地位反映了我们的种族、族裔以及父母的婚姻状况等因素。在美国已婚夫妇所生的所有白人儿童中，6%（大约每 100 个儿童中有 6 个）是穷人。相比之下，非裔美国儿童的贫困比例几乎是白人儿童的 2 倍，而拉美裔儿童的贫困比例则高出 2 倍多。单身母亲所生的孩子，其贫困的概率会很高，其中非裔和拉美裔儿童的贫困比几乎为 1∶1。

## 本章概览

美国的社会不平等状况如何？本章将讨论美国社会阶级的差异程度。本章首先具体分析了社会分层的重要测量指标。你将发现，美国社会存在着众多维度的不平等，而且不平等现象的数量也在不断增加。

　　罗莎·乌利亚斯向前倾斜着身体，在厚厚的地板上推拉吸尘器，这个动作她已经重复了无数次，以至于她的右手腕和右手肘都很酸痛。现在是下午 5 点钟，这个有着两个小孩的 45 岁单亲妈妈正在完成今天的第三份清洁工作。她和她 36 岁的表妹梅丽莎·斯米安托每周要清洁 9 所公寓和 5 套房屋。她们从萨尔瓦多来到美国，两人平均每年所挣的钱，每人大概可得 28000 美元，仅仅够支付她们在纽约每年的生活费。

　　但清洁工的工作机会很多。无数纽约人的收入比她们多得多，足以雇佣她们来做清洁。当这些纽约人在外做着高薪工作的时候，在健身房健身的时候，或者在和朋友吃午饭的时候，像梅丽莎和罗莎那样的清洁工正在掸掉他们桌子上的灰尘，拖洗他们房间的地面，擦洗他们的浴缸和抽水马桶。

罗莎想伸手打开浴室水槽上的灯。她拉了下银质的开关链子，链子突然断了，她站在那里，断掉的那部分链子挂在她手上。她看向梅丽莎，两人一起强颜欢笑。然后罗莎神情又变得严肃起来，用西班牙语轻声说："我女儿跟我说，我需要新的梦想。"（Eisenstadt，2004）

纽约也许是一座大城市，但是罗莎和梅丽莎所生活的社会世界跟雇佣她们的人所生活的世界是截然不同的。美国最富有的人的生活，与那些凭借整天艰苦劳动而勉强度日的人的生活有何不同？那些甚至没有固定工作的人的生活又是怎样的？这一章回答了这些问题，解释了在美国社会中存在的这些不同"世界"的差异，人与人之间有何不同，以及为何种种差异正在不断扩大。

# 社会不平等的维度

### 12.1　描述美国收入和财富的分配

跟大多数欧洲国家和日本不同，美国从来就没有贵族头衔。不论美国的种族主义历史的话，美国还没有实行过将不同类别的人进行等级排序的种姓制度。

尽管如此，美国社会仍然是一个高度层级化的社会。富人们不仅占有社会的大多数财富，而且拥有最多的教育机会，拥有最好的健康条件，消费大部分商品和服务。这些特权和成百上千万穷人的贫困现状形成了鲜明的对比，这些穷人也许正在为支付下个月的房租或为小孩看病要付的账单而发愁。很多人认为美国是一个中产阶级社会，但现实是这样的吗？

## 收入

不平等的一个重要维度是从工作或投资中获得的收益，即**收入**（income），美国人口普查报告显示，2015年美国家庭的收入中位数是70697美元。图12-1的饼图显示了所有美国家庭的收入分布情况。[1] 在美国，最富有的20%家庭（每年收入至少为13.4万美元，平均收入为22.5万美元）的收入占所有美国家庭总收入的48.6%，而最贫困的20%家庭（每年收入不高于30000美元，平均收入为17000美元）的收入只占总收入的3.7%（U.S. Census Bureau，2016）。

图12-1中左边的表格提供了更具体的收入分配情况。2015年收入最高的5%的美国家庭收入至少达23.9万美元（平均38.7万美元），相当于美国家庭总收入的20.9%，比收入最低的40%家庭的总收入还要多。在这个收入金字塔的顶端，最富有的1%的家庭的收入至少为190万美元。

最近几十年来，收入不平等有所加剧。这一趋势的部分原因是，最富有的人的收入在总收入中占有比以往更大的比例。举例来说，在1978年，所有赚钱的人中占比0.1%的最高收入者得到了总收入的2.7%。到

---

1　美国人口普查同时报告了美国家庭（由因血缘、婚姻或收养关系而联系在一起的两个以上的人组成）和住户（两个以上的人同住一个居住单位）收入的均值和中位数。2015年家庭收入的均值为92673美元，高于中位数的70697美元，是因为高收入家庭拉高了均值，而对中位数没什么影响。对于住户来说，这两个数字相对小一些（均值为79263，中位数为56516），很大程度上是因为同家庭相比，住户可能只有一位成年人。

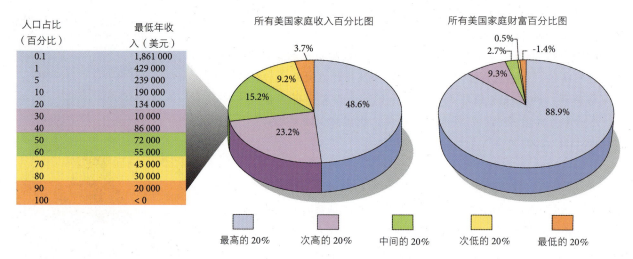

图 12-1　2015 年美国的收入和财富分布

　　收入，尤其是财富，在美国社会的分配是不平等的。

资料来源：收入数据来源于 U.S. Census Bureau（2016）；财富数据基于 Wolff（2014）和作者的计算得出。

2013 年，这些赚钱的精英（年收入在 190 万美元或以上）的收入是原来的 3 倍多，占全美总收入的 9%（Fox，2009；Internal Revenue Service，2016）。

## 财富

　　收入只是一个人或一个家庭财富的一部分，**财富**（wealth）是指现金和其他资产价值的总和减去应偿还债务。财富包括股票、债券和房地产，它比收入的分配更不平等。国会于十年前颁布的对个人收入和代际财富继承的减税政策使得这种不平等更加严重（Wahl，2003；Keister & Southgate，2012）。

　　图 12-1 右边的饼图显示了财富的分配情况。20% 的最富有家庭约拥有全国家庭总财富的 89%。这类特权家庭的顶层是占家庭总数 5% 的"非常富有"的家庭，其财富占美国总私有财产的 65%。还有更富有的拥有千万美元财产的"超级富有"家庭，它们占家庭总数的 1%，却拥有全国私有财产的 37%（Wolf，2014）。在财富金字塔顶端是 10 个最富有的美国家庭，其家庭的净资产总额超过 5230 亿美元（Forbes，2016）。这个数字相当于 640 万个普通美国家庭的财产的总和，其人口已经足以挤满纽约、费城、芝加哥、休斯顿、凤凰城和洛杉矶这几座城市。

　　2007 年，美国家庭财富中位数达到了约 12 万美元的峰值。但随着美国进入经济衰退期，投资和房屋价值下降，家庭财富中位数也随之大幅下降。到 2010 年，家庭平均财富已降至 20 世纪 90 年代中期以来的最低水平。2014 年的最新数据显示，美国家庭的财富中位数约为 9 万美元。鉴于近年来股票市场的上涨和房屋价值的上升，2017 年的中位数至少为 10 万美元（Bricker et al.，2014；Financial Samurai，2017）。

　　家庭财富通过房屋、汽车、投资、保险、退休金、家具、服装和所有其他个人财产的价值，再减去房屋抵押贷款和其他债务反映出来。然而，普通人的财富不仅少于富人，而且财产种类也有所不同。大多数人的财富也就是一房一车，即不产生收益的财产，而富人的财富主要以股票和其他创收投资的形式存在。

　　收入　从工作或投资中获得的收益　　　　　　　　　　财富　现金和其他资产价值的总和减去应偿还债务

金融资产一经与债务抵消，最贫困的 40％ 的美国家庭实际上没有任何财产。图 12-1 中最贫困的 20％ 家庭中有的百分比甚至是负数，意味着这些家庭实际上生活在债务之中。

## 权力

在美国，财富是重要的权力之源。控制全国大多数财富的少数美国家庭，同时也制定了整个社会的议程。正如第十八章（"政治与政府"）将要解释的那样，有些社会学家认为，因为政治系统服务于超级富豪的利益，集中化的财富会削弱民主。

## 职业声望

除了赚取收入，工作也是获取职业声望的重要手段。我们一般根据对方所从事的工作来评价彼此，对那些从事我们所认为的重要工作的人，我们会给予更多的尊重；而对于那些从事普通工作的人，我们则不会给予太多的尊重。出于此，社会学家测量了不同职业的相对声望（Smithet et al.，2015）。表 12-1 表明，人们给予诸如医生、律师和工程师等职业很高的声望，这些职业都要求进行大量的训练并能获得较高的收入。与此相对，服务员、门卫等职业获得的收入较低，要求的受教育程度也不高，职业声望就比较低。在所有高收入国家中，职业声望的排序几乎都是相同的（Lin & Xie，1988）。

在任何社会，高声望的职业一般由特权人群占有。例如在表 12-1 中，最高等级的职业几乎都是男性占主要地位，一直往下排，直到第 12 项以后才出现以女性为主的"中学教师"和"注册护士"职业。有色人种通常从事职业声望最低的职业。

## 学校教育

工业社会拓展了学校教育的机会，但有些人的受教育程度仍然比很多人高得多。2015 年，在 25 岁以上的美国人中，虽然有超过 88％ 的人完成了中学教育，但只有 33％ 的女性和 32％ 的男性完成了大学学业（U.S. Census Bureau，2016）。

上大学的人通常来自收入和财富高于平均水平的家庭。大学生考取的学校也反映出他们的社会背景。来自收入最高的十分之一的家庭的学生中，有十分之四的人进入常春藤盟校和其他名牌大学，而来自收入最低的 20％ 家庭的学生中，只有十分之一的人可以就读于此类精英大学（Equality of Opportunity Project，2017）。

对于成年人而言，学校教育对职业和收入都有影响，因为大多数（并非所有）收入丰厚的白领工作（如表 12-1 所示）都需要有大学学位或更高的研究水平，大多数收入和声望不高的蓝领工作则对受教育程度要求较低。

# 美国社会分层：才能和种姓

12.2 解释个人出身如何影响以后的社会地位

正如我们在第十一章（"社会分层"）所讨论的那样，美国的阶级体系在某种程度上是唯才主义的，在这样的社会体系中，社会地位反映了个人的才能和努力程度。但是美国社会也具有种姓制度的因素，因为如同种族、族裔、性别等先赋性特征，出身将每个人在社会层面上定位于一个特定的家庭，对我们以后的发展具有一定的影响。

表 12-1　美国职业的相对社会声望

| 白领职业 | 声望 | 蓝领职业 | 白领职业 | 声望 | 蓝领职业 |
|---|---|---|---|---|---|
| 内科医生 | 80 | | | 49 | 电工 |
| 物理学家、天文学家 | 75 | | 房地产经纪人 | 49 | |
| 学院 / 大学教授 | 74 | | 摄影师 | 48 | |
| 建筑师 | 73 | | 音乐家、作曲家 | 47 | |
| 电气工程师 | 73 | | | 47 | 行政助理 |
| 牙医 | 72 | | 画家、雕塑家 | 46 | |
| 心理学家 | 71 | | | 46 | 农民 |
| 验光师 | 70 | | | 45 | 邮递员 |
| 律师 | 69 | | | 45 | 面包师 |
| 兽医 | 68 | | | 42 | 裁缝 |
| 神职人员 | 66 | | | 42 | 木匠 |
| 药剂师 | 66 | | | 42 | 推土机操作员 |
| 运动员 | 65 | | | 40 | 机械师 |
| 飞行员 | 65 | | | 40 | 汽车维修工 |
| 注册护士 | 64 | | 银行出纳员 | 39 | |
| 中学教师 | 64 | | | 39 | 砖匠，石匠 |
| 经济学家 | 64 | | | 36 | 理发师 |
| 社会学家 | 63 | | | 35 | 儿童保育员 |
| 计算机程序员 | 63 | | | 35 | 卡车司机 |
| 小学教师 | 61 | | | 32 | 垃圾收集人 |
| 会计师 | 60 | | | 32 | 酒保 |
| | 60 | 警察 | 零售服装销售员 | 31 | |
| | 59 | 消防员 | | 31 | 服务员（男），服务员（女） |
| 演员 | 58 | | | 29 | 行李运送员 |
| | 56 | 飞行器械维修员 | | 28 | 出纳 |
| 牙科保健员 | 56 | | | 26 | 出租车司机 |
| 图书馆员 | 55 | | | 25 | 家政工作者 |
| 网络开发者 | 55 | | | 24 | 门卫 |
| 新闻记者 | 54 | | | 21 | 上门销售人员 |
| 社会工作者 | 54 | | | 16 | 停车场服务员 |

资料来源：*General Social Survey,1972-2014: Cumulative Codebook* (Chicago: National Opinion Research Center, 2015).

## 家族

在美国，没有什么比出生在一个特定的家庭更能影响社会地位的了，其对学校教育、职业和收入都有很大影响。研究表明，拥有上亿美元财产的美国人中，其中至少三分之一的人的部分财产是因继承而得（Miller & Newcomb，2005；Harford，2007）。而同样继承而来的贫困，影响着数千万穷人的未来。

## 种族和族裔

在美国，种族和社会地位紧密相联。白人普遍比非裔美国人拥有更高的职业地位和更多的教育机会。

2015 年，非裔美国家庭收入的中位数是 45781 美元，只占非拉美裔白人家庭收入（80527 美元）的 57%。在收入方面的不平等导致了生活方面的重大差异。举例来说，72% 的非拉美裔白人家庭拥有自己的住房，而拥有自己住房的黑人家庭只占 42%（U.S. Census Bureau，2016）。

双亲家庭跟单亲家庭相比，收入更高。收入方面的种族差异在一定程度上是因为非裔美国家庭中单亲家庭的比例较高。单就双亲家庭进行比较，非裔美国家庭的收入也只有非拉美裔白人家庭收入的 81%。

随着时间的流逝，这种收入方面的差异造成了种族间的财富鸿沟（Altonji，Doraszelski & Segal，2000）。美联储最近对美国家庭住户调查发现，少数族裔家庭（包括非裔、拉美裔和亚裔）财产的中位数（约 18100 美元）只有非拉美裔白人家庭（142000 美元）的 13%（Bricker et al.，2014）。

社会地位也受到族裔因素的影响。美国社会中有着英国血统的美国人总是拥有最多的财富和最大的权力，而人口最多的少数族裔——拉美裔美国人在这些方面长期处于不利的地位。拉美裔美国家庭 2015 年收入的中位数是 47328 美元，这个数字只相当于所有非拉美裔白人家庭收入中位数的 59%。关于种族和族裔如何影响社会地位，将在第十五章（"种族与族裔"）中进行详细讨论。

## 性别

不出意料，各个阶级的家庭当然都是由男性和女性组成的。但一般来说，女性的收入、财产和职业声望都远不如男性。在单亲家庭中，女性单亲家庭陷入贫困的可能性，是男性单亲家庭的 2 倍。第十四章（"性别分层"）将探讨性别和社会分层的关系。

# 美国的社会阶级

**12.3** 描述美国社会中不同的社会阶级地位

正如第十一章（"社会分层"）所解释的那样，种姓制度中的等级是严格的，对所有人来说都是显而易见的。但是要对美国这样流动性比较强的阶级系统进行分类并不容易。

有这样一则老笑话：两个人叫了一块披萨，要求将它分成六块，因为他们现在还没饿到要吃八块。与此类似，在社会阶级划分方面，有些社会学家划分的阶级要比其他社会学家多。一个极端是，有些社会学家将社会分为六个或七个阶级；另一个极端是，有些社会学家追随卡尔·马克思的脚步，只看到了资产阶级和无产阶级两大阶级，还有些社会学家站在马克斯·韦伯一边，声称社会分层形成的不是界限分明的阶级，而是多维度的社会地位等级制度。

因为社会地位一致性程度相对比较低，所以定义美国的社会阶级是一件难事。特别是对于处在社会等级中间层次的人，他们在某一社会层次上所处的地位，并不与另一层次上的地位相当。举例来说，一名政府官员有权管理数百万美元的政府预算，但他的个人收入也许只有中等水平。与此相类似，许多神职人员享有很高的声望，但他们的收入很低，拥有的权力也只有中等水平。

这是在真人秀节目《橘子郡娇妻》（*Real Housewives of Orange County*）中出现的女性，运用下文所讨论的分类方法，你认为她们各自应列入哪一类社会阶级？为什么？

再如一名以赌牌行骗的熟练赌徒，虽然并不能获得公众的尊重，却能赚取大量金钱。

最后，阶级体系的社会流动性——在中产阶级中体现得最为明显——意味着在一个人一生中社会地位可能会发生变化，进而模糊阶级界限。基于上述讨论，我们大体把美国社会分为四个等级：上层阶级、中产阶级、工人阶级和下层阶级。

## 上层阶级

占美国人口 5% 的上层阶级家庭年收入至少达 239000 美元，有些家庭的收入甚至是这个数字的 10 倍或以上。伴随着高收入而来的是巨额的财富。不过上层阶级的核心人员在人口中只占很小一部分。2016 年《福布斯》杂志简要介绍了美国最富有的 400 个富豪，每人身家至少达 17 亿美元，最多的 810 亿美元。这 400 人的净资产共计 2.4 万亿美元。卡尔·马克思将这些人描述为占有生产资料或大部分私有财产的"资本家"。许多上层阶级是企业主、大型企业的高管或高级政府官员。在过去，上层阶级大多由盎格鲁 - 撒克逊的白人新教徒组成，但现在已并非如此（Pyle & Koch，2001）。

**上层阶级的上层**    上层阶级的上层有时被称为"旧上层阶级""蓝血"，或者就称"上流社会"，他们只占美国人口的 1%（Coleman & Neugarten，1971；Baltzell，1995）。有这么一个笑话：成为上层阶级的上层最简单的方法就是生来就是上层阶级的上层。虽然不是所有家庭都拥有巨额财富，但其中大多数此类家庭的财富最初都是靠继承得来。一般来说，一个家庭的收入越是来自股票、债券、房地产和其他投资形式继承的财富，这个家庭属于上层阶级的可能性就越大。因此，上层阶级中的上层也被称为"旧贵"（old money）。

除了财富之外，上层阶级的上层居住在老式的独立社区，比如波士顿的灯塔山、费城的里滕豪斯广场、芝加哥的黄金海岸和旧金山的诺布山。他们的子女一般和其他相同背景的人一起就读于私立学校，并在声名卓著的学院或大学完成学业。遵循欧洲贵族的传统，他们学的是文科而非职业技能。

上层阶级中的上层女性会在慈善机构做义工，她们这么做是出于双重目的：在帮助社会大众的同时，建立扩大精英阶层权力的社会网络（Ostrander，1980，1984）。

**上层阶级的下层**    大多数上层阶级上层的人实际上已经滑落到了上层阶级的下层。英国女王处于上层阶级的上层并不是因为她拥有 5 亿美元的财产，而是出于她显赫的贵族家庭谱系。《哈里·波特》的作者 J. K. 罗琳（J. K. Rowling）身家大概有 10 亿美元，甚至更多，但这个曾经靠救济金生活的女人依然属于上层阶级的下层。换句话说，上层阶级的下层和上层的主要区别在于，他们大多靠工作而非祖业致富。这些"上层新贵"

人们经常要在"新贵"和"旧贵"之间做出区分。突然间获得很高收入的人倾向于把钱花在能象征他们社会地位的东西上，因为他们沉醉于奢侈生活带来的新刺激，还希望彰显他们的成功。与此相反，在财富中长大的人对特权生活已经司空见惯，不会大肆声张。因此，上层阶级的下层炫耀式的消费取向（左图），与上层阶级的上层更私人、低调的消费取向（右图）截然不同。

家庭占美国人口的 3% ~ 4%，他们一般居住在高昂社区的大房子里，拥有依山傍水的度假屋，送孩子去私立学校和名牌大学念书。但是大多数"新贵"无法进入"旧贵"家庭的俱乐部和联盟。

在美国，我们常说的"美国梦"就是指挣足够的钱以加入上层阶级的下层行列。签下百万美元合同的运动员、在好莱坞电影中扮演重要角色的演员、创建新兴网站吸引公众注意的计算机奇才，甚至赢得彩票大奖的人，都是进入上层阶级的下层行列的有才能的成功者和幸运儿。

## 中产阶级

中产阶级占美国人口的 40% ~45%，数量庞大的中产阶级对美国文化有着巨大的影响。电视节目和电影经常表现中产阶级题材，大多数商业广告也是直接针对他们设计的。中产阶级有着比上层阶级更丰富的种族和族裔多样性。

**上层中产阶级**　中产阶级中，平均年收入在 134000 ~ 238000 美元的属于上层中产阶级，他们处于中产阶级的上层。这样的收入使上层中产阶级家庭可以居住在位于高昂社区的舒适房子里，拥有几辆汽车，可以不断进行投资。三分之二的上层中产阶级家庭的孩子完成了大学学业，很多也拥有研究生学位。许多人从事诸如内科医生、工程师、律师、会计和商业主管等声望较高的职业。虽然没有像最富有的人那样的影响国内或国际事务的能力，但上层中产阶级经常在地方政治事务中扮演重要角色。

**普通中产阶级**　其余中产阶级在美国社会结构中位于中间位置。普通中产阶级通常从事诸如银行分行经理、中学教师和政府文员等职业声望较低的白领工作，或者从事电工、木工等高技术含量的蓝领工作。普通中产阶级家庭的年收入为 55000—134000 美元，跟全国平均收入差不多。[1]

中产阶级在其工作生涯中通常会积累少量的财富，主要以房屋和退休投资账户的形式存在。中产阶级很可能拥有高中学历，只有三分之一的人完成了四年的大学学业，并且通常会在学费较低的州立学校完成。

## 工人阶级

工人阶级（有时也称下层中产阶级）大约占总人口的三分之一。按照马克思的说法，工人阶级是工业无产阶级的核心。工人阶级所从事的蓝领工作给他们家庭带来 30000—55000 美元的年收入，略低于全国平均水平。工人阶级家庭少有或根本没有财产，很容易因失业或疾病而陷入经济困境。

工人阶级所从事的许多工作很难令人得到自我满足。这些工作都强调纪律性而不需要想象力，并将工人置于持续不断的监督管理之下。这些工作所提供的医疗保险、退休金等福利比较少。超过一半的工人阶级家庭拥有自己的房子，通常位于廉价的社区。只有五分之一的工人阶级家庭的孩子有机会接受大学教育。

你认为在热门真人秀节目《典当之星》（Pawn Stars）中饰演主角的哈里森一家和他们的朋友查姆利处于哪一种社会阶级呢？经营家族企业的工作状况如何？他们的衣着和兴趣如何？你如何看待这几位明星无一人是大学毕业生这一事实呢？又如何看待他们最近从电视节目中赚大钱这一事实呢？他们的情形难道没有表明社会阶级地位往往是复杂和矛盾的吗？

---

1　在美国部分生活成本很高的城市（如纽约或旧金山），年收入超过 150000 美元的家庭才能算得上是中产阶级。

## 下层阶级

最后剩下的 20% 人口组成下层阶级。低收入使他们过着没有安全感的困苦生活。2015 年，联邦政府将 4310 万人（占总人口的 13.5%）归为"穷人"。还有数百万人被归为"工作的穷人"，他们经济状况比"穷人"稍好一点，拥有很难令人满意且收入微薄的低声望工作。他们中仅有 76% 的人读完了中学，只有不到 15% 的人上过大学。

社会对下层阶级进行了居住隔离，当他们是少数族裔时更是如此。大约 40% 的下层阶级家庭拥有自己的房子，一般位于最差的社区。尽管穷人社区经常位于城市内部，但下层阶级家庭，特别是南部的家庭，还同样生活在农村社区。

最近的经济衰退扩大了全美下层阶级的规模。在全美城市中，加州的埃尔森特罗的官方失业率最近破了纪录，达到所有美国城市中最高的 18%，而当地居民的平均年收入只有约 19000 美元。西部（包括亚利桑那州尤马县）、南部（如佐治亚州梅肯县）和中西部（包括俄亥俄州曾斯维尔县）的一百多个城市失业率都很高，人均年收入仅为 20000 美元，远低于全国平均收入（U.S. Census Bureau，2016；U.S. Department of Labor，2017）。

# 阶级造成的差异

**12.4** 分析社会阶级地位如何影响健康、价值观、政治态度和家庭生活

社会分层几乎影响到我们生活的各个方面。我们将简要分析一下社会地位与我们的健康、价值观、政治态度和家庭生活相关联的一些方式。

## 健康

与高收入者相比，低收入者健康状况良好的可能性要小得多，低收入者的寿命一般比高收入者要短 5 年左右。低收入的代价——营养不良、缺医少药、压力过大——很容易从他们的外表上看出来，因为他们看上去比实际年龄要老。

健康和社会地位紧密相联。穷人家的孩子出生一年内死于疾病、疏忽、意外事故或者暴力的可能性是特权家庭孩子的两倍。在成人中，收入高于平均水平的人与低收入者相比，自我感觉健康状况良好的，前者是后者的近两倍。

政府研究人员发现，收入水平很大程度上影响着人们是否能够获得所需的医疗服务。与收入最高的人群相比，收入最低的人群无法获得必要的医疗护理的概率要高出 13 倍。无法获得医疗护理通常意味着较低的营养水平和压力更大的生活环境，这样的长期后果不难预测：收入最低的 1% 的人的平均预期寿命比收入最高的 1% 的人少 15 年左右。随着经济不平等的加剧，预期寿命的差距也在扩大（Singh，2010；Adams，Kirzinger，& Martinez，2012；Chetty et al.，2016）。

## 价值观和态度

文化价值观存在阶级差异。因为"旧贵"的社会地位基于代代相传的财富，所以他们对家族历史有一种异乎寻常的强烈感情。为了保护与生俱来的特权，他们还偏爱保守的礼仪和品味，好像在说

"我不需要通过'炫耀'来证明我是谁。"在这方面，这些"旧贵"不同于许多"新贵"，后者热衷于炫耀性消费，用房子、汽车，甚至飞机作为象征物，来宣示他们的社会地位。

教育程度越高、经济越宽裕的富人，越能够宽容诸如同性恋等有争议的行为。教育程度越低、成长于越严格的纪律和监督管理之环境中的工人阶级，越不能够容忍此类行为（Lareau，2002；Smith et al.，2015）。

社会阶级对自我概念有很大的影响。社会地位较高的人在日常交往中更自信。原因很简单，因为其他人将他们视为重要人物。"思考多样性"专栏描述了一位来自贫困家庭的年轻女性所面临的挑战：去一所大多数学生来自精英家庭的大学上学。

## 政治态度

政治态度也有阶级差异吗？答案是肯定的，高收入者倾向于支持共和党候选人，而低收入者倾向于支持民主党。但具体模式其实是复杂的，出于保护自己财产的需要，富人们在经济议题上倾向于保守，比如支持更低的税率。但在诸如堕胎、同性恋权利等社会议题方面，教育程度越高、越富有的人，政治观点越开明。与此相反，社会地位较低的人更倾向于经济自由，支持政府扶持穷人的社会方案，但在社会议题方面，他们一般更趋向保守（Smith et al.，2015）。

在政治参与方面有一个更重要的模式。政治系统更多是为高收入者服务的。高收入者与低收入者相比，更倾向于参与投票和加入政治团体。最近的调查显示，80% 家庭收入在 100000 美元以上的成年人会参与投票，而在家庭收入低于 40000 美元的成年人中，参与投票的大约只有 60%。

而在相对不那么富裕的人群中出现了一种截然不同的模式，他们倾向于选择远离政治。只有不到一半的低收入者表示已经进行了投票登记，但只有四分之一的人最后去参加了投票（Pew Research Center，2015；Smith et al.，2015；U.S. Census Bureau，2015）。

## 家庭和性别

社会阶级也塑造了家庭生活。一般来说，工人阶级的父母鼓励孩子遵守传统规范，尊重权威人物。这些父母为他们的孩子设定了界限，提供了必须遵守的明确指示。相比之下，在收入较高的家庭中，父母会将不同的"文化资本"传递给他们的孩子。这些父母对孩子的教育方式更加灵活，和他们一起进行推理和思考，而不是简单告诉他们该做什么。他们的目标是培养孩子的特殊才能，通过让孩子参加许多有组织的活动，鼓励他们表达自己的个性，自由地发挥想象力。

上述两种不同的安排中，父母都是着眼于孩子的未来：不同点在于，非特权阶级的孩子将来所从事的工作需要他们遵守规范，而特权阶级的孩子将来从事的职业需要更多的创造性（Kohn，1977；McLeod，1995；Lareau，2002，2007）。

在这其中，经济显而易见地成为重要影响因素。家庭越有钱，父母就越能够调动更多的资源以开发自己孩子的才能。研究者估计，将一个生于 2015 年的孩子抚养到 18 岁，富裕家庭将花费 454770 美元，中产阶级家庭将花费 284570 美元，低收入家庭将花费 212300 美元（Lino et al.，2017）。特权将导向特权，同样在每一代人中，家庭生活再生产着阶级结构。

阶级也塑造了我们的关系世界。在关于婚姻生活的经典研究中，伊丽莎白·波特（Elizabeth Bott）发现，大多数不那么富裕的夫妇会根据性别角色来对职责进行分工，所以男性和女性过着截然不同的生活（Bott，1971，orig. 1957）。与此相对，生活富裕的夫妇之间关系更平等，共同参与更多的活动，表达也更为亲密。凯伦·沃克（Karen Walker）近期研究发现，在不太富裕的人中，友谊通常是物质援助的来源；对高收入者而言，友谊更多意味着共同的兴趣和休闲爱好（Walker，1995）。

# 思考多样性：种族、阶级与性别

**阶级的力量：** 一个来自低收入家庭学生的疑问："我和你们一样优秀吗？"

　　马塞拉在成长中未享受任何特权，而对这所私立文科学院的大多数学生来说，享有特权是理所当然的。在她大学四年级，她和我进行了一次长谈，谈她的大学经历，以及为什么社会阶级对她来说是一个巨大的挑战。她希望保持匿名，因此马塞拉不是她的真名。我将她说的有关校园生活的情况概括如下。

　　当我来到这里，我进入了一个全新的世界。我发现自己身处一个看似陌生、间或危险的地方。我不理解周围所有人的习惯和思想。我对自己说了一千遍："我希望你们所有人明白，除这里之外，还存在其他世界，我就是从那里来的。你们能接受我吗？"

　　我是一个生而贫困，在匮乏和暴力中成长的女孩。我现在身处一所精英学院的校园中，拥有一个大学生的新身份，但我过去的生活印迹仍在我的意识之中，我无法改变这种自我意识。

　　你想认识我更多吗？想要更多了解社会阶级如何形塑我们自我意识的力量？以下就是我想要告诉你的。

　　在我成长过程中，我羡慕你们中的大多数人。你们生活在中产阶级世界中，它帮助你、保护你、安慰你，而我什么也没有。当你们的父母在讨论时事、计划家庭旅行和照看你们的时候，我的父母正对着彼此尖声喊叫。我永远不能忘记那些夏日的夜晚，我汗涔涔地躺在床上咬手指甲，听到一部电话被砸到隔壁的墙上。我父亲喝醉了，失去了控制，我母亲及时地躲开了。

　　你们的父母在办公楼上班，他们或者拥有诸如医生、律师、建筑师等好的工作，或者是公司经理，或是经营着小生意。你们的父母都是别人在意的人。我母亲搭公交车去医院，在病人走后做清洁工作，每小时赚 10 美元。她按规定轮班工作。我父亲？你知道，他是一个懒人、酒鬼和瘾君子。我已经 8 年没有收到他的消息了。

　　你在一个不错的社区长大，在同一所房子里很可能生活了很多年。我家住在廉租房里，搬家是家常便饭。当没有钱付租金的时候，我们就收拾东西搬到一个新地方。我们看上去似乎总在逃跑。

　　你在书本中长大，经常去图书馆，有父母给你念书。你学会了得体的语言和大量词汇。我从来没有听过睡前故事，大概只遇见一位好老师。大部分我所知道的东西都是自学的。也许这就是为什么我总觉得我在努力追赶你们。

　　你们知道如何正确使用刀、叉和汤匙，你们知道怎么吃中国菜和如何在泰国餐馆点菜，你们享用喜爱的意大利菜肴，你们知道怎样点酒水，你们了解德国啤酒、丹麦奶酪和法国酱汁。我呢？我从小就在纸碟上吃感恩节晚餐，吃的火鸡是由社会服务志愿者提供的。当你们邀请我跟你们一起去某个特别的餐厅，我会推辞不去待在家里。我无法负担餐费，不仅如此，我担心你们会发现，那些你们认为理所当然的事情我却一无所知。

　　我是怎样来这所学院的？我记得我的一位老师对我说"你有希望"。然后这个学院就录取了我，但我不知道原因。我被授予奖学金，解决了我大部分学费。这样就解决了一个大问题，所以我现在可以在这儿，但有时我不能确定我是否要继续待下去。我不得不去学习更多的东西，而这些东西你们已经熟知。我不得不从事两份兼职工作，赚钱购买二手电脑、衣服，偶尔去你们经常光顾的店买一份披萨。

　　我能在这儿已经很不可思议了，我知道我有多幸运。但是既然我现在到了这里，我知道未来之路比我想象的要困难得多。进入这所大学只是这段旅程的一部分，奖学金只是答案的一部分。对我来说最大的挑战是每天发生的事情，你们丰富的生活方式，我仍然不能真正理解。成百上千的事情我还不了解，我会因此做错事而被揭穿是个冒牌货。

**你怎么想？**

1. 这个故事如何展现除个人财富外，社会阶级还包含更多的内涵？
2. 马塞拉为什么担心别人会认为她是个冒牌货？假如让你跟她谈谈这个问题，你会怎么说？
3. 你曾经有过类似的感觉吗，即基于社会阶级地位而劣于或优于他人？请解释。

# 社会流动

## 12.5　评估美国社会流动状况

我们的社会是以大量社会流动为标志的动态社会。取得大学学位、获得高报酬工作，或者与高收入者结婚，都将导致向上的社会流动。失学、失业，或者离婚（特别是女性），都可能会导致向下的社会流动。

从长远来看，社会流动与其说是个人的变化，不如说是社会本身的变化。举例来说，在 20 世纪上半叶，工业化扩大了美国的经济规模，提高了生活水平，就连那些不太适应这种趋势的人也跟着发家致富。在最近几十年间，大量美国工厂的关停推动了向下的结构性社会流动，并使很多人尝到了经济衰退的恶果。2007 年底，遭受重创的经济减少了数百万人的收入和工作机会，即使在十年后的今天，经济衰退的后果也还在持续。

社会学家将社会地位短期和长期的变化区分开来。**代内社会流动**（intragenerational social mobility）是指发生在个人一生中的社会地位的变化。**代际社会流动**（intergenerational social mobility）是指子女和父母之间向上或向下的社会流动。代际流动的重要性在于，它通常能揭示社会的长期变化，如工业化对每个人的影响。

## 流动性研究

很少有像美国这样的社会，人们老是想着要"往上爬"。Lady Gaga 声称她父母都出身于下层阶级家庭，2016 年她赚了超过 6000 万美元，财富总和超过了 3 亿美元（Coyle，2016）。约翰尼·德普（Johnny Depp）生于肯塔基州，父亲是工程师，母亲是服务员，他 2016 年赚了大约 5000 万美元，拥有大约 3.5 亿美元的财富（Forbes，2016）。向上流动——不仅限于成为超级巨星——就是"美国梦"。但是每个人都能向上流动吗？哪怕只是一点点？社会流动性是否如我们所想的那么普遍？

关于代际流动的一项最新研究表明：大约 32% 的美国男性和他们的父亲从事同层级的工作，37% 向上流动（比如父亲从事蓝领工作，现在儿子从事白领工作），其余 32% 向下流动（比如父亲从事白领工作，而儿子从事蓝领工作）。在女性中，27% 的女性和她们的父亲从事同层级的工作，46% 向上流动，其余 28% 向下流动（Beller & Hout，2006）。"思考多样性"专栏提供了另一项有关长期社会流动的研究结果。

"横向社会流动"——在同一阶级水平上更换工作——更为普遍。总的来说，大约 80% 的人从事跟他们父亲同层级的工作，但在具体职业上有所差别（Hout，1998；Beller & Hout，2006）。

有关美国社会流动的研究得出了四个普遍的结论：

1. 20 世纪的社会流动率是非常高的。在一个工业化阶级体系中，高水平的流动性正是我们所期望的。大多数人的社会流动与他们的父母有关。

2. 在一代人的范围里，社会流动率通常较低。大多数年轻的家庭随着时间的推移，会获得教育、技能和工作经验，从而提高收入。一些社会流动发生在人们的生命历程中，举例来讲，一个家长年龄为 30 岁的典型家庭，在 2015 年的年收入为 62000 美元，而一个家长年龄为 50 岁的典型家庭，年收入为 87000 美元（U.S. Census Bureau，2016）。但只有很少的人能够"由贫致富"（就像 J. K. 罗琳那样），或者失去大量金钱（很多赚到大钱的运动员和摇滚明星几年后就没什么钱了）。大多数社会流动是在同一阶级水平上的有限流动，而不是阶级间的显著流动。

**代内社会流动**　发生在个人一生中的社会地位的变化

**代际社会流动**　子女和父母之间向上或向下的社会流动

# 思考多样性：种族、阶级与性别

## 社会流动是特例还是一种规律？

在美国社会向上流动的可能性有多大？向下流动的概率又如何？从小到大一直处于同一阶级的人有多大比例？丽萨·A. 基斯特（Lisa A. Keister）利用全美青年纵向调查（NLSY，一项对 9500 名男性和女性的长期研究）获得的数据回答了这些问题。第一次调查始于 1979 年，那时他们是 14—22 岁的青年，和双亲或其中一方一起生活。同样的这批人在 2000 年被再次研究，他们此时已是 35—43 岁的成人。大约 80% 的研究对象已经结婚，拥有自己的家庭。

基斯特想知道的是，研究对象的经济地位在他们的一生中可能发生了怎样的变化，她通过估计（根据 NLSY 数据）他们在两个不同时间点的财富状况来测量他们的经济地位。在 1979 年，因为研究对象尚且年轻，还住在家里，她测量了研究对象父母的家庭财富。基斯特将每个家庭归入五个财富等级，从最富的 20% 到最穷的 20%，如下表左列所示。在 2000 年，她测量了研究对象自身的财富状况，他们现在住在自己的房子里。2000 年的财富等级显示在表中。

那么，基斯特的结论是什么？以家庭财富为参照，在这 21 年中发生了多少社会流动？观察下表，我们能了解到很多。左上角的单元格显示，1979 年研究对象中最富有的 20% 中，55% 的人在 2000 年仍维持了最高财富等级。显然，这是因为这些人起点本身就很高，不会再有向上流动的可能（尽管有些研究对象成年后比年轻时更富有）。 在 1979 年最富有的研究对象中，其中 25% 下降了一个财富等级。这意味着 80% 的在 1979 年最富有的研究对象在 2000 年仍然过得不错，只有 20% 的最富有的人向下流动了 2 个或 2 个以上等级（下降 2 个等级的有 9%，下降 3 个等级的有 6%，下降到最低财富等级的有 5%）。

我们观察 1979 年位于财富等级底层的研究对象也能得到相似的结论。很明显，这也是因为这些人一开始位于最低等级，他们除了向上流动无路可走。但是他们中 45% 的人成年后仍停留在最低财产等级（右下角的单元格），27% 的人上升了一个等级，另外 28% 的人成年后上升了两个或以上等级（上升 2 个等级的有 11%，上升 3 个等级的有 9%，上升到最富有等级的有 8%）。

数据显示，对于中间等级的研究对象，社会流动较为明显。一开始处于次富裕等级的人中，仅 33% 的人成年后仍停留在原等级，其余 67% 的人上升或者下降了至少一个等级，然而最常见的流动是上升或下降一个等级。一开始处于中间位等级的人中，35% 的人成年后仍留在原等级，65% 的人上升或者下降了至少一个等级，最常见的流动依然是变动一个等级。同样，一开始处于次贫穷等级的人中，35% 的人成年后仍留在原等级，其余 65% 的人大部分都上升或者下降了一个等级。

那么关于这代人在 1979 年和 2000 年的财富流动模式，我们能得出什么结论？第一个结论是大多数人确实经历了社会流动，向上或向下流动了一个或多个等级。因此社会流动是一种规律，而不是特例。第二，向下流动和向上流动一样普遍。第三，社会流动在处于财富等级中间的人中更为普遍。保持在原有财富等级的人，占最大比例的是最高和最低等级（一开始位于最高等级的人中，55% 保持原等级，一开始位于最低层级的人中，45% 保持原等级）。

| 儿童地位，1979 | 成年地位，2000 | | | | |
|---|---|---|---|---|---|
| | 最富裕 20% | 次富裕 20% | 中间位 20% | 次贫穷 20% | 最贫穷 20% |
| 最富裕 20% | 55 | 25 | 9 | 6 | 5 |
| 次富裕 20% | 25 | 33 | 23 | 11 | 8 |
| 中间位 20% | 13 | 21 | 35 | 20 | 11 |
| 次贫穷 20% | 7 | 14 | 20 | 35 | 24 |
| 最贫穷 20% | 8 | 9 | 11 | 27 | 45 |

## 你怎么想？

1. 此处得出的结论有没有让你感到惊讶？请解释。
2. 总体来说，上述研究结论与你所认为的这个国家大多数人对社会流动的看法相符合吗？
3. 你认为最近的经济衰退对社会流动模式有何影响？

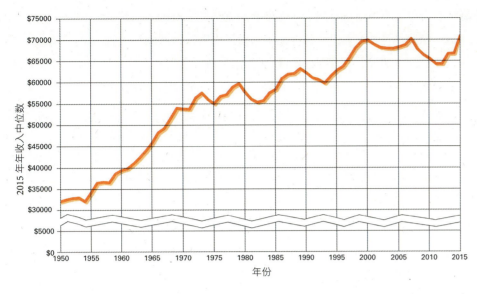

图 12-2　1950—2015 年美国家庭年收入的中位数

在 1950—1970 年间，普通美国家庭的收入增长迅速。但此后，收入增长速度减缓。2007 年后，经济衰退导致收入中位数下降；到 2016 年，它又回到了衰退前的水平。

资料来源: U.S. Census Bureau( 2016 )。

3. 社会流动的长期趋势是向上流动。整个 20 世纪的工业化极大地扩展了美国经济，增加了白领工作岗位，提高了生活水平。但这种长期的上升趋势近来有结束的迹象。近几十年来，向下流动与向上流动数量持平。

从另一个角度来看，80% 出生于 20 世纪 50 年代的人长大组成家庭后，收入都超过了其父母。但到 1990 年，这一比例已降至一半（Keister，2005；Equality of Opportunity Project，2017）。

4. 20 世纪 70 年代以来的社会流动是不均衡的。在 20 世纪，经通货膨胀调整后的实际收入在 70 年代之前一直稳步增长。其后，如图 12-2 所示，实际收入有升有降，总体上比 70 年代之前波动大。

5. 近期社会流动的趋势表现为向下流动。尤其是始于 2007 年的经济衰退导致中产阶级规模变小，收入和财富也减少了。因此，在自称为"中产阶级"的人中，有 85% 的人认为要保持原有的生活水平已十分困难（Pew Research Center，2012）。

## 收入水平的流动

社会流动经历取决于你所在的社会阶级体系的位置。图 12-3 显示了 1980—2015 年间，不同收入水平的美国家庭的收入状况。富有的家庭（在各个时间点上收入最高的 20% 的家庭，并非总是同一批）收入增长了 67%，收入年均数从 1980 年的 134919 美元增加到了 2015 年的

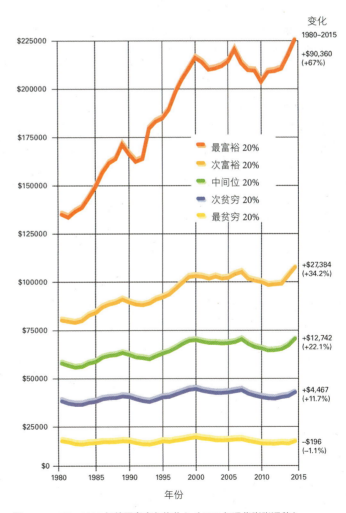

图 12-3　1980—2015 年美国家庭年均收入（2015 年通货膨胀调整）

如今，高收入家庭与低收入家庭之间的差距比 1980 年时更大了。

资料来源: U.S. Census Bureau（2016）.

225279 美元。中等收入的家庭也有所得，不过所得有限。收入最低的 20% 的家庭的收入减少了 1%。

对处在收入金字塔尖的家庭（最高的 5%）来说，最近几十年发了横财。这些家庭 1980 年的平均收入最低是 192000 美元， 2015 年则达到 386289 美元，几乎是 1980 年的两倍。研究表明，在这一精英阶层中，收入最高的 1% 的家庭和其中的前十分之一，在收入和财富方面都获得了最大的收益（Reeves，2015；U.S. Census Bureau，2016）。

## 流动：种族、族裔和性别

在美国，白人往往比非裔或拉美裔居于更优越的地位。在 20 世纪 80 年代和 90 年代的经济扩张中，更多的非裔美国人进入了富有者的行列，但是总体上来讲，三十年来非裔美国人的实际收入状况几乎没有改变。2015 年非裔美国家庭收入相对于白人家庭收入的百分比（57%）只略微低于 1975 年的水平（61%）。美国的拉美裔家庭和白人家庭相比，这个比例的前后差距更为悬殊，1975 年拉美裔美国家庭收入占白人家庭收入的 66%，而 2015 年这个数字下滑到了 59%（U.S. Census Bureau，2016）。

女性主义者指出，从历史上看，美国社会的女性向上流动的机会比男性要少，因为大多数工作的女性从事的是文职工作（比如秘书）和服务工作（比如侍者），这些工作很少能提供晋升的机会。

女性和男性之间的收入差距正随着时间的推移而逐渐缩小。全职工作的女性 1980 年的收入是全职工作男性的 60%，到 2015 年，这个数字增长到 80%（U.S. Census Bureau，2016）。

## 流动和婚姻

研究指出，婚姻对社会地位有重要影响。在一项针对 40 多岁的男性和女性的研究中，杰伊·扎戈尔斯基（Jay Zagorsky）发现，已婚且未离婚人士所积累的财富是单身或离婚者的两倍（Zagorsky，2006）。造成这个差距的原因是，夫妻双方生活在一起，通常享有双份工资，而且在费用支出方面，相较单身或分居者，能省下将近一半的钱。

结婚的人比单身的人工作更努力，存款更多，这也是有可能的。为什么呢？主要原因在于他们不仅仅为自己工作，还要供养依靠他们的人。

正如结婚能提高社会地位，离婚通常会降低社会地位。离婚的夫妇要承担两个家庭的经济重担。离婚后女性会受到更多的伤害，因为男性的收入通常比女性高。许多离婚的女性失去的不仅是大部分收入，还有诸如医疗、保险等福利（Weitzman，1996；Population Studies Center，2011）。

## 美国梦：还能成为现实吗？

向上社会流动的期望深深植根于美国的文化土壤之中。在我们历史上的大部分时间里，经济一直在稳步增长，生活水平不断提高。甚至在今天至少对某些人来讲，美国梦仍在，是其之所向。在 2015 年，大约三分之一的美国家庭挣了 100000 美元或以上，与此前相比，1967 年仅有十一分之一的家庭能赚这么多钱（除去美元通货膨胀的影响）。美国现在有超过 900 万个百万富翁家庭，是 1995 年的两倍（Wolf，2012；Spectrum Group，2014；U.S. Census Bureau，2016）。但并不是所有的指标都是乐观的。请注意下列这些令人不安的趋势。

1. 许多工人的工资停止增长了。1958—1973 年间，全职工作的 50 岁男性工人的收入增长了 72%，从 32314 美元增加到 55669 美元（以 2015 年的美元为基准折算）。然而在 1973—2015 年间，这些工人的收入下降了 8.3%，而他们的工作时长却增加了，住房、教育和医疗保险等生活必需品的花费也提高了（U.S. Census Bureau，2016）。

2. 更多的工作支付的报酬很少。不断扩张的全球经济将许多工业工作转移到海外，减少了美国高薪工厂工作的数量。计算机控制的机器人也替代了许多工作岗位。同时，服务经济的扩张意味着今天更多的工作（快餐店或大型折扣店）只会提供相对较低的工资。

3. 近期的经济衰退导致经济下行。2007 年，美国家庭净资产中位数达到约 13000 美元的高点。在始于 2007 年底的经济衰退的影响下，到 2013 年，这一数字已降至 812000 美元。这一下降既反映了美国大部分地区住房价值的下降，也反映了其他投资价值的下降。

4. 年轻人选择继续和父母同住。目前，超过一半的 18—24 岁的年轻人（53% 的男性和 52% 的女性）和父母住在一起。从 1975 年以来，结婚的平均年龄增长了 6 岁（女性 27.4 岁，男性 29.5 岁）。

在过去的一代人中，很多人致富了。即便如此，在 2007 年经济衰退开始后的几年里，随着投资和住房价值的下降，富人和穷人的地位都受到了影响。在这层意义上说，富人也"分担了痛苦"，尽管他们不像大多数"普通人"那样痛苦。此外，经济等级最高的人在所有财富中所占的比例越来越大（Wolf, 2014）。在过去几十年里，薪酬最高的企业高管的收入大幅增长。

阶级结构的中下层则是另外一幅景象。越来越多的低薪工作岗位使数百万家庭向下流动，人们越发担心无法享受中产阶级的生活方式。两代人以前，大多数人将"中产阶级"定义为受过大学教育、从事专业工作和在郊区有房子的人。根据最近的调查，如今超过 80% 的人认为"中产阶级"仅仅意味着有一份稳定的工作。调查还证实，1971 年至 2014 年间，美国"中等收入"家庭的比例有所下降，而低收入家庭和高收入家庭的比例都有所增加（Pew Research Center，2016）。

回顾图 12-2 可以看出，尽管 1950—1973 年这一代人的家庭收入中位数翻了一番，但在近两代人的时间里，它只增长了 23%。最近的经济衰退实际上导致了收入中位数的下降，直到 2015 年才恢复到了 2007 年的水平（U.S. Census Bureau，2016）。

## 全球经济和美国阶级结构

美国阶级结构变化的潜在原因是全球经济变化。很多给上一代美国工人带来高薪的工业生产已经迁移到了海外。因为国内工业较少，美国现在已成为工业品的巨大市场，包括汽车、音响设备、相机和电脑等消费品，皆产自中国、日本、韩国和全球其他地区。

1960 年有 28% 的美国劳动力从事制造业的工作，今天只有 9% 的工人继续从事这样的工作（U.S. Department of Labor, 2017）。而美国经济会用收入较低的服务工作来弥补他们。传统的高薪酬公司，比如 USX（原为美国钢铁公司）现在比不断扩张的麦当劳雇佣的人都要少，而快餐店店员的收入远低于钢铁工人的收入。

全球性的工作重组并非对所有人来说都是坏消息。相反，全球化经济推动了以法律、金融、营销和计算机技术为专业的饱学之士向上进行社会流动。1980—2017 年，全球经济扩张也助推股市上涨超过 20 倍，即使近些年开始有所下滑。因此，有资金投资的家庭的财富有所增长。

但是这一趋势却损害了许多普通工人的利益，他们失去了工厂的工作，现在正从事低工资的服务工作。再加上许多公司（通用和福特是最近的例子）缩减规模、减少劳工职位，以保持在世界市场上的竞争力。因此，即使 48% 的家庭有两个或以上的工人——是 1950 年的两倍多，许多家庭也仅仅是维持了现状（U.S. Census Bureau, 2016）。由此产生的挫折感，特别是在许多没有大学学位的白人中滋生的这种情绪，助长了对唐纳德·特朗普的总选竞选活动的推动。

# 贫困问题和日益加剧的不平等趋势

**12.6** 讨论美国的贫困模式和日益加剧的经济不平等

即使在美国这样富裕的国家，贫困依然是一个常常被讨论的问题。社会分层人为地将人们分为富人和穷人。所有不平等社会体系都会造成贫困，或者至少是**相对贫困**（relative poverty），即某些人相对于那些拥有更多资源的人来说缺乏资源。一个更重要的且可以防止的问题是**绝对贫困**（absolute poverty），即缺乏维持生存的基本必需品。

正如第十三章（"全球分层"）所解释的那样，大约 7 亿 5 千万人——全球 10 个人中就有 1 个——面临绝对贫困的风险。甚至在富裕的美国，许多家庭因严重缺乏资源而挨饿，住房条件极差，健康状况糟糕。

**绝对贫困** 缺乏维持生存的基本必需品　　　　　　　　　　**相对贫困** 某些人相对于那些拥有更多资源的人来说缺乏资源

## 贫困程度

2015 年，美国政府将 4310 万（占总人口的 13.5%）成人和儿童归为贫困人口。这种相对贫困的统计以家庭收入低于官方贫困基线为标准。对一个四口之家来说，2015 年官方贫困基线定在 24257 美元，这意味着每日所有开销总计约为 66 美元。政府制定的贫困基线大约是食物类必需品花费的三倍，但在 2015 年，一般贫困家庭的收入只达到这个数字的 54%，这就意味着贫困家庭通常不得不依靠不足 13000 美元的年收入或 35 美元的日收入艰难度日（U.S. Census Bureau，2016）。研究人员报告称，150 万 "赤贫" 的家庭每天仅靠 2 美元生存（Edin & Shaefer，2015）。

贫困的趋势是什么样的呢？图 12-4 显示，20 世纪 60 年代官方统计的贫困率下降了，此后几十年在小范围内上下波动，但在最近的经济衰退期贫困率又上升了。

## 谁是穷人？

尽管没有一种单一描述能对应所有的穷人，但贫穷确实是我们中某些类型的人的 "专利"。当这些类别指标重叠起来的时候，问题就会变得非常严重。

**年龄** 一代人以前，年龄大的人变穷的风险最高。但由于如今的私人雇主和政府提供了更好的退休计划，65 岁以上老人的贫困率已从 1967 年的 30% 降到 2015 年的 8.8%，远低于全国平均水平。从另外一个角度看，只有 9.7%（420 万）的穷人是老年人（U.S. Census Bureau，2016）。

如今，贫困的重担更多落在了儿童肩上。2015 年，小于 18 岁的人中 19.7%（1450 万儿童）和 18—24 岁的人中 19%（570 万年轻人）是穷人，换句话说，美国贫困人口中 46.8% 是不超过 24 岁的年轻人。

**种族和族裔** 在所有贫困人口中，三分之二是白

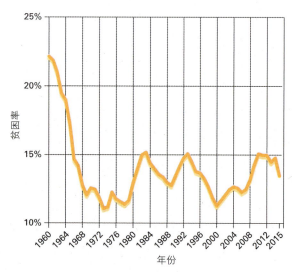

图 12-4　1960—2015 年美国的贫困率

1960—1970 年，贫困人口的比例明显下降。此后，保持在 10% ～ 15% 的水平上。

资料来源：U.S. Census Bureau（2016）。

人（包括自称拉美裔的白人），23％是非裔美国人。但跟他们各自种族的人口总数相比较，非裔美国人的贫困率几乎是非拉美裔白人的三倍。2015 年，24.1％的非裔（1000 万人）、21.4％的拉美裔（1210 万人），11.4％的亚裔（210 万人）以及 9.1％的非拉美裔白人（178 万人）处于贫困之中。1975 年以来，白人和少数族裔之间的贫困差距并没有改变多少。

有色人种中，儿童贫困率特别高。美国非裔儿童贫困率为 32.9％，与此相对比，拉美裔儿童贫困率为 28.9％，非拉美裔白人儿童的贫困率为 12.1％（Kochanek, Arias & Anderson, 2015；U.S. Census Bureau, 2016）。

**性别和家庭模式**　在 8 岁及以上的所有贫困人口中，56％是女性，44％是男性。这种差异反映了这样一个现实：女性操持的家庭贫困风险较高。在所有贫困家庭中，单身女性操持的家庭占 51％，单身男性操持的家庭只占 11％。

美国正在经历**贫困的女性化**（feminization of poverty），即女性贫困率上升的趋势。1960 年，所有贫困家庭中 25％是女性操持的，大多数贫困家庭是由夫妻共同经营的。但到 2015 年，单身女性操持的贫困家庭的比例几乎已翻倍，达 51％。

贫困的女性化是大趋势的结果：各个阶级的单身女性家庭数量都在迅速增长。这个趋势，再加上女性操持的家庭贫困风险较高，可以帮助解释为什么女性和她们的孩子在美国贫困人口中所占的比例日益增长。

**城市和农村贫困**　在美国，贫困人口最集中的地方是市中心。2015 年市中心贫困率达 17％，市郊的贫困率达 10.8％。因此，城市地区总体贫困率为 13％，低于 16.7％的农村地区贫困率。

贫穷家庭无论住在哪里，他们都会被社会疏离。也就是说，随着收入不平等的加剧，贫困家庭生活在大多数人都是穷人的社区的可能性也在增加。虽然有很多低收入家庭仍然生活在周围大多数人并不贫穷的社区中，但是当下近 30％的穷人生活在贫困人口聚集的社区，这一比例相较于 1980 年的 20％呈现出快速增长的趋势（Pew Research Center, 2012；Taylor, 2012；Chetty et al., 2015）。

## 解释贫困

作为世界上最富有的国家，美国却有着好几千万的贫困人口，这一事实引发了严重的问题。就像某些分析家提示我们的那样，美国的大多数穷人确实要比其他国家的穷人富得多：32％的美国贫困家庭拥有住房，至少 64％的贫困家庭拥有汽车，83％的贫困家庭说他们通常能够获得足够的食物（U.S. Bureau of Agriculture, 2016；U.S. Census Bureau, 2016）。但是毫无疑问，贫困问题损害了这个国家数百万人的整体福祉。

首先，为什么出现贫困现象？我们先介绍两个对立的解释，其引发了一场生动且重要的政治辩论。

非裔美国画家亨利·奥萨瓦·坦纳（Henry Ossawa Tanner）在他的画作《感恩的穷人》（*The Thankful Poor*）里，刻画了贫困人民的谦卑和人性。在一个倾向于将穷人视作道德卑劣、应受苦难折磨的社会里，这种洞察力非常重要。

资料来源：Henry Ossawa Tanner（1859—1937），*The Thankful Poor. Private collection. Art Resource, New York.*

**一种观点：指责穷人** 这种观点坚持认为，穷人要为他们的贫困负主要责任。纵观历史，在美国人的价值观中，自立是其中的重要内容。他们坚信社会地位很大程度上是个人的才能和努力程度的反映。根据这种观点，社会给每个人提供了足够的机会，只要他们能够且愿意充分利用这些机会。因此，穷人就是那些因没有一技之长、几乎没上过学或动力不足而不能或不愿工作的人。

人类学家奥斯卡·路易斯（Oscar Lewis）1961 年在研究拉美城市的贫困问题后指出，许多穷人深陷于贫困文化，这种下层阶级的亚文化能够摧毁人们提高自己生活水平的抱负。在贫困家庭成长的孩子会屈从于他们的环境，产生一个自我循环的贫困怪圈。

1996 年，为了打破美国的这个贫困怪圈，国会改革了美国的福利制度，该制度自 1935 年以来一直在提供联邦资金救助穷人。联邦政府照旧把钱发到各州，再由各州分发给需要的人，但救济金现在有了严格的时间限制——大多数情况下，一个人不能连续领取救济金超过 2 年，领取救济金的总时长不能超过 5 年。这种改革的目的是促使人们自食其力，摆脱对政府救济的依赖。

**另一种观点：指责社会** 威廉·尤利乌斯·威尔逊（William Julius Wilson）持不同立场，他认为社会要为贫困负主要责任（Wilson，1996a，1996b；Mouw，2000）。威尔逊指出，失去市中心地区的工作是贫困的主要原因，那里根本就没有足够的工作机会来养活每一个家庭。威尔逊发现，穷人表面上不努力是缺乏工作机会的结果，而不是造成贫穷的原因。从威尔逊的观点出发，路易斯的分析可以说是将受害者的苦难归咎于受害者。"日常生活中的社会学"专栏的文章可使我们近距离考察威尔逊的论点，思考它将怎样影响美国的公共政策。

## 评价

在应该由政府还是由人民为贫困问题负责这一分歧上，美国公众分成势均力敌的两派（Smith et al.，2015）。这是我们所知道的有关贫困和工作的情况：政府的统计数字表明，在 2015 年，56% 的贫困家庭的当家人根本就不工作，另外 29% 的家长只做零工（U.S. Census Bureau，2016）。这些事实看上去是支持"指责穷人"这一边的，因为贫困的主要原因是穷人不去工作。

但是从"指责社会"的立场出发，人们似乎还有更多不工作的原因。中产阶级女性也许能平衡工作和养育孩子这两者，但这对贫困的女性来说要困难得多，因为她们无法负担孩子的看护费，而且很少有雇主提供儿童看护服务。正如威尔逊所解释的，许多人无所事事，并不是因为他们逃避工作，而是因为没有足够的工作岗位。总之，缓解贫困问题最有效的办法是确保提供更多的工作机会，为有工作的父母提供更多的儿童看护服务（Wilson，1996a；Bainbridge，Meyers & Waldfogel，2003）。

**检查你的学习** 请阐述穷人或社会应该为贫穷问题负责的两种观点，你更支持哪一种说法？

## 有工作的穷人

并非所有的穷人都没有工作。有工作的穷人反而博得了贫困问题争论双方的同情和支持。2015 年，15% 的贫困家庭的当家人（130 万人）至少工作了 50 周，但他们还是不能摆脱贫困。另外 29% 的贫困家庭的当家人（250 万人）尽管也打打零工，但依然贫困。换言之，大约 3.2% 的全职工人因赚钱太少而依然贫困（U.S. Census Bureau，2016）。自 2009 年 7 月以来，联邦设定的最低时薪是 7.25 美元（有 29 个州设定的最低工资

# 日常生活中的社会学

## 当工作消失了，结果就是贫困

近几十年来，美国经济创造了数以千万计的新就业机会，但居住在市中心的非裔美国人却面临缺少工作机会的灾难性局面。甚至在 2007 年经济衰退之前，失业率就高居不下，经济衰退只是加剧了问题的严重程度。威尔逊指出，虽然人们一直在谈论福利制度改革，但民主党和共和党领导人很少提及市中心的工作短缺问题。

威尔森进而指出，因为缺少市中心的工作机会，美国历史上第一次出现了市中心有大量成年人没有工作的情况。通过研究芝加哥的华盛顿公园地区，威尔逊发现了一个令人不安的趋势。回到 1950 年，大部分美国非裔社区的成年人都有工作，但是到了 20 世纪 90 年代中期，三分之二的人没有工作。正如一位 1953 年就搬到这个社区的老妇人所言：

威廉·尤利乌斯·威尔逊，现年 81 岁（2019 年），在研究城市贫困的因果方面有着丰富经验，研究成果突出，他重点关注的是非裔美国人社区。

当我搬进来的时候，这个社区挺完备的。它有漂亮的房子、小型的宅邸，有商店、自助洗衣店，还有清洁工。我们还有药店，还有旅馆。我们在第 39 大街有医生，附近还有诊所。我们社区有中产阶级和上层中产阶级。然而这一切都一去不复返了，变成了如今的模样。（Wilson，1996b：28）

为什么这样的社区衰落了？威尔森通过 8 年的研究，得出这样一个结论：那里几乎没有工作机会。就是因为工作的缺乏将人们推入了令人绝望的贫困处境，削弱了家庭关系，迫使人们求助于社会福利。在附近的伍德朗，威尔逊发现 1950 年这里有 800 家企业，如今只有 100 家还在正常运转。另外，过去大量的主要雇主——包括西电集团和万国收割机公司——在 20 世纪 60 年代晚期关停了它们的工厂。市中心成了经济变革的牺牲品，因为工业工作岗位或是缩减，或是迁移到了海外地区。

威尔逊描绘了一幅残酷的图景，但他也坚信我们有能力创造新的工作机会。威尔森建议可以分阶段解决这个问题。首先，政府可以雇佣人们从事清扫贫民窟、搭建新房子等各种各样的工作。这个模仿成立于 1935 年大萧条时期公共事业振兴署（WPA）的计划，可以使人们脱离福利系统而参加工作，在此过程中让他们感到为社会所需要，建立起信心。联邦政府和州政府还必须通过制订考核标准和提供更多的拨款来提高教育水平，其中非常重要的是要教给孩子语言技能和计算机技术，为他们将来从事信息革命所带来的新工作做准备。还要改善地区公共交通条件，将城市（这里人们需要工作）和郊区（有大量工作机会）连接起来。另外，提供更多价格合理的儿童看护服务，以帮助单身母亲和单身父亲兼顾工作和养育孩子。

威尔逊认为他的提议有充分的研究基础，但他知道，政治是围绕其他的因素运转的。一方面，因为公众认为有足够的工作机会，所以很难改变那种认为穷人只是逃避工作的成见。威尔逊也承认，至少在短期内，他的提议比继续向失业者发放福利救济成本更高昂。

但是，长此以往，市中心凋敝而城郊繁荣的代价会是什么？另一方面，给每个人带来希望和满足感又有什么好处？

**你怎么想？**

1. 如果威尔逊参选政府官员，你认为他能当选吗？为什么？
2. 依你看，为什么人们不愿将市中心的贫困现象看作是一个问题？
3. 威尔逊对贫困问题的分析，你同意哪些部分，反对哪些部分？

水平更高；2017 年，最低时薪最高的州是马萨诸塞和华盛顿特区，达到了 11 美元）。沃尔玛、麦当劳等大型企业近期也提高了最低工资水平。但在 7.25 美元的联邦最低工资标准下，工作并不能确保摆脱贫困，即使一名全职工人每小时挣 8 美元，也无法让一个城市的四口之家脱离贫困线。如今要达成这个目标，工资要达到每小时约 11.66 美元。从另一个角度来看，如今有一半的工人年收入不到 30000 美元，这使得大多数四口之家在贫困线上下徘徊。

个人能力和努力程度在其社会地位的形成中确实起了一定作用。像没有足够收入支撑家庭却仍要辍学生孩子，这类的重大决定也会影响社会地位。但是权衡社会现实可以发现，导致贫困的主要原因更多在于社会，而非个人性格特征，因为越来越多的工作只提供低薪。另外，穷人就是这些类型的人：操持家庭的女性、有色人种、与主流社会隔绝的人——他们面临着特殊的壁垒和有限的机会。

"争鸣与辩论"专栏的文章对当前的福利政策进行了仔细考察。理解这个重要的社会议题能帮助我们决定我们的社会应该怎样去应对贫穷问题，以及下面要讨论的无家可归者的问题。

## 无家可归者

2016 年，美国住房和城市发展部（HUD）主持了一项全国性的城市调查，以查明有多少美国人在一月份的某一个晚上曾经无家可归。结果有约 550000 人，包括住在收容所、过渡屋和大街上的人。因为用来估计无家可归者数量的方法相对简单，批评家认为美国住房和城市发展部的调查低估了这一数字，这一数字至少达数百万。随着时间的推移，无家可归者的数量呈现出何种变化趋势？据官方统计数据显示，2009 年至 2016 年间，无家可归者的数量略有下降（U.S. Department of Housing and Urban Development，2016）。

我们对无家可归者的刻板印象——男人睡在门廊，女人提着装有所有家当的购物袋——已经被"新无家可归者"所取代：因工厂关闭而失业的人、为躲避家庭暴力而携子女离家出走的女性、因房租涨价而被迫搬出所租公寓的人，以及其他因工资低或根本没有工作而不能偿还房贷或租金的人。今天，没有任何一种刻板印象能够完整地描绘出无家可归者的情况。

尽管大约 18% 的无家可归者至少会做点兼职，但多数无家可归者声称他们没有工作（U.S. Conference of Mayors，2015）。不论有无工作，所有无家可归者都有一个共同的特点：贫困。出于此，对于贫困的解释也同样适用于无家可归者。有些人（更多的是保守派）指责无家可归者的个人品质。他们中三分之一的人是瘾君子，还有三分之一的人有精神疾病（大约 25% 无家可归的人同属这两类）(U.S. Conference of Mayors，2015；U.S. Department of Housing and Urban Development，2016）。

贫困是由社会大环境导致的，还是因为个人咎由自取？提及无家可归者时，大多数人认为社会应该为他们做得更多，但也有不少人认为，无家可归是这些人自己选择的生活方式。

其他人（更多的是自由派）认为无家可归问题是由社会因素造成的，这些因素包括低工资和缺乏给低收入者的住房（Kozol，1988；Bohannan，1991；Kaufman，2004）。这种观点的支持者发现，35% 的无家可归者是整个家庭无家可归。毋庸置疑，很大一部分无家可归者或多或少有着个人缺陷，但这其中的因果关系却很难区分。美国经济的长期结构性调整、社会公共服务预算的削减和最近的经济衰退，都导致了无家可归的问题。

# 争鸣与辩论

## 福利制度的两难

麦科：（冲进门）对不起！我迟到了。我在商店结账时被堵在某个"福利妈妈"后面。

塞吉：（带着困惑的笑容回头看）依靠社会福利生活的人具体看上去是什么样的？

你印象中的"福利接受者"是怎样的？如果你的思维和大多数美国人一样，你的脑海中可能会浮现一名中年非裔美国女性的形象。但是这就错了，事实上，美国社会福利的典型对象是白人儿童。

人们对福利制度存在着很多困惑，关于社会福利的利弊问题也存在争议。1996年，国会对这些问题进行了辩论并制定了新的法律，停止向所有穷人发放联邦公共救济金。现在取而代之的是新的由州政府运作的计划，即对穷人提供有限的帮助，它要求获得救济的人参加职业培训或者努力求职，否则他们的福利就会被取消。

为了理解如今的状况，让我们从解释社会福利的确切含义开始。福利（welfare）是指为提高某些低收入者的福祉水平而设计的许多政策和方案。在1996年的福利改革之前，大多数人用这个词来指代整个福利系统的一部分内容：抚养未成年人家庭援助（Aid for Dependent Children，AFDC），这个联邦计划每月给父母（大多数是单身母亲）和他们需要照顾的孩子提供经济援助。在1996年，约500万家庭在一年中接受过AFDC援助。

保守派反对抚养未成年人家庭援助。他们声称，抚养未成年人家庭援助并不能减少儿童贫困，相反，它在两方面使事情变得更糟。首先，反对者主张抚养未成年人家庭援助削弱了家庭关系，因为这个计划开始执行后的几年里，只要是家里没有丈夫的单身母亲，就可以获得这种补助。结果，政府实际上鼓励了贫困女性婚外生子。对保守派来说，婚姻是减少贫困的"关键"：只有5%的夫妻双全的家庭是贫穷的；接受抚养未成年人家庭援助的家庭中，超过90%的家长是未婚女性。

其次，保守派认为，福利制度鼓励穷人依靠政府施舍。主要原因是80%贫困家庭的当家人没有全职工作，甚至只有5%的接受抚养未成年人家庭援助的单身母亲从事全职工作，而从事全职工作的非贫困单身母亲比例超过一半。保守派认为福利制度远远偏离了其最初的意图，它本想在短期内帮助抚养孩子而没有工作的女性（离婚或丧偶），却逐渐形塑了她们的生活方式。她们一旦过度依赖福利制度，她们所抚养的孩子长大成人后也可能无法摆脱贫困。

自由派持不同的观点。他们问道：在大量的"福利"实际上流向富人的情况下，为什么人们要反对政府向贫穷的母亲和孩子发放补助金？抚养未成年人家庭援助每年的预算是250亿美元（确实不是个小数目），但远远少于7430亿美元的年度社会福利金，"山姆大叔"将之分配给490万老年公民，他们中的大多数并不穷。对于国会于2008年和2009年表决通过的支持金融产业复兴的10000亿美元来说，更是九牛一毛。

自由派坚持认为，大多数寻求公共补助的贫困家庭确实需要帮助。此类家庭通常每月只能得到约400美元，不足以让人们对福利制度产生依赖。即使有一些以食品券形式提供的额外资金，接受福利援助的家庭仍然在贫困线以下挣扎。自由派认为公共救济对于美国的工作机会缺乏和收入不平等加剧等严重的社会问题来说，只是杯水车薪。对于公共救济会削弱家庭关系的批判，自由派也认为单亲家庭的比例上升了，但他们认为这是一个在许多国家的各个阶级都存在的总体趋势。

1996年，保守派最终获得了胜利，AFDC计划终止了。美国社会的个人主义文化总是鼓励人们将贫困视为懒惰和个人失败的标志，从而指责个人（而不是社会）造成了贫困问题。这种观点可能是国会将联邦AFDC计划替换为由州政府运作的贫困家庭临时救助补助（Temporary Assistance for Needy Families，TANF）计划的最大原因。TANF要求贫穷的成年人参加职业培训，接受补助不能连续超过2年，接受补助的总时长不能超过5年。

到2008年，贫困家庭临时救助计划减少了大约60%接受社会福利家庭的数量。这就意味着曾经依靠社会福利生活的许多单身父母重新找到了工作，或正在接受职业培训。另外，婚外生子率也下降了。鉴于此，支持福利制度改革的保守派认为新计划取得了巨大成功。社会福利资助名单缩减超过一半，更多的人从接受福利转向工作谋生。但自由派声称改革离成功还差很远。他们指出，许多现在正在工作的人收入非常低，他们的生活并不比以前好，一半人还没有健康保险。换句话说，这种改革只是大幅度削减了领取救济金的人的数量，但并没有减少贫困现象。

你怎么想？

　　1. 我们推崇自立的文化可以怎样解释这场围绕公共福利的论战？为什么人们不批评流向更富有的人的福利政策（如住房抵押贷款利息的减免）？

　　2. 你同意将限制救济时间加入贫困家庭临时救助计划吗？为什么？

　　3. 你认为当下的美国政府能减少贫困现象吗？请解释。

资料来源：Lichter & Crowley（2002），Lichter & Jayakody（2002），VonDrehle（2008），U.S. Census Bureau（2016），U.S. Department of Health & Human Services（2016），U.S. Social Security Administration（2016）。

## 逐渐加剧的不平等趋势

　　从本章可以看出，美国关于收入不平等话题的争论已经愈演愈烈。经济上的不平等已达到了 1929 年大萧条以来的最高水平。如图 12-5 所示，在 20 世纪 20 年代，收入最高的 1% 的人的收入稳步增长，股市崩盘之前，他们的收入几乎占总收入的 25%。

　　在大萧条之后的几十年里，大趋势是收入更加平等。如图 12-5 所示，到了 20 世纪 70 年代，最富有的 1% 的人获得的收入不到全国总收入的 10%。然而，在过去三十年里，这一趋势发生了逆转。今天，收入最高的 1% 的人在总收入中所占的比例与 1929 年收入最高的人所占的比例大致相同。

　　美国存在一定程度的经济不平等并非大家意料之外的事情。这个国家文化价值观中的竞争性个人主义和对个人责任的强调支撑了人们应该得到不平等回报的观点，同时，这些差异恰好反映出人们才智、能力和努力程度的不同。

　　即便如此，人们现在对现状也失去了信心。最近的一项调查，这些具代表性的美国成年人的样本被问到这样一个问题："收入不平等问题对你个人而言有多重要？"26% 的人回答"极为重要"，32% 的人回答"非常重要"，占多数（另有 25% 的人认为"有些重要"，17% 的人回答"不太重要"或"根本不重要"）。在其他调查中，类似的群体表示，美国的收入差距太大，而且政府在减少收入不平等方面做得不够（Smith et al.，2015；AP/NORC Survey，2016）。

## 那些非常富有的人赚这么多钱合理吗？

　　对经济不平等的普遍关注表明美国社会存在着严重的问题。首先，在一个大多数人认为收入差距太大的社会里，人们会怀疑收入最高的人是否配赚这么多钱。当然，我们国家有一些非常聪明、非常有才华、非常勤奋的人，他们也拥有很高的收入。娱乐行业的人收入位居最高行列（Forbes，2016）。2016 年，泰勒·斯威夫特以 1.7 亿美元的收入位居榜首，收入超过了阿黛尔（8100 万美元）、霍华德·斯特恩（7500 万美元）和坎耶·维斯特（3000 万美元）。如此高的收入正是我们期望非常受欢迎的媒体明星所能获得的，因为他们的才华使他们能够吸引大量观众，并产生巨额广告收益，所以这些高收入也是正当所得。

　　不过需要引起注意的是，不是所有收入都与才华、能力和努力程度直接挂钩。2011 年，纽约扬基队的亚历克斯·罗德里格兹（Alex Rodriguez）是职业棒球联盟中收入最高的球员，他的收入为 3200 万美元。这笔钱几乎等于那个赛季支付给整个堪萨斯城皇家队的钱，扬基队的优秀球员未必就比堪萨斯城皇家队的球员更有才华、更有能力、付出更多能力。另一个洋基队队员贝比·鲁斯，可以说是有史以来最伟大的棒球运动员，他在扬基队的最高收入赛季（1930 年和 1931 年）只赚了 8 万美元（以现在的美元计算是 130 万美元）。

● 2007 年，收入最高的 1% 的人口获得的收入占总收入的比例与 1929 年大萧条前不久几乎相同。

**图 12-5　1913—2015 年最富有的 1% 的人的收入在总收入中所占的比例**

　　1929 年，美国最富有的 1% 的人的收入几乎占总收入的四分之一。这一比例在随后的几十年中下降，到 70 年代中期降至 10% 以下。然而近几十年来，收入不平等的趋势越来越明显。到 2007 年，收入最高的 1% 的人的收入又占据了总收入的几乎四分之一，尽管这一比例随着经济衰退而开始下降。

资料来源：Saez & Piketty（2016）。

　　近年来，人们越发质疑，企业界的富人收入这么高是否合理。据 CNN/Money 报道，2015 年，Expedia 的 CEO 达拉·科斯罗萨希（Dara Khosrowshahi）是收入最高的 CEO，他的薪酬、奖金、股票期权和其他福利共计达 9460 万美元。那一年，美国薪酬最高的十位 CEO 平均每人的收入皆高于 5300 万美元。回顾过去，我们看到今天的企业 CEO 现在的收入比以往任何时候都高。1970 年，CEO 的薪酬大约是企业员工平均收入的 40 倍。2015 年，顶级 CEO 的收入是企业平均收入的 300 多倍。2011—2015 年，CEO 的平均薪酬上升了约 10%，并且这一趋势还在持续。这一趋势有助于解释证券交易委员会决定从 2017 年开始要求企业披露 CEO 的薪酬（Helman，2011；Roth，2011；Morgenson，2015；AFL-CIO，2016）。

　　这种高薪的捍卫者声称，不惜一切代价吸引最有才华的人担任 CEO，可以帮助企业取得更好的业绩。批评者反驳说，付给 CEO 一大笔钱并不能保证企业业绩良好（Helman，2011）。

### 我们其他人能出人头地吗？

　　伴随着美国不平等现象日益严重的第二个问题是，人们越来越怀疑愿意努力工作的人无法取得成功。愿意付出努力以获得经济保障，并期望随着时间的推移提高自身的社会地位，这正是美国梦的核心。但是近几十年来，虽然收入在最高等级的人得到了丰厚的收益，但努力工作的普通人一直维持着现有收入水平。随着高薪工作的日益稀缺，坚信自己可以实现美国梦的人的比例从 2001 年的 76% 下降到 2016 年的 48%，也就不足为奇了（CNN/ORC International Poll，2014；The Atlantic/PRRI Poll，2016）。

直到最近，美国的政治辩论几乎很少提及经济平等问题。几年前，奥巴马总统表示，减少经济不平等现象是美国面临的最严峻挑战。华盛顿政府在 2017 年的领导层可能是有史以来最富有的一群人。你认为特朗普总统的经济政策能帮助普通家庭吗？他们会阻碍还是促进经济平等？

　　如今，一些分析人士声称，美国不再是"机会之地"（Stiglitz，2012）。与此同时，公众对经济不平等的意识自 20 世纪 30 年代大萧条时期以来一直保持敏感。如果经济不平等持续不断加剧，人们对美国社会的不平等制度继续丧失信心，那么对于社会进行根本性变革的诉求势必加剧。

　　最后，当我们在国内讨论不平等如何形成时，我们必须记住社会分层问题不仅仅是一个美国问题。实际上，最显著的社会不平等不是通过观察一个国家内部，而是通过比较世界各地的生活水平来发现的。在第十三章中，我们将考察全球分层来扩展我们的关注焦点。

## 日常生活中的社会学

　　我们是怎样理解美国社会的不平等的？

　　本章概述了美国的阶级结构，以及在这个不平等的社会体系中，人们最终如何获得他们的社会地位。在美国社会，你认为大众传媒能否精确地反映现实中的不平等？请看以下图片，一张是关于 20 世纪 50 年代的电视节目，另外两张是今天的电视节目。关于社会地位，以及我们如何获得社会地位，这些图片都传达了哪些信息？

　　广受喜爱的电视节目《百万富翁》（*The Millionaire*）在 1955 年到 1960 年持续播出，一位阔佬（从未在镜头里出现）有个奇怪的爱好，即赠送 100 万美元给素未谋面的人。他每周给他的个人助理迈克尔·安东尼（Michael Anthony）一张支票，让他交给"下一位百万富翁"。安东尼找到这个人并把钱交给他，故事继续揭示了这种天上掉下来的巨大财富如何改变了某人的生活，使其变得更好（或变得更糟）。这条故事线暗示了社会阶级地位的什么内容？

真人秀《单身汉》（*The Bachelor*）首播于 2002 年，节目形式是一位年轻的单身汉与 25 位迷人的年轻女性从群体约会开始，发展到与三位最终入围者"过夜"，最后（在大多数情况下）向他的"最终选择"求婚。大部分互动都发生在位于南加州某地一座占地 7500 平方英尺的豪宅里。这个电视节目所表明的社会地位的关键是什么？这个电视节目的哪些地方传达了婚姻对女性的重要性？

2004 年开播的《天桥骄子》（*Project Runway*）让 12 名或更多的时装设计师参与竞争，并逐渐淘汰掉他们，直到只剩下一名"赢家"。这档节目向年轻人传达了哪些关于社会地位和获取成功的信息？

**提示**　总的说来，大众传媒所呈现的社会地位反映了个人特质，有时则纯粹是运气。在《百万富翁》中，财富落到有些人头上根本没有什么特别的理由。在《单身汉》中，女性都想方设法得到一名男性的认可。在《天桥骄子》中，成功的关键是时尚感和创造力。但是这其中也包含了我们容易忽略的社会结构的因素。成为百万富翁真的是运气的问题吗？节目里大部分单身汉都是白人，这背后有什么意义吗？每个富有创造力的人都有同等的成功机会吗？社会地位是否像电视节目中所显示的那样来自个人竞争？

# 从你的日常生活中发现社会学

1. 观看一晚上电视节目，评估你在各种节目中看到的人物的社会阶级等级。请你解释为什么你会将某人归于某个特定的社会地位。其中，你是发现了许多明显属于上层阶级的人？属于中产阶级的人？属于工人阶级的人？还是穷人？描述你所发现的模式。

2. 社会分层涉及社会如何分配资源。它还有一个关系性维度，即社会不平等指导着我们要与谁互动，不与谁互动，以及我们如何与人互动。你能举例说明社会阶级的差异如何引导你日常生活中的社会互动吗？

3. 访问"社会学焦点"博客，你可以在那里阅读年轻社会学学者的最新文章，他们将社会学视角应用于流行文化的话题。

## 取得进步

### 社会不平等的维度

#### 12.1 描述美国收入和财富的分配

社会分层包括很多维度：

- 收入——工作收入和投资收入是不同的，最富的 20% 家庭的收入是最穷的 20% 家庭收入的 13 倍。
- 财产——所有资产减去债务的总价值。财富的分配比收入更加不平等，最富的 20% 家庭拥有美国总财富的 89%。
- 权力——收入和财富是权力的重要来源。
- 职业声望——工作不但能获得收入，还能带来声望。白领工作通常能带来比蓝领工作更高的收入和声望。很多低声望工作由女性和有色人种从事。
- 学校教育——学校教育影响职业和收入。某些类别的人拥有比其他人更多的受教育机会。

### 美国社会分层：才能和种姓

#### 12.2 解释个人出身如何影响以后的社会地位

尽管美国是一个唯才的社会，但社会地位也包含了一些种姓因素：

- 家族——出生于特定的家庭会影响一个人在教育、职业和收入方面的机会。
- 种族和族裔——基于收入和财富，非拉美裔白人家庭享有很高的社会地位。与此相反，非裔和拉美裔家庭处于社会底层。
- 性别——与男性相比，女性通常拥有更少的收入和财富，以及更低的职业声望。

### 美国的社会阶级

#### 12.3 描述美国社会中不同的社会阶级地位

出于较低的地位一致性和较高的社会流动性，定义美国的社会阶级有一些困难。但我们大致可以将之描述为四个等级：

- 上层阶级
- 中产阶级
- 工人阶级
- 下层阶级

上层阶级——占总人口的 5%。大多数上层阶级的上层成员，或者说"旧贵"们，通过继承获得财富。上层阶级的下层，或者说"新贵"们，从事着高薪的工作。

中产阶级——占总人口的 40%—45%。上层中产阶级拥有相当多的财富，普通中产阶级只有较低的职业声望，从事着白领工作，大多数上过大学。

工人阶级——人占总人口的 30%—35%。下层中产阶级成员从事蓝领工作；他们的孩子只有三分之一能完成大学学业。

下层阶级——占总人口的 20%。下层阶级的大部分成员因收入过低而缺乏经济保障；许多人生活在贫困线以下；一半人没有完成高中学业。

## 阶级造成的差异

### 12.4 分析社会阶级地位如何影响健康、价值观、政治态度和家庭生活

**健康**

- 富人比穷人平均寿命更长，能获得更好的医疗保障。

**价值观和态度**

- 拥有更多教育机会和经济保障的富人在一些社会现象上相较于工人阶级表现出更多的宽容。

**政治态度**

- 与穷人相比，富人在经济议题上更倾向保守主义，在社会议题上更倾向自由主义。
- 富人比穷人更具投票意愿，因为他们是政治体系的受益者。

**家庭和性别**

- 富裕家庭将优势地位以"文化资本"的形式传给他们的后代。
- 阶级也形塑着家庭分工，下层阶级保留了更传统的性别角色分工形式。

## 社会流动

### 12.5 评估美国社会流动状况

- 如同其他高收入国家，社会流动在美国也很常见。然而，通常代际之间变化较小。
- 1980—2015 年，美国最富的 20% 家庭的年收入增长了 67%，而收入最低的 20% 家庭的年收入却下降了 1%。
- 纵观历史，美国社会的非裔美国人、拉美裔美国人和女性向上流动的机会比白人少。
- 美国梦（向上进行社会流动的期望）深深根植于美国文化。尽管高收入家庭赚得越来越多，许多普通家庭正努力奋斗以维持现有的水平。
- 婚姻能促进向上社会流动。离婚会降低社会地位。
- 全球性的工作重组为美国受过教育的人创造了向上的社会流动机会，但却伤害了普通工人，他们的工厂工作已经转移到海外，他们被迫从事低工资的服务工作。

## 贫困问题和日益加剧的不平等趋势

### 12.6　讨论美国的贫困模式和日益加剧的经济不平等

**贫困概况**

• 政府将 4310 万人（占总人口的 13.5%）归为穷人。

• 大约 47% 的穷人年龄在 25 岁以下。

• 66% 的穷人是白人，但从人口比例看，非裔美国人中穷人比例更大。

• 贫困的女性化意味着更多贫困家庭的当家人是女性。

• 大约 44% 的贫困家庭的当家人属于"工作的穷人"，他们至少会做些兼职，但赚不到足够的钱养活一个四口之家并摆脱贫困线。

• 在 2016 年 1 月的一个晚上进行的研究统计了美国共有 549928 名无家可归者。

**解释贫困**

• 指责个人：有关"贫困文化"的讨论指出，贫困是由穷人自身的缺陷造成的（路易斯）。

• 指责社会：贫困是由社会财富的不平等分配和工作机会的缺乏造成的（威尔逊）。

**社会不平等加剧**

• 近几十年来，收入和财富不平等加剧。

• 调查显示，大多数人认为美国的收入差距太大。

• 许多人担心，努力工作可能不足以取得成功。

# 第十三章
# 全球社会分层

# 社会的力量

决定儿童存活到五岁的概率

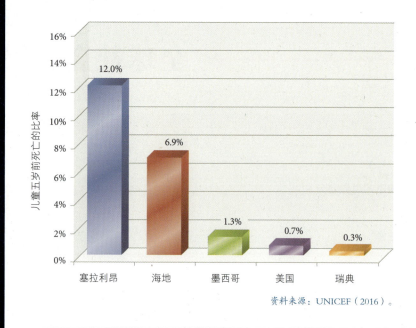

资料来源：UNICEF（2016）。

> 在一个经济发展不平等的世界中，出生国家如何影响儿童的生存概率？出生在塞拉利昂——一个非洲西海岸低收入国家——的所有儿童中，有 12% 于五岁前死亡。在另一个低收入国家海地，6.9% 的儿童遭受了这种噩运。而在高收入国家，这一比例会低很多。在美国，不到 1% 的儿童在五岁前死亡。在包括瑞典在内的拥有更健全社会福利制度的国家，其比率则更低。

## 本章概览

社会分层不仅仅涉及某个国家内部的社会成员，这也是一种世界性的模式，一些国家的经济生产力远高于其他国家。本章将关注焦点由美国国内的不平等转移到世界范围内的不平等。本章首先对全球不平等进行描述，然后提供两个解释全球社会分层的理论模型。

2013 年 4 月 23 日，在孟加拉国首都达卡，一如既往没什么特别的一天开始了。3000 多名工人走进拉纳大厦中的大型服装厂，准备开始今天的工作。然而，空气中弥漫着恐惧感。在通往工作间的楼梯上，许多员工在讨论前一天出现的建筑裂缝。大楼里的人员一度被疏散，工厂老板索赫尔·拉纳（Sohel Rana）叫来工程师检查裂缝。工程师当下便摇头，断定大楼已不再安全。但是拉纳和他的高管对此警告嗤之以鼻，因为他们深知关停工厂所要付出的经济成本。于是，他们命令工人第二天照常到工厂报到。

然而，保持工厂运转的成本更高——不仅是钱，还包括人命。在工作开始后大约一小时，上层的一台大型发电机开始启动，在整个大楼里不断发出振动。一分钟后，整个工厂迅速坍塌，仓促间工人们无法做出反应。随着烟尘散去，街上的人们惊恐地看着地面上掉落的那一大堆混凝土和钢铁，大楼坍塌的轰鸣声之后是被困幸存者的尖声呼救。两个多星期后，最后一批尸体被从废墟中拉出，死亡人数达到1129人，伤者超过2500人。

政府调查的结果表明，这场工厂的灾难是不可避免的。拉纳大厦是使用不合标准的材料建造而成的，它没有达到支撑工人、发电机和其他重型设备重量的要求。毫无疑问工厂老板在建造大楼时偷工减料了。但市政官员也应承担责任，因为尽管有证据表明该建筑并不安全，但他们还是批准了该建筑。拉纳大厦的坍塌可能是同类事件中最致命的，但这只是孟加拉国和其他低收入国家长期以来发生的火灾和工厂建筑坍塌事件中最新的一起而已。

从更广阔的视角来看，这一悲剧反映了低收入国家数百万人在不安全的工作条件下为生活在富裕国家的人提供服装和其他产品的一种全球经济。在孟加拉国，服装厂是大生意，服装占孟加拉国出口经济商品总额的82%。这些服装有五分之一被运到美国各地的商店。我们购买的如此多的服装是在像孟加拉国这样的贫穷国家制造的，原因很简单：孟加拉国的服装工人，其中大多数是女性，每天工作时间接近12小时，每周通常工作6天，然而其收入却很少超过该国每月68美元的最低工资，这只是美国服装工人收入的一小部分。这样低的薪酬是包括沃尔玛和杰西潘尼（JCPenney）在内的商店能够以如此低的价格出售衣服的原因。在清理倒塌的拉纳广场的废墟时，可以看到在混凝土碎片中，有缝着Benetton和Bonmarché等标签的破损衣服（Yardley，2013；Bangladesh Garment Manufacturers & Exporters Association，2017）。

世界上大约有7.67亿人每日都辛勤工作，却依然贫穷，孟加拉国的这些服装工人只是其中的一部分（World Bank，2016）。正如本章将要解释的那样，尽管贫困问题在美国和其他国家是一种事实，但最严重的社会不平等不在国家内部，而在国家之间（Goesling，2001）。只有通过探究**全球社会分层**（global stratification），即整个世界中的社会不平等模式，我们才能了解到贫困的全部层面。

# 全球社会分层概观

## 13.1　描述高收入、中等收入和低收入国家的世界划分

第十二章（"美国的社会阶级"）描述了美国的社会不平等。然而，全球化视野下的社会分层问题要严重得多。图13-1显示了全球收入的分布状况。回顾第十二章，美国人中最富有的20%家庭的收入占了美国总收入的49%（图12-1）。然而，全球人口中最富有的20%的收入竟然占了全球总收入的约67%。另一个极端是，美国人中最贫穷的20%家庭赚不到美国总收入的4%，而全球人口中最贫穷的20%仅靠全球总收入的2%挣扎求生（Milanovic，2016）。

在财富方面，如图13-1所示，全球的不平等问题越来越严重。粗略估计的话，全球人口中最富有的20%的财富大约占全球总财富的96%，约占全球人口1%的人占有几乎全球一半的财富。另一个极端是，全球最贫穷的一半人只占有不到全球财富的1%。以美元计算，世界上大约有一半的家庭拥有的财富不到2222美元，远低于美国一般家庭所拥有的财富，81200美元（Bricker et al.，2014；Davies，Lluberas & Shorrocks，2016）。

美国是世界上最富有的国家之一，甚至那些收入远低于政府设定的贫困线的美国人也比世界上的多数人

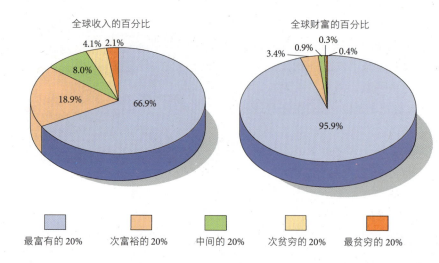

全球收入的百分比

4.1% 2.1%
8.0%
18.9%
66.9%

全球财富的百分比

0.3%
0.9%
3.4% 0.4%
95.9%

最富有的 20% 　次富裕的 20% 　中间的 20% 　次贫穷的 20% 　最贫穷的 20%

图 13-1　全球收入和财富的分布

　　全球收入的分布是非常不均衡的，全球人口中最富有的 20% 所赚取的收入是最贫穷的 20% 所赚取的收入的 30 倍。全球财富的分布也很不均衡，全球人口中最富有的 20% 拥有全球 96% 的私人财富，而最贫穷的那一半人几乎是一无所有。
　　资料来源：Davies, Lluberas & Shorrocks（2016），Milanovic（2016）。

过得好（Milanovic，2011）。参照全球的标准，生活在诸如美国之类的富裕国家的普通人都过的是很富裕的生活。任意一名世界富豪的财富（2016 年世界富豪榜的前三名——美国的比尔·盖茨、沃伦·巴菲特和西班牙的阿曼西奥·奥尔特加，每人都拥有超过 600 亿美元的财富）都能超过世界上 97 个最贫穷的国家的经济总量（World Bank，2016；Forbes，2016）。

## 术语说明

　　对全球的 197 个国家进行分类会忽略很多显著的差异。这些国家有着丰富多样的历史，说着不同的语言，以自身的独特文化为傲。然而，学者已经发展了各种模型，以在全球社会分层的基础上区分各种国家。

　　第二次世界大战后法国人口学家和经济学家阿尔弗雷德·索维（Alfred Sauvy）提出了一种模型，将那些富裕的工业国家称为"第一世界"，将那些工业化程度较低的社会主义国家称为"第二世界"，将那些非工业化的贫穷国家称为"第三世界"。但是"三个世界"的模型在今天已不再适用。一方面，它是冷战政治的产物，西方资本主义（"第一世界"）与东方社会主义（"第二世界"）对峙，而其他国家（"第三世界"）或多或少地置身事外。而 20 世纪 90 年代早期的东欧剧变和苏联解体意味着模型中典型的"第二世界"不复存在。

　　另一个问题是，"三个世界"模型把像"第三世界"这样的 100 多个国家混为一谈。事实上，"第三世界"中有一些国家相对境况较好（如南美洲的智利），其人均生产力是世界上最贫穷的国家（如西非的利比里亚）的 30 倍。

　　这些事实要求对分类方法适当地加以修正。在这里，我们把 79 个**高收入国家**（high-income countries）界定为具有最高整体生活水平的国家。这些国家的人均国民总收入（GNI）超过 15000 美元。世界上的 67 个**中等收入国家**（middle-income countries）没有高收入国家那样富裕，其生活水平与全球平均水平相当，人均国民总收入在 4000 美元到 15000 美元之间。余下的是 48 个**低收入国家**（low-income countries），其生活水平低下，穷人占大多数，人均国民总收入低于 4000 美元（United Nations Development Programme，2016；World Bank，2016）。

全球社会分层　整个世界中的社会不平等模式

高收入国家　　　　　　　　　中等收入国家　　　　　　　　　低收入国家
具有最高整体生活水平的国家　具有全球平均生活水平的国家　生活水平低下，穷人占大多数的国家

与"三个世界"模型相比较，这种模型有两个优势。第一，它关注经济发展情况，而不是政治结构（资本主义或者社会主义）。第二，它更好地描述了各个国家相对的经济发展情况，因为它没有把所有的低收入国家作为"第三世界"混为一谈。

在设想全球社会分层时，还需谨记每个国家内部也存在社会分层。例如，在孟加拉国，服装厂老板每年估计可赚取 100 万美元，比服装厂工人的收入高出数千倍。全球范围内的不平等问题则更加严重，因为美国等富裕国家最富有的人的生活和孟加拉国、海地或苏丹等低收入国家最贫穷的人相比，有着天壤之别。

## 高收入国家

在两个多世纪前进入工业革命的国家，生产力提高了 100 多倍。要理解工业技术和计算机技术的力量，可参考日本——一个与肯塔基州一样大的亚洲国家——其经济生产力高于撒哈拉以南的整个非洲大陆，而非洲大陆的土地面积是美国的两倍以上。

世界上的高收入国家包括美国、加拿大、墨西哥、阿根廷、智利、西欧诸国、以色列、沙特阿拉伯、新加坡、日本、韩国、俄罗斯、马来西亚、澳大利亚和新西兰。这些国家大约占全球大陆面积（包括五大洲在内）的 57%，大部分位于北半球。2015 年，这些国家的人口总和大约是 21 亿，约占世界人口的 28%。高收入国家的人口大约有四分之三居住在城市或者城市附近（Population Reference Bureau，2016；World Bank，2016）。

高收入国家之间存在着巨大的文化差异。例如，欧洲的国家认可 30 多种官方语言。但是这些国家也有着共同的一面：它们都能生产出足够多的商品和服务，使它们的国民能过上舒适的生活。人均收入（即每人的年平均收入）从大约 15000 美元（博茨瓦纳、巴西）到 50000 多美元（美国、新加坡和挪威）不等。事实上，高收入国家的人们享有全球总收入的 62%。

美国是全球的高收入国家之一。工业技术和经济扩张造就了美国的物质繁荣。市场力量在纽约市是显而易见的（左上图）。印度近来跻身中等收入国家的行列（右上图）。城市大街上的机动车数量剧增。马里（左下图）是全球低收入国家之一。如图所示，这些国家经济发展有限，而人口却在急剧增长，于是就导致了普遍的贫困。

在像美国这样的高收入国家里，即使是穷人，其经济生活水平也比世界上其他地区的很多人要高，比如中等收入国家叙利亚的几乎一半国民，以及不那么富裕的中等收入国家中国的大部分国民（Milanovic，2016）。即便如此，美国和其他高收入国家还有不少低收入人群。美国最贫穷社区的居民，其经济条件比全球一半以上的人都要好，然后他们与生活在美国的其他大多数人毫无疑问形成了鲜明的对比。"思考多样性"专栏描述了美国南部边境的拉斯科洛尼亚（Las Colonias）存在的极度贫困。

富裕国家的生产类型是资本密集型的，它以工厂、大型机器和先进的计算机技术为基础。大多数设计和销售计算机的大型企业以及大多数计算机用户都在高收入国家。高收入国家控制着全球的金融市场，纽约、伦敦和东京的每日金融交易活动会影响到全世界的人。简单地说，富裕国家具有高度发达的生产力，既得益于它们拥有先进的技术，也得益于它们控制了世界经济。

# 思考多样性：种族、阶级和性别

## 拉斯科洛尼亚："美国的第三世界"

奥尔加·鲁兹解释道："我们需要属于自己的东西"。

奥尔加·鲁兹在得克萨斯州学院公园的边远地区生活了 11 年。"学院公园"并没有学院，这条满是灰尘的乡下土路没有下水道管线，甚至没有自来水。然而，这个小镇是其中的一个居民点。从得克萨斯州的南部开始，沿着 1200 英里的边境线，从埃尔帕索到布朗斯维尔，类似的居民点大约有 2300 个，总共居住着约 50 万人。

许多人谈及拉斯科洛尼亚（"Las Colonias"在西班牙语里是"殖民地"的意思），会把它看作"美国的第三世界"，因为这些地区极度贫穷，看起来很像墨西哥或其他中低收入国家的类似地区。但是这里是美国，几乎所有生活在该地区的人都是墨西哥裔美国人，其中有 85% 是合法居民，73% 是美国公民。

阿纳斯坦西亚·莱德塞玛现年 72 岁，她在 40 多年前移居到一个名叫斯帕克斯（Sparks）的地区。莱德塞玛生于墨西哥，和一个得克萨斯男人结了婚。夫妇俩还花了 200 美元在新的边境地区购置了一块 0.25 英亩的土地。他们俩在这块地上扎营露宿了几个月。他们一步步地投入自己的劳动和金钱，修了一座简陋的房子。他们这个小社区直到 1995 年才通自来水——这项服务开发者数年前就允诺过。然而，当水管终于接来以后，情况的变化却出乎他们所料。莱德塞玛回忆说："当我们能用上水的时候，很多人都搬过来了。"斯帕克斯的人口立马翻倍，达到了约 3000 人。水的供给无法跟上，以至于有时候水龙头根本就没有水。

这些地区的所有人都知道他们很穷，人均年收入大约只有 29000 美元（这个国家平均数的一半）。确实，人口普查局最近宣布，边境地区周围的城市是全美最穷的地区。考虑到有如此多的类似地区缺乏基本的服务，得克萨斯州政府已禁止新的居民进入。但是大多数迁居到这里的人——这些人甚至起初都睡在自己的汽车或卡车上——把这些地区看作迈向美国梦之路的第一步。奥斯卡·索利斯是帕诺拉马村的一个街区领导，这个村大约有 150 人。他骄傲地带着游客在这个虽然小但正在发展的村镇四处转悠。他微笑着说："我们做的所有工作都是为了让我们的梦想成真。"

你怎么想？

1. 对美国存在这样的贫困现象，你感到惊讶吗？为什么？
2. 你是否知道美国其他地方也存在上文所描述的贫困现象？如果是，是哪里？
3. 你认为居住在拉斯科洛尼亚的家庭未来会怎样？解释你的猜想。

资料来源：Schafer（2002），Economist（2011），the Federal Reserve Bank of Dallas（2015）。

## 中等收入国家

中等收入国家的人均收入在 4000 美元到 15000 美元，接近全球收入的中位数水平（约 11235 美元）。中等收入国家中有 54% 的人居住在城市或者城市附近，普遍从事工业职业。余下的 46% 生活在农村地区，且多数是穷人，缺乏受教育的机会，医疗和住房条件不足，甚至没有安全的饮用水。

世界上大概有 67 个国家属于中等收入国家。收入最高的有哥斯达黎加（拉丁美洲）、塞尔维亚（欧洲）和中国（亚洲），这些国家的人均年收入大约是 14000 美元。最低的有洪都拉斯（拉丁美洲）、加纳（非洲）和叙利亚（中东），这些国家的人均年收入大概是 5000 美元。

一般来讲，高收入国家遭遇自然灾害时，财产损失会很大，但生命损失不大。2017 年，哈维飓风（左）在休斯敦引发了大范围的洪涝灾害，造成 2000 亿美元的财产损失和 90 人死亡。相比之下，2010 年海地的地震（右图）造成超过 30 万人死亡。

一些中等收入国家在过去被划为"第二世界"。这些国家地处东欧和西亚，直到 1989 年到 1991 年的动荡推翻了当局政府之前，多数都实行社会主义经济体制。从那时起，这些国家开始引入市场经济。这些中等收入国家包括乌克兰、乌兹别克斯坦、格鲁吉亚和亚美尼亚。

其他的中等收入国家包括南美洲的秘鲁和厄瓜多尔，以及非洲的纳米比亚和南非。印度和中国也进入了中等收入国家的行列，这两个国家占据了大部分的亚洲面积。

概而言之，中等收入国家大约占全球陆地面积的 27%，其人口有 42 亿，大约占全球总人口的 58%。一些国家（例如中国）的人口密度远低于其他国家（例如萨尔瓦多），但是与高收入国家相比，这些国家的人口密度很大。

## 低收入国家

低收入国家主要是农业社会，有少许工业产业。这些国家的多数人都非常贫穷。全球大概有 48 个低收入国家，其中许多位于东非和亚洲。低收入国家占全球陆地面积的 16%，其人口约有 10 亿，占全球总人口的 14%。人口密度一般比较高，亚洲国家（例如孟加拉国）的人口密度比非洲中部国家（例如乍得和刚果民主共和国）的人口密度更大。

这些贫穷国家有 36% 的人生活在城市里，大多数人则像他们的世代祖先那样居住在村庄和农场里。实际上，全球约有三分之一的人是农民，其中大多数都遵循着各种文化传统。因为工业技术有限，他们的生产力不高，这是许多人陷入极度贫困的原因之一。饥饿、疾病和不安全的住宅条件塑造了低收入国家中最贫穷人口的生活状况。

生活在诸如美国这样的富裕国家的人难以了解这个世界上有多少贫困人口。时不时地，电视上会出现许多低收入国家的穷人艰难谋生的画面，比如最近在塞拉利昂和利比里亚爆发了埃博拉病毒，那里的人们每天都为了生存而苦苦挣扎，真是骇人听闻。这些画面透露出了一个地方的文化力量、历史影响力和经济实力，我们将在这一章余下的部分进行探讨。

# 全球的财富和贫困

### 13.2    讨论世界各地的贫穷模式和内涵

10 月 14 日，在菲律宾的马尼拉。引起我注意的是一位非常干净的小女孩，不超过七八岁。她穿着刚洗过的衣服，头发也被细心地梳理过。她停下来看着我们，眼睛跟着我们直转：拿着相机的美国人正站在这里，站在全世界最贫困的地方。

"烟雾山"（Smokey Mountain）是马尼拉北边的一个巨大的垃圾堆存处。在垃圾分解产生的甲烷的作用下，"烟雾山"的大火经久不息。烟雾弥漫在垃圾山丘上，像浓雾一样。但是"烟雾山"不只是一个垃圾堆存处，它还是一个居住着数千人的社区。我们很难想象还有哪个地方会比这里更不适宜人居住了。人们在烟雾和脏物中辛苦劳作，艰难维生。他们从垃圾堆里拾捡塑料袋，在河里洗干净，收集纸板箱和其他可以出售的东西。他们的孩子来自每年只能赚取几百美元的家庭，几乎没有任何上学的机会，年复一年地呼吸着此处污秽的空气，他们还有什么机会呢？这个可爱的小女孩穿上洗净的衣服，出去玩耍，与这种人间悲剧的背景格格不入。

我们前往马尼拉的另一边，的士司机在交通堵塞中好不容易挤出了一条路。变化令人惊异：垃圾堆的烟雾和气味没有了，此处的街区能与迈阿密和洛杉矶相媲美。游艇在远处的海湾上漂浮着。不再有坑坑洼洼的街道，我们现在正沿着宽敞的林荫大道缓缓前行，两旁绿树成荫，大道上尽是昂贵的日本汽车。我们路过了购物中心、高档酒店以及高层办公大楼。每隔一个街区，我们就能看到在高级住宅区的大门，那里有保安站岗。马尼拉的富人生活在宽敞的空调房里，而许多穷人则在这里工作。

低收入国家有少数富人和许多穷人。多数人靠着每年几百美元的收入为生，这意味着这里的贫困现象比美国的贫困现象严重得多。这并不是说美国的贫困现象是一个次要问题。在一个如此富裕的国家里，许多人缺少食物、住房条件差、没有医疗保障（其中几乎有一半是儿童），这是一个国家的悲剧。

## 贫困的严重性

贫穷国家的贫困问题比富裕国家的贫困问题更严重。全球的生活质量差别非常大，关键原因之一是，这些地区的经济生产力是最低的，而其人口的增长恰恰是最快的。图 13-2 显示了处于不同经济发展水平的国家在全球人口和收入中的比例。高收入国家目前为止最有优势，用全球收入的 62% 来支撑全球人口的 28%。中等收入国家的人口占全球人口的 58%，但其赚取的收入是全球收入的 36%。剩下的 14% 的全球人口仅仅只享有全球收入的 2%。简而言之，低收入国家的人每赚取 1 美元，高收入国家的人就能赚取 15 美元。

表 13-1 展示的是世界上特定国家的财富和福利情况。表格的第一列给出的是一些高收入、中等收入和低收入国家的国民总收入（GNI）的情况。美国这样一个高产大国，其 2015 年的 GNI 达到 18.5 万亿美元。日本的 GNI 达到 4.9 万亿美元。从 GNI 值来看，世界上最富裕的国家的生产力高出最贫困的国家数千倍。

表 13-1 的第二列将国民收入除以整个人口规模，以估计人们在当地经济中的收入情况。美国、瑞典和加

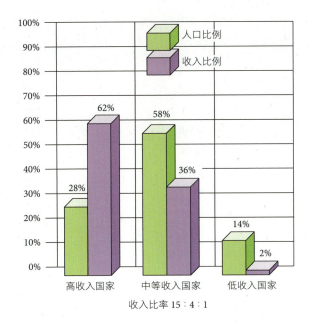

图 13-2　不同经济发展水平下的收入和人口相对比例

低收入国家的人们每赚取 1 美元，高收入国家的人们就可以赚取 15 美元。

资料来源：Population Reference Bureau（2016），United Nations Development Programme（2016），World Bank（2016）。

拿大等富裕国家的人均国民总收入非常高，超过 40000 美元。对于中等收入国家，这一数字的范围从印度的约 6030 美元到哥斯达黎加的近 15000 美元不等。在低收入国家，人均国民总收入只有几千美元。例如，在尼日尔或马里，一个普通人一年的劳动收入相当于美国普通工人一个星期的收入。

表 13-1 的最后一列测量的是各个国家的生活质量。由联合国计算出的这个指数是以收入、教育（成人的识字率和平均受教育年限）以及寿命（人们的预期寿命）为基础的。指数值在 1（最高）和 0（最低）之间。以此计算，挪威人享有最高的生活质量（0.944），美国人紧随其后（0.915）。在另一个极端，非洲尼日尔人的生活质量最低（0.348）。

**相对贫困与绝对贫困**　我们在第十二章（"美国的社会阶级"）中对相对贫困和绝对贫困做了区分，这种区分应用到全球不平等上也很有用。富裕国家的人们通常关注相对贫困，即一些人缺乏其他人视之为理所当然的资源。根据这种定义，相对贫困存在于每个社会，不管其是富裕的社会，还是贫困的社会。

然而在全球化视野下，更重要的是绝对贫困，即缺乏能对生命构成保障的资源。处于绝对贫困中的人缺乏必需的营养以维持健康和长期生存。美国自然也有绝对贫困的人，但是在美国的所有人口中遭遇这种直接对生命构成威胁的贫困的只是极少一部分。相比之下，低收入国家有近一半的人每天仅靠约 1.90 美元生活，生活极度贫困。

绝对贫困是致命的，低收入国家的人面临着更高的英年早逝的风险。在富裕国家，超过 85% 的人的寿命能超过 65 岁，美国的这一比例是 84%。然而，在世界上最贫穷的那些国家，活到 65 岁的概率不到 55%，有十分之一的小孩在 5 岁前便夭折（United Nations，2016）。

### 贫困的程度

贫困国家的贫困现象比美国这种富裕国家的贫困现象更普遍。第十二章（"美国的社会阶级"）提到美国政府正式将 13.5% 的人口划分为贫困人口。然而，在低收入国家，大多数人的生活跟美国的穷人差不多，甚至比他们更糟糕。如图 13-2 所示，在撒哈拉以南的非洲国家，人口寿命超过 65 岁的可能性比较小，有四分之一的人营养不良，存在着非常严重的绝对贫困。将世界视为一个整体，在任一给定时间，世界上都有 10.8% 的人（大约 7.93 亿）长期挨饿，这使他们无力工作，置身于染患疾病的高风险境地（United Nations Food and Agriculture Organization，2016）。

表 13-1　2015 年全球视野下的财富与福利

| 国家 | GNI 总量（10 亿美元） | 人均 GNI（PPP，美元） | 生活质量指数 |
|---|---|---|---|
| **高收入国家** | | | |
| 挪威 | 335 | 64490 | 0.944 |
| 澳大利亚 | 1060 | 44570 | 0.935 |
| 美国 | 18496 | 57540 | 0.915 |
| 加拿大 | 1578 | 44010 | 0.913 |
| 瑞典 | 466 | 47530 | 0.907 |
| 英国 | 2646 | 40610 | 0.907 |
| 韩国 | 1757 | 34710 | 0.898 |
| 日本 | 4934 | 38870 | 0.891 |
| **中等收入国家** | | | |
| 东欧 | | | |
| 塞尔维亚 | 93 | 13040 | 0.771 |
| 乌克兰 | 336 | 7840 | 0.747 |
| 阿尔巴尼亚 | 32 | 11090 | 0.733 |
| 拉丁美洲 | | | |
| 哥斯达黎加 | 72 | 14901 | 0.766 |
| 秘鲁 | 379 | 12060 | 0.734 |
| 厄瓜多尔 | 182 | 11270 | 0.732 |
| 亚洲 | | | |
| 斯里兰卡 | 241 | 11500 | 0.757 |
| 中国 | 19731 | 14390 | 0.728 |
| 印度 | 7906 | 6030 | 0.609 |
| 中东 | | | |
| 黎巴嫩 | 81 | 13750 | 0.769 |
| 埃及 | 980 | 10710 | 0.690 |
| 非洲 | | | |
| 阿尔及利亚 | 568 | 14310 | 0.736 |
| 纳米比亚 | 26 | 10380 | 0.628 |
| **低收入国家** | | | |
| 拉丁美洲 | | | |
| 海地 | 19 | 1760 | 0.483 |
| 亚洲 | | | |
| 孟加拉国 | 573 | 3560 | 0.570 |
| 柬埔寨 | 51 | 3300 | 0.555 |
| 巴布亚新几内亚 | 21 | 2800 | 0.505 |
| 非洲 | | | |
| 肯尼亚 | 141 | 3070 | 0.548 |
| 埃塞俄比亚 | 161 | 1620 | 0.442 |
| 马里 | 35 | 1970 | 0.419 |
| 几内亚 | 14 | 1120 | 0.411 |
| 尼日尔 | 19 | 950 | 0.348 |

这些数据是根据购买力平价（PPP）计算出的结果，避免了货币利率的影响，给出的是每种货币的当地购买力。

资料来源：United Nations Development Programme（2016），World Bank（2016）。

在像美国这样的富裕国家，一个成年人每天摄入约 3408 卡路里，过量的卡路里导致普遍的肥胖症和相关健康问题。在低收入国家的成年人不仅每天仅摄入 2769 卡路里，而且还需要做更多的体力活。食物太少或缺少适当的食物导致了他们营养不良（United Nations Food and Agriculture Organization，2016；World Health Organization，2016）。

在我们阅读本章这节内容的这短短十分钟里，世界上就有约 60 人因为饥饿而身体虚弱或患病而走向死亡。每天有约 15000 人或每年有约 500 万这样的人会因此去世。好消息是，自 1990 年以来，全球的饥饿问题已经减少了约一半。坏消息是，减少全球的饥饿现象仍然是当今人类面临的最峻肃的挑战之一（United Nations World Food Programme，2008）。

## 贫困与儿童

在贫穷的社会里，家庭缺乏足够的食物、干净卫生的水源、安全的住房条件和医疗服务机会，随时都会面临生死问题。在世界上的低收入和中等收入国家，五分之一的儿童不能获得足够营养以维持健康（World Bank，2016）。

数千万儿童为补贴家用而乞讨、偷盗、卖淫或受雇于贩毒团伙。他们为此付出高昂的代价。这些儿童错失受教育的机会，还极有可能成为疾病和暴力的受害者。一些女孩因此怀孕，她们自己都还是孩子，连自己都养不活，就生养小孩了（Consortium for Street Children，2011）。

大约有一半的街头儿童生活在诸如墨西哥城和里约热内卢这样的拉丁美洲城市，在那些地方，有一半儿童是在贫困中长大的。许多美国人知道这些城市是具有异国情调的旅游胜地，然而它们也是数千街头儿童的家，他们住在临时搭建的棚屋里、大桥下、巷子中（Leopold，2007；Levinson & Bassett，2007；Consortium for Street Children，2011）。

## 贫困与女性

在富裕国家，女性做的许多工作被低估了，报酬过低，或者其贡献被完全忽视。在贫穷国家，女性面临的情况甚至更加恶劣。在本章开头所描述的那样的血汗工厂里工作的人，多数是女性。

更糟糕的是，低收入国家的传统禁止女性从事许多工作。例如，在孟加拉国，女性在服装厂工作，因为

在贫穷城市的街头，每天有上千万的儿童靠自己谋生，其中有许多儿童沦为疾病、毒品和暴力的牺牲品。你认为必须采取什么样的措施来保证像这些印度的班加罗尔的儿童获得足够的营养和优质的学校教育呢？

保守的伊斯兰宗教规范禁止女性从事多数有偿工作，限制女性接受优质的学校教育（Bearak，2001）。同时，贫穷社会的传统规范让女性承担养育子女和维持家庭的主要责任。据分析家估计，在非洲，尽管女性制造了40% 的食物，但男性拥有大部分土地。在很多低收入国家，法律规定已婚夫妇使用的土地的所有权只属于丈夫。因此，单身女性，尤其是年纪较大的单身女性，陷入贫困的风险很高（United Nations，2015；World Bank，2015；Landsea Center for Women's Land Rights，2016）。

最后，贫穷国家的大多数女性很少或者根本没有得到生殖健康护理。由于节育方法有限，女性只能在家里带孩子，这又导致了高生育率，并抑制了国家的经济发展。此外，世界上最贫穷的女性通常在没有受过训练的医护人员的帮助下分娩。图 13-3 显示，低收入国家和高收入国家在这方面具有明显差异。

## 全球快照

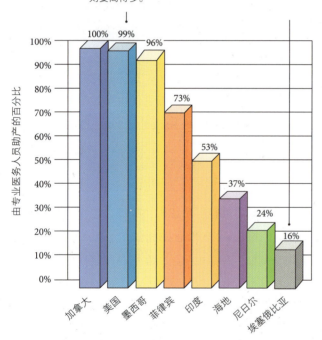

- 与美国女性相比，埃塞俄比亚的女性分娩时有医务人员助产的可能性要低得多，而死于分娩的可能性则要高得多。

图 13-3　由专业医务人员助产的百分比

在美国，绝大多数女性分娩时都有医务人员助产，这种情况在低收入国家却不常见。

资料来源：World Bank（2017）。

## 奴隶制度

除了饥饿以外，贫穷国家还有许多问题，包括文盲、战争，甚至还有奴隶制度。大英帝国在 1833 年取缔了奴隶制度，美国随后在 1865 年也取缔了奴隶制度。但奴隶制度并非过去式，全球有大约 2100 万的男性、女性和儿童仍是奴隶身份（International Labour Organization，2016）。

反奴隶制国际（Anti-Slavery International）将奴隶制度分为六种类型。第一类是基于血统的奴役制度，即一个人拥有另一个人及其后代。尽管奴役制度的存在几乎在任何地方都是违法的，但还是有数百万人沦为了此类奴隶。买卖奴隶（通常是一个族裔或种姓群体的成员奴役另一个族裔或种姓群体的成员）在亚洲、中东，尤其是非洲的许多国家依然存在。"全球化思考"专栏中描绘了非洲国家毛里塔尼亚的一名奴隶的现实生活。

第二类是国家强加的奴役制度。这种情况下，政府强制触犯刑法的罪犯劳动，或者仅是因为政府需要劳动力而强制他人。

第三类是儿童奴役制度，即一些极其贫困的家庭把小孩送到大街上去做乞讨、偷窃或者任何能谋生的事情。这类儿童数以百万计，多在拉丁美洲和非洲一些最贫穷的国家。另外，在70多个国家里有大约1000万儿童被迫生产烟草、甘蔗、棉花和咖啡。

第四类是债务奴役制度，即雇主付给工人工资，但工资不够支付雇主提供的食物和住房的费用。在这种安排下，工人永远都无法还清债务，从而被奴役。低收入国家许多血汗工厂的工人就沦为此类。

第五类是某些形式的婚姻，也算得上是一种奴役。在印度、泰国和一些非洲国家，家庭违背女性的意愿将她们嫁出去。许多这样的女性就像奴隶一样为夫家干活，还有一些则被逼迫去卖淫。

# 全球化思考

### "上帝让我做奴隶"

法蒂玛·明特·马马杜是北非的毛里塔尼亚伊斯兰共和国的一名年轻女性。问及她的年龄，她停下来，微笑着，摇了摇头。她不知道自己是何时出生的。她也不会阅读和写字。她知道的就只有照管骆驼、放羊、拖运水袋、扫地和侍候主人喝茶。这位年轻女性是毛里塔尼亚数量不详的——肯定数以千计——奴隶中的一员。

在毛里塔尼亚的中部地区，如果一个人的皮肤是黑褐色的，就意味着他是某个阿拉伯主人的奴隶。法蒂玛接受了她的处境，她不知道有什么别的办法。她用平淡的口吻说，与她妈妈、外婆甚至更远的祖辈一样，她也是一名奴隶。她耸耸肩说："正像上帝让骆驼成为骆驼一样，上帝让我做奴隶。"

人类奴隶制度在21世纪仍然存在。

法蒂玛和她妈妈以及她的兄弟姐妹生活在毛里塔尼亚首都努瓦克肖特边缘的一个棚户区。他们的家是一个9英尺宽12英尺长的棚屋。这个棚屋是他们用木材废料和从建筑工地上捡来的材料搭建起来的。屋顶只不过是一块布，没有水电和家具。离家最近的一口水井有1英里路远。

这个地区的奴隶制度始于500多年前，大约是哥伦布向西航行、探索美洲大陆的时候。阿拉伯人和柏柏尔人部落袭击了当地的村庄，使当地人沦为了奴隶。因而，从那时起，几十代人都是如此。毛里塔尼亚的法国殖民统治者在1905年取缔了奴隶制度。1961年毛里塔尼亚取得独立以后，新政府重申了这项禁令。然而，奴隶制度直到1981年才被正式取缔，即使在那时候，奴隶制度也不构成违法行为。2007年，国家通过立法，对奴役他人定罪，最高可判处10年监禁，而且政府向奴隶制度的受害者提供经济补偿。但是新法令难以改变这种强势的传统，对加害者起诉的不多，其受到严重惩罚的概率则更低。2016年，13名反奴隶制活动家被判入狱，极大可能是因为他们的行动引发了他人的指控。悲哀的是，一些社会仍然容忍甚至支持奴隶制或类奴隶制，以至于像法特玛这样的人仍然没有"选择的自由"的概念。

下一个问题是更加私人的："你和其他的姑娘被强奸过吗？"法蒂玛再一次犹豫了。然后她不带任何感情地回答道："当然了，到了晚上，男人就过来与我们交配。你所说的被强奸就是这个意思吗？"

**你怎么想？**

1. 在保留奴隶制度方面，传统扮演着什么角色？
2. 这个世界默许奴隶制度的原因是什么？
3. 解释奴隶制度和贫困之间的关系。

资料来源：Burkett（1997），Fisher（2011），Anti-Slavery International（2017）。

另外一种奴隶形式就是人口非法买卖，即把男性、女性和儿童拐到其他地方，强迫他们劳动。女性和男性被带到一个新的国家，有人许诺给他们提供工作，然后他们被迫成为妓女或农场劳工；或是有国外的"父母"收养儿童，然后强迫他们在血汗工厂工作。人口买卖是一笔大生意，仅次于枪支和毒品交易，给世界各地的有组织的犯罪带来了极大的利润（International Labor Organization，2013；Anti-Slavery International，2017）。

1948 年，联合国发布了《世界人权宣言》，其中声明："任何人不得使为奴隶或奴役；一切形式的奴隶制度和奴隶买卖，均应予以禁止。"不幸的是，60 多年过去了，这种社会罪恶依然在继续。

## 对全球贫困的解释

是什么原因造成了世界各地如此严重而普遍的贫困现象？本章余下的部分将梳理贫困社会的现实情况，以给出答案。

1. 技术。低收入国家大约有四分之一的人使用人力或牲畜耕种土地。因为能源有限，经济生产的规模也不大。

2. 人口增长。正如第二十三章（"人口、城市化与环境"）所解释的那样，最贫困的国家的出生率居世界之首。尽管贫困造成的死亡人数很多，非洲许多贫困国家的人口每隔 25 年就会翻一倍。在撒哈拉沙漠以南的非洲国家，40%~50% 的人口不满 15 岁。当这些人进入育龄期，人口增长的浪潮将会到来，非洲人口估计会从今天的 12 亿增加到 2050 年的 25 亿。因此可能会导致更多的贫困现象。为什么？例如，在最近几年，尼日尔的人口以每年超过 5% 的速度在增长，即使经济在发展，生活水平也会下降，这并不是一个孤立的例子。纵观全球，未来的人口增长几乎都会出现在低收入国家（Population Reference Bureau，2016）。

3. 文化模式。贫困国家通常遵循传统。坚持长期以来形成的生活方式就意味着拒绝改变——甚至是那些能带来更富裕的物质生活的改变。

4. 社会分层。低收入国家的财富分配非常不平等。第十一章（"社会分层"）揭示了农业社会的不平等比工业社会的不平等更严重。例如，在巴西，仅 1% 的人就拥有了 45% 的农田（USAID，2011）。

5. 性别不平等。贫困国家的性别不平等阻碍了女性就业，这基本上就意味着她们大部分时间都用来生养小孩。人口增长反过来又会减缓经济发展速度。许多分析家认为，要改善世界上许多地方的生活水平，就要改善女性的社会地位。

许多在富裕国家罕见的健康问题影响着低收入国家的数百万人。寨卡病毒对贫穷社区的打击最大，因为那里的学校教育和医疗服务往往有限。寨卡病毒对巴西奥林达的年轻人造成了严重损失。

6. 全球的权力关系格局。全球贫困的最后一个原因在于世界各国之间的关系。在历史上，财富通过**殖民主义**（colonialism）从贫困国家流向富裕国家，即一些国家通过对另一些国家实施政治和经济控制使自己致富的过程。西欧国家在五个多世纪前就开始对拉丁美洲的大部分地区进行殖民统治。这种全球性剥削使一些国家以牺牲其他国家的利益为代价发展经济。

尽管有 130 个前殖民地在 20 世纪获得了独立，但对其的剥削仍通过新殖民主义的形式存在。**新殖民主义**（neocolonialism，"neo"在希腊语中意为"新"）是全球权力关系格局的一种新形式，它不是通过直接的政治控制而是通过跨国企业来实施经济剥削。跨国企业（multinational corporation）就是在许多国家经营的大型企业。公司领导人经常把他们的意志强加给有他们生意的国家，以创造有利的经济条件，正像殖民者过去的做法一样（Bonanno，Constance & Lorenz，2000）。民族国家也会采取新殖民主义的形式，例如在低收入国家购买土地和其他财产。

**殖民主义**
一些国家通过对其他国家的政治和经济控制使自己致富的过程

**新殖民主义**
全球权力关系格局的一种新形式，并不通过直接的政治控制，而是通过跨国企业来实施经济剥削

# 全球社会分层理论

13.3 将社会学理论应用于全球不平等主题

关于世界的财富与权力的不平等分配，有两种主要的解释：现代化理论和依附理论。每种理论对世界上许多地区的穷困人们的苦难提出了不同的解决办法。

## 现代化理论

**现代化理论**（modernization theory）是一种经济与社会发展模式，该模式根据国家间的技术和文化差异来解释全球不平等。遵循结构功能路向的现代化理论出现于 20 世纪 50 年代，这个时期的美国社会对新技术的发展很着迷。为了展示生产技术的力量，同时也为了对抗苏联逐步增长的影响力，美国的政策制定者设计了以市场为基础的外交政策。从那时开始便一直沿用（Rostow，1960，1978；Bauer，1981；Berger，1986；Firebaugh，1996；Firebaugh & Sandu，1998）。

**历史的视角** 直到几个世纪以前，整个世界都很贫穷。因为贫困是人类历史上的常态，现代化理论认为需要解释的反而是富裕的问题。

随着世界探索和贸易的扩张，在中世纪后期，越来越多的西欧人开始享受到富裕的生活。不久之后，工业革命开始，它首先改变了西欧，随后改变了北美。工业技术与资本主义精神相结合，创造了前所未有的新的财富。起先，这些财富只让少数人受益。但是工业技术是如此富有成效，以至于逐渐地连最穷的人的生活水平都开始得到改善。历史上一直折磨着人类的绝对贫困终于日渐远去。

高收入国家在 17 世纪末和 18 世纪初开启了工业革命。高收入国家的生活水平在 20 世纪至少上升了 4 倍。亚洲和拉丁美洲的许多中等收入国家已经实现了工业化，也变得更加富裕。但是因为工业技术水平有限，低收入国家的变化较小。

**文化的重要性**　为什么工业革命没有将世界上的贫困现象一扫而空呢？现代化理论指出，并不是每个社会都想采用新技术。采用新技术需要一种强调物质财富和新观念的文化环境。

现代化理论视传统为经济发展的最大障碍。在一些国家，牢固的家族体系和对过去的崇敬阻碍了人们采用新技术，即使新技术能提高他们的生活水平。即使在今天，许多人——从北美的阿米什人到中东的伊斯兰教徒，再到马来西亚的闪迈人——都反对技术进步，认为技术进步威胁到了他们的家庭关系、风俗习惯和宗教信仰。马克斯·韦伯（Weber，1958，1904-05）认为，在中世纪末期，西欧的文化环境有利于社会变迁。正如第四章（"社会"）所讨论的那样，新教改革重塑了天主教的传统信仰，开辟了一条进步取向的生活之路。财富——天主教会对此持怀疑态度——成为了个人美德的象征，越发突显的个人主义的重要性逐渐取代了传统对家庭和社区的强调。这些新文化模式共同酝酿了工业革命。

**罗斯托的现代化阶段论**　现代化理论认为，富裕之门向所有人都开放。随着技术进步在全世界展开，所有的社会都应该会逐渐地实现工业化。根据华尔特·W. 罗斯托（Rostow，1960，1978）的理论，现代化有四个阶段。

1. 传统社会阶段。在传统社会的社会化过程中，人们被教导要遵循过往，他们难以想象现在的生活之外的可能性。因此，他们围绕家庭和当地的社区建立自己的生活，沿着没有个人自由和变化的循规蹈矩之路走下去。生活在精神上通常很富足，但在物质上很贫乏。

一个世纪以前，世界上的许多国家都处在经济发展的初始阶段。例如孟加拉国、尼日尔和索马里这样的国家，现在还处于这种传统社会阶段，依然贫穷。甚至在一些新近进入中等收入国家行列的国家，例如印度，人口的某些因素依然保持着高度的传统性。

2. 起飞阶段。社会一旦摆脱了传统的桎梏，人们就会开始利用自己的才能和想象力推动经济的增长。当人们生产商品不只是为了自给自足，而是为了和他人交易以获取利润时，市场也就形成了。更强烈的个人主义、敢于冒险的精神和对物质的渴望也占据了上风，这往往以牺牲家庭关系和历史悠久的规范和价值观为代价。

英国大约在1800年就开始"起飞"，美国在1820年到达了这个阶段。东亚的中等收入国家泰国目前正处于起飞阶段。这种发展在富裕国家的帮助下一般都会加速。这种帮助包括外国援助、先进技术、投资资本和在国外留学的机会。

3. 走向成熟阶段。在这个阶段，"增长"已是一个被广泛接受的概念，推动着社会去追求更高的生活标准。多样化的经济体系促使人们渴望享受工业技术带来的好处。然而，人们同时开始意识到（有时候甚至感到懊悔）工业化正在侵蚀着传统的家庭和地方的社区生活。英国大约在1840年进入了这个阶段，美国则是1860年走向成熟的。今天，墨西哥、波多黎各和波兰这些国家正处于走向成熟阶段。

在这个发展阶段，绝对贫困大大减少。人们离开农村到城市里寻找经济机会，城市开始拥挤。劳动分工创造了我们经济中各种各样的工作岗位。对工作的注重使得人际关系趋向非个人化。个人主义的发展引发了要求拥有更多政治权利的社会运动。这样的社会也为所有人普及基本的学校教育，为部分人提供高级的培训。新近的受教育者认为传统是"落后的"，并进一步推动社会变迁。另外，女性的社会地位也在逐渐靠近男性的社会地位。

4. 大众消费阶段。随着大规模的生产刺激了大众消费，经济发展稳步提高了生活标准。简单来说，人们很快就了解到他们"需要"社会所生产的一系列不断扩充的商品。美国、日本和其他富裕国家在1990年就进入了这个阶段。现在正进入这个经济发展阶段的是两个前英国殖民地：香港（1997年后由中国恢复行使主权）

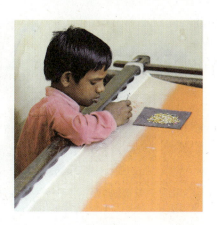

在美国这样的富裕国家，多数父母都希望他们的孩子能拥有快乐的童年，尽量让他们少承担一些本属于成年人的生活责任。而拉丁美洲、非洲和亚洲的那些贫困国家就不是如此了。贫穷的家庭依靠他们的孩子所能赚取的任何收入维生，许多全天工作的孩子只有六七岁，他们会做纺织或其他的一些手工活。使用童工是许多进口产品价格低廉的原因。

和新加坡（1965 年独立）。

**富裕国家的角色**　现代化理论认为高收入国家在全球经济发展中发挥着四种重要的作用。

1. 控制人口增长。最贫穷的国家的人口增长最快，人口增长速度可能超过经济发展速度。富裕国家可以通过普及和推广节育技术来帮助贫困国家限制人口增长速度。一旦经济发展上路了，出生率就会像工业国家过去那样出现下降趋势，因为孩子不再被视为一种经济财产。

2. 增加食物产量。富裕国家可以向贫困国家推广高新耕种技术以提高其农业产量。这些技术被统称为"绿色革命"，包括新的杂交种子、现代灌溉方法、化学肥料和控制虫害的杀虫剂。

3. 引介工业技术。富裕国家通过推广有助于提高生产力的机械和信息技术鼓励贫困国家实现经济增长。工业化也推动劳动力由农业向更有技术含量的工业和服务业转移。

4. 提供对外援助。富裕国家的投资能够推动贫穷国家设法到达罗斯托所谓的起飞阶段。对外援助可以帮助贫困国家购买更多的化学肥料和建造灌溉工程来提高农业产量。同样，金融和技术援助有助于建造发电厂和工厂，提高工业产量。美国每年会向发展中国家提供超过 300 亿美元的援助（USAID，2017）。

## 评论

现代化理论在社会科学家中拥有许多有影响力的支持者（Parsons，1966；Moore，1977，1979；Bauer，1981；Berger，1986；Firebaugh & Beck，1994；Firebaugh，1996，1999；Firebaugh & Sandu，1998）。几十年来，现代化理论已经影响了美国和其他富裕国家和地区的外交政策。支持者指出，亚洲经济的迅速发展——包括韩国、新加坡以及中国的台湾和香港地区——就证明西欧和北美所实现的富裕是所有国家都能够达到的。

但是现代化理论受到来自社会主义国家（和西方"左"倾的分析家）的抨击，认为这种理论不过是对资本主义的一种辩护。根据这些批评家的观点，现代化理论最严重的缺点是，现代化在许多贫困国家根本就没有出现。联合国的报告显示，许多国家，包括拉丁美洲的海地和尼加拉瓜，非洲的苏丹、加纳和卢旺达，如今的生活水平实际上与 20 世纪 60 年代没什么两样，在有些地方甚至变得更糟糕，生活水平大不如前（United Nations Development Programme，2008）。

对现代化理论的第二种批评是，它没有承认受益于这种现状的富裕国家经常会阻碍贫穷国家的发展。批

现代化理论声称，在低收入国家建厂的公司通过为人们提供工作及更高的工资来帮助人们。依附理论却视这些工厂为剥削工人的"血汗工厂"。你认为哪种理论更准确地描述了阿富汗喀布尔的这家工厂？

评家指责说，几个世纪前，富裕国家在他们全球性优势的基础上实现了工业化。我们能指望今天的贫困国家在全球性弱势的基础上实现现代化吗？

第三，现代化理论视富裕国家和贫困国家为两个分离的世界，忽视了国际关系会影响到所有国家的情形。拉丁美洲和亚洲的许多国家现在还在努力克服殖民主义造成的伤害，而殖民主义却成就了欧洲。

第四，现代化理论将世界上最发达的国家作为标杆来评判其他地区，暴露了其种族中心主义的偏见。我们应该铭记，西方的"进步"理念使得人们一头扎进竞争激烈的物质主义生活方式中，消耗了世界上的稀缺资源，污染了自然环境。

第五，也是最后一点，现代化理论提出，全球贫困的原因几乎完全在于贫困国家自身。批评者认为，这种分析只不过是把自己的问题归咎于受害者。相反，他们认为，对全球不平等的分析，不仅要关注贫困国家自身的行为，还要同样关注富裕国家的行为，以及这些行为对全球经济体系的影响。诸如此类的关切反映了另一种重要的理解全球不平等的视角：依附理论。

**检查你的学习**  阐述现代化理论的重要观点，包括罗斯托的经济发展阶段论。指出现代化理论的优点与缺点。

## 依附理论

**依附理论**（dependent theory）是一种经济和社会发展模式，该模式根据富裕国家对贫困国家的历史性剥削来解释全球不平等。这种分析遵循了社会冲突路向，把全球贫困的主要责任归咎于富裕国家。富裕国家几个世纪来一直在不断地使低收入国家走向贫穷，使它们依附于自己。这种破坏性的过程今天仍在继续。

**历史的视角**  每个人都承认，工业革命前，整个世界都不富裕。然而，依附理论断言，贫困国家的人们过去的经济状况实际上比如今他们的后代要好。依附理论的著名支持者安德烈·冈德·弗兰克（Andre Gunder Frank）指出，殖民过程推动了富裕国家的发展，也导致了贫困国家的发展不足（Frank, 1975）。

依附理论基于一个这样的观念：世界上的富裕国家和贫困国家的经济地位是相关联的，不能分隔开来理解。贫困国家不仅仅在"发展的路径"方面落后于富裕国家，而且，多数发达国家的繁荣在很大程度上是以牺牲欠发达国家为代价而实现的。简而言之，一些国家之所以变得富裕是因为其他的国家变穷了。两者都是五个世纪前开始的全球贸易的结果。

|  | 　 |  |
| --- | --- | --- |

| 现代化理论 | 依附理论 |
| --- | --- |
| 一种经济和社会发展模式，该模式根据国家间的技术和文化差异来解释全球不平等 | 一种经济和社会发展模式，该模式根据富裕国家对贫困国家的历史性剥削来解释全球的不平等 |

**殖民主义的影响**　15 世纪后期，欧洲人开始探索西边的美国、南边的非洲和东边的亚洲，以建立他们的殖民地。他们取得了很大的成功，以至于一个世纪前，英国甚至控制了全球陆地的约四分之一，自称"日不落帝国"。美国本身最初是英国在北美东部沿海地区的小殖民地的集合体，很快就扩张到整个大陆，购买了阿拉斯加，并获得了对海地、波多黎各、关岛、菲律宾、夏威夷群岛、巴拿马部分地区和古巴关塔那摩湾的控制。

随着殖民主义的蔓延，大概从 1500 年到 1850 年，残忍的人类剥削，即国际奴隶贸易，一直存在。甚至在整个世界都在抵制奴隶制度的时候，欧洲人还控制着非洲大陆的大部分地区。直到 20 世纪 60 年代，非洲大陆的大部分地区还在欧洲势力的支配之下。

在形式上，殖民主义几乎从世界上消失了。然而，根据依附理论的观点，政治上的解放远远没有转化为经济上的独立。贫困国家和富裕国家之间的经济关系延续着殖民支配模式。新殖民主义是资本主义世界经济的核心。

**沃勒斯坦：资本主义的世界经济**　伊曼纽尔·沃勒斯坦（Immanuel Wallerstein）用"资本主义的世界经济"模型来解释全球社会分层（Wallerstein，1974，1979，1983，1984）。沃勒斯坦所谓的"世界经济"认为，某些国家的繁荣和其他国家的贫困与依附性是世界经济体系的结果。他将世界经济的根源追溯到 500 多年前的殖民化的开端，那时候欧洲人就开始从世界的其他地区敛聚财富了。因为世界经济是以高收入国家为基础的，所以它具有资本主义性质。[1]

沃勒斯坦称富裕国家为世界经济的"中心"（core）。殖民主义把世界各地的原材料掠夺到欧洲，推动了工业革命，从而使这个中心富裕起来。今天，跨国企业在全世界经营以获取利润，把财富输送到北美、西欧、澳大利亚和日本。

低收入国家代表世界经济的"边缘"（periphery）。由于殖民主义的剥削，贫困国家被卷入世界经济，通过提供廉价的劳动力和工业产品的巨大市场，继续支持着富裕国家。余下的国家被认为是世界经济的"半边缘"（semiperiphery）国家，包括像印度和巴西这样的中等收入国家，与世界经济中心有着更紧密的联系。

根据沃勒斯坦的理论，世界经济有益于富裕国家（产生利润），而不利于世界其他国家（导致贫困）。如此一来，世界经济使贫困国家依附于富裕国家。这种依附涉及三种因素。

1. 狭窄的、出口取向的经济。贫困国家只生产少数农作物，为了向富裕国家出口，例如拉丁美洲国家的咖啡和水果、尼日利亚的油、菲律宾的硬木以及马来西亚的棕榈油。今天的跨国企业廉价购买贫困国家的原材料，运送到中心国家的工厂加工，从这种贱买贵卖中获取利润。因而，贫困国家自身的工业没有得到发展。

2. 缺乏工业能力。因为没有工业基础，贫困国家面临着双重束缚：他们需要富裕国家购买他们廉价的原材料，同时又必须设法从富裕国家那里购买他们所能支付得起的任何昂贵的制成品。这种依附性的一个典型例子是，英国殖民主义者鼓励印度人种植棉花，但是阻止他们自己进行纺织。相反，英国人将印度的棉花海

---

1　此处的讨论参考了 A. G. Frank（1980，1981）、Delacroix & Ragin（1981）、Bergesen（1983）、Dixon & Boswell（1996）、Kentor（1998）。

运到本国位于伯明翰和曼彻斯特的纺织厂，织成布，再把制成品海运回印度，恰恰是让那些种植棉花的人购买这些衣服。

依附理论支持者认为，"绿色革命"——受到现代化理论支持者的广泛好评——在以同样的方式起着作用。贫困国家向富裕国家出售廉价的原材料，反过来，又设法去购买富裕国家的化肥、杀虫剂以及机械。富裕国家从这种交易中获取的利润要比贫困国家多得多。

3. 外债。不平等的贸易模式使贫困国家陷入债务。世界上的贫困国家总共欠富裕国家 67000 亿美元，其中欠美国的债务达数千亿美元。这种惊人的债务造成高失业率和猛烈的通货膨胀，从而使得一个国家瘫痪（World Bank，2017）。

**富裕国家的角色**　富裕国家在现代化理论和依附理论中扮演了两种非常不同的角色。现代化理论认为，富裕国家通过资本投资和新技术"创造财富"。依附理论却根据国家间如何"分配财富"来看待全球不平等，认为富裕国家在"过度发展"自己的同时，却使世界上其他的国家"发展不足"。

依附理论支持者否定这种观点，即富裕国家为控制人口和提高农业和工业产量而制订的计划提高了贫困国家的生活水平。相反，他们声称，这种计划事实上对富裕国家和统治精英有利，而不利于贫困国家的多数穷人（Kentor，2001）。

反饥饿活动家弗朗西斯·摩尔·拉普和约瑟夫·柯林斯（Moore & Collins，1986；Lappé，Collins & Rosset，1998）主张，美国的资本主义文化鼓励人们把贫困看作是不可避免的现象。循着这种推理逻辑，贫困就是由"自然"过程造成的，包括过高的生育率以及诸如干旱之类的自然灾害。但全球贫困绝非不可避免，

尽管世界变得日益富裕，但仍有上十亿的人被抛弃在后头。位于海地的太阳城这类棚屋，在低收入国家的许多城市里都很普遍。对于生活在这类地方的人的生活质量，你有什么看法吗？

在他们看来，这种贫困是蓄意的政策的结果。拉普和柯林斯指出，全球生产的食物足以让地球上的每个人都变得相当肥胖。此外，印度和非洲的多数国家实际上都在出口食品，即使他们国内的许多人正在挨饿。

根据拉普和柯林斯的观点，富足中的贫困这种矛盾源于富裕国家的政策，即为利润而不是为人生产粮食。换句话说，富裕国家的企业与贫困国家的精英联合起来，种植和出口有利可图的诸如咖啡之类的作物，占用了那些原本可以为当地人生产诸如豆类、玉米等基本作物的土地。贫困国家的政府支持增加农产品出口，因为他们需要利润以偿还巨额外债。拉普和柯林斯认为，全球经济的资本主义企业结构是这一恶性循环的核心点。

## 评论

依附理论的主要观点是，没有哪个国家会孤立地变得富裕或者贫穷，因为一个统一的全球经济塑造了所有国家的命运。依附理论支持者指出，拉丁美洲、非洲以及亚洲依然贫困，在富裕国家现在所施加的约束下，发展是难以为继的。他们进而要求对整个世界经济进行激进的改革，使世界经济按照大多数人的利益运转。

批评者指责依附理论对财富问题持错误的看法，好像没有人变富就没有人变穷一样。第一，农民、小企业主、企业能够并且确实通过辛勤劳动和对新技术的创新性运用创造了新财富。他们指出，毕竟整个世界的经济产出自1960年来已经增加了7倍。

第二，依附理论将全球贫困归咎于富裕国家是错误的，因为世界上许多最穷的国家（像埃塞俄比亚）和富裕国家之间的联系很少。相反，和富裕国家之间的长期贸易往来极大地改善了许多国家的经济状况，包括斯里兰卡、新加坡，还有韩国和日本。批评者说，简而言之，多数证据都表明，富裕国家的国外投资像现代化理论所主张的那样鼓励着经济增长，而不是像依附理论所主张的那样导致了经济衰退（Vogel，1991；Firebaugh，1992）。

第三，批评者认为依附理论过于简单化，它认为资本主义这种单一的因素造成了全球的不平等（Worsley，1990）。依附理论视贫困国家为被动的牺牲品，忽视了引起这些国家经济问题的内部因素。社会学家早已认识到文化在塑造人们接受或抵制变化的意愿方面的重要作用。例如，在极端传统的塔利班的统治下，阿富汗在经济上变得孤立无援，其生活水平降到世界最低水平。将该国发展停滞归咎于资本主义国家是否合理？

富裕国家也不能为一些国外领导人不计后果的行为负责，这些国外领导人的贪污腐败和军国主义行径使这些国家变得贫穷。一些领导人在国内的政治斗争中甚至利用食物供给作为斗争武器，让群众挨饿。同样，世界上的许多国家对于改善女性地位或控制人口增长少有作为。

第四，依附理论认为全球贸易总是使富裕国家更富，使贫困国家更穷，批评者认为这是错误的。例如，美国2016年的贸易逆差达7500亿美元，这意味着美国进口的商品比出口的商品要多出7500亿美元。中国作为美国最大的债权国（3470亿美元），在与美国的贸易中获利不少，现在已进入了世界中等收入国家的行列（U.S. Census Bureau，2017）。

第五，批评者指责依附理论只为全球贫困提供了模糊的解决方案。多数依附理论支持者都敦促贫困国家断绝和富裕国家的所有联系，一些人甚至呼吁将外资企业国有化。换句话说，依附理论实际上是某种世界社会主义的论调。一些社会主义社会（甚至是像俄罗斯这样富裕的社会主义国家）在满足人民的需要方面都存在困难，批评者质疑这种制度能将整个世界从贫困中解救出来。

**检查你的学习**　阐述依附理论的主要观点。依附理论的优点和弱点各有哪些？

**应用理论**

全球贫困

| | 现代化理论 | 依附理论 |
|---|---|---|
| **应用哪一种理论路向？** | 结构功能路向 | 社会冲突路向 |
| **全球贫困是如何产生的？** | 直到一些国家发展工业技术之前，整个世界都是贫穷的。工业技术推动了大规模生产，创造了财富。 | 殖民主义把一些国家的财富转移到了其他国家，在成就了自己国家富裕的同时，却导致了一些国家的贫困。 |
| **今天全球贫困的主要原因是什么？** | 传统文化和生产技术的缺乏。 | 新殖民主义——全球资本主义经济中的跨国企业。 |
| **富裕国家扮演的是制造问题的角色，还是解决问题的角色？** | 富裕国家贡献了新技术、高级学校教育和国外援助，扮演的是解决问题的角色。 | 富裕国家使贫困国家背上债务的包袱，在经济上处于依附地位，扮演的是制造问题的角色。 |

"应用理论"表对现代化理论和依附理论的主要论点进行了总结。

## 全球社会分层的未来

最近几十年来，最重要的趋势之一就是全球经济的发展。在美国，生产力的提高和海外销售给许多企业及其股东，尤其是那些拥有殷实财富的人带来了利润。同时，全球经济已经把制造业的工作岗位转移到了海外，国内关停了一些工厂，使许多普通工人受到了损失。其直接结果就是，美国的经济不平等现象越发严重。

支持全球经济的人们主张，贸易扩张为相关的所有国家带来利益。出于此，他们支持像《北美自由贸易协定》（NAFTA）这样的政策，其由美国、加拿大、墨西哥三个国家签订。全球化扩张的批评者却另有看法：美国的制造业正在消失，现在更多的制造业工作岗位在海外，在那里工人的报酬很低，也很少有法律来保证工作场所的安全性。另外，其他批评者指出，我们的经济给自然环境施加了更大的压力。

但是，最大的问题还是在于世界各国之间严重的经济不平等。财富集中于高收入国家，低收入国家始终无法摆脱贫困，这也许是 21 世纪人类所面对的最大的问题。

现代化理论和依附理论对这个紧迫的问题都提供了一些解释。在评价这些理论的时候，我们必须考虑经验根据。整个 20 世纪，全球大部分地区的生活水平都有所提高。甚至连世界上最贫穷的那 25% 的人的经济产出在这 100 年里也几乎增加了 3 倍。结果是，每日生活费低于 1.9 美元的人口比例由 1981 年的 52% 下降到 1990 年的 43%，2013 年只占到总人口的 11%（Chen & Ravallion，2012；World Bank，2016）。

至今为止，贫困现象减少最显著的是亚洲，这个地区通常被视为经济成功的典范。早在 1981 年，全球每日生活费不足 1.9 美元的贫困人口约有 81% 在东亚。然后到 2013 年，这个数字就急剧下降到了 4%。2005 年，印度和中国这两个亚洲最大的国家加入了中等收入国家的行列，这种趋势将带领这些国家走向繁荣（Sala-i-Martin，2002；Bussollo et al.，2007；Davies et al.，2008 ；Chen & Ravallion，2012；World Bank，2017）。

在 20 世纪 70 年代，拉丁美洲的经济增长迅速，每天生活费不足 1.9 美元的贫困人口比例在 1981 年下降到 16%。然而，从 80 年代到 90 年代，这一数字变化并不大，甚至在 2005 年左右还有所增长。到 2013 年，生活在贫困中的人口比例约为 5.4%（Chen & Ravallion，2012；World Bank，2017）。

撒哈拉沙漠以南的非洲是人类脱贫努力中的最大挑战。到 2013 年，这个区域第一次只有不到一半的人

**全球快照**

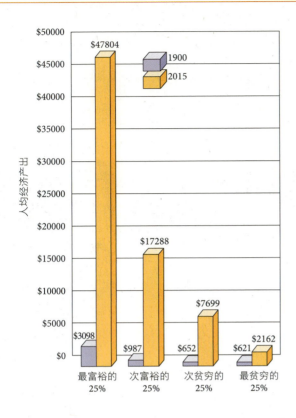

图 13-4　全球日益严重的经济不平等

世界上最富的人与最穷的人之间的差距，2015 年比 1900 年的大 4 倍多。

资料来源：World Bank（2016）。

（41%）生活在贫困线以下，每日生活费不足 1.9 美元。这一贫困率仍远高于世界其他地区。最近的分析指出，南部非洲的经济放缓，而且在多个国家，生活水平预计将在未来几年下降。经济下滑的原因是大宗商品价格走低，获得资金的难度加大，再加上旱灾加剧（Chen & Ravillion，2012；Perry，2012；World Bank，2017）。

从整个世界来看，好消息是，从绝对值来看，生活水平正在提高。在 20 世纪中，富国和穷国的经济产量都增加了。然而令人不安的是，富国和穷国的生活水平提高速度并未处于同一水平。因此，全球的贫富差距正在加大，在 2015 年，这一差距比 1900 年时的大 4 倍多。图 13-4 显示，低收入人群被远远抛在了后面。

近期的发展趋势提醒我们，有必要批判性地看待现代化理论家和依附理论家。政府在亚洲和其他地区的经济增长中发挥了很大作用。这种事实对现代化理论及其自由市场的发展形式提出了挑战。另一方面，自从苏联解体和东欧剧变以来，全球一直在对社会主义进行重新评估。因为部分社会主义国家有几十年经济表现不佳和政治压迫的纪录，许多低收入国家不愿意追随依附理论的建议，将经济发展完全置于政府的控制之下。

尽管世界的未来是不可预测的，但我们对全球社会分层已经了解了许多。现代化理论富有洞察力地认为，贫困在某种程度上是一个"技术问题"。为世界上激增的人口提供更高的生活标准，取决于贫困国家提高其农业和工业生产力的能力。第二个富有洞察力的观点源自依附理论，即全球的不平等也是一个"政治问题"。即使有较高的生产力，人类必须要解决有关社会内部和全球范围内资源如何分配的关键问题。

尽管经济发展提高了生活水平，但也给自然环境施加了更大的压力。随着印度和中国这两个共 27 亿人口的国家变得更加富裕，他们的国民将消耗更多的能源和其他资源（中国最近超过日本成为第二大石油消耗国，仅次于美国）。富裕国家也生产出更多的固体废料，制造了更多的污染。

最后，全球的贫富差距使每个人都面临更大的战争和恐怖主义风险，因为最贫穷的人会反抗威胁到他们生存的社会安排（Lindauer & Weerapana，2002）。从长远来看，我们只有保证所有人都享有相当程度的尊严和安全，才能在这个世界上实现和平。

## 日常生活中的社会学

观察整个世界，我们能发现多少社会不平等现象？

本章阐明，全球化的视角能够揭示出的社会分层要比我们在美国内部所发现的更为明显。在全球，来自低收入国家的为寻求工作机会而移民到高收入国家的人越来越多。像"外籍劳工"一样，他们接手了本国的富裕居民不愿意从事的低薪工作。在这种情况下，富人和穷人的生活世界存在"天壤之别"。

迪拜的外籍劳工很多都来自印度，他们在迪拜建造高层酒店和大型商场。他们通常每天只能在狭小的房间里睡上 6 小时，而收入却少得可怜。生活在陌生的国度，没有合法权利，会影响这些工人改善他们的工作条件吗？

迪拜的外籍劳工每天工作 12 小时，但一个月只能赚 50 至 175 美元。你认为，这种在国外就业的机会是一种机遇呢（收入是在家乡工作的两倍），还是一种剥削形式？

迪拜是阿拉伯联合酋长国的一部分，世界上最富有的地方之一，石油财富造就了部分迪拜人。在这个世界上最炎热的地区，最富有的迪拜人甚至能在偌大的室内滑雪场享受滑雪（如图所示）。这张图片的内容会让你感到不适吗？请解释你的反应。

**提示**　迪拜在最近的建筑热潮中雇佣了大约 100 万外籍劳工。这个数字大约是阿拉伯联合酋长国人口的 85%。近些年逐渐增加的社会动荡，包括工人罢工，使劳工的工作和健康卫生条件得到了一定改善。但是，外籍劳工没有组织工会的合法权利，也没有获取公民权的机会。

## 从你的日常生活中发现社会学

1. 比较迪拜的外籍劳工和从墨西哥或拉丁美洲国家来到美国的工人，你能得出什么结论？
2. 你曾经到过低收入国家旅行吗？你认为，来自诸如美国之类的高收入国家的人在面对世界上最贫困人口的艰难营生时，应该感到内疚吗？为什么？
3. 访问"社会学焦点"博客，你可以在那里阅读年轻社会学学者的最新文章，他们将社会学视角应用于流行文化的话题。

## 取得进步

### 全球社会分层概观

**13.1　描述高收入、中等收入和低收入国家的世界划分**

**高收入国家**

• 占世界人口的 28%。

• 拥有全球收入的 62%。

- 享有基于先进技术的高水准生活。
- 生产出的经济商品足以保证国民过上舒适的生活。
- 有 79 个国家，包括美国、加拿大、墨西哥、阿根廷、智利、西欧国家、以色列、沙特阿拉伯、俄罗斯、日本、韩国、马来西亚和澳大利亚。

### 中等收入国家

- 占世界人口的 58%。
- 拥有全球收入的 36%。
- 能达到世界平均生活水准。
- 有 67 个国家，包括东欧国家、秘鲁、巴西、纳米比亚、埃及、印度尼西亚、印度和中国。

### 低收入国家

- 占世界人口的 14%。
- 拥有全球收入的 2%。
- 生活水准低，工业技术有限。
- 有 48 个国家，一般都位于中部非洲、东部非洲和亚洲，包括乍得、刚果民主共和国、埃塞俄比亚和孟加拉国。

## 全球的财富和贫困

### 13.2　讨论世界各地的贫穷模式和内涵

所有的社会都存在相对贫困，但低收入国家面对的却是危及生存的绝对贫困。

- 因为营养不良，全世界有约 8.05 亿人生活在危险之中。
- 每年大约有 900 万人死于因贫困而引发的疾病。
- 几乎在世界各地，女性陷入贫困的可能性都比男性要高。对女性的性别偏见在那些贫困社会最严重。
- 至少有 2000 万的男性、女性和儿童仍受到类奴隶制的约束。

### 引起贫困的因素

- 技术缺乏制约着生产。
- 高生育率致使人口快速增长。
- 传统的文化模式让人们抵制变迁。
- 极端的社会不平等导致财富分配过分不均。
- 过度的性别不平等限制了女性的机会。
- 殖民主义允许一些国家剥削其他国家；新殖民主义今天依然存在。

## 全球社会分层理论

### 13.3　将社会学理论应用于全球不平等主题

现代化理论认为，国家富裕依赖于不断发展的先进技术。这个过程又取决于鼓励创新和变化的文化。

华尔特·罗斯托把发展区分为四个阶段：

- 传统社会阶段——人们围绕家庭和当地的社区建立自己的生活（如孟加拉国）；
- 起飞阶段——人们生产商品不只是为了自给自足，而是为了和他人交易以获取利润，市场就此形成（如泰国）；

•走向成熟阶段——诸如经济增长和更高的生活水平之类的观念被广泛接受；教育普及；女性的社会地位得到改善（如墨西哥）；

•大众消费阶段——先进的技术驱动着大规模的生产和大众消费，人们"需要"无数的商品（如美国）。

**现代化理论的主张**

•富裕国家能通过提供人口规模控制、提高食品产量、扩大工业和信息经济产出之类的技术，以及支持新经济发展的国外援助，来帮助贫困国家。

•亚洲的经济快速发展证明，达到世界上其他国家的富裕程度是可能的。

**批评者的观点**

•富裕国家在帮助贫困国家方面无所作为，甚至还从既有的现状中受益。多数非洲和南美洲国家的低生活水平是由富裕国家的政策造成的。

•因为富裕国家（包括美国）控制了全球经济，许多贫困国家在拼命养活自己的人民，未能走上几个世纪前富裕国家走上的发展道路。

依附理论认为，全球的富裕与贫困肇始于500年前的殖民化过程。殖民化过程造就了富裕国家的高度繁荣，也导致了贫困国家的徘徊不前。这个资本主义过程在今天仍以新殖民主义的形式继续存在——通过跨国企业对贫穷国家进行经济剥削。

伊曼纽尔·沃勒斯坦的资本主义世界经济模型把国家分为三类：

•中心——世界上的高收入国家，跨国企业的总部所在地；

•半边缘——世界上的中等收入国家，连接中心国家的纽带；

•边缘——世界上的低收入国家，为工业品的生产和销售提供廉价劳动力和广泛的市场。

**依附理论的主张**

•出口取向的经济、工业能力的缺乏和外债，是使贫穷国家依附于富裕国家、经济发展停滞不前的三个关键因素。

•需要对整个世界经济进行激进的改革，使世界经济按照大多数人的利益运转。

**批评者的观点**

•依附理论忽视了两个事实：全球财富自1950年以来增长了7倍；世界上最贫穷的国家与富裕国家之间的联系并不紧密。

•富裕国家不应为阻碍许多贫困国家经济发展的文化模式或政治腐败负责。

**全球社会分层的未来**

•全球社会分层部分是各国生产技术的差异问题，另外则是各国间和本国内经济资源分配的政治问题。

•虽然从绝对值上看，世界上所有地区都取得了经济增长，但富裕国家和贫困国家之间的差距是一个世纪前的4倍多。

# 第十四章
# 性别分层

# 社会的力量

引导我们的生活选择

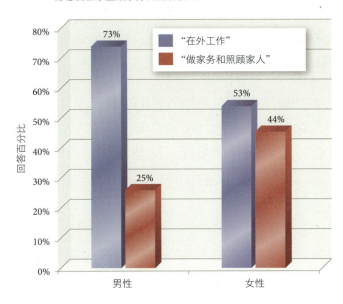

调查问题："如果你可以自由选择，你是愿意在外工作，还是愿意留在家里做家务和照顾家人？"

■ "在外工作"
■ "做家务和照顾家人"

资料来源：Gallup（2015）。

　　一项对美国成年人的近期调查询问了上述问题，男性和女性给出了不同的回答。男性中的绝大多数选择在外工作，然而，对女性来说，回答率不相上下，选择工作的略多一点。或者，从另一个角度来看，女性选择做家务和照顾家人的可能性是男性的两倍。男女回答的差异显示出了性别塑造我们生活的显著力量，甚至能够具体到我们生活中非常个人化的选择。

## 本章概览

　　我们生活在一个不仅围绕着社会阶级的差异，而且围绕着女性气质和男性气质的概念组织的世界，社会学家称之为"社会性别"（gender，本章中提及的性别均是指社会性别）。本章将考察性别问题，探究社会赋予女性或男性的意义，解释性别为什么是社会分层的一个重要维度。

　　"刚开始，我们都是独自行走……但是，没过多久，我们就加入了其他女性的行列，朝着同一方向前进。当我们到达十字路口时，我们可以看到来自全国各地的女性都在这里汇集，就像一支队伍，直奔塞尼卡福尔斯（Seneca Falls）。"

　　夏洛特·伍德沃德（Charlotte Woodward）在她的日记中这样写道，当时她独自行进在通往塞尼卡福尔斯的颠簸、肮脏的小路上，这是纽约北部地区的一个小镇。当时是 1848 年，美国许多地区的奴隶制依旧合

法，所有女性的社会地位，不论何种肤色，都远远低于男性。当时在美国的多数地方，女性都不能拥有财产，婚后不能保留自己的薪水，不能立遗嘱，不能在法庭提出诉讼（包括要求对自己孩子的监护权的诉讼），也不能上大学，人们普遍认为丈夫对其妻子和子女拥有不容置疑的权力。

约 300 名女性聚集在塞尼卡福尔斯的卫斯理教堂，向女性的二等公民身份提出挑战。她们仔细聆听着她们的领袖伊丽莎白·卡迪·斯坦顿（Elizabeth Cady Stanton）的讲话，其呼吁扩大女性的权利和机会，包括投票权。那时，多数人认为这项提议荒诞且无理。即使许多参加集会的人也对这一想法感到震惊，斯坦顿的丈夫亨利就乘车离开了小镇以示抗议（Gurnett，1998）。

自塞尼卡福尔斯大会之后，社会发生了许多变化，斯坦顿的许多提议现在都被认为是基本公平的问题。但是，正如本章所解释的那样，美国和世界其他地方的女性和男性仍在过着截然不同的生活，在很多方面，男性仍然占据主导地位。本章将探讨性别的重要性，并说明同阶级地位一样，性别是社会分层的重要维度。

# 性别与不平等

### 14.1　描述社会塑造性别分层的方式

第九章（"性与社会"）解释了将人类分为女性和男性的生物学上的区别。**社会性别**（gender）指的是一个社会的成员赋予女性或男性的个人特质和社会地位。性别作为社会制度的一个维度，塑造着我们与他人的互动方式，甚至塑造着我们对自身的认知。更重要的是，性别还涉及等级制度，给予男性和女性不同等级的权力、财富和其他资源。这就是为什么社会学家会谈论**性别分层**（gender stratification），即男性和女性在财富、权力和特权方面的不平等分配。简而言之，性别对我们生活中的机会与约束皆有影响。

## 男女之间的差别

许多人认为性别区分有其"自然"之处，毕竟两性有着明显的生物学差异。但是，我们必须小心谨慎，不要用生物学概念去认识社会差别。比如，1848 年在美国女性不被允许拥有投票权，因为许多人假定女性缺乏足够的智慧或政治兴趣。这种态度与生物学毫不相干，它反映的只是彼时彼地的文化模式。

**社会性别**
一个社会的社会成员赋予女性或男性的个人特质和社会地位

**性别分层**
男性和女性在财富、权力和特权方面的不平等分配

相对于女性来说，体育世界一直以来对男性更加开放。1965年，官方开始同意允许女性参加，凯瑟琳·斯威策（Katherine Switzer）成为第一个参加波士顿马拉松的女性。2017 年，她在 70 岁时又一次跑完了马拉松。

## 全球快照

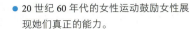
20世纪60年代的女性运动鼓励女性展现她们真正的能力。

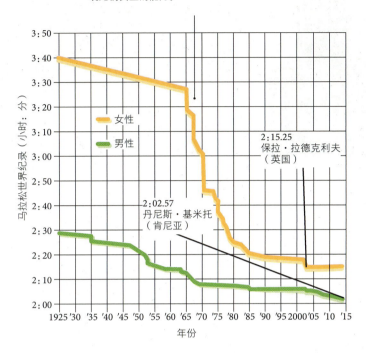

图 14-1　男性和女性的体育成绩

在体育赛事中，男性自然就强过女性吗？答案并不明显。在20世纪早期的马拉松比赛中，男性要比女性快一个多小时。但是，随着女性在体育方面机会的增加，这一差距已经缩小了。目前，世界马拉松比赛的女子纪录（2003年的纪录）和男子纪录（2014年的纪录）只相差12.5分钟。

资料来源：Marathonguide.com（2017）。

另外一个例子是体育成绩。1925年，多数男女都相信哪怕是最优秀的女选手也无法与男选手在马拉松比赛中竞争。而今天，如图 14-1 所示，性别鸿沟已经大大缩小，现在跑得最快的女性选手通常比过去几十年里跑得最快的男性选手速度还要快。这又一次证明，男女之间的多数差别是社会建构的结果。

性别之间确实存在着生理特征方面的一些差别。平均来看，男性比女性要高 10%，重 14%，壮 30%，特别是在上半身。另一方面，在人生的终极比赛中，女性的表现优于男性：男性的预期寿命为 76.3 岁，女性为 81.2 岁（Ehrenreich，1999；Fryar et al.，2016；Xu et al.，2016）。

在青少年时期，男性在 SAT 考试中的数学和阅读部分分数更高，而女性的写作分数更高，研究者认为，这种差别既是生物学的反映，又是社会化的反映（Lewin，2008；College Board，2014）。然而，研究并没有指出男女在智力方面存在什么总体差别。

那么，从生物学上看，男女之间的区别是有限的，没有谁天生就更占优势。但是，文化可以对两种性别做出不同的定义，我们将在下述关于性别的全球化研究中讨论这一点。

## 全球化视野下的性别

考察性别是如何建立在文化基础上的最好方式是将不同的社会进行比较。有三个重要的研究着重考察了"男性气质"和"女性气质"的区别。

**以色列的基布兹**　在以色列，集体聚居地叫做基布兹（kibbutizm）。基布兹的性别情况一直以来都是性别研究的重要对象，因为性别平等是其既定目标之一：男性和女性共同参与工作和决策。

近几十年来，基布兹的集体性已被削弱，因此，该组织也不再那么有特色。但是在他们历史的大多数时期，两种性别共同分担大多数的日常事务。许多男性和女性一起照顾小孩，女性和男性一起修缮房屋，并提

在每个社会，人们都会假定某些工作、某些行为方式和着装方式"天然"地女性化，而另一些则显然是男性化的。但是，从全球化视野来看，我们发现这种社会定义明显具有多样性。生活在非洲尼日尔的沃达贝游牧民男性就很自豪地展示我们社会中大多数人认为是女性化的美。

供武装保卫。男女都对基布兹的日常事务做出决定。男孩和女孩以同样的方式被抚养长大，甚至在很多情况下，他们会远离父母，在集体宿舍长大。在基布兹，女性和男性实现了卓有成效的（虽然并非完全的）社会平等，这证明了正是文化对"女性气质"和"男性气质"做出了定义。

**玛格丽特·米德的研究**　人类学家玛格丽特·米德（Margaret Mead）对性别进行了开创式的研究。她推论说，如果性别是基于男女之间在生物学上的差别，那么世界各地的人们应当用同样的方式界定"女性气质"和"男性气质"。如果性别是文化性的，这些概念应该有所不同。

米德研究了新几内亚的三种社会（Mead，1963，orig. 1935）。在阿拉佩什的高山家庭里，米德观察到那里的男性和女性有非常相似的态度和行为。她发现，两种性别都善于合作，对他人很敏感——简而言之，这些特质在美国的文化中会被贴上"女性气质"的标签。

米德接着研究了南方的蒙杜古马人，这个社会的人们割取敌人的头颅作为战利品，同类相食，与阿拉佩什人的温和性格形成了鲜明的对比。在这种文化中，男女都是典型的自私自利、带有强烈的攻击性，都具有我们定义的"男性气质"的特征。

最后，米德研究了西部的德昌布里人，她从中发现了与我们自己的文化相似的文化，即用不同方式界定女性和男性。但是，米德报告说，德昌布里人颠倒了我们的许多性别认知：在那里，女性居统治地位，并且富于理性，男性则居屈从地位，富于感性，并且需要养育子女。米德根据她的观察得出结论，文化是性别差异的关键，因为一种社会认定为"男性气质"的特征，在另一个社会可能被视为"女性气质"。

一些批评家认为米德的发现"过于简单"，好像她在这三个社会中看到的恰恰是她所寻找的模式。德博拉·格韦茨（Deborah Gewertz）向她所谓的米德的"颠倒假设"提出质疑，指出德昌布利的男性其实是更具攻击性的性别。格韦茨解释说，米德 20 世纪 30 年代访问的德昌布里人（实际上，他们自称"昌布里"Chambri），当时这个小社会在部落战争中损失了很多财产，所以，米德才观察到男性在重建他们的家园，不过那只是昌布里男性的临时角色。

**乔治·穆德克的研究**　乔治·穆德克（George Murdock）对 200 多个前工业社会进行了更为广泛的研究（Murdock，1937）。他发现在男女分工问题的某些方面全球达成了一定的共识。穆德克观察得到，狩猎和战争通常是男性的事情，以家庭为中心的任务像煮饭和照顾子女通常由女性承担。由于前工业社会的技术简单，很明显，前工业社会的性别角色分工主要反映了男性和女性在体力上的特征。由于男性的身体更强壮、更高大，就由他们负责狩猎和保护社区；由于女性负责生养孩子，她们就要承担家庭里的多数劳动。

除了这一整体模式外，穆德克还发现各个社会存在着很多差异。在农业方面，女性也从事着很多农业劳动，在大多数社会中，男女分工合作。当涉及许多其他任务的时候——从盖房子到文身——穆德克发现前工业社会中这些事情可能由男性做，也可能由女性来做。

## 评论

全球化比较研究表明，总的来看，社会并没有统一界定女性气质和男性气质。随着工业化的发展，肌肉力量的重要性下降，进一步减少了性别差异（Nolan & Lenski，2015）。总的来说，性别角色的变化非常之大，以至于不能说性别仅简单反映了生物学，女性和男性的含义基本上属于社会的产物。

**检查你的学习**　通过比较许多文化，我们对性别差异的起源有什么了解？

## 父权制与性别歧视

性别的概念是多样的，有证据表明有的社会中女性比男性有更大的权力。例子之一就是摩梭人，中国西南部的云南省的一个小社会，在那里女性控制着多数财产、挑选她们的性伴侣、对日常生活做出决策。摩梭人是**母权制**（matriarchy，意为"由母亲统治"）的一个例子，即女性统治男性的一种社会制度形式，在人类历史上几乎没有文献记载。

在世界各地几乎随处可见的模式是**父权制**（patriarchy，意为"由父亲统治"），男性统治女性的一种社会制度形式。女性拥有的相对权力和特权因国家而异。根据联合国性别不平等指标，瑞士、丹麦和荷兰的女性社会地位最高；相反，在马里、乍得、也门，女性的相对社会地位最低。在被统计的全球 194 个国家中，美国在性别平等方面在全世界排名 43 位（United Nations Development Programme，2017）。

为父权制辩护的是**性别歧视**（sexism），这种观念认为一种性别内在地优于另一种性别。性别歧视并不只是个体态度的问题，它甚至嵌入了我们的社会制度。制度性的性别歧视贯穿于整个经济领域，女性基本上只能从事低报酬的工作。同样，长期以来，法律制度一直为针对女性的暴力行为开脱，特别是来自男友、丈夫和父亲的暴力行为。

| 母权制 | 父权制 |
|---|---|
| 女性统治男性的一种社会制度形式 | 男性统治女性的一种社会制度形式 |

**性别歧视**
认为一种性别内在地优于另一种性别的观念

生物性别是在人们出生之前就已经形成了的生物学区别。社会性别则意味着社会赋予女性或男性的意义。性别差异是一个权力问题，因为被定义为男性气质通常比女性气质更为重要。婴儿从父母对待他们的方式中学习到性别的重要性。你认为这个婴儿是女孩还是男孩？为什么？

**性别歧视的代价**　性别歧视限制了占全人类总人口一半的女性的才能和抱负。尽管男性从性别歧视中得到某些益处，但是，他们的特权也付出了高昂的代价。我们文化中的"男性气质"鼓励男性做许多高风险的事情：吸烟喝酒、从事危险运动，甚至还有鲁莽驾驶。正如玛丽莲·弗伦奇（Marilyn French）指出的，父权制使男性不懈寻求的不仅仅是对女性的控制，还有对他们自己的世界的控制（French，1985）。因此，男性气质不仅与各种事故有关，而且与自杀、暴力、压力相关疾病紧密相联。A 型人格——以长期急躁、野心勃勃、富于竞争、游动的敌意为标志——是患心脏疾病的关键影响因素，它几乎完全符合我们的文化所认定的男性气质（Ehrenreich，1983）。

最后，当男性寻求对他人的控制时，他们失去了获得亲密和信任的机会。正如一名分析家所说，竞争会将"男人与男孩加以区分"。然而，实际上，竞争使得男性与其他所有人分隔开来（Raphael，1988）。

**父权制一定要继续下去吗？**　在前工业社会，女性几乎不能控制怀孕和生育，这限制了她们的生活范围。在那些社会中，男性更为高大和强壮的身体被认为是具有更高价值的资源。但是，包括生育控制技术在内的工业化给了人们相当多的生活选择。在像美国一样的社会中，生物学上的差别几乎已不能再为父权制提供任何辩护。

但是，男性在美国和世界其他地方都占据统治地位。这是否意味着父权是不可避免的？一些研究者认为，如荷尔蒙的差异和大脑结构的轻微差异，使两性具有不同的动机和行为——特别是男性的攻击性——这使得父权制难以甚至不可能改变（Goldberg，1974；Rossi，1985；Popenoe，1993b；Udry，2000）。然而，大多数社会学家都认为，性别是社会建构的产物，是可以改变的。没有社会能完全消灭父权制并不意味着我们一定要继续成为过去的囚徒。

为了理解为什么父权制今天仍存在，我们必须讨论性别是如何植根于社会并在社会中再生产的，它是一种始于童年并贯穿我们一生的过程。

# 性别与社会化

14.2　解释性别对于社会化的重要性

从生到死，性别塑造着人类的感情、思想和行动。很快就知道，他们的社会将男性和女性视作不同类型的人。到了大约三岁时，他们便开始用这些词语来认识自己。

过去，许多美国人用诸如"感性""被动""合作性"等词汇来形容女性。相反，对男性则用相反的词，诸如"理性""主动"和"竞争性"等来描述男性。奇怪的是，这么长时间以来，我们一直被教导着用截然对立的方式去思考性别问题，特别是在女性和男性有如此多的共同之处的情况下，而且研究发现，大多数人的人格是兼具女性气质和男性气质的某种混合体（Bem，1993）。

正是由于性别影响了我们认识自己的方式，所以它也教会了我们如何行事。**性别角色**（gender roles）是一个社会与每个性别相联系的态度和行为。一种将男性定义为野心勃勃、具有竞争性的文化会鼓励他们追求领导职位、参加团体运动。在某种程度上，女人被界定为恭顺的、感性的，她们被期望提供支持和帮助，并及时表露她们的情感。

## 性别与家庭

人们通常问的第一个关于新生儿的问题是："是男孩儿还是女孩儿？"这个问题非常重要，因为其答案不仅涉及生理性别，而且与这个孩子的未来的人生方向有关。实际上，性别因素甚至在孩子出生前就已经开始发挥作用，特别是在低收入国家，父母更期望他们生育的第一胎是男孩而不是女孩（Pappas，2011）。

出生后不久，家庭成员就让婴儿进入女孩的"粉色世界"或者男孩的"蓝色世界"（Bernard，1981）。父母甚至在对待婴儿的方式上会传递出性别信息。英国大学的一名研究者将一名打扮成男孩或女孩的婴儿交付给很多女性。他的实验对象对待"女孩"很温柔，不断地拥抱孩子、爱抚孩子，而对"男孩"就比较粗糙，经常把孩子高高举起或在膝盖上弹跳（Bonner，1984；Tavris & Wade，2001）。非常明显，女性世界充满合作和情感，男性世界则重视独立和行动。

## 性别与同辈群体

当孩子们进入学校，他们开始走出家庭，和同龄的其他孩子交朋友。大量的研究表明，小孩子们倾向于与同性别的孩子组成游戏团体（Martin & Fabes，2001）。

同辈群体还教给人们更多关于性别的知识。珍妮特·利弗（Janet Lever）花了一年的时间观察孩子们玩耍，得出结论，男孩喜欢有着复杂规则和明确目标的团体运动（如得分跑或触地得分）（Lever，1978）。这种游戏几乎都有胜方和负方，这加强了攻击性和控制力这类的男性气质。

女孩也参加团队活动。但是，利弗解释说，女孩玩跳房子、跳绳或者只是谈天、唱歌或跳舞。这些活动几乎没有规则，且其最终目标很少会是"胜利"。利弗的解释是，女孩同辈群体并不会教女孩去竞争，而是促进其沟通和合作的人际技能，这大概是女孩未来承担妻子和母亲角色的基础。

我们玩的游戏为我们之后的人生提供了重要的借鉴。利弗的观察使人们想起卡罗尔·吉利根基于性别的道德推理，详见第五章（"社会化"）中的讨论。吉利根认为（Gilligan，1982），男孩会根据抽象原则推理，对于他们来说，"正确"等于"按照规则进行游戏"。另一方面，女孩则认为道德是一种对他人的责任。

## 性别与学校教育

性别塑造了我们的兴趣，对自己能力的信念、学习的方向，并最终指导我们的职业选择（Correll，2001）。在高中，人们选课的类型仍然反映了传统的性别模式。例如，较之男生，有更多的女生学习文秘技能，选择像美容和食品服务这样的职业课程。另一方面，木工和自动机械课程吸引了更多的男生。

在我们的社会中，大众传媒对我们的态度、行为有着巨大影响，所见形塑了我们的性别观念。在2015年的电影《饥饿游戏3：嘲笑鸟（下）》（*Hunger Games: Mockingjay, Part 2*）中，我们看到了詹妮弗·劳伦斯重回荧屏，扮演了一名负责任的女性主角。这一形象是对传统模式的偏离，即主动的男性与被动的女性。你认为，大众传媒能在多大程度上改变传统性别观念？为什么？

由于女性占据了大学校园人数的 58%，获得学士学位中的 57% 也是女性，现在女性活跃于许多以前曾经排斥女性的研究领域，包括数学、化学和生物，也就不足为奇了。但是在许多领域男性仍然占主导，包括计算机科学（82%）、工程学（81%）和物理科学（62%）。女性则主要集中于图书馆学（84%）、教育学（80%）和心理学（77%）。2015 年，在社会学领域获得学士学位的 69% 是女性，获得硕士学位的 67% 和获得博士学位的 60% 也是女性（U.S. Department of Education，2017）。

## 性别与大众传媒

自 20 世纪 50 年代早期电视开始吸引公众的注意，白人男性就一直占据着中心位置，有色人种和少数族裔在电视中一直处于缺场状态，这一状况一直持续到了 70 年代。即使两性都出现在镜头前，男性通常也是智慧的侦探、无畏的探险家、技术高超的医生。女性扮演的则是能力较低的角色，除了补充剧情需要、引起人们性方面的兴趣外，她们经常是无足轻重的。近些年来，有更多的女性担任主演，但是，女明星相较于男明星，挣的钱要更少。但目前，这一差距正在逐渐缩小。2016 年，男演员酬劳最高的前十位的平均总收入为 1.74 亿美元（包括广告宣传），而女演员酬劳最高的前十位的平均总收入为 1.685 亿美元（Forbes，2016）。

纵观历史，广告呈现的女性形象总是在家里愉快地使用着清洁产品、做饭、试用电器和展示服装。在汽车、旅行、银行服务、工业企业和含酒精饮料等的广告中，男性占据着主导地位。权威的"画外音"——在电视和广播中描述产品的声音——大多数是男性（Coltrane & Messines，2000；Messineo，2008；Statista，2017）。

一项针对广告中的性别的研究表明，广告中出现的男性的身高都高于女性，暗示了男性的优越性。相反，广告呈现的女性形象通常是躺着（在沙发上和床上）或者像孩子一样坐在地板上。男性的面部表情和行为散发着干练的气息，暗示其主导地位；女性往往则更为幼稚、顺从、性感。男性专注于广告中的产品，而女性往往专注于男人（Gofman，1979；Cortese，1999）。

广告还深刻揭示了内奥米·沃尔夫（Wolf，1990）所谓的"美丽神话"。"日常生活中的社会学"专栏进一步讨论了这个神话如何既影响了女性又影响了男性。

# 性别与社会分层

**14.3** 分析在各种社会制度中性别不平等的程度

性别不仅涉及人们怎样思考和行动，性别还关系着社会的组织形式、社会等级制度对我们生活的影响。性别分层的现实在我们的日常生活中几乎随处可见。首先，我们从工作领域中的女性和男性来看性别分层的现实。

## 工作的女性和男性

1900 年，当时美国女性中只有 20% 是劳动人口，对于男性这一数字是 80%。到了 2016 年，女性所占比例增加了将近三倍，到达 57%，而男性的比例下降到了 69%。正如本章开头"社会的力量"中所指出的，我们的社会仍然在更大程度上鼓励男性赚钱工作。

2016 年，在劳动力当中，73% 的女性和 85% 的男性是全日制工作。从另一个角度来看，整个美国工作岗位的 47% 由女性担任，53% 由男性担任（U.S. Department of Labor，2017）。男性仍然在劳动力中占据主导地位，但是，认为赚钱是男性的职责的传统观念在今天已不再适用。

使得美国劳动力发生改变的因素包括农业的衰退、城市的发展、家庭规模的缩小以及离婚率的持续上升。

# 日常生活中的社会学

美丽神话

贝丝："我不能吃午餐，我必须确保今晚我能穿得下那条黑裙子。"
萨拉："也许吃东西比让汤姆认为你漂亮更重要。"
贝丝："你说的容易。你是 2 号尺码，杰克可为你着迷了！"

我们的文化支持美人神话的一种方式是美女表演。这些年来，选美比赛的参加者变得越来越苗条。

温莎公爵夫人曾经说过："一个女人不能太富裕或太瘦弱。"其观点的前半部分也适用于男性，但后半部分则不然。毕竟，每年赚取 620 亿美元的美国化妆品行业和每年赚取 640 亿美元的减肥行业所投放的绝大部分广告都是针对女性的。

根据内奥米·沃尔夫（Wolf, 1990）的观点，某种文化模式创造了一个伤害女性的"美丽神话"。美丽神话这种观念的形成，首先是因为社会教会女性用外表的吸引力去衡量她们的价值，特别是其对于男性的吸引力。然而，《花花公子》表现的美丽标准或者体重为 100 磅的纽约时装模特的外表是多数女性无法企及的。

其次，我们的社会教导女性要重视与男性的关系，为此她们可能会用自己的美貌吸引男性。对美貌的追求不仅驱使女性极度自律，而且还迫使她们对男性高度关注和回应。简而言之，注重美貌的女性试图取悦男性，避免挑战男性的权力。

如此多的年轻女性关注身体形象，特别是想要尽可能地苗条，以至于到了危及健康的程度，相信美丽神话是其中一个原因。在过去的几十年里，患有饮食失调症——如神经性厌食症（节食到挨饿）或暴食症（狂吃后呕吐）——的年轻女性的比例急剧上升。

美丽神话贯彻的是这样一种理念：对男性的外表吸引力是女性幸福的关键。然而，在沃尔夫看来，这种努力最终会阻碍女性追求权力和有价值的成就。

美丽神话也影响着男性：男性被反复告知应当占有美丽的女性。如此一来，这种观念就把女性降低为目标，鼓励人们将女性当作玩物而不是活生生的人来对待。

毫无疑问，美的观念在日常生活中非常重要。根据沃尔夫的说法，问题在于，美究竟在于我们的外表还是我们的行为？

## 你怎么想？

1. 涉及种族问题时，女性有色人种在多大程度上会被要求遵循白人的美丽标准？这种标准对这两类人的社会地位有什么重要性？
2. 你能否发现美丽神话和美国年轻女性中饮食失调的上升之间存在关联？
3. 在身体残疾的人中，你认为"外表特殊"的问题对女性还是男性更严重？为什么？

现在在美国和世界绝大多数国家，女性工作赚钱是一种惯例而不是例外。女性现在几乎占据美国有偿劳动力的一半，51% 的美国已婚夫妇是双职工夫妻。

过去，美国劳动力中的许多年轻女性是没有孩子的。但是，在今天，60% 的有 6 岁以下小孩的已婚女性在参加工作，70% 拥有 6 岁至 17 岁小孩的已婚女性也在参加工作。对于由女性操持的家庭（包括带小孩的单身、丧偶、离婚或分居的女性），65% 带有年龄更小的孩子的女性在参加工作，对于带有年龄更大的孩子的女性，这一数字是 75%（U.S. Department of Labor，2016）。

**性别与职业**　尽管在工作收入方面，女性与男性之间的差距正在缩小。但是，两性所从事的工作仍然有很大差别。美国劳工部报告称，女性高度集中于两类工作（U.S. Department of Labor，2016）。19% 的女性从事行政辅助性工作，她们中的大多数是秘书或其他办公文员。这些人经常被称作"粉领"，因为从事这类工作的人中有 72% 是女性。另外 21% 的被雇佣的女性从事服务工作，这些工作大多数集中于食品服务业、儿童护理和保健等方面。

表 14-1 显示了美国女性最集中的十种职业。这些工作一般处于工资收入的低端，进一步发展的机会有限，通常由男性担任主管（U.S. Department of Labor，2016）。

表 14-1　2014 年女性最集中的职业类型

| 职业 | 雇佣女性的数量 | 女性占该职业的百分比 |
| --- | --- | --- |
| 1. 学前或幼儿园教师 | 675000 | 97.5% |
| 2. 语言病理学家 | 158000 | 97.5% |
| 3. 牙科保健员 | 164000 | 97.1% |
| 4. 秘书或行政助手 | 2596000 | 94.6% |
| 5. 儿童护理员 | 1208000 | 94.4% |
| 6. 执业护士 | 165000 | 94.0% |
| 7. 牙科助理 | 274000 | 93.3% |
| 8. 医疗助理 | 530000 | 92.9% |
| 9. 美发师或化妆师 | 745000 | 92.4% |
| 10. 医学录写员 | 169000 | 92.1% |

资料来源：U.S. Department of Labor（2016）。

男性在大多数其他工作类别中占主导地位，包括建筑业，其中 99% 的砖匠、石匠和重型设备机械师是男性。同样地，男性占据了建筑师和工程师的 86%、警察的 86%、律师的 64%、物理学家和外科医生的 62%、企业经理的 56%。根据最近的一项调查，在标准普尔 500 指数纳入的企业中，只有 29 家（6%）的 CEO 是女性，董事会中只有 20% 为女性。美国 200 名收入最高的 CEO 中只有 16 名是女性。这样的性别不平衡使得许多人都支持增加商业世界中女性的领导角色。这种要求不只是公平的问题，对美国最大的企业的收入研究表明，董事会中女性多的公司也是更营利的公司（Craybow，2007；Equilar，2016；U.S. Department of Labor，2016；Catalyst，2017）。

日常生活中的性别分层显而易见：女护士协助男医生，女秘书辅助男主管，女空姐受男飞行员的指挥。一项工作的收入和声望越高，就越有可能由男性担任。比如，女性占了幼儿园老师的 98%、小学和中学教师的 79%、高中教师的 61%、学院和大学教授的 48%、学院和大学校长的 26%（American Council on Education，2012；U.S. Department of Labor，2016）。

女性是如何被排除在这些工作之外的？通过把某些工作界定为"男性的工作"，社会认为女性的能力不如男性。在一项对南部西弗吉尼亚煤矿的研究中，苏珊娜·塔利切特（Suzanne Tallichet）发现，多数男性认为女性加入他们的煤矿工作是"不自然的"（Tallichet，2000）。因此，从事这些工作的女性会被定义为越轨者，

高科技企业处于最前沿，对吗？因此，我们会期待它们能在性别平等方面发挥作用。然而，情况并非如此。一般来说，在包括谷歌、微软和脸书在内的科技企业工作的人中，只有不到三分之一是女性。为什么会出现这种情况？

并被贴上"性放纵"或者女同性恋的标签。这类标签使这些女性受到排斥，给工作带来挑战，并使晋升变得几乎不可能。

在企业界也是这样，企业职位越高，女性就越少。你很少会听到有人说女性不属于企业高层，但是许多人似乎都有这样的感觉，这可能会阻碍女性的晋升（Cohn & Caumont，2016）。社会学家将这种障碍称为"玻璃天花板"（glass ceiling），尽管不易看到但仍然会阻碍女性的职业发展。

对男性在工作场所占主导地位的挑战来自女性企业家。现在，美国有约1000万家女性拥有的企业，比十年前增长了一倍多，这些企业的约90%由个体所有和经营，但她们又雇佣了100多万名工人，创造了1.4万亿美元的年销售额。通过创办她们自己的业务，女性已经表明，她们可以在大型的、以男性为主的企业之外为自己创造机会（U.S. Census Bureau，2016）。

**性别与失业**　女性与男性的失业率通常一起上升和下降，男性的失业率会略高一点。2016年，成年女性的失业率为4.8%，略低于成年男人的4.9%（U.S. Department of Labor，2017）。

男性的高失业率反映了这一事实，男性的工作主要集中在制造业，但许多工厂已经迁往海外。不过在近期的经济衰退的影响下，行政辅助和服务工作的岗位也有所减少，而这些工作主要由女性来完成。近五年来，随着国家努力摆脱经济衰退的影响，男性失业率的下降速度超过了女性失业率的下降速度（Kochlar，2011；U.S. Department of Labor，2017）。

## 性别、收入和财富

2015年，全职女性的收入中位数为40742美元，而全职男性为51212美元。这意味着男性每挣1美元，女性挣约80美分。这一差别在年迈的劳动力中更为明显，因为年纪大的工作女性一般受教育程度低，而且比其他在职男性的资历更浅。在年轻劳动力中，男女收入的差别较小，因为年轻男女的受教育程度和工作经验一般比较接近。

职业不同，性别差距也有所变化。比如说，药剂师的性别差距相对较小，女性赚取的收入相当于男性的95%。但是，在企业CEO中，差距就非常大，女性只能赚取相当于男性收入的69%（Goudreau，2012）。

在所有年龄段的全职工作者中，2015年，19%的女性年收入少于25000美元，相对地，男性则是13%。在收入金字塔的顶端，收入超过100000美元的人数当中，男性是女性的2倍（18%和9%）（U.S. Census Bureau，2016）。

女性收入较低的主要原因在于她们从事工作的类型：大多数是文职和服务类工作。实际上，工作和性别是相互作用的。人们仍然认为不重要的工作都是"女人的活儿"，就像人们仅仅因为某些工作是由女性完成而贬低其价值一样（England, Hermsen & Cotter, 2000；Cohen & Hufman, 2003）。

最近几十年，性别平等的支持者提出了一项"同值同酬"（comparable worth）的政策，即根据劳动者的技能和责任支付薪水，而不是根据历史上的双重标准。举例来说，考虑一下花艺设计师的情况，他们是摆弄有吸引力的鲜花的人。这些人——多数是女性——每小时赚约13美元。同时，那些开货车和其他小型卡车运输这些鲜花的——多数是男性——每小时约赚16.5美元（U.S. Department of Labor, 2016）。很难明白为什么花艺设计师赚的钱仅有货车司机的79%。他们在技术水平或要求的训练上有什么区别吗？或者说，这种差异反映了性别分层吗？

为回应此模式，包括英国和澳大利亚在内的几个国家已经采取了同值同酬政策，但是美国对这一政策的接纳是有限的。为此，美国女性每年损失的收入达10亿美元之多。

造成以性别为基础的收入不平等的第二个原因与社会对家庭的看法有关。当然，男性和女性都有小孩，但是，我们的文化赋予女性更多的养育儿女的责任。怀孕和抚养年幼的子女使许多年轻女性不得不在一段时间里脱离工作岗位，而他们的男同事正在职业生涯上取得重要进步。当女性重返工作岗位时，与男同事相比，她们工作经验更少、工作职位更低。这些事实有助于解释研究者所提出的一个模式：生活在有更多机会获得口服避孕药的州的女性，在其职业生涯中的收入高于生活在不易提供避孕药的州的女性（Waldfogel, 1997；Grandoni, 2012）。

另外，我们的社会要求许多工作人员要长时间办公。这样，选择生育孩子的女性可能无法或不愿从事快节奏的工作，因为会占用她们晚上和周末的时间。为避免角色冲突，她们可能更愿意从事路途较近、工作时间更灵活、雇主提供托儿服务的工作。追求家庭事业两全的女性经常被双重责任所折磨，而男性则不是这样。一项研究表明，在富有竞争性的工作岗位上，近一半的女性要从工作中抽出时间给孩子，比较而言，这样做的男性只有约12%。同样地，在人生的后半期，较之男性，女性更有可能请假照顾年迈的父母（Hewlett & Luce, 2005；Hewlett, Sherbin & Forster, 2010；Miller, 2017）。学校中的女性也经历着角色冲突：一项近期研究发现，在享有终身职位的学院和大学教职工中，70%的男性是已婚已育的，相比而言，女性的这一数字是44%（Ceci & Williams, 2011；Mason, 2013）。

以上提及的两种因素——工作类型和家庭责任——只是解释了男女之间收入差距的三分之二。第三个因素——女性歧视——可以解释剩余的大部分差距（Golden, 2014）。由于公开歧视是非法的，因此它是以微妙的形式进行的。女性在工作中向上攀登时，经常遇到前面提及的玻璃天花板。企业高层可能会否认存在这种障碍，但是它实际上使许多女性不能升入中层以上的管理层。

鉴于所有这些原因，女性在所有主要职业类型中，收入都少于男性。即使这样，许多人依旧认为女性拥有美国的大多数财富，也许这是因为女性一般要比男性寿命更长。政府统计数据则说明了一个不同的情况：58%的拥有200万美元及以上财产的人是男性，尽管这一精英俱乐部中年迈鳏夫占了很大比例（Johnson & Raub, 2006；Internal Revenue Service, 2016）。2014年《福布斯》杂志评选的美国最富有的人当中，只有13%是女性（Forbes, 2016）。

多样化快照

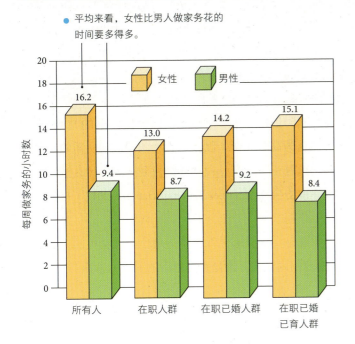

平均来看，女性比男人做家务花的
时间要多得多。

图 14-2　家务劳动：谁做了多少？

　　无论什么样的就业状况或家庭状况，女性都比男性要承担更多
的家务。你认为额外的家务负担会对女性在职场上能力的发挥带来
什么影响？

资料来源：U.S. Department of Labor（2016）。

## 家务劳动：女性的"第二轮班"

　　在美国，家务劳动一直呈现出一种文化上的矛盾：我们认为它对于家庭生活是必不可少的，但是做家务的人几乎得不到任何报酬（Bernard，1981）。在美国，正如在全世界一样，照顾家庭和孩子一直被视作"女性的工作"。随着女性加入劳动力大军，家庭主妇的数量确实有了下降，但是女性做家务的比重仍保持原样。图 14-2 表明，总的看来，女性平均每周要做 16.2 小时的家务，男性则是 9.4 小时。正如数据显示的那样，所有类型的女性做家务的时间都显著多于男性（U.S. Department of Labor，2016）。这一差别也意味着女性的休闲时间比男性要少得多——这经常成为女性压力的来源，特别是有工作的女性以及几乎承担所有家务的女性（Hochschild，2003）。

　　男性确实也鼓励女性加入劳动力大军，并且大多数丈夫也指望妻子挣钱。但是许多男性不愿意承担同等的家务（Heath & Bourne，1995；Harpster & Monk-Turner，1998；Stratton，2001）。

## 性别与教育

　　一个世纪之前，大学被认为只适合于（富有的）男性。但是，到1980年，获得大专和学士学位的多数是女性。2017年，美国学院和大学的大多数学生都是女性（占58%），获得学士学位的 57% 是女性（U.S. Department of Education，2017）。

　　根据近来的研究，与男性相比，女性对大学学位的价值方面持有更积极的看法。这一与性别相关的差异在所有主要种族和族裔中都存在。因此，在美国 25 岁到 29 岁的成年人当中，39% 的女性已获得了四年制大学学位，而男性的这一比例仅为 32%（U.S. Census Bureau，2016）。

　　近几十年来，大学校门对女性更加开放，男性和女性的专业差异已缩小。比如，在 1970 年，女性仅占自然科学、计算机科学和工程学学士学位的 17%，到了 2012 年，这一比例已提高了一倍多，达到 36%。

1992 年，获得研究生学位的大多数已经是女性了，而这些学位往往是通往高声望职业的跳板。2014 年，女性获得了所有硕士学位的 60%，博士学位的 52%（社会学专业博士学位的 60%）。女性还进入了许多以前通常以男性为主的研究领域。比如，1970 年，只有几百名女性获得了 MBA 学位，到了 2015 年，这一数字已接近 87000（占所有这类学历的 47%）（U.S. Department of Education，2017）。

尽管有了这些进步，但是男性仍然主导着某些专业领域。2014 年，男性获得了法学学位（法学学士和法学博士）的 53%、医学学位（医学博士）的 52%、牙科学位（牙科博士和牙科医学博士）的 52%（U.S. Department of Education，2017）。我们社会的许多人仍然认为高薪职业（以及在其中取得成功所需的动力和竞争力）是男性化的。但是女性在所有上述专业中所占的比例正在上升，现在已经快到一半。什么时候能在统计数字上达到平等？也许用不了几年了。例如，美国律师协会（American Bar Association，2017）报告称，2016 年女性已占据了美国法学院学生的 51.3%。

根据女性在教育方面取得的成绩，一些分析家认为教育是女性而非男性占主导地位的社会机制。从更广的范围来看，女性在学校表现方面的相对优势引起了全国范围内有关男性是否有落后的危险的争论。

## 性别与政治

一个世纪以前，几乎没有女性担任民选职务。实际上，在 1920 年美国宪法第十九条修正案通过之前，女性在法律上被禁止参加全国选举投票。然而，即使在女性能够投票之前，仍有几位女性是政治职位的候选人。平权派就支持维多利亚·伍德哈尔（Victoria Woodhull）参与 1872 年的美国总统竞选。这也许是那个时代的标志：她的选举日是在纽约市监狱度过的。表 14-2 显示了美国女性为进入政治生活而不断发起的各种运动中的里程碑事件。

今天，全美有几千名女市长，数万名女性在联邦政府中担任行政职位。在国家层面上，2017 年有 24.8% 的议员（1971 年仅有 5%）是女性。

最高权力也正在发生变化。2017 年上任的第 115 届国会，在众议院中有 83 名女性（占 435 名议员的 19%），在参议院中有 21 名女性（占 100 名议员的 21%）。此外，50 位州长中有 4 位（8%）是女性（Center for American Women and Politics，2017）。

尽管女性占了世界人口的一半，但她们在世界的 193 个议会制政府的席位中仅占 23%。这一数字较 50 年前的 3% 来说已经大幅提高。这种提高反映出有 129 个国家已经采取某种形式的性别配额（在宪法、法律方面或者政党目标方面）来确保女性在政治上发声。即便如此，也只有 33 个国家，包括古巴、墨西哥、瑞典、挪威等，其女性在议会中占的席位高于三分之一（Paxton，Hughes & Green，2006；Inter-Parliamentary Union，2017）。

最后，性别通过另一种方式与政治相联系——塑造政治态度。总的来说，女性比男性更有可能支持自由主义立场，比如为需要的人们扩大社会提供的"安全网"项目。

另一方面，男性比女性更有可能赞成保守立场，比如建设强大的军队。政治态度差异有时被称为"性别鸿沟"。在 2016 年的总统选举中，41% 的女性和 52% 的男性投票选举共和党候选人特朗普，这是历届总统选举中最大的性别鸿沟（超过 1996 年的差距）。

表 14-2　女性在美国政治中的重要的"第一次"

| | |
|---|---|
| 1869 | 法律允许女性在怀俄明地区投票。 |
| 1872 | 女性第一次代表平权派参加总统竞选（维多利亚·伍德哈尔）。 |
| 1917 | 女性第一次被选入众议院（蒙大拿州的珍妮特·兰金 [Jeannette Rankin]）。 |
| 1924 | 女性第一次被选为州长（怀俄明州的内莉·泰勒·罗丝 [Nellie Taylor Ross] 和得克萨斯州的米里亚姆·弗格森 [Miriam Ferguson]），两人都跟随丈夫任职。在主要政党大会上，女性第一次被提名为副总统（民主党派的莉娜·琼斯·斯普林斯 [Lena Jones Springs]）。 |
| 1931 | 女性第一次在参议院工作（阿肯色州的哈蒂·卡拉维 [Hattie Caraway]），她在丈夫去世后接替丈夫完成任期，1932 年成功连任。 |
| 1932 | 女性第一次被任命为总统内阁（弗朗西斯·珀金斯 [Frances Perkins]，罗斯福总统内阁的劳工部部长）。 |
| 1964 | 在主要政党大会上，女性第一次被提名为总统候选人（共和党派的玛格丽特·蔡斯·史密斯 [Margaret Chase Smith]）。 |
| 1972 | 在主要政党大会上，非裔美国女性第一次被提名为总统候选人（共和党派的雪莉·奇泽姆 [Shirley Chisholm]）。 |
| 1981 | 女性第一次被任命在美国最高法院任职（桑德拉·戴·奥康纳 [Sandra Day O'Connor]）。 |
| 1984 | 女性第一次被成功提名为副总统候选人（民主党派的杰罗丁·费拉罗 [Geraldine Ferraro]）。 |
| 1988 | 女性第一次连任三届州长（佛蒙特州长玛德莲·库宁 [Madeleine Kunin]）。 |
| 1992 | 政治上的"女性年"创了许多纪录：参议院有 6 名女性，众议院有 48 名女性，而且非裔美国女性第一次在美国参议院选举中获胜（伊利诺伊州的卡罗尔·莫斯利 - 布朗 [Carol Moseley-Braun]）。第一次有一个州（加利福尼亚州）拥有两名女参议员（芭芭拉·博克瑟 [Barbara Boxer] 和黛安·费恩斯坦 [Dianne Feinstein]）。波多黎各裔的女性第一次被选入众议院（纽约的尼迪娅·贝拉斯克斯 [Nydia Velazquez]）。 |
| 1996 | 女性第一次被任命为国务卿（马德琳·奥尔布赖特 [Madeleine Albright]）。 |
| 2000 | 第一次一位前第一夫人赢得民选政治职位（纽约的参议员希拉里·罗德姆·克林顿 [Hillary Rodham Clinton]）。 |
| 2001 | 女性第一次成为国家安全顾问（康多莉扎·赖斯 [Condoleezza Rice]）；亚裔美国女性第一次在总统内阁中任职（赵小兰 [Elaine Chao]）。 |
| 2005 | 非裔美国女性第一次被任命为国务卿（康多莉扎·赖斯）。 |
| 2007 | 女性第一次被选为议院发言人（南希·佩洛西 [Nancy Pelos]），女性在参议院（16 名）和众议院（70 名）的席位数都创下新纪录。 |
| 2008 | 女性第一次占据州立法机构的大多数席位（新罕布什尔州）。 |
| 2013 | 女性在参议院（20 位）和众议院（78 位）的人数创纪录。新罕布什尔州成为第一个全部领导都是女性的州，因为州长和所有参议员和众议员都是女性。 |
| 2014 | 女性第一次成为美联储主席（珍妮特·耶伦 [Janet Yellen]）。 |
| 2016 | 希拉里·克林顿是第一位被主要政党提名为总统候选人的女性，并以近 300 万票的优势赢得了民众投票，但却输掉了选举团的投票，从而输掉了选举。 |

## 性别与军队

自殖民时期以来，女性就在军队中服役。但是，1940 年第二次世界大战爆发时，只有 2% 的武装部队人员是女性。2017 年，在所有部署的美国军队中，女性占 16%，在武装部队中女性占比也有一定提高。

很显然，女性在美国军队中占的比例越来越高，实际上，自 2015 年以来，几乎所有的军事任务都同时向男性和女性开放。2013 年，国防部部长莱昂·帕内塔（Leon Panetta）宣布，允许女性参与地面作战行动，在这些行动中，获得领导经验被广泛认为是职业发展的关键。当然，多年来，女性一直在参与战斗行动，因为在今天的高科技部队中，辅助性战斗支持和直接的军事战斗之间的界限已经变得模糊，在伊拉克战争中服役的女性已经说明了这一点。事实上，在 2003 年 5 月到 2017 年 3 月期间，伊拉克战争和阿富汗战争夺走了 166 名女性士兵的生命（Domi，2013；U.S. Department of Defense，2017）。

关于女性在军队中的作用已经争论了几个世纪。一些人反对女性参与军事行动，认为女性没有男性身强力壮。另一些人则认为部队中的女性受过更好教育，在智力测试中比男性得分更高。但是，关键问题在于我们的社会对女性作为养育者——给予生命和照顾他人的人——的根深蒂固的观念，这与女性被训练杀人的形象相矛盾。

无论我们怎样看待女性和男性，现实情况是，女性正处于危险之中。在一定程度上，这一事实反映了军队人员短缺的压力。除此之外，伊拉克和阿富汗随时随地可能爆发的战斗可能会造成士兵伤亡。最后，我们的现代战争技术模糊了作战人员和非作战人员之间的界限。一个作战飞行员可以通过雷达向几公里外的目标发射导弹，相反，非作战的医疗遣送队则不得不身处前线（Kaminer，1997；McGirk，2006）。

## 女性是少数群体吗？

**少数群体**（minority）是指由于身体或文化差异而被社会隔离或置于从属地位的任何一类人群。假使美国社会中女性的经济地位低下，就有理由认为美国女性属于少数群体，即使她们在人数上高于男性。[1]

即便如此，多数白人女性并不这样认为。部分理由在于，与少数种族（包括非裔美国人）和少数族裔（例如拉美裔）不同，白人女性在阶级结构的各个层次都有很好的代表性，包括最上层。

然而，要记住，在每一个阶级里，相较于男性，女性通常都收入较低、财富较少、受教育程度较低、权力较少。父权制使女性的社会地位依赖于男性——首先是她们的父亲，然后是她们的丈夫（Bernard，1981）。

## 针对女性的暴力

19 世纪时男性声称有权统治他们的家庭，甚至可以在身体上规训他们的妻子。即使在今天，仍然存在着大量针对女性的"男性"暴力。根据一项政府报告，2015 年共有 458274 起针对女性的恶性攻击事件。这一数据还可以再加上 368921 起强奸或性侵犯，及 180 万起针对女性的一般侵害（U.S. Department of Justice，2017）。

性别暴力也是大学校园里一个愈发重要的问题。美国司法部的研究报告称，一学年内约有 3% 的女大学生成为强奸的受害人（强奸未遂或已实施强奸）。其他报告指出，通常在大学生涯中，约有 20% 的女生经历过某种形式的性骚扰。

---

1　正如第八章（"群体与组织"）所解释的那样，社会学家使用术语"minority"而不是"minority group"。女性构成了一种类型，而不是群体。一个类型中的人们享有某种社会地位或身份，但是总的说来，他们彼此并不认识，也不会产生互动（鉴于汉语使用习惯，本书将"minority"也译为"少数群体"）。

　　这意味着针对女性的校园暴力是一个严重的问题。另外，要注意的是，针对未上大学的年轻女性的暴力实际上会更多（U.S. Department of Justice，2012；Sinozich & Langton，2014）。

　　校园以外的、与性别有关的暴力多数发生在男女互动最多的地方：家庭中。理查德·盖利斯（Richard Gelles）指出，除了警察和军队之外，家庭是美国最暴力的组织，女性在其中遭受的伤害最多（cited in Roesch，1984）。对生活在面临巨大压力的家庭中的低收入女性来说，遭受暴力的风险尤其高；低收入女性也很难逃离这些危险的家庭（Smolowe，1994；Frias & Angel，2007）。

　　针对女性的暴力也发生在偶然的关系中。正如第十章（"越轨"）所说明的那样，多数强奸案中案犯是受害者认识的，并且往往很信任的男性。戴安娜·赫尔曼（Herman，2001）认为，虐待女性已成为我们生活方式的一部分。针对女性的各种暴力形式——从城市街头侮辱女性的嘘声，到在拥挤的地铁中的骚扰，再到发生在家中的身体攻击——都体现了她所谓的男性试图统治女性的"强奸文化"。女性主义者解释道，性暴力从根本上关乎权力，而不是性，因此应当被视为性别分层的一个维度。

　　从全球化的视野来看，针对女性的暴力以许多不同的方式嵌入进不同的文化。其中一个例子是女性外生殖器切除术，这种痛苦的且往往很危险的外科手术曾在二十多个国家实行过，美国亦在其列。下面的"思考多样性"专栏描述了发生在加利福尼亚的一个外生殖器切除案例，并提出了这样一个问题：这一被某些人辩护为促进"道德"的行为是否是一种针对女性的暴力？

## 针对男性的暴力

　　如果我们的生活方式鼓励针对女性的暴力，它在某种程度上甚至会更加鼓励针对男性的暴力。正如第十章（"越轨"）所解释的那样，在所有警察逮捕的暴力犯罪中，包括谋杀、抢劫、侵害，80%的加害者是男性。另外，79%的谋杀受害者（占所有暴力犯罪受害者的42%）是男性（U. S. Bureau of Justice Statistics，2016；U.S. Department of Justice，Federal Bureau of Investigation，2016）。

　　我们的文化倾向于用攻击性和暴力来界定男性气质。"真正的男子汉"勤奋工作、尽情玩乐，在高速公路上飞驰，一切都无法阻挡他们。因此，也造成了高犯罪率。但是即使不违法，比起女性的生活来，男性的生活也更紧张、更孤立，这是男性自杀率几乎高出女性三倍的一个原因（Kochanek et al.，2016）。另外，如前所述，男性的平均寿命要比女性少约5年。

　　暴力不仅仅是个体做出的选择，它是文化性的——即是说，它已经嵌入进我们的生活方式，给两性都带来伤害。简而言之，任何社会建构性别的方式都将对该社会的暴力或和平程度产生重要影响。

## 性骚扰

　　**性骚扰**（sexual harassment）指的是有意的、重复的、不受欢迎的性方面的评论、手势或者身体接触。20世纪90年代期间，性骚扰成为一个全国性的重要问题，以至于工作场所男女互动的规定被重新修订。

　　多数（但不是全部）性骚扰的受害者是女性。原因在于，首先，我们的文化鼓励男性在性方面要有自信，并从性的角度看待女性。因此，在工作场所、学校和其他地方的社会互动很容易带有性的色彩。其次，多数有权力的人——包括企业经理、医生、部门主管、生产线主管、教授和军官——都是男性，他们监管着女性的工作。对各种不同工作领域的调查表明，约3%的女性表示她们去年在工作中被骚扰过，约一半的女性回答说，受到过令人不快的性关注（Smith et al.，2015）。

　　性骚扰有时是明显的和直接的：一名主管可能向下属要求性方面的好处，如果要求被拒绝的话就对下属进行威胁。法庭已经宣布这种"交易性"（quid pro quo，拉丁语，意为"换来的回报"）的性骚扰是违反人权的。

# 思考多样性：种族、阶级与性别

## 女性外生殖器切除：以道德为名的暴力

米塞拉·拉米西是一名出生于埃塞俄比亚的女性，现在加利福尼亚做护士，一次她去一个老朋友家作客。到那儿不久，她发现她朋友的 18 个月大的女儿非常痛苦地蜷缩在房间一角。"她怎么了？"她问。

当听朋友回答说她的女儿最近才做了阴蒂切除——一种去除阴蒂的外科手术时，拉米西感到十分震惊。这种女性生殖器切除手术——由助产婆、部落行医者或者医生实施，通常不需要麻醉——在尼日利亚、塞拉利昂、塞内加尔、苏丹、索马里和埃及很普遍，据说这在世界其他国家的某些文化群体中也存在。而在美国，这种手术是非法的。

这些年轻女子刚刚做过女性外生殖器切除术，你认为应当为她们做些什么？

在高度父权制的社会中，丈夫要求他们的妻子结婚时是处女，并且婚后要保持性忠诚。女性外生殖器切除的关键是消除性感觉，人们认为这会使女性不太可能违反性规范，从而更受那些试图控制她们的男性的青睐。在所有案例中，约有五分之一的手术更为严厉，称作锁阴术，即切除女性整个外生殖器区域，并将其表面缝合起来，只留下一个小孔用于排尿和月经。婚前，丈夫拥有权利打开伤处，以确保他的新娘的贞洁。

有多少女性的外生殖器被切除了？据估计，全世界每年至少有 300 万女性（大部分生活在非洲）接受了这种手术。虽然每年的数字在下降，但在全球范围内，以这种方式被切割的女性人数超过 2 亿（Kristof & Wu Dunn，2010；World Health Organization，2015；UNICEF，2016）。在美国，虽然没有官方数据，但每年可能有数百甚至数千例此类手术。在多数案例中，自己曾做过此类手术的移民母亲和祖母坚持要家庭中的年轻女孩以她们为榜样。的确，许多移民女性要求进行这种手术，因为她们的女儿现在生活在美国，美国的性道德更加开放。"现在我不必担心她了，"女孩的母亲向米塞拉·拉米西解释道，"她会成为一个好女孩。"

从医学上说，女性外生殖器切除的后果不仅是丧失性愉悦。痛苦是强烈的，可以持续数年。还存在着感染、不孕不育甚至死亡的危险。拉米西非常了解这种痛苦，她自己在年轻时就做这种手术。她是其中的幸运儿，后来几乎没有碰到什么健康问题。但是她也依然经历着痛苦：她曾邀请一对美国夫妻住在她家。深夜，她听到女性的哭声，她立即闯入房间察看，结果发现这对夫妇只是在做爱，女性刚才只是处于性高潮。"我不理解，"拉米西回忆说，"我当时认为那个美国人一定出了什么问题。但是，现在我知道是我自己出了问题。"或者说，是以传统道德的名义造成这种伤害的制度有问题。

### 你怎么想？

1. 女性外生殖器切除是一种外科手术还是一种社会控制方法？请解释。
2. 你能想到伤害女性身体的其他例子吗？请列举。
3. 针对广泛实行女性外生殖器切除术的地区，你认为应当做些什么？在这一案例中，你认为尊重人权应该优先于尊重文化差异吗？请解释你的观点。

资料来源：Crossette（1995），Boyle，Songora & Foss（2001），Sabatini（2011）。

然而在更多时候，性骚扰是一种微妙的行为问题——性挑逗、黄色笑话、对某人的长相评头论足——甚至可能不是有意要骚扰谁。但是，按照许多女性主义者坚持的效果（effect）标准，这种行为共同创造了一种对女性充满敌意的环境。这类事件更为复杂，因为它们涉及对同一行为的不同认识。比如，一名男性可能认

近几十年来，美国社会已经认识到性骚扰是一个重要问题。至少在官方看来，不受欢迎的性关注在工作场所已不再被容忍。电视剧《广告狂人》（*Mad Man*）回溯到 60 年代早期，向我们展示了在近期女性主义浪潮开始之前的美国社会状况。

为他不断夸奖女同事的外表只是为了表示友好。而女同事可能认为这个男性在以性的眼光看待她，对待她的工作不够严肃，这种态度可能有损于她的工作表现，损害她的晋升前景。

## 色情

第九章（"性与社会"）将色情制品界定为试图引起性冲动的色情素材。然而，人们对色情的界定有着不同的看法。法律将此权力授予地方，由它们确定什么类型的直接性描述素材违反了"得体的社区标准"以及缺少"任何可取的社会价值"。

传统上，人们将色情作为一个道德问题来考虑。但是，色情还在性别分层中起作用。从这一角度来看，色情又确实构成一个权力问题，因为大多数色情制品中的女性被非人化，仅将她们作为男性的玩物。

另外，人们普遍关注的是，由于色情制品将女性描绘成弱者和不值得尊重的人，这又鼓励了针对女性的暴力行为。一些男性可能通过打击女性的方式来表现对女性的轻视。

像性骚扰一样，色情引发的问题是复杂的，有时还是充满矛盾的。尽管有些素材可能冒犯了所有人，但是许多人仍然捍卫言论自由和艺术表达的权利。然而，近几十年来，限制色情的压力不断增加，这既反映了人们对色情削弱道德的长期担忧，又反映了人们对色情贬低和威胁女性的更多担忧。

# 性别的理论

**14.4**　运用社会学的主要理论分析性别分层

为什么性别在所有社会中都是一种重要的存在？社会学的宏观视角——结构功能论和社会冲突论——强调性别在社会组织中的中心地位。另外，符号互动论有助于帮助认识性别在日常生活中的重要性。后面的"应用理论"表总结了每种理论的重要观点。

## 结构功能论

结构功能论认为社会是一个由许多独立但又相互整合的部分组成的复杂体系。从这一观点出发，性别是一种组织社会生活的方式。

正如第三章（"文化"）所解释的那样，最早的狩猎与采集社会几乎无法控制生物进程。由于缺乏有效

20 世纪 50 年代，帕森斯指出，社会学家将性别解释为差异问题。在他看来，富于男性气质的男人和富于女性气质的女人能组建稳固的家庭，形成一个有秩序的社会。然而，最近几十年来，社会冲突论将性别重新解释为不平等问题。按照冲突论的观点，相较于女性，美国社会将男性放在统治地位。

的控制生育的方法，那时的女性几乎无法避免怀孕，照顾孩子的责任使得她们的生活紧紧围绕着家庭。同时，身强力壮的男性则更适合战斗和狩猎。经过几个世纪，这种以性别为基础的劳动分工逐渐制度化，在很大程度上被视为理所当然（Lengermann & Wallace，1985；Freedman，2002）。

工业技术为文化的可能性提供了更多的选择余地。人类的肌肉力量渐渐不再是主要的能量来源，男性强健的体魄变得不再那么重要。另外，控制生育的技术为女性的生活方式带来了更多的选择。随着现代社会的唯才主义倾向越发明显，现代社会放松了传统的性别角色模式，因为这种僵化的角色分工浪费了大量的人类潜能。然而，变化是缓慢的，因为性别观念已深深植根于文化。

## 性别与社会整合

正如帕森斯所观察到的那样（Parsons，1942，1951，1954），性别有利于社会整合，至少是在传统的形式上。性别形成一套互补的角色，将男性和女性联系在一起组成家庭单元，让每个性别承担起不同的重要任务。女性负责日常家务和养育子女，男性则通过参与工作使家庭与更大的世界相连。

因此，性别在社会化中发挥着重要作用。社会教育男孩——预期进入劳动力市场——要理性、自信和富有竞争精神。帕森斯将这些特质统称为工具性品质。为使女孩为抚养孩子做好准备，她们的社会化强调情感性品质，如情感反应能力和对他人的敏感性。

社会通过向男性和女性灌输一种恐慌感，即偏离公认的男性或女性标准会导致异性的排斥，来鼓励人们按照性别规范行事。简单地说，女性要学会拒绝没有男性气质的男性，因为他们在性方面没有吸引力。男性则学习拒绝没有女性气质的女性。总体来说，性别在结构上（就我们的行为而言）和道德上（就我们的信念而言）整合了社会。

评论

20 世纪 50 年代结构功能论甚为流行，今天这一理论已失去了统治地位。第一，结构功能主义假定了一种单一的社会愿景，实际上，这种愿景并不为所有人所认同。比如，从历史上看，由于经济上的需要，许多女性在家庭之外还要工作。这一事实不会出现在帕森斯所说的保守的中产阶级家庭生活中。第二，帕森斯的分析忽视了僵化的性别角色导致的个人张力和社会代价。第三，在追求性别平等的人们看来，帕森斯所描述的性别"互补"几乎等同于女性屈从于男性的统治。

　　**检查你的学习**　在帕森斯的分析中，性别能为社会履行哪些功能？

## 符号互动论

　　符号互动论对社会持一种微观视角，聚焦于人们日常生活中面对面的互动。正如第六章（"日常生活中的社会互动"）所指出的那样，性别从很多方面影响着日常生活中的互动。

　　**性别与日常生活**　如果你观察男性和女性的互动，你也许会注意到通常女性相较于男性会更多地运用眼神交流。为什么？保持目光接触是一种鼓励对话继续下去的方式，另外，直视能清楚地表达出你的关注。

　　这一模式是性别角色的一个例子，性别角色是指社会所规定的男性和女性的思考和行为方式。要理解这一模式，请思考一下有更多权力的人们倾向于控制社会交往的事实。当男性和女性交往时，在家里或在工作场所，一般是男性先发起互动。也就是说，男性首先发言，设定讨论的主题，并控制结果。拥有较少权力的女性一方则应该更加恭敬，意即她们要表现出对较高社会地位的人的尊重。在许多场合，这意味着女性（就像儿童或拥有较少权力的人）要在更多的时间里保持沉默，还要通过不仅是眼神交流，还有微笑或点头的认同方式来鼓励男性（或者说有更多权力的人）。作为控制谈话的技术，男性经常打断别人，正如他们通常觉得不需要征求别人的意见，特别是那些拥有较少权力的人（Tannen，1990，1994；Henley，Hamilton & Morne，1992；Rideway & Smith-Lovin，1999）。

　　**性别与现实建构**　如果一名女性打算与一名男性结婚，她应被冠以夫姓还是保留她自己的姓氏？这一决定可不仅仅是如何签单的问题，它还会影响老板对她的看法，甚至对她未来薪水的安排。

　　在今天的美国，约有三分之一的已婚女性保留了自己的姓氏或用连字符表示两人的名字（Cain，Miller & Willis，2015）。研究表明，与二十几岁结婚的女性相比，在三十多岁结婚的女性（她们已经拥有自己的事业）更有可能保留自己的姓氏。研究还表明，当要求被调查对象评价女性的特质时，一般人会认为那些冠丈夫姓的女性更加体贴、更有依赖性，更加感性（传统的女性品质）。相反，他们评价那些保留自己婚前姓氏的女性更加有野心、更加有才能、能力更强（对其他人更有竞争力，包括男性）。工资数据揭示了一个薪水上的重要差别：保留自己姓氏的已婚女性比冠丈夫姓氏的女性要多挣约40%（Gooding & Kreider，2010；Shellenbarger，2011）。

　　这些模式展示了性别如何塑造我们的日常生活体验。这些模式也意味着，当女性结婚时，面对姓氏决策的女性会考虑她们做出的选择是否对他人有特别的意义，并产生重要的后果。

## 评论

　　符号互动论的优势在于能帮助我们看到，在我们日常生活体验的塑造中，性别所发挥的作用。我们的社会认为男性（以及任何我们认为有男性气质的事物）比女性（以及拥有女性气质的事物）更有价值。正是出于此，所有的日常社会交往都是"性别化的"，男性和女性通过不同和不平等的方式进行互动。

　　符号互动论表明，个体在他们的日常互动中社会性地建构了他们所经历的现实，利用与性别相连的特质，诸如穿戴和举止（对女性来说，还有姓氏）作为他们个人"表现"的要素，形塑着正在进行的现实。

　　性别对我们所经历的现实发挥着作用。然而，作为社会的一个结构维度，性别至少在很大程度上超出了我们任何个体的直接控制，因为它让一些人拥有了相对权力。换句话说，日常生活中的社会互动模式反映了我们社会的性别分层。日常生活互动也有助于强化这种不平等。比如说，在某种程度上，父亲在饭桌上带头讨论，整个家庭都学会期望男性"展示领导力"以及"展示智慧"。母亲经常洗衣服，孩子又认识到女性应该处理家务。

符号互动论的局限性在于它聚焦于情境化的社会经验，很少提及为我们日常生活设置规则的宏观不平等模式。要想理解性别分层的根源，我们必须"提高层次"，以便更仔细地观察社会如何使男女两性不平等。我们将运用社会冲突论来做到这一点。

**检查你的学习** 指出性别塑造个体日常生活中面对面互动的几种方式。

## 社会冲突论

从社会冲突论的视角来看，性别涉及的绝不仅仅是行为上的差异——性别是一种赋予一些人特权，而让另一些人处于劣势的权力结构制度。思考一下就会发现，性别有利于男性、不利于女人的传统观念，与种族有利于白人、不利于少数种族和族裔群体的观念有着惊人的相似。传统的性别观念没能像结构功能分析所提出的那样使社会平稳运转。相反，性别是一种制造了分裂和张力的社会结构，当女性挑战现状时，男性寻求保护他们的特权。

正如前些章节所解释的那样，社会冲突论很大程度上源于卡尔·马克思的思想。然而，说到性别，马克思的思想亦是他的时代的产物，他的著述几乎完全集中在男性身上。然而，他的朋友和合作者弗里德里希·恩格斯却提出了性别分层理论。

**性别与阶级不平等** 回顾历史，恩格斯发现，在狩猎与采集社会，尽管男性和女性的活动不一样，但是二者同等重要。一次成功的狩猎会给男人带来无上的荣誉，而女性采集的植物为群体提供了大部分的食品供给。然而，随着技术进步导致生产过剩，社会平等和共同分享让位于私有财产和最终的阶级等级，男性获得了统治女性的巨大权力。由于有多余的财富要传给继承人，上层社会的男性需要确保他们的儿子延续的是自己的血脉，这导致了对女性性行为的严格控制。控制女性的性行为和私有财产的愿望带来了一夫一妻制婚姻和家庭。女性被教导婚前要保持贞洁，婚后对丈夫保持忠诚，她们的生活主要是给某个男性生儿育女。家庭法确保财产在家庭内部代代相传，以保持阶级制度的稳定性。

根据恩格斯（Engels，1902，orig. 1884）的观点，资本主义制度的发展使男权统治更为强大。第一，资本主义制度利用贸易和工业生产创造了更多财富，男性作为赚取收入者和财产占有者，拥有了更多的权力。第二，不断扩大的资本主义经济依赖于将人们，尤其是女性，变成消费者，通过购买和使用商品来寻求个体满足。第三，社会将维持家庭的任务分配给女性，将男性解放出来以在工厂工作。在恩格斯看来，资本主义制度的双重剥削在于为男性劳动支付低工资，同时不给女性任何工资。

### 评论

社会冲突论强烈批评传统性别观念，认为如果我们将这种社会结构的维度缩减到最低程度甚至消除干净，社会会变得更美好。也就是说，它将传统主义者在道德上积极支持的传统家庭视为一种社会弊病。社会冲突论的一个问题是将男女在家庭中共同生活的合作和愉悦程度最小化了。第二个问题在于其断定资本主义制度是性别分层的基础。事实上，通常农业社会相较于工业社会呈现出更典型的父权制特征。尽管在有些国家，女性的确可以参加工作，但她们能获取的报酬极低，从事着按照性别划分的工作（Rosendahl，1997；Haney，2002）。

**检查你的学习**　根据恩格斯的观点，性别怎样支持了资本主义阶级制度中的社会不平等？

## 交叉理论

近些年来，另一个社会冲突视角在社会学中变得非常重要：交叉理论。交叉理论的主要观点是：存在着基于种族、阶级和性别的多种社会分层系统，这些系统并不是相互独立运作的。相反，这些不平等维度相互交织、相互影响。那么，从形式上来说，**交叉理论**（intersection theory）是对种族、阶级和性别的相互作用的分析，这些作用往往会导致多个层面的劣势。研究表明，与种族和性别相关的劣势往往结合在一起，使一些人的社会地位特别低（Collins，2016）。

收入数据证明了交叉理论的基本观点。首先，观察种族和族裔，2015年全日制工作的非裔美国女性的收入中位数为36616美元，非拉美裔白人女性的收入为43845美元，前者仅为后者的83%；拉美裔女性的收入为31248美元——仅为白人女性收入的71%。再观察性别，非裔美国女性的收入为非裔美国男性收入的88%，拉美裔女性的收入相当于拉美裔男性收入的87%。

为探索这些不平等维度的"交叉点"，我们发现女性的某些类属存在更大的劣势。非裔美国女性的收入相当于非拉美裔白人男性收入的63%，拉美裔女性的收入则相当于非拉美裔白人男性收入的56%（U.S. Census Bureau，2014）。这些收入差异反映了作为少数群体的女性在职业和教育等级制度中较低的地位。

交叉理论有助于让我们看到，尽管性别对我们的生活有重大影响，但它从来不是单独发挥作用的。阶级地位、种族和族裔、性别和性取向共同构成了一个多层级的系统，在这一系统中，一些人处于劣势，另一些人则享有特权（Anderson & Collins，2010；Collins，2016）。

交叉理论的基本观点是社会分层的各种维度——包括种族和性别——可以共同作用，使某类人处于非常不利的地位。正如非裔美国人的收入低于白人，女性的收入低于男性。如此一来非裔美国女性面临着"双重劣势"，非拉美裔白人男性每挣1美元，非裔美国女性仅挣63美分。你如何解释某些类别的人更有可能最终从事像这样的低薪工作？

## 评论

女性的确处于劣势，并且，有些女性的处境比其他女性更不利也是事实。这一洞见是交叉理论的第一个贡献。另外，这一理论视角有助于我们理解，尽管所有女性的生活都是由性别塑造的，但是不存在单一的"女性经历"。相反，白人女性、拉美裔女性、有色人种女性（还有老年女性、残疾女性、女同性恋者）都有特定的社会地位和经历，必须根据各自的内容来理解。

**应用理论**

性别

| | 结构功能论 | 符号互动论 | 社会冲突论和交叉理论 |
|---|---|---|---|
| **分析的层次** | 宏观层次 | 微观层次 | 宏观层次 |
| **性别意味着什么？** | 帕森斯用"男性气质"和"女性气质"两种行为的互补模式来描述性别。 | 许多社会学家认为性别是现实的组成部分，指导日常生活中的社会互动。 | 恩格斯用一种性别相对于另一种性别的权力来描述性别。性别与阶级、种族和族裔相互作用，造成了不同程度的劣势。 |
| **性别有益或有害？** | 有益的。性别使男性和女性承担不同的角色和责任，有助于社会良好运转。男女结合构成家庭这一社会单元。 | 很难说；性别既有益又有害。日常生活中，性别是帮助人们彼此联系的因素。性别塑造人类行为。男女互动方式不同。 | 有害的。性别限制了个体发展。通过给予男性权力来控制女性生活，从而使社会割裂。交叉理论认为少数女性会面临多重劣势。 |

这是 2016 年第三次总统辩论的场景。美国人期望领导人是强大的，甚至是强悍的。但是性别会如何影响这一点呢？传统的性别观念认为强大的男性是"有能力的"，而强大的女性则是"强势的"。在你看来，性别在选举结果中起了什么样的作用？

剩下一个必须提及的问题是：对于性别分层人们应当做些什么？这涉及社会冲突论的另一形式—— 女性主义。

**检查你的学习** 说明交叉理论的基本观点。这一理论如何有助于我们理解社会分层的复杂性？

# 女性主义

## 14.5　比较自由主义女性主义、社会主义女性主义与激进女性主义

**女性主义**（feminism）支持男女之间的社会平等，反对父权制和性别歧视。美国女性主义的第一次浪潮始于 19 世纪 40 年代，当时的女性反对奴隶制，包括伊丽莎白·卡迪·斯坦顿和柳克丽霞·莫特（Lucretia Mott），她们认为非裔美国人遭受的压迫与女性遭受的压迫有相似之处。她们的主要目标是获得投票权，这一权利最终于 1920 年得以实现。但是，其他劣势依旧存在，这引发了 20 世纪 60 年代的第二次女性主义浪潮，并延续至今。

## 女性主义者的基本观点

女性主义通过性别这个透镜来看待女性和男性的日常生活。我们如何认识自我（性别认同）、我们如何行为做事（性别角色）以及我们作为男性或女性的社会地位（性别分层）全都植根于社会的运行。

尽管女性主义者在许多方面存在分歧，但多数女性主义者认同下面五条总原则。

1. 采取行动促进平等。女性主义者的思想具有政治性，它将思想与行动相联系。女性主义批判现状，推动社会向男女平等的方向变化。许多女性主义者也以交叉理论为指导，既追求性别平等，也追求基于种族和阶级的平等。

2. 扩大人们的选择。女性主义者认为性别的文化观念将人类的所有特质分为两种对立的有限领域：情感与合作的女性世界，理性与竞争的男性世界。作为替代方案，女性主义者提出"人性的再整合"（reintergration of humanity）；所有个体都可以发展出所有的人类特质（M.French，1985）。

3. 消除整个社会的性别分层。女性主义反对限制女性教育、收入和工作机会的法律和文化规范。因此，女性主义者一直支持美国宪法通过《平等权利修正案》（Equal Rights Amendment，ERA），这一法案规定联邦和各州不得以公民的性别为女或为男而剥夺其依法享有的平等权利。ERA 于 1923 年首次在国会提出。1972 年，国会通过了 ERA，但是，在之后的十年里，该措施没有得到足够多的州的批准，从而成为国家的法律。支持者则继续推进这一事业——2017 年，内华达州批准了《平等权利修正案》。

4. 杜绝性暴力。今天的女性运动寻求杜绝性暴力。女性主义者主张，父权制扭曲了男女之间的关系，鼓励强奸、家暴、性骚扰和色情制品等针对女性的暴力（Dworkin，1987；Freedman，2002）。

5. 鼓励性自由。最后，女性主义主张女性对其性行为和生育有控制权。女性主义者支持免费获取生育控制信息。如图 14-3 所示，在美国，约有三分之二的已婚育龄女性使用避孕用品。在许多低收入国家，避孕用品的使用还不够普及。大多数女性主义者也支持女性有权选择是否生育或终止妊娠，而不是让男性——父亲、丈夫、医生和立法者——来控制她们的生育行为。许多女性主义者还肯定同性恋者的努力，以消除异性恋文化中的偏见和歧视（Ferree & Hess，1995；Armstrong，2002）。

## 女性主义的类型

尽管女性主义者一致同意性别平等的重要意义，但是在如何实现性别平等上，她们的意见并不一致，可区别为自由主义女性主义、社会主义女性主义和激进女性主义（Stacey，1983；Vogel，1983；Ferree & Hess，1995；Armstrong，2002；Freedman，2002）。"应用理论"表呈现了每种女性主义思想的主要观点。

**自由主义女性主义**　自由主义女性主义植根于经典自由主义思想，认为个体应当自由地发展他们自己的才能，追求他们自身的利益。自由主义女性主义接受我们社会的基本制度，但是致力于扩大女性的权利和机会。

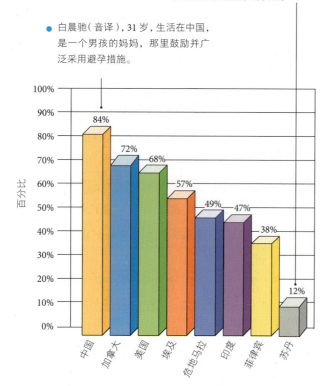

● 扎尔法·哈达拉，24 岁，生活在
苏丹，是三个孩子的母亲，在那里
多数女性没有避孕的机会。

● 白晨驰（音译），31 岁，生活在中国，
是一个男孩的妈妈，那里鼓励并广
泛采用避孕措施。

图 14-3　已婚育龄女性使用避孕用品的情况

在美国，多数已婚育龄女性使用避孕用品。然而，在许多低收入
国家，很多女性没有做这种选择的机会。

资料来源：Population Reference Bureau（2016）。

在自由主义女性主义者看来，性别不应当作为一种对女性不利的阶级形式来运转。支持通过 ERA 成为实现这一目标的重要手段。自由主义女性主义者也支持所有女性的生育自由。他们尊重家庭这一社会制度，但也积极追求社会变迁，包括更广泛地推广产假和陪产假，以及为工作的双亲提供儿童照顾服务。

鉴于对个人权利的信念，自由主义女性主义者认为女性应当根据自身的努力和绩效来提高自己的地位，而不是通过集体的努力来改变。只要社会消除法律和文化障碍，无论男女，都有能力改善自己的生活。

**社会主义女性主义**　社会主义女性主义源于马克思和恩格斯的思想。这一观点认为，资本主义制度通过将财富和权力集中于少数男性的手中，从而强化了父权制。社会主义女性主义认为自由女性主义所倡导的改革还远远不够。他们相信，由资本主义创建的家庭形式必须改变，以便用共同承担家务和照顾孩子的方式来取代"家庭奴役"。只有通过社会主义革命，创建以国家为中心的经济，才能满足所有这些要求，才能取代传统的家庭形式。

**激进女性主义**　和社会主义女性主义一样，激进的女性主义认为自由主义女性主义是不够的，激进女性主义者相信，父权制深深地扎根于社会，以至于社会主义革命都无法终结父权制。相反，要实现性别平等的目标意味着社会必须消除性别本身。

实现这一目标的一个可能的方式是使用近几十年来科学家发明的新的生育技术（见第十九章"家庭"）。这种技术可以使女性的身体与生育过程分离。激进主义女性主义者推论，随着母亲身份的消亡，社会可以把整个家庭制度抛开，将女性、男性和儿童从家庭、性别和性本身的压迫中解放出来（Dworkin，1987）。激进女性主义追求一个平等的、无性别的社会，这是一场比马克思所寻求的还要彻底的革命。

应用理论

性别

| | 自由主义女性主义 | 社会主义女性主义 | 激进女性主义 |
|---|---|---|---|
| **是否接受社会的基本秩序?** | 接受。自由主义女性主义只追求确保机会平等的变迁。 | 不接受。社会主义女性主义主张消除社会阶级以及鼓励"家庭奴役"的家庭性别角色。 | 不接受。激进女性主义主张消除家庭制度。 |
| **女性怎样提高社会地位?** | 个体性,根据个人的能力和努力。 | 集体性,通过社会主义革命。 | 集体性,通过消除性别本身。 |

**多元文化女性主义与全球化女性主义** 迄今为止,这三种类型的女性主义被认为是带来变迁的主要策略。它们还倾向于将女性视为一种单一的人类类别,由其性别定义,并被社会所支配。然而,近几十年来,新的女性主义视角不仅关注所有女性面临的共同境况,而且还强调了她们的社会和文化差异(Collins,2000;Hooks,2000;Tong,2009)。

多元文化女性主义的观点源自交叉理论。即是说,虽然所有的女性相较于男性都经受着压迫,但是,她们的生活经历会因为她们的种族、族裔和阶级地位而有所不同。如果不同时考虑种族压迫和阶级差异,就无法完全理解性别分层。换言之,等级制度是多维度的,存在各种类型的压迫,其影响会结合在一起。

同样,全球化女性主义试图指出世界上所有女性生活中的共同压迫,同时也注意到她们在被全球分层系统造就的国家世界中的不同地位。这仅仅意味着,生活在高收入国家的女性的生活经历是由两种因素共同作用形成的,一种是与性别有关的压迫,另一种是与生活在全球资本主义经济核心地区有关的特权。同样,生活在低收入国家的女性的生活经历既反映了性别分层,又反映了她们在世界受剥削地区的社会地位。

## 公众对女性主义的支持

由于各种女性主义都要求进行重大变革,所以人们对它一直持有争议。今天,约有 20% 的美国成年人支持"女性应当重新回到她们的传统社会角色"的观点。调查也显示,约有 60% 的女性和 30% 的男性声称自己是女性主义者(Smith et al.,2015;Pew Research Center,2015)。

一直以来,支持女性机会和平等的比例在稳步上升。最剧烈的变化发生在 20 世纪 70 年代早期,之后的变化都不是很大。尽管美国成年人自认为是

你认为在你的一生中,性别观念会有多大变化?在女性或男性的生活中会有更多的变化吗?为什么?

"女性主义者"的比例不到一半，但是当被问到女性和男性是否应当"在社会政治和经济上平等"时，十分之九的女性和男性的回答是"是"（Kaiser Family Foundation，2016）。多数批判女性主义的男性和女性在性别问题上持传统观点。一些男性反对性别平等，其理由与许多白人在历史上反对有色人种争取社会平等的理由一样：他们不想放弃他们的特权。另外一些男性和女性，包括那些既不富有也没有权力的人，不相信社会运动（特别是激进主义）能推翻传统的家庭形式，能与已经延续了几个世纪的指导男女关系的社会模式抗衡。

社会化使得男性重视力量和统治地位，他们对女性主义者关于男性温柔和体贴的理想感到不安（Doyle，1983）。同样，一些生活以丈夫和孩子为中心的女性可能认为，女性主义不重视赋予她们生活意义的社会角色。

总的来说，在年轻女性、受教育较多的女性以及在家庭外工作的女性当中支持女性主义的倾向最强烈（Kaiser Family Foundation，2016）。

种族和族裔在塑造人们对女性主义的态度上发挥着某些作用。总的看来，非裔美国人（特别是非裔美国女性）最为支持女性主义者的目标，其次是白人，拉美裔美国人对性别的态度则比较保守（Kane，2000）。

学术界都十分支持女性主义，这样的现象随处可见。但这并不意味着女性主义被不加批判地接受。一些社会学家指责女性主义者忽视了很多证据，即男性和女性在思想和行为方式上存在某些差异，这些差异使得完全的性别平等成为不可能。此外，批评者说，由于女性主义鼓励女性积极参与工作，低估了女性对儿童发展的关键和独特贡献，特别是在生命初期（Baydar & Brooks-Gunn，1991；Popenoe，1993；Gibbs，2001）。

一般而言，美国人相信社会地位能反映个体的才能和努力。因此，对自由主义女性主义——声称女性应当与男性在一个公平的环境中竞争——的支持更为普遍。而社会主义女性主义和激进女性主义获得的支持较少，因其要求对我们的生活方式进行根本性的变革以实现两性平等。

总的来看，迈向性别平等已经是一个明显的趋势。1977 年，65% 的成年人赞成"男性在家庭之外获得成就，而女性负责照顾家庭，对每个人来说都是非常好的事情。"到 2014 年，支持这种观点的人数比例急剧下降至 31%（Smith et al.，2015）。

## 性别：展望

有关未来的预测只是一种有根据的猜想。正如经济学家对未来一年的通货膨胀率可能是多少总是意见不一，社会学家只能就性别与社会的未来可能走向提供一般性的观察。

回溯过往，变化是显著的。一个世纪之前，女性还是二等公民，无法进入许多工作领域，不允许参与公共活动，没有投票权。尽管女性在社会上仍处于不利地位，但迈向平等的运动浪潮一浪高过一浪。20 世纪 90 年代期间，参与工作的人中有三分之二是女性，2000 年，美国绝大多数家庭的丈夫与妻子都参与了有偿劳动，这是有史以来第一次。今天的经济在很大程度上要依靠女性的收入。另外，超过五分之一的美国已婚男性的妻子挣得比丈夫多（Fry & Cohn，2010）。由于接受更高层次教育的女性比例持续提高，随着她们从事工作的范围扩大，女性在工作中的参与度也在不断提升。

许多因素造成了这一变化。也许最重要的是，工业化和计算机技术的进步，改变了工作的性质，从偏重男性力量的体力劳动转变为需要思考和想象力的工作。这一变化使得女性和男性站在同一起跑线上。而且由于生育控制技术使人们能够更多地控制生育，女性的生活较少地受到意外怀孕的限制。

许多女性和男性有意识地追求社会平等。比如，相较于之前一代人，人们对工作场所的性骚扰投诉更为重视。另一个重要趋势是女性获得大学学位的比例越来越高。随着越来越多的女性在公司和政界担任权力职务，这一趋势又可能在未来几年帮助缩小性别收入差距（Foroohar，2011）。随着这些趋势的展开，21 世纪涉及性别的社会变革可能也会十分剧烈。

## 日常生活中的社会学

你可以在你周围的世界中发现"性别信息"吗?

正如本章所揭示的那样,性别是日常生活的基本组织原则之一。在我们去的多数场所、从事的多数活动中,我们的部分日常是"性别化的",即对"男性化"或"女性化"的界定。了解了这一事实,当企业向公众推销产品时,要特别关注性别。请看下列图片中的广告。在每个例子中,你能否解释性别在推销这些产品中是如何发挥作用的?

这则广告呈现出很多性别动态,你发现了什么?

一般来说,我们的社会将化妆品定义为女性化的,因为多数化妆品是面向女性销售的。这则广告有什么不同?为什么?

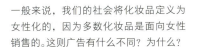

你从这则广告中看到了什么性别信息?

> **提示** 寻找广告中的"性别信息"的过程包含几个层次的分析。从表面开始,注意广告中所有明显的事物,包括环境、背景,特别是人物。然后,注意人物是如何表现的——他们在做什么、他们的位置是怎样的、他们的面部表情、他们怎样穿戴、他们彼此之间的关系。最后,根据广告本身和你对周围社会的了解,说明你认为广告中包含了哪些信息。

# 从你的日常生活中发现社会学

1. 浏览几份近期的杂志，挑选三个与性别有关的广告，分析每个广告是如何利用性别因素的？
2. 研究你所在州的女性历史。第一位女性被选入国会是在什么时候？曾有哪些法律限制女性的工作领域？现在这样的法律还存在吗？
3. 访问"社会学焦点"博客，你可以在那里阅读年轻社会学学者的最新文章，他们将社会学视角应用于流行文化的话题。

## 取得进步

### 性别与不平等

#### 14.1　描述社会塑造性别分层的方式

性别是指文化赋予女性或男性的意义。

• 玛格丽特·米德和其他人进行的全球比较证明了性别植根于文化，他们阐述了社会如何以各种方式定义什么是女性气质和男性气质。

• 性别不仅是差异：由于社会给予男性比女性更多的权力和其他资源，性别也是社会分层的一个重要维度。性别歧视嵌入进社会制度之中。

• 虽然在某种程度上，父权制几乎随处可见，但是它在历史上是有变化的，也因社会而异。

### 性别与社会化

#### 14.2　解释性别对于社会化的重要性

经过社会化，性别变成我们人格（性别认同）和我们行动（性别角色）的一个组成部分。社会化的所有重要主体——家庭、同辈群体、学校和大众传媒——强化了对女性气质和男性气质的文化界定。

### 性别与社会分层

#### 14.3　分析在各种社会制度中性别不平等的程度

性别分层塑造工作：

• 尽管现在大多数女性从事有偿工作，但是，从事文职或服务类工作的占40%。

• 比较美国的全职工作者，女性所赚取的收入仅占男性的80%。

性别分层塑造家庭生活：

• 大多数无偿家务是由女性负责的，无论她们在家庭之外是否需要从事工作。

• 怀孕和养育小孩使许多女性会在一定时间内离开职场，此时她们的男同事们正取得重大的事业突破。

性别分层塑造教育：

• 目前，取得学士学位的有57%是女性。

•女性占法学院学生的49%。传统上由男性占主导的专业——包括医疗和商业管理——研究生中女性所占比例正在增加。

性别分层塑造政治：

•尽管女性从政人数大幅增加，但绝大多数当选官员，特别是国家一级官员的，仍是男性。

•女性仅占美国军事人员的约16%。

针对女性和男性的暴力是一个普遍存在的问题，这与社会怎样界定性别有关。

•性骚扰的多数受害者是女性，因为我们的文化鼓励男人要有自信，并从性的角度看待女性。

•色情制品将女性描绘成性对象。许多人认为色情制品是一个道德问题；因为它使女性失去人的价值，它也是一个权力问题。

## 性别的理论

### 14.4 运用社会学的主要理论分析性别分层

**结构功能论**指出：

•在前工业社会，男女之间的角色差异反映了性别之间的生物学差异。

•在工业化社会，显著的性别不平等会导致社会功能失调，因此不平等正逐步减少。

塔尔科特·帕森斯从促进家庭和社会整合的互补性角色出发来描述性别差异。

**符号互动论**指出：

•当人们通过日常互动建构社会现实时，个体使用性别作为他们个体呈现的一个要素。

•性别在塑造我们几乎所有的日常经验中都发挥着作用。

因为我们的社会认为男性比女性更有价值,性别角色规定了男性和女性应当如何行事,男性控制社会情境,女性则扮演更加顺从的角色。

**社会冲突理论**指出：

•性别是社会不平等和社会冲突的重要维度。

•性别不平等使男性处于优势，使女性处于劣势。

弗里德里希·恩格斯将性别分层与私有财产的发展和阶级制度相联系。婚姻和家庭是男性通过控制女性的性行为来控制他们财产的策略。资本主义通过向男性支付低报酬以及让女性维持家庭来剥削所有人。

**交叉理论**认为：

•女性生活中不同维度的差异组成了一个多层次的系统，为各种女性造成了不同的劣势。

•有色人种女性的处境比白人女性会更加不利，其收入比白人男性要低得多。

## 女性主义

### 14.5 比较自由主义女性主义、社会主义女性主义与激进女性主义

**女权主义**

•支持男性和女性之间的社会平等，反对父权制和性别歧视。

•力求消除针对女性的暴力。

•主张给予女性控制生育的权利。

**女性主义有三种形式**：

• 自由主义女性主义寻求在既有社会制度内两性机会的平等。

• 社会主义女性主义主张用社会主义取代资本主义，性别平等就能实现。

• 激进女性主义寻求消除性别概念本身，并创造一个平等的、无性别的社会。

多元文化女性主义将对性别分层的关注扩展到思考性别与种族、族裔的交叉点；全球化女性主义指出性别不平等也涉及全球分层体系中世界各地女性的不同地位。

今天，对男女间社会平等的支持是普遍的。只有 18% 的美国成年人认为女性应当重返她们在传统社会中的角色。自由主义女性主义受到广泛支持。社会主义女性主义和激进女性主义遭到了更多的反对。

## 第十五章
# 种族与族裔

# 社会的力量

形塑政治态度

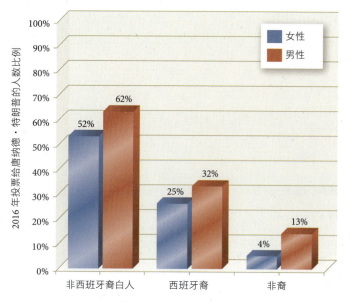

资料来源：Center for American Women and Politics（2016）。

投票给特定候选人纯粹是我们"个人"的选择吗？在 2016 年总统选举中，58% 的非西班牙裔白人把选票投给了唐纳德·特朗普。倘若只有白人投票，这次选举将是共和党的压倒性胜利。但希拉里·克林顿得到了来自亚裔（65%）、西班牙裔（66%），特别是非裔（88%）的大量支持。假定只有这几类人投票，这次选举将是民主党的空前的压倒性胜利。人们在选举投票时所做的政治选择不仅仅是个人喜好，还反映了种族、族裔和其他社会因素。

## 本章概览

本章解释了社会是如何建构种族和族裔的。美国有着比世界上任何其他国家都要多样化的种族和族裔。无论在哪里，种族和族裔不仅仅涉及差异问题，而且也是社会不平等的重要维度。

11 月纽约市的一个寒冷早晨，布朗克斯社区学院的指导教师正在社会学的课堂上组织一场关于种族和族裔问题的小组讨论。他解释说，这两个概念的含义远非大多数人所认为的那样清晰。当他看到坐在他周围的同学时，他眼睛一亮，问道："你是怎样描述自己的？"

一位叫伊娃·罗德里格斯的学生坐在椅子上，身体前倾并很快回答："我是谁？或者说我是什么人？这个问题我很难回答。大多数人认为种族就是指黑人和白人，然而事实并非如此。我既有黑人又有白人的血统，但是你知道吗？我并没有用那种方式来定义自己，我根本不是以种族来进行自我定位的。你可以叫我波多黎各人或者西班牙裔人。我个人更喜欢'拉美人'这个称呼。叫我拉美人说明我是混血后裔，而那就是我。我希望更多的人意识到种族并不是界限分明的。"

本章主要考察种族和族裔的内涵。如今在美国，有成千上万的人都跟伊娃·罗德里格斯一样，并不认为自己属于单一的种族，而认为自己有着混合血统。

# 种族和族裔的社会含义

### 15.1　解释种族和族裔的社会建构

正如本章开头所介绍的故事那样，人们常常会混淆"种族"和"族裔"这两个概念。为此，我们先对一些基本概念进行界定。

## 种族

**种族**（race）是社会建构的划分人的类型，他们有着共同的被社会成员认为是重要的生物遗传特征。人们可以根据肤色、面部特征、发质以及体形等身体特征来划分彼此所属的种族。

由于生活在世界上不同的地理区域，我们的人类祖先呈现出明显的种族多样性。例如，在炎热的地区，人们的肤色要深一些（自然界中黑色素的原因），以防止阳光对身体的伤害；而在气候温和的地区，人们的肤色要浅一些。这些差异仅仅是肤色的深浅差异，毕竟世界各地的人类都同属于一个生物物种。

现今发现的人类身体特征上的巨大差异也是移民的产物，曾仅在某个地区常见的遗传特征（比如浅色皮肤和卷发）如今在许多地区都可以发现。在这其中特别突出的是中东（即亚洲西部）的种族混合，该地区在历史上是移民的"十字路口"。居住地与其他地区相隔越远，居民则越能体现出身体特征的一致性，比如日本各岛的居民。然而人类的每一种群都有一些基因混合，随着世界各地人们交往日益频繁，未来人类的身体特征将更具混合性。

我们通常以生物特征来思考种族，但种族其实是一个社会建构的概念。的确，人类在涉及身体特征的方方面面都存在着差异，但只有在一个社会的成员决定某些身体特征（如肤色和眼型）确实关系重大时，"种族"的概念才得以形成。

由于种族涉及社会定义，它也就成为一个高度多样化的概念。例如，相较于其他国家的人，美国人会更加看重种族差异。我们通常也倾向于认为有三个种族分类：黑种人、白种人和黄种人。还有一些国家会划分更多的类别。例如，在巴西，人们将种族更具体地分为 branca（白色肤色）、parda（棕色肤色）、mulata（浅黑肤色）、preta（黄褐色肤色）、amarela（黑色肤色）（Inciardi，Surratt & Telles，2000）。

奥塞奇·奥巴索奇（Osagie Obasogie）采访了一些自出生以来就失明的人。他得出结论，这些失明的人与视力正常的人一样，对种族持有相同的态度（Obasogie，2013）。这一发现表明，我们并非用眼睛"看待"种族，而是从周围的社会中学习如何看待种族。

此外，即便在一个国家内部，种族的界定也因人而异。例如，在美国，研究表明，白人眼中的黑人肤色比黑人所认为的还要黑（Hill，2002）。

人类生物上的差异比任何种族划分所涵盖的差异都要多得多。当我们试图将上图中所有的人进行简单的种族划分的时候，这一事实就显而易见了。

种族的意义和重要性会因时因地而变化。例如，在 1900 年，将爱尔兰人、意大利人或犹太人视为"非白人"是很常见的。而到了 1950 年，情况便不再如此，现在这些人被视作是"白人"的一部分（Loveman，1999；Brodkin，2007）。

今天，美国人口普查局允许人们使用一种以上的种族身份来描述自己（提供 6 项单一种族选项和 57 项跨种族选项）。美国社会在官方意义上承认了各种跨种族身份（U.S. Census Bureau，2016）。

**种族类型**　一个多世纪以前，当科学家们试图将人们的身体差异区分为三种类型时，他们发明了"种族"这一概念。他们称那些肤色相对较浅、头发较细的人为"高加索人种"，称那些肤色较黑、头发较粗的人为"尼格罗人种"，称那些有着黄色或棕色皮肤且眼睑上有明显褶皱的种族为"蒙古人种"。

社会学家认为这种划分具有误导性，甚至具有危害性。一方面，没有哪个社会有着生物学意义上的"纯种"人。被我们称之为"高加索人种"（或者说"印欧人""高加索人"，以及广泛使用的"白人"）的人的肤色既有很浅的（通常位于斯堪的纳维亚地区），也有很深的（印度南部）。所谓的"尼格罗人种"（"非洲人"，或广泛使用的"黑人"）和"蒙古人种"（即"亚洲人"）也是如此。事实上，许多"白人"（如印度南部的人）的肤色实际上比许多"黑人"（如澳大利亚的原住民）还要深。总体说来，前面所述的三种种族类型仅区分了 6% 的基因，而且每一类型内的基因差异实际上比类型间的差异还要大。这意味着在欧洲国家（如瑞典）随机选择的两个人间的基因差异，与瑞典人和非洲的塞内加尔人间的基因差异是一样大的（Harris & Sim，2002；American Sociological Association，2003；California Newsreel，2003）

那么，种族究竟有多重要？从生物学角度看，知晓人们种族类型的唯一意义在于评估人们罹患某些疾病的风险性。那社会为什么要做出这样的种族划分呢？有了这些分类，社会就将人们分成了不同的等级，赋予其中一部分人相对更多的财富、权力和声望，使他们认为自己生来就"优于"其他人。由于种族关系如此重大，社会有时就会以极端的方式建构种族类型。例如，在20世纪的大部分时间里，美国南方的许多州将只拥有三十二分之一非洲血统的人（即一个非裔美国人的曾曾曾祖父是非洲人）也贴上"有色人种"的标签。今天，美国法律允许父母亲按照他们的意愿来申报（或不申报）孩子的种族。即便如此，大多数美国人仍对种族背景十分敏感。

**混合趋势**　在美国，经过很多代后，来自世界各地的遗传特征已混合在一起。许多"黑人"也拥有一定的高加索血统，就像许多"白人"有着尼格罗人种的一些基因一样。不管人们怎么想，种族都不是一个黑白分明的问题。

今天，人们更愿意把自己定义为跨种族人群。在2015年的美国人口普查中，有1000万人勾选了两个及以上的种族类型来描述自己。在2015年，年龄在5岁以下儿童中有6%属于跨种族人群，而年龄在65岁及以上的跨种族人口比例只有不到1%。

## 族裔

**族裔**（ethnicity）是共享某一文化传统的群体。人们根据共同的血统、语言或宗教，将自己或他人定义为某一族裔类别的成员，从而获取独特的社会身份。美国是个多族裔的社会。尽管美国人更爱说英语，但仍然有近6500万人（占美国人口的22%）在家会讲西班牙语、意大利语、德语、法语、中文或其他语言。在加利福尼亚州，这一比例甚至达到了约45%（U.S. Census Bureau，2016）。

在宗教方面，美国是一个新教占主导地位的国家，但大多数西班牙、意大利、波兰后裔都是罗马天主教徒，许多希腊、乌克兰、俄罗斯后裔都皈依东正教。超过510万美国犹太人的祖先与全世界很多国家都有联系。穆斯林男女的数量一般估计在200万到300万，并由于移民和高出生率的双重原因而迅速增长（ARDA，2012；Pew Research Center，2015）。

如种族一样，"族裔"也是由社会建构的。这一概念之所以重要，是因为社会赋予了其定义。例如，即使意大利相较于西班牙拥有更多的"拉美"文化，美国社会也会把西班牙裔定义为"拉美人"，而将意大利裔视作"欧洲人"，因此欧洲大多数人会觉得他们与意大利裔的差异较小（Camara，2000；Brodkin，2007）。就像种族差异一样，族裔差异的重要性也随着时间的推移而改变。一个世纪以前，在新教徒为主的美国，天主教和犹太教的追随者被视为"异类"。今天，这种情况已经很少了。

需要记住的是，种族是基于生物特征而建构的，而族裔是建立在文化特征的基础之上的。不过，种族和族裔往往紧密相联。例如，日裔美国人不仅具有独特的身体特征，对于那些秉持传统生活方式的日裔美国人来说，他们也坚守着独特的文化。表15-1显示了美国种族和族裔多样性的最新数据。

在个体层面，人们是夸大还是贬低其文化特质，取决于他们是想适应还是想脱离该文化的社会环境。移民可能会随时间的推移而弱化他们的文化传统，或者像近年来许多美国土著的后裔那样，试图重振其文化传统。对于大多数人来说，族裔比种族更复杂，因为一个人可能认同数个族裔背景。摇滚乐传奇人物吉米·亨德里克斯（Jimi Hendrix）既是非裔，又是白种人，还是切罗基人；新闻主播索莱达·奥布莱恩（Soledad O'Brian）则认为自己有白种人和黑种人的双血统，既是澳大利亚裔又是爱尔兰裔，既是盎格鲁裔又是西班牙裔。

表 15-1　2015 年美国种族和族裔人口比例

| 种族和族裔分类 * | 近似人口数 | 人口占比（%） |
| --- | --- | --- |
| **西班牙裔** | **56592793** | **17.6** |
| 墨西哥人 | 35797080 | 11.1 |
| 波多黎各人 | 5372759 | 1.7 |
| 古巴人 | 2106501 | 0.7 |
| 其他 | 13316453 | 4.1 |
| **非裔** | **39925949** | **12.4** |
| 尼日利亚人 | 390255 | 0.1% |
| 埃塞俄比亚人 | 280439 | 0.1% |
| 索马里人 | 145185 | < |
| 其他 | 39110070 | 12.2 |
| **美国土著后裔** | **2369834** | **0.7** |
| 印第安人 | 2066182 | 0.6 |
| 爱斯基摩人 | 121602 | < |
| 其他 | 182050 | 0.1 |
| **亚裔或太平洋岛后裔** | **17976396** | **5.6** |
| 华人 | 3973723 | 1.2 |
| 印度人 | 3669957 | 1.2 |
| 菲律宾人 | 2848148 | 0.8 |
| 越南人 | 1738848 | 0.5 |
| 韩国人 | 1460483 | 0.5 |
| 日本人 | 757468 | 0.2 |
| 巴基斯坦人 | 482704 | 0.2 |
| 其他 | 3015065 | 0.9 |
| **西印第安人后裔** | **2949716** | **0.9** |
| **阿拉伯裔** | **1963478** | **0.6** |
| **非西班牙欧裔** | **197970812** | **61.6** |
| 德国人 | 45526331 | 14.2 |
| 爱尔兰人 | 32713324 | 10.2 |
| 英格兰人 | 23959441 | 7.5 |
| 意大利人 | 17070496 | 5.3 |
| 波兰人 | 9231299 | 2.9 |
| 法国人 | 7969633 | 2.5 |
| 苏格兰人 | 5510902 | 1.7 |
| 挪威人 | 4432738 | 1.4 |
| 荷兰人 | 4141375 | 1.3 |
| 其他 | 47415273 | 14.8 |
| **两种或两种以上种族背景** | **9981530** | **3.1** |

* 西班牙裔可能属于任意种族。许多人不只认同一个族裔。因此，占比总数超过了 100%。

资料来源：U.S. Census Bureau（2016）。

种族　社会建构的划分人的类型，他们有着共同的被社会成员　　　　　　族裔　共享某一文化传统的群体
认为是重要的生物遗传特征

## 少数群体

3月3日，得克萨斯州达拉斯市。坐在美国大城市任何一个饭店的大堂里，你会看到这样一个对比场景：进进出出的客人绝大多数是白人；负责行李搬运、餐厅服务和房间清洁等的饭店雇员则绝大部分属于有色人种或少数族裔。

正如第十四章（"性别分层"）所定义的那样，**少数群体**（minority）是由于身体或文化差异而被社会隔离或置其于从属地位的任何一类人群。少数群体的地位可以取决于种族、族裔或这两者的结合。如图15-1所示，非西班牙裔白人（占总数的61.6%）仍然占美国人口的大部分，但少数群体的人口比例在日益增长。今天，少数群体在四个州（加利福尼亚州、新墨西哥州、得克萨斯州和夏威夷州）以及美国100个最大城市中的61个城市中都占多数。

整体来看，到2011年，美国大多数的出生人口都是有色人种和少数群体。这一事实，再加上移民的影响，意味着少数群体的人口比例会稳步增长。根据美国人口普查局2015年的数据，到2044年，少数群体可能会占美国全部人口中的多数。

少数群体有两个重要特点。第一，他们共同享有独特的身份认同，这种认同或许植根于其共同的生理基础，也或许基于其共同的文化特质；第二，少数群体处于从属地位。就像本章的其余部分所显示的那样，美国少数群体一般收入较少、职业声望较低、接受的教育也有限。这些事实意味着阶级、种族、族裔以及性别等因素相叠加，强化了社会分层。接下来的"思考多样性"专栏刻画了近年来拉丁美洲移民的艰苦生活。

## 多样化快照

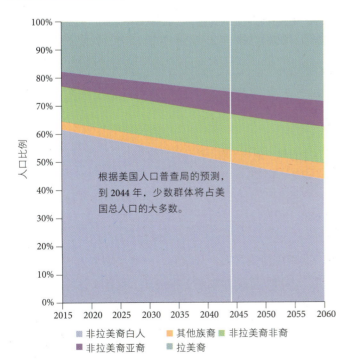

根据美国人口普查局的预测，到2044年，少数群体将占美国总人口的大多数。

■ 非拉美裔白人　　■ 其他族裔　　■ 非拉美裔非裔
■ 非拉美裔亚裔　　■ 拉美裔

**图 15-1　少数群体即将占据人口的大多数**
　　根据美国人口普查局的预测，到2044年，距现在不到30年时间，少数群体将占美国总人口的大多数。到那时，如图所示，伴随着亚裔、非裔，尤其是西班牙裔人口数量的增加，白人、非西班牙裔的人口比例会下降。你认为这种趋势会给美国带来什么变化？

# 思考多样性：种族、阶级和性别

辛勤工作：美国移民的生活

休斯敦的清晨，已经热起来了。一队小型货车缓缓开进一个灰尘漫天的院子。那里已经聚集了 200 个从黎明就开始等候的工人，他们希望在这一天找到工作。第一辆货车的司机打开车窗告诉工头，他需要几个人去屋顶上抹焦油。工头阿布多内尔·塞斯佩德斯回头告知工人，几分钟后，三个工人走到前面，爬上货车的后车箱。第二个司机要找两个有经验的油漆工。这样的情景反复上演，不断有男人和女人（少数）离开，要么去挖沟渠，要么去抹水泥，要么去补墙板，要么去通堵塞的化粪池，要么去毒死房子里的老鼠。

每天早上这些移民聚集在纽约街角，希望被雇用去从事每天大约 60 美元而没有其他福利的建筑工作。

一有车开进院子，工头塞斯佩德斯就问："多少钱？"大多数人愿意付 5 美元的时薪。塞斯佩德斯则不假思索地回应道："7.25 美元，行情是一小时辛苦工作的工资有 7.25 美元。"有时候，他能够说服这些司机，但是通常也达不到这个价格。那些来自墨西哥、萨尔瓦多和危地马拉的人知道，他们中有很多人一天下来也接不到工作。许多人会接受 5 美元或 6 美元的时薪，因为他们知道当这一天结束的时候，有 50 美元总比什么都没有好。

像这种劳动力市场在大城市中十分普遍，特别是在美国的西南部。最近几年的移民浪潮使得上百万人来到这个国家寻找工作，其中大部分人没有接受过什么教育且几乎不会说英语。

曼努埃尔·巴雷拉接到一份搬货的活，他花了一天时间将一堆货物搬到一个仓库中去。他走到那堆高高的货物面前，双眼盯着山一般沉重的家具，他必须将它们搬到车上去，开过市区，然后再搬下来。当他意识到外面很热而房子里面更热时，他叹了口气。他没有时间吃饭，也没有人说应该到哪里上厕所。巴雷拉摇摇头："我做这种工作，只是因为它能给我带来食物，但是我没有想到它是这样的。"

移民到美国的人面临的残酷事实是他们要从事那些其他人不愿意做的工作。位于国民经济的底层，他们要么在饭店、宾馆、建筑队从事没有多少技术含量的工作，要么到私人家里做饭、做卫生和照看小孩。整个美国，所有保姆、家庭厨师、裁缝以及饭店服务生中的大约一半出生于国外。很少有移民工资超过官方最低工资（2017 年为每小时 7.25 美元），移民工人也很少获得医疗或养老福利。许多富有的家庭将移民的辛苦劳动视作理所当然，就像他们的空调车和舒适的家一样。

你怎么想？

1. 你和你的家人在什么方面需要依靠移民的低薪劳动？
2. 你赞成让进入美国的 1110 万非法移民获得美国公民身份吗？应该采取一些什么措施？
3. 美国政府应当行动起来减少未来迁入美国的移民数量吗？为什么？

资料来源：Booth（1998），Tumulty（2006），Pew Research Center（2016），U.S. Department of Labor（2017）。

当然，并不是所有的少数群体都处于劣势地位。一些拉美裔美国人十分富有，一些美籍华人成了著名的商界领袖，而有些非裔美国人则成为美国的政治领导人。不过，即使在事业上很成功，这些个体也很少能够摆脱其少数群体的地位。正如第六章所描述的那样，种族或族裔往往成为个体的首要身份，从而使个人成就黯然失色。

少数群体通常只占一个社会人口的一小部分，但事实并不总是如此。南非的黑人尽管在数量上占这个国家的多数，但仍处于不利地位。在美国，女性占人口的一半多一点，但仍在为争取被男性享有的很多机会和特权而斗争。

# 偏见和刻板印象

## 15.2　描述偏见的程度和原因

11 月 19 日，以色列耶路撒冷。我们正在这座历史古城的郊区行驶——这是犹太人、基督徒、穆斯林的圣地。这时我们的出租车司机发现街角有一群法拉沙人，即信奉犹太教的埃塞俄比亚人。司机指着他们说道："那些人和我们不一样，他们不开车，也不希望改善自己的生活。即使我们的国家为他们提供学校教育，他们也不接受。"他冲着那些埃塞俄比亚人摇摇头，继续开车。

**偏见**（prejudice）是对某一类人群刻板且不公正的概括判断。偏见是不公正的，因为它会在少有或没有直接证据的情况下将特定描述用于某一类人群中的所有人。偏见可能针对那些有特殊社会阶级、性别、性取向、年龄、政治信仰、身体残疾、种族或族裔的人。

偏见是可能为积极性的也可能为消极性的预先判断。积极性偏见倾向于夸大像我们自己一样的人的优点，而消极性偏见通常谴责那些与我们不同的人。消极性偏见可以表现为温和的回避，也可以表现为公然的敌意。因为这一态度植根于文化中，每个人或多或少都存在一定程度的偏见。

偏见往往以**刻板印象**（stereotype，"stereo"源自希腊语，意为"坚实"）的形式加以表现，即将对某类人群的简化描述适用于该人群的所有个体。许多白人对少数群体的人存有刻板印象。刻板印象对于工作场合中的少数群体尤为不利。如果公司的上层仅以刻板印象来看待员工，那么他们将对员工的能力做出预先假设，让他们承担某一类特定的工作，同时限制他们获得更好的机会（Kaufman，2002）。

同时，少数群体对白人和其他少数群体也存在着刻板印象（T. W. Smith，1996；Cummings & Lambert，1997）。例如，调查显示，非裔美国人比白人更相信亚裔会参与不公正的商业行为；而相较于白人，亚裔更有可能指责西班牙裔有太多的孩子（Perlmutter，2002）。

**偏见**　对某一类人群刻板且不公正的概括判断　　　**刻板印象**　将对某类人群的简化描述适用于该人群的所有个体

### 偏见的测量：社会距离量表

测量偏见的一种指标是社会距离，即人们愿意与某一类人群进行互动的密切程度。20 世纪 20 年代，埃默里·博加德斯（Emory Bogardus）设计了如图 15-2 所示的社会距离量表。博加德斯询问美国大学和学院的学生愿意与特定 30 种种族和族裔类别的人进行密切互动的程度。一个极端是，一些学生宣称某类人群应彻底被禁止进入美国（得分为 7），代表最大的社会距离（最消极的偏见）；另外一个极端是，一部分学生声明他们愿意接受某类人群通过婚姻进入他们的家庭（得分为 1），代表最小的社会距离（最大的社会接受度）。

博加德斯发现（Bogardus，1925，1967；Owen，Elsner & McFaul，1977），针对不同人群的人，人们会表现出不同的社会距离。总的来说，参与这项调查的学生对西班牙裔、非裔、亚裔和土耳其裔表现出了最大的社会距离，他们表示只愿意和这些人成为同事，而非邻居、朋友或者家人。学生们对那些来自北欧和西欧的人，包括英格兰人和苏格兰人以及加拿大人表现出最小的社会距离，他们表示愿意通过婚姻的方式接纳这些人为家庭成员。

　　如今的大学生的社会距离又是什么情形呢？最近一项使用了同一社会距离量表的研究[1]报告了以下三个主要发现（Parrillo & Donoghue，2013）。

　　1.学生的观点表明了越发接纳少数群体的长期趋势。相比数十年前，如今的学生对所有少数群体表现出较小的社会距离。图 15-2 表明社会距离量表的平均值从 1925 年和 1946 年的 2.14 分降到 1956 年的 2.08 分，从 1966 年的 1.92 分、1977 年的 1.93 分，再降到 2001 年的 1.44 分。2011 年，平均值为 1.68 分，表明社会接纳程

### 学生快照

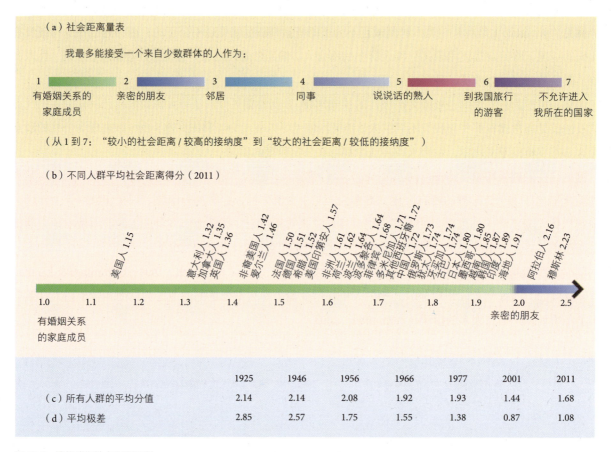

图 15-2　博加德斯社会距离研究
　　社会距离量表是一种测量偏见的好方法。图（a）展示了完整的社会距离量表，从最左边最小的社会距离到最右边最大的社会距离。图（b）展示了 2011 年每一类人群的社会距离平均值。图（c）展示了不同年份的总平均值（所有种族和族裔的平均得分）。得分从 1925 年的 2.14 降到 2001 年的 1.44，这表明大学生对少数群体更加接纳。2011 年再次进行这项研究发现，平均值略有上升，达到 1.68，表明大学生对少数群体的接纳度略有下降。图（d）展示了平均极差，即既定年份最高分值与最低分值之差（比如，2011 年为 1.08，即穆斯林最高分值 2.23 减去美国人的最低分值 1.15）。自从 1925 年以来，这一数字也已经变得越来越小，仅在 2001—2011 年间期略有上升。简而言之，同过去的学生相比，今天的学生所能看到的差异其实是变小了。
　　资料来源：Parrillo & Donoghue（2013）。

---

1　考虑到部分人不再是明显的少数群体，帕里略和多诺霍删除了博加德斯提及的七类人群（亚美尼亚人、捷克人、芬兰人、挪威人、苏格兰人、瑞典人、土耳其人），同时又新增添了九类人群（非洲人、阿拉伯人、古巴人、多米尼加人、海地人、牙买加人、穆斯林、波多黎各人、越南人）作为如今明显的少数群体。这一改变可能增加了社会距离的分值，使得社会距离减小的趋势更为显著。

度略有下降。即便如此，我们注意到在 2011 年的研究中，相较于早期研究中的学生态度，调查对象（81% 是白人）对少数群体表现出更大的包容性。比如就非裔美国人来说，2011 年社会距离平均值为 1.42 分，表明学生对这一类人群的社会接纳度甚至高出爱尔兰人或法国人。

2. 在如今的学生看来，少数群体间的差异较小。在最早期的研究中，学生很愿意接纳某些类别的人群（分值在 1 和 2 之间），而不愿意接纳另一些人群（分值在 4 和 5 之间）。在 2011 年的研究中，没有任何一类人群得到的分值超过 2.23 分。

3. 全球对恐怖主义的关注可能强化了对阿拉伯人和穆斯林的偏见。当前这一代学生尤其关注恐怖主义。2001 年发生的"9·11"恐怖袭击事件可能减少了对阿拉伯人和穆斯林的社会接纳度。

## 种族主义

**种族主义**（racism）是一种强烈而有害的偏见形式，它认为某一种族类别先天优于或劣于另一种族类别。种族主义贯穿人类的整个历史。不管其他族群取得多大成就，古希腊人、古印度人和古代中国人都认为其他族群的人比自己要低等一些。

种族主义在美国整个历史上流传甚广，有关种族劣根性的观念支撑着美国的奴隶制。今天，在美国公开表现的种族主义已经不多，因为更多人愿意像马丁·路德·金所说的那样，根据个人的秉性而不是肤色去评价他人。

即便如此，种族主义仍然是一个严重的社会问题，因为总有一些人认为某些种族和族裔的人比另外一些人更聪明。然而，正如研究所揭示的那样，智力的种族差异与其说是生物原因，倒不如说是由社会环境造成的（Sowell，1994，1995）。

## 偏见理论

偏见源自何处？对于这个问题，社会科学家给出了几种回答，主要集中在挫折、人格、文化和社会冲突等理论上。

## 替罪羊理论

替罪羊理论认为，偏见来源于自身处于弱势的人的挫折感（Dollard et al.，1939）。以一名白人纺织女工为例，她为自己在纺织厂从事流水线工作所获取的低薪感到沮丧。由于直接向有权有势的工厂主表达敌意而被解雇的风险很大，因此她可能将她的低薪归咎于其他少数群体的同事。虽然她的偏见不会改善她的处境，但这是相对比较安全的表达愤怒的方式。同时由于她觉得自己至少优于其他某些人，这或许能给予她些许的安慰。

**替罪羊**（scapegoat）是通常没有什么权力的个体或群体，人们会不公地把自己遇到的麻烦归咎于他们。因为他们没有什么权力，因而通常被当作"安全靶"，少数群体的成员经常成为替罪羊。

**权威人格**　西奥多·阿多诺等人（Adorno et al.，1950）认为极端的偏见是某些特定个体的人格特征。研究表明，那些对某一少数群体成员抱有强烈偏见的人通常也会对所有少数群体成员产生偏见，这项研究支持了阿多诺等人的结论。权威人格会刻板地遵守传统文化价值观念，同时将道德问题视为非对即错的泾渭分明的问题。具有权威人格的人还认为社会存在天然的竞争和等级制度，"优越"的人（像他们自己）不可避免地要统治那些弱小的人（所有的少数群体）。

阿多诺等人还发现相反的模式也成立：能够接纳一种少数群体的人，一般也能够接纳所有的少数群体。他们在做出道德判断时更加灵活，并会平等地看待所有的人。

2014 年，18 岁黑人青年迈克尔·布朗（Michael Brown）被密苏里州弗格森地区 28 岁的白人警官达伦·威尔逊（Darren Wilson）射杀。即使布朗的行为具有威胁性，但他毕竟手无寸铁，这引起了大众的广泛愤怒。威尔逊没有受到犯罪指控，但事件发生后他离开了执法队伍。全国性的高度关注以及广泛的抗议和骚乱——尤其是在非裔美国人社区——表明许多人认为种族问题仍持续影响着美国刑事司法系统的运作。

阿多诺认为那些接受过较少学校教育的人，以及在冷漠、苛刻的家庭中长大的人容易形成权威人格。在儿童时期充满了愤怒和焦虑，长大后就会充满敌意、富有攻击性，遇到挫折时倾向于寻找替罪羊。

**文化理论**　第三种理论声称，虽然极端偏见可能只表现在某些人身上，但我们每个人都持有一定的偏见。为什么？因为偏见已嵌入我们大家生活于其中并加以学习的文化。博加德斯社会距离量表有助于证明这一点。博加德斯发现，全美各地的学生对特定的种族和族裔持有差不多类似的态度，对一些人亲近，对另一些人则疏远。

偏见来源于文化还基于这样一个事实，即少数群体对除自己之外的其他类别人群所表现出的态度与白人并无二致。这一情况表明，个人持有偏见是因为他们生活在一种"偏见文化"中，这种文化让我们认为某一类别"优于"或"劣于"其他类别。

**冲突理论**　第四种解释认为，偏见是有权有势的人用以压迫他人的一种工具。比如在美国西南部，英裔美国人看不起拉美裔移民，让他们从事长时间的艰苦工作，但又只给他们支付低额工资。类似地，当偏见将劳动力按照种族和族裔划分，并组织他们一起工作以促进他们的共同利益时，所有的精英都会受益（Geschwender，1978；Olzak，1989；Rothenberg，2008）。

根据谢尔比·斯蒂尔（Shelby Steele）提出的另一个基于冲突的观点，少数群体自身也鼓励种族意识以获取更大的权力和更多的权利（Steele，1990）。由于他们在历史上处于劣势，少数群体声称他们是历史的受害者，因此有权享受基于种族考虑的特殊照顾。虽然这一策略可能会带来短期收益，但斯蒂尔警告说这样的"特殊待遇"经常会引发白人或其他人的激烈反对。

## 歧视

### 15.3　区分歧视和偏见

与偏见关系十分紧密的是**歧视**（discrimination），即不平等地对待不同类别的人群。偏见是一种态度，而歧视是一种行为。像偏见一样，歧视既可能是积极的（提供特别的有利条件），也有可能是消极的（制造障碍）。同时，歧视既可能是轻微的，也可能是极端的。

## 制度性偏见和歧视

我们一般认为偏见和歧视是特定人群的充满恨意的思想或行为。但是，斯托克利·卡迈克尔（Stokely Carmichael）和查尔斯·汉密尔顿（Charles Hamilton）指出，更大的危害来自**制度性偏见和歧视**（institutional prejudice and discrimination），即社会机构运作中的成见（bias），包括学校、医院、警察局以及工作场所（Carmichael & Hamilton，1967）。比如，研究发现，相较于白人，银行更可能拒绝少数群体的房屋抵押贷款申请，即便在控制了收入和邻里关系的情况下也是如此（Gotham，1998；Blanton，2007）。

最近对制度性偏见和歧视的关注集中于警察针对非裔美国人的致命暴力行为。调查研究显示，非裔美国人比白人更有可能受到这种类型的制度性成见。2014年，在对密苏里州弗格森地区迈克尔·布朗被击毙的案件的看法上，大约三分之一的白人和三分之二的非裔美国人认为种族因素在这起枪击事件中起了一定的作用（Pew Research Center，2014）。

根据卡迈克尔和汉密尔顿的说法，人们谴责并进一步承认制度性偏见和歧视的过程是很缓慢的，这是因为制度性偏见和歧视通常涉及受人尊敬的公职人员以及长期建立的传统。一个典型的例子就是布朗诉托皮卡教育局案（Brown v. Board of Education of Topeka）[1]。1954年最高法院做出判决，终结了曾合法存在于学校的种族隔离制度。"隔离但平等"的学校教育原则一直受到美国法律的支持，并强化了种族不平等的认知。尽管这一划时代的判决已经过去了半个多世纪，但今天大多数美国学生还是在那些一个种族占压倒性优势的学校上学（Kewal Ramani et al.，2007）。1991年，美国最高法院指出，只要美国坚持种族隔离政策，即大部分非裔美国人居住在城区而大部分白人和亚裔美国人居住在郊区，那么社区学校就永远不可能提供平等的教育。

## 偏见和歧视：恶性循环

偏见和歧视相互强化。第六章中（"日常生活中的社会互动"）所讨论的托马斯定律，为这一现象提供了一个简单的解释：如果人们把情境界定为真实的，那么它们在结果上也就是真实的。

根据托马斯定律，我们了解到，对于那些相信刻板印象的人，有时甚至是深受其害的人，刻板印象是如何成为现实的。部分白人对有色人种的偏见不会造成有色人种的先天劣势，但是它能造成有色人种的社会劣势，从而将少数群体推向低薪工作、劣质学校以及种族隔离的住房。然后，当白人将这些社会劣势解释为少数群体不合格的证据时，他们就会发动新一轮的偏见和歧视，引发了如图15-3所示的恶性循环。

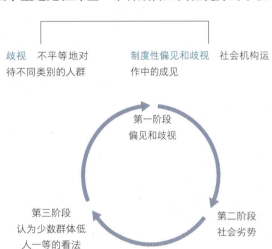

歧视  不平等地对待不同类别的人群

制度性偏见和歧视  社会机构运作中的成见

第一阶段
偏见和歧视

第二阶段
社会劣势

第三阶段
认为少数群体低人一等的看法

第一阶段：偏见和歧视往往始于种族中心主义，或者为了替经济剥削行为努力辩护。

第二阶段：由于偏见和歧视，少数群体在社会上处于劣势地位，在社会分层体系中地位较低。

第三阶段：这种社会劣势不会被解释为先前的偏见和歧视的结果，而是充当少数群体低人一等的证据，于是新的偏见和歧视又开始了，循环往复。

图15-3  偏见和歧视：恶性循环
偏见和歧视可以形成一个恶性循环，使其永续存在。

---

1  20世纪40年代以来，美国联邦最高法院审理了一系列案件，确认和保护了非裔美国人基本的公民宪法权利。其中尤以1954年布朗诉托皮卡教育局案最具代表性。它宣称公立学校中的黑白种族隔离制度违反宪法，由此撕开了美国南方种族隔离制度的缺口，吹响了全面废除种族隔离制度的号角，成为黑人民权运动和结束种族隔离制度斗争的一座里程碑。——译者注

# 主要群体和少数群体：互动的模式

15.4　识别多元主义、同化、种族隔离、种族灭绝的实例

社会学家用四种模式来描述一个社会中不同种族和族裔间互动的模式，分别是：多元主义、同化、种族隔离和种族灭绝。

## 多元主义

**多元主义**（pluralism）是指所有种族和族裔的人虽然有明显区别但享有平等社会地位的一种状态。换句话说，不同外表或拥有不同社会文化传统的人都享有大致平等的资源。

美国是一个多元主义的国家，法律面前人人平等。美国的大城市存在无数的"族群村落"。在那里，人们自豪地展示其移民祖先的传统。这些族群村落包括纽约的西班牙哈莱姆、小意大利、唐人街；费城的意大利"南费城"；芝加哥的小西贡；以及拉丁裔的东洛杉矶。仅在纽约市就有 300 多种用超过 90 种语言发布的杂志、报纸和广播电台（Logan，Alba & Zhang，2002；Center for Community and Ethnic Media，CUNY，2013）。

但美国并未实现真正的多元化，理由有三点。第一，虽然大部分人重视他们的文化传统，但很少愿意只和与他们完全一样的人生活在一起（Smith et al.，2015）。第二，我们对社会多样性的包容仅限于此了。少数群体人口日益增加引发了很多社会后果，其中一个就是推动英语成为官方语言的社会运动。第三，我们将在这一章后面的内容中看到，不同肤色和文化的人并不享有平等的社会地位。

## 同化

许多人认为美国是一个"大熔炉"，在这个大熔炉里面，不同族群的人混合在一起。但是，并非每个人都"熔"入了一些新的文化模式，大多数少数群体成员主动采纳了由早期的殖民者所建立的主导文化。为什么？因为这既是向上的社会流动之路，也是一种避开针对外国人的明显偏见和歧视的方法。社会学家用**同化**（assimilation）一词来描述少数群体逐渐采纳主流文化模式的过程。同化可能涉及改变服饰、价值观、宗教信仰、语言和交友等各个方面。

2016 年总统大选将移民问题上升为一场全国性的大辩论。特朗普阵营将"筑墙"作为核心的政策承诺。你对这件事有何看法？总的来说，移民对美国社会是有益还是有害，你有什么看法？

不同类型的人群同化的程度不同。例如，在美国，加拿大人比古巴人、荷兰人比多米尼加人、德国人比日本人更能融入主流文化。多元文化主义者反对将同化作为目标，因为这是将少数群体视为一个社会问题，需要他们做出完全的改变。

注意同化涉及的变化只牵涉到了族裔，而没有牵涉到种族。例如，许多日本移民的后代抛弃了他们的文化传统，但是却保留了他们种族身份。为削弱数代后的种族特征，**异族通婚**（miscegenation），即由来自不同种族的配偶繁衍后代，必然会出现。虽然跨种族的婚姻变得越来越普遍，但它仍只占所有美国人婚姻中的 8.7%（U.S. Census Bureau，2016）。

## 种族隔离

**种族隔离**（segregation）是指对各类人群进行物理和社会隔离。一些少数群体，特别是像阿米什人的宗教规范，会自愿地将自己与他人隔离。然而，主要群体通常通过排斥少数群体来隔离他们。住宅区、学校、工作场所、医院甚至墓地都可能被隔离。多元主义鼓励多样性而不会造成不利影响，而隔离则是强制分隔，损害了少数群体的利益。

种族隔离在美国有着悠久的历史，从奴隶贸易开始，逐渐演变为住房、学校、公共汽车和火车的种族隔离政策。类似于 1954 年的布朗案，法院的判决已经减少了美国法律上的歧视，然而实际上，种族隔离以无数社区居住着单一种族的形式一直延续到今天。

研究表明，今天美国大城市的种族隔离程度要低于过去。这种趋势既反映了更高的种族宽容程度，也反映了提供给少数群体的越来越多的住房贷款（Glaeser & Vigdor，2012）。尽管种族隔离程度近年来有所下降，但它依旧存在于美国。例如，密歇根州利沃尼亚市 90% 的居民是白人，而邻近的底特律市 80% 的居民是非裔。库尔特·梅茨格（Metzger，2001）解释道："利沃尼亚几乎是由（来自底特律的）逃亡白人创造的。"研究进一步表明，在整个国家，白人（尤其是那些抚养着年幼孩子的白人）刻意避免和非裔美国人做邻居（Emerson，Yancey & Chai，2001；Krysan，2002）。道格拉斯·梅西（Douglas Massey）和南希·登顿（Nancy Denton）指出，更极端的是在美国一些内陆城市还存在着对贫穷非裔美国人的过度隔离（Massey & Demton，1989）。过度隔离意味着与当地社区之外的人几乎不存在任何形式的接触。过度隔离对约四分之一的非裔美国人来说是家常便饭。自 1970 年以来，美国过度种族隔离的城市数量减少了一半，但这种现象在 21 个美国大城市仍然很明显（Massey & Tannen，2015）。

主要群体和少数群体的互动模式

**多元主义**　所有种族和族裔的人虽然有明显区别但享有平等社会地位的一种状态　　**同化**　少数群体逐渐采纳主流文化模式的过程　　**种族隔离**　对各类人群进行物理和社会隔离　　**种族灭绝**　一类人对另一类人的系统性屠杀

## 种族灭绝

**种族灭绝**（genocide）是一类人对另一类人的系统性屠杀。这种种族歧视和种族中心主义的致命形式几乎违反了人类所有公认的道德标准，然而它还是在人类历史上不断重演。

在欧洲人与美洲大陆土著接触的历史上，种族灭绝是很常见的。从 16 世纪以来，西班牙人、葡萄牙人、英格兰人、法国人和荷兰人依靠武力建立起强大的殖民帝国。由于原住民对于欧洲殖民者带来的疾病没有多少自然免疫力，他们中的大部分都死于这些疾病，但许多原住民是因为反对殖民者而被蓄意杀害的（Matthiessen，1984；Sale，1990）。

种族灭绝同样发生在 20 世纪。在第一次世界大战中，至少有 100 万东欧亚美尼亚人在奥斯曼帝国的统治下丧生。此后不久，欧洲犹太人在阿道夫·希特勒统治德国期间经历了一场被称为大屠杀的恐怖统治。从 1935 年至 1945 年，纳粹杀害了 600 多万名包括男性、女性和儿童在内的犹太人，以及另外 500 万人，包括同性恋、吉卜赛人和残障人士。

可悲的是，种族灭绝仍然存在于现代世界。最近的例子包括在非洲国家卢旺达的胡图人杀害图西人，东欧巴尔干半岛上的塞尔维亚人杀害波斯尼亚人，以及非洲苏丹达尔富尔地区数十万人惨遭杀害。2015 年，联合国宣称，伊斯兰国（ISIS）曾对伊拉克境内的雅兹迪少数族裔实施过种族灭绝（Cumming-Bruce，2015）。

以上四种少数群体和主要群体互动的模式在美国都存在。尽管许多人为美国的多元化和同化模式而自豪，但也必须认识到美国社会在一定程度上是建立在种族隔离（非裔美国人）和种族灭绝（土著美洲人）的基础之上的。本章的剩余部分将考察这四种模式是如何塑造美国主要的种族和族裔的历史及现有社会地位的。

# 美国的种族和族裔

15.5　评估美国社会中各种族和族裔的社会地位

把你的疲乏困倦交给我，
把你的贫穷疾苦交给我，
那渴望自由呼吸的蜷缩身躯，
那彼岸无情遗弃的悲惨魂魄。
不论是无家可归，
不论是饱受颠簸，
全都给我，
全都给我！
在这通向自由的金门之前，
我高举照亮黑夜的熊熊灯火。

这首诗由爱玛·拉札勒斯（Emma Lazarus）所写，被镌刻在自由女神像底座上，反映了美国这个国家人性自尊、个人自由和经济机遇的文化理想。相比任何其他国家，美国的确为更多移民提供了"美好生活"。每年大约有 130 万的移民来到这个国家，他们以各种各样的生活方式创造了一种新的社会结构，这在有着独特的种族和族裔社区的大城市中尤为突出（Migration Policy Institute，2016）。

然而，有关美国少数种族和族裔群体的调查显示，美国的"金门"更易为某些人敞开。接下来，我们将考察美国人口中主要类别的历史和当前的社会地位。

## 美国原住民

"美国原住民"一词涉及数百个小社会——包括阿兹特克人、印加人、阿留申人、切诺基人、祖尼人、苏族人和莫霍克人，他们是最早定居在西半球的人。早在克里斯托弗·哥伦布（Christopher Columbus）于1492年登陆美洲之前的大约15000年，迁徙的人们跨越了一座从亚洲到北美洲的陆桥，即今天的白令海峡（阿拉斯加海岸附近）。渐渐地，他们闯遍了北美洲和南美洲。

15世纪末期，当第一批欧洲人到达美洲的时候，原住民还有数百万人口。但到了1900年，在长达几个世纪的种族冲突甚至种族屠杀之后，"消失的美国人"只剩下25万人了（Dobyns，1966；Tyler，1973），美国原住民所控制的土地范围也急剧缩减。

哥伦布把他们在巴哈马群岛上最先遇到的美国原住民称为"印第安人"，因为他误以为自己已经到达了印度的海岸。哥伦布发现，美国原住民顺从而平和，与奉行物质主义、竞争激烈的欧洲人形成了鲜明的对比。然而，欧洲人却把这些受害者称为小偷和杀人犯，以此为他们攫取美国原住民的土地辩护（Josephy，1982；Matthiessen，1984；Sale，1990）。

美国独立战争后，美国新政府对原住民采取了多元主义的处理方式，通过与他们签订条约，竭力从他们手里获取更多的土地。土地的购入价格十分不公，当美国原住民拒绝交出他们的土地时，美国政府就动用其强大的武力来驱逐他们。到19世纪早期，只剩下极少数的美国原住民，居住在密西西比河以东的地区。

1871年，美国以美国原住民抵制政府为由，宣称要对美国原住民采取强制同化的政策。将美国原住民重新安置在被称为"保留地"的特定领土，这使得原住民不断地失去他们的土地，甚至是他们的文化传统。保留地的生活迫使他们依附于外界，他们放弃了祖先的语言而改说英语，用基督教取代传统的宗教。印第安人事务局的官员把原住民的孩子从他们的父母身边带走，送他们到寄宿学校，在那里他们被重新社会化，成为"美国人"。当局将保留地的控制权交给少数支持政府政策的原住民，由他们分配保留地的土地，并将传统上集体拥有的保留地作为私有财产分配给各个家庭（Tyler，1973）。

直到1924年，美国原住民才享有美国的公民权。从那以后，许多人从保留地迁移出来，采纳主流文化的模式并和非原住民通婚。现在，一半以上的美国原住民认为他们自己属于双种族或多种族（U.S. Census Bureau，2016）。如今，许多大城市也容纳了相当数量的原住民。然而，如表15-2所示，美国原住民的收入远在美国人均收入之下，只有相对少的原住民接受过大学教育。[1]

在与美国西部某座城市的一位美国原住民进行深度访谈后，琼·阿尔本（Joan Albon）得出结论，美国原住民的低社会地位是文化因素的结果，包括他们对生活非竞争性的态度和对追求高等教育的不情愿。此外，她注意到，许多美国原住民的肤色较深，这使得他们成为偏见和歧视的目标。

美国人口普查局（U.S. Census Bureau，2012）承认了41个美洲印第安民族和6个阿拉斯加民族，他们由600多个小型部落构成。今天，许多美国原住民在重拾他们的文化遗产时表现出自豪感。传统文化组织报告称，新成员申请数量激增，许多小孩的母语说得比他们的父母好。美国原住民管理其保留地的合法权利使得一些部落能够建立一些有利可图的供赌博的娱乐场所。但是，从赌博中赚取的财富只能使相当少的原住民富起来，大部分的盈利都被非印第安人投资者获取（Bartlett & Steele，2002）。虽然有些人很富裕，但大多数美国原住民仍然处于极度的弱势地位，并对他们在白人那里遭受的不公正待遇有着深刻的认识。

---

[1] 在比较受教育程度，尤其是收入等指标时，请记住，美国各类人口的平均年龄并不相同。2015年，所有美国人的平均年龄为37.8岁，对于印第安人来说，这个数字是32.5岁。

在促使同化的努力中，美国印第安人事务局将印第安儿童从他们的家庭中带走，把他们送到如图所示的寄宿学校——宾夕法尼亚州卡莱尔的美国印第安学校。在那儿，非印第安教师教他们英语，其目的是让他们成为"美国人"。

表 15-2  2015 年美国原住民的社会地位

|  | 美国原住民 | 所有美国人 |
|---|---|---|
| 家庭年平均收入 | $46066 | $70697 |
| 贫困人口比例 | 26.6% | 13.5% |
| 完成四年或四年以上的大学教育（≥ 25 岁） | 14.1% | 33.4% |

资料来源：U.S. Census Bureau（2016）。

## 盎格鲁 - 撒克逊白人新教徒

盎格鲁 - 撒克逊白人新教徒（WASPs）不是第一批移居到美国的人，但当这些欧洲人开始定居后，很快他们就占据了主导地位。大多数 WASPs 具有英格兰血统，但该类别也包括来自苏格兰和威尔士的人。大约有 3130 万人声称有英格兰、苏格兰和威尔士血统，因此美国有 9.7% 的人有 WASPs 的背景，而且他们分布在社会的各个阶级中（U.S. Census Bureau，2016）。

许多人将 WASPs 与美国东海岸和西海岸的精英团体联系在一起。但 WASPs 最集中的地方是犹他州（因为有英格兰血统的摩门教徒的移民）、阿巴拉契亚和新英格兰北部（也是因为历史上的移民模式）。

回顾过去，WASPs 都有着高超的技能，并以我们今天所谓的新教工作伦理作为动力。由于他们有很高的社会地位，因此 WASPs 没有受到其他类别移民的偏见和歧视。事实上，WASPs 的历史统治地位使得他们成为其他人的榜样（Jones，2001）。

WASPs 从来都不是一个单一的人群，特别是在殖民时代，英国圣公会教徒和苏格兰长老会教徒之间存在相当大的敌意（Parrillo，1994）。但在 19 世纪，大多数 WASPs 联合起来反对"不受欢迎的人"的到来，如 19 世纪 40 年代的德国人以及 19 世纪 80 年代的意大利人。那些能够负担得起的移民，在独立的郊区和限制性的俱乐部中把自己保护起来。因此，19 世纪 80 年代——自由女神像首次欢迎移民到美国来这十年——同样见证了第一个完全由 WASPs 成员组成的国家俱乐部的成立（Baltzell，1964）。

然而，在 1950 年左右，WASPs 的财富和权力已经达到顶峰，1960 年第一位爱尔兰天主教教徒的总统，约翰·肯尼迪（John Kennedy）的当选表明了这一点。不过，WASPs 的文化遗产依然保留了下来。英语成为这个国家的主要语言，新教是主要的宗教信仰。美国的法律体系同样源自英格兰。但是当我们广泛使用"种族"和"族裔"这些词指代除了 WASPs 以外的所有人时，就更加明显地体现了 WASPs 在历史上的统治地位。

## 非裔美国人

尽管在 15 世纪非洲人就跟随欧洲探险者来到了新大陆，但是大部分记录都把 1619 年作为美国黑人历史的开端，这一年一艘从事贸易的荷兰船只载着 20 名非洲人来到弗吉尼亚州的詹姆斯敦，之后更多满载黑人劳工的船只也抵达了这里。不管这些黑人是奴隶还是契约仆人（他们同意通过一段时间的工作来支付其旅费），来到这些海岸的非洲人很快就变得和真正的奴隶没有多少区别了。1661 年，弗吉尼亚州颁布了第一部承认奴隶制的法律（Sowell，1981）。

奴隶制是南方殖民地种植园经济的基础。白人利用黑人奴隶的廉价劳动力来经营种植园。直到 1808 年，一些人还在贩卖黑奴。奴隶贩子——包括欧洲人、非洲人和北美人——强行运送了大约 1000 万非洲人到美洲各国，其中有 40 万人被运到了美国。在狭小的船上，上千名奴隶几个星期都被锁链拴在一起，直到横穿大西洋。恶劣的卫生条件和疾病夺去了很多人的生命，也迫使一些人自杀。总的来说，整个航行中可能要死掉一半的人（Franklin，1967；Sowell，1981）。

熬过了悲惨的大西洋航行，对于幸存者来说即将面临的是终生的奴役。尽管一些奴隶可以在城市各种不同的行业中工作，但大部分奴隶都要到田地里干活，经常要从黎明干到日落，甚至在收获季节还要劳动更长时间。法律允许奴隶主使用他们认为必要的所有惩罚措施，来确保奴隶服从和辛勤工作，杀害奴隶也很少引起法律诉讼。奴隶主还在公开拍卖会上拆散奴隶的家庭，在那里，奴隶被当作财产进行买卖。由于奴隶没有受过教育而且其基本需求又依赖于奴隶主，他们基本上不能掌控自己的命运（Franklin，1967；Sowell，1981）。

生活在美国南北部的自由的有色人种，有些是小型农场主，有些是拥有一定技能的工人，有些则是商业个体户。但是，大多数非裔美国人的生活与美国的建国原则，即平等和自由的理念相差甚远。《独立宣言》指出：

我们认为这些真理是不言而喻的：人人生而平等，造物者赋予他们若干不可剥夺的权利，其中包括生命权、自由权和追求幸福的权利。

然而，大部分白人并没有将这些理念运用到黑人身上。在 1857 年的德雷德·斯科特案（Dred Scott case）中，美国最高法院在处理"奴隶是公民吗"这一问题时写道："我们认为他们不是，宪法意义上的'公民'并没有包括他们，也没有打算将其纳入，因此不能要求享有该文书为美国公民提供和保障的任何权利和特权。"（quoted in Blaustein & Zangrando，1968：160）

这就导致了瑞典社会学家纲纳·缪达尔（Gunnar Myrdal）于 1944 年提出的"美国困境"（American dilemma），即民主社会对某类人的基本权利和自由的抹杀。换句话说，人人都讨论平等，但却没有致力于人人平等。很多白人单纯认为黑人天生低人一等不配得到平等，以此来摆脱这一困境（Leach，2002）。

1865 年，《第十三条宪法修正案》宣布奴隶制不合法。三年后，《第十四条宪法修正案》推翻了德雷德·斯科特案的判决：给予所有在美国出生的人以公民身份。1870 年批准通过的《第十五条宪法修正案》宣称，不得因种族、肤色或以前的劳役状况而剥夺任何公民的选举权。然而，所谓的吉姆·克劳法——制度性歧视的典型案例——将美国社会分成了两个种族等级。特别是在南方，白人会殴打那些向种族等级制度挑战的黑人（和一些白人）并处以私刑。

这四位女性的努力极大地提高了非裔美国人在美国的社会地位。上图从左至右：索杰娜·特鲁斯（Sojourner Truth，1797—1883），生而为奴隶的她成为了一名有影响力的传道士和公开的废奴主义者，被林肯总统在白宫授予荣誉勋章；哈丽雅特·塔布曼（Harriet Tubman，1820—1913），在摆脱奴隶身份后，组织了上千名非裔美国男性和女性通过"地下铁路"逃脱；伊达·韦尔斯·巴尼特（Ida Wells Barnett，1862—1931），出生于奴隶家庭，后来成为孟菲斯一家报社的合伙人，是一位孜孜不倦地反对恐怖私刑的战士；玛丽安·安德森（Marian Anderson，1902—1993），一名优秀的歌手，其早期职业生涯受到种族偏见的限制，她于 1936 年在白宫和 1939 年在林肯纪念堂的台阶上向近 10 万名观众演唱，从而打破了象征性的"肤色界限"。

20 世纪，非裔美国人的境况发生了很大的变化。第一次世界大战结束后，数以万计的男性、女性、儿童从南方农村逃离，试图到北方的工厂找工作。尽管大部分人的确找到了工作机会，但很少有人能够摆脱种族偏见和歧视，这使得他们的社会地位等级比那些刚从欧洲迁移来的白人还要低。

20 世纪 50 年代和 60 年代，一场全国民权运动导致了具有里程碑意义的司法判决，法院宣布种族隔离学校以及就业和公共住宿方面的公然歧视是非法的。20 世纪 60 年代和 70 年代，黑人民权运动使非裔美国人重新获得了自豪感和目标感。

尽管取得了上述的成功，但非裔美国人在美国的社会地位仍然很低。如表 15-3 所示，2015 年非裔美国人平均家庭年收入为 45781 美元，只有非拉美裔白人平均家庭年收入（80527 美元）的 57%，这一比例在 30 年内几乎没有变化。[1] 黑人家庭的贫困率可能是白人家庭贫困率的三倍。

在 1980 年到 2016 年期间，非裔美国家庭中产阶级的人数稳步增加了一半多。42% 的人每年挣的钱达到或超过了 55376 美元。这意味着非裔美国家庭在经济上出现了多样化趋势。即便如此，大部分非裔美国人仍属于工人阶级或者依然贫穷。最近几年来，由于对中心城市居民至关重要的城市工厂的工作机会被转移到了劳动力成本更为廉价的其他国家，许多黑人的收入正在下滑。这就是黑人失业者（2016 年为 8.4%）比白人失业者（2016 年为 4.3%）的人数高出几乎两倍的原因之一，很多城市的非裔青少年失业比例甚至超过了 26%（R. A. Smith，2002；Pattillo，2007；U.S. Department of Labor，2017）。

自 1980 年以来，非裔美国人在教育上也取得了长足的进步。成人完成高中教育的比例在 2015 年升至 87%，白人和黑人在这方面的差距几乎被消除。1980 年到 2015 年期间，非裔美国人中至少拥有本科学历的人的比例从 8% 上升至 23%。但正如表 15-3 所示，非裔美国人完成四年大学教育的比例仍然远远低于全美平均水平。

---

1 在这里，年龄中位数又一次出现差异（非拉美裔白人，43.3 岁；黑人，33.7 岁）在一定程度上说明了收入和教育上的差距。更重要的是，单亲家庭在黑人中的比例高于白人。如果我们只比较已婚家庭，则非裔美国人 2015 年的平均家庭年收入为 72798 美元，大约相当于非拉美裔白人平均家庭年收入（90320 美元）的 81%。

国会黑人核心小组（Congressional Black Caucus）表明美国黑人政治权力在不断增加。即便如此，2017 年，非裔美国人在众议院中仅有 46 名议员（总共 435 名众议员），参议院中只有 3 名议员（总共 100 名参议员），50 名州长中没有黑人。

表 15-3　2015 年非裔美国人的社会地位

|  | 非裔美国人 | 所有美国人 |
| --- | --- | --- |
| 家庭年平均收入 | $45781 | $70697 |
| 贫困人口比例 | 24.1% | 13.5% |
| 完成四年或四年以上的大学教育（≥ 25 岁） | 23.3% | 33.4% |

资料来源：U.S. Census Bureau（2016）。

　　非裔美国人的政治影响力也提高了。由于黑人移居到城市而白人移居到郊区，非裔美国人已经在城市地区取得了越来越大的政治影响力。而且，很多大城市已经选举了黑人当市长。在全国层面上，奥巴马成为美国第 44 任总统，同时也是第一位黑人总统，这是一个历史性的重要事件。这说明美国社会已经打破了种族是国家最高职位的难以跨越的障碍这一成见。然而在 2017 年，非裔美国人在众议院中只有 46 个席位（占 435 个席位的 11%），在参议院（100 个席位）中占 3 个席位，同时 50 名州长中没有黑人（Center on the American Governor，2017；U.S. House of Representatives，2017；U.S. Senate，2017）。

　　总而言之，在接近 400 年的时间里，非裔美国人一直在为争取社会平等而努力。作为一个国家，美国在这方面已经取得了很大进展。公开的歧视在现在是非法的，研究也表明对非裔美国人的偏见程度也在持续下降（Firebaugh & Davis，1988；Wilson，1992）。

　　废除奴隶制 50 年后，杜波依斯（Du Bois，1913）指出，黑人已经取得了一定的成就，但也告诫道，种族等级在美国仍然根深蒂固。近一个世纪后，种族等级也依然存在。

## 亚裔美国人

　　虽然亚裔美国人有一些共同的种族特征，但是由于他们的祖先来自不同国家，这使得他们在文化上存在着巨大的差异。2015 年，亚裔美国人的总数差不多达到了 1800 万，大约占美国人口的 5.6%。在美国每年的移民中，亚裔的数量和比例最大，2015 年共有 40.6 万名亚裔移民，占当年移民总数的 39%，而拉美裔为 27.4 万名，占移民总数的 26%（Department of Homeland Security，2017）。

亚裔美国人中最多的是华人（400 万），然后是印度人（370 万）、菲律宾人（290 万）、越南人（170 万）、韩国人（150 万）以及日本人（75.8 万）。三分之一以上的亚裔美国人生活在加利福尼亚州。

取得很高成就的年轻亚裔美国人在美国受到了关注和尊重，他们在美国最好的大学中的比例也非常高。他们的许多长辈也获得了一定的经济成就和社会地位。大多数亚裔美国人现在居住在中产阶级聚居的城郊，住在富人区的亚裔数量也越来越多。尽管亚裔美国人取得了这些成就（有时也正是因为取得了这些成就），但他们还是经常发现其他人对他们很冷漠或直接存有敌意（O'Hare，Frey & Fost，1994；Chua-Eoan，2000；Lee & Marlay，2007）。

部分亚裔美国人的成就产生了"少数群体模范"的刻板印象，这一刻板印象具有误导性，因为它掩盖了他们中阶级地位存在巨大差异的事实。我们将首先关注华裔美国人和日裔美国人的历史和现状，他们是美国移民历史最长的亚裔少数群体，然后再简单介绍一下近期的亚裔移民。

**华裔美国人**　美国的华人移民肇始于 1849 年加利福尼亚淘金热所带来的经济繁荣。新的城镇和企业在一夜之间涌现，对廉价劳动力的需求吸引了约 10 万名中国移民。大部分华人工人是年轻男性，他们愿意从事那些白人不愿意从事的、条件艰苦且低地位的工作。但到了 19 世纪 70 年代，美国经济开始衰退，绝望的白人为了任何可能的工作开始与华人竞争。突然间，勤奋工作的华人被视为一种威胁。简而言之，经济萧条导致了偏见和歧视（Ling，1971；Boswell，1986）。禁止华人从事很多职业的法律很快被通过，公众舆论开始强烈抵制"黄祸"（Yellow Peril）。

1882 年，美国政府第一次通过了限制中国移民的几项法规。这一举动使得华人建立家庭举步维艰，因为美国的华人男性其实生活在"光棍社会"中，男女比例严重失调（20 : 1）。这种性别失衡导致华人的数量在 1920 年下降到只有 6 万人。由于已经在美国的华人女性变成"紧俏货"，她们很快便不再屈服于传统意义上对男性的顺从（Hsu，1971；Lai，1980；Sowell，1981）。

平均而言，亚裔美国人的收入要高于全美的平均收入。然而同时，很多亚裔美国人社区的贫困率——包括旧金山的唐人街——也在全美平均水平之上。

出于对这一种族敌意的反应，一些华人移民到东部，更多的华人则在城市的唐人街中寻求相对的安全感。在那里，中国传统盛行，被称为宗族的亲属关系网络能够为个人提供经济援助，同时也能代表大家的利益。然而，另一方面，居住在一个全部是华人的社区会妨碍他们学习英语，从而限制他们的工作机会（Wong，1971）。

第二次世界大战期间对劳动力的大量需求使得富兰克林·罗斯福总统在 1943 年取消了对中国移民的禁令，同时扩展了出生在国外的华裔美国人的公民权利。于是许多华人离开唐人街，追求文化同化。比如在檀香山，1900 年有 70% 的华人住在唐人街，而现在这一数字已经下降至 20% 以下。

到了 1950 年，许多华人都经历了向上的社会流动。今天的华人已不再仅局限于洗衣店和饭店这类自营职业，许多人担任高级职位，特别是在科技领域。

正如表 15-4 所示，2015 年华人的平均家庭年收入为 88788 美元，超过全美平均水平（70697 美元）。然而，所有亚裔美国人的高收入反映了其大部分家庭成员都是劳动力的事实。[1]华人在教育方面所取得的成就也创造了纪录，大学毕业的比例（54.6%）远高于全国平均水平（33.4%）。

表 15-4　2015 年亚裔美国人的社会地位

| | 所有亚裔 | 华裔 | 日裔 | 印度裔 | 菲律宾裔 | 韩裔 | 所有美国人 |
| --- | --- | --- | --- | --- | --- | --- | --- |
| 家庭年平均收入 | $90847 | $88788 | $95779 | $115291 | $92122 | $79646 | $70697 |
| 贫困人口比例 | 11.4% | 15.4% | 8.3% | 7.5% | 6.5% | 13.4% | 13.5% |
| 完成四年或四年以上的大学教育（≥ 25 岁） | 55.9% | 54.6% | 50.9% | 73.4% | 47.5% | 54.7% | 33.4% |

资料来源：U.S. Census Bureau（2016）。

尽管取得了这些成就，许多华人还是要与隐蔽的（有时是公然的）偏见和歧视作斗争。这种敌意是造成很多华人仍然处于贫困状况的原因之一。贫困问题在那些仍生活在被社会隔离的唐人街从事饭店或其他低薪工作的人中尤为普遍。这一问题引发了这样的疑问：种族和族裔聚居地是帮助了这些居民还是剥削了他们（Portes & Jensen，1989；Kinkead，1992；Gilbertson & Gurak，1993）？

**日裔美国人**　日裔美国人在 19 世纪 60 年代才开始慢慢迁移到美国，到 1890 年人数才达到 3000 人，其中大部分是作为廉价劳动力来到夏威夷岛（1898 年并入美国，1959 年成为美国的一个州）的男性。然而在 1900 年后，随着日本移民到加利福尼亚州的人数日益增加（1915 年达到 14 万人），白人的敌意也随之增强了。1907 年，美国与日本签署了一份协议，限制日本男性移民到美国——主要的经济威胁——但允许日本女性移民到美国，以缓和日裔美国人性别比例的失衡。20 世纪 20 年代，加利福尼亚州和其他一些州的法律将日本人强制隔离起来，而且禁止种族间的通婚，进一步阻碍了日本移民进程。直到 1952 年，美国才扩展了出生在国外的日裔美国人的公民权利。

中国和日本移民有三个重要方面的不同：第一，因为日本移民较少，所以他们避开了一些针对人数更多的中国人的敌意。第二，日本人比中国人更了解美国，这有助于他们的同化（Sowell，1981）。第三，日本移民更乐意选择在农村务农，而不是聚集在城市，这使得他们没有那么引人注目。但是许多白人反对日本人占有土地，因此在 1913 年，加利福尼亚州禁止日裔美国人进一步购买土地。许多出生在外国的日裔美国人也灵活应对了这一点，他们将自己购置的土地置于他们在美国出生的子女的名下，因为他们在宪法上拥有美国公民权。

1941 年 12 月 7 日，日本轰炸了美军在夏威夷珍珠港的舰队基地后，日裔美国人遇到了最大的危机——人们的愤怒直接指向在美国的日本人。一些人担心日裔美国人会为日本充当间谍或从事破坏活动。袭击发生后的一年内，富兰克林·罗斯福总统颁布了第 9066 号行政命令，把有日本血统的人拘留进军事集中营，以这一前所未有的措施来确保国家安全。当局很快将 12 万（占这个国家全部日裔美国人的 90%）有日本血统的人重新安置到偏远的内陆保留地（Sun，1998；Ewers，2008）。

对国家安全的关注通常发生在战时，但是对日裔美国人的拘留却受到了严厉的指责：首先，它针对的是整个族裔，而不是针对某个具有背叛行为的个体；其次，这些被拘留的人大多数是在美国出生的第二代日本人，已经获得了美国的公民权；最后，美国同时也在和德国人和意大利人打仗，但是对有着德国和意大利血统的人却没有采取类似的行动。

---

1　2015 年所有亚裔美国人的平均年龄为 36.7 岁，略低于全国平均年龄 37.8 岁，也低于非拉美裔白人的平均年龄 43.3 岁。但不同类别的亚裔美国人的平均年龄差别很大：其中，日裔，50.9 岁；菲律宾裔，41.4 岁；韩裔，39.5 岁；华裔，38.4 岁；印度裔，33.6 岁；柬埔寨裔，33.0 岁；赫蒙族裔，23.8 岁（U.S. Census Bureau，2016）。

重新安置意味着在短时间内以低价出售房屋、家具和企业。结果，几乎全部日裔美国人在经济上都遭了殃。在军事监狱里——周围布满了带刺铁丝网，而且还有全副武装的士兵看守——一家人挤在一个小房间里，这些房间以前曾是圈养牲畜的屋子。1944 年，美国最高法院宣布对日裔美国人的拘禁行为违宪，应予以终止，尽管如此，最后一个拘留营直到 1946 年 3 月（第二次世界大战已经结束之后）才关闭。1988 年，国会判给每一位受害者两万美元作为他们曾经遭受痛苦的象征性补偿。

第二次世界大战后，日裔美国移民迅速回到正轨。在失去传统生意后，许多人进入了新的行业。在强调教育和努力工作重要性的文化价值观驱动下，日裔美国人取得了明显成功。2015 年，日裔美国人平均家庭年收入比全美平均家庭年收入水平高出约 35%，而日裔美国人的贫困比例（8.3%）却远低于全美贫困比例（13.5%）。

向上的社会流动促进了文化的同化和种族间的通婚。日裔美国人的年轻一代很少像华裔美国人一样住在居民聚集地，许多人与非日裔美国人结婚。在这一过程中，一些人放弃了他们的传统，包括日语。然而，还有很大一部分日裔美国人加入了族裔组织，作为保持他们族裔身份的一种方式。还有一些人似乎摇摆于两个世界之间：一方面不再是文化意义上的日本人，另一方面由于种族差异又无法完全被更大的社会所接纳。

**亚裔移民的近况**　最近来自亚洲的移民包括印度人、巴基斯坦人、尼泊尔人、菲律宾人、韩国人、越南人、缅甸人以及关岛人、萨摩亚人。1990 年至 2015 年期间，亚裔美国人的数量总共增长了一倍多，目前约占美国移民总数的 40%（U.S. Department of Homeland Security，2016）。

亚裔移民有着很强的事业心。这部分反映了亚裔移民重视成就和自力更生的文化模式，且自己建立一家小企业也是应对社会偏见和歧视的一种策略。在小企业上取得的成功是亚裔美国人家庭收入高于全国平均水平的原因之一，但另一方面，在许多小企业中，大量家庭成员没日没夜地工作也是事实。

支撑亚裔美国人家庭收入的另一个因素是高教育水平。如表 15-4 所示，对于所有亚裔美国人来说，其完成四年大学学业的成人比例远高于全国平均水平。在所有的亚裔美国人中，印度移民拥有最高的教育成就，25 岁以上的男性和女性超过 73% 完成了大学教育，这一比例是美国平均水平的两倍以上。这一了不起的教育成就在一定程度上解释了印度裔美国人 2015 年平均家庭收入之高（115291 美元）的事实，这一数字高出全国平均水平 63%。

总而言之，对亚裔美国人的调查呈现出一幅复杂的景象。日裔美国人得到了最高的社会认同。但一些调查也发现对亚裔美国人的偏见要高于非裔美国人（Parrillo & Donoghue，2013）。平均家庭年收入的数据表明许多亚裔美国人现在很富有。但是这些数字也反映了这样一个事实：许多亚裔美国人生活在夏威夷、加利福尼亚和纽约这些收入高同时生活成本也很高的地区。而且，许多亚裔美国人仍处于贫困之中。可以肯定的是，他们的高移民率和日益增长的政治影响力意味着亚裔美国人将会在未来的几十年内在美国社会中发挥极为重要的作用（Takaki，1998；Barbassa，2009）。

## 西班牙裔或拉美裔美国人

2015 年，西班牙裔美国人的数量达到 5600 万（占全美人口的 17.6%），超过了亚裔美国人的数量（1800 万，占全美人口的 5.6%），也超过了非裔美国人的数量（4000 万，占全美人口的 12.4%），使西班牙裔美国人成为美国最大的少数群体。

然而，需要记住的是，这一类人中只有少部分人称自己为"西班牙裔"或"拉美裔"。如同亚裔美国人一样，西班牙裔美国人事实上是由不同类别的人组成的群体，每一类别只认同自己的祖国。在最近的一项调查中，大约 69% 的西班牙裔美国人认为拉美有许多文化，而仅有 24% 的人认为自己隶属于某个"西班牙裔社区"（Marín

& Marín，1991；Jiménez，2007；Taylor et al.，2012b）。大约三分之二的西班牙裔美国人（约 3580 万）是墨西哥裔美国人或"奇卡诺人"。然后是波多黎各裔（540 万），接着是古巴裔（210 万）、多米尼加裔（190 万），危地马拉裔（140 万）。另外还有许多其他国家的拉美裔，他们人数较少。

尽管全美拉美裔美国人的数量正日益增长，但他们大部分还是生活在西南部。40% 的加利福尼亚人是拉美裔（在洛杉矶地区，拉美裔占人口的 50%）。

所有拉美裔美国人的平均家庭年收入如表 15-5 所示，2015 年为 47328 美元，这一收入比全美平均水平低很多。[1] 然而，正如接下来一部分所解释的那样，某些拉美裔美国人的生活质量比其他人要好很多。

表 15-5 2015 年拉美裔美国人的社会地位

| | 所有拉美裔 | 墨西哥裔 | 波多黎各裔 | 古巴裔 | 所有美国人 |
| --- | --- | --- | --- | --- | --- |
| 家庭年平均收入 | $47328 | $45616 | $45693 | $51105 | $70697 |
| 贫困人口比例 | 21.4% | 23.5% | 24.6% | 17.6% | 13.5% |
| 完成四年或四年以上的大学教育（≥ 25 岁） | 16.4% | 10.8% | 18.4% | 26.1% | 33.4% |

资料来源：U.S. Census Bureau（2016）。

**墨西哥裔美国人** 部分墨西哥裔美国人是在美墨战争（1846—1848 年）中被美国吞并的墨西哥地区的人的后代。然而，大多数墨西哥裔美国人是最近的移民。目前，从墨西哥来到美国的移民（占总数的 15.1%）比任何其他国家都多。

像许多其他移民一样，许多墨西哥裔美国人在农场或工厂干活，收入较低。表 15-5 显示，2015 年墨西哥裔美国人平均家庭年收入为 45616 美元，相当于全美平均家庭年收入的三分之二。约有四分之一的墨西哥裔美国人家庭生活贫困，贫困率高于全美平均水平。最后，尽管从 1980 年开始有所改善，但墨西哥裔美国人的辍学率仍然很高，受教育程度相比全体国民平均水平要低得多。

**波多黎各人** 波多黎各岛如同菲律宾一样，在 1898 年美西战争结束时成为了美国的领土。1917 年，国会通过《琼斯法案》，这一法案让波多黎各人（而不是菲律宾人）成为美国公民，并让波多黎各成为美国的国土。在 2012 年的公投中，61% 的波多黎各人选民表示希望波多黎各成为美国的第 51 个州，虽然没有迹象表明这会很快发生（Patterson，2012）。

纽约市有超过 69.5 万波多黎各人。然而，约有三分之一的波多黎各人处于极度劣势，36% 的有孩子的家庭生活在贫困线以下。适应内陆的文化模式——对许多人来说包括学习英语——是一个主要的挑战。同样，有着较深肤色的波多黎各人也遭遇了偏见和歧视。在 1990 年至 2015 年期间，纽约的波多黎各人的数量实际下降了大约 20 万。近年来，大多数从波多黎各移民到内陆的人都定居在佛罗里达州，那里的波多黎各人数量现已超过 100 万（Navarro，2000；Marzán，Torres & Luecke，2008；U.S. Census Bureau，2016；Pew Research Center，2017）。

高移民率减缓了同化。美国 61% 的波多黎各家庭在家说西班牙语。说西班牙语可以保持强烈的族裔身份认同，但却限制了经济机会。波多黎各人中的女性占比（25%）比其他拉美裔美国人（20%）更高，差不多是全美平均水平（13%）的两倍。这一模式进一步加大了波多黎各家庭的贫困风险（U.S. Census Bureau，2016）。

---

1 2015 年，西班牙裔美国人的平均年龄为 28.7 岁，远低于全美平均年龄 43.3 岁。这一差异部分解释了收入和受教育程度的差异。

拉美裔是美国数量最多的少数群体，通常建立多代同堂的家庭。随着少数群体比例的不断增加，住房建设很可能会随着不断变化的人口的态度和愿望而发生变化。随着西班牙裔和其他少数群体在人口中的比例持续上升，你认为日常生活还会发生哪些变化？

表 15-5 显示，2015 年波多黎各家庭年平均收入为 45693 美元，大约相当于全美平均水平的 65%。尽管长期在美国大陆定居的不少波多黎各人已经获得经济上的成功，但最近从波多黎各来的移民还在艰难地寻找工作。总的看来，波多黎各人是西班牙裔美国人中社会地位最低的少数群体。

**古巴裔美国人** 在 1959 年菲德尔·卡斯特罗（Fidel Castro）领导革命之后的十多年中，40 万古巴人来到了美国。大部分人定居在佛罗里达州的迈阿密。这些人大部分是受过良好教育的商人和专业人士，他们在美国几乎没有花费多少时间就取得了如同在他们自己国家一样的成功。

表 15-5 显示，2015 年古巴裔美国人平均家庭年收入为 51105 美元，高于其他拉美裔美国人的收入，但还是远低于全美 70697 美元的平均水平。现在生活在美国的 210 万古巴裔美国人已设法保持了一个微妙的平衡，即在一个更大的社会中取得成就的同时又保留了大部分他们自身的传统文化。在所有拉美裔美国人中，古巴裔是最有可能在家说西班牙语的：80% 的古巴裔家庭确实也是这样做的。然而，文化差异和明显的聚居区，比如迈阿密的小哈瓦那，激起了一些人的敌意。

## 阿拉伯裔美国人

阿拉伯裔美国人是又一个人口日益增长的少数群体。如西班牙裔美国人一样，这些人的祖先来自多个不同国家。所谓的"阿拉伯世界"包括 22 个国家，横跨非洲北部，从非洲西海岸的毛里塔尼亚、摩洛哥到非洲东海岸的埃及和苏丹，再延伸到中东（西亚），包括伊拉克和沙特阿拉伯。然而并不是所有居住在这些国家的人都是阿拉伯人，比如摩洛哥的柏柏尔人和伊拉克的库尔德人就不是阿拉伯人。

每个国家的阿拉伯文化都存在差异，但他们共同使用广泛普及的阿拉伯字母和语言，并把伊斯兰教作为他们的主要宗教。但要记住的是，"阿拉伯人"（族裔类型）不等于"穆斯林"（伊斯兰教信徒）。生活在大多数阿拉伯国家的人绝大部分都是穆斯林，但也有一些阿拉伯人是基督徒或是其他宗教的信徒。此外，居住在非洲或中东之外的大多数穆斯林不是阿拉伯人。

由于世界上很多国家阿拉伯人口规模庞大，移民到美国的阿拉伯裔也具有一定的文化多样性。有些阿拉伯裔美国人是穆斯林，有些则不是；有些阿拉伯裔美国人说阿拉伯语，有些则不说；有些阿拉伯裔美国人保留着他们自己的传统，有些则没有。如同拉美裔美国人和亚裔美国人一样，有些阿拉伯人是最近来的移民，而有些则在美国居住了数十年甚至好几代了。

如表 15-1 所示，政府统计出的阿拉伯裔美国人数量为 196 万，但由于有些人不愿意公布他们的族裔背景，事实上真实数字可能至少是表中统计数字的两倍。[1]数量最多的阿拉伯裔美国人是黎巴嫩人（占阿拉伯裔美国人的 26%），其次是埃及人（13%）和叙利亚人（9%）。大多数阿拉伯裔美国人（69%）声称只有一个国家的血统，而 31% 的阿拉伯裔美国人声称既有阿拉伯血统又有非阿拉伯血统（U.S. Census Bureau，2016）。

在美国东海岸和西海岸的许多大城市中都可以发现阿拉伯裔美国人的社区，但最为集中的社区在美国中西部以北。图中的清真寺坐落在俄亥俄州托莱多市农村地区的麦田中。

阿拉伯裔美国人分布在所有社会阶级当中。其中一部分是受过良好教育的专业人士，比如医生、工程师和教授，另外一些则是在工厂或建筑工地从事各种技术工作的工人，还有一些在餐馆、医院或其他工作场所从事服务性工作或在小型家族式企业中工作。如表 15-6 所示，阿拉伯裔美国人平均家庭年收入与全美平均水平大致相当（2015 年为 65135 美元，全美为 70697 美元），但阿拉伯裔美国人的贫困率高出全美平均水平很多（分别占人口的 22.4% 和 13.5%）（U.S. Census Bureau，2016）。

表 15-6　2015 年阿拉伯裔美国人的社会地位

| | 阿拉伯裔 | 所有美国人 |
| --- | --- | --- |
| 平均家庭年收入 | $65135 | $70697 |
| 贫困人口比例 | 22.4% | 13.5% |
| 完成四年或四年以上的大学教育（≥ 25 岁） | 48.1% | 33.4% |

资料来源：U.S. Census Bureau（2016）。

在纽约、芝加哥、洛杉矶、休斯敦和迪尔伯恩（密歇根州）等美国许多城市都能发现明显的大型阿拉伯裔美国人社区。即便如此，阿拉伯裔美国人或许会选择贬低自己的族裔，以此避免偏见和歧视。最近由阿拉伯人发动的许多针对美国和其他国家的恐怖主义袭击事实上已经刺激人们产生了把阿拉伯人（穆斯林）与恐怖主义分子相联系的刻板印象。这一刻板印象是不公正的，因为它把少数个体的行动归咎于整个群体。可能正是出于此，本章前面所讨论的社会距离研究显示出，相比于其他种族和族裔，学生对于阿拉伯人表现出更消极的态度。这也有助于解释为什么越来越多的阿拉伯裔美国人成为仇恨犯罪的目标，以及为什么许多阿拉伯裔美国人认为他们正在遭受威胁其隐私和自由的"种族成见"的影响（Ali & Juarez，2003；Ali，Lipper & Mack，2004；Hagopian，2004）。

## 美国的少数族裔白人

少数族裔白人（white ethnics）一词意味着许多白人的族裔传统和社会劣势。少数族裔白人是指其祖先居住在爱尔兰、波兰、德国、意大利或者其他欧洲国家的非盎格鲁 - 撒克逊人白人新教徒（non-WASPs）。超过

---

1　2015 年阿拉伯裔美国人的平均年龄为 30.6 岁，低于 37.8 岁的全美平均年龄。

一半（2015 年为 52%）的美国人有一种或多种少数族裔白人血统。

19 世纪欧洲的高移民率首先给美国带来了德国人、爱尔兰人，然后是意大利人和犹太人。虽然文化不同，但是他们都怀着同样的希望，那就是期盼美国能比自己的祖国提供更多的政治自由和经济机会。大多数人在美国的生活质量的确比以前更好了，但是他们发现"美国街头遍地是黄金"的说法与现实差之甚远。许多移民发现靠辛勤劳动也只能换取较低的报酬。

少数族裔白人同样承受着偏见与歧视。许多雇主不愿雇用新移民，并贴上"只要美国人"的标语（Handlin，1941：67）。到 1921 年，国会颁布了移民配额法，大大地限制了移民，特别是对南欧人和东欧人限制得更为严格，这些人可能有更深的肤色，他们的文化背景也不同于占主导地位的 WASPs。该移民配额法持续到 1968 年才终止。

针对这种偏见和歧视，许多少数族裔白人建立了聚居支持区。一些人还在某些企业和行业中占据了一席之地：意大利裔美国人进入建筑业；爱尔兰人从事建筑业和公务员工作；犹太人主要从事服装业；许多希腊人（与华人一样）则从事食品零售业（Newman，1973）。

虽然那些富起来的人接受了美国的主流文化而逐渐被同化了，但许多工人阶级还住在传统的社区。大多数在血汗工厂工作过并生活在拥挤的经济公寓的移民后代，现在都挣了足够的钱过上了比以前舒适得多的生活。由此，他们的族裔传统已成为他们的骄傲。

在许多美国城市中都能看见少数族裔白人社区，尤其是在美国的东北地区。这些社区主要是那些祖先作为移民来到这里的工人阶级的居住地。对更多的人来说，像费城的意大利市场是一个富有吸引力的文化多样性之地。

## 种族和族裔：展望

美国一直以来都是一个移民国家，这种趋势也将持续下去。移民既带来了巨大的文化差异，也带来了用成百上千种语言讲述的关于希望、奋斗以及成功的故事。

移民潮使得上百万移民来到了美国，大约在 1910 年达到高峰。接下来的两代人逐渐获得了经济成功，并在一定程度上被同化。政府还将公民权扩展至美国原住民（1924 年）、出生在外国的菲律宾人（1942 年）、华人（1943 年）以及日裔美国人（1952 年）。

另一波移民潮始于第二次世界大战后，并随着 20 世纪 60 年代美国政府放宽了移民法后达到高潮。如今，每年有一百多万人来到美国，其中绝大多数是合法入境的。如今的移民主要不是来自欧洲而是来自拉丁美洲和亚洲，墨西哥人、华人、印度人、菲律宾人和古巴人占大多数（Migration Policy Institute，2016；U.S. Department of Homeland Security，2017）。

正如本章开头所表明的那样，数量日益增长的少数群体将会给美国带来很多变化。2012 年，非裔美国人和拉美裔美国人的政治支持是奥巴马总统连任的关键。共和党和民主党两大党派的眼睛现在都盯着拉美裔人口。拉美裔美国人不仅现在是最大的少数群体，而且到 2030 年拉美裔选民的规模也将翻番（Taylor et al.，2012）。

许多新移民需要面临与之前的移民所经历的相同的偏见和歧视。事实上，最近几年对外国人的敌意（有时又称"仇外心理"[xenophobia]，源自希腊语，意为"对陌生事物的恐惧"）不断增加。1994 年，加利福尼亚州投票通过了 187 号提案，停止对非法移民提供医疗保障、社会服务和公立教育，这一提案随后被联邦法院推翻。最近，那里的选民强制要求所有儿童在校学习英语。美国西南部的一些土地所有者已经拿起武器，阻止大量非法移民从墨西哥越过边境。

特朗普总统把反对非法移民作为竞选的中心议题，他上任以来，已发布行政命令加强边境巡逻。此外，他还承诺在墨西哥边境修建"隔离墙"，并采取措施驱逐被判有罪的无证移民。关于如何处理 1100 多万寻求入籍途径的无证移民的大问题的争论仍在继续（Blitzer，2017）。

即便是在美国已经生活了几代的少数群体也感受到了偏见和歧视带来的痛苦。人们对于旨在为少数群体提供机会的"平权法案"（Affirmative Action）仍在进行激烈争论。"争鸣与辩论"专栏详细描绘了这场辩论。

像其他少数群体一样，今天的移民希望获得承认并融入美国社会，却又不会完全丢掉他们自己的传统文化。一些人还是建起了种族和族裔聚居区，因此在全美的许多城市中，新的小哈瓦那和韩国城和过去的小意大利城和唐人街并列。另外，新移民仍然怀揣传统的希望，期待着他们的种族和族裔身份能够成为他们的骄傲，而不是劣等的标志。

# 争鸣与辩论

平权法案：解决问题还是带来问题？

吉娜：格鲁特纳受到了不公平的待遇，她本应被录取。
埃德：或许是这样。但多样性很重要，我支持平权法案。
伊桑：或许有些人上大学的确要容易一些，但那也包括像我父亲一样的曾就读于此的人。

　　白人芭芭拉·格鲁特纳指控密歇根大学法学院不公正地拒绝了她的入学申请，但却通过了许多条件不如她的非裔美国学生的申请。她向法院提起诉讼，声称密歇根大学作为一所州立大学，只录取了 9% 和她的平均成绩以及法学院能力测试分数相当的白人学生，却录取了 100% 的分数相当的非裔申请者。

　　2003 年，美国联邦最高法院指出密歇根大学法学院可以根据平权法案考虑申请者的种族背景，以创造一个社会多元化的学生群体，并判定格鲁特纳败诉。然而，法院同时也驳回了密歇根大学的本科录取政策，这一政策规定学分不仅要反映成绩和大学考试分数，还要考虑那些少数群体的身份。法院认为，打分系统和过去的配额制一样，都太过僵化了。

　　根据这项裁定，最高法院重申校园种族多样性的重要性。这也就意味着，学院和大学在评估申请者的过程中可以将种族作为其中一项考虑因素，以增加在传统上代表性不足的学生的数量。

　　这项富有争议的平权法案始于何处？答案得追溯到第二次世界大战结束时，美国政府根据《退伍军人权利法案》（GI Bill）为所有种族的退伍军人提供了高等教育的资助。到 1960 年，在政府的资助下，大约 35 万名黑人男性和女性进入了大学校园。然而这些人并没有找到他们能胜任的工作。因此，肯尼迪政府颁布了平权法案。雇主被要求在监督招聘、晋升和录用政策等方面必须消除对少数群体的歧视，即使是无意的。

　　平权法案的支持者认为，第一，这是对美国国家种族和族裔历史的合理回应。非裔美国人遭受了长达两个世纪的奴役，以及在吉姆·克劳法下遭遇了长达一个世纪的种族隔离。纵观美国历史，生为白人具有很大的社会优势。他们认为，现在对少数群体的优待是对过去不公平地优待主要群体的公平补偿。

　　第二，许多分析家怀疑美国无法成为"色盲"社会。因为偏见和歧视在美国文化中是如此地根深蒂固。仅仅说美国不会以貌取人，并不意味着每一个人都会得到公平对待。

　　第三，支持者在思考这样一个问题：如果 20 世纪 60 年代政府没有颁布这项政策，少数群体今天会沦落到什么境地呢？主要的雇佣部门，像大城市中的消防局和警察局，只是因为平权法案才开始雇用少数群体，包括女性。这一法案在帮助扩充非裔美国人中产阶级队伍以及增加职场上的种族多样性方面起到了重要的作用。

　　仅约有 13% 的白人和 39% 的非裔美国人支持对非裔美国人的种族优待（Smith et al., 2015）。批评者认为，第一，平权法案只是一种短期的保证公平竞争的弥补方案，但不久却演变成了"群体优待"和配额的制度。简而言之，它是一种"逆向歧视"，即不是以人们的成就和努力而是以种族、族裔或性别作为优待的标准。

　　第二，如果种族优待在过去是错误的，那它现在也是错误的。为什么今天大部分没有享受到特权的白人要为过去的歧视而受到惩罚，而且这也是他们的错吗？因此给予一类人特殊待遇会有损优秀的标准。

　　第三，反对平权法案的理由就是，降低任何类别人的标准都可能会让他们在日后失望。研究人员发现，那些受益于"群体优待"的学生（不论是基于种族还是因为校友父母）更有可能在学业上挣扎。

　　最后，一个反对平权法案的理由就是，它只不过是帮助了那些相对已经拥有特权的人。平权法案对那些非裔下层阶级的作为甚少。

　　支持和反对平权法案都有充分的理由。而那些希望美国国家种族和族裔更为平等的人在这场辩论中左右为难。分歧不在于所有肤色的人是否应该获得平等的机会，而在于目前的平权法案是解决了问题还是带来了问题。

**你怎么想？**

1. 平权法案的好处有什么？
2. 你认为平权法案有哪些缺点或问题？
3. 你支持这项政策吗？为什么？

资料来源：Bowen & Bok（1999），Kantrowitz & Wingert（2003），Flynn（2008），Sander & Taylor, Jr.（2012），Smith et al.（2015）。

## 日常生活中的社会学

种族在人们的社会地位中依然重要吗?

本章探讨了种族和族裔在美国社会地位中的重要性。你已经知道,例如,非裔美国人的贫困率是白人的三倍,一般典型的黑人家庭收入只有非拉美裔白人家庭的 57%。但是这里提到的"富人",是我们定义为家庭年收入超过 75000 美元的人。这是一个检验你的社会学学习的机会,回答几个有关种族如何影响致富的问题。看看下面的这些陈述反映的是现实,还是说它们仅仅是迷思?

1. 在美国,所有的富人都是白人。这是现实吗?
2. 富裕的白人家庭的确比富裕的非裔美国人家庭更有钱。这是现实吗?
3. 富裕的黑人家庭的成员没有富裕的白人家庭的成员工作努力。这是现实吗?
4. 当你有钱了,肤色就不再重要了。这是现实吗?

1. 迷思。但在致富过程中,种族的确发挥了重要作用:大约 24% 的非裔美国人家庭是富有的,而富裕的拉美裔家庭比例为 23%,非拉美裔白人家庭约为 46%。
2. 现实。富有的非拉美裔白人平均家庭年收入超过 239000 美元,富有的非裔美国人平均家庭年收入约为 164000 美元。
3. 迷思。整体而言,富有的黑人家庭比白人家庭更有可能依赖多种收入来源(也就是说,他们中有更多人工作)。此外,富有的白人家庭能获得比富有的非裔美国人家庭更多的非劳动所得——投资收入。
4. 迷思。富有的非裔美国人仍然面临着基于种族的社会壁垒,就像富有的白人受益于他们的肤色所带来的特权一样。

# 从你的日常生活中发现社会学

1. 给你的几个朋友或家人做个小测验，问问他们美国白人、拉美裔、非裔和亚裔的人口比例（参见表 15-1）。你认为为什么大多数白人会夸大这个国家的少数群体比例？（Gallagher，2003）

2. 你认为人们是依据生物学特征，还是依据社会建构的类别来看待种族的？你本人是怎样的？

3. 访问"社会学焦点"博客，你可以在那里阅读年轻社会学学者的最新文章，他们将社会学视角应用于流行文化的话题。

## 取得进步

### 种族和族裔的社会含义

#### 15.1 解释种族和族裔的社会建构

种族指的是基于社会定义为重要的生物特征而被社会建构的类别。

• 种族的意义和重要性因地而异、因时而异。

• 社会运用种族分类把人们划分成不同的等级，赋予一些人以更多的财富、权力和声望。

• 过去，科学家建立了三大人种划分：高加索人种、蒙古人种、尼格罗人种，但事实上没有绝对纯粹的种族。

• 族裔指的是基于社会定义为重要的文化特征而被社会建构的类别。

• 族裔反映了共同的祖先、语言和宗教。

• 族裔的重要性因地而异、因时而异。

• 人们可以选择或鼓吹或贬低他们的族裔。

• 社会基于族裔差异或许能也或许不能将不同人群进行划分。

### 偏见和刻板印象

#### 15.2 描述偏见的程度和原因

偏见是对某人群刻板的且不公正的概括判断。

• 社会距离量表是测量偏见的一种方法。

• 刻板印象是偏见的一种类型，即将对某类人群的简化描述适用于该人群的所有个体。

• 种族主义是一种破坏性很强的偏见，它主张某一种族的人先天地优于或劣于其他种族。

有四种关于偏见的理论：

• 替罪羊理论认为偏见源于处于弱势的人的挫折感。

• 权威人格理论（阿多诺）认为偏见是特定个体的人格特征，特别是那些受过较少学校教育以及在冷漠、苛刻的家庭中长大的人。

• 文化理论（博加德斯）认为偏见植根于文化，我们从文化中习得对特定类别的人群表现出亲近或疏远。

• 冲突理论认为偏见是有权有势的人用于分化和控制人口的工具。

## 歧视

### 15.3　区分歧视和偏见

歧视是一种不平等地对待不同类别人群的行为模式。

- 偏见是指态度，而歧视涉及行动。
- 制度性偏见和歧视为社会机构运作中的成见，包括学校、医院、警察以及其他工作场所。
- 偏见和歧视以恶性循环的方式使自身延续，产生了社会弱势群体，这又刺激产生了新的偏见和歧视。

## 主要群体和少数群体：互动的模式

### 15.4　识别多元主义、同化、种族隔离、种族灭绝的实例

多元主义意味着不同种族和族裔的人虽然有明显区别，但拥有大致平等的社会地位。

- 美国社会奉行多元主义，因为美国社会的所有人在法律面前享有同等地位，不论其种族或族裔。
- 美国社会又不是多元主义的，因为所有种族和族裔并不享有同等的社会地位。

同化是指少数群体逐渐采纳主流文化模式的过程。

- 同化涉及着装、语言、宗教、价值观和交友等方面的变化。
- 同化是规避偏见和歧视并实现向上社会流动的一种策略。
- 某些类别的人群相对而言会更容易被同化。

种族隔离是对各类人群进行物理和社会隔离。

- 尽管部分隔离是自愿的（如艾米什人），但大多数隔离是将少数群体排除在他们邻里、学校和职场之外。
- 颁布法律可以实现法律上的隔离，实际上的隔离是指某一类人群事实上的隔离状态。
- 过度隔离意味着与社区之外的人几乎没有社会联系。

种族灭绝是一类人对另一类人的系统性屠杀。

- 历史上种族灭绝的实例包括纳粹对犹太人的屠杀和柬埔寨波尔布特对西倾人士的屠杀。
- 最近的种族灭绝的实例包括非洲卢旺达的胡图人杀害图西人，东欧巴尔干半岛上的塞尔维亚人杀害波斯尼亚人，以及苏丹达尔富尔地区的系统性屠杀。

## 美国的种族和族裔

### 15.5　评估美国社会中各种族和族裔的社会地位

美国原住民是最早居住在美国的居民，他们经历过种族灭绝、种族隔离然后被迫同化。今天，美国原住民的社会地位远低于全美平均水平。

盎格鲁-撒克逊白人新教徒（WASPS）几乎是最早定居美国的欧洲人，一直到今天许多人还是享有很高的社会地位。

非裔美国人经历了两个世纪的奴役。1865 年的吉姆·克劳法在法律上终结了奴隶制，让位于法律上的社会隔离。20 世纪 50 年代和 60 年代，一场全国性的民权运动促成了立法，宣布种族隔离学校以及就业和公共住宿方面的公开歧视为非法。今天，尽管在法律上已取得了平等的地位，但非裔美国人依然处于劣势地位。

亚裔美国人同时遭受种族的和族裔的敌意。虽然一些偏见和歧视仍然存在，但华裔美国人和日裔美国人目前收入和学校教育都已高出平均水平。亚裔移民，特别是韩裔、印度裔和菲律宾裔，现在占美国所有移民

的 30%。

西班牙裔或拉美裔美国人是美国最大的少数群体，包括许多拥有西班牙传统的族裔。西班牙裔美国人中人数最多的是墨西哥裔美国人，主要聚居在美国西南部，也是西班牙裔中最穷的。聚居在迈阿密的古巴人是西班牙裔美国人中最富裕的。

阿拉伯裔美国人，是美国数量增长最为迅速的少数群体。由于他们来自不同国家，阿拉伯裔美国人是一个文化多元的群体，存在于美国各个社会阶级。出于将阿拉伯裔美国人与恐怖主义相联系的刻板印象，最近几年他们已成为偏见和仇恨犯罪的目标。

少数族裔白人是指祖先在 19 世纪和 20 世纪从欧洲移民到美国的非盎格鲁 - 撒克逊白人新教徒。为了应对偏见和歧视，许多少数族裔白人建立了支持性的聚居地。

# 第十六章
# 老龄化与老年人

# 社会的力量

形塑老年人的照护工作

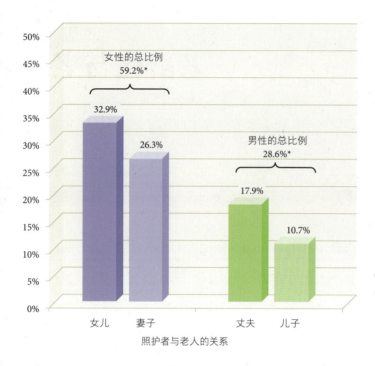

* 剩下的比例包括此处提及的家庭关系以外的人。

资料来源: U.S. Department of Health and Human Services（2016）。

　　我们每个人照护年迈父母或配偶的可能性有多大？答案是"相当高"，因为人们（包括父母）的寿命比以往任何时候都长，并且随着年龄的增长，在某些生活任务和责任上需要帮助的可能性更大。在美国，大多数老人的照护工作由家庭成员来承担，但有些家庭成员更有可能会提供帮助。男性（丈夫和儿子）仅承担约 29% 的照护工作，而女性（女儿和妻子）的照护工作量约是其两倍。这一模式展示了社会的力量，它将照护工作定义为女性的任务。

## 本章概览

　　对于我们而言，生命是一个逐渐变老的过程。本章将探索老龄化的影响以及老龄化何以成为社会分层的一个维度。随着人口老龄化进程不断加快，了解老龄化的重要性也在日益凸显。

　　拉尔夫·布鲁斯朝一对正走向赌场入口的年轻夫妇微笑："两位今天过得怎么样？"这对夫妇出示了自己的身份证，布鲁斯用电子扫描仪确认二人是否已满 21 岁。显示通过后，他热情地挥手示意他们通过："祝你们好运！"

　　这是密苏里州卡拉瑟斯维尔的一个普通的星期五下午，这座密西西比河沿岸的小镇有一家颇受欢迎的赌场"幸运女神"。拉尔夫·布鲁斯负责下午 3 点到晚上 11 点的值班工作。他和另外二十几名"保安迎宾员"

站在赌场入口处迎接赌客。同时他们会关注未成年人，并试图识别那些可能喝得太多的人。

拉尔夫·布鲁斯的与众不同之处在于他快八十岁了。他对自己的健康状况很满意，并表示很喜欢这份工作。但他承认，他从来没有想到他会在我们社会中大多数人认为的"退休年龄"之后的十多年里还在进行全职工作。但对他来说，"黄金时期"（golden years，通常指60岁退休后的时期）并没有实现那些承诺——至少在财务保障方面是这样。在布鲁斯的大部分工作生涯中，他只收到少量的养老金计划供款，因此现在，即使有了社会保障，他也几乎无法支付账单。他笑着说："我想我会一直工作到不能工作为止。"（Carrns，2012）

几十年前，大多数美国人以及那些在其他高收入国家的人，将满六七十岁定义为"变老"。在那个年代，人们被期望早日退休。在美国，"强制退休"这一法规的施行迫使了许多人失业。

但时代在不断变迁。一方面，人们的寿命比以前更长了，年满65岁的男性和女性可以期待多活几十年。研究表明，援助老年人的政府项目已经很紧张，将近一半的美国成年人没有退休储蓄（Grinstein-Weiss，2015；Hill，2017）。然而，经济的不确定性使得许多人拥有和拉尔夫·布鲁斯一样的担忧，担心离开职场就意味着在他们生命结束前就花光所有的积蓄。

在我们变老的同时，我们的生活也在发生着改变，而且这种改变并非仅反映我们在生物学上的变化，社会同样也在发挥着作用。事实上，社会为我们安排了既定模式，让我们符合作为儿童、青少年、成年人以及老人的标准。正如这一章所解释的那样，老龄化的过程会带来与众不同的经历和一些明显的不利影响，这些不利因素包括低收入，有时也包含职场内外的偏见与歧视。因此，就像阶级、性别和种族那样，老龄化是社会分层的一个重要维度。由于美国的老年人数量比以往任何时候都要多，而且增长速度极快。故此，加强对老龄化这一现象的了解与认识的重要性也在日益凸显。

## 美国的银色浪潮

### 16.1 解释现代社会中老年人占比不断增长的原因

一场安静却强势的革命正在重塑着美国。图16-1中的数据表明，1900年美国是个年轻型社会，50%的人口年龄不超过23岁，年满65岁的人口仅占4%。但是在20世纪，老年人口（男女年龄在65岁及以上的人口）数量上升了10倍。到2015年，老年人口达到了4700万，而全美一半人口已经超过了37岁。老年人口也超过了青少年人口的数量，他们在总人口中占到了15%。预计到2060年，老年人口数量将再增长2倍，超过9800万。届时美国人的平均年龄将超过43岁（U.S. Census Bureau，2016）。

在几乎所有的高收入国家里，老年人口的比例正快速增长。究其原因，主要有以下两个方面：其一是低生育率（人们生育的孩子越来越少），再就是日益增长的人均寿命（人们越来越长寿）。

在美国，随着出生于第一波婴儿潮的人（约7000万人）在2011年达到65岁，老年人口将增长得更快。到2029年，所有出生于婴儿潮的人都将年满65岁。当前的社会保障制度对如何满足如此多老年人口的需求存在着较多的问题。

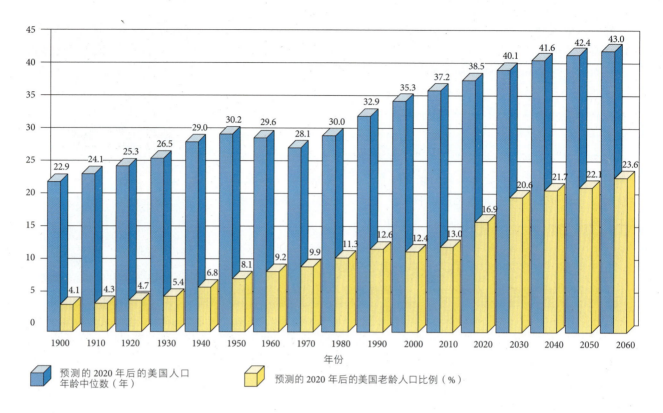

图 16-1   美国社会的银色浪潮

在 20 世纪，美国 65 岁以上人口的比例增加了 2 倍。美国人口的年龄中位数现已超过 37 岁，并将继续上升。

资料来源：U.S. Census Bureau（2014）。

## 人口出生率：日趋下降

一个世纪以来美国的人口出生率一直在下降，这一现象主要是社会工业化所导致的。为什么会这样？因为在工业化社会，儿童更容易存活下来直至成年，因此人们也不愿再生小孩。再者，虽然儿童对于农耕家庭来说是一种经济资源，但在工业化社会里，他们同样也是经济负担。换言之，儿童不再能增加家庭的经济收入，而是成为一项主要的开支。

最后，越来越多的女性走出家门到外面工作，她们也因此选择了少生孩子。这一趋势既反映了女性地位的提高，也反映了过去一个世纪内节育技术的进步。

## 预期寿命：日趋延长

美国人的预期寿命正在不断地延长。1900 年美国女性的预期寿命仅有 48 岁，男性为 46 岁。相比之下，2015 年出生的女性的预期寿命为 81.2 岁，而男性平均能达到 76.3 岁（Centers for Disease Control and Prevention，2016）。

寿命的延长是工业革命带来的后果之一。巨大的物质财富的增长及医疗技术的不断改进，使人们享受到了更好的居住环境和更优质的营养水平，生活质量得到改善。此外，医疗技术的进步已经完全消除了诸如天花、白喉和麻疹这些一个世纪以前可能导致婴儿和儿童夭折的疾病。其他医学的进步帮助我们抵御癌症和心脏病，这使得美国大部分人口的寿命得到延长。

随着寿命的延长，美国最年老的那部分人口——85 岁以上人口——的数量正快速增长，已经是 1900 年的

50 倍。这部分男女总数现已达到 630 万（大约占人口总数的 2%）。数据表明，到 2060 年这些人口数量将增至 2000 万（大约占总人口的 4.7%）（U.S. Census Bureau，2014）。

老年人口的增长将会在许多方面改变我们的社会。随着退休人数增加，无工作人口比重已经达到 1900 年的 10 倍之多，这就需要更多的卫生保健和其他资源。有工作的成年人同无工作的老年人之间的比率，即所谓的老年抚养比（old-age dependency ratio），将会在 2060 年由现在的 4 : 1 下降到 2.5 : 1（U.S. Social Security Administration，2016）。随着老年人口日益增加和赡养老年人的劳动力人口逐渐减少，当今天的年轻人迈入晚年，能得到多少保障？

## 老龄化社会：文化变迁

随着人口平均年龄的增加和 65 岁以上人口所占比例的上升，文化模式很可能也会随之改变。在 20 世纪的大部分时间里，年轻人很少和老年人在一起相处，以至于绝大多数人对老年人了解得很少。但是，随着这个国家老年人口数量的稳步上升，代沟将被不断地削弱。年轻人会在公路上，在购物中心里，以及在运动赛事中看到更多老年人的身影。此外，建筑物的设计——包括住宅、仓库、露天体育场和大学教室——都可能发生改变，以使年老的购物者、运动迷和学生得以轻松进入和使用。

大学为更多的老人敞开了大门，在许多高校看见老年学生也已经见怪不怪了。当出生于婴儿潮的人（1946 年至 1964 年出生的人）步入老年时，许多人决定延迟退休并完成学业或为了新工作而参加培训。社区大学提供了大量的项目，为人们适应新工作做准备，现今，社区大学提供的各种"第二职业"项目吸引了很多老年人（Olson，2006）。

当然，和老年人的接触程度很大程度上取决于你所生活的地区。这是因为老年人口在一些地区的占比较大，特别是在中部，即从北达科他州和明尼苏达州再到得克萨斯州。

当我们思考老年人口将如何改变我们的生活时，一定要考虑到老年人口也具有社会多样性。每个人都可以成为老年人，只要他们能幸运活到那么久。美国的老人包括所有的阶级、种族和宗教背景的男性和女性。

## "低龄老年人"和"高龄老年人"

分析家有时候会将老年人区分为两组规模相当的同期群。低龄老年人是指 65 岁到 75 岁的老人，他们能够独立生活，有着良好的健康状态和经济保障，而且他们很可能和老伴生活在一起。高龄老年人是指年龄超过 75 岁，在健康和物质上有困难以至于要依赖其他人的老年人。由于女性的寿命更长，在老年人口中女性老年人口数量多于男性人口数量。随着年龄的增长，男女性别比失衡现象越来越严重。在高龄老年人口中，超过 85 岁的老人中有 65% 为女性。

# 衰老：生物与文化

**16.2**　描述全球化背景下的年龄分层

研究社会老年人口是**老年学**（gerontology，源自希腊词根 geron，意为"老人"）的关注重点，老年学是对老龄化和老年人的研究。老年学学者——他们的工作涉及不同的学科领域，包括医学、心理学和社会学——不仅研究人们如何随着年龄增长而变化，而且还研究世界各地的社会如何以不同的方式定义老年。

## 生物变化

变老是渐进且持续的身体变化。但是我们如何体验这些生命变化的历程——我们是迎接个体的成熟还是抱怨身体机能的下降——在很大程度上取决于我们的文化系统如何定义生命的各个阶段。一般而言，美国文化对于生命早期的变化持积极态度。在整个童年和青春期，人们期待着更多的机会和责任。

但是在今天青年人主导的文化中，人们对于生命后期发生的变化持隐讳（dimmer）的态度。很少有人能够在老年时候收到祝福，至少也要等到八九十岁。当我们看到朋友踏入 40、50、60 岁会表示同情，并以开玩笑的方式避免正视这样一个事实：年龄的增长使我们的身体和心理不断衰退。简而言之，我们认为人到了五六十岁，就不再长大，而是开始变老。

变老带来了可预见的变化：白发、皱纹、身高和体重下降、力量和活力下降。人在 50 岁以后，骨骼变得更脆弱，伤口愈合所需要的时间会更长，年龄的增长也意味着患慢性疾病（诸如关节炎和糖尿病）或危及生命的疾病（诸如心脏病和癌症）的概率上升。感官系统——味觉、视觉、触觉、嗅觉，特别是听觉——将随着年龄的增长而变得不那么灵敏（Treas，1995；Metz & Miner，1998）。

虽然健康会随着年龄的增长变得脆弱，但是绝大多数老人并没有失去身体自理能力。2014 年，仅有 14% 的老年人报告说他们无法独立走到 0.25 英里，不到 3% 的老年人需要住在养老院，约 12% 的老人在购物、做家务或是其他日常活动方面需要帮助。总体而言，65 岁以上的老年人中仅有 21% 的人认为自己的健康状况"一般"或"差"，79% 的认为他们的健康状况"好"或"非常好"。事实上，报告健康状况好或非常好的老年人的比例正在不断上升（Schiller et al.，2012；Centers for Disease Control and Prevention，2016）。

当然，一部分老年人比其他老年人更健康。健康问题在 75 岁以上的老年人中更加普遍。此外，因为女性一般比男性长寿，她们相对更多地受到像关节炎等慢性疾病的困扰。富裕的人健康状况也会更好一些，因为他们能够在一个更安全和健康的环境中生活或工作，并能够负担得起更好的医疗服务。那些较为富裕的老人中有近 82% 的认为自己的健康状况"非常好"或"好"，而这一比例在那些生活在贫困线以下的人中降到了 55%。与低收入和压力相联系的是偏见和歧视，这也能够解释为什么美国的白人老人中的 79% 会积极地评估自己的健康状况，而黑人老人中的这一比例只有 63%（Centers for Disease Control and Prevention，2015）。

### 心理变化

正如我们通常会过分强调老年人的身体问题一样，我们有时会夸大随着年龄增长而产生的心理变化。关

变老实际上既是一个生物问题，也是一个文化问题。在美国，变老通常意味着不再活跃，而在世界上的许多其他国家，老人经常继续从事着许多熟悉的生产性日常工作。

于智能在生命过程中的普遍观点可以被概括为"有起必有落"。

如果我们测量诸如感觉运动协调等技能——排列物体以匹配图像的能力——我们会发现人到中年后这些能力会稳步衰退。同样，一个人学习新知识和快速思考的能力也会衰退，虽然这要在 70 岁左右才有所体现。即便如此，在 65 岁以上的老人中也只有 11% 的人有患轻度失忆或记忆混乱和其他更为严重的精神疾病。

对大多数老人来说，随着年龄的增长，他们应用熟悉观点的能力会保持稳定，深度反思的能力有所提升，精神上也变得更加成熟（Metz & Miner，1998；Cortez，2008；Centers for Disease Control and Prevention，2016）。

我们都想知道当我们变老时，我们的想法和感知是否会有所不同。老年学家认为，无论好坏，答案通常都是否定的。随着年龄增长，最常见的人格变化是人会变得不那么物质化，态度更温和，更有思想。通常，两位孩童时期曾是朋友的老年人，会在对方身上发现同样的性格特征，正是出于此他们才会在小时候玩到一块儿（Neugarten，1997；Wolfe，1994）。

## 老龄化和文化

11 月 1 日，在斯里兰卡的康提，我们的小货车在山间的陡坡上前行着。两旁茂密的植物让我们大开眼界，打断了我们关于老年人问题的谈话。"那么你们国家没有养老院吗？"我问道。"在科伦坡（斯里兰卡首都）和其他城市，我确定是有的，"我们的司机答道，"但是不多。我们不像你们美国那样。""为什么会这样？"我反问道。他的眼睛仍然盯着路："我们是不会让我们的父母独自生活的。"

何时人会变老？年轻人如何看待社会中最年长的成员？老年人如何看待自己？这些问题的答案会因人们所在社会的不同而有所差异，这表明变老尽管是一个生物过程，但同样也属于文化范畴。

人们能活多久、活得有多好，首先取决于一个社会的技术和生活标准。正如英国哲学家托马斯·霍布斯（1588—1679）所言，纵观人类历史，人们的生命是"残忍、野蛮和短命的"（虽然霍布斯自己活到了 91 岁高龄）。在他那个年代，绝大多数人在十几岁时结婚生子，在他们二十几岁时候就到达中年，在他们三四十岁死于各种疾病。历史上很多伟大的男性和女性从来没有到达我们所谓的老龄：英国诗人济慈（Keats）26 岁就早逝了，奥地利作曲家莫扎特（Mozart）35 岁就逝世了。在著名的作家中，勃朗特三姐妹（Bronte sisters）都没有活到 40 岁，埃德加·艾伦·坡（Edgar Allan Poe）于 40 岁去世，亨利·戴维·梭罗（Henry David Threau）于 45 岁去世，奥斯卡·王尔德（Oscar Wilde）于 46 岁去世，莎士比亚（Shakespeare）活到了 52 岁。

然而大约到 1900 年，美国和西欧日益增长的生活水平和先进的医疗技术使人均寿命达到了 50 岁。在高收入国家，富裕程度的不断提高使人均寿命增加了三十多岁。

和寿命一样重要的是社会赋予老年人的价值。正如第十一章（"社会分层"）所解释的那样，所有社会的基础资源分配都是不平等的。下面，我们将讨论此过程中年龄的重要性。

## 年龄分层：全球概观

就像种族、族裔和性别一样，年龄也是社会等级的基础。**年龄分层**（age stratification）是社会中不同年龄段的人在财富、权力和声望上的不平等分配。年龄分层因社会技术发展水平而异。

**狩猎与采集社会**　正如第四章（"社会"）所解释的那样，由于没有生产剩余食物的技术，狩猎者和采集者都只能过着游牧式的生活。这意味着生存取决于体力和耐力。随着这些社会成员年龄增长（在这种情况下指 30 岁左右），他们变得不再那么活跃，甚至可能会被视作经济负担。当食物短缺时，他们将被抛弃（Sheehan，1976）。

| 年龄分层 | 老人统治 |
| --- | --- |
| 不同年龄段的人在财富、权力和声望上的不平等分配 | 老年人拥有最多财富、权力和声望的社会组织形式 |

**园艺与畜牧社会、农业社会**　一旦社会发展出种植农作物和饲养动物的技术，就会产生剩余。在这样的社会中，一些人在一生中积累了大量财富。在所有的年龄类别中，最有特权的通常是老年人，这就是所谓的**老人统治**（gerontocracy），即老人拥有最多财富、权力和声望的社会组织形式。老人，特别是男性老人，被他们的家族成员所崇敬，有时甚至是敬畏，并且直到去世前他们都是活跃的社会领导者。这种对老人的尊敬也解释了在农耕社会中普遍存在的祖先崇拜。

**工业社会、后工业社会**　工业化促进了人们生活水平的提高和医疗技术的进步，而这又延长了人们的平均寿命。可是工业化虽然提高了人们生命的时限，但却损害了老年人的生活质量。与传统的社会实践相反，工业社会给予老人很少的权力和威望。原因在于随着工业化，首要的财富资源从土地（一般被社会中年长者所控制）转移到商业和其他的商品（一般被年轻人掌握和经营）。在所有低收入国家的 65 岁以上老年人口中，66% 的男性和 45% 的女性仍旧在劳动力市场中。而在所有高收入国家中，这一比例相对较小：男性占 18%，女性占 10%。在美国，许多老年人不再是有薪劳动力，这是导致 70 岁后平均收入下降的原因之一（U.S. Census Bureau，2016；International Labour Organization，2017）。

在高收入的国家中，年轻人离开父母去寻找他们的职业机遇，很少依赖他们的父母，而更多靠他们自己的能力挣钱。此外，由于工业化进程，城市社会变化迅速，老年人所拥有的技术、传统和生活经验对于年轻人来说并不重要。最后，工业国家的巨大生产力意味着并非所有社会成员都需要工作，所以绝大多数的老年人和儿童都扮演着非生产性角色。

这些因素的长期效应是让"长者"（eladers，一个具有褒义的词）转变为"老人"（the elderly，一个没有威信的词）。在美国和加拿大这样的后工业社会，经济和政治领导人通常都是 40 岁至 60 岁的人，他们结合了经验和最新的技能。虽然美国人口的平均年龄越来越大，国家的企业高管却日趋年轻化——平均年龄从 1980 年的 59 岁下降到今天的 53 岁（U.S. Department of Labor，2017）。

在快速变迁的经济领域，特别是高科技领域，很多关键岗位的高管都是年轻人，甚至刚从大学毕业。工业社会通常允许老年人参与边缘经济，因为他们缺乏快速变化的市场所需的知识和技能。

一些职业仍然由老年人主导。农场主的平均年龄是 58 岁，而整个美国劳动力市场的平均年龄仅有 42 岁。今天，超过三分之一的农场主年龄在 65 岁以上。老年人在其他一些传统的部门也占多数，如理发师、裁缝、店员，以及体力活最少的工作，如夜间门卫（Yudelman & Kealy，2000；U.S. Department of Agriculture，2014；U.S. Department of Labor，2017）。

**日本：一个特例**　20 世纪以来，工业化降低了老年人的社会地位，而日本却成为例外。这不仅是因为日本老年人口比例和世界任何地方一样在快速增长（2017 年达到全国人口的 30%），而且日本更为传统的文化也给予了老年人极大的重视。绝大多数的日本老人和其成年的女儿或儿子一起生活，而且他们在家庭生活中发挥着重要作用。相对于美国老年男性而言，日本老年男性更可能留在劳动力市场，并且在很多日本企业里，最老的员工享有最高的尊重。但是，日本正变得越来越像其他的工业化国家，变老就意味着不得不放弃某种程度的社会重要性。此外，长期的经济萧条使得日本家庭照顾其老年成员的能力下降，这将大大削弱长者的传统重要性（Ogawa & Retherford，1997；Onishi，2006；Lah，2008）。

# 老龄化的转变和挑战

**16.3**　讨论与老龄化相关的问题

我们在生命的不同阶段都面临着变化，老年当然也有一定的价值，然而在生命的进程中，它也代表着最大的挑战。

老年时身体机能的下降可能没有年轻人想象中的那么严重。但即便如此，老年人还是要忍受着痛苦，限制自己的活动，增加对他人的依赖，失去至亲的朋友和亲戚，并勇敢地面对自己的死亡。因为美国的文化十分崇尚年轻，在美国年老往往意味着更多的恐惧和自我怀疑。正如一位退休的心理学家对老龄化的调侃："不要被现在退休即喜悦的炒作所迷惑，它并不意味着最好的时代即将到来，只是说，另一种情况更糟糕"（Rubenstein，1991）。

## 寻找意义

第五章（"社会化"）曾提到埃里克森关于老年人必须克服"自我完善感对绝望感"张力的理论。无论他们在多大程度上仍具有学习的能力，可能获得成功，老年人也要认识到他们的生命已经接近尾声。因而老年人会花更多的时间反思过去，回顾那些失望与成就。对于埃里克森（Erikson，1963，orig. 1950）来说，自我完善意味着实事求是地看待自己的生命。如果不这样，这一阶段的生命就变得绝望，以没有任何积极意义而告终。

在一项对七十多岁老年人进行的经典研究中，伯尼斯·纽加顿（Neugarten，1971）发现，有些人相对可以更好地应对衰老，而最糟糕的是那些未能接受衰老的人，他们在绝望中出现人格分裂和人格紊乱，最后大都在医院或养老院被动地迎接死亡。

莉莉·汤姆林（Lily Tomlin）和简·方达（Jane Fonda）在 Netflix 电视剧《同妻俱乐部》（*Grace and Frankie*）中出演。这两个角色是一对不太可能的女性组合，她们因环境所迫而面临许多挑战，包括变老。这两位近 80 岁的女性的迷人表演向人们展示了人在晚年也可以活得很好。

情况稍微好一点的是具有被动依赖性格的人。他们对自己应对日常事件的能力没有信心，即使有时他们并不是真正需要帮助，也会寻求帮助。他们总是处于社会退缩的危险之中，生活满意度相对较低。

第三类人形成了防御型人格，他们独自生活，但对衰老感到恐惧，他们试图通过让自己保持年轻和身体健康来逃避自己老龄化的现实，尽管关注健康是好事，但是不切实际的要求会导致压力和绝望。

然而，纽加顿的大多数研究对象都表现出她所说的自我完善型人格，这能帮助我们很好地应对衰老。在纽加顿看来，成功的关键在于在接受衰老的同时保持个人的尊严和自信。

## 社会孤独

孤独在任何年龄段都会引发焦虑，但孤独在老年人中最常见。退休阻隔了社会互动的资源，身体的毛病可能会限制活动，将老人比作"夕阳红"的负面刻板印象可能使年轻人不愿意与他们进行密切的社会接触。

但导致老人社会孤独感的最主要原因是重要他人的去世，特别是配偶的离世。一项研究发现，几乎四分之三的寡妇或鳏夫认为孤独是他们最严重的问题（Laund，1989）。

但是孤独和独自一人是不同的。最近的一项研究发现，说自己感到孤独的老年人中有一半以上是已婚人士。孤独的问题可能是因为独自一人，但也可能是由身体或情感问题造成的，这些问题使得人们与周围的人相隔离。在其他情况下，生活在恐惧中也会导致社会孤独。例如，害怕摔倒的老年人倾向于避免需要走路的社会活动，从而导致社会孤独。无论其原因是什么，人们经历的社会孤独越多，他们患痴呆症或其他类型的精神和身体衰退的可能性就越大（Cornwell & Waite，2009；Holwerda et al.，2012）。

性别也会影响社会孤独的模式。社会孤独的问题更多地发生在女性群体中，因为她们一般比她们的丈夫活得长。表 16-1 显示，73% 的 65 岁及以上的男性与配偶一起居住，而仅仅 7% 的老年女性与配偶一起居住。此外，老年女性（特别是高龄人口）中独自居住的占 35%，相比之下，男性老人独居的只有 20%（U.S. Census Bureau，2016）。

表 16-1　2016 年老年人的居住安排

| | 男性 | 女性 |
|---|---|---|
| 独自居住 | 20% | 35% |
| 夫妻同居 | 73% | 47% |
| 和其他亲戚或非亲戚居住 | 7 | 17 |

注：约 3.7% 的老年人住在养老院。这一比例包括所有这些类别的人。

资料来源：Centers for Medicare and Medicaid Services（2016），U.S.Census Bureau（2016）。

对于大多数老年人来说，家庭成员是社会支持的主要来源。几乎一半的老年男性和女性至少有一个成年子女，他们的居住地距离不超过 20 分钟路程，而且大多数成年子女都会帮助父母跑腿、做家务和修理房屋。研究表明，超过三分之二的照顾者是女性（最常见的是老年人的女儿或儿媳），她们年龄在 50 岁以上，已婚，为赚取收入而工作。这意味着，除了从事有偿工作和家务劳动外，女性每周还要花约 20 小时照顾年迈的父母（Fox，Duggan & Purcell，2013；Pew Research Center，2015；U.S. Department of Health and Human Services，2016）。

## 退休

工作不仅是我们谋生的手段，还是建立我们身份认同的重要组成部分。因此退休不仅意味着收入的下降，还意味着社会声望的降低，同时可能还意味着某些生活目标的丧失。

好在有些组织可以帮助减少这一转变的影响。例如，在学院和大学里，一些退休的教员被授予"名誉退休教授"（professor emeritus，其中emeritus源自拉丁语，意为"完全拥有"）头衔。他们很多被允许保留利用图书馆资源的权利，拥有一个停车位和一个邮箱账号。这些经验丰富的教职工是十分有价值的资源，不仅是对学生而言，对年轻教授来说也同样如此（Parini，2001）。

因为老年人具有社会差异性，因此对于成功退休来说没有固定的模式。兼职工作占据了许多人颐养天年的时间，但同时也给他们提供了一些额外收入。照看孙子孙女对于很多老人而言也是一种特殊的快乐源泉。从事志愿者工作是老年人回馈社会的另外一种途径，特别是对于那些已经有足够储蓄而不需要再去工作的人——这也是相较于其他年龄段，更多老年人愿意从事志愿者活动的原因之一（Gradyn，2000；Savishinsky，2000；Shapiro，2001）。

尽管对我们来说退休是一个很熟悉的概念，然而它在20世纪时才被提出，也多在高收入国家有所体现。高收入社会的生产力非常高，并非每个人都需要工作。此外，预期寿命的延长为许多六十多岁的人提供了书写人生"新篇章"的可能（Kadlec，2015）。

高收入社会利用先进技术，这些新技术又提出了更高的要求。因此，退休只是一项让那些拥有知识和受过训练的年轻人变成最主要的劳动力的策略。五十年前，美国的大多数企业甚至会规定一个强制性的退休年龄，通常为65岁至70岁，尽管在20世纪70年代，国会颁布了法律，逐步取消了这种政策，所以今天其只适用于少数职业。例如，在1972年以后受雇的空中交通管制员必须在56岁时退休，商业航空公司的飞行员必须在60岁时退休，大多数警察和消防员必须在55岁至60岁退休（Gokhale，2004）。在大多数高收入社会中，退休是一种个人选择，由私人和政府的养老金计划来实现。但在低收入国家，大多数人没有机会从有偿工作中退休。

当然，即使是在高收入国家，只有当人们能够养得起自己的时候才会选择退休。一般而言，在经济形势较好的时期，人们的储蓄会更多，会考虑早点退休。在20世纪下半叶，美国正是如此。到2005年，老年家庭的净资产中位数增至约18万美元。更多的财产允许更多的人提前退休，因此退休年龄的中位数从1950年的68岁降至2005年的63岁。

然而，2007年开始的经济衰退产生了相反的效果，迫使老人面临着一个残酷的事实：他们的退休储备金正被不断下沉的股市和消失的养老金所稀释。由于如此多的财富突然消失，许多老人除了继续工作以外别无选择。例如，在1998年，65岁及以上的人中有11.9%仍在工作。到2013年，这一比例已增至17.2%，2015年为17.7%。许多其他的高收入国家，面对迅速上升的养老金计划成本，正在考虑立法鼓励甚至强制推迟退休年龄（Toossi，2009；Brandon，2010；U.S. Department of Labor，Bureau of Labor Statistics，2017）。

最近一项应对困难时期的政策是"阶段性退休"（staged retirement）是指人们过了65岁仍要继续工作。虽然他们休息的时间减少了，但他们有了更强的经济保障（Kadlec，2002；McCartney，2005；Koskela，2008；Trumbull，2011）。

一些退休了的老人，包括那些投资价值缩水或无法负担生活费用的人，正被迫回到有偿工作。有些人在社区学院学习课程，以找到一份好工作（Leland，2009）。但是，即使有学校教育和成功的决心，重新获得工资也不总是那么容易。

## 老龄化和贫困

当人们到达 65 岁时，绝大多数人已经还清了他们家庭的债务，支付了孩子上大学的花费。但是医疗保健、家务帮助以及家庭设施（如暖气）等方面的花费都在明显上升。同时，退休常常意味着收入的大幅减少。好消息是，近几十年来，老年人积累的财富比以往任何时候都多，中位数净资产约为 180000 美元。然而，这些财富的大部分都与他们的房屋价值挂钩，很难用来支付开销。经济衰退同样也损害了许多老年人的利益，随着投资收入的下降，雇主削减了退休金及福利。如今的现状是，对于 60% 的 65 岁以上的老年人来说，收入的最主要来源是政府的社会保障。即便如此，65 岁以上人口的贫困率 8.8%（75 岁以上人口的贫困率甚至为 10.0%）也远低于全国的平均水平 13.5%，如图 16-2 所示。

回顾过去，我们看到一个巨大的变化：老年人的贫困率从 1960 年的约 35% 下降到 2015 年的 8.8%，低于美国总人口的 13.5% 的贫困率。自 1980 年以来的长期趋势表明，老年人的平均收入（以固定美元计算）增长了 60%。这一增长远远大于 25 岁至 34 岁的人 8.3% 的收入增长（U.S. Census Bureau，2016）。

有几个因素提高了老年人的经济实力。现在，更好的健康状况允许那些想工作的人继续留在劳动力队伍中，而且今天更多的老年夫妇也拥有两份收入。政府政策也起到一定作用，因为有利于老年人的项目——包括社会保障——现在几乎占到政府所有支出的一半，而在儿童方面的支出保持不变。即便如此，由于近期的经济衰退，一些人已经失去了一部分他们所指望的养老金收入。随着越来越多的企业减少或取消退休福利，工人和退休人员获得的未来资金也会越来越少。在这种不确定的情况中，超过 40% 的年轻人认为他们退休后无法享有任何社会保障福利，另外 40% 的年轻人预期退休后会享有福利，但水平会降低（Pew Research Center，2014）。

### 多样化快照

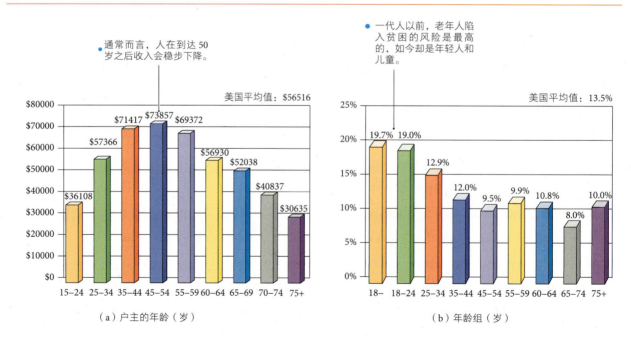

（a）户主的年龄（岁）

（b）年龄组（岁）

图 16-2　2015 年按年龄划分的美国收入和贫困率
　　家庭收入中位数随着年龄的增长而增加，在 50 岁左右达到峰值，然后开始下降，75 岁以上户主收入还不到峰值数字的一半。不同年龄阶段的贫困率又如何呢？从几代前开始的一个戏剧性的转变是，美国贫困率最高的人群不是老年人而是 25 岁以下的年轻人。尽管数百万老年人很贫困，但老年人的贫困率远低于全国平均水平。

正如我们在前面的章节中所看到的那样，某些类别的人正面临着特殊的挑战。在整个生命历程中与种族和族裔相关的劣势在老年时依然存在。2015 年，拉美裔（17.5%）和非裔（18.4%）老年人的贫困率是非拉美裔白人老年人贫困率（6.6%）的两倍多（U.S. Census Bureau，2016）。

性别也会影响老年人的生活。在全职工作者中，2015 年 65 岁以上女性的收入中位数为 41859 美元，而 65 岁以上男性的收入中位数为 57334 美元。计算显示，这些年龄较大的全职女性的收入是全职男性的 73%。回顾第十四章（"性别分层"），所有在职女性的收入占所有在职男性收入的 79.6%。因此，在所有年龄段的人中，与性别有关的收入差距在老年人中会更明显一些。

在美国，企业向 65 岁以上（有时甚至 55 岁）的人提供"老年折扣"是很常见的。为什么要采取这样的做法？你会更偏好为单身父母提供折扣政策吗，因为他们陷入贫困的风险更大？

但由于大多数老年人已经退休，更现实的财务状况必须考虑到所有老年人。当我们将在职和非在职的人都包括在内时，个人收入的中位数要低得多：女性为 21521 美元，占男性收入 40097 美元的 54%（U.S. Census Bureau，2016）。鉴于这些较低的平均水平，不难看出为什么老年人——尤其是女性，因为她们不太可能拥有养老金或社会保障以外的收入——会对不断上升的费用，如医疗保健和处方药的费用感到担忧（Fetto，2003a；Institute for Women's Policy Research，2007；AARP Public Policy Institute，2012）。

在美国，今天的情况和几十年前相比没有发生太多变化，变老（特别是对女性和其他少数群体的老年人而言）意味着贫困的风险也在增加。一项来自政府的研究表明，贫穷的老年家庭一般要花去他们收入的 80% 用于房屋、食物、健康保健以及其他必要的支出。这一事实表明，大多数老年人只能勉强糊口（Federal Interagency Forum on Aging Related Statistics，2016）。

最后，老年人的贫困问题常常隐匿于人们的视野。由于个人的自尊心和仍希望保持独立的愿望，许多老年人隐瞒了他们的经济问题，甚至对自己的家人隐瞒这一事实。多年来一直支持其子女的老年人发现承认他们不再能养活自己是很困难的。

## 照护

在老龄化社会中，照护的需求必然会增加。**照护**（caregiving）是指由家庭成员、其他亲属或朋友向受抚养者提供的非正式的无偿照料。虽然父母也向孩子提供照护，但这一名词被更多地用于老年人身上。事实上，今天的中年人之所以被称为"三明治一代"，是因为他们要像照护自己的孩子一样花费很多的时间照护老人。[1]

**谁是照护者？** 调查显示，超过 90% 的老年人照护由其家庭成员承担，在大多数情况下由其中一人承担，并且很可能没有经济补偿。大多数照护者住在离老年人很近的地方，有些甚至住在同一所房子里。

约 70% 的照护者已婚，约有三分之一的照护者也有小孩需要照顾。此外，这些照护者中的一半人还有着兼职或全职工作。显而易见，这些照护对绝大多数人而言，是在除了一整天工作安排之外的任务。主要照护

---

1 本章对于照护的讨论基于戴尔·隆德的学术成果（Lund，1993）以及与他的个人交流。

者中有 86% 的人一周要花 20 多个小时去照护老人（Administration for Community Living，2017）。

**虐待老人**　虐待老人有多种形式，从被动忽视到主动折磨，包括言语上、情感上、经济上和身体上的伤害。专家估计，每年至少有 600 万名 60 岁以上的人（约占所有老年人的 10%）在一定程度上受到虐待，其中约三分之一甚至危及生命。约 10% 的老年人会在他们生命中的某个阶段遭受虐待。与其他形式的家庭暴力一样，虐待老人的事件通常也是不可见的，因为这些老年受害者不愿谈论他们自身面临的种种困境（National Center on Elder Abuse，2015；Acierno et al.，2010）。

很多照护者会疲劳、情绪低落，以及对不能完成更多事情而感到内疚。虐待往往在如下情况中出现：（1）全职工作；（2）照顾小孩；（3）贫穷；（4）对老人没有很深的感情；（5）发现照护老人很困难；（6）没有其他人的支持和帮助。

不过虐待老人的比例相对较小，这不会掩盖掉家庭照护的积极作用。帮助他人是一种无私的人类善举，它肯定了我们身上的优点，也为自我丰富和自我满足提供了渠道（Lund，1993）。

## 年龄歧视

在前面几章，我们已经解释了意识形态（包括种族歧视和性别歧视）怎样使得对少数群体的歧视合法化，同样，社会学家用**年龄歧视**（ageism）来指代对老年人的偏见和歧视。尽管中年人也同样会受到年龄歧视，但稍上年纪的老人是年龄歧视的主要受害者。例如，年龄歧视包括企业对年老的合格应聘者视而不见，对年轻的合格应聘者偏爱有加，以及企业会优先解雇年老的工人。

像种族歧视和性别歧视一样，年龄歧视可能是公开的（如由于年龄因素，公司决定不再聘用一名 60 岁的求职者），又或者是隐约难辨的（如护士用居高临下的语气对老年患者讲话，把他们当作儿童一样对待）。与种族歧视和性别歧视一样，年龄歧视也建立了身体特征的刻板印象。就老年人而言，有些人会认为白发、皱纹和弯腰驼背是老弱无能的标志。负面的刻板印象将老人描绘成无助、困惑、无法应对变化以及常常不快乐的形象。即使是可爱的小老太太和古怪的老先生的"正面"形象也是刻板印象，它掩盖了个性特征，忽略了他们多年的经验和成就（Butle，1975；Cohen，2001）。

有时年龄歧视也能够反映出一些社会事实。统计表明，相较于年轻人，老人更可能在精神和身体上受到伤害。但当我们对整个类别的人做出不公平的概括推论时，我们就走向了年龄歧视。

贝蒂·弗里丹（Betty Friedan）——当代的一位女权运动先锋，认为年龄歧视根源于我们的文化（Friedan，1993）。弗里丹指出，很少有老人出现在大众传媒中，仅有一小部分电视剧的主角是 60 岁以上的人。更为普遍的是，当我们大多数人想到老年人时，经常用的是否定的词汇：这个老男人没有工作，那个老女人失去了她的活力，而那些长者们只会回顾过去。简而言之，弗里丹说道，我们将衰老视同疾病，以衰弱和退化为标志，无药可救。

即使如此，弗里丹认为，美国的老年男性和女性发现他们的贡献比他人想象中的要多。为小企业主提供建议、为穷人设计住房、教孩子读书——老年人有无数种方式可以帮助别人，同时改善自己的生活。

## 老年人是少数群体吗？

在美国的老年人有着许多社会劣势。这是否意味着老年人像黑人和女性一样，属于少数群体呢？

老年人似乎符合少数群体的定义，因为他们有着基于年龄的明确社会身份，而且他们遭受着社会偏见和歧视。但是戈登·斯特里布（Streib，1968）认为我们不应该将老年人视为少数群体。首先少数群体的身份一般都是永久性和排他性的。例如，如果一个人是黑人或者女性，那么这个人就不可能成为主导群体——白人或男性中的一员。但是老年人是一个开放性身份，因为老年是人生命历程中的一部分，而且每个有幸活得足够长的人都会变老。

其次，最容易陷入贫困或者其他不利处境的老年人其实就是那些在整个生命历程中最容易陷入贫困的群体——女性、黑人、拉美裔。正如斯特里布所理解的那样，与其说是老人变穷，不如说是穷人变老。

如果像上文所说的那样，那么老年人在这层意义上就不属于少数群体。也许应该说，老年人是我们人口中的一部分，他们在年老时面临着特殊的挑战。

# 老龄化的理论分析

16.4　将社会学的主要理论应用于老龄化问题

现在让我们应用社会学的理论路向去探究社会怎样塑造老年人的生活。我们将依次讨论结构功能论、符号互动论和社会冲突论。

## 结构功能论：老龄化和脱离

在借鉴塔尔科特·帕森斯（结构功能主义的集大成者）观点的基础上，伊莱恩·库明和威廉·亨利（Cumming & Henry，1961）解释说，随着老龄化而出现的身体衰退和死亡会扰乱社会。为此，社会让老年人脱离，逐渐将以往由老年人担负的社会角色和地位转移给年轻人，以便在完成任务时尽量减少干扰。**脱离理论**（disengagement theory）是指，当人们到达老年时，通过将他们从责任位置上撤下来，来使得社会有序运作。

让老年人在他们不再能从事生产性活动时从生产性角色中脱离出来，确保了社会的有序运行。在快速变迁的社会中脱离的另一个好处就是给年轻的劳动者腾出空间。他们接受过最先进的训练并掌握着最新的技能。脱离同样也为老年人带来了益处。虽然美国绝大多数六十多岁的人希望继续工作，但大部分老年人都开始考虑退休，或尽可能削减自己的工作负荷。当然，人们何时开始从他们的职业中脱离出来，还取决于他们的健康状况、对工作的喜爱程度和经济情况。

退休并不意味着无所事事。一些人开始了新的职业，有些人则追求爱好或者投身于志愿者工作。一般而言，人们到了 60 岁时很少考虑他们已经做了些什么，更多的是考虑他们将要在余生做些什么（Palmore，1979；Schulz & Heckhausen，1996）。

**评价**

脱离理论解释了为什么快速变迁的高收入社会倾向于将最老的社会成员定义为社会边缘群体，但是这一做法存在一些局限。

第一，特别在近些年，很多人发现由于他们需要收入，不能脱离有偿工作。第二，一些老年人——不管富裕或贫困，就是不愿脱离他们喜爱的工作，脱离也意味着失去朋友和社会声望。第三，目前尚不清楚脱离所带来的社会效益是否会超过其社会成本。这些成本包括人力资源的损失，以及需要照顾那些本来有能力养活自己的人。随着老年人口的膨胀，探索一条帮助老年人保持独立的方法具有高优先性。第四，任何僵化的脱离制度都没有考虑到老年人能力的巨大差异。这些弊端促使我们走向符号互动论的路向。

**检查你的学习**　明确说明脱离理论的基本观点。脱离对老年人有什么好处？它对社会又有什么好处？

| 脱离理论 | 活动理论 |
|---|---|
| 当人们到达老年时，通过将他们从责任位置上撤下来，来使得社会有序运作 | 认为高水平的活动会增加老年人的个人满意度 |

## 符号互动论：老龄化和活动

**活动理论**（activity theory）借鉴了符号互动论的观点，认为高水平的活动会增加老年人的个人满意度。因为每个人的社会身份都建立在多重角色的基础上，脱离角色必然会降低老年人生活的满意度，淡化其生活的意义。老年人需要的不是被推离角色，而是拥有更多生产性或娱乐性的选择。拥有选择的重要性对于那些现在已满 65 岁的人尤为重要，因为他们可以期待再活 20 年（Smart，2001；Walsh，2001）。

活动理论并不是否定隔离理论，只是认为人们需要寻找新的角色去代替以前所脱离的角色。研究表明，维持着高活动水平的老人从他们生活中得到了最多的满足感。

活动理论也认为老年人是具有差异性的，他们拥有不同的兴趣、需求和身体能力。因此，人们选择的活动和他们追求活动的方式总是因人而异（Neugarten，1977，More，Dempster-McClain & Williams，1992）。

### 评价

活动理论转移了我们的分析焦点，从分析社会需要（如脱离理论）转到老年人自身的需要。它强调老年人的社会差异性，同时也强调政府政策选择的重要性。

这种理论的局限在于其假设老年人都是健康的、有能力的。事实可能确实如此，也可能并非如此。这种理论的另一个缺陷在于它忽略了老年人面临的许多问题——如贫困——在更大程度上是与社会，而非他们自己有关的。我们现在转向另一理论观点：社会冲突论。

**检查你的学习**　解释一下活动理论有关老龄化的观点。这一理论如何挑战脱离理论？

脱离理论表明，随着人们年龄的增长，社会会逐渐卸下他们身上的责任。活动理论反驳说，与处于生命任何阶段的人一样，老年人只要保持活跃，就会觉得生命有价值。因此，许多老年男性和女性会寻找新的工作和活动，这也许包括了太极拳。

应用理论

老龄化与老年人

|  | 结构功能论 | 符号互动论 | 社会冲突论 |
|---|---|---|---|
| **分析层次** | 宏观层次 | 微观层次 | 宏观层次 |
| **我们如何理解变老?** | 人们变老以及最终死亡的事实会扰乱社会的运转。因此,当人们到达老年时,社会会将老人从重要的任务及其他责任中脱离出来。 | 对于老年人来说,就像其他人一样,保持活跃对其健康及幸福感有益。因此,老年人会努力保持高活动水平,用新的角色来替代他们脱离的角色。 | 老年化是社会分层的一个维度。通常来说,中年人拥有最多的财富及权力。穷人、女性以及其他少数群体变老时将面临最大的社会劣势。 |

## 社会冲突论: 老龄化和不平等

社会冲突分析是基于这样的观点:不同年龄阶段的人获得的机会和社会资源是不同的。因此,年龄是社会分层的维度之一。女性主义理论对此有所补充,指出性别与年龄共同作用,创造了多维度的社会不平等。

在美国,中年人享有最多的权力、机会和特权,而老人和 25 岁以下的人陷入贫困的风险非常之高。雇主用年轻劳动者替代老年工作者,是为了保持低水平的工资,而非歧视老年人。然而,依据目前的法院法规,如果这样的政策对老人造成了特定的伤害,也就等同于歧视。

社会冲突论认为,我们的工业化资本主义经济建立了一种以年龄为基础的等级制度。参照马克思主义思想,史蒂文·斯皮策指出,利益导向的社会会贬低任何缺乏经济生产力的人。在这层意义上,如果老年人不工作,我们的社会就会给他们贴上轻度越轨的标签(Spitzer,1980)。

社会冲突分析也注意到老年人口中存在着不同维度的社会不平等。阶级、性别、种族和族裔同样也区分了所有的老年人。进入晚年的富人通常在经济上做好了充分准备,可以支付不断上涨的医疗费用,这些人享受了几十年的高薪和有利的投资成果。与此同时,许多步入老年的工人阶级经历了几十年的工资下降和经济紧缩,他们晚年的经济前景要差得多(Brooks & Collins,2012)。此外,女性——随着年龄的增长,她们在人口中的比例越来越大——遭受着性别和年龄歧视造成的社会和经济劣势。老年在职女性和男性之间的收入差距甚至比年轻在职人口中的性别差距更大。最后,老年白人通常享有有色人种老年人和其他少数群体老年人所没有的优势和机会。

因此,总的来说,变老是一个由社会不平等的复杂力量形成的过程,它影响着个人生命历程中的每个阶段。在晚年,一些老年人相较其他人享有更多的经济保障、更好的医疗服务和更多的自我满足的选择。

## 评价

社会冲突论通过强调在年龄基础上的不平等和揭示资本主义如何贬低生产力低下的老年人的价值,为我们对老龄化的理解做了补充。但是批评者认为真正的始作俑者是工业化。他们指出,事实上老年人并没有在马克思的分析所指出的社会主义制度下变得富裕。此外,工业化或资本主义必然导致老年人受苦的观点受到美国老年人收入和福利长期增长的挑战。尽管正如女性主义理论所指出的那样,老年女性相对于老年男性处于不利地位，但美国 60 岁以上的人的生活相当不错，他们非常低的贫困率可以体现这一点。"应用理论"表总结了我们从不同理论路向中学到的东西。

**检查你的学习**　关于资本主义社会中的老龄化，马克思主义理论告诉了我们什么？女性主义理论又提供了什么见解？

# 死亡和临终

16.5　分析对生命终结的态度转变

凡事都有定期，

天下万物都有定时。

生有时，死有时……

《传道书》中的这几行诗阐明了两个关于人类生存的基本真理：出生的事实和死亡的不可避免性。正如生命因时因地而变化，死亡也有很多面孔。在本章的最后，我们将简要介绍一下死亡的变化特征，它是变老过程中的最后阶段。

## 历史上的死亡模式

过去，死亡在生活中很常见。很多婴儿在出生后就夭折，这使得很多家长到孩子满一两岁时才会给孩子取名。而对于那些有幸存活过婴儿期的人来说，疾病、事故和自然灾害也会让生命变得不确定。

有时食物短缺会迫使社会通过牺牲生产力最低的成员去保护多数人。杀婴（infanticide）就是杀害新生婴儿，杀老（geronticide）则是指杀害老人。

因为死亡是普遍的，所以它容易被接受。中世纪基督教使信徒确信死亡符合人类生存的神圣计划。以下是历史学家菲利普·阿利埃斯（Philippe Aries）对兰斯洛特（Lancelot，亚瑟王圆桌骑士之一）的描述，当他认为自己受了致命伤时，他已准备迎接死亡：

他的姿势符合古老的习俗，这是将死之人必须进行的仪式性姿势。他卸下了他的武器，安静地躺在地上……他张开双臂，身体呈十字架的模样……以这种方式，他的头朝向东方的耶路撒冷。（Aries，1974：7-8）

随着社会逐渐对健康和医疗有了更多的了解，死亡变得不再是一种日常体验。婴儿出生后就死亡的概率降低，事故和疾病发生在成年人身上的概率也更小。因此，今天绝大多数生活在高收入社会的人都将死亡视作非同寻常，只会发生在年老的人身上，或者罕见地发生在那些悲惨的年轻人身上。早在 1900 年，美国所有死亡案例中约有三分之一的人不足 5 岁，三分之二的人没有活到 55 岁。相比之下，如今 93% 的美国人在年满 55 岁后死亡（Arias，2016）。在我们的文化中，死亡和衰老已经紧密相连。

## 生与死的现代分离

现在死亡已经脱离了日常经验，变得多少有点不自然。社会条件让我们的祖先接受死亡的事实，而当今社会的青年文化和进步的医药技术促进了人们对永恒的青春和永生的渴望。死已经与生分离。

死亡在形式上（physically）也同日常活动相脱离。最明显的证据就是我们中的很多人还未真正目睹过死亡。我们的祖先一般是死在家中，朋友和家人都在场，但是今天绝大多数的死亡发生在非个人的环境中，诸如医院或者疗养院。医院里，生命垂危的病人被安排在特殊的位置，医院太平间则避开了病人和访客的视线（Aries，1974；Lee，2002）。

## 伦理问题：面对死亡

在一个科技让人的生命不断延续的社会里，关于人们何时以及如何死亡的道德问题比以往任何时候都更加尖锐。例如，2005 年围绕特丽·夏沃（Terri Schiavo）之死（她靠医疗手段维持了 15 年的生命）展开的全国性辩论，这场辩论并非仅关注一名女性的命运，很多人觉得我们需要更好地理解什么是"死亡权利"。

**死亡何时发生？**　或许最基本的问题恰恰是最难回答的：我们究竟如何定义死亡？依据常识，当呼吸和心跳停止时，生命就停止了。但是，医务人员进行心肺复苏和人工呼吸的抢救技术淘汰了这一死亡定义。在美国，医学家和法学家就死亡问题一直争论不休，但现在很多人认为，死亡是一种不可逆的状态，对于刺激没有反应，无法移动或呼吸，没有反射运动，没有任何大脑活动的迹象（Wall，1980；Jones，1998）。

**关于死亡权利的争论**　在一次心脏病发作停止了脑供血后，特丽·夏沃在没有任何证据表明她有意识或对周围环境有反应的情况下活了 15 年。围绕这一问题的讨论，在她的喂食管被拔掉后以她的死亡告终。这一事实说明，相较于死亡，许多人对不惜一切代价维持生命更加感到恐惧。换句话说，能维持生命的医疗技术也威胁着个人自由，因为它让医生或其他人而不是临终者自己来决定生命何时结束。作为回应，支持死亡权利的人寻求对自己死亡的控制，正如他们寻求对自己生命的控制一样（Ogden，2001）。

在深入的讨论之后，病人、家属和医生可以决定不采用为抢救生命而使用的危险医疗措施来维持个体的生命。生前预嘱——说明个体在特定条件下是否愿意接受具体医疗措施的文件——正在广泛应用。越来越多的州颁布了法律，制定了《维持生命治疗医嘱》（Physician Orders for Life Sustaining Treatment，POLST），这是一份为确保病人的治疗意愿明确并被医院工作人员和其他医务人员所遵守的文件。理想情况下，在填写此类表格时，医生、医生助理或执业护士会与患者、家属以及能代表患者发言的法律授权人员会面，以确定患有晚期疾病的患者是否希望得到积极的维持生命治疗，或是只接受更有限的医疗干预，或者仅仅是姑息治疗，让临终病人尽可能地感到舒适。

如果患者不希望接受积极治疗，医生和家属会签署"放弃急救同意书"（"do not resuscitate" order）。这项同意书允许不对患者进行心肺复苏，放弃急救。一个更艰难的抉择是**安乐死**（euthanasia，源自希腊语，意为"美好的死亡"）——协助患有不治之症的人死亡。安乐死带来了伦理上的两难，因为这不仅意味着放弃治疗，更是主动采取措施以结束生命。有些人认为安乐死是一种仁慈的行为，而另一些人认为安乐死是一种谋杀。

患了不治之症的人可以选择不接受可能延长其生命的治疗手段，但是这些人是否可以要求医生协助他们死亡，这是一个有争议的问题。人们是否应该享有死亡权利？1997 年，俄勒冈州的选民通过了死亡权利的决议（"尊严死"运动）。虽然这项法律自此后一再受到挑战，但是俄勒冈州的医生还是可以合法地协助病人结束生命。自 1997 年以来，俄勒冈州的医生已合法协助 1127 名患者结束生命（Oregon Public Health Division，2017）。然而，1997 年，美国最高法院在瓦科诉奎尔案（Vacco v. Quill）中宣布，美国宪法不承认死亡权利。这一决定阻止了那些想要像俄勒冈州一样立法的其他州。只有在邻近的华盛顿，选民在 2008 年通过了允许医生协助自杀的公民投票（Lef，2008）。在蒙大拿州，最高法院的一项裁决认为，蒙大拿州的法律并没有禁止协助自杀，尽管立法机构尚未颁布法律来规范这种做法。此外，佛蒙特州（2013）、加利福尼亚州（2015）、科罗拉多州（2016）和华盛顿特区（2017）已立法允许医生协助自杀。2017 年，另有 25 个州计划讨论此类法案。

# 全球化思考

死亡要求：荷兰的安乐死

马库斯·埃里克拿起手机给他的弟弟阿尔扬打电话，32 岁的他以平静的声音告知阿尔扬："星期五下午五点。"。时间一到，阿尔扬也到了，他已经驱车赶到阿姆斯特丹南部他哥哥的农庄，他们做了最后的道别。不久之后，马库斯的医生来了。

马库斯和医生交谈了一会儿，然后医生准备了一杯含巴比妥酸盐和其他药物的"鸡尾酒"。当马库斯喝下它时，他做了个鬼脸，开玩笑说："你就不能再做甜一点儿吗？"

时间慢慢流逝，马库斯躺下了，他的眼睛也闭上了。但是在半小时后，他依旧在呼吸。这时，依据他们早期的协议，这位医生给他注射了致命的药物。数分钟后，马库斯的生命走到了尽头。

诸如此类的事件把我们带到了人们有死亡权利这一信念的核心。马库斯因艾滋病濒临死亡。五年来，他的身体逐渐衰弱，而且没有丝毫康复的希望，忍受着巨大的痛苦。他想让他的医生结束他的生命。

荷兰，欧洲西北部的一个小国家，在允许安乐死方面走在了世界的最前列。1981 年荷兰颁布的法律，允许医生在下述五种情况下协助自杀：

1. 病人必须是自愿地、经过深思熟虑地、反复地向医生提出协助死亡的要求；
2. 病人所经受的痛苦必须是无法忍受的，并且没有好转的希望；
3. 医生和病人必须讨论其他可替代的方案；
4. 医生必须至少与一位可以接触到病人和病人医疗记录的同事进行协商；
5. 协助自杀必须按照合理的医疗实践进行。

官方记录表明，在荷兰，医生每年结束约 2000 条生命，并且这个数字在稳定上升中。但是因为很多案例是不被报道的，所以实际数量可能是其两三倍。批评者指出，近年来，荷兰医生协助了无法明确表达自己死亡愿望的病人的死亡。荷兰的安乐死政策在荷兰受到了广泛支持，同时类似的政策也已经在比利时（2002）、瑞士（2005）、卢森堡（2010）、德国（2015）和加拿大（2016）颁布。然而在世界的许多地方，该法案仍受到激烈的批判。

### 你怎么想？

1. 在你看来，荷兰法律允许医生协助自杀有哪些好处？
2. 这样的法律有哪些不利影响或危险？
3. 如果一个人病得很重，无法明确表达自己的生死愿望，该怎么办？在这种情况下安乐死应该被允许吗？如果被允许的话，应在何时执行，为什么？

资料来源：Della Cava（1997），Mauro（1997），Barr（2004）。

一些死亡权利运动的支持者举出荷兰的例子，该国拥有世界上最宽松的安乐死法律。荷兰制度是如何运行的呢？"全球化思考"专栏对此进行了讨论。

美国应该对安乐死态度保持不变，还是跟随荷兰的步伐？死亡权利的倡导者认为一个饱受痛苦的人可以选择自己的生或死。如果死亡可以选择，医疗协助就能帮助人们获得"美好的死亡"。调查显示，近四分之三的美国成年人支持在医生协助下死亡的选择权（Smith et al.，2017）。

另一方面，反对者们担心允许医生协助自杀的法律会导致安乐死滥用。就荷兰而言，批评者引用调查结果指出，在绝大多数情况下，医生协助自杀的五项条件并没有被满足。具体而言，多数医生在协助病人安乐死时，并没有咨询其他医生，或者向权威人士汇报。更值得关注的是，在所有医生协助自杀的案例中，约有五分之一的病人从未明确自己的死亡愿望，即使这些病人中有一半还拥有意识，并且能够为自己做出决定（Gillo，1999）。这一事实让反对者认为，医生协助自杀的合法化会让荷兰整个国家的安乐死数量不断上升。2012年，在比利时，两名聋哑兄弟在得知其视力下降后，在他们的要求下被医生安乐死了。医生声称，以这种方式结束生命可以避免"痛苦"，尽管两人都没有其他疾病（Goldman，2013）。鉴于这种情况，由于部分医生认为自杀是绝症患者甚至非绝症患者的最佳选择，我们如何能确定病人并非被迫接受死亡？或只是因为家庭成员疲于照顾病人，抑或是想避免高额的治疗费用而被迫接受死亡呢？

事实表明，美国不太会有担忧。在俄勒冈州，每年医生协助自杀的数量始终很低，2016年只报告了133例。不过，无论死亡权利这一争论的结果最终会如何，当谈论到死亡时，我们已经进入了一个新的时代。现在，个体、家庭成员和医疗人员必须面对死亡，并非将其作为医学事件，而是作为协商的结果。

## 丧亲

伊丽莎白·库伯勒-罗斯（Kubler-Ross，1969）发现，大多数人都是分阶段面对自己的死亡的（参见第五章"社会化"）。最初，个体往往是否定的反应，接着是愤怒，然后他们试着与上帝谈判，希望得到救赎，逐渐地，他们开始放弃，直到最后接受。

一些研究人员的发现表明，丧亲也会经历这些阶段。例如，与临终者最亲近的人最初可能否认即将到来的死亡的事实，然后逐渐变得能够接受。然而，其他研究者质疑这些线性的"阶段理论"，认为丧亲是一种个人化的不可预测的过程，库伯勒-罗斯界定的"阶段"经常不适用（Lund，Caserta & Dimond，1986；Lund，1989；Cutclif，1988，Konigsberg，2011）。不过专家也赞同，家人和朋友如何看待即将到来的死亡，对临终者有一定的影响。通过接受死亡临近的事实，其他人可以帮助临终者面对现实；而否认死亡则会孤立临终者，其无法与其他人分享感受和经验。

不像医院那样试图挽救和延续生命，临终关怀试图给予临终者以最大的慰藉，包括家人的陪伴和支持。

许多濒临死亡的人在临终关怀运动中找到了慰藉。在 2014 年美国发生的所有死亡事件中，46% 涉及临终关怀。与旨在治疗疾病的医院不同，临终关怀帮助人们更好地面对死亡。临终关怀试图将疼痛和痛苦都降到最低——无论是在中心还是在家中——鼓励家庭成员陪伴在身边。大多数临终关怀还为经历丧亲之痛的家庭成员提供社会支持（Foliart & Clausen，2001；National Hospice and Palliative Care Organization，2015）。

即使是在最理想的情况下，丧亲之痛往往也意味着深刻的悲痛。研究表明，对那些能够接受所爱之人死亡，并能为其关系圆满划上句点的人而言，丧亲之痛没有那么强烈。这样的结局也会让家人和朋友更坦然地面对死亡，并在之后相互安慰。

在死亡不期而至时，即刻切断情感连接几乎是不可能的，留下的人可能会无所适从很长一段时间。一项对刚经历丈夫亡故的中年女性的调查表明，她们中很多人都觉得她们失去的不仅仅是配偶，还失去了生活的理由。因此，成功地应对丧亲之痛需要时间和必要的社会支持，以便形成新的自我意识，找到新的生活选择（Atchley，1983；Danforth & Glass，2001）。随着美国老年人口的快速增长，对死亡和临终的理解也变得日益重要。

## 老龄化：展望

这一章探讨了美国和其他高收入国家的"银色浪潮"。到 2035 年，这个国家的老年人口将超过 1900 年的全国人口。此外，今天的老年人中有四分之一的年龄超过 80 岁。那么，在未来几十年中，社会中最年长的成员将在日常生活中获得更多的发言权。年轻人将发现和老年学联系的职业——老年人口研究——其重要性肯定会有所增长。

随着更多的老年人活得越来越长，我们的社会是否提供支持服务来维持他们的生活？由于老年人口的需求不断增加，比例相对更小的年轻人就得为此工作，并用自己的税收为此买单。在老龄化社会里，不断增加的医疗费用又该如何处理呢？随着婴儿潮一代迈入老年阶段，一些分析家描绘了美国的末日景象：到处是绝望和濒死的老人（Longion，1994）。因此必须要解决老年人和年轻人的医疗保健需求，这也是奥巴马政府的一个主要优先事项，导致国会于 2010 年通过了《美国平价医疗法案》（Affordable Care for America Act）。即便如此，特别是在特朗普时代，国家对于解决如何提供和支付这种服务的问题，还有很长的路要走。面临最大挑战的将是没有大学学位的中年人——他们的健康状况已经呈下降趋势（Hochschild，2016）。

不过也有好的方面。首先，未来老年人（今天的中年人）的健康状况会更好：吸烟率大大降低，饮食越发健康。这样的趋势表明，老年人可能会变得更富有活力、更加独立。未来的老年人还将享受到稳步发展的医疗技术所带来的好处，不过就像"争鸣与辩论"专栏所解释的那样，老年人从国家获取的医疗资源是一个备受争议的话题。

过去几十年来的另一个积极迹象是老年人的经济实力在不断增强。2000 年之后的经济衰退在 2008 年愈演愈烈，财政紧张，许多老年人失去了收入、退休福利及房屋净值使用资格。但是对于大多数老年人来说，未来仍是光明的，未来的老年人——于婴儿潮出生的人——将比之前的老人更为富裕。为什么？一个重要的事实是，于婴儿潮出生的人是特殊的一代，从这一代起，他们的母亲在其一生中大部分时间都在进行有偿工作。因此，他们的实际储蓄和养老金可能更为可观。

然而，同时，照护年迈父母的责任将由成年子女承担。随着生育率下降，再加上老年人口的增长，中年人将要承担更多照护老年人的责任。

我们大多数人都需要更多地去了解如何照护年迈的父母，这绝非仅限于满足他们的物质需要。更重要的是交流、爱的表达，以及勇敢面对最终的死亡。照护我们的父母也给我们的孩子上了重要的一课，他们终有一天也要学会怎么照顾我们。

# 争鸣与辩论

设定限制：我们不得不放弃老年人吗？

西莫内：我现在已经快 60 岁了，当我 85 岁的时候，我想要享受最好的医疗服务。为什么我不能享受这些呢？

阮：我来告诉你为什么——因为当如此多的孩子正处于危险境地的时候，我们的社会已经无法花费更多的钱在延长老年人的生命上。

塞尔吉奥：我觉得这个问题的答案取决于你的年龄。

随着美国老年人口的急速增长，随着新技术赋予我们更多延续生命的能力，随着医疗服务的费用日趋昂贵，许多人想知道我们究竟是否能够负担得起我们的老年生活。现在，每个人一生中约有一半的医疗支出发生在生命的最后几年，并且这一比例还在不断上升。在延续生命的费用不断上升的情况下，我们可能会问，医学的可能在道德上是否可取。老年学家丹尼尔·卡拉汉（Callahan，1987）警告说，在未来的几十年里，老年人口的寿命必然会延长，由于资源有限，最终我们要么放弃对老年人的投入，要么做好所有人寿命减少的准备。

年龄超过 65 岁的老年人比重正在上升。另外，老年人十分愿意参与投票，这一现象会使你对解决老年人健康照顾的政府政策做出何种预期？

他承认，这个问题看似冷酷无情，但是 2015 年老年人的医疗健康开销已经达到 6470 亿美元，是 1990 年的 6 倍多。这项费用的迅速增长，反映越来越多的医疗资源被用以研究和治疗老年人的疾病和失能。

因此卡拉汉就这一问题提出了限制的理由。第一，我们给老年人提供的支持越多，为其他人提供的支持就越少。在儿童贫困问题日益严重的情况下，对于在老年人身上投入越来越多的钱，我们能否负担得起？

第二，更长的寿命并不必然意味着更好的生活。撇开花费不谈，心脏手术能使 84 岁的人多活一两年，但这是否一定能改善其生活质量？或许这样的手术只是延缓了生命的衰退？如果考虑到花费，若将这笔钱用于为 10 岁的孩子进行肾脏移植，或为数百名低收入老年人提供基础的护理，会不会带来更多的"生活质量"？

第三，我们需要重新思考对死亡的态度，它是不是我们需要不惜一切代价去征服的敌人。卡拉汉认为，对于老龄化社会来说，更现实的观点是把死亡作为人生的自然终结。如果我们不能为了自己的福祉同死亡和平共处，那么在一个资源有限的社会里，我们必须为了他人的利益而这样做。

但不是所有人都同意他的观点。难道那些辛苦工作一辈子、努力建设社会的人，不应该在生命的最后时间里享受生活吗？拒绝向有能力且愿意支付医疗费用的老年人提供医疗服务是正确的吗？

现在，我们面对的问题甚至是 50 年前的人都难以想象的：长寿是否对每个人都是好事？甚或是，是否每个人都能长寿？

## 你怎么想？

1. 你认为医生以及其他医疗人员的目标应该是不惜任何代价延续生命吗？阐述你的观点。

2. 社会应该如何平衡那些高收入的老年人和低收入的老年人的医疗需求？

3. 你认为人们应该根据自己的收入自行决定他们的护理水平吗？或者，政府应该对医疗服务的分配加以规范吗？为什么？

资料来源：Callahan（1987，2009），Centers for Medicare and Medicaid Services（2016）。

## 日常生活中的社会学

老年人是如何改变今天的社会的？

关于婴儿潮一代——1945年至1964年出生的男女——我们已经讨论了很多，他们是20世纪60年代和70年代发生的许多改革背后的驱动力。公民权利、女性权利以及同性恋权利仅仅是他们发起或进行的社会运动的一部分。现在，当这一群人开始步入老年，他们正再一次改写规则，这次是关于老年的含义。

一个名叫保罗·麦卡特尼（Paul McCartney）的年轻人曾写了一首歌《当我64岁时》（When I'm Sixty-Four），或许他从未设想过他至今仍在作曲和演出——到2017年的6月，他将满75岁。他在哪些方面是老年人的榜样？

50年前，米克·贾格尔（Mick Jagger）和基思·理查德（Keith Richard）成立了滚石乐队，并在2017年两人都年满74岁时还在继续演出。这些流行文化的巨星们对于老年有什么看法？

2017年，朱迪·柯林斯（Judy Collins）已经78岁了，她仍在为喜爱她的歌迷表演，也活跃于政治舞台。随着他们步入老年，婴儿潮一代是如何重塑美国政治的？

琼·贝兹（Joan Baez）同样是一名民谣歌手及政治活动家，已经活跃了半个多世纪。她和朱迪·柯林斯都参与过许多社会运动，从反对地雷使用到反战运动。当你步入老年时，你期望你这一代人会以何种方式重塑社会？

> **提示** 婴儿潮一代是导致很多社会变革的同期群，随着他们的年龄增长，婴儿潮一代在不断地重新定义人生的每一个阶段。作为老年人，他们似乎也决意在传统的退休时间之后维持活跃的生活状态。图中的名人同样意味着老年人可以很性感，而让年轻人可以公开讨论性的这一代人正把性带入到他们的老年生活。婴儿潮一代年轻时拥有的社会正义价值观在他们迈入老年时也仍然在驱动着他们。最重要的是，他们似乎决意让人们听到他们的政治声音。

# 从你的日常生活中发现社会学

1. 翻开一期流行杂志，如《时代》或《人物》，研究新闻报道和广告中的男性和女性图片。有多少是老年人？这些图片展示了老年人的哪些特征？

2. 基于你在这一章中阅读到的内容，如何理解老年（如生命历程中的所有阶段一样）虽然与生物变化相关，但却是社会建构的结果？

3. 访问"社会学焦点"博客，你可以在那里阅读年轻社会学学者的最新文章，他们将社会学视角应用于流行文化的话题。

## 取得进步

### 美国的银色浪潮

#### 16.1 解释现代社会中老年人占比不断增长的原因

"美国银色浪潮"意味着美国人口的平均年龄正在逐步上升。

• 在 1900 年，美国人口年龄中位数是 23 岁，老年人口占比为 4%。

• 到 2060 年，美国人口年龄中位数将达到 40 岁，老年人口占比为 24%。

在像美国这样的高收入国家，老年人口比重上升的原因有两个：

• 许多家庭选择不生孩子导致了出生率的下降

• 生活水平的提高使得预期寿命得到增加，医疗技术的进步减少了传染疾病的死亡率。

### 衰老：生物与文化

#### 16.2 描述全球化背景下的年龄分层

生理及心理变化与变老密切相关。

• 尽管人们的健康状况会随着年龄的增长而下降，然而富有的老人相较于那些无法支付高品质医疗服务的穷人来说遇到的健康问题较少。

• 心理学研究表明，变老并不会导致人的智力完全衰退和人格的剧烈变化。尽管老龄化是一个生物过程，但社会如何界定老年人是一个文化问题。

人们对老年人年龄的界定是不断在变化的。

- 几个世纪以前，30 岁就算老年人了。
- 今天在那些预期寿命较低的贫困国家，四五十岁就算老年人了。

**年龄分层**：全球概观

- 在狩猎与采集社会，生存取决于体力，特别年轻和年老的人对于社会的贡献都比较小。
- 在农业社会，老年人是最具特权以及最受尊重的社会成员，这是老人统治的社会模式。
- 在工业及后工业社会，老年人的社会地位低下，因为社会变革的快速步伐是由年轻人主导的。

## 老龄化的转变和挑战

### 16.3 讨论与老龄化相关的问题

老年人面对的个人挑战包括：

- 意识到生命即将结束；
- 因朋友或配偶去世、身体失能或退休而产生的社会孤独感；
- 由于退休，社会声望降低，生活目标感丧失。

步入中年后一个人的贫困风险就会增加，尽管自 1960 年以来，老人贫困率已经下降，现在已经低于人口总体贫困水平。

- 老年贫困人口包括各类群体——如单身女性和有色人种——他们在任何年龄段都面临着贫困的高风险。
- 一些退休了的老人为了维持生计不得不重新回到工作岗位，这一现象是近年来经济衰退的结果。老龄化社会对于照护的需求正在不断增加。
- 大多数对于老年人的照护由家庭成员承担，尤其是女性。
- 据估计，美国每年至少有 600 万老年人是老年虐待的受害者。

年龄歧视——对老人的偏见和歧视——为年龄分层建立了合法性。

- 正如种族歧视和性别歧视，年龄歧视使身体特征固化为刻板印象，对所有老年人进行了不公平的概括推论。

## 老龄化的理论分析

### 16.4 将社会学的主要理论应用于老龄化问题

结构功能论指出了老年人在社会的有序运行中发挥着作用。

- 脱离理论指出，社会让老年人在失能或死亡前从社会责任中脱离出来。
- 脱离的过程将地位和角色从老年人有序转移到年轻人身上。

符号互动论关注人们赋予老年人的意义。

- 活动理论认为高水平的活动提升了老年人的自我满足感。
- 人们必须在老年时寻找到新角色来代替他们失去了的旧角色。

社会冲突论和女性主义理论强调处于不同年龄阶段的人和不同性别的人所能获得的机会以及社会资源是不平等的。

- 资本主义社会强调的是经济效益，这贬低了包括老人在内的生产力较低的人的社会价值。
- 部分老年群体——女性和其他少数群体——与其他人相比，他们的经济保障较少，获得优质医疗服务的机会也较少，在老年时期实现自我满足的选择也较少。

# 死亡和临终

### 16.5　分析对生命终结的态度转变

**历史的视角**

• 在过去，死亡是日常体验中的一部分，作为一个可能发生在任何年龄段的自然事件而被大家接受。

• 现代社会已将死亡与日常生活割裂，由于医疗技术的进步，人们无法或不愿接受死亡。

• 对死亡的逃避同样体现在高收入社会中，绝大多数人都是很老的时候去世的。

**伦理问题：面对死亡**

• 我们社会延续生命的能力引起了一场争论，即在何种情况下才应该采取医疗手段延续临终者的生命。

• 那些支持死亡权利的人寻求对自身死亡过程的控制。

• 安乐死制造了一个伦理困境，因为它不仅是拒绝治疗，更是主动采取措施来结束一个人的生命。

**丧亲**

• 一些研究者认为丧亲的过程与临终者接受死亡的阶段模式相同：否定、愤怒、谈判、放弃、接受。

• 临终关怀运动向临终者及其家人提供支持。

# 社会学 17版（下）

Sociology　Seventeenth Edition

[美] 约翰·J.麦休尼斯（John J. Macionis）　著

风笑天 等　译

重庆大学出版社

本书封面贴有 Pearson Education（培生教育出版集团）激光防伪标签。无标签者不得销售。

版贸核渝字（2020）第 208 号

图书在版编目（CIP）数据

社会学：17版：上、下 /（美）约翰·J.麦休尼斯
(John J. Macionis)著；风笑天等译.--重庆：重庆
大学出版社，2023.9
（万卷方法）
书名原文: Sociology：Seventeenth Edition
ISBN 978-7-5689-3711-5

Ⅰ.①社…  Ⅱ.①约…②风…  Ⅲ.①社会学  Ⅳ.
①C91

中国国家版本馆CIP数据核字（2023）第078296号

社会学：17版（下）

［美］约翰·J.麦休尼斯　著

风笑天　等　译

策划编辑：林佳木

责任编辑：李桂英　石　可　　版式设计：林佳木
责任校对：邹　忌　　　　责任印制：张　策

＊

重庆大学出版社出版发行
出版人：陈晓阳
社址：重庆市沙坪坝区大学城西路21号
邮编：401331
电话：（023）88617190　88617185（中小学）
传真：（023）88617186　88617166
网址：http://www.cqup.com.cn
邮箱：fxk@cqup.com.cn（营销中心）
全国新华书店经销
重庆升光电力印务有限公司印刷

＊

开本：889mm×1194mm　1/16　印张：17.75　字数：532千
2023年9月第1版　2023年9月第1次印刷
ISBN 978-7-5689-3711-5　　定价：268.00元（上、下）

# 目　录

　　本书献给所有的社会学教师，希望它能帮助我们的学生理解他们在当今社会和未来世界中的位置。

约翰·J.麦休尼斯

## 第十七章
# 经济与工作

# 社会的力量

形塑了我们的职业选择

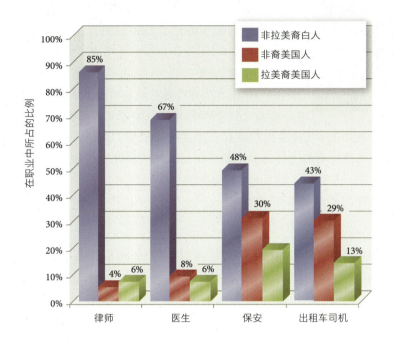

资料来源：U.S. Department of Labor（2017）。

　　你一生中所从事的工作是你根据个人能力和兴趣做出的选择吗？在某种程度上，答案是肯定的。但是我们的工作与我们在这个机会分配不均的社会中的地位有很大关系。看看律师、医生这些"高声望"职业，大部分都由天生具有相对优势的白人从事。相比之下，"低声望"职业更有可能由生来处于弱势的种族或族裔来从事。社会对我们所从事的工作类型有着很大的影响。

## 本章概览

　　本章开头我们将考察主要的社会制度。我们首先关注经济，其被普遍认为是在整体上对社会具有最大影响力的制度。本章将讨论经济的运行情况，并解释经济生产的革命性变迁如何重塑了社会。

关于美国经济的小测验（提示：七个问题的答案是相同的）：
- 哪家美国企业在全球每周都有超过 2.6 亿人光顾？
- 哪家美国企业出售超过 10 万家企业生产的产品？
- 哪家美国企业 2016 年在全球开了 167 家门店？
- 哪家美国企业每年从中国购买价值约 500 亿美元的产品，使中国成为规模超过英国的贸易伙伴？
- 哪家美国企业在全球雇佣了 230 万员工，其中约 150 万在美国？
- 哪家企业在近期的经济低迷中仍在不断扩大规模？

•哪家企业运营的网站每月有超过1亿的购物者访问？

你应该已经猜到了，答案正是沃尔玛，由山姆·沃尔顿（Sam Walton）创立的全球平价连锁超市。1962年，山姆在阿肯色州开了他的第一家门店。2017年，沃尔玛的收入达到了4860亿美元，这些收入来自美国的约5000家本土门店以及巴西、中国等27个国家的6363家境外门店。

但并非所有人都对沃尔玛的扩张感到满意。批评者称，沃尔玛从中国进口产品，已经导致美国失去了超过40万个制造业就业岗位。此外，在美国都有很多人组织社会运动以阻止沃尔玛进入他们当地的社区，因为他们担心会造成当地经济的损失，在某种程度上甚至会削弱当地的文化。批评者也指出沃尔玛这一销售巨头支付廉价的工资，将工会拒之门外，并且销售的大量产品都来自境外的血汗工厂。自2010年以来，沃尔玛还在法庭上为自己辩护，反对性别歧视的指控（Saporito，2003；Walsh，2007；Walmart，2012；Tabuchi，2015）。

本章探讨的是经济，人们普遍认为经济是最有影响力的社会制度。沃尔玛扩张的故事表明，美国的经济——乃至整个世界的经济体系——都是由一些巨型企业主导的。谁会从这些巨型企业中获利？谁又从中受损？在这些企业中工作是怎样的？社会学家通过研究经济如何运行、工作的性质以及工作对于我们每个人的意义来回答上述问题。

# 经济：历史概观

### 17.1　总结经济的历史变迁

**经济**（economy）是组织社会商品和服务的生产、分配和消费的社会制度。作为一种制度，无论好坏，经济的运作都以一般而言可预见的方式运行。商品是指从必需品（食物、衣物、住所）到奢侈品（汽车、游泳池、游艇）的所有产品；服务则是指使他人受益的活动（如牧师、医生、教师以及计算机软件专家的工作）。

我们赋予产品和服务以价值，因为它们能保证我们的生存，或能使我们的生活更便利、更有趣。同时，人们作为生产者生产什么或作为消费者购买什么也是建构社会认同的重要内容，比如我们会说"他是一名钢铁工人"或者"她开奔驰"。而产品和服务的分配方式——分配给一些人更多资源的同时分配给其他人更少的资源——也形塑着每个人的生活。

现代高收入国家的经济制度是数百年社会变迁的结果。现在我们就转向讨论三次技术革命，它们重新组织了生产形式，并在这个过程中改变了社会生活。

### 农业革命

最早的人类社会是由并不依靠土地为生的狩猎者和采集者组成的。在这些技术落后的社会中，并不存在明显的经济制度。那时候，生产和消费是家庭生活的一部分。

正如第四章（"社会"）所解释的那样，大约5000年前，畜力耕作的发展催生了新的农业经济。相对于狩猎与采集，其生产效率提高了50倍。由此产生的过剩意味着并非每个人都必须从事食物生产，于是很多人开始从事其他专门的工作：制造工具、饲养动物以及建造住所。不久，城镇就开始出现，并通过从事食物、动物或其他商品交换的贸易者网络而连接起来。农业技术、职业分化、固定居所、贸易交换这四种因素，使得经济成为一种特定的社会制度。

## 工业革命

始于 18 世纪中叶的第二次技术革命，最先在英格兰，而后在北美逐渐展开。工业发展所带来的经济领域的变迁要比农业兴起带来的更为剧烈。工业化从五个基础性的方面改变了经济。

1. 新能源。历史上"能源"一度指人力或者畜力。但是 1765 年，英国发明家詹姆斯·瓦特（James Watt）发明了蒸汽机。比畜力强劲 100 倍，早期蒸汽机不久就被用于驱动重型机器。

2. 工厂集中化生产。蒸汽动力机器不久就将工作从家庭转移到工厂，即摆放机器的集中化、非个人化的工作场所。

3. 制造业与大众生产。工业革命之前，大多数人种植或采集原材料（如谷物、木材或羊毛）。而在工业经济中，大多数人从事的工作重心转向了将原材料加工成各种各样的制成品（如加工食品、家具和服装）。

4. 专业化。数世纪前人们在自己家里制造产品，他们需要完成从原材料到成品的所有工作。而在工厂中，工人一次又一次地重复同一项工作，其工作对成品的贡献却很小。

5. 雇佣劳动。工厂雇佣劳动使工人为陌生人工作而不是为自己工作，而这些陌生人往往更关心工人操作的机器而不是工人。

随着无数新产品和新服务的刺激而不断扩大的工业革命带来的市场，逐渐提高着人们的生活水平。然而，工业技术带来的收益并没有被平等地分配，尤其是在刚开始的时候。一些工厂主积聚了大量的财富，而大多数产业工人生活在贫困线上下。儿童也在工厂或是煤矿工作，每天只能得到几便士。工厂里的女性只能领取最低的工资，严格的监管使她们几乎没有人身自由。

## 信息革命与后工业社会

大约从 1950 年开始，生产的性质又一次改变了。美国创造了**后工业经济**（postindustrial economy），即基于服务业和高科技的生产体系。自动化机器（以及后面的机器人技术）削弱了劳动力在工厂生产中的作用，扩大了文秘人员和管理人员的队伍。后工业时代是以工业向服务业的转向为标志的。

推动这种变迁的是第三次技术突破：计算机。就像两个半世纪前的工业革命那样，信息革命引进了新的产品和新的通信手段，改变了工作的性质。总的来说，有三个重要变迁。

1. 从有形产品到理念。工业时代以产品或物质的生产为标志；而在后工业时代，人们使用符号创造主要存在于网络空间中的非物质产品。计算机程序员、作家、金融分析家、社交媒体主管、建筑师、编辑以及各种顾问形成了信息时代的主要劳动力队伍。

随着社会的工业化进程不断推进，从事农业劳动的劳动者比例越来越小。在美国，农业劳动大部分是由来自低收入国家的移民完成的。在西红柿丰收的季节，这些来自墨西哥的农业劳动者遍布整个佛罗里达州。

2. 从机械技术到知识技能。工业革命要求工人具备机械技术，但信息革命要求其具备知识技能：有效的说、写能力，当然，还有计算机操作技术。能够有效与他人沟通和交流的人很可能做得更好，而缺乏这些技能的人在就业市场上只能面临更少的机会。

3. 从工厂到几乎任何地方。工业技术将工人集中于靠近能源地的工厂，但是计算机技术使得人们能在几乎任何地方工作。笔记本电脑、无线网络以及手机现在使得家庭、汽车甚至飞机都能成为"虚拟办公室"。对于日常生活而言，这意味着新信息技术模糊着我们工作和家庭生活的界限。

## 经济产业

前面讨论的三次技术革命反映了三大社会经济产业之间的平衡变化。**第一产业**（primary sector）是从自然环境中获取原材料的经济部门。第一产业——农业、畜牧业、渔业、林业以及矿业——在低收入国家中比例最大。图 17-1 表明，低收入国家 31% 的经济产出来自第一产业，而中等收入国家的该比例为 9%，像美国这样的高收入国家该比例为约 1%。

**第二产业**（secondary sector）是将原材料转化为制成品的经济部门。随着社会的工业化进程，这项产业迅速发展。它包括将原油变为汽油以及将金属变成工具和汽车等各种业务。工业的全球化意味着世界上几乎所有国家都有很大一部分的劳动者受雇于第二产业。图 17-1 表明，目前低收入国家和高收入国家在第二产业的经济产出比重几乎相等。

**第三产业**（tertiary sector）是有关服务而非产品的经济部门。第三产业随着工业化进程发展，低收入国家 47.8% 的经济产出、中等收入国家 57.5% 的经济产出以及高收入国家 74.0% 的经济产出来自第三产业。在美国，大约 81% 的劳动力从事服务工作，包括秘书和文员工作以及食品服务、销售、法律、医疗保健、执法、广告、教学方面的职位等（U.S. Department of Labor，2017；World Bank，2017）。

### 全球快照

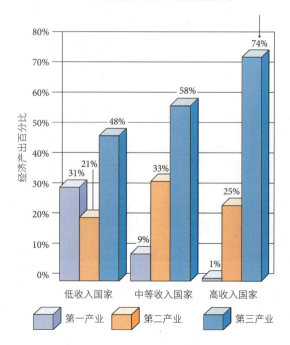

● 在像美国这样的高收入国家中，四分之三的工作都属于第三产业或者服务业。

图 17-1　不同收入水平国家的经济产业规模

随着国家收入的提高，第一产业比例变得越来越小，而第三产业或者服务业比例变得越来越大。

资料来源：World Bank（2017）。

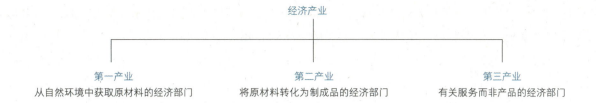

经济产业

第一产业
从自然环境中获取原材料的经济部门

第二产业
将原材料转化为制成品的经济部门

第三产业
有关服务而非产品的经济部门

## 全球经济

新信息技术促进了全世界人们的紧密联结，形成了**全球经济**（global economy），即跨越国界的经济活动。全球经济的发展带来了五个主要影响。

第一，出现了劳动的全球分工：世界不同地区专注于某一产业的经济活动。世界上最贫穷的国家约有一半的劳动力从事农业，世界上最富裕的国家的主要劳动力都从事服务业。这种模式意味着世界上最贫穷的国家专门生产原材料，而最富裕的国家则专门从事服务生产。

第二，越来越多的产品生产不止通过一个国家完成。不妨看看你早上的咖啡：咖啡豆可能是在哥伦比亚种植的，是用在利比里亚登记的、由日本的造船厂利用韩国生产的钢材制造的货船，以委内瑞拉的石油为燃料运送到新奥尔良市的。

第三，一国政府不再能控制本国国界内发生的经济活动。事实上，政府甚至不能调控本国的货币价格，因为美元、欧元、英镑、日元的交易无时无刻不在纽约、伦敦和东京的金融市场进行着。

第四，少数跨国经营的企业现在控制着相当一部分的世界经济活动。最新的数据表明，2000 家最大的跨国企业（销售额约 35 万亿美元）几乎占了全球经济产出的一半（World Bank，2017）。

第五，经济全球化使我们更关注工人的权利和机遇。全球化趋势的批评者宣称美国正在被低收入国家夺去工作——尤其是工厂工作。这意味着美国的工人面临更低的工资和更高的失业率，而国外的许多工人也只能得到极低的工资。因此批评者认为，资本主义的全球扩张威胁着全球工人的福祉。

全球仍然被划分为 197 个政治独立的国家。然而，不断增长的全球经济活动使得国家的地位甚至不如 10 年前。

# 经济体系：通往公正之路

17.2　评估资本主义和社会主义经济的运行情况

每个社会的经济制度都通过判定什么人有什么权利来体现自己的公正性。两个一般性的经济模式是资本主义和社会主义。但世界上任何一个国家的经济都不是完全纯粹的资本主义或社会主义，资本主义和社会主义代表的是所有真实世界经济组成的连续统的两个极端。下面我们将依次讨论这两种模式。

## 资本主义

**资本主义**（capitalism）是自然资源以及商品和服务的生产方式为个人私有的经济体系。理想的资本主义经济有三个显著特征。

1. 财产的私人所有制。在资本主义经济中，个体几乎可以拥有任何东西。经济越资本主义化，能够创造财富的财产，如工厂、房地产以及自然资源等，就越为私人所有。

2. 追求个人利益。资本主义社会追求创造利润和财富。利润是人们寻找新职业、创办新企业或是改进产品的动机。挣钱被认为是经济生活的自然方式。值得一提的是，苏格兰哲学家亚当·斯密（Adam Smith，1723—1790）主张个人追逐自身利益将带来整个社会的繁荣（Smith，1937，orig. 1776）。

3. 竞争与消费者选择。纯粹的资本主义经济是无政府干预的自由市场经济（有时被称为自由放任主义经济 [laissez-faire]，该词源自法语，意为"不干预"）。亚当·斯密认为，自由竞争经济通过市场供需关系的"看不见的手"调节自身。

斯密解释道，消费者通过选择最大价值的商品和服务来调节自由市场经济。当生产者为争夺消费者的生意而竞争时，他们将以最低的可能价格提供最高质量的商品。用斯密的名言来说，狭隘的自利带来的是"为最多的人谋求最大的幸福"（greatest good for the greatest number of people）。而另一方面，政府对经济的控制降低了商品的数量与质量，扭曲了市场的力量，使得消费者从中受损。

"公正"在资本主义体系中就是市场自由，个体能够根据自我利益去生产、投资和消费。本章开头描述的沃尔玛的扩张反映了这样一个事实：沃尔玛的消费者认定他们在那里消费时获得了很多。

美国被认为是一个资本主义国家，因为其大多数的企业都是私有的。然而，美国并非纯粹的资本主义国家，因为政府在经济中发挥着相当大的作用。政府拥有并经营着许多企业，包括美国几乎所有的学校、公路、公园和博物馆、美国邮政、美国国家铁路客运公司以及整个美国武装部队。美国政府也在建设互联网方面发挥了重要作用。此外，政府还利用税收和其他调控手段影响企业的生产，控制商品的质量与成本，鼓励消费者保护自然资源。

美国政府也设立了最低工资水平、执行工作场所安全标准，监管企业兼并，提供农业价格支持，并以社会保障、公共援助、助学贷款以及退伍军人津贴的形式补贴大多数公民的收入。2017 年，地方、州以及联邦政府加起来是全美最大的雇主，他们雇佣了全国 16% 的非农劳动力（U.S. Department of Labor，2017）。

## 社会主义

**社会主义**（socialism）是自然资源以及商品和服务的生产方式为集体所有的经济体系。理想的社会主义经济否定资本主义的三大特征而具有三个完全相反的特征。

1. 财产的集体所有。社会主义经济限制财产私有权，尤其是用以增加收入的财产。政府控制这样的财产，并为所有人提供住房和其他产品，而非仅向有钱人提供。

2. 追求集体目标。个人主义的利益追求与社会主义的集体取向背道而驰。资本主义赞美的"企业家精神"被社会主义谴责为过于贪婪，个体被要求为所有人的共同利益工作。

3. 政府控制经济。社会主义反对资本主义的自由放任，实行由政府运作的中央管控或计划经济。因此，商业广告在社会主义经济中几乎没有作用。

"公正"在社会主义语境下意味着以大致平等的方式满足每个人的基本需求，而非为获得财富而竞争。依据社会主义，尽可能少地支付工人工资和福利来增加公司的利润这种常见的资本主义实践，是将利润置于人之上，是不公正的。

委内瑞拉、古巴、朝鲜、中国，以及亚洲、非洲和拉丁美洲的其他 19 个国家建立了社会主义经济体系，将主体生产力置于国家控制之下（The Wall Street Journal/Heritage Foundation，2017）。20 世纪 90 年代，随着东欧和苏联的大多数国家将其经济转向了市场体系，社会主义有所衰退。但是在近期，玻利维亚、委内瑞拉、厄瓜多尔以及南美洲其他国家的选民已经选出了正将他们本国的经济推向社会主义方向的领导人。

**社会主义与共产主义**　很多人认为社会主义与共产主义是一回事，但事实并非如此。**共产主义**

（communism）是社会所有成员享有社会平等的一种经济与政治体系。卡尔·马克思将社会主义看作是通往理想的、废除所有阶级分化的共产主义社会的必经之路。今天许多社会主义国家的执政党都标榜自己是共产主义者，然而，共产主义目标还没有在任何国家得到实现。

为什么？首先，社会分层涉及权力和财富的差异。社会主义社会已经通过宏观调控缩小了经济差异。但在这个过程中，政府并没有像马克思预想的那样"衰退"；相反，政府变得更为强大，赋予社会 主义政治精英极大的权力。

马克思可能同意共产主义社会是一个乌托邦（希腊语，意为"不存在的地方"）。然而马克思认为共产主义是一个有价值的目标，并且他可能会批判某些所谓的马克思主义社会，因为它们没有兑现共产主义承诺。

**资本主义**
自然资源以及商品和服务的生产
方式为个人私有的经济体系

**社会主义**
自然资源以及商品和服务的生产
方式为集体所有的经济体系

**共产主义**
社会所有成员享有社会平等的
一种经济与政治体系

## 福利资本主义与国家资本主义

一些西欧国家，如瑞典和意大利，实行市场为基础的经济制度但同时也提供广泛的社会福利计划。分析家称这种经济体系为**福利资本主义**（welfare capitalism），即将基本的市场经济与广泛的社会福利联结起来的经济与政治体系。

福利资本主义的政府拥有一些大型工业和服务业，如交通、大众传媒和医疗保健。在希腊、法国和瑞典，几乎一半以上的经济生产都是"国有化"的或是由国家控制的，大量私有的产业服从于广泛的政府调控。高税率（尤其针对富人）为包括全民医疗保健和儿童照管在内的广泛社会福利计划提供资金。例如，在瑞典，政府提供的社会服务占所有经济产出的27%，这比美国的19%要高得多（OECD，2017）。

资本主义和社会主义的另一种结合是**国家资本主义**（state capitalism），即企业为私人所有但与政府紧密合作的经济与政治体系。国家资本主义在环太平洋国家很多见。日本、韩国、新加坡都是资本主义国家，但是它们的政府与大公司合作，提供财政补助并控制外国进口，帮助其在世界市场上竞争。

**福利资本主义**
将基本的市场经济与广泛的社会福利联结起来的经济与政治体系

**国家资本主义**
企业为所有但与政府紧密合作的经济与政治体系

## 资本主义和社会主义的比较优势

哪种经济体系更好？很难比较，因为各国都在不同程度上结合了资本主义和社会主义。此外，各国在对工作的文化态度、自然资源的使用、技术发展水平、贸易类型上也不尽相同。尽管有种种复杂因素，我们仍然可以进行一些简单的比较。

**经济生产力** 经济成果的一个重要维度是生产力。普遍使用的经济产出指标是国内生产总值（GDP），即一国一年内生产的所有商品和服务的总值。人均GDP使我们能够比较不同人口规模国家的经济运行情况。

资本主义国家的产出在 20 世纪 80 年代末——东欧剧变与苏联解体之前——尽管有所不同，但是平均约为人均 13500 美元，相同的指标在社会主义国家苏联以及东欧为约 5000 美元。这意味着资本主义国家与社会主义国家在该指标上的比率为 2.7 ：1（ United Nations Development Programme，1990 ）。最近对社会主义朝鲜（人均 GDP 估计值为 1800 美元）和资本主义韩国（人均 GDP27221 美元）的比较则体现出更强烈的对比（Central Intelligence Agency，2017；World Bank，2017 ）。

**经济平等**  资源在人口中的分配是衡量经济体系运行的另一重要维度。20 世纪 70 年代中期学者在欧洲进行过一个比较研究，当时的欧洲分裂为资本主义和社会主义两个阵营，研究对比了各国最富有的 5% 和最贫困的 5% 人口的收入差异（Wiles，1977 ）。资本主义社会的收入差异比约为 10 ：1；而社会主义社会约为 5 ：1。换句话说，资本主义经济提供更高的总体生活水平，但也带来更大的收入不平等，社会主义经济创造更多的经济平等，但总体生活水平较低。

**个人自由**  评估资本主义和社会主义仍需考虑的是社会给予公民的个人自由。资本主义强调追逐私利的自由，其取决于生产者和消费者在几乎没有国家干预下的互动能力。相比之下，社会主义强调基本需求的自由。平等的目标要求国家控制经济，这反过来又限制了公民的个人选择和机会。

是否有一个社会能够同时提供政治自由和经济平等？在资本主义美国，政治体系保证了许多个人自由，但是经济生产了很多的不平等，自由对于穷人和富人来说价值并不相同。相比之下，朝鲜或者古巴拥有更多的经济平等，但人们缺乏言论自由或在国内外旅行的自由。也许最接近"两者皆有"的国家是丹麦，在那里福利资本主义将市场经济与为所有公民提供福利的众多政府计划联结在一起。

## 社会主义与资本主义国家的变迁

1989 年和 1990 年，第二次世界大战末曾被苏联占领的东欧各国推翻了它们的社会主义政权。这些国家——包括民主德国、捷克、斯洛伐克、匈牙利、罗马尼亚和保加利亚——在国家控制经济几十年之后都转向了资本主义市场体系。1991 年，苏联正式解体，许多苏联的共和国都引入了一些自由市场原则。十年之内，苏联四分之三的国有企业部分或全部实现了私有化（Montaigne，2001 ）。

东欧剧变有很多成因。首先，资本主义经济比它的社会主义对手拥有高得多的产出。社会主义经济在取得经济平等上很成功，但与西欧国家相比，其生活水平相对较低。第二，苏联的社会主义在社会生活的许多方面都进行了计划管理。总之，社会主义像卡尔·马克思预言的那样废除了经济精英，却如马克斯·韦伯所预见的那样，增加了政治精英的权力。

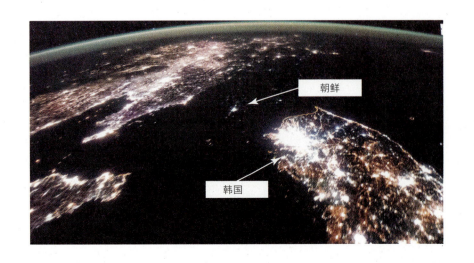

直接比较资本主义和社会主义的经济运行状况是困难的，因为各国在很多方面存在差异。但是这幅社会主义朝鲜和资本主义韩国的夜间卫星图向我们展现了这两个国家在用电量上的不同。用电量正是经济活动和生活水平的一大指标。

迄今为止，东欧的市场改革进展不一。一些国家，如哈萨克斯坦、乌兹别克斯坦以及土库曼斯坦，有着丰富的石油和天然气储备，在全球经济衰退中依然发展得不错，尽管近期的石油价格下跌已经动摇了它们的经济根基。另一些国家，包括立陶宛、拉脱维亚和阿塞拜疆，面临着经济萎缩以及不断上升的失业率。几乎所有的前社会主义国家，市场经济的引入都带来了经济的发展以及经济不平等的加剧（Ignatius，2007；Pew Research Center，2011；World Bank，2017）。

一些其他国家在近期开始转向更为社会主义的经济。从 2005 年开始，曾经的农民、工会领袖以及社会活动家埃沃·莫拉莱斯（Evo Morales）就一直担任玻利维亚的总统。他的当选使得玻利维亚进入到了包括厄瓜多尔、委内瑞拉、巴西、智利以及乌拉圭在内的国家群，这些国家都正将它们的经济转变为社会主义经济。每个国家开始转变的原因各不相同，但是相同的一个因素是经济不平等。例如在玻利维亚，近几十年来经济生产有所增长，但是大多数的利益都流向了富有的商业精英，相比之下，该国一半以上的人民仍然过着非常贫困的生活（Howden，2005）。近些年，委内瑞拉因为低油价和整体经济表现不佳而经历了一场全国性的危机，使得大多数人生活举步维艰（Gillespie，2017）。

# 美国后工业经济中的工作

### 17.3　分析美国的就业和失业模式

经济变革不仅发生在社会主义世界，也发生在美国。2017 年，美国共有 1.53 亿人（占 16 岁及以上美国人口的 60%）为收入而工作。男性工作的比重（66%）要高于女性（55%），这一差距随着时间的推移保持稳定。在男性中，62% 的非裔美国人被雇佣，而白人和拉美裔的这一比例分别为 69% 和 77%。女性中，59% 的非裔美国人被雇佣，相对于 56% 的白人和 57% 的拉美裔美国人。无论是男性还是女性，亚裔美国人被雇佣的比例都是 62%（U. S. Department of Labor，2017）。

## 农业劳动的衰落

1900 年，大约 40% 的美国劳动者是农民。2016 年，仅 1.6% 的劳动者从事农业。尽管近年来家庭农场有所复苏——这反映了有机食物和当地种植食物的不断流行——更明显的趋势是，家庭农场在一个世纪前就已经为农业综合企业（corporate agribusiness）所取代。现在土地的生产率更高，但这种变迁在整个美国都带来了痛苦的适应过程，因为美国传统的生活方式丧失了（Dudley，2000；Carlson，2008）。图 17-2 表明，在 20 世纪，第一产业在美国经济中的作用不断萎缩。

## 从工厂工作到服务工作

一个世纪之前，工业化壮大了蓝领工作者的队伍。然而从 1950 年开始，一场白领革命将大多数劳动者转向服务性岗位。到 2016 年，超过 80% 的劳动力在服务业工作，而美国几乎所有的全新工作岗位也出现于服务业（U.S. Department of Labor，2017）。

正如第十二章（"美国的社会阶级"）所解释的那样，服务业工作的扩张正是美国被称为中产阶级国家的一大原因。但是许多服务工作——包括销售和文秘职位以及医院和餐馆的工作——其报酬比原来的工厂工作要低得多。这意味着，今天后工业社会的许多职业仅能提供中等的生活水平。女性和其他少数族裔，以及许多刚开始职业生涯的年轻人，最有可能去从事低薪的服务工作（Kalleberg et al.，2000；Greenhouse，2006）。

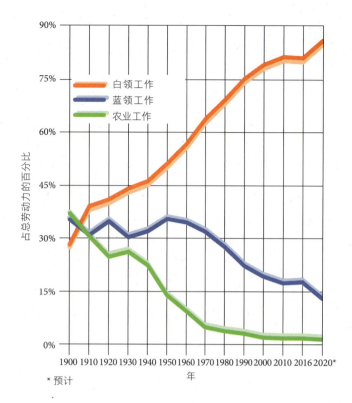

图 17-2　1900—2016 年美国职业类型的变迁

　　一个世纪前，当时的经济涉及大量工厂和农场劳动，相比之下，现在美国的谋生手段主要是白领的服务型工作。

资料来源：U.S. Department of Labor（2017）。

## 二元劳动力市场

　　社会学家将现代经济中的工作分为两个类别。**初级劳动力市场**（primary labor market）提供能给劳动者带来广泛的利益的工作。这一劳动力市场包括传统的白领专业工作，如医药和法律以及高层管理职位。人们通常将这些工作视为事业——能带来高收入、工作保障和晋升机会的有意思的工作。

　　**次级劳动力市场**（secondary labor market）几乎没有这些好处，其提供的工作仅给予劳动者最低限度的利益。这些劳动力受雇于低技术、蓝领生产线操作以及低层次的服务性工作，包括文员职位。在次级劳动力市场工作的劳动者收入较低，工作保障和福利较少，对工作的满意度也较低。女性与其他少数族裔在次级劳动力市场中的比例一直过高（Nelson，1994；Kalleberg et al.，2000）。

| 初级劳动力市场 | 次级劳动力市场 |
| --- | --- |
| 提供能给劳动者带来广泛的利益的工作 | 提供的工作仅给予劳动者最低限度的利益 |

## 工会

　　美国经济的一大变迁是工会的衰退。**工会**（labor unions）是指通过谈判与罢工等手段寻求改善工人工资水平和工作条件的工人组织。20 世纪 30 年代的大萧条时期，工会成员数量增长迅速，到 1950 年时，三分之一以上的非农劳动者都是工会成员。工会成员数量在 1970 年左右达到顶峰，接近 2500 万。从那时起，工会成员占比开始下降到约占非农劳动者的 11%，约有 1460 万男性和女性劳动者。仔细观察会发现，34% 的政府工作人员是工会成员，而在私营部门（非政府部门）的劳动者中该比例仅为 6%。美国大约一半的工会成员在私营部门，一半则是政府雇员（U. S. Department of Labor，2017）。

其他高收入国家的工会也同样在衰退，但工会声称其他国家的工会成员比例远比美国要高。工会成员比例在日本大约为 18%，在大多数的欧洲国家为 15%~40%，在加拿大为 26%，在芬兰则高达 69%（OECD，2017）。

工会成员数量的普遍下降并不意味着很多人不喜欢工会。正相反，调查显示，大约 60% 的美国成年人对工会印象良好（Maniam，2017）。工会成员数量的减少反映的是经济中工业部门的萎缩。新兴服务工作——如在本章开头所描述的沃尔玛这样的零售商做销售工作——普遍没有工会。低廉的工资以及众多劳动者的抱怨，使工会一再试图组织沃尔玛的雇员，但是迄今为止工会未在任何一家店面取得成功。最终，成员数量的长期增长可能要看工会适应新的全球经济的能力了。习惯于将外国工人当作"敌人"的美国工会成员将不得不建立新的国际联盟（Dalmia，2008；Allen，2009；Greenhouse，2015）。

工会在经济中的力量在很大程度上取决于规范工会组建的法律。纵观美国的历史，即使员工想要组建工会，公司也不是必须承认工会代表工人。工会获得代表工人的权利的常用策略是"大多数注册"，这是指，如果某一公司的大多数工人都签署了姓名，表示他们想要组建一个工会，那么公司就必须承认工会，所有的工人都要支付工会费，而工会将代表所有工人。工会捍卫这一政策，认为这一政策符合民主，而且能够阻止某些工人不对工会表示支持就享受工会赢得的权益。

这一策略的反对者支持不同的政策，通常被称为"工作权利"法。这一法律允许工会代表工人，但是禁止工会将要求所有工人加入工会并支付会费作为在公司工作的条件。换句话说，所有人都有"工作权利"，不管他们是否想要加入工会。

从 2011 年开始，几个州限制政府雇员工会影响的做法吸引了全美的关注。争论的一方宣称，政府雇员的高工资和高福利可能会导致州财政破产。而争论的另一方则宣称，这些福利是那些从事重要且常常伴随危险的工作但报酬微薄的人应得的。此外，批评者指控某些政治领导正试图摧毁工会运动。"争鸣与辩论"专栏提供了更多详细的信息。

## 专业职业

今天，许多类型的工作都被称为专业职业——我们听过专业网球选手、专业家政清洁甚至专业（有害生物）扑杀者。与业余爱好者（amateur，源自拉丁语"爱好者"，意为某人出于对活动本身的热爱而从事某项活动）不同，专业人士（professional）为谋生而工作。但这一词是否包含更多的含义？究竟什么才算专业呢？

**专业职业**（profession）是指需要广泛正式教育的有声望的白领职业。从事这类工作的人会以此为业，或公开声明表示他们愿意按照某些道德原则工作。专业职业包括神职、医药、法律、学术、建筑、会计以及社会工作。某一职业是否是专业职业取决于其是否满足以下四个基本特征（Goode，1960；Ritzer & Walczak，1990）。

1. 理论知识。专业人士对其领域有着理论性的理解，而不仅仅局限于技术训练。例如，任何人都掌握急救知识，但医生对人体健康有着理论性的理解。这意味着网球选手、家政清洁以及扑杀者事实上并非专业人士。

2. 自我管理实践。典型的专业人士是自雇的，"私人执业"，而非为公司工作。专业人士以一系列职业伦理规范监管自己的工作。

3. 客户之上的权威。因掌握专业知识，专业人士受到客户的青睐，后者重视他们的建议并遵循他们的指示。

4. 社区导向而非自利导向。传统的专业人士职责要求他们以服务他人为目标而非仅追求个人收入。

在几乎所有案例中，专业职业不仅需要大专学历，更需要大学学位。因此，如图 17-3 所示，初入职场的

# 争鸣与辩论

## 2011 年的大工会之战：平衡预算还是向劳动者开战？

"我们将要改革政府"，俄亥俄州州长约翰·卡西奇（John Kasich）在 2011 年 3 月 8 日他的第一次"州情咨文"演讲中这样告诉州议员。而当他演讲时，超过 1000 名消防队员（政府雇员）就堵在州议会门外的大厅里，他们齐声高呼："否决这个提案！否决这个提案！否决这个提案！"

到底发生了什么？俄亥俄州面临危急的经济状况——州政府负债 80 亿美元。卡西奇州长认为巨额赤字的一大根源在于之前州政府与政府雇员（包括消防队员、警察和教师）工会达成的协议。

在卡西奇看来，问题在于这一制度给了政府雇员工会过多的权力，以至于可能使州政府破产。在这一制度下，工会有效地使每一个政府雇员都加入工会，并且以工资代扣的形式支付大量的会费。这些会费使得工会有了大量的政治力量来选举出来自民主党的领导者，在过去，这些领导者签署了使得政府雇员收入远超私营部门劳动者，而同时州政府也根本无力负担的劳动合同。卡西奇和共和党人控制的州政府在 2011 年推动的改革保留了政府雇员工会对工资的集体谈判权，但是不再允许工会以此牟利。此外，工资将与绩效为基础的奖励制度而不是与资历相挂钩，也不再允许政府雇员工会进行罢工。

国际消防员协会的哈罗德·斯卡尔特伯杰（Harold Schaltberger）认为这些"改革"说到底就是对工会开战。他声称这些拟定措施"将让我们退回到根本不存在真正工人权利的时代"。结果，工会组织了声势浩大的行动来推翻俄亥俄州的新法律。2011 年的秋天，大多数选民支持工会的立场，他们成功了。

在威斯康星，斯科特·沃克（Scott Walker）凭借着通过削减政府雇员工会的权力来减少州赤字的施政纲领在 2010 年当选为州长。2011 年 3 月 11 日，他签署了已经由州议会通过的法案来限制政府雇员对工资（非津贴）的集体谈判，限制工资增长率超过通货膨胀率，并且降低了州政府为他们的医疗保健和退休养老金缴款的比例。这项已经在法庭上受到挑战的新法律也赋予政府雇员加入或者不加入工会的权利。和俄亥俄州一样，工会也试图将斯科特·沃克赶下台来阻止这一新法律。但是，在威斯康星，结果是工会失败了：沃克赢得了 2012 年的罢免选举，威斯康星也于 2015 年通过了"工作权利"法。

由于许多州——以及联邦政府——都面临巨额的财政赤字，近期围绕政府雇员工会的这些冲突在未来很可能会在全美各地重演。到 2017 年，已有超过一半州颁布了"工作权利"法。

### 你怎么想？

1. 你认为是否所有的劳动者——包括政府雇员——都有权组建工会吗？为什么？

2. 政府雇员应该与私营部门的劳动者获取大体相同的工资和福利吗？在日常工作中面临危险的消防队员和警察呢？

3. 你同意卡西奇州长或是沃克州长削减工会的权力，还是站在工会一边希望其仍然强盛？为什么？

资 料 来 源：Gray（2011），Murphy（2011），Rasmussen（2011），Ripley（2011），Sulzberger（2011），Kelleher（2012），National Conference of State Legislatures（2017）。

大学生表明他们希望在毕业后从事专业职业的比例很高也就不足为奇了。

很多职业并非真正的专业职业，但是可能会寻求其服务的专业化。声称自己有专业地位通常始于对工作进行重新命名，以暗示工作要求的知识的专业性、理论性，使该工作摆脱原来缺少声望的处境。于是仓库管理员变成"存货供应经理"，扑杀者改名为"昆虫防治专家"。

## 了解我们自己

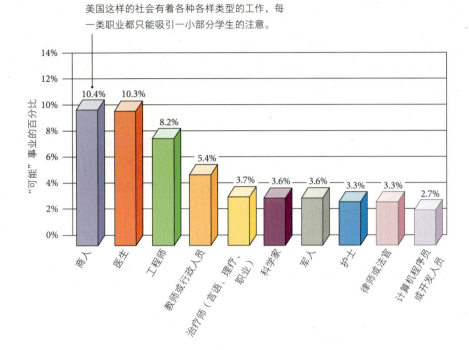

美国这样的社会有着各种各样类型的工作，每一类职业都只能吸引一小部分学生的注意。

图 17-3　2015 年大学一年级新生最"可能"视为事业的职业

今天的大学生期望从事报酬高且声望高的职业。

资料来源：Eagan et al.（2016）。

兴趣团体也可能会形成专业协会来证明他们的技能和伦理准则。这些组织随后会进行成员认证、制订伦理规范，并强调工作在社群中的重要性。为获得公共认可，专业协会也可能开办学校或其他训练机构，并创办专业期刊。但并非所有职业都试图要获得专业地位。一些辅助性专职人员，包括律师助理和医疗技术人员，拥有专业技能，但是缺乏正式专业人士所要求的广泛的理论教育背景。

### 自我雇佣

自我雇佣——不通过为宏大组织工作来谋生——曾经在美国很普遍。在 1800 年，大约 80% 的劳动力都是自我雇佣的，而今天，这一比例仅为 6%（男性 7%；女性 5%）（U.S. Department of Labor，2017）。

律师、医生以及其他专业人士是自我雇佣的典范。但是大多数的自我雇佣者是小企业主、水管工、木匠、自由撰稿人、编辑、艺术家以及长途卡车司机。总之，自我雇佣者更有可能从事蓝领工作而非白领工作。

女性创办了美国 36% 的企业，而且该比例还在不断上升。美国女性拥有的 1000 万家公司雇佣了近 9% 的劳动力，每年产出 1.4 万亿美元的销售额（U.S. Census Bureau，2016）。

### 失业与未充分就业

每个社会都存在一定程度的失业现象：刚进入劳动力队伍的年轻人很少能马上找到工作，劳动者可能会放弃现有的工作去寻找新工作或是在家带小孩，有些人可能在罢工或者罹患长期疾病，当然还有些人缺乏技能以从事有用的工作。

但失业并不仅仅是一个个人问题，它也是由经济所引发的。随着职业变得不再被需要或是公司改变运营方式，工作岗位就会消失。例如，近年来，美国制造业的岗位数量有所下降，健康保健领域的工作岗位有所增加。

很多企业会为了增强竞争力而精简人员，还有些企业因国际竞争而倒闭。所有企业都受到了经济衰退的影响。在近些年的经济危机中，美国有数百万个工作岗位消失了，失业率几乎在所有经济领域攀升。不仅是蓝领工作者，就算是过去通常能经受住经济衰退影响的白领工作者，也在这一次的经济低迷中失去了工作。

2008 年，当美国陷入经济危机的时候，700 万的 16 岁及以上人口失业，约占美国劳动力的 4.6%。随着经济危机加剧，失业率一下子冲到了 10% 以上。但是到 2017 年 3 月，失业率回落到了 4.5%，官方报告有 720 万人处于失业状态（U.S. Department of Labor，2017）。

当然，美国各地的失业率并不相同。西部各州受到了近期经济衰退的重击，但是中部的平原地区表现得稍好一些。另外，官方统计数据很可能低估了失业的程度，因为放弃寻找工作的无业者并不会被计入官方失业率统计。因此，美国实际的无业人口几乎能肯定超过了 2000 万，实际的失业率大约为 13%。

美国某些人口类别的失业率高于其他类别。图 17-4 表明，2016 年非裔美国人的失业率（8.4%）大约是白人失业率（4.3%）的两倍。这在男性和女性中，在各个年龄组中，皆是如此。白人青少年和黑人青少年的差距尤为明显。学历也是重要的影响因素。对所有人口类别而言，避免失业的最佳办法之一都是获得一个大专学历：正如图 17-4 所示，大专毕业生的失业率仅为全国平均水平的一半（Smialek & Laya，2017；U.S. Department of Labor，2017）。

对于失业者而言，重新找一份工作极具挑战性。失业时长的中位数为 11 周，这意味着有一半失业者的失业时长比 11 周更长。而失业时长的均值是这个数值的两倍以上——28 周，这表明有很多劳动者失业长达一年，甚至更久。总之，美国社会现在面临着长期失业（extended unemployment）的问题，失业不仅大幅蔓延，而且持续时间比过去都更长（U.S. Department of Labor，2017）。

未充分就业也是数百万劳动者面临的问题。在这个美国经济中充斥着公司破产、大银行倒闭、企业裁员

## 多样化快照

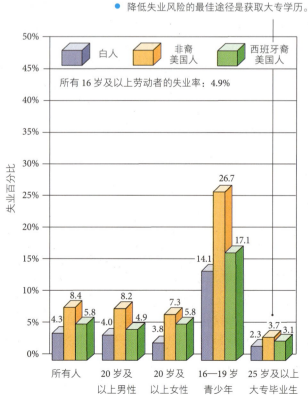

图 17-4　2016 年美国各类人口的官方失业率

尽管大专毕业生的失业风险很低，但种族仍是各类人口失业的重要原因。

资料来源：U.S. Department of Labor（2017）。

的 年代，数百万的劳动者——他们很幸运地保有自己的工作——只能获取更低的薪水、更差的福利（如医疗保险）、更少的养老金。国际竞争不断加剧，劳动者组织被不断削弱，再加上经济衰退，很多人想要保住自己的工作就只能同意削减工资或是减少福利（Gutierrez，2007；McGeehan，2009）。

此外，政府报告显示，超过 2600 万人仅仅从事兼职工作，即每周工作时间少于 35 小时。很多人做的是传统职业的兼职工作。但是越来越多的兼职劳动者就业于所谓的零工经济（gigeconomy），包括在优步（Uber）和来福车（Lyft）平台上担任司机，或是在爱彼迎（AirB&B）上出租房间（Hathaway & Muro，2016）。尽管大多数兼职劳动者表示他们满足于这样的工作，但仍有 21% 表示他们想要做更多的工作，只是没有办法找到（U.S. Department of Labor，2017）。总之，大约每五个劳动者中就有一个工作时间少于预期，处于失业状态正寻找工作，或是变成完全放弃的"丧志劳动者"（discourage worker）。

## "失业型复苏"

经济呈周期性运行，有兴盛期也有衰退期，我们通常称之为"繁荣与萧条"（boom and bust）。在过去，经历了经济衰退期的高失业率之后，好日子通常会到来，带来大量的工作岗位，失业率在几年之内就会快速下降。

然而在这一轮经济周期中，就业状况却没有很快恢复。企业利润已经恢复到衰退期之前的水平了，但是美国企业现在减少了大约 700 万雇员。这一对劳动力需求的削减给失业率带来极大的压力。形成这一状况——有时我们称之为"失业型复苏"——的一大原因是，早在经济危机之前，企业就已经在想尽办法减少劳动力。计算机技术使得更少的员工可以做更多的工作，而自动化和机器人的使用可以在不雇佣人员的情况下完成工作（Miller，2016）。在很多情况下，也只是少量员工需要做更多的工作。此外，公司还雇用了很多临时工。

第二，越来越多的公司在海外开设工厂或是办公中心——通常在中国、印度或是巴西，那里的工资与福利成本要低很多。在某些国家，劳动者大约只能挣得美国劳动者所得的 10%。正因为如此，许多跨国企业获得了创纪录的利润，却几乎不需要在美国增加工作岗位。

第三，美国经济的增长速度不够快——并且这已经持续很多年了——以至于其无法吸收所有正在寻找工作的劳动者。这就是为什么政府报告中会说，每一个新增的工作岗位都有若干个求职者在进行争夺。特朗普总统承诺要促进经济增长，但是这一承诺尚未兑现。

第四，从全球化的角度来看，美国的劳动者太贵，但对于今天的经济而言，技术水平却不够高。也许正如某些分析家指出的那样，如果要让美国的失业率维持在合理的较低水平，就必须对教育和职业培训进行大规模的投资（Wessel，2011；Zakaria，2011；Conference Board，2016）。

## 地下经济

美国政府要求个人和企业报告他们的经济活动，尤其是收入。未报告的收入就形成**地下经济**（underground economy）的一部分，即未按照法律要求将收入上报给政府的经济行为。

经济正变得越来越繁荣，但是就业却没有回到经济危机前的水平。电视剧《衰姐们》（Girls）讲述了刚毕业的大学生在纽约市的日常生活，她们干着低薪工作，同时追求着自己的梦想。

# 思考多样性：种族、阶级与性别

多样化的 2024 年：工作的变迁

美国少数族裔人口的增长趋势正在为工作状况带来改变。如图所示，美国劳动力中非拉美裔白人男性的数量到 2024 年会降低 4%，但同时，非裔美国男性数量将增长 9%，拉美裔美国男性数量将增长 26%，亚裔美国男性数量也将增长 22%。

非拉美裔美国白人女性到 2024 年预计会减少 2%，非裔美国女性将增长 11%，亚裔美国女性将增长 24%，而拉美裔美国女性数量的增长速度最快，估计为 30%。

到 2024 年，非拉美裔美国白人男性将仅占所有劳动力的 31%，这一数字还将继续下降。因此，接受社会多样性的企业将利用最大的人才库并且享有竞争优势，从而获取更高的利润（Harford，2008；U.S. Department of Labor，2015）。

接受社会多样性首先意味着不断吸收不同性别、种族和文化背景的劳动人才。而激发所有雇员的潜能则要求满足女性和其他少数族裔的需求，这些需求可能与白人男性的需求有所差异。例如，对于有小孩的女性劳动者而言，工作场所的儿童照护就是一个重大问题。

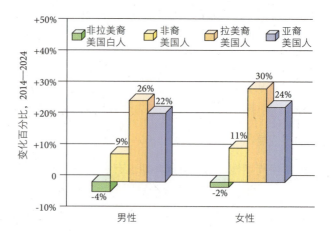

2014—2024 年美国劳动力数量的预期增长

　　预期来看，美国劳动力中少数族裔的比例会增加而非西班牙裔白人的比重会降低。
资料来源：U.S. Department of Labor（2015）.

第二，企业必须以有效的途径去处理好社会差异带来的张力。他们必须更努力地确保所有的劳动者都得到平等对待和尊重，这意味着对种族歧视或性骚扰零容忍。

第三，企业必须反思现行的晋升实践。最新的研究表明，财富 100 强企业中的董事，64% 是白人男性，36% 是女性或少数族裔。在 500 强最大的企业中，91% 的董事会主席是白人男性（Alliance for Board Diversity，2017）。在一项关于美国企业的调查中，美国平等就业机会委员会（U.S. Equal Employment Opportunity Commission，2017）发现非拉美裔美国白人男性占 20~64 岁美国成人的比例为 31%，却占据了 61% 的高级管理职位。非拉美裔白人女性的相应数据为 31% 和 25%，非裔美国人为 13% 和 3%，拉美裔美国人为 17% 和 5%。

你怎么想？

1. 美国工作的社会多样性增加，背后的原因是什么？
2. 你认为企业应该在哪些具体的方面支持少数族裔劳动者？
3. 在哪些环境（如学校）中，社会多样性正变得越来越重要？

大多数人时不时地在一些小的方面参与地下经济：家庭在车库售卖旧货来获得额外的收入，或是年轻人为邻居照看孩子却不上报所得。更多的地下经济来自犯罪活动，如卖淫、贿赂、偷窃、非法赌博、高利贷以及非法贩卖毒品。

然而对地下经济贡献最大的却是人们在填写所得税申报表时没有上报其部分或全部合法收入的人。木匠、医生和小企业主等自营职业者也许没有完全上报他们应缴税的收入；食品服务和其他服务人员也许不会上报他们的小费收入。就个人而言，每个人没有上报的都很少，但加在一起，美国的纳税人每年没有支付的联邦税高达 4580 亿美元（Internal Revenue Service，2016）。

## 工作场所多样性：种族与性别

过去，白人男性一直是美国劳动力的主力军。然而，美国的少数族裔人口比重迅速增长。非裔美国人口的增长速度高于非拉美裔白人，亚裔美国人口和拉美裔美国人口的增长速度甚至更快。

这一剧烈变迁可能会在无数方面影响美国社会。不仅越来越多的劳动者会是女性或少数族裔，而且工作场所将不得不发展各种满足社会多样性需要的项目和政策，鼓励每个人有效而相互尊重地一起工作。"思考多样性"专栏将更详细地讨论变迁中的工作所涉及的一些问题。

## 新信息技术和工作

7 月 2 日，纽约市提康德罗加。当地硬件商店的经理扫描了一袋商品的条形码。"计算机并不仅仅是进行成本总计，"她解释道，"它还跟踪库存，从仓库下订单，并决定哪种产品继续销售而哪种应该下架。""听起来很像是你过去常干的工作，莫林。"我笑着说。"是的。"她点头，却没有笑。

另一个工作场所的问题是计算机和其他信息技术的作用越来越大。信息革命正在很多方面改变着人们的工作（Rule & Brantley，1992；Vallas & Beck，1996）。

1. 计算机正在降低对劳动力的技能要求。就像工业机械取代了早期的手工艺人一样，现在计算机也威胁着管理者的技能。更多的商业运作不是基于管理决策而是计算机模型。换句话说，是机器在决定是否下订单、是否储存某种尺寸和颜色的服装，或者是否批准贷款申请。

2. 计算机正使得工作更抽象。大多数产业工人与他们的产品有直接接触。后工业时代的劳动者利用符号执行抽象任务，如让公司更有利可图，使软件更为人性化，或是将风险资产隐藏于金融"衍生品"中。

3. 计算机减少了工作场所的互动。随着劳动者在电脑终端前花的时间越来越多，他们相互之间也变得越来越孤立。

4. 计算机增加了雇主对工人的控制。计算机使管理人员可以持续不断地监控雇员的产出，无论后者是在计算机终端上工作还是在生产线上工作。

在今天的企业世界中，计算机正在改变着工作的性质，正如工厂在一个多世纪前所做的那样。基于计算机的工作在哪些方面不同于工厂工作？你认为在哪些方面两者又几乎是相同的？

5. 计算机允许企业重新部署工作。由于计算机技术使信息几乎能随时随地传播，今天经济中的符号工作也许会在我们意想不到的地方进行。我们都有这样的经验，用电话联系本地的企业（如酒店或书店），却发现我们正在和数千里外的计算机工作站的人通话。计算机技术使得许多工作——尤其是服务工作——可以被外包到工资更为低廉的其他地方去。

随着华尔街的广泛失败，也许将会出现一种趋势：不再让计算机来管理风险，而让商业决策的责任重新回到人的手中（Kivant，2008）。计算机与人都不完美，因此我们也许永远没有办法进入完美的世界。但是商业对计算机日益增长的依赖提醒我们，新技术永远不会是社会中立的。它改变了工作场所中人与人之间的关系，形塑了我们的工作方式，并且时时改变着雇主与雇员之间的权力平衡。因此，可以理解的是，人们接受信息革命的某些方面，却拒斥着另一些。

# 企业

## 17.4　讨论企业对美国经济的重要性

今天的资本主义经济的核心是**企业**（corporation），即包含权利和责任并与其成员相分离的依法存在的组织。成立企业使得组织成为法律实体，能够订立合同和拥有产权。全美超过 3300 万的商业中，580 万成立了企业（Internal Revenue Service，2017）。企业保护所有者的财产不受来自商业债务或损害消费者所导致的诉讼的影响，其同时会带来更低的企业利润税率。

### 经济集中制

大多数的美国企业都很小，资产不超过 50 万美元，因此，大型企业支配着美国的经济。2013 年，政府公布了 3266 家资产超过 25 亿美元的企业，这些企业的总资产占了所有企业资产总额的 81%（Internal Revenue Service，2016）。

美国销售额最大的企业是沃尔玛，其年销售额（2016 年为 4860 亿美元）相当于美国 43 个州的税收总额。

### 企业集团与企业联系

经济集中制已经创造了**企业集团**（conglomerate），即由大量小企业组成的巨型企业。企业集团作为一种企业形式进入新的市场，派生出新企业或者与其他企业合并。例如，百事（PepsiCo）是包括百事可乐（Pepsi-Cola）、菲多利（Frito-Lay）、佳得乐（Gatorade）、纯果乐（Tropicana）和桂格（Quaker）在内的企业集团。

很多企业集团因为相互拥有对方的股票而联结在一起，其结果是形成了规模惊人的世界性企业联盟。例如，在 2016 年，通用汽车公司不仅拥有雪佛兰、别克、凯迪拉克和 GMC，还拥有欧宝（Opel，德国）、沃克斯豪尔（Vauxhall，英国）、霍顿（Holden，澳大利亚）以及中国的若干新品牌。

企业
包含权利和责任并与其成员相分离的依法存在的组织

企业集团
是由大量小企业组成的巨型企业

企业还以"连锁董事会"（interlocking directorates）的方式联结在一起。连锁董事会是能主管多个企业的董事们组成的网络（Weidenbaum，1995；Kono et al.，1998）。这种董事会的联结使得企业能够获得其他企业产品和市场战略的宝贵信息。尽管完全合法，这种联合却容易鼓励非法行为的产生，如当所有企业都分享它们的价格策略时所形成的价格垄断。

## 企业：它们是竞争性的吗？

根据资本主义模型，商业是在一个竞争性市场下独立运行的。然而由于彼此之间存在广泛的联系，大型企业显然不是独立运行的。同时，一些大型企业支配着很多市场，因此，他们并非真正具有竞争性。

联邦法律禁止任何公司形成**垄断**（monopoly），即由单一生产商控制市场。因为如果没有竞争，垄断公司能轻易为它的产品制订任何它想要的价格。然而**寡头垄断**（oligopoly），即由少数生产商控制市场，却既合法又常见。由于进入一个主要市场——如汽车工业——所需要的巨额投资只有最大的企业才可能承担，因此寡头垄断不断增多。此外，竞争意味着风险，而大型企业总是规避风险的。虽然如此，我们也在近期发现即使是最大型的企业也不能幸免于经济危机，2009 年时，通用汽车就申请了破产。大型企业同样可能面临着愈发激烈的竞争，如美国的汽车工业就受到起亚和现代等公司的挑战。

垄断
由单一生产商控制市场

寡头垄断
由少数生产商控制市场

联邦政府从保护公众利益出发试图管制企业。然而从近来已经曝光的企业丑闻来看——最近一次是住房贷款业以及大量银行的倒闭——管制措施往往太少太迟，导致企业损害了数百万人的利益。美国政府是企业界最大的单一客户，在 2008 年和 2009 年，其介入并以数十亿美元的救助计划支持了大量陷入困境的企业。在经济不景气的时期，公众尤其倾向于支持政府对经济有更多的干预（Sachs，2009）。

## 企业与全球经济

企业发展如此之迅速，以至于今天它们几乎占据了世界经济产出的大部分。最大型的企业设在美国、日本和西欧，但它们的市场是整个世界。事实上，麦当劳和芯片制造商英特尔等许多美国大型企业其大部分资金都是在美国境外赚取的。2016 年，通用汽车 70% 的汽车销往美国以外的地区，尤其是巴西、俄罗斯、印度以及中国这些"新兴市场"（General Motors，2016）。

全球企业了解低收入国家拥有世界大多数的人口和自然资源。此外，其劳动力成本相当低廉，极具吸引力：墨西哥一个制造工人每小时的工资约为 5.9 美元，其工作一个星期的收入才和德国（平均每小时约 42 美元）或者美国（每小时 38 美元）劳动者一天的收入相当。

正如第十三章（"全球分层"）所指出的那样，跨国企业对不发达国家造成的冲击是具争议性的。现代化理论宣称跨国企业通过提供资本主义的巨大生产力，提升了贫困国家的生活水平，为这些国家带来了税收、新工作岗位以及先进技术，这些都加速了其经济的增长（Berger，1986；Firebaugh & Beck，1994；Firebaugh & Sandu，1998）。

依附理论则回应道，跨国企业阻碍了当地工业的发展，并将不发达国家推向了出口导向的货物生产而非以本地人为目标的食品及其他产品生产，因而加剧了全球不平等。从这一立场出发，跨国企业正在不断加剧不发达国家对发达国家的依附（Wallerstein，1979；Dixon & Boswell，1996；Kentor，1998）。

总之，现代化理论赞美市场，把市场作为使全世界所有人进步和富裕的关键，而依附理论则呼吁采取以政府为主导的经济政策部分地替代市场体系。

## 经济：展望

社会制度是一种让社会满足人们需求的方式。然而正如我们已经看到的那样，美国经济只是部分地实现了这一目标。多年来，美国的国民经济交替经历着扩张和衰退。无论在扩张期还是衰退期，美国经济提供给一部分人的利益总是要远远好于其他人的。

经济变迁背后的一个重要趋势是从工业工作转向信息革命创造的工作。首先，美国工业制造业的劳动力比例不到 1960 年的三分之一，服务工作，尤其是与计算机相关的工作，填补了这一空缺。对产业工人而言，后工业经济带来了失业率的上升和工资的下降。美国社会必须正视挑战，为数以百万计的男女劳动者提供他们在新经济中取得成功所需的语言和计算机技能。

近年来的第二个转变是全球经济的扩张。两个世纪以前，人们体验到的起落仅反映了当地的事件和趋势。一个世纪以前，社区因经济而联系在一起，所以一个城镇的繁荣需要依靠国内其他地方的人对其产品的需求。今天，我们不得不超越国家经济，例如，美国当地社区汽油价格的不断上涨与全球——尤其是中国和印度——石油需求不断增长紧密相关。作为生产者和消费者，我们现在需要对遥远且不可见的因素和力量做出应对。

最后，全球分析家都在反思传统的经济模型。全球经济表明社会主义比资本主义的生产率要低，这是东欧和苏联的社会主义政权崩溃的重要原因之一。但资本主义也有其自身的问题，如极度的不平等和大量的企业丑闻，这两个原因导致现在的经济受到政府的严格管控。

这些变迁的长期影响是什么？有两个结论看来是无疑的。第一，美国和其他国家经济的未来将在全球化背景下进行。随着越来越多的工业生产转移到其他国家，美国新的后工业经济已经浮现。第二，我们必须解决全球不平等和人口增长等相关问题。世界是缩小还是扩大贫富社会之间的差距也许决定着我们的星球是走向和平还是战争。

很多美国大型企业已经将生产工厂从美国迁往成本更低的其他国家。例如，福特公司在墨西哥的库奥蒂特兰伊斯卡伊开设了装配工厂。墨西哥的产业工人每小时赚大约 6 美元，而美国的产业工人每小时收入约为 38 美元。我们在哪些方面从这种制造工作的外包中受益？在哪些方面我们又受到了损失？

经济：展望

今天的经济面临着哪些挑战？

　　本章解释了经济是组织社会商品和服务的生产、分配以及消费的社会制度。毫无疑问，我们正处于经济不景气的时期。失业率居高不下，挣钱谋生比以前要困难很多，公众对于有保障的未来缺乏信心。正如米尔斯所述，我们面临的个人问题是深嵌于经济之中的。观察以下三张图片然后问你自己：当今经济的哪些变迁给现有的劳动力带来了挑战？

去一家购物中心走走，看看那里的产品都是哪里生产的。用不了多久你就可以发现一种模式：这一模式是什么？随着商品越来越多由国外生产，美国的制造业工作发生了怎样的变化？

你打过 800 服务热线吗？你想知道电话线那头的人在什么地方吗？并不是只有制造业的工作岗位转移到了国外。低廉的工资也使得企业将它们的许多服务性岗位（包括很多需要技能的办公室工作）重新部署在如印度这样服务业就业率急剧上涨的地方。总之，在我们称为"外包"的这一趋势中，还有谁是安全的？

先进技术使得我们的经济更为高效，是不是？通常而言，答案是肯定的。但新技术使得组织在更少雇员的条件下更为高效。你有没有上过"远程教育"的课程？在这些课程中，教授并没有和你在同一间教室中。计算机技术是如何使得大学能够以更少的教员来教授更多的学生的？

**提示**　工业生产已经从美国转移到那些工资更为低廉的国家。例如在中国，对工业工人仅需要支付美国工人工资的约10%。较低的劳动力成本是中国生产沃尔玛在全球门店销售的所有产品的三分之二的关键原因。中国的经济总量仍然不到美国经济的三分之二，但其劳动力却是美国的五倍。从2000年开始，中国的工业生产平均每年增长约10%。相比之下，美国的工业生产则基本保持平稳。印度的经济活动也在不断扩张，这个国家的服务业岗位出现了显著的增长，如前页图片中加尔各答的电话中心。回到美国，即便是如大学教授这样的高技术人才也在今天的经济中面临挑战。计算机技术可以让教授在更大的课堂里授课，也允许一个教员同时给在不同地方的多个教室的学生讲课。简言之，即便企业或组织变得越来越高产，也不总是意味着它们会雇佣更多的人，这正是失业和低工资等问题的根源。

## 从你的日常生活中发现社会学

1. 参观一家沃尔玛或塔吉特那样的平价卖场，或是去一家"购物中心"，在你感兴趣的区域做一些"田野"调查。选择10种产品，看看他们分别是在哪里生产的。你的结果能支持全球经济的存在吗？

2. 基于你在本章所学，请你对二十年后的工作和职业性质做出三个预测。即你觉得哪些趋势可能会继续？

3. 访问"社会学焦点"博客，你可以在那里阅读年轻社会学学者的最新文章，他们将社会学视角应用于流行文化的话题。

## 取得进步

### 经济：历史概观

#### 17.1 总结经济的历史变迁

在技术简单的社会，经济活动就是家庭生活的一部分。

农业革命（5000 年前）使得经济成为一种特定的社会制度，其基于：

•农业技术；

•职业分化；

•固定居所；

•贸易交换。

工业革命（约始于 1750 年）扩展了经济，其基于：

•新能源；

•工厂集中生产；

•专业化和大众生产；

•雇佣劳动。

后工业经济由信息革命所驱动，约始于 1950 年，其基于：

•工业工作向服务工作转变；

•计算机技术。

**第一产业**

•从自然环境中提取原材料。

•在低收入国家的重要性最明显（占经济的 31%）

如：农业、渔业、矿业。

**第二产业**

•将原材料转化为制成品。

•在低收入国家、中等收入国家和高收入国家经济中都占有重要的地位（21%—33%）

如：汽车制造业、服装制造业。

**第三产业**

•提供服务而不是产品。

•是低收入国家、中等收入国家和高收入国家最大的经济部门（48%—74%）。

如：秘书、销售、教师。

### 经济体系：通往公正之路

#### 17.2 评估资本主义和社会主义经济的运行情况

资本主义建立在财产私人所有制以及在竞争市场中对利润追逐的基础上。整体上，资本主义国家具有：

•更高的生产率；

•更高的总体生活水平；

• 更多的收入不平等；

• 基于自利行动的自由。

如：美国大体上采用资本主义经济体系。

社会主义建立在政府控制经济下的财产集体所有制的基础上。整体上，社会主义国家具有：

• 更低的生产率；

• 更低的总体生活水平；

• 更少的收入不平等；

• 来自基本需求的自由。

如：中国和委内瑞拉大体上采用社会主义经济体系。

在福利资本主义体系下：

• 政府拥有交通和大众传媒这样的大型产业；

• 大多数产业由私人所有，但是受到政府的高度管控；

• 对富人征收高税以便负担服务全民的广泛政府服务。

如：瑞典和意大利采用福利资本主义经济体系。

在国家资本主义体系下，政府通过以下方式与大型企业紧密合作：

• 提供财政支持；

• 控制外国进口。

如：日本和新加坡采用国家资本主义经济体系。

## 美国后工业经济中的工作

### 17.3　分析美国的就业和失业模式

• 农业工作的比例仅占 1.6%。

• 蓝领工作的比例下降到 17.5%。

• 白领服务业工作的比例上升至 81%。

• 初级劳动力市场的工作是提供高收入、高福利以及工作保障的有意思的工作。

• 次级劳动力市场的工作工资更低、工作保障更少、福利更少，提供的个人满意度也较低。

• 6% 的美国劳动者是自我雇佣的。

• 许多专业人士是自我雇佣的，但是自我雇佣者大多是蓝领。

• 失业有很多原因，包括经济本身的运行状况。

• 2016 年，4.9% 的美国劳动力处于失业状态。

• 年轻人和非裔美国人的失业风险最高。

信息技术正在改变工作以及人们的工作方式。计算机：

• 正在降低对劳动力的技能要求；

• 正使得工作变得更抽象；

• 减少了工作场所的互动；

• 加强了雇主对劳动者的控制；

• 允许公司重新部署工作。

## 企业

### 17.4 讨论企业对美国经济的重要性

企业形成了美国经济的核心。成立企业：

•使组织成为法律实体；

•保护所有者的财产不受针对企业的诉讼的影响。

•能够带来更低的企业利润税率。

最大型的企业，即企业集团，占据了绝大部分的企业资产和利润（例如，百事和通用汽车）。

•企业通过连锁董事会的形式联结。

•由于企业联结以及大型企业对部分市场的支配减少了竞争，联邦法律禁止垄断以及价格操纵。

许多大型企业跨国运作，形成跨国企业，在全世界生产和分配商品。

•现代化理论认为跨国企业通过提供更多的工作岗位和新技术提高了贫困国家的生活水平。

•依附理论认为跨国企业推动贫困国家生产出口商品，使其更加依赖富裕国家，从而加剧了全球的不平等。

# 第十八章
# 政治与政府

# 社会的力量

## 形塑我们的投票方式

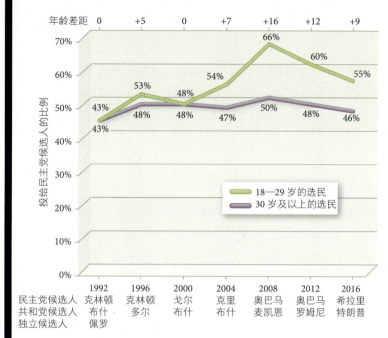

资料来源：Pew Research Center（2012），CNN（2016）。

民主党候选人
共和党候选人
独立候选人

| | 1992 | 1996 | 2000 | 2004 | 2008 | 2012 | 2016 |
|---|---|---|---|---|---|---|---|
| 民主党候选人 | 克林顿 | 克林顿 | 戈尔 | 克里 | 奥巴马 | 奥巴马 | 希拉里 |
| 共和党候选人 | 布什 | 多尔 | 布什 | 布什 | 麦凯恩 | 罗姆尼 | 特朗普 |
| 独立候选人 | 佩罗 | | | | | | |

人的年龄是否会影响其政治倾向？如若在 2016 年的总统选举中，把选民群体的年龄限定在 30 岁以下，那么民主党派的希拉里·克林顿将会大获全胜。其实年轻人的投票方式并不总是与年长者相悖：在 1992 年和 2000 年的选举中，30 岁以上与 30 岁以下的群体投票结果总体上没有差异；在 1996 年，情况大同小异。但是在 2004 年、2008 年、2012 年以及 2016 年选举时，年轻人对民主党候选人的支持率急剧上升。倘若这种趋势一直延续，年轻人将在美国选举中发挥举足轻重的作用。

## 本章概览

政治是有关分配权力、树立目标并做出决策的社会制度。本章将探讨政治并解释政府的运作。此外，本章还将分析战争和恐怖主义的性质并解释其成因。

美国当前需要正视的最大问题是什么？在 2017 年 5 月进行的一项民意调查显示，美国当前面临的最严峻的挑战是公众对政府的不满。自 2016 年特朗普当选总统以来，民众对于政界领导层的不满情绪便随之蔓延。但如今即使问题波及范围越来越广，人们也都见怪不怪了。数年来的民意调查表明：在美国，仅有约十分之一的成年人对国会"比较"或"非常"有信心（Gallup，2017）。当全体人民基本都对选出的领导人缺乏信心时，要求社会良性运行是否仍然合理？

美国正在经历一场政治危机，追根溯源是因为人民普遍对领导人缺乏信心。即使几乎每个人都重视民主理念且都会参与选举投票，他们也并不满意"制度"的服务。本章将探讨美国政治制度的运作。首先，让我们探究什么是权力以及权力如何塑造社会形态。

**政治**（politics）—— 或更正式的"政体"——是有关权力分配、目标树立以及决策制定的社会制度。我们将从多角度切入研究美国的政治制度，并评估美国社会在何种程度上才是真正的民主。紧接着，我们将视角转向整个世界，关注革命以及以战争和恐怖主义的形式行使的国际权力。

# 权力与权威

18.1　辨别传统型权威、法理型权威和卡里斯玛型权威

社会学家马克斯·韦伯（Weber，1978，orig. 1921）认为每个社会都建立在**权力**（power）的基础之上，即不顾他人的抵制而达到预期目的的能力。**政府**（government）是指导社会政治生活的正式组织，其主要事务就包括对权力的使用。政府要求民众顺从，但是韦伯指出，政府不会公然威慑他们的人民。因此，人民往往尊崇（至少能接受）他们社会的政治体系。

韦伯解释道，如果顺从仅仅来源于政府的武力威慑，那么一个政府绝不可能长久保持其权力。即使是最残暴的独裁者也必须考虑国家是否具备充足的警力去监督每一个人——而又由谁来监督警察呢？因此，每个政府都企图让自己在人民眼中具有合法性。这一事实自然引出了韦伯提出的关于**权威**（authority）的概念：人们认为是合法而非强制的权力。政府该如何将权力从原始形态转化成更加稳定的权威呢？基于此，韦伯提出了三种方式：传统型权威、法理型权威和卡里斯玛型权威。

| 政治 | 政府 | 权力 | 权威 |
| --- | --- | --- | --- |
| 有关权力分配、目标树立和决策制定的社会制度 | 指导社会政治生活的正式组织 | 不顾他人的抵制而达到预期目的的能力 | 人们认为是合法而非强制的权力 |

## 传统型权威

韦伯指出，前工业社会依赖于**传统型权威**（traditional authority），此种权威的权力合法性根源于人们尊崇的长久以来的文化模式。传统型权威沉淀在集体记忆中，这意味着人们通常会接受世袭的领导制度，仅仅是因为一向如此。在过去的几个世纪，中国的皇帝便是通过传统来实现合法化，中世纪欧洲的贵族统治者也是如此。传统的力量如此强大，以至于人们无论如何都避不开对传统统治者的神化。

伴随社会工业化逐步推进，传统型权威开始退场。汉娜·阿伦特（Hannah Arendt）指出，只有每个人都具有一致的信念和生活方式时，传统型权威才能维持强大和稳固（Arendt，1963）。现代科学思想、工业化生产所要求的社会分工，以及移民带来的社会变迁和文化多样性，所有这些共同作用，削弱了传统。因此，美国总统不可能与许多古代的统治者一样，宣称以"上帝的名义"来统治国家。诚然，诸如过去的"罗斯福""肯尼迪"以及今天的"克林顿""布什"等地位显赫、有钱有势的家族，早已根深蒂固地嵌入了美国的政治生活，

以至于他们的家族成员可以凭借着某种程度的传统型权威登上政治舞台。

在世界各地，仍不乏有世袭统治者宣称拥有传统的统治权，但是这种说法已经跟不上现代社会的步伐。一些传统统治者维持了世袭制度，但已经放弃了大部分权力。另一极端是，传统领导人切断人民与世界的联系，已完全征服人民，在国家内部实现绝对统治。

传统型权威也为男性统治女性的父权制提供了动力。就算此类传统权力形式面临的挑战日益加剧，但仍然普遍存在。而父母凌驾于他们孩子之上的传统型权威也少有争议。相信不少人记得，在孩提时期，我们通过问"为什么"来质询父母的要求时，仅仅得到回应："因为我就是这么说的！"父母以这种斩钉截铁的回答，昭示其要求不容争辩。若是其他不同类型的回应，则会忽视父母之于孩子的传统型权威，将二者置于平等地位。

## 法理型权威

韦伯将**法理型权威**（rational-legal authority，有时也称科层制权威）定义为通过拟定规章制度使之合法化的权力。法理型权威是在合法政府的运作中得以合法化的权力。

正如第八章（"群体与组织"）所述，韦伯视科层制为在凝聚理性思维的现代化社会中居主导地位的组织形式。同样，提倡科层制的理性世界观也销蚀了传统习俗惯例。现如今，与其寄望于过去的传统手段，高收入社会的成员更愿意运用正式有效的法律手段在运作的政治系统中寻求公平公正。

理性有效的规章制度也指导着日常生活中的权力运行。例如，院长和任课老师的权威取决于他们在科层制高校中的职位。同样，警察的权威也倚仗法理型权威。与传统型权威相比，法理型权威并非源自家庭背景，而是来自政府组织中的职位。传统的君主是终生统治，而现代社会的总统或首相则依照法律规定进行权力接替，这就意味着总统或首相的权威依托于公职，而非个人。

## 卡里斯玛型权威

最后，韦伯主张权力可以由超凡的个人魅力衍生为权威。**卡里斯玛型权威**（charismatic authority）是指通过非凡的个人能力激发人们的奉献和服从精神，从而使权力合法化。与传统型权威和法理型权威不同，卡里斯玛型权威很少依赖血统或职位，而是更多取决于个人特质。

卡里斯玛型领导人充分发挥个人特质，利用他们的非凡才能将受众转变为追随者，历史上一直不乏其人。他们时常制订自己的规则挑战现状。卡里斯玛型领导人的例子有很多，如拿撒勒的耶稣，他们也各不相同。许多卡里斯玛型领导人，譬如印度解放运动的领导者圣雄甘地、美国民权领袖马丁·路德·金，成功地深刻改变了周遭社会，同时也展示了卡里斯玛的强大力量。这一事实可能可以作为阐释卡里斯玛型领导人为何总备受争议及大多都英年早逝的依据。

由于卡里斯玛型权威来源于个体，随着领导人的逝世与显性接班人的缺失，危机常常会出现。按照韦伯的解释，对卡里斯玛运动的存续来说，**卡里斯玛型权威的常规化**（routinization of charisma）是必经之路，即将卡里斯玛型权威向传统型和法理型权威的结合转化。例如，追随者在耶稣作古后，制度化其教义，建构了以传统型权威和法理型权威为基础的教会。凭借这种方式，罗马天主教会已延续了 2000 余年。

| 传统型权威 | 法理型权威 | 卡里斯玛型权威 |
| --- | --- | --- |
| 其权力合法性源自人们尊崇的长久以来的文化模式 | 通过拟定规章制度使之合法化的权力（也称科层制权威） | 通过非凡的个人能力激发人们的奉献和服从精神，从而使权力合法化。 |

# 全球化视野中的政治

18.2　对比君主制与民主制以及独裁制与极权制

历史车轮滚滚向前，政治体系随之改变。技术简单的狩猎与采集社会曾普遍存在，这种社会尚未形成政府，而是采取了一种大家庭式的组织形式。在此背景下，领袖通常由拥有强大力量、狩猎技巧或者个人魅力的人来担任。但是，由于资源匮乏，尽管他们可能可以控制自己的人民，却无法统治大面积的疆域（Nolan & Lenski，2010）。

随着专业化分工和剩余产品的出现，更大规模的农业社会日益发展。在农业社会中，少数精英能支配大量财富和权力，因而政治不再只是有权势者的问题，政治本身就是极其复杂的社会制度。这是历史上的关键时刻，当权力在家族的荫蔽中代代相传，当领导人开始宣称拥有神圣的统治权，这便在一定程度上体现了韦伯意义上的传统型权威。若领导人的统治得到法律的支持，他们也可能从法理型权威中受益。

当社会规模再进一步扩大时，政治以国家政府或政治国家的形式崭露。但政治国家的有效性取决于现有的技术。几世纪以前，军队以徒步为主，行动缓慢，甚至短距离通信也都具有不确定性。鉴于此，早期的政治帝国——如五千年前中东的美索不达米亚——施行城邦林立之治。

复杂的技术孕育了更大规模的民族国家制度。目前，全世界有 190 多个独立的民族国家，每个国家都自成一套政治体系。然而，一般大体上可分为四类：君主制、民主制、独裁制、极权制。

## 君主制

**君主制**（monarchy，源自拉丁语和希腊语，意为"一个统治者"）是指由单一家庭世袭传承统治的政治制度。君主制普遍存在于古代农业社会，如《圣经》中讲述的像大卫和所罗门这样的伟大国王。现如今，世界上仍有 26 个国家存在皇室家族[1]，其中一些家族的血脉可追溯到几个世纪以前。套用韦伯的话即是，传统赋予君主制合法性。

君主制通常出现在尚未工业化的社会中。近年来，整个中东地区的政治动荡表明，在当今世界，对这种形式的政治制度的抵制越来越多。即便如此，阿卜杜拉国王和他的王室成员依然通过阿拉伯的文化遗产来加强他们对沙特阿拉伯的统治。

---

1　欧洲的瑞典、挪威、丹麦、英国、荷兰、列支敦士登、卢森堡、比利时、西班牙和摩纳哥；中东的约旦、沙特阿拉伯、阿曼、卡塔尔、巴林和科威特；非洲的莱索托、斯威士兰和摩洛哥；亚洲的文莱、汤加、泰国、马来西亚、柬埔寨、不丹和日本（U.S. Department of State, 2015）。

君主制通常在尚未实现工业化的社会建立。近年来整个中东的政治动荡说明，当今世界对这种形式的政治制度的抵制日益增加。尽管如此，阿卜杜拉国王及其皇室成员也仍然支持世袭制度和文化，以加强他们对沙特阿拉伯的控制。

整个中世纪，世界上多数专制君主以宣称君权神授为基点，要求垄断权力。当然，到今天这类主张已是十分罕见，但是仍有相当数量的国家领导人对他们的子民实施近乎绝对的控制。值得注意的是，在中东最近的政局动荡中幸存下来的领导人皆为君主，而不是其他非传统的领导人（Yom & Gause，2012）。

工业化的发展翻开了历史新的篇章，君主逐渐退场，让位于民选官员。如今所有拥有皇室家族的欧洲国家都实行君主立宪制，这意味着君主仅为象征性的国家元首，而选举出来的政府官员则扛起实质性治理的责任，他们服从政府首脑的领导并受宪法约束。从形式上看，这类国家是由贵族执政，而在实质上，国家由民选官员治理。

## 民主制

**民主制**（democracy）是现代世界的历史主流趋势，民主制是把权力交给全体人民的政治制度。更确切地说，考虑到让人人都成为领导人是无稽之谈，人们便设计了一种代议制民主，将权力交到由人民选举出来的领导人手中。

君主制
由单一家庭世袭传承统治的政治制度

民主制
把权力还给全体人民的政治制度

世界上的大多数高收入国家都声称自己是民主国家（包括那些仍存在皇室家族的国家）。由于工业化和民主政府都需要大众具有文化知识，因而两者相辅相成。同时，随着工业化进程的推进，传统君主制中的合法性权力为法理型权威让路。因此，就如君主制与传统型权威联系紧密，民主制和法理型权威也是息息相关的。

当然，一些诸如沙特阿拉伯的高收入国家并未给予民众太多的政治发言权。更为广泛地说，即使是像美国这样的高收入国家也并非实现了真正的民主。原因有二，一是科层制的问题。美国联邦政府有270万正式雇员，另有几百万名由特殊资金支付工资的政府工作人员，再加上140万军警人员、6.8万立法和司法部门人员，总计共有410万联邦政府工作人员。全国超过9万个的地方政府中，还有1930万人在工作，这些工作人员大多不由选举产生，也不必直接对人民负责。

另一个原因涉及经济不平等，因为富人比穷人拥有更多的政治权力。特朗普政府的高级官员大部分都拥有相当丰厚的财富——从总统唐纳德·特朗普（房地产及其他产业界的亿万富翁），到商务部部长威尔伯·罗斯（Wilbur Ross，很可能是亿万富翁），再到国务卿雷克斯·蒂勒森（Rex Tillerson）、教育部部长贝琪·德沃斯（Betsy DeVos）和高级顾问贾里德·库什纳（Jared Kushner）（每人身价约为5亿美元）。几乎特朗普内阁的所有成员都是百万富翁，有些人身家已有数百万。其他知名政治领导人，包括希拉里和克林顿（资产累计超过1亿美元），拥有的财富非普通人所能望其项背。当然，在政治博弈中，"有钱能使鬼推磨"。鉴于相当多政治领导人与大型企业及其CEO占据了更多的资源，美国的"民主"制度又怎么能听到"一般民众"的声音呢（Buchanan et al.，2017；Sommer，2017）？

不过，民主国家的确提供了很多权利和自由。近年来，全世界有许多国家是尊重公民自由的。与30年前相比，全球多数国家的政治自由度是有所提高的。

**民主与自由：资本主义和社会主义的处理方式** 纵使存在上述问题，但美国等富裕的资本主义国家仍坚持称自己是民主国家。当然，像中国、古巴这样的社会主义国家也有相似的主张。这种现象说明，或许我们需要更密切地关注研究政治经济学，即政治学与经济学的交互作用。

美国、加拿大和欧洲国家的政治生活很大程度上是由资本主义的经济原则所塑造的，这在第十七章（"经济与工作"）中有相应描述。在市场体系中谋求利润、呼吁"自由"被定义成人们为维护自身利益行事的权利。故而，对于资本主义而言，政治自由意味着个人自由，也就是将焦点集中在以任何方式实现的利润或其他个人利益最大化的自由。立足于这个角度，政治"民主"便是指个人有权从竞选者中选择自己的领导人。

然而，资本主义社会的特征是收入和财富的极度不平等。如果每个人都秉承利己主义，那么结果必然是总有人比其他人拥有更多的资本，能获取更大的权力以达成自身的目的。实际上，市场体系导致了财富的不平等，并将财富转化为权力。资本主义的批评者声称，富裕的精英阶层统领着社会的经济和政治生活。

相较而言，社会主义社会声称自己实现民主的原因是，社会主义经济体制能在物质上保障每个人住房、教育、工作和医疗方面的基本需求。例如，即便与美国相比较，古巴完全只能算是穷乡僻壤，但不论人民支付能力如何，古巴皆向其提供基本医疗服务。

但社会主义的批评者反驳说，这些国家政府对社会生活的监管是带有压迫性的。

这两种对民主和自由截然不同的处理方式引出了一个重要问题：经济平等与政治自由能否共生？为促进经济平等，社会主义限制了个人的选择。另一方面，资本主义表面上极大限度地提供给民众政治自由，然而实际却只是权贵们的民主天堂。

## 独裁制

一些国家遏制人民在政治上的任何发言权。**独裁制**（authoritarianism）就是禁止人们参与政府事宜的政治制度。独裁政府漠视人民需求，不向其提供选举投票权，使用暴力镇压不同的政见及反对意见。独裁国家大多都已经镇压了政治反对派；另一政治范畴是大体上处于和平状态的"软性独裁制"（soft authoritarianism），虽然政治自由受限，但人民安居乐业，大多都支持政府。

## 极权制

最严厉的控制性政治形式就是**极权制**（totalitarianism），它是广泛管制人民生活、政权高度集中的政治制度。极权制随着 20 世纪技术进步应运而生，政府由此得到了严格控制人口的能力。部分国家的政府不仅严密监控游客的行为，也严厉管制本国公民，即使是对政府持平和态度的批判者，也会被逮捕并惩处。在世界上最为极权主义的一些国家，人民深陷贫困，政府不仅调动警力来控制民众，还会使用监控设备和超级计算机来收集和存储相关信息。

诚然有一些极权主义政府宣称其代表了人民的意愿，但大多极权政府却竭力以求用政府的意志来钳制人民。就如极权制这一术语本身所暗示的，这些政府的权力完全（total）集中，不允许有组织的反对。他们剥夺人们集会的权利，控制信息传播，制造一种孤立恐惧的气氛。一般民众无法接触到电话簿、复印设备、传真机甚至是准确的城市地图。

极权主义社会的社会化过程具有强烈的政治性，以对政治制度的服从和认同为目标。在这种社会中，民众无法使用社交媒体，但是其领导人的照片和政治信息随处可见，提醒他们对国家忠诚，学校和大众传媒仅仅呈现事件的官方版本。

| 独裁制 | 极权制 |
|---|---|
| 禁止人们参与政府事宜的政治制度 | 广泛管制人民生活、政权高度集中的政治制度 |

## 全球政治制度

第十七章（"经济与工作"）描述了全球经济的崛起，在这种经济形态下，大型企业得以突破国界的壁垒实现运转。那么，全球化是否在以同样的方式改变着政治？一方面，答案是否定的。虽然世界经济活动是国际性的，但几个世纪以来，地球仍旧被划分为不同的民族国家。联合国（1945 年建立）仅仅是迈向全球政府方向的微小一步，迄今为止，它在世界上所能发挥的政治作用一直有限。

然而，另一方面，政治已经纳入到全球进程中。在一些分析家看来，跨国企业已构建了一种政治新秩序，因为他们具备左右全球事务的巨大权力。换句话说，随着企业规模超过政府，政治正在演变成商业。

另外，信息革命已将国家政治推向世界舞台。社交媒体，包括电子邮件、文本短信、推特，使得没有哪个国家能够在绝对私密的境况下处理其政治事件。毫无疑问，电子通讯传递和接收信息的能力是压迫性政体更费尽心思控制其使用的原因（Gellman，2011；Freedom House，2015）。

同时，基于计算机技术的社交媒体甚至将地方政治带到世界情景下。某些地方政治反对派人数的增加，往往是因为他们认识到其他地方的大多数人能够获得更大的政治话语权。此外，他们还使用手机网络即刻传播信息并迅速组织活动（Xia，2011；Zakaria，2011）。

最后，作为全球政治进程的其中一环，上千的非政府组织（NGO）寻求解决全球问题，如人权和世界生态可持续发展（绿色和平组织）的议题。非政府组织在全球政治文化的扩展中将继续扮演重要角色。

总之，正如个别国家逐渐失去对本国经济的掌控，各国政府同样不能在他们的管辖范围内完全控制政治事件的走向。

# 美国政治

### 18.3 用政治光谱剖析经济问题和社会问题

在摆脱英国统治加入政治独立大本营后，美国以代议制民主取代英国君主制，其政治变迁既是一部文化历史更迭史，也反映了美国资本主义经济的发展。

## 美国文化与福利国家的兴起

美国的政治文化可归结为一个词：个人主义。这着重体现在美国宪法的《权利法案》中，该法案保证了不受政府不当干预的自由。当 19 世纪的诗人、散文家拉尔夫·沃尔多·爱默生（Ralph Waldo Emerson）说"管事最少的政府就是最好的政府"时，他头脑里思忖的正是个人主义。

但大多数人并不认同爱默生的立场，而是觉得政府在保卫国家安全、管理公路系统和教育系统、维护法律法规秩序、向需要帮助的人们施以援手等方面是必要的。为实现这些目标，美国已经发展成为一个庞大而复杂的**福利国家**（welfare state），即由政府机构和项目组成的制度，为民众提供福利。政府福利始于出生前（产前营养计划），在成人期间（如医疗保健）继续供给，并在老年期间（社会保障和医疗保险）持续。有些项目对穷人尤为重要，因为资本主义经济体系未能很好地为其服务。而学生、农民、住房所有者、小型企业经营者、退伍军人、表演艺术家甚至大型企业的高管，也都能得到各种补贴和资助。事实上，大半美国成年人

## 全球快照

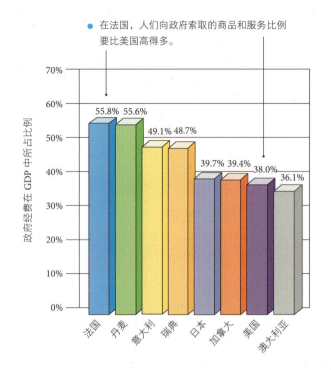

● 在法国，人们向政府索取的商品和服务比例
要比美国高得多。

图 18-1   政府的规模，2017

在法国，人们向政府索取的商品和服务比例要比美国高得多。相对于其他高收入国家，美国政府经费在本国经济支出中所占比例较小。

资料来源：OECD（2017）。

低收入人群有更迫切的经济需求，所以他们倾向于关注工资和福利等经济问题。相比之下，高收入人群倾向于对许多社会问题提供支持，比如动物权利。

的收入至少在一定比例上来源于政府。

当今的福利国家是政府规模逐渐扩大的结果。1789 年，仅有悬挂在各个社区的旗帜显示着联邦政府的存在，整个联邦的预算只有 450 万美元（人均 1.5 美元）。但自那以后，联邦预算逐年稳步增长，在 2017 年达到 4 万亿美元（人均 2379 美元）（Congressional Budget Office，2017）

### 政治光谱

哪些人支持福利国家不断扩大？又有哪些人希望削减规模？对这些问题答案的态度形成了政治光谱（political spectrum），即从极端自由主义到极端保守主义的信念。2016 年对美国成年人的一项调查显示，28% 的人倾向于认为自己是"自由派"（政治上的"左翼"），33% 的人认为自己是"保守派"（政治上的"右翼"），36% 的人声称自己属于政治上的"温和派"（政治上的"中间派"）。其余 3% 的人没有相关的政治主张或对此问题不予回答（Smith et al.，2017）。

政治光谱能帮助我们理解两类议题：着眼于经济不平等的经济议题；涉及人们应当如何生活的道德问题的社会议题。

**经济议题**　经济自由主义者赞成政府对经济履行广泛监管的职能，也支持扩大福利国家规模以缩小收入差距。政府可以向富人征收更多的税，为穷人提供更多的福利，来减少不平等。经济保守主义者希望限制政府对经济的干预，给予市场机制更多自由，认为这样能创造更多的工作机会，激发经济发展活力。

**社会议题**　社会议题是有关人们应该如何生活的道德问题，从堕胎、死刑到同性恋的权利，再到少数群体的待遇。社会自由主义者赞成各类人群拥有平等的权利和机会，将堕胎视为个人的选择，并反对死刑，因为很多少数群体被不公平地判处死刑。社会保守主义者的"家庭价值观"议程支持传统的性别角色，反对同性恋婚姻、平权行动以及其他面向少数群体的"专项计划"。与此同时，社会保守主义者则站在道德制高点上谴责堕胎，批驳其违背道德规范，并赞同死刑。

在美国两大政治党派中，共和党在经济和社会议题上都相对保守，而民主党更倾向于自由主义。然而两大政党为推进特定目标时都趋向于"大政府"。例如，在 2016 年的总统竞选期间，共和党人唐纳德·特朗普鼎力支持以加强军队的形式扩大政府规模；民主党人希拉里·克林顿赞成扩充政府规模，以扩大社会"安全网"，为美国人民谋取福利，包括在医疗保健和新型能源方面的"投资"。无论谁入主白宫，政府的规模都会随着国债增加而扩大，这无疑是两个政党都指望通过政府来推进他们的目标的原因之一。

**阶级、种族、性别与年龄**　普罗大众的态度中和了保守主义与自由主义。例如，2016 年大选期间的调查显示，较多人偏向"小政府"（保守派立场），但也希望提高最低工资水平，并予以非法入境的移民以公民身份（均为自由立场）（Pew Research Center，2016；Smith，2016）。

阶级立场有助于解读政治态度。由于需要保护自身财产，富裕的人在经济议题上往往比较保守，但他们较高的受教育程度和稳固的社会地位致使他们中的大多数成为了社会自由主义者。而低收入人群呈现出相反的趋势，他们多在经济议题上持自由主义态度，但在社会议题上则倾向于更保守的方向（Pew Research Center，2016）。

非裔美国人不论贫富往往都比白人更倾向于自由主义，尤其是在经济议题上。半个世纪以来，非裔美国人以压倒性的优势支持民主党。2016 年，89% 的非裔美国选民投票支持民主党候选人希拉里·克林顿。纵览历史，拉美裔和亚裔美国人也更拥戴民主党，他们中的一大半（分别为 66% 和 65%）在 2016 年的选举中选择支持希拉里。由于美国少数群体人口不断攀升，他们将在美国政治中拥有越来越多的话语权。

换言之，如果只有少数族裔在 2016 年大选中投票，希拉里·克林顿就会以史无前例的压倒性优势赢得总统职位。相比之下，若是只有白人具备投票权，唐纳德·特朗普同样也会如此。未曾接受过大学教育的白人选民特别有可能支持特朗普——现实中 67% 的人也确实这样做了（CNN，2016；Pew Research Center，2016）。

性别也是重要的决定要素，因为女性比男性更倾向于自由主义。在美国成年人中，更多的女性倾向民主党派，而更多的男性将选票投给共和党候选人。例如，在 2016 年有 54% 的女性投票给希拉里·克林顿，而男性仅有 41% 将选票投给了她。

最后，正如本章开头所解释的那样，年轻选民一直在朝着自由主义的方向发展。图 18-2 显示了大学生随时间发展而不断变化的投票模式。在 20 世纪 70 年代，学生的态度普遍右倾；到了 20 世纪 90 年代中期，学

全球快照

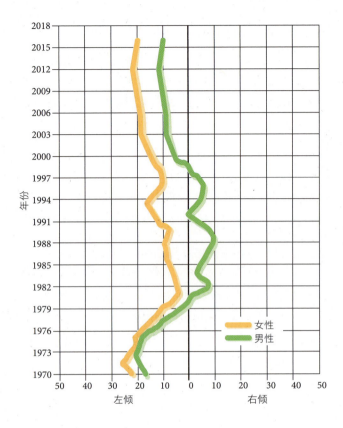

图 18-2　1970—2016 年大学生政治认同研究

大学生态度自 1970 年普遍右倾，而在 20 世纪 90 年代中期转向左倾，女大学生比男大学生更倾向于自由主义。

资料来源：Astin et al.（2002），Sax et al.（2003），Pryor et al.（2013），Horvatt（2016）。

生的态度普遍左倾。然而，在所有阶段，女大学生始终比男大学生更倾向于自由主义（Astin et al.，2002；Sax et al.，2003；Eagan et al.，2016）。

**政党认同**　2016 年进行的调查显示，约 47% 的美国成年人支持或赞成民主党，40% 支持或赞成共和党，约 13% 表示自己不倾向于任何一边或是支持其他政党（Smith et al.，2017）。但由于民众的政治态度复杂又矛盾，在一些问题上认同自由主义观点，而在另一些问题上又持保守主义立场，因此美国的政党认同感不是很强。政党认同感较弱是美国两大政党在选举中不分伯仲的原因之一。民主党在 1996 年入主白宫，并且在 1996 年、1998 年和 2000 年在国会取得了优势。而在 2002 年和 2004 年，局势扭转，共和党在国会取得长足成果，并入主白宫。2006 年形势再次逆转，民主党获得了国会的控制权并在 2008 年入主白宫。然而，在 2010 年的选举中，共和党赢得国会席位，并在众议院占据多数席位。在 2012 年的选举中，民主党人担任总统，并在国会中取得了优势，但共和党在 2014 年的国会选举中拿下更多的席位，接着在 2016 年，共和党人同时赢得了总统的位置和国会的掌控权（Schouten，2012；Wang，2014；Smith et al.，2017）。

在美国，政治上也存在着城乡差异：城市地区的人往往成为民主党的拥趸，且城市面积越大，民主党选民的比例就越高。而广大农村地区则是共和党的票仓。2016 年，60% 的城市选民支持希拉里，而农村选民则有 60% 支持特朗普。"日常生活中的社会学"专栏更详实地刻画了美国的政治场景。

## 特殊利益集团和竞选成本

美国枪支暴力猖獗，国内各地就私人持有枪支问题争论不休。"布雷迪防止枪支暴力运动"等组织呼吁制订严格管理枪支的法律。而其他一些组织，包括但不限于美国全国步枪协会，强烈反对枪械管制的政策。

# 日常生活中的社会学

## 2016 年大选：城乡差异

> 乔治：我在洛杉矶认识的每个人几乎都投票给了民主党。我想说，无人赞成特朗普！
>
> 哈利：如果你来我居住的俄亥俄州的农村地区，你会发现一切截然相反。希拉里在这简直可以说是处处碰壁。

正如这段对话所表明的，美国日常政治的现实取决于你生活的地方。农村和城市的政治态度和投票模式大不相同，长期以来，对于这些差异存在的原因，社会学家们一直众说纷纭。最引人注目的是，共和党候选人唐纳德·特朗普赢得了 84% 的县的支持——3112 个县中的 2623 个县。民主党候选人希拉里·克林顿仅在 489 个县获胜。

当特朗普赢得这么多县的支持的时候，希拉里最后是怎么赢得普选的呢？简单解释的话，这是因为民主党获胜的地区都是城市，人口多得多。相比之下，农村地区的人口通常相对较少。在如此之多的州中，城乡差距是显而易见的。例如，在俄亥俄州，希拉里在所有大城市县取得了胜利，在克利夫兰、哥伦布和辛辛那提获得了大量选票。但特朗普在该州 88 个县中的 80 个县（包括所有农村地区）取得了决定性胜利，这些县以近 50 万票帮助他赢得了该州的支持。

这种全国性的格局使得不少政治分析家将投票给民主党的城市地区和投票给共和党的农村地区区分开来。更仔细地看，在县一级，似乎存在着"自由的城市美国"和"保守的农村美国"之间的政治分歧。

是什么导致了这种差异？通常情况下，农村地区是长期居住在同一个地方的人的定所，他们的价值观比较传统，以家庭为导向，更有可能信仰宗教。这样的人倾向于投票给共和党。而城市地区较之有更多的少数群体、年轻人、单身人士以及大学生，他们都更有可能投票给民主党。

**你怎么想？**

1. 你所在的地区的人大部分都以哪种方式投票？你能解释其中的原因吗？

2. 在选举中，广大共和党宣称他们更关心和捍卫"美国生活方式"，而民主党宣称他们更关心减少社会不平等现象。你能解释其中的原因吗？

3. 民主党候选人怎样才能在农村地区获得更多支持？哪些策略可以帮助共和党候选人在城市地区获得更多支持？

---

这里提及的每个组织都是**特殊利益集团**（special-interest group）的典型例子，即组织起来为一些经济或社会议题发声的人。特殊利益集团——包括老年人、烟花制造商、环保者甚至是社会学家协会——在政党相对薄弱的国家里所能发挥的作用不容小觑。特殊利益集团聘请说客（lobbyist），委托其帮助他们说服国会议员，以支持他们实现自己的目的。最新统计数据显示，单华盛顿地区就有 11186 名说客（Center for Responsive Politics，2017）。

**政治行动委员会**（political action committee，PAC）是由特殊利益集团建立的组织，独立于政党之外，筹集资金并将其作为实现自身政治目标的筹码。政治行动委员会将他们大部分的资金直接交给符合他们利益立场的候选人。自 20 世纪 70 年代以来，政治行动委员会的数量已激增超过 6130 个（Federal Election Commission，2017）。

---

**特殊利益集团**
组织起来为一些经济或社会议题发声的人

**政治行动委员会（PAC）**
由特殊利益集团建立的组织，独立于政党之外，筹集资金并将其作为实现自身政治目标的筹码

---

出于政治竞选成本越来越高昂，众多候选人十分希望得到政治行动委员会的支持。2016 年的选举中，候

选人们在竞选上花费了约 50 亿美元。具体而言，众议员候选人每人在竞选活动上平均支出了 70 万美元，资金大体上源自外部组织资助，包括政治行动委员会。而参议员候选人每人则平均在竞选上花费了 300 万美元。

在总统选举中，资金流转的数额要高得多。2016 年，希拉里·克林顿和唐纳德·特朗普在总统竞选中共耗费约 10 亿美元，其中的资金大多来源于政治行动委员会和其他筹款组织（Federal Election Commission，2017）。这种巨额资助与捐款模式的拥护者为政治行动委员会辩护，称它们代表了各种各样的企业、工会和教会团体的整合利益，充分调动了政治参与度。批评者却认为，向政客提供资金的组织实际是期望得到有利的回报，因此，政治行动委员会本质上是在设法收买政治影响力（Federal Election Commission，2017）。

筹措尽可能多的资金是必要之举吗？答案是肯定的——在 2016 年的大选中，96% 的众议院议员与 88% 的参议院议员参与竞争，而投入资金最多的候选人最终赢得了选举。对金钱勾连权力的担忧引发了对竞选资金的大量讨论。2002 年，美国国会通过了一项竞选资金适度的改革措施，限制候选人被许可筹集的资金数额。纵然有了这些政策，总统竞选仍不断在开支上刷新前人纪录。此外，2010 年，"超级政治行动委员会"得以建立，它们不受限制地筹集资金，以开展支持或反对任何公职候选人的政治活动。这种模式难以在短期内改变。法院似乎也默许了这种做法。2010 年，最高法院驳回了对企业、工会和其他大型组织的选举开支的限制（Liptak，2010；Gorenstrin，2011；Center for Responsive Politics，2017）。

## 选民冷漠

美国政治生活中一个令人不安的事实是，很多人不参与投票。事实上，今日美国公民的投票积极性较一个世纪前更加低迷。在 2000 年的总统大选中，几百张选票即能决定成败，仅有 54.2% 符合条件的选民参加了投票。即使在 2008 年，投票率蹿升至 61.6%（自 1960 年以来美国最高的投票参与率），但依旧低于几乎所有其他高收入国家。2012 年总统选举，投票率下滑至 58.6%，一定程度是在选举前不久遭遇了飓风"桑迪"（McDonald，2017）。

谁更可能参加投票，谁又不会去投票呢？研究显示，女性相较于男性更可能去投票。65 周岁以上的人比正值读大学年纪的成年人（他们中甚至有一半没有进行选民登记）去投票的可能性要高不少。非拉美裔白人（2016 年大选有 65% 的人参与投票）比非裔美国人（投票人占比由 2008 至 2012 年的 65% 降至 2016 年大选的 59%）投票的踊跃度更高，而拉美裔美国人（2016 年为 48%）参与投票的可能性最小（U.S. Census Bureau，2017）。

一般来说，与美国社会有较大利害关系的人——自有住房者、有孩子的父母亲、教育程度较高及工作待遇优渥的人更可能去投票。经济收入同样有影响：收入超过 10 万美元的人（在 2016 年有 78% 的人参与投票）比收入低于 2 万美元的人（46%）参与度更高（U.S. Census Bureau，2017）。

当然，我们也应预料到一些无法投票的情况。首先，无论何时都可能有数百万人生病或离家或刚刚搬到一个新的社区，忘记进行选民登记。另外，登记和投票需要有读写能力，这就让数百万美国读写能力有限的选民望而却步。最后，在行动上有身体障碍的人投票率低于一般人群（Schur & Kruse，2000；Brians & Grofman，2001）。

此外，政治制度本身可能会导致选民的冷漠。在选举人团制度下，"胜者得全票"，即在美国的 48 个州（除了内布拉斯加州和缅因州）获得一州多数选票的总统候选人将赢得该州所有选举人票。在这些州中，选票属于民主党或共和党基本都是有迹可循、可以预测的，因此，偏好任一政党的选民皆可合理地推断出，他们的个人选票无足轻重。相较之下，在少数"摇摆州"或"战场州"，候选人为赢得该州关键性的选票，会采取启动大量资金用于饱和媒体广告和选民动员的策略。

"战场州"的数量持续缩减。回溯到 1976 年，总统候选人在 20 个"战场州"里，虽仅赢得百分之五或更少的选票，却仍能最终获胜。在 2016 年，"战场州"数量锐减至之前的一半。选举结果不明的州会更加鼓励民众踊跃参与投票。在 2016 年大选的"战场州"，选民投票率约为 64%，而其他州的投票率为 60%（U.S. Census Bureau，2017）。

还有一场关于选民冷漠原因的政治辩论。保守主义者认为冷漠实质上是因为对生活基本满意的人不会关心政治。自由主义者，特别是政治光谱中极左的激进分子则反驳说，冷漠反映出对社会极度不满之人对政治的疏离，因为他们质疑选举能否发挥真正的作用。鉴于处境不利和无权无势的人参与投票的可能性最低，而承诺变革的"局外人"候选人越来越受欢迎，自由主义对冷漠的诠释可能更贴近事实。

## 罪犯能投票吗？

虽然选举权是美国所宣称的民主的根基，但是除了佛蒙特州和缅因州之外，其他所有州都明令禁止监狱内的犯人进行投票。有 30 个州不允准背负重罪的缓刑人员参加投票，有 34 个州同样不准许假释人员投票。有 4 个州甚至禁止刑满释放的人参与投票，另有 8 个州采取了相同举措，但为这些人提供了一个可申请恢复他们的投票权的申诉程序。总的来说，美国有 610 万人不具备选举权。这一数字囊括 220 万非裔美国人，约占美国黑人男性的 8%（Sentencing Project，2016）。

政府是否应该将剥夺政治权利作为一种惩罚的手段呢？50 个州中几乎所有的立法机构对这个问题做出了肯定的回答。但是，批评人士指出，这种做法可能是出于一定的政治动机，因为禁止罪犯投票会对美国选举结果产生深远的影响。被定罪的重罪犯（往往是低收入人群）的投票情况显示出，倾向于选择民主党候选人的人数是倾向于支持共和党候选人的人数的两倍。假若这些法律未曾在 2000 年生效，那么阿尔·戈尔就会在总统选举中击败乔治·W. 布什（Uggen & Manza，2002）。出于此种政治考虑，国会中的民主党人提出了一项名为《民主恢复法》（Democracy Restoration Act）的法案，该法案将建立一套恢复刑满释放的罪犯的投票权的程序性规则。

# 社会的权力理论

18.4　将多元主义模型、权力精英模型以及马克思主义模型运用于美国政治系统

长期以来，社会学家一直在争论权力是如何在美国人民中弥散的。权力是个难以探析的议题，因为决策是复杂的，且过程往往是非公开的。虽说困难重重，但学者们仍研讨出了在美国三种相互竞争的权力模型。

## 多元主义模型：人民治理

**多元主义模型**（pluralist model）是与结构功能论紧密相连的一种政治分析视角，认为权力分散在许多相互竞争的利益群体之间。多元主义者声称，首先，政治是一个谈判的舞台。在资源有限的情况下，任何组织都不能指望实现其所有目标。因此，组织以否决群体的形式运行，取得了一些成果，但主要是掣肘对手达成全部目标。政治很大程度上依靠众多利益集团互相妥协和解、缔结联盟，以使政策获得广泛支持，推动进程。简而言之，多元主义者认为权力弥散于社会之中，所以任何人在政治系统中都多多少少拥有一些发言权（Dahl，1961，1982；Rothman & Black，1998）。

## 权力精英模型：少数人统治

**权力精英模型**（power-elite model）是基于社会冲突论的一种政治分析视角，认为权力集中掌握在富人手中。权力精英一词由米尔斯（Mills，1956）最先提出，他指出小部分上层阶级垄断了绝大部分的社会财富、声望和权力。

米尔斯提出权力精英主导着美国经济、军事、政治三位一体的社会结构。权力精英们由"超级富豪"（企业高管和主要股东）、首都华盛顿和各州首府的高官以及美国军方的最高级别军官组成。

米尔斯进一步解释说，这些精英在各部门间辗转，并在此过程中积累权力。例如，前副总统迪克·切尼（Dick Cheney）就在企业界和联邦政府的权势职位之间来回切换。科林·鲍威尔（Colin Powell）从美国军方的高层职位晋升为国务卿。更宽泛地讲，总统挑选内阁成员时，这些有权有势的政府官员大多是百万富翁。布什政府和奥巴马政府皆是如此，特朗普政府则更甚。权力精英理论家说美国不是一个民主国家，因为少数独揽巨大财富和权力的人社会影响力是如此强大，以致普通老百姓无法发声。他们拒绝接受多元主义的观点，即各种权力中心相互制衡。在权力精英模型中，顶层人物的权力是如此强大，以至于他们从未面临过真正意义上的阻抗（Bartlett & Steele，2000；Moore et al.，2002）。

## 马克思主义模型：制度性偏见

理解美国政治的第三种视角是**马克思主义政治经济学模型**（Marxist political-economy model），即从社会经济制度的运作角度来解释政治的分析视角。与权力精英模型一样，马克思主义模型并不认同美国是一个政治民主国家的观点。但是，权力精英模型仅关注特定个体的巨额财富与权力，而马克思主义模型的目光则更为长远，认为美国存在制度性偏见，尤其是在经济制度中。正如在第四章（"社会"）所指出的那样，卡尔·马克思认为社会经济制度（资本主义或社会主义）能够形塑其政治制度，因此，权力精英并非凭空出现，而是资本主义经济的产物。

从这点切入，改革政治制度——比方说限制富人给政治候选人提供资金——不太可能带来真正的民主。问题不在于谁掌握大权或谁未投票，根源在于制度本身，即马克思主义者所谓的"资本主义政治经济学"。换言之，只要美国的资本主义经济在其经济体系占据主导地位，广大人民就会被拒之于政治之外，就像他们在工作场所遭受的剥削一样。

特朗普政府的内阁几乎全员皆是极其富有之人，他们享有的资产相当于美国约三分之一成年人的总财富。这一事实怎样印证了本章讨论的三种政治权力模式？

| 多元主义模型 | 权力精英模型 | 马克思主义政治经济学模型 |
|---|---|---|
| 与结构功能论紧密相连的一种政治分析视角，认为权力分散在许多相互竞争的利益群体之间 | 基于社会冲突论的一种政治分析视角，认为权力集中掌握在富人手中 | 从社会经济制度的运作角度来解释政治的分析视角 |

**应用理论**

政治

| | 多元主义模型 | 权力精英模型 | 马克思主义政治经济学模型 |
|---|---|---|---|
| **应用哪种理论视角?** | 结构功能论 | 社会冲突论 | 社会冲突论 |
| **权力在社会如何分布?** | 权力广泛分散,所有群体都有一定发言权。 | 权力高度集中于商业、政治和军事高层领导手中。 | 权力为资本主义经济运转所指导。 |
| **美国是民主国家吗?** | 是。权力广泛分散足以使美国成为一个民主国家。 | 不是。这个国家的权力太集中,不是民主国家。 | 不是。资本主义经济决定政治决策,因此美国不是民主国家。 |

## 评价

　　"应用理论"表是对多元主义、权力精英和马克思主义权力模型的总结。三种模型中哪一种最准确呢?多年来,每一种模型均得到了研究的证实。你认为美国政治制度应该如何运转呢?归根到底,这不仅是个科学事实的问题,也是政治价值的问题。

　　纳尔逊·波尔斯比(Polsby,1959)的经典研究支持多元主义模型。波尔斯比研究了康涅狄格州纽黑文的政治情况,发现在各种问题上的关键性决策——涵括教育、城市改造、选举的提名程序——都是由不同群体做出的。他得出结论,在纽黑文没有一个单一群体——甚至是上层阶级——能够统治所有群体。

　　林德夫妇(Lynd & Lynd,1937)研究了印第安纳州的曼西市(他们称其为"中镇"以表明它是个典型的城市),记录了鲍尔家族如何以制造罐头玻璃为业而积累巨额财富,研究结论支持权力精英模型的观点。林德夫妇列举出以鲍尔家族来命名的当地银行、大学、医院和百货公司,揭示了鲍尔家族如何主宰曼西市的生活。在林德夫妇看来,曼西市权力精英或多或少可归结到独立门户的单一家族之列。

　　从马克思主义视角来看,关键并非在于关注哪些个体做出决定,而是像亚历山大·利亚索斯(Liazos,1982:13)在对美国的分析里阐述的那样:"资本主义社会的基本原则形塑了每个人的生活:社会阶级的不平等与利益对人们的重要性。"利亚索斯的结论是,倘若社会的基本制度是为迎合少许人而不是满足多数人需求而设置的,在此条件下实现民主是绝无可能的。

　　显然,美国政治制度赋予了几乎每个人通过选举参与政治进程的权利。但权力精英模型和马克思主义模型指出美国的政治制度至少远没有大多数人想象中的那么民主。或许大半的公民拥有投票的权利,但主要政党及其候选人往往仅支持社会中最有权势的阶级所持的立场,并与资本主义的经济运作相匹配。最近热门的"局外人"候选人——包括伯尼·桑德斯和唐纳德·特朗普——支持了一种普通民众正求索改革体制的观点。

　　不管出于什么原因,对美国政府的不满是普遍存在的。正如本章之前所提到的,只有约十分之一的美国成年人对国会持有较大的信心(Smith et al.,2017)。

　　**检查你的学习**　多元主义权力模型的主要论点是什么?权力精英模型呢?马克思主义模型呢?

# 统治之外的权力

**18.5　阐述导致革命和恐怖主义发生的原因**

在政治中，对于社会目的及其最佳实现手段总是存在着分歧。政治制度设法寄希望于规则系统解决矛盾，但是，政治活动有时会打破规则或废除掉整个制度。

## 革命

**政治革命**（political revolution）是指为建立新的政治制度而推翻原有的政治制度。改革涉及体制内的嬗变，要么经由修正法律实现，要么在极端情况下凭借政变（coup d'état，法语，意为"对国家的打击"）达成，即一个领导者推翻另一个领导者。革命关涉的是制度类型自身的变革。

任何一种政治制度都不能幸免于革命，但并非每一种政府都能由革命产生。美国的独立战争（1775—1781 年）以代议制民主取代英国君主制的殖民统治。1789 年的法国革命也推翻了一位君主，究其根本却仅仅是为拿破仑的君主制回归创造了条件。1917 年俄国革命推翻了君主统治，并建立了以马克思主义思想为理论根基的社会主义政府。1979 年伊朗起义导致了宗教神职人员掌权。1991 年社会主义苏联瓦解成 15 个独立国家，最大的即为俄罗斯，起初俄罗斯更接近市场体系，政府提供更多的政治权利，但现如今由普京领导的中央政府的管理职能已然转换。

即使这些革命具有显著的多样性，多样性背后也有诸多共通性（Tocqueville，1955，orig. 1856；Skocpol，1979；Tilly，1986）。

1. 不断增长的期望。常识告诉我们，革命更易发生在人民被严重剥削之时。但是历史却表明，革命多诞生在民生改善之际。使革命成为可能的，并非苦难和绝境，而是日益增长的期望。

2. 不作为的政府。当政府不愿刀刃向内，进行自身改革，特别是当社会权力阶级对改革的呼吁被忽视时，革命便有可能一触即发。

3. 知识分子的激进领导。英国哲学家托马斯·霍布斯（1588—1679）指出知识分子提供了革命的正当性理由，而大学常是政治变革的中心。

4. 构建新的合法性权威。推翻一个政治制度并非易事，但长期捍卫革命的胜利果实的任务更加艰巨。革命运动大多是因为对旧政权的仇恨积聚而爆发的，一旦新的领导上台便即刻土崩瓦解。这一事实是很难预测革命运动的长期结果的原因之一。革命也必须提防被推翻领导人的反革命驱动力。这就解释了胜利的革命者通常会以迅雷不及掩耳之势斩草除根，迅速且残酷地处置前领导人。

科学的分析无法辨析革命是好是坏。对这种革命剧变的影响的评价完全倚仗见证者的个人价值观，在历经多年后才能变得明晰。例如，在 20 世纪 90 年代苏联解体后，当时的很多独联体国家的前路仍然不明朗。

在罢免独裁统治者后所造成的权力真空期里，众多组织——其中一些较之其他甚至更民主——迅疾地加入权力角逐。2015 年，在 ISIS 运动掀起浪潮后，不少分析人士认为中东比以往任何时候都更加不稳定。

## 恐怖主义

2001 年 9 月 11 日发生在美国的恐怖袭击，牵涉到四架商用客机，造成近 3000 名无辜者死亡，数千人受伤，完全摧毁了纽约世贸中心双子塔，严重损坏了华盛顿的五角大楼。自第二次世界大战珍珠港袭击以来，美国从未遭受过如此沉重的打击。事实上，这是有史以来最为严重的一次恐怖主义袭击。

**恐怖主义**（terrorism）是指个人或团体将暴力或暴力威胁作为一种政治策略的行为。与革命一样，恐怖主

| 恐怖主义 | 战争 |
|---|---|
| 个人或团体将暴力或暴力威胁作为一种政治策略的行为 | 两个或多个国家的人民在政府的指挥下发生的组织化的武装冲突 |

恐怖主义是一个复杂的政治过程，常涉及全球各个权力阶层。电视剧《国土安全》（*Homeland*）表明，恐怖主义也是一个定义善恶的问题，有时永远无法分明抉择谁应归类为"善"，谁又该被贴上"恶"的标签。你觉得美国的大众传媒对我们称之为"恐怖主义"的全球冲突的描述有多客观准确？

义也是跳脱出既定政治制度规则框架的政治行为。恐怖主义不同于传统战争的是，它将暴力的主要目标瞄准平民而不是士兵。在保罗·约翰逊（Johnson，1981）看来，恐怖主义具有四个显著的特征。

第一，恐怖分子力图将暴力粉饰为一种合法的政治策略，即使这种行为实际上会受到每个国家的谴责。恐怖分子也会绕过（或者被排除在）既定的政治谈判渠道。因此，恐怖主义是弱小组织反抗强大敌人的一种策略。恐怖主义也可能由出于某种宏大目标或支持某项运动的单个个体实施，2017年英国曼彻斯特发起自杀式袭击造成22人死亡的炸弹客（Osborne，2017）就是明证。

最近几十年，恐怖主义在国际政治中已司空见惯。2015年，全球发生了11774起恐怖主义活动，造成28328人死亡，超过35000人受伤。半数以上的死者是平民，数百名受害者是儿童。2015年，超半数的恐怖袭击集中发生在五个国家：阿富汗、巴基斯坦、伊拉克、印度和尼日利亚（U.S. Department of State，2016）。

第二，恐怖主义不仅被团体利用，也是政府对抗本国人民的手段。国家恐怖主义是指政府当局即使在没有法律支持的情况下，为了操纵国民所使用的暴力工具。国家恐怖主义在一些独裁制或极权制国家中是合法的，这类国家政权通过在民众间广泛制造恐惧和恫吓而立足。例如，萨达姆·侯赛因（Saddam Hussein）就是依靠秘密警察和国家恐怖来守护其在伊拉克的权力。

第三，民主社会原则上排斥恐怖主义，但是他们特别容易受到恐怖分子的袭击，因为他们为国民提供了广阔的公民自由空间，而没能广泛地织牢警力网。相反，极权政权普遍使用国家恐怖主义，但遍布各地的警力使得个人没有诉诸恐怖行动来对抗政府的机会。

第四，也是最后一点，恐怖主义始终无法避开概念界定。政府声称拥有维持秩序的权利，哪怕是动用武力，并可能给使用暴力的敌对群体贴上"恐怖分子"的标签。政治差异可以解释为什么一个人眼里的"恐怖分子"却是他人眼中的"自由战士"（Jenkins，2003）。

虽然劫持人质和公然杀戮会触发民众愤怒，但要采取反恐行动却极为困难。由于大量恐怖组织极其神秘，同任何既定国家都没有正式联系，要查究这些当事人的责任举步维艰。另外，以军事活动作为应对方式可能会引发与其他政府的对峙——例如，2011 年美国士兵进入巴基斯坦执行击毙奥萨马·本·拉登的任务，成了巴基斯坦与美国之间的紧张局势升级的导火索。然而，就如恐怖主义研究专家布莱恩·詹金斯（Brian Jenkins）警示的那样，不予回应也会"激励其他恐怖组织，因为他们开始意识到恐怖行动是一种性价比相当高的诱发战争的方式"（Jenkins，quoted in Whitaker，1985：29）。

# 战争与和平

18.6  理解促使和平或战争发生的因素

也许最为关键的政治议题就是**战争**（war），即两个或多个国家的人民在政府的指挥下发生的组织化的武装冲突。战争与人类一样历史悠久，但是在当今，正确认识战争是至关重要的，因为当下人类已经拥有可以摧毁整个地球的武器。

20 世纪，世界上几乎每时每刻都有一些国家被卷入暴力冲突中。美国在短暂的发展历史中，已经参加过 11 场大规模战争。如图 18-3 所示，从独立战争到伊拉克战争，超过 130 万美国公民死于武装冲突，超过此数字数倍的人因此负伤。在多米尼加共和国、尼加拉瓜、黎巴嫩、格林纳达、巴拿马、海地、波斯尼亚、阿富汗等国家或其他地区，还有数以千计的人在"未经公开的战争"和小规模的军事行动中丧生。

## 战争的成因

战争如此频繁发生以至于我们可能以为武装冲突是自然而然的。但是，没有证据足以印证人类会在任何

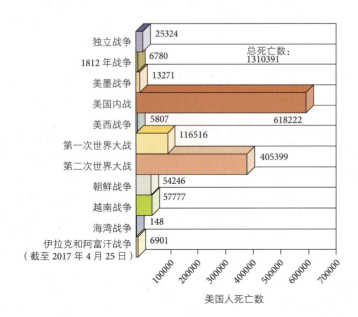

图 18-3　美国 11 场战争中的死亡人数

　　美国在战争期间殒命的人数中近一半源于美国内战（1861—1865 年）。

资料来源：Vinovskis（1989），U.S. Department of Defense（2017）。

# 争鸣与辩论

志愿军：我们是否创造了一个战士阶层？

2008 年，海军中士亚历克斯·莱蒙斯在结束了伊拉克的三次战争后，回到了美国。但他抵达后却没有任何归属感。"我觉得在这里就像在伊拉克一样陌生。"莱蒙斯坐在他犹他州房子前方的露天平台上说。回来后，莱蒙斯解释说，他看不到这个国家有任何被卷入战争的迹象。茫茫人海中，愿意为伊拉克战争费心思的人寥寥无几。也许这就是症结所在——我国绝大多数民众不再与军事有关联。

事情并非总是如此。第二次世界大战期间，大约 9% 的美国人在军队服役。其他所有人几乎也都为战争贡献了自己的力量，他们或在国防工厂务工，参与重要物资配给计划，或购买债券为战争提供财政资助。回到 2015 年，在美国，军人数量仅占总人口的 1%，且众多美国家庭中几乎没人穿过军装。自 2001 年 9 月恐怖袭击以来的十多年间，18 岁以上公民中仅 1% 有军队服役经历。这意味着 99% 的成年人不曾亲身服役。

如今美国兵役任务总是由很少一部分人承担的原因有很多。最重要的因素是，1973 年，随着越南战争日渐落下帷幕，国会宣布终止义务兵役制。因此，现行的军队是一支全志愿武装部队。第二个因素是性别，虽然近年女性获得了更多的机会，但当今 84% 的军人仍是男性。第三，军队成员大部分都来自美国的某些特定地区，其中南部最具代表性。在 2015 年，44% 的新兵来自南部，一半的现役军人驻扎在五个州：弗吉尼亚、北卡罗来纳州、乔治亚州、得克萨斯州和加利福尼亚州。

我们并不希望随便任何一个人都能进入军队服役。令人意想不到的是，大量的美国年轻人即使有此志向，也会因为犯罪记录或体重超标而丧失参军资格。从各方面来看，现役军人大多身体素质过硬，来自农村地区和传统地区的小城镇，在这些地区，荣誉感、纪律性和爱国主义等军事价值观被特别强调。这些人并非赤贫如洗，家庭背景常为工人阶级。一般说来，他们把服兵役视为获得经济保障和积累工作经验的一种方式。

兵役负担只落在美国社会的一小部分人身上，这一事实在美国领导层中也很明显。在越南战争刚结束的几年中，近乎 80% 的国会议员是退伍军人，2016 年，这一比例降至 19%。在政界之外，在大众传媒（包括报纸、电视和电影）工作的人，几乎都没有服过兵役。有鉴于此，一位现住在华盛顿州、丈夫在阿富汗作战的军人之妻的沮丧情绪便易于理解了。她回忆说，塔利班"在上周炸毁了一辆公共汽车，造成 17 人死亡，而我对此一无所知，因为没有任何新闻报道。这让我觉得没人在乎。新闻里常报道如卡戴珊姐妹离婚之类的消息，但是我们的士兵正在远方牺牲，只是你了解不到而已。"

你怎么想？

1. 服兵役的责任该仅由占国家 1% 的那些成年人来承担吗？
2. 你是否支持恢复征兵，将此作为在整个阶级结构中让人人都承担这种责任的一种手段？
3. 和现状比，退伍军人是否应该在社会上享有更高的待遇？解释你的理由。

资料来源：Thompson（2011），Manning（2016），U.S. Department of Defense（2016）。

特定情况下发动战争。恰恰相反，世界各国的政府向来强迫他们的人民参与战争。

如同所有形式的社会行为一样，战争是社会的产物，这在某些地方更为普遍。马来群岛的塞马伊人是全世界最热爱和平的民族之一，几乎从不兵戎相见。相反，亚诺马米人（见第三章"文化"专栏）却会迅速发动战争。

如果社会手里攥着战争或和平的钥匙，人类在什么情况下会去打仗呢？昆西·赖特（Wright，1987）列举了五种引发战争的因素。

1. 感知到的威胁。国家动员以应对潜在的对人民、领土或文化的威胁。例如，领导人强调萨达姆·侯赛因撼动美国权威所造成的根本性威胁，以此来为美国最近发动的解除伊拉克武装的军事运动辩护。

2. 社会问题。当国家内部矛盾冲突被激化，领导人或许会通过抨击外部"敌人"，将其作为替罪羊来应对和转移国内民众日益增长的不满情绪。虽然美国领导者口口声声说伊拉克战争是为捍卫国家安全，但不可否认，战争的爆发无疑转移了人民对国家经济不景气的注意力，同时也增加了乔治·布什总统的声望。

3. 政治目标。诸如越南这样的经济相对落后的国家曾利用战争摆脱外国的统治。另一方面，诸如美国这样的强大国家可能从周期性的军民力量展示中获益（回顾在索马里、海地、波斯尼亚、阿富汗的军队部署），巩固并提升本国威望。

4. 道德目标。国家甚少以获取财富和权力为由头发动战争。他们的领导人反而会在军事行动中宣扬道德紧迫感。2003 年，美国领导者打出"伊拉克自由行动"的旗号，号召进军伊拉克，把这一行动冠以正义之名，将它描述为是从邪恶暴君手中解放伊拉克人民的一场合乎道义的斗争。

5. 缺少替代方案。第五个引发战争的因素就是缺少可供选择的替代方案。虽然联合国的愿景是探索替代战争的其他路径来维持国际和平，但联合国在防止国家间冲突方面并未取得较大成效。

## 社会阶级、性别与军事

第二次世界大战中，美国 15—20 岁的青少年男性里有四分之三的人自愿服役或是被征召入伍。只有那些身体或精神上有缺陷的人才能免除服兵役的义务。今昔对比，现在没有了征兵制度，战斗由志愿军出征。但是并非每个社会成员都有意愿成为志愿军。

一项研究显示，军队里很少有富贵尊荣的年轻人，也少有家境贫寒的年轻人。确切地讲，主要是工人阶级的人期盼从军队中寻求一份工作、赚钱上大学或只是为了离开他们生长的小镇。另外，年轻的士兵大多来自美国南部，因为南部的地方文化更尚武，并且众多军事基地都在那里。正如两名分析家所指出的："美国军队似乎更像伯明翰或比洛克西之外的两年制走读或贸易学校的结构，而不像波士顿的犹太人区或西语区或四年制大学的结构。"（Halbinger & Holmes，2003：1）"争鸣与辩论"专栏提出了这样的问题：美国对志愿军的依赖是否正在塑造一个"战士阶层"？

纵观美国历史，女性一直是美国军队的一部分。近几十年来，女性在武装部队中的重要性越发凸显。一是女性在军队所占比例不断上升，现已达到军队总人数的 16%。二是虽然规章通常要求女性远离危险，但是现在有越来越多的女性参与到战斗中。战斗经验是必不可少的，因为约定俗成的看法认为这是士兵晋升到最高领导层的必要条件（U.S. Department of Defense，2017）。

2013 年，美国武装部队宣布将向女性全面开放所有军事作战位置、将女性纳入军事作战行动的计划，该计划大体上已基本完成。你认为这项政策对女性来说是一种进步吗？为什么？

## 恐怖主义是一种新型战争吗？

近年来，我们听到政府官员将恐怖主义

称为一种新型战争。战争在历史上一直遵循一定的模式：它是按照基本规则秩序进行的，战争双方相互了解，交战各方的目标——通常涉及领土管辖权——都会予以昭告。

恐怖主义打破了这些定式。恐怖分子个人和组织的身份可能无人知晓，牵涉的对象也许会否认自身责任，作战目标也不得而知。2001 年针对美国的恐怖袭击的意图并不是在军事上击溃美国或保卫领土。从事这些恐怖行为的人，不象征任何国家而是某项事业。恐怖行为在美国人看来是无法理解的。简而言之，这种袭击是愤怒和仇恨的宣泄，是为了破坏国家的稳定和制造普遍的恐惧。

传统战争是对称的，两个国家派遣军队投入战斗。相比之下，恐怖主义是一种非常规的战争形式，是一种 非对称冲突。在这种冲突下，少数袭击者在面对强大的敌人时利用恐怖主义和自身的死亡意愿与之抗衡。虽 说恐怖分子也许残酷无情，但受到攻击的国家应对恐怖主义时必须保持克制，因为对肇事者的身份和位置很可能知之甚少。

## 军国主义的代价和原因

武装冲突的代价远不止战场上的伤亡。总的来说，世界各国每年花费共 1.7 万亿美元用于实现军事目的（Stockholm International Peace Research Institute，2017）。如此巨额的开销是从上亿贫困人口的艰难维生中分流出来的。

国防是美国政府仅次于社会保障的最大开销，占联邦政府总开支的 14%，在 2017 年总花费预算达到了 6040 亿美元。近年来军费开支随武装部队的规模扩大而呈下降趋势。致使这种下降趋势发生的一个原因是，越来越多的军事行动将目标重心转移到恐怖分子上，动用的不是军队，而是训练有素的小队士兵（Thompson，2013）。

近年来，美国已成为世界上唯一的超级大国，军事开支约占全球国防支出的 36%。换句话说，美国在军事上的支出超过了中国、俄罗斯、沙特阿拉伯、印度、法国、英国、日本和德国的总和（Stockholm International Peace Research Institute，2017；U.S. Office of Management and Budget，2017）。

几十年来，军费开支只增不减，归根结底是因为美国与苏联之间的军备竞赛。这场竞赛以 1991 年苏联的解体而告终。但是若干分析人士（那些支持权力精英理论的人）却将高额的军费开支与**军工复合体**（military industrial complex）对美国社会的控制联系起来，即联邦政府、军队和国防工业的紧密结合。因此，军事主义的滥觞不仅源于外部对国家安全的威胁，而且还在于本国内部的制度性结构（Marullo，1987；Barnes，2002）。

军国主义得以存续的最后一个原因是地区冲突。例如，20 世纪 90 年代，波斯尼亚、车臣和赞比亚都爆发过局部战争，以色列和巴勒斯坦、印度和巴基斯坦今天仍然处于高度紧张的状态。即使是局部战争，战火仍有可能延伸到包括美国在内的其他国家。印度和巴基斯坦——都拥有核武器——在 2002 年一度爆发战争，之后局势冷却趋缓。2005 年，朝鲜也宣布拥有核武器，亚洲紧张形势加剧。2015 年，美国和欧盟与伊朗斡旋谈判，努力阻止该国发展核武器（Einhorn，2015；BBC，2016）。

## 核武器

尽管超级大国间的紧张气氛稍有缓和，世界上仍存有大约 4000 枚可使用的作战核弹，意味着全球每人得承受几吨 TNT 的破坏威力。如果这些库存中哪怕只有些许用于战争，我们认知范围内的所有生命也都将走向终结。爱因斯坦的才智为核武器的发展做出了不可磨灭的贡献，他反省道："被释放的原子能已经改变了一切，除了我们的思维模式，因此我们正在滑向空前的灾难。"概而言之，在一个尚不具备足够能力以维护和平的

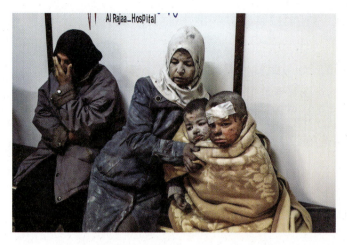

一个令人忐忑的历史趋势是，战争受害者中平民越来越多。近年来，军事冲突成为人们心如死灰地向高收入国家迁移的核心原因。

世界里，若战争中无节制地使用核武器，后果将难以想象。

伴随着**核扩散**（nuclear proliferation），越来越多的国家掌握核武器技术，灾难性战争的烈度因此达到一个前无古人的地步。一些国家停止研发核武器——1990 年阿根廷和巴西中止了工作，1991 年南非拆除了核武库。但是，正如伊朗最近发生的事件所表明的那样，未来几年可能会有更多的国家跻身"核俱乐部"。随着核武器在世界的普及化，越来越多的国家拥有核武器，再小的地区冲突都能轻而易举地对整个地球造成巨大威胁。

## 大众传媒与战争

伊拉克战争（2003—2010 年）是第一场电视摄制组偕同美军而行，在战火连天中实时向世界报道的战争。大众传媒持续且翔实地报道相关事件，有线电视每时每刻都在对战争进行现场直播。

正如第七章（"大众传媒与社交媒体"）所阐释的那样，大众传媒不仅传递信息，还可以塑造现实。批判伊拉克战争的媒体——特别是阿拉伯半岛电视台——偏重于报道战争的缓慢进展、美军及盟军的伤亡人数、伊拉克人民的伤亡情况，这些信息为停止战争施加压力。而支持战争的媒体——包括一些美国新闻机构——侧重报道战争进展之迅猛、萨达姆部队的伤亡人数，并对伊拉克平民受到的伤害轻描淡写，在报道中使其最小化和无意化。总之，大众传媒向全球观众选择性地提供信息，这意味着实战中烽烟四起的同时，电视及其他媒体也能把握全局动向、影响冲突结果，构成没有硝烟的战争。

## 追求和平

世界如何才能减少战争的风险？以下是实现和平的最新路径。

**威慑**　军备竞赛的逻辑是将安全与超级大国之间的"恐怖平衡"相挂钩。"相互保证毁灭"（mutual assured destruction，MAD）原则意味着对立的两方中如果有一方全面使用核武器进攻则将面临更猛烈的回击，双方都会被毁灭。这一威慑政策在美苏冷战的五十多年里维系着和平。但是，这种策略为耗资巨大的军备竞赛推波助澜，在防止核扩散上却收效甚微，而核扩散对和平构成了日益严重的威胁。威慑不能阻止恐怖主义，也无助于遏制分裂叙利亚的内部军事冲突，亦不能阻止强权国家（如美国）针对弱国（如阿富汗的塔利班政权或萨达姆·侯赛因的伊拉克）发动战争。

**高科技防御**　武器是科技的产物，也许科技也同样能保护我们免受武器的伤害。这是战略防御倡议（strategic defense initiative，SDI）支持者的主张。根据 20 世纪 80 年代里根政府时期出现的 SDI，卫星与地面设备能甄别敌方导弹并在其发射不久后将其摧毁（Thompson & Waller，2001）。

2001 年，在美国遭受恐怖主义袭击后不久的一项调查中，有三分之二的美国成年人支持 SDI（Thompson & Waller，2001；"Female Opinion"，2002）。然而，有人批评指出说这个被这些人称之为"星球大战"的系统，充其量只是一把漏雨的伞。也有人担心建造这样一个系统将会牵动另一场大规模的军备竞赛。奥巴马政府放弃了 SDI 的开发，转而关注对可能从伊朗发射的短程导弹的防御。同样，特朗普政府也向韩国提供了反导技术。

战争、恐怖主义和贫困正迫使中东和北非地区成千上万的人流离失所。众人纷纷涌向相对和平与繁荣的欧洲寻找新的安家之处。体量庞大的移民对美国来说并不是什么新鲜事。但对大部分欧洲国家来说，最近移民的迁入带来了相当大的争议。欧洲对来自其他国家的难民要尽什么义务？美国需要在这场危机的应对中承担什么责任？

**外交与裁军** 一些分析家相信实现和平的最佳途径并非技术而是外交（Dedrick & Yinger，1990）。外交团队的合作能够通过缩减而非增加武器库存来提升安全性。

但是裁军有其局限性。没有哪个国家愿意因为放松防卫而被削弱。成功的外交需要将牵涉的所有人拧成一股绳，努力解决共同的问题（Fisher & Ury，1988）。美国和俄罗斯继续就削减武器协议进行谈判。2010 年，《新削减战略武器条约》要求各国在 7 年内将核库存减少至 1550 枚，并且设立了一个新的监测制度，协助检验该条约的遵守情况。即便如此，每个国家仍将拥有足以摧毁整个地球的武器。此外，目前世界仍面临来自某些国家日益增长的威胁（Stockholm International Peace Research Institute，2015）。

**解决潜在冲突** 最终，降低战争的风险可能需要通过促进世界公正来解决潜在冲突。贫穷、饥饿和低文化程度都是战争的根源，也许世界需要重新考虑在军国主义上花费数千倍于我们为寻找和平解决方案所做努力的资金是否明智（Sivard，1988；Kaplan & Schafer，2001）。

## 政治：展望未来

政治制度的变革正在进行。一些问题和趋势在未来几十年可能会越发重要。

在美国，一个棘手的问题就是美国民主思想和低投票率之间的矛盾。或许如保守派多元主义理论支持者所说，许多人懒得为投票费心是因为他们安于现状，满足于自己的生活。但另一方面，自由主义的权力精英理论支持者也言之有理，在他们看来，人们会从财富与权力高度集中的政治制度中抽身而去。或许也可能像激进的马克思主义批评家所指出的，人们察觉到了美国的政治制度里几乎不存在真正的选择，选择与政策都限定在资本主义经济体制之中。无论如何，目前的高度冷漠肯定会破坏美国的主张，即美国的政治制度是按全体人民的愿景运作的。

第二个问题是对政治模式的全球性反思。美国与苏联的冷战鼓励人们通过资本主义和社会主义这两种对立模式来看待政治。然而，今天人们可能跳出思维定式，考虑更宽泛的政治制度，思考政府与经济之间关系的各种可能性。瑞典的"福利资本主义"与日本、韩国的"国家资本主义"就正好对应着两种可能。促进广泛的民主参与是一个重要目标，每个国家皆是如此。

第三个问题是世界上的许多地方仍然面临严峻的战争考验。即使美国和俄罗斯相继拆除了一些导弹，但仍拥有核武器的巨大库存，核技术继续在全球扩散。另外，地区冲突可能会继续升温，全球恐怖主义局势扑朔迷离，看不到尽头。我们只能将希望寄予在——并也只能投票给——那些能找到非暴力的办法来解决这些激化战争的长期问题并引领我们走向世界和平之路的领导人。

## 日常生活中的社会学

为什么政治上的"局外人"似乎广受欢迎？

2016 年，令许多人目瞪口呆，伯尼·桑德斯作为一名左翼的"无党派"人士，距离赢得民主党的总统提名竟只差毫厘。更重要也更不可思议的是，唐纳德·特朗普——一个政治经验空白的候选人——出乎所有人意料地被选为美国总统。回顾过去，公众对美国政治制度缺乏信心对此乃是预示，因此我们不该大惊小怪于越来越多的人开始指望"局外人"来撼动这一制度。

一个问题几乎完全贯穿伯尼·桑德斯的竞选演讲：严重的经济不平等极大地改变了政治生态的演变进程，以至于我们无法再大言不惭地说自己的政治制度是民主的。大学校园里的年轻人极其认同桑德斯的观点。你还能说出支持桑德斯的其他类群体吗？

唐纳德·特朗普认为美国政治体系是"操纵者的共谋"，并且他声称自己誓要"铲除华盛顿特区这片沼泽"，同时驳回了很多在奥巴马时期颁布的政策。美国的哪一类群体最支持特朗普呢？为什么？

2016 年，演员梅丽尔·斯特里普（Meryl Streep）在一场政治竞选活动上发表公开演讲以声援希拉里·克林顿。你还可以列举出其他设法影响政治活动的名人效应吗？

**提示** 桑德斯在美国传统的民主党城市聚居区赢得广泛支持。绝大部分少数族裔要么支持桑德斯，要么支持希拉里。通常来说，年轻的民主党选民更偏好桑德斯，年长的选民则倾向于他们认定更有"建树"的候选人。特朗普的拥趸在美国农村地区最多，尤其是没有取得大学文凭的男性。许多特朗普的拥护者认为，美国的经济机遇越来越少，且随着大量移民迁入，传统文化也岌岌可危。

# 从你的日常生活中发现社会学

1. 你认为一个更加民主的美国图景会是怎样？一个更加民主的世界又是怎样的呢？

2. 访问"社会学焦点"博客，你可以在那里阅读年轻社会学学者的最新文章，他们将社会学视角应用于流行文化的话题。

## 取得进步

## 权力与权威

### 18.1 辨别传统型权威、法理型权威和卡里斯玛型权威

政治是有关权力分配、目标树立以及决策制定的主要社会制度。马克斯·韦伯认为有三种方式将原始权力转化为合法性权威：

- 前工业社会通过传统将权力转换为权威，传统型权威与亲属关系密切相关；
- 随着工业化推进，传统让位于理性，法理型权威构成科层机构运作和法律的基础；
- 然而，不论何时，都有一些人运用自身魅力将权力转变为权威，卡里斯玛型权威建立在非凡的个人能力的基础之上（如拿撒勒的耶稣、圣雄甘地）。

## 全球化视野中的政治

### 18.2 对比君主制与民主制以及独裁制与极权制

君主制在农业社会很普遍。

- 统治地位建立在血缘关系的基础上。
- 在中世纪，专制君主宣称君权神授，要求垄断权力。民主制在现代社会很普遍。
- 领导权与选任官职相挂钩。
- 当今高收入国家的官僚主义和经济不平等限制了真正的民主。
- 独裁制是禁止人们参与政府事宜的政治制度。
- 绝对的君主制和军事政府是独裁政权的例子。
- 极权制的政治权力高度集中于中央。
- 极权制政府不容许任何有组织的反对，他们靠恐惧维护统治。
- 跨国企业创造了一种新的政治秩序，因为自身所拥有的巨大财富赐予了它们左右世界大事的权力。
- 在计算机和其他新信息技术的时代，政府不再能够控制跨境信息流动。

## 美国政治

### 18.3　用政治光谱剖析经济问题和社会问题

美国政府的规模在过去的两个世纪内一直在扩张，尽管美国的福利国家规模较其他高收入国家都小。

- 政治光谱，从左翼的自由派到右翼的保守派，涉及对经济议题和社会议题的态度。
- 富裕阶层在经济议题上倾向保守，在社会议题上呼唤自由。
- 美国的政党认同感很弱。
- 特殊利益集团推进特定人群的政治目标。
- 政治行动委员会在选举政治上扮演着重要角色。
- 2016 年的总统竞选活动的竞选支出合计达 15.3 亿美元。在国会竞选上也投入数十亿美元。
- 美国选民冷漠程度很高。
- 在 2016 年的总统选举活动中，只有 60.2% 的选民参与了投票。

## 社会的权力理论

### 18.4　将多元主义模型、权力精英模型以及马克思主义模型运用于美国政治系统

- 多元主义模型认为政治权力广泛分散于美国社会。它与结构功能论紧密相连。
- 权力精英模型认为权力集中掌握在一小部分富人手中。它以米尔斯的观点为基础并与社会冲突论相关。
- 马克思主义政治经济学模型认为美国政治议程由其资本主义经济决定，所以实现真正的民主是天方夜谭。它以卡尔·马克思的观点为基础并与社会冲突论相关。

## 统治之外的权力

### 18.5　阐述导致革命和恐怖主义发生的原因

- 革命是在根本上颠覆政治制度。革命会在民众期望日益增长而政府不愿对自身进行改革时发生。革命通常由知识分子领导。
- 恐怖主义是一种非常规的战争形式，它使用暴力来追求政治目标，并被特定集团用于对抗强大敌人。恐怖分子的定义取决于个人的政治观点。
- 国家恐怖主义是政府当局为操纵国民使用的暴力工具。

## 战争与和平

### 18.6　理解促使和平或战争发生的因素

与所有形式的社会行为相同，战争也是社会的产物。

- 以下四个因素是战争爆发的导火索：
  - 人们感知到他们的生活方式受到威胁；
  - 政府希望转移公众对国内社会问题的注意力；
  - 政府试图实现一个特定的政治或道德目标；
  - 政府找不到替罪羊来转移视线、平息冲突。

- 工人阶级是美国军队的主力。
- 由于美国与苏联之间的军备竞赛，军事开支在 20 世纪下半叶急剧增加。
- 一些分析家指出美国社会被军工复合体主导。
- 核武器的发展与扩散增加了潜伏的全球性灾难的巨大危机。
- 近来通向和平的手段包括威慑、高科技防御、外交与裁军，以及解决潜在冲突。
- 最终，追求和平意味着消除贫穷、饥饿和低文化程度，促进社会正义。

# 第十九章
# 家庭

# 社会的力量

影响一段婚姻以离婚告终的可能性

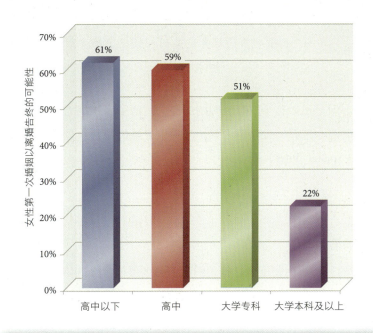

资料来源：Copen et al.（2012）。

　　为什么有些婚姻能比其他婚姻维持得更长？在美国，大约有 95% 的人会在一生中的某个时刻结婚，但并不是所有的婚姻都能长久。一般来说，社会地位更高的人更有可能维持婚姻关系。对于拥有本科及以上学位的女性来说，她们第一次婚姻以离婚告终的可能性仅为 22%。相比之下，对于高中以下学历的女性来说，离婚的可能性几乎是前者的三倍，第一次婚姻中有 61% 以离婚告终。正如社会指引人们选择婚姻伴侣一样，它也形塑了维持婚姻关系的可能性。

本章概览

　　本章探讨家庭这一主要的社会制度。家庭之所以重要有很多原因，这也有助于解释为何家庭存在于每个社会。本章区分了各种形式的家庭生活，并追踪了家庭随时间发生的变化。我们将首先介绍社会学家用来描述和分析家庭的一些重要概念。

　　罗莎·伊尼格斯生活在墨西哥的哈利斯科州，她是家里一同长大的 7 个孩子中的一个。在他们那里，家庭成员辛勤工作，定期去教堂，以有多个孩子为荣。罗莎还记得她去父母的朋友家做客的时候，看到了他们家的客厅里有一个钟，钟面的数字被换成了他们家 12 个孩子的头像。

　　罗莎现在 32 岁了，住在旧金山，在一家百货商店做收银员。在某些方面，她继承了她父母的传统，但并非所有方面。回顾她的童年，罗莎说："在墨西哥，许多我认识的家庭都要有 6~10 个孩子，有时甚至会

更多。但是我来到这个国家是为了出人头地，很显然我根本不可能有太多的小孩。"为了保住工作同时提高她家庭的生活水平，罗莎下定决心，除了现在有的 3 个孩子外，她不会再要任何小孩。

大家庭的传统使得拉美裔美国人成为美国最大的少数族裔。移民女性的生育率也仍然高于本土女性。但是今天，越来越多的拉美裔美国人做出了和罗莎相同的决定，选择少生孩子（Navarro，2004；U.S. Census Bureau，2010）。

家庭制度已经伴随了我们很长时间。但是正如这个故事表明的那样，美国家庭正因为种种因素而发生着改变，这些因素包括女性渴望拥有更多的职业选择，也希望为其子女提供更好的生活。也许家庭正发生着比其他社会制度更为迅速的变迁（Bianchi & Spain，1996）。

# 家庭：基本概念与全球差异

### 19.1　描述家庭及其在世界各地的差异

**家庭**（family）是所有社会中都存在的一种社会制度，它将人们团结起来形成合作群体以便相互照顾，这也包括了所有儿童。家庭关系（ties）也被称为**亲属关系**（kinship），即基于共同祖先、婚姻或收养关系形成的社会纽带。所有社会中都有家庭，但是人们实际上把哪些人当作亲属因时而异，在今天的各种文化中也不尽相同。从个体的角度来看，家庭随着我们的成长而发生着改变，我们会离开我们出生的家庭，组建我们自己的家庭。

和其他国家一样，美国的家庭是围绕婚姻而形成。**婚姻**（marriage）是一种法律关系，通常包括经济合作、性活动以及生育孩子。美国的传统观念认为，人们应该先结婚再生子，这一观念可以从"matrimony"一词中体现出来，在拉丁语中，该词指"为人母的状态"。今天，60% 的孩子是婚生子，而 40% 的孩子由单身女性所生，她们可能与伴侣共同居住生活，也可能没有。

因此，家庭已经变得更为多样化了。哪些关系被视作家庭关系，哪些关系又不被视作家庭关系，可能会产生重要的社会后果，因为像医疗保健这样的常见扩展福利往往只针对雇员的家庭成员。美国人口普查局（其收集的数据常常为社会学家所用）将家庭界定为因"生育、婚姻或收养"关系而共同居住的人。[1] 本章中，所有美国人口普查局关于家庭的数据都是基于这一界定。但是，美国正趋向更为宽泛的家庭定义，将同性伴侣、异性伴侣、未婚同居及已婚同居都视作家庭。这些**亲合性家庭**（families of affinity）是由那些认为他们自己生活在一个家庭中或者希望别人将其看作是一个家庭的人组成。

要有多亲密的关系人们才会认为他们自己组成了一个"家庭"呢？在前工业社会，人们普遍认同**大家庭**（extended family）的概念，即由父母、子女和其他亲属组成的家庭。这种家庭有时也被称为"血亲家庭"（consanguine family），因为其所有成员都是同一"血脉"。但是随着工业化的发展，社会流动和人口迁移的增加使得**核心家庭**（nuclear family）数量大幅上升，核心家庭是指由单亲或双亲父母与其子女所组成的家庭。核心家庭也被称为"夫妻家庭"（conjugal family，conjugal 意为"基于婚姻"）。尽管美国社会中的许多人都

---

1　美国人口普查局的数据表明，2016 年，美国有 1.258 亿个家庭户（household）。在这些家庭户中，8220 万（65%）属于其所界定的"家庭"。其余的居住单位包括单身户，或是共同居住但是相互之间并没有关系的个体。而在 1950 年，90% 的家庭户都是家庭。

**家庭**
所有社会中都存在的一种社会制度，它将人们团结起来形成合作群体以便相互照顾，这也包括了所有儿童

**大家庭**
由父母、子女和其他亲属组成的家庭，也称血亲家庭

**核心家庭**
由单亲或双亲父母与其子女所组成的家庭，也称夫妻家庭

会基于大家庭意义来思考亲属关系，但是大多数人在日常中是生活在核心家庭中的。

家庭在较大的福利国家（见第十八章"政治与政府"）变迁最为迅速。在"全球化思考"专栏中，社会学家戴维·波普诺（David Popenoe）在研究瑞典后指出，那里有着世界上最脆弱的家庭。

## 婚姻模式

文化规范，通常还有法律，将人们界定为合适或者不合适的婚姻伴侣。某些婚姻规范提倡**内婚制**（endogamy），即同一社会类别的人之间的婚姻。内婚制将人们的可能配偶限定在同样的年龄、种族、宗教信仰和社会阶级。与此相反，**外婚制**（exogamy）是不同社会类别的人之间的婚姻。例如，在印度的农村地区，人们期望与来自不同村庄的（外婚制）同一种姓（内婚制）的人成婚。内婚制有利于相似地位的人们将其社会地位传给后代，保持传统的社会等级。而外婚制则将不同的社区联结起来，有利于文化的传播。

在大部分国家，法律只允许**一夫一妻制**（monogamy，源自希腊语，意为"一个联合"），即两个伴侣结合形成的婚姻。南美、北美以及欧洲实行一夫一妻制，而非洲、南亚的许多国家允许**多配偶制**（polygamy，源自希腊语，意为"多个联合"），即一个人和两个或两个以上配偶形成的婚姻。多配偶制有两种形式。迄今为止更为常见的是**一夫多妻制**（polygyny，源自希腊语，意为"多个女性"），即一个男性和两个或两个以上女性形成的婚姻。例如，中东和非洲的伊斯兰国家就允许男性最多娶四个妻子。即便如此，大多数伊斯兰家庭还是实行一夫一妻制，因为很少有男性能养得起多个妻子，还有更多孩子。

**一妻多夫制**（polyandry，源自希腊语，意为"多个男性"或"多个丈夫"），即一个女性和两个或两个以上男性形成的婚姻。这种罕见的模式曾存在于一些农业欠发达的高山地区。在那里，一妻多夫制使土地不致分割得过少以致无法供养家庭，一妻多夫制还可以在许多男性间分配农活。

世界上大多数社会都会在某些时期允许多种婚姻模式并存。即便如此，大多数的婚姻仍然是一夫一妻制的（Murdock，1965，orig. 1949）。历史上人们对一夫一妻制的偏好反映了生活中的两个事实：供养多个配偶是非常昂贵的，多数社会中的男性和女性的数量是大致相等的。

现代家庭是什么样的？如果指望大众传媒，我们会发现这个问题很难回答。在美剧《摩登家庭》（*Modern Family*）中，杰·普里切特（Jay Pritchett）的家庭成员包括了比他年龄小很多的妻子，他们年幼的儿子、杰的继子曼尼（Manny），他的女儿克莱尔（Claire，已婚，育有三个子女），他的儿子米切尔（Mitchell，与他的同性男友一起领养了一个越南女儿）。你会如何界定"家庭"？

# 全球化思考

地球上最脆弱的家庭？来自瑞典的报告

> 英格：在瑞典，政府照顾我们每个人！
> 萨姆：在美国，家庭照顾我们每个人……

美国人可能会羡慕瑞典，因为许多在美国发生的最糟糕的社会问题，包括暴力犯罪、毒品泛滥以及极度贫困，都很少在瑞典出现。相反，这个斯堪的纳维亚国家看上去已经兑现了现代福利国家的承诺，它已经建立了庞大而专业的政府机构来照顾到每个人的实际需求。

但是戴维·波普诺（Popenoe，1991）指出，这一福利国家的一大不足就是大政府削弱了小家庭。简单来说，这是因为人们指望政府而不是配偶或其他家庭成员来获得经济支持。出于同样的理由，瑞典成年人单独居住的比例很高（40%，而美国的这一比例是 28%）。此外，也有较高比例的情侣是非婚同居（15%，美国的这一比例是 6%），55% 的瑞典孩子不是婚生子（美国的比例是 40%）。瑞典的平均家庭户规模几乎是全球最低的（2.1 人，美国是 2.5 人）。因此，家庭在瑞典社会并没有起到核心作用。

波普诺指出，在 20 世纪 60 年代，个人主义和自我实现文化兴起，再加上宗教影响力降低，这些变化的趋势开始侵蚀瑞典家庭。女性加入劳动力大军也产生了一些影响。当前，瑞典家庭主妇所占女性比例是全球最低的（10%，在美国是 22%），而劳动力中女性的比重又是最高的（79%，在美国是 57%）。

但在波普诺看来，最重要的原因是福利国家的扩张。瑞典政府为其公民提供终生服务。瑞典人能够依靠政府来生育和教育孩子、提供全面的医疗保障、提供失业救济，以及承担丧葬费用。

许多瑞典人支持福利国家制度，认为它能巩固家庭。一些人声称这就是事实。但是在波普诺看来，政府实际上正在削弱家庭。以儿童照顾为例，在 2016 年，瑞典政府为母亲提供一年以上的带薪育儿假，前 90 天按其工资的 80% 支付。瑞典政府也开办了儿童照顾中心，配备专业人员，并且面向所有家庭，父母收入较低的儿童也可以在这些机构得到照顾。在一些人看来，政府现在在管理家庭生活方面有广泛的责任，不期待人们自己对家庭生活负责。而这恰是相对较少的瑞典人认为有必要结婚的原因之一。

但是如果说瑞典的制度已经解决了如此多的社会问题，为什么人们还要去关心正在下降的结婚率呢？波普诺认为有两个原因。第一，政府为家庭成员提供如此多的服务的成本很高，这是瑞典为世界上税率最高的国家之一的主要原因。第二，波普诺认为，无论在大型的儿童照顾中心，还是在提供福利服务的办公室，政府雇员都不可能为儿童和他们的父母提供家庭成员所能提供的爱和情感保障。在照顾他人，尤其是在照顾年幼的孩子方面，小型而亲密的群体要比大型而没有人情味的组织做得更好。

## 你怎么想？

1. 波普诺认为我们不应该用政府来取代家庭，你同意这样的观点吗？为什么？
2. 美国的福利国家体系比瑞典小很多。美国政府应该为人民付出更多吗？为什么？
3. 试列举两件你认为在儿童照顾方面政府可以做得比父母更好的事情，再列出两件父母可以做得比政府更好的事情，并给出解释。

资料来源：Palley & Shdaimah（2014），U.S. Census Bureau（2016），U.S. Department of Labor（2016），Bureau of Labor Statistics（2016），European Union Statistical Division（2017），Martin et al.（2017），OECD（2017），United Nations Economic Commission for Europe（2017）。

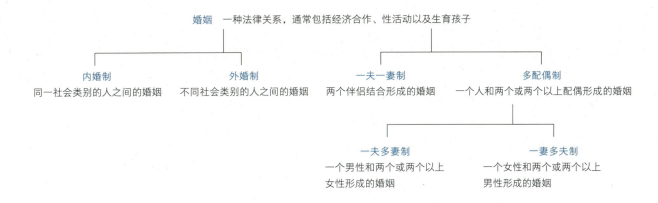

## 居住模式

正如社会规范配偶的选择，社会也会决定夫妻的居住模式。在前工业社会，大多数的新婚夫妇与其中一方父母居住在一起，后者能为他们提供保护、支持和帮助。最常见的形式是**从夫居**（patrilocality，源自希腊语，意为"父亲所在的地方"），即已婚夫妇与男方的父母同住或居住在男方父母家附近的居住模式。但是也有一些社会（如北美的易洛魁人）更偏好**从妻居**（matrilocality，源自希腊语，意为"母亲所在的地方"），即已婚夫妇与女方父母同住或居住在女方父母家附近的居住模式。当地战争频发的社会倾向于从夫居，这样儿子离家近，可以为家庭提供庇护。而另一方面，只参与远距离战争的社会既可能采用从夫居，也可能采用从妻居的居住模式，这取决于是儿子还是女儿有着更大的经济价值（Ember & Ember，1971，1991）。

工业社会已经出现了另一种模式。只要经济上允许，工业社会的人们就更倾向于**新居制**（neolocality，源自希腊语，意为"新的地方"），即已婚夫妇与双方父母分开居住的居住模式。

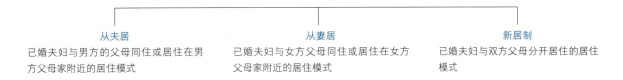

## 血统模式

**血统**（descent）指的是社会成员世代追溯亲属关系的血缘系统。许多前工业社会追溯家庭中父亲或母亲的血亲关系。更为常见的模式是**父系血统**（patrilineal descent），即通过男性追溯亲属关系的血缘系统。在这种模式下，子女仅通过父亲与他人联系在一起，这也保证了父亲将财产传承给他们的儿子。父系血统是大多数游牧与农耕社会的特点，在这些社会中男性提供大多数有价值的资源。相对少见的模式是**母系血统**（matrilineal descent），即通过女性追溯亲属关系的血缘系统。在这种模式下，母亲将财产传承给她们的女儿，这种模式更多地出现在女性是主要食物生产者的园艺社会中。

两性更平等的工业社会更加认同**双边血统**（bilateral descent），即通过男性和女性双方追溯亲属关系的血缘系统。在这种模式下，子女将父系和母系的人都看作自己的亲戚。

### 权威模式

从世界范围来看，一夫一妻制、从夫居和父系血统占主导地位，这反映了父权统治的全球模式。在像美国这样的工业社会中，男性仍然是一家之主，而大多数的美国父母也让子女冠父姓。但是，更为平权的家庭模式正在出现，尤其是随着女性在劳动力中的比例不断上升。

# 家庭的理论分析

19.2　运用社会学主要理论解释家庭生活

正如本书前面的章节，社会学的三种主要理论路向也为我们深入理解家庭提供了广阔的分析视角。"应用理论"表总结了每种路向的分析结果。

### 结构功能论：家庭的功能

根据结构功能主义的理论路向，家庭履行许多重要的任务。正因为此，家庭经常被称为"社会的支柱"。

1. 社会化。如第五章（"社会化"）所述，家庭在孩子抚育的过程中是最初而且是最重要的环境。理想状态下，父母扶助孩子成长为能够顺利步入社会、对社会有所贡献的成员。当然，家庭社会化会贯穿整个生命周期。成年人随着婚姻而改变，而当过父母的一定知道，父母从孩子身上学到的东西与孩子从父母那儿学到的一样多。

2. 规范性活动。所有文化都会为了维护亲属组织和财产权利而规范性活动。**乱伦禁忌**（incest taboo）是一种阻止近亲之间发生性关系或通婚的规范。尽管每个社会中都存在乱伦禁忌，事实上，哪些亲属之间不能通婚，在不同文化有所不同。例如，母系社会的纳瓦霍人禁止人们与他们母系的任何亲属结婚。我们的双边社会（bilatenal society）的乱伦禁忌则包括家庭中父母两系的亲戚，不过仅限于近亲，包括父母、祖父母、兄弟姐妹、姑姑和叔父。然而，嫡亲表兄妹婚姻（并非同一父母）也在古埃及、印加以及夏威夷贵族中被认可（Murdock，1965，orig. 1949）。

为什么各种社会都存在某种形式的乱伦禁忌？部分原因源于生物学：任何物种的近亲繁殖都会增加后代受到精神或身体损害的概率。但是为什么在所有现存的物种中只有人类遵守乱伦禁忌呢？答案是，控制近亲繁殖对社会组织来说是必要的。首先，乱伦禁忌通过限定仅在配偶间发生性关系而限制了家庭内的性竞争。其次，由于血缘关系规定了人们彼此间的权利和义务，近亲繁殖将无可救药地扰乱血缘纽带、威胁社会秩序。最后，促使人们与外界通婚建立起来的家庭纽带可以扩大社会联系网络。

3. 社会位置。对于人类的生物繁殖，家庭并非必需，但是家庭有助于维持社会组织。父母将他们自己的社会身份——种族、族裔、宗教和社会阶级——传承给出生的孩子。

4. 物质和情感保障。许多人将家庭看作"无情世界中的天堂"，提供身体的保护、情感的支持以及经济的帮助。也许这就是生活在家庭中会比独居更幸福、更健康和更富有的原因（Goldstein & Kenney，2001；U.S. Census Bureau，2014）。

**评价**

结构功能分析解释了为什么至少就我们了解的社会而言，家庭是社会的基石。但是这一理论忽视了美国家庭生活的多样性，也忽视了其他社会机构（如政府）至少可以满足人们某些类似的社会需求。最后，结构

通常，我们都经历过现代社会的冷漠无情。在这种情况下，家庭可以是无情世界中的天堂。当然，并不是每个家庭都能实现这一承诺，但是生活在家庭中的人确实比独居者更快乐，也更长寿。

功能主义忽视了家庭生活的消极方面，如父权制和家庭暴力。

**检查你的学习** 家庭对社会运行有哪四种重要功能？

## 社会冲突论与女性主义理论：不平等与家庭

像结构功能论一样，社会冲突论，包括女性主义理论，也将家庭视为我们生活的中心。但是该理论重点指出家庭如何固化社会不平等，而不是血缘关系如何有益于社会。

1. 财产和遗产。恩格斯（Engels，1902，orig. 1884）认为社会通常根据男性的要求（尤其是上层阶级）追溯家庭的血缘、认定继承权，以便他们可以将财产传承给儿子。家庭因此可以在新的一代集中财富，实现阶级结构的再生产。

2. 父权制。女性主义将家庭和父权制联系起来。男性为了对自己的继承人知根知底，必须控制女性的性行为。家庭因此将女性变成了男性的性财产和经济财产。一个世纪之前，大多数女性的收入都归她们的丈夫所有。如今，女性仍然承担孩子抚育和家务的大部分责任（England，2001；U.S. Department of Labor，2015）。

3. 种族与族裔。由于人们倾向于与他们相似的人结婚，这使得种族和族裔的类属代代相传。内婚制加剧了种族和族裔的不平等。

**评价**

社会冲突论和女性主义理论揭示了家庭生活的另一面：家庭在社会分层中的角色。恩格斯批判道，家庭是资本主义的组成部分。但是非资本主义社会也同样有家庭（和家庭问题）。家庭也许就如恩格斯指出的那样可能与社会不平等相联系，但是家庭所履行的社会功能并不是可以由其他手段轻易实现的。

**检查你的学习** 指出三种由于家庭导致社会不平等的方式。

根据社会交换论，人们基于对方能提供什么来与对方建立关系。通常而言，伴侣把这种交换看作是公平的或"大致均等的"。你认为男演员道格·哈钦森（Doug Hutchinson，结婚时 51 岁）和有抱负的女演员考特妮·斯托登（Courtney Stodden，结婚时 16 岁）之间的婚姻涉及了哪些交换？

## 微观理论：家庭生活的建构

结构功能论和社会冲突论都将家庭视为一个结构系统，而微观层面的分析探讨的是个体如何形塑与经历家庭生活。

**符号互动论**　理想情况下，家庭生活为人们提供了亲密（intimacy，其拉丁词根意为"分担恐惧"）的机会。随着家庭成员不断进行各种活动，他们彼此间产生认同，建立起情感纽带。当然，父母扮演权威角色的事实常常限制了他们与年幼子女之间的亲密关系。但是随着子女逐渐成年，亲属关系才完全展露，包括建立更为亲密的信任关系（Macionis，1978）。

**社会交换论**　另一种微观层次的理论路向是社会交换论，它将择偶与婚姻看作是某种形式的谈判（Blau，1964）。约会使得每个人都能了解到潜在配偶的优势和劣势。本质上，交换论认为，人们对于配偶"货比三家"，在他们可选范围内择优"成交"。

在父权制社会中，性别角色决定了交换的元素：依据传统，男性给婚姻市场带来财富和权力，女性则带来美貌。美貌的重要性解释了为什么历史上女性总是关注她们的外表、对透露年龄十分敏感。但是随着女性加入劳动力大军，她们不再那么依赖男性来养活她们，因而两性关系间交换的条件逐渐趋同。

## 评价

微观层次的分析不像结构功能论和社会冲突论那样将家庭作为一种制度系统。符号互动论和社会交换论都聚焦于家庭生活中的个人体验。但是，微观层次的分析还是忽视了更宏观的图景：家庭生活对于具有相同社会经济地位的人而言是相似的。

**检查你的学习**　微观层次的理论与宏观层次的理论在理解家庭方面有哪些不同？阐述符号互动论和社会交换论的主要观点。

---

**应用理论**

家庭

|  | 结构功能论 | 社会冲突论和女性主义理论 | 符号互动论和社会交换理论 |
|---|---|---|---|
| **分析层次** | 宏观层次 | 宏观层次 | 微观层次 |
| **家庭对社会的重要性** | 家庭承担了重要的任务，包括青少年的社会化以及为家庭成员提供情感和经济支持。 | 家庭通过财富的代代相传导致了社会不平等。 | 符号互动论认为家庭生活的现实是通过家庭成员间的互动建构起来的。 |
|  | 家庭有助于规范性活动。 | 家庭支持父权制以及种族和族裔的不平等。 | 社会交换论认为择偶通常会将能提供相同利益的人们结合在一起。 |

# 家庭生活的阶段

## 19.3 分析生命历程中家庭的变化

家庭是一种动态变化的制度。不仅家庭本身是不断变化的，我们每个人在经历生命历程时体验家庭的方式也在发生着改变。建立新家庭始于择偶，并随着与新伴侣进入婚姻生活的现实而不断发展。在接下来的几年里，至少对于大多数夫妇而言，他们会花时间发展事业和养育子女，在子女们都离家组建他们自己的家庭后，婚姻也步入后期阶段。我们将简单检视一下这四个阶段。

### 择偶

11月2日，在斯里兰卡的康提。微风拂过这片美丽海岛的雨林，我们的司机哈里正为我们讲述他是如何遇到他的妻子的。实际上，他说他们的相遇更像是一种安排：双方家庭都是佛教徒，而且是相同的种姓。哈里回忆道："我们从一开始就相处得很好，我们有相同的背景。我曾设想我们中的一方会不同意。但是自由恋爱的婚姻只发生在城市里，而不是在我生长的村庄里。"

在斯里兰卡的乡村，和世界上其他低收入或中等收入国家的乡村地区一样，大多数人认为择偶非常重要以至于不能由年轻人自己决定（Stone，1977）。包办婚姻常常发生在具有相似社会地位的大家庭之间，通常涉及的不仅仅是子女的互通，还包括财富和利益的交换。这种婚姻中几乎不存在浪漫爱情，父母很可能在子女很小的时候就做出了这样的安排。例如，在100年前的斯里兰卡和印度，一半的女孩在她们15岁之前就已经出嫁了。今天，在低收入国家中，可能有八分之一的年轻女性会在15岁之前结婚；大约五分之二的女性会在18岁之前结婚（Mayo，1927；Mace & Mace，1960；UNICEF，2016）。

由于传统社会在文化上更为同质化，几乎所有的年轻男女都在社会化过程中习得并内化了择偶相关的文化规范，得以成为优良的配偶。因此，父母在安排婚姻时可以很少担心两人在个性上是否相合，因为他们知道，两人在文化上是相合的。

工业化降低了大家庭的重要性，也削弱了传统的力量。当年轻人进入到择偶的阶段，约会可以磨炼择偶技巧，也允许性经验。工业社会中的年轻人一般会推迟结婚，直到他们完成学业、建立独立于父母的经济保障、获得选择合适配偶所必需的经验。

**浪漫爱情** 我们的文化崇尚将浪漫爱情——对另一个人的喜爱和性欲——作为婚姻的基础。我们发现很难想象没有爱情的婚姻，从灰姑娘的童话故事到今天电视中的情景喜剧和戏剧，我们的大众文化总是将爱情描绘为成功婚姻的关键。

我们的社会强调浪漫爱情是促使年轻人离开父母家庭去组建他们自己家庭的动力，生理的激情也有助于一对新人克服共同生活的困难（Goode，1959）。另一方面，由于情感会随着时间变化，浪漫爱情作为婚姻的基础而言远没有社会和经济上的考量来得坚实，这就是美国的离婚率要远高于更多依靠文化进行择偶的国家的一大原因。

但是社会学家指出，即使在美国，社会对丘比特之箭目标的指引也远比我们想象的多。大多数人会爱上和自己年龄接近、相似社会阶级的同种族的人。社会通过鼓励**同类婚**（homogamy，字面上的意思是"相似的人结婚"）来"包办"婚姻，即具有相同社会特征的人之间的婚姻。相对于某些社会人群（年轻人和没有严格按照文化传统生活的人），同类婚在另一些社会人群（老年人和来自传统社会的移民）中更为常见。

### 成家：理想婚姻与现实婚姻

美国文化为年轻人勾勒了一幅理想化的婚姻图景："从此后过上了幸福的生活"。这种乐观主义可能会带来失望，尤其是对于女性来说，她们被灌输婚姻是获得个人幸福的关键。同样，浪漫爱情也包含了大量的幻想：我们爱上的往往是我们期望他们呈现的模样，而不是他们真实的模样。

性，也可能成为失望的来源。在坠入爱河的浪漫氛围中，人们可能将婚姻看作是无尽的性蜜月，不料却要冷静地意识到性最终将变成一种不再那么不惜一切的激情。尽管随着时间的推移，婚姻中的性生活频率确实有所降低，但约三分之二的已婚者说他们对自己婚姻关系中的性生活很满意。总之，性关系最和谐的夫妇对其婚姻最满意。也许性对于婚姻幸福并非最关键的，但是通常，和谐的性生活和和谐的婚姻关系总是同时出现（Laumann et al.，1994；Smith，2006）。

**不忠**（infidelity）——婚外性行为——是婚姻现实与我们的文化理想不相符合的又一方面。在近期的一个社会调查中，91% 的美国的成年人说婚外性行为"总是错误的"或者"几乎总是错误的"。即便如此，仍有 21% 的已婚男性和 12% 的已婚女性在匿名的自填式问卷中表示，他们至少有一次对他们的伴侣不忠（Smith et al.，2017）。

### 育儿

尽管孩子总是对我们有很多需求，美国绝大多数成年人仍将养育子女看作人生最大的乐趣之一（Wang & Taylor，2011；Smith et al.，2017）。今天，大约有一半的美国成年人认为拥有两个孩子是理想状态，很少有人希望养超过三个（Smith et al.，2017）。这种转变始于两个世纪以前，那时候平均一个家庭有八个孩子。

规模较大的家庭在前工业社会是受益的，因为孩子提供了他们所需的劳动力。因此，人们将生育孩子看作是妻子的义务，由于缺少对生育的有效控制，生孩子就变成很寻常的一件事。当然，前工业社会的高死亡率使得许多孩子无法活到成年。直到 1900 年，三分之一的美国孩子会在 10 岁前死亡。

从经济上讲，工业化将孩子从资产变成了负累。现在，在低收入家庭里，父母抚养一个孩子大约需要花费 212000 美元，其中包括大学费用；中产阶级父母的这项支出大约是 285000 美元；高收入家庭会花费 500000 美元甚至更多去养育一个孩子（Lino et al.，2017）。难怪 20 世纪美国的家庭规模逐渐缩小到每个家庭只拥有一个孩子。[1]

在高收入国家，最显著的趋势是家庭规模缩减。然而在拉丁美洲、亚洲，尤其是非洲的低收入国家，情况有所不同。在这些国家里，许多女性在生育孩子上几乎没有选择。在这些社会中，有四五个孩子的家庭仍然很普遍。

为人父母是一种价格高昂且持续终生的义务。随着美国社会给予人们关于家庭生活的更多选择，越来越多的美国人决定推迟生育或者不生育。1960 年，90% 的 25—29 岁的美国已婚女性至少有一个孩子，今天，这一比例仅为 69%（U. S. Census Bureau，2016）。

在美国，大约有一半的父母声称他们愿意花更多的时间养育孩子（Cohn，2007）。但是，除非我们愿意接受更低的生活标准，否则受经济现实所限，大多数父母不得不离家追求自己的事业，这意味着他们给予家庭的时间将减少。对于许多家庭来说，包括我们在本章开头所描述的罗莎一家，少生孩子是解决工作与养育孩子之间紧张关系的重要举措（Gilbert，2005）。

---

1  根据美国人口普查局（2016），2015 年平均每个家庭孩子数量是 0.88。在所有家庭中，白人家庭孩子的平均数为 0.75，非裔美国人家庭孩子的平均数是 1.10，拉美裔美国人家庭孩子的平均数是 1.28。

在职父母的孩子多数时间在学校度过。但是放学之后，大约 450 万儿童（5—14 岁儿童中的 11%）将成为"钥匙儿童"（latchkey kids），他们将独自在家自己照顾自己（U. S. Census Bureau，2013）。在关于"家庭价值"的争论中，传统主义者指责许多母亲以牺牲她们孩子的利益为代价外出工作，孩子只能获得更少的母爱。革新者则对此作出反驳，女性在追求长期以来被男性占据的同等机会，上述指责是不公平的。

美国国会于 1993 年通过了《家庭与医疗休假法案》（Family and Medical Leave Act），为缓和家庭与工作职责之间的矛盾迈出了重要的一小步。这一法案允许父母一方在需要照料婴幼儿或处理重要的家庭突发事件时有 90 天的不带薪假期。尽管如此，美国的大多数成年人仍然不得不面临育儿与工作职责之间的失衡。

"儿子，你现在已经长大了。你欠我 214000 美元。"

## 晚年生活中的家庭

美国人预期寿命的增加意味着婚姻持续的时间会更长。到大约六十岁的时候，大多数夫妇都完成了养育子女的任务。在这时，婚姻又回到了仅与伴侣共同生活的状态。

和孩子的出生相似，孩子的离开也需要适应，尽管"空巢"婚姻通常会让关系变得更亲密、更令人满意。多年的共同生活可能会减少夫妻间的性激情，但是经常会加深理解和承诺。

与孩子的个人联络常常会持续下去，因为大多数老年人会至少与一个成年子女住得比较近。孙子孙女能将家庭中的几代人凝聚在一起。超过三分之一的美国成年人（大约 7000 万）已经是祖父母，大多数的祖父母会帮忙照顾孙辈以及协助完成其他一些事务。这对于在职的母亲而言尤为重要，三分之一的在职母亲在工作时间需要孩子的祖父母帮助照顾孩子。有时候祖父母需要做得更多，甚至会替代父母的角色。大约 730 万祖父母的孙辈年龄在 18 岁以下，并与他们同住。对某些类的人群而言，祖父母在抚养孩子方面发挥着特别重要的作用。非裔美国人单亲家庭的比例很高，祖母在家庭生活中有着非常重要的地位（Luo et al.，2012；Meyer，2014；Pew Research Center，2015；U.S. Census Bureau，2016，2017）。

照顾也以其他方式将两代人联系在一起。现如今，越来越多的中年人需要照顾年迈的父母。只有在极少数情况下，父母才会住到成年儿子或女儿的家里，但是许多成年人发现，照顾八九十岁甚至更年迈的高龄父母，可能和抚养年幼的孩子一样费神。2015 年，约有 18% 的美国女性和 15% 的美国男性表示会照顾老人。婴儿潮一代中年龄最大的——现在已经超过 65 岁——被称为"三明治一代"（sandwich generation），因为他们中的许多人（尤其是女性）用来照顾年迈的老人的时间几乎与其养育子女的时间一样多（Lund，1993；U.S. Department of Labor，Bureau of Labor Statistics，2016）。

伴随丧偶而来的是婚姻生活中最后的当然也是最艰难的转变。由于妻子有着更长的预期寿命和事实上女性常常与比自己年长几岁的男性结婚，所以她们一般会比丈夫活得更长。因此，妻子很可能会作为寡妇生活

家庭生活的经历会伴随人们的生命历程。人到中年，一个重要的责任便是照顾年迈的父母。随着年龄的增长，父母和子女之间的关系发生了怎样的改变？

几年时间。丧偶之后的独自生活对老年男性来说是更大的考验，他们的朋友通常比丧偶的老年女性要少，并且他们可能缺乏家务能力。

值得注意的是，孤独并不等同于独自一人。最近一项关于老年人孤独感的研究发现，超过一半的已婚老年人声称他们感到孤独。孤独可能是因为独自一人，但它也可能源于身体或情感问题，这些问题使得人们与周围的人隔离开来而导致孤独感（Cornwell & Waite，2009；Holwerda et al.，2012）。

## 美国家庭：阶级、种族与性别

19.4    解释阶级、种族与性别如何形塑家庭生活

不平等的维度——社会阶级、种族、族裔以及性别——是塑造婚姻和家庭生活的强大力量。我们将一一讨论这些影响因素，但是要记住，这些因素在我们的生活中常常是叠加的。

### 社会阶级

社会阶级决定了一个家庭的经济保障和机会范围。莉莉安·鲁宾（Lillian Rubin）在访谈工人阶级女性时发现，妻子们通常认为一个好的丈夫应有一份稳定的工作，不酗酒，没有暴力倾向（Rubin，1976）。而鲁宾访谈的中产阶级女性压根不会提及这些，她们只提到丈夫应该提供一个安全、有保障的家，她们理想中的丈夫能够轻松交流、分享情感和体验。

很显然，女性（与男性）对婚姻的期望——以及他们最终获得的——都与他们的社会阶级相联系。对于孩子来说亦是如此。那些有幸出生在富裕家庭的孩子有着更为健康的精神和身体，更为自信，也将比出生于贫困家庭的孩子有更大的成就（Mcleod & Shanahan，1993；Duncan et al.，1998）。

当不景气的经济给美国带来经济挑战时，我们可以看到家庭模式的变化。在最近的经济衰退之后，一个值得注意的趋势是越来越多的人选择搬到亲戚家里住。就在 2007 年经济衰退开始之前，有 4600 万成年人与父母、成年子女或成年兄弟姐妹住在一起。到 2009 年，也就是经济衰退最严重的时候，这一数字已经增加到 5200 万，这一增长趋势一直持续到 2014 年。通过分担家庭开支，共同居住的亲戚提高了他们的生活水平，降低了贫困的风险。与亲戚住在一起的失业成年人的贫困率约为 18%，远低于那些独自生活的人的贫困率（30%）（Pew Research Center，2011；Cohn & Passel，2016）。

最后，越来越多的证据表明，婚姻在受过良好教育和相对富裕的人中仍然很普遍，受教育程度和收入较

低的人结婚的可能性要小得多。最近的一项研究发现，美国接受过大学教育的成年人中有 64% 的人结婚了，而没有大学学位的人只有 48% 结婚了（Cohn et al.，2011；Yarrow，2015）。

## 种族与族裔

正如第十五章（"种族与族裔"）所述，种族和族裔是影响家庭生活的强大社会力量。但是请记住，美国印第安人、拉美裔和非裔美国人家庭（像所有的家庭一样）非常多样化，并不符合任何单一的概括或刻板印象（Allen，1995）。

**美国印第安人家庭**　美国印第安人有着多种家庭类型。然而，某些类型是在人们由保留地向城市迁移的过程中出现的。那些初到城市的男女要寻找其他人——尤其是那些同一部落的亲属和成员——协助他们定居。例如，近期的一个研究便讲述了到旧金山的两名移民女性的故事，她们在一个印第安组织的聚会中相识，发现她们原来来自同一个部落。于是这两名女性以及她们的孩子决定住在同一间公寓。不久之后，孩子之间就开始以兄弟姐妹相称。几个月后，这两名女性也互认姐妹（Lobo，2002）。

移民也会组成家庭成员经常变化的"流动的家庭"（luid household）。上述研究还有另一个案例，一名女性、她的姑妈和她们的孩子一起租住在旧金山的一套大公寓里。接下来的几个月里，她们家迎来了 30 多名城市移民，这些人仅在公寓短暂停留，找到他们自己的住所后就会搬走。这种互助模式通常涉及真实或虚假的亲属关系，在低收入人群中很常见。

离开部落保留地前往城市的美国印第安人通常比那些留在部落保留地的人过得更好。因为留在部落保留地的人很难找到工作，他们不可能很容易地形成稳定的婚姻，而诸如酗酒和吸毒这样的问题又可能会破坏父母与孩子之间的关系。

**拉美裔家庭**　许多拉美裔美国人喜欢大家庭的忠诚与支持。传统意义上，拉美裔的父母认为婚姻是家庭间的联盟，而不仅仅是基于浪漫爱情的结合，因此对子女择偶干预较多。一些拉美裔家庭也遵循传统的性别角色，鼓励男性要有男子气概——力量、胆气和性征服——对待女性则是尊重，同时又严格监管。

然而，同化于更大社会的过程正改变着这些传统模式。正如本章开篇讲述的故事那样，许多从墨西哥来到加利福尼亚的女性偏好更小的家庭。同样，迁移到纽约的许多波多黎各人也并没有保留他们在波多黎各所熟悉的强大的大家庭纽带。传统的男性统治女性的权威也已经有所削弱，尤其是在富有的拉美裔家庭中，这些家庭的成员在过去的 25 年间已经增加了三倍多（Raley，Durden & Wildsmith，2004；U.S. Census Bureau，2016）。

## 多样化快照

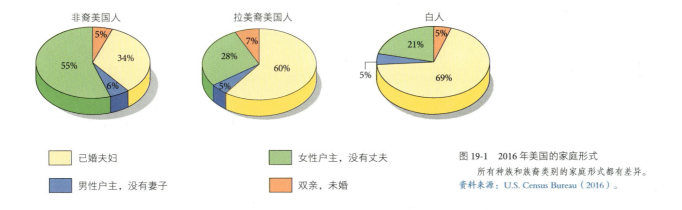

图 19-1　2016 年美国的家庭形式
所有种族和族裔类别的家庭形式都有差异。
资料来源：U.S. Census Bureau（2016）。

然而，总的来看，典型的拉美裔家庭在 2015 年的年收入仅为 47328 美元，是全国平均收入的 67%（U. S. Bureau，2016）。许多拉美裔家庭面临失业压力或是其他与贫困相关的问题。

**非裔美国家庭**　非裔美国家庭面临着经济劣势：2015 年，一个典型的非裔美国家庭的年收入为 45781 美元，仅为全国平均水平的 65%。非裔后代贫困的可能性是非拉美裔美国白人的三倍，而贫困意味着父母更可能失业，和孩子居住在低标准的住房中，健康状况也会更差。

在这些情形下，维持婚姻稳定是十分困难的。考虑到 15 岁以上的非裔美国女性中约有一半从未结婚，同龄的白人女性中，这一比例为四分之一。这意味着非裔美国女性——通常有孩子——更有可能成为单亲家庭的户主。图 19-1 显示，2016 年，非裔美国家庭中女性为户主的占 55%，这一比例在拉美裔家庭中为 28%，在白人家庭中为 21%（U. S. Census Bureau，2016）。

排除种族因素，单身妈妈家庭总是面临很高的贫困风险。31% 的非拉美裔白人女性单亲家庭处于贫困当中。而非裔美国女性（40%）和拉美裔女性（42%）单亲家庭的贫困率更高，这有力地证明了阶级、种族和性别的交互作用使得女性处于劣势。非裔美国已婚夫妇家庭占所有非裔家庭的 45%，这类家庭的经济条件要好得多，他们的收入是非拉美裔白人家庭的 81%。但是 71% 的非裔美国儿童是单身女性所生，而 33% 的非裔美国儿童在贫困中长大，这意味着这些家庭承担着美国儿童贫困问题的大部分负担（U.S. Census Bureau，2016；Martin et al.，2017）。

**异族通婚**　婚姻具有同质性：大多数夫妻具有相似的阶级和种族社会背景。但是在整个 20 世纪进程中，族裔的影响越来越小。例如，即使是在 50 年前，一名德裔或法裔女性也可以顺利地嫁给一个有爱尔兰或者英格兰血统的男性，而不用考虑他们家庭和整个社会的不同意见。

种族在择偶过程中一直是强大的影响因素。在 1967 年最高法院判决（洛文诉弗吉尼亚州案 [Loving v.Virginia]）前，跨种族通婚在 16 个州被认为是非法的。今天，非裔美国人、亚裔美国人和美国原住民占美国总人口的 18.8%。假如人们在择偶时不考虑种族因素，那么可以预期跨种族婚姻应占相同的比例。但实际上异族通婚比例为 5.0%，这表明，种族仍然是社会关系的重要影响因素。

但是这种模式也正在发生变化。一方面，男性的平均初婚年龄已经推迟到了 29.5 岁，女性为 27.4 岁。年纪大一些再结婚的年轻人在择偶时受到父母及其他家庭成员的影响可能相对更小。这种选择自由的增加带来的一个结果是异族婚姻的比例在不断上升（Rosenfeld & Kim，2005；Kent，2010；U.S. Census Bureau，2016）。

最常见的异族通婚的类型是白人丈夫和亚裔妻子，约占异族通婚的 27%。如果考虑族裔的话，最常见的"混合"婚姻是拉美裔（人数最多的少数种族或族裔类型）和非拉美裔的结合，占所有"混合"婚姻的 52%。

然而，如今的夫妇包括几乎所有可以想象的组合。大约 45% 的"混合"婚姻中，至少有一方会声称自己是多种族或族裔身份。"混合"婚姻的夫妇更有可能住在西部地区。在夏威夷、俄克拉何马、阿拉斯加、内华达、加利福尼亚、新墨西哥和华盛顿七个州，加上哥伦比亚特区，超过 10% 的已婚夫妇是跨种族通婚（Passel，Wang & Taylor，2010；U.S. Census Bureau，2012，2016）。"思考多样性"专栏展示了人们对"混合"关系的态度因年龄而异。

## 性别

社会学家杰茜·伯纳德（Jessie Bernard）提出，所有的婚姻事实上都包含了两种不同的关系：女性的婚姻

# 思考多样性：种族、阶级与性别

约会与婚姻：种族重要性的降低

1961 年，来自堪萨斯的年轻的人类学学生安·邓纳姆（Ann Dunham）嫁给了来自肯尼亚的国际学生贝拉克·奥巴马一世（Barack Obama）。在当时，这桩婚姻是非同寻常的，因为邓纳姆是白人，而奥巴马是黑人。

50 年前，每一百桩婚姻中仅有两桩是不同种族之间通婚，有一种强大的文化力量反对这种结合。20 世纪 60 年代的调查研究表明，42% 住在美国北部的成年人称希望法律禁止异族通婚；在南方，几乎四分之三的成年人持有相同的意见。事实上，在 1976 年最高法院宣布这样的法律违宪之前，美国 16 个州都已经制定了禁止异族通婚的法律。

2008 年，邓纳姆和奥巴马的儿子，贝拉克·奥巴马二世当选为美国总统。今天，不同种族间的浪漫关系已经变得屡见不鲜了。如图所示，几乎所有 18—29 岁的年轻人都声称他们可以接受不同种族间的约会，甚至是异族通婚。但是，在老一辈人中，更为传统的同质性种族婚姻规范仍然是主流，他们相对而言更加反对跨种族约会。但是，自 2000 年以来，各个年龄段的大多数人都开始支持这种约会形式。

实际上，即便在那些宣称可以接受异族通婚的人中，大多数人还是与同种族的人结婚了。研究者指出，2008 年至 2010 年，85% 的美国婚姻是同族婚姻。在已婚者中，亚裔最有可能跨种族通婚，约 28% 的人也这样做了。拉美裔次之，约 26% 的人会与非拉美裔结婚。大约 17% 的非裔美国人会与其他种族的美国人结婚。最后，约 9% 的非拉美裔白人会选择与其他种族的人结婚。

婚姻模式的变化是显而易见的。然而，种族和族裔仍然在影响我们的择偶行为。

纵观美国历史，跨种族婚姻在大多数时间里是非法的。其中最后一条相关法律于 1956 年被美国最高法院推翻。尽管种族和族裔持续影响着择偶和婚姻过程，但跨种族的关系正变得越来越普遍。

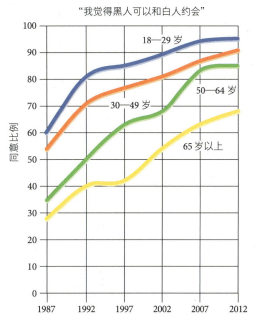

不同年龄阶段支持跨种族约会的人的比例
资料来源：Pew Research Center（2012）。

你怎么想？

1. 你如何看待异族婚恋？你有什么相关个人经历吗？
2. 在你的校园里，你看到了哪些与种族相关的约会模式？
3. 你认为在有生之年你能看到种族不再影响择偶的那天吗？为什么？

资料来源：Based on Kent（2010），Pew Research Center（2012），Wang（2012），U.S. Census Bureau（2016）。

和男性的婚姻（Bernard，1982）。因为婚姻关系中的男女双方通常是不平等的。尽管父权制已然被削弱，大多数人仍然期望丈夫比妻子更年长，身材更高大，以及拥有更重要、收入更高的工作。

那么为什么许多人会认为婚姻更有利于女性而不是男性？"无忧无虑的单身汉"的正面刻板印象与"孤独的老处女"的负面形象形成了鲜明的对比，这表明人们认为女性只有成为妻子或者母亲才可算得上是圆满。

但是伯纳德的研究提出，实际上已婚女性相较于单身女性心理更不健康，幸福感更低，对生活的态度更加消极。另一方面，已婚男性通常比单身男性更为长寿，精神上更加健康，自认为更加快乐（Fustos，2010）。这些差异解释了为什么离婚后的男性相较于女性更加渴望寻找新伴侣。

伯纳德总结道，对于男性来说，没有什么比女性悉心照顾他并提供一个井然有序的家庭更能保证他的长寿、健康和幸福的了。她同时也补充道，如果丈夫不去支配妻子，不让她去承担几乎所有的家务的话，婚姻也是有益于女性健康的。调查结果证实，夫妇将"共同承担家务"列为促进成功婚姻的最重要因素之一（Pew Research Center，2015）。

# 家庭生活中的转变与问题

19.5　分析离婚、再婚与家庭暴力对家庭生活的影响

报纸专栏作家安·兰德斯（Ann Landers）曾说过，20 桩婚姻中仅有 1 桩是美好的，5 桩算得上不错，10 桩是尚可忍受，剩下的 4 桩婚姻则是"纯粹的地狱"（pure hell）。家庭可以是快乐的源泉，但是对于某些家庭而言，现实与理想相距甚远。

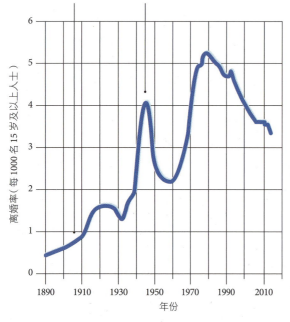

● 一个世纪以前，许多人认为离婚是个人失败的表现。

● 离婚率在第二次世界大战中期间攀升，那时候，许多夫妇长时间处于分离状态。

图 19-2　美国的离婚率（1890—2015 年）

　　长期来看，美国的离婚率在上升。然而，自 1980 年以来，离婚率呈下降趋势。

资料来源：U.S. Department of Health，Education，Welfare（1973），Centers for Disease Control and Prevention（2017）。

## 离婚

美国社会非常支持婚姻，83% 的 40 岁以上的人会在某一时刻"喜结良缘"，但现如今许多婚姻会走向瓦解。如图 19-2 所示，在过去的一个世纪里，美国的离婚率增长了两倍。如今大约 20% 的婚姻在 5 年内会走向分居甚或是离婚，而大约 50% 的婚姻最终也会走到这一步（非裔美国人的这一比例超过了 60%）。从另一个角度来看，在所有 15 岁以上的人群中，21% 的男性与 22% 的女性离过婚。

随着人们年龄的增长，离婚率会下降，这是长期以来的事实。然而，近几十年来，年轻人的离婚率一直在下降，而老年人的离婚率却在上升。老年人（包括我们称之为"婴儿潮一代"的同期群）现在的离婚率是 25 年前的三倍（Steverman，2016；Stepler，2017）。

美国是世界上离婚率最高的国家之一，离婚率比加拿大高一半，几乎是日本的两倍、爱尔兰的五倍（Cohen，2016；UnitedNations，2016；European Union，2017；OECD，2017）。

美国的高离婚率有很多原因（Furstenberg & Cherlin，1991；Etzioni，1993；Popenoe，1999；Greenspan，2001；Miller，2015；Slaughter，2015）：

1. 个人主义是美国文化的一部分。在很多家庭，家庭成员很少聚在一起。美国人的生活方式偏向个人主义，更加关注个人幸福和经济收入，多于关心伴侣和孩子的康乐。

2. 浪漫爱情的消退。由于我们的文化将浪漫爱情作为婚姻的基础，随着性激情的减退，婚姻关系也可能瓦解。许多人结束一段婚姻是为了寻求能带来新的刺激和浪漫的关系。

3. 女性更少地依赖男性。女性劳动力的增加已经减少了妻子在经济上对丈夫的依赖。因而，女性更容易从不幸福的婚姻中抽身。

4. 如今的许多婚姻充满了压力。半数的双亲家庭中，夫妻双方都会外出参加工作。研究表明，许多女性和男性都意识到工作需求使他们很难留给自己更多时间和精力，更别提他们的婚姻伴侣了。

5. 育儿增加了压力。特别是对于在职父母来说，养育孩子比以往任何时候都要难。孩子的确能使得一些婚姻关系变得牢固，不过，离婚普遍发生于婚姻关系的早期，那个时候许多夫妻的孩子都还很年幼。

6. 离婚已为社会所接受。离婚不再带有几代人之前的那种强烈的污名感。家庭和朋友现在不太会去阻挠处于矛盾中的夫妻离婚。

7. 离婚的法律程序更加简单。在过去，法院要求离婚夫妻中的一方或双方具有通奸或虐待等犯罪行为。现如今，美国所有州都允许认为自己的婚姻关系已然破裂的夫妻离婚。近一半的美国成年人认为离婚太过容易，并因此感到担忧，这使得一些州开始考虑修订婚姻法（Phillips，200；Smith et al.，2017）。

**哪些人会离婚？**　年轻夫妇最有可能离婚——尤其是那些在简短的恋爱之后就迅速结婚的年轻人，他们没有多少钱，情感上也并不成熟。如果一对夫妻因为意外怀孕而结婚或者一方或双方有药物滥用问题，离婚的可能性也会增加。研究也表明，没有宗教信仰的人比那些有坚定宗教信仰的人更容易离婚。另外，离异父母的孩子成年后也会有较高的离婚率。研究者认为这是角色模仿效应在起作用：那些目睹父母离婚的孩子自己更有可能会考虑离婚。住在大城市的人相对于那些住在乡村地区的人来说，更有可能离婚，尽管这个差异不像过去那么明显了（Amato，2001；Pew Research Center，2008；Tavernise & Gebelof，2011；Copen et al.，2012）。

离婚率（和结婚率）在拥有大学学历和高收入的人群中基本保持稳定。与此同时，正如本章开篇图表所展示的那样，那些没有大学学历和低收入的人群的离婚率却在上升（而结婚率在下降）。一些研究人员认为，我们社会中更多的弱势成员似乎正在逃避婚姻，并不是因为他们不想结婚，而是因为他们缺乏一个稳定家庭生活所必需的经济保障（Kent，2011）。这一趋势表明美国最近的经济衰退和日益严重的经济不平等正在影响婚姻和家庭生活。

最后，离过婚的男女比初次结婚的人更有可能离婚。政府数据显示，在 15 岁至 44 岁的美国女性中，其中 32% 第一次婚姻在 10 年内以离婚告终；对于二婚的人而言，这一比例上升到了 46%（Centers for Disease Control and Prevention，National Center for Health Statistics，2013）。这是为什么呢？对许多人来说，导致离婚的高风险因素伴随着他们从一段婚姻进入另一端婚姻。也有可能是曾经离过婚的经验致使他们更有可能再次做出同样的决定。这一事实有助于解释为什么老年人的离婚率一直在上升（Glenn & Shelton，1985；Moeller，2012）。

**离婚和孩子**　因为母亲通常会得到直接抚养权，而父亲赚取更多的收入，子女的福祉往往依赖于法律判决父亲支付的子女抚养费。正如图 19-3 所示，所有涉及孩子的离婚案中，有 49% 经法院判决了抚养费。然而

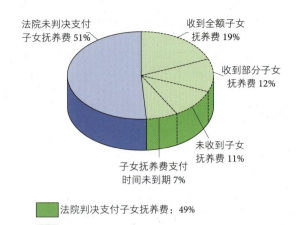

收到全额子女
抚养费 19%

收到部分子女
抚养费 12%

法院未判决支付
子女抚养费 51%

未收到子女
抚养费 11%

子女抚养费支付
时间未到期 7%

法院判决支付子女抚养费：49%

法院未判决支付子女抚养费：51%

图 19-3 离婚后子女抚养费的支付
在法院裁定需支付子女抚养费的案例中，大约一半的孩子从来没有拿到过全额抚养费。
资料来源：U. S. Census Bureau（2014）。

在每一年，超过半数理应获得法定抚养费的孩子只收到了部分抚养费或者根本没有得到任何抚养费。大约 270 万"赖债"的父亲（以及约 40 万"赖债"的母亲）未尽到抚养义务。对此，联邦立法授权雇主可以直接从没有支付抚养费的父亲或母亲的所得中扣除这部分钱，拒绝支付孩子的抚养费或是迁移到其他州以逃避抚养费将会被严重定罪（U.S. Census Bureau，2016）。

离婚对孩子的影响远不仅限于经济支持。离婚逼迫年幼的孩子离开熟悉的日常生活环境，卷入让他们痛苦的争斗，远离他们所爱的父亲或者母亲。最严重的是，许多孩子会将父母关系的破裂归咎于自己。离婚改变了许多孩子的生活轨迹，引发情感问题和行为问题，增加了辍学和卷入违法事件的风险。许多专家反驳说，离婚比留在充满矛盾、张力与暴力的家庭里对孩子更好。在任何情况下，父母都应该谨记，如果考虑离婚，他们自身幸福之外的很多东西也都会岌岌可危（Wallerstein & Blakeslee，1989；Amato & Sobolewski，2001）。

离婚对于不幸婚姻中的夫妻而言可能是一种解决办法，但是对于那些生活中缺少父母关爱的孩子来说则可能成为一个问题。离婚在哪些方面对孩子不利？离婚是否也有积极的一面？离异夫妻能如何帮助孩子更好地应对父母关系的转变？

## 再婚与混合家庭

超过一半的离婚人士会选择再婚，多数会在五年之内再婚。全美范围内，大约32%的婚姻有至少一方配偶是再婚的。从婚姻中获益相对更多的男性比女性更有可能再婚（Livingston，2014；Lewis & Kreider，2015）。

再婚就会形成混合家庭（blended families），即由孩子及孩子的亲生父母和继父母组成的家庭。亲兄弟姐妹、异父/异母同胞、继父/继母——更何况还有住在别处的亲生父母，他/她或许也与其他有小孩的人再婚了——混合家庭中的年轻人面临着界定许多新关系以及确认核心家庭成员的挑战。父母常常很难在一群不确定彼此之间关系的人中分配家务责任。当孩子的抚养权存在争议时，前配偶对于新婚姻来说可能是不受欢迎的。尽管混合家庭要求家庭成员做出大量的调适来适应新环境，但是这也为大人和孩子提供了机会来缓和僵化的家庭角色（Furstenberg & Cherlin，2001；McLanahan，2002）。

## 家庭暴力

理想的家庭是快乐与支持的来源。然而，困扰许多家庭的现实却是**家庭暴力**（family violence），即一名家庭成员对另一名家庭成员在情感、身体或性方面的虐待。社会学家理查德·J. 盖利斯（Richard J. Gelles）认为家庭是除了警察和军队以外的"社会中最暴力的群体"（Roesch，1984：75）。

**针对女性的暴力**　家庭中发生的野蛮行为通常不会报告给警察。即便如此，美国司法部（U.S. Department of Justice，2016）估计，2015年大约有493000名成年人是轻伤害的家庭暴力的受害者，另有21.3万名成年人是更严重的刑事侵犯的受害者。

家庭暴力既可能针对女性也可能针对男性，但是对于两性来说并不完全相等——女性受害者数量约是男性受害者的三倍。政府的统计数据显示，在致命性暴力案件中，36%的女性受害者——以及仅1%的男性受害者——被配偶、伴侣或前任所杀害。在全国范围内，最近一年因家庭暴力死亡的女性有1324人。总的来说，女性被家庭成员伤害的可能性高于被陌生人抢劫或强奸，或是遭遇车祸（Shupe，Stacey & Hazlewood，1987；Blankenhorn，1995；U.S. Department of Justice，2016）。

历史上，法律规定妻子是丈夫的财产，所以没有男性会因强奸自己的妻子而受到指控。但是现在，所有州都已经颁布了《婚内强奸法》（marital rape law）。该法律不再视家内暴力为家庭私人事件，它给予了受害者更多的选择。现在，即便没有正式分居或离婚，女性也可以得到法庭的保护以避免配偶的伤害，而且所有的州都有"跟踪法律"（stalking laws）来避免前任伴侣跟踪或威胁另一方。所有美国社区都成立了庇护所对遭受家庭暴力的女性和儿童提供咨询和临时住所，使他们远离家庭暴力。

最后，家庭暴力带来的伤害远不止身体上的伤害。受害者往往会失去信任他人的能力。一项研究发现，经历过身体上的虐待或性虐待的女性比起那些没有这种经历的女性更难以在此后与他人建立稳定的关系（Cherlin et al.，2004）。

**针对儿童的暴力**　家庭暴力也危及儿童。在2015年，有超过300万份报告是关于儿童虐待或儿童忽视问题的。在这些报告中，有683000份被证实是有效的，记录显示有1670名儿童死于虐待或忽视。儿童虐待造成的不仅仅是身体上的伤害，虐待儿童的成年人滥用他们的权力，辜负了孩子对他们的信任，损害孩子的精神健康，这种伤害可能会持续一生。儿童虐待和儿童忽视在最年幼和最脆弱的儿童中最为常见（Besharov & Laumann，1996；U.S. Department of Health and Human Services，2017）。

尽管虐童者不能被简单地归为某种单一的刻板印象，但是女性（54%）比男性（46%）的比例更高。几乎所有的施虐者都有同一种特征：他们自己在童年时期曾遭受过虐待。研究表明，亲密关系中的暴力行为是有习得性的，在家庭中，暴力引发暴力（Levine，2001；U.S. Department of Health and Human Services，2017）。

# 其他的家庭形式

19.6　描述美国家庭生活的多样性

大多数美国家庭由已婚夫妇及其小孩组成。但是在近几十年，美国社会家庭生活的多样性不断增长。

## 单亲家庭

在拥有 18 岁以下子女的美国家庭中，有 32% 的家庭是单亲家庭，这一比例相比上一代几乎翻了一番。换一种说法，31% 的美国儿童现在仅与一名家长（通常是母亲）同住，几乎有一半的美国儿童在 18 岁前都会拥有这样的经历。85% 的单亲家庭是单亲母亲家庭，这是离异、丧偶，或未婚生子的结果（U.S. Census Bureau，2016）。

成为单亲母亲增加了女性贫困的风险，因为这限制了她们的工作能力以及继续进修的机会。反之亦然：贫困又增加了年轻女性成为单亲母亲的可能性。但是单亲家庭远远超出了穷人的范畴：在美国，每年有 160 万新生儿由来自各种社会背景的未婚女性所生，这个数字约占美国新生儿总数的 40%。近几十年来，十几岁和二十几岁的年轻单身女性的生育率已经有所下降；相反，三十几岁的未婚女性的生育率却在上升（Martin et al.，2017）。

如图 19-1 所示，美国 61% 的非裔美国家庭是单亲家庭。单亲家长在拉美裔（33%）和白人（26%）中相对少见。在许多单亲家庭中，单亲妈妈会向她们的母亲请求帮助。因而在美国，单亲家庭数量的上升是与父亲作用的下降以及祖父母重要性的增加联系在一起的（Luo et al.，2012；Cohn& Passel，2016）。

研究表明，单亲家庭的环境通常不利于孩子的成长。一些研究声称由于父母双方对孩子的社会发展起着不同的作用，因此一个家长很难单独完成好这个任务。但是单亲家庭，尤其是对于单亲母亲而言，最严峻的问题还是贫困。一般而言，在单亲家庭中长大的孩子从一开始就生活在贫困的环境中，而后接受更少的学校教育，最终在成年后获得更低的收入。此外，32% 在单亲家庭中成长的孩子日后自己也会成为单亲家长，而这一比例在总人口中仅为 5%（Kantrowitz & Wingert，2001；McLanahan，2002；Pew Research Center，2007；U.S. Census Bureau，2016）。

## 同居

**同居**（cohabitation）是指未婚伴侣共享同一个家庭居所。不管有没有孩子，同居都是家庭生活的长期形式，这在斯堪的纳维亚（半岛）国家很常见，在其他欧洲国家也正变得越来越普遍。在美国，同居伴侣的数量从 1970 年的 500000 增长到 2016 年的 8500000（8100000 对异性伴侣和 400000 对同性情侣），约占总家庭数的 7%。超过一半的 15—44 岁的成年人（女性占比 57%，男性占比 53%）在某个时期有过同居经历（U.S. Census Bureau，2016；Centers for Disease Control and Prevention，2017）。

同居更可能吸引那些拥有独立思维和支持性别平等的人。与此同时，在教育程度和收入水平较低的人群中，同居也更为普遍（Brines & Joyner，1999；Copen，Daniels & Mosher，2013）。大多数的伴侣仅会在一起生活几年，三年后，十分之三的伴侣会选择继续同居，十分之四的伴侣决定结婚，十分之三的伴侣决定分手。大量证据表明同居在实际上可能会阻碍结婚，因为伴侣会变得习惯于较少承诺的关系。因此，有孩子的同居伴侣——

在美国每八个新生儿中就有一个由这样的家长所生——可能不会一直扮演父母的角色陪伴孩子成长。如图 19-4 所示，仅有 5% 的这样的孩子会和他们未婚的生父母一起生活到 18 岁。如果父母在某个时间点结婚了，这一数字将增加到 36%，但也仅仅是孩子出生前父母就结婚的 70% 的一半。当有孩子的同居伴侣分手后，父母对孩子生活的参与，特别是经济资助，会变得非常不确定（Popenoe & Whitehead，1999；Booth & Crouter，2002；Fustos，2010；Curtin，Ventura & Martinez，2014；U.S. Census Bureau，2016）。

## 同性伴侣

1989 年，丹麦成为第一个允许同性伴侣注册登记、获得婚姻利益的国家。这一改变增加了同性伴侣的社会合法性，且使同性伴侣能平等地享有继承、税收以及共同财产所有权等各项权利。从那时开始，超过 20 个国家陆续效仿了这一做法。

25 个国家已经将婚姻——不仅在实践上，也在名义上——扩展到同性伴侣。截至 2017 年，这些国家包括荷兰（2001）、比利时（2003）、加拿大（2005）、西班牙（2005）、南非（2006）、挪威（2009）、瑞典（2009）、

图 19-4 父母对孩子生活的参与：同居父母与已婚父母

婚姻会增加孩子在成长过程中一直与生父母生活在一起的概率。

资料来源：Phillips（2001）。

2015 年 6 月，美国最高法院发布了一项具有里程碑意义的裁决，要求各州必须将合法婚姻扩大到同性伴侣。全国各地的许多人举行了街头庆祝活动。

葡萄牙（2010）、冰岛（2010）、阿根廷（2010）、丹麦（2012）、法国（2013）、乌拉圭（2013）、新西兰（2013）、英格兰和威尔士（2013）、巴西（2013）、卢森堡（2014）、苏格兰（2014）、芬兰（2015）、丹麦的格陵兰岛（2015）、爱尔兰（2015）、美国（2015）、哥伦比亚（2016）和斯洛文尼亚（2017）。几乎所有承认同性婚姻的国家都是位于北半球的高收入国家。

美国在短短几年内也发生了翻天覆地的变化。2004 年，马萨诸塞州成为第一个承认同性婚姻合法的州。在那之后的十年里，艾奥瓦州、康涅狄格州、佛蒙特州、新罕布什尔州、纽约州、缅因州、马里兰州、华盛顿州、特拉华州、罗得岛州、明尼苏达州、加利福尼亚州和哥伦比亚特区也修订了法律认可同性结合。然后，在 2015 年 6 月，美国最高法院的判决（奥伯格费尔诉霍奇斯案，Obergefell v. Hodges）规定所有州必须允许同性婚姻（deVogue & Diamond，2015）。

## 单身

95% 的美国成年人会结婚，所以我们将单身看作人生中的一个暂时性的阶段。然而，越来越多的人选择独自生活，这样的选择大大增加了单身家庭的数量。1950 年，仅有十分之一的家户只有一个人。到 2016 年，这一比例已经上升到 28%，共计有 3540 万单身成年人口（U.S. Census Bureau，2016）。

最引人瞩目的是单身年轻女性数量的不断增长。1960 年，在 20—24 岁的美国女性中，28% 是单身状态；到 2016 年，这一比例激增至 85%。在这种趋势背后，是越来越多的女性上了大学，推迟了她们初婚的年龄。

完成大学学业的女性确实会在生活中会推迟结婚的时机，但是她们比没有上过大学的女性更可能结婚。原因是拥有高学历的人，作为婚姻对象，她们具有更多的吸引力（Kent，2011）。

到了中年，许多未婚的女性意识到身边缺少合适的男性。因为我们的社会期望女性嫁给比她年长的男性，而女性可能比男性更健康也更长寿，因此一名女性年龄越大，她要找到一个合适的丈夫就会越困难。

## 大家庭家户

美国文化中的一种流行观点是，每个家庭的成员应努力建立自己的住所。在很大程度上，这一观念受到社会大众的普遍赞同，因为独自生活是经济独立的象征。

但是，许多人——尤其是那些面临经济挑战的人——总会认识到合住一户的经济优势。无数移民来到美国，与大家庭的成员生活在一起，直到他们能够"自力更生"。同样，从保留地迁移到大城市的美国印第安人经常与亲属（或他们定义为亲属的部落成员）居住在一起，这种做法既可以让大家彼此照顾，也是一种省钱的策略。最近，越来越多从大学毕业但还没有找到工作的年轻人回到"家"中和父母生活在一起，这种模式使得他们被贴上了"啃老族"（boomerang kids）的标签。此外，更多原本希望自己外出闯荡的年轻人留在了家里。总的来说，研究人员的报告显示，几乎一半的 18—30 岁的年轻人至少会与父母在家中一起生活一段时间（Parker，2012）。

正如本章前面提到的那样，对于各个年龄段的人来说，最近的经济衰退导致了大家庭家户数量的增加，因为人们纷纷搬到亲戚家（包括姻亲）居住。2014 年，一个多世纪以来，18—34 岁的年轻人与父母同住的比例首次超过了任何其他的居住形式。在美国，6100 万人与祖父母、父母、成年子女或成年兄弟姐妹共同生活在一个家庭中，这一数字创下了历史性的纪录。与其他家庭成员同住一个屋檐下，既有欢乐，也有意想不到的挑战。但研究表明，这是一种有效的策略，既能节省开支，又能降低贫困率（Green，2012；Cohn & Passel，2016）。

## 新生育技术与家庭

生育技术方面的医学发展也在改变着家庭。1978 年，英格兰的路易斯·布朗（Louise Brown）成为世界上第一个"试管婴儿"。自那以后，成千上万的孩子在子宫外受孕。

试管婴儿是体外受精的产物，医生将女性的卵子和男性的精子放在"玻璃管内"结合（通常不是一根试管，而是一张薄片）。医生随后将形成的胚胎移植到想要生育孩子的女性的子宫中，或者将其冷冻以备未来使用。

现代生育技术帮助一些不能正常怀孕的伴侣有了孩子。这些技术可能最终也会有助于减少新生儿缺陷。对精子和卵子的基因筛查使得医学专家能够提高生育健康婴儿的概率。但是新生育技术也带来困难而烦扰的问题：当一个女性携带的胚胎源自另一个女性的卵子时，谁是孩子的母亲？当一对夫妇离婚了，他们两人中的谁有权利使用或者销毁他们冻结的胚胎？父母是否可以使用基因筛查技术来选择他们孩子的特性，如性别或发色？这些问题都提醒我们，新生育技术的发展的速度大大超过了我们理解新技术使用后果问题的能力。

## 家庭：展望

美国的家庭生活在未来还将继续发生变化，这些改变也会引起争论。"传统家庭价值"的拥护者反对那些支持更多个人选择的人。社会学家还不能预测这一争论的结果，但是我们可以提出五种可能的未来趋势。

第一，即使有证据表明婚姻破裂会伤害孩子，离婚率可能仍会居高不下。事实上，如今的婚姻的持久度大致和一个世纪前的水平一样，不过当时的婚姻短暂是死亡造成的。不同之处在于，现在许多夫妇选择自主结束不能达到他们期望的婚姻。因此，即便自 1980 年以来离婚率有所下降，我们也不可能回到 20 世纪早期的低离婚率水平。

第二，21 世纪的家庭生活将比之前任何时候都更为多元化。同居、单亲家庭、同性家庭、混合家庭以及多代家庭都在增加。2015 年最高法院承认美国同性婚姻的裁决是朝着多元化家庭生活方向迈出的重要一步。大多数的家庭仍然建立在婚姻的基础上，多数的已婚夫妇仍然有孩子。但家庭形式的多元化反映了一种趋势，即人们在应对经济挑战的同时，也有更多的个人选择。

第三，男性在养育孩子方面的作用仍然有限。20 世纪 50 年代被很多人认为是家庭的"黄金时代"，男性开始从积极的家长角色中脱离出来（Snell，1990；Stacey，1990）。近年来，却出现了相反的趋势，一些年龄较大的、受过高等教育的男性选择在家里陪伴年幼的孩子，他们许多人会使用计算机继续从事他们的工作。但是在有年幼子女的所有父亲中，居家父亲的比例不到 1%（U.S. Census Bureau，2016）。更多的情况是美国的高离婚率和单身母亲的增加正在削弱孩子与父亲的联系，也增加了孩子贫困的风险。

第四，家庭仍将继续受到经济变化的影响。如今，在许多家庭中，夫妻双方外出工作使收入增加了，但是婚姻和家庭的互动却减少了，疲惫的父母努力将与孩子共处的一小段"优质时间"安排进已满负荷的日程中。据我们所知，双职工夫妻对家庭造成的长期影响将是一种混合效应。

第五，新生育技术的重要性将增加。伦理学的关切点在于是否技术上能做的就是应该做的，这种关切肯定会减缓这些发展的速度，但是生育新模式将持续改变传统的养育体验。

尽管变化和争议冲击着美国家庭，但是大多数人仍然认为他们身为伴侣或者父母是幸福的（Smith et al.，2017）。对未来几代人而言，婚姻与家庭生活仍然是美国社会的基石。

## 日常生活中的社会学

### 大众传媒是如何描述家庭的？

许多人对 20 世纪 50 年代如《奥兹和哈丽特的历险记》（*The Adventures of Ozzie and Harriet*）以及《天才小麻烦》（*Leave It to Beaver*）这样的流行电视剧中呈现的传统家庭非常熟悉。在这两部电视剧中，都有一名在外工作的父亲，在家做家务的母亲，以及两个（优秀的）儿子。但是，正如下图所示，如今的电视剧呈现了更广泛的家庭类型。

50 年前的电视剧将家庭作为一种文化理想来呈现，而今天的电视剧则更倾向于呈现家庭生活的现实。这不仅意味着会有各种各样的家庭类型，还包括像热门电视剧《绝命毒师》（*Breaking Bad*）中所展示的家庭内部的斗争和冲突。

在情景喜剧《杰茜驾到》（*New Girl*）中，二十多岁的杰茜是一名教师，在结束一段关系后需要一个新住处。在收到一则寻求室友的信息后，她搬去和三个年轻人住在一起。这个群体在哪些方面类似于一个家庭？又在哪些方面不像？

最近播出的电视剧《无耻之徒》（*Shameless*）讲述了弗兰克·盖拉格（Frank Gallagher）和他的六个孩子不正常的家庭生活。弗兰克是一位酗酒的单亲父亲，在缺少亲职教养的情况下，他的孩子在尽最大努力应对生活中的种种问题。

**提示** 今天的大众传媒呈现的一般家庭模式当然和 20 世纪 50 年代那个所谓的 "家庭的黄金年代" 呈现的模式有所不同。今天的电视剧更多是描绘挤占家庭时间的事业，呈现了更多不稳定的婚姻，并展示了人们建立类似家庭的团体的许多方式。有些人可能会说好莱坞有反家庭的偏好。也许的确如此，但编剧也确实发现非传统的家庭形式更有助于打造故事的趣味性。如果说当前大多数人都有能力找到和维持一段令人满意的关系，不管这些关系是否遵循了传统的家庭形式，你会在多大程度上同意这一观点呢？

# 从你的日常生活中发现社会学

1. 在看完上述内容后，列出你自己最喜爱的电视剧，并评估剧中家庭的重要性。剧中是否有呈现家庭生活？如果有的话，其呈现了什么样的家庭形式？家庭是否是人们幸福的源泉吗？

2. 这一章解释了现代社会的家庭生活越来越倾向于做选择。现代家庭生活比过去一个世纪前更加多元化，其背后的原因是什么？

3. 访问 "社会学焦点" 博客，你可以在那里阅读年轻社会学学者的最新文章，他们将社会学视角应用于流行文化的话题。

## 取得进步

### 家庭：基本概念与全球差异

#### 19.1 描述家庭及其在世界各地的差异

所有的社会都建立在亲属关系的基础之上。家庭在不同文化和不同时代中都有所不同。

- 在美国这样的工业化社会中，婚姻是一夫一妻制。
- 前工业社会认可大家庭，而工业化产生了核心家庭。
- 许多前工业社会允许多配偶制，其有两种类型：一夫多妻制和一妻多夫制。
- 从全球化的视角来看，从夫居最为常见，但是工业社会更偏好新居制，有的社会也存在从妻居。
- 工业社会更加认同双边血统，而前工业社会为父系制或者母系制。
- 一夫一妻制是全球最普遍的模式。在非洲的大部分地区和南亚的一些地区，法律也允许多配偶制。

### 家庭的理论分析

#### 19.2 运用社会学主要理论解释家庭生活

结构功能论论述了家庭帮助社会有序运行的主要功能。

- 使儿童社会化，成为能较好融入社会的成员。
- 规制性活动以维护亲属组织和财产权利。
- 给予儿童基于种族、族裔、宗教或社会阶级的身份认同。
- 为家庭成员提供物质与情感支持。

社会冲突论和女性主义理论指出了家庭维持社会不平等的方式。

•家庭通过将财富传递给他们的孩子来确保社会阶级结构的延续。

•家庭通过确立男性为一家之主，并将养育孩子和家务劳动的责任分配给女性来确保性别角色的延续。

•人们与自己相似的人结婚的倾向有助于固化种族和族裔等级制度。

符号互动论探讨了在日常家庭生活中家庭成员如何建立情感纽带。

社会交换论将择偶与婚姻看成是每个人都在衡量自己潜在伴侣的优势和劣势的一种协商过程。

## 家庭生活的阶段

### 19.3  分析生命历程中家庭的变化

•包办婚姻在前工业社会中很常见，基于浪漫爱情基础上的求爱是美国择偶的主要方式。

•大规模的家庭在前工业社会是必要的，因为其子女能提供所需的劳动力。

•工业化提高了养育子女的成本。随着工业化发展，家庭规模已经缩减。

•随着越来越多的女性选择上学或是参加工作，生育孩子的数量减少了。

•"家庭价值观"争论的中心问题是：当夫妻双方都外出工作，谁来照顾孩子？

•子女离家形成"空巢"，家庭生活需要做出调整。

•很多中年夫妻会照顾年迈的父母。

•婚姻的最后转型始于丧偶。

## 美国家庭：阶级、性别与种族

### 19.4  解释阶级、种族与性别如何形塑家庭生活

•社会阶级决定了一个家庭的经济保障和家庭成员的机会。

•出生在富裕家庭中的孩子一般比出生在贫困家庭中的孩子有着更好的心理和身体健康水平，也会在未来的生活中取得更大的成就。

•最近的经济衰退带来的经济挑战导致越来越多的人与亲戚住在一起。

•种族与族裔可以影响到一个人的家庭生活经历，尽管没有任何一种单一的概括适用于某一特定类别的所有家庭。

•美国印第安人从保留地向城市的迁移形成了成员不断变化的"流动家庭"。

•随着拉美裔被更大的美国社会所同化，传统的拉美裔大家庭正在发生变化。

•非裔美国家庭面临严峻的经济劣势，超过三分之一的非裔美国儿童在贫困中长大。

•性别会影响家庭的动态关系，因为在大多数婚姻里，丈夫主导一切。

•研究表明，婚姻带给男性的利益要比女性的多。

•离婚后，男性相较于女性更可能再婚。

## 家庭生活中的变化与问题

### 19.5  分析离婚、再婚与家庭暴力对家庭生活的影响

•当前的离婚率是一个世纪前的三倍，约有一半的婚姻以离婚收场。研究者指出了六个原因：作为美国文

化重要元素的个人主义；我们依赖浪漫爱情来作为婚姻的基础；女性对男性依赖的减少；由于工作和育儿的双重要求导致的充满压力的家庭生活；社会对离婚的接受程度提高；离婚法律程序的简单化。

•超过一半的离婚者最终会选择再婚。再婚形成了混合家庭，家庭成员包括前婚子女。

•家庭暴力的真实发生数量比官方数据要多得多，受害者主要是女性与儿童。大多数虐待家庭成员的施暴者在他们幼时也曾受过虐待。

## 其他的家庭形式

### 19.6 描述美国家庭生活的多样性

•单亲家庭的比例——现在占全美家庭的 32%——相比上一代人翻了一番。单亲母亲增加了女性贫困的风险，这将使得孩子处于不利地位。

•超过一半 15—45 岁的人有过同居生活。研究表明，相较于已婚父母，同居伴侣与其所生的孩子共同生活到孩子 18 岁的可能性更小。

•2015 年，最高法院判定各州不能阻止同性伴侣结婚。在这项裁决之后，越来越多的男同性恋和女同性恋将建立更持久的关系。

•当前，28% 的家庭（1950 年为 10%）仅有一人独居。单身年轻女性的数量正在急剧上升，这是女性更多地参与工作，在物质上减少对男性的依赖的结果。

•超过 6000 万人生活在大家庭中。在 18—34 岁的年轻人中，与父母住在一起是最常见的居住形式，通常是因为这些年轻人无法负担自己独自生活的费用。

# 第二十章
# 宗教

# 社会的力量

形塑我们的价值观和信仰

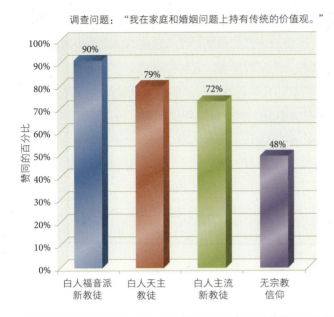

调查问题："我在家庭和婚姻问题上持有传统的价值观。"

赞同的百分比

- 白人福音派新教徒 90%
- 白人天主教徒 79%
- 白人主流新教徒 72%
- 无宗教信仰 48%

资料来源：Pew Research Center（2012）。

　　一个人的宗教信仰（或缺乏宗教信仰）能提供给我们一些关于这个人对待家庭生活态度的线索吗？在最近一项针对美国成年人的调查中（调查对象仅限于白人，以控制种族因素），90% 自称是福音派新教徒的人表示他们在家庭和婚姻问题上持有"传统"的价值观。自称是天主教徒或主流新教徒的人持相同价值观的比例略低一点。那些自称没有宗教信仰的人中只有不到一半的人认同这些传统价值观。显然，人们的价值观——无论是"传统"的还是进步的——不仅仅是个人选择的问题，价值观也反映了人们的社会背景，其中包括宗教信仰。

## 本章概览

　　本章探讨了宗教这一主要社会制度的意义和重要性。虽然世界各地的宗教各不相同，但它始终建立在神圣概念的基础上。

　　在世界上最富宗教信仰的国家中，有一个国家脱颖而出，这个国家拥有许多基督教堂、犹太教堂、寺庙和清真寺（最近的研究表明，这个国家中每900人就对应一座教堂）。

- 在这个国家的整个历史中，其领导人在追求胜利、繁荣和自由的过程中一直在祈求上帝的帮助。
- 今天，这个国家约有五分之四的人说他们"从未怀疑过上帝的存在"。
- 这个国家的人民每年向宗教组织的捐款总额约为 1000 亿美元，超过了大多数低收入国家的经济总产值。

- 它的货币上印有国家的官方座右铭"我们相信上帝"（In God We Trust）。
- 在学校里，孩子对着国旗宣誓效忠于"上帝庇佑之下的国家"（one nation under God）（Sheler，2002；April，2004）。

你或许已经猜到这里所描述的国家是美国。但是，尽管美国是一个宗教国家，它同时也是一个移民国家。因此，在美国人的脑海中有许多关于"上帝"的不同形象。在无数的礼拜场所——从纽约市高耸的哥特式大教堂到遍布洛杉矶的临街帐幕——可以发现基督徒、穆斯林、犹太教徒、佛教徒、印度教徒、锡克教徒、耆那教徒、琐罗亚斯德教徒和其他几十种宗教的信徒（Yang & Ebaugh，2001；Sheler，2002）。一位学者将美国描述为世界上宗教最多元化的国家，在这个国家中，印度教徒和犹太教徒的孩子一起上学，穆斯林和佛教徒、锡克教教徒和耆那教徒就像新教徒和天主教徒一样在同一家工厂或同一间办公室工作（Eck，2001）。正如你所知道的那样，今天，许多美国人都非常注重精神世界，但他们并不属于任何有组织的宗教团体。

本章首先从社会学的视角解释什么是宗教。然后，我们将探讨历史上以及世界各地的宗教信仰的变化，并考察宗教在当今社会中至关重要的，有时甚至是有争议的地位。

# 宗教：概念与理论

### 20.1　将社会学的主要理论应用于宗教

法国社会学家埃米尔·涂尔干指出，宗教涉及"超越我们知识极限的事物"（Durkheim，1965：62，orig. 1915）。我们把大多数事物、事件或经历定义为**世俗**（profane，源自拉丁语，意为"神殿之外"），将其作为日常生活的普通成分。但我们也认为有些东西无比**神圣**（sacred），它们超乎寻常、令人敬畏和崇敬。神圣与世俗的二元化是一切宗教信仰的本质。因此，**宗教**（religion）是一种涉及信仰和实践的社会制度，建立在神圣的认知基础上。

信仰的事物因人而异，没有什么事物对世界上的每个人而言都是神圣的。尽管人们认为大多数书籍是世俗的，但犹太人认为"妥拉"（Torah，《希伯来圣经》或《旧约》的前五卷）是神圣的，就如同基督徒尊崇《圣经》的新旧两卷，穆斯林推崇《古兰经》那样。

涂尔干解释说，无论一个宗教团体如何划分宗教界限，人们对世俗事物的理解都是基于它们的日常用途：这就好比我们用笔记本电脑上网，用车钥匙发动汽车。我们虔诚地把神圣的事物从日常生活中分离出来，赋予它"禁忌"或"圣洁"的光环。例如，穆斯林在进入清真寺前会脱下鞋子，以避免接触过清真寺外世俗之地的鞋底玷污神圣的殿堂，以此划定神圣与世俗的界限。

神圣体现在**仪式**（ritual）或正式的仪式性行为上。圣餐礼是基督教的核心仪式：对基督徒来说，圣餐期

| 世俗 | 神圣 |
|---|---|
| 日常生活中的普通成分 | 超乎寻常、令人敬畏和崇敬的事物 |

间所吃的圣饼和所饮的圣酒绝非世俗的食物，而是耶稣基督肉与血的神圣象征。

## 宗教与社会学

因为宗教涉及超越日常经验的观念，所以无论是常识还是社会学都无法对宗教教义进行证实或证伪。宗教是一种**信仰**（faith）问题，一种基于个人相信而不是科学证据的信念。《新约》将信仰定义为"是未见之事的确据"（Hebrews 11：1），并敦促基督徒"行事为人是凭着信心，不是凭着眼见"（2 Corinthians 5：7）。

社会学家用科学的眼光看待信徒们认为神圣的事务，这一做法可能会让一些有坚定信仰的人感到不安。然而，宗教的社会学研究不会对任何人的信仰构成威胁。社会学家研究宗教就好比研究家庭一样，以此来了解世界各地的宗教实践，以及宗教是如何与其他社会制度联系在一起的。他们不会根据最终真理来判断某种具体宗教的正误。相反，科学的社会学采取了一种更为世俗的方法来回答这样的问题：为什么宗教在不同的社会中会以一些不同的特定形式出现，以及宗教活动如何影响整个社会。

社会学家也将三种主要理论路向应用于宗教研究，就像他们将这些社会学理论应用于其他任何主题一样。每种理论路向都提供了对宗教形塑社会生活方式的独特见解。

## 结构功能论：宗教的功能

涂尔干认为，社会拥有一种属于它自身的、超越任何个体生活的生命和力量（Durkheim，1965，orig. 1915）。换句话说，社会本身就像神一样，能塑造其成员的生活，并以超越他们的形式而存在。因此，人们信奉宗教，以赞美他们所在社会的令人敬畏的力量。

这就不难理解为什么世界各地的人会把某些日常物件变成他们集体生活的神圣象征。技术简单的社会中的成员用**图腾**（totem）来做到这一点，图腾是自然界中被集体定义为神圣的事物。图腾——可能是一种动物，也可能是一件精心制作的艺术品——成为仪式的核心，象征着社会超越个人的力量。在美国社会中，人们尊敬国旗，不允许以世俗的方式亵渎它（例如，把它穿在身上），也不允许国旗接触地面。

尽管仪式有无数种形式，但所有的宗教都涉及超越普通或日常理解的事物。图中的墨西哥盛装舞者正在参加一年一度的亡灵节游行和活动。

同样，在美元上印上"我们相信上帝"（这种做法始于 19 世纪 60 年代内战时期）或在效忠誓词里加上"上帝的庇佑之下"（1954 年），象征着一些维系社会整合的普遍信念。从新英格兰爱国者队到艾奥瓦州立大学飓风队，再到旧金山 49 人队，整个美国的地方团体也通过将图腾与运动队联系在一起，从而获得一种团结感。涂尔干指出了宗教有助于社会运行的三种主要功能。

1. 形成社会凝聚力。宗教通过共同的符号、价值观和规范将人们团结在一起。宗教思想和仪式确立了公平竞争的规则，组织了我们的社会生活。

2. 促进社会控制。每个社会都运用宗教思想来促进一致性。通过将上帝定义为"审判者"，许多宗教得以鼓励人们遵守文化规范。宗教也可以用以支持政治制度。例如，在中世纪的欧洲，君主们通过宣称"君权

宗教是建立在神圣的概念之上的——那些超常的、需要我们服从的事物。鞠躬、下跪或者拜倒，都是象征性地向更高的力量屈服的方式。图中这些菲律宾基督徒在每年的大斋节仪式上寻求赎罪。

神授"要求人们对统治者忠诚，意即服从统治者就是服从上帝的意志。即使在今天，很多领导人仍在祈求上帝的保佑，以此暗示他们的做法的正当性。

3. 提供意义和目的。宗教信仰给人以安慰感——我们短暂的生命是为了服务更伟大的目标。有了这样的信念，人们就不太会在面对变化甚至惨剧时感到绝望。出于此，我们会用宗教仪式来标志生命历程中的重大转折，包括出生、结婚和死亡。

### 评价

在涂尔干的结构功能分析中，宗教代表着社会的集体生活。这种方法的主要缺点是它低估了宗教的负功能，特别是持有强烈的信仰可能会引发社会冲突这一事实。恐怖分子声称上帝支持他们的行动，许多国家打着上帝的旗号发动战争。一项关于世界冲突的研究很有可能证明，宗教信仰比社会阶级差异更容易引发暴力。

**检查你的学习** 涂尔干认为宗教对社会有哪三大功能？

### 符号互动论：建构神圣

从符号互动论的视角来看，宗教（和全社会一样）是社会建构的结果（尽管可能有神的启示）。通过各种仪式，从每天的祈祷到每年的宗教庆典，如复活节、逾越节或斋月，人们强化了神圣和世俗之间的区别。彼得·伯格（Peter Berger）声称，将我们渺小而又短暂的生命置于某种"宏大参照系"中，会给我们带来获得了"终极的安全与永恒"的感受（Berger，1967：35-36）。

婚姻就是一个很好的例子。如果两个人仅仅把婚姻看作是契约，他们可以随时同意分手。当他们的婚姻被定义为神圣的结合时，他们的婚姻关系对他们的约束要严格得多，这无疑是有强烈宗教信仰的人离婚率较低的原因之一。更普遍的情况是，当人类面临不确定性或生命威胁时——例如，疾病、自然灾害、恐怖袭击或战争——我们会求助于我们的神圣符号。

## 评价

在符号互动路向下，我们看到人们如何通过求助于宗教，赋予日常生活以神圣的意义。伯格指出，赋予社会以特殊意义的神圣化能力要求我们忽略它是由社会建构的这一事实。毕竟，如果我们仅仅把信仰看作是应对惨剧的策略，我们能从中获得多少力量？此外，这一微观层面的观点忽视了宗教与社会不平等的联系，我们接下来将讨论这一点。

**检查你的学习**　彼得·伯格如何解释笃信宗教的人离婚率低的事实？

## 社会冲突论：不平等与宗教

社会冲突路向强调了宗教对社会不平等的支持作用。卡尔·马克思宣称，宗教通过使现状合法化，转移人们对社会不平等的关注，从而为统治精英服务。

如今，英国君主是英国教会的正式领袖，这说明了宗教精英和政治精英之间的密切联系。在实际中，将教会和国家联系起来意味着反对政府就等于反对教会，言外之意就是反对上帝。宗教也鼓励人们包容这个世界存在的社会问题，同时他们满怀希望地期待一个"更美好的世界"的到来。在马克思著名的批判名言中，他驳斥了宗教，认为它阻碍了革命性的变革，用他的话来说，宗教是"被压迫生灵的叹息，是无情世界的感情，正像它是没有精神的制度的精神一样。宗教是人民的鸦片"（Marx，1964：27，orig. 1848）。

## 女性主义理论：性别与宗教

女性主义理论解释说，宗教和社会不平等也通过性别联系在一起，因为几乎世界上所有的主要宗教都是父权制的。例如，伊斯兰教的圣典《古兰经》通过定义性别角色，赋予男性对女性的社会支配地位："男性是维护女性……贤淑的女子是服从的……你们怕她们执拗的妇女，你们可以劝诫她们，可以和她们同床异被，可以打她们。"（Qur'an 4：34，quoted in Kaufman，1976：163）

基督教——西方世界的主要宗教——也支持父权制。许多基督徒尊敬圣母玛利亚，即耶稣的母亲，但《新约》同时也包括以下片段：

男人……是神的形像和荣耀，但女人是男人的荣耀。起初，男人不是由女人而出。女人乃是由男人而出。并且男人不是为女人造的。女人乃是为男人造的。（1 Corinthians 11：7-9）

妇女在会中要闭口不言，像在圣徒的众教会一样，因为不准她们说话。她们总要顺服，正如律法所说的。她们若要学什么，可以在家里问自己的丈夫，因为妇女在会中说话原是可耻的。（1 Corinthians 14：33-35）

你们作妻子的，当顺服自己的丈夫，如同顺服主。因为丈夫是妻子的头，如同基督是教会的头……教会怎样顺服基督，妻子也要怎样凡事顺服丈夫。（Ephesians 5：22-24）

犹太教传统上也支持父权制。正统派犹太男性在日常祈祷中会说：

主我们的神，宇宙的王啊，您是值得称颂的，因为我生来不是外邦人。

主我们的神，宇宙的王啊，您是值得称颂的，因为我生来不是奴仆。

主我们的神，宇宙的王啊，您是值得称颂的，因为我生来不是女人。

今天，伊斯兰教和罗马天主教会禁止女性担任牧师，大约一半的新教教派也是如此。但是，越来越多的新教教派组织授女性以圣职，她们约占美国神职人员的18%。犹太教正统派坚持禁止女性担任拉比的传统，但犹太教的改革派、保守派和重建派将男性和女性都视作精神领袖。在美国各地，近几十年来神学院中女性

父权制是世界上所有主要宗教都具有的特征，包括基督教、犹太教和伊斯兰教。男性的统治性可以从限定宗教领袖为男性的规定以及禁止女性与男性一起做礼拜的规定中看出。

的比例有所增加（2017 年为 34%），这显示了一种更加平等的趋势（Association of Theological Schools，2017；U.S. Department of Labor，2017）。

## 评价

社会冲突论和女性主义理论强调宗教对社会不平等的支持作用。然而，宗教也促进了社会的平等化。例如，美国 19 世纪的宗教团体在废除奴隶制的运动中发挥了重要作用。在 20 世纪 50 年代和 60 年代，宗教组织及其领导人构成了民权运动的核心力量。在 20 世纪 60 年代和 70 年代，许多神职人员反对越南战争。今天，许多神职人员支持诸如女性主义和同性恋权利等很多社会事业。

**检查你的学习**　宗教如何帮助维护阶级不平等和性别分层？

"应用理论"表总结了理解宗教的三种主要理论路向。

## 应用理论

宗教

|  | 结构功能论 | 符号互动论 | 社会冲突论和女性主义理论 |
|---|---|---|---|
| **分析层次** | 宏观层次 | 微观层次 | 宏观层次 |
| **宗教对社会的重要性** | 宗教担负着至关重要的任务，包括团结人民和控制人民的行为。宗教赋予生命以意义和目的。 | 宗教通过赋予婚姻（和家庭生活）以神圣意义来巩固婚姻。当面对危险和不确定时，人们常常求助于神圣符号来寻求安慰。 | 宗教通过宣称社会秩序的正当性来支持社会不平等。有组织的宗教支持男性统治女性。宗教将人们的注意力从此世的问题转移到"未来更美好的世界"。 |

# 宗教与社会变革

## 20.2　讨论宗教与社会变迁的关联

宗教可以是卡尔·马克思所描绘的守旧的力量。但在某些历史时刻，正如马克斯·韦伯（Weber，1958，orig. 1904—05）所解释的那样，宗教会促进巨大的社会变迁。

### 马克斯·韦伯：新教与资本主义

韦伯认为，特定的宗教思想掀起了一场变革性浪潮，引发了西欧的工业革命。作为新教改革运动的一支重要力量，加尔文主义促进了工业资本主义的兴起。

正如第四章（"社会"）所解释的那样，约翰·加尔文（John Calvin，1509—1564）是宗教改革运动的领袖，宣扬预定论。根据加尔文的说法，全能全知的上帝选择拯救一部分人，但对大多数人判以永罚。每个人的命运，要么是永恒的荣耀，要么是无尽的地狱之火。这些预言在人们出生前就被封印，只有上帝知晓一切。

不难理解，出于对自己命运的担忧，加尔文主义者在此世寻找蒙恩的迹象，并将财富视为上帝祝福的象征。宗教信仰和尽职精神使加尔文主义者努力工作，许多人因此积累了大量财富。但是金钱不是用来个人挥霍，甚至也不是用来与穷人分享的——他们把穷人的困境视为被上帝拒绝的标志。作为上帝的使者，加尔文主义者认为他们最好通过对利润进行再投资并在这个过程中取得更大的成功，以此来响应上帝对他们的"号召"。

一直以来，加尔文主义者通过勤俭的生活来进行自我克制。此外，他们热切地采用有望提高工作效率的革新技术。这些特点共同为工业资本主义的兴起奠定了基础。随着时间的推移，激励早期加尔文主义者的宗教热忱被削弱了，徒留下世俗的"新教工作伦理"。对马克斯·韦伯来说，工业资本主义本身就是一种"祛魅"的宗教，进一步显示了宗教改变社会形态的力量（Berger，2009）。

### 解放神学

纵观历史，基督教向被压迫之人伸出援助之手，敦促所有人对未来的美好生活抱有更坚定的信念。然而，近几十年来，一些教会领袖和神学家果断采取了政治方针，公开支持**解放神学**（liberation theology），即将基督教原则与政治活动相结合，通常带有马克思主义的特点。

这场社会运动始于20世纪60年代拉丁美洲的罗马天主教会。今天，基督教活动家继续帮助着贫穷国家的人民从极度贫困中解放出来。他们传达的信息很简单：社会压迫与基督教道义背道而驰，因此就信仰和正义问题而言，基督徒必须促进更大的社会平等。

教皇方济各（Pope Francis）表示应支持世界上的穷人，并批评全球经济体系在帮助有需要的人方面做得不够。也许现任教皇将走上与教皇本笃十六世（Pope Benedict XVI）和教皇约翰·保罗二世（Pope John Paul II）不同的道路，后两者谴责解放神学用左翼政治扭曲了传统教会的教义。无论如何，解放神学运动已经从拉丁美洲最贫穷的国家那里获得了力量，许多人的基督教信仰驱使他们改善穷人和受压迫者的生活条件（Neuhouser，1989；J.E.Williams，2002；Hofman，2016）。

# 宗教组织的类型

## 20.3　区分主流教会、小群宗派与异教团体

社会学家将在美国发现的数百个不同的宗教组织按照连续统进行分类，一端是主流教会，另一端是小群

宗派，如图 20-1 所示。我们可以将所有实际存在的宗教组织在主流教会—小群宗派的连续统上定位，来描述与这两种理想类型相关的任一宗教组织。

**主流教会**

- 试图面向所有人
- 礼拜形式高度正式化
- 正式培训和任命领导者
- 历史悠久且组织稳定
- 吸引社会地位高的成员

**小群宗派**

- 持有刚性的宗教信仰
- 礼拜形式自发化、情感化
- 追随卡里斯玛型领导者
- 形成分离的群体，稳定性较差
- 吸引社会中的局外人

图 20-1　主流教会—小群宗派连续统
主流教会和小群宗派是两种相对的宗教组织理想类型。所有现实生活中的宗教组织都会落在这两个概念之间的连续统上。

## 主流教会

　　恩斯特·特洛尔奇（Ernst Troeltsch）借鉴了他的老师马克斯·韦伯的思想，将**主流教会**（church）定义为一种充分融入社会的宗教组织（Troeltsch，1931）。类似教会的组织通常会存在数个世纪，包含同一家族的数代人。主流教会有完善的规则和条例，并期望领导人得到正式的培训和任命。

　　主流教会虽然关注神圣，但也接受了世俗世界的方式。教会成员从智识的角度来看待上帝（比如说，认为上帝是一种向善的力量），他们更喜欢抽象的道德标准（"己所不欲，勿施于人"），而不是日常生活的具体规则。主流教会领袖用安全抽象的术语教授道德，避免社会争议。例如，许多会众会庆祝所有人民的团结，但却很少谈到他们自己缺乏种族多样性。通过淡化这类冲突，主流教会与现状和平相处（Troeltsch，1931）。

　　主流教会与国家既可合作也可分离。顾名思义，**国教**（state church）是与国家正式联合的教会。国教在人类历史上一直存在。几个世纪以来，罗马天主教一直是罗马帝国的官方宗教，得到统治阶层的高度认可。今天，英国圣公会是英国的官方教会，伊斯兰教是巴基斯坦和伊朗的官方宗教。国教将社会中的每一个人都视为其成员，这极大地限制了对宗教分歧的宽容程度。

　　相反，**教派**（denomination）是独立于国家的教会，承认宗教的多元化。包括美国在内的许多国家都有教派，这些国家公开宣称政教分离。美国有几十个基督教教派，包括天主教、浸信会、圣公会、长老会和路德会，以及犹太教、伊斯兰教和其他传统宗教里的各个派别。尽管任何教派的成员都坚持自己的教义，但他们承认其他人有权拥有不同的信仰。

## 小群宗派

　　第二种普遍的宗教形式是**小群宗派**（sect，有些书籍中该词被译为"门派"），这是一种独立于社会的宗教组织。小群宗派成员有严格的宗教信仰且否定他人的信仰。与试图面向所有人的主流教会（天主教 [catholic]一词也有"普世"的涵义）相比，小群宗派形成了一个排他性的群体。对于小群宗派的成员来说，宗教与其说是生活的一个方面，不如说它本身就是一种明确的生活模式。在极端情况下，小群宗派成员完全从社会隐退，以便在不受干涉的情况下信教。北美的阿米什人就是一个小群宗派自我隔绝的例子。因为美国的文化通常认为宗教包容是一种美德，所以有时小群宗派成员会因坚持自己追随的才是真正的宗教而被指责为思想狭隘（Kraybill，1994；P. W. Williams，2002）。

　　在组织方面，小群宗派不如主流教会正式。与主流教会成员相比，小群宗派成员在礼拜中可能更加自发和感性，而主流教会成员倾向于被动地听取领袖的言论。小群宗派也拒绝主流教会的宗教智识化，而是强调个人对神力的体验。罗德尼·斯达克（Stark，1985：314）将主流教会的遥远的上帝（"我们在天上的父啊"）与小群宗派的更直接的上帝("主啊，保佑这个跪在你面前的可怜的罪人")做了对比。

教会和教派在领导模式上也是不同的——一个宗教组织越是教会化，其领导者越有可能接受正式的培训和任命。而小群宗派组织庆祝上帝的个人存在，期望他们的领袖以**卡里斯玛**（charisma，希腊语，意为"神圣的恩惠"，有些书籍中该词被译为"领袖魅力"）的形式展示神圣的启示，这种非凡的个人品质可以打动人们并使他们成为追随者。

从全球化视野来看，宗教活动的范围确实令人震惊。这名加纳女性正在庆祝科库扎恩（Kokuzahn）伏都教节日，她将沙子洒进眼睛而没有受到伤害。哪些在美国常见的宗教习俗可能会让生活在其他国家的人感到惊讶？

小群宗派通常是从已建立的宗教组织中分离出来的团体（Stark & Bainbridge，1981）。他们的精神强度和非正式结构使他们不如主流教会稳定，许多小群宗派仅是昙花一现。经久不衰的宗派通常会变得更像教会，他们通常会越来越官僚化，不再强调卡里斯玛型的领导权威。

为了维持其成员数量，许多小群宗派会积极招募新成员或诱导其他宗教的人改宗。小群宗派高度重视皈依的经历，即个人的转变或宗教上的重生。例如，耶和华见证会成员为了吸引新成员挨家挨户向别人宣传他们的信仰。

最后，主流教会和小群宗派的社会构成各不相同。因为主流教会与世界的联系更为紧密，所以久负盛誉的教会往往包括社会地位较高的人。小群宗派则吸引了更多的弱势群体。一个宗派对新成员的开放性以及它对救赎和个人成就的承诺吸引了那些自认为身处社会边缘的群体。

## 异教团体

**异教团体**（cult）是一种在很大程度上脱离社会文化传统的宗教组织。大多数小群宗派都是从传统宗教组织中衍生出来的。然而，异教团体通常由一位卡里斯玛型领袖创立，他会传达一些令人信服的信息，提供一种全新的截然不同的生活方式。美国现有的异教团体多达 5000 个（Lottick，2005）。

由于一些异教团体的原则或实践是非传统的，因此人们普遍认为它们是越轨的，甚至是邪恶的。1997 年，39 名加利福尼亚"天门教"成员集体自杀，他们声称死亡是通往更高生存境界的一扇大门，这一事实强化了公众对大多数异教团体所持的消极印象。总之，人们大多认为将任何宗教团体称为"异教团体"，就等于将其成员视为疯子并加以排斥（Shupe，1995；Gleick，1997）。

这项指责是不公平的，因为这种宗教组织并没有犯根本的错误。许多历史悠久的宗教，包括基督教、伊

---

**主流教会** 一种充分融入社会的宗教组织　　**小群宗派** 一种独立于社会的宗教组织　　**异教团体** 在很大程度上脱离社会文化传统的宗教组织

斯兰教和犹太教，都是以异教团体的形式起步的。当然，很少有异教团体能存在很长时间。其中一个原因就是他们与社会的分歧甚至比小群宗派与社会的分歧更大。许多异教团体要求信徒不仅要接受他们的教义，还要采取一种更激进的生活方式。这就是即使研究表明大多数加入异教团体的人没有遭到精神损害，人们还是要指责异教团体对其成员进行洗脑的原因（Kilbourne，1983；P. W. Williams，2002）。

# 历史上世界各地的宗教

### 20.4　对比全球的宗教模式

与其他社会制度一样，宗教也因时间和地点的不同而表现出明显的差异。接下来我们将讨论宗教在历史进程中变迁的几种方式。

### 前工业社会的宗教

早期的狩猎者和采集者信奉**万物有灵论**（animism，源自拉丁语，意为"生命的气息"），相信自然世界中的万事万物是有意识的生命，并能够影响人类。万物有灵论者将森林、海洋、山脉甚至风看作精神力量。许多美国土著是信奉万物有灵论的，这揭示了他们对自然环境的崇敬。

人们信奉负责创造世界的单一的神圣力量始于园艺社会，这种社会最早出现于 10000 ～ 12000 年前。上帝最开始是作为"牧羊人"出现的，因为基督教、犹太教和伊斯兰教都起源于牧民。

宗教在农业社会中变得更为重要，并且发展出了专门负责宗教仪式和宗教组织的神职人员。在欧洲中世纪城镇中占主导地位的教堂——其中许多今天仍然存在——是中世纪农业社会宗教在社会生活中发挥核心作用的证据。

万物有灵论普遍存在于传统社会，其成员在他们赖以生存的自然世界中谦恭地生活。万物有灵论者不仅在他们自己身上，也在他们周围的一切事物上都看到了神的存在。他们的例子启发了"新时代"的精神信仰，本章后面将对此进行介绍。

### 工业社会的宗教

工业革命使人们越来越重视科学。越来越多的人向医生和科学家寻求知识和慰藉，而过去他们不得不向牧师求助。但正如涂尔干（Durkheim，1965，orig. 1915）在近一个世纪前所预测的那样，宗教在工业社会中依然存在，因为科学在人类生存的终极意义这一问题上是无能为力的。换句话说，了解世界如何运转是一个科学问题，但了解我们以及万事万物为什么存在却是一个信仰问题。此外，如前所述，美国作为一个现代社会，宗教的力量依然突显（McClay，2007；Greeley，2008）。

### 世界性宗教

世界上的宗教就像文化一样多种多样。可能在某一地方就能够发现数千种不同的宗教，每种宗教都只有极少数的信徒。但也有不少的世界性宗教，拥有上百万的追随者。我们将简要描述六种世界性宗教，它们总共拥有 50 多亿的信奉者，约占世界人口的四分之三。

## 基督教

基督教是传播最广泛的宗教，有 23 亿的追随者，几乎占世界人口的三分之一。大多数基督徒生活在欧洲或北美；美国和加拿大 70% 以上的人都信奉基督教（Pew Research Center，2015）。在世界许多地区，认为自己是基督徒的人占了总人口很大的比例，北非和亚洲除外。在过去的 500 年里，欧洲的殖民化扩张将基督教传播到世界各地。基督教在西方社会的统治地位可以通过日历，即人们以耶稣基督的出生日期为纪元得到证明。

如前所述，基督教最初被当作异教，吸收了犹太教（更加古老的宗教）的很多元素。像其他许多异教团体一样，基督教建立在卡里斯玛型领袖的基础之上。这个领袖就是拿撒勒的耶稣，他传播个人救赎的信条。耶稣并没有直接挑战他所处时代罗马帝国的政治权威，而是告诉他的追随者们"凯撒的物当归给凯撒"（Matthew 22：21）。但他的信条仍然是革命性的，它预示着信仰和爱将战胜罪恶和死亡。

基督教是**一神论**（monotheism）的典型，即只相信一个神。这种新的宗教与罗马帝国传统的**多神论**（polytheism）——相信很多个神——截然不同。然而，基督教将最高存在视为神圣的三位一体：上帝——造物者；耶稣基督——上帝的儿子和救世主；圣灵——基督徒对上帝存在的个人体验。

根据耶稣在世上最后几天的记述，耶稣拥有了神性。由于对当时的政治领袖造成威胁，耶稣在耶路撒冷受到审判，并被判处死刑，钉死在十字架上，这在当时是一种常见的处决方式。这就解释了为什么十字架成为基督教的一个神圣象征。根据基督教的信条，耶稣在被处决三天后复活，这表明他是上帝之子。

尽管基督教最初被当作异教，但其 23 亿信徒使其成为现在世界上传播最广的宗教。然而，到 2050 年之后，全球穆斯林人数预计将超过基督徒人数。

**一神论**　只相信一个神　　**多神论**　相信很多个神

耶稣的追随者，特别是与他关系最亲密的十二个传道者，被称为十二门徒，将基督教传播到整个地中海地区。起初，罗马帝国迫害基督徒。但到了公元 4 世纪，罗马帝国已经将基督教作为国教——以神圣罗马帝国的官方宗教而闻名于世。

基督教有很多不同的形式，包括建立于君士坦丁堡（现在土耳其的伊斯坦布尔）的罗马天主教和东正教。中世纪末期，欧洲的新教改革催生了数百个新教派。在美国，这种教派有数十种之多——浸信会和卫理公会是其中最大的两个——拥有规模可观的追随者（Kaufman，1976；Jacquet & Jones，1991；Association of Religion Data Archves，2015；Hartford Institute for Religious Research，2015；Pew Research Center，2015）。

## 伊斯兰教

伊斯兰教大约有 16 亿信徒，几乎是世界总人口的四分之一。伊斯兰教的追随者被称为穆斯林。中东的大多数人都是穆斯林，所以我们倾向于把伊斯兰教和阿拉伯人联系起来。但世界上大多数的穆斯林生活在其他地区：北非和印度尼西亚的大多数人也是穆斯林。此外，大量穆斯林集中在亚洲的巴基斯坦、印度、孟加拉国和苏联加盟共和国的南部。由于穆斯林的出生率是非穆斯林的两倍，因此预计到 2050 年左右，穆斯林人口将与基督教徒人口一样多，伊斯兰教不久将成为世界上最大的宗教。

通常估计美国的穆斯林人口约为330万（约占总人口的1%），有的学者认为这个数字估计偏大了一点。不论如何，伊斯兰教显然成为了美国宗教生活中的重要组成部分。穆斯林人口不仅规模庞大，而且相当多样化。它包括阿拉伯裔美国人和其他中东血统的人、亚裔美国人和非裔美国人（Association of Religion Data Archves，2015；Pew Research Center，2016）。

穆罕默德大约在公元570年出生于麦加（现在的沙特阿拉伯），真主授命他教导人们信奉伊斯兰教。对穆斯林来说，穆罕默德是先知。这与基督教中的耶稣不同，对基督徒来说，耶稣是神圣的存在。《古兰经》对穆斯林来说是神圣的，它是通过真主的使者穆罕默德传递的真主的话语。在阿拉伯语中，"伊斯兰"一词的意思是"服从"和"和平"，《古兰经》劝使人们服从真主，以求内心平静。穆斯林每天要进行五次礼拜来表达个人的虔诚。

穆罕默德死后，伊斯兰教迅速传播。尽管穆斯林内部分成了很多分支，但所有人都接受伊斯兰教的五功（五桩天命）：（1）承认真主是唯一的真主，穆罕默德是真主的使者；（2）进行礼拜；（3）施舍穷人；（4）斋月期间禁食；（5）一生必须要到麦加朝觐一次（Weeks，1988；El-Attar，1991）。与基督教一样，伊斯兰教要求人们为自己在现世的行为向真主负责。顺从的人将在天国得到回报，行恶者将遭受无尽的惩罚。

穆斯林还被要求捍卫自己的信仰，这导致了对不信仰者发动"圣战"的呼吁（以大致相同的方式［十字军］，中世纪的基督徒也发起过战争）。近几十年"圣战"意识和反西方情绪在伊斯兰世界中有所抬头，很多人将美国视为军事威胁和物质主义以及不道德生活方式的代表。许多西方人对伊斯兰教知之甚少，并且常以基于少数恐怖行动的刻板印象看待所有穆斯林。他们对穆斯林感到困惑，有时甚至充满敌意。调查显示，在美国，公众对穆斯林的印象比对其他宗教信徒的印象更负面（Eck，2001；Ryan，2001；Lipka，2017）。

在美国，也有很多人认为穆斯林女性会在社会上受到压迫。在女性所被赋予的权利方面，伊斯兰国家之间也存在差异：沙特阿拉伯的女性不可以投票甚至不能开车，相较于沙特阿拉伯，突尼斯给予女性更多的机会。确实，许多穆斯林女性缺乏穆斯林男性所享有的一些个人自由。然而，已经有很多女性——也许是大多数——接受了传统的教令并从这些男女行为规范中获得安全感（Peterson，1996）。伊斯兰教的拥护者也指出，在穆罕默德出生前很长一段时间，父权制在中东就已经完善地建立起来，伊斯兰教实际上通过要求丈夫公正地对待妻子而改善了女性的社会地位。例如，伊斯兰教允许一个男人最多娶四个妻子，但是如果这样会导致他对任何一个女人不公平，那么这个男人就只能有一个妻子（Qur'an，"The Women，"v.3）。

## 犹太教

从数量上看，全世界只有1400万犹太教信徒，这使犹太教看起来不像是一个世界性宗教。犹太人仅在以色列一个国家中占人口的大多数。但犹太教对于美国来说有着特殊的重要性，因为北美集中了最多的犹太人，数量达510万人之多（估计加拿大有37.5万犹太人）。

犹太人将过去看作是引导现在与将来的源头。犹太教有着深厚的历史根基，在基督

由于要求教徒学习神圣的经文，许多宗教能帮助提高识字率。作为教养的一部分，大多数穆斯林父母通过《古兰经》教育孩子；将来，这些孩子将对下一代人做同样的事。

诞生前就已经存在了 4000 年，能追溯到美索不达米亚社会。当时，犹太人是万物有灵论者，但这种信念在雅各——早期的伟大祖先亚伯拉罕之孙——之后改变了，雅各带领人民抵达了埃及。

犹太人在埃及过了几百年的奴隶生活。在公元前 13 世纪，埃及公主的养子摩西，受到耶和华的召唤，带领犹太人摆脱奴役。今天，犹太人在一年一度的逾越节上纪念大批人"走出"（exodus，这个词的拉丁词根和希腊词根的意思是"大批走出"）埃及。一经解放，犹太人就开始信奉一神论，认定唯一的、全能的耶和华。

犹太教的一个独特概念是圣约（covenant），它是一种犹太人与耶和华之间的特殊关系，通过这种关系，犹太人成为耶和华的"选民"。圣约意味着有义务遵守耶和华的律例，特别是摩西十诫。犹太人认为《旧约》既是他们历史的印证，也是犹太人生活义务的声明。特别重要的是《圣经》的首五卷书（《创世记》《出埃及记》《利未记》《民数记》和《申命记》），被称为"妥拉"（Torah，意为"教"和"律法"）。与基督教的核心概念"个人救赎"相反，犹太教强调现世的道德行为。

犹太人有着因偏见和歧视而遭受压迫的文化历史。几个世纪以来有关埃及奴隶制、被罗马征服和在欧洲被迫害的集体记忆塑造了犹太人的身份认同。意大利的犹太人开始是生活在城外的犹太人居住区（ghetto，源自意大利语 borghetto，意为"城墙外的居住地"），并且这种种族居住隔离政策迅速扩展到欧洲的其他地区。

17 世纪中期，犹太人开始向美国移民。这些早期的富裕移民大部分被同化到基督教社区。但随着 19 世纪末大批移民进入这个国家，针对犹太人的偏见和歧视（通常称反犹主义）愈演愈烈。在第二次世界大战期间，随着纳粹政权在德国大规模虐杀约 600 万犹太人，反犹主义达到了恶的顶峰。

今天，美国犹太教有四个主要教派：正统派、改革派、保守派和重建派。在估算每个教派的规模时，请记住，并非所有父母是犹太教的人都会认同某一特定的教派，有些人甚至根本不认为自己是犹太教徒。在美国，正统派犹太人数量至少有 50 万，他们严格遵守传统信仰和习俗，穿着传统服装，在宗教仪式上将男女分开，只吃犹太食品（kosher food，即严格按照"妥拉"的规定所准备的食品）。这些传统做法将美国的正统派犹太人与社会区隔，使他们成为最具宗派色彩的教派。

19 世纪中叶，许多犹太人希望能更多融入社会，这导致了更加具有教会性质的改革派犹太教的形成，现在美国有 150 万到 200 万改革派犹太教徒。第三种是保守派犹太教，拥有 150 万至 200 万美国教徒，其立场介于其他两个教派之间。最后，拥有数十万教徒的重建派犹太教是近来最自由的一派，重视人文关怀，强调世俗犹太文化的重要性（Smith，2005；Grim & Masci，2008；Kosmin，2009；Asscociation of Religion Data Archives，2015；Pew Research Center，2013，2015）。

在美国，犹太人的社会地位远远高于美国平均水平，教育水平和收入也远远高于美国平均水平。尽管如此，这个国家的许多犹太人仍然为他们宗教的未来感到担忧，因为只有一半在犹太家庭成长的儿童会学习犹太文化和仪式，也许有 50 万拥有犹太血统的成年人现在更愿意自称"不信仰宗教"。此外，超过一半有犹太人背景的年轻人与非犹太人结婚。不过，一些人对此持乐观态度，他们指出许多声称不信奉上帝的世俗犹太人仍然在参加犹太教仪式，这表明越来越多的"异族通婚"可能会吸引新人加入犹太教（Keister，2003；Kosmin，2009；Winston，2011；Pew Research Center，2013，2015）。

## 印度教

印度教是世界上最古老的宗教，它起源于约 4500 年前的印度河流域。今天，印度教徒大约有 9.5 亿，几乎占世界人口的 14%。印度教是一种东方宗教，盛行于印度和尼泊尔，但在南非和东南亚也有相当一部分的教徒存在。

几个世纪以来，印度教和印度文化交融，因此现在很难区分两者（尽管印度也有相当多的穆斯林）。这种关联也解释了为什么印度教不像基督教、伊斯兰教和犹太教那样广泛传播到其他国家。但是，印度教在美国也有约 150 万教徒，成为美国文化多样性的重要组成部分。

印度教不同于大多数其他宗教的原因在于它不与任何个体的生命相关联。此外，印度教将梵天视作一种普世的道德力量而不是一种具体的实体。出于此，印度教和其他东方宗教一样，有时被描述为一种"伦理宗教"。印度教的信条和实践多种多样，但所有的印度教教徒都相信他们有道德职责，即"法"（dharma）。例如，法要求人们遵守第十一章（"社会分层"）所描述的传统种姓制度。

印度教的另一条准则是业（karma），涉及关于人类灵魂精神过程的信念。对印度教教徒来说，每一个行动都有精神上的结果，生活方式对道德发展起着重要作用。业通过轮回转世发挥作用，轮回即死亡和重生的循环。通过轮回，一个人会进入与前世道德品质相对应的精神状态。与基督教和伊斯兰教不同，印度教不承认最高神所作的最终判决。但在不断的轮回中，可以说人们各得其所。对于那些达到解脱（moksha）即精神完美状态的人来说，灵魂将不再重生。

印度教的情况表明，不是所有宗教都能被简单地标记为一神论或多神论。从将宇宙看作一个单独的道德体系这个视角来看，印度教是一神教；然而印度教教徒在自然万物中都看到了这种道德力量的作用。印度教教徒将这种道德力量与个人冥想和典礼仪式相联系，而在印度这个幅员辽阔的国家，每个村庄都有不同的冥想方式和仪式。许多教徒也参与公共活动，如大壶节（Kumbh Mela）每隔 12 年就会吸引约 2000 万朝圣者到恒河的圣水中沐浴。

虽然印度教的思想要素已经融入"新纪元运动"——本章后面将会讨论，但是美国多数人并不能正确理解印度教。然而，美国有约 370 万人拥有印度血统，并且印度移民的数量还在增加，这些都使得印度教在美国越来越重要（Larson，2000；Eck，2001；U.S. Census Bureau，2016）。

## 佛教

2500 年前，丰富的印度文化催生了佛教。今天，约有 4.95 亿人是佛教徒，占全球人口的 7%，并且几乎所有佛教徒都生活在亚洲。在斯里兰卡、不丹、缅甸、泰国、柬埔寨、老挝、蒙古国和日本，佛教徒占了这些国家人口的相当一部分。佛教在越南、韩国和中国也传播得很广泛。佛教与印度教有很多共同之处：它们都认为没有神能审判人，也认为日常行动都伴随着精神结果，并且相信轮回转世。但和基督教一样，佛教起源于一个历史上真实的人。

释迦牟尼于公元前 563 年生于尼泊尔的一个贵族家庭。在小的时候，他就很有灵性。29 岁时，他经历了个人蜕变，这将他引向了多年的游历和冥想。在游历的最后，他达到了佛教徒所说的"菩提"（bodhi），或者说参悟阶段。由于获得了对生命本质的理解，释迦牟尼成了佛陀。

在释迦牟尼个人魅力的吸引下，追随者们将佛陀的佛法传遍印度。公元前 3 世纪，印度的统治者成了佛教徒，并向亚洲各地派遣僧侣，使佛教成为了一个世界性宗教。

佛教徒认为现世的生活即是苦难。这种思想根源于佛陀在相当贫困的社会中的个人游历。但是，佛陀说，苦难的解决方法不是寻求世俗的财富和权力，相反，关注于世俗之物恰是问题所在，因为它会阻碍精神发展。因此，佛陀教诲说，我们必须用冥想来超越私心与物质欲望。只有内心平静，人们才能与广阔宇宙的力量取得联系，这个目标被描述为涅槃（nirvana），一种开悟与平静的状态（Thomas，1975；Van Biema，1997；Eck，2001）。

### "儒教"

一些学者认为，从公元前 200 年左右到 20 世纪初，"儒教"都受到中国统治阶层的高度认可，直至今天，数亿中国人仍然受到"儒教"的影响。虽然中国移民已将儒家思想传播到东南亚的其他国家，中国仍然是"儒教"思想的主要发源地。只有一小部分追随"儒教"的人居住在北美。

孔子，生活于公元前 551 年—前 479 年。孔子和佛陀一样，被世人的苦难深深触动。佛陀的反应是宗派式（出世）的——遁世而行。孔子采取了一种更加教会式（入世）的方式，指导他的追随者根据道德行为准则融入世界。正如印度教成为了印度生活方式的一部分，"儒教"也与中国传统文化密不可分。

"儒教"的中心思想是"仁"，意思是"仁爱"。在实践中，这意味着我们必须始终将道德准则置于个人私利之上，从传统中寻求生活方式的指导。孔子说，在家庭中，每个人都必须忠诚，且为他人着想。从这点来说，家庭则必须牢记对集体的责任。在这种理论模型中，各种道德责任将社会整合为一体。

在所有世界性宗教中，"儒教"由于缺少清晰的神圣观念而与众不同。或许涂尔干会说，"儒教"是对社会本身神圣特性的颂扬。其他人可能会说，"儒教"与其说是一种宗教，不如说是一种纪律严明的生活方式。然而，我们可以看到，"儒教"像其他宗教一样，由共同的信仰和实践组成，其追随者通过这些信仰和实践寻求道德良善和社会和谐（Schmidt，1980；McGuire，1987；Ellwood，2000）。

### 宗教：东方与西方

你可能已经注意到了东方社会和西方社会信仰体系的两个总体性差异。第一，在西方兴起的宗教（基督教、伊斯兰教、犹太教）明确将"上帝"视作一个独特的实体。然而，东方宗教（印度教、佛教、儒教）认为一切事物都有神力，因此这些信仰体系在神圣和世俗间没有清晰的界限，更像是生活的道德准则。

第二，西方宗教的信徒组成教堂会众，在特定的时间和地点做礼拜。相比之下，东方宗教的信奉者会在日常生活中随时随地表达他们的宗教信仰。宗教庙宇虽然存在，但它们仅是个人日常生活的一部分，而不必由团体按照严格的时间安排去朝拜。这就是为什么像在日本这样的国家，庙宇既充满了朝拜者，同时也充满了游人。

然而，尽管存在这两个差异，所有宗教都有一个共同点：呼吁人们超越私利，追求更高的道德目标。不同的宗教可能会采取不同的手段来实现这一目标，但它们都倡导一种精神意识，即生活的意义远比我们所看到的更加丰富。

# 美国的宗教

### 20.5 分析美国宗教信仰的模式

与世界上几乎所有其他高收入国家相比，美国是最宗教化的国家（World Values Survey，2010）。如图 20-2 所示，近 70% 的美国成年人宣称宗教在他们的生活中很重要，这一比例高于大多数其他高收入国家。

### 宗教归属

全国调查显示，约 78% 的美国成年人具有某种宗教信仰（Smith et al.，2017）。表 20-1 显示，在最近的一次调查中，近一半的美国成年人宣称自己是新教徒，23.5% 是天主教徒，约 2% 的人说他们是犹太教教徒。从万物有灵论到佛教禅宗，还有许多人信奉其他数十种宗教，这使美国社会在宗教上与世界上任何其他社会相比都更具多样性（Eck，2001）。这种显著的宗教多样性源于宪法禁止政府资助宗教，以及大量的来自世界各

**全球快照**

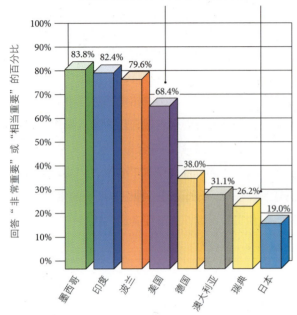

● 总的来说，高收入国家的人比低收入国家的人更缺乏宗教信仰。但美国是一个例外。

纵轴：回答"非常重要"或"相当重要"的百分比

柱状图数据（从左到右）：
- 墨西哥：83.8%
- 印度：82.4%
- 波兰：79.6%
- 美国：68.4%
- 德国：38.0%
- 澳大利亚：31.1%
- 瑞典：26.2%
- 日本：19.0%

调查问题："宗教在你的生活中有多重要？"

图 20-2　全球化视角下的宗教信仰
与其他许多高收入国家相比，美国的宗教重要性更加突显。
资料来源：World Values Survey（2015）。

表 20-1　2016 年美国的宗教认同

| 宗教 | 选择比例（%） |
| --- | --- |
| **新教教派** | 47.4 |
| 浸信会 | 14.5 |
| 卫理公会 | 4.4 |
| 路德教会 | 3.8 |
| 长老会 | 1.8 |
| 圣公会 | 1.3 |
| 其他或无教派 | 21.6 |
| **天主教** | 23.5 |
| **犹太教** | 2.0 |
| **其他宗教信仰** | 5.3 |
| **无宗教信仰** | 21.7 |

资料来源：Smith et al.（2017）。

地的移民。约 70% 的美国成年人表示他们至少每周祈祷一次，53% 的人表示他们属于某一宗教组织（Smith，2017）。

宗教信仰也因地而异。新英格兰和西南部主要信奉天主教，南部地区大部分是浸信会教徒，路德教会在广阔的北方各州占统治地位。在犹他州及其周边地区，大多数人都属于耶稣基督后期圣徒教会，其追随者通常被称为摩门教徒。

**变化的归属**　宗教界正发生着许多变化。在美国，自 1960 年以来，圣公会和长老会等主流新教教会的成员人数下降了近 50%。到 2016 年，美国新教教派的信仰比例不足一半（Pew Research Center，2017）。在某种程度上，这一趋势反映了其他宗教组织（包括摩门教徒和"新纪元运动"）的日益普及，以及声称没有宗教信仰的人口比例（目前约为 22%）的增加。

宗教发生变化的另一个方面是，许多人从一个宗教组织转向另一个宗教组织。皮尤研究中心的一项调查显示，44% 的美国成年人称，他们在生命中的某个时刻改变了宗教信仰（Pew Research Center，2009）。如果再加上那些脱离宗教的人，那么，至少有一半的美国人不再是生来就有宗教信仰，且在后来一直都保持着这种信仰。

这种个人变化意味着信徒在宗教组织中进进出出。例如，一段时间以来，天主教徒几乎占美国成年人口的四分之一。但这一相当稳定的统计数字掩盖了一个事实，即大约三分之一的天主教徒已经离开了教会。与此同时，越来越多的人（包括许多移民）又加入了教会。一个更极端的例子是耶和华见证会：该教已有三分之二的信徒离开，但得益于教会成员挨家挨户进行宗教宣传，这些空缺的位置已被新招募来的皈依者替代。

　　这种宗教"流动"模式意味着，美国的宗教是一个活跃且竞争激烈的市场。也许这种宗教组织积极竞争的结果之一就是，美国社会仍然是世界上最为宗教化的社会。但这也反映出人们与出生时从属的宗教组织的联系有所松动，因为美国人目前在宗教信仰和归属方面有了更多的选择。

## 宗教虔诚

　　**宗教虔诚**（Religiosity）是指宗教在个人生活中的重要性。然而，我们的虔诚程度取决于我们对这个概念的理解。例如，88% 的美国成年人声称相信神的力量，尽管只有 56% 的人声称他们"相信上帝的存在并对此确信不疑"（Smith et al.，2017）。58% 的成年人表示他们每天至少会祈祷一次，但只有 31% 的人表示他们做礼拜的频率为一周一次或差不多一周一次（Smith et al.，2017）。

　　显然，"我们有多虔诚"这个问题没有简单的答案，而且很可能许多美国人实际上并没有自己口头描述的那么虔诚。虽然大多数美国人说他们至少在某种程度上是虔诚的，但或许真正如此虔诚的人不到三分之一。

　　宗教虔诚度因年龄而异。总的来说，年长的人会更加虔诚，65 岁以上的美国人中有 89% 声称自己有宗教归属。相比之下，18~29 岁的人群中只有 65% 的人如此（Pew Research Center，2015）。

　　宗教虔诚度也因教派而异。小群宗派成员总是最虔诚的，其次是天主教徒，然后是"主流"新教教派，

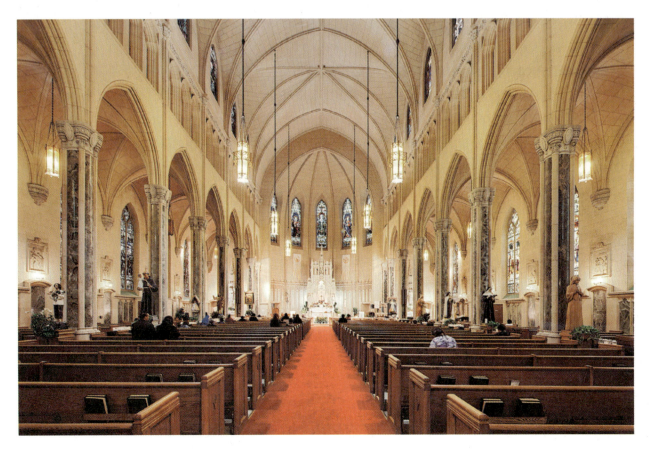

在过去五十年中，传统的"主流"宗教组织失去了大约一半的成员。但在同一时期，原教旨主义和新精神运动的成员不断扩充，美国近一半的人在一生中改变过宗教信仰。

如圣公会、卫理公会和长老会。

最后，女性比男性更虔诚。在调查中，58% 的女性和 49% 的男性称宗教在他们的生活中非常重要。

研究人员得出结论，现在的年轻人不再像他们的长辈那样虔诚，也比上一代之前的年轻人更缺乏宗教信仰。声称没有宗教信仰的人口比例不断增加——约 27% 的男性和 19% 的女性——这是一个重要的趋势（Pew Research Center，2015；Smith et al.，2017）。

宗教虔诚会造成什么影响？研究人员已找到许多社会模式与强烈的宗教信仰之间的联系，包括更多的幸福感和更高的家庭参与程度。此外，宗教信仰更强的家庭离婚率较低，年轻人犯罪率较低。一项研究显示，宗教虔诚有助于让儿童、父母和当地社群团结起来，使年轻人受益，提高他们的学业成绩（Muller & Ellison，2001）。然而，宗教虔诚似乎对下列日常生活模式没有影响，比如锻炼、旧物回收，或消费者做出有社会意识的选择（Pew Research Center，2016）。

## 宗教多样性：阶级、族裔和种族

2017 年上台的美国国会是美国历史上宗教信仰最多元化的一届。其中自称新教徒的人略占多数（56%，低于 50 年前的 75%）。此外还包括天主教徒（31%）、犹太教教徒（6%）、摩门教徒（2%），还有两名穆斯林、三名佛教徒和三名印度教教徒，甚至还有一名没有宗教信仰的议员。

国会的变化反映了整个国家宗教多样性的增加。宗教归属与其他许多因素相关，包括社会阶级、族裔和种族。

**社会阶级**  一项关于《美国名人录》（*Who's Who in America*，列举了美国的成功人士）的研究显示名人中 10% 信奉圣公会、长老会，联合基督教会的人占了名单的 33%。犹太教教徒也享有很高的社会地位，其人口虽然只占美国人口的 2%，但却在《美国名人录》中占 12%。

研究表明其他教派，包括公理会教徒、卫理公会教徒和天主教徒，在社会分层中处于中间位置。社会地位较低的是南方浸信会教徒、路德教会教徒，尤其是耶和华见证会和其他小群宗派的成员。当然，所有教派成员内部的社会地位都存在很大的差异（Keister，2003；Smith & Faris，2005；Pyle，2006）。

**族裔**  在全世界范围内，宗教与族裔息息相关，主要是因为宗教通常在特定的国家或地域中更有影响力。伊斯兰教在中东的阿拉伯社会占主导地位，印度教与印度文化融合，儒教在中国社会影响深远。但基督教和犹太教与上述情况不同，虽然基督教和犹太教都是西方宗教，却遍布世界各地。

在美国，宗教和国家认同也结合在一起。例如，美国有盎格鲁-撒克逊新教徒、爱尔兰天主教徒、俄罗斯犹太教教徒和希腊东正教教徒。这种国家和信仰的关联根源于具有某一主要宗教的国家移民的汇流。尽管如此，几乎所有族裔都展现出了一定的宗教多样性。例如，具有英国血统的人可能是新教徒、罗马天主教徒、犹太教教徒、印度教教徒、穆斯林或其他宗教的信徒。

**种族**  学者们宣称，教会是非裔美国人社区中最古老和最重要的社会机构。被贩奴船运到西半球后，多数非洲人成为基督教的信徒，毕竟基督教在美国占统治地位。但他们将基督教教义与非洲宗教的元素融合起来。从欧洲标准来看，受到这种宗教混合要素的影响，非裔美国基督教徒发展了具有自发性和情感性的宗教仪式（Frazier，1965；Paris，2000；McRoberts，2003）。

在 1940 年左右，当非裔美国人开始从南部农村迁移到北部工业城市时，教会在解决混乱、贫困和偏见问题方面发挥了重要作用（Pattillo，1998）。黑人教会也为有才能的男性和女性提供了成功的重要途径。拉尔夫·阿伯纳西（Ralph Abernathy）、马丁·路德·金和杰西·杰克逊（Jesse Jackson）都因他们作为宗教领袖的贡献而享誉世界。

今天 84% 的非裔美国人声称自己有宗教归属，他们的宗教虔诚度略高于美国平均水平。此外，几乎都是白人选择脱离宗教，非裔美国人则不然（Pew Research Center，2015）。

绝大多数非裔美国人都支持新教教派。然而，非基督徒的非裔美国人的数量在不断增加，尤其是在美国大城市。其中，最常见的非基督教信仰是伊斯兰教，约有 60 万非裔美国人是伊斯兰教的信奉者。换句话说，美国约 28% 的穆斯林是非裔美国人（Paris，2000；Pew Research Center，2015）。

## 世俗化

**世俗化**（secularization）是超自然力量和神圣性的重要性的历史性衰落。世俗化（secularization 源自拉丁语，意为"现世"）通常与现代相关联，现代就是以科学为主要认知方式的技术进步的社会。

今天，我们在生老病死等问题上更倾向于找有科学知识的医生，而不是寻求宗教领袖的帮助（宗教领袖的知识建立在信仰之上）。仅这一转变就表明宗教对我们日常生活的影响程度已经下降。哈维·考克斯（Cox，1971：3）解释道：

世界对宗教准则和仪式的道德或意义的关注越来越少。对于一些人来说，宗教是一种业余爱好；对于另一些人来说，它是国家或族裔身份的标志；而对其他人来说，它是一种审美情趣。越来越少的人认为宗教能提供一种包罗万象的权威性体系，以解释个人和宇宙的价值。

如果考克斯是对的，那么是否有一天宗教会消失？一些调查数据显示，没有宗教信仰的人口的比例已从 1950 年的约 2% 增加到现在的 22% 左右。一项在 30 个国家进行的跨国调查反映了类似的趋势，这项调查表明，在其中 23 个国家中，越来越多的人成为无神论者（不相信神力的存在）（Pew Research Center，2017；Smith et al.，2017）。

如图 20-3 所示，表示自己没有宗教偏好的大一学生比例有所上升，从 1990 年至 2015 年翻了一番。这一趋势也体现在大部分成年人身上。另外一些分析指出，不仅在太平洋西北部（有很悠久的世俗传统），而且在太平洋东北部（美国基督教最初的发源地）和南部（相对宗教化的地区）都存在大量没有宗教偏好的成年人（Pew Research Center，2017）。

但这并不意味着宗教正在消失。美国绝大多数人仍然说他们信仰上帝，每天祈祷的人数（58%）与参加全国选举投票的人数（2016 年为 60%）大致相同。事实上，今天有宗教归属的人口比例实际上要比 1850 年时高。最后，许多离开宗教组织的人可能仍然有精神信仰（McClay，2007；Greeley，2008；McDonald，2017；Eagan et al.，2016；Smith et al.，2017）。

每个人都看到了宗教的变迁，但人们对此褒贬不一。保守派倾向于将宗教的式微视为道德沦丧的标志。改革派则更积极地看待世俗化，认为世俗化将人们从过去的单一信仰中解放出来，让其在信仰方面有更多的选择。世俗化也改变了传统宗教组织的实践，如从只任命男性为神父或牧师到广泛传播与支持性别平等。

根据世俗化理论，由于高收入国家的人们享有更高的生活水平和更好的经济保障，高收入国家的宗教信仰会弱化。从全球化的角度来看，这种理论适用于西欧的富裕国家，西欧的宗教虔诚度已经下降到了很低的程度。但是，美国这个最富有的国家是个例外，至少就目前而言，宗教在美国仍然十分盛行。

关于宗教重要性的争论也在国家政治领域展开。早在 1864 年，国会就下令在美国硬币上刻制"我们相信上帝"这句话，1957 年，同样这句话被印到了纸币上。这句话也在 1956 年成为美国的官方座右铭（此举引发了对这一政策的法律挑战，至今仍在持续）。1952 年，哈里·杜鲁门总统设立了"国家祈祷日"，尽管也面

## 学生快照

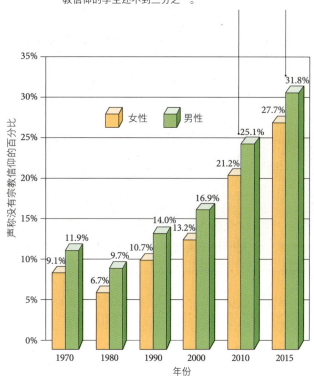

● 尽管比例在上升，但在美国大学校园里，声称没有宗教信仰的学生还不到三分之一。

图 20-3　1970—2015 年大一学生中无宗教信仰的学生比例
近几十年来，声称没有宗教信仰的学生比例有所增加。
资料来源：Astin et al.（2002）and Eagan et al.（2015）。

临法律挑战，但其也一直延续至今。1963 年，美国最高法院禁止在公立学校祈祷，声称在学校祈祷违反了政教分离的原则，这也许是世俗化争论史上最重要的事件。

## 公民宗教

社会学家罗伯特·贝拉（Robert Bellah）所讲的**公民宗教**（civil religion）是世俗化的一种表现形式，它是指把人们整合到世俗社会的准宗教虔诚（Bellah，1975）。换句话说，正式的宗教可能会失去力量，但宗教特质仍然存在于日常文化中。例如，美国大多数人认为我们的生活方式是世界上道德善举的一种力量。许多人也在自由或保守的政治运动中发现了宗教的特质（Williams & Demerath，1991）。

公民宗教还涉及一系列仪式，从重大体育赛事上唱国歌到公共阅兵式上挥舞国旗。在所有这些活动中，美国国旗都是美国国家身份的神圣象征，社会的大多数成员都希望人们能够尊重它。

## "新纪元"探索者：没有正式宗教的精神世界

12 月 29 日，秘鲁马丘比丘。在我们探索这座数百年前印加人在安第斯山脉建造的宏伟城市的第一天即将结束之际，卢卡斯，一名当地的萨满，或者说是宗教领袖，正带领着 12 名旅行者进行感恩仪式。他带我们走进一座小石屋，随即跪在他面前的泥地上，并把供品——玉米、青豆、糖、五颜六色的植物，还有少量金银放在他面前。他把这些作为礼物献给大地之母帕查玛玛，祈祷和平、欢乐和施善的意志。在这样一个神奇的环境中，他的话语使这场仪式成为一次让人印象深刻的体验。

近几十年来，越来越多的人在现有宗教组织之外寻求精神上的发展。这一趋势导致一些分析人士认为，美国正在变为一个后教派社会（postdenominational society）。简单地说，有一小部分人似乎成了精神的探求者，相信人类存在重要的精神维度，他们的这种追求使他们或多或少地与正式教派成员相区分。虽然人还不多，但其数量在持续增长。

这个所谓的关注精神世界的"新纪元"与关注宗教的传统社会之间的区别到底是什么？如分析家（Cimino & Lattin，1999：62）所说：

（精神世界）是对心灵而非大脑的宗教诉求；它……不重视教条与教理的宗教表达，直接在神的经验世界里狂欢，不管它被称作"神灵""神意"还是"真我"；它是经验性的和人性化的，更多的是简化而不是拯救，是治疗而不是神学；它是关于感受善而不是成为善；它既是心灵的，同时也是身体的。

数百万美国人参与了"新纪元"的精神运动。以下六种主要价值观定义了"新纪元"宗教运动（Wesselman，2001：39-42；Walsh，2012）。

1. 寻求者信仰更高层次的力量。存在着一种更高层次的力量，一种存在于所有事物和所有人中的重要力量。因此，我们每个人都具有几分神性，神圣精神在我们的周围世界中无处不在。

2. 寻求者相信一切都是关联的。因为"精神"在宇宙中无处不在，所有事物和所有人都是相互联系的。正如"新纪元者"所说的："我们是一体的。"

3. 寻求者相信精神世界的存在。我们用五感感知的物质世界并非全部，更重要的是存在一个超越感官的世界，即精神现实或"精神世界"。

4. 寻求者期望体验精神世界。精神发展意味着获得体验精神世界的能力。许多寻求者能够"感觉"到他们体内的精神，他们开始理解精神世界中的助人者和教导者（传统上被称为"天使"）可以触及他们的生活。

5. 寻求者追求超验。人们可以通过各种技术（如瑜伽、冥想和祈祷），逐渐获得超越物质世界的能力（"超验"体验），寻求者认为这是更高的人生目标。

6. 一些寻求者追求政治变革。对一些寻求者来说，精神性意味着要脱离这个世界，而对另一些人来说，精神性要求寻求政治变革以结束对自然环境的破坏，并寻求建立在竞争而非合作基础上的经济体系。

从传统的观点来看，这种关注精神性的"新纪元"既是宗教性的，又含有心理学或自由主义政治的要素。可以说，"新纪元"精神将理性元素（强调个人主义以及宽容和多元化）与精神关怀（寻找日常生活外的意义）结合起来。正是这种结合使得"新纪元"在现代世界流行起来（Tucker，2002；Besecke，2003，2005）。

## 宗教复兴："美好旧时代的宗教"

在"新纪元"精神性变得越来越流行的同时，有组织的宗教界正在发生巨大的变化。近几十年来，主流教会的成员数量有所下降，而其他宗教组织（包括摩门教、基督复临安息日会），尤其是基督教宗派的成员数量急剧上升。

这些趋势表明，世俗化可能具有自我限制性：随着许多类似教会的组织变得更加世俗化，很多人离开了这些组织，转而选择提供更强烈宗教体验的类似小群宗派的组织（Stark & Bainbridge，1981；Jacquet & Jones，1991；Iannaccone，1994；Hout，Greeley & Wilde，2001）。

**原教旨主义** 原教旨主义（fundamentalism）是一种保守的宗教教义，它反对唯智主义和世俗化趋向，主张恢复传统的、超脱世俗的宗教。在美国，原教旨主义对新教徒的影响最大，例如，南方浸信会教徒是该国

安娜·贝尔·李·华盛顿（Anna Bell Lee Washington）1924 年的作品《洗礼 3》（*Baptism 3*）是美国民间艺术的典范，它描绘了许多信奉基督教的人改变人生的经历。

最大的新教宗教团体，但原教旨主义对罗马天主教、犹太教和伊斯兰教的影响也在不断增强。

　　为了应对他们所见的科学日益增长的影响和传统家庭功能的弱化，原教旨主义者坚持捍卫他们所谓的"传统价值观"。在他们看来，自由派教会对于妥协和改变过于开放。原教旨主义有五个方面的特点（Hunter，1983，1985，1987）。

　　1. 原教旨主义者按照字面意思理解神圣文本。原教旨主义者坚持对《圣经》等神圣文本进行字面上的解读，以对抗他们所认为的更自由的宗教组织中的唯智主义。例如，原教旨主义基督徒完全相信上帝在七天内创造了世界，这正是《创世纪》中的描述。

　　2. 原教旨主义者拒绝宗教多元化。原教旨主义者认为宽容和相对主义冲淡了个人信仰。因此，他们坚持认为自己的宗教信仰是真实的，而其他信仰则不是。

　　3. 原教旨主义者追求对上帝存在的个人体验。与其他宗教组织的世俗化和唯智主义趋向不同，原教旨主义寻求回归到"美好旧时代的宗教"（good old-time religion），进行精神复兴。对原教旨主义基督徒来说，"重生"以及与耶稣基督建立关系应该在个体的日常生活中体现出来。

　　4. 原教旨主义者反对"世俗人道主义"。原教旨主义者认为适应不断变化的世界会削弱宗教信仰。他们反对"世俗人道主义"，即我们的社会倾向于依靠科学专家而不是上帝来指导我们生活。这种科学和宗教之间的张力关系并不新鲜，正如"争鸣与辩论"专栏所解释的那样，它已经存在了几个世纪。

5. 许多原教旨主义者支持保守的政治目标。尽管原教旨主义倾向于远离世俗的关注，但一些原教旨主义领袖（包括帕特·罗伯逊 [Pat Robertson] 和加里·鲍尔 [Gary Bauer]）已经进入政界，反对他们所谓的"自由议程"，其中包括女性主义和同性恋权利。原教旨主义者反对堕胎和同性婚姻，他们支持传统的双亲家庭，寻求恢复学校的祈祷仪式，反对大量的移民，并批评大众传媒在报道中的自由主义偏见。本章开头就显示，福音派或原教旨主义新教徒远比"主流"宗教组织成员或无宗教信仰的人更倾向于支持有关家庭和婚姻的"旧式"价值观（Manza & Brooks，1997；Thomma，1997；Rozell，Wilcox & Green，1998；Pew Research Center，2012）。

反对者认为原教旨主义僵化、武断，且自以为是。但许多人发现，原教旨主义具有更强的宗教确定性，更加强调对上帝存在的情感体验，相对于更唯智、更宽容、更世俗的"主流"宗派而言，这是一种更具吸引力的选择（Marquand，1997）。

哪些宗教是原教旨主义？近年来，一种极端形式的原教旨主义伊斯兰教已经变得广为人知，它支持针对西方文化的暴力。在美国，这个词最适用于福音派传统中的保守基督教组织，包括五旬节派、南方浸信会、基督复临安息日会和神召会。一些全国性的宗教运动，包括"守约者"（Promise Keepers，一个男性组织）运动和"天选女性"（Chosen Women）运动，都有原教旨主义倾向。在全国调查中，25% 的美国成年人将自己的宗教背景描述为"原教旨主义"，42% 的人称自己的宗教背景"不偏激"，33% 的人称自己的宗教背景是"自由主义"的（Smith et al.，2017）。

**数字教会**　相较于过去的地方会众，一些宗教组织，特别是原教旨主义组织，已经成为以"黄金时段传教士"为特色的数字教会（Hadden & Swain，1981）。数字教会尚未在世界各地传播，仅在美国出现。这使得帕特·罗伯逊、詹姆斯·杜布森（James Dobson）、约尔·奥斯汀（Joel Osteen）、葛培理（Franklin Graham）、罗伯特·舒勒（Robert Schuller）等人比过去的神职人员都更出名。研究人员指出，多达 1000 万人会定期收看电视上的宗教节目，更多的人是偶尔观看或使用社交媒体来展示自己的宗教信仰（Smith et al.，2013；Pew Research Center，2014）。

## 宗教：展望

各种媒体的普及、原教旨主义的发展、新的精神性形式以及数百万人与主流教会的联系表明，在未来几十年内，宗教仍将是现代社会的重要组成部分。虽然有证据表明，宗教在美国的重要性有所下降，但其宗教虔诚度仍然处于高水平。即使一些人脱离了宗教组织，但由于许多宗教国家（拉丁美洲和其他地方）移民的迁入和原教旨主义组织的日益普及，在 21 世纪，美国社会的宗教化特征会不断强化，并呈现出多样性（Yang & Ebaugh，2001；T. W. Smith，2009，2012）。

世界正变得更加复杂，而且似乎正以我们力所不及的方式快速变迁。但这一过程非但没有削弱宗教，反而激发了宗教的想象力。随着新技术赋予我们改变、延长甚至创造生命的力量，我们面临着越发艰难的道德问题。在这种不确定的背景下，不难理解许多人寄望用信仰来指引方向和寻求希望。

# 争鸣与辩论

科学威胁到了宗教吗？

> 吉汉：我相信有一天，科学会证明宗教是错误的。
> 苏菲：你最好祈求上帝会证明你是对的。
> 拉希德：你们俩都冷静一下。我不认为科学和宗教是在谈论同一件事。

大约 400 年前，意大利物理学家和天文学家伽利略（1564—1642）的一系列令人震惊的发现开启了科学革命。在研究比萨斜塔坠落物体时，他发现了重力规律；他用自己制作的望远镜观察恒星，发现地球是绕着太阳转的，而不是相反。

伽利略的这一发现使他受到了罗马天主教会的打压。因为几个世纪以来，罗马天主教会一直在布道说地球是宇宙不动的中心。伽利略的回应使事情变得更糟——他说宗教领袖无权谈论科学问题。不久，他发现他的学说被禁止了，他自己也被囚禁起来。

伽利略的遭遇表明，从一开始，科学与宗教就有着复杂的关系。在 20 世纪，在造物起源这个议题上二者又起了冲突。达尔文的杰作《物种起源》指出，10 亿年前人类从低等生命不断进化而来。然而，这一理论似乎与《创世纪》中关于创世的描述背道而驰，圣经说上帝创造了天地，在第三天创造了植物的生命，在第五天和第六天创造了动物的生命，包括上帝按照自己形象塑造的人。

假如历史可以倒转，伽利略肯定会是著名的"斯科普斯猴子试验"的热心观众。1925 年，田纳西州一位名叫约翰·托马斯·斯科普斯（John Thomas Scopes）的小镇科学教师尝试在一所当地中学教授达尔文的进化论。这一举动违反了该州法律，因为该州法律禁止讲授"任何违背《圣经》里宣传的关于神圣造物的理论"，并且禁止讲授"人从低级生物而来"的理论。斯科普斯被判处有罪，并被处以 100 美元的罚款。他的定罪在上诉中被推翻，因此该案从未进入美国最高法院，而田纳西州的法律一直保留到 1967 年。一年后，在"埃珀森诉阿肯色州案"（Epperson v. Arkansas）中，最高法院废除了所有这些法律（禁止在公立中小学和大学讲授达尔文进化论），认为政府支持宗教是违宪的。

今天——在伽利略被压迫将近四个世纪之后——人们仍然在讨论科学和宗教的明显冲突。四分之一的美国成年人相信《圣经》是上帝的话语，他们中的许多人拒绝接受任何违背《圣经》的科学发现（Gallup，2017）。2005 年，宾夕法尼亚州多佛市的八名学校董事会成员全部被投票罢免，因为他们采取的立场被许多市民认为会阻碍进化论的教学；与此同时，堪萨斯州立学校董事会要求进行进化论的教学要从宗教的角度考虑其缺点和局限性（"Much Ado about Evolution"，2005）。2010 年，俄亥俄州一名中学科学教师因被控向学生讲授基督教而被解雇（Boston，2011）。

但妥协正在形成：47% 的美国成年人（以及许多教会领袖）说《圣经》是一本由上帝启示的真理之书，在字面上做科学判断是不正确的。此外，2009 年一项针对美国科学家的调查发现，其中一半的科学家相信上帝或更高层次力量的存在。因此，似乎许多人能够同时接受科学和宗教。这种中间立场之所以可能，是因为科学和宗教是对不同问题的不同理解方式。伽利略和达尔文都致力于研究自然界如何运转，然而只有宗教才能解释我们和自然界存在的原因。

科学和宗教之间的这一基本区别有助于解释为什么美国既是世界上最具科学性的也是最具宗教性的国家。正如一位科学家所指出的那样，120 亿年前的宇宙大爆炸创造了宇宙，并导致了我们所知的生命的形成，其数学概率甚至比中彩票超级大奖的概率还要低。这一科学事实是不是表明了在宇宙起源中存在一种有智慧、有目的的力量？难道一个人不能既是宗教信徒，同时又是科学研究者吗？

1992 年，一名梵蒂冈发言人宣称，教会对伽利略的压迫是错误的。今天，大多数科学和宗教领袖都同意科学和宗教各自代表了重要但又截然不同的真理。许多人还认为，在今天科学发展突飞猛进的情况下，我们的世界比任何时候都需要宗教提供道德的指引。

## 你怎么想？

1. 研究人员告诉我们，美国大多数科学家声称没有宗教信仰。你认为为什么大多数科学界人士似乎都拒绝宗教对人类诞生的解释？

2. 为什么一些宗教人士拒绝科学解释？

3. 你认为宗教和科学可以共存吗？请解释。

资料来源：Gould（1981），Huchingson（1994），Applebome（1996），Greeley（2008），Pew Research Center（2009），Smith et al.（2017）。

## 日常生活中的社会学

我们的社会有多宗教化？

与大多数其他高收入国家相比，美国的宗教信仰水平和宗教活动水平相对较高。美国自认是现代、世俗的社会，但正如本章所解释的那样，很多人都信仰宗教，至少三分之一的人如此。公民宗教在我们日常生活的许多方面也很突出。看下面这些图：你能指出每张图片中的公民宗教元素吗？

在感恩节这一天，大多数美国家庭都会团聚在一起共享大餐并且为他们的美好生活而感恩祈祷。在正式的感恩仪式中，有哪些宗教或准宗教的元素？

你了解 7 月 4 日（美国独立纪念日）吗？这个特殊的日子有哪些公民宗教的特征？

近几十年来，橄榄球的"超级碗"已成为一项重要的年度赛事，你能指出"超级碗"中的公民宗教元素吗？

**提示**　正如本章所解释的那样，公民宗教是把人们整合到世俗社会的准宗教虔诚。具有公民宗教特征的重要活动不是正式的宗教活动，但通常被定义为节日（holidays，一个源自 holy day[ 圣日 ] 的词）。在节日里，人们进行包含家庭成员、邻居、朋友的聚会，举行仪式活动，分享特别的食物和饮料。

# 从你的日常生活中发现社会学

1. 列出可能被视为公民宗教例子的其他事件、活动和娱乐方式。有没有发生在大学的事件或仪式？在每个事件中，解释你看到的宗教元素和这些事件或者活动影响社会成员的方式。
2. 你能解释从社会学角度研究宗教和持有个人宗教信仰之间的区别吗？
3. 访问"社会学焦点"博客，你可以在那里阅读年轻社会学学者的最新文章，他们将社会学视角应用于流行文化的话题。

## 取得进步

### 宗教：概念与理论

#### 20.1　将社会学的主要理论应用于宗教

宗教是一种重要的社会制度，建立在神圣与世俗的区分基础上。

宗教以信仰为基础，而不是以科学证据为基础，人们通过各种仪式表达自己的宗教信仰。

**宗教理论**

•结构功能论描述了人们如何通过宗教来彰显社会力量。涂尔干界定了宗教的三大社会功能：将人们团结起来促进社会整合；鼓励人们遵守文化规范，提升社会认同；提供生命的意义和目标。

•符号互动论解释了人们通过宗教赋予日常生活以神圣的意义；人们创造仪式，将神圣与世俗区分开来；彼得·伯格称当面对生活的不确定性和混乱时，人们倾向于寻求宗教的意义。

•社会冲突论强调了宗教对社会不平等的支持作用。卡尔·马克思认为，宗教能为现状辩护，转移人们对社会不平等的注意力。如此一来，宗教就阻碍了社会公正化、平等化的改革。

•女性主义理论强调了一个事实，即世界上的主要宗教传统都是父权制的，支持男性统治女性。一些主要宗教组织也禁止女性担任宗教领袖。

### 宗教与社会变革

#### 20.2　讨论宗教与社会变迁的关联

•与马克思的观点相左，韦伯认为宗教可以促进社会变革。他展示了加尔文主义如何"祛魅"，从而产生了世俗化的新教工作伦理，从而促成了工业资本主义的发展。

•解放神学融合了基督教原理和政治激进主义，试图促进社会变迁。

### 宗教组织的类型

#### 20.3　区分主流教会、小群宗派与异教团体

•主流教会是充分融入社会的宗教组织。他们正式培训和任命领导人，并具有高度正式化的礼拜形式。主流教会又分为两类：国教（如英格兰的圣公会和摩洛哥的伊斯兰教）和教派（比如基督教教派中的浸信会和路德教会，以及犹太教和伊斯兰教的各类教派）。

• 小群宗派是宗教分化的结果。他们持有刚性的宗教信念，以卡里斯玛型领袖，自发化、情感化的礼拜形式以及对更大社会的怀疑为特征。

• 异教团体是基于新的非传统信仰和实践的宗教组织。

## 历史上世界各地的宗教

### 20.4 对比全球的宗教模式

• 狩猎与采集社会信奉万物有灵论，即视自然世界中的万事万物为有意识的生命。

• 畜牧与园艺社会开始信奉一神论。

• 有组织的宗教在农业社会中越发重要。

• 在工业社会中，科学知识能解释世界如何运转，但人们还是通过宗教来了解关于世界为何存在的问题。

**世界性宗教**

• 基督教是传播最广的宗教，有 23 亿的追随者，几乎占世界人口的三分之一。基督教最初也是异教团体，是建立在拿撒勒的耶稣的个人魅力基础上的。基督徒相信耶稣是上帝之子，并遵循他的教导。

• 伊斯兰教约有 16 亿的追随者，穆斯林人数占世界人口的五分之一以上。穆斯林遵循真主启示给先知穆罕默德并写在伊斯兰教圣典《古兰经》中的话语。

• 犹太教有 1400 万信徒，主要分布在以色列和美国。犹太教的信仰建立在耶和华和他的选民之间所建立的约定之上，在《十诫》和《旧约》中有所体现。

• 印度教是世界上最古老的宗教，现在约有 9.5 亿信徒；印度教教徒将梵天看作一种普世的道德力量，而非特定的存在形式，并相信"法"（道德责任）和"业"（人类灵魂的精神过程）的准则。

• 佛教徒约有 4.95 亿人。佛教的教义与印度教有许多相似之处，但佛教是建立在真实的人——释迦牟尼之上的，他教导人们使用冥想来超越私欲，达到涅磐，即一种开悟和平静的状态。

• "儒教"在如今仍然与中国文化紧密相连。儒教教义为"仁"，意思是人们必须将道德准则置于个人私利之上。各种道德义务将整个社会团结起来。

## 美国的宗教

### 20.5 分析美国宗教信仰的模式

美国是一个信教人数多而且信仰多元化的国家。

• 58% 的女性和 49% 的男性称自己信仰宗教。

• 56% 的人表示坚信上帝。

• 58% 的成年人说他们每天至少祈祷一次。

• 31% 的人说他们每周或几乎每周都会参加一次宗教活动。

• 22% 的美国成年人（27% 的男性和 19% 的女性）没有宗教信仰。

• 在美国，虽然一些宗教归属的虔诚度（如主流教会成员）有所下降，但其他宗教组织的虔诚度（如宗派成员）有所增加。

• 宗教信仰与社会阶级、族裔和种族相关。

• 总体来讲，圣公会教徒、长老会教徒和犹太教教徒享有很高的地位；社会地位较低的是浸信会教徒、路德教会教徒其他小群宗派成员。

- 宗教往往与来自具有主要宗教信仰的国家的移民的族裔背景有关。
- 被贩奴船运到美国的大多数非洲人信奉基督教，但他们也将自己的非洲宗教元素与基督教相结合。
- 世俗化是指超自然力量和神圣性的重要性的历史性衰落。
- 公民宗教采取准宗教的爱国主义形式，将人们与社会联系起来。
- 精神寻求者是"新纪元"运动的一部分，其在传统宗教组织之外追求精神进步。
- 原教旨主义反对宗教与社会的融合，从字面上解释宗教文本，拒绝宗教多样性。

# 第五部分 社会变迁

## 第二十一章
# 教育

# 社会的力量

开启大学之门

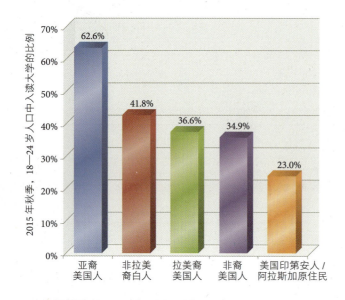

资料来源：U.S. Department of Education（2016）。

> 上大学仅仅反映了想要接受更多学校教育的个人愿望吗？研究者称，几乎所有的父母都希望自己的孩子上大学。但是，在美国 2015 年秋季，18—24 岁的白人群体中只有 42% 的人入读大学，而对于美国印第安人和阿拉斯加原住民来说，这个比例又会小很多（23%）。突出的是亚裔美国人（他们拥有更高的家庭收入和文化资本，这两种因素都鼓励学校教育），他们更有可能获得上大学的机会（63%）。总而言之，我们的社会组织方式为某些类别的人打开了通往高等教育的大门，而这扇门对另一部分人来说是紧闭的。

## 本章概览

**本章解释了教育这一主要社会制度的运行机制。**这一章，首先概述了全球的学校教育，然后重点介绍了美国的教育情况。

莉莎·艾迪逊在巴尔的摩长大，她的老师们都说她很聪明，应该去读大学。"我很喜欢听到老师们夸我，"她回忆道，"但我不知道该如何是好。我家里从来没有一个人上过大学，我不知道高中该学些什么，也不知道怎么样去申请一所大学。我拿什么来付学费？我的大学会是什么样的呢？"

带着气馁的情绪和对未来的不确定，艾迪逊发现她自己"在学校里混起了日子"。高中毕业后的 15 年里，她先是在一个餐馆当服务员，然后又在一个餐饮公司当炊事助手。而现今，在她 38 岁的时候，她决定重回学校。"我不想后半生还做这样的工作。我这么聪明，可以做得更好。这一刻，我已经做好了读大学的准备。"

艾迪逊实现了人生的重大转折，成为巴尔的摩社区大学的学生，并在咨询了职业顾问后确定了修读商学准学位（associate's degree）的目标。当她完成了两年的学习后，又计划转向一所四年制的大学，以获取学士学位。然后她希望重回餐饮服务行业——不过，是以高薪管理者的身份（Toppo & DeBarros，2005）。

高等教育几乎是所有美国年轻人美国梦的一部分，然而很多人都像莉莎·艾迪逊一样，在通往大学的路上面临着诸多困难。特别是那些低收入家庭的孩子，他们的父母大多没有受过大学教育，而他们读大学的机会也很渺茫。

在美国，读大学的是哪些人呢？高等教育使人们的工作和收入产生了哪些差别呢？本章通过关注**教育**（education）——社会向其成员提供重要知识（包括基本常识、工作技能、文化规范和价值）的社会制度——对这些问题进行了回答。在发达国家，例如美国，教育主要是通过**学校教育**（schooling），即由受过专业训练的教师提供的正式指导来实现的。

> **教育**　社会向其成员提供重要知识（包括基本常识、工作技能、文化规范和价值）的社会制度
>
> **学校教育**　由受过专业训练的教师提供的正式指导

# 教育：全球概观

## 21.1　比较高收入、中等收入、低收入社会的学校教育

在美国，年轻人希望他们18岁之前的大部分时间是在学校里度过的。但在一个世纪以前却并非如此，那时只有少数精英才有上学的特权。即便是今天，贫困国家的大多数年轻人只能接受有限几年的正规学校教育。

### 学校教育与经济发展

任何社会的学校教育水平都和其经济发展程度紧密关联。在人口占世界大多数的中低收入国家，一般都是由家庭和社区教给年轻人重要的知识和技能。正规的学校教育，尤其是那些和生计关系不大的教育，主要提供给那些不需要工作和追求个人充实的富家子弟。毕竟"学校"（school）一词在希腊语中的本义是"闲暇"。在古希腊，像柏拉图、苏格拉底、亚里士多德这些大师的学生都来自上流社会的贵族家庭，他们有着充裕的闲暇时间去追求学习的乐趣。同样，中国古代的著名哲学家孔夫子的学生也多是如此。

12月30日，秘鲁库斯科地区。在秘鲁安第斯山脉高地，孩子被家人送往当地的学校读书。但所谓的"当地"却意味着3英里甚至更远的地方，那里又没有公共汽车，于是这些几乎全部来自贫困家庭的孩子单程都要花上至少1个小时。学校教育是由法律规定的，但在农村高丘陵地区，一些家长宁愿让自己的孩子待在家里帮着耕地和饲养牲畜。

今天，国家学校教育是国家文化的反映。例如，伊朗的学校教育就与伊斯兰教密不可分。同样，在孟加拉国（亚洲）、津巴布韦（非洲）和尼加拉瓜（拉丁美洲），各国独特的文化传统形成了各自不同的教育模式。

在许多低收入国家，儿童入学和去工作的可能性差不多，并且女孩相较于男孩会接受更少的教育。但如今学校教育的大门向更多的女孩和女性敞开了。如图所示，这些年轻的女性正在摩加迪沙的索马里大学学习护理。

低收入国家在学校教育方面有一个共同点：教育资源的匮乏。在世界最贫穷的国家里（包括中非一些国家），约四分之一的儿童没有上过学（World Bank，2017）。而在全世界范围内，有四分之一的儿童没有上过高中，由此带来的后果便是七分之一的世界人口不具有读写技能。

### 印度的学校教育

印度目前已成为一个中等收入国家，但印度的人均收入仅有美国人均收入的 11%，并且多数贫困家庭还要依靠儿童来挣钱。尽管印度已经立法禁止雇佣童工，但许多儿童仍然在工厂里继续工作——编织毯子或制作手工艺品——每个星期的工作时间高达 60 小时，这在很大程度上限制了他们上学的机会。

今天，约有 96% 的印度儿童能够念完小学，他们的教室环境往往非常拥挤，一个班的老师可能要教授 30 个或者更多学生，而美国的公立学校每个班平均不会超过 15 个学生。在印度，92% 的学生能够继续读中学，但是只有 24% 的学生能够上大学。现在，约有四分之一的印度人不会读书和写字（UNESCO，2017；World Bank，2017）。

父权制也在印度的教育中打下了深刻的烙印。印度的父母非常希望能生男孩，因为儿子和他未来的妻子能够共同挣钱养家。但是养一个女孩却要花上一笔钱：父母需要筹备嫁妆（给男方家的彩礼），而且婚后女儿要为对方家庭挣钱。因此，许多印度人不愿意花钱让女孩上学，这就是读完中学的女孩比男孩要少的原因。那么，当男孩在上学时，这些女孩都在做什么？印度工厂里干活的儿童大多数都是女孩——这就是一个家庭在尽可能早的时候就从女儿身上获益的方式（UNESCO，2017）。

### 日本的学校教育

学校教育并非一直都是日本人生活中的一部分。义务教育是工业化浪潮在 1872 年的产物。在这之前，只有一小部分特权子弟才能上学。而今天，日本的教育体系因其培养出了一些世界顶级人才而赢得了广泛的赞誉。

初期教育主要致力于传播日本传统，特别是对于家庭的义务。从十几岁开始，学生们就要应付一系列难度高、竞争激烈的考试。就像美国的 SAT 一样，所有日本学生的未来都由他们的笔试分数决定。

日本高中毕业的学生比例（97%）比美国（89%）高。日本的年轻人面临着严格的入学考试，后者决定着通往大学之门能否向他们敞开，因而不难理解为何日本的学生和家长对待入学考试的态度如此认真。约有一半的学生都会参加补习班来复习备考，这意味着他们要学习到很晚来应付繁重的功课。这也是为何日本学生常常在课堂上打盹儿的一个原因——在老师眼里这是勤奋的标志（Steger，2006；U.S. Census Bureau，2016；OECD，2014，2017）。

日本的学校教育取得了令人瞩目的成果。在许多领域，特别是数学和科学方面，日本学生（科学世界排名第 2 位，数学世界排名第 4 位）的表现几乎优于来自其他任何一个高收入国家的学生，包括美国学生（科学排名第 24 位，数学排名第 39 位）（World Bank，2017）。

## 英国的学校教育

在中世纪的英国，上学读书是权贵阶层所享受的特权之一，学习的是一些传统科目，而不重视那些用以谋生的实际技能。但是，随着工业革命带来的对知识型劳动力的需求，以及工人阶级自身对接受教育的要求，受教育人口的比重越来越大。现在，英国法律规定，凡在 16 岁以下的儿童都必须接受学校教育。

传统的阶级分化仍然影响着英国的学校教育。大多数富裕家庭将他们的孩子送到所谓的"公立学校"（public schools），在美国人的概念中，这类学校其实是私立寄宿学校。这些精英学校招收了大约 7% 的英国学生，教授的科目不仅有学术类课程，还包括英国上流社会的言谈举止和社交礼仪等。由于这些学校的学费非常昂贵，大多数的英国学生还是选择了公立全日制学校（Department for Children, Schools, and Families，2016）。

英国曾试图通过扩大高校体系和采用入学考试录取新生的办法来弱化社会背景对学生就学的影响。对于成绩优异的学生，政府将替他们支付大部分的学费。但是，许多富裕家庭的孩子没有考出好分数，也一样能进入英国最著名的学府——牛津大学或剑桥大学，这两所学校堪与美国的耶鲁、哈佛以及普林斯顿大学相媲美。许多牛津和剑桥大学的毕业生后来都进入英国的权力精英阶层，并占据了上层位置。英国政府中大部分高级官员——包括前首相特雷莎·梅（Theresa May）——都拥有牛津或剑桥大学的学位。

以上对印度、日本及英国教育的比较说明，经济发展水平对学校教育有着关键性的影响。很多落后国家的儿童，尤其是女孩，得不到上学的机会而进入了工厂。而发达国家则通过颁布法律进行义务教育来为工业发展提供人力资源，并满足人们对更高的社会平等程度的要求。然而，教育也受到一个国家历史和文化的影响，就像我们所看到的日本学校中的激烈竞争、英国传统的社会阶级观念对学校的渗透，以及在下文将谈到的美国学校对实用主义的强调。

## 美国的学校教育

美国是最早设立大众教育目标的国家之一。早在 1850 年，全国 5—19 岁的青少年中就有一半人上了学。到了 1918 年，美国所有的州都通过了义务教育法，要求儿童上学至少上到 16 岁，或者读完八年级。表 21-1 显示了美国在 20 世纪 60 年代中期，拥有高中文凭的人首次在成年人中占据了多数，成为美国教育发展的一个里程碑。而在 2016 年，有 89.1% 的 25 岁以上的成人接受过高中教育，拥有四年制大学学历的则占了 33.4%（U.S. Census Bureau，2017）。

表 21-1　1910—2016 年美国的教育成果

| 年份 | 高中毕业率（%） | 大学毕业率（%） | 学龄中位数（年） |
|---|---|---|---|
| 1910 | 13.5 | 2.7 | 8.1 |
| 1920 | 16.4 | 3.3 | 8.2 |
| 1930 | 19.1 | 3.9 | 8.4 |
| 1940 | 24.1 | 4.6 | 8.6 |
| 1950 | 33.4 | 6.0 | 9.3 |
| 1960 | 41.1 | 7.7 | 10.5 |
| 1970 | 55.2 | 11.0 | 12.2 |
| 1980 | 68.7 | 17.0 | 12.5 |
| 1990 | 77.6 | 21.3 | 12.4 |
| 2000 | 84.1 | 25.6 | 12.7 |
| 2010 | 87.1 | 29.9 | 12.9 |
| 2016 | 89.1 | 33.4 | 13.0 |

注：本表以 25 岁及以上年龄人口为统计对象。高中毕业率的计算人数包含入读大学的人。高中辍学率可以通过（100%– 高中毕业率）来计算。
资料来源：U.S. Census Bureau（2017），World Bank（2017）。

取得大学文凭正成为越来越多的美国人生活中的一件大事。浏览一下关于学校教育功能的讨论，你认为哪些功能是大学生已经知道的？你能思考一下上大学带来的其他社会影响吗？

美国的教育体系是在高质量的生活水平（这意味着年轻人用不着去工作挣钱）和民主原则（其理念认为人人都应享有受教育的权利）的共同作用下形成的。托马斯·杰斐逊（Thomas Jeferson）认为只有当人民懂得读书时，这个新的国家才能实现民主。如今，美国人的受教育水平令世界瞩目，成年人当中有三分之一拥有大学学历，居世界第五（OECD，2016；DeSilver，2017）。

美国的学校教育还致力于提高社会平等水平。全美调查显示，大多数民众认为学校教育对于个人的成功举足轻重。因此，同样需要补充的是，一半的美国成年人也认为非裔美国人没有足够的机会接受良好的学校教育（Smith et al.，2017）。优质教育在美国社会的分配是非常不平等的。一般来说，入读一流学校的年轻人——从小学一直到大学——是那些来自最高收入家庭的孩子（Aisch et al.，2017）。

学校教育不仅为社会不平等所形塑，也会受到文化模式的影响。美国的教育重视实用性，即学习的知识有助于将来的工作。这一取向是与教育哲学家约翰·杜威（John Dewey，1859—1952）所说的进步主义教育（progressive education）相一致的，即倡导学校教育要贴近人民生活。同样，学生也会选择那些他们认为能够提升自身就业竞争力的专业来进行学习。比如，随着近年来与伊斯兰国家相关的国际事务变得日益重要，选择研究伊斯兰国家以及伊斯兰教的学生人数也在增加（Piela，2017）。

# 学校教育的功能

## 21.2　运用结构功能论分析学校教育

结构功能论关注的是学校教育对社会运行和社会稳定的支持作用。这里将简单介绍学校教育发挥作用的五种方式。

### 社会化

科技不发达的社会依靠家庭来传授技术和价值观，从而使生活方式代代相传。当社会出现了更复杂的技术后，他们就开始通过培训教师来发展和传授成年人工作所必需的专门知识。

在小学，儿童学习的是语言和基本的算术技能，中学则建立在此基础之上。对于很多学生来说，大学的学习将会进一步专业化。此外，所有的学校教育还会教授文化价值和规范。例如，公民学课程会在政治生活方式方面给学生以指导，一些仪式——比如向国旗敬礼——能够培养爱国主义精神。同样，像拼字比赛这样的活动能够发展竞争个性和公平意识。

### 文化创新

高等院校的教员创造文化，并且将其传播给学生。自然科学、社会科学、人文科学以及美术启发我们去发现生活、改变生活。例如，大学的医学研究有助于提高人类预期寿命，而社会学家和心理学家的研究能够帮助我们学会如何更好地享受生活以充分利用我们通过医学技术延长的生命。

## 社会整合

学校教育对多样化的人口具有塑造作用，使一个社会中的规范和价值观得以共享。这是美国在一个世纪前移民高峰期颁布义务教育法的原因之一。如今，由于许多城市的种族和族裔分化严重，学校教育仍在社会整合方面继续发挥着作用。

## 社会定位

学校发掘人才并且根据学生的智力情况而提供相应的教育。学校教育促进了社会的唯才制度，不管一个人的社会背景如何，其才能和努力都会获得回报，这就为其提供了一条向上流动的通道。

## 学校教育的潜功能

学校教育还具有一些未被广泛认识到的潜功能。它为数量日益增长的单亲和双职工家庭的子女提供了照顾。此外，它还为成千上万的年轻人提供了上学机会，从而免于过早地面对就业市场中的激烈竞争。高中和大学还将达到婚龄的年轻人聚集到一起，为他们提供了相互认识的机会。最后，学校生活中建立的人际网络还为今后的职业发展积累了重要资源。

### 评价

结构功能论强调了正规教育对现代社会运行的支持作用。但是，这一视角却忽略了一个事实，即老师和学生的课堂行为在不同情境下是有所区别的，而这正是下文将要讨论的符号互动论所关注的焦点。此外，结构功能论很少提及现行教育体系存在的问题，以及学校教育如何在每一代人中推动阶级结构的再生产，而这些则是我们在本章最后一节里将谈到的社会冲突论的主要视角。

**检查你的学习**　说明学校教育对现代社会运行的五种功能。

# 学校教育与社会互动

**21.3**　运用社会互动论分析学校教育

符号互动理论的基本观点是人们在日常交往中建构出社会现实。我们用这种方法来解释刻板印象怎样影响课堂行为的形成。

## 自我实现的预言

第六章（"日常生活中的社会互动"）谈到了托马斯定律，它认为现实是由于人们的定义而在后来成为现实的。换句话说，人们对他人特定行为的期望常常会促使他人采取这种行为。在这种互动中，人们建立了一个自证预言（self-fulilling prophecy）。

简・埃利奥特（Jane Elliott），艾奥瓦州赖斯维尔镇白人社区的一名小学老师，做了一个简单的实验来证实教室里自证预言的发生。追溯至 1968 年，当马丁・路德・金被刺杀时，埃利奥特正在教四年级。她的学生

你做学生时表现得怎么样？答案是，你自己和你的老师认为你如何，你的表现就会如何。电视剧《欢乐合唱团》（*Glee*）展现了一个善于激励人的老师如何帮助学生建立更强的自信心和取得更好成绩的故事。

感到很困惑，问她为什么一个国家英雄会被残忍地枪杀。埃利奥特就反问她的白人学生对有色人种的态度，她很惊讶地发现他们持有许多强烈和负面的刻板印象。

为了向学生说明这种偏见的危害，埃利奥特在教室做了一个实验。她发现班里几乎所有孩子的眼睛不是蓝色就是棕色。她告诉他们拥有棕色眼睛的孩子要比蓝色眼睛的孩子更加聪明和用功。为了方便对这些孩子进行区分，她在每一个学生的领子上都别了一些棕色或蓝色的布条。

谈到那个实验的结果，埃利奥特回忆了学生们的表现："他们很快就变成我所告诉他们的那样，变化简直快得惊人。"

埃利奥特说，在这之后不到半个小时，一个叫卡罗尔的蓝眼睛女孩就已经从一个"朝气蓬勃、开心无虑的小孩子变成了一个胆小犹豫的小大人"。可想而知，在后面的几个小时里，棕眼睛的孩子们变得活跃起来，比以前更加爱说爱动敢表现。这个预言实现了：因为棕色眼睛的孩子相信自己是优秀的，所以在课堂行为上表现出了这一点，并且会"骄蛮而无礼"地对待那些蓝眼睛的同学。而那些蓝眼睛的孩子则表现得大不如从前，开始变得像他们自己所相信的那样差。

那天晚上，埃利奥特找时间向大家解释了他们所经历的这件事。她将这个话题引申到种族方面，并指出如果白人儿童认为他们比黑人儿童优秀，他们在学校就会表现得比较好，就像许多受到这种偏见影响的有色人种儿童在学校表现欠佳一样。这些孩子们同时也认识到了正是社会向人们灌输了这些刻板印象，仇恨情绪由此而生，才引发了暴力冲突，从而使马丁·路德·金失去了生命（Kral，2005）。

## 评价

符号互动论解释了人们如何与他人在日常互动中建构现实。例如，当校方认定某些学生为"天才"时，可以想象，老师将会给他们以特殊待遇，而学生自己也会因为被贴上这一标签而表现得与众不同。假如学生和老师都相信一个种族在学习方面优越于他人，那么随之而来的就是自证预言的应验。

这种视角的局限在于只看到了个体建构的优劣观念，而忽视了这些观念还进一步促进了社会不平等体系，这就将我们的视角转向了社会冲突论。

**检查你的学习** 学校给学生贴上的标签如何影响他们的实际表现和他人的反应？

# 学校教育与社会不平等

## 21.4 运用社会冲突论分析学校教育

社会冲突论解释了学校教育如何导致并维持社会不平等。这种方法能够解释在讨论符号互动分析时提到的关于"好"学生与"坏"学生的刻板印象最早是怎样产生的。除此之外，社会冲突路向指出，人们所接受的学校教育与其所处的社区环境和社会地位密切相关，这对结构功能论认为学校教育能够发展每个人的才智和能力的看法提出了挑战（Wolfers，2015）。

## 社会控制

学校教育是控制并强化人们接受现有等级观念的一种途径。萨缪尔·鲍尔斯和赫伯特·金蒂斯（Bowles & Gintis，1976）声称19世纪晚期公共教育的兴起正好是与工厂主对遵纪听话的劳动力的需求同时到来的。曾经在学校里，移民不仅要学习英语，还要懂得听从命令的重要性。

## 标准化考试

这是一道以前被用来测量美国学龄儿童学习能力的题目：

画家和油画的关系就像 ＿＿＿＿＿ 和十四行诗的关系一样。
（a）司机（b）诗人（c）牧师（d）木匠

正确的答案是"（b）诗人"：画家创作一幅油画就像诗人创作一首十四行诗一样。这个问题被设计用来测试逻辑推理能力，但选出正确答案的同时还需要懂得每一个名词的含义。那些不知道十四行诗是西欧的一种诗体的学生就不大可能给出正确回答。

标准化考试的命题机构声称这种不公平现象几乎不存在了，因为他们仔细研究过答题形式，并排除了任何包含种族或伦理偏见的题目。但批评者坚持认为，一些基于阶级、种族或伦理的偏见将会一直存在于正式考试之中。因为这些题目总是会反映出我们社会的主流文化，少数群体的学生会因此而陷于不利地位（Crouse & Trusheim，1988；Vlahakis，2016）。

## 学校分流

尽管关于标准化考试的争议不断，美国的大多数学校还是将它们用于进行教育**分流**（tracking）——分派学生到不同类型的教育计划中，例如大学预科、普通教育以及职业技术培训等。

教育分流的初衷是帮助老师迎合每一个学生的个人需要和自身能力。然而，教育批评家乔纳森·考泽尔（Kozol，1992）却将之视为学校系统中"残酷的不平等"（savage inequalities）的一个例证。大多数拥有特权背景的学生都能在标准化考试中取得好成绩并进入更高的学习阶段，接受最好的学校教育。而背景不好的学生在这些考试中的表现则普遍较差，因此只能接受强调记忆而非创造性的低层次教育。

出于这些考虑，全美的学校在安排教育分流时格外谨慎，并且给予学生转换的机会，一些学校甚至已经完全取消了分流制度。分流有利于发掘学生的不同能力并为他们匹配相应的指导，但僵化的分流会对学生的学习和自我观念产生强烈的影响。接受高层次教育的年轻人会认为自己聪明能干，而接受低层次教育的学生进取心和自尊心都比较弱（Bowles & Gintis，1976；Kilgore，1991；Gamoran，1992；Kozol，1992）。

## 学校间的不平等

正如学生会被学校区别对待一样，学校间也有着一些重要的差异。最大的区别就存在于公立学校与私立学校之间。

**公立学校与私立学校** 全美5550万小学生和中学生中约有91%在州立学校读书，其他的学生（约有500万）

社会学研究已经证明了这样一个事实：来自贫困社区的孩子上学时的典型环境就像左图那样，班级人数众多并且预算微薄，无法提供拥有高技术含量或是其他类型的指导材料；而来自富裕社区的孩子的教室则像右图那样，是小班教学，并且应用了先进的教学仪器。

则进入私立学校。大约 36% 私立学校的学生在 6500 多所教区学校（parochial，源自拉丁语，意为"教区所属的"）中读书，它们是由罗马天主教堂所开办的。由于城市移民的大量涌入，天主教学校在一个世纪前得到了迅速的发展，帮助这些移民在一个全新的并且被新教覆盖的社会保持他们的宗教传统。今天，在城市内的白人迁徙浪潮过去几十年之后，许多教区学校也开始招收非天主教徒，包括那些数量日益增长的非裔美籍儿童，他们的家庭不希望让孩子去附近的公立学校读书。

还有 38% 的私立学校学生在 16000 多所非天主教学校中就读。许多与新教教派相关的私立学校常被称为基督教学院，这些学校在那些希望子女既得到宗教指导又能受到较好学科训练的家长中受到了欢迎。

剩余 26% 的学生在约 10500 所非宗教性私立学校中就读。其中的多数年轻人都来自富裕家庭，他们就读于声誉好、学费高的预科学校，这些学校模仿英国的寄宿学校，不仅开设高质量的学术课程，同时向学生传授上流社会的价值理念和生活方式。许多大学预科生终身维持着上学期间建立的关系网络，这为他们提供了极大的社会优势。

私立学校是不是比公立学校更好呢？研究证明，在控制家庭社会背景的情况下，私立学校的学生在一些标准化学业测量中的表现往往优于公立学校的学生。私立学校的优势包括小规模的班级、严格的学习制度以及高质量的学科设置（Coleman & Hofer，1987；Peterson & Llaudet，2006）。

**公立学校间的不平等**　即便是公立学校，各自的情况也未必相同。富裕地区和贫困地区在资金投入上的差异导致了资源的不均衡。这就意味着，富裕地区的儿童相比落后地区的儿童来说能接受到更好的教育。资源差异的一个重要体现在于，各州教师一年平均工资的差距最高达到了 37000 美元。

地方财政对教育支持的差异也是引人注目的。在美国最富有的郊区之一，弗吉尼亚州的阿灵顿，当地财政对学生的资助为每人每年 18000 美元以上，而在贫穷地区如爱达华州的楠帕则仅有 5500 美元，并且这种差距在近年来被拉得更大（U.S. Department of Education，2016）。"思考多样性"专栏中显示了学校资金差异对于学生日常生活的影响。

由于学校一般由地方的财政税收支持，因此富裕地区能够比落后地区提供更好的学校教育。最近一份关于纽约市学生学业表现的分析显示，最富裕的社区的六年级学生比最贫穷的社区的同年级学生在学业水平上高出四个等级（Rich，Cox & Bloch，2016）。

这种财政支持上的差异还会使白人相比少数族裔人口受益更多。正因为此，一些街区还制定了输送学生的政策，以此来维护种族之间的平衡，以及学校间的机会公平。尽管只有 5% 的学生被送往其他地区上学，这项政策依然备受争议。支持者提出，在存在种族隔离的事实前提下，来自富裕地区的白人学生来到经济落后的、以少数群体为主的地方上学，则是使政府给予这个地方的学校以充足的财政拨款的唯一办法。而批评者的态度则是，输送学生上学代价高昂，并且会对邻近学校的形象造成损害。尽管如此，几乎得到各方共识的一点是：在多数城市地区存在种族偏见的情况下，城区与郊区间必须建立起一个有效的输送方案——但这从政治上来说目前还无法实现。自 20 世纪 90 年代以后，通过输送学生来实现学校间种族平衡的做法有了显著的减少。尽管在 1970 年至 1990 年美国公立学校的种族隔离有所削弱，但那以后并未出现更多的改变（Logan，Oakley & Stowell，2008；Cornish，2016）。

不过，其他旨在消除教育不平等的政策相继出台，其中一项是向全州各地方提供相等的资金支持。这是佛蒙特州所采取的做法，该州通过了一项法案，规定向各地区分配的税金必须保持均等。

然而，并非所有人都认为资金是学校教育质量的关键。例如，俄亥俄州的克里夫兰每年为每个公立学校的学生花费 14000 美元（比全美平均值高出 40%），但其中只有 64% 的学生能顺利毕业。新泽西州的纽瓦克每年在每个学生身上的投入是全美平均值的 2.5 倍，但仅有 70% 的学生能够顺利毕业（Will，2011；U.S. Department of Education，2016）。

除了资金以外还有什么其他原因？由詹姆斯·科尔曼（Coleman，1966）带领的研究组完成的经典报告证实，以少数群体为主的学校通常面临班级规模过大、图书馆紧张、科学实验室不足的问题。但科尔曼的报告也提醒人们，增加资金本身并不具有提升教育水平的神奇魔力，更重要的是老师、家长和学生自身的努力和热情。换句话说，即使给各个学校划拨的资金完全相等（如佛蒙特州），拥有更多文化资本的学生——他们的父母重视学校教育，教他们读书，并鼓励孩子发展想象力——依然会表现得更加优秀。简而言之，我们不能指望仅靠学校本身就能使美国社会突出的不平等问题得到解决（Israel，Beaulieu & Hartless，2001；Ornstein，2010）。

进一步的研究证实了家庭环境对于孩子在学校的表现具有重要影响。一个研究小组调查了学龄儿童在阅读和算术方面的学习速度（Downey，von Hippel & Broh，2004）。由于美国儿童的上学时间是每周 5 天，每天 6—7 个小时，夏季还要放假，因此研究者们估算，孩子在学校的时间只占了除去睡觉以外时间的 13%。在学校里，家境好的学生一般要比家境差的学生学得快一些，而暑假在家的时间里，他们学习效果的差距则更加明显。因此，研究者得出了这样的结论：除了学校以外，家庭和邻里环境的差别是影响儿童学习更为重要的因素。换句话说，学校减小了一些由家庭资源不平等所形成的学习差距，但是并不能创造一个使富人和穷人的孩子公平竞争的环境，尽管我们认为学校本可以做到（Wolfer，2015）。

尽管存在挑战，但一些政策确实起到了作用。早期儿童教育计划已被证明有助于防止低收入社区的学生在学业上落后于那些家庭经济更优越的儿童。此外，非常关键的一点是，招收贫困家庭儿童的学校必须能够提供足够高的薪资，以吸引最优秀的教师（Yadoo，2016）。

## 通向高等教育之路

学校教育是获得一项好工作的主要途径。但是在美国的高中毕业生中，只有 69% 的人能够在毕业当年就继续接受高等教育。在 18—24 岁的年轻人中，接受了大学教育的人占 41%（U.S. Department of Education，2016）。

影响美国年轻人接受高等教育的一个重要因素是家庭收入。大学教育是昂贵的：美国最贵的 50 所高等院校每年的学费都超过 65000 美元。即便是州立大学或学院，每年的平均学费也超过了 10000 美元——对于大多

# 思考性：种族、阶级与性别

### 美国的学校教育：残酷的不平等

　　"261公学？沿杰罗姆大街向下走找到殡仪馆就是了。"乔纳森·科佐尔停了车朝261公学走去，他将要进行为期一天的纽约市学校考察。找到261公学并不容易，因为这所学校没有任何标志。事实上，这里从前是一个滚轴溜冰场，现在也丝毫看不出一点学校的样子。

　　校长解释说，这里是北布朗克斯的少数群体居住区，所以261公学90%的学生都是非裔和拉美裔。严格来说，这个学校只能有900名学生，但实际上他们却招收了1300人。按规定每个班级不能超过32人，但是科佐尔发现有时一个班甚至达到40人。整个学校只有一个小自助餐厅，因此学生只能分三批轮流就餐。午餐过后，孩子也没有可以玩的地方，只能在他们的用餐位置上动来动去，直到被召回教室。全校只有一间教室有一扇窗户可以看到外面。

　　那天快结束的时候，科佐尔跟一个老师谈到了学校的过度拥挤和条件落后的问题。这名老师总结了一下她的想法："去年我住的房间很差，冬天约13摄氏度，而夏天则升到了32摄氏度。"

　　"学生对校舍有什么意见吗？"科佐尔问。

　　"他们没说，"她回答道，"但是他们心里清楚。这些孩子都看电视，知道郊区的学校是什么样的，他们还会在学校里到处观察。尽管没有作什么评价，但透过他们的眼睛你能发现，他们是懂得这些的。"

　　几个月后，科佐尔参观了坐落于纽约富裕的里弗代尔街区的第24公学。学校建在路的背面，隔着一块种植着木兰和山茱萸的草坪。学校一边是提供给较小的孩子玩耍的操场，后面是开放给大孩子用的运动场。因为这里的学校声名卓著，很多人都愿意花高价在里弗代尔买房子。这所学校共有825名学生，大部分是白人，少数是亚裔、拉美裔或非裔儿童。学校还在进行进一步的修缮，它有一个大图书馆，甚至还有一个天文馆，并且所有教室的窗户都挂着色彩明丽的窗帘。

　　科佐尔来到一个优等班，问学生在做什么。一个小女孩自信地回答道："我叫劳丽，我们正在解决一个问题。"一个高高的、脾气温和的男生接着说："我叫大卫。我们要做的事就是进行逻辑思考，因为我们发现许多问题的好答案不止一个。"科佐尔问他们，这样的推理能力是天生的还是学来的。苏珊带着阳光般的微笑回答道："许多事情从我们入学那一刻就开始了。我们学了很多其他人不知道，也学不到的东西，因为老师只把这些教给我们。"

　　科佐尔的研究是在25年前完成的，但是他对学校教育不平等的描述在今天仍然具有重要的意义。原因很简单，因为这些问题现在仍与我们息息相关。

#### 你怎么想？

1. 这种学校与学校之间的差别在你所在的城镇中存在吗？请解释。
2. 你觉得为什么公众对学校教育的不平等关注很少？
3. 我们的社会需要做出哪些改变来消除学校教育的不平等？

资料来源：Kozol（1992：85-88，92-96）。

数的工薪家庭来说，这是笔不小的数目——而许多大学甚至收费更高（Chronicle of Higher Education，2016；College Board，2017）。这就意味着读大学在那些经济条件较好的家庭中更为普遍。在美国，至少有一个孩子进入大学的家庭有650万，而这些家庭中有50%年收入不低于75000美元（差不多是最富有的30%的家庭，属于上层中产阶级和上层阶级）；42%家庭的年收入为20000—75000美元（中产阶级和工人阶级），只有8%的家庭年收入低于20000美元（下层阶级，包括贫困家庭）（U.S. Census Bureau，2016）。

　　经济上的差异扩大了白人和少数群体在高等教育水平上的差异。如图21-1所示，非裔美国人从高中毕业的概率小于非拉美裔白人，而他们完成四年制或以上大学教育的概率则更低。拉美裔美国人——其中许多人以西班牙语为母语——的高中毕业率更低，同样，他们和白人在大学教育上的差异也就更大了。在当今社会，学校教育是社会流动的重要途径，但是学校教育的承诺并没有克服在美国社会业已存在的种族不平等。

大学教育能够带来许多回报，包括更好的收入。在过去 40 年里，经济的发展使得信息处理在工作中变得越来越重要，因此，高中毕业生和四年制大学毕业生的工资差距扩大了一倍多。事实上，在今天，一个大学学位能够给一个人的终身收入增加 100 万美元。简单来说，高等教育是一项很好的投资。

更具体的资料如表 21-2 所示。2015 年，高中毕业男性的平均收入为 41569 美元，而大学毕业的男性为 71385 美元。括号中的比例表明，获得学士学位男性的年收入是八年级或以下学历男性的 2.6 倍。总体来看，女性的收入低于男性，尽管和男性一样，受教育时间的增加也会提高女性的工资，但是其增幅相对较小。要注意的是，无论对于男性或女性而言，收入的增加都和家庭背景有或多或少的关系，因为受教育水平最高的人往往是以较好的家庭境况为起点的。

## 多样化快照

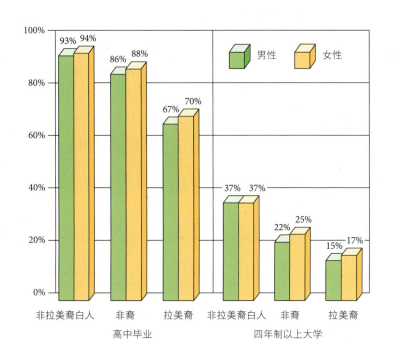

图 21-1 2016 年 25 岁及以上不同类别人口的教育成就
美国社会提供给少数群体的教育仍然不足。
资料来源：U.S. Census Bureau（2017）。

表 21-2 2015 年分性别和教育程度的人群收入中位数

| 教育程度 | 男性（美元） | 女性（美元） |
| --- | --- | --- |
| 专业学位 | 131189（4.8） | 82473（3.9） |
| 博士 | 102335（3.8） | 82305（3.9） |
| 硕士 | 86738（3.2） | 62379（3.0） |
| 本科 | 71385（2.6） | 51681（2.5） |
| 1—3 年大学 | 49672（1.8） | 36143（1.7） |
| 4 年高中 | 41569（1.5） | 31249（1.5） |
| 9—11 年学龄 | 32143（1.2） | 22670（1.1） |
| 0—8 年学龄 | 27155（1.0） | 21054（1.0） |

注：此为 25 岁以上全职工作者的统计。括号里的值为该类受教育人群的收入与最低收入的比值。
资料来源：U.S. Census Bureau（2016）。

## 更多机会——高等教育的扩张

美国以其 2000 万的大学生数量，成为世界高等教育的引领者。同时，美国也具有世界上最大的留学生队伍，在 2017 年，美国有将近 840000 名非本国学生。

取得这一成就的原因之一是，美国有 4147 所大学，包括 2584 所四年制大学（授予毕业生学士学位）及 1563 所两年制大学（授予准学士学位）。尽管有些两年制大学是私立的，但是大多数是获得政府资金支持的社区大学，主要为当地（一般为一个城市或郡县）的居民服务，收费很低（U.S. Department of Education, 2016）。

由于高等教育是获得好工作和较高报酬的关键途径，因此政府会对某些人群提供大学学费资助。第二次世界大战后，《退伍军人法案》向退伍老兵提供了大学基金，使得几万人获得了接受高等教育的机会。军队的某些机构也会继续为士兵提供大学学费。另外，政府还为士兵提供了大量的资助和奖学金。

近年来，各州关于通过立法为美国居民减免学费来扩大高等教育机会的讨论日益增多。正如本章开头所述，俄勒冈州、田纳西州和纽约州都已实施此类计划。在未来几年，预计还有更多的州会效仿这一做法（Sanburn, 2017）。

## 社区大学

从 20 世纪 60 年代开始，由州政府提供财政支持的社区大学进一步拓展了民众接受高等教育的机会。根据国家教育统计中心（National Center for Education Statistics, 2017）的资料，全国 1563 所两年制大学吸纳了全部大学在读学生的三分之一。

社区大学有一系列特定的优势。第一，相对低廉的学费使几百万负担不起大学学费的家庭也有机会学习大学课程和获得学位。目前，社区大学中有很多学生是他们家庭中的第一个大学生。尤其是在经济衰退的时期，社区大学的低学费就显得尤为重要。当经济衰退时，大学尤其是社区大学的入学率则高涨。

第二，社区大学对于少数群体有特别重要的意义。目前，有 35% 的非裔美籍大学生和 47% 的拉美裔大学生在社区大学读书。

第三，尽管社区大学主要为本地居民服务，但是它们也吸引了来自世界各地的留学生。许多社区大学都在海外招生，约有 11% 的在美留学生在社区大学学习（U.S. Department of Education, 2016）。

第四，在大规模的大学中，教员的首要任务是科研，但是对社区大学来说，教员最重要的工作是教学。因此，尽管教学任务很重（每学期通常有四五门课），社区大学对那些以教书为乐的教员仍颇具吸引力。和规模较大的大学相比，社区大学的学生能够得到教员更多的关注（Jacobson, 2003）。最后，社区大学教授的是无数人赖以谋求理想工作的知识和技能。

## 特权和个人价值

根据社会冲突论的分析，如果上大学对富裕家庭的孩子来说是一种仪式行为，那么学校教育就将社会特权转化为了个人价值。但是由于我们的文化强调个人主义，人们倾向于将文凭看作个人能力的标志而不是家庭背景的象征（Sennett & Cobb, 1973）。

当我们祝贺毕业生获得学位时，很少意识到实现这一成就所需的资源——经济和文化资本。来自年收入超过 200000 美元的家庭的年轻人在 SAT 考试中的成绩比那些家庭年收入低于 20000 美元的人平均高出近 400 分（College Board, 2016）。富裕家庭的孩子更容易进入大学，也更容易完成学业获得学位。在如今的文凭社会——

以受教育程度作为评判人的标准——企业愿意雇用学历最高的应聘者。最终这一社会机制使得那些原本就处于优势地位的学生受益更多，而对那些本就处于劣势的学生更为不利（Collins，1979）。

## 评价

社会冲突论将正规教育和社会不平等联系起来，解释了学校教育怎样把社会特权转化为个人价值，把不利的社会地位转化为个人缺陷。不过，社会冲突论忽视了获得学位也在一定程度上反映了个人的努力，以及教育也为不同背景的青年才俊提供向上流动的机会。另外，尽管有观点认为学校维持了社会不平等的现状，但是当今的学校教育已经在很多方面对社会不平等的状况提出了挑战。

**检查你的学习**　解释教育与社会不平等发生联系的几种方式。

"应用理论"表总结了每种理论路向关于教育的观点。

**应用理论**

教育

|  | 结构功能论 | 符号互动论 | 社会冲突论 |
|---|---|---|---|
| **分析层次** | 宏观层次 | 微观层次 | 宏观层次 |
| **教育对社会的重要性** | 学校教育对社会运行有极为重要的作用，包括使年轻人社会化，鼓励发现和创新以改善我们的生活。学校通过传授共同的规范和价值使多样化的社会得到统一。 | 教师对学生的看法，以及学生对自我的认识，会得以实现并影响学生的学习表现。 | 不平等的学校教育维持了穷人和富人之间的社会不平等。在私立学校，教育分流给予了家境好的孩子相较于贫困家庭子女来说更好的教育。 |

# 学校面临的问题

21.5　讨论当今学校面临的辍学、暴力和其他问题

美国正在爆发一场围绕学校教育质量的大辩论。大概由于我们对学校寄予了太多期望——教学、推动机会均等化、灌输纪律观念、激发想象力等——人们以是否认为公立学校承担了其应有的角色为根据，分成了不同的阵营。尽管半数成年人给所在社区的学校打分为 A 或 B，但还有一半打的是 C、D 甚或是 F（PDK/Gallup Poll，2016）。

## 纪律和暴力

当许多老教师回忆当年的学生时代时，"学校问题"还只是上课插嘴、吃口香糖、穿奇装异服、逃学旷课等。今天，学校里出现了更为严重的吸毒、酗酒、早孕和暴力等问题。尽管几乎所有人都认同学校应当教学生自律，但很多人认为这项工作远未完成。

学校本身并不制造暴力，很多情况下，暴力是从社会渗透入学校的。近年来的数起校园枪击案唤醒了人们，许多学校所在的社区对此采取了零容忍政策，对那些有严重的不端行为或在校园内携带武器的学生实行中止

学业或开除学籍的措施。

这些严重的校园枪击案——包括致 33 人死亡的 2007 年弗吉尼亚理工大学血案、2010 年得克萨斯大学奥斯汀分校一名学生闯入图书馆用 AK-47 冲锋枪自杀的案件、2012 年加州奥伊科斯大学致 6 名学生和 1 名职员死亡的枪击案，以及康涅狄格州纽敦市桑迪胡克小学 20 名一年级学生和 6 名成人的死亡事件——震惊了全国上下。这些惨案的发生也向我们提出了一个严肃的问题，即平衡学生的隐私权（典型的表现是法律禁止学校向家长通报学生的分数或心理健康状况）与确保校园安全的问题。以弗吉尼亚理工大学一案为例，假如学校能够及早将那个年轻人心理问题反映给警察和他的家庭并引起他们的关注，那么这一悲剧就可以避免（Gibbs，2007；Shedden，2008）。

## 学生的消极性

如果说一些学校为暴力问题所困扰，那么在更多学校的学生则是感到厌倦无聊。造成学生消极性的一部分原因可以归结为从电视机到 iPod 等各种电子产品相比学校、父母和社区活动来说消耗了学生更多的时间。但是，学校也有责任，因为这种教育体系本身助长了学生的消极情绪（Coleman，Hofer & Kilgore，1981）。

**科层制**　那些一个世纪前为无数地方社区服务的小规模私人学校如今已经演化为了庞大的教育工厂。西奥多·赛泽（Sizer，1984：207-9）在一项对美国高中的研究中，列举了官僚主义侵蚀学校教育的五种方式：

1. 一刀切。科层体制下的学校是由外部专家（例如州教育官员）经营的，往往忽视了社区的文化特性和学生的特殊需求。

2. 量化评定。校方将成功定义为入学率、辍学率、应试教育等数字化指标，以期来提高学生的考试成绩。在这一过程中，他们忽视了那些学校教育中难以量化的东西，例如创造性和热情等。

3. 硬性期望。学校管理者总是希望 15 岁的学生都在针对十年级、十一年级的学生在标准化阅读测试中达到特定的水平。那些格外聪颖和积极的学生几乎没有提前毕业的机会，而成绩不好的学生也被迫跟上升学的进度，也意味着一年接一年的失败。

4. 教学专门化。中学的学生往往跟一个老师学西班牙语，从另一个老师那里获得指导，又在别的老师那里学习体育技能。学生们每天在各个 50 分钟的课堂间奔波，结果是，没有一个学校工作人员对学生有较深的了解。

5. 个体责任缺失。高度科层化体制下的学校没有赋予学生自主学习的权利。同样，教师对于在课堂上教什么、如何教也没有发言权，学习节奏的任何变化都会影响整个系统的运行。

当然，全美国有 5600 万在校学生，学校必须通过实行科层制才能保障工作的正常进行。但是赛泽建议我们可以通过一些措施来使学校教育更加人性化：减少硬性规定、缩小班级规模、更广泛地培训教师、使他们更多参与学生的生活。就像詹姆斯·科尔曼（Coleman，1993）建议的那样，学校不应当是行政导向的，而应该是产出导向的。实现这一转变，或许应从根据中学生学了多少知识而不是花了多少时间来决定其毕业与否这一步开始。

**大学：沉默的教室**　在大学生中，消极被动的情况也很普遍。社会学家很少研究大学的教室——这是个奇怪的现象，如果考虑到学生在教室里所花费的时间。有一个例外是戴维·卡普和威廉·约尔斯（Karp & Yoels，1976）对于男女同校制大学的研究，他们发现即使在小班，也只有少数同学发言。看来，消极沉闷是教室的常态，如果有一个学生特别健谈，甚至会令其他的同学感到不快。

卡普和约尔斯认为，大多数学生认为课堂消极气氛的责任在他们自身。但是任何对这些年轻人在课外的表现有所观察的人都知道，他们通常都非常活跃和能言善辩。因此，很显然是学校的问题造成学生的消极性，使他们视老师如同"知识"和"真理"的代言人。多数大学生认识不到课堂讨论的价值，认为安静聆听和记笔记才是自己的任务。因此，研究者估计，大学课堂上只有 10% 的时间用在了讨论上面。

教员可以通过以下四种方式使学生融入课堂：（1）对积极主动的学生，点名请他们发言；（2）鼓励学生积极参与；（3）提出分析性而不是事实性的问题，并留给学生时间回答；（4）即使学生不愿主动回应，也要去询问学生的观点（Auster & MacRone，1994）。

## 辍学

有很多学生在课堂上表现消极，而还有一些学生则根本不在学校。辍学问题——尚未取得高中文凭便停止学业——使得这些年轻人（他们中的大多数在一开始就处于劣势）缺乏踏入职场的准备，并且面临很高的贫困风险。

对于所有美国人来说，辍学意味着获得好工作和稳定收入的机会大大降低。为什么辍学率在拉美裔学生中特别高呢？

例如，在全部接受福利援助的人当中辍学者占了 39%，在监狱服刑人员中辍学者则占了约 70%（Davis et al.，2013；U.S. Department of Health and Human Services，2016）。

好消息是 16—24 岁的学生高中时期的辍学率从 20 世纪 60 年代晚期的 16% 降到 2015 年的 5.9%（共计 230 万年轻人）。辍学率最低的是非拉美裔白人（4.6%），非拉美裔黑人略高一些（6.5%），拉美裔辍学率最高（9.2%）（U.S. Department of Education，2016）。

一些学生因为英语的原因辍学，有些是因为怀孕，有些是因为必须工作以补贴家用。家庭经济状况处于最低的 25% 之列的孩子的辍学率比那些高收入家庭的孩子要高出 4 倍多（U.S. Department of Education，2016）。这些数据表明，许多辍学学生的父母也没有受过很好的教育，揭示了社会劣势的代际传递。

## 学术标准

教育质量可以说是当今社会所面临的最重要的教育议题了。在《危机中的国家》（*A Nation at Risk*）——由国家优质教育委员会（National Commission on Excellence in Education，NCEE）于 1983 年所发布的关于美国学校教育质量的综合研究报告——的开头就提出了这样的警示：

如果一个敌对外国势力试图将现今存在的这种平庸教育强加于美国，我们便可将其视作是一种战争行为。而依照现在的情况来看，我们正在任凭这一切发生。（1983：5）

作为对这一结论的支持，这篇报告指出："接近 40% 的 17 岁少年不能够对书面材料进行推论；只有五分之一的人能写一篇说理性文章；三分之一的人能解出需要多步运算的数学题"（NCEE，1983：9）。近期的研究表明，情况并未有明显改变：在高年级的高中生中，一半人不具备完成大学学业所需的阅读和数学能力（Rich，2015）。

从具体数字来看，情况也很令人不安。SAT 的成绩有所下降。1967 年，数学成绩的平均值为 516，阅读成绩的平均值为 543；而 2016 年，数学成绩降到了 508，阅读成绩则下滑到 494。从全国范围来看，28% 的高三学生不具备阅读的基本能力，38% 没有达到基本的数学水平，40% 缺乏基本的科学知识（College Board，2016；U.S. Department of Education，2016）。

对这个国家的很多人来说，甚至连最基本的读写能力都成问题。**功能性文盲**（functional illiteracy），指的是缺乏日常生活所必需的读写技能，是美国三分之一的儿童所面临的问题。在年龄较大的人群中，全国约有 3500 万成年人（占总人口的 17%）不具备基本的读写能力（U.S. Department of Education，2016）。《危机中的国家》建议进行深刻的改革。首先，号召学校要求所有学生完成若干年的英语、数学、社会研究、科学常识以及计算机等课程；其次，在学生达到成绩标准之前，学校不应允许他们升学；最后，加强教师培训，提高教师薪水以吸引更多人才。报告总结道，学校必须满足公众的期望，而市民们要准备好为学校的优质工作埋单。

自从报告发表以来都有了哪些变化呢？在某些方面，学校有所进步。2012 年，国家教育统计中心的一份报告对过去二十年进行了回顾，显示越来越多的学生修读科学和数学课程，辍学率有所下降，学校开设了更多富有挑战性的课程，更少比例的高中生去打工挣钱，更大比例的中学毕业生进入了大学。但与此同时，证据表明大多数小学生的阅读水平降到了标准之下，有些甚至根本就没有阅读能力。简而言之，成绩是明显的，尚未完成的任务也是艰巨的。

美国的学校教育支出几乎是世界各国最多的——比日本和欧洲高出一半。尽管如此，最近一份政府报告对 65 个国家的 15 岁儿童的学习成绩进行了比较，发现美国学生在科学方面排在第 24 位，数学方面排在第 39 位。这些数据令人担心美国在科学方面正在失去对其他国家的引领地位，包括中国、印度以及韩国（OECD，2016；World Bank，2017）。

哪些政策看起来在提高学业表现方面产生了最好的效果？最近对世界各国教育政策和成果的研究表明，那些致力于招聘最好的教师，优先照顾贫困学生，建立高水平、一致性的课堂标准，强调创造性和想象力而非简单教授基本事实的国家得到了最高的平均分（Sealy，2015；Ripley，2016）。

学业表现所反映的不仅仅是教育政策。文化价值对学生在学校的努力程度也有很大的影响。例如，美国学生总的来说没有日本学生学习积极，作业量也比较少。日本学生每年的在校时间比美国学生多 22 天。也许提高学校教育水平的一个简单办法就是延长学生的在校时间（TIMMS and PIRLS International Study Center，2016）。

## 分数膨胀

学术标准取决于采用内容明确的成绩评判，并且授予分数的前提是所做的功课合乎相应的质量要求。然而最近几十年却出现了相当多的"分数膨胀"现象，即一般水平的表现总能得到较高的分数。尽管不是所有学校都出现这一问题，但该趋势在全国的高中和大学都比较明显。

一项对于高中学生分数的研究揭示了 1968 年和 2015 年之间学生成绩分布情况的显著变化。如图 21-2 所示，1968 年时，新入学大学生的高中在校成绩得 C+ 及以下的比例高于得 A–、A 和 A+ 的比例。然而到了 2015 年，得 A 的学生大大超过了得 C+ 及以下的学生数量，这一比例超过了 21∶1（Eagan.，2016）。

一些大学采取了限制 A 等成绩比例（一般所有成绩中的三分之一为 A 等）的措施，但是没有证据表明分数膨胀的势头会迅速减缓。结果是，C 等成绩（原来的意思是"中等"）几乎消失了，所有学生的成绩都是"中

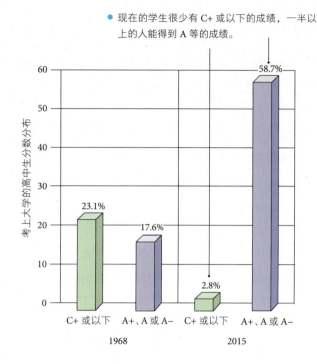

● 现在的学生很少有 C+ 或以下的成绩，一半以上的人能得到 A 等的成绩。

图 21-2　美国高中的分数膨胀
近年来，教师给学生们的分数越来越高。
资料来源：Eagan et al.（2016）。

等以上"。

　　是什么造成了分数膨胀？研究指出了一些原因。第一，近几十年来，人文和社会科学领域的学生数量增加了，而这些学科领域的成绩历来高于科学和工程领域。第二，有一小部分的增长是因为校园中女性学生的数量增加了，而女性在学业上的表现一向优于男性。第三，很可能是现在的教师更加重视学生的士气和自信心，可能包括他们自己的受欢迎程度。在任何情况下，许多教师都不会再像从前那样"强硬"。第四，升读大学和研究生的竞争越来越激烈，这也给高中和大学的教室造成了很大的压力，迫使他们给学生打高分（Astin，et al.，2002；Trilling，2017）。

# 当前美国教育的议题

### 21.6　总结关于美国学校表现的不同观点

　　在我们当前的社会中，学校不断面临着新的挑战。本节探讨了近年来出现的几个重要的教育议题，包括择校、家庭学校、残疾人教育、成人教育和教师短缺。

### 择校

　　有些分析家认为，美国公立学校表现差是因为缺乏竞争。如果父母有选择学校的自由，那么所有的学校都会迫于压力改进工作。这就是择校政策的核心。早在 1955 年，诺贝尔经济学奖得主米尔顿·弗里德曼（Milton Friedman）便声称，政府应该为所有儿童支付学费。但是，弗里德曼补充说，支付费用并不意味着政府应该经营所有学校。为什么呢？弗里德曼认为自由市场的运作比政府干预更为有效。因此，他呼吁美国社会实施择校政策。

　　实际上，择校政策创建了一个学校教育的市场，使家长和学生能够"货比三家"，从而做出最佳的选择。

有一种关于该政策的建议是政府给所有学龄儿童的家长派发教育券，允许他们自由选择公立学校、私立学校或教区学校，从而进行消费。最近，印第安纳波利斯、明尼阿波利斯、密尔沃基、克利夫兰、芝加哥、华盛顿等主要城市和佛罗里达、伊利诺伊等州试行了择校计划，旨在促进公立学校提高教育水平，赢得家长的信任。粗略估计，在2015—2016学年，至少有15万名美国学生参加了择校计划，是2008—2009学年参加人数的两倍以上。如今，大约有一半的州会提供某种教育券计划。最重要的是，特朗普政府新任教育部部长贝齐·德沃斯（Betsy DeVos）力图在全国范围内进一步扩大择校计划的实施（Trilling，2016；Brown，2017）。

择校政策的支持者们认为，让家长拥有选择孩子入读学校的权利，是促进所有学校改进的唯一办法。但是反对者（包括教师工会）认为，择校政策的实施相当于放弃了国家在公共教育方面的承诺，并且在那些教育需求最为突出的中心城市，这一做法对于学校的改善收效甚微。此外，批评者还称，没有明确的证据表明择校计划可以提高美国学校的整体质量（Trilling，2016；Carey，2017）。

派发教育券并非实现择校政策目标的唯一路径。2002年，布什总统签署了一项新的教育法案，弱化教育券政策，而支持另一项有关学生成绩跟踪的政策。从2005—2006学年开始，所有公立学校必须对所有三至八年级的儿童进行阅读、数学和科学的评分。尽管联邦政府会对学生表现较差的学校提供更多的资助，但如果这些学校的学生的成绩在一段时间之后没有进步，这些学生就有权享受专门辅导或者转读其他学校。这项叫做"不让一个孩子掉队"（No Child Left Behind）的政策，能够有效辨识那些教学水平不高的学校，也提出了一些考查学生表现的测量方法。但另一方面，许多表现最差的学校也没有任何改变。

截至2012年，在这一政策下，全国有48%的公立学校被评定为不合格，因为这些学校的学生成绩没有达到目标水平。民意调查的结果表明，大部分的美国成年人支持修订"不让一个孩子掉队"的政策，因为该政策不出意料没有提高美国公共教育的质量。另外，批评者声称，在奥巴马政府"力争上游"（Race to the Top）的旗号下，这项政策得到了继续推进，使得人们的关注点从艺术、外语和文学等转移到了应试教育上（Dillon，2011；Ravitch，2011；Gallup，2012；Rich，2013）。

另一项更为温和的择校政策是磁石学校（magnet schools，即一种具有特色的英才学校——译者注）。现在有超过3200家这类学校分布在全国。磁石学校只招收5.2%的公立学校学生，提供专门的设施和课程来推动特定领域的优质教学，例如计算机科学、外语、科学和数学，或者艺术。在设有磁石学校的地区，家长可以根据孩子的特长和爱好选择最适合的学校。

还有一类择校方式涉及特许学校（charter schools），即被给予更多尝试新政策和新项目的自由的公立学校。在41个州和华盛顿以及波多黎各，有6700多家这样的学校，招收了270万学生，其中66%是少数群体。在很多这类学校，学生的成绩优异，而这是学校获得继续运营许可的必要条件，并且，从特许学校毕业的学生比一般公立学校的学生更有可能被大学录取（U.S. Department of Education，2016，2017）。

择校运动的最后一项发展成果是营利性学校。这项计划的支持者认为，私人营利性企业能比地方政府更有效率地管理学校。当然，私立学校不是什么新事物，全美有33000多所由私人组织或宗教团体开办的这类学校。所不同的是，拥有数十万学生的几百所公立学校现在由私人企业进行营利性经营。

研究证实，很多公立学校存在科层制度渗透的问题，支出很多而教学成效就很小。美国社会长期以来都把竞争作为提高质量的办法。证据表明，营利性学校大大降低了管理成本，但是教育成果依然是参差不齐的。虽然有些企业宣称能够提高学生的成绩，一些城市还是停办了很多营利性学校。近年来，巴尔的摩、迈阿密、哈特福德、波士顿等地的教育部门取消了和营利性学校的合约，但是另一些城市还是愿意给营利性学校一个机会。例如，费城公立学校的学生毕业率还不到三分之一，宾夕法尼亚州接管了该市的学校教育，并且把其

美国所有州都允许家庭学校教育。然而在欧洲，很多国家禁止这种做法。图中的德国家庭申请并得到了美国的政治庇护，才得以在家里教他们的孩子。你认为家庭学校教育饱受争议的原因是什么？

中大部分学校转为营利性质。尽管学生的测验分数有所提高，但学校负责人仍不够满意，因此在 2010 年时转向一些非营利性组织寻求协助。鉴于营利学校的表现不一，支持方和反对方的情绪都在高涨，并且双方都宣称他们是为了被夹在中间的学生的利益着想（Sizer，2003；Garland，2007；Richburg，2008；Mezzacappa，2010）。

## 共同核心

最近有一项被称作"共同核心州立标准"（Common CoreStateStandards）的政策，它是由联邦政府制定的一系列关于孩子在不同年级需要学习的技能的标准。这项政策从 2010 年开始实施，所制定的学业标准被 45 个州采用。支持者声称共同核心教授的基本技能——如理解段落和句子结构——是联邦政府认为每一位学生都必须学习的普遍技能。该政策还在一定程度上保证了各州教育的一致性，目的是让更多的孩子为接受高等教育做好准备。支持者还认为这项政策提高了美国学生的在校表现，毕竟在这方面，美国已经落后于很多其他国家。此外，支持者称这项政策能使学校和老师更加负责。

然而，反对者（包括特朗普政府的官员）则担心联邦政府在教育中的作用过大，因为教育本应是各州和本地社区的责任。近几年，家长们也越发担忧，孩子为了准备高难度的考试，付出了越来越多本应花在学习其他事物上的精力，这些批评不禁使人对该政策的前景提出疑问（Lahey，2014；Lu，2014；Norton，Ash & Ballinger，2017）。

## 家庭学校

家庭学校教育正在美国兴起，大约有 180 万儿童（占学龄儿童的 3% 以上）在家里接受正规教育。

为什么家长——尤其是孩子的母亲——要接受巨大的挑战，选择在家里教育自己的子女呢？几代人以前，大多数最早尝试家庭教育（现在在各州都合法）的家长是希望他们的孩子受到浓厚的宗教熏陶。现在仍有一些选择在家教育的家庭持有这样的态度，但多数父母仅仅是信不过公立学校的教育水平，认为自己可以做得更好。为了孩子，他们宁可调整工作日程、重新学习代数或其他必要的课程。许多家长加入了互助的组织，以整合资源、分享各自的特长（Lois，2013）。

家庭学校的支持者指出，鉴于公立学校的表现很差，我们不应该对日益扩大的家庭教育队伍感到惊讶。何况，家庭教育体系是卓有成效的———一般而言，接受家庭教育的孩子成绩好于在校的孩子。批评者认为，家庭学校教育减少了联邦财政流向当地公立学校的资金，结果导致大多数学生的利益受损。此外，一位批评者认为，家庭学校"使那些最为富有和善于表达的家长脱离了制度，而这些家长正是知道如何与学校谈判的人"（Chris Lubienski，quoted in Cloud & Morse，2001：48；U.S. Department of Education，2014）。

教育学家对于何为残障儿童的最佳教育方式争辩已久。一方面，受过专业培训的教师和专门化的学习场所可能会对这些儿童有所帮助；另一方面，加入普通班级能够减少这些孩子因"与正常人不同"而被污名化的可能性。

### 残疾人教育

美国 660 万的残疾儿童中有许多都面临着就学和毕业方面的特殊挑战。曾经，有许多使用拐杖和轮椅的残疾儿童，无法应对学校里的楼梯和其他障碍。而具有发育障碍的儿童，例如智障儿童，需要经过特殊训练的老师花费大量精力给予照料。由于存在这些挑战，许多具有智力以及身体障碍的儿童只有在经过家长和其他相关人士的不懈努力之后，才能获得接受公共教育的机会（Horn & Tynan，2001；U.S. Department of Education，2016）。

60% 以上的残疾儿童会进入一般的公立学校，并且 80% 的时间里都在普通班级学习。这一模式反映了**主流化**（mainstreaming）的原则，即将残障儿童或有特殊需求的儿童融合于总体教育项目之中。主流化是全纳教育（inclusive education）的一种形式，对于那些有身体障碍但可以跟上班里其他人学习进度的学生来说是最有效的解决方式。这种使残障儿童和普通儿童共处同一课堂的融合型教育方式的其中一个好处是，它能使每个人学会如何与和自己不同的人相处。

### 成人教育

美国有将近 1 亿 25 岁以上的成年人参加了各种形式的学校教育。这些学生的年龄分布在 25 岁到 70 岁甚至以上，占了所有攻读学位学生的 40%。接受成人教育的女性（60%）多于男性（40%），并且大部分人的收入在中等水平以上。

为什么成年人又回到了教室？最明显不过的原因就是提升职业水平，或接受培训以获得新的工作，但也有很多人仅仅就是为了充实自我（U.S. Department of Education，2006，2016）。

### 教师短缺

美国学校教育面临的一个重要挑战是无法招到足够的教师。在美国，每年都有超过 32 万空缺的教师职位。近年来，随着学校恢复了经济衰退期间取消的一些项目和课程，教师短缺的情况有所改善。与此同时，教师培训项目的入学率下降了约三分之一，这可能是因为经济的改善正在为年轻人提供更多的职业选择（Bruni，2015）。

当教职出现空缺时，不论老师还是学生都要受到不断扩大的班级规模带来的负面影响。此外，申请者不足会不可避免地使学校承受更大的压力，从而不得不聘请资质较差的教师。在数学、科学、特殊教育和双语教育中，教师短缺的问题最为严重（Heim，2016；Westervelt，2016）。

调查表明，大多数教师对他们的工作很满意（U.S. Department of Education，2016）。但是有很多因素——包括工资收入低、对科层体制的不满以及班级规模的扩大——导致很多人不愿意从事教师这一职业。不出所料，在教师工资相对较低的州，教师短缺现象最为突出。

如何吸引那些受过良好训练的教师来填补这些缺口？大多数完成教育培训的人没有特定专业的学位，如数学、生物或英语。这样一来，很多人就无法通过他们想要教授的科目的州政府资格考试。因此，在许多学校，特别是位于低收入社区的学校，老师可能仅仅比他们的学生多懂一章而已。换一个角度来说，全国接近一半的公立学校教师在 SAT 考试中得到的分数在全部考生中排在后三分之一（Quaid，2008；Kristof，2011）。

以上的信息表明，教师短缺问题本质上是优秀教师的缺乏。美国的公立学校教育要想取得进步，必须完成两件事：一是必须对教学水平不高的老师进行额外的培训，或予以辞退；二是需要提高优秀教学人才的工资水平和社会地位以吸引他们留在学校（Ripley，2008；Kristof，2011）。

清退不合格的教师（可能还包括校长）意味着要改变那些使得工作若干年的人难以被开除的规则。吸引优秀教师取决于各种招聘策略的运用。一些学校开出了高薪（一个 30 岁左右的公立学校老师的平均年薪仅有 45000 美元）以吸引那些已经取得一定职业成就的教师；一些学校提供了签约奖金（特别是那些难以填补的职位，如化学老师）或者是给予住房津贴（在纽约等城市，置业的花费往往超出了教师的经济承受能力）。最近几十年，教师和其他专业人士之间的薪资差距有所扩大。另一些办法还包括更多地发挥社区大学在教师培养方面的作用，以及政府和教育管理部门降低优秀教师获取职业资格证书的难度。最后，许多学校所在地区正在把目光投向全球，从西班牙、印度、菲律宾招募有才能的人登上美国学校的讲台（Evelyn，2002；Ripley，2008；Wallis，2008；U.S. Department of Education，2014）。

关于美国教育的争论远远不止本节所讨论的这几个议题。"争鸣与辩论"专栏强调了大学生中男性比例下降的问题。

## 学校教育：展望

尽管美国在大学教育方面仍处于世界领先地位，公立学校体制依旧存在许多尚未解决的严重问题。就学校教育的质量来说，美国正在落后于许多其他高收入国家，这一事实让人怀疑美国是否能在未来的世界舞台上具有足够的影响力。

本章讨论的许多关于学校教育的问题都有其更深的社会根源。我们不能指望学校单靠自身去提供高质量的教育。只有当学生、老师、家长和社区共同投入到追求优质教育的行动中来，学校才能够得以进步。简言之，教育问题是无法以权宜之计应付的社会性问题。

在 20 世纪的很长时间里，美国只有两种教育模式：由政府设立的公立学校和由非政府组织开办的私立学校。然而近几十年来，许多关于学校教育的新思潮不断涌现，包括营利性学校教育和一系列的择校计划。在未来几十年，我们可能会看到大众教育领域的巨大改变，这些变化在部分程度上是由关注不同教育措施评估结果的社会科学研究引导的。

另一个将持续影响学校教育的因素是信息技术。如今，除了那些最贫困的学校，几乎所有中小学都使用计算机来进行教学指导。计算机调动了学生更多的积极性，并且有助于他们按照自己的步调取得进步。但即便如此，计算机也永远无法像一位热爱教学的老师那样把个人的洞察力和想象力带入教学过程中。

# 争鸣与辩论

## 21 世纪的校园：男生在哪里？

> 梅格：我是说，学校里的男生怎么这么少？
> 特里西娅：这有什么，我宁愿多花点心思在工作上面。
> 马克：我觉得这对我们男生而言很酷。

一个世纪以前，美国大学和学院的校园就像挂着"男性专用"的招牌一样，几乎所有的学生和教员都是男性。虽然有一些女子学院，但是更多的学校——包括在美国最有名的耶鲁大学、哈佛大学、普林斯顿大学——是把女性排除在外的。

自那时起，女性渐渐赢得了更多的平等权利。到 1980 年，学校里女性的数量已经和男性持平。

但是，接下来却发生了令人惊讶的变化：女性在校园里的比例持续增加。结果到了 2015 年，美国的大学本科生中，男性只占 44%。当梅格·德朗来到佐治亚大学的宿舍时，便迅速感受到了性别不平衡。她很快知道，她大学第一年的同学中，只有 39% 是男生。有的班级几乎没有男生，女生主导着课堂讨论。在课堂之外，梅格·德朗和她的同学们很快就开始抱怨校园里的男性太少，影响了她们的社交生活。当然，大部分男生的感受则有所不同（Fonda，2000）。

是什么原因导致了美国大学校园里性别比例的改变？一种理论认为，年轻的男性受工作吸引，走出了校园，尤其是在高新技术领域。这种现象有时被称为"比尔·盖茨综合征"或者"马克·扎克伯格综合征"，因为他们就是在大学辍学之后分别创立了微软和脸书而获得了财富和声望。此外，研究者指出了一种反智的男性文化。虽然年轻女性被吸引到学校认真学习，但是男性对学习并没有那么重视。无论对与错，确实有更多男性认为不用付出几年时间和大量金钱去获得大学文凭，他们也能找到很好的工作。

这种性别差异在所有种族和所有阶级都存在。在学校里的非裔美国人中，只有 38% 是男性。收入水平越低，大学入读者的性别差异越大。

很多大学的负责人对校园里男生较少的现状感到担忧。为了使得入学性别更加均衡，一些学校实行了有利于男性的行动方案。但是有些州的法院判定这些措施是违法的。因此，更多的学校采取了更积极的招生手段。例如，招生时对男性申请者给予更多的关注，强调本校在数学和科学方面的优势——这些是传统上能够吸引男生的领域。同时，许多学校努力提高少数群体学生的比例，希望以此来吸引更多的男学生。

你怎么想？

1. 为什么大学校园里女生的数量超过了男生？
2. 你所在的大学是否存在性别失衡？这种失衡是否造成了问题？如果是的话，造成了什么问题？影响了哪些人？
3. 大学应该在招生中追求性别平衡吗？有利于男性的行动计划对于平衡性别比例而言是不是一种好的做法？

性别差异在所有种族和族裔群体以及所有阶级中都很明显。大学校园里的非裔美国人中，只有 38% 是男性。收入水平越低，大学入学率的性别差异就越大。

现在，四分之三的大学都能提供在线学习资源，三分之一的大学生会学习一门或以上的在线课程。现在越来越多的教科书有了电子版，这种电子阅读形式能帮助读者进行更为自主的学习（Parker，Lenhart & Moore，2011；U.S. Department of Education，2016）。

技术从不能解决威胁学校的所有问题，包括暴力和僵化的科层制。我们需要的是一个致力于社会改变的宏伟计划，重振这个国家的雄心，提供高质量的全民教育——实现这一目标还需要我们更多的努力。

## 日常生活中的社会学

在我们的社会中，学校教育的不平等问题有多严重？

所有的学校都存在这一问题，当然，表现的形式各有不同。美国的学校教育存在几个等级，反映了不同学校招收的学生所代表的社会阶级地位。下面的图片可以帮助你对教育等级制度有更多了解。

教育等级制度的中层是最好的公立学校，绝大多数位于郊区。这种郊区学校的班级人数少、老师教学水平高，并且拥有丰富的课外活动。你认为把孩子送到这类学校读书的家庭通常是什么收入水平？

学校教育等级制度的最上层是私立寄宿学校。其中最好的学校，如位于康涅狄格州纽黑文市的霍普金斯中学，拥有巨额的捐赠基金、小规模的班级、受过高度严格的训练且富有极大热情的老师，以及足以媲美顶尖大学的华丽校园。你估计在这样一所中学读书每年需要花多少钱？

教育等级制度的最底层是建在美国大城市内的公立学校。位于洛杉矶的托马斯·杰斐逊高中比大多数其他公立学校要好，然而相比郊区的学校和私立寄宿学校来说，班级人数较多、教师培训不足、校园暴力的风险较高。对于入读城区内中学的学生，你有什么样的看法？

**提示**　私人寄宿学校提供出色的教育，并且独立生活经验能帮助学生为成功进入好的大学或学院做准备。尽管这类学校，如霍普金斯中学，会向许多学生提供经济资助，对大部分学生来说，在这样一所学校就读每年的花费约为 3.5 万美元，在私立寄宿学校就读的花费约为 5 万美元，后者大约是美国家庭年收入的平均值。郊区的高中由政府税收支持，然而在这些富裕社区的学校读书通常要花费数十万美元，超出了相当多美国家庭的经济负担能力。市区内的公立学校招生对象是收入水平为中等以下家庭的学生，意味着这些学校中少数群体学生的比例最高。自由民主党人士，如奥巴马，大力支持公共教育，但是他们像白宫的大多数人一样（艾米·卡特［Amy Carter，美国第 39 任总统的女儿］去了公立学校），为他们的孩子选择了私立学校，出于对教育质量或是安全的考虑。

# 从你的日常生活中发现社会学

1. 拜访一下离你的大学或住所较近的公立或私立学校。该校学生的普遍社会背景是怎样的？这所学校有没有实行分流政策？如果有的话，观察这一政策是如何实施的。一个学生的社会背景在学校分流过程中的重要性有多大？

2. 为什么你会上大学？继续接受教育能够给你带来哪些好处？考虑一下学校教育对你的职业生涯和个人发展的影响。

3. 访问"社会学焦点"博客，你可以在那里阅读年轻社会学学者的最新文章，他们将社会学视角应用于流行文化的话题。

## 取得进步

### 教育：全球概观

#### 21.1　比较高收入、中等收入、低收入社会的学校教育

教育是传播知识技术以及教授文化规范和价值观的社会制度。

• 在前工业社会，教育主要表现为非正式的家庭教育。

• 工业社会发展出了正规的学校制度，为孩子提供教育机会。

• 学校教育在当今不同社会中的差异反映了社会的文化价值和经济发展水平的差异。

**印度的学校教育**

• 尽管今天的印度事实上已是中等收入国家，父权制仍在影响着印度的教育。在校学生中男生占多数，而女生往往在很小年纪就进入工厂打工。

• 如今，印度儿童中有 96% 能够完成小学学业，其中的 92% 继续升读中学。

**日本的学校教育**

• 日本早期的学校教育的重心在于传播日本的文化传统。

• 日本的高中毕业率（97%）高于美国（89%），但是由于入学考试的竞争异常激烈，只有一半的毕业生能够入读大学。

**英国的学校教育**

• 在中世纪，学校教育是英国贵族的特权。工业革命创造了对有文化的劳动力的需求。

• 传统的阶级差异仍然在影响着英国的学校教育。招生额只占 7% 的精英学校为学生提供了一条入读顶尖学府的道路。

**美国的学校教育**

• 美国是最早实行全民义务教育的国家之一，这反映了其民主政治的理想和工业资本主义经济的需求。

• 美国学校教育宣称要促进机会平等，但进入大学学习的机会却与家庭收入密切相关。

• 美国的教育制度强调实用主义学习，为年轻人参与工作做准备。

## 学校教育的功能

### 21.2 运用结构功能论分析学校教育

结构功能论关注的是学校教育对社会有序运行的贡献。学校教育的主要功能包括：

• 社会化——教授年轻人生活必需的技能以及文化价值和规范；

• 文化创新——为有重大发现的学术研究提供机会；

• 社会整合——通过传授文化规范和价值将多样化的人口整合到一个社会中去；

• 社会定位——促进社会唯才制度，提供向上流动的渠道；

• 潜功能——提供儿童照顾以及建立社会网络的机会。

## 学校教育与社会互动

### 21.3 运用社会互动论分析学校教育

符号互动论关注的是我们如何在日常互动中建构社会现实。

• "自证预言"描述了自我印象如何影响学生的在校表现。那些觉得自己成绩优异的学生可能会表现得更好，而认为自己不如他人的学生则可能表现较差。

## 学校教育与社会不平等

### 21.4 运用社会冲突论分析学校教育

社会冲突论将学校教育与阶级、种族和性别的不平等联系在一起。

• 正规教育为生产顺从的成人劳动力提供了培育一致性的手段。

• 标准化考试被批评具有文化偏见，可能会导致弱势群体被贴上个人缺陷的标签。

• 分流政策被批评者指出会使得更好的教育资源流向特权子弟。

• 美国的大部分年轻人在州政府资助的公立学校读书。一小部分学生——通常是最富裕的那些人——入读的是私立精英大学预科学校。

• 学校资金的差异影响学校教学的质量：设于富裕地区的公立学校能够提供比贫困地区学校更好的教育。

• 由于上大学开支巨大，只有 69% 的高中毕业生会直接升读大学。家庭经济条件越好，其子女上大学的可能性越高。

• 今天，获得一个大学学位能够为一个人的终身收入增加多达 100 万美元。

## 学校面临的问题

### 21.5 讨论当今学校面临的辍学、暴力和其他问题

暴力问题渗透到许多学校，特别是位于落后地区的学校。

•批评者指责如今的学校在教授个人纪律方面所做的努力远远不够。

学校的科层制助长了学生的消极性。学校已经演化成庞大的教育工厂，具有以下特征：

•采用"一刀切"的标准；

•以量化评定定义成功；

•对学生抱有严格的期望；

•过于强调专门化；

•缺乏对学生个体责任的培养。

高辍学率——目前是 5.9%——导致很多年轻人对迈入职场准备不足，并且面临着很高的贫困风险。家庭经济状况处于最低的 25% 之列的孩子的辍学率比高收入家庭的孩子要高出 4 倍以上。

学术标准的下降反映在如今学生考试成绩平均分数较低，相当高比例的高中毕业生成为功能性文盲，以及分数膨胀等方面。

## 当前美国教育的议题

### 21.6 总结关于美国学校表现的不同观点

择校运动旨在使学校对公众更加负责。创新的择校政策包括磁石学校、营利性学校和特许学校。

共同核心是一项旨在通过规定所有学生的基本课程来提升学生学业表现的政策。

**家庭学校**

•最早进行家庭学校教育的家长信不过公立学校是因为他们希望自己的孩子受到浓厚的宗教熏陶。

•今天，家庭学校教育的倡导者将矛头指向了公立学校的教育质量不佳。

**残疾人教育**

•过去，有智力障碍或身体障碍的儿童在特殊班级里读书。

•主流化政策为他们提供了更多的机会，并且将所有孩子放在一个更加多样化的学生群体之中。

**成人教育**

•成人学生在美国的学生人口中所占的比重越来越大。

•大部分成人学生是女性，所学的内容和工作有关。

**教师短缺**

•由于低工资、对科层体制的不满，以及由于扩大招生导致的班级规模扩大等原因，许多人不愿意从事教师这一职业，进而造成了高质量教师的短缺。

•为了应对这一问题，许多学区从世界各地引进老师。

# 第二十二章
# 健康与医疗

# 社会的力量

形塑健康模式

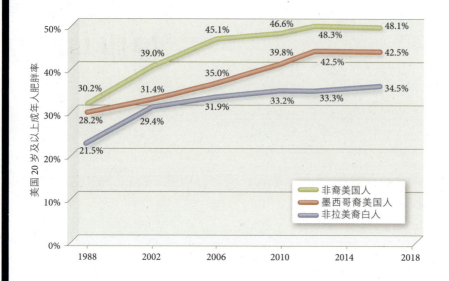

资料来源：Centers for Disease Control and Prevention（2017）。

在美国关于健康的最让人担忧的趋势是什么呢？答案是持续上升的肥胖率。政府研究显示美国大部分 20 岁以上的成年人至少都有一点超重，而且肥胖率（体重明显超标的概率）在美国所有人口类别中都在迅速上升。1988 年以来，白人的肥胖率从 22% 增加到 35%。非裔美国人和墨西哥裔美国人的肥胖率更高，而且还在持续上升。尽管我们可能认为健康仅是个人选择，有时候纯粹是运气的关系，但是美国人均体重的增加反映了美国人生活方式的变化，包括饮食和锻炼模式。

## 本章概览

本章探讨了包括医疗在内的健康保健这样一个重要的社会机制。本章首先将解释健康为什么会是一个社会议题，以及社会学家为何对人类健康有着诸多讨论。

克里斯塔·彼得斯认为她的一生无时无刻不在节食。这个来自宾夕法尼亚州一个小镇的 16 岁女孩摇着头说："这就好像是，我对此无能为力。我知道我看起来状况不太好。我妈妈说我不应该吃得那么多，学校的护士也这么说。但是假如这是可以由我来决定，那么为什么我从来就减不了肥？"

彼得斯的确存在超重问题。虽然她的身高只有 5 英尺 2 英寸（约 1.57 米），但是她的体重达到了 240 磅（约 108 千克）。医生认为她严重肥胖，而且她肥胖的时间越长，她患有严重疾病甚至英年早逝的概率就越大。

彼得斯的情况并不少见。在美国，快餐已经成为一种全国性食品，人们甚至会用"超大型快餐"（supersize）

作动词，这导致全国的男性和女性都在不断变胖。肥胖问题涉及的不是一小部分人，而是几乎所有美国人。据专家称，大约 63% 的美国成年人超重，30% 的美国成年人被临床诊断为肥胖症。为了应对年轻人体重不断增长的问题，政府官员最近已经强制在学校食堂的菜单上增加水果和蔬菜的比例，同时限制垃圾食品。

超重是一个严重的健康议题。像克里斯塔·彼得斯这样的人是患心脏病、糖尿病的高风险人群，中风的概率也会高于正常人。在年轻人中，超重带来了和吸烟相同的健康风险。每年，美国约有 10 万人因与超重相关的各种疾病而英年早逝。体重不仅仅是个人问题，它也是社会问题。人们做出的选择的确很重要，但是我们的社会成员也在与一些强有力的文化力量抗衡。想想看，美国人随时随地都被不健康的快餐食品所包围，美国消费的咸味薯片、高糖分的软饮料、高热量的披萨和巧克力糖果的数量每年都在增长。汽车公司不得不设计更大的座椅，来适应更多"超大号"（supersized）的人（Bellandi，2003；Witt，2004；Bennett，2006；CDC，2012）。

# 健康是什么？

### 22.1 解释社会如何形塑健康模式

根据世界卫生组织（World Health Organization，1946：3）的定义，理想情况下，**健康**（health）是指身体、精神及社会适应方面的完好状态。该定义强调了本章的主题：健康不仅仅事关个人的选择，也不只是一个生物学议题——健康和疾病的模式植根于社会的组织之中。

## 健康与社会

社会主要通过四种方式形塑着人们的健康模式。

1. 文化模式定义健康。健康的标准因地而异。一个世纪以前，雅司病这种传染性皮肤病在撒哈拉以南的非洲地区十分普遍，那里的人都认为它是一种很正常、很普遍的现象（Dubos，1980）。在美国，丰富的饮食结构很常见，以至于大多数成年人以及六分之一的儿童都存在超重现象。由此可见，"健康"有时意味着与邻居有同样的状况或疾病（Pinhey，Rubinstein & Colfax，1997；CDC，2017）。

人们对健康的定义也反映了他们对道德的评判。我们的社会成员（尤其是男性）认为充满竞争的生活方式是"健康"的，因为它符合我们的文化习俗，但是有时压力会引发心脏病和许多其他的疾病。虽然从生物学角度来看同性恋是正常的，但是在道德上反对同性恋的人们通常认为同性恋是"病态"的。因此，健康观念发挥着社会控制的作用，促使人们遵从文化规范。

2. 健康的文化标准随着时间变化。在 20 世纪早期，一些医生警告女性不要去上大学，因为高等教育会对女性的大脑造成压力；还有人则声称，手淫会对健康构成威胁。我们现在知道这些观点都是错误的。此外，50 年前很少有医生认识到吸烟或是日晒过多会造成危害，经过实践后，现在我们都意识到这些行为会严重影响健康状况。甚至是基本的卫生模式也随着时间发生了改变。如今，大多数美国人每天都会洗澡，该频率相当于 50 年前的 3 倍（Gillespie，2000）。

3. 社会技术影响人们的健康。在贫困国家，由于营养不良和恶劣的卫生条件，传染性疾病广泛传播。

随着工业化提高了生活水平，人们的健康水平普遍提高。但是工业技术也给健康造成了新的威胁。正如第二十三章（"人口、城市化与环境"）所解释的那样，高收入的生活方式通过过度使用世界的资源并产生污染，威胁着人们的健康。

4. 社会不平等影响人们的健康。所有社会都存在着资源分配不平等的现象。大体上，富人比穷人身心更健康。

# 健康：全球概观

22.2　对比低收入和高收入国家的健康模式

我们发现健康和社会生活之间存在着紧密联系，在漫长的历史进程中，随着社会的发展以及先进技术的应用，人类的福祉不断得到改善。社会发展的差异也是今天世界各地健康水平存在显著差异的原因。

## 低收入国家的健康状况

12 月 25 日，秘鲁尤卡伊。在这个位于安第斯山脉的小村庄，我们参加了圣诞节的街头节庆活动。这里到处洋溢着欢乐与喜悦的气氛。令人惊奇的是，我发现经过大街的好几百人中没有一个戴眼镜的。一个秘鲁朋友告诉我说在这个贫穷的地区，没有验光师和眼科医生，也没有人有多余的钱去配眼镜。

在美国和世界许多地方，严重的贫困问题使得当地居民的预期寿命要比普通的富裕国家少数十年。非洲的大部分地区的人的预期寿命很少达到 60 岁，并且在最贫穷的国家，11 个新生儿中大概会有 1 个在一年内死亡，六分之一以上的人未及 30 岁就死去了（United Nations，2016；World Bank，2015）。

根据世界卫生组织的报告，世界上约有 10 亿人——占总人口的六分之一——由于贫穷而患有严重的疾病。很多与贫穷相关的疾病都出现在低收入国家，那里因贫穷导致的疾病占到所有疾病的 70%。相比之下，在富裕国家，贫穷只是所有疾病中 7% 的诱因（Bloom et al.，2011；Murray et al.，2012；WHO，2017）。

贫困问题是如何威胁到健康的？简单来讲，恶劣的卫生调节和营养不良对所有年龄段的人来说都是致命的。缺乏安全的饮用水也是很普遍的现象，劣质水携带大量的传染病菌，导致流行性感冒、肺炎以及肺结核等，这些都是今天贫困社会中常见的导致死亡的疾病。更为糟糕的是，这些地区医疗人员稀少，因此，世界上最贫穷的人——他们中有许多人生活在非洲中部——从未看过医生。

贫穷和疾病形成了典型的恶性循环，即贫穷滋生疾病，疾病降低人们的工作能力从而进一步加剧贫困。当医学技术被用来控制传染性疾病，贫困国家的人口就会飙升，然而由于没有足够的资源满足当前人口的需求，贫困社会无力承担人口增加的重荷。因此，贫困国家降低人口死亡率的计划要想取得成功，就必须同时降低人口的出生率。

## 高收入国家的健康状况

到 1800 年，随着工业革命的开展，城市工厂的工作岗位吸引了大批农民涌向城市。城市迅速变得拥挤不堪，并因此造成了严重的公共卫生问题。工厂排出的浓烟污染了空气，然而直到 20 世纪才有人意识到这对健康构成了威胁。工地事故也频频发生。

工业化为绝大多数人提供了更好更安全的衣食住行条件，逐步提高了西欧和北美人民的健康水平，以至于大约到 1850 年，人们的健康状况开始得到改善。正是在此时，医学进步到开始控制传染性疾病。例如在

1854 年，一名叫约翰·斯诺（John Snow）的医生画出了伦敦霍乱患者的地址街道分布图，经研究发现他们都饮用了同一口井里的水。不久之后，科学家们查出了引起霍乱的病菌并研发出针对这种致命疾病的疫苗。早期的环保主义者运用科学知识，与各种环境污染行为作斗争，如工厂将未经处理的污水直接排放进取用饮用水的河流。到 20 世纪初，由传染病导致的死亡率已大幅下降。

表 22-1 显示，在 1900 年，人们的主要死因是流感、肺炎和肺结核。如今除了世界上最贫穷的那些国家的居民，已很少有人因此丧命。现在大多是慢性疾病导致死亡，如心脏病、癌症、中风等，而且通常是在晚年（Murray et al.，2016）。

表 22-1　1900 年到 2014 年美国导致死亡的主要原因

| 1900 | 2014 |
| --- | --- |
| 1. 流行感冒和肺炎 | 1. 心脏病 |
| 2. 肺结核 | 2. 癌症 |
| 3. 胃肠疾病 | 3. 肺部疾病（非癌症的） |
| 4. 心脏病 | 4. 意外事故 |
| 5. 脑出血 | 5. 中风 |
| 6. 肾病 | 6. 阿尔茨海默病（早老性痴呆） |
| 7. 意外事故 | 7. 糖尿病 |
| 8. 癌症 | 8. 流行感冒和肺炎 |
| 9. 婴幼儿期疾病 | 9. 肾病 |
| 10. 白喉 | 10. 自杀 |

资料来源：1900 年信息源于 Cockerham（1986）；2014 年信息源于 Centers for Disease Control and Prevention（2015）。

# 美国的健康

22.3　分析种族、阶级、性别、年龄与健康的关系

由于美国是个富有的国家，按照世界标准来看，其居民的健康状况总体上是优于通常意义上的贫困国家的。同时，尽管美国在人均医疗保健投入上多于其他高收入国家，但是相较于其他高收入国家的居民，美国居民的发病率更高，活到 50 岁的可能性更小，并且会更早离世（Tavernise，2012；United Nations，2013）。此外，一些类型的人会比其他人更健康。

## 谁是健康的？年龄、性别、阶级和种族

**社会流行病学**（social epidemiology）是研究在社会总人口中疾病与健康状况的分布。正如早期的社会流行病学家追踪疾病的蔓延趋势，如今的研究者试图探讨人们的健康状况与其周遭自然环境及社会环境之间的关系。在美国，最富有和最贫穷的社区的居民的平均预期寿命存在 10 年的差距。我们可以通过年龄、性别、社会阶级和种族几个方面来分析健康模式。

**年龄与性别**　在美国，年轻人死亡是比较罕见的事件，通常被视作意外或悲剧。然而，年轻人确实也会

# 思考多样性：种族、阶级和性别

男性气质：对健康的威胁？

> 杰夫：辛迪，如果你十秒内不从那里出来，我就要揍你了！
> 辛迪：冷静点！我同样拥有使用洗手间的权利，我好了自然会出来。
> 杰夫：你打算在里面待上一整天吗？
> 辛迪：为什么你们这些男孩子总是那么着急？

医生将这种行为称为"冠状动脉倾向行为"。心理学家称之为"A型人格"，社会学家将之视为男性气质的文化概念。这些态度和行为在当今社会的男性身上更为常见，包括但不限于不耐烦（"快点！从洗手间里滚出来！"），不受控制的野心（"我一定要得到它，因为我需要它！"），以及不定向的敌意（"为什么人们都这么白痴？"）。

这种模式，虽然从文化的角度来看是正常的，但是急于求成的男性患上心脏病的风险却变得很高。通过表现出A型人格特征，我们可能会顺利完成工作，但是我们也开启了对人类心脏非常不好的复杂生化进程。

下面的问题有助于你确定自己（或者对你而言很重要的人）的风险程度。

1. 你是否认为你必须要积极进取以获得成功？你是否相信"人善被人欺"？如果你的回答是"是"的话，为了你的心脏着想，尝试着让敌意远离你的生活。从小事做起：讲话不再使用粗俗的言语；无论他人如何对待你，尝试着用同情性的态度替代侵犯性的态度，你会发现同情在处理与他人的关系中有出人意料的效果。从医学的角度来讲，用同情和幽默代替烦扰和恼怒将有助于改善健康状况。

2. 你是否善于处理不确定性和反对意见？你有没有过因"为什么服务生还不给我上菜？"或者"这个混蛋还是没弄明白！"而生气的时候？我们都想知道接下来会怎样，我们都希望别人会赞同我们。但是这个世界往往并非如此。接受不确定性和反对意见会使得我们更加成熟，也更加健康。

3. 当你表达积极情绪时你会不舒服吗？许多男性认为给予和接受爱——从女性、孩子和其他男性那里——是软弱的标志。但是医学上的事实告诉我们，爱有益于健康，而生气则会损害健康。

作为人类，我们对于自己如何生活有很多选择。思考一下你所做出的选择，反省男性气质的社会概念如何经常使我们为难他人（包括那些我们爱的人），也为难我们自己。

你怎么想？

1. 你认为男性气质对健康有害吗？为什么？
2. 对于男性气质或女性气质影响健康状况，在生活中你是否见过这样的例子？
3. 为了改善健康状况，我们应如何调整自己的行为？
资料来源：Friedman & Rosenman（1974），Michael P. Levine（1990）。

死于各种意外事故，并因涉及酒精、毒品和性的危险行为受到生命威胁。

在整个生命历程中，女性比男性更健康。首先，出生前或刚出生的男婴比女婴死亡率高。其次，当社会化开始后，男性更多卷入风险性和攻击性行为：男性自杀的概率是女性的四倍，死于凶杀的概率是女性的五倍（Centers for Disease Control and Prevention，2016）。在晚年，男性也更有可能死于心脏疾病。正如"思考多样性"专栏所解释的那样，长期的焦躁、野心失控、敌意爆发，这些被医生称为"冠状动脉倾向行为"的组合与美国文化中对"男性气质"的定义比较接近。这是性别影响预期寿命"下限"的一种重要途径，女性的平均寿命比男性长约五年。

**社会阶级和种族** 政府研究人员告诉我们家庭收入在 10 万美元以上的成年人中的 81% 认为他们的健康状况极好或非常好,但是家庭收入低于 3.5 万美元的成年人中仅有 52% 同样这么认为。相反,来自高收入家庭的人中仅有 3% 的人描述自己的健康状况一般或较差,相比之下低收入家庭中则只有 19% 的人这样认为。拥有较高收入和较多财富能够改善人们的营养状况,从而促进他们的健康,确保他们可以拥有更好的健康保健条件,并允许他们住在更为安全和舒适的环境(CDC,2016)。

研究表明,非裔美国人和白人在对身体健康的渴望及寻求医疗帮助的自发性方面没有任何差异。但是非裔美国人的贫困问题——其贫困率几乎是白人的三倍——影响着人们日常的选择,这有助于解释为什么黑人婴儿更容易夭折,并且黑人在成年期更易受到高血压、心脏病、暴力和药物滥用的困扰(Schnittker,Pescoslido & Croghan,2005;McNeil,2011;CDC,2014;U.S. Census Bureau,2016)。

2014 年出生的白人的平均预期寿命比非裔美国人要高出 3 岁(78.8 岁 VS 75.2 岁)。从另外一种角度来看,81% 的白人男性能活到 65 岁,而非裔美国人仅有 73% 能活到 65 岁。相比之下,对于女性来说,有 89% 的白人女性和 83% 的非裔女性可以活到 65 岁以上(Arias et al.,2017)。

婴儿死亡率指的是不满一周岁儿童的死亡率。尽管出生在美国最富有家庭的儿童的健康状况是世界上最好的,但美国劣势家庭的婴儿死亡率是特权家庭的两倍,美国最贫穷的儿童和很多低收入国家(如尼日利亚和柬埔寨)的儿童一样易受疾病的困扰。

## 吸烟

在美国所有可预防的健康危害中,吸烟位居榜首。美国每年有超过 44 万男性和女性直接由于吸烟过早死亡,这个数字超过了因酒精、可卡因、海洛因、凶杀、自杀、车祸、艾滋病等导致死亡的人数总和。吸烟的人也更容易患上类似感冒的小病,孕妇吸烟更有可能导致自然流产、胎儿死亡、婴儿体重过轻。即使是不吸烟的人也会因二手烟的影响很容易患上由吸烟导致的疾病。卫生官员估计由二手烟引发的心脏病或肺癌导致每年约有 42000 人死亡(CDC,2014,2015,2017;U.S. Department of Health and Human Services,2014)。

在美国,在第一次世界大战之后,吸烟才变得流行起来。虽然有越来越多的证据证明吸烟有害健康,但是吸烟在上一代人中依然很流行。可是如今,越来越多的人将吸烟归为一种轻度的社会失范行为,而且越来越多国家已经禁止在公共场所吸烟(Niesse,2007)。

香烟流行的高峰是在 1960 年,当时有 45% 的美国成年人吸烟。美国疾病控制和预防中心(CDC,2016)的数据显示,到了 2015 年,只有 15.1% 的人仍在吸烟。尽管吸烟并不像过去那样常见,但是并不是所有停止吸烟的人都停止摄入烟草。政府研究显示,禁烟和增加烟类税收确实抑制了香烟的消费,不过近些年消费量降低主要是指烟斗使用者,现在的高中生中有六分之一都在消费无烟香烟和电子烟(CDC,2015;U.S. Department of Health and Human Services,Surgeon General,2017)。

戒烟很困难,因为香烟中含有尼古丁,一种能使人在生理方面上瘾的药物。很多人吸烟

在过去几十年里,美国青少年的吸烟率一直在下降。然而,近年来,无烟香烟得到了许多年轻人的青睐。一些分析家担心,电子烟的使用会越来越普遍,虽然电子烟比传统香烟的危害更小,但是它依然含有尼古丁成分,也许会逆转美国远离尼古丁产品的长期趋势。

是由于压力过大：离婚和分居的人、失业者以及在部队服役的军人更容易吸烟。相比高收入及高学历的人，吸烟在工人阶级中更为常见。男性吸烟的比例（17%）比女性高（14%）。但是，作为唯一一种在女性中流行的烟草，香烟对女性的健康造成了致命的伤害。截至 1987 年，肺癌已经超过了乳腺癌成为美国女性的最主要的死因之一，占与吸烟有关死亡总数的 42%（CDC，2016）。

烟草在美国是一个价值 900 亿美元的产业。拥有如此之多的收益，烟草业完全有能力花费 1900 万在华盛顿雇佣说客来影响烟草政策。它同样能够对那些旨在介绍有关吸烟的争论（如"选择吸烟的人"和"反对吸烟的游说团体"）以及淡化烟草公司威胁公共健康的论述予以资助（Eriksen，Makay & Ross，2012）。

在 1997 年，烟草业坦言吸烟有害健康，也同意不再向年轻人销售香烟。尽管美国有反对吸烟的趋势，研究显示 7% 的中学生和 25% 的高中生还在吸烟，有 13% 的高中生使用电子烟（CDC，2016）。另外，口嚼烟叶的行为——已知会导致口腔癌和喉癌——在年轻人中还在增多。

烟草业不断扩展海外市场，尤其是对烟草制品规制较少的低收入和中等收入国家，有 80% 的吸烟者都住在这些国家。在很多国家，尤其是亚洲，大多数男性都吸烟。在全球范围内，吸烟的成年人超过 10 亿（约占总人口的 25%），大约每年消费 6 万亿根香烟，而且高收入国家的吸烟率没有任何下降的迹象。如果继续保持当前全球增长的势头，与烟草相关疾病的死亡人数将在 2030 年增加到每年 800 万人之多，这相当于在全球，每 4 秒就有一个人因此去世（Horton，2012；World Health Organization，2016）。

吸烟带来的危害是毋庸置疑的，但好消息是，戒烟者的健康水平在戒烟后十年左右就会与从未吸过烟的人的健康水平相当。

## 饮食失调

**饮食失调**（eating disorder）是一种身体和精神障碍，包括在变瘦欲望的驱使下过度节食或采用其他不健康的体重控制方法。一种饮食失调是神经性厌食症，其特点是节食到饥饿的程度；另外一种是贪食症，是指暴饮暴食后又强迫自己呕吐以避免增加体重。

性别对饮食失调有一定影响：青少年群体中，女性受这种问题困扰的可能性是男性的 3 倍。在成年人群体中，女性患神经性厌食症的可能性是男性的 3 倍，患贪食症的可能性是男性的 5 倍。虽然来自富裕家庭的白人患有这种疾病的风险更高，但实际上患有饮食失调的人来自各个社会阶级。

对于女性来说，美国文化将苗条等同于成功以及对男性具有吸引力；与此相反，对超重女性的刻板印象则趋向于懒惰、邋遢，甚至是愚蠢（对超重男性亦然，只是程度轻微些）（Neporent，2013；U.S. Department of Health and Human Services，National Institute of Mental Health，2015）。

研究表明大多数女大学生认为"男性喜欢苗条的女性"，身材苗条对于外表吸引力至关重要，并且她们觉得自己还没有达到男性所喜爱的苗条程度。事实上，大多数女大学生想要变得比男生所期望的更苗条。也有研究表明，男性同样会关注身体形象——和女性一模一样——在当前的媒体时代年轻男性更希望自己看起来肌肉发达（Held，2017）。

由于很少有女性能够达到美国文化中对美的不实际的标准，许多女性对自己的形象不太自信。由于如今的大众传媒又尤为关注人们的外表，女性的不自信可能刺激了化妆品、服装和各种美容产品的销售。但是对美的理想化形象的追求导致许多年轻女性节食到危害健康甚至生命的地步。

患有饮食失调的人需要抗衡的不仅是疾病。研究表明，他们在其他人眼中并不是患有精神障碍的人，而是寻求关注的弱者。事实上，饮食失调所带来的污名比抑郁症带来的污名更为严重（Roehrig & Mclean，2010）。

## 肥胖

在美国，如神经性厌食症和贪食症之类的饮食失调问题是比较严重的，但这些还不是关于饮食的最大问题。在总人口中存在严重的肥胖问题。就全球平均水平来说，人均体重为 137 磅，而美国的人均体重为 180 磅（男性人均体重 196 磅，女性人均体重 166 磅）（BioMed Central，2012；CDC，2013）。

正如本章开篇所提到的那样，政府报告 65% 的美国成年人超重，即身体质量指数（BMI）在 25.0 到 29.9 之间，或大约超过与身高相匹配的标准健康体重 10 到 30 磅。美国所有的成年人中，有 35% 被临床诊断为肥胖症，体质指数超过 30，这意味着他们的体重至少比健康体重多 30 磅。美国全国的肥胖症患者数量在 1996 年到 2015 年大幅增长。1996 年到 2005 年增长得最为明显，而在最近十年，肥胖率逐渐有所下降（Sanger-Katz，2015）。

超重会限制身体活动，并增加诸如心脏病、中风和糖尿病等多种严重疾病的患病风险。据美国政府统计，每年用于治疗因肥胖所引发的疾病的费用约有 1470 亿美元。最为严重的是，美国每年大约有五分之一的人会死于与肥胖相关的疾病（Masters et al.，2013）。

美国是世界上肥胖率最高的国家，超过了加拿大、欧盟国家和日本，且其还在不断增长，这一事实引发了全国的关注。在这个国家，肥胖问题甚至在婴幼儿中也很明显。最近一项研究发现，九个月大的婴儿中将近三分之一超重，足以被归类为肥胖或有肥胖的风险。肥胖率在婴幼儿中逐渐升高的趋势——这个比例刚好是三十年前的三倍——当新一代的年轻人步入中年之后，将会面临更多的医疗问题，并可能最终扭转预期寿命延长的历史走向（Moss & Yeaton，2010；OECD，2012；CDC，2016）。

肥胖的社会原因是什么呢？原因之一是在当今社会，越来越多的人坐在电脑屏幕前工作，而一个世纪前非常普遍的体力劳动工作方式已经被代劳了。即使是在工作之外，大多数家务劳动也由机器（或者其他人）代劳了。儿童更多的是坐着看电视或者打游戏。

当然，另一个原因是饮食。在美国，普通人所摄取的食物比以往任何时候都含有更高的盐分、糖分和脂肪（Wells & Buzby，2008）。而且人们吃得也越来越多。2000 年美国农业部报告显示，美国普通成年人每年所消耗的食物量比 10 年前多 140 磅。通过新旧食谱、菜谱的比较发现，过去可以供 6 人食用的分量现在只能供 4 人食用。正如本章开篇所展示的那样，相较于白人，肥胖问题在少数族裔群体中更为严重。很大程度上，这

美国人口的肥胖率是世界上最高的，而且还在不断加剧。作为一个国家，美国在体重方面是"大赢家"。这一趋势已经催生了大量流行的电视真人秀，如《超级减肥王》（*The Biggest Loser*），这个节目展示了那些通过健身训练和改变生活方式而大幅降低体重的人，但是，解决这种全国性肥胖趋势的方法是通过个人努力能达成的吗？我们的文化需要做出何种改变，才有助于我们所有人迈向更为健康的生活方式？

种差异也反映了收入水平。低收入人群超重的比例不断上升，一定程度上是因为他们受教育程度较低，不知道如何做出健康的选择。更重要的是，大概三分之一的低收入社区都是"食物荒漠"，供应更多的是便宜的高脂快餐，而有益于健康的水果和蔬菜则较少（Stephens，2017）。

美国肥胖问题还表现于对超重者的歧视。简单来讲，我们的文化将苗条视为自律和努力成功的标志。相反，超重似乎意味着缺乏志向，在某些人看来，完全就是懒惰的象征。

这些态度不仅普遍存在，而且可能会损害他人的利益。证据表明，医生可能会怀疑超重病人遵从"医嘱"的能力。同样，陪审团不太可能对被指控犯罪的超重者表示同情。也许最重要的是，雇主倾向于用不太积极的方式来评价他们体重超重的雇员或者应聘者，甚至是在根本没有任何支撑性证据的情况下（Neporent，2013）。

## 性传染病

虽然性活动能使双方都获得快感，并且它对人类的延续至关重要，但是它也能传播超过 50 种的性传染病（STDs）。因为美国文化将性与罪恶联系在一起，所以一些人不仅将这些性传染病看作身体上的疾病，而且还将其视作不道德的标志。

在 20 世纪 60 年代的"性革命"中，由于初次性行为的年龄下降加之性伴侣数量的增加导致性病感染率急剧上升，性病引起了全民的关注。这意味着，在 20 世纪，传染病普遍减少，但性病却是个特例。到了 20 世纪 80 年代后期，性传染病的不断增加——尤其是艾滋病——促生了"反性革命"，人们开始远离滥交。然而，自此以后几十年，性传染病的患病率再次升高，而且政府报告指出，如今的数值达到了最高点（Kain，1987；Laumann et al.，1994；Centers for Disease Control and Prevention，2016）。接下来将简要介绍几种常见的性传染病。

**淋病和梅毒**　在已知最早的性病中，淋病和梅毒是由性接触传播的病毒所引起的疾病。如果不治疗，淋病将会导致不孕；梅毒会损害身体的主要器官，导致失明、精神失常甚至死亡。

2015 年，美国官方统计有 395000 名淋病患者和 24000 名梅毒患者，尽管如此，真实数据有可能比这还要高出数倍。被传染患者大部分是非裔美国人（55%）和较少数量的非拉美裔白人（15%）、拉美裔美国人（7%）、亚裔美国人和美国原住民（1%）（CDC，2016）。

淋病和梅毒可以较容易地通过青霉素之类的抗生素得到治愈。因此，这两者在美国都不是主要的健康问题。

**生殖器疱疹**　生殖器疱疹是一种相当普遍的疾病，在美国至少传染了 2300 万青少年和成年人（比例高达六分之一）。虽然远不及淋病和梅毒危险，但是疱疹是无法治愈的。患有生殖器疱疹的人可能没有任何症状，或者他们可能会遇到痛苦的生殖器周期性疱疹，同时伴有发烧和头痛。虽然对成年人来说，疱疹并不致命，但是患有生殖器疱疹的孕妇会通过阴道分娩传播疾病，这对新生儿来说有可能是致命的。因此，患有生殖器疱疹的孕妇往往会采取剖宫产分娩（CDC，2017）。

**艾滋病**　所有性传染病中最严重的是艾滋病。1981 年艾滋病被确定为不治之症，而且一旦患上几乎必定致命。艾滋病是由人体免疫缺陷病毒（HIV）引起的，这种病毒会攻击血液中的白细胞，从而削弱免疫系统。因此艾滋病使得人容易受到其他很多疾病侵害，并最终导致死亡。

2014 年，美国因艾滋病死亡的人数达到 12333 人。而且，在 2015 年，美国官方记载约有 18303 例新增感染者，使病例总数上升到 1216917 例。这其中已有约 700000 人死亡（CDC，2016）。

全球传染 HIV 的人数已经不再快速增长。2015 年，约有 210 万成年人和儿童感染了艾滋病，这一数量相比十年前降低了 38%。同时，感染总人数依旧居高不下，全球约有 3670 万感染者。全球死于艾滋病的总人数超过了 3700 万，美国 2015 年死亡的 110 万人口中不到 1% 死于艾滋病（UNAIDS，2016）。数据显示非洲（尤其是撒哈拉以南的非洲）艾滋病感染率最高，约占世界所有病例的 70%。好消息就是这些地区的很多国家都在降低感染率上取得了长足进步，尤其是在控制儿童感染率上。女性感染艾滋病的风险尤其高，这不仅仅是因为 HIV 病毒更易于从男性传播到女性，也因为很多非洲文化都鼓励女性要顺从男性。有分析家认为艾滋病危机会威胁到非洲的政治经济安全，从而影响整个世界（Ashford，2002；UNAIDS，2016）。

一旦感染，HIV 病毒携带者并不会显示任何症状，所以大多数人并不知道自己的病情。艾滋病的症状在一年或者更长时间内可能也不会表现出来，但是在这期间，感染者却有可能传染给其他更多的人。在五年内，三分之一未经治疗的感染者的病情会发作；十年内，此数量会达到一半；二十年内，几乎所有的感染者都会发病。在低收入国家，艾滋病病情发展得更为迅速，很多人在感染之后几年内就会死去。

艾滋病是传染病，但它并不会因直接接触而感染。这意味着艾滋病能通过人与人之间的血液、精液和母乳传播，但一般的接触不会引起疾病传播，比如握手、拥抱、共用毛巾和餐具、一起游泳，甚至是咳嗽、打喷嚏。通过唾液（比如接吻）传播病毒的风险是极低的。使用避孕套也大大降低了通过性行为传播 HIV 病毒的概率。可能，节欲或与未受感染者的专一关系才是避免感染艾滋病的唯一可靠方式。

一些特定行为会将人们置于感染艾滋病的高危境地。首先就是与感染者肛交，因为这会导致直肠出血，从而使得 HIV 病毒更容易从一个人传染给另一个人。许多同性恋和双性恋的男性有肛交行为，这一事实有助于解释为什么这类人在美国艾滋病患者中占到 55%（六分之一的同性恋或者双性恋会患艾滋病）（CDC，2015）。

共用针头注射毒品是第二种高风险的行为。目前，静脉注射的吸毒者占艾滋病患者的 9%（如图 22-1 所示，包括 16% 的静脉注射毒品加上 3% 的"多重暴露"）。同静脉注射的吸毒者有性接触也是非常危险的。由于静脉注射毒品的人通常是美国的穷人，艾滋病现在已成为社会弱势群体的一种疾病。艾滋病患者当中少数群体人口占多数：2015 年，非裔美国人（总人口的 12.4%）占艾滋病患者的 45%，拉美裔（总人口的 17.6%）占艾滋病患者的 24%。相比之下，亚裔美国人和印第安人总计占艾滋病患者的 5.5%（CDC，2015）。

使用任何毒品，包括酒精，都会使人们在失去判断能力的情况下增加感染艾滋病的风险。换句话说，即使人们知道有被感染的风险，但是在酒精、大麻或其他毒品的影响下，他们仍会错误地选择进行性行为或静脉注射毒品。

如图 22-1 所示，美国 50% 的艾滋病患者是通过同性性接触被传染的，但通过异性性行为被传染的人也占到了艾滋病患者中的 26%。感染的风险随着个人接触的性伴侣数量的上升而上升，尤其是当他们属于艾滋病感染高危人群的时候。全球范围内，异性关系是艾滋病传播的主要途径，占所有感染者的三分之二。

在美国，治疗一名艾滋病患者需要花费数十万美元，这超出了很多人的支付能力。政府医疗项目、个人保险和个人储蓄用于艾滋病治疗方面的比例很低。另外，还需要更多的费用来照顾至少 7.5 万美国艾滋病儿童（全球范围内将近 1600 万）。好消息是，新的药物和治疗的费用逐渐降低，全球范围内有数百万

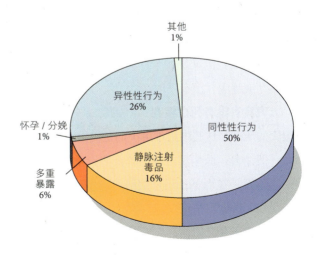

图 22-1　2015 年美国艾滋病患者的传染类型

有数种传染 HIV 病毒的途径。

资料来源：Center for Disease Control and Prevention（2016）。

在非洲肯尼亚，每天约有159 人死于艾滋病。近年来，撒哈拉以南的非洲地区的艾滋病传播速度已经大大降低。即便如此，仍然有 19 万 14 岁以下的肯尼亚儿童会感染 HIV 病毒。这个来自内罗毕的婴儿已确诊艾滋病，正在与病魔作斗争。

人因此得到了救治。即便如此，如此庞大的比例使得艾滋病既是一个医疗问题，也是一个社会问题。

在 20 世纪 80 年代早期，美国政府对于艾滋病危机应对迟缓，这主要是因为当时同性恋和静脉注射吸毒者被广泛认为是越轨者。不过，政府分配给艾滋病的研究和教育经费迅速增加（2016 年联邦预算为 317 亿美元），研究者虽然还没有找到治愈艾滋病的方法，但如抗逆转录病毒疗法（antiretroviral therapy，ART）的治疗手段能有效抑制疾病的症状，在相当大的程度上延长了艾滋病患者的寿命。实际上，艾滋病患者的寿命在接受 ART 治疗后能达到和正常人相当的水平（UNAIDS，2016）。这种疗法在包括美国在内的高收入国家被广泛使用，更多的低收入国家也掌握了这项技术，其有一半的人可以接受 ART 治疗。

就目前而言，教育工程仍然是防治艾滋病最有效的武器，因为针对这种至今尚无法治愈的疾病，预防是唯一的抵御办法。

## 关于死亡的伦理问题

现在，技术的进步可以让人类划定生死的分界线，我们必须决定如何以及何时去做这样的决定。换言之，关于医疗技术的使用问题为健康和疾病增加了伦理维度的讨论。

**死亡何时发生？**　依据常识，呼吸和心跳停止就意味着生命终止。但是心脏移植和人工维持呼吸的技术淘汰了这一死亡定义。如今，美国的医学和法律专家将死亡界定为一种不可逆的状态，对于刺激没有反应，无法移动或呼吸，没有反射运动，没有任何大脑活动的迹象（Wall，1980；Jones，1998）。

**人究竟有没有死亡权利？**　如今，医疗人员、患者家属以及患者本人对于何时结束晚期病人的生命都会有很大的压力。这其中最难解决的是美国境内的 15000 名永久植物人，他们无法表达生死选择的意愿。

一般而言，医生和医院的首要职责就是挽救病人的生命。尽管如此，一个精神健全的人在死亡将至的过程中，不管是在当下，还是提前通过生前预嘱（living will）都可以拒绝治疗甚至拒绝给养。当一个人由于生病或受伤无法做出决定时，这种生前预嘱申明了他／她接受或拒绝治疗的程度。

**选择安乐死又如何？**　安乐死（mercy killing 或 euthanasia，euthanasia 源自希腊语，意为"美好的死亡"）是指协助患有不治之症的人死亡。安乐死造成了伦理上的两难，它是一种善意的行为，却也是杀害的一种形式。

人们是否拥有"死亡权利"是当今最富有争议的伦理议题之一。所有患了不治之症的人都有权利拒绝那些可能延长他们生命的治疗。是否应该允许医生协助病人死亡是目前争论的核心问题。1994年，华盛顿州、加利福尼亚州、俄勒冈州就是否应该让医生帮助那些想要结束生命的人选择死亡进行投票。只有俄勒冈州通过了提案，但是相关法律很快遭到了反对，并一直搁置下来，直到1997年才再次表决认可。在2017年，俄勒冈的医生合法协助了1127名临终病人实施安乐死。然而，在1997年，美国最高法院判决，美国宪法不承认死亡权利，这使得安乐死相关法律的扩展速度减缓下来。直到2008年，华盛顿州成为了第二个允许医生协助死亡的州，蒙大拿州、佛蒙特州、加利福尼亚州、科罗拉多州，还有哥伦比亚特区之后也做出了相同的决议（Deathwith Dignity Center，2017）。

主动安乐死——让一个垂死的人在医生的协助下快速死亡——的支持者认为在有些情况下（例如垂死之人承受巨大痛苦的时候）死比生更好一些。批评者则反驳说，允许主动安乐死会招致滥用（参见第十六章"老龄化与老年人"）。他们担心病人因为怕给家人增加护理负担或者承受不了高昂住院费用的压力，从而选择结束自己的生命。在荷兰，医生协助病人安乐死是合法的。荷兰的一项研究表明：在所有安乐死的实例中，约有五分之一的患者并未明确要求安乐死（Gillon，1999）。

在美国，大多数的成年人对给予濒死者选择在医生的帮助下死亡的权利表示支持（Smith et al.，2015）。因此，关于死亡权利的争论还将持续。

# 医疗制度

## 22.4　比较世界不同国家的医疗制度

**医疗**（medicine）是专注于对抗疾病和改善健康的社会制度。在人类历史的大部分时间里，医疗保健是个人及其家人的责任。只是随着社会生产力提高、工作分工越发专业化，医疗才作为一种社会制度出现。

现在生活在农业社会中的人仍然求助于传统的保健医生，包括针灸师和草药医师。在工业社会，从麻醉医师到放射检验员，从事医疗保健的都是受过专门训练的持有许可证的专业医师。美国今天的医疗制度是在过去200年中逐步形成的。

### 科学医学的兴起

在殖民地时期，医师、草药医师、药剂师、理发师、助产士和牧师都在从事医疗工作。他们中的很多人都知道如何利用现有的植物为各种疾病提供有效的治疗措施，但并非所有的医疗措施都奏效。不卫生的器具、麻醉药的缺乏以及知识的贫乏，使得外科手术成为对患者可怕的折磨，得到救治的人数，可能与因医生的治疗而丧命的人数不相上下。

医生按照科学程序研究人体结构和人体机能，并强调通过手术和药物的使用来治疗疾病，由此使医学成为科学。在专业知识方面，医生逐渐将自己定位为拥有医学学位的专业人才。美国医学会成立于1847年，这意味着医学的科学模式逐渐被接受。

传统的医疗从业者也有他们的支持者。但是美国医学会并不认可他们，并通过资格认证来控制他们。在20世纪初期，国家认证委员会只认可接受过美国医学会培训的医生，许多教授其他治疗技能的学校因此关闭，并很快将行医治疗限定于持有医学博士学位的个体。因此，医生的声望和收入急剧上升。今天，持有医学博士学位的医生收入都很高，从事儿科的医生平均年收入为18.3万美元，从事心脏外科的医生平均年收入在50万美元以上（American Medical Group Association，2017；U.S. Department of Labor，2017）。

那些从事不同医疗领域的医生，例如整骨医生，认为他们别无选择，只能遵照美国医学会制订的标准。因此，

医疗　专注于对抗疾病和改善健康的社会制度　　　　整体医疗　一种强调预防疾病，并全面考虑个体的身体和社会环境的医疗保健方式

整骨疗法家（拥有整骨医学博士学位）以前是通过矫正肌肉骨骼系统来治愈疾病，而现在他们也像其他医生（拥有医学博士学位）那样采用药物来治疗疾病。脊椎指压治疗者、草药医师和助产士现在仍然用自己特殊的方式行医，但他们在医学界的地位较低。支持科学医学和偏好传统治疗方法的人之间的论战一直持续至今，在美国和其他许多国家都是如此。

　　科学医学，经由城市中收费昂贵的医学院讲授，也改变了医生的社会形象，以至于大多数医生出身优越并在城市行医。女性在康复治疗的很多领域发挥着很大的作用，但是却被美国医学会排斥在外。一些早期的医学院培养女性和非裔美国人，但是由于缺少资金来源，大多数学校耗尽了资金并最终关闭了。仅仅是在最近几十年，医学界的社会多样性才有所增加，女性和非裔医生分别占到 38% 和 8%。亚裔在美国医生中的占比为 19%，拉美裔美国人占比为 6%（U.S. Department of Labor，2017）。

## 整体医学

　　在最近几十年，医学的科学模式与更为传统的**整体医疗**（holistic medicine）模式结合了起来，这是一种强调预防疾病，并全面考虑个体的身体和社会环境的医疗保健方式。虽然整体医学的医师赞同使用药物、手术、人造器官和高科技，但他们强调治疗应针对整个人而不是症状。同时，他们强调的重点是健康而不是疾病。整体医学包含三种基础理念，现在也被称为整合性医疗保健（Gordon，1998；Patterson，1998；American Holistic Health Association，2017）。

　　1. 把病人当作人对待。整体医学的从业医师不仅关注病人的症状，同时也关注病人的生活环境和生活方式对其健康造成的影响。他们拓展了传统医学发挥作用的范围，在消除贫困、抵制环境污染以及其他有害于公共卫生的方面发挥了积极的作用。简单来说，整体医学更加强调引发疾病的潜在原因，而不仅仅是治疗疾病的症状。

　　2. 鼓励责任，而非依赖。科学的医疗方法提倡医生对病人的健康负责，病人遵循医嘱接受治疗。整体医学的医生试图通过鼓励促进健康的行为，从而转变医生和病人的职责。他们主张病人积极主动地对待自己的健康状况，而不是被动地面对疾病。

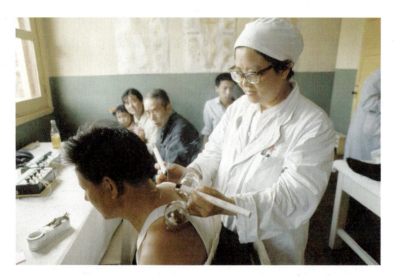

遍及全世界的传统医疗人员致力于改善人们的健康状况。在中国四川省遂宁市，图中的病人正在接受传统的中医疗法。你认为美国人能接受这种传统疗法吗？为什么？

　　3. 提供个性化的治疗。科学的治疗不管是在医生办公室还是在医院，都是以疾病为中心。相比之下，整体医学的医师更支持人性化、像家一样令人放松的环境。

　　总而言之，整体医学并不反对科学的医学方法，只是科学的医学方法强调治疗疾病，而整体医学更强调实现每个人的最大福祉。重要的是要认识到，一个人所遭受的意外事故或者严重疾病的创伤并不仅仅停留在身体表面，他们在情感和精神上也会受到严峻的挑战。

这种整合性的医疗方法会考虑到身心健康的所有方面。

最后，因为美国医学会现在已经认可了超过 50 种医学专业，显然有必要将多种医疗方法结合起来，以关注患者整体。

## 医疗保健费用：全球概观

随着高科技在医学领域的应用，医疗保健的成本也在急速上升。世界各国正在采用各种策略来支付医疗保健费用。

**社会主义国家的医疗**　在以社会主义经济体制为主的国家，政府直接为人民提供医疗保健服务。这些国家主张所有公民都有权利享受基本的医疗保健服务。医疗机构为国家所有并由其运营，医生及其他医疗护理人员都是政府雇员，由公共财政来支付他们的薪水。

**中国**　中国经济快速增长，但农业依旧是其产业的重要组成部分，它所面临的艰巨任务是要满足超过 13 亿人（原书写作时间时的中国人口统计数）的医疗保健需求。中国在私有化医疗上已有所探索，但是政府还是掌控着大部分的医疗保健服务。

中国过去的"赤脚医生"大致相当于美国的医务辅助人员（paramedic），为农村地区的数百万农民带来了现代的医疗保健方法。除此之外，一些传统的治疗方法，包括针灸和草药，仍在中国广泛运用。中国的医疗是基于对身心相互作用的整体关注（Kaptchuk，1985）。

**俄罗斯**　俄罗斯已经由之前国家主导的经济逐渐转变为市场经济。同样，俄罗斯的医疗保健也在发生转变。但是依然是由国家政府负责全民的医疗保健，政府宣称人人都有权利享受基本的医疗保健服务。

就像在中国一样，俄罗斯的民众无法选择医生，而是更多地诉诸政府公立医疗机构。俄罗斯医生的收入比美国医生的收入要低得多，大约相当于一名熟练的产业工人的工资收入。2014 年，俄罗斯总统普京提出要提高医生的工资，从而吸引更多的人加入医疗行业。而且，大约四分之三的俄罗斯医生都是女性，相比之下美国只有 38% 的医生为女性。和美国社会一样，在俄罗斯，女性主导的职业的收入也相对较低。

近年，俄罗斯在医疗保健方面不断受挫，部分原因是生活水平下降。不断增长的医保需求已经造成科层体系的紧张，这一科层体系原本就至多能提供高度标准化而非个性化的护理。乐观的看法是随着生活水平的提高，医疗服务的质量会有所改进。但是国家医疗制度至本书写作为止仍然拒绝改革（Mason，2003；Zuckerman，2006；Vasilyeva，2014）。

**资本主义国家的医疗**　生活在以资本主义经济为主的国家的人通常自费支付医疗保健费用。然而，由于费用过高，很多人无法支付医疗保健费用，政府项目因此出资承担了大量开支。

**瑞典**　1891 年，瑞典开始实施强制性、综合性的政府医疗保健制度。瑞典公民需要为此交税，瑞典的税收跻身于世界最高之列。通常情况下，医生是政府雇员，并且大多数医院是由政府管理的。因为这种医疗制度与在社会主义社会中建立的医疗制度相似，所以瑞典的医疗制度也称**社会化医疗**（socialized medicine），即政府拥有并经营大部分的医疗机构，且雇用大部分医生。图 22-2 展示了特定高收入国家的社会化医疗比例。

**英国**　1948 年，英国通过创设医疗服务的双重体系实现了社会化医疗，所有英国公民都有权享有由国家医疗服务体系提供的医疗保健服务，但是收入更高的人也可以到私人经营的医院就医。

**加拿大**　自 1972 年以来，加拿大实行"单一支付人制度"，对所有加拿大人提供医疗服务。加拿大政府就像一家大型的保险公司，根据一系列的费用计划来支付医生和医院的医疗费用，尽管成本是由政府管制的。跟英国一样，加拿大也有医生在政府资助医疗体系以外工作，并设定他们自己的收费标准，尽管收费依然会受到政府监管。

加拿大自称其医疗制度为全民提供医疗服务但成本又低于美国（非普遍性）的医疗制度。然而，加拿大的医疗制度的技术不够先进，响应速度也比较慢，这就意味着人们可能会为了重要手术等上数月。但是加拿大的医疗制度能提供全民性的医疗服务，不论公民收入高低。而在美国，低收入的人群往往无法得到医疗服务（Rosenthal，1991；Macionis & Gerber，2017）。

**日本**　在日本，虽然医生是私营的，但医疗费用由政府和私人保险联合支付。如图 22-2 所示，日本的医疗服务方式很像欧洲，通过政府来支付大量的医疗服务。

**全球快照**

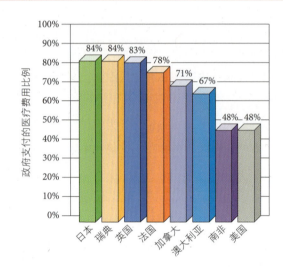

图 22-2　部分国家社会化医疗制度的覆盖范围
　大多数高收入国家的政府为人民的医疗费用支付的比例比美国政府要高很多。
资料来源：World Bank（2017）。

## 医疗保健费用：美国

即使是在 2010 年历史性的医改之后，美国在高收入国家中仍然是唯一一个没有全民性的、政府运作的医疗服务计划的国家。美国是**直接收费制度**（direct-fee system），即患者直接支付医生和医院提供的服务费用的医疗保健制度。欧洲人依赖政府提供 80% 的医疗费用（通过税收来支付），但是美国政府仅仅支付 48% 的医疗费用（World Bank，2017）。

在美国，富人能够购买到全世界最好的医疗服务。但是穷人获得的医疗服务要比欧洲的穷人糟糕。这种差异解释了为什么与欧洲的许多国家相比，美国的婴儿和成年人死亡率都相对较高。实际上，就婴儿死亡率（婴儿出生后一周岁以内死亡的概率）而言，美国在全世界的排名为第 55，落后于许多欧洲国家。美国在发达国家中也有着最高的孕妇死亡率。简而言之，研究人员报告说，美国新生儿和孕妇的患病率和死亡率非常高，即使美国在这方面的人均支出高于其他高收入国家。从整体人口来看，以预期寿命衡量，美国的排名也远远落后于其他大多数高收入国家（The Lancet，2013；Population Reference Bureau，2015；Martin，2017）。

美国的缅因州、佛蒙特州、马萨诸塞州已经制订了为美国人提供医疗服务的计划。为什么美国没有为全民提供医疗服务的国家计划？第一，在第二次世界大战期间，政府冻结了工人的工资。作为对冻结工资的补偿，

---

**社会化医疗**　政府拥有并经营大部分的医疗机构，且雇用大部分医生

**直接收费制度**　患者直接支付医生和医院提供的服务费用的医疗保健制度

美国医疗保健服务的核心问题在于：医疗保健是所有人都应享有的权利，还是根据人们的经济能力购买的资源（如食物和衣服）？即便是在奥巴马改革的背景下，仍然有数千万人无法获得医疗保健服务。展望未来，你觉得美国会有"单一支付人"的政府资助项目吗？为什么？

越来越多的雇主开始为工人提供医疗福利。第二，工会更多的是从雇主那里谋求更多的医疗服务，而不是诉诸政府项目。第三，因为美国文化强调自力更生，公众更喜欢求助于私人的雇佣体系。第四，美国医学会和保险业一贯强烈反对国家医疗服务。毋庸置疑，美国的医疗保健费用非常高。医疗保健费用从 1950 年的 120 亿美元大幅增长到 2015 年的 32000 亿美元。这一数字相当于平均每人花费约 1 万美元，比世界上任何其他国家的医疗支出都要高（Centers for Medicare and Medicaid Services，2016）。那么谁来为医疗服务埋单呢？

**私人保险**　2015 年，美国大约 1.78 亿人（56%）从雇主或工会处获得医疗保险。另外有 5200 万人（16%）自己购买了一些私人保险。综合上述数据，72% 的美国人拥有私人保险，尽管这些保险很少能覆盖所有医疗费用（U.S. Census Bureau，2016）。

**公共保险**　1965 年，美国国会确立了医疗保险（Medicare）和医疗补助（Medicaid）。医疗保险为超过 65 岁的老年人支付部分医疗费用；2009 年，该制度覆盖了 5200 万人，约占总人口的 16%。同年，为穷人提供医疗保障的项目医疗补助为另外的 6200 万人提供了相关福利，约占总人口的 19%。另外有 1500 万退伍军人（占总人口的 4.6%）能在公立医院获得免费医疗服务。总之，美国有三分之一的人能够从政府处获取医疗福利，但是大部分人也拥有私人保险（U.S. Census Bureau，2016）。

**健康维护组织**　美国约有 9200 万人（29%）加入了**健康维护组织**（health maintenance organization，HMO），该组织为缴纳固定费用的用户提供综合的医疗保健服务。不同的健康维护组织在成本和收益上各不相同，而且它也不会提供全额保险。如果用户保持健康，固定费用会让这些组织收益。因此许多组织都会采取预防措施以保持会员健康。然而，健康维护组织也因拒绝为他们认为不必要的医疗流程支付费用而遭到批评。美国国会目前正在讨论，何种程度时病人能够诉诸 HMO 以获得更好的医疗服务。

总的来说，美国 91% 的人享有某些私人医疗保险或某些公共医疗保险。然而大多数保险项目不提供全额保险，所以严重的疾病甚至会威胁到经济困难的中产阶级。许多医疗保险项目将某些医疗服务排除在外，比如牙科护理、精神健康治疗以及药物滥用问题。更糟糕的是，2900 万人（约占总人口的 9%）根本就没有医疗保险，尽管其中一半人有工作，几乎有同样多的人每年因被解雇或者工作变动而暂时失去医疗保险。处于医疗困境中的多数是中低收入人群，他们无力承担维持健康的预防性医疗（U.S. Census Bureau，2016；Kaiser Family Foundation，2017）。

**2010 年医疗保健法案**　2010 年，美国国会通过了一项法案，使得美国的医疗保健支付方式发生了重大转变。该项法案使得医疗保险覆盖到了更多人，同时，这项法案在未来十年内预计将花费 1 万亿美元的巨资，而效果将会慢慢分阶段显现。

下面是这一新法案的几个要点：

1. 从现在开始，所有的家庭都要缴纳保险税。低收入家庭会得到补贴，以帮助其支付保险费用；高收入家庭要以更高的税率支付，以帮助支持这一项目。

2. 颁布新法案六个月后，根据法律，将不允许保险公司因为客户生病而拒保，也不能因为宿疾状况而拒绝支付儿童的保险金。

3. 保险公司不能在保费额度上设限，他们将为每个人终生支付医疗费用。

4. 父母将子女纳入他们的健康医疗保险项目，一直到孩子 26 岁。

5. 到 2014 年，保险公司将不能再因为已有的健康问题而拒绝支付任何年龄任何人的医疗费用。

6. 到 2014 年，所有家庭将都被要求购买保险。政府将监管可能的收益和成本。

7. 对于那些不购买保险的人开出罚单，这些罚金将会随着时间增加。

总之，2010 年的医疗保健法案——2012 年被最高法院宣布为宪法——将没有医疗保险的人数从 4900 万（法律实施之前）降低到了 2017 年的 2900 万。这种趋势在富人和穷人群体中皆有所体现，但其在低收入人群中最为明显，包括各种种族和族裔的少数群体（Pear，2015）。奥巴马政府宣称，这一法案虽然并不能覆盖所有人，但至少是迈向这一目标的重要一步。平价医疗法案的批评者，包括特朗普政府，指出这一法案增加了大部分家庭在医疗保健上的花费，保险公司因此选择退出这一体系。在 2017 年，众议院通过了一条替代性法案，参议院依然在为在这些改变方面与之达成共识而努力。

## 护士短缺

近年来，很多学者都开始呼吁人们关注全美的护士短缺问题，尤其是在南部和西部的各州。2016 年，美国约有 290 万注册护士（拥有注册护士学位的人，比 2004 年增长了 26%。放眼未来，我们的老龄人口在未来数十年需要更多护理人员。劳动统计局预测，截至 2024 年，对劳动力中的替代者和新护士的需求数量将超过一百万（American Association of Colleges of Nursing，2017）。

护理需求的增加源于美国医疗保健系统产生的一些变化。首先，医疗技术进步让更多的疾病得到治疗。其次，医院的门诊服务快速扩张，诸如当天手术、康复和化疗等。再次，预防性治疗受到了越来越多的关注，而不只是简单治疗疾病或处理事故，这意味着接受治疗的人数比以往都高。最后，美国的人口老龄化正在占用越来越多的医疗服务资源。

美剧《护士当家》（*Nurse Jackie*）充分展示了纽约一所大医院急诊室的护士所面临的挑战。在美国，对护士的需求不断增加，你会考虑从事护理行业吗？

护理行业仍然吸引着年轻人。护理专业本科招生人数从 2005 年的 11.6 万提升到了 2015 年的 18.3 万。招生人数的增加有助于缓解护士短缺的问题（American Associationof Colleges of Nursing，2016）。

另一个护士短缺的原因在于护理学校开设得不够多。2012 年，由于缺少院系工作人员和设备，护理专业拒收了约 8 万名有资格的申请者（American Association of Colleges of Nursing，2014，2015）。而且，由于现在的年轻女性的职业选择范围更广，护士这一传统的女性职业对她们的吸引力很弱。一个显然的事实就是目前在职护士的年龄中位数不断上升，已经达到 50 岁。最后，现在很多护士都对她们的工作条件不满，称照顾病人负担沉重，经常加班，工作环境紧张，上司、医生和医院管理者对她们有失尊重和认可。这些问题都在给这个行业带来变化。薪资从普通护士的 47000 美元到注册护士的 103000 美元再到认证麻醉护士的 164000 美元，都开始上涨，一般护士近年来的工资一直在稳步增长。有些医院和医生通过提供签约奖金来吸引新护士。此外，护士计划正努力招募更为多样化的护士，招募更多的少数族裔护士（目前占护士总量的 28%）和更多的男护士（男性注册护士目前只占 10%）（Yin，2002；American Association of College of Nursing，2015；U.S. Department of Labor，2016）。

# 健康和医疗的理论

## 22.5 应用社会学主要理论分析健康与医疗

社会学的主要理论——结构功能论、符号互动论、社会冲突论和女性主义理论——都有助于我们梳理和解释有关人类健康的事实和议题。

## 结构功能论：角色分析

塔尔科特·帕森斯（Parsons，1951）将医疗视为保证社会成员健康的社会策略。帕森斯认为疾病是一种功能失调，因为它降低了人们扮演角色的能力。

**病人角色** 社会对于疾病的回应不仅包括对患者提供医疗保健服务，还有赋予患者**病人角色**（sick role），即合理的病人行为模式，根据帕森斯的观点，病人角色将人们从诸如工作或学习的日常职责中解脱出来。然而，为了防止对这种权利的滥用，人们不能简单地声称自己生病了，他们必须"符合病人角色"，并且在病情严重时会得到医学专家的帮助。扮演病人角色之后，病人一定会想要好转，并且必须尽一切所能恢复健康，包括与健康专家配合。

**医生角色** 医生对病人的病情进行诊断并且要帮助他们恢复健康。为了达到这个目的，医生利用他们的专业知识，向他们提供必要的信息，期望病人能够遵医嘱，从而完成治疗。

## 评价

帕森斯把疾病和医疗的分析同更广泛的社会组织联系起来，还有学者将病人角色的概念延伸到一些非疾病状态，例如怀孕（Myers & Grasmick，1989）。

病人角色概念的其中一个局限性在于，相对于一些不可治愈的慢性病（如心脏病）来说，它比较适用于急性病（如流感或腿部骨折）。另外，患者扮演病人角色（为康复而停止工作）的能力取决于个人所能获得的资源，比如许多在职的穷人就无法承担病人角色。最后，生病并非完全意义上的功能失调，它也可能会产生一些积极的影响：很多经历大病的人认为生病使他们有机会重新审视自己的人生，让他们更好地理解什么才是对他们真正重要的事物（D. G. Myers，2000；Ehrenreich，2001）。

最后，有批评者指出，帕森斯的分析使医生完全承担健康的责任，而非病人。而预防性医疗将这种责任分担到了我们每一个个体身上。

**检查你的学习** 定义病人角色。如何将疾病转化为有助于社会运行的病人角色？

## 符号互动论：健康的意义

根据符号互动论，社会不是一个宏观的系统，而是一个复杂的不断变化的现实。这一理论认为健康和医疗是人在日常互动中的社会建构。

**疾病的社会建构** 如果健康和疾病都是社会建构的，那么贫困社会的人可能会将饥饿和营养不良视为正常现象。同样，我们社会中的很多人也很少会考虑到丰富膳食的危害性。

我们对于疾病的反应也是基于疾病的社会定义，这一定义可能与医学事实相符合也可能不符合。艾滋病患者可能会遭受毫无医学根据的偏见，甚或是人们对他们感到惧怕。同样，学生在放假前夕可能不会注意到生病的征兆，但却会在期中考试前几个小时因为流鼻涕就赶往医务室。简而言之，健康并不是一个客观事实，而是协商的结果。

人们如何定义医疗状况实际上可能会影响他们的感受。医学专家对身心（psychosomatic，希腊语指"心"与"身体"的结合）失调感到很惊奇，人的心理状态会支配身体感觉（Hamrick，Anspaugh & Ezell，1986）。根据社会学家托马斯的定律（第六章"日常生活中的社会互动"），如果我们认为健康或者疾病是真的，那

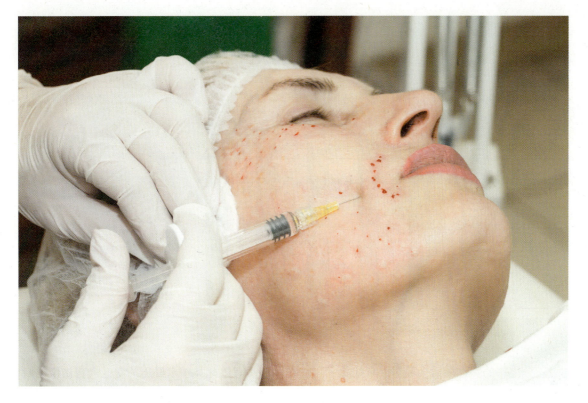

健康是基于文化的标准来界定的，对美的定义也是如此。美国每年都有数百万人进行整容手术，目的是使他们的外表符合人们的社会评价。

么它在结果上就是真的。

**治疗的社会建构**　在第六章，我们用了欧文·戈夫曼的拟剧论来解释医生如何调适自身所处的实际环境（办公室）与他们的行为（自我表演），以便让他人认为他们是有能力并且负责任的医生。

社会学家琼·爱默生（Emerson，1970）通过对男医生操作妇科检查进行分析，进一步阐释了现实的社会建构过程。男医生实施妇科检查的行为可能很容易被严重误解，因为传统将男性抚摸女性生殖器视为一种性行为，甚或是一种性侵犯。

为了确保人们将这种情况视为客观的和专业的，医务人员同意穿着制服，并且检查室里除了医疗设备外，其他什么也不放。医生采用这样的态度的和行为是为了使病人感到检查生殖器部位与检查身体的其他部位并没有什么区别。在检查过程中，通常都有一位女护士在场，这样不但可以协助医生，而且可以避免人们产生"孤男寡女共处一室"的印象。

医学院很少教授情境定义的知识。疏忽这一点是非常不幸的，正如爱默生的分析所表明的那样，医务人员懂得如何在检查室构建事实，与掌握所需的医疗技能可能是同样重要的。

**个人身份的社会建构**　最后一个通过符号互动论分析得出的观点是，手术是如何影响人们的自我想象与社会认同的。医疗过程之所以对我们的自我评价产生极大的影响，是因为文化对我们的身体器官和其他部位赋予了重要的象征意义。（比如说，在战争中）失去一条腿的人常常严重怀疑自己是不是还和以前一样是一个健全的人。同样，那些因为癌症切除乳房的女性通常会选择进行再造整形手术以维持她们的"女性化"外表。如果想让男性体会到此类医疗过程的重要意义，只需想象男性在手术中切除了部分或全部的生殖器官之后，他们会如何反应。

手术的影响十分重要，即使是外表并没有明显改变的情况下也是如此。例如，简·埃尔森（Elson，2004）指出，

图 22-3　1985—2016 年大一学生对身体健康状况的自我评估

　　自 1985 年起，越来越少大一学生认为自己的健康状况优于"平均水平"。你认为其中的原因是什么？

资料来源：Eagan et al.（2017）。

　　美国超过三分之一的女性最后会通过手术切除子宫。在对那些有过此类手术经历的女性进行访谈的时候，埃尔森发现女性通常对性别认同存在严重的自我怀疑，她们会经常自问："我还是一个女人吗？"只有 10% 的子宫切除手术是为了治疗癌症，大部分的人是为了防止疼痛、出血或囊肿——这些情况并未危险到舍此别无治疗方案的程度。埃尔森指出，如果医生意识到失去子宫对众多女性的象征意义有多么重要，那么他们应会考虑选择其他的治疗方式。

## 评价

　　符号互动论显示：人们如何定义健康和有害，取决于多种因素，而不完全由严格意义上的医学决定。这种理论路向也显示，在所有的医疗过程中，病人和医务人员都会有一个微妙的现实建构的过程。最后，这种方法也有助于我们理解肢体和其他身体器官的象征意义。由于事故或实施手术而失去身体的任何部位都会对个人认知产生重要的影响。

　　通过关注人们赋予健康或疾病的含义，符号互动论因为暗示关于健康没有客观的标准而招致批评。某些物质条件确实会使人发生一些具体的变化，不管我们怎样看待这些物质条件。例如，缺乏营养和安全用水的人会受到不健康环境的损害，无论他们认为自己身处的环境正常还是不正常。

　　学生的健康状况又如何？近来，学生自我评估的健康水平呈下降趋势。学生自我评价的"精神健康"状况更是达到了有史以来最低值（Eagan et al.，2017）。而且，正如图 22-3 所示，在美国大一新生中，认为自己健康状况优于"平均水平"的大学生所占的比例，相较 1985 年已经下降了很多。你认为这种趋势反映的是人们观念的变化还是健康水平真的下降了（据说是由于吃了更多不健康的食物）？

　　**检查你的学习**　健康、疾病治疗和个人身份都是由社会建构的，请解释这句话的含义。

## 社会冲突论和女性主义理论：不平等与健康

社会冲突分析指出了健康与社会不平等之间的关系。一些分析从卡尔·马克思那里得到了启示，把医学与资本主义运作联系起来。研究者主要关注三个重要议题：医疗保健的可及性、利益动机的影响和医学的政治化。

**医疗保健的可及性** 健康对于每个人都很重要。但是通过要求个人支付医疗费用，资本主义社会使得最富有的人享有最好的医疗保健。相对于其他高收入的国家，美国的医疗保健可及性问题要严重得多，这是因为美国没有全民医保制度。

冲突论认为资本主义给富人提供最优质的医疗保健，但这是以损害其他人口的医疗保健为代价。目前美国有超过 2900 万人没有任何医疗保险，而且他们的年均收入都低于 5 万美元。当身患严重疾病，美国社会中富人和穷人的待遇将会有极大的差异。

**利益动机** 一些冲突论分析者走得更远，认为真正的问题并不在于医疗保健的可及性，而是资本主义医疗体系本身。利益动机促使医生、医院和制药行业转变为数十亿美元的大型企业。谋求更高利润的动机助长了不必要的检查、外科手术和对昂贵药物的依赖，而非集中于改善人们的生活方式和生活条件。

在美国，每年会进行数千万例的外科手术，而这其中有很多手术是本可以选择做或不做的，也就是说病患是旨在改善长期健康，而不是在医疗紧急情况下进行手术的。当然，任何医疗过程或药物使用都是有风险的，并且每年有几十万病人会因此受到损害。因此，社会冲突理论家认为，手术不仅反映了患者的医疗需求，而且还反映了医生和医院的经济利益（Allen，2013）。

最后，冲突理论家认为，我们的社会对医生为了追求经济利益而要求病人进行检查和手术的行为太过宽容。医疗保健应该以人为本，而不是为利益所驱动。

**作为政治的医疗** 虽然科学宣称自己在政治上是中立的，但是女性主义者认为科学医学在重要的社会问题上常预设立场。比如，医疗机构总是强烈反对政府的医疗保健计划，还有就是直到最近才允许相当数量的女性加入医生的行列。从医学发展史可以看出，不但种族和性别歧视使得女性和有色人种被排斥在医学之外，而且这些歧视还被所谓的"女性和少数族裔是劣势人"的"科学"观点所支持（Lwavitt，1984）。比如"癔症"（hysteria）的诊断，这一术语源自希腊语"hyster"，意为"子宫"。当选择这个词来描述一种狂野的情绪状态时，医学是在暗示女性某种程度上就等同于非理性。

根据冲突论的观点，即使在今天，科学医学在解释有关细菌和病毒方面的疾病时仍然忽视贫困、种族主义和性别歧视所带来的破坏性影响。实际上，科学医学通过把社会问题转化成简单的生物学问题，隐瞒了在我们的医疗体系中存在的偏见。

## 评价

社会冲突论提出了关于健康、医疗和社会间关系的一种观点。这一理论认为，社会不平等是某些人比其他人更健康的成因。

针对冲突路向最常见的反驳就是认为它贬低了由科学医学和更高的生活水平给美国带来的健康优势。虽然还有很大的改进空间，但整体人口的健康指数在整个 20 世纪都在稳步上升，并且与其他高收入国家相比要好很多。

**检查你的学习** 解释健康和医疗服务是如何与社会阶级、资本主义和性别分层联系起来的。

**应用理论**

健康

| 　 | 结构功能论 | 符号互动论 | 社会冲突论和女性主义理论 |
|---|---|---|---|
| **分析层次** | 宏观层次 | 微观层次 | 宏观层次 |
| **健康与社会的联系** | 疾病是社会的功能失调，因为它阻碍人们扮演其日常角色。当病人自己也试图努力好转，病人角色使其从相应的责任中解脱出来。 | 社会根据生活标准对"健康"与"疾病"下不同的定义。人们如何界定他们的健康状况影响了他们的真实感受（身心疾病）。 | 健康与社会不平等联系在一起，富人相对于穷人有更多的机会享受医疗保健服务。资本主义的医疗保健体系受利益驱动，而不是从人们的切身需要出发。科学医学并不重视引发疾病的社会因素，包括贫穷、种族主义和性别歧视。 |

　　总之，社会学的三大理论路向都解释了为什么健康与医疗是社会问题。"应用理论"表概括了三大主要理论的分析结论。但是不断进步的工业技术并不能解决所有的健康问题。相反，正如"争鸣与辩论"专栏所解释的那样，如今的技术进步促生了新的问题和新的关注。

　　著名法国科学家路易斯·巴斯德（Louis Pasteur，1822—1895）用他一生的大部分精力研究细菌是如何导致疾病的。他在临死之前说，健康更多的是取决于细菌所赖以生存的社会环境而不是细菌本身（Gordon，1980：7）。解释巴斯德的观点就是社会学为人类的健康所做出的贡献。

## 健康与医疗：展望未来

　　在 20 世纪早期，死于白喉和麻疹这样的传染病是相当普遍的。因为科学家尚未研制出青霉素和其他抗生素，即使是一个很小的伤口，感染后都有可能会危及生命。一个世纪后的今天，美国社会中的大部分人都已经把健康和长寿看作是理所当然的。

　　在美国，越来越多的人为他们的个人健康负责。尽管如此，还是有些问题需要关注。越发普遍的肥胖症就是其中一个主要问题。如果这个趋势继续下去，年轻的一代将成为平均寿命缩减的一代。如果我们保持合理、适度的用餐，保持有规律的锻炼，并且不抽烟，那么我们每一个人都可以更加健康长寿。

　　另一个社会面临的健康问题，也是我们贯穿本章所讨论的一个问题，那就是国家在医疗方面的双重标准，即为富人提供良好的健康医疗服务，这却导致穷人的高患病率。国际比较显示，由于忽视了社会边缘人群的健康问题，美国在提供解决人类健康问题的措施方面是滞后的。即使在近来的医疗体系改革之后也仍然重要的一个问题就是，一个富有的社会应该为数百万的低收入且没有医疗保障的群体做些什么。

　　最后，我们发现低收入国家的健康问题比美国更严重。好消息是，全世界整体的人均预期寿命一直在上升，从 20 世纪 50 年代的 48 岁到今天的 71 岁（Population Reference Bureau，2017）。但是在拉丁美洲、亚洲，尤其是非洲的部分地区，数亿的成年人和儿童不仅缺少医疗照顾，而且还缺乏足够的食物和安全卫生的饮用水。提高全世界最困穷人口的健康水平依然是接下来几年最大的挑战。

# 争鸣与辩论

基因预测：我们真的想知道吗？

> 费丽莎：在结婚之前，我希望我的伴侣做一次基因筛查。就像买房或买车一样，你应该在签字之前对其进行仔细检查。
>
> 伊芙：你也希望有保证吗？

科学家发现了越来越多导致严重疾病的遗传因素。如果有机会的话，你是否愿意接受可以预测未来自己健康状况的基因筛查？

　　实验室试管中的液体看起来就像糖浆一样稀松平常。但这种液体是有史以来医学的最重大突破，其中可能囊括了生命本身的密钥，这就是脱氧核糖核酸（DNA）。在人体的每一个细胞中都发现了螺旋型的 DNA 分子，它包含了使每一个人生而为人且与其他人不同的"模型"（blueprint）。

　　人体由大约 100 万亿个细胞组成，其中大部分细胞核含有 23 对染色体（每一对染色体分别来自父母双方中的一方）。每个包含着 DNA 的染色体的序列片段就成为基因。基因指导作为人体构造基础的蛋白质生成。

　　如果遗传学听起来很复杂（事实上也确实如此），那么遗传学知识的社会影响就更加复杂。科学家于 1952 年发现了 DNA 的分子结构，且在近些年，他们在绘制人类基因组图谱上取得了巨大成功。绘制基因图谱将会有助于我们了解每个很细微的 DNA 是如何塑造我们的。

　　但是我们真的希望揭开生命本身的奥秘吗？一旦掌握了这些知识，我们将用它来做什么？研究已经识别出了导致许多疾病的遗传变异，包括镰形红细胞性贫血、肌肉萎缩症、亨廷顿病、囊肿性纤维化和某些癌症。基因筛查——窥探个体基因的"水晶球"——能让人们知道自己患病的命运，并让医生能够操纵一些 DNA 片段，在疾病出现之前就进行预防。

　　但是许多人呼吁慎用此类研究，警告遗传信息很可能被滥用。最糟糕的是，基因图谱为纳粹般地培育"高级种族"打开了便利之门。

　　许多父母都希望使用遗传检测去预测他们未来的孩子是否健康（甚至是眼睛的颜色）。如果未出生的胎儿不符合他们的标准，他们想要堕胎怎么办？当基因操控成为可能时，难道父母就应该去"定制小孩"？

　　于是就产生了一个有关"基因隐私"的问题。一名女性在决定结婚前是否可以要求她的未婚夫进行遗传评估？一个人寿保险公司是否可以要求投保人进行基因检测？能否允许雇主对工作申请者进行筛选，淘汰掉将来因疾病可能使公司损失医疗资金的那些人？很显然，在科学上可行的事情并不总是在道德上令人满意。社会在不断就如何正确使用不断扩展的遗传学知识这类问题上争论不休。这些遗传研究行动的道德困境将会在未来成倍增加。

## 你怎么想？

　　1. 传统的婚礼誓言是不管"疾病与健康"，双方始终相伴。你认为在婚事未定之前，人们是否有权知道他们准配偶未来的健康状况？为什么？

　　2. 你认为父母是否能在基因上"定制"他们的孩子？为什么？

　　3. 遗传研究公司是否允许对他们的发现申请专利，这样的话他们就可以从中获利，或者，是否每一个人都可以得到这些信息？解释你的回答。

资料来源：D. Thompson（1999），Golden & Lemonick（2000），Park（2015）。

## 日常生活中的社会学

社会如何影响人的健康模式？

特定的职业让某类人群更容易遭遇意外事故甚或死亡。例如采煤，它长期以来是死亡率最高的工作之一。尽管在美国煤矿事故中死亡的人数在近些年一直下降，但即使矿工试图避免陷入矿井塌陷或爆炸的危险之中，他们通常仍然要遭受长时间吸入煤尘带来的危害。观察下图：他们如何将健康与生活方式联系起来？

如图所示的渔船船员会在一年中的数月里与巨大海浪和严寒低温抗争。如同电视剧《致命捕捞》（*The Deadliest Catch*）所记录的那样，一次航行很少完全没有伤亡，若是如此已经非常幸运。还有其他什么工作会危及美国人的健康和福祉？

在美国历史上，煤矿工人死亡人数最高的年份是 1907 年，当时有 3242 名矿工丧生。这张照片摄于西弗吉尼亚莫诺格附近一起煤矿爆炸之后，这起事故造成了 358 人死亡。在 2014 年有 45 名美国矿工意外死亡。你在采煤历史和健康之间发现了何种社会模式（思考阶级、性别以及其他因素）？

**提示**　美国最危险的工作包括农业（危险来源于使用大型机械设备）、矿业、伐木业、货运业和建筑行业。军队中的大多数人通常也面临着危险。总之，工人阶级相比中产阶级面临着更大的风险，后者通常在安全的办公室工作。从事大多数危险工作的通常也是男性。总的来说，每年大约有 4800 名美国人（不包括军队人员）会在工作中意外丧生。

# 从你的日常生活中发现社会学

1. 到当地的法院或市政府去查阅人们的死亡原因和年龄记录。比较一个世纪之前的记录和今天的记录。关于预期寿命和死亡原因，你发现了什么规律？
2. 从本章中你学到哪些知识有助于你用来改善自己的健康？社会学能通过何种方式提高人们的健康水平？
3. 访问"社会学焦点"博客，你可以在那里阅读年轻社会学学者的最新文章，他们将社会学视角应用于流行文化的话题。

## 取得进步

### 健康是什么？

#### 22.1　解释社会如何形塑健康模式

健康是一个社会问题，因为个人的健康取决于社会的技术水平和这个社会的资源分配情况。

- 社会的文化会对健康的定义产生影响，并随着时间变化。
- 社会的技术发展水平影响着人们的健康状况。
- 社会不平等影响着人们的健康状况。

### 健康：全球概观

#### 22.2　对比低收入和高收入国家的健康模式

**低收入国家的健康状况**

- 贫困国家面临着医疗设备短缺、饥饿以及其他与贫困相关的问题。
- 低收入国家的预期寿命相较于美国要低约 20 年。在最穷的国家，10% 的小孩在 1 岁前夭折，并且有 60% 的人活不到 30 岁。

**高收入国家的健康状况**

- 在 19 世纪，西欧和北美的工业化极大地改善了人们的健康状况。
- 一个世纪之前，传染病是最主要的死亡原因；而在今天，美国的大多数人死于诸如心脏病、癌症和中风之类的老年慢性疾病。

## 美国的健康

### 22.3　分析种族、阶级、性别、年龄与健康的关系

**谁是健康的？年龄、性别、阶级和种族**

•约 81% 的白人男性和 73% 的非裔美国男性能活到 65 岁。89% 的白人女性和 83% 的非裔美国女性能活到 65 岁。

•整个生命历程中，女性的健康状况优于男性。美国文化对于男性气质的定义促生了攻击性和个人主义的行为，这使得男性有着更高的冠状动脉疾病患病率，也更容易卷入意外事故与暴力。

•社会地位高的人比穷人更健康，能获得更多的营养，能接触到更优质的医疗保健服务，生活环境更为安全，生活压力较小。

•非裔美国人的贫困率约是白人的两倍，这有助于解释为什么黑人在婴幼儿期更容易死亡，并且更容易受到暴力、滥用药物和健康不佳带来的不良影响。

**吸烟**

•吸烟是最大的可预防的死亡诱因。美国有超过 44 万人因为吸烟而英年早逝。

•许多人吸烟是为了释放压力。吸烟在男性、工人阶级、离异人士、失业者以及军人中更为普遍。

•烟草在美国是价值 900 亿美元的产业。烟草业在海外的销售量还在不断增长，尤其是在低收入国家。

**饮食失调与肥胖症**

•饮食失调——厌食症和贪食症——都跟文化中对于苗条的期望有关。成年人中，女性患厌食症的概率比男性高 3 倍，患贪食症的可能性比男性高 5 倍。

•在美国，65% 的成人超重。超重会增加患心脏病、糖尿病和中风的风险。

•肥胖症的社会原因包括懒惰的生活方式、食用盐分和脂肪过高的食物。

**性传染病**

•性传染病自 20 世纪 60 年代开始的"性革命"以来成为全国关注的议题，到了 20 世纪 80 年代后期，性传染病的危害（尤其是艾滋病）引发了反性革命，人们开始远离随意的性行为。

•特定行为使得人们面临感染艾滋病的风险，包括肛交、共用针管和吸食毒品。

**围绕死亡的伦理问题**

•关于医疗技术的使用问题为健康和疾病增加了伦理维度的讨论。

•"死亡权利"的支持者认为，当接受或拒绝采用治疗方案来延长生命的时候，个体应该有决定权。

## 医疗制度

### 22.4　比较世界不同国家的医疗制度

**科学医疗的兴起**

•历史上医疗保健是家庭关注的问题，随着工业化的进程，这成了受过训练的专业人士的职责。

•科学医疗的模式是美国医疗建制的基础。

**整体医学**

•整体医学聚焦于疾病的预防，相较于科学医学，其采用更为广泛和更为传统的方式。

•整体医学的医师关注健康而不是疾病。他们强调将病人当作人来对待，因此人们应对他们自己的健康状况负责，并能在人性化、放松的环境中得到治疗。

**医疗保健费用：全球概观**

•社会主义社会将医疗保健服务视为一种权利，政府平等地为每个人提供基本的服务。

•资本主义社会将医疗保健视作一种可购买的商品，尽管如此，大多数资本主义国家的政府会通过社会化医疗或国民医疗保险来帮助公民支付医疗费用。

**医疗保健费用：美国**

•2010 年医疗改革是近来美国努力实现全民性医疗保险目标的一次努力。

•在美国，大多数人拥有私人或公共保险，但是有将近 2900 万人没有任何医疗保险。

**护士短缺**

•美国社会的老龄化是护士需求不断增加的主要因素。

•尽管大部分国家的护士短缺问题有所缓解，但是南部和西部的很多州在护士上仍然存在缺口。

## 健康和医疗的理论

### 22.5　应用社会学主要理论分析健康与医疗

**结构功能论**认为疾病是一种社会功能失调，因为它降低了人们扮演角色的能力。根据塔尔科特·帕森斯的观点，社会通过角色定义对疾病做出回应：

•病人角色将患者从日常的社会责任中解脱出来；

•医生角色负责使用专业知识来协助病人康复。

**符号互动论**探究健康与医疗是如何通过人们的日常互动社会性地建构起来的：

•我们对于疾病的反应并非总是基于医学事实；

•人们如何界定医疗状况可能会影响他们的感受。

**社会冲突论**聚焦于健康和医疗保健的不平等分配。马克思主义理论批判美国的医疗制度：

•过于依赖药物和手术；

•由利润动机所支配；

•过分强调疾病的生物性诱因而不是社会根源。

**女性主义理论**批判医疗制度所谓的"科学"陈述与政策实际上都许可男性支配女性。

# 第二十三章
# 人口、城市化与环境

# 社会的力量

形塑我们对全球变暖的看法

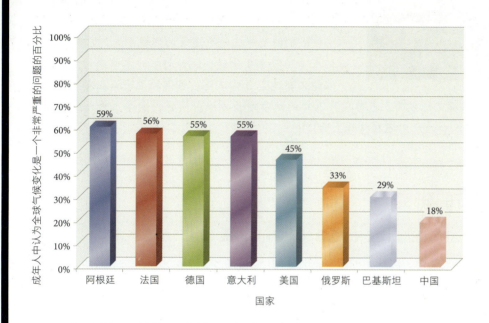

成年人中认为全球气候变化是一个非常严重的问题的百分比

阿根廷 59%　法国 56%　德国 55%　意大利 55%　美国 45%　俄罗斯 33%　巴基斯坦 29%　中国 18%

国家

资料来源：Pew Research Center（2016）。

　　对全球变暖的态度只是我们的个人观点吗？回答这个问题的一种方法是放眼世界。在全球变暖的问题上，美国人的观点一直存在分歧，只有不到一半的美国成年人认为全球变暖是一个非常严重的问题。然而，在其他许多高收入国家，大多数人都认为全球变暖形势严峻。低收入国家对全球变暖的担忧程度要低得多，那里的人们更关注食物和住所等基本需求。显然，社会的力量能塑造我们对环境问题的看法。

## 本章概览

　　本章探讨了社会变迁的三个维度：人口动态、城市化以及自然环境所面临的日益增长的威胁。这三者不仅重要，且密切联系。

　　"我跟你说，"迈卡坐在宿舍的椅子上自信地说，"气候正在发生变化。"

　　"瞧，"他的朋友克里斯蒂娜显然不太相信，摇了摇头，"在我们的记忆中，龙卷风和强风暴一直都存在。这没有什么特别的……"

　　"气候确实在发生变化。气候越来越恶劣了。不是每天都有变化，但总体上在改变。一定在发生些什么。"

　　大多数气象科学家都同意迈卡的观点。他们的结论是，随着海洋变暖，气候也在变化。越发严重的强风暴趋势使许多人开始怀疑，更高的平均气温和更恶劣的天气不是"百年一遇"的事件，而很可能成为"新常态"。由于人口高度集中在大规模的城市地区——这种模式不仅存在于美国，而且存在于世界上的许多

地区——气候变化很可能将数亿人置于危险之中。政客们也在对气候变化发表看法。2015 年，奥巴马总统表示气候变化的危害等于美国的国家安全所受到的威胁，并签署了一项追踪碳排放的全球协议，尽管这后来遭到了特朗普总统的拒绝，但几乎每个国家都支持该条约（Shane，2015；Liptak & Acosta，2017）。

我们的地球是一个庞大的环境系统，它由地球上的 75 亿人（2017 年）塑造，无论好坏。本章探讨人类社会如何依赖又塑造了自然环境。我们的星球正在发生变化，这不仅体现在全球变暖和其他环境变化方面，也体现在人口的稳步增长方面。同样，世界上的大多数人现在生活在城市的密集区域，城市人口的比例还在持续上升。

# 人口学：关于人口的研究

**23.1**　解释生育率、死亡率和人口迁移的概念以及它们如何影响人口规模

大约在 12000 万年前，当人类第一次开始种植植物时，地球上的智人（Homo sapiens）人口总数大概只有 500 万，大约相当于现在生活在科罗拉多州的人口数量。由于人口增长非常缓慢，到公元 1 年，全球人口共计达到 3 亿，大约相当于美国现在的总人口。

从 1750 年开始，世界人口开始迅猛增长。现在我们地球上的人口以每年超过 9000 万的速度递增。截至目前，全球人口已经达到 75 亿（Population Reference Bureau，2016）。

这一戏剧性事件的原因与结果就是**人口学**（demography）研究的基础，人口学即是针对人口的研究。人口学（demography 源自希腊语，意为"对人的描述"）是社会学的旁系学科，它分析的是人口的规模与构成，同时研究人们怎样以及为什么从一个地方迁移到另一个地方。人口学家不仅收集统计资料，同时也提出关于人口增长的影响这样的重要问题，并给出如何控制人口的建议。以下几个小节展现了基本的人口学概念。

## 生育率

关于人口的研究是从研究多少人出生开始的。**生育率**（fertility）是指一个国家人口的生育水平。在女性的育龄期内，从开始的月经初潮（尤其是少女时期）到绝经期（一般近 50 岁），女性可以生育超过 20 个孩子。但是，生育力（fecundity），即最大可能的生育率，却由于文化规范、经济能力以及个人选择而被大大削减了。

人口学用**粗出生率**（crude birth rate）描述生育率，即在某一特定年份中，全年活产婴儿数在总人口数中的千分比。要计算粗出生率，用一年当中成活婴儿的出生数量除以社会总人口，然后把结果乘 1000。2015 年，美国 3.214 亿人口中有 398 万成活的婴儿出生，粗出生率为 12.4（Martin et al.，2017）。

1 月 18 日，俄亥俄州的科肖克顿县。在吃了一顿阿米什风味的美食（肉和马铃薯）后，我们这群大学生聚集到雅各布·雷伯家的客厅，他是阿米什农村社区中的一员。雅各布夫人是四个孩子的母亲，向我们讲述了阿米什的生活。"我认识的大多数妇女都有五六个小孩，"她微笑着说，"但是当然不是每个人——有些有十一个或十二个孩子！"

一个国家的人口出生率之所以用"粗略"（crude）来描绘，是因为它是以整个人口数量为基础的，不仅仅指育龄期的女性。另外，这些测量忽略了各种不同人口类别之间的差别：例如，阿米什人的生育率非常高，而亚裔美国人的生育率很低。但是这种粗略的测量很容易计算，并且可以对一个国家或地区与另一个国家或地区的生育率进行粗略的比较。图 23-1 的（a）部分显示，在全球范围内，北美的粗出生率较低。

## 死亡率

人口规模也反映了**死亡率**（mortality），即一个国家死亡人口的发生率。要测量死亡率，人口学家会使用**粗死亡率**（crude death rate），即在某一特定年份中，全年死亡人数在总人口数中的千分比。这次，我们用一年当中的死亡人口数量除以总的人口数量，然后把结果乘1000。2015 年，美国 3.214 亿人口中有 270 万人死亡，自然死亡率为 8.4（Xu et al.，2016）。如图 23-1 的（a）部分所示，美国死亡率大约是全球平均水平。

第三种有用的人口统计方法是计算**婴儿死亡率**（infant mortality rate），即在某一特定年份中，每 1000 个出生的成活婴儿中，不到 1 岁死亡的婴儿数量。要计算婴儿死亡率，用同一年的婴儿死亡数除以婴儿存活数，然后把结果乘以 1000。2015 年，美国有 23455 名婴儿死亡，398 万名成活。用第一个数字除第二个数字，再把结果乘 1000，得出的婴儿死亡率为 5.90。如图 23-1 的（b）部分所示，就世界水平而言，北美地区的婴儿死亡率是较低的。

但还是要关注不同类别的人口之间的差别。例如，美国的黑人，他们的贫困率是美国白人的 3 倍。他们的婴儿死亡率为 11.2，是白人婴儿死亡率（4.95）的两倍多。

较低的婴儿死亡率很大程度上提高了人的**预期寿命**（life expectancy），即一个国家人口的平均寿命范围。在美国，2015 年出生的美国男性预计可以活到 76.3 岁，女性则可以活到 81.2 岁。如图 23-1 的（c）部分所示，北美人口的预期寿命几乎比非洲低收入国家人口的预期寿命多 20 年。

## 全球快照

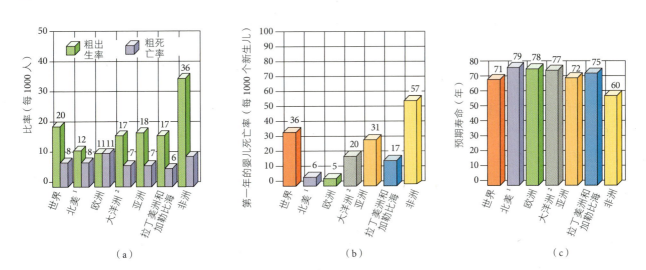

图 23-1　（a）自然出生率和自然死亡率（b）婴儿死亡率（c）2016 年全世界的预期寿命
从全世界的水平来看，北美有着较低的出生率、全球平均水平的死亡率、较低的婴儿死亡率以及很长的预期寿命。
[1] 美国和加拿大
[2] 澳大利亚、新西兰和南太平洋诸岛
资料来源：Population Reference Bureau（2016）。

## 人口迁移

　　人口规模也受**人口迁移**（migration）的影响，即人们从某个特定地区迁入或迁出。迁移进入某个地区，或称迁入，用迁入率来测量，即每 1000 人中迁入一个地区的人数。迁移离开某个地区，或称迁出，用迁出率来测量，即每 1000 人中迁出一个地区的人数。两种形式的迁移通常是同时发生的，它们的差额就是净迁移率。

　　所有的国家都经历着内部的人口迁移，即在国界内人口由一个地区迁移至另一个地区。迁移有时是自发的，如人们从一个小镇移民到一个大城市。在这样的情形下，"推力 - 拉力"因素就起到很重要的作用。工作岗位的不足，"推动"人们选择迁移，其他地区的更多就业机会又把他们"拉"到了更大的城市。迁移也有可能是非自愿的。一个重要的例子就是强制把 1000 万的非洲人作为奴隶运到北半球西部，最近的一个例子就是卡娜飓风使成千上万的人迁往新奥尔良。

人口学　针对人口的研究

生育率　一个国家人口的生育水平
粗出生率　在某一特定年份中，全年活产婴儿数在总人口数中的千分比

死亡率　一个国家死亡人口的发生率
粗死亡率　在某一特定年份中，全年死亡人数在总人口数中的千分比
婴儿死亡率　在某一特定年份中，每 1000 个出生的成活婴儿中，不到 1 岁死亡的婴儿数量

人口迁移　人们从某个特定地区迁入或迁出

## 人口增长

　　出生率、死亡率、人口迁移都会影响到社会的人口规模。一般而言，富裕的国家（就像美国），移民入境的因素和人口自然增长的因素，对于人口增长的影响是差不多的。贫困的国家（就像巴基斯坦）人口增长几乎完全来源于自然增长。

　　为了计算人口的自然增长率，人口学家用粗出生率减去粗死亡率。2015 年美国人口的自然增长率为每 1000 人 4.0（粗出生率 12.4 减去粗死亡率 8.4），或者说人口数量一年增长了 0.4%。

　　美国及一些其他的高收入国家的人口增长率远低于世界平均水平的 1.2%。世界上人口增长率较低的洲为欧洲（最近呈零增长）、北美（0.4%）。接近世界平均水平的有大洋洲（1.0%）、亚洲（1.1%）和拉丁美洲（1.1%）。世界上人口增长率最高的地区是非洲（2.6%）。

　　一种较为方便的估计人口增长率的方法，就是用一个社会的人口增长率除以 70 这个数字。这就可以发现人口翻番所用的时间。这样每年的人口增长率为 2%（如亚洲国家老挝）意味着在 35 年内人口翻了一倍。3% 的人口增长率（如非洲国家安哥拉）在 23 年内人口将翻一倍。贫困国家快速的人口增长率让人深感担忧，因为这些国家几乎不能养活这些人口。

## 人口的构成

　　人口学家也会研究在某一既定时间点的社会人口构成。其中一个变量是**性别比**（sex ratio），即在一个国家中每 100 名女性所对应的男性数量。2017 年，美国的性别比为 97（即每 100 名女性对应 97 名男性）。性别比通常低于 100，因为平均而言，女性比男性寿命长。堪萨斯州的普莱恩维尔老龄化问题较为严重，性别比只有 89，或者说每 100 名女性只能对应 89 名男性。然而，印度的性别比是 108，这不仅是因为印度的人口更年轻，而且因为很多家长重男轻女，可能会将女性胎儿打掉，或者说更关心男孩的成长，而增加女孩死亡的概率（U.S. Census Bureau，2017）。

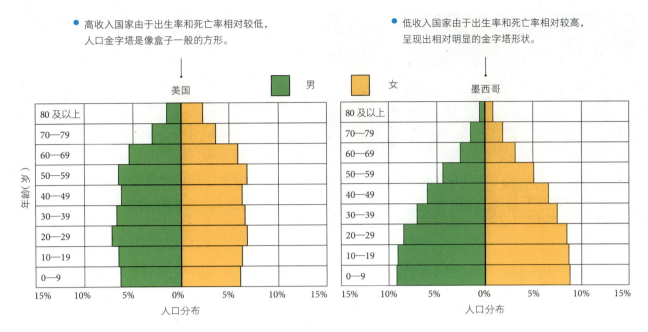

**图 23-2　美国、墨西哥 2017 年年龄 - 性别人口金字塔**

通过观察一个国家人口金字塔的形状，你能看出其经济发展水平和未来人口增长的水平。
资料来源：U.S. Census Bureau（2017）。

一种更复杂的测量方法是**年龄－性别金字塔**（age-sex pyramid），即一种对人口的年龄、性别的图表描述。图 23-2 展示了美国和墨西哥人口的年龄 - 性别金字塔。随着年龄的增长，人口死亡率的提高使得这些图标形成一个大致上的金字塔形状。

美国和墨西哥人口的年龄 - 性别金字塔之间的比较，展现了不同的人口发展趋势。像其他低收入国家一样，墨西哥的金字塔底部很宽（反映了较高的出生率），但在中年阶段迅速变窄（归因于较高的死亡率）。简而言之，墨西哥是一个更为年轻的社会，其年龄中位数为 28 岁，而美国为 38 岁。由于有更多的女性处于生育期，因此，墨西哥的粗出生率（19.0）高于美国的数值（12.4），其每年的人口增长率（1.4%）几乎是美国（0.4%）的 3 倍。

# 人口增长的历史与理论

### 23.2　运用马尔萨斯理论和人口转变理论分析人口趋势

在过去，人们都想拥有一个大家庭，因为劳动力是生产的关键。另外，直到 19 世纪中叶，避孕套被发明之前，都不能明确地避免意外怀孕。但由于传染病带来的高死亡率，人口增长经常中断。

一个重要的人口变化始于 1750 年，当时世界人口数量开始上升，在 1800 年，人口达到了 10 亿。这个里程碑数字（几乎花了整个人类历史的时间才达到）在仅一个世纪后的 1930 年就翻倍了，那时地球上的人口又增加了 10 亿。换句话说，不仅是人口增长了，连人口增长率也提高了。在 1962 年，全球人口已经增长到 30 亿（仅 32 年后），在 1974 年达到了 40 亿（仅 12 年后）。近来世界人口的增长速度已经放缓，但是全世界的人口在 1987 年已经达到 50 亿，1999 年达到了 60 亿，2012 年初达到了 70 亿。在以前的所有世纪当中，甚至没有出现过人口翻倍的情况。而在 20 世纪，人口已经翻了四倍了。

当前，全球每年要增长大约 9000 万人口，其中 99% 的增长来自低收入国家。专家预测，到 2024 年，世界人口将达到 80 亿，到 2050 年将缓慢攀升至 97 亿左右（United Nations，2015）。考虑到地球对于供养现有

这是印度孟买的一条街道，显示了在马尔萨斯的研究中对于未来的想法和预测。他担忧人口的增长会把地球的资源消耗殆尽。你能解释一下为什么马尔萨斯对人口有着如此深的忧虑？又是什么让人口转变理论做出了更有希望的分析？

人口的困难，这种人口增长应得到足够的重视。

## 马尔萨斯理论

250 年前人口的突然增长刺激了人口学的发展。托马斯·罗伯特·马尔萨斯（Thomas Robert Malthus，1766—1834），一位英国的经济学家和牧师，警告说人口增长很快会导致社会的混乱。马尔萨斯（Malthus，1926，orig. 1798）推测人口将会以数学上称作几何级数的方式增长（例如这些数字：2，4，8，16，32 等）。马尔萨斯总结说，按照这样的速度，世界人口将很快失控。

食物的生产也将增加，马尔萨斯解释说，但是这只是以算术级数（就像 2，3，4，5，6 这样）的速度增加。因为即使采用新的农业技术，土地也是有限的。因此马尔萨斯表现出了对未来的悲观看法：人类的繁衍速度超出了地球的承受能力，最终会导致大范围的饥荒和为了争夺剩余资源的战争。

马尔萨斯指出人为的生育控制和节欲可能会改变他的预测，但他意识到这其中前者存在道德性的错误，而后者很不切实际。在马尔萨斯的脑海中，战争和饥荒缠绕着人类，所以他以"忧郁的牧师"而闻名。

## 评价

幸运的是，马尔萨斯的预测是有瑕疵的。第一，在 1850 年，欧洲的人口出生率开始下降，一方面是因为小孩已成为经济的负担，而不是资产。另一方面是因为人们已经开始人为控制生育了。第二，马尔萨斯低估了人类的才智：现代的灌溉技术、化肥和农药，对农业生产的促进远远超过他那时的想象极限（Yemma，2011）。

一些人批评马尔萨斯忽视了社会不平等在全球富足和饥荒中的作用。例如，卡尔·马克思（Marx，1967，orig. 1867）反对马尔萨斯将苦难视为"自然法则"而非资本主义的祸害的看法。最近，"批判人口学家"认为，那些声称贫困是由低收入国家的高出生率引起的类似说法相当于谴责受害者。相反，他们认为全球不平等才是真正的关键（Horton，1999；Kuumba，1999）。

但是马尔萨斯仍然给我们上了重要的一课。可供居住的土地、干净的水和新鲜的空气是有限的资源，不断增长的经济生产水平对自然环境造成了极大的损害。另外，医学进步已经降低了死亡率，推动了世界人口增长。当然，常识告诉我们不管什么水平的人口增长都不会永远持续下去。任何地方的人都必须意识到人口增长所带来的危险。

**检查你的学习**　马尔萨斯关于人口增长的预测结果是什么？关于食物生产的预测结果又是什么？马尔萨斯理论的总体结论是什么？

## 人口转变理论

一个更加复杂的人口变化分析是**人口转变理论**（demographic transition theory），这一理论将人口模式与一个社会的技术发展水平相联系。图 23-3 显示了在四个技术发展水平上的人口发展结果。

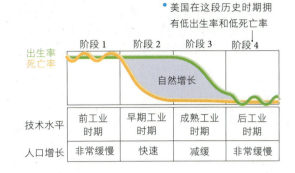

图 23-3　人口转变理论
人口转变理论将人口变化与一个社会的技术发展水平联系起来。

在前工业时期，农业社会（第一阶段）多生小孩的经济价值观和生育控制措施的缺乏，导致了较高的出生率。较低的生活水平和有限的医学技术使死亡率也相当高。疾病爆发造成的死亡率抵消了出生率，所以人口只会随着时间的推移而略有上升和下降。这就是工业革命之前欧洲数千年以来的状况。

第二阶段，工业化开始，随着丰富的食物供给和医学药品所带来的死亡率的降低，带来了人口的转变。但是出生率仍然很高，导致人口快速增长。在欧洲第二阶段期间，马尔萨斯确切表达了他的观点，解释了他对未来的消极看法。世界上最贫穷的国家到今天仍处于这一高增长阶段。

第三阶段，工业经济达到成熟，出生率的降低再一次抑制了人口的增长。生育率的下降一方面是因为大部分孩子都能活到成年，另一方面，在较高的生活水平下，抚养小孩至成人的花费很高。简而言之，富足使孩子从经济资产变成了经济负担。通过有效控制生育，小家庭成为可能，这也有利于女性外出工作。随着出生率继死亡率之后的降低，人口增长速度进一步减缓。

第四阶段对应后工业时期的经济，这时人口转变已经完成。出生率持续下降，一方面因为双职工家庭逐渐成为大势，另一方面是因为抚养、教育孩子的成本持续增长。这种趋势，加上稳定的死亡率，意味着人口增长十分缓慢，甚至呈负增长。在日本、欧洲和美国都有这样的情况发生。

### 评价

人口转变理论认为控制人口的关键在于技术。相较于马尔萨斯担忧的人口失控式增长，这一理论认为技术发展减缓了人口增长，并提供了丰裕的物质。

人口转变理论与现代化理论相关联，其在第十三章（"全球社会分层"）有关全球发展的理论中有所讨论。现代化理论乐观地认为贫困国家可以随着工业化发展而解决他们的人口问题。但是批评者，特别是一些依附理论家则表示强烈反对。他们认为，除非全球资源重新分配，我们的星球将会不断地分化成富裕的、享受低人口增长的"有产者"，和贫穷的、为了供养更多人口无望挣扎的"无产者"。

**检查你的学习**　请阐述人口转变理论的四个阶段。

## 全球人口现状：一个简短的概观

对如今世界上的人口，我们还能说些什么呢？到目前为止如果要下结论的话，我们可以区分几种重要的模式并且得出几点结论。

**低增长的北半球**　当北半球开始工业革命时，西欧和北美的人口以每年 3% 的速度增长。但几个世纪以来，增长率稳步下降，在 1970 年，已经降到了 1% 以下。随着工业化发展，社会进入第四阶段，美国每名女性的生育率处于少于 2.1 个小孩的更替水平，即人口学家所称的**人口零增长点**（zero population growth）——维持人口数量稳定的生育率。在 2015 年，87 个国家（几乎都是高收入国家）的人口增长率都处于零增长点或以下的状态。

在后工业社会中，高比例的男女进入劳动力市场，抚养孩子费用的上升，晚婚、单身的趋势，避孕工具的广泛使用以及堕胎都成为人口增长率降低的因素。

对于高收入国家，人口增长不是一个带来压力的问题，不过它确实构成了贫困国家的压力。相反，包括意大利和日本在内的高收入国家的许多政府非常担心未来的人口稀少问题。因为不断下降的人口数量可能很难恢复，并且不断膨胀的老年人口只能靠越来越少的年轻人供养（El Nasser & Overberg，2011；Population Reference Bureau，2016；Martin et al.，2017）。

**高增长的南半球**　在南半球贫穷的国家当中，人口是一个严重的问题。世界上没有一个国家完全缺乏工业技术，人口转变理论的第一阶段仅适用于低收入国家的偏远农村地区。但很多拉丁美洲、非洲和亚洲的国家正处于第二阶段，其农业经济和工业经济并存。富裕国家提供给它们的先进医疗技术使死亡率大幅下降，但这些国家的出生率仍然很高。这就是低收入国家现在占世界人口的 83% 并且占全球人口增长的 99% 的原因。

在一些世界上最贫穷的国家，例如非洲的刚果民主共和国，女性在一生中平均大约仍会生育 6 个孩子。但在大多数贫困国家，出生率已经从 1950 年的一名女性平均生育约 6 个孩子的水平下降到现在 3 个孩子的水平。但是其生育率依然很高，只会加剧全球的贫困状况。这就是为什么领导人把对抗全球贫困的重要性放在降低低收入国家的生育率上。

同时要注意的是，控制世界人口增长的一个关键因素就是提高女性的地位。为什么？只因这一简单的事实：给女性更多的生活选择，她们就会少生孩子。历史已经证明，女性如果可以自由决定何时何地结婚生子，以及获得教育和工作机会的话，她们会选择限制自己的生育能力（Axinn & Barber，2001；Roudi-Fahimi & Kent，2007；Population Reference Bureau，2016）。

**人口鸿沟**　高收入国家和低收入国家显示了不同的人口动态，这种差异有时被称为人口鸿沟（demographic divide）。在意大利，一个高收入但人口增长非常缓慢的国家，女性一生中平均只有 1.5 个孩子。如此之低的出生率意味着每年出生的人数要少于死亡的人数。这就意味着意大利目前的人口在逐渐减少。展望 2050 年，即便假设会有一些移民迁入意大利，意大利的预计人口也会低于现有水平，但是老年人的比例（现在是 22%）将只会随着时间增加。

美国的人口生育率从 20 世纪就开始下降，到现在已经非常低了。但是美国的一些种族却拥有相当高的生育率。阿米什人就是一个例子，这是一个生活在俄亥俄州、宾夕法尼亚州以及其他一些州的农村地区的宗教社群。对于阿米什夫妇来说，有五六个甚或更多的孩子是很平常的事。你认为为什么阿米什人都喜欢大家庭呢？

那像刚果民主共和国这样的低收入国家的人口模式又有何不同呢？刚果民主共和国的女性平均会生育六七个孩子，所以即使死亡率很高，到 2050 年这个国家的人口仍将会翻一番。老年人的比例极低，大概只有 3%，而这个国家几乎一半的人口在 16 岁以下。伴随着如此高的生育率，这个国家的贫困问题不断恶化也就不足为奇了，而且大约有三分之二的人营养不良（United Nations，2015；Population Reference Bureau，2016；World Bank，2017）。

总之，人口鸿沟现在将世界划分为伴随着低

出生率和人口老龄化的富裕国家与伴随着高出生率和人口极度年轻化的贫困国家。就像世界各地的人类都在设法减少死亡一样，现在人类必须减少人口增长，尤其是在贫困国家，否则其未来将会像几百年前由马尔萨斯所预测的一样黯淡。

曾经，中国在减少人口增长方面采取强硬立场，效果显著。20 世纪 70 年代实施的备受争议的独生子女政策使中国人口减少了约 2.5 亿。

# 城市化：城市的发展史

### 23.3　总结美国和世界各地的城市化模式

10 月 8 日，中国香港。缆车徐徐驶向太平山顶，我们在此看到了这个世界上最为壮观的景色之一：香港的夜景。无数明亮的彩灯环耀着港湾，轮船、摆渡和中国传统帆船往来如织。无论白天还是晚上，很少有地方像香港一样拥有强大的能量：这个小城市的经济生产力与威斯康星州或整个芬兰一样丰富。我们可以坐在这里数小时，欣赏香港的壮丽。

在人类的历史长河中，诸如香港、巴黎和纽约这样的大城市的景象简直是不可想象的。我们遥远的祖先居住在狭小的游牧部落，当种植资源被耗尽时迁移或随着狩猎而迁移。作为文明社会发端标志的小型定居点位于 12000 年前的中东，其人口只占地球人口的很少一部分。今天，仅是世界上最大的三四个城市就拥有着和那时整个星球一样多的人口。

**城市化**（urbanization）是人口向城市的集中。城市化使一个社会的人口重新分布，并改变了许多社会生活模式。我们根据三次城市革命的角度来回溯这些变化：10000 多年前城市的出现，1750 年后工业城市的发展，以及今天贫困国家的城市爆炸式增长。

## 城市的演变

城市是人类历史上相对较新的发展阶段。直到大约 12000 年前，我们的祖先才开始选择永久定居，这开拓了第一次城市革命的道路。

**首批城市**　正如我们在第四章（"社会"）中所解释的那样，狩猎与采集迫使人们一直迁移。然而，当我们的祖先发现了如何驯养家禽和种植庄稼，他们就能够在一个地方定居。生产自己的食物也能带来物质盈余，这将一些人从食物生产中解放出来，使他们能够建造遮风避雨的房屋、制造工具、织衣服、参加一些宗教的仪式。城市的出现带来了更高的生活水平和工作的专业化发展。

为人们所知的第一座城市是耶利哥（Jericho），坐落在死海北部，即现在的约旦河西岸地区。第一批定居者在 10000 年前到来时，这里只有 600 人。但几百年过去后，城市扩大到拥有数万人口并成为大帝国的中心。公元前 3000 年，埃及城市开始繁荣，公元前 2000 年的中国和公元前 1500 年的中美和南美亦然。在北美，只有很少的土著社会选择定居，直到 17 世纪欧洲殖民者到来，才开始普遍的城市化。

**前工业时期的欧洲城市**　欧洲城市的历史可以追溯到 5000 年前的希腊人和后来的罗马人，他们都建立了宏大的帝国，并建立了遍布欧洲的城市，包括维也纳、巴黎和伦敦。随着罗马帝国的衰落，所谓的黑暗时代开始了，伴随而来的是防护墙的修建和军队为领地而混战。直到 11 世纪，欧洲才逐渐恢复和平，贸易繁荣重新开始，城市也得以发展。

中世纪的城市与我们今天所熟悉的城市有很大不同。在高耸的大教堂下面，在伦敦、布鲁塞尔和佛罗伦萨狭小而蜿蜒的街道里到处都是商人、工匠、牧师、小贩、街头艺人、贵族及其仆从。职业群体，如面包师、木匠和金匠，各自聚集在不同的城区。不同族裔也划定了一些彼此封闭的社区。犹太人居住区（ghetto，源自意大利语 borghetto，意为"城墙外的居住地"）一词最早被用来描述临近威尼斯的被隔离的犹太人的居住地。

**工业化时期的欧洲城市**　随着中世纪的结束，稳定增长的贸易使新的城市中产阶级富裕起来，或称资产阶级（bourgeoisie，法语，意为"城市市民"）。随着财富的增多，资产阶级很快就与世袭贵族平起平坐。

大约到了 1750 年，工业革命造成了第二次城市的变革，首先在欧洲，随后在北美。工厂解放了巨大的生产力，造成城市前所未有的增长。伦敦，欧洲最大的城市，在 1700 年达到了 55 万人口，在 1900 年扩展到了650 万人口（A. F. Weber，1963，orig. 1899；Chandler & Fox，1974）。

城市不仅在规模上扩张，形态也在发生改变。弯弯绕绕的老街道被宽阔笔直的林荫大道所取代，以应对激增的商业交通车流。蒸汽电车和无轨电车很快就在不断扩张的城市中纵横交错。由于土地现在是一种可以买卖的商品，开发商将城市划分为面积规范的许多地块（Mumford，1961）。城市的中心不再是大教堂，而是一个鳞次栉比的商业中心，到处都是银行、商店和高大的办公楼。

随着对商业的新关注，城市变得日益拥挤和冷漠。犯罪率在上升，特别是在城市化初期，一些新的实业家过着豪华的生活，但是大多数男性、女性、儿童仅能靠在工厂做工勉强谋生。

工人为改善自己的生活而进行的有组织的努力，最终带来了工作场所和住房条件的改善以及选举投票的权利。供水、排污和电力设施等公共服务进一步改善了城市生活。今天，一些城市居民仍然生活在贫困中，但生活水平的提高在一定程度上兑现了提供更好生活的历史承诺。

## 美国城市的发展史

在欧洲人到来之前，在北美居住了数千年的大多数美洲原住民都是迁移而来的，他们很少形成永久的定居点。乡村和城镇的扩张是在欧洲殖民统治之后出现的。

**殖民地时期（1565—1800）**　在 1565 年，西班牙人在佛罗里达州的圣奥古斯丁建立了美国最早的殖民地，在 1607 年，英国人在弗吉尼亚州的詹姆斯敦建立了殖民地。随后，在 1624 年，荷兰人建立了新阿姆斯特丹作为自己的殖民地，后更名为纽约。

纽约和波士顿（英国于 1630 年建立的殖民地）由巨大荒野上的小小村庄发展而来。它们就像欧洲中世纪的城镇，狭窄弯曲的街道至今仍然蜿蜒在曼哈顿下城和波士顿市区。当 1790 年第一次人口普查完成时，如表23-1 所示，只有 5% 的国民住在城市。

**城市的扩张期（1800—1860）**　在 19 世纪早期，城镇沿着通往美国西部地区的运输线路快速兴起。到了1860 年，布法罗、克利夫兰、底特律、芝加哥正在改变中西部的面貌，整个美国大约五分之一的人口居住在这些城市。

城市的扩张在北部地区最为明显，例如：纽约市的人口是北卡罗来纳州查尔斯顿市的十倍。美国发展分化成为工业 - 城市的北部和农业 - 乡村的南部，这也是导致美国内战爆发的一个重要原因（A. Schlesinger，1969）。

**大都市时期（1860—1950）**　南北战争时期（1861—1865）由于工厂大力生产武器而极大地推动了城市化的进程。大量人口放弃乡下的生活，来到城市企图寻找更好的工作。其中包括数千万的移民，他们大多数来自欧洲，形成了多元化的城市传统。

表 23-1　美国的 1790—2050 年的城市人口

| 年份 | 人口（百万） | 城市居住百分比 |
|---|---|---|
| 1790 | 3.9 | 5.1 |
| 1800 | 5.3 | 6.1 |
| 1820 | 9.6 | 7.3 |
| 1840 | 17.1 | 10.5 |
| 1860 | 31.4 | 19.7 |
| 1880 | 50.2 | 28.1 |
| 1900 | 76.0 | 39.7 |
| 1920 | 105.7 | 51.3 |
| 1940 | 131.7 | 56.5 |
| 1960 | 179.3 | 69.9 |
| 1980 | 226.5 | 73.7 |
| 2000 | 281.4 | 79.0 |
| 2020（预测） | 337.9 | 82.5 |
| 2040（预测） | 383.2 | 85.9 |
| 2050（预测） | 400.9 | 87.4 |

资料来源：U.S. Census Bureau（2010），United Nations（2014）。

1900 年，纽约的城市人口激增至 400 万余；芝加哥，一个在 1860 年只有 10 万人口的城市，人口增加到了 200 万。如此的增长率标志着**大都市**（metropolis，源自希腊语，意为"母城"）时代的到来，大都市是指从社会和经济方面主导城市地区的大城市。大都市成为了美国经济的中心。到 1920 年，城市成为大多数美国人口的聚居地。

工业技术将城市的天际线拓展得越来越高。在 19 世纪 80 年代，钢梁和电梯的应用使得建筑物可以超过 10 层高。1930 年，纽约帝国大厦被誉为城市奇迹——它是一座高达 102 层、直插云霄的"摩天大楼"。

**城市去中心化时期**　工业化的大都市的发展大约在 1950 年达到了顶峰。自那以后，发生了一些转折——所谓的城市去中心化——人们离开市中心区去往偏远的**郊区**（suburb），即一个城市的政治中心边界以外的城市地区。东北和中西部老工业城市停止了发展，一些地区在 1950 年后的十年中人口锐减。与此同时，郊区的人口极速增长。密集地包围着中心城市的城市景观转为不断向城市郊区蔓延。

## 郊区与城市的衰败

效仿欧洲贵族，美国的一些富人在城市拥有房屋，在不受城市限制的乡村也有房产。但是直到第二次世界大战之后，普通人才能够在郊区拥有住房。汽车大量增多，四车道的新公路修建完毕，政府背书的抵押贷款，大片廉价的住房，郊区随着这一切迅速发展。到了 1999 年，大多数美国人宁愿住在郊区，在附近的商场购物，而不愿前往老旧的城市购物区（Pederson，Smith & Adler，1999；Macionis & Parrillo，2016）。

多雪地带的许多老城市，如东北和中西部地区，流失了郊区的高收入纳税人，还要努力为剩下的贫民支付高额的社会项目。许多城市爆发了金融危机，内城的衰败越发严重。很快，内城就成了贫民窟、犯罪、毒品、失业、贫困和少数族裔的代名词。

城市评论家保罗·戈德柏格（Paul Goldberger）指出，中心城市的衰落同样造成公共空间重要性的降低（Goldberger，2022）。从历史观点上说，城市生活发生于街头。城市人（boulevardier）在法语中的字面意思是"街头人士"（street person），其在今天的美国主要是负面意思（流浪汉）。曾经主要发生在公共街道和公共广场的活动现在则发生在商场、电影院大厅、有门禁的住宅社区——一切私人性的空间。今天城市的活力逐步下降也源于电视机、互联网和其他一些人们足不出户就能使用的媒体的普及。

### 后工业时期的阳光地带城市

当老旧的雪带城市开始衰败，南部和西部的阳光地带城市开始快速发展。如洛杉矶、休斯敦等城市人口的剧增反映了人口逐渐转移到阳光地带城市，现在那里有 62% 的美国人居住。另外，今天大多数迁移者也会选择阳光地带地区的乡村。在 1950 年，美国 10 个最大的城市有 9 个在雪带；今天，10 个最大城市中有 7 个在阳光地带（U.S. Census Bureau，2016，2017）。

与寒冷的雪带城市不同，阳光地带城市是在城市去中心化开始后出现的。因此，像芝加哥那样的阳光地带城市长期被政治上独立的郊区所环围，像休斯敦那样的城市则将其边界向外延伸至郊县社区。芝加哥有 227 平方英里，休斯敦比芝加哥大 2 倍，更大的休斯敦城市带区域则超过 9000 平方英里——相当于新罕布什尔州的面积。

阳光地带城市的扩展也有其缺陷。像亚特兰大、达拉斯、菲尼克斯、洛杉矶等许多城市的居民抱怨无计划的城市发展导致了交通堵塞、规划不佳的住房开发以及不能满足儿童入读需要的学校教育。因此，美国许多社区的居民都投票通过了旨在限制城市扩张的新方案也就不足为奇了（Romero & Leserio，2002；Sullivan，2007）。

### 大都市带：区域性城市

城市去中心化的另一个结果是城市带区域或区域性城市的形成。美国人口普查局（U.S. Census Bureau，2015）确认了 382 个大都市统计区（metropolitan statistical areas，MSAs）。每个地区至少包括一个人口在 5 万及以上的城市，同时人口普查局也将 551 个至少包括一个 1 万至 5 万人口城市的区域列为小都市统计区（micropolitan statistical areas）。联合城市统计区（combined statistical areas，CSAs）则包括了大都市统计区和小都市统计区。

规模最大的联合城市统计区内居住着数百万的人口，并延伸到几个州。2016 年，最大的大都市统计区是纽约及其邻近的城市带，包括长岛、西康涅狄格、北新泽西及东宾夕法尼亚等，有将近 2400 万的人口。第二

这些刚毕业的大学生为了寻求经济上的机会而移居旧金山。即使许多小城市努力留住生长在那里的年轻人，西海岸和东海岸的大城市对刚开始职业生涯的年轻男女仍然颇具吸引力。

**大都市** 从社会和经济方面主导城市地区的大城市　　**郊区** 一个城市的政治中心边界以外的城市地区　　**大都市带** 一个包含了数个城市和其周围地区的广大区域

大的是南加州城市带，包括洛杉矶、里弗赛德和长滩，其总人口接近 1900 万（U.S. Office of Management and Budget，2015；U.S. Census Bureau，2017）。

当区域性城市不断扩大，它们便开始重合。20 世纪 60 年代早期，法国地理学家戈特曼（Gottmann，1961）第一次使用了**大都市带**（megalopolis）这个概念，用以描述一个包含了数个城市和其周围地区的广大区域。在他笔下，一个绵延 400 英里，北起新英格兰地区，南至弗吉尼亚州的巨大都市带在美国东海岸延伸。其他几个特大都市区则覆盖了佛罗里达的东海岸，从克利夫兰延伸至芝加哥。

## 边缘城市

城市去中心化也促成了边缘城市的形成，即距离老市区有一定距离的商业中心。边缘城市集中了公司写字楼、购物中心、酒店以及娱乐场所。与传统意义上的郊区不同，郊区大部分是住宅。郊区的人口在夜晚达到高峰，而边缘城市在白天人口达到高峰。

作为城市区域延伸的一部分，大多数的边缘城市没有明显的地理边界。当然它们中的一些的确有地名，如位于达拉斯沃思堡国际机场附近的拉斯科利纳斯，地处弗吉尼亚、邻近华盛顿特区的泰森斯角，还有费城的西北部的普鲁士王市。其他的边缘城市则仅仅因为穿越该地区的高速公路而得名，如经过新泽西普林斯顿的 1 号高速公路市和波士顿附近的 128 号公路市（Garreau，1991；Macionis & Parrillo，2016）。

## 乡村的复兴

美国 95% 以上的土地属于乡村。但乡村人口仅占全国人口的 19.3%。就人口而言，美国是一个绝对的城市国家。

如表 23-1 所示，在美国的历史进程中，城市社会发展一直是大势所趋。在这其中，移民在城市化进程中起到了一定作用，因为大多数新移民定居在城市。此外，还有相当数量的迁移是从乡村地区迁移至城市地区，通常他们前往城市是为了寻求更好的社会地位、教育资源和就业机会。

然而，在 20 世纪 90 年代，出现了一种新的趋势，分析家称之为"乡村的复兴"（rural rebound）。这意味着三分之二的美国村镇出现了人口反弹的现象，而不是人口流失到城市地区。增加的人口多数是来自城市的移民，因为迁往乡村的人比离开乡村去城市的人更多。在这一过程中，最显著的人口反弹出现在提供旅游娱乐服务的乡村社区，比如湖区、山区和滑雪场。人们来到这里既出于对自然风光的喜爱，也被这里舒缓的生活节奏、较少的交通堵塞、较低的犯罪率和更新鲜的空气质量所吸引。

然而，在 2000 年至 2010 年，乡村复兴的现象逐渐消失，因此，大多数乡村的人口流失再一次超过了人口增长。但这种模式是不均衡的。风景优美的乡村由于迁移人口持续增加，与大城市在通勤距离以内的乡村地区也是如此。相比之下，偏远的乡村地区和那些主要以农业为经济基础的地区，人口

乡村的复兴在拥有壮观自然美景的城镇最为明显。有时，居住在犹他州风景秀丽的帕克城（ParkCity）的人们甚至找不到停车位。

增长很少或根本没有增长，甚或是出现了人口负增长。

如果乡村地区因迁移流失的人口大于其吸引来的人口，那么乡村维持人口的唯一途径就是自然增长，也就是说，出生人数超过死亡人数。但是，虽然在 2000 年至 2010 年一些乡村地区确实出现了自然增长，但大多数地区并没有出现。在人口老龄化问题日益严重的情况下，大多数乡村的死亡人数会超过出生人数，这意味着人口数量依然会下降，除非移民能填补这中间的空缺。

如表 23-2 所示，乡村人口的年龄中位数（51 岁）略高于城市人口（45 岁）。来自乡村的人结婚的可能性更大，且更可能生活在他们出生的地方。城市的人更有可能获得大学学位、接入互联网，收入也会较高。

最后，美国的乡村社会正变得更加多元化。人们普遍认为乡村地区缺乏种族和族裔多样性，这一观点有一定的事实依据，因为这个国家只有 21% 的乡村人口属于少数族裔，而这一比例约为城市人口的一半。即便如此，美国的部分地区一直拥有大量的少数族裔人口，包括南部的非裔美国人、西南部的拉美裔美国人及阿拉斯加的印第安人。但在过去 30 年里，十分之九的乡村地区正变得更为多元化，这一趋势可以从以下事实中看到：2000 年至 2010 年，少数族裔（即非拉美裔白人以外的人）占乡村增长人口的 83%（K. M. Johnson，2012；Van Hook & Barrett，2017）。

表 23-2　乡村和城市人口的一些差异

| 乡村 | | 城市 |
| --- | --- | --- |
| 51 岁 | 年龄中位数 | 45 岁 |
| 62% | 现已婚 | 51% |
| 65% | 居住在出生地 | 48% |
| 20% | 本科或以上学历 | 29% |
| 76% | 互联网接入 | 83% |
| 52400 美元 | 家庭收入中位数 | 54300 美元 |

资料来源：U.S. Census Bureau（2016）。

# 城市化：作为一种生活方式

23.4　了解滕尼斯、涂尔干、齐美尔、帕克、沃斯和马克思对我们理解城市生活的贡献

早期的欧美社会学者将注意力放在了城市的兴起以及城市生活与乡村生活的区别上。让我们简单考察一下将城市化作为一种生活方式的研究观点。

## 斐迪南·滕尼斯：共同体与社会

在 19 世纪末，德国社会学家斐迪南·滕尼斯（Ferdinand Tonnies，1855—1937）研究了新的工业都市生活与乡村生活的区别，他在对比中总结出的两个概念至今仍是社会学的重要术语。

滕尼斯（Tonnies，1963，orig. 1887）用"**共同体**"（德语为"Gemeinschaft"）来形容某种类型的社会组织，在这一组织里人们因为血缘和传统习俗而紧密联结。乡村共同体将人们联系成一种单一的初级群体。

滕尼斯解释说，这样的共同体在现代社会基本上已经消失。相反，城市化促进了"**社会**"（德语为"Gesellschaft"）的形成，即某种类型的社会组织，在这一组织里人们基于个人利益而联系在一起。在社会生

《从集市归来的农民》（左图，c.1624）为小彼得·勃鲁盖尔（Pieter Breughel）的作品，表现了乡村生活中出于血缘和近邻关系而产生的最基本的联合。相反莉莉·弗雷迪的《地铁》（右图）则显示出城市生活普遍的冷漠。这两幅油画鲜明地捕捉了滕尼斯所说的共同体与社会的区别。

资料来源：Brueghel, Pieter the Younger, 1564—1638. *Peasants returning from a Village Fair*, after 1624. Oil on wood, 42.6 cm × 56.5 cm. Private collection, Courtesy Gallerie de Jonckheere. Akg images/Newscom. Lily Furedi, American. *Subway*. Oil on canvas, 99 cm × 123 cm. National Collection of Fine Arts, Washington, D.C./ Smithsonian Institute.

活中，个体以自我需求为动力，而并非出于改善他人福祉的愿望。总的来说，城市的居住者对社区和共同身份缺乏认同，只在有需求时才会求助他人。滕尼斯看到了城市化对紧密和持久社会关系的削弱，城市化更有利于形成一种简单的、非人性化的关系，或是商业中的典型次级关系。

共同体　某种类型的社会组织，在这一组织里人们因为血缘和传统习俗而紧密联结

社会　某种类型的社会组织，在这一组织里人们基于个人利益而联系在一起

## 埃米尔·涂尔干：机械团结与有机团结

法国社会学家埃米尔·涂尔干（参见第四章"社会"）赞同滕尼斯关于城市化的大多数论述。但是涂尔干也指出城市并不缺乏社会联系，只是这种社会联系与乡村里的不同而已。

涂尔干将传统的乡村生活描述为"机械团结"，社会联系以共同情感和道德价值为基础。在对传统的重视程度上，涂尔干所讨论的机械团结与滕尼斯的共同体有惊人的相似。涂尔干解释说，城市化侵蚀了机械团结，但同时生成了一种新型的联系，涂尔干称之为"有机团结"，其社会关系基于专业化和相互依赖而产生。如果将这一概念看作是滕尼斯的社会的对应概念，我们就可以揭示两位学者观点的重要差异：虽然两人都认为工业化的发展削弱了传统的力量，但是涂尔干乐观地指向了一种新的团结类型。过去人们是因为相似性而相互联结（机械团结），而现在涂尔干则看到了人们是因为差异而走到一起的（有机团结）。

涂尔干认为，比起乡村生活，城市生活提供了更多的个人选择、更高的道德容忍度和更多的个人隐私。总的来讲，城市化过程让人们有所失去，但同时也得到了很多。

## 格奥尔格·齐美尔：冷漠的城市人

德国社会学格奥尔格·齐美尔（1858—1918）对城市进行了微观分析，研究城市生活如何形塑个体经验。根据齐美尔的观点，个体对城市的察觉是人、物、事的聚合。为了避免来自外界的人、事、物的过度刺激，城市人形成了一种冷漠的生活态度，以拒绝周遭的诱惑。这样的超然并不意味着城市人对他人和他物缺乏同理心，他们与外界保持距离只是一种生存策略，以便他们把时间和精力专注于对他们真正重要的事情上。

### 芝加哥学派：罗伯特·帕克和刘易斯·沃斯

美国的社会学者不久就加入到了对急速增长的城市的研究中。罗伯特·帕克（Rober Park），芝加哥大学首个社会学研究项目的领军人物，希望能走出封闭的象牙塔，用街头视角来研究真实的城市。正如他所说的那样："我对自己的研究是不是真的比其他人更为广泛地涉足了世界上各地的城市而感到怀疑"（Park，1950：viii）。走在大街上，帕克发现城市是一个有组织的，包含不同的种族社区、商业中心和工业区的拼图。他观察到"自然区域"随着时间推移而发展，最后这些"自然区域"相互形成了联系。对帕克而言，城市是一个活生生的有机体———个人类社会的万花筒。

芝加哥学派另一个重要人物是刘易斯·沃斯（Lous Wirth，1897—1952）。沃斯（Writh，1938）以将滕尼斯、涂尔干、齐美尔三人的学说整合成关于城市生活的综合性理论而闻名。

沃斯认为，城市是一个巨大的、密集的、社会性质多样化的人口集合。这些特征促成了一种非人性化的、表面的、短暂的生活方式。与数百万的人居住在一起，城市人相对于乡村人会更多地接触他人。所以城市人对他人的关注焦点不是"他/她是谁"，而是"他/她的职业是什么"，比如巴士司机、花匠或是杂货店营业员。专门化的城市关系对相关者来说是好事，但我们应该注意到这种互动背后的原因是个人利益而不是友情。

城市关系的非人性化性质，伴随着城市社会的多样化，使得城市人比乡村人更为宽容。乡村的人常常出于嫉妒的心理而强化他们狭隘的传统，但是城市里异质性较高的人口很少拥有单一的道德行为标准（T. C. Wilson，1985，1995）。

### 评价

无论是在欧洲还是美国，早期社会学者关于城市生活的观点通常是复杂的。快速的城市化进程困扰了滕尼斯，而同时沃斯也看到了个人关系和传统道德在匿名化城市中的持续丧失。涂尔干和帕克则强调了城市化的正面效应，指出城市化提供更多的个人自由和更广泛的选择空间。

这些观点有一个共同的问题：他们都用宽泛的笔调来描述和审视都市化，但却忽略了社会阶级、种族、性别的作用。城市里可能有各种各样的人：穷人和富人，白人和黑人，盎格鲁-萨克逊人和拉美裔，男人和女人——这一切构成了多样的城市生活（Gans，1968）。正如"思考多样性"专栏所解释的那样，美国大城市里少数族裔的占比在 20 世纪 90 年代有显著上升。在城市中我们看到了明显的社会多样性，不同类别的人足以组成一个独特、明晰的社区（Macionis & Parrillos，2016）。

**检查你的学习**　在下列社会学家中——斐迪南·滕尼斯、埃米尔·涂尔干、罗伯特·帕克和刘易斯·沃斯——谁对城市生活的态度更积极？谁更消极？为什么？

### 城市生态学

社会学家（特别是芝加哥学派的学者）发展了**城市生态学**（urban ecology），即对城市的物质和社会层面之间联系的研究。例如，一个城市生态学家可能会对"为什么城市坐落在这里"这样的问题感兴趣。最初的城市在那些土地肥沃、利于庄稼耕种的地区形成。另外，前工业时期的人们，出于军事防务的考虑，将城市建在了山上（比如雅典城坐落于当地悬崖之上），或被水环绕的地方（比如巴黎和墨西哥城就建在岛上）。随着工业革命的来临，出于经济的考虑，几乎所有美国的主要城市都建到了河流、天然良港旁，以便于贸易。

# 思考多样性：种族、阶级与性别

## 少数族裔在美国大城市已占多数

在美国的大城市里，"少数族裔占多数"的现象已经出现。根据美国人口普查局的最新数据，在美国 100 个最大城市中的 63 个城市中，少数族裔（拉美裔、非裔和亚裔）目前占人口的多数。这一数字也在不断增加，2000 年为 48 个城市，1990 年为 30 个城市。

是什么引发了这一变化呢？其中一个原因是大城市的非拉美裔白人人口在流失。例如，从 1990 年到 2000 年底特律一半的非拉美裔白人离开了这座城市；到 2010 年，底特律剩下的白人又减少了一半。因此，到 2015 年，这个雪带城市的现有人口中有 91% 是各种种族和族裔的少数群体。

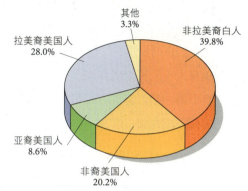

2015 年美国 100 个最大城市人口比例示意图

在阳光地带的城市中，少数族裔人口也有增加的趋势。从 2000 年到 2015 年，得克萨斯州加兰市的少数族裔人口比例从 47% 上升至 68%。亚利桑那州的凤凰城在 2000 年少数族裔占总人口的 44%，到 2015 年，这一比例攀升至 55%。

总体而言，1990 年，在美国 100 个最大的城市中，少数族裔人口占总人口的比例为 48%。到 2000 年，这一比例上升到 56%，到 2015 年上升到 60%。

但是，少数族裔由"少数"变为"多数"的最大原因是移民数量的增加以及新移民的高生育率，这使得拉美裔人口比重自 2000 年到 2015 年在最大的 100 个城市中增长了 31%（接近 410 万），亚裔人口也增长了 45%（超过 160 万人）。由于移民率较低，与 2000 年相比，2015 年非裔美国人在这些大城市的人口所占比例减少了 7%。

政府官员和其他政策制定者密切关注着这些数据的变化。显然，美国大城市的未来活力取决于它们是否可以满足不断膨胀的少数族裔人口尤其是移民人口的需求并利用这一优势。

你怎么想？

1. 为什么美国大城市的少数族裔人口不断在增长？
2. 少数族裔人口变为"多数"，给城市带来的正面效应和挑战是什么？
3. 如果你要移民到美国，你想居住在乡村、城镇还是城市？为什么？

资料来源：U.S. Census Bureau（2016）。

城市生态学的专家也研究了城市自然规划的问题。在 1925 年，欧内斯特·W. 伯吉斯（Ernest W. Burgess），罗伯特·帕克的学生，用"同心圆"一词来形容芝加哥城的布局。伯吉斯观察到，商业区由工厂环绕着，外围是居民区，居民区内的住房越远离嘈杂和污染的市中心，其价格也就越高。

霍默·霍伊特（Homer Hoyt）进一步完善了伯吉斯的研究，他注意到城市里不同的区域组成了扇形的结构（Hoyt，1939）。比如时尚区域可能会在临近地区不断发展，或者工业区沿着铁道或电车线路而从市中心向外延伸。

昌西·哈里斯（Chauncy Harris）和爱德华·厄尔曼（Edward Ullman）也提出了另外一个设想：随着城市的去中心化，城市逐渐由单一中心模式转为多核心模式（Harris & Ullman，1945）。随着城市的扩大，居住区、工业区和购物区彼此分离渐远。例如，很少有人愿意居住在靠近工业区的地方，城市也就因此成为一张区域层次分明的拼图。

社会区域分析探讨了那些居住在特定街区的人拥有的共性，似乎有三种因素可以解释其中的差异：家庭模式、社会阶级、种族与族裔（Shevky & Bell，1955；Johnston，1976）。有孩子的家庭往往寻找附近有好学校的独栋住所或大型公寓；富人寻求的是高声望的邻居，他们往往居住在靠近文化名胜的市中心；而那些属于同一种族或族裔、共享其文化传统的人会聚居在独属的社区中。

布莱恩·贝里和菲利普·里斯将以上见解结合在一起（Berry & Rees，1969）。他们认为不同的家庭类型倾向于在伯吉斯所描述的同心圆区域分布。具体来说，有很多孩子的家庭往往居住在城市的外围区域，而"年轻的单身人士"则聚居在城市中心。社会阶级的差异是形成霍伊特所称的扇形结构的首要原因，例如，富人占据扇形的一端而穷人占据另一端。不同种族和族裔的人分布在城市的不同区域，这与哈里斯和厄尔曼所提出的多核心模式相一致。

## 城市的政治经济

在 20 世纪 60 年代末，许多大型的美国城市都经受了暴乱的冲击。在这种动荡局势的警醒下，一些分析家也从社会生态学转向社会冲突路向来理解城市生活。这种城市的政治经济模型将卡尔·马克思对工作场所的冲突分析运用于城市的分析之中（Lindstrom，1995）。

政治经济学家不同意社会生态学家把城市看作是有着特定区域划分并按照其自身内部逻辑发展的自然有机体的观点。相反，他们认为城市生活是由那些更为宏大的制度结构来主导的，尤其是经济制度。资本主义是理解城市生活的关键，因为这种经济制度将城市转变成了为利润而进行贸易的不动产，同时将财富和权力集中在少数人手上。依据这一观点，例如，1950 年之后工业在雪带城市中的衰微是企业精英深思熟虑的结果，即他们把生产设备转移到阳光地带（那里的劳动力更廉价，且其加入工会的可能性较小）或者完全脱离美国转移到低收入国家（（Molotch，1976；Castells，1977，1983；Lefebvre，1991；Jones & Wilson，1999）。

**评价**

事实上，许多美国城市都处于危机之中，普遍的贫困、高犯罪率和勉强维持运转的学校，似乎在摒弃城市生态学的观点而支持政治经济模型。但是，有一种批评对两者都适用：他们关注的都是美国特定历史时期的城市。我们所了解的有关工业化城市的许多内容并不适用于过去的前工业时期的美国城镇，或今天在许多贫困国家快速发展的城市。用任何单一的城市模型来解释城市多样性的全部内容，都是不太可能的。

**检查你的学习**　用自己的语言解释城市生态学理论以及城市政治经济理论关于城市的观点。

# 贫困国家的城市化

**23.5**　描述正在贫困国家中进行的第三次城市革命

12 月 16 日，埃及开罗。人们把那些古埃及大面积的穆斯林墓地叫做"死亡之城"。事实上，它是相当鲜活的：数万非法占用者已经搬进了这些坟墓，使这里成为生死交织的怪诞之地。孩子在石板地上跑来跑去，晒衣绳在墓碑之间交错，偶尔会有一根电视天线从墓顶架出。随着开罗的人口以每天 1000 人的速度增长，人们会住在任何他们能住的地方。

如前文所提及的那样，城市在世界历史上已经经历了两次革命性的扩张。第一次城市革命始于公元前 8000 年，那时第一批城市定居者出现，持续到在好几个大洲都出现永久定居者。大约在 1750 年，第二次城市革命开始了，工业革命的开展刺激了欧洲和北美洲的城市快速发展，一直持续了两个世纪。

第三次城市革命现在正在进行中。在今天，工业社会中大约 80% 的人已经是城市居民。但是低收入国家的城市化进程也在飞速展开。1950 年，低收入国家大约有 25% 的人居住在城市里。2005 年上升到了 50%。2008 年，世界的城市化进程已远远超越过去的城市革命成果，超过一半的人口居住在城市里。2017 年，城市人口比例达到 55%，甚至在低收入国家，城市人口也占多数（United Nations，2014）。

工业革命促生了很多美国的大城市。但是在最近几十年，工业生产转移到国外导致了底特律及其他老工业城市的衰退。然而，如今的高移民率给许多城市带来了新的活力，因为很多新一代年轻人移居到了这些城市。底特律的大都市带近期的人口增长主要就是因为阿拉伯移民的激增。

随着地球人口持续攀升，居住在城市的人口比例也在增加。如前所述，到 2050 年，全球人口预计将达到 97 亿。随着城市人口占比攀升至约 66%，几乎所有的人口增长都将发生在城市（United Nations，2014）。

更多的人居住到了城市里，同时越来越多的城市也突破了千万人口大关。在 1975 年，世界上只有 3 个城市人口超过千万，分别是东京、纽约和墨西哥城，三分之二属于高收入国家的城市。到了 2014 年，有 28 个城市人口超过千万，但其中只有 7 个城市位于高收入国家。到 2030 年，名单上将再增加 13 个"特大城市"，这 13 个城市中没有一个是高收入国家的城市（8 个在亚洲，2 个在拉丁美洲，3 个在非洲）（Brockerhof，2000；United Nations，2014）。

第三次城市革命主要发生在发展中国家，因为许多贫困国家进入到了人口转变理论中人口高速增长的第二阶段。在拉丁美洲、亚洲尤其是非洲，死亡率下降换来的是人口的高速增长。在城市地区，人口增长率上升为原先的两倍，除了人口自然增长这一原因之外，还因为每年有数百万人离开乡村来到城市寻求工作、医疗、教育机会以及便利的水电供给。

城市确实能提供相对于乡村更多的机会，但是对于不断增长的人口和贫困加剧的大量问题，它们并不能提供快速有效的解决方案。许多经济欠发达地区的城市，如墨西哥城、埃及的开罗、印度的加尔各答和菲律宾的马尼拉，都无法满足许多居民的基本生活需求。这些城市被破烂的陋屋——用废弃的材料临时建造的房屋——包围着。就像第十三章（"全球社会分层"）里所提及的那样，甚至城市垃圾堆都是数千穷人的家，他们希望从这些垃圾中找到吃的或可变卖的东西以维系他们第二天的生活。

## 环境与社会

### 23.6　分析当前的环境问题，如污染和全球变暖

人类已繁衍生息并疾速扩张到遍布整个地球。如今，越来越多人迁居到了纷繁复杂的大城市里，因为这

纽约市的人们最近联合起来反对水力压裂技术（hydraulic fracturing，"fracking"）。支持这种从地球上提取天然气的技术的理由有哪些？反对水力压裂的理由又有哪些？你的立场是什么？

些大城市给他们提供了比居住在乡村更美好的生活期许。

但是人类为自身的进步付出了很高的代价。在漫长的历史中，人类从未对地球如此索求无度。这种不安把我们引向了本章的最后一节：自然环境与社会的相互影响。就像人口学一样，**生态学**（ecology）是社会学的旁支学科，其是对生物有机体与自然环境相互作用的研究。生态学倚仗自然科学家和社会科学家的研究。在这章中，我们将集中关注生态学的多个方面，涉及我们所熟悉的社会学概念和议题。

**自然环境**（natural environment）就是地球的表面和大气，包括生物有机体、空气、水、土壤和其他维持生命所必需的资源。就像其他物种一样，人类亦依赖自然环境而生存。人类的文化能力把人同其他物种区分开来：人类会根据自己的利益和需求来改造这个世界，而这些经过深思熟虑的行为会使我们的世界变得更好或更坏。

为什么社会学家会对环境感兴趣？因为环境问题，从污染到酸雨到全球变暖，都并非源自自然界本身的运作。相反，就如我们将要分析的那样，这些问题是人类具体行为的结果，这意味着它们皆属于社会问题。

## 全球化维度

研究自然环境需要有全球化的视野。原因很简单：撇开国家在政治上的分歧，地球仅仅是一个**生态系统**（ecosystem），一个包含所有生物有机体与自然环境的相互作用的系统。

"eco"（生态）在希腊语中的意思是"房子"，提醒我们，地球是我们的家，而且所有地球上的生物和其所处的自然环境是相互关联的，自然环境的任何一部分的波动都会导致全球生态系统的变化。

从生态学的观点来看，美国人爱吃汉堡，因此北美洲的人对牛肉有很高的需求（并逐渐扩展到全球范围），这就促进了巴西、哥斯达黎加以及其他拉丁美洲国家大农场畜牧业的快速发展。为了给快餐公司提供精肉，同时由于拉美地区普遍使用牧草作为饲料，因此就需要大量的草地。拉丁美洲大农场主每年都要清除数千平方千米的森林来换取畜牧场地，而这些热带雨林对维持地球的大气层至关重要。森林被砍伐殆尽的危险时刻威胁着每一个人，包括那些喜欢吃汉堡的美国人（N. Myers，1984a）。

## 技术与环境赤字

社会学家提出一个简单的定律：I=PAT，环境的影响（I）反映在一个社会的人口（P）及其富裕水平（A）和技术水平（T）上。简单技术社会中的成员，例如在第四章（"社会"）中提到的狩猎者与采集者，几乎不会影响环境，因为他们人数少、贫穷，而且只会使用简单的技术。相反，当他们随着动物的迁徙、观测季节变化的规律而迁移的时候，他们将会遭受自然灾害如火灾、洪水、干旱和暴风雪的侵袭，大自然会影响他们生活的方方面面。

处于技术发展中间阶段的社会，由于规模更大、更富有，对自然环境的影响有所增加。但是园艺业（小型农场）、畜牧业（放牧动物）甚至是农业（用畜力来耕犁）对环境的作用都是有限的，因为人类始终是依

社会学为我们理解物质世界提供的最重要的洞见是，认识到环境问题并非"偶然发生"的。相反，自然环境的状况反映了社会生活的组织方式——人们如何生活以及他们认为什么是重要的。一个社会的技术水平越高，威胁自然环境的社会力量就越大。

靠自己的体力来生产食物和其他物品的。

随着工业革命的发展，人类控制自然环境的能力大大提高。体力让位于靠燃料运作的动力引擎：先是煤炭，然后是石油。机器的使用通过两种方式影响着环境：我们在消耗越多的自然资源进行生产的同时，也把更多的污染排放到大气中。更重要的是，有了工业技术的帮助，我们可以让自然屈从于我们的意愿：在山里挖通隧道、筑堤坝拦截河流、灌溉沙漠以及在北极的荒野中和在海底炼油。这也就解释了为什么富裕国家仅占全球28%的人口却消耗了全球一半的能源（World Bank，2015）。

高收入国家消耗了更多的能源，但是也制造了比农业社会多100倍的产品。更高的生活水平从某种意义上来说是好的，但这也加剧了固体垃圾（因为人们最终会丢弃许多他们制造出来的东西）以及环境污染（因为工业生产会产生烟尘和其他的有害物质）的问题。

从一开始，人们就意识到工业技术所能带来的物质利益。但是直到一个世纪之后他们才发现工业技术对自然环境有着长期的影响。今天，我们意识到技术的力量使我们的生活变得更好，但也将我们的后代未来的生活置于风险之中。

事实已经表明我们在迅速积累着**环境赤字**（environmental deficit）——人们专注于短期的物质富裕而导致了对自然环境的长期伤害（Bormann，1990）。环境赤字的概念非常重要，原因有以下三点。首先，它提醒我们，环境问题具有社会学意义，它反映了人们应该怎样生活的社会优先权。其次，它表明很多对环境的破坏都是无意识的，比如对大气、土壤和水的污染。起码在某种程度上，当人类只把目光集中在短期利益上而砍伐森林、露天采矿或使用一次性包装时，他们都未能看到这些行为将带来的对环境的长远影响，而社会学分析能让我们更明晰地看到这些后果。最后，在某些方面，环境赤字是可逆的。社会制造了环境问题，但同时也可以解决其中的许多问题。

## 文化：增长与极限

我们是否意识到环境危机并决定采取一定的措施，这是一个文化问题。所以除了技术外，文化亦对环境有着巨大的影响力。

**增长的逻辑**　当你打开电视新闻的时候，你可能会看到这样的一则报道："政府部门今天发布了一个有关经济的坏消息，我国第一季度的经济增长率仅有 0.5%。"如果你停下来思考这条信息，你会发现我们的文化总是认为经济不增长就是"停滞"（也就是不好的现象），将经济规模缩小视作"衰退"或"萧条"（也就是非常不好的现象）。更多的汽车，更多的住房，更多的收入，更多的支出——这个"更多"（more）的观念就是美国的文化对于优越生活的定义的核心（McKibben，2007）。

我们崇尚增长的原因之一就是我们追求物质享受，相信金钱以及用金钱能买到的东西能提高我们的生活质量。我们也相信发展的观念，相信未来世界会比现在更好。另外，我们期望科学能把我们的生活变得更简单和更有价值。简单地说就是"有钱就好""生活越来越好""人类是聪明的"。综合来看，这些文化价值合在一起，就形成了增长的逻辑。

一种积极的世界观是，按照这种增长的逻辑，越来越强大的科技力量改善了我们的生活，在未来将持续有许多新的发现。通过了解美国和其他高收入国家的历史可以发现，增长的逻辑已经成为改造荒野、建设城镇和道路、追求物质富裕背后的驱动力。

然而，"发展"会导致意料之外的问题，包括环境的张力。增长的逻辑对此做出了这样的回应：人类（尤其是科学家和其他的技术专家）将会找出我们增长的道路上遇到的任何问题的解决办法。例如，如果世界出现了石油短缺的情况，科学家将研制出新的混合动力汽车和电动汽车，甚至还会提出使用氢能、太阳能或核能（或其他一些未知的技术）来满足世界的能源需求。

环保主义者表示这种增长的逻辑是有缺陷的，因为它假定自然资源，如石油、洁净的空气、新鲜的淡水和表层的土壤都是无穷无尽的。如果我们不惜任何代价来追求增长的话，我们最终将可能耗尽这些有限的资源。作为对马尔萨斯理论的回应，环保主义者警告，如果我们一味地让地球供给不断增长的人口，那么在这一过程中，我们必定会耗尽有限的资源，破坏环境，并损害我们自身。

**增长的极限**　　如果我们无法找到方法去解决由增长的逻辑所制造出来的一些问题，也许我们可以采取另外一种思维去思考关于世界的问题。环保主义者认为增长必须要有一定的限制。增长极限理论要求人类必须把政策转向控制人口增长、过度生产以及资源消耗，从而避免环境崩溃。

《增长的极限》（*The Limits of Growth*）一书在发起环境运动中影响很大且颇受争议，在这一著作中德内拉·梅多斯（Donella Meadows）和她的同事用了一个计算机模型计算地球上可用的资源、人口增长率、可耕土地的数量、工业和食物生产水平及排放进大气中的污染物质的数量（Meadows et al.，1972）。作者承认任何的长期预测都是猜测性的，有一定风险，而一些批评者则认为他们是绝对错误的（Simon，1981）。但无论如何，这项研究的总体结论都应引起我们的深思。首先，作者认为我们正快速地消耗着有限的资源。石油、天然气还有其他能源的补给都已经开始且持续下降，这一下降速度的快慢取决于那些富有国家政府的保护政策以及其他国家诸如中国、印度的工业化发展速度。在接下来的一百年里，这些资源几乎会被耗尽并严重影响到工业的产出和食物的供给。

增长极限理论与马尔萨斯对未来的悲观理论结论相同。接受这个观点的人们会怀疑以目前的生活方式，人类 能否支撑到下一个世纪。也许我们应该学习在更少的资源条件下生存，这并不像人们想象中的那么难。例如，有研究显示，近几十年物质消费的增长并没有提高人们的幸福感（D. G. Myers，2000）。环保主义者警告人类，我们正面临着一个基本的抉择：要么从根本上主动改变我们的生活方式，减少自然环境的压力，要么让大范围的饥饿和冲突迫使我们做出改变。

## 固体垃圾：一次性社会

在美国，人们每天大约会产生 14 亿磅的固体垃圾。图 23-4 展现了一个典型社区的固体垃圾的组成成分。

作为一个重视便利的富裕国家，美国已经成为了一个一次性社会。我们消费的产品比其他任何国家都多，而且大部分产品都使用一次性包装。例如，快餐是用纸板、塑料或者泡沫来包装的，以方便我们在数秒钟之内把它扔掉。另有数不尽的其他产品，从影片到鱼钩，精心制作的包装使产品对顾客更具有吸引力，并且可以防止损害和偷窃。

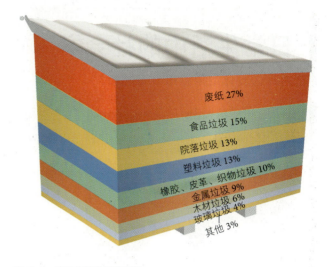

图 23-4　社区垃圾的组成部分
我们扔掉了各种各样的东西，而纸在这些垃圾中占最大的一部分。
资料来源：Environmental Protection Agency（2017）。

厂商在市场上销售软饮料、啤酒、果汁这些用铝罐、玻璃罐或者塑料容器包装的商品，不但消耗了我们有限的资源，而且会产生大量的固体垃圾。同时有数不尽的东西被有意设计成一次性的产品：钢笔、剃刀、手电筒、电池，甚至照相机等。而其他产品，从电灯泡到汽车，都被设计成使用寿命有限，用完之后就会变成垃圾的产品。就像保罗·康内特（Paul Connett）所指出的那样，甚至那些用来描述我们丢掉的东西的词——废物、垃圾、残渣、劣质品等——都反映了我们对不能即刻利用的东西是多么贬斥（Connet，1991）。但正如"日常生活中的社会学"专栏所解释的那样，情况并非总是如此。

生活在一个富裕的社会，平均每个美国人消耗的能源、塑料、木材、水和其他资源是生活在瑞典、日本等其他高收入国家的人所消耗资源的两倍，几乎是生活在孟加拉国、坦桑尼亚等低收入国家的人所消耗资源的 50 倍。这种高消费水平不仅意味着美国人消耗着地球上相当比例的资源，而且也意味着美国产生了世界的大部分废物（International Energy Agency，2016；United Nations，2016）。

我们喜欢说"把这些东西'扔掉'"，但在 2014 年美国产生的 2.58 亿吨固体垃圾中，大部分是"扔不掉的"。相反，这些垃圾最终都堆积在了垃圾填埋场。垃圾填埋场的材料同样能污染储存在地表之下的地下水。尽管在大多数地方，法律现在对人们丢弃到垃圾填埋场的垃圾有所管制，美国国家环境保护局（Environmental Protection Agency，2017）已经在全美确定了 1179 个包含危险物质的垃圾倾倒点，这些危险物质会污染地表上及以下的水。此外，那些进入垃圾填埋场的垃圾会长期堆积在那里，有时长达数世纪之久。数以千万的轮胎、尿布和其他我们每年堆积在垃圾场的不能降解的东西，成为我们留给未来后代的不受欢迎的遗产。

环保主义者认为，我们应该效仿我们的祖辈们的做法来处理固体垃圾问题：节约使用，变废为宝。一种方法就是通过循环利用，即重复利用资源以免丢弃。在日本和其他国家，循环利用是一种可行的方法，而且这种方法在美国也越来越普遍，现在大约有三分之一的废弃物被循环使用（U.S. Environmental Protection Agency，2017）。几十年来，由于垃圾填埋场收费低，且缺乏全国性的循环利用计划，这一比例一直没有多大变化。环保主义者希望在未来几年里，美国的循环利用水平会像大多数其他的高收入国家一样不断提高。

## 水和空气

海洋、湖泊和河流都是全球生态系统的生命之源。人类饮用、洗浴、做饭、清洁、娱乐以及其他许多活动都依赖水。

# 日常生活中的社会学

## 为什么麦休尼斯祖母没有垃圾？

作者与麦休尼斯祖母，摄于 20 世纪 70 年代

我们经常说祖母麦休尼斯从来不会扔掉任何东西，包括食物、瓶瓶罐罐、废纸，甚至是咖啡渣，什么都不会扔。

她出生并成长在立陶宛——一个"古老的国家"——在那里，贫穷村庄的生活以从未改变的方式塑造了她，甚至当她长大后来到美国并定居费城，她的生活方式也没有改变。

在我开始记事的时候，她已是晚年，我还记得我们全家一起去她家里为她过生日。我们不知道该送她什么礼物，因为她看起来从来不缺什么。她过着简单的生活，穿着朴素的衣服，并很少对"新奇"的东西感兴趣。她没有电子设备，她总是要把简单的工具用到破旧为止。她厨房的刀子经历数十年的磨损，变得旧而窄薄；过期的食物她也留着；所有可食用的东西她都会回收当作菜园的混合肥料。

在她打开一个生日礼物之后，她小心地保存着盒子、包装纸和丝带——这些都是她收到的礼物。我们都早已料想到她会把任何收到的东西保存起来，因此我们微笑着看她把所有的东西收拾好，并且知道她会一次又一次地想办法使用它们。

尽管祖母的行为举止在作为孙子的我看来有时会很奇怪，但这一切都是她所处文化的结果。事实上，一个世纪以前，几乎是没有"垃圾"的。当一双袜子穿薄后，人们会去缝补它，而且可能不止一次。当它们无法再被缝补的时候，就会被当作抹布使用，或者和其他旧衣服一起缝成棉被。每一样东西都是有价值的，不是以这种方式就是以另一种方式。

在 20 世纪，随着女性开始像男性一样外出工作，家庭收入增加了。人们开始购买越来越多的更能"省时"的东西。不久后，就很少有人会在意像祖母进行的这种家庭回收。很快，城市需要派出工队一个街区一个街区地收起一车车的废弃物。"垃圾"的时代已经开始。

### 你怎么想？

1. 正如麦休尼斯祖母是她的文化的产物一样，我们也是自己文化的产物。你认识哪些明明拥有很多却不知足的人？
2. 什么样的文化价值使今天的人需要省时的产品和"便利的"包装？
3. 你认为最近几十年我们的社会有没有更倾向于循环利用？今天的循环利用和麦休尼斯祖母的做法有何不同？

根据科学家所说的水循环（hydrologic cycle），地球自动进行水循环和土壤更新。当来自太阳的热量使得地球上的水——其中的 97% 都在海洋里，蒸发并汇聚成云的时候，这个过程就开始了。因为在较低温度下水比大多数污染物更容易蒸发，所以从海洋中升起的水汽相对纯净，而把各种各样的污染物残留下来。然后，水以雨的形式落到地面，它排入河流中，最后回归大海。与水有关的两个主要关注点是，供应和污染。

**水的供应**　地球上只有不到 1% 的淡水资源是适合饮用的。那么，数千年来，世界各地的法律都将水置于突出地位也就不足为奇了。如今世界上的一些地区，尤其是热带地区，享有丰富的淡水，且只使用了水资源中的一部分供给人们的生活。然而，高需求量加上低储备，使得水供给在许多北美和亚洲地区成为一个令人忧虑的问题，人们以河水为水源，而不是雨水。在中国，深层含水层在快速下降；在中东，水的供给问题十分严峻。伊朗的首都现在在对水进行定量供应。在埃及，与 1900 年相比，尼罗河只能给每个人提供当时的六分之一的水。联合国（United Nations，2017）预测，到 2025 年，地球上三分之二的人将生活在"水资源紧张的条件下"（United Nations，Food and Agriculture Organization，2016；UN-Water，2017）。

增长的人口和更复杂的科学技术的发展都大量增加了世界上对水的需求。全球用水量（现在估计是每年大约 3900 立方千米或 138 万亿立方英尺）自 1950 年以来已经翻倍而且还在稳步地增长。这样下去，即使在世界上那些降水量丰富的地区，人们使用地下水的速度也远超其自然补给的速度。比如，在南印度的泰米尔纳德邦地区，在过去的几十年里，人们抽取了大量的地下水导致当地水平面下降了 100 英

水对生命至关重要，但水又处于供应短缺的状态。印度西部的古吉拉特邦经历了一场漫长的干旱。在纳特瓦哈德村，人们围聚在井边放下罐子，都想取出剩下的最后一点水。

尺。墨西哥城——占地大约 1400 平方英里——大量抽取地下含水层中的水，使得这个城市在过去的一个世纪里下沉了 30 英尺，而且还在以每年 2 英寸的速度持续下降。在美国北部，从南达科他州到得克萨斯州地下的奥加拉拉蓄水层，因为正被大量抽水，专家担忧它将在几十年内干涸。

从发展的角度来看，我们必须正视水资源的价值性和有限性这两点。个体要更加节约地用水——平均每个美国人一天消耗要 88 加仑的水，一生大约要消耗 250 万加仑水。然而，世界各地的家庭用水量仅占总用水量的 11%。更重要的是，我们要控制工业用水和农业用水，工业用水占全球用水总量的 19%，用于灌溉的农业用水更是占了总用水量的 70%。

也许新的灌溉技术可以减少未来的用水量。但是现在我们已经看到，人口增长和经济增长已经过度损耗了我们的生态系统（Solomon，2010；U.S. Department of the Interior，U.S. Geological Survey，2014；United Nations，2016；UNESCO World Water Assessment Programme，2017）。

**水污染**　在大城市里诸如墨西哥城、开罗等，许多人别无选择只能喝受污染的水，传染病如伤寒、霍乱、痢疾，都由水生微生物导致，经由水源而在人口中迅速传播。除了确保水的供应外，我们还要保证水的质量。

美国的水质以国际标准来看总体良好。然而即使是在美国，水污染的问题也越来越严重。美国的河流、溪流和地下蓄水层每年要吸收数亿磅的杀虫剂、氮肥和有毒废物。这种污染不仅来自有意的倾倒排放，也来自农业肥料和草坪化学用品的使用（Bair，2011；Galbraith，2012）。

并非所有的水污染都源于人们在地上使用的化学物质。一个特殊的问题是酸雨——因为空气污染造成的酸性降水，这种雨水会伤害到动植物。酸雨产生于电厂的化工燃料燃烧（石油或煤）产生电力的过程，这类燃烧将硫化物和氮氧化物释放到空气中，随着风将这些气体吹散到大气中，它们与空气发生反应形成硫酸和硝酸，使得大气中的水汽酸化。

这个过程清楚地表现了一种形式的污染如何导致了另一种形式的污染：空气污染（来自烟尘物质）最终导致水污染（聚集了酸雨的河流）。酸雨事实上已经成为一种全球现象，因为它可以使离最初污染源数千里的地区都由此遭到破坏性的影响。例如，英国的发电厂引起的酸雨已经毁坏了离英国东北部 1000 英里远的挪威和瑞典的森林和渔业资源。在美国，我们也能发现类似的例子，比如中西部的烟尘就危害了纽约或新英格兰地区的自然环境。

小型的简单社会的成员，如菲律宾的阿埃塔人，能与自然和谐相处，他们也没有技术手段在很大程度上影响自然界。尽管身处复杂社会的我们常常自认为高人一等，但事实是，我们可能——其实是不得不——向他们学习很多的东西。

**空气污染**　由于我们被空气包围着，大部分美国人更关心空气污染胜过关心水污染。工业技术——尤其是工厂和机动车，所造成的副作用之一是，空气质量也下降了。20世纪中期的伦敦工业烟尘、机动车和家庭燃煤共同导致了这个星球有史以来最差的城市空气质量。这种灰霾被一些居民戏称为"豌豆汤"，实际上是一些致命污染物的混合体：在1952年，在伦敦上空持续了四天之久的厚灰霾杀死了4000人。

空气质量在20世纪的最后几十年中得到了改善。富裕国家通过了法令禁止高污染的燃烧取暖行为，包括导致伦敦透不过气来的燃煤。另外，科学家也寻求一些使工厂和机动车更清洁运作的方法。实际上，今天汽车排放的污染物只占20世纪50年代和60年代的一小部分。清洁的空气提高了人们的健康水平：专家估计，在过去几十年中，美国人的平均寿命因为空气质量提高而增加了近0.5年（Chang，2009）。

如果说生活在高收入国家的人们能够比以往更轻松地呼吸，那么那些生活在贫苦国家的人们面临的空气污染问题则空前严峻。原因之一是因为低收入国家的民众仍然依靠木头、煤、炭和其他"不清洁"燃料来烹饪食物和取暖。另一方面，这些国家也倾向于鼓励短期的工业发展而不重视空气污染造成的长期危害。结果，许多拉丁美洲、东欧和亚洲的城市都遭受着像20世纪50年代伦敦"豌豆汤"那样严重的空气污染。

## 雨林

**雨林**（rain forests）大多数位于赤道附近，是有茂密森林的地区。最大的热带雨林位于南美（特别是巴西）、中西非和东南亚。总体而言，全世界的雨林覆盖了15亿英亩土地，占地球陆地总面积的8%。

就像其他的地球资源一样，雨林正随着全球人口的激增而不断减少。正如前文所述，为了满足对牛肉的需求，拉丁美洲的农场主通过烧毁森林来增加放牧场地。我们也因硬木贸易而失去雨林。正如环境学家诺曼·迈尔斯（Norman Myers）所指出的那样，生活在富裕国家的人愿意出高价来购买红木和其他木材是因为他们"喜爱实木地板、高档家具、精美的装潢、周末游艇和高级的棺材"（Myers，1984b：88）。在这样的经济压力下，全世界的雨林面积已经减少到不足原先的一半了，并且还在以每年1%（30平方英里或1900万英亩）的速度继续缩减，相当于每秒35英亩。除非我们遏止这样的势头，否则在本世纪末之前雨林就将消失，随之消失的还有对地球上生物多样性和气候的保护（The Nature Conservancy，2015；United Nations，2016；Mongabay.org，2017）。

## 全球变暖

为什么雨林如此重要？原因之一就是它们能够清除大气中的二氧化碳。自从工业革命开始，人们产生的二氧化碳数量就急剧上升（主要来自工厂和机动车）。多数二氧化碳被海洋吸收，植物也能吸收二氧化碳并产生氧气。这就是雨林对保持大气的化学平衡至关重要的原因。

教皇方济各是首批指出气候变化重要性的全球领导人之一。2017 年，他会见了特朗普总统，竭力主张让他致力于减少温室气体。然而，总统已经决定让美国退出全球气候变化条约。你支持总统的立场吗？为什么？

　　摆在我们面前的问题是二氧化碳的释放量在增加，而地球上的植物数量在减少。更为糟糕的是，雨林的毁损主要是因为燃烧，这又释放了更多的二氧化碳到大气中。专家估计现在大气中的二氧化碳浓度已经比 150 年前提高了 40%，而且还在持续快速增长（Gore，2006；Adam，2008；National Oceanic & Atmospheric Administration，2017）。

　　在地球表面之上，二氧化碳就像温室的玻璃屋顶，让太阳光的热量穿过大气层到达地表，同时阻止大部分热量从地球辐射出去。生态学家认为这种温室效应的结果是**全球变暖**（global warming），即大气中二氧化碳浓度的提升使全球平均温度升高。在过去的一个世纪里，全球气温上升了约 1.7 华氏度（平均 59 华氏度），这是自 1880 年开始记录以来的最高水平。科学家仍在争论这些数字，但他们警告称，这个星球的平均气温可能在本世纪内再升高 3 至 5 华氏度。极地冰冠已经在融化，在过去的一个世纪里，海平面内上升了约 6 英寸。科学家预测不断上升的平均气温将导致冰川的大量融化，进而导致海平面上升并覆盖全球低海拔地区：海水将会淹没印度洋中的马尔代夫群岛、孟加拉国的大部分地区，以及美国的许多沿海地区，包括华盛顿特区，海平面可能与白宫的台阶等高。这样的变化可能会产生约 1 亿 "气候变化难民"。另一方面，这样的温度变化也会不同程度地影响世界上的其他地区。美国中西部目前是世界上最高产的农业区域之一，未来可能会变为不毛之地。难怪十多年来，美国和世界其他地方的政府机构一直在努力使美国——尤其是沿海城市——"不受气候影响"，以抵御极端天气造成的破坏（Gillis，2011；McMahon，2011；Reed，2011；Klinenberg，2013）。

　　一些科学家指出我们不能确定全球变暖的结果。另一些人认为事实就是气温变化纵贯历史，可能与雨林不太相关，甚至无关。一些科学家乐观地指出大气中更高浓度的二氧化碳可能加速植物生长（因为植物依靠它繁衍），故而这种生长可能扭转不平衡然后导致全球气温再次下降。

　　奥巴马政府将气候变化作为一个核心问题，并在 2016 年达成了一项全球协议，各国都同意监测自己的碳排放。但一年后，特朗普政府表示，美国将不再支持该协议，称环境法规是经济增长的拖累。他的决定引起了很大的争议，因为科学家们一致认为全球变暖是威胁所有人未来的一个很严峻的问题（International Panel on Climate Change，2007；Singer，2007；Ridley，2012；McKibben，2017；Saad，2017）。

## 生物多样性减少

我们的地球是大约 3000 万种动物、植物和微生物的家园。随着雨林的消失和人类对自然控制的扩张，每天有数十种珍稀物种濒临灭绝，不断减损着地球的生物多样性。

但是既然物种资源如此丰富，为什么我们还要为失去其中的一小部分而感到担忧呢？环境学家给出了四个理由。第一，地球的生物多样性提供了各种各样的人类食物资源。运用农业高科技，科学家能够把相似的农作物同外来作物进行"嫁接"，使其产量更高，同时增强抵抗害虫和疾病的能力。有一些物种甚至被认为是人类食物生产的关键。例如，蜜蜂执行授粉工作，这是植物生长的必不可少的步骤。然而，在美国，蜜蜂数量减少了三分之一，中东地区甚至减少了三分之二。这一情况引起了人们的高度关注。由此可见，保护生物多样性有助于供养地球上迅速增长的人口。

第二，地球的生物多样性是一种至关重要的基因资源，每年医学和药学研究人员利用生物多样性提供的数百种新化合物，治疗疾病，改善我们的生活。例如，得益于热带植物长春提取制成的化合物，美国患白血病的儿童现在存活率更高，而在两代之前白血病几乎是致命的杀手。在美国数千万女性使用的口服避孕药是植物研究的另一成果，与墨西哥森林山芋有关。因为生物多样性让我们的生态系统能够控制诸多类型的疾病，如果生物多样性减少了，患病率就会大大增加。

第三，任何物种的灭亡，不管它是雄伟的加州秃鹰、闻名世界的中国熊猫、斑点枭，甚或是小小的蚂蚁，都会破坏我们自然环境的美丽和多样性。物种消失给人类的警告就摆在我们眼前：世上 10000 多种鸟类中有四分之三正在消失。

最后，与环境污染不同，任何一种物种的灭绝都是不可逆转和终结性的。于是就出现了这一重要的道德问题：今天的人们是否有权利透支明天的人们的未来（E. O. Wilson，1991；Keesing et al.，2010；Capella，2011）。

## 环境种族主义与性别歧视

冲突论已经衍生出**环境种族主义**（environmental racism）这一概念，即让穷人特别是少数族裔承担环境危害的发展模式。历史上，排放污染的工厂总是建在穷人和有色人种的附近，为什么？一部分原因是穷人被工厂的工作机会所吸引，而且他们的低收入意味着他们只能担负起偏僻地区临近工厂的房屋费用。有时唯一符合他们预算的住房就在他们工作地点的背阴处。

没有人希望住在工厂或垃圾场附近，但是穷人几乎无权反抗。长期以来，最严重的环境危害源于新泽西州纽瓦克（不包括高消费的卑尔根市）、芝加哥南部地区（不包括富裕的森林湖市），或是美国西部印第安人的保留地（不包括富裕的丹佛市或者菲尼克斯的郊区）（Commission for Racial Justice，1994；Bohon & Humphrey，2000）。

全球范围内，空气污染问题（以及过度拥挤和其他环境问题）在最贫穷的城市中最为严重。在绝大多数低收入和中等收入国家，大城市的空气污染程度很高，导致哮喘、中风、心脏病和肺癌等疾病的发病率居高不下（Friedrich，2016）。

全球变暖问题中环境种族主义因素也十分突显。随着平均气温的升高和天气状况的恶化，那些在户外工作的人，包括农场工人和其他低薪工作者，对这些变化感受最深。简而言之，受天气影响最大的是低收入人群，其中包括相当比例的少数族裔（Davenport，2015）。

最后，**环境性别歧视**（environmental sexism）指的是将女性置于不利地位并威胁其福祉的环境模式。之前

和世界其他地方一样，美国低收入社区的环境问题更加严重。低收入限制了人们对住房的选择，最便宜的住房往往位于工厂或其他可能危害人类健康的地方附近。包括女性在内的少数族裔面临的风险最大。

讨论的水资源短缺问题，其中就有这样的情况。在缺水的低收入国家，人们通常需要步行相当长的距离到一个水源地取水。在全世界，大约四分之三的取水工作是由女性完成的，她们没有收入、无法上学或从事其他有偿工作（UNESCO，2016，2017）。

## 展望：迈向可持续发展的社会和世界

这一章的人口学分析呈现了一些令人不安的趋势。首先，我们知道地球人口因为贫困国家常年保持的高出生率和世界各地普遍下降的死亡率而达到了创纪录的数量。减少生育在本世纪仍是一项紧迫的需求。尽管近来人口增长率有所下降，但是如"争鸣与辩论"专栏中所解释的那样，托马斯·马尔萨斯所描述的噩梦将可能成为现实。

进一步说，世界上最贫困国家的人口增长依然占据最大比例，这些国家无法满足其现有人口的需求，更不用说未来人口的需求。每年地球所供养的新增的 9000 万人中有 8900 万人生活在经济欠发达的国家，需要全球人类承担起责任，不仅为他们提供食物，还有住宿、教育和就业。全世界的福祉最终取决于解决贫困人民和人口过度膨胀国家的经济和社会问题，并致力于缩小贫富国家间不断扩大的鸿沟。

城市化趋势仍在继续，尤其在贫困国家。纵观人类历史，人们总是怀揣着寻求更好的生活的期盼选择城市。但是这些人迁移到今天的大城市里，如墨西哥城、圣保罗（巴西）、拉各斯（尼日利亚）、孟买（印度）、马尼拉（菲律宾），在很大程度上造成了一些城市问题。

全世界正在面临严重的环境挑战。一部分问题是人口的增长，主要是贫困地区，另一部分问题是发达国家的高消费水平，例如美国。随着地球环境赤字的增长，我们目前的生活方式正在剥夺我们后代的幸福。就全球来说，富裕社会的成员正消耗着地球许多资源，以世界上贫困社会未来的保障做抵押。

最主要的解决方案是建立一种**生态可持续性文化**（ecologically sustainable culture）：一种既满足现代人的需要，又不威胁到后代的环境的生活方式。可持续生活取决于三种策略。

第一，我们需要控制人口增长，目前 74 亿人口已经对自然环境施加了很大的压力。显而易见，世界人口越多，环境问题将会变得更加棘手。即使最近许多国家人口增长缓慢，但到 2050 年世界将会有近 100 亿人口。

# 争鸣与辩论

末日：人类将会让这颗星球不堪重负吗？

> 努肖恩：我跟你说，地球人口太多了！人们未来要住到哪里呢？
> 塔比莎：你去过堪萨斯州和怀俄明州吗？那里非常空旷。
> 马尔科：现在也许可以这样做。但我不放心我们的孩子——或者孩子们的下一代……

　　你是否担忧世界正在迅速增长的人口？想一想：你在读这篇文章的时间里，这个星球将会增加超过1100人。明天此时，全球人口将会增长超过246000人。现在，如表所示，在每秒，全球将出生4人，死亡2人，这使得世界人口每年增长8980万。换句话说，全球人口的增长相当于每年增加一个德国或埃及那么多的人口。

　　难怪许多人口学家和环境学家对未来深感担忧。地球人口达到了前所未有的74亿。自1974年以来，人口增加了34亿，大致相当于1966年地球的总人口。难道托马斯·罗伯特·马尔萨斯的预言——人口过剩将使地球陷入战争和灾难是正确的吗？莱斯特·布朗（Lester Brown）和其他新马尔萨斯主义者认为如果我们不改变我们的生活方式，世界将面临巨大的灾难。布朗承认马尔萨斯没能够预测技术（尤其是肥料的使用和转基因植物的栽培）对促进地球农业产出的影响力，但是，他一直坚持认为地球人口的持续不断增长将耗尽有限供应的资源。许多贫困国家的家庭找不到柴火，而富裕国家的人们正在消耗为数不多的石油资源，并且每个人都在消耗清洁水的供给并排放废弃物污染地球。一些分析家认为我们已经超过了地球的"人口承载力"，我们需要划定警戒线甚至减少全球人口以确保长久的生存。

| 全球人口增长，2016 | | | |
|---|---|---|---|
| | 出生 | 死亡 | 净增长 |
| 每年 | 147183065 | 57387752 | 89795313 |
| 每月 | 12265255 | 4782313 | 7482943 |
| 每天 | 403241 | 157227 | 246014 |
| 每小时 | 16802 | 6551 | 10251 |
| 每分钟 | 280 | 109 | 171 |
| 每秒钟 | 4.7 | 1.8 | 2.9 |

　　但另一些反马尔萨斯主义的分析人士则表示强烈的反对。朱利安·西蒙（Julian Simon）指出在马尔萨斯预言的巨大灾难之后的两个世纪，地球已经养活了6倍于以前的人口，且比从前更长寿、更健康。通过更多的先进技术，人类已经找出了增加（作物）产量和限制人口的方法。正如西蒙所认为的那样，这是一件值得庆祝的事。人类的聪明才智一直都在打破末日论者的预言，西蒙笃定之后也将会如此。

你怎么想？

1. 你赌哪一边？你认为地球能承载80亿或100亿人吗？
2. 你认为面对全球人口增长，我们需要做些什么？
3. 如果马尔萨斯今天还活着，他会感到如释重负，还是会说"我早提醒过了"？请给出你的回答。

资料来源：Brown（1995），Simon（1995），Scanlon（2001），Smail（2007），Population Reference Bureau（2016），U.S. Census Bureau（2017）。

如果人类的智慧威胁到我们如今身处的环境，人们是否可以解决这些问题呢？近年来，一些新技术已经实现了小型、环保型的汽车设计。但这样的创新就足够了吗？我们是否需要在根本上改变我们的生活方式，以确保人类永久的生存呢？

几乎很少有分析人士认为我们的地球能承载这么多的人：大多数分析人士认为，我们必须把人口控制在 75 亿，另一些分析人士认为我们必须在接下来的几十年里减少实际人口（Smail，2007）。

第二个战略是保护有限的资源。这意味着我们应该高效率运用资源来满足当前的需求，同时应该带着责任感和更长远的眼光寻找可替代能源，还要学会节约利用资源。

第三个战略是减少浪费。在任何情况下，勤俭节约都是最好的解决办法。学会节俭生活并不容易，尤其是处在一个看起来只有经济增长才能解决高失业率的时代。但是请记住，尽管我们的国家在近几十年中消耗了越来越多的资源，人们并没有变得更加幸福（D. G. Myers，2000）。因此循环利用计划也是解决方法的一部分，循环利用能让每个人为解决我们的环境问题做出贡献。

最后，这些战略的施行取决于我们对自己和世界的思考方式的根本转变。利己的观点把我们自身的利益作为生存的准则，但是可持续发展的环境需要一种利他的观点，帮助我们认识到现在与未来的紧密关联，而且这需要所有人的共同努力。南半球的大多数国家是欠发达国家，难以满足其民众的最基本需求。同时，北半球的大多数国家都是过度发展的国家，其消耗的资源超过了地球能够长期承受的范围。创造可持续发展的生态体系所需的转变不会轻易实现，而且代价巨大。但是如果不对日益加剧的环境问题做出回应，代价必定会更高（Kellert & Bormann，1991；Brown et al.，1993；Population Action International，2000；Gore，2006）。

最后想想，恐龙统治了这个星球 1.6 亿年，接着便永久性地灭绝了。人类还太过"年轻"，才在地球上存在了 250000 年。相较于那些愚钝的恐龙，人类这一物种具有相当的智力天赋。但是我们将会如何使用这种能力？我们在 1.6 亿年后——甚或是 160 年后——继续繁荣的可能性有多大？答案取决于地球上 3000 万物种之一的人类所做出的选择。

## 日常生活中的社会学

为什么环境是一个社会问题？

正如本章所阐述的那样，自然环境的状况取决于社会的组织形态，尤其是物质消费和经济增长在文化中的重要性。

我们学会了将经济扩张视为自然而美好的事情。人们庆祝新企业的开业，就像是在庆祝一个全国性的节日一样。毫无疑问，经济增长给许多人带来了好处。但我们必须提出一个更严肃的问题：经济能否在不对自然环境造成越来越大的压力的情况下继续扩张？

怎样才能说服我们的社会成员相信小的（而不是大的）或许更好？为什么我们似乎不仅更喜欢更大的汽车，还有更大的房子和更多的物质财富？

> **提示**　如果经济扩张意味着"好时代"，那么经济衰退或经济萧条就意味着"坏时代"。这种世界观意味着人类的生活在一定程度上增加自然环境的压力是正常的甚至是可取的。随着世界人口的不断增长，可持续发展变成一个尤为重要的观念，而这取决于我们要学会物尽其用地去生活，甚至要学会节俭地生活。很多人似乎也是这么想的，比如为了在城区间移动而购买一辆价值 6000 镑的高级越野车毫无必要。实际上，甚至连车都根本不需要。这种新型的思维方式要求我们不把社会地位和个人的成功定义为我们拥有什么和我们消费什么。你能想象这样的一个社会吗？它将会是什么样子？

# 从你的日常生活中发现社会学

1. 这里有一个关于增长失控的例子（Milbrath，1989：10）："一片池塘里长着一株睡莲。这株睡莲每天都会长大 1 倍。30 天后，它就占满了整片池塘。那么它会在哪一天占满半片池塘？"当你意识到这个问题的时候，讨论一下这个例子对理解人口增长所带来的启示。
2. 你认为世界人口不断增长是一个值得关注的问题吗？我们现在的自然环境状况如何？
3. 访问"社会学焦点"博客，你可以在那里阅读年轻社会学学者的最新文章，他们将社会学视角应用于流行文化的话题。

## 取得进步

## 人口学：关于人口的研究

### 23.1　解释生育率、死亡率和人口迁移的概念以及它们如何影响人口规模

人口学分析人口的数量、结构，以及人们迁移的方式和原因。

- 人口出生率是一个国家人口的生育水平。人口学家用粗出生率来描述人口的生育水平。
- 死亡率是一个国家死亡人口的发生率。人口学家用粗死亡率和婴儿死亡率来计算死亡率。
- 净迁移率是迁入率和迁出率之差。
- 大体上，发达国家的人口增长更多来自移民人口，而非自然出生人口；贫困国家的人口增长几乎全部都是自然出生人口。

人口学家用年龄 - 性别金字塔来描述人口的组成结构，并预测人口发展趋势。

## 人口增长的历史与理论

### 23.2　运用马尔萨斯理论和人口转变理论分析人口趋势

- 历史上，人口增长缓慢是因为高死亡率在很大程度上抵消了高出生率。
- 大概在 1750 年，世界人口急剧增长，主要是因为死亡率下降。
- 18 世纪末期，罗伯特·托马斯·马尔萨斯警告人口增长将会威胁到食物供应，最终导致社会灾难。
- 人口转变理论认为技术进步将会减缓人口增长。

•目前，世界人口每年约增加 9000 万，而增长的人口 99% 来自低收入国家。世界人口预期在 2050 年会达到 100 亿。

## 城市化：城市的发展史

### 23.3　总结美国和世界各地的城市化模式

**第一次城市革命**始于 10000 年前城市的兴起。

•在 2000 年前，除了北美和南极洲地区，城市开始在世界各地出现。

•工业化之前，建筑低矮，街道狭窄、弯曲，人们之间是私人化的社会关系。

**第二次城市革命**始于 1750 年的欧洲，工业革命刺激城市快速发展。

•城市的轮廓发生了变化，因为规划者设计了宽阔、有规则的街道以促进贸易往来。

•对商业的强调和城市规模的扩大使得城市生活更加非人性化。

**第三次城市革命**正在贫困国家进行。

北美城市化已经有 400 多年的历史，并一直延续至今。

•北美城市化因为欧洲人的到来而兴起。

•到 1850 年，沿着海岸诞生了数百个新城市。

•到 1920 年，绝大多数美国人居住在城市。

•从 1950 年开始，城市的去中心化导致了郊区和边缘城市的发展。

•乡村地区约占美国土地面积的 95%，人口占全国人口的 19.3%。尽管大城市附近的乡村地区以及风景优美的地区正在吸引人口迁入，但目前乡村地区的净人口因其居民向城市迁移而不断减少。一般而言，乡村人口的年龄要大一些，更有可能选择结婚并居住在他们的出生地；而城市人更有可能拥有本科学位，更能接触到互联网，收入也更高。

•阳光地带城市——而不是老旧的雪带城市——的人口和规模正在增长。

## 城市化：作为一种生活方式

### 23.4　了解滕尼斯、涂尔干、齐美尔、帕克、沃斯和马克思对我们理解城市生活的贡献

19 世纪欧洲快速发展的城市化使得早期的社会学家对乡村和城市生活进行了对比。

**斐迪南·滕尼斯**建立了他的共同体和社会的分析概念。

•共同体，乡村社会的典型，人们通过血缘或传统习俗而紧密联系在一起所组成的社会组织型态。

•社会，现代社会的典型，人们仅仅因为个体的利益而聚集在一起所组成的社会组织型态。

**埃米尔·涂尔干**对滕尼斯的很多观点表示赞同，但他认为城市居民并非缺乏社会联系，社会团结的基础主要有以下两种类别。

•机械团结将社会联系建立在普遍认同的情感和道德价值之上。这种社会团结的典型就是传统的乡村生活。

•有机团结将社会联系建立在专业化和相互依赖之上。这种社会团结的典型就是现代城市生活。

**格奥尔格·齐美尔**认为城市生活的过度刺激会造成城市人麻木冷淡的态度。

美国的芝加哥大学的**罗伯特·帕克**声称城市将允许更多的社会自由。

**刘易斯·沃斯**认为，尽管城市具有包容性，但大量的、密集的、异质的人口也将创造出一种非人性化的利己主义的生活方式。

## 贫困国家的城市化

### 23.5　描述正在贫困国家中进行的第三次城市革命

•第三次城市革命正在低收入国家进行。

•几乎所有的全球人口增长都发生在城市。在 28 个人口超过 1000 万的城市中，有 21 个位于低收入或中等收入国家。

## 环境与社会

### 23.6　分析当前的环境问题，如污染和全球变暖

环境状况是一个社会问题，因为它反映了人类如何组织社会生活。

•社会的发展导致环境赤字，因为人们的生活方式只注重眼前利益，而忽视其带来的长期后果。

•社会技术越复杂，改变自然环境的能力就越大。

•"增长的逻辑"理论支持经济发展，声称人类能够解决他们导致的环境问题。

•"增长的极限"理论认为社会的发展需要一定的限制，以防止环境崩溃。

•我们丢弃的 54% 的固体废物最终都进入了垃圾填埋场，并可能会污染地下水。

•清洁的水资源在世界部分地区的供应不足够。工业技术导致空气质量下降。

•雨林能够吸收大气中的二氧化碳，而且还是这个星球相当一部分物种的家园。在人类发展的压力之下，世界上的热带雨林现在只有原来面积的一半，并以每年约 1%（30 平方英里）的速度缩减。

•冲突论引起了人们对环境种族主义的关注。

•由于低收入国家的高生育率，加上几乎所有地方的死亡率都在下降，地球的人口已经达到前所未有的水平。

•随着人口增长，人类在环境方面面临着资源消耗增加和污染加剧等挑战。

# 第二十四章
# 集体行为与社会运动

# 社会的力量

鼓励或阻止参与社会运动

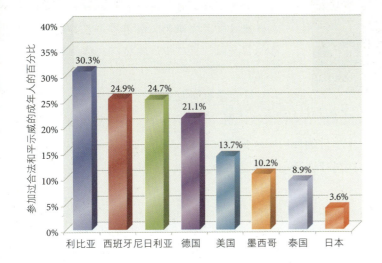

资料来源：World Values Survey（2015）。

参加社会运动只是个人选择的问题吗？ 当被问及是否曾参加过支持某一社会运动的合法和平示威时，大约 14% 的美国成年人回答"参加过"。在某些国家，这一比例更低：泰国只有约 9% 的成年人表示他们参加过示威，而在日本只有 4%。人们是否选择"上街示威"来表达支持并不仅仅取决于个人的决定，它也反映了所处社会的文化。

---

## 本章概览

本章将讨论社会学家称之为"集体行为"的各种行为模式，包括群众行为、谣言与流言、恐慌、灾难以及社会运动。

许多人还记得那一天地球震动了。2011 年 3 月 11 日，日本发生了 9.0 级大地震。它将整个日本朝美国推近了约 15 英尺，甚至引起了地球自转方式的轻微变化。但这些都只是科学家的观察。对于日本东北部的人来说，这是他们永生难忘的一天。

他们中有超过 18000 人在这一天失去了自己的生命。

大地震导致无数的建筑崩塌，但这还不是最糟糕的。沿着海岸线，就算是那些专为这样的紧急情况而建造的最坚固的建筑物，也敌不过海底的剧烈地球运动所引发的三层楼高的海啸。海浪越过海堤洗荡城镇，冲刷了整个日本东北部。

即使如此，灾难也没有结束。在地震中受损并且被灌入大量海水的福岛第一核电站出现了核泄漏。辐射很快就在日本的首都东京被检出，几天后，甚至在美国都检测到了轻微的辐射量。2017 年，即地震发生六年后，这场灾难的清理工作仍在继续（Gibbs，2011；McCurry，2017）。

在日本和世界各地，通过电视报道和新闻图片，人们都被这场自然灾难所带来的破坏震惊了。在这个有时候已经使我们相信人类可以控制自然的时代，公众意识到在面对根本未受我们控制的力量面前，人类有多么不堪一击。此外，正如此后发生的自然灾害一样，我们有机会观察到社会中的人们是怎样应对重大灾难的，随着整个社会的四分五裂，他们需要同时应对物质破坏以及社会解体。

社会学家研究集体行为的其中一个例子就是灾难。**集体行为**（collective behavior）是牵涉大量人的活动，未经计划，往往有争议，有时甚至很危险。本章将探讨各种各样的集体行为，包括人们面对以下事件的反应——灾难、暴徒与暴乱、恐慌与群体性癔症、谣言与流言，以及时尚与潮流。此外，本章也将探讨社会运动，这是一种旨在以某种重要方式改变人们生活的集体行为。

# 研究集体行为

## 24.1　区分不同类型的集体行为

集体行为复杂且难以研究，原因有以下三个：

1. 集体行为是多样的。集体行为涉及广泛的人类行为。乍一看，很难发现灾难和潮流、谣言和暴徒之间有什么共同之处。

2. 集体行为是多变的。有时候，关于某些问题的谣言，如美国政府高度监控个人电话和电子邮件，在整个美国甚至全世界流传。但是有些谣言却瞬间销声匿迹。为什么有些谣言能流行，有些却不能呢？

3. 大多数集体行为是短期的。社会学家长期研究诸如家庭这样的社会制度，因为它们一直是社会的重要组成部分。但是灾难、谣言或是潮流来得快，去得也快。

一些研究者很快指出，这些问题不仅存在于集体行为中，也存在于大多数的人类行为中（Aguirre & Quarantelli，1983）。同时，集体行为也并不总让人惊讶：谁都可以预见到体育赛事和音乐节会形成集体。社会学家可以直接对这些集体进行一手研究，也可以用录像带记录下来以便以后研究。研究者甚至可以预测某些自然灾难，如在美国某些地区比较常见的龙卷风，并准备好研究人们对此类事件的应对（D. L. Miller，1985）。

通过努力，社会学家现在对集体行为有了大量的了解。首先要明白，所有的集体行为都涉及某些**集体**（collectivity）的行动，集体是指大量的人，他们会在缺乏明确界定规范和传统规范的情况下进行最低限度的互动。集体有两种类型。一种是地方性集体（localized collectivity），它是指人们在物理上非常接近，比如群众和暴乱；另一种是分散性集体（dispersed collectivity）或者说大众行为，这种集体所涉及的人们尽管分布在一个较大的区域内，但却仍能相互影响，这类集体行为包括谣言、舆论以及时尚。

一定要记住，集体和我们已经熟悉的社会群体概念（见第八章"群体与组织"）是不同的。它们之间存在三个重要差异。

1. 集体中的人很少或根本不会进行社会互动。群体中的人会进行频繁而直接的互动，而暴徒或其他地方性集体中的人们之间的互动却非常少。分散性集体中的大多数人，比如说追求潮流的人，根本就不会互动。

2. 集体没有清晰的社会边界。群体中的成员有着共同的认同感，但是参与集体行为的人通常没有这种认同感。地方性集体中的人们也许有相同的关注对象，如站在窗台上威胁要跳楼的人，但是他们对周围的人几乎没有团结的感觉。分散性集体中的个体，比如担心要应征入伍的学生，几乎没有共同成员的意识。再举一个例子，人们可能对许多问题有共同的关注，但是通常很难明确地知道某个人是环境运动者还是女权运动者。

3. 集体形成微弱和非传统的规范。传统文化规范通常调节着群体中人们的行为。某些集体，如同一架飞机上的乘客，确实共享着一些常规的规范，但是他们之间的互动常常局限于为尊重邻座私人空间而礼貌地小声交谈。其他集体——比如赛后兴奋地上街喝酒甚至掀翻汽车的球迷——并没有什么明确的准则可言（Weller & Quarantelli，1973；Turner & Killian，1987）。

**集体行为**
牵涉大量人的活动，未经计划，往往有争议，有时甚至很危险

**集体**
大量的人，他们会在缺乏明确界定规范和传统规范的情况下进行最低限度的互动

# 地方性集体：群众

24.2 识别五种类型的群众以及三种对群众行为的解释

集体行为的一种主要形式是**群众**（crowd），即拥有共同关注点并且互相影响的临时聚集在一起的人群。群众是一个相当新的发展：我们的大多数祖先从来没有见过大规模的群众。例如在中世纪的欧洲，大约只有当军队在战场上对峙时，才会有大量的人聚集在一个地方（Laslettt，1984）。然而今天，25000 人以上的群众在摇滚音乐演唱会、体育赛事现场，甚至是大型高校的注册大厅中都很常见。一些政治事件和示威运动会牵涉 10 万人甚至更多。2015 年，大约 150 万人走上巴黎街头进行游行来反对致命的恐怖主义行动。2017 年，多达 500 万女性在华盛顿特区、美国其他数百个城市以及世界其他地方进行游行，反对新就职的特朗普政府（Mays，2017）。

所有的群众都包含了大规模的人群，但是其在社会动力上并不相同。赫伯特·布鲁默（Blumer，1969）定义了四种群众：

一是偶合群众（causal crowd）。偶合群众是即使互动其程度也很低的松散的人群集合。躺在沙滩上的人或是赶往车祸现场的人，仅是一面之识。

二是常规群众（conventional crowd）。常规群众产生于周密的计划，如国家拍卖会、大学讲座或总统就职典礼等。在这种情况下，人们的行动遵循一套清晰的规范。

2013 年波士顿马拉松以一场恐怖主义爆炸结束，造成三人死亡。两名嫌疑人（人群的后方）是从许多人用智能手机拍摄的照片中被识别出来的。基于计算机的技术在哪些方面改变了本来具有匿名性的群众的特征？

三是表意群众（expressive crowd）。表意群众围绕着具有情感性诉求的事件形成，如宗教复兴、滚石乐队演唱会，或是纽约时代广场上的新年庆典。兴奋是人们加入表意群众的主要原因，这使得参与者对这一自发的参与经历感到愉悦。

四是行动群众（acting crowd）。这种群众是由强烈而单一的目标所驱动的，如观众听到枪声后涌向音乐厅的大门或是顾客听到枪声后逃离购物商场。行动群众是由强烈的情感所引发的，这可能在某些时候引发暴民暴力。

任何一种群众都可能从一种类型转变为另一种类型。2009 年，美国航空公司的一架飞机从纽约机场起飞后几分钟就要紧急迫降在哈德逊河，机上的一些乘客立即恐慌起来，形成了行动群众。但是当飞机平稳降落后，人们服从指挥，安静而有秩序地从飞机上安全撤离（Ripley，2009）。2017 年，超过 5000 名球迷形成的常规群众涌入加利福尼亚州圣何塞的一个体育场，观看两支足球队的比赛。比赛开始之前，一个球队的球迷开始向另一个球队的球迷扔瓶子和石头。警察不得不平息随后发生的暴乱（Kurhi，2017）。

群众有计划的行动并不仅仅是情绪高涨的产物。抗议群众（protest crowd）——我们可以将之列为布鲁默四种群众之后的第五种——可能出于政治目的进行游行、抵制、静坐或是罢工（McPhail & Wohlstein，1983）。2017 年初爆发于美国各个城市的反特朗普示威就是抗议群众的例子。在某些情况下，抗议群众具有常规群众的低能量特征，但是在另一些情况下（尤其是示威者正宣泄强烈的情绪时），人们会变得情绪高涨而形成行动群众。

## 暴徒与暴乱

当行动群众转向使用暴力，就可能变为**暴徒**（mob），即以暴力和破坏为目标的高度情绪化的群众。尽管也许正是因为其强烈的情感，暴徒很快就会分崩离析。暴徒能持续多长的时间取决于其是否有明确的目标，以及其领导者是试图煽动还是安抚群众。

从历史上看，"私刑"（lynching）是美国最为臭名昭著的暴徒行为。私刑一词源于威廉·林奇（William Lynch），生于殖民地时期的一名弗吉尼亚人。那个时期还没有正式的警察和法庭，林奇就在他的社区里把自己作为法律和秩序。林奇这个名字很快就成了在法律允许的范围之外进行暴力和凶杀的代名词。

在美国，"私刑"一直带有种族色彩。南北战争之后，所谓的私刑暴徒成了刚获解放的非裔美国人的噩梦。任何对白人特权提出挑战的有色人种都有可能被充满仇恨的白人吊死或是活活烧死。

私刑暴徒通常由感到被解放后的奴隶所威胁的贫穷白人组成，其数量在 1880 年到 1930 年间达到了顶峰。警方在这一时期记录了大约 5000 起私刑案件，但实际发生的数量无疑远高于这一数字。私刑常常是家喻户晓的大事件，能吸引成百上千的围观者，甚至是整个城镇的人。有时受害者很快就被杀害了，有时受害者在死前会受尽折磨。这些恐怖杀戮绝大多数发生在美国的南部诸州，那里的农业经济非常依赖这些廉价而顺从的劳动力。在西部边境上，私刑暴徒也将墨西哥人和亚裔视为目标。在被记录的私刑案件中，大约 25% 是白人杀害了白人。几乎所有的受害者都是男性。目前已知的女性私刑案件只有大约 100 起，受害者几乎都是有色人种女性（White，1969，orig. 1929；Grant，1975；Lacayo，2000）。

具有高能量且没有特定目标的群众便是**暴乱**（riot）——高度情绪化、暴力化且无指向性的一种社会性爆发。和暴徒的行为不同的是，暴乱通常没有明确的目标，也许仅仅是为了表达某种不满。大多数的暴乱源于某种长期的不满或是怨恨。暴乱是"待发生的暴力"，它通常由某些轻微或是重大的事件引发，导致人们开始毁坏财产或是伤害他人。暴徒行为通常在某些具体的暴力目标（如私刑）达成之后就会结束，但是暴乱会持续下去，直到暴乱者耗尽能量或是警察和社区领导者逐渐控制局势。

| 群众 | 暴徒 | 暴乱 |
|---|---|---|
| 拥有共同关注点并且互相影响的临时聚集在一起的人群 | 以暴力和破坏为目标的高度情绪化的群众 | 高度情绪化、暴力化且无指向性的一种社会性爆发 |

　　纵观美国历史，暴乱总是由社会不公正所引发。例如，产业工人曾因为不公平的工作条件而引发暴乱发泄愤怒。1886年，芝加哥工厂工人为争取8小时工作制而进行的艰苦斗争引发了激烈的"干草市场暴乱"（Haymarket Riot），最终导致11人死亡，大量人受伤。监狱里的囚犯有时候也会通过暴乱来表达愤怒和绝望。

　　此外，种族暴乱在美国时常发生。20世纪早期，芝加哥、底特律和其他城市的白人经常会攻击非裔美国人。20世纪60年代，看似微不足道的事件引发了对长期偏见和歧视的愤怒，导致大量城市的贫民区发生了暴力骚乱。1992年在洛杉矶，白人警察殴打黑人驾驶员罗德尼·金（Rodney King）却被判无罪释放掀起了一场激烈的暴乱，暴力和火灾造成了超过50人死亡，数千人受伤，数亿美元的财产遭到了破坏。2014年在密苏里州弗格森，2015年在马里兰州巴尔的摩以及美国其他城市，都发生了由非裔美国人死于警察之手而引发的暴乱（Shane，2015）。

　　并非所有的暴乱都源于愤怒或憎恨，暴乱也可能产生于非常正面的情感。例如，在2000年，欢庆纽约城全国波多黎各日的年轻男性开始在人群中向年轻女子身上喷水。在之后的几个小时里，性暴力肆虐，数十名女性被抚摸、剥去衣服和受到攻击，正如一篇报道所写，这显然是由于"大麻、酒精、热浪、雄性激素的愚蠢和警察[保护]的失误"（Barstow & Chivers，2000：1）。在一些州立大学的校园里，主场运动队伍的胜利足以使成百上千的学生涌向街头酗酒，继而纵火并且与警察发生冲突。正如一位分析家看到的，在一种"随心所欲"（anything goes）的文化中，某些人认为他们可以为所欲为而不受惩罚（Pitts，2000；Madensen & Eck，2006）。

## 群众、暴徒与社会变迁

　　暴乱能带来什么？答案是"权力"。正如最近的占领华尔街运动所表明的那样，普通人在集体行动时能够获得权力。群众拥有挑战现状并在某些时候带来社会变迁的力量，这使得群众备受争议。纵观历史，现状的拥护者害怕"暴徒"并视之为威胁，而那些寻求变革者却支持集体行动。

## 群众行为的解释

　　如何解释群众行为？社会科学家已经提出了若干解释。

　　**感染理论**　法国社会学家古斯塔夫·勒庞（Gustave Le Bon，1841—1931）最早对集体行为提出了解释。根据勒庞的感染理论（Le Bon，1961，orig. 1895），群众对参与其中的成员有催眠作用。在大量人群中的匿名性导致人们忘记个人责任感，而屈服于群众的感染性

2017年在英国曼彻斯特的一场音乐会上，一名自杀式炸弹袭击者导致22人死亡，图片中的人们因此聚集在一起。本节讨论的哪种群众行为理论可以最好地解释这一行为？

情绪。因此，群众拥有了自己的生命，不断煽动人们的情绪，使得人们走向非理性，甚至是采取暴力行为。

## 评估

勒庞认为群众带来匿名性并且产生强烈情绪的观点毫无疑问是正确的。但是正如克拉克·麦克费尔（McPhail，1991）所指出的：大量研究表明"疯狂的群众"并不拥有自己的生命。相反，群众中人们的行为通常是由一些明显的原因引起的。例如，2013 年，巴西圣玛利亚的一家夜店发生火灾，造成 233 人死亡。与群众行为的传统理论一样，警方将夜店的情况描述为"非常混乱"，造成了一定的恐慌。但是之后的调查却发现，恐慌并不是因为群众突然莫名其妙地"变得疯狂"，而是因为乐队燃放了一些烟花，点燃了建筑物。随着烟雾逐渐填满这个大房间，人们冲向唯一一个出口，但是保安堵住了门，试图确认所有离开房间的人都已经付过了酒水单，这使得情况变得更加复杂（Barbassa，2013）。

尽管集体行为可能带有强烈的情绪，但是正如感染理论所指出的那样，这些情感未必就是非理性的。情感——以及行动——能够反映真正的恐惧（如夜店火灾的恐慌）或者源于不公平感（如在政治抗议中）（Jasper，1998）。

**检查你的学习**　请陈述群众行为的感染理论。对这一理论有哪些批评？

**辐合论**　辐合论认为群众行为不仅源自群众本身，而且还会受到参与其中的特定人的影响。根据这种理论，群众是具有相似观念的个体的集合。感染理论认为群众使得人们按照某种方式行动，辐合论刚好相反，其声称希望按照某种方式进行行动的人们聚集起来形成了群众。

近年来，中东反对专制政府的政治游行示威所形成的群众并没有促使参与者去反对他们的政治领导人。相反，参与者走到一起正是因为他们已有的政治态度。

## 评估

通过将群众与更为广泛的社会力量联系在一起，辐合论反对勒庞所谓非理性群众行为的观点，而认为群众中的人们是在表达他们已有的信念和价值。但是公正地说，勒庞值得肯定的地方是，有时人们在群众中的所作所为是他们单独一个人时没有勇气完成的，因为群众能在大量的人群中稀释责任感。此外，群众通过将大量想法相近的人聚集在一起而强化了情感。

**检查你的学习**　请陈述群众行为的辐合论。这一理论面临哪两种批评？

**突生规范理论**　拉尔夫·特纳（Ralph Turner）和刘易斯·基利安（Lewis Killian）提出了群众动力的突生规范理论。他们承认社会行为是不可能被完全预知的，但是当利益相近的人们形成群众，则可能会带来特定的行为模式（Turner & Killian，1987）。

在特纳和基利安看来，群众中的个体是有着不同的利益和动机的。特别是在表意群众、行动群众和抗议群众中，规范可能是模糊而多变的。例如，在地震和海啸袭击日本后的数分钟和数小时内，很多人惊慌逃命。但是很快，人们就开始相互救助，日本人决定通过集体努力来重建其生活方式。总之，群众中人们的行为可能会随着时间的推移而发生改变，因为人们会回归他们的传统或创造出新的规范。

评估

突生规范理论是群众动力的折中理论。特纳和基利安（Turner & Killian，1993）认为，群众行为并非如感染理论所述是非理性的，也并非如辐合论所认为的那样有意。群众行为当然反映了参与者的欲求，但是也受到随事态发展而出现的规范的影响。

决策在群众行为中有重要的作用，尽管局外的观察者可能不会意识到这一点。例如，惊慌失措的人们拼命挤向地势较高的地方可能会被认为是非理性恐慌的受害者，但是从他们的角度来看，能在即将到来的海啸中逃过一劫更重要。

突生规范理论指出群众中的个体扮演着不同的角色。一些人成为了领导者，另外的人则成为了副手、普通成员、旁观者甚至反对者（Weller & Quarantelli，1973；Zurcher & Snow，1981）。

**检查你的学习**　论述群众行为的突生规范理论，对这一理论的批评有哪些？

# 分散性集体：大众行为

**24.3**　描述谣言、灾难以及其他类型的大众行为

人们以群众的形式聚集在一起并非集体行为的唯一形式。**大众行为**（mass behavior）是指分布在广大地理区域的人们的集体行为。

## 谣言与流言

大众行为的一种常见形式是**谣言**（rumor），即未经证实的信息，人们往往通过口耳相传或使用电子设备进行非正式的传播。人们当然可以通过面对面交流的形式传播谣言，但是今天的现代技术——包括电话、大众传媒、电子邮件、手机短信以及网络——使得谣言的传播比以往任何时候都要更快更广。

谣言有三个主要特征：

1. 谣言在不确定的环境中蓬勃发展。当人们对某一问题缺乏明确和肯定的信息时，谣言就会四起。例如，在密苏里州弗格森和马里兰州巴尔的摩，警方采取行动的谣言在街头示威者中快速传播开来。2016 美国总统大选期间则出现了很多谣言，说俄罗斯人可能帮助了唐纳德·特朗普击败希拉里·克林顿。

2. 谣言并不稳定。人们在传播谣言时也会改变它，通常是为服务自己的利益而"添油加醋"。在涉及警察的种族冲突中，支持警察的人很可能会散播示威者暴力的谣言，批判警察的人则可能散布警察暴力的谣言。

3. 谣言很难停止。很多人都注意到谣言传播得很快，因为一个人可以向很多人传播信息。大众传媒和网络可以迅速地将当地议题和事件传播到全国甚至全世界。社交媒体在谣言传播中特别重要，因为我们中的大多数都倾向于相信朋友的话（Garrett，2011）。当然，大多数的谣言最终会消散。但是，一般来说，控制谣言的唯一方式是让可信赖的消息来源将事实真相清晰而令人信服地陈述出来。

谣言可能引发群众或其他形式的集体行为。鉴于此，政府在危机时期会建立谣言控制中心来管理信息。但是一些谣言还是产生了，也许仅仅因为人们喜欢这些谣言。披头士乐队的保罗·麦卡特尼（Paul McCartney）离奇死亡的谣言就是一个经典的例子，这个谣言在五十年后仍在不断传播。

**流言**（gossip）是关于人们私事的谣言。查尔斯·霍顿·库利（Cooley，1962，orig. 1909）认为谣言包含了许多人都关心的议题，但是只有熟悉某一特定个体的一小圈子人会对流言感兴趣。因此谣言传播广泛，但

是流言却更可能在局部流传。

社区中的流言是一种社会控制手段，通过赞扬或批评鼓励人们更加遵守当地的规范。而且，人们对其他人的流言也贬低了他人，并提升了自己作为社会"局内人"的地位（Baumgartner，1998；Nicholson，2001）。但是，没有哪个社区希望流言失去控制，那样就没有人知道应该去相信什么，因此总是八卦别人的人会被斥为"好管闲事"。

## 公众舆论与宣传

谣言在不确定的氛围中传播。国会听证会旨在了解各种事件和问题的真相。2017 年，关于俄罗斯干涉 2016 总统大选的听证会似乎并没有说明到底是谁做了什么。于是，关于这一问题的各种谣言不断流传。

分散性集体行为的另一类型是**公众舆论**（public opinion）：对争议性议题的普遍态度。"公众"的定义取决于所涉及的议题。多年以来，美国在众多的争议性议题上都已经形成了公众：从全球变暖和大气污染到枪支管理和医疗保健。近年来，公众又在为同性婚姻、大麻合法化以及移民政策争论不断。

无论是什么议题，总有一小部分人不持任何看法。没有看法可能是出于无知，也可能是冷漠。通常，回答"没有看法"或是"不知道"的公众比例在 1% 到 5% 之间。当问及人们已经很清楚的问题（"你认为特朗普的竞选活动和俄罗斯政府之间是否有联系？"）或者当问及某些特定的外交政策问题（"你赞不赞成特朗普政府对朝鲜的政策？"）时，选择不回答的人的比例通常为 10% 及以上（Polling Report，2017）。

同样，并不是每个人的看法都有相同的权重。有些类别的人更有可能被问及看法，具有更大的影响力，因为他们受过更高的教育、更富有或者具有更多的社会关系。通过建立各种各样的组织，各类人都可以增加他们的发言权。例如，通过美国医学协会，医生可以对美国的医疗保健发表很多观点，而美国教育协会的成员对公共教育具有很大的影响力。

特殊利益群体和政治家都试图通过宣传来形塑公众品味和公众态度。**宣传**（propaganda）是指以塑造公众舆论为目的而发布的信息。尽管我们总是倾向于以负面的方式看待宣传，有时甚至称其为"假新闻"，但是它并不必然是虚假的。信息和宣传之间只有一线之隔：差异主要在于发布者的意图。我们提供信息使人明了，而我们通过宣传使人同意我们的看法。政治演讲、商业广告甚至某些大学讲座都可能包含宣传的成分，努力引导人们以某种特定的方式思考或行动。最近的一项调查显示，三分之二的美国成年人认为"假新闻"很常见，它们同时带来了清晰与混乱（Pew Research Center，2016）。

当然，有时候宣传陈述的就是完全不真实的事情。就政治广告内容进行事实核查，研究者发现，大约五分之一的政治广告包含不真实的信息（Annenberg Public Policy Center，2013）。特朗普——当选前以及当选后——就因为比近期的其他总统说了更多经不起调查的话而备受批评（Annenberg Public Policy Center，2017）。但是在通常情况下，宣传是一个决定呈现哪些事实的问题，我们通常把这样的实践叫做"操纵"（spin）。例如，若干年前，总统巴拉克·奥巴马声称美国当时进口的石油不到全国消费量的一半，而参议员米奇·麦康奈尔（Mitch McConnell）反驳说，美国进口的石油占我们消费的石油的 60% 以上。有人在说谎吗？没有。这两种不同的说法只是因为计算答案的方法不同。每个人都在处理事实，并"操纵"事实以支持特定的政治立场（Morse，2011）。

## 时尚和潮流

时尚和潮流同样涉及分布在广大地区的人们。**时尚**（fashion）是被许多人喜爱的社会模式。人们对服装、音乐和汽车的品味以及对政治的看法经常发生变化，一会儿流行，一会儿过时。

在前工业社会，服装和个人外表变化不大，反映了传统风格。女性和男性，富人和穷人，律师和木匠穿着不同的衣服留着不同的发型，反映出他们的职业和社会地位（Loland，1973；Crane，2000）。

但是在工业社会，确立的风格让位于不断变化的时尚。一方面，现代人更少关注传统，而是热衷于尝试新的"生活方式"。更高的社会流动率也促使人们利用他们的外表来表达自我。德国社会学家乔治·齐美尔（Simmel，1971，orig. 1904）指出，富人通常是潮流的引领者，他们把大量的金钱用于奢侈品消费，吸引了众多的目光。正如美国社会学家托斯丹·凡勃伦（Veblen，1953，orig. 1899）所述，时尚涉及"炫耀性消费"，人们购买昂贵产品（从名牌包到悍马）并非因为他们需要，而仅仅是为了炫耀他们的财富。

时尚指的是在全社会流行的社会模式。在现代社会，大众传媒在引导人们的品味上起着重要的作用。例如，流行电视节目"天桥骄子"（Project Runway）定义了什么是有吸引力的服装。潮流是变化更为迅速的社会模式。很多"真人秀"快速流行又快速消失。

想要看起来有钱的普通人渴望购买富人时尚产品的廉价复制品。就这样，时尚在阶级结构中向下传递。但是最终，当太多的普通人都追随这一时尚时，时尚就会失去意义，因此富人就会转向某些新的事物。总之，时尚诞生于富裕的第五大道（纽约）和罗迪欧大道（洛杉矶），在全美的塔吉特和沃尔玛变得流行起来，最终让位于新兴的事物。

但从 20 世纪 60 年代以来，美国也出现了与此相反的模式，许多富人都接受了社会地位较低的人喜爱的时尚。这一模式始于蓝色牛仔裤，从事体力劳动的人长期以来都穿这种裤子。在 20 世纪 60 年代的民权运动和反战运动中，牛仔裤在希望认同"普通人"的大学生中流行开来。今天，嘻哈文化的标志使得最富裕的艺人和名人都模仿起始于内城区穷人的风格。就连富人和名人也经常强调自己的草根性：珍妮佛·洛佩兹（Jennifer Lopez）在一首歌中要她的朋友不要被她的新珠宝所迷惑，因为她仍然是和他们一起住在旧街区的那个珍妮。

**潮流**（fad）是指人们短暂而狂热追求的非常规社会模式。潮流，有时也被叫做狂热，在高收入国家中非常普遍。这些国家的许多人把钱花费在有趣但往往很轻浮的事物上。在 20 世纪 50 年代，两个年轻的加利福尼亚人创造了一种颜色鲜艳的塑料圆环，你可以通过臀部的扭动使其在腰间旋转，这是澳大利亚一个流行玩具的翻版。"呼啦圈"很快演变成全美潮流。但在不到一年的时间内，呼啦圈就消失了，只是时不时再出现一下。宝可梦卡片是另一个例子，反映了潮流的兴衰。最近，社交媒体游戏"糖果粉碎传奇"（Candy Crush）大受欢迎，但是五年以后它还会存在吗？潮流与时尚有什么不同？潮流抓住了公众的想象力，但是很快便会消失。而时尚反映了基本的文化价值，比如个性和性吸引力，它们往往会持续一段时间。因此，时尚，而不是潮流，成为流行文化中更为持久的组成部分。例如，条纹是一种潮流，不知从何而来又快速消失；但牛仔裤是一种时尚，它起源于 19 世纪 70 年代加利福尼亚州淘金热时期的简陋矿营，至今仍然流行。

## 恐慌和群体性癔症

**恐慌**（panic）是指在一个地方的人们以非理性、疯狂甚至通常是自我毁灭的行为来应对威胁或是其他刺激的一种集体行为。恐慌的典型例子是在一个坐满人的剧院中，当有人高喊"着火了"后，人群涌向拥挤的剧院的出口。在他们的逃亡过程中，他们相互踩踏，堵住了出口以至于实际上只有少数人可以真正逃生。

与恐慌紧密联系在一起的是**群体性癔症**（mass hysteria）或**道德恐慌**（moral panic），即人们对真实或想象中的事件做出非理性的甚至是疯狂的恐惧反应的一种分散性集体行为。无论引发群体性癔症的原因是否真实，很多人也都会当真。

道德恐慌的一个例子发生在 20 世纪 50 年代，有些政治领导人鼓励人们对"共产主义者"已成为美国政府官员这一事实产生恐惧。20 世纪 60 年代，以焚烧国旗来反对越南战争引发了又一波争议。20 世纪 80 年代，对艾滋病或艾滋病毒携带者的恐惧在某些社交圈中引发了道德恐慌。2017 年初，唐纳德·特朗普当选美国总统给心忧美国未来的人也带来了道德恐慌。

有些时候，道德恐慌的出现几乎不会给任何人带来真正的危险。例如，以艾滋病引发的恐惧为例，仅仅与艾滋病人互动，几乎不可能有机会感染到 HIV。但是在另一个层面，恐惧本身也会成为一种危险，比如，对艾滋病的恐惧可能会引发针对艾滋病人的仇恨犯罪。

道德恐慌在我们的社会中常见的一大原因是大众传媒的影响。电视和其他媒体总是充斥着疾病、灾难和严重犯罪以吸引观众。就像埃里希·古德（Goode，2000：549）指出的那样："大众传媒以制造恐慌为生；引发道德恐慌就是媒体的惯用手段。"

群体性癔症有时候是由极端情况下会使人陷入混乱的事件引发的。当然，人们看到其他人被恐惧征服，自己也会变得更加害怕，癔症就这样出现了。几年前，总统 747 飞机和跟在后面的一架空军战机低空飞过纽约市进行"拍照活动"，使得成千上万对 911 袭击记忆犹新的人们冲上街头，尽管所有人最终都意识到根本就没有什么危险。

**大众行为**分布在广大地理区域的人们的集体行为

| 谣言 未经证实的信息，人们往往通过口耳相传或使用电子设备进行非正式的传播<br>流言 关于人们私事的谣言 | 公众舆论 对争议型议题的普遍态度<br>宣传 以塑造公众舆论为目的而发布的信息 | 时尚 被许多人喜爱的社会模式<br>潮流 人们短暂而狂热追求的非常规社会模式 | 恐慌 在一个地方的人们以非理性、疯狂甚至通常是自我毁灭的行为来应对威胁或是其他刺激的一种集群行为形式 | 群体性癔症（道德恐慌） 人们对真实或想象中的事件做出非理性甚至是疯狂的恐惧反应的一种分散性集体行为 |

## 灾难

**灾难**（disaster）是指广泛对生命造成伤害、对财产造成损害的、通常出乎意料的事件。灾难有三种类型。地震、洪水、飓风以及森林火灾都是自然灾难（K. T. Erikson，2005a）。第二种类型是技术灾难，其普遍被认为是事故，但是更准确地说，它是技术控制的失败（K. T. Erikson，2005a）。2011 年福岛第一核电站的核泄漏是近期技术灾难的一个例子；第二个例子是 2010 年墨西哥湾一个石油平台发生爆炸造成的石油泄漏事件，多

# 全球化思考

## 永无止境的原子弹灾难

1954 年 3 月 1 日，天才刚刚亮的时候，南太平洋马绍尔群岛中的一个由珊瑚和火山岩形成的小岛——乌蒂里克岛已经达到一定温度了。这个岛上住了 159 人，他们靠打渔为生，就像他们的祖先几百年来做的那样。岛上的居民对外面的世界知之甚少：一个来自美国的传教士教育当地的孩子，24 个军人驻扎在一个小型的美国气象站，岛上还有一个机场，每周有一趟航班。

清晨 6 点 45 分，西部的天空突然发出从未见过的亮光，几秒钟之后，如地震般的轰鸣漫过整个小岛。一些乌蒂里克岛居民以为世界末日降临了。确实，他们所熟知的一切永远消失了。

大约向西 160 英里外的比基尼岛上，美国军方刚刚引爆了一颗原子弹，这颗巨大炸弹的威力比第二次世界大战末期摧毁日本广岛的那颗强 1000 倍。巨大的爆破蒸发了整个岛屿，充满灰尘与放射性物质的巨大云朵升上天空。军方原本预期风会将云向北带入海洋中的开放区域，但是云却被吹向了东方。到中午的时候，放射性云团吞没了一艘日本渔船，使船上的 23 人暴露在放射性物质中，这些放射性物质最终将使他们生病或死亡。讽刺的是，这艘渔船竟然叫做"幸运龙"号。到傍晚的时候，这些云团到达了乌蒂里克岛。

云团由珊瑚和岩石灰尘构成——比基尼岛余下的一切，这些灰尘缓缓地落在了乌蒂里克岛上。孩子们记起了他们的传教士老师给他们看过的雪的图片，纷纷跑出去，在白色粉末的天地中玩耍。没有人意识到，这些粉末受到了致命的放射性物质的污染。

三天半以后，美军飞机降落在乌蒂里克岛上，并且要求所有人必须马上撤离，不能带任何东西。随后三个月，岛上的居民被安置在另一个军事基地，之后他们就被送回了家。

那个致命的清晨注定在岛上的很多人要英年早逝，他们通常会因辐射罹患癌症或是其他疾病。即使在今天，幸存者仍然认为他们自己和他们的岛屿受到了辐射的毒害，而且他们坚信，这种毒害永远不会消失。放射性物质或许仍然存在于他们的身体中或是岛屿的土壤和沙子中，又或许已经消失了，但是可以肯定的是，它已经深植进这些人的文化当中。爆炸已经过去 50 多年了，人们仍然会谈论那个"改变了一切"的清晨。这一灾难带来的损害远远超出了医学范畴，它是一种社会转型，它导致人们深信他们所有的人都生病了，生活也再不可能和之前一样。住在世界另一端的有权势者本可以避免这一灾难的发生，但是他们却没有那么做。

你怎么想？

1. 为什么说像这样的灾难或者像 2011 年日本核泄漏那样的灾难永远不会真正结束？
2. 原子弹实验在哪些方面改变了乌蒂里克岛上居民的文化？
3. 美国政府从来没有正式对这一灾难负责。在乌蒂里克岛居民身上发生的故事让你看到了全球分层的哪些要素？
资料来源：K. T. Erikson（2005a）。

达 2 亿加仑的石油被排放到了水中。第三种灾难是蓄意灾难，即一个或多个有组织的团体蓄意伤害他人。在叙利亚（2012—2017）、利比亚（2011）、苏丹的达尔富尔地区（2003—2010），南斯拉夫（1992—1995）以及卢旺达（1994）等地发生的战争、恐怖袭击、种族灭绝，都是蓄意灾难。

灾难带来的全部危害可能只有在灾难发生后很多年才能完全显现出来。"全球化思考"专栏提供了一个技术灾难的案例，距这一灾难发生已经过去超过 50 年，但是其仍然在影响着人们及其后代。

卡伊·埃里克森（Erikson，1976，1994，2005a）研究了十多种类型的灾难。通过对洪水、核污染、原油

社会学家将自然灾难分为三种类型。2015 年造成 9000 多人死亡的尼泊尔地震属于自然灾难。2010 年墨西哥湾的漏油事件属于技术灾难。成千上万的难民被迫乘坐不安全的超载船只逃离饱受战争侵害的非洲和中东国家，却未能成功到达欧洲海岸，则属于蓄意灾难。

泄漏以及种族灭绝的研究，埃里克森得出了关于灾难后果的三个主要结论。

首先，灾难是社会混乱。我们都知道灾难对人民和财产有害，但是直到最近分析家才开始讨论灾害对人类安全的威胁（Futamora，Hobson & Turner，2011）。这一概念指出了一个事实：灾难也破坏人类社区。1972 年，大坝决堤，滔滔洪水冲向西弗吉尼亚的布法罗海湾，导致 125 人丧生，1000 间房屋被毁，4000 人无家可归。待洪水退去，救援慢慢赶到，人们不仅仅因为失去家人和朋友，同时也因为失去整个生活方式而崩溃。尽管经过了四十多年的努力，他们仍然没有能够重建他们曾经熟悉的社区生活。我们能够准确指出灾难发生的时间，但是正如埃里克森所指出的那样，我们没有办法知道其影响会在什么时候结束。本章开篇讨论的 2011 年日本地震后发生的核泄漏事件的全部后果，至今还没有完全显现。

第二，埃里克森发现，当事件涉及某种有毒物质时，其造成的社会损害尤为严重。而有毒物质常常在技术灾难中出现。正如乌蒂里克岛上空飘落的放射性物质，当人们暴露在他们恐惧或者没有办法控制的危险物质中时，他们会觉得自己"中毒"了。

第三，当灾难是由他人行动引发时，灾难的社会性损害最为严重。这可能是因为疏忽大意而发生（在技术灾难中），也可能是因为有意的行动而发生（在蓄意灾难中）。埃里克森指出，我们相信"他人不会伤害我们"是社会生活的根本基础。但是当他人疏忽大意（如 2010 年的墨西哥湾漏油事件）或者有意要伤害我们（如使用致命武力来镇压抗议）时，那些灾难的幸存者恐怕会永远失去对他人的信任。

# 社会运动

## 24.4　分析社会运动的原因和后果

**社会运动**（social movement）是推动或者阻碍社会变革的一种有组织的活动。社会运动是最重要的集体行为之一，因为其通常对我们的社会有持久的影响。

社会运动，比如因与警察冲突而死亡的非裔美国人而兴起的政治运动，在当今世界很常见。但是社会运动并不总是普遍的。前工业社会，无论是在过去还是今天，都受到传统的严格束缚，社会运动少之又少。但是在现代工业社会和后工业社会中，很多亚文化和反文化都鼓励处理各种公共议题的社会运动。例如在美国，同性恋平权运动逐渐在全国各个城市和州赢得法律变革，禁止基于性取向的歧视，获得合法同性婚姻的权利，并在最近大力推动跨性别运动。和所有寻求变革的社会运动一样，同性恋平权运动也引发了反对运动，他们由传统主义者组成，试图限制社会对性别多样性的接受度。当今美国社会，几乎每一个重要的社会议题都会引发支持变革的社会运动以及抵制变革的反对运动。

## 社会运动的类型

　　社会学家根据若干变量对社会运动进行分类（Aberle，1966；Cameron，1966；Blumer，1969）。其中一个变量是：谁被改变了？一些运动仅仅针对特定的人群，但是另一些社会运动试图改变每一个人。第二个变量是：改变了多少？一些运动仅仅寻求我们生活的有限改变，但另一些社会运动追求社会的彻底变革。将这两个变量组合在一起会形成四种类型的社会运动，如图 24-1 所示。

改变了多少？

| | 有限改变 | 彻底改变 |
|---|---|---|
| 特定个体 | 改良型社会运动 | 救赎型社会运动 |
| 谁被改变了？ | | |
| 所有人 | 改革型社会运动 | 革命型社会运动 |

图 24-1　社会运动的四种类型

社会运动有四种类型，反映"谁被改变了"以及"改变了多少"。
资料来源：Aberle（1966）。

　　改良型社会运动（alternative social movement）对现状的威胁最小，因为其只寻求对小部分人的有限改变。改良型社会运动的目标是帮助某些人改变他们的生活。例如，"守约者"（Promise Keepers）运动就是一种改良型社会运动，其鼓励男性重视精神生活，更加支持他们的家庭。

　　救赎型社会运动（redemptive social movement）同样只针对特定的人群，但是其寻求根本性的变革。救赎型社会运动的目标是帮助某些人挽救他们的生活。例如，嗜酒者互诫协会（Alcoholic Anonymous）就是帮助酒精成瘾者实现清醒生活的组织。

　　改革型社会运动（reformative social movement）的目标仅仅是有限的社会变革，但是针对的是所有人。第三章（"文化"）描述的多元文化主义就是推进社会各种族和族裔平等的教育和政治运动。改革型社会运动通常在现有的政治制度中进行。有些运动是革新的，推进新的社会模式；而另一些则是保守的，通过不断维持现状或是保持旧有社会模式来反对革新者。因此，多元文化主义者鼓励更彻底的种族平等，而白人至上主义组织则试图保持白人已有的主导权。

　　革命型社会运动（revolutionary social movement）是所有社会运动中最为极端的，其寻求的是整个社会的转型。这种社会运动有时追求具体的目标，有时则编织乌托邦梦想，它们斥现有的社会制度为有缺陷的，希望以完全不同的新制度取而代之。左翼共产党（推进政府对整个经济的控制）和右翼的军事组织（提倡消灭"大政府"）都是在寻求对我们生活方式的根本性变革（van Dyke & Soule，2002）。

| 社会运动 | 声明 |
|---|---|
| 推动或者阻碍社会变革的一种有组织的活动 | 试图说服公众和公职人员通过社会运动来解决某一特定议题的重要过程 |

## 声明

1981 年，疾病控制和预防中心开始追踪一种奇怪的疾病，它能快速致人死亡，而得病的大多数人是男同性恋。后来人们把这种疾病叫做艾滋病（获得性免疫缺陷综合征）。尽管这是一种致死性的疾病，但是大众几乎没有关注，媒体也鲜有报道。大约五年之后，越来越多的患者死于该病，人们才开始将艾滋病看成一个严重的社会威胁。

公众想法的改变是**声明**（claims making）的结果，即试图说服公众和公职人员通过社会运动来解决某一特定议题的重要过程。换句话说，若要形成社会运动，必须将某些议题定义为需要公众关注的议题。通常，声明始于一小部分人。在艾滋病的案例中，大城市（最著名的是旧金山和纽约）的同性恋群体被动员起来，说服人们相信这一致命疾病带来的危险。随着时间的推移，如果大众传媒开始关注这一议题，公职人员开始为这个议题发声，社会运动就可能获得力量。

如今，艾滋病已经得到公众的广泛关注，旨在治愈这一致死疾病的研究也正在进行中。对于各种社会议题，声明过程一直在继续。例如，近年来，禁止在汽车上使用手机的运动指出，每年有数千起车祸与驾驶时使用手机有关。到目前为止，14 个州已经通过了驾驶时禁止使用手机的法律，38 个州禁止新手司机使用手机，46 个州禁止所有司机使用手机发送短信，在其他州，争论仍在继续（McVeigh，Welch & Bjarnason，2003；Governors' Highway Safety Association，2017）。

## 解释社会运动

由于社会运动是有意图的长期过程，因此社会学家发现这种集体行为比本章之前讨论的暴徒行为或是群体性癔症这样的短期过程更容易解释。不少理论都对此做出了相当的贡献。

**剥夺理论**　剥夺理论认为寻求变革的社会运动在感到被剥夺的人中产生。人们觉得自己缺少足够的收入、没有安全的工作条件、缺乏基本的政治权利或者没有基本的人格尊严时，他们可能会组织一场社会运动以实现社会公正（Morrison，1978；J. D. Rose，1982）。

三 K 党（Ku Klux Klan）的兴起，以及白人为了在南北战争后的美国南方加强种族隔离而制定的吉姆·克劳法的通过证明了剥夺理论。随着奴隶制的结束，白人地主失去了自由劳动力，而贫困的白人也丧失了其相对于非裔美国人的社会优越感。这一变化带来了被剥夺感，使得白人想要让所有有色人种"回到他们该去的地方"（Dollard et al.，1939）。当然，非裔美国人的被剥夺感要更强，但是作为种族主义社会中的少数族裔，他们几乎没有机会能够组织起来。但是到了 20 世纪，非裔美国人确实成功地组织了起来，以追求种族平等。

正如第八章（"群体与组织"）所述，剥夺是个相对的概念。不管一个人实际有多少金钱和权力，人们只有在与其他人的比较过程中才会感受到自己的处境是好还是坏。因此，**相对剥夺感**（relative deprivation）是指在某些特定比较中产生的明显劣势（Stoufer et al.，1949；Merton，1968）。

阿历克西·德·托克维尔（Alexis de Tocqueville）对法国大革命的研究为相对剥夺感提供了一个经典的例证（Tocqueville，1955，orig. 1856）。为什么叛乱发生在封建主义正在瓦解、社会不断进步的法国，而不是农民更为贫困、社会更为传统的德国？托克维尔的解释是，正是因为境况糟糕，德国农民除了封建奴役外一无所知，因此他们几乎无法想象其他的生活方式，也就没有理由感到被剥夺。而法国农民已经看到了自己生活的进步，这使得他们渴望更多的改变。因此，法国人，而不是德国人，产生了相对剥夺感。正如托克维尔所看到的那样，不断增长的自由和财富不能让人们满足，反而激发了他们对更加美好生活的向往。

回到美国，托克维尔的洞见有助于我们理解 20 世纪 60 年代的暴乱。非裔美国人的抗议暴乱并没有发生

声明是试图使他人相信某些议题的重要性，有必要进行某些变革的过程。在南方的数十个大城市中，一场关于内战纪念碑的全国争论已经展开。2017 年，这尊罗伯特·E. 李（Robert E. Lee）的雕像，从路易斯安那州新奥尔良的一个公共广场上被移除。有些人捍卫这座雕像，认为其是对南方历史的纪念，但是更多的人将这样的雕像看作对奴隶制的纪念。

在居住着大量贫困黑人的南方，而是发生在底特律——那一时期的底特律汽车工业正在兴起，黑人失业率很低，黑人住房拥有率在全美最高（Thernstrom & Thernstrom，1998）。

## 评估

剥夺理论挑战了我们的常识，即认为最贫穷的人会更有可能组织起来寻求变革。人们并不会仅仅因为自己的绝对处境而组织起来，相反，相对剥夺感会催生社会运动。托克维尔和马克思——尽管他们的思想在许多方面有所不同——都认为相对剥夺感在社会运动的形成过程中发挥着重要作用。

大多数的人总会经历一些不满，因此剥夺理论让我们想要知道：社会运动为什么在某些人中兴起，而在另一些人那里却没有？第二个问题是，剥夺理论将剥夺（而不是其他因素）确定为社会运动的原因。在社会运动的研究中，其几乎不可能控制其他可能的原因。第三个缺陷是，这一理论聚焦于社会运动的原因，但却很少告诉我们运动形成后会发生什么（McAdam，McCarthy & Zald，1996）。

**检查你的学习**　请陈述社会运动的剥夺理论的基本思想。这一理论受到了哪些批评？

**大众社会理论**　威廉·科恩豪瑟（William Kornhauser）的大众社会理论认为，被社会性孤立的人将社会运动作为获得归属感和意义的一种途径（Kornhauser，1959）。根据这种理论，社会运动最可能发生在非个人

一个有意思的事实是，20 世纪 60 年代美国城市中的非裔美国人暴乱在北方更为常见（如图中的底特律），但是那里有很好的工厂工作机会，生活水平也要比南方更高；而南方有更多人生活在农村地区，收入也更低。相对剥夺理论可以解释这一表面矛盾，其指出正是因为北方的生活不断改善，人们就更加期待平等。相对于这一目标，二等公民的现实令人无法容忍。

化的大众社会。这一理论指出了社会运动的个人后果和政治后果：为在社会中漂泊的人们提供归属感（Melucci，1989）。

　　科恩豪瑟指出，社会关系较弱的人最渴望参加社会运动，相比之下，较好融入社会的人们是不愿意在社会运动中寻求归属感的。

　　科恩豪瑟总结道，参加社会运动的人更可能是渴望加入群体的心理脆弱者，他们很可能会被群体领袖操纵。因此，在科恩豪瑟看来，社会运动几乎不可能是民主的。

## 评估

　　科恩豪瑟的贡献在于，其理论同时关注了产生社会运动的社会以及参与社会运动的人。但是该理论的一大不足在于，我们多大程度上生活在"大众社会"是缺乏明确的测量标准的，因此其理论很难被检验。

　　其理论的第二大不足是，以人们对归属感的需求来解释社会运动忽视了运动所要解决的社会公正问题。换句话说，大众社会理论认为是有缺陷的人，而不是有缺陷的社会，应该对社会运动负责。

　　大众社会理论的实际研究如何呢？结果是一片混乱。弗朗西斯·毕文（Frances Piven）和理查德·克劳沃德（Richard Cloward）的研究支持科恩豪瑟的观点，毕文和克劳沃德发现，常规社会模式的崩塌促使贫穷者形成社会运动（Piven & Cloward，1977）。同时，对新墨西哥州监狱的一项研究表明，当促进囚犯之间社会联系的监狱项目被暂停时，囚犯会更多地对其处境表示抗议（Useem & Goldstone，2002）。

但是也有研究对这一理论表示怀疑。一些研究者指出，德国的纳粹运动并没有吸引大量社会孤立者（Lipset，1963；Oberschall，1973）。同样，20 世纪 60 年代参与城市暴乱的许多人都和他们的社区有紧密的联系（Sears & McConahay，1973）。也有证据表明，参加宗教运动的大多数年轻人都有着相当正常的家庭关系（Wright & Piper，1986）。最后，对 20 世纪 60 年代政治活动家的传记进行研究的研究者发现，是对政治目标深刻而持久的信念，而不是与社会隔绝，带来了社会运动（McAdam，1988，1989；Whalen & Flacks，1989）。

**检查你的学习** 请陈述社会运动的大众社会理论的基本观点。这一理论受到了哪些批评？

**文化理论** 近年来，社会学家提出了文化理论，认识到社会运动不仅仅依赖于物质资源和政治权力结构，同时也依赖于文化符号。也就是说，只有当人们形成"对世界的共识，使集体行动合法化并得到激励"（McAdam，McCarthy & Zald，1996：6；也参见 Williams，2002），处于特殊情境下的人们才可能被动员起来形成社会运动。

正如剥夺理论所述，动员在一定程度上取决于不公平感。此外，人们也必须相信，靠单独行动的话他们是不可能有效地应对现有的处境的。

最后，当社会运动发展出能为组织行动带来强烈情感和直接能量的符号和归属感时，社会运动的力量就会不断壮大。2001 年 9 月 11 日恐怖袭击后，媒体放出的世贸中心大楼双子塔燃烧的图像有助于动员人们支持美军在阿富汗和伊朗的军事行动。同样，同性伴侣的婚礼图片促进了同性恋平权运动，也助力于反对反同性婚姻的运动。现在至少有十多个社会运动使用彩色橡胶手环来鼓励人们对各项事业表示支持。

## 评估

文化理论的力量在于提醒我们，社会运动并非仅仅依赖于物质资源，同时也依赖于文化符号。同时，有力的符号（如国旗和爱国主义以及效忠领袖的观念）有助于维持现状。符号如何以及何时将人们从体制的拥护者转变成抗议者仍然值得进一步研究。

**检查你的学习** 请陈述社会运动的文化理论的基本观点。这一理论面临的主要批评是什么？

强有力的视觉图像常常赋予社会运动巨大的能量，这是文化理论的一个核心观点。在第二次世界大战中，这幅六个士兵在太平洋小岛硫磺岛上插上美国国旗的照片，鼓舞了美国国内人民的斗志，也成为纪念雕塑的灵感来源。大约在 25 年后，报纸刊登了右侧的照片。在越南，儿童因美军飞机的凝固汽油弹袭击而逃亡。照片中间的女孩已经脱去了着火的衣服。这一照片增加了反越战社会运动的力量。

**资源动员理论**　资源动员理论指出，如果没有大量的资源，包括金钱、人力、办公与通信设备、传媒接近权以及良好的公众形象，任何社会运动都不可能成功，甚至不可能顺利启动。简言之，任何社会运动的兴衰都取决于其吸引资源、动员群众以及组建联盟的能力。

局外人和局内人一样，都对社会运动的结果有着重要的影响。社会弱势群体，顾名思义，很可能缺乏一项成功的运动所必需的金钱、关系、领导技能及组织能力，因此需要富有同情心的局外人来填补资源缺口。在美国历史上，富有的白人，包括大学生，在 20 世纪 60 年代的黑人民权运动中发挥了至关重要的作用，而富裕的男性也作为领导者参与到女权运动之中。

使人们相互联结的资源同样很重要。社交媒体，包括脸书和推特，一直都是重要的资源，它们帮助各组织动员了数十万人参与到警察暴力和移民政策等政治运动中去。

研究人员告诉我们，80% 的美国成人至少会从互联网上获取一定信息，这表明，基于网络的媒体已经成为非常重要的资源。社会运动也会试图获得有线新闻的报道来提高自身可见性。在 2016 年大选中，福克斯新闻是接触唐纳德·特朗普支持者的主要媒体，而美国有线电视新闻网则在希拉里·克林顿的支持者中影响最大（Pew Research Center，2016）。

当然，对于任何社会运动而言，美国的某些地区总能比其他地区提供更多的资源。一般而言，城市地区总能提供最为集中的人力和媒体。2017 年，在特朗普就职典礼之后，约 500 万女性参与了在全美和海外进行的女性大游行运动，以支持人权以及对移民更多的宽容（Pressman & Chenowith，2017）。

将观点放上网有助于校园以及其他地方的人们增加对各种社会运动的支持。例如，"重返黑夜"（Take Back the Night）是一个一年一度的集会，在这一集会上，人们发表演讲反对针对女性、儿童和家庭的暴力。使用可资利用的网络资源，即使只有少数人也可以组织起一场有效的政治运动（Passy& Giugni，2001；Packer，2003）。

## 评估

资源动员理论承认资源和不满情绪都是成功的社会运动所必需的要素。研究证实，建立联盟以获取资源是非常重要的，研究也表明，缺乏资源的社会运动可能会不顾一切地转向暴力以唤起对其诉求的关注（Grant & Wallace，1991；Jenkins，Jacobs & Agone，2003）。

这一理论的批评者指出，"局外人"和资源并不总是成功的社会运动所必需的。他们提出，只要组织有效且拥有非常忠诚的成员，即使是相对缺乏权力的人群也可以引发变革（Donnelly & Majka，1998）。艾尔东·莫里斯（Morris，1981）补充道，20 世纪 50 年代和 60 年代公民权运动的胜利归功于拥有自己的技术和资源的有色群体。资源动员理论的第二大问题在于，其过分强调了有权势者想要改变现状的程度。一些富裕的白人确实为黑人民权运动提供了有价值的资源，但是可能更为常见的是，精英总是对重大变革漠不关心甚或表示反对（McAdam，1982，1983；Pichardo，1995）。

**检查你的学习**　请陈述资源动员理论的主要观点。对这一理论有哪两个批评？

**结构紧张理论**　尼尔·斯梅尔塞（Neil Smelser）提出了社会运动最有影响力的理论之一：结构紧张理论（Smelser，1962）。结构紧张理论定义了促进社会运动发展的六大因素。斯梅尔塞的理论也指出了哪些因素会鼓励非组织化的暴徒或者暴乱，哪些因素又促进高度组织化的社会运动。20 世纪 80 年代末改变东欧的民主运动证明了斯梅尔塞的理论。

1. 结构性诱因。当人们开始认为其所处的社会存在某些严重的问题时，社会运动就会开始出现。在东欧，这些问题包括低生活水平以及中央政府的政治压迫。

2. 结构性紧张。当社会不能满足人们的期望时，人们就开始有相对剥夺感。东欧进行民主运动是因为他们的生活水平相对于西欧要低很多，他们也知道自己的生活水平低于多年来政府宣传所带来的预期。

3. 解释的发展与传播。一场组织良好的社会运动不仅要求对问题有清晰的界定，而且还需要对其原因和后果有明确的陈述。如果人们对其为何要遭受痛苦感到困惑，他们很可能会通过暴乱来无组织地表达自己的不满情绪。在东欧的例子中，知识分子在民主运动中起着关键性的作用，他们指出了社会主义制度的经济和政治缺陷，并提出了加强民主的策略。

4. 触发因素。在某些特定事件引发集体行动之前，不满情绪可能会存在很长时间。1985 年发生了这样一个特殊事件，米哈伊尔·戈尔巴乔夫（Mikhail Gorbachev）在苏联上台并且开始进行他的改革（重组）计划。随着莫斯科放松了对东欧的严格管制，东欧各国获得了历史性的机遇来重组政治和经济生活。

5. 行动动员。一旦人们就某一问题达成了共识，他们就准备付诸行动——分发传单、举办集会并且与支持他们的群体建立同盟关系。波兰的团结工会运动得到了美国里根政府以及梵蒂冈教皇约翰·保罗二世的支持，其初步胜利鼓舞了整个东欧的人民，坚定了他们变革的决心。变革不断加速：波兰花了十年完成的变革在匈牙利仅用了几个月就完成了，在其他的东欧国家则只用了几个星期。

6. 缺乏社会控制。任何社会运动的成功在很大程度上取决于政府官员、警察以及军队的反应。有时候国家会快速镇压一场社会运动。但是戈尔巴乔夫对东欧采取了不干预的政策，为变革开启了大门。讽刺的是，始于东欧的社会运动很快就蔓延到了苏联自身，最终在 1991 年结束了共产党在苏联的统治，形成了一个新的更为松散的政治联盟。

## 评估

斯梅尔塞的分析解释了各种因素怎样推动或是阻碍了社会运动的发展。结构紧张理论也解释了为什么人们在应对他们的问题时会采用组织化的社会运动或者是自发性的暴徒行动。

但是斯梅尔塞的理论中也有一些和科恩豪瑟的理论相同的循环论证。斯梅尔塞说，社会运动是由紧张引发的，但是能证明紧张的唯一证据通常就是社会运动本身。此外，结构紧张理论是不完整的，其忽视了如大众传媒或是国际联盟等资源在社会运动的成败中所起到的重要作用（Jenkins & Perrow，1977；McCarthy & Zald，1977；Olzak & West，1991）。

检查你的学习　根据结构紧张理论，哪六个因素影响了社会运动的形成？这一理论面临的两种批评是什么？

**政治经济理论**　马克思主义政治经济理论对社会运动也有所论述。这种理论认为，社会运动在资本主义社会中产生，因为资本主义经济制度不能够满足大多数人的需求。在最近的美国经济危机中，政府采取行动拯救了很多不能倒闭的大银行，但是却让数以千万计失去工作和储蓄的普通人自生自灭，上千万的人还没有健康保险。

社会运动的兴起正是对这些状况的一种回应。工人们组织起来要求更高的工资，市民们联合起来要求能够保障所有人的健康政策，社区也团结起来反对警察暴力，提出"黑人的命也是命"等主张。

## 评估

政治经济理论的一大贡献在于其是一种宏观理论。其他的理论都是以个体的特性（如弱社会联系或是相对剥夺感）或者是运动的特性（如可资利用的资源）来解释社会运动的产生，但是政治经济理论关注社会本身的制度结构（经济和政治制度）。

这一理论能够解释与经济议题相关的社会运动，但是其在解释近期兴起的与肥胖、动物权利、自然环境等非经济议题相关的社会运动时，解释力有限。

**检查你的学习**  请陈述社会运动的政治经济理论的基本观点。这一理论面临的主要批评是什么？

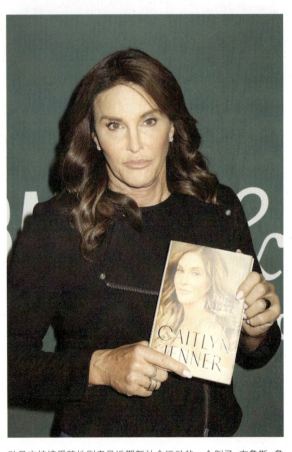

动员支持接受跨性别者是近期新社会运动的一个例子。布鲁斯·詹纳（Bruce Jenner）向凯特琳·詹纳（Caitlyn Jenner）的转变表明，知名度很高的名人可以提高人们对社会运动的认识。

**新社会运动理论**  最后一种理论路向强调了所谓的"新社会运动"。新社会运动理论认为近期在北美和西欧等后工业社会发生的社会运动有了新的关注点（Pakulski，1993；McAdam，McCarthy & Zald，1996；Jenkins & Wallace，1996）。

首先，旧社会运动，比如由劳工组织发起的社会运动，关注点大多集中于经济议题，但是新社会运动更加关注社会及物理环境的改善。例如，环境保护运动正试图阻止全球变暖，并解决核安全和自然资源保护等其他环境问题。

第二，今天大多数的社会运动都是全球性的，关注全球生态、女性和同性恋的社会地位以及动物权利，同时反对战争。换句话说，随着全球化进程连接了世界各国，社会运动也变得全球化了。

第三，过去的大多数社会运动都得到了工人阶级的大力支持，但是关注非经济议题的新社会运动通常从中产阶级中层和上层获取支持。正如第十八章（"政治与政府"）所述，越富有的人通常在经济问题上越是保守（因为他们需要保护自己的财产），而在社会议题上越是自由（部分源于他们受过的高等教育）。在美国及其他富裕国家，受过高等教育的"专家"——

这些人最可能支持"新社会运动"——正在不断增加，这一事实表明，新社会运动将会不断增加（Jenkins & Wallace，1996；F. Rose，1997）。

## 评估

新社会运动理论的一大优势在于，其认识到社会运动已经随着全球经济而变得国际化。这一理论也强调了大众传媒和新信息技术在团结全世界的人们追求政治目标中的作用。

但是，批评者指出，这一理论夸大了新旧社会运动之间的差异。例如，女权运动关注的很多问题与劳工组织几十年来关注的完全相同，如工作条件与工资。同样，抗议美国军事力量的很多人都将全球经济平等作为其首要目标。

**检查你的学习** "新"社会运动与"旧"社会运动有何不同？上面提到的七种理论都对社会运动的产生作出了解释，总结表对此进行了全面的回顾。

---

### 总结

社会运动理论

| | |
|---|---|
| 剥夺理论 | 体验到相对剥夺感的人们发起社会运动。社会运动是寻求变革的一种手段，这种变革能够使得参与者从中获取更大的利益。社会运动尤其可能在不断增长的期望没有办法得到满足时发生。 |
| 大众社会理论 | 缺乏稳定社会关系的人们更容易被动员起来参与社会运动。社会崩溃时期更可能产生社会运动。社会运动使得参与者有归属感和社会参与感。 |
| 文化理论 | 人们因文化符号参与社会运动，这些文化符号将某些原因视作公正。运动本身试图成为权力和正义的象征。 |
| 资源动员理论 | 人们会基于上述三种理论所提出的原因参加社会运动，但是人们也可能因为成员之间已有的社会联系而加入社会运动。而社会运动的成败很大程度上取决于其可资利用的资源。社会中反对的声音也很重要。 |
| 结构紧张理论 | 人们组织起来是因为他们就以下问题达成了共识：社会并没有以他们认为应该的方式在运行。社会运动的发展体现了很多因素，包括对其合法性的信念以及触发行动的突发性事件。 |
| 政治经济理论 | 人们联合起来解决资本主义造成的社会弊病，包括失业、贫困，以及医疗保健的缺乏。因为资本主义经济必然不能满足人们的基本需求，所以社会运动是必然的。 |
| 新社会运动理论 | 参与社会运动的人是由生活质量问题动员起来的，而不必然是经济问题。在范围上，动员既可能是国家性的，也可能是全球性的。新社会运动的兴起是和大众传媒以及新信息技术的发展紧密相连的。 |

## 性别和社会运动

性别在社会运动的进程中有显著的影响。由于美国传统的性别观念，男性比女性更愿意参加公共生活，包括开展社会运动。

道格·麦亚当（Doug McAdam）研究了 1964 年密西西比州的一个选民登记项目"自由之夏"（Freedom Summer），他发现项目成员认为在并不友好的白人社区中进行非裔美国选民登记是危险的，因此这项工作被视为"男人的工作"（McAdam，1992）。项目中的许多女性尽管相较于男性参加过更多的社会运动，最终还是选择在幕后进行文秘工作或者教学任务。麦亚当发现，只有最有才能和最坚定的女性才可能突破社会运动中的性别障碍。

总之，女性在很多社会运动（从美国的废奴运动和女权运动一直到 2017 年的女性大游行）中发挥主导作用，但是男性统治已经成为规范，即使在反对社会现状的社会运动中也是如此。另外，在最近给埃及带来变革的政治运动中，女性和男性一起成为领导者，这表明性别平等的趋势越发明朗（Herda-Rapp，1998；MacFarquhar，2011）。

## 社会运动的阶段

尽管社会运动之间存在大量的差异，但是正如图 24-2 所示，所有的社会运动都以大致相同的方式进行。研究者将一般社会运动的生命历程划分为四个阶段（Blumer，1969；Mauss，1975；Tilly，1978）。

**阶段 1：出现**　社会运动是由"一切都不顺利"的感知所引发的。某些社会运动，如民权运动和女权运动，是由广泛的不满情绪引发的。另一些社会运动则仅仅当少数先锋团体想要增进公众对某些问题的认识时才会产生。例如，同性恋运动参与者提高了公众对艾滋病所带来的威胁的关注。

**阶段 2：联合**　经历了第一个阶段，社会运动必须对自己进行定义，并设计一个"公开"的战略。领导者必须制定政策、决定执行战术、鼓舞士气并招募新的成员。在这一阶段，社会运动可能会进行诸如示威游行这样的集体行动来引起媒体的关注，提高公众的意识。社会运动也可能与其他组织建立联盟，以获取必要的资源。

**阶段 3：科层化**　要形成政治力量，社会运动就必须成为公认的科层化组织，如第八章（"群体与组织"）所述。在这种情况下，社会运动要减少对少数领导者的魅力和才能的依赖，而更多地依赖于有能力的工作人员。如果社会运动没有以这种方式组织起来，那么一旦领导下台，社会运动就可能面临解体，很多的大学组织就是这样的。而美国全国妇女组织（NOW）已经如此地建立起来，尽管其领导层不断变化，但它仍能为女性主义者发声。

但是科层化也可能阻碍社会运动。毕文和克劳沃德（Piven & Cloward，1977）调查研究了美国历史上各种社会运动的生命历程后发现，领导者在有些时候特别醉心于组织的建立，以至于他们忽视了人们维持变革"热情"的需要。在这种情况下，抗议的激进优势就会丧失。

**阶段 4：衰退**　最终，大多数的社会运动都会开始衰退。弗雷德里克·米勒（Miller，1983）认为衰退可能有四个原因。

第一，如果成员已经达成他们的目标，衰退就是成功的标志。例如，女性选举权运动在帮助女性赢得选举权后就解散了。但是在现代女权运动中，打赢一场胜仗就会制订新的目标。

第二，社会运动有可能因为组织失败而结束。这些组织失败包括领导不力、成员兴趣消失、资金不足或是受到当局压制。当早期努力的兴奋被例行公事所取代，一些人就会失去兴趣。另一个常见的问题是由于目标和战略的内部冲突而导致的分裂。反对越南战争的学生争取民主社会组织（Students for a Democratic

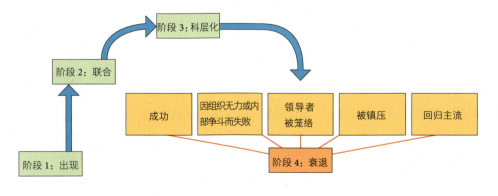

图 24-2　社会运动的生命阶段

社会运动通常经历四个阶段。最后一个阶段是衰退，上面五个因素中的任意一个都可能导致衰退。

Society，SDS）在 20 世纪 60 年代末期分裂成了许多小的派别，因为成员对变革的目标和策略并未达成共识。

第三，如果社会运动的领导者被"体制"内的金钱、声望或权力所吸引，那么社会运动就可能四分五裂。这种类型的"出卖"正是第八章（"群体与组织"）所讨论的寡头政治的典型例子：组织的领导者能够利用其地位来谋取私利。例如，弗农·乔丹（Vernon Jordan）一度是美国城市联盟（National Urban League）的领导者，最终却成为克林顿总统的亲密幕僚，一位有权有钱的华盛顿内部人士。但是这一过程也可能以完全不同的方式进行：某些人放弃了高薪职业参与社会运动。凯特·斯蒂文斯（Cat Stevens）是 20 世纪 70 年代的一名摇滚歌星，在他变为穆斯林并改名为尤素福·伊斯拉姆（Yusuf Islam）后，他将自己的生命都投入到宗教的传播中。

第四，社会运动也可能因镇压而终止。政府官员可以通过威慑参与者，劝阻新成员加入，甚至是通过监禁领导者等方式来破坏社会运动。通常来说，社会运动越具有革命性，受到政府的压制就越多。直到 1990 年，南非政府都禁止南非非洲人国民大会（African National Congress，ANC），该政治组织期望推翻国家支持的种族隔离制度。即便只是南非非洲人国民大会的嫌疑成员也会被逮捕。1990 年，政府取消了这条几十年的禁令，并且释放了其领导人纳尔逊·曼德拉（Nelson Mandela，1994 年当选为南非总统）后，南非才开始了摆脱种族隔离的旅程。

除了米勒所提到的，社会运动衰退的第五个原因可能是"进入主流"。某些运动成为被制度接受的一部分——通常在某些目标实现之后——因此其可以继续发展但是不再挑战现状。例如，美国劳工运动现在也在井然有序地进行，其领导者控制着大量的金钱，而在某些批评者看来，现在的劳工组织和其过去所反对的商业巨头有更多的共同点，而不像是普通工人团体。

## 社会运动与社会变迁

社会运动鼓励或者抗拒社会变迁。美国社会的政治生活在很大程度上是基于对社会运动的争论：问题是什么？什么是正确的解决之道？

但是毋庸置疑，社会运动改变了我们的生活方式。有些时候我们会忽视过去社会运动带来的成功，将他人艰苦奋斗所获得的成果视作理所当然。一个世纪前就开始的美国工人运动为禁止工厂使用童工、限制工作时间、提高工作场所安全性以及建立与雇主集体谈判的工人权利而不断斗争。今天的环境保护法律是成功社会运动的又一成果。此外，正是出于之前几代女性的斗争，今天的女性享有了更多的合法权利和经济机会。

正如"争鸣与辩论"专栏所述，一些大学生成为了追求社会和政治目标的社会运动的一员。你又如何？应记住，社会运动对于社会未来发展方向很重要，你愿意表明你的立场吗？

## 社会运动：展望

20 世纪 60 年代这十年充斥着大量的社会抗议，自这个动荡的年代以来，美国社会被许多社会运动和反对运动不断推拉，呼吁人们关注从堕胎到政治竞选财政到医疗保障再到战争等的大量问题。当然，不同的人会用不同的方式来看待这些问题，正如他们喜欢以不同的政策作为解决之道。简而言之，社会运动及其提出的问题总是"政治性"的（Macionis，2018）。

基于三个原因，社会运动的范围很可能会扩大。第一，随着女性、非裔美国人、同性恋以及历来的其他边缘群体获得更多的政治话语权，抗议活动会不断增加。第二，就全球化视野来看，信息革命带来的技术意味着只要有一台电视、一台个人电脑或一部手机，任何人都可以获取政治事件的信息，而且往往是在事件发生的第一时间。第三，新技术和全球经济的出现意味着现在的社会运动正在团结全世界的人们。由于许多问题都是全球性的，我们可以期待形成全球性的社会运动来解决这些问题。

# 争鸣与辩论

你愿意表明立场吗？

> 米莎：为什么校园里很多学生不愿意参加社会运动？
> 迪安娜：我现在自己的事情都多到处理不完，谁有时间去拯救世界！
> 贾斯汀：有些人本应得到更好的待遇。世界上的人们需要帮助！

你对现在的社会满意吗？可以肯定的是，每个人都可以改变我们部分的生活方式。事实上，调查表明，如果他们愿意，很多人就可以在很大程度上改变社会！当被问及"总的来说，你对这个国家的发展状况感到满意吗"，人们对美国社会的状况有相当大的悲观情绪（Pew Research Center，2017）。在有代表性的美国成年人样本中，只有 30% 回答了"满意"，而 66% 表示他们并不满意（剩下的 4% "不确定"）。

鉴于普遍存在不满情绪，你可能会认为大多数人都愿意为此做些什么。但这样你就错了。调查结果表明，只有五分之一的美国成年人表示愿意向寻求社会变革的组织捐款，而只有七分之一的美国成年人表明他们曾参加过集会或是其他示威活动（World Values Survey，2015；Smith et al.，2017）。

许多大学生可能会认为这种冷漠是由年龄带来的，也就是说，年轻人有兴趣也有理想去挑战现状，但是年纪大点的成年人只关心他们的家庭和工作。这可以追溯到 20 世纪 60 年代运动中的流行语："不要相信 30 岁以上的人。"

但是有证据表明，是时代改变了：比起 20 世纪 60 年代和 70 年代的大学生来说，2015 年进入高校的大学生政治兴趣明显要低。

正如图中所示，当学生被问及过去一年的活动时，82% 说他们经常讨论政治。但是仅有五分之一的学生参加过某类示威活动，不到十分之一的学生参与过政治运动（Eagan et al.，2016）。

当然，人们有很好的理由来逃避政治争论。对制度的挑战——不管是在校园还是在国家政治舞台上——都可能招致批评甚至敌人。

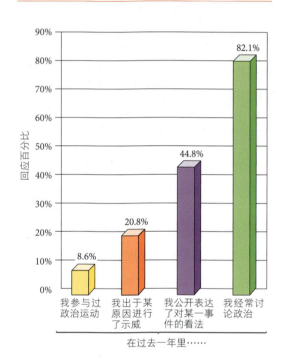

**学生快照**

2015 年美国高校学生政治参与情况调查

大学新生大多是年轻人，他们对政治的兴趣有限。
资料来源：Eagan et al.（2016）。

但是美国人不愿意参与社会运动的最重要的原因可能与变革应该如何发生的文化规范有关。在美国的个人主义文化中，人们愿意以个人责任而不是集体行动作为解决社会问题的手段。例如，当问及处理种族不平等、阶级不平等以及性别不平等等问题的最佳方式时，大多数的美国成年人认为，每个人都应该依靠辛勤的工作和自身的努力，而只有少数人认为社会运动和政治活动是带来变革的最佳方式。这一个人主义倾向可能是美国成年人不像德国和瑞典等欧洲国家的人那样喜欢参加合法示威的原因（World Values Survey，2015）。

当然，社会学是反对美国的文化个人主义的。正如米尔斯（Mills，1959）在数十年前所说的那样，个体遇到的许多问题都是由社会结构造成的。因此，米尔斯说，生活中许多问题的解决取决于集体的努力——也就是说，取决于人们为自己的信念采取的立场。

你怎么想？

1. 你怎样看待美国 18—24 岁的年轻人大多都懒得参加投票的现象？你怎样解释这种政治冷漠？
2. 你校园里最知名的政治组织是哪一个？你想过要进一步了解它的目标和活动吗？

## 日常生活中的社会学

今天的社会运动范围有多大？

社会运动试图带来或抵制变迁。有些社会运动关注地方，有些则以国家为范围，还有一些则会处理国际或全球问题。

佛罗里达州一个小镇的居民聚集在一起，呼吁为他们的社区提供更多可负担的住房。他们公开反对"绅士化"（gentrification）进程，在这一进程中，经济适用房被主要为富人服务的商业和住宅开发所取代。哪些群体或利益集团会阻拦这一示威活动？为什么？

近期为所有劳动者制订每小时 15 美元最低工资的运动是全国性社会运动的一个例子。哪些人和组织可能会支持这一运动？哪些人和组织可能会反对它？

> **提示**　每一社会运动都对世界应该如何发展提出了主张。在几乎每一种情况下，都有一些人会不同意，也许就会引发反对运动。当然，很多人可能会同意我们需要更多可负担的住房，但是人们也会认为，开发商有权为富人建造新的商店和房屋，只要他们想这样做的话。同样，很多人支持更高的最低工资标准，但是有些人认为确保"适宜"工资的努力只会减少对劳动力的需求而使很多人失业。最后，女性和男性一样享有受教育的权利似乎是显而易见的，但是在很多国家，让女性接受教育被视为对悠久传统的威胁。

全球社会运动的一个例子是应对气候变化的运动。为什么气候变化必然是一个全球性问题？你认为你可以在这场运动中发挥什么作用？

# 从你的日常生活中发现社会学

1. 你校园中的组织进行了哪些社会运动？邀请几位领导者，让他们向你的同学描述他们所在组织的目标和策略。

2. 你在多大程度上参与了你所在学校或所在社区的社会运动？

3. 访问"社会学焦点"博客，你可以在那里阅读年轻社会学学者的最新文章，他们将社会学视角应用于流行文化的话题。

## 取得进步

## 研究集体行为

### 24.1　区分不同类型的集体行为

集体行为与群体行为不同：

- 集体中的人们很少或者根本不会进行社会互动；
- 集体没有清晰的社会边界；
- 集体形成微弱而非传统的规范。

## 地方性集体：群众

### 24.2　识别五种类型的群众以及三种对群众行为的解释

**群众**，集体行为的一种重要形式，有以下五种类型：

- 偶合群众；
- 常规群众；
- 表意群众；
- 行动群众；
- 抗议群众。

**暴徒与暴乱**

群众情绪激烈可能会产生暴徒与暴乱。

- 暴徒有明确的目标；暴乱是无目的的破坏。
- 群众行为可能威胁现状，因此纵观历史，群众在社会变革方面起着重要作用。

**群众行为理论**

社会科学家提出了若干理论来解释群众行为：

- 感染理论认为群众是匿名的、易被他人影响的、易受情绪左右的；
- 趋同理论认为群众行为反映了参与者的欲求；
- 突生规范理论认为随着事件的展开，群众会发展出自己的行为。

## 分散性集体：大众行为

### 24.3　描述谣言、灾难以及其他类型的大众行为

**谣言与流言**

谣言——人们非正式传播的未经证实的信息——在不确定的环境中出现且很难停止。

- 关注公共议题的谣言可能会引发群众行为或其他集体行为。
- 流言是关于人们私事的谣言。

**公众舆论与宣传**

公众舆论是人们关于重要且有争议问题的态度。

- 公众态度会随着时间变化，在任何时候，对于特定的议题，总有一小部分人不持任何意见。
- 特殊利益团体和政治领袖试图通过宣传形塑公众态度。

**时尚和潮流**

工业社会中的人将时尚视为社会声望的一种来源。

- 潮流比时尚更非常规，尽管人们可能热情追逐潮流，但潮流通常很快就退去。
- 时尚反映基本的文化价值，这使得时尚持续的时间更长。

**恐慌和群体性癔症**

恐慌（在局部范围）和群体性癔症（在整个社会）是人们以非理性的、疯狂的，通常也是自我毁灭式的行为来应对真实或想象的重大事件所形成的集体行为。

**灾难**

灾难是给许多人带来巨大伤害的通常出乎意料的事件。灾难有三种类型：

- 自然灾难（例：2015 年的尼泊尔地震）；
- 技术灾难（例：2010 年墨西哥湾漏油事件）；
- 蓄意灾难（例：叙利亚近期的冲突；为逃离饱受战争侵害的国家而死亡的难民）。

## 社会运动

### 24.4　分析社会运动的原因和后果

社会运动是一种重要的集体行为。

- 社会运动试图推进或抵制变革，其往往对社会有长期的影响。

**社会运动的类型**

社会学家通过社会运动试图涉及的人群以及其试图实现的变革程度来对社会运动进行分类：

- 改良型社会运动寻求特定人的有限改变（例：守约者运动）；
- 救赎型社会运动寻求特定人的根本性变革（例：嗜酒者互诚协会）；
- 改革型社会运动寻求对整个社会的有限改变（例：环境保护运动）；
- 革命型社会运动寻求对整个社会的根本性变革（例：共产主义运动）。

**解释社会运动**

- 剥夺理论：社会运动在收入、工作条件安全性或者政治权利等方面感到被剥夺的人中产生。
- 大众社会理论：社会运动吸引被社会性孤立的人，他们通过运动追求认同感和目的感。

- 文化理论：社会运动不仅取决于金钱和资源，而且取决于动员性的文化符号。

- 资源动员理论：社会运动的成功与可资利用的资源关系紧密，如金钱、劳动力和大众传媒。

- 结构紧张理论：社会运动的发展是六种因素的结果。明确表达的不满情绪带来了社会运动，而不定向的愤怒促进了暴乱的发生。

- 政治经济理论：社会运动发生在没法满足社会大部分人需求的资本主义社会。

- 新社会运动理论：后工业社会的社会运动在范围上通常是全球性的，关注生活质量问题。

## 社会运动的阶段

社会运动一般包含连续的几个阶段：

- 出现（界定公共议题）；

- 联合（进入公共领域）；

- 科层化（正式组织）；

- 衰退（出于失败，在有些时候也出于成功）。

# 第二十五章

# 社会变迁：传统社会、现代社会与后现代社会

25.1 列出社会变迁的四个特征

25.2 解释文化、社会冲突、思想观念与人口模式如何导致社会变迁

25.3 运用滕尼斯、涂尔干、韦伯和马克思的理论理解现代性

25.4 对比分析作为大众社会的现代性和作为阶级社会的现代性

25.5 将后现代主义作为一种社会批判类型加以讨论

25.6 预测未来社会变迁的可能方向

# 社会的力量

## 塑造我们的科学观

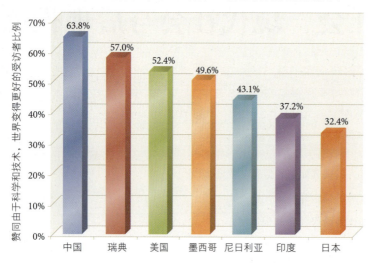

研究问题："综合考虑，你认为科技让世界是变得更好还是更糟了？"

资料来源：World Values Survey（2017）。

难道会有人觉得科学对人类没用吗？你可能不会持这样的观点。但最近的调查表明，即使在美国也只有 52% 的成年人认可科学的作用。大多数中国人对科技抱有积极的态度，但在别的一些国家，只有少数人如此——比如日本，它不仅是迄今唯一一个体验过原子弹轰炸的国家，近年还发生了福岛第一核电站核泄漏事故。显然，人们对科学进步及其带来的其他变化持什么态度，这不仅仅关乎个人，也反映了人们所处的社会状况。

---

## 本章概览

本章将围绕社会变迁进行探讨，解释现代社会与先前的传统社会之间的差异。本章将首先描述社会变迁的过程，进而探讨其原因。

纽约城东第十大街 253 号，有一幢存在了超过一个世纪的五层红砖公寓楼。1900 年的一天，39 岁的尤里乌斯·施特莱彻、33 岁的克里丝汀·施特莱彻以及他们的四个孩子搬进了其中的一间小公寓。这样的公寓在整幢楼里有 20 间。施特莱彻夫妇来自德国，在 1885 年移民到纽约，然后在这座城市相识并结婚。

施特莱彻夫妇应该对自己的生活很满意。尤里乌斯在离公寓仅几个街区的地方经营着一家小服装店，克里丝汀则在家看孩子、做家务。和同时代的大多数人一样，尤里乌斯和克里丝汀都没有读过高中，他们一周工作 6 天，每天工作 10—12 个小时，家庭收入大概每月 35 美元（这是当时美国家庭的平均收入），也就是每年约 425 美元（换算成现在的美元，也就是略低于 11200 美元，这意味其家庭收入甚至没达到贫困线的一半）。他们将几乎一半的收入用于购买食品，剩下的大部分都付房租了。

如今，多萝西·萨博住在城东第十大街 253 号那间施特莱彻夫妇曾经住了大半辈子的公寓里。93 岁的她，退休前在附近的一间博物馆教授艺术。在很多方面，萨博的生活比施特莱彻夫妇所熟悉的生活要便利很多。一方面，施特莱彻夫妇住在这里的时候，楼里没有电（那时人们用煤油灯和蜡烛照明）和自来水（克里丝汀每周一的大部分时间都在洗衣服，用的水都是从街区尽头的公用水源提回来的）。那时没有电话、电视，当然也没有电脑。而今天，在萨博看来，这些都是理所当然的事情。尽管她不能算富有，但她的退休金和社保金是施特莱彻夫妇收入的好几倍（以现在的美元价格计算）。

然而萨博有自己的担忧。她很关心环境问题，经常发表关于全球变暖的言论。在一个世纪前，如果施特莱彻夫妇和他们的邻居也关心"环境"问题的话，那他们担心的很可能就是大街上难闻的气味。在那个纽约城刚刚有机动车的年代，客车、货车和手推车都是用千万匹马拉的。这些牲口每天要在大街上排泄 6 万加仑的马尿和 250 万磅的粪便——一种在举步之遥的街道内被无数车轮滚动并溅向所有人和物的难闻的混合物（Simon & Cannon，2001）。

今天的人们很难想象一个世纪以前的生活。那时的人们不仅生活更加艰难，寿命也比现在短不少。统计数字显示，1900 年，男性和女性的平均寿命分别是 46 岁和 48 岁，而现在男性和女性的平均寿命则分别是 76 岁和 81 岁（Xu et al.，2016）。

过去 100 多年来，生活的很多方面都在变得更好。然而，就像本章所解释的那样，社会变迁并不总是正面的。即使是那些看似好的变化也可能产生负面结果，带来未曾预料的新问题。早期社会学家对现代性、工业革命带来的变化评价不一；同样，信息革命和后工业经济又一次带来了社会变迁，今天的社会学家也看到了后现代性的正反两面。有一点是明确的——不管是向好的还是向坏的方向变化——社会变迁的速度从未达到如此之快。

# 什么是社会变迁？

### 25.1　列出社会变迁的四个特征

在前面的章节中，我们考察过相对固定或静态的社会模式，包括地位和角色、社会分层和社会制度。我们也分析了形塑我们生活方式的动态机制，包括技术的革新、科层制的发展和城市的扩张。这些都是**社会变迁**（social change）的不同维度，也就是文化和社会制度随着时间的推移而发生的变化。社会变迁的过程有以下四个主要特征。

1. 社会变迁时刻都在进行。有句谚语说得好："在这个世界上没有什么事是一成不变的，除了死亡和税收。"然而，甚至我们对于死亡的理解都已经发生了很大的变化，因为在过去的一个世纪，美国人的平均寿命几乎翻了一倍。至于税收，在施特莱彻夫妇生活的年代（1900 年），美国人还不用为收入缴纳个人所得税。在 20 世纪，随着政府的规模和管辖范围的扩大，税收猛增。简而言之，即使是看似稳定的事物，也都会随着社会的变迁而改变。

另外，一些社会的变迁速度会更快。正如第四章（"社会"）所提及的那样，狩猎与采集社会变化相对缓慢；而生活在当今高收入社会中的人们，一生中都会经历重大的社会变迁。

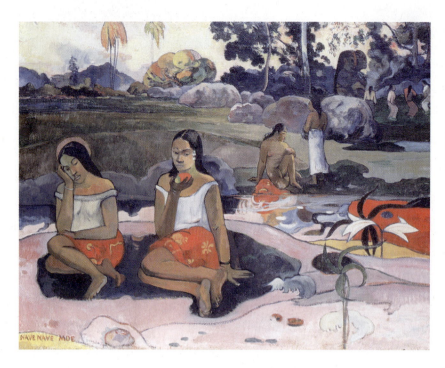

面对 19 世纪日益迅速的社会变迁，保罗·高更（Paul Gauguin）离开了法国本土前往南太平洋。在那里，他沉醉于更加简单且似乎没有时间感的生活。他将那种环境浪漫地描绘于许多油画中，包括这幅《神圣的春天》（*Nave Nave Moe*）。

资料来源：Paul Gauguin, French（1848—1903），Nave Nave Moe（Sacred Spring），1894. Hermitage, Saint Petersburg, Russia. Oil on canvas, 73 × 98 cm.© The Bridgeman Art Library International Ltd.

此外，在特定社会里，一些文化要素的变化也会相对更快。威廉·奥格本（Ogburn, 1964）的文化堕距理论（参见第三章"文化"）称物质文化（即物品）通常比非物质文化（思想和态度）变化得更快。比如，基因技术使得科学家能够改变甚至制造生命，这项技术本身比人类关于如何运用该技术的道德标准发展得更快。

2. 社会变迁有时是有目的的，但多数是无计划的。工业社会带来了许多变化。例如，科学家开始寻找更高效的能源；广告商在努力说服我们，没有 iPhone 手机或者最新的电子产品的人生是不完整的……然而，很少有人能够想象这些不断进行着的变化会带来什么后果。

回到 1900 年，当整个国家都依赖马匹进行运输的时候，很多人都梦想能拥有一辆机动车辆，可以载着他们一天内通行到过去需要几周甚至几个月才能走到的地方。但是谁都没有预料到，当汽车出现并普及后，它不仅为运输提供了便利，还在很大程度上改变了美国人的日常生活，如家庭被拆分、环境受到威胁、城市和郊区重新划分等。同样，推进汽车革命的先驱也无法预知到，仅仅在美国，每年就有 34000 人葬身于交通事故（National Highway Traffic Safety Administration，2017）。

3. 社会变迁富有争议。汽车的发展史表明，社会变迁的结果有利有弊。资本家拥护工业革命，因为新技术提高了生产力，扩大了利润空间。但是，工人会担心机器会让他们的技术过时，因而抗拒推进这种"进步"。

今天，和过去一样，人们并未就应该如何生活以及拥护怎样的"进步"达成一致。这样造成的结果就是，面对黑人和白人之间、男女之间、同性恋和异性恋之间社会互动模式的改变，仍然是见仁见智。

4. 一些变化比另一些变化更重要。一些变化（比如服饰时尚）只具有短暂的意义，而另外一些变化（比如计算机的发明）则会改变整个世界。信息革命是否像工业革命一样重要？正如汽车和电视一样，计算机既有积极的影响，也有消极的影响：它提供了新的就业机会，却让一些原有的职业消失；它让全球的人们通过网络相互联系，却让同一个办公室的人变得疏远；它提供了海量信息，却让个人隐私受到威胁。

# 社会变迁的原因

**25.2**　解释文化、社会冲突、思想观念与人口模式如何导致社会变迁

社会变迁有很多原因。在一个由复杂的通信与运输技术联系起来的世界，某个地方的变化常常使得其他的地方也随之变化。

2005 年，一群年轻人在中国香港参加嘻哈舞蹈比赛。嘻哈音乐、服饰和舞蹈在亚洲已经开始流行，这正是文化传播的一个典型案例。中国的年轻人对嘻哈的理解和创造嘻哈文化的美国黑人会有什么不同呢？

## 文化与变迁

第三章（"文化"）阐述了文化变迁的三种重要渠道。首先，发明会产生新事物、新观念和新的社会类型。例如，始于 20 世纪 40 年代的火箭推进器的研究，使得人类制造了能够到达其他星球的宇宙飞船。如今我们认为这种技术是理所当然的，在本世纪，有相当一部分人会拥有到太空旅行的机会。

其次，当人们开始关注世界上已经存在的各种元素时，新的发现就成为可能了。例如，医学进步使得人类对自己的身体有了越来越多的了解。除了直接影响人的身体健康外，医学发现还延长了人的平均寿命，也使美国步入老龄化的"银色"社会（参见第十六章"老龄化与老年人"）。

最后，随着产品、人和信息从一个社会传播到另一个社会，这种扩散也创造了变化。拉尔夫·林顿（Ralph Linton）认为，许多我们熟悉的文化因素起源于其他国家。例如，做衣服的布来自亚洲，我们每天都看的钟表是欧洲人发明的，我们装在口袋里的硬币则最早是土耳其人开始使用的。

通常来说，物质变化比文化观念变化更快。例如，改变甚至创造生命的科学技术突破远超我们对其的理解，我们甚至还不清楚何时其能够在伦理上为人们所接受。

## 冲突与变迁

社会上的不平等现象与社会冲突也会导致变迁。马克思认为，阶级斗争是推动一个社会从一个历史时期向另一个历史时期前进的动力（参见第四章"社会"和第十一章"社会分层"）。他认为，在工业资本主义社会，资本家和工人之间的阶级斗争推动社会朝着社会主义生产制度发展。

在马克思逝世后的一百三十多年里，事实证明这种理论模型有些过于简单了。然而，马克思确实成功地预见到了不平等引发的社会冲突（除了阶级不平等，还有在种族和性别方面的不平等）将促使每个社会（包括我们现在所身处的社会）发生改变，从而改善劳动人民的生活。

## 思想观念与变迁

马克斯·韦伯也为我们理解社会变迁做出了贡献。尽管韦伯也认为冲突会导致变迁，但他把大多数社会变迁的原因归结为思想观念的变化。比如，卡里斯玛型人物（马丁·路德·金就是一个很好的例子）会传递一些可能会改变世界的信息。

为了强调思想观念的重要性，韦伯以早期新教徒的宗教信仰为例，说明其如何为工业资本主义的传播创造条件。工业资本主义最早发生在新教职业伦理强大的西欧地区，这一事实印证了韦伯所言的思想观念的力量会引发变迁（Weber，1958，orig. 1904-05）。

思想观念还会引发社会运动。第 24 章（"集体行为与社会运动"）阐述了当人们联合起来实现一个共同的目标时（如治理环境或者改善被压迫人民的生活），变迁是如何发生的。

## 人口变迁

人口模式也在社会变迁中起着重要的作用。一个世纪前，典型的美国家庭（4.8 人）几乎是现在家庭（2.5 人）规模的两倍。女性生的小孩越来越少，越来越多的人选择独身。另外，随着人口老龄化问题加剧，社会变迁也在悄然发生。如第十六章（"老龄化与老年人"）所提及的那样，2015 年时，65 周岁以上的人占美国总人口的 14.9%，这一数字是 1900 年的三倍多。而到 2035 年，老年人将达到总人口的 21%（U.S. Census Bureau, 2014，2016）。医学研究和医疗保健部门已经开始广泛关注老年人了。随着家用产品正被重新设计以满足老年消费者的要求，他们的生活将在各个方面发生变化。

人口在社会内部和不同社会之间的迁移是另一个导致变迁的原因。1870 年至 1930 年，数百万的外国移民进入美国的工业城市。同时，数百万的乡村人口也加入了这一行列。这就使得农业社区衰落、城市扩张，到 1920 年，美国首次成为一个城市人口占多数的国家。类似地，当今天的人们从雪带迁移到阳光地带，与来自拉丁美洲和亚洲的移民杂居在一起时，变化也在不断发生。

# 现代性的视野

25.3　运用滕尼斯、涂尔干、韦伯和马克思的理论理解现代性

社会变迁研究的一个核心概念是**现代性**（modernity），即工业革命带来的变化。在日常使用中，现代性一词（其拉丁词根的意思是"最近"）指的是与"过去"相对应的"现在"。社会学家运用这个包罗万象的概念将所有始于 18 世纪 50 年代西欧的工业革命所建构的社会模式都包括其中。因而，**现代化**（modernization）就是始于工业化的社会变迁过程。表 25-1 提供了一些发生在 20 世纪美国的变化的简单描述。

表 25-1　美国：一个变迁的世纪

| | 1910 年 | 2010 年 |
| --- | --- | --- |
| 全国总人口 | 9200 万 | 3.09 亿 |
| 城市人口百分比 | 46% | 84% |
| 平均寿命 | 48 岁（男），52 岁（女） | 76 岁（男），81 岁（女） |
| 年龄中位数 | 24.1 岁 | 37.2 岁 |
| 平均家庭收入（美元） | 8000（2010 年购买力） | 60395（2010 年购买力） |
| 食物支出的收入占比 | 43% | 13% |
| 住宅内有抽水马桶的比例 | 10% | 99.4% |
| 汽车平均拥有量 | 每 64 户有 1 辆 | 每户有 2.2 辆 |
| 离婚率 | 每 20 对夫妻中约有 1 对离婚 | 每 20 对夫妻中约有 10 对离婚 |
| 人均石油消耗量 | 34 加仑（约为 155 升） | 1100 加仑（约为 5000 升） |

```
                        现代性                              现代化
                   工业革命带来的变化                  始于工业化的社会变迁过程
```

## 现代化进程的四个维度

彼得·伯格（Berber，1977）在其颇有影响的社会变迁研究中指出了现代化的四个主要特征，以下我们就对其一一进行阐述。

1. 小型传统社区的衰落。现代化意味着"相对而言较有凝聚力的社区趋于松动，即使尚未瓦解；而这种社区在人类历史的多数时期确立了团结与意义"（Berger，1977：72）。几千年以来，在狩猎和采集者的营地，在欧洲和北美的农村，人们都生活在很小的社区里，社会生活以家庭和邻里关系为中心。尽管选择范围有限，但这样的传统生活方式使得每一个人都有一个明确的位置，人们都可以强烈地感觉到身份、归属和目的。

当然，在美国的边远地区，目前仍然存在着一些小而封闭的社区，但它们只是一小部分美国人的家园。它们与外界的隔绝主要体现在地理位置上。除了那些极度贫穷或者基于宗教信仰拒绝现代性的社区，汽车、电话、电视和计算机让农村的家庭能够获知大型社会里所发生的一切，并把他们与整个世界联系起来。

2. 个人选择的扩大。生活在传统的、前工业社会的人们认为，自己的生活是超自然的力量——神、灵魂、命运——控制的结果。而随着传统力量的逐步削弱，人们开始把自己的生活看成一个不断选择的过程，一个被伯格称为"个体化"（individualization）的过程。例如，很多美国人选择了一种坦然应对变化的生活方式（有时是接二连三地采用）。事实上，现代文化的一个共识就是人们应该掌控自己的生活。

对更多个人选择的广泛支持往往会产生政治后果。更为个人主义的文化取向意味着，现代高收入社会（与传统低收入社会相比）更有可能实现民主（Inglehart & Welzel，2010）。

3. 社会多样性的增加。在前工业社会中，牢固的家庭纽带和强大的宗教信仰加强了同一性，阻止了社会分化和变迁。而当传统失去其控制作用，人们拥有越来越多的个人选择时，现代化促进了一种更合理、更科学的世界观的形成。城市的扩张、非个人的科层机构的增多，以及不同背景的人们逐渐融合，共同催生了不同的信仰和行为方式。

4. 未来取向与时间意识的增强。在现代社会之前，人们关注的是过去，但在现代社会，人们则更多地考虑未来。现代社会的人们不仅向前看，而且对新发明和新发现能改善他们的生活这一点深信不疑。

传统社会中，人们根据四季与昼夜的变换来安排日常生活。自中世纪晚期引进钟表以来，欧洲人就开始以小时和分钟为单位来组织生活。而现代生活中，对个人得失的关注使得"时间就是金钱"的理念深入人心，人们对精确计量时间的要求进一步提高。伯格（显然受到了韦伯的启发）指出，一个社会现代化程度高低的标志之一就是有多少人通过看手表（现在则可能是他们的手机）来确认时间。

回想一下，现代化也促进了社会学本身的发展。正如第一章（"社会学的视角"）所提及的那样，这门学科起源于欧洲工业革命之际，即西欧社会变迁最为迅速的时期。早期的欧洲和美国的社会学家试图为人类分析现代社会兴起的原因与结果，以及其正面和负面的影响。

最后，在将工业社会与更早前的社会形态进行对比时，我们很容易认为现代世界中的一切都是新的。但事实并非如此。在"日常生活的社会学"专栏中，我们可以从历史视角对最受欢迎的现代服饰——牛仔裤进行分析，从而更好地理解上述观点。

# 日常生活中的社会学

传统与现代：牛仔裤的历史

社会学家喜欢比较"传统"与"现代"。滕尼斯、涂尔干、韦伯甚至马克思都发展出种种理论来比较"过去"和"现在"的社会模式。这些理论是具有启发性的。但从"传统与现代"二元对立的角度出发的思维模式，往往会令我们以为过去和现在鲜有相同之处。

本章讨论的所有思想家们都认为"从前"与"现在"截然不同。但同样不可否认的是，当今数不清的社会要素——从宗教到战争——已经在人类社会中存在了很长一段时间。另外，许多我们认为是现代的文化要素实际上存在的时间比我们许多人以为的要长得多。

通过 16 世纪的艺术，可以发现穷人会穿着"牛仔裤"；到了 19 世纪，牛仔裤开始成为西部牛仔们的服饰；20 世纪 60 年代，牛仔裤开始在校园中风行；而最近，在工作场所穿牛仔裤也变得可以接受了。

一个明显的现代文化要素就是牛仔裤。这种衣物在年轻人中很常见，几乎被认为是年轻人的"制服"。牛仔裤在 20 世纪 60 年代末席卷了各大高校，成了流行文化的中心。

但很多人不知道的是，牛仔裤实际上已经被人们穿了几个世纪了。"粗布工装裤"（dungarees）一词是 20 世纪 60 年代以前牛仔裤的通用称呼，是从印度语"dungri"一词派生出来的。而东格里（dungri）是印度孟买的一个区，那里被看作是粗质布料的发源地，这种面料从东格里向西传到了欧洲。牛仔裤（jeans）一词可以追溯到意大利的热那亚（Genoa），在 17 世纪 50 年代，这种棉布料（牛仔布也叫斜纹棉布）被广泛使用。而这种布料的另一个名称"牛仔布"（denim）则来源于法国城市尼姆（Nimes），人们也因此将这种服饰称为"de Nimes"（来自尼姆）。

艺术史学家从 16 世纪绘画中看到，那时的人们尤其是穷人就穿牛仔裤。在 18 世纪，英国水手不仅用这种面料做帆，也将其用于睡觉用的吊床和船员的服装。

一个多世纪之后，1853 年美国服装制造商李维·斯特劳斯（Levi Strauss）向在加州淘金热中淘金的矿工出售粗布工装裤。这种牛仔裤非常结实耐用，最终成了预算有限或者从事严苛体力劳动者的服装选择。

在受到矿工的青睐之后，牛仔裤在遍布美国西部的全体牛仔之间流行开来。20 世纪初，穿牛仔裤的几乎都是工人。到了 20 世纪 30 年代，全国各地大多数囚犯也穿上了牛仔裤。

这种局面使得牛仔裤成为较低社会地位的标志。事实上，许多中产阶级的人是看不起这种服饰的。由此，公立学校的学生被禁止穿牛仔裤，尤其是在高收入国家。

然而，到了 20 世纪 60 年代，一种以年轻人为基础的反主流文化在美国兴起。这种新的文化取向拒绝"向上流看齐"，反对复制富人和名人穿衣格调的旧模式，而开始"向下看"，接受工人的服装，甚至是那些档次较低且过时的。到了 20 世纪 60 年代末，牛仔裤受到了摇滚明星、好莱坞名人和大学生的青睐，以此表达对劳动人民的认同——这是那个时代左倾政治态度的部分重要内容。

当然，经济利益也是这种新潮流的推手。到了 20 世纪 80 年代，随着牛仔裤的流行，时装业通过向可能从来没有进入过工厂的有钱人推销"设计师款牛仔裤"而赚得盆满钵满。在明星波姬·小丝（Brooke Shields）的协助下，Calvin Klein 的牛仔裤（1980 年）风靡一时，它的目标群体是能承担普通牛仔裤三至四倍价钱的人。

本世纪初，牛仔裤不仅在院校风靡，更为商业界所接受。许多美国企业的 CEO——尤其是高科技领域的企业——经常穿着牛仔裤上班甚至出席公共活动。

正如你所见，牛仔裤实际上有很长的历史。事实上无论是在过去还是现在它都存在，并且拥有不同的含义。这表明，在一个不断创新和重塑的社会中，仅用非"传统"即"现代"的标准来定义文化元素的做法是有局限性的。

**你怎么想？**

1. 你对牛仔裤的看法是否与你父母有所不同？如果是的话，是怎样不同？为什么会产生这种区别？

2. 你是否觉得牛仔裤的流行趋势反映了 20 世纪 60 年代前后的更广泛的社会变迁？请解释。

3. 在你的学校，牛仔裤的流行程度如何？在教授之中呢？你能解释这些现象吗？

资料来源：Brazillian（2011）。

## 斐迪南·滕尼斯：社区的消失

德国社会学家斐迪南·滕尼斯（1855—1937）在其"共同体和社会"（参见第二十二章"人口、城市化与环境"）理论中提出了对现代化颇有影响的阐述。与深受其作品影响的彼得·伯格一样，滕尼斯也把现代化看成共同体或者说是传统人类社区消失的过程。在滕尼斯看来，工业革命通过引入商业化的方式强调事实、效率和金钱，从而削弱了家庭和传统的社会结构。当人们主要以个人利益为出发点同别人打交道时，欧洲和北美就渐渐地失去了其存在的社会基础，滕尼斯将其定义为去人性化的"社会"。

20 世纪早期，至少美国部分地区的情况接近滕尼斯的共同体的概念。在小村庄和城镇生活了几代人的家庭通过勤劳、慢节奏的生活方式维系着。几乎没有人使用电话（发明于 1876 年），直到 1915 年才有人打了第一通越洋电话。生活中没有电视（于 1933 年发明，1950 年后才比较普遍），每个家庭都有自己的娱乐方式，经常是在晚上和朋友聚在一起，或分享见闻，或分担苦痛，或载歌载舞。没有迅捷的交通工具（福特的汽车生产线始于 1908 年，但汽车直到第二次世界大战后才比较普及），很多人理解的世界就是自己的家乡。

过去的这些社区会因为难以避免的紧张局面和冲突而分裂。但根据滕尼斯的观点，由于共同体的传统精神，人们"仍然十分团结，尽管有各种各样的因素会导致分裂"（1963：65，orig. 1887）。

现代性使得社会发生彻底的改变，就像滕尼斯所说的，人们"尽管有使之联合的因素，本质上还是会发生分裂"（Tonnies，1963：65，orig. 1887）。这就是被称作"社会"的世界。大多数人，特别是在大城市，和陌生人生活在一起，对路过的人们冷面以待。在一个流动性很高、人们之间相互陌生的社会，人们倾向于把个人需要凌驾于对集体的忠诚之上，越来越多的成年人在与人打交道的时候相信"再小心也不为过"的说法（Smith et al.，2017）。所以，研究人员得出这样的结论也就不足为奇了：即使我们变得富有，现代社会的社会健康状况还是在变得糟糕（D. G. Myers，2000）。

**评价**

滕尼斯的共同体和社会理论是被引用最多的现代化模型。该理论的优点在于把变迁的很多方面综合起来考虑：人口的增长、城市的兴起以及人际交往过程中越发冷漠的现状。尽管现代生活缺乏人情味，还是具有一定程度上"共同体"的特征。即使生活在一群陌生人中，现代社会里的友谊仍然可以很牢固、持久。一些分析家还认为，滕尼斯更喜欢传统社会，或许甚至有点将其理想化了，因而忽略了在现代社会，来自家庭、社区和友谊的纽带还是一样有活力。

**检查你的学习**　作为社会组织形式，共同体和社会有什么不同？

## 埃米尔·涂尔干：劳动分工

法国社会学家涂尔干的思想已经在第四章（"社会"）中讨论过。与滕尼斯一样，他对工业革命引发的巨大社会变迁很感兴趣。对涂尔干（Durkheim，1964a，orig. 1893）来说，现代化以越发细化的**劳动分工**（division of labor）或专门化的经济活动为主要特征。传统社会里，每个人的日常活动都或多或少地相似，而现代社会的运转是以人们高度细化的分工为基础的。

涂尔干解释道，前工业社会是通过机械团结或共同的道德规范而存在的。换言之，前工业社会的人们认为大家都是相似的，做着相同的工作，属于同一个集体。涂尔干的"机械团结"概念和滕尼斯的"共同体"基本相同。

随着现代化的进行，劳动分工变得越来越细化。对涂尔干而言，这种变化意味着机械团结的弱化，而另外一种联系——有机团结（或者说是从事专门化工作的人们之间的相互依赖）则不断强化。简言之，现代社会不是由于相似性而是由于相异性而存在。所有人都必须依赖别人来满足自己的需求。"有机团结"与滕尼斯的"社会"概念相一致。

尽管涂尔干和滕尼斯的思想有很多明显的相似之处，他们对现代性的理解还是有些不同。对滕尼斯而言，现代的社会意味着社会团结的消失，因为现代社会的人们失去了乡村社会的"自然"和"有机"纽带，而只剩下大型工业化城市的"人造"和"机械"纽带。涂尔干对此持不同的看法，甚至可以说是对滕尼斯的"反其意而用之"。涂尔干给现代社会贴上"有机的"标签，但他认为现代社会的自然程度和其他任何社会相同，他把传统社会描述成"机械的"，是因为其管制太严格。在涂尔干看来，现代化并非意味着社区的消失，而是从建立在相似性基础上的社区（亲属和邻里关系）向以经济上相互依赖为基础的社区转变。因此，涂尔干对现代性的认识较之滕尼斯更复杂、更积极。

乔治·图克（George Tooker）1950年的绘画作品《地铁》（*The Subway*）描绘了现代生活中一个常见问题：弱化的社会关系和衰落的传统造就了一种共通的人性。大家都是相似的，而每个人在其他人心中都是一个让人不安的陌生人。

资料来源：George Tooker, *The Subway*, 1950, egg tempera on gesso panel, 181/8361/8 inches, Whitney Museum of American Art, New York. Purchased with funds from the Juliana Force Purchase Award, 50.23. Photograph © Whitney Museum of American Art.

## 评价

涂尔干的研究与滕尼斯很相像，是对现代性颇有影响的分析。两者之中，涂尔干更为乐观，不过他也担心，现代社会如此多样化，以致终有一天会堕入失范状态，在那样的情况下，社会无法再为个人提供什么道德指导。道德规范和价值被削弱后，人们会变得自私自利，把自己的需求置于其他人之上，迷失生活的目的。

自杀率——涂尔干认为是评估失范的重要指标——在 20 世纪的美国确实出现了增长。很大一部分美国成年人表示，他们无法用是非标准来判断道德问题，而是常常感到自己处于混乱的"灰色地带"（Smith et al., 2017）。然而，共同的规范和价值观似乎仍然足够强大，每个人也会因此而获得对生命的意义和目标的认识。不管失范状态会带来什么危险，大部分人看上去都很珍惜现代社会赋予他们的个人自由。

**检查你的学习** 回顾机械团结和有机团结的定义。为什么涂尔干对现代世界的看法比滕尼斯更乐观？

## 马克斯·韦伯：理性化

对马克斯·韦伯而言（在第四章"社会"中亦有讨论），现代性意味着以一种理性的思维方式取代传统的世界观。在前工业社会，传统总是变迁的阻力。对传统社会的人们来说，"真理"基本等同于"历来如此的事物"（Weber，1978：36，orig. 1921）。而对于现代社会的人，"真理"是理性计算的结果。现代社会的人们注重效率，对过去没有敬畏之心，因而往往能够接受任何让他们实现目标的社会模式。

同滕尼斯和涂尔干的工业化削弱传统的观点相呼应，韦伯宣称现代社会是"祛魅"的社会，在以前不容置疑的真理开始受到理性思考的挑战。简言之，韦伯认为，现代社会告别了神，就如同它告别了过去那样。韦伯在一生中研究各种现代"类型"——资本家、科学家和官僚——所有这些都具有前瞻性、理性和超然的世界观，韦伯认为这一世界观正逐渐主宰人性。

韦伯认为，现代社会的显著特征是理性的世界观。基本上，韦伯对现代性的所有研究都集中在他认为能代表其所处时代的不同类型的人身上：科学家、资本家和官僚。每一类人都是极端理性的：科学家孜孜不倦地探索真理，资本家热衷于追求利润，官僚则要维护制度体系的一致。

与滕尼斯和涂尔干，尤其是与后者相比，韦伯对现代社会持批判态度。他深知科学可以创造技术和组织上的奇迹，但他担心科学的发展会使我们不再关注最基本的问题：人类存在的意义和目的。韦伯担心理性化进程，特别是在科层制方面，会用无穷无尽的制度和规则腐蚀人类的精神。

**检查你的学习**    韦伯怎样理解现代性？所谓现代社会（包括科学家、资本家和官僚）是"祛魅"的是什么意思？

一些批评韦伯的人认为，韦伯认为异化由科层制引起，而实际上，异化源于社会不平等。这样的批评将我们引向卡尔·马克思的观点。

## 卡尔·马克思：资本主义

对卡尔·马克思而言，现代社会就是资本主义的同义词：他认为工业革命主要是资本主义革命。马克思把资产阶级的起源追溯到中世纪欧洲的商业扩张。当工业革命为社会带来强大的新生产制度时，资产阶级逐渐取代了封建贵族。

马克思同意如下观点：现代性削弱了共同体（如滕尼斯所述），细化了劳动分工（如涂尔干所述），形成了理性的世界观（如韦伯所述）。但他把这一切看作资本主义走向繁荣的必要条件。根据马克思的观点，资本主义把生活在农场和小城镇的人口集中引向以城市为中心的不断扩张的市场体系。工厂要提高生产效率就需要劳动分工，而资本家对利润的永恒不变的追逐则彰显了理性化的特征。

前面的一些章节把马克思描绘成一名对资本主义社会持强烈批判态度的人，但他对现代性还抱有一定的积极态度。马克思不像韦伯那样把现代社会看成科层制的"铁笼"，他相信资本主义社会的社会冲突会为革命性的变化埋下种子，最终过渡到平等的社会主义。在他看来，社会主义社会将用工业技术创造的奇迹丰富人们的生活，而且这样的社会将不再有阶级——社会的冲突和苦难之源。尽管马克思毫无疑问对现代社会持批判态度，但是他为人们设想描绘了一幅关于自由、创造力和共享的未来景象。

马克思关于现代化的理论是一种复杂的关于资本主义的理论，但他低估了科层制在现代社会中的统治地位。尤其在一些社会主义社会中，科层制的压抑性影响与资本主义的非人性化方面一样糟糕，甚至更糟糕。20 世纪 80 年代末和 90 年代初东欧和苏联的剧变暴露了普通民众对高压的国家科层机构的反对。

**检查你的学习**    马克思如何理解现代社会？在我们讨论的四位理论家（滕尼斯、涂尔干、韦伯和马克思）中，谁关于现代社会的观点最为乐观？谁最为悲观？请解释。

# 现代性理论

**25.4**    对比分析作为大众社会的现代性和作为阶级社会的现代性

正如前几章所叙述和下表所总结的那样，现代性的兴起是一个复杂的过程，涉及很多方面的变化。我们如何能理解这么多正在进行的变化呢？社会学家对现代社会做出了两种基本的解释，一种受结构功能论引导，另一种则以社会冲突论为基础。

---

## 总结

传统社会和现代社会通观全局

| 社会因素 | 传统社会 | 现代社会 |
|---|---|---|
| **文化模式** | | |
| 价值 | 同质性；神圣性；鲜有亚文化和反文化 | 异质性；世俗性；较多亚文化和反文化 |
| 规范 | 重大的道德意义；对差异性包容性低 | 多样的道德意义；对差异性包容性高 |
| 时间取向 | 现在与过去相连 | 现在与未来相连 |
| 技术 | 前工业；人力或畜力 | 工业；先进能源 |
| **社会结构** | | |
| 地位与角色 | 地位较少；多数是先赋性地位；专业化角色较少 | 地位较多；部分是先赋性地位，部分是自致性地位；专业化角色较多 |
| 关系 | 典型的初级关系；鲜有匿名或隐私 | 典型的次级关系；较多匿名和隐私 |
| 沟通 | 面对面沟通 | 面对面沟通辅以大众传媒 |
| 社会控制 | 非正式的流言 | 正式的警察和法律制度 |
| 社会分层 | 固化的社会不平等模式；低流动性 | 流动的社会不平等模式；高流动性 |
| 性别模式 | 父权制突出；女性以家庭为生活重心 | 父权制衰落；女性在有偿劳动力中占比提高 |
| 居住模式 | 小规模；人口少且分散在乡村和小城镇 | 大规模；人口众多且集中在城市 |
| **社会制度** | | |
| 经济 | 以农业为基础；多家庭手工业；白领工作较少 | 以工业批量生产为基础；工厂成为生产中心；白领工作较多 |
| 政府 | 小政府；政府干预较少 | 大政府；政府干预较多 |
| 家庭 | 大家庭是社会化和经济生产的主要途径 | 核心家庭仍保留了一定的社会化功能，但更多是作为消费单位而不是生产单位 |
| 宗教 | 宗教引导世界观；宗教多元化程度低 | 宗教衰落，科学兴起；宗教多元化程度高 |
| 教育 | 仅限于精英的正规学校教育 | 基础教育普及化，接受高等教育的比例在增长 |
| 健康 | 高出生率，高死亡率；由于生活水平低、医疗技术简单，人们的预期寿命较短 | 低出生率，低死亡率；由于生活水平提高、医疗技术进步，人们的预期寿命延长 |
| **社会变迁** | 缓慢：很多代才有明显变化 | 迅速：一代之内有明显变化 |

## 结构功能论：作为大众社会的现代性

一种宏观的路向——根据斐迪南·滕尼斯、埃米尔·涂尔干和马克斯·韦伯的观点——以大众社会的出现来理解现代性（Kornhauser，1959；Nisbet，1966；Berger，Berger & Kellner，1974；Pearson，1993）。**大众社会**（mass society）是指传统纽带被繁荣和科层制削弱的社会。大众社会的生产力水平非常高，平均而言，人们的收入前所未有的高。但同时，它又有着亲属关系疏远、邻里之间缺乏人情味等特征。因此，人们时常感到自己与社会疏离。在大众社会中，尽管许多人在物质上很富有，但是他们的内心很空虚，在思考该如何生活的问题时常常不能获得明确的道德指导。

### 现代生活的宏大规模

11月11日，275号州际公路。通过车窗，我们可以看到英国石油公司和太阳加油站、塔吉特商超和沃尔玛超市、AmeriSuites酒店、Bob Evans餐厅、Chi-Chi墨西哥餐厅以及麦当劳——都是大型组织。这公路刚好环绕着俄亥俄州辛辛那提。但其实在波士顿、圣路易斯、丹佛、圣地亚哥……美国的其他大多数地方也差不多如此。

大众社会理论认为，首先，现代生活的规模极大地扩展了。工业革命之前，欧洲和北美有着数不尽的村庄和小城镇。在那些小社区里，人们的一生都与亲人生活在一起、接受相同的传统，滕尼斯的"共同体"的概念就是受此启发。在小社区中，流言是一种非正式却高度有效的手段，可以确保社区标准的一致性。这些有着很强的道德取向、很难容忍社会差异的小社区证明了涂尔干所描述的机械团结的状态。

比如，1690年以前，英格兰法律要求每个人都定期参加圣餐礼这一基督教仪式（Laslett，1984）。在北美大陆，除了罗得岛以外的所有新英格兰殖民地也都必须遵守这种规定。这种约定俗成的社会规范压制了社会差异，使得亚文化和反传统文化的现象极少，社会变迁缓慢。

工业革命带来的人口增加、城市扩张和经济活动的专门化逐渐改变了这种模式。人们开始通过所从事的职业而相互认识（比如，作为"医生"或"银行职员"），而不是通过血缘或者地缘关系。人们把绝大多数的其他人看作陌生人。以前在乡村里进行的面对面的交谈被非人性化的大众传媒如报纸、收音机、电视和计算机网络所取代。大型组织逐渐承担起满足日常所需的责任，而这些原本是通过家人、朋友和邻里关系实现的。公共教育让越来越多的人走进学校，警察、律师和法官主导着刑事司法体系的正式运转，甚至连慈善活动也成了由各种社会福利机构的冷漠官僚操办的事情了。

地理位置上的流动性、大众通信以及不断接触不同的生活方式都削弱了传统价值观。人们开始对社会差异更宽容，更注重维护个人利益和选择自由。由于种族、性别或者宗教信仰不同而将人区别对待，被认为是落后的和不公平的。在这一过程中，生活在社会边缘的少数群体获得更多的权力和更多参与公众生活的机会。贝拉克·奥巴马——一位非裔美国人——赢得了美国最高职位的竞选，这无疑表明了我们正置身于现代社会（West，2008）。

大众传媒催生了国家文化，各地区之间的传统差异逐渐消弭。正如一名分析家所说的那样："甚至在巴吞鲁日，当地的孩子也不再说'y'all'，而是像电视上那样说'you guys'。"（Gibbs，2000：42）因此，大众社会理论的支持者担心，把具有不同背景的人们变成一个大群体，虽然给予了人们更多道德伦理上的自由，但也会使每个人失去个性。

**不断扩张的国家** 在前工业时期，欧洲那些小型的社会中，政府基本上和一个地方贵族差不多。一个王室家族名义上统治着整个国家，但是由于缺乏有效的交通和通信手段，即使最有权威的君主的权力也远不及当今的政治领袖。

技术革新使得政府得以扩张，中央政府的规模和重要性都增加了。当美国赢得独立而不再是英国的殖民地时，联邦政府不过是一个主要以国防为目的的小机构。但自那以后，政府承担了来自社会生活的更多方面的责任：国民教育、调控工资和规制工作条件、制订各种产品的标准、对老弱病残和失业人群提供经济援助、为学生提供贷款，以及近年来常见的，拯救面临经济崩溃的公司等。为了支付这些方面的费用，税收激增。今天的普通工人每年要交的税相当于近四个月的收入，为政府提供的各种服务买单。

在大众社会，权力集中在大型科层机构中，地方社区的居民对自己生活的支配权很少。比如说，政府官员要求各地学校必须有标准的教育方案，各地的产品必须获得政府认可，每个市民必须保留各种缴税记录。虽然这些规定或许能保护人们，促进社会平等，但它们也迫使我们越来越多地与来自远方且毫无人情可言的科层机构的人打交道——这些人我们连名字都叫不上来。这就破坏了家庭和地方社区的独立性。

## 评价

现代生活规模的不断扩大当然有积极的方面，但这些好处是以牺牲一些人类的文化遗产为代价的。现代社会增加了个人权利，容忍更大的社会分化，提高了人们的生活水平（Inglehart & Baker，2000），但也出现了韦伯最担心的科层机构过分扩张，以及滕尼斯担心的自私自利和涂尔干担心的失范倾向。现代社会的规模、复杂性和对社会分化的宽容都注定了传统价值观和家庭模式的消亡，这使得人们处于孤立、无力和物质主义的境地。如同第十八章（"政治与政府"）指出的那样，美国的选民冷漠是个严重的问题，当生活在巨大而冷漠的社会里时，对于"没有哪个人会带来什么不同"这种想法又有什么值得惊讶的呢？

有时批评人士会说，大众社会理论把过去理想化了。他们提醒我们，很多生活在小城镇的人其实渴望在城市里过更好的生活。而且，大众社会理论忽略了社会不平等问题。批评人士认为这种理论会吸引保守人士的兴趣，那些人维护传统道德观而忽视了女性及其他少数群体遭受的不平等待遇。

检查你的学习　用自己的话来阐释大众社会的现代性理论。对此有哪两种批评？

## 社会冲突论：阶级社会中的现代性

对现代性的第二种解释主要来源于卡尔·马克思的观点。从社会冲突论的视角来看，现代性是以**阶级社会**（class society）——有着明显社会分层的资本主义社会—— 的形式存在的。也就是说，尽管这种视角也承认现代社会已经扩张到很大的规模，但是它认为现代性的核心是不断扩张的、以不平等为标志的资本主义经济（Habermas，1970；Harrington，1984；Buechler，2000）。

**资本主义**　阶级社会理论追随马克思的说法，现代社会生活规模的不断扩大是由资本主义的增长和其释放的贪婪所致。因为资本主义经济追逐利润最大化，生产和消费都稳步增长。

根据马克思的观点，资本主义建立在"赤裸裸的利己主义的基础上"（Marx & Engels，972：377，orig. 1848）。这种利己主义削弱了曾经让小型社区团结在一起的社会纽带。资本主义把人也看成商品：人是劳动的资源，也是资本家的产品的消费市场。

资本主义支持科学的发展，不仅将其视为提高生产力的关键，而且视其为一种有利于维持现状的意识形态。也就是说，现代社会鼓励人们把人类的幸福看成需要工程师和其他专家解决的技术难题，而不是通过追求社

```
        ┌──────────────────────┴──────────────────────┐
      大众社会                                      阶级社会
  传统纽带被繁荣和科层制削弱的社会              有着明显分层的资本主义社会
```

社会冲突论不是将现代性视为去个性化的大众社会，而是将其视为不平等的阶级社会，在这样的社会中一些群体属于二等公民。这个美国原住民家庭住在南达科他州的松树岭印第安人保留地，那里生活贫困，许多家庭没有电或自来水。

会公正就能实现的目标。例如，资本主义文化寻求通过医药科学而不是消除贫困来提高人们的健康水平，而贫困却是健康状况低下的核心原因。

商业也在宣扬科学逻辑，通过提高效率来增加利润。就像在第十七章（"经济与工作"）中解释的那样，随着全球化的日益扩张，作为跨国企业的资本主义企业已经达到巨大的规模，控制了难以想象的财富。依据阶级社会的观点，不断扩张的生活规模与其说是"社会"的作用，还不如说是资本主义不可避免的破坏性结果。

**持续的不平等**　现代性渐渐地消磨了前工业社会里将贵族区别于普通人的固化的社会类别。但是，阶级理论认为，不同于以前的贵族可以生而坐拥财富与权力，现在的精英人群是那些资本主义体制下的百万富翁。简言之，少数人仍然生来就拥有财富和权力。美国可能没有世袭君主制，但人口中最富有的 1% 控制着约 37% 的私人财产（Wolf, 2014）。

国家又是怎样的呢？大众社会理论家们认为国家在努力促进平等，解决社会问题。但马克思不同意这种观点，他怀疑国家除了进行一些影响甚微的改革外一无是处。因为他认为真正的权力掌握在控制经济的资本家手中。其他阶级社会理论家补充说，至于劳动人民和少数群体享有更多的政治权利和更好的生活，那是政治斗争的结果，而不是政府的善意带来的。总之，他的结论是：尽管美国自称享有民主，但美国的政治经济体制让大部分人在面对那些富有的社会精英时都无能为力。

## 评价

阶级社会理论摈弃了涂尔干所强调的现代社会的人们正经受社会失范的观点，而是宣称他们的痛苦来自异化和无权。毫无疑问，阶级社会理论对现代性的解释在自由主义者和激进分子中间获得了广泛支持，因为这些人主张更大程度的平等，并呼吁对资本主义市场进行广泛规制（或废除）。

对阶级社会理论的一个最基本的批评是，它忽视了现代社会的日益繁荣，以及这样的事实——基于种族、族裔和性别的歧视行为现在已属非法，而且被普遍认为是社会问题。此外，多数美国人并不希望生活在一个奉行平均主义的社会里，他们更喜欢能通过不同的回报来反映人与人之间才智和努力的差别。

部分学者认为社会主义并不能提高人们的生活水平，集中的经济体制也不能够治愈现代性的顽疾。美国可能面临许多社会问题，从失业到饥饿，从工业污染到战争，但这些问题在社会主义国家也一样存在。

**检查你的学习**　用你自己的话阐述关于现代性的阶级社会理论，对此有哪些批评？

................................................................................

"总结"表对比了关于现代性的两种解释。大众社会理论关注的是生活规模的扩张和政府机构的扩大；阶级社会理论则强调资本主义的扩张和持续的不平等状态。

**总结**

现代性的两种解释

| | 大众社会 | 阶级社会 |
|---|---|---|
| 现代化进程 | 工业化；科层制的扩张 | 资本主义的兴起 |
| 现代化影响 | 生活规模扩大；政府和其他非正式组织的增加 | 资本主义经济扩张；持续的社会不平等 |

## 现代性与个人

大众社会理论和阶级社会理论都对工业革命之后发生的巨大社会变迁很关注。但从宏观层次的视角出发，我们也能对现代性如何形塑普通人的生活做些微观的观察。

**大众社会：身份认同问题**　现代性使人们不再生活在过去的小型的、联系密切的社区中。现代社会中的大部分人都拥有表达个性的隐私和自由。然而，大众社会理论表明，如此丰富的社会多样性、广泛存在的孤立状态和迅疾的社会变迁使很多人根本难以实现一以贯之的身份认同（Wheelis，1958；Berger，Berger & Keiber，1974）。

正如第五章（"社会化"）所解释的那样，人们的个性主要是其社会经历的结果。过去那种小型的、同质的、变化缓慢的社会为人们确定身份认同提供了或许狭隘但也坚实的基础。即使到了今天，活跃在美国和加拿大的阿米什社区还在教年轻人"正确的"为人处世的方法。虽然不是每个出生在阿米什社区的人都能够忍受这种对一致性的严格要求，但大多数人还是以此确立了相当完整且令人满意的身份认同（Kraybill & Olshan，1994；Kraybill & Hurd，2006）。

大众社会的情况则不同。社会不断分化且变化很快，个人确立身份认同所需的基础如同流沙一样不牢靠。人们需要自己做很多决定，很多人特别是有钱人常常在诸多选择面前不知所措。没有标准引导选择过程，所谓选择的自由也就价值有限。在宽容的大众社会，人们感到应该选择这样而不是那样的时候，往往并没有太多理由可言。结果是很多人的身份认同摇摆不定，人们不断改变生活方式、与他人的关系，甚至宗教信仰，以期看清那捉摸不定的"真我"。现代社会中"相对主义"的广泛存在使得人们在没有道德标准的情况下，失去了传统赋予他们的安全感和确定性。

大卫·理斯曼（Riesman，1970，orig. 1950）认为，现代化引起了**社会性格**（social character）——体现在特定社会成员身上的共同人格模式——的改变。前工业社会推崇理斯曼所说的**传统导向性**（tradition-directedness）—— 严格遵守历史悠久的生活方式。传统社会的人们依照祖先的模式过自己的生活，以至于到了"好好生活"就等同于"做人们一直在做的事情"的地步。

传统导向性与滕尼斯的共同体和涂尔干的机械团结理论一致。由于文化上的保守性，传统导向下的人们行为处事方式都差不多。与现代社会中有时出现的一致性不同，传统导向下的一致并不是为了模仿某个名人或赶时髦。相反，人们之间有相似之处是因为受相同的文化基础的影响。阿米什人就是传统导向性的例证：在阿米什文化里，传统是一种牢不可破的纽带，把世世代代联系在一种"正当"的生活方式之下。

经历着社会分化和急剧变化的现代社会的人们认为，传统导向性的要求过于严苛，这一环境中人的个性塑造是非正常的。总的来说，现代社会的人们很看重个性上的灵活性，如适应能力、对他人的敏感度。理斯曼将这种社会性格称作**他者导向性**（other-directedness）——常常是通过模仿他人而表达出来的对最新潮流和

大众社会理论将现代社会中人们的焦虑感和无意义感与快速社会变迁联系起来。这种现代空虚和孤立的概念在左图中有所体现。相反在右图中，阶级社会理论将这种感受与社会不平等联系起来，有些类别的人会被看作二等公民（或者根本就不是公民）。

时尚的开放性。在他人导向下，人们是在不断变化着的社会中进行社会化，于是他们也形成了不稳定的身份认同，其主要特点是表面化、不一致和变化性。他们像穿新衣服一样表现出不同的"自我"，寻找自己效仿的榜样，随着场景的变换而进行不同的"表演"（Goffman，1959）。在传统社会里，这样的多变性会让人觉得不可靠，但在一个不断变化的现代社会，这种变色龙似的适应各种环境的能力却很有用。

社会性格
体现在特定社会成员身上的共同人格模式

传统导向性
严格遵守历史悠久的生活方式

他者导向性
常常是通过模仿他人而表达出来的对最新潮流和时尚的开放性

在标榜"与时俱进"而非传统的社会中，人们渴望获得别人的认可，在自己的同时代的人中，而不仅仅是长者中，寻找自己的榜样。在没有明确标准的指引下，来自同辈的压力是不可避免的。我们的社会希望每个人做真实的自我，可是当社会环境变化太快的时候，人们如何能找到真实的自我呢？这个问题的根源在于，当今的工业社会里身份认同危机太普遍了，不断有人在问"我是谁"并试图得到答案。事实上，这个问题与其说是我们的问题，不如说是我们所处的一点都不稳定的大众社会的问题。

**阶级社会：无力感问题** 阶级社会理论关于现代性对个人影响的描述与众不同。这种视角认为，持续的社会不平等破坏了现代社会个人自由的基础。对一些人来说，现代性带来很多特权，但对于许多人而言，日常生活就是处理经济上的不确定和一种越来越强烈的无力感（Newman，1993；Ehrenreich，2001）。

对于少数种族和族裔来说，相对劣势的问题会更加突出。同样，虽然女性更广泛地参与到现代社会中，但她们仍然要为破除传统性别歧视的障碍奔走疾呼。这种观点不认同大众社会理论关于人们因为有太多自由而饱受痛苦的观点。根据阶级社会理论，我们的社会仍然没能做到让大多数人充分参与到社会生活中来。

就像第十三章（"全球社会分层"）所解释的那样，世界资本主义的扩张使这个星球上更多的人生活在跨国企业的影响之下。结果是，全世界收入的 62% 集中在人口只占世界 28% 的高收入国家。所以，当阶级社会理论家呼吁穷国的人们应争取更多的权力才能主宰自己的生活时，我们还会感到奇怪吗？

广泛存在的无力感问题使得赫伯特·马尔库塞（Marcuse，1964）对韦伯的现代社会是理性的说法提出挑战。马尔库塞谴责现代社会的非理性，因为其无法满足许多人的需求——尽管现代资本主义社会创造了无可比拟的财富，贫困仍是 7.67 亿的人每天必须面对的痛苦。马尔库塞进一步说，技术进步使人们更加无法控制自己的生活。高端技术使一小部分专家，而不是大多数人，获得了很多权力，前者控制着诸如发起战争、改革能源政策和医疗保障等问题的讨论。马尔库塞反驳了技术解决一切问题的普遍观点，他认为，恰恰是科学导致了这些问题。总之，阶级社会理论认为，人们之所以遭受苦难，是因为现代社会将知识、财富和权力集中在少数特权阶层手中。

## 现代性与进步

在现代社会，大多数人期待且欢迎社会变迁。我们把现代性与进步（progress，源自拉丁文，意为"向前移动"）的观点联系起来，视作一种不断改善的状态。与此相对，我们把稳定看作停滞不前。

由于我们对变化的偏好，我们的社会倾向于把传统文化看成是落后的。但是变化，特别是朝着物质财富方向的变化，却是好坏参半的事情。如"全球化思考"专栏所解释的那样，社会变化太复杂了，不能简单地将其等同于进步。

正如卡亚波和嘎勒的例子所表明的那样，即使是变得富有也有其利弊。从历史的角度看，在美国，生活水平的提高使人的寿命更长，物质生活上更安逸。同时，很多人怀疑现代的日常生活给人带来了太大压力，以致一家人都没有时间一起放松，甚至聚在一起都很难。也许这就是为什么在收入最高的国家，最近几十年人们的幸福感呈下降趋势（Myers，2000；Inglehart，Welzel & Foa，2009；World Values Survey，2017）。

科学也是一样有利有弊。与其他国家的人们比起来，美国人对科学改善生活这一点更为深信不疑（World Values Survey，2017）。但是调查也显示，大约40%的美国成年人看到了科学进步的负面影响，特别是感到科学"使我们的生活方式改变得太快了"（Smith et al.，2017）。

新技术总是引发争议。一个世纪以前，汽车和电话的发明使得更迅捷的交通和更有效的通信成为可能。但同时，这些技术也使人们对家乡，甚至对家庭的传统依附变弱了。今天，人们怀疑移动互联网和计算机技术会不会带来同样的问题：把人们和世界联系起来，同时却把我们与门外的社区隔离开来；提供更多信息的同时也威胁到了个人隐私。简言之，我们都意识到社会变化来得更快了，但至于某个变化到底是好是坏，可能还是因人而异。

## 现代性：全球差异

10月1日，日本神户。乘坐计算机控制的单轨列车在神户高架路上驶过，或者坐在时速200英里开往东京的新干线列车里。看到这样的场景，我们可能会认为日本代表着社会的未来，他们的国民深爱高科技。然而，日本人在其他方面仍很传统：极少有女性公司领导，几乎没有女政治家，年轻人对长辈尊重有加，社会井然有序，与很多美国城市的混乱状态形成鲜明对比。

日本是个既传统又现代的国家。这种矛盾提醒我们，尽管对比传统和现代社会很有意义，但新旧社会常以难以预料的方式共存着。在中国，古老的儒家思想正和当代的社会主义思想并存着。在沙特阿拉伯和卡塔尔，对现代技术的利用同尊重古老的伊斯兰文明并行不悖。类似地，在墨西哥和拉美的很多地区，即使人们希望在经济方面有所收获，也不妨碍他们尊重有好几百年历史的基督教仪式。总之，尽管我们可能认为传统和现代是对立的，但其结合却并不鲜见，相反，我们在全世界的每个角落都能寻找到这种结合。

# 后现代性

**25.5** 将后现代主义作为一种社会批判类型加以讨论

如果现代性是工业革命的产物，那么信息革命还会带来后现代时代吗？许多学者是这么认为的，他们使

# 全球化思考

"现代性"意味着"进步"？巴西的卡亚波社区和佐治亚的嘎勒黑人社区

　　四周一片漆黑，点点火光摇曳。族长坎昂盘腿坐下，正如几十年来，他每个夜晚所做的那样，准备开始其精彩的晚间故事讲演（Simons，2007）。对于繁荣的巴西亚马孙地区的一个小社区卡亚波来说，这是赞颂他们文化传统的时间。因为传统的卡亚波人没有书面语，长者就依靠这样的夜晚借着火光来向后世子孙传授部族文化。过去，村民们听到的故事都是卡亚波勇士如何击退前来寻找奴隶和黄金的葡萄牙商人。

　　但随着时间的推移，只有小部分年长的村民前来参加这种仪式了。"都是那大魔头惹的祸"，对于听众的锐减，有人这样抱怨道。"大魔头"确实把他们打了个措手不及，整个村庄的窗户都透着蓝色的光。卡亚波社区的小孩，甚至很多大人，正在看电视里播放的连续剧。几年前村里安装了卫星天线，而此举带来的后果是任何人都无法想象的。最终，他们的敌人用枪炮没有做到的——卡亚波村民自己做到了：越来越多的人开始去收看黄金时间的电视节目，而不是去听长者讲晚间故事。

　　卡亚波村民是巴西23万原住民中的一部分。他们以独特的身体彩绘和华丽的节日服装而闻名。20世纪80年代，他们因为开采金矿和收获了很多桃花心木而变得富有。但现在，他们必须认真考虑这些新财富到底是福还是祸。

　　对一些人来说，拥有财富意味着有机会通过旅游和电视来了解外面的世界。但对于另一些人来说，比如族长坎昂，却不是很确定。他坐在火边自言自语道："我一直在说，应该买些像刀子鱼钩之类的有用的东西，电视又不能当饭吃。它只不过让我们的子孙看到白人的生活。"村庄里最老的牧师拜伯特帕普点头同意："夜晚是老年人教导年轻人的时间，但是现在电视把这个世界偷走了。"（Simons，2007：522）

　　从佐治亚的海边坐半个小时轮渡，能够到达美国相当南端的一个满是沼泽的小岛——霍格海默克（Hog Hammock）。住在岛上的是70个非裔美国人，他们在小岛生活的历史可以追溯到1802年第一批黑奴到来的时候。

　　每当走过坐落在长满西班牙苔藓的松树林间五颜六色的房子时，旅游者常会感到时光倒流。当地的嘎勒人（Gulah，有些地方叫Geechees）操着一种英语和西非语的混合语。他们靠捕鱼为生，数百年来一直如此（Dewan，2010）。

　　但这种生活方式的未来却不容乐观。包括10个岛外上学的孩子在内，现在只有40人还生活在岛上。霍格海默克社区的年轻人，除了打鱼和制作传统工艺品以外，基本上找不到别的工作。"我们已经在这里生活了九代了，现在还在这里。"一个当地人说。然后，在谈到小岛上的19个孩子的时候，她又说："并不是他们不想待在这里，而是他们在这里无事可做——他们需要工作啊。"（Cury，2001：41；McCoy，2015）

　　同样重要的是，大陆上的人想要在水边的豪华海滨住宅，这个岛屿现在对外人来说比对当地人更有价值，房地产税也随之飙升，埃德娜·福尔摩斯一家四代人都住在霍格海默克社区，长期以来，她每年为自己的房子缴纳约200美元的税款；近年来，账单猛增至2000美元。为了省钱，当地居民没有垃圾收集服务，没有当地警察或消防部门，学校或医疗诊所。福尔摩斯说："市里正试图向我们征收高额税以将我们赶出去。"（Brown，2013）如果这种模式继续下去，霍格海默克的自然美景很可能会被消失，从而使该地区成为另一个希尔顿酒店，曾经在南卡罗来纳海岸的嘎勒社区，现在已经成为内陆富裕人群的度假地了（Samuel，2015；Harrington，2017）。

　　霍格海默克人卖掉自家的房子，迁移到内陆去，可能只是一个时间问题了。但埃德娜·福尔摩斯和大多数其他居民不愿意那样做，尽管房子能开出好价钱。但是，离开就意味着他们文化传统的终结。

　　卡亚波和霍格海默克的故事都告诉我们，变迁不一定意味着"进步"。人们可能会向现代性前进，但这个过程带来的结果有好有坏。最终，这两个社区的人们有可能会有更好的生活、更好的住所、更好的服饰，以及新技术。但他们的新财富将以牺牲传统为代价。全世界很多地方都在上演这样的情景，越来越多的传统文化在财富和富有社会的唯物主义的诱惑下放弃了自己的文化遗产。

## 你怎么想？

　　1. 为什么社会变迁对于传统社会的人们既意味着得到也意味着失去？

　　2. 上文描述的种种变化提高了卡亚波的生活水平吗？嘎勒社区又如何？

　　3. 在现代性面前，传统社区的人们还有别的选择吗？请解释。

用**后现代性**（postmodernity）这一术语来指称信息革命和后工业经济带来的转变。

后现代性到底指的是什么尚有争论，但这一术语已经在文学、哲学甚至建筑学里使用了好几十年。自20世纪60年代以来，这一术语随着左翼政治学的传播而掀起的社会批判浪潮进入了社会学。尽管后现代性思想有很多的变体，但所有这些变体都包含以下五个主题（Hall & Neitz，1993；Inglehart，1997；Rudel & Gerson，1999）。

1. 在很多重要的方面，现代性已经失败。现代性的承诺是没有匮乏的生活。然而，正如后现代主义批判家所看到的那样，在解决诸如贫穷的社会问题方面，20世纪在这点上并不成功。事实上，经济不平等现象日益增加，人们在财务上普遍感到不安。

2. "进步"的光环在消失。现代社会的人们在展望未来的时候，总是期待自己的生活会有很大的进步。但是，后现代社会的人们（甚至领导）对未来却不再那么信心十足。一个多世纪以前让人类社会进入到现代社会的强烈的乐观心理，已经被彻底的悲观情绪所取代。在美国，大约40%的成年人不认为后代未来的生活会比自己现在的好（Smith et al.，2017）。

3. 科学不再是一切问题的解决之道。现代社会的重要特征是科学的世界观，人们坚信科学技术会让生活变得更好。但后现代批判家认为，科学并不能够解决很多遗留的问题（如健康状况差），却带来了一些新问题（如环境污染和全球变暖）。

后现代主义思想家怀疑科学，认为其宣扬绝对真理。相反，他们认为世界上没有绝对真理，社会建构世界的方式有很多。

4. 文化争论加剧。因为世界已经能够生产出足够丰富的物质，所以思想变得更加重要。从这个意义上讲，后现代性也是后物质主义时代。在这样的时代，更多的职业跟符号相关，诸如社会正义、环境和动物权利等议题也越来越引人关注。

5. 社会制度在改变。就如同工业化给社会制度带来翻天覆地的变化一样，后工业社会的兴起又要再次改变社会。例如，后现代家庭不再恪守某一种家庭模式，相反每个人都可以从各种新的家庭形式中进行选择。

**评价**

分析人士认为美国和其他高收入社会正进入后现代时期，他们批评现代性没能真正满足人类的要求。在过去一个世纪中，人类寿命的延长和生活水平的提高可以说明现代性的优势，这些事实为现代性提供了有力的辩护。假如我们接受后现代主义的观点——科学已经无能为力，进步不过是谎言——那我们又有什么可以替代它们呢？

**检查你的学习**　用自己的语言阐述后现代社会的特征。

# 展望：现代化和全球的未来

25.6　预测未来社会变迁的可能方向

想象一下，整个世界变成了一个1000人的村庄。这个"地球村"大约有100名居民来自高收入国家，他们的收入占全村收入的一半。剩下的人里有108人一贫如洗，生活困难。

全世界的穷人的艰难处境表明世界亟需改变。但为什么世界上有7.67亿穷人？第十三章("全球社会分层")呈现了两种针锋相对的观点。现代化理论宣称，过去全世界都很贫穷，技术革新特别是工业革命，提高了人类的生产力，使许多国家的生活水平改善了。从这一观点出发，解决全球贫困的办法是在全世界范围内推进技术进步和市场经济。

然而，出于前面提及过的原因，全球现代化实现起来很难。回忆一下大卫·理斯曼对前工业社会的人们的描述：他把他们描述成传统导向性的人，常常对变化持抵制态度。因此，现代化理论家倡导富国帮助穷国实现经济增长。工业国家可以通过向贫困地区出口技术、吸引这些国家的留学生，以及增加外国援助等方式刺激经济增长。

第十三章中，关于现代化理论的回顾指出了拉丁美洲在政策上取得的一些成功，以及一些小的亚洲国家和地区，如韩国、新加坡以及中国香港和中国台湾获取更大成功的可能性。但是，在世界上最贫穷的国家，推动经济发展的困难则更多。即使在已经发生巨大变化的地方，现代化还涉及协调问题。例如，生活在巴西卡亚波的传统的人们，可能通过发展经济获得财富。但是，当他们被卷入建立在以西方物质主义、流行音乐、时髦服饰和快餐为基础的全球化的"麦当劳文化"中去时，他们失去了自己的文化身份和价值观。一位巴西人类学家表达了其对卡亚波未来的期待："至少他们能迅速明白看电视的后果……现在(他们)可以做出选择。"（Simons，2007：523）

但并不是所有人都认为现代化真的是一个选择。根据全球分层理论的第二种视角——依附理论，如今的很多贫困社会没有能力实现现代化，即使这些社会中的人们是那样希望的。按照这种观点，经济发展的主要障碍不是传统观念，而是富有的资本主义社会在全球的统治地位。

依附理论声称，富裕国家实现现代化是以牺牲贫困国家为代价的，它们掠夺穷国的自然资源和劳动力。即使今天，世界上最贫穷的国家在与富裕国家的经济关系中仍然处于不利地位：富裕国家购买贫困国家的原材料，然后向贫困国家出售他们能买得起的各种产品。根据这种观点，与富裕国家继续这种贸易关系只是全球不平等的延续。

不管你认为哪种方式更合理，应该记住这样一点：发生在美国的变化不再是独立进行且与其他国家没有丝毫关系的。20世纪初，如今的高收入国家的大部分人，当时都生活在相当小的区域，对外面的世界知之甚少。而一个世纪以后，整个世界成了一个大村庄，所有人的生活都日益紧密地联系起来了。

基于你在这一章读到的所有内容，你认为我们的社会总的来说是在变好还是在变坏？为什么？

20世纪，人类取得了空前的成就。然而，与人类生存相关的很多问题，包括寻找生活的意义、解决国家间的冲突和消除贫困，依然存在。棘手的问题尚未解决，新的烦恼又来了：如何控制人口增长，建立环境可持续发展的社会。在下一个百年里，我们必须准备好以极大的想象力、同情心和决心来解决这些问题。随着我们对人类社会了解的增多，我们有理由相信我们能够很好地解决问题。

## 日常生活中的社会学

传统是现代的对立面吗？

从概念上说，这也许是对的。但就像本章所解释的那样，在我们的日常生活中，传统与现代的社会模式以各种有趣的方式结合在一起。看看下面的图片，分辨哪些元素是传统的，哪些是现代的。它们看上去是协调的还是冲突的？为什么？

这些年轻女孩住在土耳其的伊斯坦布尔市，这个国家长期以来对传统和现代生活的优点存在争论。是什么造成了传统和现代的着装差异？你认为这样的差异会影响人们之间的友谊吗？在美国也是如此吗？

当第一家麦当劳餐厅在乌克兰基辅市开业时，许多人都前来品尝汉堡，看看快餐到底是什么。随着大型企业在世界各地扩张业务，它们能否在传统与现代之间找到平衡点？如果能，应如何做到？

在沙特阿拉伯的利雅得市，一对年轻夫妇生活在一个既有古老传统又有最新技术的世界里。现代技术会威胁到这个社会的传统吗？

**提示** 尽管社会学家将传统和现代作为对立的概念进行分析，但每个社会都会以各自的方式将这两种元素融合在一起。人们也许会争论传统和现代的各自优点，但是这两种模式几乎可以在任何地方出现。技术变迁总会带来一些社会后果——例如，手机的运用改变了人们的社会网络和经济机会；同样地，麦当劳餐厅的扩张不仅改变了人们的口味，还有他们在何处与谁一起共餐。

## 从你的日常生活中发现社会学

1. 你能想起在你的生活中的一些场景反映了传统与现代模式的结合吗？指出其中的传统和现代因素。

2. 你认为生活在现代社会有什么好处？缺点是什么？

3. 访问"社会学焦点"博客，你可以在那里阅读年轻社会学学者的最新文章，他们将社会学视角应用于流行文化的话题。

## 取得进步

### 什么是社会变迁?

**25.1　列出社会变迁的四个特征**

社会变迁就是文化和社会制度随着时间的推移而发生的变化。每个社会都始终在变化, 有时快, 有时慢。社会变迁经常引发争议。

### 社会变迁的原因

**25.2　解释文化、社会冲突、思想观念与人口模式如何导致社会变迁**

**文化**

- 发明产生新事物、新观念和新的社会模式。
- 当人们注意到世界上现有的元素, 发现就产生了。
- 随着产品、人和信息从一个社会传播到另一个社会, 这种扩散也创造了变迁。

**社会冲突**

- 马克思认为资本家和工人之间的斗争推动社会朝着社会主义生产制度前进。
- 源自阶级、种族和性别不平等的社会冲突将产生社会变革, 从而改善劳动人民的生活。

**思想观念**

韦伯将大多数社会变迁的根源归结于思想观念。

- 工业资本主义最早在西欧出现, 那里的新教徒有着很强的工作伦理。这一事实证明了思想观念的力量会引发变革。

**人口模式**

人口结构也在社会变迁的过程中发挥着作用。

- 美国人口的老龄化导致家庭生活的变迁以及针对老年人需求的消费产品的发展。
- 社会内部和不同社会之间的移民促进了变迁。

### 现代性的视野

**25.3　运用滕尼斯、涂尔干、韦伯和马克思的理论理解现代性**

现代性指工业化的社会结果, 它包括:

- 传统社区的衰落;
- 个人选择的扩大;
- 社会多样性的增加;
- 关注未来。

**滕尼斯**将现代化视为从共同体向社会转型的过程。在这一过程中传统社区衰落, 个人主义兴起。

**涂尔干**将现代化视为社会劳动分工的扩大。以共同的活动和信仰为基础的机械团结被有机团结所取代。在有机团结的社会中, 差异性使人们互相依赖。

**韦伯**将现代性视为传统世界观的衰落和理性的兴起。韦伯对现代理性组织的去人性化的影响感到担忧。

**马克思**将现代性视为资本主义对封建主义的胜利。资本主义产生社会冲突。马克思声称社会冲突将带来革命性的变迁并产生一个平等的社会主义社会。

## 现代性理论

### 25.4　对比分析作为大众社会的现代性和作为阶级社会的现代性

**结构功能论：作为大众社会的现代性**

•根据大众社会理论，现代性使生活规模扩大，同时强化了政府和其他正式组织的角色，以执行那些以前地方社区中由家庭承担的责任。

•文化多样性和迅疾的社会变迁使得现代社会的人们很难形成稳定的身份，发现生命的意义。

**社会冲突论：作为阶级社会的现代性**

•根据阶级社会理论，现代性导致资本主义兴起，进入全球经济体系，造成了持久的社会不平等。

•通过将财富集中在少数人手上，现代资本主义社会让人产生越来越强烈的异化感和无力感。

**现代性与个人**

大众社会理论和阶级社会理论都是宏观层次的路向。然而，从这两种理论出发，我们也能对现代性如何形塑普通人的生活做些微观的观察。

**大众社会：身份认同问题**

•大众社会理论指出，现代社会的日益增长的社会多样性、广泛存在的孤立状态和急剧的社会变迁，使人们难以建立起稳定的身份认同。

大卫·理斯曼描述了现代性造成的社会性格的变化：

•前工业社会存在传统导向性，社会中的每个人都吸收着相同的坚实的文化基础，并且人们依照祖先的模式生活；

•现代社会存在他者导向性，因为人们的社会化发生在持续变迁的社会中，所以他者导向的人们发展出了表面化、不一致和以变化为标志的流动的身份认同。

**阶级社会：无力感问题**

•阶级社会理论声称今天大多数人所面临的是经济上的不确定性和无力感。

•赫伯特·马尔库塞声称现代社会是不理性的，因为太多人的需求无法得到满足。

•马尔库塞还认为技术进步会进一步降低人们对他们自己生活的控制力。

•人们痛苦是因为现代社会把财富和权力都集中在少数特权阶层手中。

**现代性与进步**

社会变迁太复杂且太具有争议性，不能简单地等同于进步。

•生活水平的提高使人的寿命更长，物质生活上更安逸；与此同时，许多人感到压力大，很少有时间陪伴家人；近几十年调查的个人幸福感没有上升。

•科学和技术为我们的日常生活带来许多便利，然而，许多人担心生活变化得太快，汽车和高端通信技术的使用弱化了人们对家乡甚至对家庭传统的归属感。

## 后现代性

### 25.5　将后现代主义作为一种社会批判类型加以讨论

后现代性指后工业社会的文化特征。后现代主义社会批判家关注现代性，特别是科学未能实现它的繁荣与幸福的承诺。

## 展望：现代化和全球的未来

### 25.6　预测未来社会变迁的可能方向

• 现代化理论将全球贫困与传统联系起来。富裕国家能帮助贫困国家发展它们的经济。

• 依附理论将全球贫困解释为世界经济体系的产物。跨国企业的运作使得贫困国家在经济上依附于富裕国家。

# 名词解释

## 第一章　社会学的视角

- **低收入国家**　生活水平低且大多数人生活贫困的国家
- **符号互动论**　一种理论框架，它将社会看作个体之间日常互动的产物
- **高收入国家**　总体生活水平最高的国家
- **宏观层面定位**　广泛地关注将社会组织成一个整体的社会结构
- **结构功能论**　一种理论框架，这种理论认为社会是一个复杂的系统，系统的各部分一起运作以保证社会的团结与稳定
- **刻板印象**　应用于对某个群体中的个体的简化描述
- **理论**　对特定的事实如何相互联系及为什么会有这种联系的陈述
- **理论路向**　对于社会的基本印象，其引导了思考和研究
- **女性主义**　支持社会男女社会地位平等，反对父权制和性别歧视的主张
- **潜功能**　任何社会模式的不可知的、不可预知的结果
- **全球化视野**　对更广阔的世界及我们的社会在其中所处位置的研究
- **社会**　在特定地域内互动并共享同一种文化的人
- **社会冲突论**　一种理论框架，这种理论认为社会是一个充满不平等的舞台，正是这种不平等带来了社会冲突和社会变迁
- **社会的负功能**　任何可能扰乱社会正常运行的社会模式
- **社会功能**　任何能使社会作为一个整体而运作的社会模式的结果
- **社会结构**　任何相对稳定的社会行为模式
- **社会学**　关于人类社会的系统研究
- **社会学的视角**　社会学的特殊观点，从特定人群的生活中发现社会的一般模式
- **实证主义**　一种基于"事实"而非单纯猜测的科学方法
- **微观层面定位**　密切关注特定情形下的社会互动
- **显功能**　任何社会模式的可知的、可预知的结果
- **性别冲突论（女性主义理论）**　强调男性和女性之间不平等和冲突的一种理论
- **中等收入国家**　总体生活水平接近世界平均水平的国家
- **种族冲突论**　强调不同种族、不同族裔之间不平等和冲突的理论

## 第二章　社会学研究

- **变量**　对不同个案采用不同数值的概念
- **变量操作化**　在对变量赋值之前，确切地说明将被测量的内容
- **参与观察**　研究者通过参加人们的日常生活来对人们进行系统观察的一种研究方法
- **测量**　为特定个案确定变量取值的过程
- **调查**　通过问卷调查和面对面访谈收集调查对象对一系列陈述或问题作出的回答的研究方法
- **复制**　由其他研究者对研究进行重复

- 访谈　研究者亲自向被访者提出一系列问题

- 概念　一种用简化的方式表示世界某个部分的心理构念

- 归纳逻辑思维　将特殊的观察结果转化为一般的理论的推理方式

- 霍桑效应　仅仅因为意识到被研究而导致研究对象行为改变

- 假设　两个（或多个）变量之间的可能的关系的一种陈述

- 解释社会学　关注人们对他们的社会世界所赋予的意义的社会研究

- 经验证据　可以通过我们的感官得到证实的信息

- 科学　一种基于直接、系统的观察获得知识的逻辑体系

- 客观性　在进行研究时保持个人中立

- 控制　为了研究一个变量的作用而保持其他变量不变

- 批判社会学　关注社会变迁必要性的社会研究

- 实验　在高度控制的条件下研究因果关系的一种研究方法

- 实证社会学　基于对社会行为的系统观察的社会研究

- 使用现有资料　研究者使用别人已经收集到的资料进行研究的一种研究方法

- 问卷　研究者向被访者所呈现的一组事先写好的问题

- 相关性　两个（或多个）变量同时发生变化的一种关系

- 效度　实际测量的与希望测量的完全一致

- 信度　测量的一致性程度

- 性别　社会成员因其在生理上是女性或者男性而具有的个人特征和社会地位

- 虚假相关　由其他变量所引起的两个（或多个）变量之间表面的错误联系

- 研究方法　进行研究的系统计划

- 演绎逻辑思维　将一般理论转化为能进行检验的特殊假设的推理方式

- 样本　总体的一部分，能够反映整体的情况

- 因变量　因为另一个变量（自变量）改变而发生变化的变量

- 因果关系　一个变量（自变量）的变化导致另一个变量（因变量）发生改变的一种关系

- 自变量　引起其他变量（因变量）发生改变的变量

- 总体　一项研究所关注的群体

## 第三章　文化

- 反文化　强烈反对被社会广为接受的文化模式

- 非物质文化　由社会成员创造的思想观念

- 非洲中心主义　对非洲文化模式的强调和促进

- 符号　任何由共享文化的人们承认的、承载特定意义的事物

- 高雅文化　区分出一个社会精英阶级的文化模式

- 规范　一个社会用以指导其社会成员行为的规则和期望

- 技术　人们用以改变他们周围生活方式的知识

- 价值观　文化上规定的、用来确定什么是可行的、好的、美丽的标准，从而为社会生活提供广义的指南

- 信念　人们坚持认为是真理的特定思想

- 流行文化　在社会大众中广泛传播的文化模式

- 民德　广泛被遵守并且具有重大道德意义的规范

- 民俗　人们常规的或临时的互动规范
- 欧洲中心主义　欧洲（特别是英国）的文化模式占统治地位
- 萨丕尔 - 沃尔夫假说　人们通过语言的文化透镜来看待和理解世界的观点
- 社会控制　社会调节人们思想和行为的努力
- 社会生物学　探讨人类的生物性如何影响人们创造文化的方式的一种理论视角
- 社会性别　社会成员隶属于或者男性或者女性的个人特质和社会位置
- 文化　共同构成人们生活方式的思维方式、行为方式和物质产品的总和
- 文化传承　文化由一代人传递给下一代人的过程
- 文化多元主义　承认美国文化的多样性并促进所有文化传统的平等地位的观点
- 文化堕距　由于某些文化要素的变迁快于其他要素，从而扰乱了一个文化系统
- 文化普遍性　每种已知文化的共同特质
- 文化相对主义　以文化自身的标准来评价一种文化的做法
- 文化休克　当经历一种不熟悉的生活方式时个人产生的迷惑
- 文化整合　一个文化系统中各组成要素之间具有密切的联系
- 物质文化　由社会成员创造的有形事物
- 习俗　常规的或临时互动中的规范
- 亚文化　将一个社会的人口分为几个部分的文化模式
- 语言　允许人与人之间进行沟通和交流的一套符号系统
- 种族中心主义　用某类人自己的文化标准评判另一种文化的做法

## 第四章　社会

- 传统　行为、价值观和信仰代代相传
- 工业　使用高级能源驱动大机器的商品生产
- 后工业　使用计算机技术生产信息
- 机械团结　涂尔干定义的术语，指以共同的感情和相同的道德价值观为基础的社会关系，在前工业社会成员中具有很强的影响力
- 阶级冲突　所有社会阶级因社会财富和权力分配而产生的冲突
- 阶级意识　马克思定义的术语，指的是工人意识到他们自己作为一个阶级，团结起来反对资本家并最终推翻资本主义本身
- 劳动分工　专业化的经济活动
- 理想类型　对任何社会现象的本质特征的抽象表述
- 理性　社会中一种思维方式，强调谨慎、属实地计算完成某特定任务最有效的途径
- 理性化　韦伯定义的术语，指人类思维类型从传统到理性的历史变化
- 农业　使用动物拉动的犁或者更强大的能源来进行大面积耕作
- 社会　人们在一个特定的地域内互动并共享同一种文化
- 社会冲突　社会各阶级为争夺宝贵的资源而争夺
- 社会理性化　人类思维类型从传统到理性的历史变化
- 社会文化进化　伦斯基定义的术语，指当一个社会获得新技术时发生的变化
- 社会制度　社会生活的主要领域或社会子系统组织起来，以满足人类的需求
- 失范　涂尔干定义的术语，描述社会对社会个体提供很少的道德指导的状态

- **狩猎与采集**　使用简单工具猎取动物和采集植物果实
- **无产阶级**　出售自己劳动力换取工资的人
- **虚假意识**　将社会问题归因于个体的缺点而不是社会的缺陷
- **畜牧**　驯养动物
- **异化**　由于无权力而遭受的孤立和痛苦的经历
- **有机团结**　涂尔干定义的术语，指以专业化和相互依赖为基础的社会关系，在工业社会成员中具有很强的影响力
- **园艺**　使用手工制作的工具种植作物
- **资本家**　拥有和经营工厂和其他企业以追求利润的人

## 第五章　社会化

- **本我**　弗洛伊德的概念，即人类的基本驱力
- **超我**　弗洛伊德的概念，即个体内化的文化价值和规范
- **大众传媒**　将信息从单一来源传递给广大受众的手段
- **概化他人**　米德的概念，即用以评价我们自己的普遍的文化规范和价值观
- **感知运动阶段**　皮亚杰的概念，即个体仅通过感官体验世界的人类发展阶段
- **个性**　个体相对稳定的行为、思考和感知模式
- **镜中我**　库利的概念，即基于别人对自己的看法而形成的自我形象
- **具体运演阶段**　皮亚杰的概念，即个体开始认识到自己周围环境中因果关系的人类发展阶段
- **前运演阶段**　皮亚杰的概念，即个体首次使用语言和其他符号的人类发展阶段
- **全面控制机构**　在这种环境中，人们与社会的其他部分隔离，并处于管理机构的控制下
- **社会化**　人们发展其潜能和学习文化的终生社会经历
- **同辈群体**　拥有相同兴趣、社会地位和年龄的社会群体
- **同期群**　通常指的是年龄相仿的人群
- **形式运演阶段**　皮亚杰的概念，即个体开始抽象和批判思考的发展阶段
- **预期社会化**　帮助个体获得预期地位的学习
- **再社会化**　通过严格控制环境，彻底改变犯人或病人的人格
- **重要他人**　比如父母，在社会化中具有特殊的重要性
- **自我**　弗洛伊德的概念，即个体为了平衡天生的追求愉悦的驱力和社会需求而做出的有意识的努力
- **自我**　米德的概念，即由自我意识和自我形象构成的个体人格的一部分

## 第六章　日常生活中的社会互动

- **常人方法学**　哈罗德·加芬克尔所创立的一种方法，用以研究人们如何理解日常生活中的共同情境
- **地位**　个人所拥有的社会位置
- **地位群**　个人在特定时间内所拥有的全部地位
- **非言语交流**　主要通过肢体动作、姿势与面部表情而非语言来进行沟通
- **个人空间**　个体提出隐私要求的周边领域
- **角色**　拥有特定社会地位的个人所被期望的行为
- **角色冲突**　两个及以上的地位所衍生的角色之间的冲突
- **角色丛**　由单一地位所衍生的一系列角色
- **角色紧张**　由单一地位所衍生的角色之间的张力状态

- **拟剧论分析**　戈夫曼提出的方法，从舞台表演的角度来研究社会互动
- **社会互动**　人们在与他人的联系中如何采取行动并做出反应的过程
- **社交媒体**　在社会活动中连接人们的技术
- **托马斯定律**　托马斯指出，假定真实的情境在其结果中也为真
- **先赋性地位**　个人与生俱来的，或通过后天努力也无法改变的社会地位
- **现实的社会建构**　人们通过社会互动能动地创造现实的过程
- **主要地位**　对于社会认同极其重要的、贯穿个人整个生命历程的一种社会地位
- **自我呈现**　戈夫曼的概念，即个人努力在他人心中形成某种特定印象的过程
- **自致性地位**　个人自愿获得的、能够反映其能力与努力的社会地位

### 第七章　大众传媒与社交媒体

- **大众传媒**　将信息从单一来源传递给广大民众的手段
- **多任务处理**　在特定时间内从事一项以上的脑力或体力任务
- **媒体**　传播渠道
- **媒体融合**　大众传媒由少数个人和企业拥有和控制的趋势
- **媒体素养**　成为大众传媒的批判性消费者的能力
- **社交媒体**　使人们能够相互交流、共享信息并根据兴趣和目标形成社群的媒体
- **数字鸿沟**　世界各地或一个国家内不同类别的人在访问互联网方面的差异
- **网络欺凌**　使用互联网使他人难堪、辱骂或操纵他人

### 第八章　群体与组织

- **表意型领导**　关注群体福利的领导类型
- **参照群体**　人们在评价和决策时作为参照点的社会群体
- **初级群体**　规模较小的社会群体，其中的群体成员共享亲密持久的关系
- **传统**　代代相传的价值观与信仰
- **次级群体**　大型的、非个人的社会群体，其中的群体成员共同追求某个具体的目标或行为
- **二人群体**　两名成员组成的社会群体
- **工具型领导**　关注群体目标实现的群体领导类型
- **寡头政治**　由极少数人统治许多人
- **科层惯性**　科层组织自我延续的倾向
- **科层制**　为有效完成任务而理性建构的一种组织模式
- **科层制仪式主义**　严格遵循成文的程序规则而损害组织目标
- **科学管理**　泰勒提出的概念，指运用科学的原则来运行企业或其他大型组织
- **理性**　一种思维方式，强调审慎地、实事求是地思考完成某一特定任务最有效的方法
- **内群体**　成员对之有尊重感与忠诚感的社会群体
- **群体思维**　群体成员为保持一致性而导致群体决策偏颇的倾向
- **三人群体**　三名成员组成的社会群体
- **社会的理性化**　韦伯提出的概念，指人类主要思维模式从传统到理性的历史性变化
- **社会群体**　由两个或以上的个体组成的、彼此认同与互动的人群
- **社交媒体**　让人们能够相互交流、共享信息并基于兴趣和目标形成社群的媒体

- **外群体**　成员对之有竞争感或对立感的社会群体
- **网络**　较弱的社会联系网
- **正式组织**　为有效达成目标而建构的大型次级群体
- **组织环境**　影响组织运行的组织之外的因素

## 第九章　性与社会

- **变性人**　认为自己是某种性别的人，即使在生物学上他们属于另一种性别
- **第二性征**　除了生殖器官外，使成熟女性和成熟男性区别开来的身体发育特征
- **第一性征**　用于生育的生殖器官
- **堕胎**　有意终止妊娠
- **酷儿理论**　在美国社会中挑战异性恋偏见的研究成果
- **跨性别者**　挑战有关女性和男性应如何装扮和行动的传统文化规范的表现或行为方式的人
- **两性人**　身体（包括生殖器官）既具有男性特征，又具有女性特征的人
- **乱伦禁忌**　禁止特定亲属间发生性关系或结婚的规范
- **卖淫**　性服务的出售
- **色情制品**　试图引起性冲动的情色素材
- **双性恋**　被两种性别所吸引
- **同性恋**　被同性所吸引
- **同性恋恐惧症**　对与男同性、女同性或者双性恋进行密切人际接触感到不适
- **无性恋**　不被任何性别所吸引
- **性**　女性和男性在生物学上的区别
- **性取向**　一个人对另一个人的浪漫和情感的吸引
- **异性恋**　被异性所吸引
- **异性恋主义**　一种将任何不是异性恋的人贴上"酷儿"标签的观念

## 第十章　越轨

- **白领犯罪**　高社会地位的人在职业过程中进行的犯罪
- **报应**　一种道德的复仇行为，通过这种行为，社会让罪犯遭受与其罪行所造成的痛苦同样多的痛苦
- **辩诉交易**　一种法律协商过程，即检察官减少指控，以换取被告的有罪答辩
- **标签理论**　该理论认为，越轨和遵从的主要起因不在于人们的行为，而在于他人对这些行为的反应
- **污名**　一种强大的消极标签，这个标签能极大地改变一个人的自我概念和社会身份
- **出于仇恨的犯罪**　罪犯出于种族或者其他偏见对某人或者某人的财产实施的犯罪行为
- **犯罪**　违反社会正式颁布的刑法
- **公司犯罪**　一个公司或者代表公司行动的人的违法行为
- **社会保护**　通过监禁使罪犯暂时失去继续犯罪的能力，或通过处决使罪犯永久失去犯罪的能力
- **累犯**　先前被判罪的人后来再犯罪
- **社会控制**　社会规范人们的思想和行为的措施
- **社区矫正**　在社会中而不是在监狱高墙内实施的矫正方案
- **威慑**　设法通过惩罚来阻碍犯罪行为
- **无受害人的犯罪**　没有明显的受害人的违法行为

- **刑事司法系统**　由警察局、法院和监狱等组织的官员对违法行为所做出的反应
- **有组织的犯罪**　提供非法商品和服务的交易
- **越轨**　违犯被认可的文化规范
- **越轨的医学化**　把道德的和法律的越轨转变为一种医学问题的情形
- **再造**　一种改造罪犯以预防再犯的方案
- **针对财产的犯罪**　偷盗他人财产的犯罪，又称财产犯罪
- **针对人身的犯罪**　对他人直接使用暴力或以暴力相威胁的犯罪，又称暴力犯罪

## 第十一章　社会分层

- **白领职业**　主要从事脑力活动的职业声望较高的职业
- **戴维斯 - 摩尔命题**　主张社会分层对社会运行是有益的
- **地位一致性**　从社会不平等的多个维度来衡量一个人社会身份统一性的程度
- **等级制度**　按照出身和归属进行社会分层
- **阶级制度**　基于出身和个体成就进行社会分层
- **蓝领职业**　主要从事体力劳动的职业声望较低的职业
- **社会分层**　社会根据等级将人们分成若干类别的一种系统
- **社会经济地位**　建立在多个社会不平等维度上的综合等级
- **社会流动**　社会等级制度中地位的变化
- **唯才制度**　基于个人品质进行社会分层
- **炫耀性消费**　购买和使用商品以显示购买者的社会地位
- **意识形态**　确保社会配置和不平等模式正当化的文化信仰
- **种姓制度**　按照出身和归属进行社会分层

## 第十二章　美国的社会阶级

- **财富**　现金和其他资产价值的总和减去应偿还
- **代际社会流动**　子女和父母之间向上或向下的社会流动
- **代内社会流动**　发生在个人一生中的社会地位的变化
- **绝对贫困**　缺乏维持生存的基本必需品
- **贫困的女性化**　女性贫困率上升的趋势
- **收入**　从工作或投资中获得的收益
- **相对贫困**　某些人相对于那些拥有更多资源的人来说缺乏资源

## 第十三章　全球社会分层

- **低收入国家**　生活水平低下，穷人占大多数的国家
- **高收入国家**　具有最高整体生活水平的国家
- **全球社会分层**　整个世界中的社会不平等模式
- **现代化理论**　一种经济与社会发展模式，该模式根据国家间的技术和文化差异来解释全球不平等
- **新殖民主义**　全球权力关系格局的一种新形式，并不通过直接的政治控制，而是通过跨国企业来实施经济剥削
- **跨国企业**　在许多国家经营的大型企业
- **依附理论**　一种经济和社会发展模式，该模式根据富裕国家对贫困国家的历史性剥削来解释全球的不平等
- **殖民主义**　一些国家通过对其他一些国家实施政治和经济控制使自己致富的过程

- 中等收入国家　具有全球平均生活水平的国家

## 第十四章　性别分层

- 父权制　男性统治女性的一种社会制度形式
- 交叉理论　对种族、阶级和性别的相互作用的分析，这些作用往往会导致多个层面的劣势
- 母权制　女性统治男性的一种社会制度形式
- 女性主义　支持男女之间的社会平等，反对父权制和性别歧视
- 少数群体　由于身体或文化差异而被社会隔离或置其于从事低位的任何一类群体
- 性别　一个社会的成员赋予女性或男性的个人特质和社会地位
- 性别分层　男性和女性在财富、权力和特权方面的不平等分配
- 性别角色　一个社会与每个性别相联系的态度和行为
- 性别歧视　认为一种性别内在地优于另一种性别的观念
- 性骚扰　有意的、重复的、不受欢迎的性方面的评论、手势或身体接触

## 第十五章　种族与族裔

- 多元主义　所有种族和族裔的人虽然有明显区别但享有平等社会地位的一种状态
- 刻板印象　将对某类人群的简化描述适用于该人群的所有个体
- 偏见　对某一类人群刻板且不公正的概括判断
- 歧视　不平等地对待不同类别的人群
- 少数群体　由于身体或文化差异而被社会隔离或置其于从属地位的任何一类人群
- 替罪羊　通常没有什么权力的个体或群体，人们会不公地将自己遇到的麻烦归咎于他们
- 同化　少数群体逐渐采纳主流文化模式的过程
- 异族通婚　由来自不同种族的配偶繁衍后代
- 制度性偏见和歧视　社会机构运作中的成见
- 种族　社会建构的划分人的类型，他们有着共同的被社会成员认为是重要的生物遗传特征
- 族裔　共享某一文化传统的群体
- 种族隔离　对各类人群进行物理和社会隔离
- 种族灭绝　一类人对另一类人的系统性屠杀
- 种族主义　认为某一种族类别先天优于或劣于另一种种族类别

## 第十六章　老龄化与老年人

- 安乐死　协助患有不治之症的人死亡
- 活动理论　认为高水平的活动会增加老年人的个人满意度
- 老年学　对老龄化和老年人的研究
- 老人统治　老人拥有最多财富、权力和声望的社会组织形式
- 年龄分层　社会中不同年龄段的人在财富、权力和声望上的不平等分配
- 年龄歧视　对老年人的偏见和歧视
- 脱离理论　当人们到达老年时，通过将他们从责任位置上撤下来，来使得社会有序运作
- 照护　由家庭成员、其他亲属或朋友向受抚养者提供的非正式的无偿照料

## 第十七章　经济与工作

- 初级劳动力市场　提供能给劳动者带来广泛的利益的工作

- 次级劳动力市场    提供的工作仅给予劳动者最低限度的利益
- 地下经济    未按照法律要求将收入上报给政府的经济行为
- 第二产业    将原材料转化为制成品的经济部门
- 第三产业    有关服务而非产品的经济部门
- 第一产业    从自然环境中获取原材料的经济部门
- 福利资本主义    将基本的市场经济与广泛的社会福利联结起来的经济与政治体系
- 工会    通过谈判和罢工等手段寻求改善工人工资水平和工作条件的工人组织
- 共产主义    社会所有成员享有社会平等的一种假说性的经济与政治体系
- 寡头垄断    由少数生产商控制市场
- 国家资本主义    企业为私人所有但与政府紧密合作的经济与政治体系
- 后工业经济    基于服务业和高科技的生产体系
- 经济    组织社会商品和服务的生产、分配和消费的社会制度
- 垄断    由单一生产商控制市场
- 企业    包含权利和责任并与其成员相分离的依法存在的组织
- 企业集团    由大量小企业组成的巨型企业
- 全球经济    跨越国界的经济活动
- 社会主义    自然资源以及商品和服务的生产方式为集体所有的经济体系
- 专业职业    需要广泛正式教育的有声望的白领职业
- 资本主义    自然资源以及商品和服务的生产方式为个人私有的经济体系

### 第十八章　政治与政府

- 传统型权威    其权力合法性源自人们尊崇的长久以来的文化模式
- 独裁制    禁止人们参与政府事宜的政治制度
- 多元主义模型    与结构功能论紧密相连的一种政治分析视角，认为权力分散在许多相互竞争的利益群体之间
- 法理型权威    通过拟定规章制度使之合法化的权力（也称科层制权威）
- 福利国家    由政府机构和项目组成的制度，为民众提供福利
- 核扩散    越来越多的国家掌握核武器技术
- 极权制    广泛管制人民生活、政权高度集中的政治制度
- 军工复合体    联邦政府、军队和国防工业的紧密结合
- 君主制    由单一家庭世袭传承政治的政治制度
- 卡里斯玛型权威    通过非凡的个人能力激发人们的奉献和服从精神，从而使权力合法化
- 卡里斯玛型权威的常规化    将卡里斯玛型权威向传统型和法理型权威的结合转化
- 恐怖主义    个人或团体将暴力或暴力威胁作为一种政治策略的行为
- 马克思主义政治经济学模型    从社会经济制度的运作角度来解释政治的分析视角
- 民主制    把权力交给全体人民的政治制度
- 权力    不顾他人的抵制从而达到预期目的的能力
- 权力精英模型    基于社会冲突论的一种政治分析视角，认为权力集中掌握在富人手中
- 权威    人们认为是合法而非强制的权力
- 特殊利益集团    组织起来为一些经济或社会议题发声的人
- 战争    两个或多个国家的人民在政府的指挥下发生的组织化的武装冲突

- **政府**　指导社会政治生活的正式组织
- **政治**　有关权力分配、目标树立以及决策制定的社会制度
- **政治革命**　为建立新的政治制度而推翻原有的政治制度
- **政治行动委员会（PAC）**　由特殊利益集团建立的组织，独立于政党之外，筹集资金并将其作为实现自身政治目标的筹码

## 第十九章　家庭

- **不忠**　婚外性行为
- **从夫居**　已婚夫妇与男方的父母同住或居住在男方父母家附近的居住模式
- **从妻居**　已婚夫妇与女方的父母同住或居住在女方父母家附近的居住模式
- **大家庭**　由父母、子女和其他亲属组成的家庭，也称血亲家庭
- **多配偶制**　一个人和两个或两个以上配偶形成的婚姻
- **父系血统**　通过男性追溯亲属关系的血缘系统
- **核心家庭**　由单亲或双亲父母与其子女所组成的家庭，也称夫妻家庭
- **婚姻**　一种法律关系，通常包括经济合作、性活动以及生育孩子
- **家庭**　所有社会中都存在的一种社会制度，它将人们团结起来形成合作群体以便相互照顾，这也包括了所有儿童
- **亲属关系**　基于共同祖先、婚姻或收养关系形成的社会纽带
- **家庭暴力**　一名家庭成员对另一名家庭成员在情感、身体或性方面的虐待
- **乱伦禁忌**　一种阻止近亲之间发生性关系或通婚的规范
- **母系血统**　通过女性追溯亲属关系的血缘系统
- **内婚制**　同一社会类别的人之间的婚姻
- **双边血统**　通过男性和女性追溯亲属关系的血缘系统
- **同居**　未婚伴侣共享同一个家庭居所
- **同类婚**　具有相同社会特征的人之间的婚姻
- **外婚制**　不同社会类别的人之间的婚姻
- **新居制**　已婚夫妇与双方父母分开居住的居住模式
- **血统**　社会成员世代追溯亲属关系的血缘系统
- **一夫多妻制**　一个男性和两个或两个以上女性形成的婚姻
- **一夫一妻制**　两个伴侣结合形成的婚姻
- **一妻多夫制**　一个女性和两个或两个以上男性形成的婚姻

## 第二十章　宗教

- **多神论**　相信很多个神
- **公民宗教**　把人们整合到世俗社会的准宗教虔诚
- **国教**　与国家正式联合的教会
- **教派**　独立于国家的教会，承认宗教的多元化
- **解放神学**　将基督教原理与政治活动相结合，通常带有马克思主义的特点
- **卡里斯玛**　非凡的个人品质，能打动人们并使他们成为追随者
- **神圣**　超乎寻常、令人敬畏和崇敬的事物
- **世俗**　日常生活中的普通成分

- **世俗化**　超自然力量和神圣性的重要性的历史性衰落
- **图腾**　自然界中被集体定义为神圣的事物
- **万物有灵论**　相信自然界的万事万物是有意识的生命，并能够影响人类
- **小群宗派**　一种独立于社会的宗教组织
- **信仰**　基于个人相信而非科学证据的信念
- **一神论**　只相信一个神
- **仪式**　正式的仪式性行为
- **异教团体**　在很大程度上脱离社会文化传统的宗教组织
- **原教旨主义**　一种保守的宗教教义，反对唯智主义和世俗化趋向，主张恢复传统的、超脱世俗的宗教
- **主流教会**　一种充分融入社会的宗教组织
- **宗教**　一种涉及信仰和实践的社会制度，建立在神圣的认知基础上
- **宗教虔诚**　宗教在个人生活中的重要性

## 第二十一章　教育

- **分流**　分派学生到不同类型的教育计划中
- **功能性文盲**　缺乏日常生活所必需的读写技能
- **教育**　社会向其成员提供重要知识（包括基本常识、工作技能、文化规范和价值观）的社会制度
- **学校教育**　由受过专业训练的教师提供的正式指导
- **主流化**　将残障儿童或有特殊需求的儿童融于总体教育项目之中

## 第二十二章　健康与医疗

- **病人角色**　合理的病人行为模式
- **健康**　身体、精神和社会适应方面的完好状态
- **健康维护组织（HMO）**　为缴纳固定费用的用户提供综合的医疗保健服务的组织
- **社会化医疗**　政府拥有并经营大部分的医疗机构，且雇用大部分医生
- **社会流行病学**　研究在社会总人口中疾病与健康状况的分布
- **医疗**　专注于对抗疾病和改善健康的社会制度
- **饮食失调**　一种身体和精神障碍，包括在变瘦欲望的驱使下过度节食或采用其他不健康的体重控制方法
- **安乐死**　协助患有不治之症的人死亡
- **整体医疗**　一种强调预防疾病，并全面考虑个体的身体和社会环境的医疗保健方式
- **直接收费制度**　患者直接支付医生和医院提供的服务费用的医疗保健制度

## 第二十三章　人口、城市化与环境

- **城市化**　人口向城市的集中
- **城市生态学**　对城市的物质和社会层面之间联系的研究
- **粗出生率**　在某一特定年份中，全年活产婴儿数在总人口数中的千分比
- **粗死亡率**　在某一特定年份中，全年死亡人数在总人口数中的千分比
- **大都市**　从社会和经济方面主导城市地区的大城市
- **大都市带**　一个包含了数个城市和其周围地区的广大区域
- **共同体**　某种类型的社会组织，在这一组织里人们因为血缘和传统习俗而紧密联结
- **环境赤字**　人们专注于短期的物质富裕而导致了对自然环境的长期伤害

- **环境性别歧视**　将女性置于不利地位并威胁其福祉的环境模式
- **环境种族主义**　让穷人特别是少数族裔承担环境危害的发展模式
- **郊区**　一个城市的政治中心边界以外的城市地区
- **年龄-性别金字塔**　一种对人口的年龄、性别的图表描述
- **全球变暖**　大气中二氧化碳浓度的提升使全球平均温度升高
- **人口零增长点**　维持人口数量稳定的生育率
- **人口迁移**　人们从某个特定地区迁入或迁出
- **人口学**　针对人口的研究
- **人口转变理论**　将人口模式与一个社会的技术发展水平相联系的理论
- **社会**　某种类型的社会组织，在这一组织里人们基于个人利益而联系在一起
- **生态可持续文化**　一种既满足现代人的需要，又不威胁到后代的环境的生活方式
- **生态系统**　一个包含所有生物有机体与自然环境的相互作用的系统
- **生态学**　对生物有机体与自然环境相互作用的研究
- **生育率**　一个国家人口的生育水平
- **死亡率**　一个国家死亡人口的发生率
- **性别比**　在一个国家中每 100 名女性所对应的男性数量
- **婴儿死亡率**　在某一特定年份中，每 1000 个出生的成活婴儿中，不到 1 岁死亡的婴儿数量
- **雨林**　大多数位于赤道附近，是有茂密森林的地区
- **预期寿命**　一个国家人口的平均寿命范围
- **自然环境**　地球的表面和大气，包括生物有机体、空气、水、土壤和其他维持生命所必需的资源

## 第二十四章　集体行为与社会运动

- **暴乱**　高度情绪化、暴力化且无指向性的一种社会性爆发
- **暴徒**　以暴力和破坏为目标的高度情绪化的群众
- **潮流**　人们短暂而狂热追求的非常规社会模式
- **大众行为**　分布在广大地理区域的人们的集体行为
- **公众舆论**　对争议性议题的普遍态度
- **集体**　大量的人，他们会在缺乏明确界定规范和传统规范的情况下进行最低限度的互动
- **集体行为**　牵涉大量人的活动，未经计划，往往有争议，有时甚至很危险
- **恐慌**　在一个地方的人们以非理性、疯狂甚至通常是自我毁灭的行为来应对威胁或是其他刺激的一种集体行为
- **群体性癔症（道德恐慌）**　人们对真实或想象中的事件做出非理性的甚至是疯狂的恐惧反应的一种分散性集体行为
- **灾难**　广泛对生命造成伤害、对财产造成损害的通常出乎意料的事件
- **流言**　关于人们私事的谣言
- **群众**　拥有共同关注点并且互相影响的临时聚集在一起的人群
- **社会运动**　推动或者阻碍社会变革的一种有组织的活动
- **声明**　试图说服大众和公职人员通过社会运动来解决某一特定议题的重要过程
- **时尚**　被许多人喜爱的社会模式
- **相对剥夺感**　在某些特定比较中产生的明显劣势
- **宣传**　以塑造公众舆论为目的而发布的信息
- **谣言**　未经证实的消息，人们往往通过口耳相传或使用电子设备进行非正式的传播

## 第二十五章　社会变迁：传统社会、现代社会与后现代社会

- **传统导向性**　严格遵守历史悠久的生活方式
- **大众社会**　传统纽带被繁荣和科层制削弱的社会
- **后现代性**　信息革命和后工业经济带来的转变
- **阶级社会**　有着明显社会分层的资本主义社会
- **劳动分工**　专门化的经济活动
- **社会变迁**　文化和社会制度随着时间的推移而发生的变化
- **社会性格**　体现在特定社会成员身上的共同人格模式
- **他者导向性**　常常通过模仿他人表达出来的对最新潮流和时尚的开放性
- **现代化**　始于工业化的社会变迁过程
- **现代性**　工业革命带来的变化

# 参考文献

更多参考文献
请扫码查看

## 第一章

American Sociological Association. "Careers in Sociology." 2015. Available at http://www.asanet.org/employment/careers.cfm

American Sociological Association. *Careers in Sociology*, 6th ed. Washington, D.C.: American Sociological Association 2002.

———. "What Can I Do With a Master's Degree?" Washington, D.C., 2011a.

———. Research on Jobs and Careers in Sociology." Department of Research and Development, 2011b://www.asanet.org/employment/factsoncareers.cfm

Baltzell, E. Digby. "Introduction to the 1967 Edition." In W.E.B. Du Bois, ed, The Philadelphia Negro: A Social *Study*. New York: Schocken Books, 1967 ix-xxxiv; orig. 1999.

Barro, Robert, and Jong-Wha Lee. "Educational Attainment in the World, 1950–2010." 2010. National Bureau of Economic Research. Retrieved April 4, 2017 from http://www.nber.org/papers/w15902

Berger, Peter L. *Invitation to Sociology*. New York: Anchor Books, 1963.

Borden, Sam, Mika Grondahl and Joe Ward. "What Happened Within This Player's Skull." Retrieved January 9, 2017 from https://www.nytimes.com/interactive/2017/01/09/sports/football/what-happened-within-this-players-skull-football-concussions.html?_r=0

Bowles, Samuel, and Herbert Gintis. *Schooling in Capitalist America: Educational Reform and the Contradictions of Economic Life*. New York: Basic Books, 1976.

Brunello, Giorgio, and Danielle Checchi. "Does School Tracking Affect Equality of Opportunity? New International Evidence." Economic Policy. Vol. 22, No. 52 (2007):782-861.

Centers for Disease Control and Prevention (CDC). "Health Indicators Warehouse." 2016. Retrieved April 4, 2017 from http://www.healthindicators.gov/Indicators/

Comte, August. *August Comte and Positivism: The Essential Writings*. Gertrud Lenzer, ed. New York: Harper Torchbooks, 1975; orig. 1851-54.

Deutscher, Irwin. *Making a Difference: The Practice of Sociology*. New Brunswick, N.J.: Transaction, 1999.

Du Bois, W.E.B. *The Philadelphia Negro: A Social Study*. New York: Shocken Books, 1967; orig. 1899.

Eagan, Kevin, Ellen Bara Stolzenberg, Abigail K. Bates, Melissa C. Aragon, Maria Ramirez Suchard, and Cecilia Rio-Aguilar. "The American Freshman: National Norms Fall 2015 (Expanded Edition)." 2016. Cooperative Institutional Research Program at the Higher Education Research Institute at UCLA. Retrieved April 4, 2017 from https://heri.ucla.edu/publications-tfs/

Edwards, Tamala M. "Flying Solo." *Time* (August 28, 2000)47–55.

Ehrenreich, Barbara *Nickeled and Dimed: On (Not) Getting By in America*. New York: Holt, 2001.

Feminist Majority Foundation. "Gender and Equality in Athletics and Sports." 2015. Available at http://www.feminist.org/sports

Feng, Hou, and John Myles. 2008. "The Changing Role of Education in the Marriage Market: Assortative Marriage in Canada and the United States Since the 1970s." *Canadian Journal of Sociology* 33(2): 337–366.

*Forbes*. "The World's Highest Paid Athletes." 2016. Retrieved April 4, 2017 from http://www.forbes.com/athletes/#485cdb046e34

Harrison, C. Keith. "Black Athletes at the Millenium." *Society*. Vol. 37, No. 3 (March/April 2000:35–39).

Institute for Diversity and Ethics in Sport (TIDES). "Racial and Gender Report Card." 2016. Retrieved April 4, 2017 from http://www.tidesport.org/reports.html

Kochanek, Kenneth D., Sherry L. Murphy, Jiaquan Xu, and Betzaida Tejada-Vera. "Deaths: Final Data for 2014." 2016. *National Vital Statistics Reports* 65(4). Retrieved April 4, 2017 from http://www.cdc.gov/nchs/data/nvsr65/nvsr65_04.pdf

Kohli, Sonali. "Modern Day Segregation in Public Schools." 2014. *The Atlantic*. Retrieved April 4, 2017 from https://www.theatlantic.com/education/archive/2014/11/modern-day-segregation-in-public-schools/382846/

Lengermann, Patricia Madoo, and Jill Niebrugge-Brantley. *The Women Founders: Sociology and Social Theory, 1830–1930*. New York: McGraw-Hill, 1998.

Martin, Joyce A., Brady E. Hamilton, Michelle J.K. Osterman, Anne K. Driscoll, and T. J. Mathews. "Births: Final Data for 2015." 2017. *National Vital Statistics Reports* 66(1). Retrieved April 4, 2017 from https://www.cdc.gov/nchs/data/nvsr/nvsr66/nvsr66_01.pdf

Migration Policy Institute. "Frequently Requested Statistics on Immigrants and Immigration in the United States." 2016. Retrieved April 4, 2017 from http://www.migrationpolicy.org/article/frequently-requested-statistics-immigrants-and-immigration-united-states

Milanovic, Branko. *Global Inequality: A New Approach for the Age of Globalization*. 2016. Cambridge, MA: Belknap Press.

Mills, C. Wright. *The Sociological Imagination*. New York: Oxford University Press, 1959.

Oakes, Jeannie. "Classroom Social Relationships: Exploring the Bowles and Gintis Hypothesis. Sociology of Education. Vol. 55, No. 4 (October 1982): 197-212.

———. *Keeping Track: How High Schools Structure Inequality*. New Haven, Conn.: Yale University Press 1985.

Organisation for Economic Co-operation and Development (OECD). "Data." 2016. Retrieved April 4, 2017 from https://data.oecd.org/

Population Reference Bureau. "Datafinder." 2016. Retrieved April 4, 2017 from http://www.prb.org/DataFinder.aspx

———. "Datafinder." 2014. Available at http://www.prb.org/DataFinder.aspx

———. "World Population Data Sheet." 2016. Retrieved April 4, 2017 from http://www.worldpopdata.org/data

Rubin, Lillian Breslow. *Worlds of Pain: Life in the Working-Class Family*. New York: Basic Books, 1976.

Schoen, Robert, and Yen-Hsin Alice Cheng. "Partner Choice and the Differential Retreat from Marriage." *Journal of Marriage and the Family*. Vol. 68 (2006):1–10.

Schwartz, Christine R. "Trends and Variation in Assortative Mating: Causes and Consequences." 2013. *Annual Review of Sociology* 39: 451–470.

———, and Robert D. Mare. 2005. "Trends in Educational Assortative Marriage from 1940 to 2003." *Demography* 42(4): 621–646.

Shafer, Kevin. "Unique Matching Patterns in Remarriage: Educational Assortative Mating Among Divorced Men and Women." *Journal of Family Issues*. Vol. 34, No. 1 (November 2013):1500–1535.

Shaulis, Dahn. "Pedestriennes: Newsworthy but Controversial Women in Sporting Entertainment." *Journal of Sports History*. Vol. 26, No. 1 (Spring 1999):29–46.

Smith, Tom W., Peter Marsden, Michael Hout, and Jibum Kim. "General Social Surveys, 1972–2014." 2015. Retrieved April 4, 2017 from http://www.norc.org/GSS+Website/

Steele, Shelby. *The Content of Our Character: A New Vision of Race in America*. New York: St. Martin's Press, 1990.

Toqueville, Alexis de. The Old Regima and the French Revolution. Stuart Gilbert, trans. Garden City; N.Y.: Anchor/Doubleday, 1995: orig. 1856.

Upthegrove, Tayna R., Vincent J. Roscigno, and Camille Zubrinsky Charles. "Big Money Collegiate Sports: Racial Concentration, Contradictory Pressures, and Academic Performance." *Social Science Quarterly*. Vol. 80, No. 4 (December 1999):718–37.

U.S. Census Bureau. "American Community Survey." 2016. Retrieved April 4, 2017 from www.census.gov/acs/www/

———. "America's Families and Living Arrangements." 2016. Retrieved April 4, 2017 from http://www.census.gov/hhes/families/

———. "Current Population Survey." 2016. Retrieved April 4, 2017 from https://www.census.gov/topics/income-poverty/data/tables.html

U.S. Department of Education. "U.S. Department of Education Announces Resolution of South Orange-Maplewood, N. J., School Civil Rights Investigation." 2014. Retrieved April 4, 2017 from https://www.ed.gov/news/press-releases/us-department-education-announces-resolution-south-orange-maplewood-nj-school-di

U.S. Department of Education, National Center for Education Statistics. "U.S. Digest of Education Statistics: Most Recent Digest Tables." 2016. Retrieved April 4, 2017 from http://nces.ed.gov/programs/digest/current_tables.asp

# 译后记

在任何一门学科中，入门教材的影响都十分重要。在社会学十分发达的美国，社会学入门性质的教材种类繁多，或许有一两百本，但其中具有广泛影响的教材不过几种。展现在读者面前的这本由麦休尼斯撰写的《社会学》教材，便是其中之一。该书自1992年初版以来，连续数十年成为畅销书。其每隔两年便会进行修订再版，至今已是第17版。2002年，美国社会学会将教学杰出贡献奖授予麦休尼斯，以表彰他对全球性材料的创新式使用，以及在他的课程中引入新的教学技术。

作为美国大学中普遍采用的社会学入门教材之一，该书受到越来越多的社会学教师和大学生的欢迎。该书体系科学，内容全面，资料丰富，信息量非常大。书中不仅全面地介绍了社会学的基本研究主题和研究领域，比如社会的经济、政治、文化、教育、宗教、阶级、家庭、种族和族裔、社会化、越轨、性别、全球化与不平等、人口、健康与环境、社会变迁等，而且提供了大量的统计图表、研究案例、思考提示，为广大读者学习和实践提供了很好的途径。全书语言生动活泼，图文并茂，对于初学者了解和掌握社会学是什么、社会学研究什么、社会学家如何研究社会、社会学如何看待我们所熟悉的世界等问题，都有很好的帮助。我们将此书翻译出来，既可以为我国高等院校社会学专业以及社会科学相关专业的教学增加一本新的参考书，也可以帮助更多对探索社会现象感兴趣的读者了解和学习社会学的基础知识。该书特别适合在校大学生、相关实际工作部门人员以及普通读者阅读和使用。

负责各章翻译的译者是（按章节顺序）：

第一章、第二章，风笑天，北京大学社会学博士，南京大学教授，广西师范大学政治与公共管理学院教授；

第三章、第十五章，方纲，南京大学社会学博士，西南交通大学马克思主义学院副教授；

第四章、第二十三章，祝建华，南京大学管理学博士，浙江工业大学政治与公共管理学院教授；

第五章，聂伟，南京大学社会学博士，深圳大学政府管理学院副教授；

第六章，李芬，南京大学社会学博士，武汉行政学院现代科技教研部副教授；

第七章，袁潇，南京大学社会学博士，南京邮电大学传媒与艺术学院教授；

第八章，肖洁，南京大学社会学博士，南京工业大学社会工作与管理学系副教授；

第九章、第十四章，李学斌，南京大学社会学博士，南京理工大学社会学系副教授；

第十章、第十三章，肖富群，南京大学社会学博士，广西师范大学政治与公共管理学院教授；

第十一章，朱慧劼，南京大学社会学博士，南京农业大学人文与社会发展学院讲师；

第十二章，李明，南京大学社会学博士，南京大学新闻与传播学院副教授；

第十六章，周涛，南京大学社会学院博士生；

第十七章、二十四章，王晓焘，南京大学社会学博士，南京师范大学社会发展学院副教授；

第十八章，董海军，南京大学社会学博士，中南大学公共管理学院教授；

第十九章，陶艳兰，南京大学社会学博士，苏州科技大学社会发展学院教授；

第二十章，刘成斌，南京大学社会学博士，华中科技大学社会学院教授；

第二十一章，刘婷婷，香港大学社会工作博士，武汉大学社会学院副教授；

第二十二章，邱济芳，南京大学社会学博士，南京医科大学人文研究院讲师；

第二十五章，王捷，澳大利亚新南威尔士大学社会政策学博士，华南师范大学政治与公共管理学院特聘研究员；

另外，李学斌协助我承担了译稿的校译、编辑、补充和整理的工作。

由于译者的水平所限，译稿中难免存在错误和疏漏之处，敬请读者批评指正。

风笑天

2023 年 5 月于南京

# 译者简介

风笑天，男，1954 年 7 月生于武汉。北京大学社会学博士。现为南京大学特聘教授、博士生导师，广西师范大学讲席教授；国家社会科学基金社会学评审组成员。

1978 年 3 月考入华中师范大学数学系，1982 年 1 月毕业，获理学学士学位，并留校工作。1985 年 9 月考入北京大学社会学系硕士研究生班，1987 年 7 月毕业，同时考取北京大学社会学系博士研究生，1990 年 6 月毕业，获法学博士学位。1987 年 6 月评为讲师，1993 年 1 月破格晋升为教授。1993 年 10 月获国务院颁发的"政府特殊津贴"。

主要研究领域为社会研究方法、青年社会学、家庭社会学、人口社会学等。作为负责人承担国家社科基金重大项目、重点项目、一般项目，教育部社科基金重大攻关项目、一般项目，国外基金项目等多个项目；独著、合著及主编、主译作品 30 多部，参编 20 多部；在《中国社会科学》《社会学研究》《教育研究》《人口研究》等学术刊物上发表唯一作者和第一作者论文 160 余篇。